Het archeologisch onderzoek in Raversijde (Oostende) in de periode 1992-2005

Relicta Monografieën 8

Archeologie, Monumenten- en Landschapsonderzoek in Vlaanderen
Heritage Research in Flanders

onroerend erfgoed

Brussel 2013

Het archeologisch onderzoek in Raversijde (Oostende) in de periode 1992-2005

Vuurstenen artefacten, een Romeinse dijk, een 14de-eeuws muntdepot, een 15de-eeuwse sector van een vissersnederzetting en sporen van een vroeg-17de-eeuwse en een vroeg-18de-eeuwse belegering van Oostende

Marnix Pieters, Cecile Baeteman, Jan Bastiaens, An Bollen, Philip Clogg, Brigitte Cooremans, Marc De Bie, Frans De Buyser, Guido Decorte, Koen Deforce, Annelies De Groote, Ine Demerre, Hendrik Demiddele, Anton Ervynck, Glenn Gevaert, Tito Goddeeris, An Lentacker, Liesbet Schietecatte, Marit Vandenbruaene, Wim Van Neer, Marc Van Strydonck, Frans Verhaeghe, Alan Vince (†), Sara Watzeels & Inge Zeebroek

Opgedragen aan Etienne Cools (†) en Clint Lenaers (†)

COLOFON

Relicta Monografieën 8
Archeologie, Monumenten- en Landschapsonderzoek in Vlaanderen

Redactie
Ilse De Smedt (Com&Co) & Ingrid In 't Ven

Lay-out & druk
Peeters, Herent

Illustraties
Marc Van Meenen, Nele van Gemert, Daisy Van Cotthem, Glenn Laeveren, Allex Dallemagne, Hans Denis & Kris Vandevorst

Vertaling
Myra Wilkinson-van Hoek, Fine Line Archaeological Language Services

Omslagillustratie:
voorkant: houten boetnaald 2056.24 (fig. 460),
achterkant: gebouw 21 tijdens de opgraving (fig. 287)

Een uitgave van het agentschap **Onroerend Erfgoed** (OE)
Wetenschappelijke instelling van de Vlaamse Overheid
Beleidsdomein Ruimtelijke Ordening, Woonbeleid en Onroerend Erfgoed
Phoenixgebouw, Koning Albert II-laan 19 bus 5, 1210 Brussel
Tel.: 02/553 16 50
Fax: 02/553 16 55
info@onroerenderfgoed.be
www.onroerenderfgoed.be

Verantwoordelijke uitgever: Sonja Vanblaere

ISSN 2030-9910
ISBN 9789075230369
D/2013/6024/2

Inhoud

Voorwoord

Langs de Noordzeekusten – en ook elders in de Europese kustgebieden – komen wel meer middeleeuwse rurale nederzettingen voor die als gevolg van veranderende milieu-omstandigheden en/of economische, sociale of politieke evoluties verlaten werden en geleidelijk verdwenen. Er zijn er ook die als gevolg van catastrofale overstromingen gewoon onder de zeespiegel verdwenen. Ze hebben zowat allemaal al langer de interesse gewekt van (lokale) historici en ook archeologen hebben al enige tijd belangstelling voor dit soort sites. Soms werd al vrij vroeg archeologische informatie verzameld, zoals bijvoorbeeld in het geval van Meols, Cheshire (Engeland), waar al in de 19de eeuw heel wat vondstenmateriaal verzameld werd dat in 1863 ook het onderwerp vormde van een publicatie. Maar het is pas relatief recent, na de opkomst van de moderne middeleeuwse archeologie vanaf het midden van de 20ste eeuw, dat de archeologische aandacht geleidelijk groeide om vanaf 1980-1990 omgebogen te worden tot actief en meer systematisch terreinwerk en wetenschappelijk onderzoek.

In de Belgische kuststreek en in het Nederlandse Zeeland en op de Zeeuwse eilanden zijn sinds vele jaren ook heel wat dergelijke sites gekend. Het middeleeuwse Walraversyde, nabij Oostende, behoort tot deze lijst. Op het strand werden hier al vanaf de late 19de eeuw en in de eerste helft van de 20ste eeuw oppervlaktevondsten verzameld: van prehistorische stenen objecten over Romeinse ceramiek tot een rijk bestand aan middeleeuwse objecten in ceramiek, metaal en steen. Dit gebeurde door toegewijde geïnteresseerden zoals o.m. André Chocqueel en Etienne en Agnes Cools-Mortier. Dat leidde tot een paar belangrijke collecties waarvan een deel ook gepubliceerd is. Het historisch en historisch-geografisch onderzoek bracht ook heel wat informatie aan het licht. Maar toch bleven vele aspecten van deze nederzetting, haar evolutie en de mensen die er leefden eerder beperkt gedocumenteerd en de complexiteit ervan was eigenlijk nog relatief slecht gekend. Dat was trouwens lang ook het geval voor alle (middeleeuwse) rurale nederzettingen, waarvan de gebouwen, de lay-out, de uitrusting en de functies, zowel als de materiële leefomstandigheden van de bewoners slechts in beperkte mate gedocumenteerd waren. Dat zou pas veranderen in de loop van de tweede helft van de 20ste eeuw met meer systematisch archeologisch werk, geflankeerd door natuurwetenschappelijk en historisch onderzoek. In het geval van de zogenaamde vissersdorpen kwamen daar ook nog een aantal specifieke onderzoeksvragen bij, in het bijzonder waar het gaat over de milieu-omstandigheden of over activiteiten zoals visserij en scheepvaart.

Toen het gebied van Walraversyde achter de huidige duinengordel in het begin van de jaren 1990 allerlei ingrepen moest ondergaan voor de opbouw van het provinciedomein Raversijde, grepen het toenmalige Instituut voor het Archeologisch Patrimonium (later het Vlaams Instituut voor Onroerend Erfgoed en sinds 2011 het agentschap Onroerend Erfgoed) onder leiding van prof. em. Guy De Boe en het Provinciebestuur van West-Vlaanderen de gelegenheid aan om het betrokken terrein systematisch aan een archeologisch onderzoek te onderwerpen. Het was de start van een project dat ongeveer 15 jaar zou lopen en heel wat nieuwe gegevens zou opleveren. De leiding lag in handen van dr. Marnix Pieters die het veldwerk en het onderzoek in goede banen leidde en de gegevens verwerkte in een doctoraatsverhandeling die hij in 2002 met groot succes aan de Vrije Universiteit Brussel verdedigde. Tegelijk voerde hij, ook samen met anderen, nog allerlei deelonderzoeken door die in diverse wetenschappelijke tijdschriften en andere publicaties bekend werden gemaakt. Het opgravingsverslag en een aantal andere onderzoeksresultaten vormen het onderwerp van deze publicatie. Het geheel vormt een rijk basisdocument dat het toekomstige werk in de middeleeuwse en latere archeologie en in het bijzonder de studie van dit soort nederzettingen en de materiële cultuur die ermee verbonden was grote diensten zal bewijzen.

Het is ook gepast te vermelden dat de opgravingen op de site Walraversyde tevens gekaderd werden in een breder geheel van andere opdrachten van het agentschap Onroerend Erfgoed, meer bepaald het beheer van archeologisch erfgoed enerzijds en de publiekswerking anderzijds. De opgravingen waren in wezen van preventieve aard omdat het erfgoed bedreigd was door noodzakelijke infrastructuurwerken i.v.m. het provinciedomein. Bovendien werd het provinciedomein uitgerust met een museum, een zicht op het archeologisch veldwerk en de bouw van drie laatmiddeleeuwse gebouwen waarvan de karakteristieken zo nauw mogelijk aansluiten bij wat de opgravingen aan het licht brachten. In het museum worden regelmatig tentoonstellingen gehouden met bijbehorende documentatie, waarbij ook de gegevens van de site Walraversyde aan bod komen.

Het hier voorliggende opgravingsverslag is een essentieel document want het ontsluit de uitgebreide informatie die het opgravings- en onderzoeksproject heeft opgeleverd. Opgravingen en onderzoeken die niet uitgewerkt worden dragen de facto slechts weinig bij aan de kennis van het archeologisch erfgoed en vooral ook aan de inzichten in de materiële cultuur van vroegere eeuwen, haar ontwikkelingen en de menselijke gedragingen die er achter schuilgaan. Het is een oude maar nog steeds geldige regel in de archeologie en het is ook een regel waartegen al te zeer gezondigd wordt. Het is dan ook een goede zaak dat het agentschap Onroerend Erfgoed deze belangrijke bijdrage publiceert. Het is ook een publicatie die op treffende wijze illustreert hoe belangrijk het element onderzoek in de archeologie eigenlijk wel is.

Het onderzoek van de site Walraversyde heeft heel wat nieuwe informatie aan het licht gebracht. Deze is niet alleen nuttig voor de lokale situatie en haar evolutie maar ook voor bredere vraagstellingen omtrent dit soort nederzettingen. De site leert ons hoe de bewoners hum materiële leefwereld zowel ondergingen als beheerden, hoe in dit deel van het Noordzeegebied gebruik gemaakt werd van de opportuniteiten die zich voordeden, hoe gereageerd werd op veranderingen in deze bijzondere omgeving op de grens van land en zee. Het werk levert ook een berg aan nieuwe en bruikbare gegevens op omtrent de laatmiddeleeuwse materiële leefwereld van een bijzondere bevolkingsgroep. Daarmee wordt ook het puur lokale kader ruim overstegen.

Dit alles betekent voor mij dat dit woord vooraf tegelijk ook een soort dankwoord is, gericht aan allen die direct of indirect bij dit project betrokken zijn en in het bijzonder aan dr. Marnix Pieters: hij en anderen hebben aan de (middeleeuwse) archeologie een bijdrage geleverd die in het verdere onderzoek – in binnen- en buitenland – niet zal kunnen genegeerd worden, die wezenlijke en nieuwe inzichten biedt en die terzelfdertijd illustreert hoe archeologie als een totaalproject – van terreinwerk en onderzoek tot publiekswerking – ook bijdraagt tot de huidige maatschappij.

Frans Verhaeghe

Verantwoording

Raversijde maakt sinds 1970 deel uit van de stad Oostende, maar voordien behoorde de wijk tot de gemeente Middelkerke. De oorsprong van Raversijde gaat terug tot een laatmiddeleeuwse vissersnederzetting met de naam 'Walraversijde'. Deze vissersnederzetting was gesitueerd nabij de huidige grens Middelkerke/Oostende in een zone die zich grotendeels binnen het provinciedomein Raversijde bevindt, maar zich ook nog in belangrijke mate uitstrekt tot op het strand ter hoogte van dit provinciedomein. De archeologische resten en sporen van deze nederzetting – bij laagtij tot omstreeks 1975 zichtbaar op het strand – zijn al gekend sinds de late 19de eeuw. Sinds de aanleg van strandhoofden op het strand van Raversijde halfweg de jaren 70 zijn de archeologische resten en sporen van deze vissersnederzetting bij laagtij niet meer te zien op het strand. Het archeologische onderzoek in het provinciedomein Raversijde in de afgelopen 20 jaar was nodig om de talrijke infrastructuurwerken in het kader van de uitbouw van dit domein archeologisch te begeleiden. Het bracht de site Walraversijde opnieuw sterk onder de aandacht. Een hoogtepunt vormde de opening op 24 juni 2000 van een museum geheel gewijd aan dit vissersmilieu. Bij het museum hoort ook de evocatie op ware grootte van vier van de in 1992 en 1993 opgegraven gebouwen.

In de voorliggende publicatie over archeologisch onderzoek in Raversijde (Oostende) komen de opgravingscampagnes op het grondgebied van het provinciedomein Raversijde uit de periode 1992-1998 uitvoerig aan bod. Daarnaast worden een aantal markante opgravingsresultaten van na 1998 belicht: het muntdepot dat op het einde van 1999 werd aangetroffen, de in 2003 aangesneden zone met begravingen en de in 2005 geïdentificeerde Romeinse dijk. Er wordt een vervolg voorzien op deze publicatie met daarin een uitgebreid verslag van de resultaten van de opgravingscampagnes die in de periode 1999-2007 werden uitgevoerd en het hieraan gekoppelde geofysische prospectieonderzoek.

Dit eerste volume behandelt chronologisch de resten en sporen uit de prehistorie, de Romeinse periode, de late middeleeuwen en de vroegmoderne tijden. Het volgende volume zal vooral bijkomende gegevens aanreiken over de late middeleeuwen en de vroegmoderne tijden. Zoals de ondertitel van deze publicatie ook aangeeft, is deze publicatie in de eerste plaats een opgravingsverslag. Het behandelt (beschrijft, analyseert en interpreteert) vooral de belangrijkste waargenomen sporen samen met een selectie van de aangetroffen mobiele resten en resultaten van natuurwetenschappelijk onderzoek.

Er is voor deze werkwijze gekozen omdat het onderzoek naar de site Raversijde nog steeds verder gaat. Alleen al gezien de hoeveelheid informatie is een allesomvattende publicatie niet haalbaar. Verder is er voor geopteerd om de resultaten van de diverse onderzoeksdisciplines zo geïntegreerd mogelijk te publiceren. Heel wat onderzoeksresultaten zullen evenwel in aparte bijdragen dienen te worden gepubliceerd. We hopen dan ook dat de talrijke onderzoekers die bij het onderzoek te Raversijde betrokken waren en nog steeds zijn, van deze eerste overzichtspublicatie gebruik kunnen maken om hun onderzoek te kaderen, verder te zetten en te publiceren. De keuze voor een opsplitsing na de opgravingscampagne van 1998 spruit voort uit het feit dat de hoofdauteur en redacteur van dit boek tot en met dat jaar alleen de opgravingsleiding op het terrein waarnam. Vanaf 1999 deelde hij dan de opgravingsleiding met achtereenvolgens Liesbet Schietecatte (1999-2001), Inge Zeebroek (2002-2007), Ine Demerre (2005-2007) en Evelyn Schynkel (2007). De opgraving langs de Duinenstraat (2009) werd uitgevoerd onder leiding van Dieter Demey en Inge Zeebroek. Voor voorliggend opgravingsverslag was het grootste deel van de data bovendien reeds onderzocht en verwerkt in het kader van de doctoraatsverhandeling van Marnix Pieters[1], de hoofdauteur. Voor de opgravingscampagnes uitgevoerd na 1998 is de verwerking van de gegevens (anno 2011) nog niet volledig afgerond. De tekst van deze monografie is van de hand van de hoofdauteur tenzij anders vermeld.

Het boek start met een inleiding (hoofdstuk 1). De korte algemene situering van de site wordt gevolgd door een overzicht van de historiek van het onderzoek zowel vertrekkend vanuit de geschreven als vanuit de materiële bronnen. Deze archeologische site wordt immers al onderzocht sinds het einde van de 19de eeuw en verdient dan ook zonder twijfel een plaats in een historisch overzicht van de Vlaamse/Belgische archeologie. In hoofdstuk 2 worden de aspecten behandeld die te maken hebben met het fysische kader en de landschappelijke achtergronden van de site, namelijk het vertrekpunt voor de anthropogene activiteiten. In de volgende hoofdstukken (3 tot 5) worden in chronologische volgorde de belangrijkste waargenomen sporen en vondsten belicht: respectievelijk

1 Pieters 2002b.

van voor, tijdens en na de laatmiddeleeuwse 'dorpsfase'. Het middenstuk is uiteraard veruit het meest uitgebreide. Het laatste hoofdstuk (6) geeft een beknopte synthese (met Engelse vertaling als samenvatting voor anderstaligen). Ten slotte volgen nog het nawoord en de bibliografie.

De in Raversijde onderzochte materiële bronnen zijn op twee niveaus over de opgravingscampagnes heen doorlopend genummerd. Op een eerste niveau kreeg elke kleinste tijdens het terreinonderzoek geïndividualiseerde eenheid (een zgn. *feature*), een volgnummer of zogenaamd *feature-nummer*. Op dit ogenblik (september 2010) worden er op de site 8178 dergelijke kleinste eenheden onderscheiden. De aan die nummers gekoppelde mobilia krijgen ditzelfde nummer en een eigen volgnummer binnen deze eenheid. Beide cijfers worden met een punt gescheiden (bv. 66.1: mobiel object 1 gerelateerd aan kleinste eenheid 66). Op een tweede niveau worden deze kleinste te onderscheiden eenheden, waar mogelijk, gegroepeerd in sporen (kuil, paalspoor, gracht, greppel, uitbraakspoor van een muur, tonwaterput, beerput, bevloering, veenwinningsput, paardenskelet, begraving,...). In september 2010 worden er binnen deze 8178 feature-nummers 2901 spoornummers onderscheiden. Deze cijfers worden in de tekst vermeld en verwijzen naar de verschillende databestanden (zowel in Access als in Autocad) uit het opgravingsarchief dat geraadpleegd kan worden bij het agentschap Onroerend Erfgoed. Voorwerpen in ceramiek zijn afgebeeld op 1/3, deze in hout, steen, metaal, glas of been op 2/3, tenzij anders vermeld.

Vóór ik overga tot de bespreking van de bekomen resultaten, wil ik graag alle medewerkers van het onderzoek in Raversijde van harte bedanken. Dit onderzoeks- en ontsluitingsproject was en is voor mij tot op vandaag een onvergetelijke en ongelofelijk boeiende ontdekkingstocht. In die lange periode van twee decennia (1992-2011) hebben heel wat mensen zich achter dit project geschaard. Iedereen vernoemen is helaas onmogelijk, maar ik wil echt iedereen mijn welgemeende dank betuigen.

In de eerste plaats verdienen mijn huisgenoten Hilde, Adriaan, Eveline en Thomas een woord van dank, want zij hebben mijn aandacht in die periode met een grote groep vissers, piraten en zeeschuimers uit Walraversijde moeten delen. Ook in hun vakantie, waarbij steevast (en vaak tot vervelens toe) visserijmusea en andere maritieme sites in alle mogelijke uithoeken op het programma stonden. Maar ... er is beterschap in zicht.

Ik start het verdere overzicht van de dankbetuigingen graag bij de eigen wetenschappelijke instelling, IAP later VIOE en nog later Onroerend Erfgoed. Mijn dank gaat in de eerste plaats uit naar prof. dr. Guy De Boe, directeur van het IAP en initiatiefnemer van dit project. Hij heeft mij het vertrouwen geschonken om dit interessante onderzoeksproject te ontwikkelen en ik kon steeds op zijn belangrijke niet aflatende ondersteuning en stimulering rekenen. Ik hoop in elk geval met deze maar ook met de voorgaande publicaties aangetoond te hebben dat de inspanningen en investeringen de moeite meer dan waard waren. Eveneens een welgemeende dank aan mevrouw Sonja Vanblaere, administrateur-generaal van het agentschap Onroerend Erfgoed, die verder onderzoek te Raversijde en bij uitbreiding maritiem onderzoek in Vlaanderen heeft mogelijk gemaakt. Door omstandigheden kon dit soort onderzoek in het verleden immers niet op de verdiende aandacht rekenen.

Daarnaast richt ik graag een woord van dank aan mijn directe collega's met wie ik ontelbare uren in weer en wind in de Raversijdse polderklei heb doorgebracht op zoek naar informatie over de geschiedenis van deze merkwaardige plek. Enerzijds zijn er de vier collega's met wie ik vanaf 1999 de dagelijkse leiding van het terreinonderzoek mocht delen: Liesbet Schietecatte, Inge Zeebroek, Ine Demerre en Evelyn Schynkel. Anderzijds is er de grote groep van technisch assistenten met wie ik vanaf 1992 de site, met vallen en opstaan (ook letterlijk), intensief en soms van heel dichtbij heb leren kennen. Meer in het bijzonder vermeld ik hier Nico Beernaert, Stefan Corveleyn, Pascal De Neef, Clint Lenaers (†) en Franky Vereycken die 20 jaar later nog steeds actief zijn of helaas waren op het terrein. Ook op de inzet van mijn collega's uit Woumen, later Zarren, kon ik wanneer nodig rekenen. Ik denk met dankbaarheid terug aan de vaak heroïsche inzet op het terrein om tegen de klok en de weergoden in bepaalde zaken af te werken, vaak in functie van het nemen van overzichtsfoto's. In de context van het terreinonderzoek vermeld ik graag de twee landmeters van het instituut – in de beginjaren was dat Yves Impens, later Johan Van Laecke – die alles wat onderzocht werd feilloos via Lambertcoördinaten wisten vast te pinnen op een algemeen plan. Ze hielpen mij ook bij het omzetten van op het terrein getekende plannen naar autocadbestanden, een ongemeen belangrijke stap – zo is later gebleken – voor de verdere verwerking, interpretatie en archivering van de gegevens.

Ook dank aan de collega's begaan met het natuurwetenschappelijke onderzoek of expert in andere tijdsvakken dan de late middeleeuwen. Ze namen een belangrijk deel van het onderzoekswerk op zich en stonden steeds klaar met advies en voor bijkomend onderzoek van specifieke contexten of objecten: Jan Bastiaens, Brigitte Cooremans, Prof. dr. Marc De Bie, Koen Deforce, dr. Koen De Groote, dr. Anton Ervynck, dr. An Lentacker, Stephan Van Bellingen, Marit Vandenbruaene, Geert Vynckier en Alain Vanderhoeven. Op geregelde tijdstippen werden zo nieuwe en onverwachte gegevens en onderzoeksvragen aan het onderzoek toegevoegd.

Aansluitend hierbij eveneens oprechte dank aan de talrijke vrijwilligers en aan de archeologen in wording die in het kader van hun stage of hun licentiaatsverhandeling een tijdje deel uitmaakten van het onderzoeksteam in Raversijde. Eveneens vermeld ik graag de Philips Van Horne Scholengemeenschap uit Weert (NL) die onder leiding van Gerrit Haesendonckx in de zomers van 1994, 1995, 1996 en 2003 drie weken lang een gigantische hoeveelheid terreinwerk hebben verzet. Dank ook aan JKE (Jeugd en Kultureel Erfgoed) dat tijdens een aantal zomervakanties een 'archeologiekamp' voor jongeren in Raversijde heeft georganiseerd.

Graag wil ik ook de spreekwoordelijke 'laatste bewoners' van de site danken voor hun zeer gewaardeerde gastvrijheid en openheid waarmee ze het archeologische team op hun voormalige akkerland toelieten, met name wijlen Jeanne Van Belleghem-Boydens, Maurice Boydens en Victorine Boydens.

Het onderzoek op het terrein zorgde er tevens voor dat zowel het depot als de conservatielaboratoria in Zellik geregeld overspoeld werden met nieuwe vondsten en stalen, die dringend eerste zorgen nodig hadden, of die voor verder onderzoek gezeefd of verder behandeld moesten worden. Luc Muylaert en Frans De Buyser wisten dit onder de leiding van achtereenvolgens Anton Ervynck, Natalie Cleeren, Frederick Vandewalle, Ansje Cools en Liesbet Van Camp steeds in goede banen te leiden, waarvoor mijn dank.

De met het onderzoek op het terrein bekomen nieuwe onderzoeksresultaten dienden echter vaak onder grote tijdsdruk vertaald te worden naar persberichten, tentoonstellingspanelen en heuse tentoonstellingen, korte en meer uitgebreide wetenschappelijke bijdragen of publicaties. Hiervoor stond op de centrale zetel van de wetenschappelijke instelling (aanvankelijk in Zellik en later in Brussel) steeds een enthousiaste groep collega's klaar die vaak de meest onmogelijke soms ronduit utopische ideeën wisten om te buigen tot realiseerbare en zinnige ontsluitingsacties die het onderzoek de nodige belangstelling konden geven. Een bijzonder woord van dank hiervoor aan Edwin Boeckxstaens, Barbara Daveloose, Niki Mommaerts, Daisy Van Cotthem, Johan Van Laecke, Nele van Gemert, Marc Van Meenen en Rob Vanschoubroek. In dit kader mag ik zeker Rob Vanschoubroek niet vergeten, want hij heeft in de drukste perioden, o.a. in 2002, heel wat illustraties belangeloos buiten de werkuren gerealiseerd. Daarnaast wil ik nog de fotografen, Hans Denis en Kris Vandevorst, bedanken voor hun puik werk op het terrein en in de studio. Voor de realisatie van deze publicatie vermeld ik tot slot graag de inzet van Ingrid In' t Ven die redactioneel de puntjes op de i zette en het verdere proces in goede banen wist te leiden.

Zoals eerder al vermeld vonden de archeologische opgravingen plaats op de terreinen van het provinciedomein Raversijde. De provincie West-Vlaanderen koos er van bij de start in 1992 resoluut voor om actief aan dit onderzoek mee te werken en zorgde voor de nodige cofinanciering van het onderzoek. Daarnaast ontwikkelde de provincie het visionaire ontsluitingsluik met als orgelpunt de openstelling op 24 juni 2000 van 'Walraversijde 1465' dat bezoekers volgens het concept van het 'Yorvik Viking Centre' in York (eerst evocatie dan museum) laat kennismaken met de 15de-eeuwse leefwereld van vissers aan de zuidelijke Noordzeekust. Ik wens hiervoor graag de heren Olivier Vanneste en Paul Breyne, achtereenvolgens gouverneur van de provincie West-Vlaanderen, en speciaal de gedeputeerden mevrouw Marie-Claire Vanderstichele-De Jaeghere en de heren Gerrit Defreyne, Jan Durnez en Guido Decorte te danken. Dank eveneens aan alle andere gedeputeerden en aan de provincieraadsleden die gedurende de opeenvolgende legislaturen het project daadwerkelijk hebben gesteund.

De samenwerking met collega's uit de verschillende provinciale diensten verliep zeer vlot. Vandaar dat ik graag een dankwoord richt aan de heren Etienne Mares, Ludo Valcke en Marc Ryckaert en mevrouw Mariette Jacobs die op belangrijke momenten voor de nodige stimuli zorgden zodat het onderzoek in optimale omstandigheden kon verlopen. Ook in Raversijde zelf kon de ploeg van het VIOE steeds rekenen op de inzet van het team dat verantwoordelijk was voor de dagelijkse werking van het provinciedomein: Alex Deseyne, Glenn Gevaert, Ronny Clibouw (†), Lucrèce Lanckriet, Eddy Lepercq, Danny Loosvelt, David Monteyne, Georgette Rotsaert, Liane Van Vyve en Guy Van Loke.

Ook een bijzonder woord van dank voor Glenn Gevaert is in deze context op zijn plaats. Vanuit zijn brede belangstelling voor het onderzoek heeft hij heel erg bijgedragen aan dit project, zowel door het aanreiken van nieuwe onderzoekspistes als door het bedenken en vervolgens ook ten uitvoer brengen van interessante concepten in verband met de ontsluiting naar het brede publiek toe.

Aansluitend bij de provincie richt ik graag een bijzonder woord van dank aan dr. Charles Kightly die in het kader van de uitbouw van 'Walraversijde 1465', zoals gezegd een initiatief en opdracht van de provincie, belangrijke voorzetten gaf voor het onderzoek en voor de verdere uitwerking van een groot aantal onderzoekspistes. Hierdoor blies hij het project nieuw leven in, vooral op het vlak van de onderwerpen waarover in archeologische middens traditioneel niet zoveel expertise voorhanden was.

Na de collega's van de eigen instelling en deze van de provincie West-Vlaanderen met wie het onderzoek in nauwe samenwerking werd uitgevoerd, zet ik graag de talrijke onderzoekers uit

Vlaanderen en daarbuiten in de kijker, want ook zij hebben een belangrijke bijdrage aan het onderzoek geleverd.

De eerste onderzoeker die ik in dit kader zeer graag vermeld is uiteraard prof. em. dr. Frans Verhaeghe. Hij was de promotor van het doctoraatsonderzoek van ondergetekende en heeft zo een grote bijdrage aan het onderzoek geleverd. Bovendien heeft hij er met zijn kennis, contacten en invloed mede voor gezorgd dat er in Raversijde onderzoeksmatig heel veel mogelijk is geworden. Mijn hartelijke dank daarvoor. Verder deed ik de afgelopen decennia nooit tevergeefs een beroep op prof. Verhaeghe wanneer bepaalde onderzoekspistes schijnbaar dreigden uit te monden in een doodlopend spoor.

Twee personen die ik hier ook zeer graag speciaal vermeld zijn Agnès Mortier en wijlen Etienne Cools, haar echtgenoot. Beiden waren al sinds decennia begaan met het onderzoek in Raversijde, toen ik er in 1992 – voor hen *out of the blue* – aanbelandde. Zij hadden steeds de aandacht voor deze ongelooflijk rijke site levend gehouden. Ik appreciëer enorm hoe ik vanaf het prille begin zeer gastvrij werd onthaald en hoe zij zonder enige reserve hun kennis van de streek en jarenlange opzoekingswerk met mij deelden. Zij maakten latere ontdekkingen zoals deze van de 'Romeinse dijk' mee mogelijk. Het is bijzonder jammer dat Etienne over de nieuwe inzichten hieromtrent niet meer heeft kunnen filosoferen.

Graag vermeld ik tevens prof. dr. Dries Tys (VUB). Met zijn licentiaatsthesis over Walraversijde en later met zijn doctoraatsthesis over het Kamerlings Ambacht waarbinnen het middeleeuwse Walraversijde lag, wist hij vanuit de landschappelijke en geschreven bronnen belangrijke sleutels voor de interpretatie van het archeologische onderzoek op te stellen. Ik heb daar dankbaar gebruik van mogen maken.

Verder ben ik de grote groep onderzoekers, zowel uit Vlaanderen als daarbuiten, die ofwel een bepaald aspect van het onderzoek verder hebben uitgediept ofwel naar op een hoger niveau hebben getild, bijzonder dankbaar. Het maakt(e) dit onderzoeksproject bijzonder leerzaam. Een hartelijk woord van dank hiervoor aan prof. dr. Cécile Baeteman (kwartairgeologie, Belgische Geologische Dienst/Koninklijk Belgisch Instituut voor Natuurwetenschappen en VUB), dr. René Borremans (documentatie site Raversijdestrand, Halle), prof. dr. Françoise Bouchet (Paleoparasitologie, Université de Reims (F)); dra. Danielle Caluwé (glas, VUB), dr. Philip Clogg (analyse van kleurstoffen, United Kingdom), Johan David (advies werktuigen, MOT Grimbergen), Hendrik Demiddele (diatomeeën, zelfstandig onderzoeker), prof. dr. Paul De Paepe (petrografie, Universiteit Gent), wijlen prof. dr. Konjev Desender (onderzoek van insectenresten, Universiteit Gent), Jérôme Eeckhout (dendrochronologie, Université de Liège), Pascale Fraiture (dendrochronologie, Université de Liège), dr. Tito Goddeeris (numismatiek, zelfstandig onderzoeker), wijlen Olaf Goubitz (lederresten, eertijds Rijksdienst voor Oudheidkundig Bodemonderzoek (ROB)), J.S. Herman (zeezoogdieren, Granton Centre, National Museums of Scotland, United Kingdom), prof. dr. Patrick Hoffsummer en dr. David Houbrechts (dendrochronologie, Université de Liège), Jennifer Jones (conservering touw en stukken schapevacht, Universiteit Durham), prof. dr. J. Koldeweij (laatmiddeleeuwse insignes, Universiteit Nijmegen), prof. dr. Roger Langohr (Bodemkunde, Universiteit Gent), dr. Stef Louwye (micropaleontologisch onderzoek, Universiteit Gent), prof. dr. C. Loveluck (electrische weerstandsmetingen en magnetometrie, Universiteit Southampton), Jane Sidell (identificatie van eierschalen, Universiteit Londen (UCL)), dr. Harold Smith (steenkoolonderzoek, Universiteit Sheffield), prof. dr. Georges Stoops (micromorfologie, Universiteit Gent), Kris Strutt (electrische weerstandsmetingen en magnetometrie, universiteit Southampton), prof. dr. Wim Van Neer (archeozoölogisch onderzoek van visresten, Koninklijk Belgisch Instituut voor Natuurwetenschappen), Wim Wouters (identificatie van visbot, Koninklijk Belgisch Instituut voor Natuurwetenschappen), prof. dr. Eric Van Ranst (kleimineralogie, Universiteit Gent), ing. Marc Van Strydonck (^{14}C-dateringen, Koninklijk Instituut voor het Kunstpatrimonium (KIK), Brussel), wijlen dr. Alan Vince (micromorfologie en chemisch onderzoek van ceramiek, zelfstandig onderzoeker), Karel Vlierman (NISA, advies onderzoek van scheepshout), Penelope Walton-Rogers (onderzoek van textielresten, organische kleurstoffen en teer, zelfstandig onderzoeker York), prof. dr. David Williams (petrografie maalstenen en vijzels, Universiteit van Southampton), Bernie Willoughby (vizier van een helm, York) en Helmut Zibrowius (*Serpulidae*, Centre d'Oceanologie de Marseille).

U merkt het, de lijst van externe onderzoekers die aan het project Raversijde hebben bijgedragen, is zeer lang. Dit toont dan ook meteen afdoende aan dat een archeologische opgraving uitvoeren geen eenmanszaak is, maar het vooral een samenwerking is van heel wat mensen en niet in het minst van collega-onderzoekers.

Met die dank aan alle genoemden en niet genoemden, wens ik u verder veel lees- en onderzoeksgenot bij het doornemen van deze monografie over het onderzoek in Raversijde.

Marnix Pieters

1 Inleiding

Marnix Pieters

1.1 Situering van de archeologische site Raversijde

Het begrip 'site Raversijde' dekt zowel ruimtelijk als chronologisch een grote lading. Enerzijds betreft het immers prehistorische, Romeinse, middeleeuwse en latere objecten die al sinds de late 19de eeuw worden aangetroffen op een strandzone van om en bij de 2,5 km lang, ongeveer evenredig verdeeld over het grondgebied van Middelkerke en dat van de Oostendse wijk Raversijde (fig. 1), die nog tot 1970 tot de gemeente Middelkerke behoorde. Anderzijds was al geruime tijd geweten dat het middeleeuwse en vroegmoderne dorp zich eveneens uitstrekte achter – en wellicht dus ook onder – de huidige duinengordel. Meer bepaald betreft het de zone afgebakend door de Kalkaertstraat op de huidige grens van Middelkerke en Oostende, de Duinenstraat (met name het traject van de Graaf Jansdijk), de Nieuwpoortsesteenweg en het moderne Raversijde (fig. 1). Vooral het archeologische onderzoek in deze zone komt in dit boekdeel uitgebreid aan bod. Enkel de vondsten uit de pre- en protohistorie afkomstig van het strand worden in dit boek ook mee onder de loep genomen.

De onderzochte zone maakt landschappelijk en geografisch deel uit van de kustpolders en is m.a.w. gekenmerkt door hoofdzakelijk kleiige tot zeer kleiige bodems aan de oppervlakte en een relatief vlak reliëf met een hoogteligging grofweg tussen 3 en 4 m T.A.W. Bovendien zijn de bodems kalkrijk en nat, en dus uitermate geschikt voor de bewaring van archeologische resten en in het bijzonder van organisch materiaal zoals dierlijke botresten. De permanente grondwatertafel bevindt zich momenteel in de onderzochte zone op ongeveer 1,5 m diepte. Uit het archeologische onderzoek is af te leiden dat deze grondwatertafel sinds de 15de eeuw in de zones met een hoogteliggging van 4 m T.A.W. (m.a.w. zone Raversijde 92-95) nooit lang lager heeft gestaan dan 2,4-2,5 m T.A.W[2].

De nabijheid van de duinengordel maakt dat er niet alleen klei aanwezig is, maar gaandeweg ook redelijk wat duinzand de polders is ingewaaid. De dikte van deze zandige toplaag vermindert echter sterk richting binnenland en is ter hoogte van de Nieuwpoortsesteenweg, zo'n 300 m achter de duinen, in Raversijde al niet meer macroscopisch te herkennen, zelfs niet in de huidige ploeglaag. Nabij de duinengordel maakt dit zandige en humeuze pakket dat bovenop de waterophoudende kleilaag en de archeologische sporen (fig. 2) ligt en tot 80 cm dik kan zijn, ook de vruchtbaarheid van deze zone uit: lichte zandige en humusrijke sedimenten bovenaan en een waterophoudende kleilaag in de diepte. Deze zone stond vóór de toeristische (over?) exploitatie van het gebied gekend als een waardevolle tuinbouwzone met intensieve groenten- en bloementeelt van o.a. artisjokken, aardappelen, pompoenen, prei en narcissen.

1.2 Historiek van het onderzoek in Raversijde

Het historische onderzoek in Raversijde betreft enerzijds de materiële bronnen en anderzijds de geschreven bronnen. Bij allebei is ook een chronologische opdeling aangewezen met respectievelijk 1992 en 1995 als cesuur, omdat in de bovenvermelde jaren zowel de aard als de schaal van het onderzoek in belangrijke mate gewijzigd zijn.

1.2.1 Materiële bronnen onderzocht in de periode late 19de eeuw tot 1992

In deze eerste periode ging de archeologische aandacht hoofdzakelijk naar de sporen en de resten die bij laagtij op het strand van Middelkerke/Raversijde te zien waren. Deze site 'Raversijde' is in de archeologische literatuur vooral gekend vanwege Romeinse en laatmiddeleeuwse sporen en vondsten die, vóór de aanleg van de strandhoofden in Raversijde in het midden van de jaren 70 van de vorige eeuw, dag na dag bloot spoelden op het strand en steeds verder erodeerden. De aanleg van de strandhoofden heeft de erosie van het strand een halt toegeroepen en de archeologische sporen raakten zelfs bedekt met een zandlaag met variabele dikte. Tegen de huidige dijk aan is

2 Pieters 2002b, 239-240.

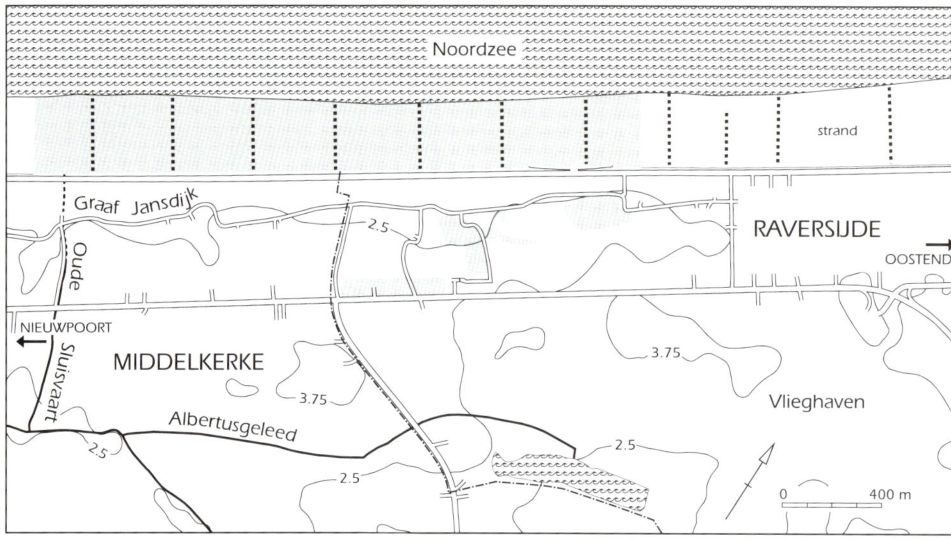

FIG. 1 Situatieplan van de site Raversijde. De grijze zones geven de archeologisch gevoelige zone op het strand weer samen met de zones die vlakdekkend archeologisch onderzocht zijn ten zuiden van de duinengordel sinds 1992.
Location map of the Raversijde site. The areas in grey show the zone on the beach containing archaeological remains as well as the zones behind the dune belt where intensive archaeological investigations have taken place since 1992.

deze laag vrij dun tot onbestaande, waardoor de klei daar soms nog zichtbaar is.

Geoloog Aimé Louis Rutot maakte als eerste onderzoeker melding van archeologische sporen op het strand. Bij een prospectie op 1 oktober 1896 merkte Rutot ongeveer ter hoogte van de geleidelichten in de nabijheid van de meest oostelijke toegangspoort aan de zeezijde tot het huidige provinciedomein Raversijde, resten van wegen of straten en palenrijen op, die hij interpreteerde als overblijfselen van een middeleeuws dorp. Naast ceramiekfragmenten vermeldde Rutot ook heel wat gele bakstenen. Deze resten strekten zich uit over een oppervlakte van ongeveer 1 ha (400 bij 25 m). Tussen 1896 en 1902-1903 bezocht Rutot deze vindplaats regelmatig opnieuw, maar kreeg ze naar eigen zeggen nooit meer zo goed te zien zoals in 1896[3] omdat ze steeds met zand bedekt was. Vermoedelijk als gevolg van de ontdekking door Rutot voerde de toenmalige *Service des Fouilles de l'Etat* van 1907 tot 1910 prospecties en kleine interventies op het strand van Raversijde[4] uit. Dit alles heeft – voor zover bekend – echter niet geleid tot publicaties, maar wel tot korte rapporten[5]. Uit een dossiermap met diverse documenten over Raversijde bezorgd door dr. Rene Borremans kan ook worden afgeleid dat de *Service des Fouilles* eerder al in 1903 prospecties of kleine interventies op het strand van Raversijde had ondernomen.

Vanaf 1920 bezochten Karel Loppens, evenals Rutot, geoloog en zijn echtgenote Elisabeth Vandenbroucke regelmatig het strand van Raversijde[6]. Hun in een boek beschreven observaties tonen ons onder meer hoe snel de golven de archeologische sporen op het strand konden uitvegen. Hoewel de klei met de middeleeuwse resten zich bij de eerste waarnemingen door Rutot in 1896 nog uitstrekte over een oppervlakte van ongeveer 1 ha, was dit drie decennia later reeds herleid tot een zone van ongeveer 0,6 ha[7].

Net als Rutot stelde Loppens op exact dezelfde plaats op het strand van Raversijde twee 'alignementen' van woningen vast: één op 45 m van de dijk en één op 100 m van de dijk[8]. Uit de

FIG. 2 Humeus zandige bovenlaag die nabij de Duinenstraat de archeologische sporen en de onderliggende klei afdekt.
The humic sandy topsoil overlying the archaeological features as well as the underlying polder clay near the Duinenstraat.

3 Rutot 1902-1903, 11-13.
4 Rahir 1928, Annexe XIII.
5 de Loë 1908, de Loë 1909a en b, de Loë 1911.
6 Loppens 1932, 122.
7 Loppens & Vandenbroucke 1929, 74.
8 Loppens 1932, 121-126.

aanwezigheid van diverse intacte ceramische recipiënten leidde Loppens o.a. af dat de bewoners van Walraversijde hals over kop waren gevlucht voor de opkomende zee. Zo werden er bijvoorbeeld haarden aangetroffen waarop nog houtskool lag. In 1928 kon Loppens enkele plattegronden van 'hutten' uit het eerste alignement op 45 m van de dijk meer in detail analyseren. Deze 'hutten' waren gebouwd met palen in elzenhout (diameter 8-9 cm) waartussen men takken (eveneens els, diameter 3-4 cm) had aangebracht die onderling vervlochten en met klei beplakt waren. De talrijke aangetroffen resten laten vermoeden dat het dak met riet bedekt was. Eén volledige plattegrond van 7 bij 4,25 m was ZZO/NNW georiënteerd en in twee ongelijke delen verdeeld. De ingang bevond zich in de westgevel nabij de zuidwestelijke hoek van het gebouw. De 1 m brede drempel was uit bakstenen vervaardigd. In de noordoosthoek van het gebouw bevond zich een stapel turf. 8 m ten westen van deze 'hut' bevond zich een tweede 'hut' met drie haarden. Eén haard was geplaatst op een bakstenen plaat van 1,7 m bij 1,25 m en met 85 bakstenen gelegd. De bakstenen plaat was afgeboord met op hun kant geplaatste bakstenen. Van een tweede haard, op 1 m van de eerstgenoemde, bleven enkel de afdrukken van de bakstenen in de klei over en een derde haard was klaarblijkelijk zonder bakstenen aangelegd. In het grootste huis vermeldde Loppens een halfcirkelvormige eiken plank met gaten waarin elzen takken waren gestoken[9]. Als mobiele vondsten vermeldde Loppens: loden opgerolde netverzwaringen, rieten manden en hopen mosselschelpen. Daarnaast is nog een pot met lege mosselschelpen gevonden, mooi in elkaar geschoven zoals we dat ook vandaag nog aan tafel doen. Over de nederzetting achter de duinen meldde Loppens enkel dat er nog dikke muren met een ogivaal venster van de kapel te zien waren[10]. De muntencollectie van Karel Loppens in het museum van de Duinenabdij in Koksijde[11] bevat o.a. ook zeven munten afkomstig van Raversijde. Deze munten dateren stuk voor stuk uit de Bourgondische periode en zijn geslagen in de regeerperioden van respectievelijk Filips de Stoute, Jan zonder Vrees, Filips de Goede en Maria van Bourgondië[12]. Een aantal van deze munten zijn afkomstig uit de duinen ter hoogte van de kapel van Raversijde[13].

Reeds vóór de Tweede Wereldoorlog werd de fakkel van het onderzoek in Raversijde overgenomen door André Chocqueel. Nadat hij een reeks artikels voor *Annales du Cercle Archéologique du Canton de Soignies*[14] had geschreven, wijdde hij in 1950 een volledig boek aan zijn waarnemingen en alle aspecten van zijn onderzoek op het strand[15] van Middelkerke-Raversijde-Mariakerke. Een groot deel van de door Chocqueel verzamelde objecten belandde in handen van de heemkundige kring *De Plate* die deze collectie tot op vandaag in opdracht van de stad Oostende beheert. Chocqueel bleef na de publicatie van zijn boek nog een tijd actief op het strand van Raversijde, daarvan getuigt alvast de vondst van een zogenaamde *erepapegaai* in ceramiek, gemeld in de *Courrier du Littoral* van 21 september 1952[16]. Deze strandvondsten hadden in de meeste gevallen geen precieze stratigrafische context, maar dit betekent niet dat ze als per definitie buiten context moeten worden bekeken. Het was voor Chocqueel dan ook niet altijd duidelijk tot welke van de bewoningsfasen (pre- of protohistorisch, Romeins, middeleeuws of postmiddeleeuws) de aangetroffen resten behoorden. Zo legde hij verkeerdelijk een verband tussen een aantal slijpstenen met langwerpige groeven[17] en benen voorwerpen van een zgn. protohistorische beenindustrie. Na onderzoek van de site achter de duinengordel is immers gebleken dat dergelijke slijpstenen met specifieke slijtagesporen ongetwijfeld thuishoorden in het 13de- en 14de-eeuwse vissersdorp en wellicht dienden om bijvoorbeeld de ijzeren vishaken aan te punten.

Naast Chocqueel hadden ook heel wat vorsers na de Tweede Wereldoorlog nog aandacht voor het strand van Middelkerke-Raversijde-Mariakerke. Een aantal onder hen publiceerden zelf hun vondsten of bevindingen, weliswaar na contact met een officiële instantie (zoals Louis Letocart[18], die onder meer een houten kam en een benen mesheft[19] heeft gevonden). Anderen, zoals Charles Leva, hebben hun vondsten voor onderzoek aan officiële instanties zoals de toenmalige Dienst voor Opgravingen afgestaan[20]. De tekeningen uit het dossier van dr. R. Borremans wijzen erop dat Leva o.a. een fragment van een *Knight Jug* uit Scarborough had gevonden.

Letocart moedigde zelfs merkwaardigerwijze op een maandelijkse reünie van de *Naturalisten van Mons en de Borinage* (die op zomervakantie gingen naar Middelkerke en Raversijde) aan om *archaeologica* in te zamelen om zo de geschiedenis van de plek te kunnen reconstrueren[21]. Geen wonder dus dat er zoveel materiaal van het strand van Raversijde verspreid is geraakt en op de meest onverwachte plaatsen opduikt. Het gemeentebestuur van Middelkerke speelt volgens een krantenartikel van Jos Lamote in de vroege jaren 60 zelfs een tijdje met de gedachte om de aanwezigheid van deze archeologische site als een toeristische troef uit te spelen door mensen aan te sporen om op het strand naar voorwerpen te komen zoeken[22].

Vanaf 1953 onderzocht dr. René Borremans meermaals het strand van Raversijde en kon in 1962 een aantal afvalputten en sporen van gebouwen over een afstand van iets meer dan één km in Middelkerke en Raversijde optekenen. Er werd hier echter nooit een gedetailleerd plan van gepubliceerd, maar wel een studie van de hierbij ingezamelde voorwerpen die afkomstig waren van vier door de auteur onderscheiden vindplaatsen[23]. De belangrijkste inspanningen ten aanzien van deze site werden

9 Onwillekeurig doet dit denken aan de bodemplaten van tonwaterputten met talrijke ronde perforaties waarvan de betekenis nog onduidelijk is, zie 4.3.3.8.2 Watervoorziening.

10 Loppens 1932, 126.

11 Van Gansbeke-Grothausen 1985 en 1986.

12 Van Gansbeke-Grothausen 1986, 37-38.

13 Van Gansbeke-Grothausen 1986, 59 voetnoot 2.

14 Chocqueel 1936a en b, 1937, 1940, 1942a, b en c, 1949.

15 Chocqueel 1950.

16 *Découverte du XIVe Siècle, Courrier du Littoral* 21.09.1952. Deze papegaai is volgens het krantenartikel door Chocqueel geschonken aan de heer Wandels, toenmalig voorzitter van de Sint-Sebastiaansgilde in Oostende. Na contactname met de Sint-Sebastiaansgilde is gebleken dat een dergelijk voorwerp in elk geval niet behoort tot het patrimonium van deze vereniging. Misschien is dit stuk nog in het bezit van één van de erfgenamen van de heer Wandels. Dit werd echter niet nagegaan in het kader van het onderzoek.

17 Chocqueel 1942b.

18 Letocart 1955.

19 Informatie dossier Dr. Rene Borremans.

20 Informatie dossier Dr. Rene Borremans.

21 Artikel in *La Province* van 22 maart 1995: Avec les naturalistes de Mons et du Borinage.

22 Jos Lamote, Wie wil opgravingen doen in zee in Middelkerke? Alle toeristen kunnen strandvissers worden..., 9 mei 1962.

23 Borremans 1963.

echter zonder twijfel geleverd door het echtpaar Etienne Cools en Agnès Mortier.

Etienne Cools en Agnès Mortier die nabij de site woonden, deden vooral in de jaren 60 en 70 van de 20ste eeuw systematisch archeologische observaties op het strand van Raversijde. Agnès Mortier was trouwens al van jongsaf begaan met de resten van het verdwenen middeleeuwse Walraversijde op het strand. Het was trouwens ook haar vader die op het strand van Raversijde de gouden Merovingische tremissis[24] had gevonden en deze aan de pastoor van Middelkerke bezorgde. In deze periode bouwden Etienne Cools en Agnès Mortier stukje bij beetje een aanzienlijke collectie met strandvondsten uit die ze steeds met zeer veel gedrevenheid onder de aandacht van verschillende wetenschappers brachten. Tot deze groep behoorden in eerste instantie de latere professoren Frans Verhaeghe en Hugo Thoen, toen assistenten aan het Seminarie voor Archeologie van de Gentse Universiteit onder leiding van professor dr. Sigfried De Laet. Dat Cools en Mortier bij hun activiteiten ook aandacht hadden voor de geofysische context van de door hen bestudeerde nederzettingen bewijst de boorcampagne die ze in 1976 door N.G. Vlaanderen, kwartairgeoloog van het Instituut voor Aardwetenschappen van Amsterdam, lieten uitvoeren[25].

Dat het strand van Raversijde bijzonder rijk en gevarieerd was aan allerlei erfgoedresten bewijst de aanwezigheid van een houten scheepswrak[26] dat in die tijd merkwaardig genoeg enkel belangstelling kreeg van biologen. De biologen lokaliseerden de boot en maakten er een rudimentaire schets van[27] maar waren logischerwijze vooral geïnteresseerd in de ecologische aspecten van dit scheepswrak.

Tot grote frustratie van Etienne Cools en Agnès Mortier werden er echter in de jaren 60-70 niet de nodige middelen noch de vereiste mankracht gevonden om grootschalig onderzoek op de door de golven bedreigde site Raversijde-strand uit te voeren. Hun activiteiten leidden ondertussen wel tot talrijke wetenschappelijke publicaties die o.a. vondsten uit de collectie Cools-Mortier behandelden[28]. Onder het vondstenmateriaal van het strand van Raversijde bevinden zich twee fragmenten van 'Scarborough waar': een fragment van een zogenaamde 'Knight Jug' en een tuitfragment van een aquamanile[29]. Een andere strandvondst, een met bloemmotieven versierde kruik, is opgenomen in een studie van Gerald Dunning[30]. Tot de strandvondsten van Raversijde behoorden ook een aantal objecten in baksteenwaar: niet minder dan 37 stuks[31] waarover E. Cools een studie schreef die nog steeds als referentie voor dit soort aardewerk wordt gebruikt. De collectie Cools-Mortier bevat ook een wandfragment van een tuitkan met een ongeveer 9 cm hoge tuit in oranje-rood, geglazuurd aardewerk. Op de hals van deze kan is een opgelegd en gemodelleerd gezichtsmasker te zien[32]. Veerle Van Doorne schreef in 1975 een licentiaatsthesis over het ceramische vondstenmateriaal[33], waarop helaas niet intensief werd verder gewerkt.

Wat de ceramiek betreft, lijken de strandvondsten van de collectie Cools-Mortier een aantal eigen karakteristieken te vertonen. Hoogversierd, rood aardewerk komt in iets hogere percentages voor dan de zelden overschreden 2 % kaap[34]. Geglazuurde, ondiepe schalen in rood aardewerk die kunnen verband houden met de kaasbereiding en die veelvuldig voorkomen in onder andere Lampernisse en Sint-Margriete, zijn daarentegen schaars onder de vondsten van Raversijde[35]. Braadpannen vertegenwoordigen dan weer 45 % van het rode aardewerk. 16 % van het grijze aardewerk uit Raversijde waren diepe kookkommen in een soort grijs aardewerk dat elders hoegenaamd niet gekend is. Deze kommen vertonen een geknikt profiel met een ondiep, gebogen onderste gedeelte onderaan en een recht gedeelte bovenaan dat min of meer verticaal staat. De vraag die hierbij rijst, is of dit type een subregionaal fenomeen is, verbonden met een ongekend productiecentrum of eerder een objecttype dat bij een gespecialiseerde activiteit zoals vis- of zoutbereiding hoort[36]. Deze vraag stelt zich ook vandaag – ongeveer 30 jaar later – nog altijd. Deze kommen kunnen niet exact gedateerd worden, maar horen in elk geval thuis in de periode 1250-1375.

Etienne Cools en Agnès Mortier hadden tevens oog voor zogenaamde ecofacten en zamelden systematisch botresten van zowel mens als dier in. Bij deze botresten bevinden zich o.a. een laatmiddeleeuwse van kapsporen voorziene wervel van een jonge potvis[37] en een laatmiddeleeuws menselijk skelet[38].

In het begin van de jaren 70 werden door prof. dr. H. Thoen met medewerking van Etienne Cools en Agnès Mortier op het strand van Raversijde een aantal houtconstructies opgetekend die geïnterpreteerd werden als onderdelen van een zoutkeet uit de Romeinse periode. Het begeleidende, archeologische materiaal wees op een gebruik van de zoutkeet op het einde van de 2de-3de eeuw[39]. Op het strand van Raversijde zijn eveneens sporen uit de 2de-3de eeuw gevonden die verwijzen naar lokale ijzerwinning[40]. Daarnaast zijn er door H. Thoen als ploegsporen geïnterpreteerde lineaire krassen in de klei en het oppervlakteveen geregistreerd[41].

Na het aanleggen van de strandhoofden in het midden van de jaren 70 werd het op het strand van Raversijde archeologisch stil. De site Raversijde kwam pas terug volop in de belangstelling toen het toenmalige Instituut voor het Archeologisch Patrimonium (IAP) en de provincie West-Vlaanderen samen in het voorjaar van 1992 het archeologisch onderzoek opstartten in de zone van de poldersite gelegen tussen de huidige duinen en de Nieuwpoortsesteenweg. Met dit preventieve onderzoek wilde men de geplande infrastructuurwerken in het kader van de ontwikkeling van het provinciedomein Raversijde systematisch laten voorafgaan door de archeologische opgraving van de rechtstreeks door werken bedreigde zones, die verder aan bod komen.

24 Pieters *et al.* 2010, 195.

25 Vlaanderen 1976, Rapport ter beschikking gesteld door wijlen Etienne Cools.

26 Het betrof vermoedelijk een 19de-eeuwse of vroeg-20ste-eeuwse vissersloep. Mondelinge mededeling Etienne Cools.

27 Jocqué & Van Damme 1971, 160.

28 Bij wijze van voorbeeld citeren we de volgende werken: Farmer 1979; Verhaeghe 1983a; Cools 1988; Verhaeghe 1989b; Sas 1992.

29 Farmer 1979, 36, 58.

30 Dunning 1968, 48-49.

31 Cools 1988, 27.

32 Verhaeghe 1989b, 69-70.

33 Van Doorne 1975.

34 Verhaeghe 1983a, 73.

35 Verhaeghe 1983a, 78.

36 Verhaeghe 1983a, 68, 86.

37 Van Neer & Ervynck 1993, 86.

38 Pieters *et al.* 2010, 199.

39 Thoen 1978, 86-89.

40 Thoen 1978, 98.

41 Thoen 1978, 99.

1.2.2 Materiële bronnen onderzocht in de periode 1992-2009

Van de site Raversijde-Polder is van 1992 tot en met 2005 niet minder dan 20.349 m^2 archeologisch onderzocht (fig. 3). Een zeer groot areaal naar archeologische maatstaven, maar landschappelijk en ten opzichte van het complexe bodemarchief blijft deze oppervlakte evenwel te beschouwen als een zeer uitgebreide en gedetailleerde bemonstering. Dit geldt in mindere mate voor het laatmiddeleeuwse bodemarchief maar des te meer voor het Romeinse en oudere bodemarchief. Dit wordt treffend geïllustreerd aan de hand van een Romeinse dijk[42] die pas in het najaar van 2005, na meer dan 10 jaar intensief onderzoek op het terrein (!), werd herkend. Dit is voor een belangrijk deel te wijten aan de complexiteit van het archeologische bodemarchief dat op verschillende manieren interfereert met de mariene sedimentatie. Het begrip moederbodem is in de polders immers een moeilijker te hanteren begrip: de moederbodem voor de middeleeuwse bewoning dekt bijvoorbeeld de sporen uit de Romeinse tijd af. Daarnaast heeft het bodemarchief in de Vlaamse polders vanaf de Romeinse periode tot het begin van de 20ste eeuw zwaar te lijden gehad onder de turfwinning. Deze turfwinning heeft op heel wat plaatsen het oudere bodemarchief grondig aangetast[43].

De bovenvermelde gezamenlijke oppervlakte is bereikt aan de hand van 160 sleuven (fig. 3). Deze zijn op het plan aangeduid met een cijfercombinatie waarbij de Arabische cijfers het jaar van opgraven weergeven en de Romeinse cijfers de nummers van de sleuven die in dat jaar zijn onderzocht. Bij deze sleuven dient onderscheid te worden gemaakt tussen zoeksleuven, gerichte prospectiesleuven en onderzoekssleuven. De zoeksleuven bevonden zich vooral langs de Nieuwpoortsesteenweg, in de zone B aangeduid op fig. 3. Deze zijn vooral bedoeld om een areaal af te toetsen op de aanwezigheid van zones met geconcentreerde archeologische informatie voorafgaand aan geplande infrastructuurwerken. In de vermelde voorbeelden volgde uit de onderzochte zoeksleuven geen verder onderzoek via vlakdekkende onderzoekssleuven. Dit was wel het geval bij de gerichte prospectiesleuven uitgezet in de zone met op basis van een eerste terreinverkenning veronderstelde aanwezigheid van geconcentreerd bodemarchief uit de late middeleeuwen. Op basis van dit soort sleuven uit 1992 (92/VI-92/XI) en 1993 (93/I-93/VI) werden de onderzoekssleuven van de jaren 1992-1995 uitgelegd.

De concrete inplanting van al deze sleuven werd in hoofdzaak gedicteerd vanuit de lokalisatie van de aan te leggen infrastructuur en de uit te voeren werken in het kader van de verdere realisatie van het provinciedomein Raversijde en dan vooral het onderdeel laatmiddeleeuws Walraversijde. Hierna volgt een kort overzicht van deze ingrepen waarbij telkens de gerelateerde sleuven tussen haakjes worden vermeld: de aanleg van een parking langs de Nieuwpoortsesteenweg (92/I-V, 92/XII-XXVII, 92/XXIX-XXXI, 93/IX-XII), de aanleg van een dienstparking langs de Duinenstraat (95/XIV, 96/I en II, 97/I, 98/I en III, 00/I), landschapsherstel in de zone onmiddellijk ten westen van het park (94/IV-XIV, 95/I-II, 97/VI-X), de bouw van een cafetaria (sleuven 97/V en 97/XI), de bouw van het bezoekerscentrum (99/II en III), de bouw van vier geëvoceerde laatmiddeleeuwse gebouwen (99/I), de aanleg van het archeologische openluchtpark Walraversijde (92/VI-XI, 92/XXVIII, 93/I-VIII, 94/I-II, 95/III, 95/V, 95/VIII-XIII, 99/IV-IX, 97/III-IV), de heraanleg van de toegang tot het memoriaal (95/IV, 01/I, 05/I) en landschapsherstel in de zone ten oosten van het park (03/I-XXVII, 03/XXX-XXXXV).

Van de in vlak onderzochte nederzetting worden in dit volume de opgravingsresultaten van de eerste 7 opgravingscampagnes behandeld, 1992-1998. Hierin zijn twee grote aaneengesloten blokken te onderscheiden die hierna respectievelijk Raversijde 92-95 en Raversijde 96-98 zullen genoemd worden (fig.408).

Tot slot zijn om onderzoeksredenen een aantal bijkomende verkennende sleufjes aangelegd met de bedoeling greep te krijgen op de verspreiding en de bewaringsgraad van het bodemarchief in de niet door infrastructuurwerken geaffecteerde zones: 94/III, 95/VI-VII, 96/III, 00/II, 02/I-IV & 03/XXVIII-XXIX. Via deze verkennende sleufjes zijn verschillende aanvullende onderdelen van de site onderzocht zoals een laatmiddeleeuwse dijk, delen van het wegennet, een zone met graven en de kapel.

Ondertussen is in 2007 en in 2009 ook verder onderzoek uitgevoerd in het meest westelijke deel van Walraversijde[44], meer specifiek op een terrein langs de Duinenstraat gelegen buiten het provinciedomein. Hier is het onderzoek uitgevoerd in anticipatie op de bouw van een reeks vakantiewoningen. In diezelfde periode is wel de kans verkeken om de heraanleg van de camping Oasis archeologisch te begeleiden. De terreinen ten noorden van de zoeksleuven uit 1992 en 2000 en ten westen van de dorpskern (fig. 3), met een op basis van geschreven bronnen verondersteld hoog archeologisch potentieel, zijn tot nog toe ontoegankelijk gebleven voor verkennend archeologisch onderzoek. Daarnaast krijgt sinds 2004 ook de strandsite hernieuwde archeologische aandacht[45].

Over het sinds 1992 ondernomen archeologisch onderzoek in Raversijde zijn de afgelopen 2 decennia al een aantal bijdragen gepubliceerd. Van de eerste drie opgravingscampagnes (1992-1994) werd er telkens in het daarop volgende jaar een interimverslag gepubliceerd in *Archeologie in Vlaanderen*[46]. In de jaren daarna werd de aandacht verlegd naar het publiceren van specifieke contexten (bv. platvissenkuil) of geselecteerde informatiedragers (bv. natuursteen en tonnen)[47]. Later werden ook bepaalde vondstengroepen onder de loep genomen zoals pelgrims- en andere insignes en Iberische majolica[48]. Een eerste algemene archeologische synthese werd in oktober 1997 voorgesteld in Brugge op het internationale congres *Medieval Europe* over middeleeuwse archeologie[49], een tweede op het volgende internationale congres over middeleeuwse archeologie in september 2002 in Basel[50] en een synthese met betrekking tot de drinkwatervoorziening werd in 2003 in Lyon voorgesteld[51]. Vanaf 1997 verlegde de focus zich in het kader van een doctoraatsonderzoek meer naar de andere vissersmilieus in het zuidelijke Noordzeegebied[52]. Een in 2003 georganiseerd colloquium 'Visserij, handel en piraterij' bracht een groot aantal specialisten

42 Pieters *et al.* 2006.
43 Pieters 2000.
44 Schynkel *et al.* 2010.
45 Gevaert 2007.
46 Pieters 1993, Pieters 1994 en Pieters 1995.
47 De Paepe & Pieters 1995; Pieters *et al.* 1995b; Van Neer & Pieters 1997, Pieters *et al.* 1998; Houbrechts & Pieters 1999; Pieters *et al.* 1999a.
48 Pieters *et al.* 2002; Pieters & Verhaeghe 2009.
49 Pieters 1997.
50 Pieters 2002a.
51 Pieters 2005.
52 Pieters 2002b.

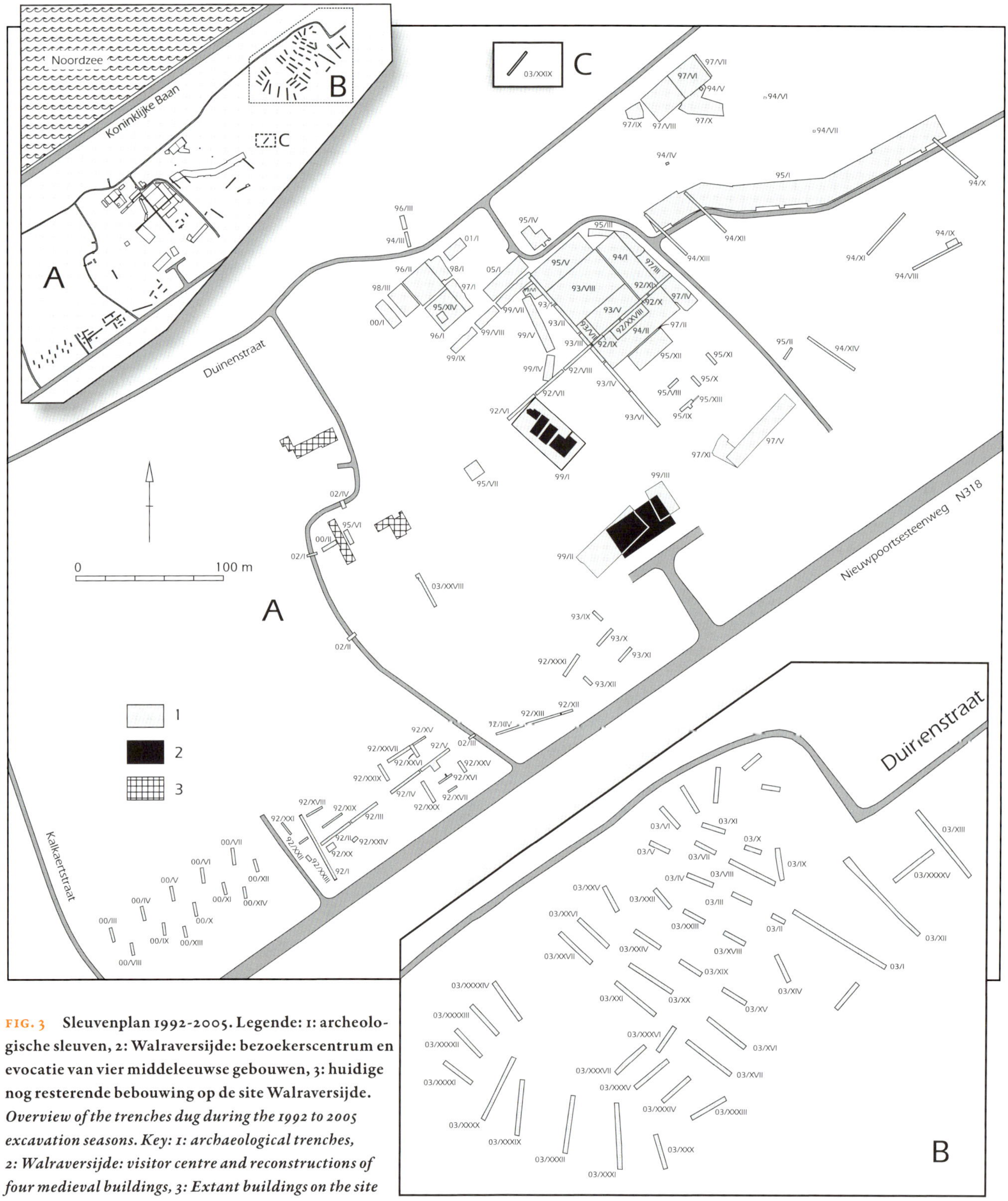

FIG. 3 Sleuvenplan 1992-2005. Legende: 1: archeologische sleuven, 2: Walraversijde: bezoekerscentrum en evocatie van vier middeleeuwse gebouwen, 3: huidige nog resterende bebouwing op de site Walraversijde.
Overview of the trenches dug during the 1992 to 2005 excavation seasons. Key: 1: archaeological trenches, 2: Walraversijde: visitor centre and reconstructions of four medieval buildings, 3: Extant buildings on the site of Walraversijde.

rond deze thema's in Raversijde samen. De bijdragen tot dit colloquium werden in 2006 gepubliceerd in de reeks Monografieën van 'Archeologie in Vlaanderen'[53].

Van bij de start van het onderzoek werd ook heel veel aandacht besteed aan de ontsluiting van de onderzoeksresultaten naar het brede publiek vooral aan de hand van tijdelijke tentoonstellingen, lezingen en rondleidingen op de site o.a. ter gelegenheid van Open Monumentendag. De werking naar het grote publiek toe culmineerde op 24 juni 2000[54] met de plechtige openstelling van een museum over deze site. Dit bevat een

53 Pieters, Verhaeghe & Gevaert 2006.

54 Kightly *et al.* 2000; Kightly *et al.* 2003.

evocatie van 4 gebouwen met alles erop en eraan, een opgravingsreconstructie en een interpretatiecentrum. Vanaf 2002 werd actief ingezet op steeds wisselende tentoonstellingen in de inkomhal van het bezoekerscentrum van het provinciedomein Raversijde, waarbij de focus verder werd opengetrokken naar het maritiem archeologische erfgoed in zijn totaliteit[55] of naar uitbreidingen van de permanente opstelling[56].

Sinds de openstelling hebben ruim 200.000 bezoekers het museum over de middeleeuwse vissersnederzetting bezocht en op die manier kennisgemaakt met het archeologische erfgoed dat Vlaamse vissers in de late middeleeuwen hebben nagelaten. Op die manier levert dit museum een zeer belangrijke bijdrage aan de versterking van het draagvlak voor erfgoed en archeologisch erfgoed in het bijzonder.

In het volgende deel bekijken we de situatie met betrekking tot de geschreven bronnen.

1.2.3 Onderzoek van de geschreven bronnen tot 1995

De geschiedenis van Walraversijde of deelaspecten ervan maken het voorwerp uit van een behoorlijk aantal publicaties. Door Daan Inghelram is er zelfs een roman over geschreven met als titel *Walrave's Yde*. De eerste uitgave van deze roman werd gepubliceerd in september 1943[57]. In 2003 wijdde Agnès Mortier een dichtbundel aan de site Raversijde met als titel: 'Ode aan Walraeve's Yde'[58]. In 2004 ten slotte verscheen bij het Davidsfonds het jeugdboek 'De roep van zotte Lotte'[59] van Hedwig van de Velde, geïnspireerd op de lotgevallen van het verdwenen vissersdorp.

Zoals wel vaker het geval is bij het opstellen van een geschiedenis van een dorp of een gehucht werd er op de eerste plaats aandacht besteed aan het grootste gebouw van de nederzetting, *in casu* de kapel (fig. 86). Dit is ook begrijpbaar vermits dit het enige duidelijk herkenbare relict van het verdwenen dorp was, dat nog tot in het midden van de 19de eeuw duidelijk te zien was. De kapel werd in 1858 vermeld door J. Gaillard die sprak van een Onze-Lieve-Vrouw Kapel, een aantal grafstenen beschreef en enkele details over de glasramen gaf[60]. In 1884 vermeldde Emile Vanden Bussche in zijn inventaris van het Rijksarchief van Brugge dat bij de rekeningen van de kerk van Middelkerke ook deze van de kapel van Walraversijde waren opgenomen. Uit deze rekeningen kan worden afgeleid dat de kapel in de vroege 18de eeuw zo bouwvallig was dat ze in 1735 grotendeels instortte[61]. In de daaropvolgende jaren werden de stenen van de kapel verkocht[62]. Baron Bethune publiceerde in 1900 wat informatie over de kapel van Walraversijde o.a. gepuurd uit manuscripten van Corneille Gaillard die in het midden van de 16de eeuw de kapel van Walraversijde had bezocht[63]. Nadat grote delen van de kapel ingestort waren, blijft enkel de toren nog tot rond 1860 overeind. Deze toren functioneerde lange tijd als zeebaak[64] en vormde een populair oord voor zondagse wandelingen of uitstappen vanuit Oostende tot het in de 19de eeuw werd afgebroken[65]. Dichter Dautzenberg wijdde zelfs een gedicht aan deze toren[66].

De meest volledige studie gewijd aan de kapel van Walraversijde is van de hand van M. English[67]. Volgens deze laatste was de kapel gewijd aan Johannes de Doper (Sint-Jan-Baptist). De kapel bestond vermoedelijk uit een middenbeuk, een noordbeuk met een Maria-altaar en een zuidbeuk met een altaar van Sint-Sebastiaan. Vermits Jan van Vassenare (overleden in 1438) er begraven lag, bestond de kapel minstens al in dit jaar. Voor de bouw van een eigen kapel in Walraversijde dienden de vissers naar de kerk te gaan in Middelkerke. Dit zijn situaties die nog worden vastgesteld in de context van vissersdorpen zoals in de 18de eeuw in Zoutkamp (Groningen, Nederland)[68]. De bewoners kerkten daar tot de bouw van een eigen kerk in het naburige Vierhuizen. English vermeldde verder nog een ganse reeks personen zoals Willem van Halewijn (overleden in 1455) als medestichter van de kapel, Cornelis Hidde en zijn gezellen als *Manboirs ende Regierders vander Capellen* in 1479, Pieter van Vassenare als schenker aan de kapel en verder ook nog leden van de Reyphins en de Heijns als personen die in de kapel begraven waren[69]. Tijdens de godsdiensttroebelen in de 2de helft van de 16de eeuw raakte de kapel volledig vervallen. In 1633 werd één (slechts één?) van de beuken door de kerkmeester van Middelkerke hersteld. Uit de geschreven bronnen kan worden afgeleid dat het dak in deze periode met schaliën werd gedicht[70]. In 1640 werd gestart met een eerste fase van recuperatie van herbruikbare materialen. Dit hergebruik mikte vooral op de zogenaamde losse stenen van de niet gerestaureerde gedeelten van de kapel. Uit enkele reacties blijkt dat bepaalde nog stevig gemetste muren ook werden afgebroken. De jaren 1734-1735 betekenden het einde voor de kapel. Een dekanale visitatie in 1734 verklaarde dat de kapel zo goed als vernield was en – veelbetekenend – dat het er gehouden sint-Jansfeest (24 juni) verplaatst was naar Middelkerke[71].

Edward Vlietinck publiceerde in 1889 de eerste globale synthese van de geschiedenis van de nederzetting Walraversijde in haar totaliteit. Deze was gebaseerd op tal van geschreven bronnen die de auteur had geanalyseerd en die hij zorgvuldig in zijn werk aanhaalde[72]. De belangrijkste bronnen werden zelfs achteraan in het boekje afgedrukt. Twee branden in het stadsarchief van Oostende (Eerste en Tweede Wereldoorlog) hebben een aantal van de voor deze studie gebruikte bronnen echter vernield. Deze studie is de basis voor de geschiedenis van Walraversijde gebleven tot de studies van M. English voor wat de kapel betreft en deze van Dries Tys voor de totaliteit van de geschiedenis van Walraversijde en omgeving[73].

Robert de Beaucourt de Noortvelde[74] publiceerde in 1898 een Franstalig werk over de geschiedenis van *Ravesy-sur-Mer*, want naar eigen zeggen was dat tot dan toe enkel in het Vlaams beschikbaar (*sic!*), waarmee hij alludeerde op het eerder besproken werk van Edward Vlietinck. Het werk van de Beaucourt de Noortvelde was verre van een Franse vertaling van het werk van Vlietinck, het is immers minder historisch en bevat vooral heel

55 Caluwé *et al.* 2003; Pieters *et al.* 2005; Zeebroek *et al.* (red.) 2007.
56 Pieters *et al.* 2004; Gevaert 2007.
57 Inghelram 1943.
58 Mortier 2003.
59 Van de Velde 2004.
60 Gaillard 1858, 58.
61 Vanden Bussche 1884, 447.
62 Vlietinck 1889a, 43.
63 Baron Bethune 1900, 357.
64 Vlietinck 1889a, 45.
65 Appreciatie ontleend aan Vlietinck Edward.
66 Dit gedicht is afgedrukt in Vlietinck *s.d.*, 48.
67 English 1960.
68 Buursma *s.d.*
69 English 1960, 229-230.
70 English 1960, 231.
71 English 1960, 234.
72 Vlietinck 1889a.
73 Tys 1996.
74 De Beaucourt de Noortvelde 1898.

wat bruikbare informatie voor de laat-19de-eeuwse/vroeg-20ste-eeuwse toerist. Achteraan de publicatie is wel net als bij Vlietinck een lijst van *pièces justificatives* afgedrukt.

In de door Vanneste en Ingelaere geschreven monografie over Middelkerke wordt uiteraard ook de toenmalige wijk Raversijde (pas op 1 januari 1971 overgeheveld naar Oostende) besproken[75]. De historische informatie omtrent Walraversijde is vooral gebaseerd op de publicaties van Vlietinck.

De lotgevallen van het vissersdorp Walraversijde werden eveneens besproken door Marcel Coornaert in een bijdrage over de historische geografie van het Brugse Vrije. Hij steunt daarvoor echter voornamelijk op Edward Vlietinck, Karel De Flou en Roger Degryse[76]. Walraversijde komt daarnaast regelmatig aan bod in de gekende boeken van Marcel Coornaert over Knokke, Heist en Ramskapelle en Westkapelle[77] en in diverse historische publicaties over maritieme thema's zoals visserij[78]. Verder verschijnen in lokale tijdschriften nog een aantal bijdragen omtrent de geschiedenis van Raversijde. Deze steunen echter hoofdzakelijk op bestaande literatuur, zoals de bijdrage van Dirk Beirens[79] die een tekst van Karel Jonchheere over Raversijde met wat duiding opnieuw in de belangstelling bracht.

Aan de betekenis van de plaatsnaam Walraversijde[80]/Walravenside die eindigt op het achtervoegsel '-ide/-yde' werd door allerhande onderzoekers heel wat aandacht besteed. Hoewel dit geen echt concrete informatie over Walraversijde geeft, is het toch ook nuttig om hiervan een kort overzicht te schetsen.

Vlietinck besluit in zijn studie over de 'Yden van Vlaanderen' uit 1936 dat plaatsnamen eindigend op '-ide/-yde' duiden op een plaats waar men kon aanleggen en afvaren zonder behulp van een geul, gewoon op het strand dus[81]. Er bestaat zelfs een werkwoord 'hyden'. In een Oostendse rekening uit 1403 wordt vermeld: "als men de bakine stac omme de harijnc scepe te hydene"[82]. Volgens Loppens zijn deze landingsplaatsen wel degelijk steeds gekoppeld aan een stroom (lees: getijdengeul) die de haven of landingsplaats van verzanding vrijwaart[83].

Het achtervoegsel '-ide' of '-yde' komt overeen met het Engelse 'hythe' dat staat voor: landingsplaats voor boten[84]. Dat het ontstaan van deze plaatsnaam tot de 9de eeuw terugkeert, toont de informatie van enkele sites met dit toponiem in Engeland. In de late 9de eeuw onder Koning *Alfred the Great* werd in London de oude ommuurde stad uit de Romeinse periode opnieuw bewoond. Een van de kernen van de toenmalige bewoning langs de Thames droeg de naam Aethelred's Hythe, later gekend als Queenhithe[85]. Deze vroege haven bestond wellicht enkel uit een strand waarop kooplui hun boten trokken om daar dan hun producten aan de man te brengen[86]. Lambeth, stroomopwaarts de Thames, heette in 1086 'Lambethhythe' waarmee de plaatsnaam verwijst naar ofwel een aanlegplaats van waaruit lammeren werden verscheept ofwel naar een modderige aanlegplaats[87]. Aan deze kant van het Kanaal gaan de oudste geschreven attestaties van 'yde-nederzettingen' terug tot de eerste helft van de 13de eeuw, maar kan het ontstaan van de meeste zonder probleem in de periode 11de-12de eeuw gesitueerd worden. Deze yde-naamgeving is in het midden van de 13de eeuw in elk geval nog semantisch actief zoals Nieuwe Yde aantoont[88].

Vanuit deze betekenissen bekeken gaat Walraversijde terug op de 'ide/yde' aanlegplaats van een zekere Walraf waarvan tot nog toe elk verder spoor in de geschreven bronnen ontbreekt. Het ide/yde-toponiem is in elk geval een belangrijk element in de problematiek rond het ontstaan van deze nederzetting, maar dit komt verder nog aan bod (hoofdstuk 3.4.4.).

1.2.4 Onderzoek van de geschreven bronnen vanaf 1995

De meest recente studie met focus op Walraversijde is van de hand van Dries Tys[89]. Zoals de titel ook aangeeft betreft het een historische landschapsstudie van middeleeuws en later (Wal) Raversijde, in het kader van een licentieverhandeling onder leiding van Prof. Dr. F. Verhaeghe aan de Universiteit Gent. Deze retrogressieve landschapsstudie biedt een nieuw inzicht in de bewoningsgeschiedenis van dit deel van de kustvlakte. Een eerste verslag van dit onderzoek werd gebracht op het congres 'Medieval Europe' in Brugge in september 1997[90]. Dit onderzoek werd daarna hernomen en uitgebreid in het kader van de doctoraatsverhandeling van dezelfde auteur[91] en resulteerde in tal van vernieuwende inzichten met betrekking tot de bewoningsgeschiedenis van de kustvlakte. De nieuwe inzichten toegepast op het ontstaan en evolueren van Walraversijde werden gebracht in een aantal recente publicaties[92].

Recentelijk heeft de provincie West-Vlaanderen extra onderzoek laten uitvoeren in Engelse archieven met de bedoeling bijkomende informatie in te winnen over de activiteiten van de vissers van Walraversijde en andere kustplaatsen van het graafschap Vlaanderen vooral in relatie tot het Engelse koninkrijk. Dit resulteerde in drie ongepubliceerde rapporten[93] die heel wat nieuwe informatie bevatten over de maritieme gemeenschap van Walraversijde. Zo komen we bijvoorbeeld heel wat extra informatie op het spoor over namen van schepen en schippers uit Walraversijde.

Uit de voorgaande bladzijden blijkt duidelijk dat er al heel wat onderzoekswerk is verricht naar het middeleeuwse en vroegmoderne Walraversijde en dit op basis van zowel de materiële als geschreven bronnen. Weinig archeologische vindplaatsen zijn echter zo goed bedeeld op dit vlak. Deze informatie vormde dan ook een uitstekend vertrekpunt voor het verdere onderzoek. De resultaten daarvan worden hierna behandeld vanaf hoofdstuk 2 met het onderzoek naar het fysische kader en de landschappelijke achtergronden, m.a.w. de basis voor de verdere evolutie waarin de rol van de mens steeds belangrijker werd.

—

75 Vanneste & Ingelaere 1959, 36-44.
76 Coornaert 1985, 11-13.
77 Coornaert 1974, 1976 & 1981.
78 Degryse 1951a, 1972, 1980a en 1994; Paviot 1995; Vandewalle 1972; Vanhoutryve 1975; Vlietinck 1897 en 1936.
79 Beirens 1992.
80 In deze publicatie zullen we steeds spreken van 'Walraversijde' als we het over het middeleeuwse en vroegmoderne vissersdorp hebben. We gebruiken zoals in de titel Raversijde als we verwijzen naar de huidige wijk van Oostende.
81 Vlietinck 1936, 28.
82 Desnerck 1974, 63.
83 Loppens 1938, 292.
84 Russett 1991.
85 Thomas 2002, 3, 11 en 79.
86 Thomas 2002, 12.
87 Killock *et al.* 2003, 31.
88 Lehouck 2010.
89 Tys 1996.
90 Tys 1997.
91 Tys 2003.
92 Tys 2006; Tys & Pieters 2009.
93 Williams 2008; Kightly 2009 & Kightly 2011.

2 Het fysische kader en de landschappelijke achtergronden van de site Walraversijde

Vooraleer we de analyse en interpretatie van de laatmiddeleeuwse archeologische sporen en resten aan de vissersnederzetting Walraversijde koppelen, is het nuttig om eerst een blik te werpen op de bodem en de ondergrond van Raversijde (hoofdstuk 2 en 3), met andere woorden op het 'erfgoed' waarmee de bewoners van Walraversijde in de late middeleeuwen aan de slag zijn gegaan. Deze ondergrond is – zoals hierna wordt aangetoond – het resultaat van een samenspel tussen natuurlijke en antropogene factoren en processen.

In hoofdstuk 2 brengen we de verschillende studies samen die vooral via natuurwetenschappelijke methoden de complexe genese van het landschap voorafgaand aan het laatmiddeleeuwse vissersdorp willen ontrafelen. De concrete aanleiding hiertoe was het grondige terreinonderzoek van allerhande diepere structuren van deze nederzetting, zoals water- en beerputtten, dat tijdens de opgravingsfase regelmatig betekenisvolle bodemprofielen aan het licht bracht. Deze profielen riepen op hun beurt allerlei vragen op die na onderzoek nieuwe inzichten op de bodemevolutie van de streek boden. Het vertrekpunt hiervoor zijn de betekenisvolle bodemprofielen die in hoofdstuk 2.1 in een coherent geheel zijn samengebracht, waarop vervolgens allerlei onderzoeken zijn uitgevoerd (*cf.* 2.2 tot 2.5). In 2.6 volgen een aantal besluiten over de verschillende disciplines heen.

In hoofdstuk 3 wordt vervolgens in detail ingegaan op de sporen en aanwijzingen van menselijke activiteiten voorafgaand aan de laatmiddeleeuwse bewonigsfase.

2.1 De laat-holocene afzettingen van de site Raversijde

Cecile Baeteman & Marnix Pieters

2.1.1 Inleiding

Met het oog op een voldoende kwalitatief onderzoek van de talrijke ingegraven laatmiddeleeuwse archeologische structuren, vooral water- en beerputten, van de site Walraversijde, werden aansluitend aan deze structuren putten uitgegraven tot aan het oppervlakteveen om enerzijds de eventuele impact van deze structuren op de ondergrond te achterhalen en om anderzijds inzicht te verwerven in de stratigrafische opbouw van de kwartaire afzettingen boven het oppervlakteveen. De vrijgekomen profielen (o.a. A tot G, fig. 4-5) werden in de loop van verschillende jaren stratigrafisch en sedimentologisch opgenomen en bemonsterd voor ouderdomsbepaling met radiokoolstof, voor onderzoek van pollen en diatomeeën en voor fysisch-chemische analysen. Enkel de profielen E en G reikten niet tot in het oppervlakteveen. De radiokoolstofdateringen[94] (tabel 1) werden gekalibreerd en worden gegeven in kalenderjaren voor heden (cal BP) en kalenderjaren BC/AD. De onderzoeksresultaten van pollen en diatomeeën en van de fysisch-chemische analysen worden weergegeven in de tabellen 2 tot 6.

Fig. 5 brengt een synthese van de profielen (A-G) met aanduiding van de belangrijkste eenheden. De top van de profielen werd op absoluut niveau T.A.W.[95] gebracht. Aangezien de profielen meestal uitgegraven werden binnen de opgravingsvlakken, ontbreekt haast systematisch het gedeelte vanaf de top van het profiel tot aan het oorspronkelijke oppervlak (van vóór de opgraving). De subrecente ploeglaag en meestal ook het laatmiddeleeuwse/vroegmoderne archeologische pakket zijn dus niet weergegeven. Vijf profielen worden hier telkens van onder naar boven stratigrafisch beschreven. De profielen F en G zijn als bijkomende informatie toegevoegd zonder stratigrafische beschrijving. F is opgenomen ter hoogte van opgevulde, wellicht Romeinse, veenwinningsputten nabij de Nieuwpoortsesteenweg[96] (*cf. infra*). Profiel G geeft een goed idee van de aard en het niveau van het laatmiddeleeuwse loopvlak in de opgegraven zone (op de grens van de sleuven 93/VIII en 94/I) voorafgaand aan de uitleg van het vissersdorp.

94 Zie o.a. van Strydonck *et al.* 1998, 44-45; van Strydonck *et al.* 2001, 16 & 41.

95 TAW: Tweede Algemene Waterpassing. Het nulpunt is het gemiddelde laagwaterniveau bij springtij in Oostende.

96 Pieters 1993.

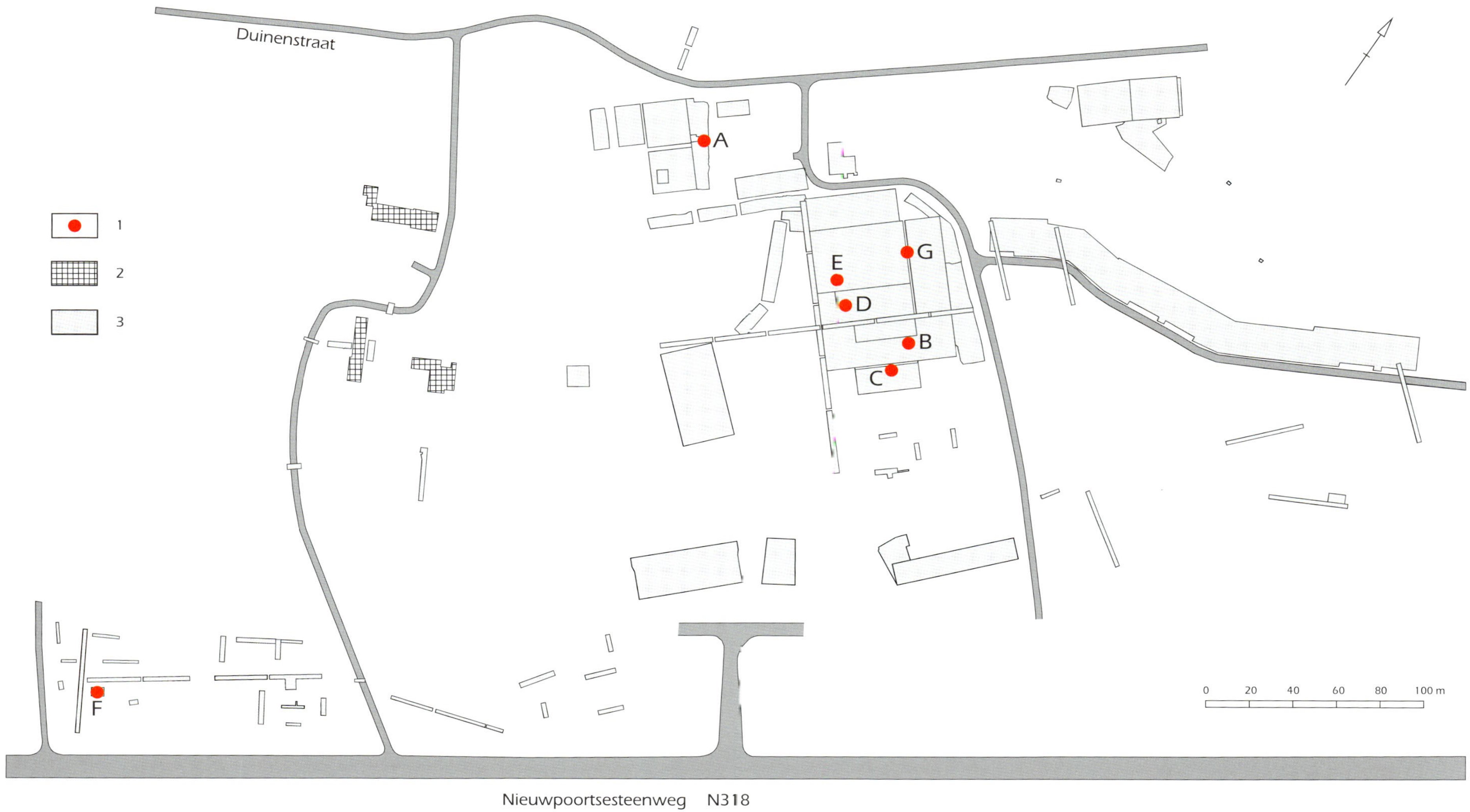

FIG. 4 **Locatiekaart van de site met situering van de besproken bodemprofielen. Legende: 1: bodemprofielen, 2: resterende bebouwing, 3: archeologische sleuven.**
Site map indicating the locations of the stratigraphic sequences discussed. Key: 1: stratigraphic sequences, 2: extant buildings, 3: archaeological trenches.

TABEL 1
Radiokoolstofdateringen.
Radiocarbon dates.

Profiel	materiaal	absolute hoogte m TAW	ouderdom ¹⁴C jaren BP	gecalibreerde ouderdom cal BC/AD	2 sigma cal BP	lab. nr
A 1, nr 1	*Scrobicularia*	0.80	2600 ± 30	405-182 BC	2355-2132	UtC 7609
A 1, nr 2	*Scrobicularia*	1.40	2430 ± 50	295 BC-54 AD	2245-1896	UtC 7246
A 1, nr 3	vegetatiehorizont	1.47	2160 ± 60	368 BC-46 AD	2318-1904	UtC 6732
A 1, nr 4	*Scrobicularia*	1.70	2490 ± 50	350 BC-31 AD	2300-1919	UtC 6729
A 1, nr 5	*Scrobicularia*	1.80	2525 ± 30	258-140 BC	2208-2090	UtC 7608
B	vegetatiehorizont	1.50	3190 ± 35	1515-1403 BC	3465-3353	UtC 6004
C, nr 1	basis veen	0.30	4275 ± 40	2926-2863 BC	4876-4813	UtC 6733
C, nr 2	*Hydrobia*	1.40	2840 ± 130	925-290 BC	2875-2240	UtC 7070
C, nr 3	*Hydrobia*	1.75	2740 ± 60	733-354 BC	2683-2304	UtC 6742
C, nr 4	*Hydrobia*	2.00	2740 ± 50	717-364 BC	2667-2314	UtC 7069
C, nr 5	*Cerastoderma*	2.55	2370 ± 60	206 BC-141 AD	2156-1809	UtC 7071
C, nr 6	*Hydrobia*	2.55	2550 ± 140	679 BC-86 AD	2629-1864	UtC 7072
D, nr. 1	top veen	1.06	2635 ± 35	850-760 BC	2800-2710	KIA-20052
D, nr. 2	einde taxuskurve	0.42	4035 ± 30	2630-2470 BC	4580-4420	KIA-24488
D, nr. 3	basis veen	0.17	4395 ± 30	3100-2910 BC	5050-4860	KIA-20051
E, nr 1	venig niveau	2.65	3440 ± 30	1783-1672 BC	3733-3622	UtC-4733
E, nr 2	houtskool	2.78	3990 ± 40	2588-2399 BC	4538-4349	UtC-5117
E, nr 3	venig niveau	2.60	3975 ± 30	2508-2450 BC	4458-4400	UtC-5113
F, nr 1	*Scrobicularia*	2.00	1720 ± 60	547-840 AD	1403-1110	UtC 3448
	Cerastoderma	0,86	2470 ± 30	318 BC-31 AD	2268-1919	IRPA 1239
	Cerastoderma	2.35	2410 ± 30	199 BC-47AD	2149-1903	UtC 7606
	krabben	0.00	2810 ± 30	753 – 431 BC	2703-2381	KIA-30970

2.1.2 Beschrijving van de profielen

2.1.2.1 Profiel A

De Lambert-coördinaten zijn 211,100 noord; 43,651 oost. Profiel A is gesitueerd in de noordhoek van sleuf 97/I (fig. 4). Twee wanden van sleuf 97/I werden in detail opgenomen: de noordelijke wand (profiel A2) en de oostelijke wand (A1).
Hieronder volgt de stratigrafische beschrijving en de interpretatie van het sedimentaire afzettingsmilieu.

2.1.2.1.1 Profiel A1

Bij profiel A1 bevindt de top van het oppervlakteveen zich op ca. +0,90 m T.A.W (fig. 6). Het oppervlakteveen is bedekt met een 50 cm dikke blauwgrijze klei die een regelmatige haarfijne afwisseling van klei/silt vertoont. Zowel boven- als onderaan in het kleipakket werden sporadisch dubbelkleppige *Scrobicularia plana* gevonden die gedateerd werden op 2355-2132 (op +0,80 m, nr. 1 van profiel A1 in tabel 1) en 2245-1896 cal BP (op +1,40 m, nr. 2 van profiel A1 in tabel 1). *Scrobicularia plana* of platte slijkgapers zijn typische slikwadschelpen. In het onderste gedeelte werden enkele verspoelde juveniele exemplaren van *Cerastoderma edule* aangetroffen. Bovenaan wordt de klei fijn brokkelig met vegetatiedoorgroeiingen wat wijst op een verlanding en fysische rijping. Het grondplan van de klei net onder de vegetatiehorizont toont duidelijk een polygonaal patroon gevormd door krimpscheuren (fig. 7). De aanwezigheid van krimpscheuren impliceert dat de top van het pakket tijdelijk was uitgedroogd en aan de oppervlakte lag toen de grondwatertafel verlaagde tot minstens het niveau tot waar de krimpscheuren reiken of er nog wat onder gezien de capillaire stijging van water in klei. Wanneer waterverzadigde klei aan de oppervlakte volledig uitdroogt en in geval het om zwellende en krimpende kleien gaat, kan een polygonaal patroon van scheuren ontstaan[97].

97 Reineck & Singh 1973, 50-51; Nichols 1999, 58.

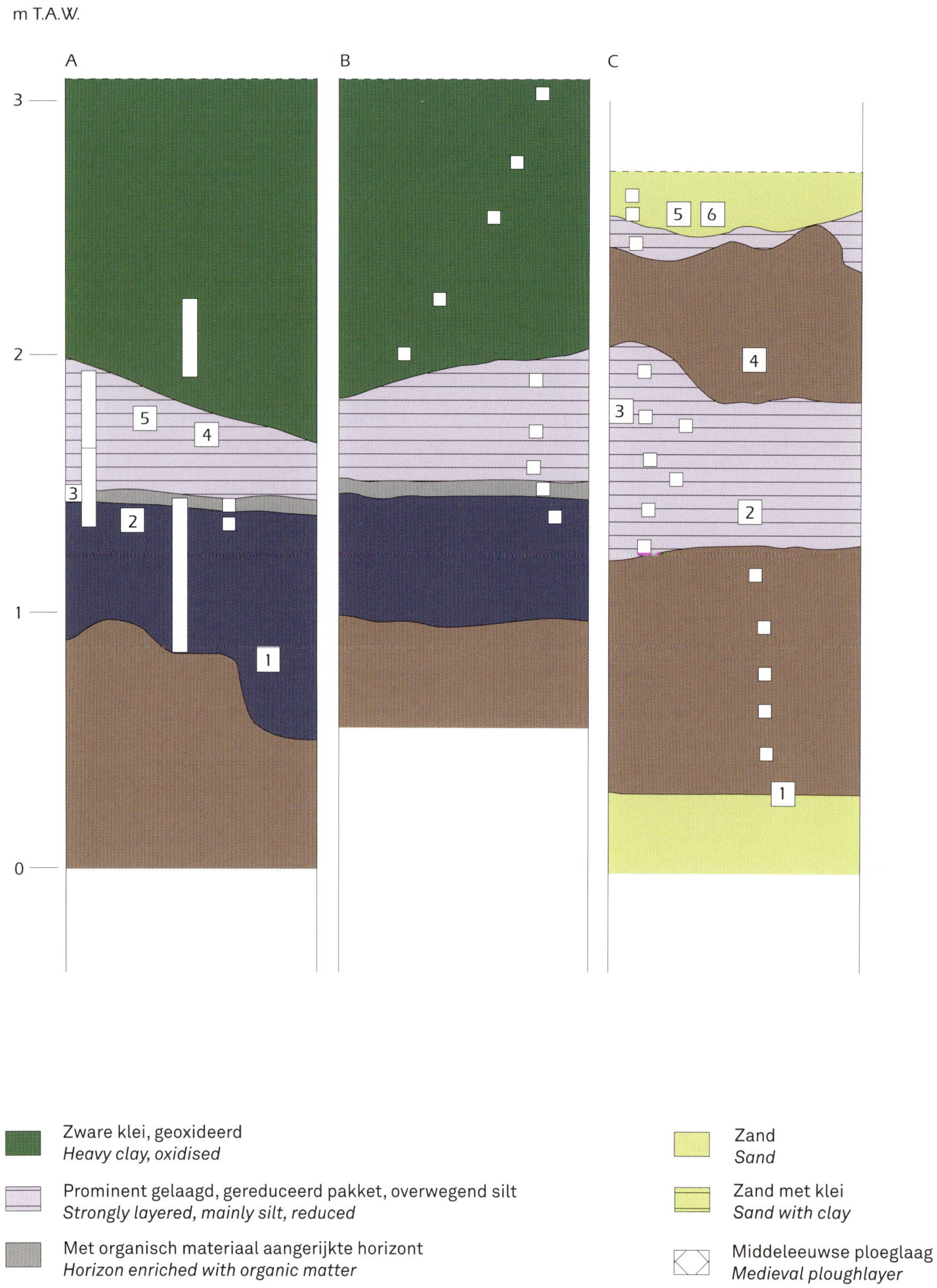

FIG. 5 **Schematische synthese van de besproken profielen met aanduiding van de grote eenheden en monsternames.**
Schematic synthesis of the stratigraphic sequences discussed indicating the main stratigraphic units as well as the sample locations.

D
E
F
G
m T.A.W.
3
2
1
0
1
2
3
4
Pedogenetisch gestructureerde en gereduceerde klei, B-horizont
Pedogenetically structured and reduced clay, B-horizon
Opvulling van veenwinningsputten
Fill of peat-cutting pits
Zware klei met rietdoorgroeiing, gereduceerd
Heavy clay with reed roots, reduced
Veen
Peat
C14-stalen
C14-samples
Pollenstalen
Pollen samples
Andere stalen
Other samples
0
1 m

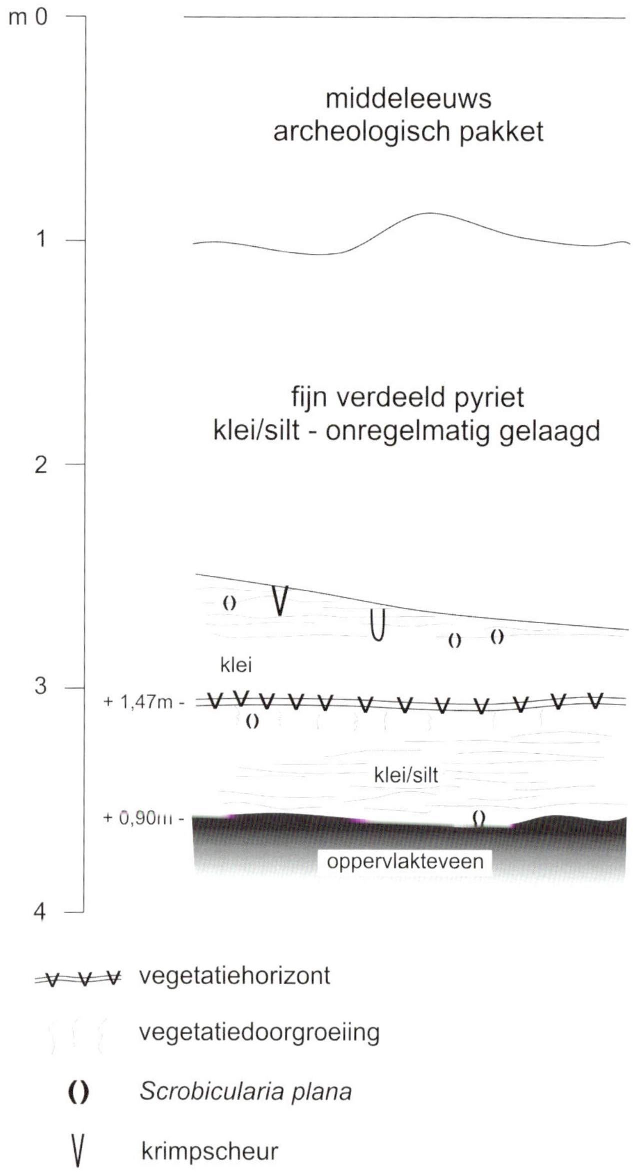

FIG. 6 **Stratigrafische schets van profiel A1. De verticale schaal geeft de diepte vanaf het maaiveld weer.**
Schematic representation of sequence A1. The vertical scale shows the depth from the ploughsoil.

FIG. 7 **Foto van het grondplan van de klei net onder de vegetatiehorizont met een polygonale structuur veroorzaakt door krimpscheuren.**
The clay layer immediately below the soil in plan, showing a polygonal pattern resulting from repeated shrinking and swelling.

Op +1,47 m is de klei afgedekt met een dun organisch laagje (10 % organisch materiaal op de plaats van bemonstering, *cf.* tabel 2; monster 97304) dat via ^{14}C-onderzoek gedateerd werd op 2318-1996 cal BP (368 BC-46 AD, nr. 3 van profiel A1 in tabel 1). De doorworteling en fysische rijping wijzen erop dat het organische niveau *in situ* werd gevormd. Het is een typische vegetatiehorizont die bestaat uit een kleiige matrix waarin amorf organisch materiaal aanwezig is dat zowel verspreid als gelijkmatig verdeeld kan voorkomen[98]. Het percentage van organisch materiaal kan variëren van heel weinig tot enkele tientallen procenten.

De vegetatiehorizont is bedekt met een 50 cm dik pakket silteuze klei met onderaan enkele dunne horizontaal gelaagde zandlaminae en rietfragmenten in een platte positie. Halverwege dit pakket komen *laminae* voor met kleine bleekgrijze kleibolletjes, enkele gerolde kleine veenbrokjes en weinig *Hydrobia* in een horizontale gelaagdheid (fig. 8). *Hydrobia* zijn typische slikwadslakjes die echter zeer gemakkelijk verspoeld worden en ook lange tijd in het water kunnen blijven zweven vooraleer ze bezinken en sedimenteren[99]. Deze zone is bedekt met een pakket regelmatig horizontaal gelaagde klei, silt, zand en een weinig veendetritus. De zandlaminae worden frequenter en iets dikker naar boven toe. Het gehele pakket vertoont geen observeerbare sporen van bioturbatie. Enkele dubbelkleppige *Scrobicularia plana* werden aangetroffen in een platte positie wat erop wijst dat ze verspoeld zijn. Ze werden gedateerd op 2300-1981 en 2208-2090 cal BP (nr. 4 en 5 van profiel A1 in tabel 1). Dit is nagenoeg

98 Schoute 1984, 4, 12.

99 Baeteman 2007, 10.

FIG. 8 **Foto van het bovenste gelamineerde pakket in profiel A1 met de zone met kleibolletjes (ter hoogte van het cijfer zes op de lat) en de krimpscheur (rechts op de foto).** ***The upper laminated unit in sequence A1 showing the layer containing clay pellets (at the level of no. 6 on the measuring rod) and a desiccation crack (to the right).***

een identieke ouderdom als die van de schelpen onder de vegetatiehorizont wat er eveneens kan op wijzen dat de schelpen verspoeld zijn. Dit pakket vertoont een overwegende aggradatie zonder erosie en is afgezet in een kleine, weinig actieve geul. De gelaagdheid vertegenwoordigt springtij-doodtij sequenties.

Bovenaan dit pakket zijn enkele verticale wiggen aanwezig, sommige V-vormig, een 10-tal cm lang en vertrekkend vanaf de top ervan (fig. 8). Ze zijn gevuld met kleiig fijn zand en veendetritus. Dergelijke wiggen kunnen het resultaat zijn van bioturbatie of van krimp- en zwelprocessen.

Het gelamineerde pakket is zeer scherp en scheef afgesneden. De top ervan wordt geaccentueerd door zeer dunne kleilaminae (*mud drape*). Het bovenliggende pakket bestaat uit klei met een onregelmatige gelaagdheid van overwegend schuine siltlenzen. Dit pakket is vooral gekenmerkt door grillige vervormingen en talrijke reductievlekken (*cf.* 2.1.2.1.2).

2.1.2.1.2 Profiel A2

De top van het oppervlakteveen werd bij profiel A2 (fig. 9) opgemeten tussen +0,80 en +0,90 m T.A.W. Op deze locatie is de top duidelijk geërodeerd met daarenboven grillige slierten kleiig zand erin, zowel verticaal als horizontaal (fig. 10). Het oppervlakteveen is bedekt met donkergrijze massieve klei met veel grote en kleine veenbrokken (fig. 11). De klei is bedekt met een 25 cm dik pakket bestaande uit regelmatig horizontaal gelaagde klei en silteus fijn zand met een erosieve ondergrens op +1,0 m. De gelaagdheid wordt iets grover naar boven toe en bevat meer silteuze zandlaminae. Er zijn geen sporen van bioturbatie. Dit pakket vertoont eveneens kenmerken van overwegend aggradatie zonder erosie. Dit wijst erop dat het in een relatief korte tijdsspanne in een kleine geul werd afgezet of als een crevasseafzetting.

Op één enkele plaats is de massieve klei die het veen bedekt, afwezig. Op deze plaats is ook het bovenste gedeelte van het veen weg over een dikte van ongeveer 50 cm en een breedte van ca. 200 cm, en is er als het ware een kuil in het veen uitgegraven (fig. 10). De bodem van de kuil bevindt zich tussen +0,50 en 0,0 m T.A.W. De kuil is opgevuld met horizontaal en subhorizontaal gelaagde zandige klei en dunne laminae van veendetritus. Onderaan komen talrijke veenbrokjes en resten van krabbeskeletjes[100] voor. Het merkwaardige aan deze kuil is de zeer scherpe rand van het veen, zoals te zien rechts op figuur 10. Het scherpe karakter komt nog duidelijker tot uiting in het grondplan (fig. 12). De zeer scherpe rand en de rechte hoek[101] wijzen erop dat de kuil niet op natuurlijke wijze tot stand is gekomen, maar door de mens werd uitgegraven. De linkerkant (fig. 10) toont eerder een typisch beeld van een veenbrok die werd losgeslagen door stromend water. In het profiel vertoont de opvulling van de kuil de typische afzetting van een kleine geul of een crevasseafzetting. Dit profiel toont heel waarschijnlijk een veenwinningsput die in een korte tijdsspanne opnieuw opgevuld raakte, waarbij een deel van het oppervlakteveen werd geërodeerd. Tijdens de opgravingscampagne van 2005 werden in het onderste deel van de opvulling van een kuil in een gelijkaardige stratigrafische context opnieuw krabbenskeletten gevonden die deze keer wel konden gedateerd worden, nl. 2703-2381 cal BP (krabben in tabel 1). In de top van het veen werden geen sporen van graafholen – typisch voor krabben – gevonden wat erop wijst dat de skeletten wellicht aangespoeld werden samen met het sediment.

100 **Deze krabbeskeletjes werden bemonsterd voor ^{14}C-dateringsonderzoek. Dit onderzoek bleef helaas zonder resultaat.**

101 **Het treft dat de 'rechte hoek' beschouwd wordt als het teken der menselijke orde (Sterken 2010, 192).**

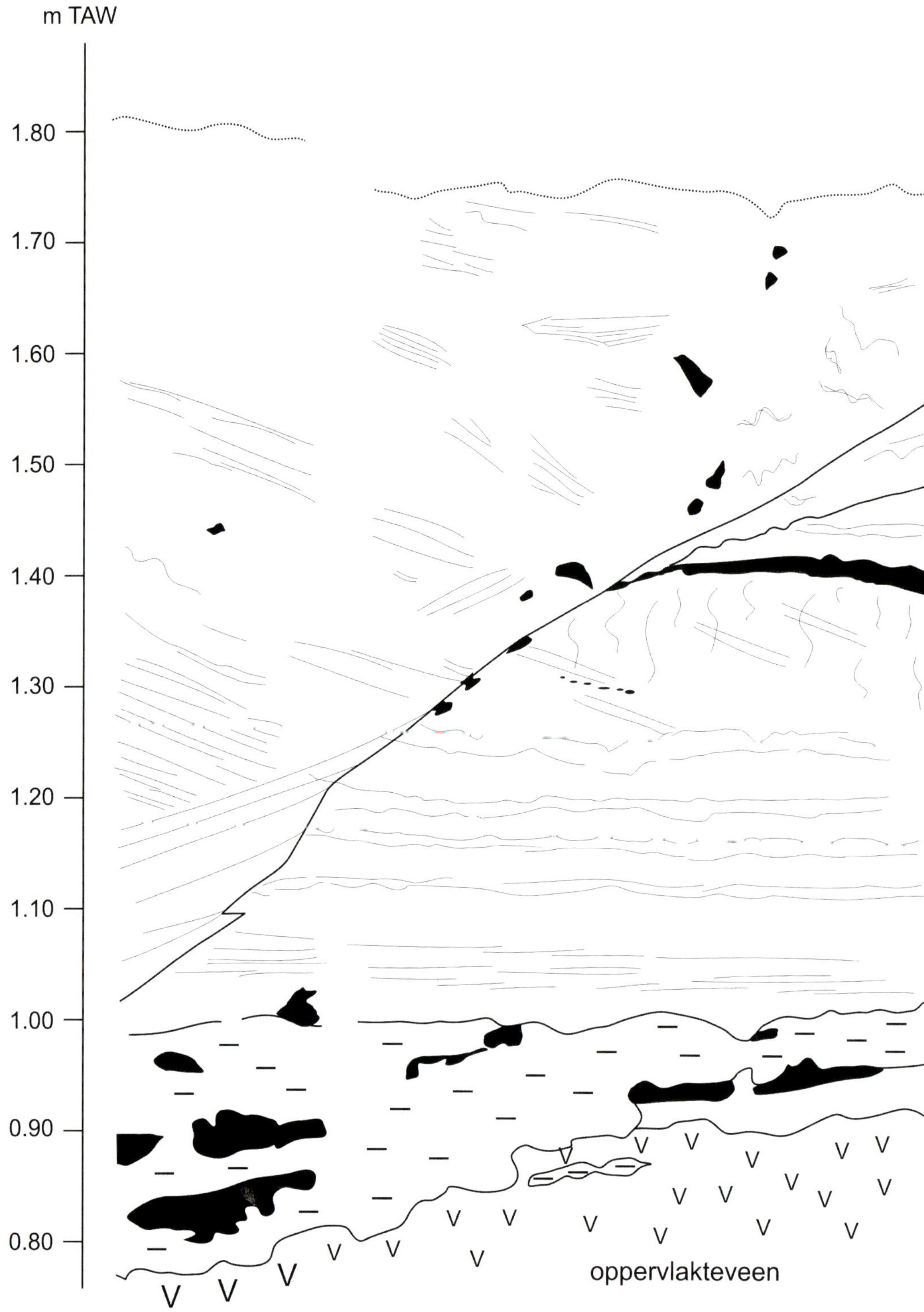

FIG. 9 **Stratigrafische schets van profiel A2.** *Schematic representation of stratigraphic sequence A2.*

Het gelaagde pakket gaat op ca. +1,30 m gradueel over naar een wat brokkelige klei met fijne vegetatiedoorgroeiingen. Dit wijst op een verlanding waarbij zich een vegetatiehorizont ontwikkelde op ca. +1,40 m, net als in profiel A1. Het organische niveau en het gelamineerde pakket worden scherp en scheef ingesneden (fig. 11).

Beide werden vervolgens afgedekt met een ca. 40 tot 60 cm dikke hoofdzakelijk kleiige afzetting met siltlenzen. Er zijn in dit pakket nagenoeg geen veenresten aanwezig. Onderaan komt een gelaagdheid voor die haaks staat op de erosieve grens. Naar boven toe is de getijdengelaagdheid nog nauwelijks zichtbaar. De laminae zijn als het ware versmolten, wat erop wijst dat de afzetting een hele tijd in relatief diep water is komen te liggen. Het pakket gaat zonder een duidelijke grens over in een massieve klei die gekenmerkt is door zeer veel reductievlekken die niet verbonden zijn aan sedimentaire structuren (fig. 13). Reductievlekken kunnen zich vormen in fijnkorrelige sedimenten rond deeltjes van organisch materiaal. Het afbreken van organisch materiaal onttrekt zuurstofionen aan de omgeving, wat dan weer resulteert in een gelokaliseerde reductie van de oxiden. Op die manier kunnen

FIG. 10 Foto van de uitgegraven kuil in het oppervlakteveen. De rechterkant toont de zeer scherpe rand. De dikte van het veen is er ca. 50 cm.
Links van de kuil is het veen geërodeerd en zijn de grillige slierten kleiig zand tussen de losgekomen veenbrokken duidelijk.
An archaeological feature cut out in the peat. To the right the sharp transition between clay and peat is clearly visible; there the peat is ca 0.5m thick. To the left the peat has been subjected to erosion and irregular units of clayey sand and peat can be seen.

FIG. 11 Bodemprofiel A2.
Stratigraphic sequence A2.

FIG. 12 De veenwinningskuil met duidelijke, scherpe rand en rechte hoek in grondplan.
This peat-cutting pit, shown in plan, is characterised by sharp edges and a rectangular shape.

FIG. 13 **Het bovenste gedeelte van profiel A2 met in het midden de versmolten gelaagdheid en in het bovenste gedeelte de pyrietvlekken.** ***Upper section of stratigraphic sequence A2, with pyrite staining at the top and homogenised stratigraphy in the middle.***

zich kleurbanden vormen door concentratie van neerslag van ijzeroxiden in onregelmatige laagjes[102] die soms sterk gelijken op sedimentaire laminae zoals trouwens te zien is onderaan het pakket. De reductievlekken in het merendeel van dit pakket worden gevormd door verdeeld pyriet dat ontstaat door bacteriële reductie waarbij de vrije sulfide-ionen gefixeerd worden door ijzer. De aanwezigheid van pyriet wijst op sterk reducerende condities in het sediment na de afzetting. Dergelijke anaerobe condities kunnen alleen voorkomen bij afwezigheid van stroming en turbulentie, en bij een lage sedimentatiesnelheid zonder herbewerking van het sediment[103]. De sedimentaire en chemische kenmerken van dit hele pakket wijzen erop dat deze locatie onder stilstaand water is komen te staan.

2.1.2.2 Profiel B

De Lambert-coördinaten van het profiel zijn 211,073 noord en 43,781 oost. Het profiel (fig. 14) werd opgetekend in sleuf 94/II (fig. 4), aan beide kanten van een bakstenen latrine (spoornr. 546) die verder besproken wordt bij gebouw 13 (*cf.* 4.3.2.12.1).

De top van het oppervlakteveen bevindt zich op ca. +1 m en is bedekt met een 40 cm dik pakket donkerblauwgrijze massieve klei. Alleen het onderste gedeelte ervan vertoont een diffuse, fijne gelaagdheid. Naar boven toe wordt de klei fijn brokkelig met vegetatiedoorgroeiingen (fig. 15-16). De klei is bovenaan een weinig compact, wat wijst op een zekere graad van ontwatering. De klei is op ca. +1,50 m bedekt met een 10 cm dik bruin kleiig amorf veen met stukjes hout in. Ook een klein stukje niet determineerbaar bot werd erin aangetroffen. De vegetatiedoorgroeiingen wijzen erop dat het organische laagje *in situ* werd gevormd, maar met verspoelde houtrestjes in. Net zoals in profiel A werd ook hier op ongeveer dezelfde hoogte een vegetatiehorizont gevormd op een schorre of zoutweide. De diatomeeënassociatie (monster 2, tabel 5: zie 2.5) bevestigt ook een supratidaal milieu met lage saliniteit. Een bulkmonster van de vegetatiehorizont werd via ^{14}C-onderzoek gedateerd op 3465-3353 cal BP (tabel 1, profiel B). Dit resultaat is duidelijk te oud; zelfs ouder dan de – geërodeerde – top van het oppervlakteveen, wat waarschijnlijk te wijten is aan de verspoelde houtrestjes afkomstig uit het oppervlakteveen.

De vegetatiehorizont is bedekt met een 10 cm dikke donkergrijze zware klei zonder enige sedimentaire structuren, die op zijn beurt bedekt is met een 40 tot 100 cm dik donkerblauwgrijs pakket met scherpe onder- en bovengrenzen (fig. 17). Dit pakket bestaat uit een haarfijne gelaagdheid van klei, silt, zeer fijn zand en zeer veel veendetritus. Er werden geen sporen van bioturbatie aangetroffen, maar wel enkele kleine veenbrokjes en schelpen (*Hydrobia, Scrobicularia, Cerastoderma*). Hoewel sommige schelpen nog dubbelkleppig zijn, werden ze duidelijk toch verspoeld. Zoals in profiel A vertoont dit sterk gelamineerde pakket eveneens overwegend kenmerken van aggradatie zonder erosie, met typische getijdenbedding, afgezet in een kleine geul of als crevasseafzetting. In profiel A1 en A2 ligt dit pakket op nagenoeg dezelfde hoogte, maar heeft opmerkelijk minder veendetritus.

Op één enkele plaats kon waargenomen worden dat het gelamineerde pakket de onderliggende dunne kleilaag en vegetatiehorizont ingesneden en geërodeerd heeft, wat eveneens wijst op een afzetting in een kleine geul of als crevasse (fig. 14 en 16). De diatomeeën (monster 3, 4 en 5, zie tabel 5) in het gelamineerde pakket wijzen ook op een sterke aanvoer van sediment en snelle sedimentatie. In dit gedeelte is minder veendetritus aanwezig, maar de grote veenbrokken (fig. 16a) laten vermoeden dat het geultje ook de top van het oppervlakteveen ingesneden heeft, hoewel dit niet zichtbaar was in de uitgraving.

Rechts van de bakstenen latrine is het gelaagde pakket over een kleine afstand bedekt door een 10 cm dikke blauwgrijze zandige klei overgaand naar grijs fijn gelaagd klei/zand met weinig veendetritus. Dit pakketje is ongeveer 15 cm dik en vormt als het ware een kleine bult.

102 Nichols 1999, 221-222.

103 Collinson & Thompson 1989, 160.

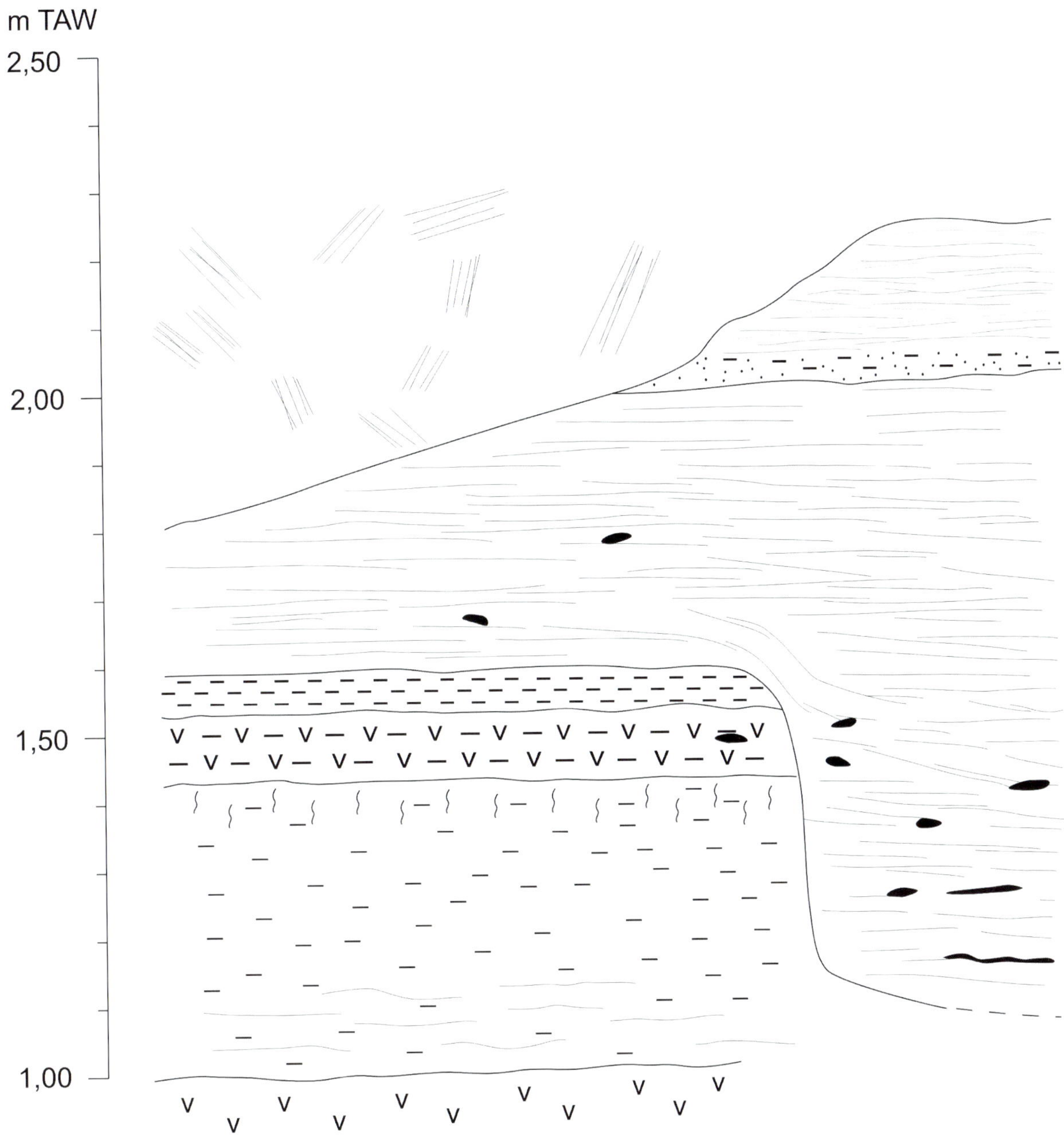

FIG. 14 **Stratigrafische schets van profiel B. Horizontaal is de schets niet op schaal.**
Schematic representation of stratigraphic sequence B. The scale only applies to the vertical axis.

In het overige gedeelte van de uitgraving wordt het sterk gelamineerde pakket bedekt door klei met siltlenzen en met een scherpe scheve erosieve ondergrens (fig. 17). Deze klei die tot 80 cm dik is, heeft onderaan een gereduceerde kleur en is bovenaan bruingrijs. Hoewel de kleurgrens zeer scherp is, is de lithologie identiek. Er zijn nagenoeg geen veenresten aanwezig. Ter hoogte van de kleurverandering is nog een scheve gelaagdheid te zien (fig. 17). Verder in dit kleipakket is de gelaagdheid nog nauwelijks waarneembaar. Ook hier zijn de laminae als het ware versmolten wat erop duidt dat de afzetting een hele tijd in relatief diep en stilstaand water is komen te liggen. In tegenstelling tot profiel A, waar een identiek pakket met versmolten laminae op een lager niveau aangetroffen werd, is het grootste deel hier vanaf ongeveer +2,10 m geoxideerd en zijn ook geen reductievlekken aanwezig. Links van de latrine vertoont de diffuse gelaagdheid grillige vervormingen zowel in het gereduceerde als geoxideerde gedeelte (fig. 18). De bovenste 0,5 m van het profiel bestaat uit een schijnbare homogene geoxideerde klei. De overgang met het pakket met grillige vervormingen is niet duidelijk.

2.1.2.3 Profiel C

De Lambert-coördinaten van profiel C (fig. 4 en 19) zijn 211,058 noord en 43,782 oost. Dit profiel werd opgenomen in sleuf 95/XII onder de bakstenen beerput spoornr. 702 die verder bij gebouw 16 besproken wordt (fig. 20, *cf.* 4.3.2.17.3).

FIG. 15 **Algemeen beeld van profiel B met onderaan de donkerblauwgrijze massieve klei. De top ervan is gekenmerkt door vegetatiedoorgroeiingen en evolueerde in een vegetatiehorizont. Deze laatste is bedekt met een 10 cm dikke massieve klei op zijn beurt bedekt door een sterk gelamineerd pakket met veel veendetritus en een scherpe scheve bovengrens.**
Sequence B with at the base a dark blue solid clay. The top is characterised by root channels and developed into a soil, overlain by a 0.1m thick layer of clay, overlain in turn by a strongly laminated layer containing detrital grains of peat and characterised by a sharp and oblique upper boundary.

Stratigrafische beschrijving en interpretatie van de sedimentaire afzettingsmilieus

In dit profiel ligt de basis van het oppervlakteveen op +0,30 m, gedateerd op 4876-4813 cal BP (tabel 1, profiel C nr. 1). Het veen ontwikkelde zich hier op blauwgrijs kleiig fijn zand. De top van het veen op +1,30 m toont duidelijke sporen van erosie en is bedekt met een zware blauwgrijze klei die ca. 20 cm dik is en veenbrokjes bevat. Behalve *Hydrobia* zijn er geen schelpen aanwezig. Het ontbreken van bioturbatie en van de typische *Scrobicularia* wijst erop dat deze klei waarschijnlijk subtidaal werd afgezet. Enkele *Hydrobia* in de klei werden gedateerd op 2875-2240 cal BP (tabel 1, profiel C nr. 2). Deze klei is bedekt met een 25 cm dik pakket parallel gelaagde klei en silt met veel veendetritus. Dit pakket vertoont duidelijk springtij/doodtijsequenties afgezet in een kleine geul met rustige sedimentatie. Er werden eveneens een aantal ovaal gerolde kleibrokjes en flasers met veendetritus aangetroffen. De top van het gelamineerde pakket op +1,75 m wordt gevomd door een ongeveer 2 cm dikke horizontale lamina van geconcentreerd veendetritus met grove vegetatieresten en aan de top een concentratie van *Hydrobia* (fig. 21). Deze sterke concentratie van kleine en lichte deeltjes kan erop wijzen dat ze uit suspensie zijn gesedimenteerd, wat betekent dat de stroming is stilgevallen voordat het pakket met grillige vervormingen werd afgezet (*cf. infra*). *Hydrobia* in de lamina van veendetritus werden gedateerd op 2683-2304 cal BP (tabel 1, profiel C nr 3).

De horizontaal gelamineerde afzetting is bedekt met een 20 tot 60 cm dik pakket met grillige vervormingen en bestaat uit klei, silt en een weinig veendetritus. De oorspronkelijke typische gelaagdheid van een getijdenbedding is op verschillende plaatsen nog zichtbaar, maar is niet continu en eerder chaotisch. Onderaan is ze verticaal en bovenaan schuin (fig. 22). Talrijke *Hydrobia* en rietfragmenten in een platte positie werden erin aangetroffen. *Hydrobia* op +2,00 m werden gedateerd op 2667-2314 cal BP (tabel 1, profiel C nr 4), een identieke ouderdom als de *Hydrobia* in de onderliggende lamina van veendetritus. Bovenop dit eerder chaotische pakket ligt een grote brok veen met grillige boven- en ondergrens (fig. 22). De grootte en vooral de zeer onnatuurlijke vorm van de veenbrok wijzen erop dat die niet door stromend water werd getransporteerd en afgezet. Na onderzoek van een beter bewaard profiel in 2005 is gebleken dat die veenbrok door mensenhanden op die plaats is samengesteld uit individuele veenkluiten (*cf.* 3.4. Een dijk uit de Romeinse periode).

De brok veen is bedekt met een 10 tot 20 cm dikke donkergrijze gereduceerde klei eveneens met grillige vervormingen (fig. 23a en 23b). Enkele broze en kleine *Scrobicularia* werden erin aangetroffen. Het geheel is afgedekt met bruin geoxideerd fijn zand met dunne klei laminae van de typische getijdenbedding met enkele *Hydrobia* en *Cerastoderma*. Onderaan komt nog een dunne zwart gereduceerde zone voor. Een *Cerastoderma* werd gedateerd op 2156-1809 cal BP (tabel 1, profiel C nr. 5). Dit is een relatief jonge ouderdom in vergelijking met de andere dateringen in dit profiel, maar – gezien de gelaagdheid in dit pakket – sluit dit echter niet uit dat de schelp ook verspoeld werd. De datering van de *Hydrobia* (2629-1864, tabel 1, profiel C nr. 6) heeft echter een zeer grote standaardafwijking en kan statistisch even oud zijn als de *Cerastoderma* en als de andere verspoelde *Hydrobia* in dit profiel.

2.1.2.4 Profiel D

De Lambert-coördinaten van dit profiel zijn 211,072 noord en 43,748 oost.

Dit profiel werd opgenomen in sleuf 93/V bij het opgraven van de tonwaterput spoornr. 226 (*cf.* 4.3.2.2.1) die met zijn bodem tot net onder het oppervlakteveen reikte (fig. 4 en fig. 24) en besproken wordt bij gebouw 2.

Stratigrafische beschrijving en interpretatie van het sedimentair afzettingsmilieu

De top van het oppervlakteveen dat hier ongeveer 1 m dik is, ligt op +1,0 m (fig. 25). Dwars door het oppervlakteveen komt een V-vormige, verticale wig (fig. 26) voor die opgevuld is met klei

FIG. 16 **a: Erosie van de vegetatiehorizont en onderliggende klei door een kleine geul opgevuld met fijn gelaagde klei, silt en veendetritus.**
b: veenbrok in opvulling geul.
Erosion of the soil and the underlying clay by a small gully infilled with finely layered clay, silt and detrital grains of peat.
b: peatblock in gully infilling.

waarin enkele lensjes van silt en veendetritus en kleine veenbrokjes aanwezig zijn. Dergelijke wiggen kunnen ontstaan bij erosie van het veen, wanneer brokken veen door een sterke stroming in een geul losgeslagen worden. In dergelijk geval is de wig vooral met zand gevuld. Ze kunnen echter ook het resultaat zijn van verdroging waardoor krimpscheuren ontstaan, wat betekent dat een groot deel van het veen zich hier enige tijd boven de grondwatertafel bevond. De top van het veen is geërodeerd en vertoont op sommige plaatsen nog kleine brokken van het weggeslagen veen in de klei onmiddellijk erboven. Deze klei heeft hier maar een dikte van ongeveer 20 cm en is schuin geërodeerd door het bovenliggende pakket.

De klei en een deel van het veen zijn bedekt met een ongeveer 1 m dik subhorizontaal fijn gelaagd pakket met regelmatige afwisseling van klei, silt en veendetritus met weinig zandlenzen. Bioturbaties zijn totaal afwezig. Het bovenste gedeelte is silteuzer waarbij het gehalte aan veendetritus is verminderd. De typische getijdenbedding, de afwezigheid van bioturbatie en het ontbreken van kleine insnijdingen met reactivatie wijzen op een rustige afzetting in een kleine geul of crevasse met veel sedimentaanvoer. Op +2,10/2,45 m wordt de subhorizontale gelaagdheid afgesneden door een scheve kleilamina met geconcentreerd veendetritus. Het geheel evolueert gradueel naar grijze, zeer fijn gelamineerde klei en zand met halverwege een zone met roestvlekken. Vanaf ongeveer +3,0 m T.A.W. is het geheel bedekt met een grijze fijn brokkelige klei.

In dit profiel komen de vegetatiehorizont en het pakket met grillige vervormingen niet voor. Ook de massieve klei, die in andere profielen het oppervlakteveen bedekt en 20 tot 40 cm dik is, is hier afwezig.

FIG. 17 De typische getijdengelaagdheid van klei, silt, fijn zand en veendetritus in profiel B. Centraal op de foto is het gelamineerde pakket bedekt met blauwgrijze zandige klei overgaand naar geoxideerd fijn gelaagd zand en klei.
The typical intertidal layering of clay, silt, fine sand and detrital peat in sequence B. In the centre, the laminated layer is covered by blueish grey sandy clay changing to finely laminated oxidised sand and clay.

FIG. 18 De klei met grillige vervormingen links van de latrine.
The clay with its irregular morphology to the left of the cesspit.

2.1.2.5 Profiel E

De Lambert-coördinaten van profiel E zijn 211,080 noord en 43,737 oost.

Dit profiel werd opgenomen in sleuf 93/VIII in segment 5 van de in vakken uitgehaalde middeleeuwse perceelsgracht tussen de gebouwen 2-4 en 8-10 (fig. 4). Deze sleuf werd slechts 80 cm diep uitgegraven (tot +2,60 m T.A.W.).

Stratigrafische beschrijving
Het onderste gedeelte van het zichtbare profiel bestaat uit een grijsbruin kleiig fijn zand, fijn gelaagd met diffuse kleilaminae met roestvlekken waarvan sommige duidelijk langs vegetatiedoorgroeiïngen voorkomen (fig. 27). Op bepaalde plaatsen langs het profiel komt de getijdenbedding in een grillige gelaagdheid voor.

Op +2,65 m komt er in één wand van de uitgraving een 5 cm dik organisch niveau voor in een kleiige matrix waarin talrijke brokjes amorf veen zitten alsook houtskool (fig. 28). Over een korte afstand is het organische niveau opgesplitst in twee niveaus met een 20 cm dik kleipakket ertussen (fig. 29-30). Hoewel het golvende aspect van het organische niveau doet vermoeden dat het om verspoeld materiaal gaat, werd het toch gedateerd[104]. Het enkele en de opgesplitste niveaus werden gedateerd op respectievelijk 3733-3622, 4458-4400 en 4538-4349 cal BP (tabel 1, profiel E nr. 1, 2 en 3). De ouderdom wijst er inderdaad op dat het organische materiaal afkomstig is van erosie van het oppervlakteveen en afgezet werd door stromend water. Het sediment tussen de twee organische niveaus vertoont echter merkwaardig genoeg geen gelaagdheid.

Het organische niveau is bedekt door een 20 cm dik bleekgrijs kleiig silt. De zeer fijne en parallelle gelaagdheid met springtij/doodtijsequenties wijst op een rustige sedimentatie in een kleine geul (fig. 28). Een identiek pakket op ongeveer dezelfde

104 Er werden 4 monsters genomen waarvan er slechts 3 via de radiokoolstofmethode werden gedateerd.

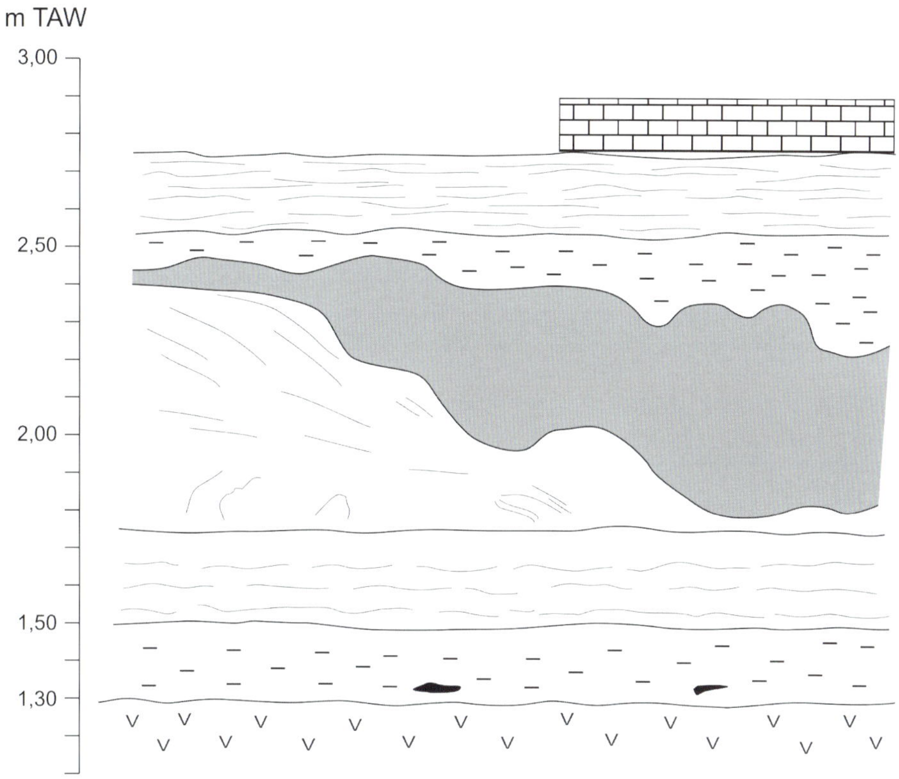

FIG. 19 **Stratigrafische schets van profiel C.**
Schematic representation of stratigraphic sequence C.

FIG. 20 **Overzicht van profiel C met bakstenen beerput.**
Stratigraphic sequence C with the lower part of the brick cesspit.

hoogte werd eveneens in de profielen C en D aangetroffen. Naar boven toe zien we meer en meer kleilaminae, wat een aanwijzing is voor de opslibbing van de geul. Op +2,85 m gaat het gelaagde pakket geleidelijk over in een grijze klei met brokkelige structuur die tevens de jongste afzetting vertegenwoordigt waarin de actuele bodem zich gevormd heeft (fig. 28).

In profiel F, opgenomen ter hoogte van een opgevulde veenwinningsput die wellicht uit de Romeinse periode dateert, werd een in levenspositie aangetroffen *Scrobicularia plana* schelp in deze jongste afzetting gedateerd op 1403-1110 cal BP (tabel 1, profiel F nr. 1)[105].

105 **Van Strydonck 1995.**

FIG. 21 Gelamineerde klei en silt met veel veendetritus bedekt met pakket met grillige vervormingen. Het mes is 20 cm lang.
Laminated clay and silt containing numerous grains of detrital peat covered by the clay layer with irregular morphology. The knife is ca 20cm long.

FIG. 22 Veenbrok bovenop pakket met grillige vervormingen.
Block of peat overlying the clay layer with irregular morphology.

2.1.3 Discussie

De lithologie van de ongeveer 2 m dikke laat-holocene afzettingen die het oppervlakteveen in Raversijde bedekken, is sterk gevarieerd (fig. 5). Die variaties komen tot uiting in elk individueel profiel; daarenboven verschillen de profielen onderling. Dit kan wijzen op verschillende sedimentaire processen die niet steeds in dezelfde afzettingen resulteerden, en dit over zeer korte afstanden. Er zijn echter ook aanwijzingen dat de mens daartoe in belangrijke mate heeft bijgedragen.

De top van het oppervlakteveen bevindt zich op ongeveer +1,0 m, behalve in profiel C waar het 30 cm hoger ligt. In profiel A is het oppervlakteveen bedekt met een 20 cm dikke kleilaag gevolgd door een gelamineerd pakket. In profiel B is het gelamineerde pakket slechts in het onderste gedeelte aanwezig en bedekt door massieve klei. De klei en het gelamineerde pakket vertegenwoordigen de initiële getijdenafzetting na een lange periode van nagenoeg ononderbroken veengroei. De ouderdom van de krabben geeft echter, gezien ze verspoeld zijn, geen indicatie voor de periode waarin dit gebied weer onder invloed van het getij kwam te liggen. De ouderdom van de krabben geeft slechts aan dat dit niet vóór 2700-2380 cal BP gebeurde, wat – gezien de standaardafwijking van 320 jaar – weinig bruikbaar is als informatie.

In profielen A en B ontwikkelde zich op een schorreoppervlak een vegetatiehorizont op +1,40/1,50 m. Deze werd gedateerd op ca. 2300-1900 cal BP (350 BC-50 AD). Dergelijke vegetatiehorizont vertegenwoordigt een stilstand in sedimentatie en ontwikkelt zich op het schorreoppervlak dat tijdens springtijen en stormen verticaal voldoende hoog is opgebouwd met erosiemateriaal afkomstig van het wad. Door deze hoogte wordt dit

FIG. 23 **Grijze klei met grillige structuren bovenop brok veen bedekt met fijn gelaagd geoxideerd zand.**
Greyish clay with very irregular structure overlying a block of peat and covered by finely laminated oxidised sand.

FIG. 24 **Tonwaterput gestoken dwars door het oppervlakteveen.**
Barrel well cut through the surface peat.

FIG. 25 **Overzicht van profiel D.**
Stratigraphic sequence D.

dan ook niet meer beïnvloed door latere springtijen of stormen, en kunnen de hoogst opgeslibde delen van het schorregebied droog vallen en bewoonbaar worden. In profiel A is de veenwinningsput opgevuld met het gelamineerde pakket waarop zich ook de vegetatiehorizont ontwikkeld heeft. De put dateert bijgevolg van vóór het ontstaan van de vegetatiehorizont, maar het is moeilijk te achterhalen wanneer de put precies werd gegraven. De radiokoolstofdatering van de vegetatiehorizont valt in een deel van de kalibratiecurve dat een uitzonderlijk brede standaardafwijking vertoont, namelijk 400 jaar.

De vegetatiehorizont wordt bedekt met een gelamineerd pakket, met in B nog wat klei aan de basis, tot een hoogte van 1,80/1,90 m. In profiel B bevat dit pakket merkelijk veel meer veendetritus dan in profiel A. Dit wijst erop dat de bron van het sediment verschillend is en dat er crevassen uit verschillende geulen het gebied overstroomd hebben. In profiel C wordt dit gelamineerde pakket teruggevonden op dezelfde hoogte (1,50-1,75 m) en is het bedekt met een pakket met grillige vervormingen, op zijn beurt bedekt met een grote brok veen op +1,80/2,40 m. Hier is de vegetatiehorizont merkwaardig genoeg niet aanwezig. Dit is ook het geval voor profiel D waar een continu gelamineerd pakket met vrij veel veendetritus wordt aangetroffen vanaf de top van het veen tot +2,10/2,40 m. De krimpscheur in het veen in profiel D wijst erop dat het veen toen op deze locatie nog niet bedekt was met sedimenten en aan de oppervlakte lag. Waarschijnlijk was het oppervlakteveen hier nog niet sterk gecompacteerd en lag het dus te hoog om bedekt te worden door het gelamineerde pakket dat zelf onder de vegetatiehorizont ligt. Gedetailleerd onderzoek van diatomeeën van de (niet geërodeerde) top van het veen in een boring vlakbij de site heeft aangetoond dat het einde van de veengroei daar gekenmerkt was door droge en minerotrofe omstandigheden en dat het oppervlak van het veen vrij goed gedraineerd was[106]. In een dergelijke situatie is occupatie door de mens zeer goed mogelijk. De initiële en lokale drainage van het kustveenmoeras werd veroorzaakt door geulinsnijdingen bij het terug binnendringen van het getij en door veenwinning[107].

FIG. 26 **Opgevulde barst doorheen het oppervlakteveen.**
Infilled desiccation crack through the peat.

FIG. 27 **Fijn gelaagd kleiig zand met roestvlekken langs vegetatiedoorgroeiïngen in profiel E.**
Finely laminated clayey sand with iron staining along root channels in stratigraphic sequence E.

106 Denys 1993, 151, 1999, 126.

107 Vos & van Heeringen 1997, 61.

FIG. 28a-b **Het golvend organisch niveau in profiel E: a: overzicht; b: detail.**
The soil in stratigraphic sequence E: a. overview; b: close-up.

De gelamineerde afzettingen onder en boven de vegetatiehorizont zijn het resultaat van relatief vlugge afzettingen in een kleine ondiepe geul of van een crevasse met suspensierijke getijstromingen. De dominerende aggradatie met parallelle gelaagdheid, de afwezigheid van kleine insnijdingen en van bioturbatie wijzen erop dat de afzetting hoogstens enkele maanden geduurd heeft[108]! Deze crevasseafzettingen werden gevormd door overstroming vanuit een nabijgelegen grotere getijdengeul toen de waterstand door stormen extreem hoog was en het niveau van het water in de geulen hoger was dan bij normaal hoogwater. Wanneer de storm luwde vòòr laag tij, moet de grote hoeveelheid aan water terug afgevoerd worden waarbij de geulen doorbraakgeulen vormden of zelfs hun positie veranderden. Dergelijke doorbraakgeulen of crevassen waren meestal van korte duur[109]. Daarbij werd het nabijgelegen wad oppervlakkig geërodeerd samen met de schelpen (en de krabben). De systematische geologische kartering van de Holocene sedimenten in dit gebied[110] heeft aangetoond dat er rond de site van Raversijde talrijke met zand en slijk gevulde laat-holocene getijdengeulen aanwezig zijn. De exacte periode wanneer deze geulen gevormd werden, is niet gekend. De geulen moeten in dit gebied zeker al actief geweest zijn vòòr de periode 2300-1900 cal BP, gezien de

108 Reineck & Singh 1978, 360; Baeteman *et al.* 1999, 10; Bell 2000, 88.

109 Baeteman *et al.* 1999, 11.

110 Baeteman 2005a.

FIG. 29 **Overzicht van profiel E met de twee organische niveaus in het fijn gelaagd kleiig zand gradueel overgaand naar een grijze brokkelige klei.**
Two soils in the finely laminated clayey sand grading into to greyish crumbly clay.

FIG. 30 **Detail van de twee organische niveaus gescheiden door massieve klei met roestvlekken.**
Close-up of the two soils separated by a layer of solid clay with iron staining.

vegetatiehorizont zich dan al ontwikkeld had bovenop het onderste gelamineerde pakket. In één van de geulen nabij de site werd een stormvloedniveau gedateerd op 2176-1888 cal BP, wat er eveneens op wijst dat ze al gevormd waren vòòr of rond ca. 2000 cal BP. Het is merkwaardig dat de ouderdom van het stormvloedniveau nagenoeg identiek is aan de ouderdom van de *Cerastoderma* in profiel C (tabel 1, profiel C nr. 5). De geulen waren zeker nog actief in de periode 310-540 AD (KIA-30982, KIA-26468[111]). De insnijding van deze getijdengeulen in het kustveenmoeras hebben drainage en compactie van het veen veroorzaakt, dat daardoor lager kwam te liggen en opnieuw verticale afzettingsruimte gaf voor wadafzettingen, hier meer specifiek gelokaliseerde crevasseafzettingen[112]. Het is niet uitgesloten dat lokaal de veenwinningsput in profiel A hetzelfde effect had.

111 Zie voor deze dateringen http://c14.kikirpa.be/search.php.

112 Baeteman 1999, 67; 2005b, 2159; 2008, 8.

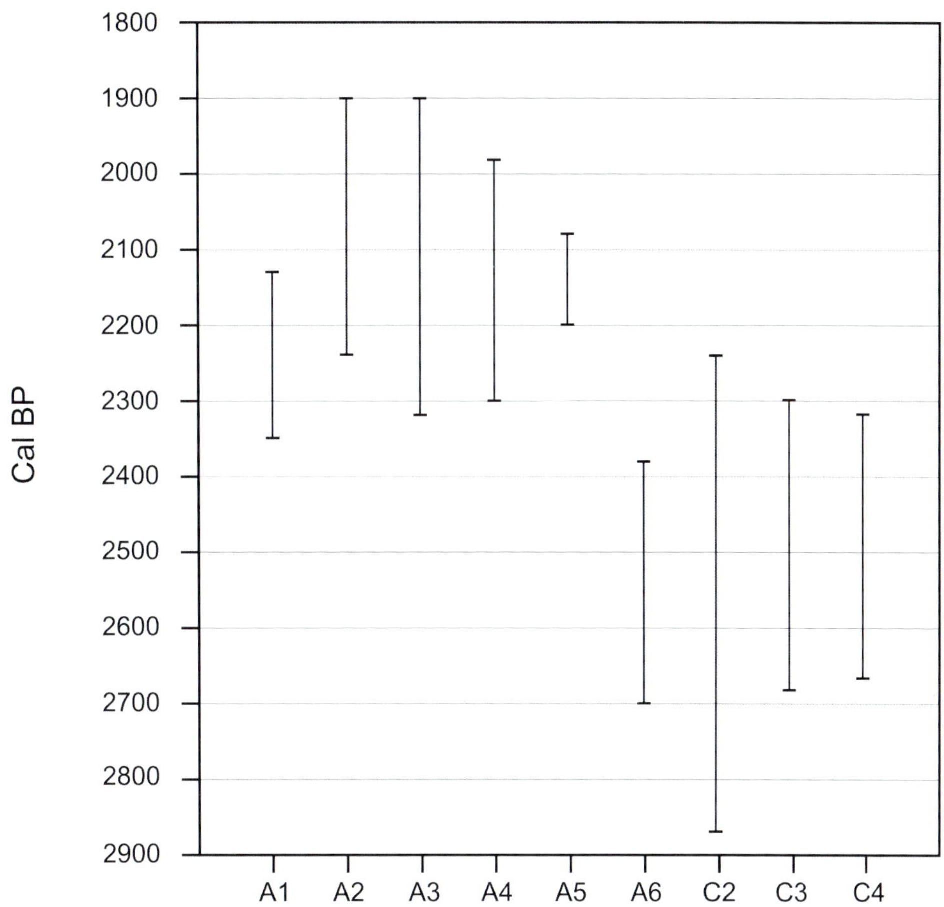

FIG. 31 **Diagram van de radiokoolstofdateringen van de schelpen in profiel A en C. De gecalibreerde ouderdom is gegeven met de 2-σ standaardafwijking.** ***The 14C-dates from molluscs in stratigraphic sequences A and C. The calibrated age is given with the 2σ standard deviation.***

Heel waarschijnlijk waren er trouwens meerdere veenwinningsputten van dezelfde periode in de onmiddellijke omgeving. In de ruime omgeving van de site werden talrijke veenwinningsputten aangetroffen waarbij uit de stratigrafische context kon afgeleid worden dat ze ouder zijn dan de middeleeuwen en waarschijnlijk dateren uit de Romeinse periode[113].

Zoals hierboven aangehaald zijn de gelamineerde pakketten relatief vlug afgezet. De beschikbare gegevens laten echter niet toe om ze chronologisch exact te situeren. Alle schelpen in de twee gelamineerde afzettingen zijn verspoeld. Uit figuur 31 kan afgeleid worden dat ze, statistisch beschouwd, allemaal nagenoeg dezelfde ouderdom kunnen hebben. De verspoelde schelpen in profiel C, zowel in het natuurlijke als in het verstoorde sediment, zijn iets ouder. Het is trouwens merkwaardig dat ze dezelfde standaardafwijking hebben als die van de krabben. Het is niet toevallig dat de *Hydrobia* de oudste dateringen geven, gezien het wadslakje lang in het water kan blijven zweven vooraleer te sedimenteren, opnieuw te eroderen en verspoeld te worden.

In profiel A worden het bovenste gelamineerde pakket en deels diepere afzettingen (waaronder ook de vegetatiehorizont) scherp ingesneden. De opvulling boven de scheve erosieve grens bestaat (tot +2.25/2.50 m) uit een pakket met een getijdengelaagdheid waarvan naar boven toe de gelaagdheid nog nauwelijks zichtbaar is en vervormingen vertoont. In profiel A is in het onderste deel nog duidelijk de scheve gelaagdheid te zien van de opvulling van de geul die de insnijding veroorzaakte. In profiel B wordt het gelamineerde pakket zeer scherp en scheef afgesneden. Slechts op een enkele plaats van het profiel is de vegetatiehorizont geërodeerd wat erop wijst dat de insnijding ook door een geul veroorzaakt werd. Hier is ook nog nauwelijks een scheve gelaagdheid merkbaar onderaan de opvulling van de geul. Naar boven toe is de gelaagdheid sterk vervaagd.

De situatie in C is enigszins anders. De basis van het gelamineerde pakket ligt op hetzelfde niveau als de vegetatiehorizont in A en B. De bovengrens van het gelamineerde pakket is scherp, maar niet erosief of scheef. Deze locatie werd dus niet ingesneden door een geul. Tussen +1.75/2.40 m bestaat de afzetting uit merkwaardige brokken sediment waarin de getijdengelaagdheid ofwel scheef ofwel vertikaal staat, weliswaar ook vervaagd. Deze brokken kunnen niet op een natuurlijke wijze afgezet zijn. Het is duidelijk dat de gelamineerde onderliggende afzetting op een andere lokatie door de mens werd uitgegraven in zorgvuldige blokken om in C een ophoging te maken die werd afgedekt met een brok veen. Deze situatie is nagenoeg indentiek aan de (veel later) blootgelegde structuur van de dijk (sleuf 2005/I, zie hoofdstuk 3.4). Profiel C toont dus heel waarschijnlijk een deel van deze dijk. Op basis van de *archaeologica* aangetroffen in sleuf 2005/I werd deze aangelegd in de periode 150-200 AD (1800-1750 cal BP). Het is wel heel merkwaardig dat geen massale vervormingen door bv. voetafdrukken te zien zijn bovenaan in het

113 **Baeteman 2007b, 23.**

gelamineerde pakket. Een beperkt aantal vervormingen is echter wel te zien bovenaan het gelamineerde pakket op de plaats waar de dijk in 2005 is vrijgelegd (*cf.* hoofdstuk 3.4, fig. 63). Er kan geen uitsluitsel gegeven worden of door het aanleggen van de dijk de vegetatiehorizont – die tevens een occupatieniveau vertegenwoordigde – tot stand is gekomen in de omgeving.

De vervormingen van het sediment en het feit dat de gelaagdheid sterk vervaagd is in de opvulling van de geul in A en B, zijn te wijten aan vervormingen van met water verzadigde klei en silt, veroorzaakt door liquefactie of vervloeiïng van het sediment na de afzetting. Liquefactie gebeurt bij een plotse vermindering van de schuifweerstand of verhoging van de schuifspanning waarbij een verlies aan cohesie tussen de korrels ontstaat en de druk van het water in de poriën verhoogt[114]. Onder die omstandigheden gedragen sediment en water zich als een vloeistof, waarbij vervormingen optreden. Bij een gedeeltelijke liquefactie is de vervorming beperkt en de originele gelaagdheid nog bewaard maar sterk verstoord, zoals hier het geval is. Liquefactie gebeurt als gevolg van een schok uitgeoefend op een waterverzadigd sediment met losse korrelpakking. De schok kan veroorzaakt worden door een aardbeving, door een verhoging van het waterniveau of ook door een plotse afzetting. In de profielen A en B wijst de aanwezigheid van verdeeld pyriet op een permanente hoge watertafel. De liquefactie werd dus waarschijnlijk veroorzaakt door een aanzienlijke verhoging van het waterniveau na de insnijding door en opvulling via een geul na een periode van emersie of droogvalling gecombineerd met een plotse toevoer van sediment.

Gedetailleerd sedimentologisch onderzoek van de laat-holocene sedimenten, ondersteund door dateringen, heeft aangetoond dat ook in andere delen van de kustvlakte de gebieden in de omgeving van getijdengeulen in subtidale positie kwamen te liggen met een minimum aan sedimentatie in de periode tussen ca. 2000 en ca. 1500/1000 cal BP[115]. Door de erosie van de geulen werd het kustveenmoeras in de directe nabijheid ervan gedraineerd waardoor het ging inklinken en het oppervlak lager kwam te liggen. Dit resulteerde in een grote uitbreiding van de komberging van de geulen die zich daaraan gingen aanpassen door een diepe, vertikale insnijding en uitbreiding van het geulennetwerk waardoor geleidelijk aan meer delen van het kustveenmoeras lager kwamen te liggen. Daardoor ontstond een aanzienlijke vergroting van de vertikale afzettingsruimte, te meer daar tijdens de veengroei het zeeniveau ongeveer 2 m gestegen was[116]. Dit impliceert dat een grote hoeveelheid aan sediment noodzakelijk was om deze afzettingsruimte op te vullen. Dit sediment kwam deels van de vroegere holocene geulopvullingen, maar ook uit zeewaartse gebieden waardoor de getijdendelta's en de vooroever geërodeerd werden met een landwaarste verschuiving van de kustlijn als gevolg. Al het beschikbare sediment werd aanvankelijk gebruikt om de geulen op te vullen en pas vanaf 1500/1000 cal BP was er een evenwicht bereikt tussen het toenmalige zeeniveau, de sediment aanvoer en de komberging van de lager gelegen delen zodat de vlakte kon evolueren naar een intertidale positie.

In de profielen C, D en E is nog een haarfijn gelamineerd zandig pakket aanwezig, vanaf ca. 2.60/2.75 m afgezet in een kleine geul met rustige sedimentatie. De ouderdom van dit pakket is moeilijk te bepalen. De *Hydrobia* die zonder twijfel verspoeld is, heeft een standaardafwijking van ca. 800 jaar (tabel 1, profiel C nr. 6). De *Cerastoderma* heeft weliswaar een jongere datering dan alle andere schelpen, maar gezien ze in een geulafzetting voorkomt, is ze ook verspoeld (tabel 1, profiel C nr. 5). Op basis van de datering zou kunnen gesteld worden dat de afzetting niet vòòr 200 BC-140 AD (2150-1800 cal BP) gebeurde, maar vanwege de standaardafwijking van 350 jaar heeft dit geen zin. In profiel E was een iets actiever deel van de geul in het profiel te zien, aangetoond door de grillige gelaagdheid en het verspoeld veen dat heel waarschijnlijk afkomstig is van het veen dat gebruikt werd om de dijk te verstevigen. Het geconcentreerde veendetritus in de scheve lamina in profiel D is waarschijnlijk eveneens afkomstig van de erosie van de brokken veen. De graduele overgang van het haarfijn gelaagd zandig pakket naar klei met *Scrobicularia* wijst erop dat na de opslibbing van de subtitale geul een slikke tot stand kwam. Dit gebeurde ca. 550-840 AD (1400-1110 cal BP, tabel 1, profiel F nr. 1, fig. 4). Deze datering komt overeen met de talrijke dateringen van het opslibben van de getijdengeulen in de periode tussen 1400 en 1200 cal BP in de rest van de kustvlakte[117]. Deze slikke evolueerde tot een schorre die de jongste afzetting van het gebied vertegenwoordigt en waarop de middeleeuwse constructies zich bevinden.

2.1.4 Conclusie

De afzettingen die het oppervlakteveen bedekken zijn vrij complex. Ze getuigen van perioden met snelle veranderingen en perioden waar geen sedimentatie optrad. Het is echter onmogelijk om een fijne chronologie van de opeenvolging van de gebeurtenissen op te stellen. Op de vegetatiehorizont en de *Scrobicularia* in de bovenste klei na, is al het gedateerde materiaal verspoeld. Er was echter geen ander dateerbaar materiaal aanwezig. Daarenboven hebben de dateringen een zeer grote standaardafwijking waardoor de ouderdom slechts een beperkte aanwijzing geeft. Archeologisch materiaal was ook niet tot zeer weinig aanwezig in de opgenomen profielen.

Op basis van de sedimentologische analyse kan het verloop van de gebeurtenissen evenwel toch geschetst worden. De gedeeltelijke drainage van het oppervlakteveen door initiële geulinsnijdingen en veenwinning veroorzaakte lokaal nieuwe afzettingsruimte. Deze werd in een korte tijdsspanne opgevuld met crevasseafzettingen. De opslibbing ervan werd gevolgd door een geleidelijke overgang naar schorre waarop zich een vegetatieniveau ontwikkelde dat tevens een occupatieniveau vertegenwoordigde. Het aanleggen van de dijk moet waarschijnlijk in dezelfde periode gesitueerd worden gezien de vegetatiehorizont zich niet ontwikkeld heeft onder de dijk (cfr. hoofdstuk 3.4). Deze periode betekende voor de site en onmiddellijke omgeving een rustige fase met stilstand in sedimentatie die minstens 100 jaar duurde, de tijd nodig voor de vorming van een

114 Collinson & Thompson 1989, 145.
115 Baeteman 2005b, 2160; 2007a, 14; 2008, 8.
116 Baeteman 2007a, 14.
117 Baeteman 2005b, 2153; 2008, 4.

vegetatiehorizont. Tegelijkertijd echter breidde het netwerk van de geulen zich steeds meer uit en kwamen ook de site en de omgeving opnieuw onder invloed ervan, met de afzetting van doorbraakgeulen en uiteindelijk met een belangrijkere insnijding. Deze bleef lange tijd in subtidale positie tot er opnieuw een evenwicht bereikt werd tussen sedimentaanvoer, komberging en zeeniveau. Pas vanaf de vroege middeleeuwen ontwikkelde zich opnieuw een intertidaal wad waarbij de getijdengeulen en hun zijgeulen zich lateraal verplaatsten en er ondiepe erosie optrad. Tijdens deze fase werd ook de top van de Romeinse dijk gedeeltelijk geërodeerd. Uiteindelijk is het gehele gebied opgeslibd tot de schorre die vervolgens in de late middeleeuwen definitief werd ingedijkt.

2.2 Fysisch-chemisch en micromorfologisch onderzoek van profiel A

Marnix Pieters

Zowel in profiel A als B is onder de aan de oppervlakte liggende, kleiige afzettingen een door erosie aangetaste bodemvorming vastgesteld. Deze bodemvorming is op het terrein macroscopisch herkenbaar door een aanrijking met organisch materiaal, een sterk ontwikkelde prismatische structuur en duidelijke sporen van biologische activiteit van verticaal gravende wormen. Op één plaats in profiel A is de A-horizont van deze begraven bodem bemonsterd voor een micromorfologisch onderzoek (slijpplaatje nr. 29395). Gelijktijdig werd deze horizont (tabel 2: 97304) en de er onmiddellijk onderliggende horizont (tabel 2: 97303) ook fysisch-chemisch gekarakteriseerd. Van beide onderzoeken volgt hieronder een kort verslag met de belangrijkste resultaten.

De fysisch-chemische analyses (tabel 2) karakteriseren het sediment van de begraven bodem (zowel 97304 als 97303) als klei (E[118]). Het sediment bevat gemiddeld 32 % klei, 53 % leem en 15 % zand waardoor dit volgens de bij de Belgische bodemkartering gebruikte textuurdriehoek als klei (E) wordt omschreven. De A-horizont (97304) bevat 10,3 % organisch materiaal en slechts 0,3 % kalk. De lage pH H_2O (4,9) en het lage kalkgehalte in vergelijking met de onderliggende horizont bewijzen dat de bodem bovenaan ontkalkt is en geven zo ook chemisch uiting aan een op het terrein herkende bodemgenese. De onderliggende horizont bevat duidelijk minder organisch materiaal (tabel: OC en OM) en vrij ijzer (tabel: Fe % Dith.) dan de A-horizont.

Deze begraven bodem is iets grover van textuur dan de kleiige bodem die vandaag aan de oppervlakte ligt (tabel 2: 97227 en 97228). De grovere textuur van deze begraven bodem heeft wellicht vooral te maken met de kenmerken van de aangevoerde sedimenten waarin deze bodem is ontwikkeld.

Micromorfologisch zijn de volgende vaststellingen gedaan. De horizont bestaat uit fijn sediment dat ongeveer 2 tot 5 % fijn kwarts bevat in de leemfractie (2-50 micrometer). Grof kwarts is niet aanwezig. Als mineralen zijn pyriet, glauconiet, muscoviet en lensvormige gips vastgesteld. Ook werden er gipskristallen vastgesteld in de sedimenten die de bodemhorizont afdekken. De aanwezigheid van anhydriet-/gipskristallen ondersteunt de interpretatie van droogvallen of uitdrogen van de schorreomgeving zoals ook gesuggereerd wordt voor schorrebodems in the Severn Estuary[119]. Bij het draineren van waterverzadigde bodems die pyrieten bevatten en eventueel kunnen evolueren tot zogenaamde katteklei of *Acid Sulphate Soils,* wordt inderdaad soms de vorming van gipskristallen vastgesteld in de gerijpte delen van de bodem[120].

Biospheroids van het type afkomstig van aardwormen zijn niet vastgesteld. Dit kan echter niet als een sluitend argument voor de afwezigheid van aardwormen in de bestudeerde bodem worden geïnterpreteerd. De horizont is immers in sterke mate ontkalkt en de eventueel aanwezige *biospheroids* zijn dus wellicht om die reden niet bewaard. Afwezigheid ervan in de onderliggende niet ontkalkte horizonten zou wel een argument zijn om de afwezigheid van aardwormen te bepleiten. Het bovenste deel van het begraven profiel is duidelijk minder poreus dan de onderliggende zone. Dit zou kunnen te maken hebben met compactie als gevolg van bijvoorbeeld betreding.

TABEL 2

Resultaten van fysisch-chemisch onderzoek van 4 bodemstalen.
Results of chemical analysis of 4 soil samples.

Monster	Klei %	Leem %	Zand %	OC	OM	N	C/N	CaCaO3	P2O5	Fe % Dith.	pH H2O
97227	40.2	47.1	12.7	0.56	0.96	0.81	6.9	8.0	0.130		8.3
97228	43.9	50.2	5.9	0.65	1.12	0.70	9.3	17.9	0.125		8.5
97304	32.9	54.8	12.3	6.01	10.3	4.75	12.6	0.3	0.146	1.474	4.9
97303	31.7	50.8	17.5	2.27	3.9	1.70	13.4	9.4	0.118	0.367	7.8

118 Symbool van de Belgische bodemkaart.

119 Barnett *et al.* 2009, 15.

120 Pons 1973, 13.

2.3 Het paleobotanische onderzoek van het oppervlakteveen in profiel D

Koen Deforce & Jan Bastiaens

Van profiel D werden van het oppervlakteveen zowel het pollen als de botanische macroresten bestudeerd met het oog op het leveren van bijdragen tot de genese van deze gekende stratigrafische eenheid en tot de bewoningsgeschiedenis van de omgeving van de site Raversijde.

2.3.1 Inleiding

Gedurende het Subboreaal (5000-2500 uncal BP) bestond het grootste gedeelte van de huidige kustvlakte uit een groot moeras. Het veen, dat toen gevormd werd en dat nu nog op verschillende plaatsen in de kustvlakte in de ondergrond zit, wordt het oppervlakteveen of Hollandveen genoemd. Dit oppervlakteveen komt voor in de kustvlakte van Noord-Frankrijk, België, Nederland en verder in Noord-Duitsland en Zuidwest-Denemarken[121].

Veen bestaat voornamelijk uit een dichte opeenstapeling van weinig of niet vergane botanische resten, afkomstig van planten die op die plaats groeiden. Via de studie van de plantenresten uit het veen kunnen we dan ook de evolutie van de vegetatie en het landschap gedurende de periode dat het veen gevormd werd, reconstrueren. Uitgebreid paleobotanisch onderzoek van het oppervlakteveen in de Belgische kustvlakte, zowel van botanische macroresten als palynologisch onderzoek, werd uitgevoerd door Stockmans & Vanhoorne[122] in het westelijke gedeelte van de kustvlakte en door Allemeersch[123] in de oostelijke kustvlakte. Verder werden er nog verschillende palynologische onderzoeken uitgevoerd in het westelijke gedeelte van de kustvlakte door Baeteman & Verbruggen[124] en in de duinen van de westkust door De Ceunynck[125]. In Nederland werd reeds in 1929 paleobotanisch onderzoek op het oppervlakteveen uitgevoerd door Polak[126]. Ander paleobotanisch onderzoek op het Nederlandse oppervlakteveen werd uitgevoerd door onder meer Munaut[127], Pals *et al.*[128], Van Smeerdijk[129], Bakker & Van Smeerdijk[130], Van Geel *et al.*[131], Havinga & van den Berg van Saparoea[132].

Toen in 1994 bij de opgraving van de 15de-eeuwse tonwaterput spoornr. 226 op de laatmiddeleeuwse site in Raversijde een diepe sleuf gegraven werd door het veen werd van deze gelegenheid gebruik gemaakt om monsters te nemen voor paleobotanisch onderzoek[133]. In dit gedeelte van de Belgische kustvlakte is het oppervlakteveen immers nauwelijks onderzocht[134].

2.3.2 Materiaal en methoden

De bemonsteringsplaats bevindt zich net achter de duinengordel, op slechts een paar 100 m landinwaarts van de huidige kustlijn (fig 4, D). De geografische Lambert-coördinaten van de bemonsteringsplaats zijn 211,072 noord en 43,748 oost.

Het bemonsterde profiel (fig 5, profiel D) bestond uit een veenlaag van ±90 cm dikte die onderaan begrensd was door een sterk organische donkere klei en bovenaan door kleiig silt[135]. De bemonstering gebeurde met 3 metalen bakken die in het profiel werden gedrukt en nadien terug uitgegraven. In totaal is er een gedeelte van ±120 cm van het profiel bemonsterd en onderzocht.

Uit deze metalen bakken werden later in het laboratorium substalen van ±1 cm^3 genomen voor pollenanalyse en behandeld volgens de standaardmethoden[136]. De determinaties gebeurden aan de hand van een referentiecollectie van moderne pollen en sporen en met behulp van determinatiesleutels en fotoatlassen[137]. De resultaten zijn voorgesteld in een pollendiagram. De percentages van de individuele taxa zijn berekend op basis van de som van alle bomen, struiken en kruiden (ΣP). Water- en sporenplanten zijn niet in de pollensom opgenomen.

2.3.3 Resultaten

De resultaten van de radiokoolstofdateringen worden voorgesteld in tabel 3. De basis en de top van het veen zijn respectievelijk gedateerd op 4395 ±30 BP (KIA-20051) en 2635 ± 35 BP (KIA-20052)[138]. De periode van veenvorming komt hier dus grotendeels overeen met het Subboreaal.

De resultaten van de pollenanalyse zijn voorgesteld in figuur 32. Het pollendiagram is in 6 zones ingedeeld op basis van de evolutie van de lokale vegetatie. De bespreking van de resultaten zal op basis van deze zones gebeuren, van onder naar boven toe. De in het diagram aangegeven diepte is gemeten ten opzichte van het maaiveld. Het maaiveld bevond zich op de bemonsteringsplaats voor de start van het archeologisch onderzoek op 3,86 T.A.W., de basis van het oppervlakteveen op 0,15 m T.A.W.

2.3.3.1 Zone 1: 302-288 cm. Sediment: sterk organische klei

De zeer hoge percentages van Chenopodiaceae en van het *Aster* type[139] en het voorkomen van *Plantago maritima* en *Armeria maritima* geven aan dat de lokale vegetatie uit een (slikke of) schorre bestond[140]. Ook het voorkomen van Foraminifera in

121 Pons 1992.
122 Stockmans & Vanhoorne 1954.
123 Allemeersch 1991.
124 Baeteman & Verbruggen 1979.
125 De Ceunynck & Thoen 1981; De Ceunynck 1985.
126 Polak 1929.
127 Munaut 1967.
128 Pals *et al.* 1980.
129 Van Smeerdijk 2003
130 Bakker & Van Smeerdijk 1982.
131 Van Geel *et al.* 1983.
132 Havinga & van den Berg van Saparoea 1982, 199
133 Pieters 1994.
134 Een uitzondering hierop vormt Baeteman *et al.* 1981.
135 Voor een meer gedetailleerde beschrijving van de stratigrafie, zie 2.1.2.4. Profiel D.
136 Moore *et al.* 1991.
137 Moore *et al.* 1991; Punt (ed.) 1976; Punt *et al.* (eds) 1976-2003.
138 De calibratie van de radiokoolstofdateringen is uitgevoerd met OxCal 3.10 (Bronk Ramsey 2001) gebruik makende van de atmosferische data van Stuiver *et al.* 1998.
139 Het pollen is hier zeer waarschijnlijk afkomstig van voornamelijk *Aster tripolium* (zulte) hoewel op basis van de pollenmorfologie geen uitsluitsel te geven is.
140 Munaut 1975.

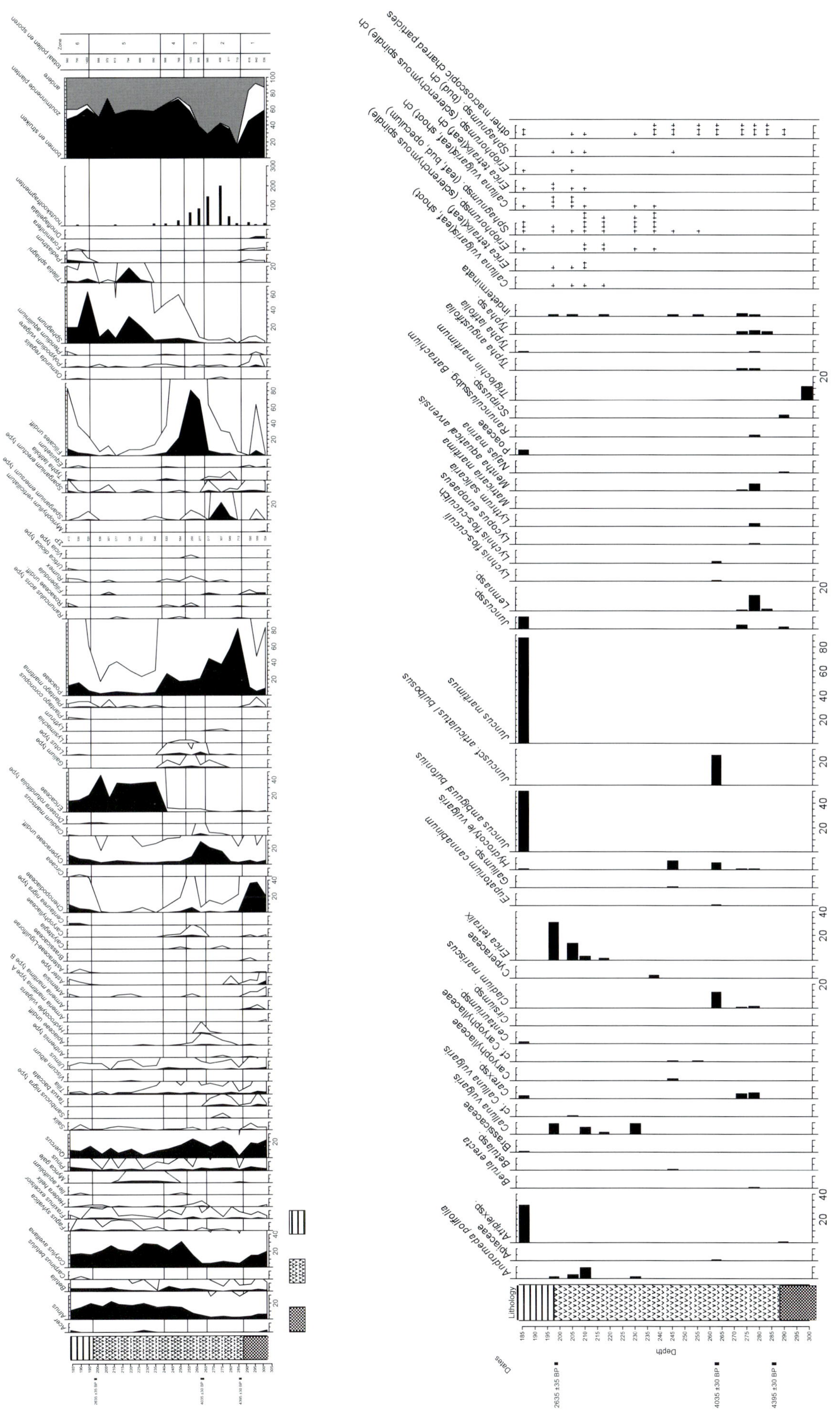

FIG. 32 **Percentage pollendiagram. Enkele lijn geeft percentages weer met 10x overdrijving. Onder: zadendiagram in absolute aantallen.**
Percentage pollen diagram; the unshaded areas encased by the single black lines represent the percentages 10 times exaggerated. Below: Seed diagram in absolute numbers.

TABEL 3
Radiokoolstofdateringen van het veen.
Radiocarbon dates for the peat layer.

Nr	Stratigrafische positie	Monster diepte (cm)	Lab code	Datering ^{14}C yr BP	Gecalibreerde datering (cal BP) (±2σ)
1	top van het veen	198 – 199.5	KIA-20052	2635 ±35	2850 – 2820 (4.2%) 2800 – 2710 (91.2%)
2	einde van de Taxus curve	261.75 – 264	KIA-24488	4035 ±30	4780 – 4770 (1.5%) 4580 – 4420 (93.9%)
3	Basis van het veen	285 – 287	KIA-20051	4395 ±30	5050 – 4860 (95.4%)

deze niveaus wijst erop dat er een sterke mariene invloed was. Verder is er in deze zone nog *Pediastrum* aangetroffen, een groenwier dat bij voorkeur in zoetwater voorkomt[141] maar toch regelmatig subfossiel in perimariene en/of brakke afzettingen wordt teruggevonden[142]. Een ander microfossiel dat in deze zone is aangetroffen en dat indicatief is voor een marien milieu zijn cysten van Dinoflagellata. Dit zijn ééncellige protisten die voornamelijk in zeewater leven, hoewel er ook soorten zijn die in zoetwater of op land voorkomen, en dan ook in grote hoeveelheden in mariene afzettingen kunnen gevonden worden.

Bij de bomen en struiken is het meest opvallende fenomeen de aanwezigheid van *Taxus*.

2.3.3.2 Zone 2: 288-266 cm. Sediment: veen

Het begin van deze zone valt samen met de basis van het veen en is gedateerd op 4395 ±30 BP (KIA-20051). De sterke achteruitgang van de percentages van Chenopodiaceae en *Aster* type en het verdwijnen van *Armeria maritima* en *Plantago maritima* toont aan dat de marine invloed afneemt. De vegetatie evolueert naar een brakwater en later een zoetwater moeras met een dominantie van *Phragmites* (riet). Dit blijkt uit de zeer hoge Poaceae percentages in deze zone. Het blijvende voorkomen van Chenopodiaceae pollen, weliswaar in veel lagere percentages dan in zone 1, toont aan dat de kust of toch de schorrevegetatie niet erg veraf is gelegen. Ook de vervanging van de brakwatertolerante *Sparganium erectum* type door het minder brakwater tolerante *Sparganium emersum* type (kleine egelskop type) en het verschijnen van *Typha latifolia* (grote lisdodde) in het tweede gedeelte van deze zone illustreert het zoeter worden maar ook het begin van de verlanding van het milieu[143].

In de tweede helft van deze zone wordt naast de Poaceae ook het *Sparganium emersum* type en later de Cyperaceae belangrijk. Verder komen nog *Lythrum salicaria* (grote kattestaart), *Cladium mariscus* (galigaan), *Typha latifolia* en *Osmunda* regalis (koningsvaren) voor. Tevens verschijnen *Filipendula* (spirea), *Galium* type (walstro type) en *Hydrocotyle vulgaris* (waternavel) in dit gedeelte van het diagram en nemen de percentages van de Apiaceae (schermbloemigen) sterk toe.

Fagus (beuk) verschijnt in deze zone in het pollendiagram, en ook *Taxus* is aanwezig in dit gedeelte van het pollendiagram.

2.3.3.3 Zone 3: 266-254 cm. Sediment: veen

In de eerste helft van deze zone domineren Cyperaceae (cypergrassenfamilie) de lokale vegetatie. De percentages van Poaceae nemen sterk af. Verder bereiken Caryophyllaceae (anjerfamilie), *Galium* (walstro), *Lotus* (rolklaver) en *Hydrocotyle vulgaris* (waternavel) in deze zone hun maximale percentages. Deze laatste twee zijn indicatoren voor respectievelijk mesotrofe en oligotrofe milieuomstandigheden[144]. Ook *Cladium mariscus* – indicator voor mesotrofe milieus[145] – bereikt hier een maximum.

De tweede helft van deze zone wordt gekenmerkt door zeer hoge percentages monolete sporen. De meeste daarvan waren hun buitenste wand (perinne) verloren en dus niet meer te determineren. De sporen mét buitenste wand (of een gedeelte ervan) konden als *Thelypteris palustris* (moerasvaren) gedetermineerd worden. Het grootste gedeelte van de aangetroffen monolete sporen is dan ook vermoedelijk afkomstig van *Thelypteris palustris*. De aanwezigheid van *Thelypteris palustris* geeft aan dat het moeras dichtgroeit en droger wordt[146]. Hieruit volgt dan dat de verlanding sneller ging dan de stijging van de zeespiegel.

Bij de bomen en struiken verdwijnt *Taxus* uit het diagram.

2.3.3.4 Zone 4: 254-240 cm. Sediment: veen

Vanaf deze zone verschijnt *Myrica gale* (gagel) in het diagram wat, net zoals de toenemende percentages van *Sphagnum*, op een verdere verlanding en verzuring wijst ten opzichte van de vorige zone. Verder komen nog *Galium* type (walstro), *Lotus* type (rolklaver type) en *Lysimachia* (wederik) in de lokale vegetatie voor.

In het bovenste gedeelte van deze zone is er een lichte toename van de percentages van *Alnus* en later ook van *Betula*, maar de percentages blijven te laag om van een elzen- of berkenbroekbos te kunnen spreken. Er zijn overigens geen houtresten in het veen aangetroffen.

141 Komárek & Jankovská, 2001.
142 Havinga & van den Berg van Saparoea 1992; Bakker & Van Smeerdijk 1982.
143 Weeda *et al.* 1985; Ellenberg 1988.
144 Den Held *et al.* 1992.
145 Den Held *et al.* 1992.
146 Weeda *et al.* 1985.

2.3.3.5 Zone 5: 240-197 cm. Sediment: veen

Deze zone wordt gekenmerkt door een dominantie van *Ericaceae* en later van *Sphagnum*. Vanaf deze zone ontstaat er dus een oligotroof veen, wat betekent dat de vegetatie niet langer door grondwater maar voornamelijk door regenwater gevoed wordt. In het bovenste gedeelte van deze zone komt ook *Drosera rotundifolia* type (ronde zonnedauw type) voor, wat eveneens wijst op oligotrofe milieuomstandigheden[147].

Opmerkelijk in deze zone zijn bovendien de hoge percentages van sporen van *Tilletia sphagni*, een schimmel die op *Sphagnum* parasiteert.

Onderaan in deze zone, vanaf niveau 270, is er een duidelijke terugval in de curven van *Tilia* (linde) en *Ulmus* (iep). Munaut[148] heeft hetzelfde fenomeen in een pollendiagram van Terneuzen gedateerd tussen 1800 BC. en 1550 BC. Op niveau 255 komt *Viscum* (maretak) voor. Tegenwoordig ligt het natuurlijke areaal van *Viscum* in de zuidelijke helft van België[149] maar zoals reeds geweten was uit vroeger paleo-ecologisch onderzoek lag dat areaal meer noordelijk gedurende het Atlanticum en het Subboreaal[150].

Het einde van deze zone komt overeen met de top van het veen en is gedateerd op 2635 ± 35 BP (KIA-20052).

2.3.3.6 Zone 6: 197-184 cm. Sediment: klei

Aan het begin van deze zone moet de veengroei ingehaald zijn door de zeespiegelstijging, want het veen is hier overstroomd en afgedekt met mariene klei. In het pollendiagram zien we dan ook opnieuw typisch halofyte planten zoals *Aster* type en Chenopodiaceae verschijnen. Er zit hier echter ook veel verspoeld pollen in het spectrum (bv. Ericaceae, *Menyanthes trifoliata* en *Sphagnum*) dat afkomstig is uit het veen. Er kan hier dan ook niet worden uitgesloten dat er een gedeelte van het oorspronkelijke veenpakket weg geërodeerd is en dat de oorspronkelijke top van het veen ontbreekt. In deze zone komt ook net als in zone 1 opnieuw *Pediastrum* voor.

Carpinus (haagbeuk) verschijnt in deze zone in het diagram maar gezien de mogelijke erosie van de oorspronkelijke top van het veen is hier moeilijk een datering op te plakken, maar in ieder geval wel na 2635 ±35 BP. Het verschijnen van pollen van *Carpinus* wordt dikwijls gebruikt als indicator voor het begin van het Subatlanticum[151].

2.3.4 Discussie

Op basis van de resultaten van de pollenanalyse kan de vegetatie-evolutie gedurende het grootste gedeelte van het Subboreaal gereconstrueerd worden. De aanvankelijke zoutminnende vegetatie van slikken en schorren werd vervangen door een brakwater en later een zoetwater moeras. Hierdoor kon er een rietvegetatie ontstaan waarbij de veenvorming vanaf 4395 ± 30 BP van start ging. Tijdens de daaropvolgende fasen van verzoeting en verlanding ontstond er een moeras met een vegetatie die achtereenvolgens gedomineerd werd door *Sparganium emersum* type, Cyperaceae en *Thelypteris palustris*. Hierna was de verlanding zo ver gevorderd dat het veen boven het grondwaterniveau moet zijn uitgegroeid gezien het oligotrofe karakter van het bovenliggende veen. De lokale vegetatie bestond nu voornamelijk uit Ericaceae, *Myrica* en *Sphagnum*.

Dit lijkt een 'klassiek' patroon van de vegetatie-evolutie te zijn voor het oppervlakteveen uit de kustvlakte. Dezelfde opeenvolging van vegetatietypen is eveneens waargenomen in andere paleo-ecologische studies van het oppervlakteveen uit het kustgebied in Vlaanderen[152] en Nederland[153]. Een opmerkelijk verschil met die andere paleo-ecologische studies is dat in de hier waargenomen vegetatie-evolutie een uitgesproken elzen- of berkenboek fase ontbreekt[154]. In de meeste onderzochte sites is er een ontwikkeling van een elzenbroekbos op het einde van de eutrofe fase en een berkenbroekbos in de mesotrofe fase[155]. Toch zijn er enkele sites met een min of meer vergelijkbare opeenvolging van vegetatietypes. Een dergelijke evolutie van het oppervlakteveen is waargenomen in de Gwent/Caldicot levels[156] in Amberley[157] in Engeland, en in de Assendelver Polder[158] en Ellewoutsdijk[159] in Nederland.

Een opmerkelijk element in dit pollendiagram van Raversijde is de vroege verschijning van *Fagus*. Volgens Verbruggen *et al.* (1996) verschijnt *Fagus* pas na 4000 BP in Vlaanderen. In het pollendiagram van Raversijde start de curve van *Fagus* vroeger, nl. tussen 4395 BP en 4035 BP. Ook in de pollendiagrammen van Zandvliet en Oorderen verschijnt Fagus vóór 4000 BP. In Zandvliet zelfs vóór 4480 ±110 BP (Lv-256)[160].

Nog opvallender is het voorkomen van *Taxus* in het pollendiagram. De actuele natuurlijke populaties van *Taxus* in ons land komen allemaal voor op steile kalkrijke hellingen ten zuiden van Samber en Maas[161]. Toch blijken bijna alle holocene subfossiele vondsten van *Taxus* in België en Nederland in het kustgebied en het Schelde-estuarium te situeren en bovendien zijn deze allemaal te dateren op het einde van het Atlanticum en in het Subboreaal[162].

Aanwijzingen van menselijke activiteiten onder de vorm van landbouwgewassen of geassocieerde akkeronkruiden zijn hier niet aangetroffen. Dit is niet bepaald verwonderlijk gezien een veenmoeras niet de meest geschikte locatie is om aan akkerbouw te doen. Wel zijn er vrij veel microscopisch kleine verkoolde fragmenten plantaardig materiaal aangetroffen in de 2de helft van zone 2 en in zone 3. Dit hoeft niet noodzakelijk verband te houden met menselijke activiteiten.

Er zijn overigens nauwelijks archeologische gegevens uit de kustvlakte voor deze periode. Bovendien zijn zoutwinning, zoals reeds voor de vroege ijzertijd is aangetoond in De Panne[163] en visvangst, de twee meest plausibele menselijke activiteiten aan de kust, niet waarneembaar door middel van palynologisch onderzoek.

147 Den Held *et al.* 1992.
148 Munaut 1967.
149 Lambinon *et al.* 1998.
150 Weeda *et al.* 1985.
151 Munaut 1967; Verbruggen 1977.
152 Stockmans & Vanhoorne 1954; Baeteman & Verbruggen 1979; Baeteman *et al.* 1981; Allemeersch 1991.
153 Van Geel *et al.* 1983; Bakker & Smeerdijk 1982; Havinga & van den Berg van Saparoea 1992.
154 Zie o.a. Baeteman & Verbruggen 1979; Baeteman *et al.* 1981; Bakker & Van Smeerdijk 1982; Van Geel *et al.* 1983.
155 Zie ook Verbruggen *et al.* 1996.
156 Smith & Morgan 1989; Walker *et al.* 1998.
157 Godwin 1943.
158 Witte & Van Geel 1985.
159 Van Smeerdijk 2003.
160 Munaut 1967; Gilot 1997.
161 Galoux 1979; Van Rompaey & Devosalle 1979; Lambinon *et al.* 1998.
162 Deforce & Bastiaens 2007.
163 De Ceunynck & Thoen 1981; Thoen 1987.

2.4 Palynologisch onderzoek van een kleisequentie

Brigitte Cooremans

Uit het kleipakket dat het veen bedekt, werden verscheidene stalen voor palynologisch onderzoek genomen. In deze kleiafzettingen kon een stabilisatiefase worden herkend die wordt gelinkt aan een Romeins oppervlak. Op twee verschillende plaatsen (o.a. prof B, fig. 5) werd dit oppervlak bemonsterd (pollenmonsters nrs. 2 en 5 in tabel 4: Rav2seq6). Bovenaan, juist onder de recente ploeglaag, bevond zich een andere stabilisatiehorizont die juist vóór de 15de-eeuwse bewoning wordt gesitueerd (pollenmonster nr. 10). Deze werd bemonsterd ter hoogte van gebouw 5 (*cf.* 4.3.2.5).

Zoals min of meer te vrezen was, werden heel wat uit het veen herwerkte stuifmeelkorrels aangetroffen. Het is bekend dat er zich – tot voor kort zelfs nog – veenpakketten op het strand van Raversijde bevonden. Door de getijdenwerking en erosie van dit veen is het heel aannemelijk dat bijvoorbeeld stukjes geërodeerd veen met het zeewater via de geulen landinwaarts werden meegevoerd en terug in de kleien werden afgezet. Bovendien kunnen deze kleien pollen bevatten die van elders, over grote afstand, zijn aangevoerd. Hierdoor kunnen we deze diagrammen helaas niet goed interpreteren. Hoe kan immers bepaald worden welke stuifmeelkorrels uit het veen afkomstig zijn en welke van ver weg zijn aangespoeld? Ter illustratie werden enkele resultaten van de palynologische analyses weergegeven in tabel 4.

Toch kwam in een van de twee aan een stabilisatiefase gelinkte stalen (pollenmonster nr. 5) de 'Romeinse bodem' vrij goed tot uiting, weliswaar niet zozeer door een andere pollensamenstelling, maar wel door een veel slechtere bewaring van het stuifmeel. Oxidatie doet zich immers vaak voor in minder goed van de lucht afgesloten lagen zoals een oud loopvak dat aan de oppervlakte ligt.

Verder konden in de pollendiagrammen weinig of geen sporen van menselijke activiteiten waargenomen worden. Aan de ene kant werden pollen afkomstig uit het veen aangetroffen waaronder gagel (*Myrica,* fig. 33a), veenmos (*Sphagnum*, fig. 33b) en heide (Ericaceae, fig. 33c). Aan de andere kant werd typisch stuifmeel voor het zoute milieu van slikken en schorren herkend, vooral van ganzenvoet (Chenopodiaceae, fig. 33d). Dit staat in contrast met een laag verbonden aan de middeleeuwse bodem (nr.10), die onmiddellijk voorafgaand aan de 15de-eeuwse bewoning gesitueerd wordt en waar de antropogene elementen duidelijk beginnen toe te nemen onder de vorm van een stijging aan granen (Cerealia, fig. 34a) en ruderalen zoals *Polygonum* sp. (duizendknoop), *Rumex* sp. (zuring), Brassicaceae (kruisbloemigen, fig. 34b) en Compositae/Liguliflorae (komposieten/lintbloemigen, fig. 34c).

2.5 Diatomeeën uit de bodemprofielen A en B

Hendrik Demiddele & Anton Ervynck

2.5.1 Ecologische interpretaties aan de hand van diatomeeën

Uit de stalen van de bodemprofielen A en B (fig. 5 en hoofdstuk 2.1) werden eveneens diatomeeën of kiezelwieren gehaald. Deze eencellige wiertjes variëren in grootte van 5 μ tot 2 mm en worden gekenmerkt door een skelet in de celwand, opgebouwd uit silicium. Diatomeeën komen meestal voor in zout, brak en zoet water, maar kunnen ook gevonden worden in de bodem of vastgehecht op planten.

Kiezelwieren vertonen verschillende levensvormen: planktonisch (vrij zwevend in de waterkolom), epontisch (vastgehecht aan een vast substraat) of benthisch (levend op een los substraat). De laatste groep kan verder onderverdeeld worden in epipelische (passief op het substraat rustend of er overheen bewegend) en epipsamische vormen (vastgehecht aan zandkorrels). Vele kiezelwieren vertonen een combinatie of een tussenstadium van deze levensvormen. Kiezelwiersoorten komen meestal voor in specifieke biotopen die verschillen in kenmerken als voedselrijkdom, stroomregime, pH of vervuilingsgraad. De ecologie van een diatomeeënsoort kan dan ook vastgelegd worden door een set van parameters met een codesysteem te beschrijven[164]. In deze studie werd gebruikgemaakt van twee karakteristieken[165]: droogtetolerantie en saliniteitsvoorkeur.

De saliniteitsvoorkeur van kiezelwieren wordt met volgende codes omschreven[166]:
0: niet gekend
2: in mariene omstandigheden
3: in mariene tot marien-brakke omstandigheden
4: in marien-brakke omstandigheden
5: in marien-brakke tot brak-mariene omstandigheden
6: in brak-mariene omstandigheden
7: in brak-mariene tot brakke omstandigheden
8: in brakke omstandigheden
9: in brakke tot brak-zoete omstandigheden
10: in brak-zoete omstandigheden
11: in brak-zoete tot zoet-brakke omstandigheden
12: in zoet-brakke omstandigheden
13: in zoet-brakke tot zoete omstandigheden
14: in zoete omstandigheden

Wanneer interpretaties van een bemonsterd soortenspectrum worden gemaakt, wordt vaak een vereenvoudigde indeling gebruikt: euhalien (klasse 2: vol-marien), polyhalien (klasse 3 tot en met 7: biotopen met hoge zoutconcentraties), mesohalien (klasse 8 tot en met 11: biotopen met middelmatige zoutconcentraties) en oligohalien (klasse 11 tot en met 14: biotopen met lage zoutconcentraties).

164 Denys 1991.
165 Waarbij de codering volgens Denys (1991) gevolgd wordt.
166 Volgens het halobiesysteem van van der Werff 1958, zie Denys 1991.

TABEL 4

Lijst van de aangetroffen pollensoorten.

List of pollen types.

	1	2	3		4	5	6	7	8	9		10
BOMEN												
Alnus	11,4	18,6	16		18,5	7,6	15,5	12,8	18,2	11,4		5,2
Betula	5,8	4,6	5,7		5,5	1,6	4,7	8,9	4,8	4,2		2,2
Carpinus	0,6	0,4	-		-	-	0,3	0,3	-	-		0,4
Corylus	18,1	20	16,8		17	8,2	20,8	19,8	17,9	21,6		15,1
Fagus	3,2	0,7	2,7		3,3	0,5	2,2	1,1	1,6	0,4		1,1
Fraxinus	0,6	0,4	-		-	-	-	-	0,3	0,4		-
Ilex	-	-	-		-	-	-	0,3	-	0,4		-
Juglans	-	-	0,3		-	-	-	0,6	-	-		-
Myrica	2,9	1,8	3,5		1,1	2,2	3,3	4,5	3,5	4,2		0,4
Pinus	1,2	2,1	1,1		2,6	1,6	1,7	1,7	0,6	9,1		0,7
Quercus	4,4	2,8	4,3		6,3	1,6	6,1	2,5	5,4	0,8		1,1
Salix	-	0,4	-		0,4	-	-	-	0,6	-		0,7
Tilia	0,9	1,4	1,6		1,8	1,1	1,1	1,4	1	1,5		2,2
Ulmus	1,5	1,1	0,8		0,4	0,5	0,3	1,1	0,6	-		-
TOTAAL AP	50,4	54	52,8		56,8	25	56	54,9	54,6	53,8		29,2
KRUIDEN												
Cerealia	1,2	-	-		-	-	1,7	-	0,6	-		2,6
Cannabaceae	-	-	0,3		-	0,5	-	-	-	0,4		0,4
Artemisia	0,3	0,4	0,8		-	0,5	1,4	0,3	-	-		0,4
Anthemis type	-	-	-		-	-	-	-	-	-		0,4
Compositae Liguliflorae	0,3	1,4	1,4		0,7	4,3	0,3	-	0,3	-		7
Brassicaceae	0,3	-	0,8		-	2,7	0,8	-	1,3	1,1		7
Polygonum sp	-	0,7	0,3		0,7	-	0,3	-	0,3	-		1,8
Polygonum aviculare	-	-	-		-	0,5	-	-	-	-		-
Polygonum persicaria	-	-	0,3		-	0,5	-	-	-	-		0,4
Rumex	-	0,4	0,8		0,4	-	0,6	0,3	1	-		0,7
Ericaceae	19	19,3	8,9		12,5	10,3	9,7	17	10,2	35,2		33,5
Poaceae	6,7	4,6	9,8		6,3	28,8	7,8	2,2	9,9	1,1		4,4
Compositae Tubuliflorae	0,9	0,7	0,8		1,1	1,1	0,8	0,6	0,6	-		1,1
Lotus type	-	-	-		-	-	-	-	-	-		0,4
Papilionaceae	-	-	-		-	-	-	-	0,3	-		-
Plantago coronopus	-	-	0,3		-	0,5	-	0,3	-	-		-
Plantago lanceolata	-	-	-		-	1,1	-	-	-	0,4		0,4
Plantago	0,3	0,7	0,8		0,4	2,7	0,6	0,3	0,6	-		0,4
Radiola type	0,3	-	-		-	0,5	-	-	-	-		-
Ranunculaceae	0,3	0,4	1,1		0,4	1,1	1,1	0,8	0,3	-		0,4
Chenopodiaceae	11,1	12,6	13,6		9,6	6	13,6	16,4	12,1	2,7		1,8
Cyperaceae	3,2	0,4	2,4		4,1	1,6	1,7	1,4	1,3	-		0,4
Filipendula type	0,3	-	0,3		-	0,5	-	0,3	0,6	0,4		-
Menyanthes	0,3	-	-		-	-	-	0,3	-	0,4		-
Sparganium	2	0,7	0,8		1,1	0,5	0,6	1,4	1,9	1,1		0,4
Typha	0,3	-	-		-	-	0,6	0,8	0,6	0,4		-
Caryophyllaceae	0,3	-	-		-	-	-	-	0,3	-		0,7
Galium type	-	-	0,3		0,4	-	-	0,3	-	-		-
Liliaceae	-	-	-		0,4	1,6	-	-	0,9	0,4		0,4
Rosaceae	0,6	-	0,3		0,4	-	0,3	0,3	-	0,8		0,7
Sorbus type	-	-	-		0,4	-	-	-	-	-		-
Umbelliferae	0,3	-	1,1		0,4	0,5	-	0,3	0,3	-		1,1
Hedera	-	-	-		-	-	-	-	-	-		0,4
TOTAAL NAP	47,8	42,1	45		39,1	66,3	41,6	43,2	43,8	44,3		67,2
INDETERMINATA	1,7	3,9	2,2		4,1	8,7	2,5	1,9	1,6	1,9		3,7
POLLENSOM	343	285	369		271	184	361	359	313	264		271
SPOREN												
Sphagnum	14	37,9	12,7		23,2	39,1	16,6	17,3	12,5	45,1		11,1
Dryopteris	30	50,5	16,3		18,5	78,3	16,6	34	24,3	121,2		38
Lycopodium	-	-	-		-	-	-	-	-	-		0,4
Polypodium	0,3	0,7	0,8		-	12,5	0,3	0,6	-	8		0,7
Pteridium	7,3	11,2	7,9		10,7	20,1	8,9	5,8	4,5	10,6		3
Trilete	0,6	5,6	1,4		1,8	7,6	0,8	1,7	1,9	2,3		16,6
TOTAAL SPOREN	52,2	106	39		54,2	157,6	43,2	59,3	43,1	187,1		69,7
Sporensom	179	302	144		147	290	156	213	135	494		189

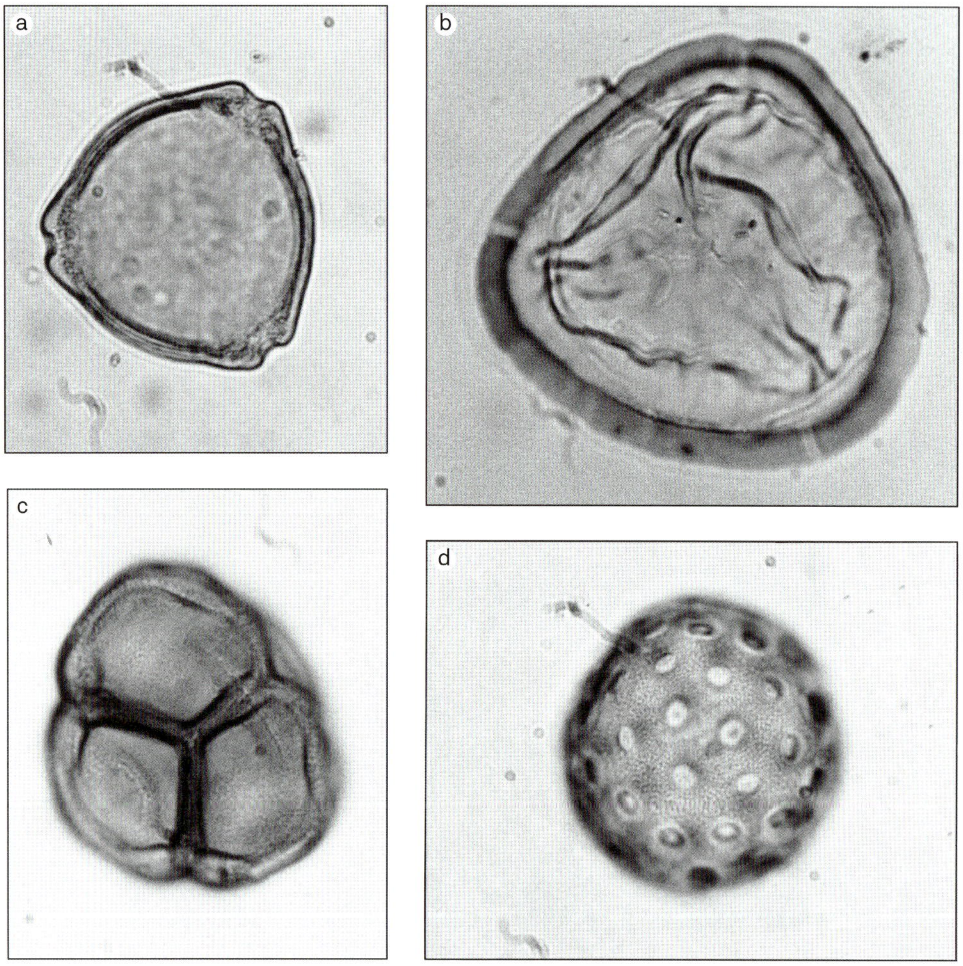

FIG. 33 **Pollenkorrels van (a) gagel (*Myrica*), (b) veenmos (*Sphagnum*), (c) heide (Ericaceae) en (d) ganzenvoet (Chenopodiaceae).**
*Pollen grains of (a) bog myrtle (*Myrica*), (b)* Sphagnum, *(c) heather (Ericaceae) and (d) goosefoot (Chenopodiacea).*

De droogtetolerantie van kiezelwieren wordt getypeerd door volgende codes:
0: niet gekend
2: in aquatische milieus
3: in periodiek aquatische tot natte subaëriale milieus
4: in vochtig subaëriale milieus
5: in droog subaëriale milieus
'Subaërisch' staat daarbij voor 'grotendeels blootgesteld aan de lucht'.

Doordat de schaaltjes van diatomeeën zeer klein zijn, kunnen ze gemakkelijk met water of via de lucht over grote afstanden verplaatst worden. Een belangrijke vraag bij de interpretatie van archeologische diatomeeënspectra is dan ook steeds de herkomst van het gevonden materiaal. Een reconstructie van het plaatselijke sedimentatiemilieu kan immers lijden onder de aanwezigheid van aangevoerde, allochtone[167] kiezelschaaltjes. Het voorkomen van allochtonie kan echter vrijwel steeds geregistreerd worden, omdat de biotoopvoorkeuren van de aanwezige soorten niet in één sedimentatiemilieu samengebracht kunnen worden. Wanneer bijvoorbeeld mariene planktonische soorten samen gevonden worden met eponthische subaërische, dan is een van de twee groepen allochtoon. Wat nu precies de allochtone soorten in een staal zijn, kan niet alleen afgeleid worden uit de levensvorm maar o.a. ook door verschillen in bewaringstoestand. Aangevoerde specimens zullen gewoonlijk meer gefragmenteerd zijn dan ter plaatse afgezette vormen. Ruwweg kan men stellen dat de benthische soorten in een staal de meeste kans hebben autochtoon te zijn, terwijl planktonische vormen het gemakkelijkst verplaatst worden. Na identificatie van de autochtone soorten kan men er gezien de geringe actieradius van diatomeeën van uitgaan dat deze vrijwel uit de onmiddellijke buurt van de staalnameplaats komen. Dit alles betekent overigens niet dat allochtone soorten niet bij een ecologische reconstructie betrokken worden. Hun aanwezigheid kan informatie verstrekken over sedimenttransport of over hydrogeografische of geomorfologische fenomenen.

2.5.2 Staalname en verwerking

Per monster werd er een volume van 4 tot 5 gram genomen, waaruit de diatomeeën werden geprepareerd volgens de methode

167 Zie voor een bespreking van de termen 'autochtoon' en 'allochtoon' Denys 1993, 3.40.

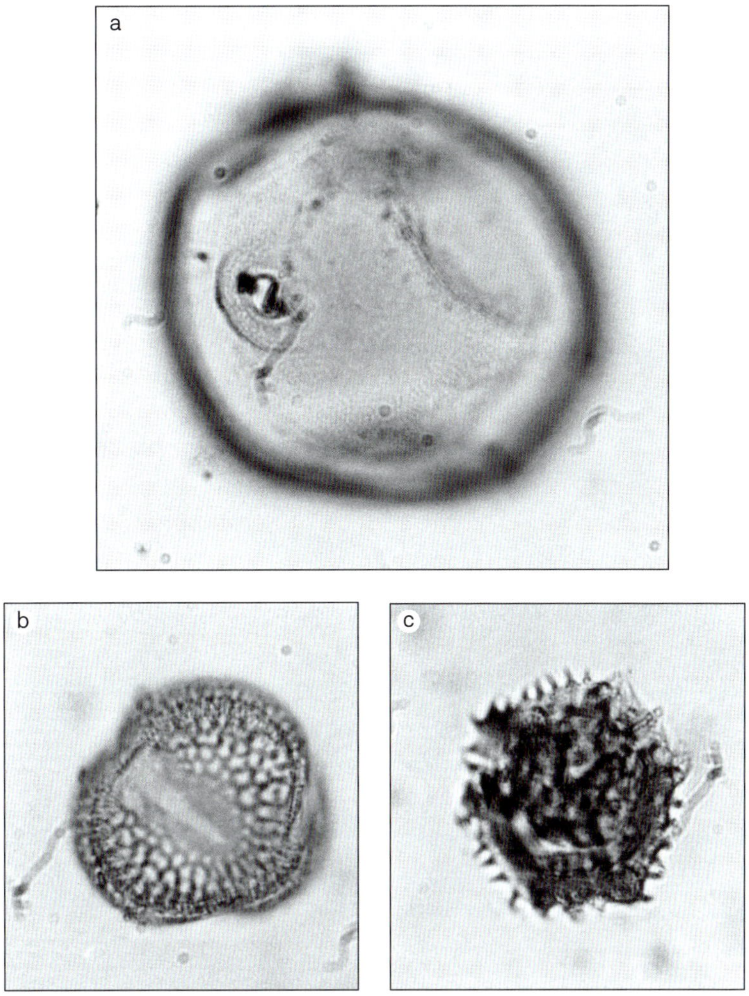

FIG. 34 **Pollenkorrels van (a) granen (Cerealia), (b) kruisbloemen (Brassicaceae) en (c) komposieten, lintbloemigen (Compositae, Liguliflorae).**
Pollen grains of (a) cereals (Cerealia), (b) cabbage family (Brassicaceae) and (c) Compositae, Liguliflorae.

van van der Werff[168]. Het sediment wordt daarbij in een beker geplaatst, overgoten met 30 % H_2O_2 en afgedekt. Hierdoor begint de aantasting van de organische fractie in het staal. Na ongeveer 5 minuten voegt men 1 mg $KMnO_4$ in poedervorm toe, waarna een kortstondige, heftige reactie volgt waarbij de temperatuur tot meer dan 80°C oploopt. Dit vernietigt het grootste deel van de organische fractie. Als de reactie met mangaan een dioxidelaagje vormt kan dit opgelost worden door toevoeging van 10 % HCl. Hierdoor verdwijnt ook kalkmateriaal uit de oplossing.

De oplossing wordt gefilterd op gaas met maaswijdte van 100 µ en vervolgens gecentrifugeerd gedurende 2 minuten aan 2000 toeren/min. De bovenstaande vloeistof wordt afgegoten en het bezinksel wordt met gedistilleerd water gespoeld. Hierna volgt een tweede centrifugebeurt, en in sommige gevallen ook een derde. Ten slotte kan het materiaal na droging als preparaat gemonteerd worden in een inbedmiddel, zoals Naphrax.

De identificaties werden uitgevoerd met behulp van een lichtmicroscoop. Voor de determinatie werd gebruik gemaakt van beschrijvingen, afbeeldingen en foto's uit de literatuur[169]. De toegepaste nomenclatuur volgt Denys[170]. De telling van de diatomeeënschaaltjes gebeurde onder de lichtmicroscoop met een objectief van 100x en een oculair van 10x. Alle volledige schaaltjes werden in de telling opgenomen, terwijl fragmenten die minstens de helft van het centrale gedeelte van een volledig schaaltje omvatten, en een determinatie toelieten, ook als volledig werden beschouwd. Schaaltjes van langwerpige diatomeeën waren steeds gebroken in de onderzochte preparaten. Bij deze vormen werd het aantal apikale gedeelten[171] geteld en vervolgens gehalveerd. Volgens experimenteel onderzoek[172] moeten er bij fossiel materiaal minstens 400 schaaltjes geteld worden om betrouwbare analyses toe te laten.

2.5.3 Resultaten

2.5.3.1 Profiel B

De eerst onderzochte sequentie komt uit profiel B[173]. Tien stalen uit het stratigrafisch opeenvolgende lagenpakket werden

168 van der Werff 1955.
169 Zie Denys 1993, en de referenties aldaar.
170 Denys 1991.
171 Spitse uiteinden van de schaal.
172 Foged 1970; Florin 1970.
173 De resultaten van de analyse van deze sequentie zijn reeds vroeger eens kort voorgesteld (Pieters *et al.* 1998) en ook reeds in een globale synthese over de ontwikkeling van de Vlaamse kustvlakte gebruikt (Ervynck *et al.* 1999).

TABEL 5

Inventaris van de kiezelwieren aangetroffen in de stalen uit profiel B (EC: ecologische code, code 2: zouttolerantie, 13: droogtetolerantie).
Inventory of the diatoms from the samples from stratigraphic sequence B (EC: ecological codes, code 2: salt tolerance, 13: drought tolerance).

Soort	EC			Staal									
	2	13		1	2	3	4	5	6	7	8	9	10
Achnanthes brevipes Ag.	7	2		3	6	5	3	9	11	1	-	5	-
Achnanthes delicatula (Kütz.) Grun. subsp. *delicatula*	8	3		-	-	-	3	-	-	-	-	-	-
Achnanthes lanceolata (Bréb.) Grun.	12	4		-	16	-	-	3	-	-	-	-	-
Actinocyclus normanii (Greg.) Hust. f. *subsalsus* (Juhlin-Dannfelt) Hust.	8	2		2	-	11	-	14	9	16	14	15	5
Actinocyclus octonarius Ehr.	3	2		-	2	-	8	-	-	-	3	-	8
Actinoptychus senarius (Ehr.) Ehr.	4	2		9	2	13	11	7	6	21	17	21	11
Actinoptychus splendens (Shadb.) Ralfs	2	2		3	2	2	2	-	8	5	7	5	6
Amphora coffeaeformis (Ag.) Kütz.	8	3		-	-	-	8	-	-	-	-	-	-
Aulacodiscus argus (Ehr.) A. Schmidt	2	2		9	5	3	2	-	3	3	6	2	3
Aulacoseira granulata (Ehr.) Simonsen	12	2		-	3	-	-	-	-	4	9	9	6
Bacillaria paxillifer (Müll.) Hendey	9	3		-	2	20	1	5	-	-	-	3	-
Biddulphia alternans (Bail.) V.H.	2	2		-	-	-	-	-	6	-	-	1	2
Caloneis amphisbaena (Bory) Cl.	10	3		2	3	-	-	-	-	-	-	-	-
Caloneis ventricosa (Ehr.) Meister	12	3		-	-	-	2	-	-	-	-	-	-
Cerataulus turgidus (Ehr.) Ehr.	2	2		-	-	-	1	-	-	-	-	-	-
Cocconeis placentula Ehr. + var. *euglypta* (Ehr.) Grun., var. *lineata* (Ehr.) V.H.	12	3		-	-	-	-	3	3	-	-	-	-
Cocconeis scutellum Ehr.	5	2		-	-	-	1	-	-	-	-	-	-
Coscinodiscus apiculatus Ehr. var. *ambiguus* Grun.	2	2		6	8	1	-	-	-	-	-	-	-
Coscinodiscus perforatus Ehr.	2	2		4	-	-	2	-	-	-	-	-	-
Coscinodiscus radiatus Ehr.	3	2		10	-	4	-	-	-	-	-	-	-
Cyclotella meneghiniana Kütz.	10	3		20	11	-	-	2	3	-	-	-	-
Cyclotella striata (Kütz.) Grun. + var. *ambigua* (Grun.) Grun.	8	3		7	-	3	2	-	-	1	11	2	
Cymatosira belgica Grun.	2	2		11	8	11	36	11	12	2	1	11	3
Cymbella aspera (Ehr.) H. Perag.	12	3		-	14	-	4	-	-	-	-	-	-
Delphineis surirella (Ehr.) Andrews	4	2		40	9	102	230	165	80	92	91	89	51
Diploneis didyma (Ehr.) Cl.	5	2		30	12	16	12	7	12	11	15	14	6
Diploneis interrupta (Kütz.) Cl.	8	3		8	2	-	1	6	4	-	-	1	8
Diploneis lineata (Donk.) Cl.	2	2		-	-	-	-	-	6	-	-	-	-
Diploneis oblongella (Naeg.) Cl.-E.	12	4		-	-	-	3	-	3	2	1	5	3
Epithemia turgida (Ehr.) Kütz.	12	3		2	2	-	-	-	-	-	-	-	-
Fragilaria construens var. *subsalina* Hust.	10	3		3	-	1	-	-	-	-	-	-	-
Fragilaria construens var. *venter* (Ehr.) Grun.	12	3		5	-	-	-	-	-	-	-	-	-
Fragilaria pinnata Ehr.	12	4		-	-	-	17	-	2	-	-	-	-
Fragilaria virescens Ralfs var. *subsalina* Grun.	10	3		-	-	-	-	-	3	-	-	-	-
Gomphonema affine Kütz.	12	3		-	-	-	4	-	-	-	-	-	-
Gomphonema olivaceum (Hornemann) Bréb.	11	3		-	-	2	-	-	-	-	-	-	-
Grammatophora serpentina Ehr.	2	2		1	-	-	1	-	-	-	-	-	-
Gyrosigma balticum (Ehr.) Rabenh.	8	3		-	5	12	-	6	3	1	1	4	-
Hantzschia virgata (Roper) Grun.	6	2		3	-	7	4	-	-	-	2	3	-
Hantzschia amphioxys (Ehr.) Grun.	12	5		-	140	1	-	-	-	-	1	-	-
Melosira moniliformis (Müll.) Ag.	6	2		5	-	-	-	-	-	-	-	-	-
Navicula forcipata Grev. + var. *densestriata* A. Schmidt	4	2		3	-	-	1	3	-	-	2	-	-
Navicula viridula (Kütz.) Ehr.	12	2		-	2	99	3	8	3	2	1	1	-
Nitzschia hungarica Grun.	9	3		-	2	7	3	7	2	-	1	2	-
Nitzschia navicularis (Bréb.) Grun.	7	2		36	20	19	12	14	13	2	5	10	6
Nitzschia panduriformis Greg.	3	2		3	-	3	4	-	5	-	1	-	-
Nitzschia sigmoidea (Nitzsch) W. Sm.	12	3		-	-	4	-	-	1	1	-	1	-
Odontella rhombus (Ehr.) Kütz.	2	2		7	5	1	6	14	38	18	11	16	3
Paralia sulcata (Ehr.) Cl.	3	2		31	35	41	67	48	39	56	36	59	34
Pinnularia borealis Ehr.	12	5		-	3	1	-	-	1	-	-	-	-
Pinnularia viridis (Nitzsch) Ehr.	12	4		-	-	1	-	-	-	-	-	-	-
Pleurosigma aestuarii (Bréb.) W. Sm.	4	2		3	-	-	9	-	-	-	-	-	-
Podosira stelligera (Bailey) A. Mann	2	2		66	46	18	51	29	29	72	51	66	84
Pseudopodosira westii (W. Sm.) Sheshukova-Poretzskaya	3	2		43	17	8	5	7	17	21	49	20	71
Rhaphoneis amphiceros Ehr.	4	2		28	17	46	63	60	105	56	61	85	69
Rhopalodia gibba (Ehr.) Müll. + var. *ventricosa* (Kütz.) H. & M. Perag.	12	3		-	-	4	-	3	4	3	-	1	-
Scoliopleura tumida (Bréb.) Rabenh.	6	2		37	8	6	11	5	14	19	14	11	16
Stauroneis anceps Ehr.	13	4		-	-	-	2	-	-	-	-	-	-
Surirella ovalis Bréb.	8	3		-	-	-	-	2	-	-	-	-	-
Surirella striatula Turpin	8	3		-	-	-	1	-	-	-	-	-	-
Synedra pulchella Ralfs	9	4		-	-	2	-	2	3	-	-	-	-
Thalassiosira baltica (Grun.) Ostenf.	8	2		-	-	24	15	10	6	2	2	2	2
Triceratium favus Ehr.	2	2		11	7	-	4	2	5	16	12	7	16
Totaal				**451**	**414**	**498**	**615**	**452**	**459**	**427**	**425**	**471**	**413**

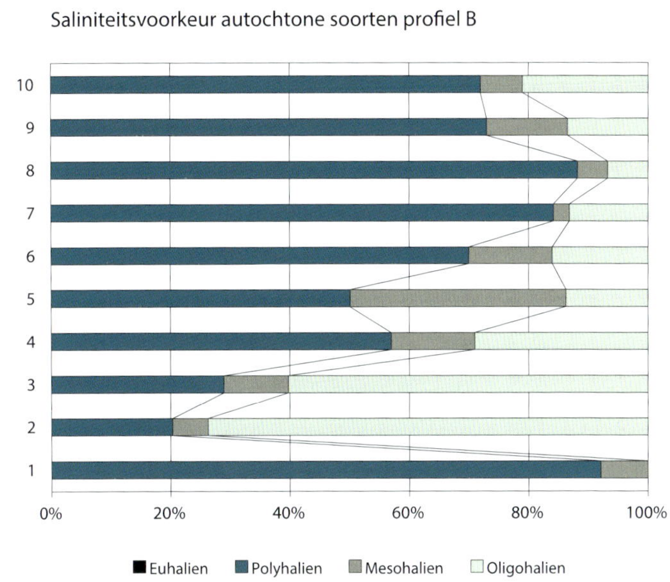

FIG. 35 **Frequentie van de ecologische groepen van kiezelwieren, volgens zouttolerantie, voor de autochtone soorten uit de stalen uit profiel B.**
Frequencies of the ecological diatom groups, according to salt tolerance, for the autochthonous species from the samples from sequence B.

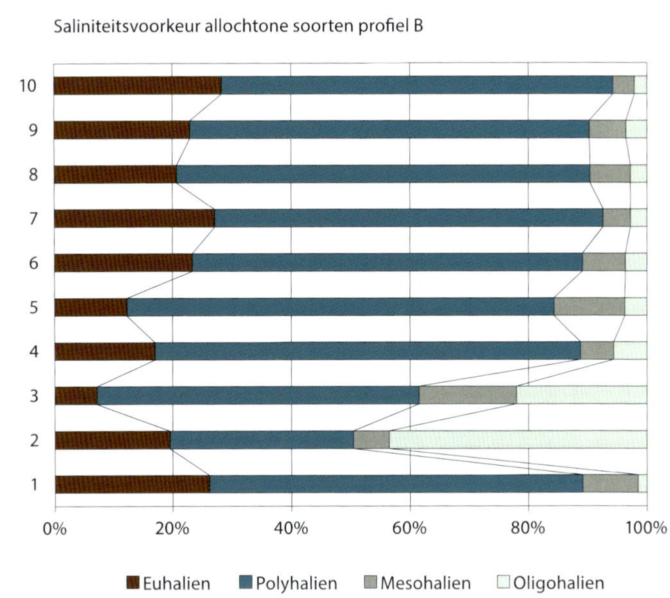

FIG. 36 **Frequentie van de ecologische groepen van kiezelwieren, volgens zouttolerantie, voor de allochtone soorten uit de stalen uit profiel B.**
Frequencies of the ecological diatom groups, according to salt tolerance, for the allochthonous species from the samples from sequence B.

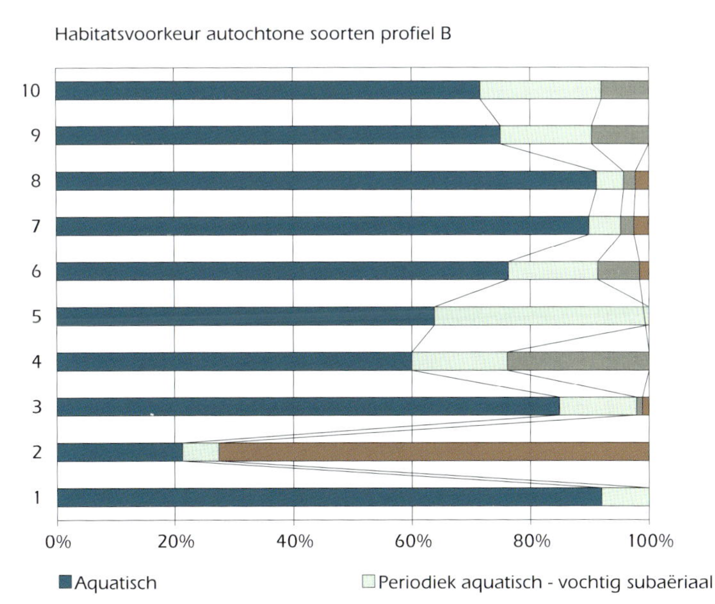

FIG. 37 **Frequentie van de ecologische groepen van kiezelwieren, volgens droogtetolerantie, voor de autochtone soorten uit de stalen uit profiel B.**
Frequencies of the ecological diatom groups, according to drought tolerance, for the autochthonous species from the samples from sequence B.

TABEL 6

Inventaris van de kiezelwieren aangetroffen in de stalen uit profiel A (EC: ecologische code, code 2: zouttolerantie).
Inventory of the diatoms from the samples from stratigraphic sequence A (EC: ecological codes, code 2: salt tolerance).

Soort	EC		Staal									
	2		2	3	5	6	7	8	9	10	11	13
Achnanthes longipes Ag.	4		5	11	12	8	7	2	6	4	-	-
Actinocyclus normanii (Greg.) Hust. f. *subsalsus* (Juhlin-Dannfelt) Hust.	8		-	-	6	4	2	1	-	3	-	-
Actinoptychus senarius (Ehr.) Ehr.	4		3	1	15	10	7	9	12	19	6	7
Actinoptychus splendens (Shadb.) Ralfs	2		-	-	2	4	7	-	-	3	-	1
Actinocyclus octonarius Ehr	3		-	-	-	-	-	-	1	-	-	-
Amphora coffeaeformis (Ag.) Kütz.	8		28	4	1	-	-	8	-	1	6	-
Amphora granulata Greg.	4		-	-	-	1	-	-	5	-	2	-
Anomoeoneis sphaerophora (Ehr.) Pfitzer	10		-	-	-	-	-	-	1	11	1	
Aulacodiscus argus (Ehr.) A. Schmidt	2		-	4	4	4	4	-	2	5	-	1
Aulacoseira granulata (Ehr.) Simonsen	12		-	-	-	6	1	-	-	3	-	6
Campylosira cymbelliformis (A. Schmidt) Grun.	2		8	2	-	-	-	-	-	12	17	7
Cerataulus radiatus (Roper) Ross	2		-	-	-	-	-	-	-	2	-	3
Cerataulus turgidus (Ehr.) Ehr.	2		-	-	-	-	-	1	-	-	-	-
Cocconeis placentula Ehr. + var. *euglypta* (Ehr.) Grun., var. *lineata* (Ehr.)	12		-	-	-	-	-	3	-	-	-	-
Cocconeis scutellum Ehr.	5		-	-	-	-	-	-	8	2	6	-
Coscinodiscus perforatus Ehr.	2		-	-	14	9	6	-	1	-	4	-
Cyclotella striata (Kütz.) Grun. + var. *ambigua* (Grun.) Grun.	8		5	7	18	14	-	19	3	-	7	20
Cymatosira belgica Grun.	2		58	39	20	9	12	20	29	25	21	52
Delphineis surirella (Ehr.) Andrews	4		57	25	25	14	6	30	28	27	37	65
Diploneis bombus (Ehr.) Ehr.	4		-	-	-	-	-	-	-	3	-	-
Diploneis didyma (Ehr.) Cl.	5		3	23	27	59	31	13	13	13	15	5
Diploneis interrupta (Kütz.) Cl.	8		-	6	11	13	4	5	4	6	6	-
Diploneis smithii (Bréb.) Cl. + var. *rhombica* Mereschk	5		-	2	3	7	3	4	4	4	4	5
Diploneis vetula (A. Schmidt) Cl.	2		-	-	-	-	-	1	-	-	-	-
Gyrosigma spenceri (Quek.) Griffith & Henfrey	7		12	6	1	2	3	9	15	11	4	2
Hantzschia amphioxys (Ehr.) Grun.	12		-	-	-	-	75	72	-	-	-	-
Hantzschia virgata (Roper) Grun.	6		-	-	18	-	-	-	1	4	-	-
Navicula directa (W. Sm.) Ralfs	3		29	-	-	-	-	-	-	-	-	-
Navicula distans (W. Sm.) Ralfs	2		15	-	-	-	-	-	-	-	4	6
Navicula flanatica Grun.	4		-	-	2	4	45	27	16	3	14	9
Navicula forcipata Grev. + var. *densestriata* A. Schmidt	4		6	-	-	-	2	2	4	3	6	4
Navicula mutica Kütz.	10		-	-	-	-	-	33	-	-	-	-
Navicula palpebralis Bréb.	4		19	14	-	-	-	12	17	15	15	-
Navicula peregrina (Ehr.) Kütz.	8		2	33	33	14	5	-	-	-	9	2
Nitzschia acuminata (W. Sm.) Grun.	4		-	-	-	-	-	18	35	9	17	3
Nitzschia compressa (Bailey) Boyer	6		5	-	1	-	-	7	-	-	-	-
Nitzschia hungarica Grun.	9		11	4	2	2	-	-	-	-	-	-
Nitzschia hybrida Grun.	6		2	-	-	-	-	-	-	-	-	-
Nitzschia navicularis (Bréb.) Grun.	7		7	24	22	19	24	15	24	14	20	4
Nitzschia panduriformis Greg.	3		3	1	2	-	-	7	5	4	5	1
Nitzschia sigma (Kütz.) W. Sm.	7		12	9	2	-	-	14	31	21	9	4
Nitzschia socialis Greg.	2		-	3	-	-	-	-	-	-	-	-
Odontella aurita (Lyngb.) Ag.	2		9	2	4	4	3	-	-	1	1	3
Odontella rhombus (Ehr.) Kütz.	2		1	1	-	2	-	2	-	8	5	3
Opephora marina (Greg.) Petit + O. *pacifica* (Grun.) Petit	4		2	1	-	1	-	6	-	-	2	3
Opephora martyi Hérib.	12		-	-	-	-	3	-	2	-	1	4
Paralia sulcata (Ehr.) Cl.	3		67	87	40	74	57	65	40	100	75	63
Plagiogramma staurophorum (Greg.) Heiberg	3		-	-	-	-	-	-	1	-	-	-
Podosira stelligera (Bailey) A. Mann	2		21	38	65	46	42	21	12	53	27	24
Pseudopodosira westii (W. Sm.) Sheshukova-Poretzskaya	3		3	17	10	24	10	8	16	13	12	14
Rhabdonema arcuatum (Lyngb.) Kütz.	2		13	-	-	-	-	-	1	-	-	-
Rhopalodia acuminata Krammer	8		-	-	-	-	-	5	2	1	-	6
Rhaphoneis amphiceros Ehr.	4		43	56	52	42	24	29	49	60	45	70
Rhaphoneis minutissima Hust.	4		28	11	10	7	5	15	13	13	18	35
Rhoicospenia abbreviata (Ag.) Lange-Bertalot	11		-	-	-	-	-	-	3	-	-	-
Scoliopleura tumida (Bréb.) Rabenh.	6		-	-	2	6	13	7	1	50	5	5
Surirella striatula Turpin	8		1	2	-	-	-	3	1	-	1	2
Synedra pulchella Ralfs	9		9	2	-	2	-	7	13	3	3	2
Thalassiosira decipiens (Grun.) Jo/rgensen	3		27	18	7	12	5	15	15	16	35	11
Thalassiosira eccentrica (Ehr.) Cl.	4		13	10	17	7	4	-	14	17	28	11
Trachyneis aspera (Ehr.) Cl.	2		-	-	1	1	3	-	-	-	-	-
Triceratium favus Ehr.	2		2	25	11	2	1	1	-	5	5	3
Totaal			**529**	**488**	**460**	**433**	**414**	**516**	**448**	**567**	**498**	**466**

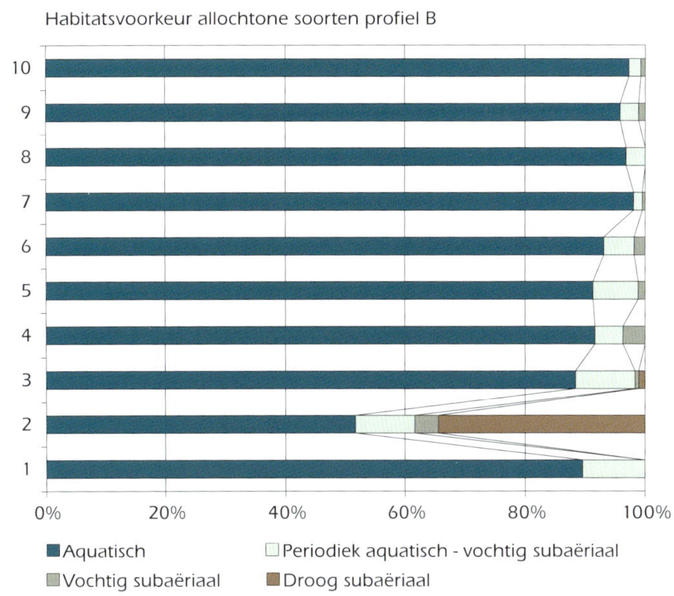

FIG. 38 Frequentie van de ecologische groepen van kiezelwieren, volgens droogtetolerantie, voor de allochtone soorten uit de stalen uit profiel B.
Frequencies of the ecological diatom groups, according to drought tolerance, for the allochthonous species from the samples from sequence B.

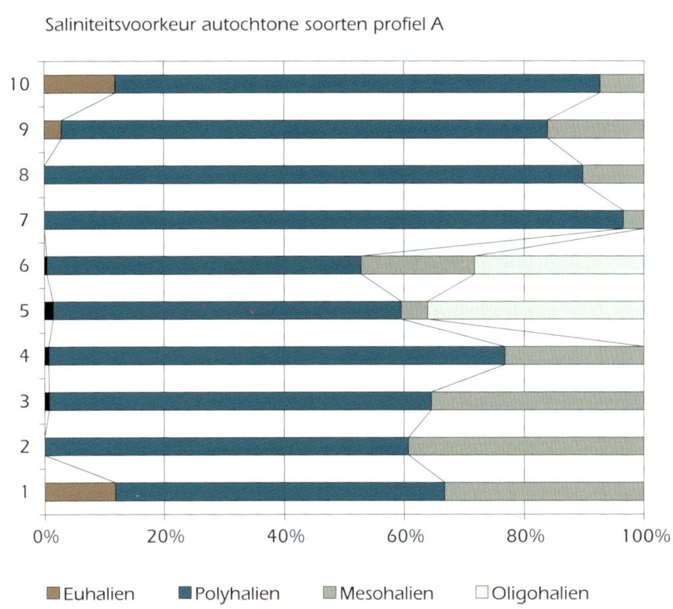

FIG. 39 Frequentie van de ecologische groepen van kiezelwieren, volgens zouttolerantie, voor de autochtone soorten uit de stalen uit profiel A.
Frequencies of the ecological diatom groups, according to salt tolerance, for the autochthonous species from the samples from sequence A.

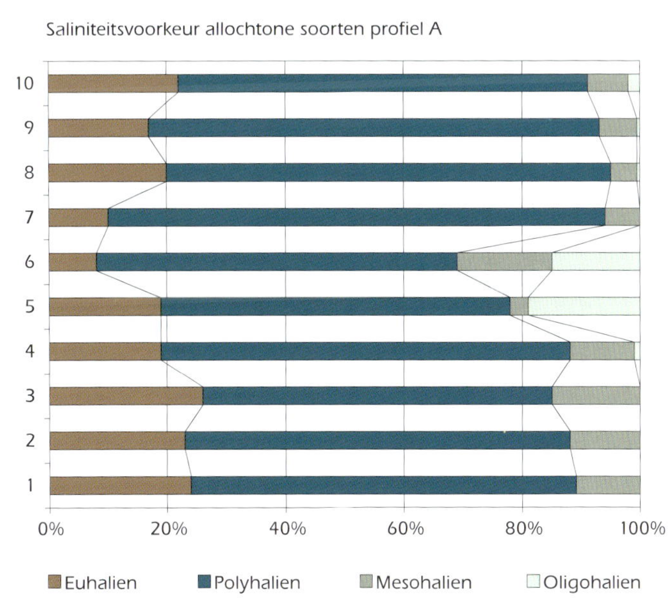

FIG. 40 Frequentie van de ecologische groepen van kiezelwieren, volgens zouttolerantie, voor de allochtone soorten uit de stalen uit profiel A.
Frequencies of the ecological diatom groups, according to salt tolerance, for the allochthonous species from the samples from sequence A.

uitgewerkt. Deze zijn respectievelijk genomen in de gereduceerde klei (staal 1), in een met organisch materiaal aangerijkte horizont (staal 2), in een gelaagd, gereduceerd siltpakket (stalen 3-5) en in de aan de oppervlakte liggende geoxideerde zware klei (stalen 6-10) (fig. 5, fig. 17, profiel B). Alle stalen leverden een voldoende densiteit aan kiezelwieren. De determinaties worden in tabel 5 samengevat.

Wanneer de saliniteitsvoorkeur van het autochtone soortenspectrum wordt geëvalueerd (waarbij de frequentie van de getelde specimens per ecologische code wordt berekend), blijken er belangrijke verschillen tussen de stalen te zitten (fig. 35). In het onderste, gereduceerde kleipakket overwegen de polyhaliene kiezelwieren (staal 1). Dit pakket moet dus afgezet zijn onder invloed van water met een vrij hoog zoutgehalte. In de bovenliggende horizont is de polyhaliene groep echter drastisch gereduceerd, ten voordele van oligohaliene soorten en specimens (staal 2). Dit wijst erop dat deze plek in het landschap sterk onder invloed stond van zoet water ten tijde van de vorming van deze horizont. Uiteraard was er nog wat impact van de zilte omgeving in de buurt, dat het voorkomen van de polyhaliene soorten verklaart. Wat precies de oorzaak is van de stijgende invloed van het zoete water, is op basis van de diatomeeënspectra niet uit te maken. Het feit dat de stalen 1 en 2 stratigrafisch dicht bij elkaar liggen en de duidelijk uitgesproken verschillen tussen de twee ensembles suggereren echter een drastische verandering of ingreep. In de bovenliggende silt- en kleipakketten (stalen 3-10) valt er slechts een geleidelijke evolutie waar te nemen, namelijk een graduele daling van het oligohaliene deel van het soortenspectrum. Deze ecologische groep blijft wel aanwezig (we krijgen dus niet opnieuw de situatie zoals in staal 1), wat aangeeft dat zoet water de site blijft beïnvloeden. De saliniteitsvoorkeur van het allochtone deel van het soortenspectrum (fig. 36) bevestigt de trends waargenomen voor het autochtone deel. Een verschil zit enkel in de aanwezigheid van euhaliene soorten, die in zeewater moeten geleefd hebben. Het vrij constante aandeel van deze groep geeft wellicht aan dat zeewater sporadisch de vindplaats bereikte.

Een evaluatie van de habitatsvoorkeur van de autochtone en allochtone kiezelwieren (fig. 37-38) bevestigt de bijzondere samenstelling van staal 2. Het plotse opduiken van soorten die leven in droge subaërische omstandigheden suggereert dat de met organisch materiaal aangerijkte horizont zich in terrestrische en niet in aquatische omstandigheden ontwikkelde. Ook is hier terug het verschil tussen staal 1 en stalen 3 tot en met 10 zichtbaar, waarbij het onderste kleipakket (staal 1) een duidelijk aquatische sedimentatie voorstelt en de bovenste silt- en kleipakketten (stalen 3-10) meer in wisselende omstandigheden lijken afgezet te zijn.

Alle samen lijkt er zich op het niveau van staal 2 een verandering in het landschap af te spelen, waarbij de impact van het zeewater drastisch verminderde en de bemonsterde locatie ook droog kwam te staan. Daarna won de mariene invloed geleidelijk weer aan belang, zonder dat evenwel de omstandigheden van voor de vorming van de organische aangerijkte horizont (staal 2) opnieuw werden bereikt.

2.5.3.2 Profiel A

Uit de pollenstalen uit profiel A werden 10 monsters geselecteerd voor diatomeeënonderzoek. Deze monstername omvat – zoals bij profiel B – een stratigrafisch lagenpakket van (van onder naar boven) gereduceerde klei (stalen 1-4), een met organisch materiaal aangerijkte horizont (stalen 5 en 6), een gelaagd, gereduceerd siltpakket (stalen 7-9) en de bovenliggende geoxideerde zware klei (staal 10) (fig. 5, profiel A). Alle stalen leverden opnieuw een voldoende densiteit aan kiezelwieren. De determinaties worden in tabel 6 samengevat.

De opeenvolging van stalen toont dezelfde trends als vastgesteld voor profiel B, maar minder uitgesproken. Ter hoogte van de met organisch materiaal aangerijkte horizont (stalen 5 en 6) komen opnieuw soorten voor met een saliniteitsvoorkeur in het oligohaliene (fig. 39-40). Hierbij zitten eveneens soorten die een zekere droogtetolerantie vertonen. Een verschil met profiel B is wel dat de oligohaliene soorten in de lagen boven de organische horizont compleet verdwijnen en dat over het algemeen de soortenspectra boven en onder de horizont sterk op elkaar gelijken. Bovendien is er bij de autochtone soorten een constante aanwezigheid van euhaliene kiezelwieren. Alles samen lijkt de locatie van profiel A dus iets meer onder invloed te staan van mariene omstandigheden dan de locatie van profiel B. Deze vaststelling is niet zonder belang bij de interpretatie van de Romeinse dijk (*cf.* 3.4).

2.5.4 Vergelijkingsmateriaal

De vastgestelde veranderingen, en met de name de vorming van een organische horizont, in droge, zoete omstandigheden, is nog niet eerder door onderzoek van kiezelwieren gedocumenteerd. In een paleo-ecologische diatomeeënstudie[174] worden sequenties uitgewerkt die qua lokalisatie dicht aansluiten bij de site in Raversijde, maar stratigrafisch en chronologisch gaat het steeds om oudere afzettingen dan de hier beschreven profielen A en B. Referenties naar recentere ontwikkelingen in de genoemde paleo-ecologische diatomeeënstudie steunen op de preliminaire meldingen van de sequentie uit profiel B[175].

174 Denys 1999.

175 Pieters *et al.* 1998; Ervynck *et al.* 1999.

2.6 Discussie over het fysische kader en de landschappelijke achtergronden

Cecile Baeteman, Jan Bastiaens, Brigitte Cooremans, Koen Deforce, Hendrik Demiddele, Anton Ervynck & Marnix Pieters

Een markant gegeven is allereerst de aanwezigheid van verkoolde plantaardige resten in het oppervlakteveen in de zones 2 en 3 (*cf.* 2.3) of ongeveer de eerste helft van het Subboreaal. Dit hoeft niet meteen te wijzen op menselijke activiteiten in de omgeving, want de aanwezigheid ervan kan ook via natuurlijke weg verklaard worden. Hierbij aansluitend dient dan toch wel vermeld te worden dat er op het strand van Raversijde in het oppervlakteveen in de jaren 70 een houten peddel of ovenpaal is aangetroffen[176]. Beide vaststellingen tonen aan dat ook het oppervlakteveen als duidelijk herkenbare geologische eenheid wel degelijk archeologisch onderzocht dient te worden, en dit vooral als er belangrijke gedeelten hiervan in het kader van werken opgeruimd moeten worden.

De verschillende onderzoeken met betrekking tot de op het terrein vastgestelde begraven vegetatiehorizont brengen sterk convergerende resultaten aan. De op basis van het geologische en bodemkundige onderzoek veronderstelde stabilisatiehorizont komt ook goed tot uiting via het onderzoek van het pollen (*cf.* 2.4) en de diatomeeën afkomstig uit deze horizont (*cf.* 2.5). Bij het pollen is dit evenwel een onrechtstreeks gevolg van de slechtere bewaring van de stuifmeelkorrels, wat een minder goede afsluiting van de lucht doet veronderstellen. Bij de diatomeeën kan dit rechtstreeks afgeleid worden uit de andere samenstelling van de aanwezige soorten. Ook de wijziging in diatomeeënpopulaties tussen de klei onder de stabilisatiehorizont en de stabilisatiehorizont zelf is van belang. Deze is plots en niet geleidelijk. Het plotse aspect wijst eerder in de richting van menselijk ingrijpen.

Desondanks blijft het toch moeilijk om op basis van deze onderzoeksresultaten de precieze toestand van de omgeving in die periode te reconstrueren. Bijgevolg kan niet zo gemakkelijk een antwoord geformuleerd worden op de vraag of er in de periode van de stabilisatiehorizont in dit gebied al dan niet bewoning mogelijk was, en zo ja of de eventuele bewoning permanent dan wel seizoensgebonden was.

Daarnaast toont dit multidisciplinaire onderzoek de grote complexiteit van het betrokken maritieme milieu aan. Bodemprofielen kunnen er inderdaad op enkele meters afstand van elkaar totaal anders uitzien en dit zowel door natuurlijke als antropogene factoren. Hierdoor is het niet evident om al die informatie in een coherent verhaal te gieten, vooral gezien we uitgegaan zijn van een willekeurig aantal observatiepunten waarvan de inplanting volledig gedicteerd is door de behoeften van het archeologische onderzoek van het laatmiddeleeuwse dorp en niet komt vanuit een gerichte vraagstelling om het fysische kader en de landschappelijke achtergronden te begrijpen.

Ten slotte heeft het onderzoek aangetoond dat de rol van de mens in de periode voorafgaand aan de middeleeuwse landname in dit kustgebied wellicht groter is dan tot nog toe algemeen verondersteld wordt. Deze vaststelling sluit goed aan bij de resultaten van het onderzoek van de sporen en vondsten die ouder zijn dan het laatmiddeleeuwse vissersdorp en die hierna in hoofdstuk 3 worden besproken.

—

176 Pieters *et al.* 2010, 184-185.

3 Sporen en vondsten ouder dan het laatmiddeleeuwse visserdorp

Van bij de start van het grootschalige terreinonderzoek in 1992 was duidelijk dat het bodemarchief van Raversijde waardevolle – maar moeilijk vatbare – informatie bevatte over menselijke activiteiten en ingrepen voorafgaand aan het laatmiddeleeuwse vissersdorp, zoals over het winnen van veen (*cf.* 3.2 en 3.6)[177]. Dit was als het ware een secundaire rode draad doorheen de talrijke opgravingscampagnes. Een hoogtepunt op dit vlak was ongetwijfeld de identificatie van een Romeinse dijk in 2005[178] (*cf.* 3.4).

Via dit overzicht kunnen we de talrijke vuurstenen artefacten die sinds de late 19de eeuw op het strand van Raversijde gevonden zijn en de vuurstenen artefacten die als verspreid materiaal sinds 1992 tijdens opgravingscampagnes in de polders werden opgegraven, onder de loep nemen (*cf.* 3.1). Daarnaast zijn de verspreid over de laatmiddeleeuwse contexten aangetroffen Romeinse artefacten geanalyseerd (*cf.* 3.3). Deze brengen wellicht activiteiten van de vissers in beeld die moeilijk via andere bronnen aantoonbaar zijn.

Kort vóór de ingebruikname van de onderzochte zone voor geconcentreerde bewoning door de vissers, kende deze zone een agrarisch bodemgebruik. Dit uit zich onder meer in een begraven ploeglaag gekoppeld aan een relatief goed bewaarde percelering (*cf.* 3.5). Geheel onverwacht is ook kort voor kerstdag 1999 een muntdepot uit het begin van het vierde kwart van de 14de eeuw aangetroffen. Dit is wellicht verborgen in het bovenvermelde agrarische gebied en kan in verband worden gebracht met de opstand tegen Lodewijk van Male (*cf.* 3.7).

3.1 Vuurstenen artefacten

Marc De Bie

3.1.1 Analyse, diagnose en interpretatie van lithisch materiaal gevonden tijdens de opgravingen in Raversijde (1992-1998)

Uit de in de zone achter de duinen opgegraven middeleeuwse contexten kwamen enkele vuurstenen artefacten tevoorschijn:

- 1 brede eindschrabber op een vrij zware afslag in een homogeen translucide zwarte vuursteen met een dunne kalkschors. Het stuk is geëoliseerd (glanzend gemaakt door winderosie) en heeft dus wellicht een tijdlang op een strand gelegen. Uit de vorm en het volume kan afgeleid worden dat het vermoedelijk een neolithisch werktuig betreft (948.6, fig. 41.1).
- 1 zware afslag, rondom rond bewerkt met zware invasieve retouches, aangebracht met een harde klopper. Ook dit stuk is vervaardigd in een homogeen translucide zwarte vuursteen maar bezit geen schors. Het vertoont eveneens een sterke (wind)glans die duidelijk posterieur is aan de fabricatie. Vermoedelijk dateert dit werktuig eveneens van het neolithicum of later (902.11, fig. 41.2).
- Een groot brokstuk dat aan de ene zijde bedekt is met een gerolde kalkschors en aan de andere zijde een breukvlak, vermoedelijk door vorst, vertoont. De afhakingen aan die laatste zijde lijken 'vers', de negatieven aan de kalkzijde vertonen wel windglans. Hoewel het wellicht wel om een artefact gaat, is verdere specificatie moeilijk (2350.4, fig. 41.3).
- Verder bevat het ensemble nog een groot brokstuk met intense klopsporen. Het prehistorische karakter hiervan is echter onwaarschijnlijk.

177 Pieters 1993.

178 Pieters *et al.* 2006; Pieters 2008.

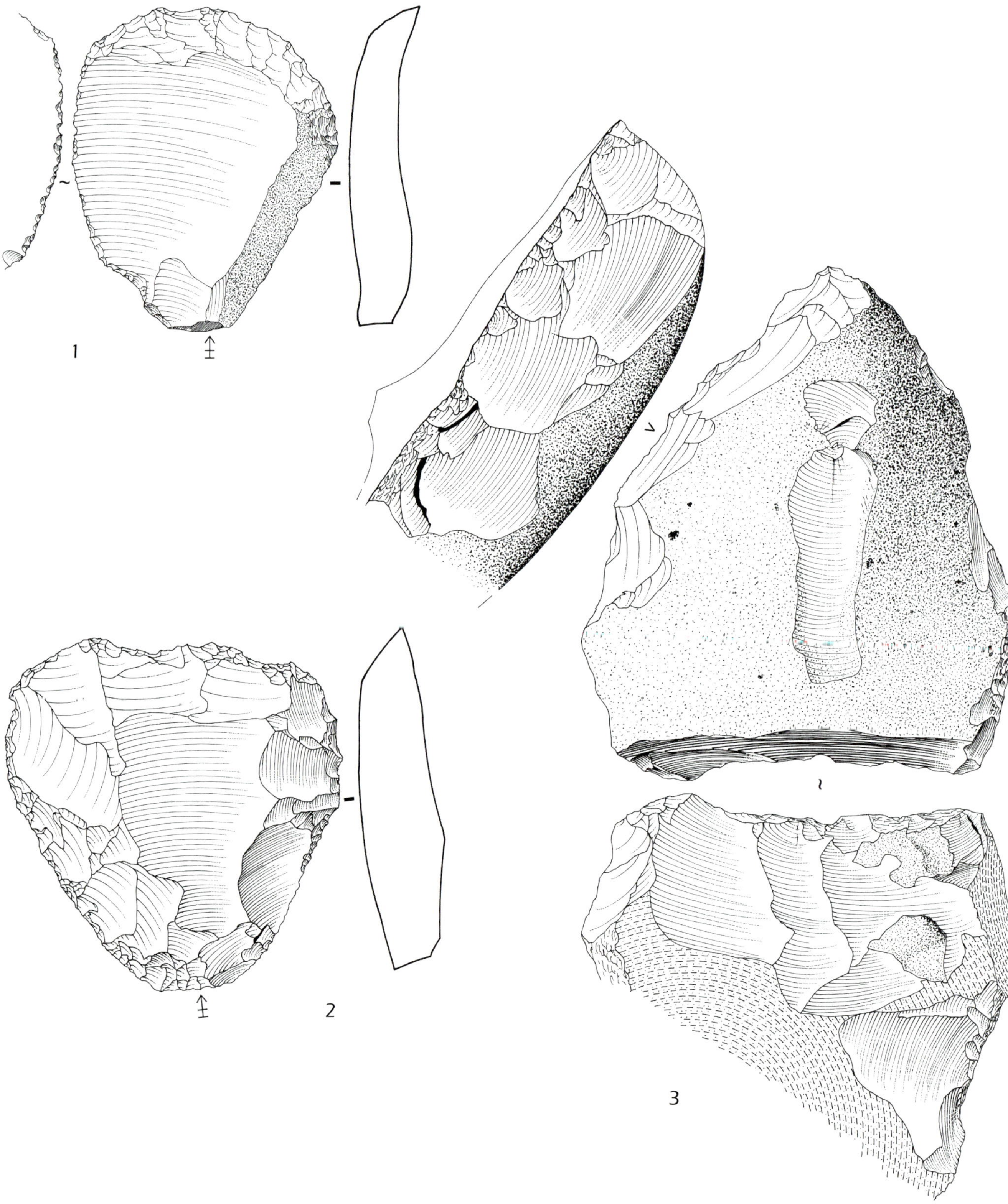

FIG. 41 **Vuurstenen artefacten geregistreerd bij de opgravingen in Raversijde in de periode 1992-1998. Schaal: 1:1.**
Flint artefacts from the excavations at Raversijde during the period 1992-1998. Scale 1:1.

Al deze stukken zijn dus vervaardigd in een zwartglanzende, fijnkorrelige, half-doorschijnende vuursteen met een gerolde, dunne kalkschors. In de literatuur wordt hier wel eens naar verwezen als 'Noordzeevuursteen', maar de precieze herkomst van deze grondstof is niet gekend. In elk geval gaat het bij de eerste twee stukken om uitgesproken prehistorische werktuigen, vermoedelijk uit het neolithicum of later, die op basis van de windglans een tijdlang hebben blootgestaan aan verwering. Hoe zij precies in de middeleeuwse kuilen van Walraversijde zijn terechtgekomen, is niet eenduidig te verklaren. Het kan gaan om artefacten die in de netten op zee werden opgevist of om lokale strandvondsten. In dat geval vinden ze aansluiting bij de vondsten die in de 20ste eeuw op het strand in Raversijde zijn gerapporteerd[179]. In het kader van de actuele publicatie werden die vondsten aan een nieuwe analyse onderworpen.

3.1.2 Analyse, diagnose en interpretatie van lithisch materiaal, volgens A. Chocqueel gevonden op het strand in Raversijde

Op de stranden van Raversijde en het aangrenzende Mariakerke verzamelde A. Chocqueel in de eerste helft van de 20ste eeuw vuurstenen artefacten die hij in 1950 in een publicatie beschreef. Deze collectie werd in de loop der jaren samengevoegd met artefacten die duidelijk uit andere sites afkomstig zijn, in het bijzonder uit de klassieke jongpaleolithische vindplaatsen in de Franse Dordogne. Dergelijke stukken waren destijds gemakkelijk aan te kopen en bevatten vaak nog de oorspronkelijke etiketten van die sites (Le Moustier, La Madeleine, Laugerie Basse, Gorges d'Enfer etc.) of van een toewijzing in het Frans aan prehistorische 'culturen' (bv. 'Omalien' en 'Robenhausien'). Ook op basis van de grondstof, het patina en de (afwezigheid van) verwering onderscheiden ze zich vrij duidelijk van de artefacten waarvan Chocqueel beweert dat het om lokale strandvondsten gaat. Deze laatste zijn steeds in zwarte of (donker)grijze fijnkorrelige silex, terwijl de Franse stukken vaak in bruine silex zijn vervaardigd. Geen enkele van de Franse vondsten en/of vondsten met etiket heeft bovendien een windglans, terwijl dit bij de strandvondsten bijna systematisch het geval is. Opmerkelijk is ook dat op de strandvondsten geen enkel spoor van contact met een ploeg aanwezig is, en ze dus vermoedelijk niet afkomstig zijn van akkervondsten elders in het land.

In de beschrijving hierna beperken we ons tot de stukken waarvan we sterk vermoeden dat ze inderdaad van het strand afkomstig zijn. In de collectie die we onder ogen kregen, zijn de meeste gefotografeerde stukken in de publicatie van Chocqueel[180] aanwezig. In de beschrijvende tekst van Chocqueel is wel sprake van microlieten/pijlsnedes en deze lijken ook op de foto te staan (bovenaan), maar enkele hiervan zijn niet meer teruggevonden in de actuele collectie.

3.1.2.1 Genummerde stukken

Een groot deel van de stukken kreeg het sigel 'ACO' dat verwijst naar de naam van de vinder André Chocqueel en een volgnummer. Zowel het volgnummer als het sigel werden aangebracht door wijlen Etienne Cools. Om latere vergelijkingen mogelijk te houden, beschrijven we ze hieronder eerst per volgnummer. We behandelen de werktuigen individueel:

1: Slanke tweevlakkig bewerkte en deels gepolijste bijl, zwaar geëoliseerd en met afgeronde boorden, hoewel de snede nog vrij scherp is (fig. 42.9)

2: Brede kling met zware retouches, ventrale afschilferingen en afgeronde boorden. Het stuk heeft een blauwwit patina, ook in de retouches.

3: Afslag.

4 tot 14 (behalve 6 en 8): een reeks van eerder smalle klingen of klingfragmenten. De scherpte van de boorden varieert. In één geval (nr. 4) is het distale uiteinde ook zwaar afgerond. De stukken bezitten een matige windglans.

6: Spits met convex afgestompte boord. De tip is distaal aangebracht op een microkling met gefaceteerde hiel (max. breedte: 12 mm, lengte: 48 mm). Het mediale gedeelte van de retouche is bidirectioneel afgestompt. Kleine stekerslagjes aan de tip wijzen op een impactbreuk en dus vermoedelijk op een afgeschoten spits. Het gaat in alle opzichten om een typische Tjongerspits of Federmesser. Het stuk is vervaardigd in donkergrijze fijnkorrelige silex met lichtgrijze stippels en bezit een matige windglans (fig. 42.4).

8: Fragment van een spits met convex afgestompte boord. De tip is proximaal aangebracht op een smalle kling (max. breedte: 7 mm, lengte: 38 mm). De retouche aan het spitsuiteinde is bidirectioneel. De spits is vervaardigd in een donkere (zwart tot donkerbruin), fijnkorrelige vuursteen en vertoont een matige windglans. Aan de basis (en dus distaal) is het stuk gebroken in een dwarse breuk. Typologisch gaat het om een gebroken Tongerspits of Federmesser (fig. 42.5).

16: Mediaal klingfragment.

17 tot 28 (behalve 21 en 27): Afslagen, overwegend geproduceerd in laminaire debitage, vervaardigd in fijnkorrelige, vaak donkere silex, occasioneel corticaal. De artefacten hebben vaak beschadigde boorden en meer dan de helft van de stukken vertoont een zware windglans.

21: Schrabber op een vrij zware afslag. Op een korte corticale zone en de hiel na, loopt het schrabhoofd over de hele rand (fig. 42.7).

27: Eindschrabber met geretoucheerde boorden op een korte kling.

29: Geen artefact.

31 & 32: Afslagen met windglans.

33 tot 35: Geen artefacten.

36: Forse eindschrabber op laminaire afslag, met een vrij intens wit patina (fig. 42.8).

37: Forse eindschrabber op afslag. De linkerboord vertoont een retouche. Het schrabhoofd is centraal getand.

38: Distaal geretoucheerde afslag.

39: Geen artefact.

40 tot 49 (behalve 44): Afslagen en korte klingen, met zware windglans op meer dan de helft van de artefacten. Fijnkorrelige, vaak donkere silex, occasioneel corticaal. Vaak beschadigde boorden. Vrij laminair aspect. Nr. 46 is grondig

179 Chocqueel 1950, Pieters *et al.* 2010, 180-181.

180 Chocqueel 1950, 113.

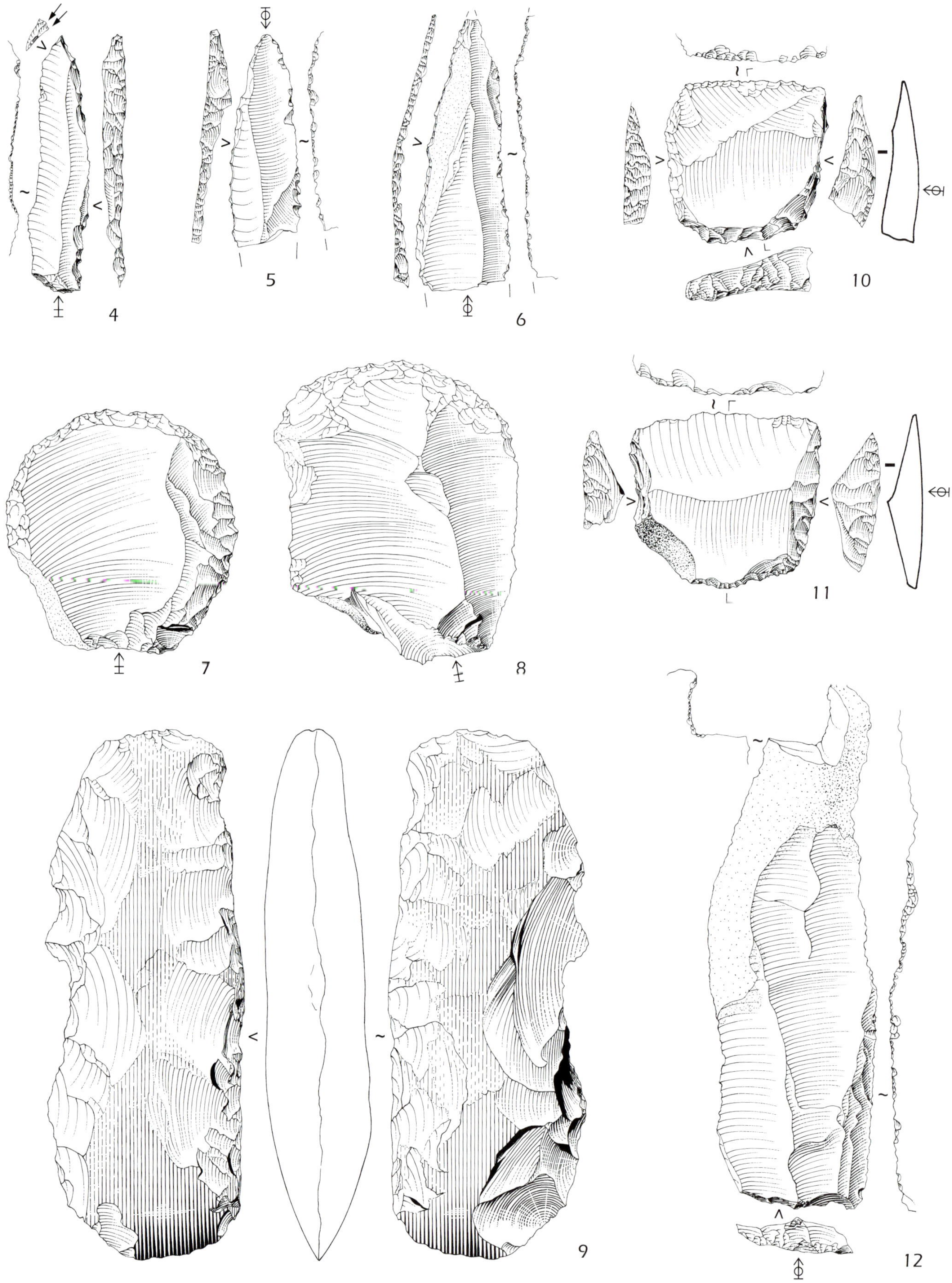

FIG. 42 **Vuurstenen artefacten door Chocqueel gemeld als afkomstig van het strand van Raversijde-Mariakerke. Schaal: 1:1.**
Flint artefacts identified by Chocqueel as originating from the beach at Raversijde-Mariakerke. Scale 1:1.

wit gepatineerd, de andere stukken vertonen soms een licht patina.
44: Afslag met proximaal een invasieve ventrale retouche.
50: Geen artefact.
51 tot 53: Afslagen.
54: Afgeknotte afslag. Geweerkei? Het stuk vertoont geen ventrale afschilferingen. Silex, patina en windglans zijn ook gelijkaardig als op de andere stukken (fig. 42.10).
55: Afgeknotte afslag. Geweerkei? Er zijn geen ventrale afschilferingen. Silex, patina en windglans zijn ook gelijkaardig als op de andere stukken (fig. 42.11).
56: Proximaal afgeknotte kling. (fig. 42.12).
57-59: Zwaar geëoliseerde afslagen.
60 tot 65 (behalve 61 en 62): Afslagen en korte klingen, met zware windglans. Fijnkorrelige, vaak donkere silex, occasioneel corticaal. Vaak beschadigde boorden. Vrij laminair aspect. Nr. 65 is ook gepatineerd.
61: Geretoucheerde afslag.
62: Distaal klingfragment met convex geretoucheerde boord (spits of eerder mes met max. breedte: 18 mm) (fig. 42.6).
63-65: Klingen en klingfragmenten.

Besluit:
Op basis van de grondstof en de windglans valt zeker niet uit te sluiten dat dit allemaal strandvondsten zijn. Wat diagnostische stukken betreft, bezit dit ensemble duidelijk neolithische werktuigen (in het bijzonder de gepolijste bijl, maar mogelijk ook de schrabbers) en vermoedelijk ook subrecente stukken (de geweerkeien). Bovendien is er echter zeker een finaalpaleolithische component aanwezig (de stukken met afgestompte boord).

3.1.2.2 Ongenummerde stukken

Daarnaast bevat de collectie Chocqueel een tweetal zakjes met ongenummerde stukken, waarvan de meeste op basis van grondstof en windglans ook als strandvondsten geïnterpreteerd kunnen worden. Eén afslag hiervan is te zien op de foto's in de oorspronkelijke publicatie van Chocqueel:

- Geweerkei in lichtbeige silex, zwaar gepatineerd, met windglans. Dit stuk bevat wel een ventrale afschilfering.
- Zeer gave kleine dissel (lengte: 49 mm, breedte aan de snede: 39 mm, maximale dikte: 16 mm) met asymmetrische, nog scherpe snede. Vervaardigd in ftaniet.
- Afslag van een gepolijste bijl, met zware windglans, ook op de polijstsporen.
- Afslagschrabber met patina en windglans.
- Afslagschrabber met ventraal een lichte windglans.
- Duimnagelschrabbertje eveneens met sterke windglans.
- 14 afslagen, 7 kling(fragment)en en 2 schilfers met hetzelfde patina en windglans en dezelfde zwartgrijze silex. Een van de afslagen komt eveneens op de foto van Chocqueel (1950, p. 113) voor.
- 4 kleine afslagen zonder windglans.

Besluit:
De grondstof, het patina, de windglans en het feit dat 1 artefact destijds ook al door Chocqueel als foto gepubliceerd werd, laten vermoeden dat deze stukken samen horen bij de overige (genummerde) strandvondsten. De afslag van de gepolijste bijl bevestigt een neolithische aanwezigheid. De geweerkei in dit ensemble bezit een ventrale afschilfering en lijkt dus ooit gebruikt te zijn geweest. In ieder geval sluit ook dit aan bij de (vermoedelijke) geweerkeien tussen de genummerde stukken.

Enkel bij de kleine dissel is er enig voorbehoud aangewezen. Op basis van de grondstof (ftaniet, vermoedelijk uit de buurt van Ottignies), de culturele toewijzing (vermoedelijk Bandkeramiek of in ieder geval vroeg-neolithicum) en de gaafheid van dit stuk (zonder beschadiging of windglans), sluit dit duidelijk niet bij de overige strandvondsten aan. Het lijkt waarschijnlijker dat dit om een aangekocht (of elders gevonden) stuk gaat.

3.1.3 Discussie

De lithische artefacten in de middeleeuwse contexten van Walraversijde en de vondsten die A. Chocqueel naar eigen zeggen deed op de stranden van Raversijde en Mariakerke geven aan dat er in deze buurt met prehistorische bewoning rekening moet worden gehouden. De relatief uniforme grondstof, de afwezigheid van beschadiging door ploegen en vooral de systematische windglans op deze stukken maken het waarschijnlijk dat ze een gelijkaardige herkomst en een parallel tafonomisch proces hebben doorgemaakt. Nochtans is het zo goed als zeker uit te sluiten dat ze aan één occupatiefase kunnen toegewezen worden.

De 2 typische spitsen met convex afgestompte boord (zogenaamde Tongerspitsen) zijn met vrij grote zekerheid toe te schrijven aan de finaalpaleolithische *Federmesser*groepen. Op het einde van de laatste ijstijd, tijdens de zogenaamde Alleröd-oscillatie, kwamen deze jagers-verzamelaars de laagvlakten in Noordwest-Europa bevolken. Zowel in de Benelux[181] als in Groot-Brittanië[182] zijn hier vele sites van bekend. Bij voorkeur bewoonden ze drogere ruggen nabij open water (vennen of rivieren)[183]. Door grootschalige opgravingen met gedetailleerde uitwerking hebben we een vrij goed beeld van de kampplaatsen van deze groepen en hoe ze werden georganiseerd[184]. Zonder twijfel hebben deze *Federmesser*groepen ook het land bewoond dat toen droog lag tussen het huidige continent en de Britse eilanden. Tot hiertoe zijn er evenwel geen echte sites van bekend in de Noordzee. Voor zover geweten zijn de vondsten op de westelijke rand van de zandstreek nabij Brugge de dichtste die met zekerheid aan de *Federmesser*groepen kunnen worden toegeschreven[185]. Op te merken valt wel dat er bij in andere publicaties behandelde strandvondsten uit Westende[186], Middelkerke en Oostende[187] sprake is van 'messen in zwarte vuursteen' (zie voor een overzicht Pieters *et al.* 2010, 182-183). Bij gebrek aan illustraties in deze oude publicaties is niet duidelijk of het bij deze (intussen verloren?) stukken inderdaad om spitsen of messen met afgestompte boord ging.

181 De Bie & Vermeersch 1998.
182 Barton 1992.
183 Vanmontfort *et al.* 2010; Van Gils & De Bie 2008.
184 De Bie & Caspar 2000.
185 Van Acker 1986.
186 De Loë 1910; Rahir 1928, 126.
187 Raeymaekers 1898, 473.

De diagnostische werktuigen laten op basis van de gepolijste stukken (de bijl en de gepolijste afslag) toe een tweede occupatiefase te situeren in het neolithicum, en gelet op de grote afslagschrabbers vermoedelijk het midden- tot laat-neolithicum. Ook de pijlsneden waarvan sprake in de tekst van Chocqueel en die eveneens op foto's te zien zijn[188], maar niet meer in de actuele collectie zitten, zouden hierin kunnen thuishoren.

Tot slot zijn enkele geweerkeien te interpreteren als relicten uit recentere periodes.

Hoe de aanwezigheid van de prehistorische vondsten uit deze diverse periodes hier kan verklaard worden, is een open vraag ...

3.2 Veenwinning uit de Romeinse periode

Marnix Pieters

Tot aan de Romeinse periode zijn de aan de middeleeuwen voorafgaande perioden in het bodemarchief in Raversijde enkel vertegenwoordigd met losse, verspreid aangetroffen artefacten, niet met sporen of structuren. Tot nog toe gaan de oudste met zekerheid geïdentificeerde archeologische sporen in Raversijde dus niet verder terug dan de Romeinse periode.

In de noordoosthoek van sleuf 97/I en in de zuidhoek van sleuf 2005/I (fig. 43: 5) werden veenwinningsputten aangesneden, waarvan men ten gevolge van de stratigrafische positie gekoppeld aan een aantal ^{14}C-dateringen wel zou kunnen besluiten dat ze dienen gedateerd te worden in de late ijzertijd. Het onderzoek van de diverse bodemprofielen (*cf.* 2.1) alsook de analyse van de Romeinse dijk (*cf.* 3.4), geven echter aan dat het bij deze twee kuilen gaat om structuren uit de Romeinse tijd.

In sleuf 97/I betreft het een vermoedelijk rechthoekige kuil (spoornr. 1001) van minstens 2,25 m bij 0,75 m. De scherp verticale wanden en de in horizontaal vlak bijna perfecte hoek van 90° (fig. 44) tonen aan dat deze kuil wel degelijk door de mens uitgegraven is en dus geen resultaat is van natuurlijke erosie. De kuil met horizontale bodem reikte niet tot aan de onderkant van het veen, maar liet nog ongeveer 50 cm van het veen intact. De kuil was hoofdzakelijk opgevuld met zware gestratificeerde klei waarin onderaan naast de gebruikelijke platte slijkgapers o.a. kleine (tot 5 cm diameter) volledige krabbenskeletten[189] werden aangetroffen. Het lijkt alsof deze krabben niet meer uit de put met steile wanden zijn geraakt en naderhand door gebrek aan zuurstof zijn omgekomen[190]. Het geologische onderzoek suggereert dat deze krabbenskeletten verspoeld zijn en dat de krabben dus niet als levende organismen maar samen met het sediment als skelet in de kuil terechtgekomen zijn. De informatie bekomen via ^{14}C-onderzoek bevestigt deze interpretatie. Deze veenwinningsput zonder mobiele *archaeologica* wordt vooral gedateerd in de late ijzertijd op basis van een aantal ^{14}C-dateringen. Dergelijk onderzoek werd uitgevoerd op organisch materiaal in de A1-horizont van de begraven bodem (profiel A, fig. 5) die de kuil duidelijk afdekt (UtC 6732[191], tabel 1, profiel A1 nr. 3). Bovendien werden er ^{14}C-dateringen uitgevoerd op platte slijkgapers (*Scrobicularia plana da Costa*) die zich in levenspositie onder de begraven bodem bevonden, m.a.w. in de kuilvulling zelf (UtC 7246: tabel 1, profiel A1 nr. 2 en UtC 7609: tabel 1, profiel A1 nr. 1). Ten slotte zijn er dateringen uitgevoerd op platte slijkgapers in levenspositie boven de begraven bodem (Utc 7608: tabel 1, profiel A1 nr. 5 en Utc 6729[192]: tabel 1, profiel A1 nr. 4). De resultaten van het ^{14}C-onderzoek leveren inderdaad allemaal dateringen op in de (late) ijzertijd en/of vroeg-Romeinse periode: 405-54 cal BC/AD. Vandaar dat deze veenwinningsput in eerste instantie in de late ijzertijd wordt gedateerd.

In sleuf 2005/I is er tijdens de opgravingscampagne van 2005 opnieuw een kuil aangesneden met kenmerken (rechte hoek in horizontaal vlak (fig. 45b), afgestoken verticale wand (fig. 45a) en onderaan opgevuld met brokken klei) die onmiddellijk deden denken aan kuil spoornr. 1001. Beide kuilen bevonden zich bovendien in dezelfde stratigrafische positie. Ook in deze put werden er krabbenskeletten in de opvulling gevonden. Het enige verschil bestaat erin dat deze kuil volledig door het oppervlakteveen tot in de onderliggende klei gaat. Dit is de eerste blootgelegde 'veenwinningskuil' waarbij de onderkant dieper reikt dan de bodem van het oppervlakteveen (fig. 45c). Deze keer gaf het ^{14}C-onderzoek van de krabbenresten wel een resultaat, nl. 753-431 BC[193]. Op basis hiervan zou deze kuil eveneens in de ijzertijd te dateren zijn, ondanks het feit dat een functionele associatie van deze kuilen met de Romeinse dijk (*cf. infra*) zeer waarschijnlijk is. Uit het onderzoek van de kwartairgeologische opbouw kan echter afgeleid worden dat de krabben wellicht verspoeld zijn en dus niet kunnen gebruikt worden als harde informatie voor de datering. Een associatie met de Romeinse dijk is dus wellicht toch nog mogelijk en zorgt ervoor dat we deze sporen van veenwinning veiligheidshalve in de Romeinse periode situeren, maar wel voorafgaand aan de aanleg van de dijk, en dus niet in de late ijzertijd. Dit komt nog uitgebreider aan bod bij de behandeling van de Romeinse dijk (*cf.* 3.4).

Beide kuilen met krabbenskeletten geven dus aan dat het zogenaamde oppervlakteveen ter hoogte van Raversijde in de Romeinse periode plaatselijk afgedekt was met een ongeveer 60 cm dik pakket van slikwadsedimenten.

Op verschillende plaatsen o.a. in de zone nabij de Nieuwpoortsesteenweg werden er sporen van veenwinning[194] aangesneden onder het aan de oppervlakte liggende pakket afgezette klei. Doordat die kleilagen op sommige plaatsen platte slijkgapers (*scrobicularia plana da Costa*) in levenspositie bevatten, werd er besloten om deze op één plaats te onderwerpen aan een ^{14}C-datering (Utc 3448). Deze schelpen leverden een datering in de Merovingische-Karolingische periode op (547-840 cal AD)[195]. Ze bevinden zich in de klei die de veenwinninsputten afdekt en situeren zich in de eindfase van deze afzetting op de overgang van de slikke- naar de schorrefase. Bijgevolg mag redelijkerwijze aangenomen worden dat deze veenontginningen ouder zijn dan de Karolingische tijd en het eerder Romeinse

188 Chocqueel 1950, 113.
189 Een ^{14}C-datering bleef zonder resultaat.
190 Suggestie Prof. Dr. R. Langohr, waarvoor dank.
191 Van Strydonck *et al.* 1998, 45.
192 Van Strydonck *et al.* 1998, 45.
193 KIA-30970.
194 Deze veenwinningsputten werden uitvoerig behandeld in Pieters 1993, 251-253.
195 Van Strydonck 1995.

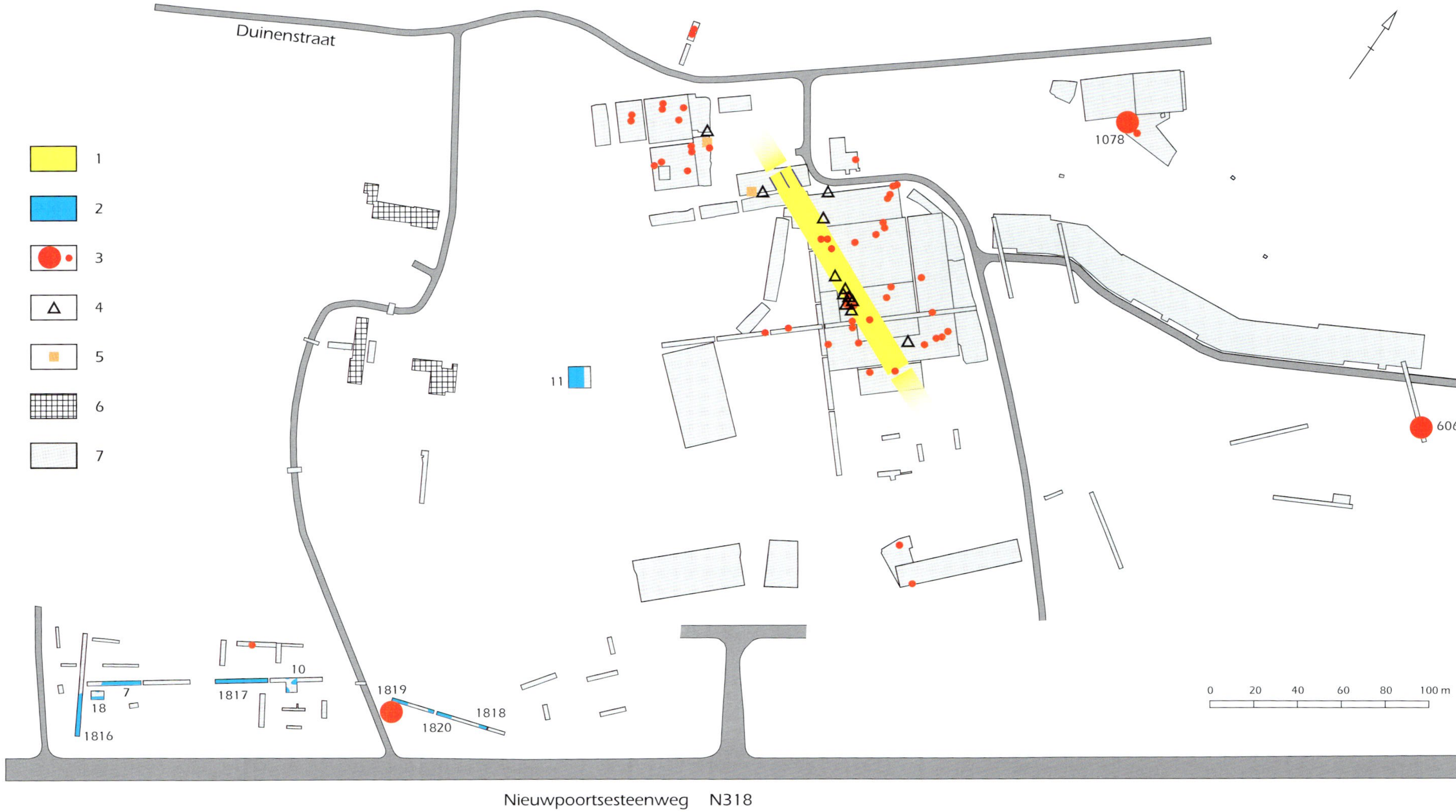

FIG. 43 **Lokalisatie van Romeinse en/of oudere sporen en vondsten in Raversijde. Legende: 1: Traject van Romeinse dijk, 2: Romeinse veenwinningsputten, 3: Artefacten (kleine bol) en concentraties van artefacten (grote bol) uit de Romeinse periode, 4. Plaatsen waar de begraven bodem is vastgesteld, 5: Veenwinningsputten ouder dan de begraven bodem, 6: Bestaande bewoning, 7: Opgravingssleuven.**
Location of Roman and/or pre-Roman features and finds at Raversijde. Key: 1: Trajectory of the Roman embankment, 2: Roman peat-cutting pits, 3: Roman stray finds (small dot) and concentration of Roman stray finds (large dot), 4: Locations where the palaeosol has been observed, 5: peat-cutting pits stratigraphically below the palaeosol, 6: present-day buildings, 7: Excavation trenches.

FIG. 44 **Gedeeltelijk opgegraven rechthoekige veenwinnings(?) kuil, spoornr. 1001.**
Partially excavated rectangular peat extraction(?) pit 1001.

FIG. 45 **Door de begraven bodem afgedekte veenwinningskuil in sleuf 2005/I: a en b: overzichtsbeelden, c: detailbeeld van de bodem van de kuil.**
Peat-cutting pit stratigraphically below the palaeosol in trench 2005/I; a and b: general overviews of the pit; c: detail of the base.

veenwinningsactiviteiten betreft. Dit kan bij gebrek aan voldoende diagnostische *archaeologica* echter niet onomstootbaar worden bewezen.

Deze sporen van veenwinning afgedekt door de aan de oppervlakte liggende kleilaag werden aangesneden in de sleuven 92/I (spoornr. 1816), 92/II (spoornr. 7), 92/IV (spoornr. 1817), 92/V (spoornr. 10), 92/XIII (spoornrs. 1819-1820), 92/XIV (spoornr. 1818), 92/XX (spoornr. 18) en 95/VII (spoornr. 11) (fig. 43: 2). Deze zijn allemaal ten westen van de Romeinse dijk gesitueerd.

Doordat deze sporen zich onder de grondwatertafel bevinden en het terrein opgebouwd is uit zware klei, zijn deze veenwinningsputten gezien de praktische beperkingen moeilijk archeologisch op grote schaal te onderzoeken. Op de meeste plaatsen bestond de waarneming dan ook enkel uit het vaststellen van de aanwezigheid van deze veenontginningen. Enkel in de sleuven 92/V en 92/XX werd geprobeerd om een beter zicht te krijgen op deze sporen in een horizontaal vlak. Hier werd er een onderling totaal verschillend beeld opgetekend. In sleuf 92/V betrof het drie ovale tot ronde putten waarvan één met een doormeter van minstens 3 m[196], wat eerder naar een onregelmatige ontginning verwijst. In sleuf 92/XX betrof het een regelmatiger patroon[197] van ontginningsporen met twee bankjes veen haaks op een derde (fig. 46).

De opvulling van deze putten bestaat onderaan duidelijk uit door mensenhanden ingeworpen kleibrokken. De bovenste vullingen zijn duidelijk afgezet door water. Dit houdt in dat deze veenontginningsputten gedeeltelijk open waren blijven liggen totdat de zee meer invloed kreeg op deze ontginningszone. Sommige putten zoals spoornr. 1816 vertonen accumulaties van schelpen (zoals mosselen); andere zoals spoornr. 18 hebben duidelijk zandigere laagjes tussen de eigenlijke antropogene putvulling en de afdekkende kleilaag aan de oppervlakte. Dit zou kunnen impliceren dat er nog een bijkomend onderscheid dient

196 Pieters 1993, 253 fig. 8.

197 Pieters 1993, 253 fig. 9.

te worden gemaakt tussen de opvulling van de putten en de afdekking ervan. Beide kleipakketten zijn immers soms gescheiden door een grover pakket (zand of zelfs schelpen).

Op een klein scherfje (66.1) in kustaardewerk met kamstreepversiering[198] en wat afvalproducten (66.2) van zoutbereiding (aangetroffen in de vulling van veenwinningsput spoornr. 1818) na, werd er in de context van deze veenontginningsputten geen archeologisch materiaal aangetroffen. Dit wijst erop dat deze veenontginningen zich in elk geval op zekere afstand van een bewoningssite bevonden en dus niet gebruikt werden als stortplaats voor nederzettingsafval. Behalve dit schaarse Romeinse vondstenmateriaal afkomstig uit de context van deze veenwinningsputten, werden verspreid over de opgegraven zones in de loop der opgravingscampagnes redelijk wat Romeinse *archaeologica* ingezameld, weliswaar steeds in laatmiddeleeuwse context. Over deze *archaeologica* en hun mogelijke betekenis verneemt u hieronder meer.

198 **Pieters 1993, 253 fig. 10:1.**

FIG. 46 **Veenwinningsput spoornr. 18 in grondplan en in doorsnede.**
Peat extraction pit 18 in plan and in section.

3.3 Verspreid over het onderzoeksterrein aangetroffen Romeinse artefacten

Marnix Pieters

Verspreid over het onderzoeksterrein zijn in de loop van de opgravingscampagnes 49 Romeinse *archaeologica* aangetroffen (fig. 43: 3). Dit aantal is op zich niet groot, maar duidt weliswaar op een Romeinse activiteit in de omgeving. Het betreft behalve een bronzen *as* van Faustina Junior[199], de echtgenote van Marcus Aurelius, vooral ceramiekfragmenten. Onder deze ceramiekfragmenten bevinden zich zowel fragmenten van luxeaardewerk zoals *terra sigillata*[200] (vondstnummers 100.2, 140.1, 162.7, 312.1, 596.3, 738.4, 741.4, 776.1, 922.1, 1255.2, 1276.1, 1301.6 (fig. 47:1), 1451.1, 1516.1, 1873.1, 2348.34, 2660.1, 2663.1, 2844.1 en 3506.1) en Belgisch aardewerk (vondstnummers 14.1, 1257.11, 1662.45, 1948.2, 1987.1 en 2791.1) als fragmenten van op de draaischijf gevormd gewoon aardewerk (178.1, 1587.2, 1662.46, 1663.4, 1926.7, 2402.1 en 2582.1) en fragmenten van handgevormd aardewerk in prehistorische traditie (vondstnummers 765.4, 769.2, 811.1, 990.1 (fig. 47: 2), 990.2, 1271.1, 1651.2, 1663.5 (fig. 47: 15), 1926.2 (fig. 47: 16), 2041.1, 2401.1, 2530.5, 2679.3, 3919.1). Daarnaast is een sterk gesleten fragment van een *tegula* aangetroffen (922.2).

Deze verspreide Romeinse artefacten kunnen op basis van de goed dateerbare elementen, *terra sigillata*, Belgisch aardewerk en de munt, in de twee eerste eeuwen van onze tijdrekening worden gedateerd. Bij de *terra sigillata* domineren Drag. 18/31-vormen[201]. Onder de ceramiekvondsten in handgevormd aardewerk bevinden zich twee afgeronde fragmenten met een centrale perforatie (1926.2 (fig. 47: 16) en 3919.1), te identificeren als spinschijfjes, die naar textielfabricage verwijzen. Spinschijfjes bevinden zich o.a. ook onder het vondstenmateriaal van de site Raversijde-strand[202].

Deze vondsten zijn in belangrijke mate aangetroffen in de opvullingen van laatmiddeleeuwse veenwinningsputten (spoornrs. 69 & 619: 9 vondsten) en in de bovenste vullingen van het laatmiddeleeuwse grachtenstelsel tussen de gebouwen in de zone Raversijde 92-95 (13 vondsten). Ze komen verspreid over de ganse onderzochte zone voor, maar hoofdzakelijk in de sleuven 93/V, 93/VIII, 94/II, 96 I & II.

De aanwezigheid hiervan kan louter theoretisch op verschillende manieren worden verklaard. Zo kan het materiaal betreffen dat in de onmiddellijke omgeving is blootgelegd bij het graven van grachten, waterputten en vooral veenwinningsputten. Let wel: het archeologische team heeft tien jaar lang intensief en regelmatig tot op de veenlaag in de ondergrond van Raversijde in de onmiddellijke omgeving van de grachten, waterputten en veenwinningsputten gegraven en – op één fragment na – nooit Romeins materiaal gevonden. Dit betekent dat het materiaal in dit geval vermoedelijk ergens in de omgeving is opgegraven, maar wellicht niet in de zone die het VIOE sinds 1992 onderzocht. Een tweede mogelijkheid is dat de inwoners van Walraversijde dit materiaal tijdens bepaalde activiteiten op het toenmalige strand of zelfs in de netten aantroffen, en het bewust of onbewust (samen met andere dingen) naar de site meebrachten. Vermits de dorpsbewoners van Walraversijde gedwongen werden om zich aan het einde van de 14de eeuw en/of bij de aanvang van de 15de eeuw meer landinwaarts te vestigen als gevolg van zware kusterosie, is het dus heel goed mogelijk dat door deze

199 De Buyser & Pieters 1994, 291: fig. 16:1 en 292.
200 Het Romeinse aardewerk werd met het oog op datering bekeken door A. Vanderhoeven, waarvoor dank.
201 Dit is ook de vorm van een fragment met stempel gepubliceerd door dr. Luc Devliegher en gevonden te Raversijde (Devliegher 1960).
202 Thoen 1987, 118.

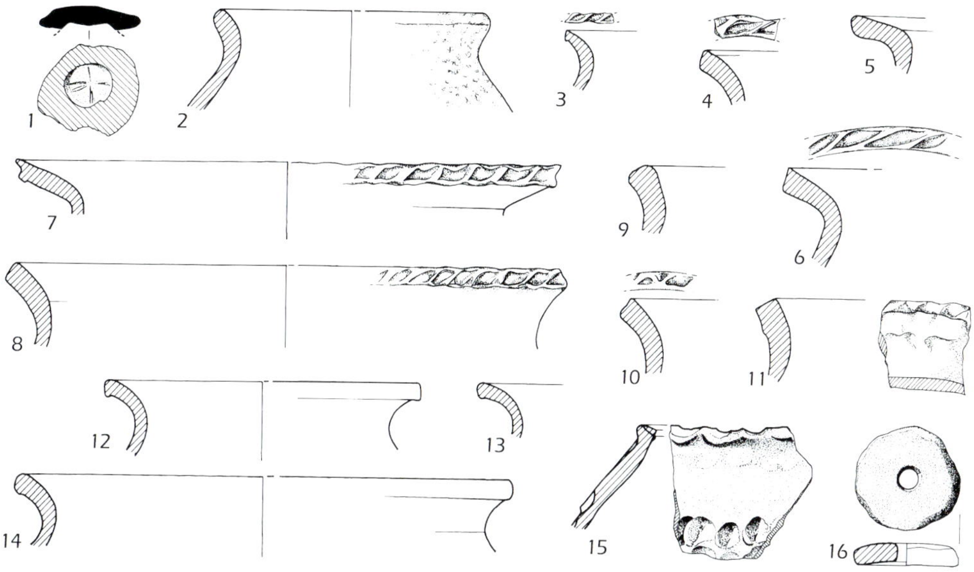

FIG. 47 **Verspreid over het opgravingsterrein aangetroffen Romeinse artefacten.**
Roman artefacts from across the excavated zones at Raversijde.

zelfde erosie op het huidige strand o.a. ook allerlei Romeinse *archaeologica* aan de oppervlakte werden gebracht. Beide hypothesen zijn ook gemakkelijk met elkaar combineerbaar, aangezien er op het huidige strand van Raversijde ook aan veenwinning werd gedaan. Bovendien bevindt zich er een Romeinse bewoningssite[203].

Het afgesleten karakter van een groot aantal ceramiekfragmenten wijst erop dat ze slechts werden opgeraapt nadat ze waren afgerond, vermoedelijk ten gevolge van een transport door water. De aard van de vondsten doet vermoeden dat het enkel fragmenten betrof. Er er ook geen sprake van grotere stukken of zelfs volledige stukken die naar de site werden gebracht. Het feit dat de Romeinse *archaeologica* uit de opvulling van veenwinningsput spoornr. 606 (zie hieronder) allemaal frisse breukvlakken vertonen, lijkt erop te wijzen dat de afronding bij de verspreid aangetroffen fragmenten niet uit de Romeinse tijd zelf dateert, maar achteraf bijvoorbeeld tijdens de erosie van de kust tot stand is gekomen. Dit alles maakt zeer aannemelijk dat deze verspreid aangetroffen Romeinse *archaeologica* inderdaad afkomstig zijn van het strand of uit de visnetten. Het feit dat deze verspreide Romeinse vondsten in afgesleten toestand in de context van Walraversijde worden aangetroffen, impliceert ook dat een of meerdere Romeinse sites ter hoogte van Walraversijde reeds in de 15de eeuw door erosie werden aangetast.

Blijft nog de vraag waarom en hoe deze voorwerpen achter de duinen in de polders belandden. Het zou kunnen dat deze als speciale voorwerpen werden opgemerkt, opgeraapt en meegebracht. Het feit dat *terra sigillata* oververtegenwoordigd lijkt onder de verspreid aangetroffen vondsten kan eventueel wel wijzen op het bestaan van één of ander selectiemechanisme: natuurlijk of antropogeen. Een van de *terra sigillata*-fragmenten (1301.6: fig. 47: 1 en fig. 48) vertoont immers een ingekrast kruis en is dus mogelijkerwijze als speelschijf hergebruikt. In deze hypothese is het kruis wel degelijk aangebracht na de afronding van het fragment. Doordat beide fenomenen (ingekrast kruis en afronding) elkaar niet overlappen, kan dit op het stuk zelf niet worden vastgesteld. Het is evenwel mogelijk dat het een fragment van een *terra sigillata*-recipiënt betreft met een Romeins ingekrast eigendomsmerk dat achteraf werd afgerond. Het is niet uitgesloten dat de bewoners van het laatmiddeleeuwse Walraversijde vooral de meer blinkende fragmenten (in dit geval

FIG. 48 **Speelschijf in *terra sigillata*.**
Samian ware gaming disc.

203 **Thoen 1987, 58.**

FIG. 51 De drie veenmuurtjes geobserveerd in grondplan en in doorsnede.
The three peat 'walls' in plan and in section.

FIG. 52 Natuurlijke sedimentatie boven het door mensenhanden opgeworpen dijklichaam.
Water-deposited stratified layers overlying the manmade embankment.

(fig. 51, vooraan op de foto). Zorgvuldig onderzoek van deze volledig vrij gelegde profielwand liet toe een duidelijk door mensenhanden opgeworpen kleipakket te onderscheiden van horizontale mariene afzettingen erboven (fig. 52) en eronder (fig. 53). Dit pakket was goed te herkennen aan de stratificatie van de individuele kleiblokken die in alle richtingen – behalve horizontaal – was georiënteerd. De interpretatie van dit spoor wees meteen naar diverse mogelijke soorten antropogene ophogingen (dijk, opgehoogde weg, grafheuvel, motte, wallichaam ...) vermits bij het vrijleggen helemaal niet duidelijk was welke vorm het spoor eigenlijk had, noch uit welke periode het precies dateerde.

Omdat er – zo blijkt achteraf – al in 1995 gelijkaardige op dat ogenblik niet begrepen fenomenen (fig. 54) ter hoogte van profiel C (fig. 4-5) werden waargenomen, weliswaar op kleine schaal, ging de voorkeur uit naar een lineair fenomeen. Op basis van deze informatie en de informatie afgeleid uit de waarnemingen in grondplan werd er getracht om een veronderstelde haakse doorsnede door het spoor te maken. Het fenomeen bleek inderdaad lineair te zijn en bovendien met een onvoorstelbare nauwkeurigheid te zijn aangelegd. Het haakse profiel (fig. 55) vertoonde immers tot in detail exact dezelfde kenmerken als de eerst opgetekende doorsnede. Uit de analyse bleek verder dat ter

FIG. 53 **Natuurlijke sedimentatie onder het door mensenhanden opgeworpen dijklichaam.**
Water-deposited stratified layers underlying the manmade embankment.

FIG. 54 **Onder bakstenen latrine spoornr. 702 aangesneden deel van de Romeinse dijk.**
Part of the Roman embankment observed below brick cesspit 702.

hoogte van de 19de-eeuwse bakstenen structuur het einde van het opgeworpen pakket nog niet bereikt was, maar dit werd enkele meters ten westen van deze bakstenen structuur wel aangesneden (fig. 56). Op basis van deze informatie en het nieuw vrijgelegde haakse profiel kon de volledige doorsnede gereconstrueerd worden (fig. 57).

Het lineaire fenomeen (hierna 'dijk' genoemd) is 12,16 m breed en op één plaats (nog) over een hoogte van 1,12 m bewaard. Ongeveer in het midden, op 5,84 m vanaf de oostkant en op 6,32 m vanaf de westkant, was een reeks kleikluiten netjes op een rij gelegd (fig. 58). De kluiten zijn alternerend met de oorspronkelijke stratificatie horizontaal en verticaal geplaatst. Deze rij kluiten moest wellicht het traject van de dijk aan het oppervlak markeren voor het gemak van de bouwers ervan. Aan de westelijke zijde zijn in het opgeworpen lichaam, zoals eerder gezegd, drie parallelle pakketten van veen aangebracht (fig. 59). Zelfs via de zeer grondige analyse met het blote oog op het terrein en na herhaaldelijk nauwgezet opschonen van deze fenomenen in doorsnede op het profiel, konden we niet achterhalen of deze waren opgebouwd uit individuele voorgevormde, in zijaanzicht min of meer parallellogramvormige veenblokjes. Dit was wel mogelijk door deze veenpakketten bij de verdere opgraving volledig te ontmantelen. Vooral helemaal onderaan was de opbouw met individuele veenblokjes goed zichtbaar (fig. 60). Deze veenpakketten kunnen dus beter als muurtjes worden bestempeld die onder een hoek van 41,5-46,5° werden schuin gezet. Van deze blokjes konden enkele afmetingen worden genomen. Het parallellogramvormige zijaanzicht heeft lange zijden van ongeveer 20 cm en bij de korte zijden is er één systematisch een paar centimeter korter dan de andere (9 versus 7, 10 versus 8 en 6

FIG. 55 **Doorsnede door de dijk gezien vanuit het oosten.**
The embankment in section as seen from the east.

FIG. 56 **Westelijke uiteinde van de dijk.**
The western end of the embankment.

versus 5). De breedte van deze blokjes kon niet precies gemeten worden, maar bedraagt de helft of zelfs minder van de lengte van de blokjes. De drie waargenomen muurtjes zijn, te beginnen van het centrum van de dijk, opgebouwd uit respectievelijk 3, 2 en 2 rijen van deze veenblokjes. Verspoelde restanten van dergelijke blokjes zijn eveneens te vinden in de sedimenten die de dijk aan de westelijke zijde ervan afdekken (fig. 61). In deze verspoelde blokken veen is de oorspronkelijke vorm van de geprefabriceerde blokjes nog enigszins herkenbaar. Bij of beter vóór het afzetten van de afdekkende sedimenten is de dijk aan de westkant dus gedeeltelijk aangetast door watererosie. Deze fase van erosie kan tevens afgeleid worden uit het onregelmatige karakter van de buitenste veenmuur[210] alsook uit het feit dat de weinige in deze context aangetroffen *archaeologica* zich aan de oostelijke voet van de dijk bevonden, ingebed in een dichte vooral kleiige stratificatie (fig. 62). Het is niet duidelijk of deze asymmetrie

210 Ter hoogte van de meest westelijke veenmuur vertoont de doornsnede van de dijk een duidelijke inklinking.

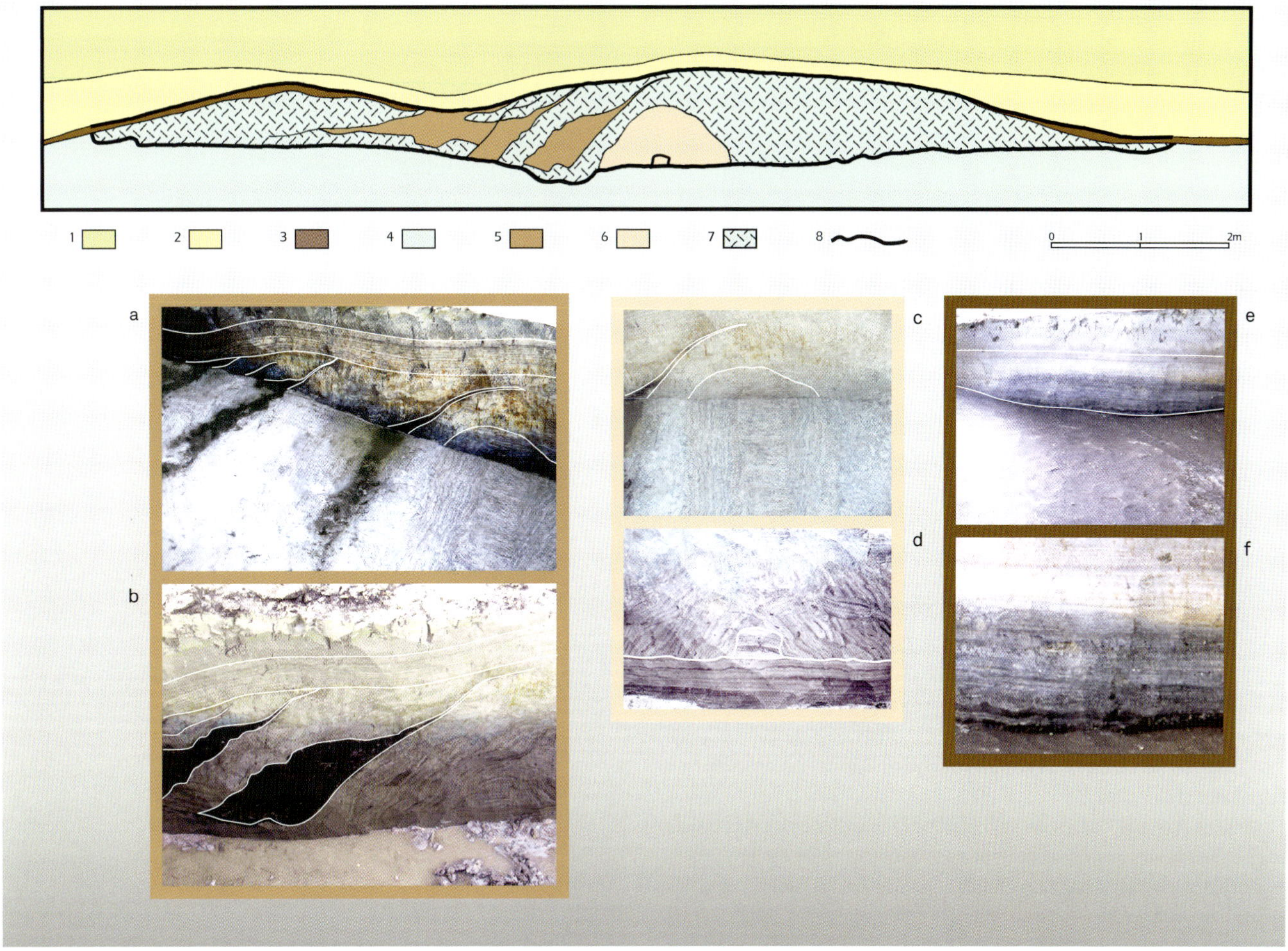

FIG. 57 **Doorsnede door dijk met de bijbehorende foto's. Legende: 1, 2 & 4: mariene afzettingen, 3 & 5-8: dijk: stabileratiehorizont (3), veen (5), klei (6-7) en ondergrens dijk (8).**
The embankment in section with corresponding illustrations. Key: 1,2 & 4: marine deposits, 3 & 5-8: manmade embankment: palaesol (3), peat (5), clay (6-7) and lower boundary embankment (8).

(*archeologica* enkel aan de oostkant van de dijk) iets betekent, en zo ja wat precies. In verband met de drie veenpakketten dient nog opgemerkt te worden dat de spitse uiteinden ervan wellicht niet oorspronkelijk zijn, maar een resultaat zijn van bodemvormende processen, in dit geval oxido-reductie. Het is immers duidelijk dat de veenpakketten plots vernauwen ter hoogte van de overgang van de gereduceerde naar de geoxideerde zone in het bodemprofiel. Het is wellicht ook deze oxidatie die deels ten grondslag ligt van de inklinking van het profiel in die zone van het profiel van de dijk met de veenpakketten.

Daarnaast zijn er uit het onderzoek van de diverse profielen van de dijk een reeks vaststellingen te doen in verband met de met organisch materiaal aangerijkte horizont (fig. 62), de zogenaamde stabilisatiehorizont. Eerst en vooral is deze niet vastgesteld onder het opgeworpen dijklichaam, maar hij is duidelijk ontwikkeld bovenop dit opgeworpen dijklichaam. Deze horizont reikt aan weerszijden ongeveer[211] tot aan de top van het bewaarde deel van het dijklichaam, meer bepaald tot op 2,61-2,65 m T.A.W. Bijgevolg is de horizont centraal op de dijk over een afstand van ongeveer 5 m niet vastgesteld. Het grootst vastgestelde hoogteverschil waarop deze horizont zich bevindt, bedraagt 1,22 m over een afstand van ongeveer 8 m. De horizont daalt aan beide zijden van de dijk min of meer gelijkmatig af tot op 1,43 m T.A.W. aan de oostkant van de dijk en tot op 1,70 m T.A.W. aan de westkant ervan. Aan de oostkant lijkt de top van het veen een gelijkaardig, enigszins afgezwakt, verloop te kennen. Centraal onder de dijk ligt de top van het veen immers een 40-tal cm hoger dan zo'n 10 m verder oostwaarts.

Onderaan het dijklichaam is een aantal onregelmatigheden in het onderliggende sediment merkbaar. In één zone zijn wellicht enkele sporen vastgesteld die in de richting gaan van *trampling* of *puddling*[212] (fig. 63), en onder de meest centrale veenmuur is een reeks kleine breuken in de onderliggende sedimenten te zien (fig. 64). De basis van de dijk is gesitueerd op 1,65-1,79 m

211 **Het hoogste deel van het bewaarde dijklichaam bevindt zich nog een 20-tal cm hoger, op 2,83-2,91 m T.A.W.**

212 **Langohr 1989, 222.**

T.A.W. en helt lichtjes af in westelijke richting. Verder ligt de dijk zeer regelmatig op de onderliggende wadsedimenten zonder noemenswaardige verstoringen. Deze observatie dient echter gerelativeerd te worden, want het volledige profiel is maar in één zone waargenomen. Een mogelijke verklaring voor de afwezigheid van verstoringen op grote schaal in de top van de door de dijk afgedekte wadsedimenten, is bijvoorbeeld het gebruik van planken tijdens het aanvoeren van sediment. De afwezigheid van verstoringen in de onderliggende wadsedimenten toont in elk geval wel aan dat deze al volledig gerijpt waren en gecompacteerd waren. Het dijklichaam heeft ook geen noemenswaardige samendrukking van de onderliggende sedimenten teweeggebracht (fig. 57.4), wat men bij nog niet volledig gerijpte sedimenten wel verwacht zoals te zien bij een middeleeuwse dijk in Barendrecht (Zuid-Holland, NL)[213]. Om meer gefundeerde uitspraken te kunnen doen over de afwezigheid van verstoringen, zou een groter oppervlak onder de dijk onderzocht moeten worden. Nu is onvoldoende duidelijk of de huidige vaststelling de regel is dan wel de uitzondering. Wel is duidelijk dat het dijklichaam geen noemenswaardig compacterend effect op de onderliggende sedimenten had.

Op basis van de waarnemingen op de doorsnede van de dijk kan de volgende fasering van de werkzaamheden worden voorgesteld. Eerst werd centraal een lineair traject van kleikluiten gelegd, vervolgens werd een eerste klein dijkje met een respectievelijke hoogte en breedte van 68 en 148 cm aangelegd (fig. 57.6) en ten slotte werd dat uitgebreid tot een dijk met een breedte van iets meer dan 12 m.

Het opnieuw bekijken van de opgravingsdocumentatie uit de periode 1992-1995 in het licht van de in 2005 bekomen informatie toonde aan dat in die periode de pas in 2005 als archeologisch spoor herkende dijk reeds (!) op verschillende plaatsen, vooral in de sleuven 93/V, 93/VIII en 95/V, was aangesneden.

FIG. 58 **Detailbeeld van de centrale rij kleikluiten.**
Detail of the central row of clay blocks.

FIG. 59 **De veenmuurtjes in grondplan.**
The peat walls in plan.

213 Hallewas & Moree 2011, 166 afb. 9.

FIG. 60 **Horizontale doorsnede ter hoogte van de onderkant van de zgn. veenmuurtjes.** *Horizontal section at the base of the peat walls.*

FIG. 61 **Veenbrokken afgezet bovenop de begraven bodem.** *Peat blocks in the water-deposited sediments above the palaeosol.*

Op basis van die gegevens kunnen we besluiten dat het dijklichaam over een totale lengte van 107 m is vastgesteld binnen de door het VIOE en de provincie West-Vlaanderen opgegraven zones. De sterk overeenkomstige kenmerken op de verschillende waarnemingsplaatsen, o.a. veenmuurtjes op exact dezelfde plaats in het dijklichaam, tonen aan dat de ophoging zeer zorgvuldig en met een vooraf bepaald plan is aangelegd. Met een lengte van 107 m (fig. 43) is meteen ook duidelijk dat dit geen onbeduidend spoor is, maar een infrastructuuringreep van enige omvang. Een ruwe schatting[214] geeft aan dat per 100 m van dit spoor ongeveer 800 m^3 grond diende te worden verzet. Alfonso Burgers probeerde te berekenen hoeveel mensuren er nodig

214 Voor deze inschatting werd gemakshalve gerekend met een breedte van 8m en een hoogte van 1m.

FIG. 62 **De begraven horizont volledig vrijgelegd.**
The full extent of the palaeosol revealed.

FIG. 63 **Sporen van *trampling* of *puddling* aan de basis van het dijklichaam.**
Indications of trampling or puddling at the base of the embankment.

waren om het aquaduct van Dorchester te realiseren. De door Burgers gebruikte berekeningsmethode[215] werd toegepast op de 800 m³ gecompacteerde grond van een traject van 100 m lengte van de dijk van Raversijde. De nodige losse aarde met Romeinse spades in containers scheppen neemt volgens de berekeningen van Burgers 500 mensdagen in beslag. Om zowel het uitgraven als het vervoeren van het sediment terdege in rekening te brengen, vermenigvuldigt men dit aantal dagen met een factor 1,75 waardoor men op 875 mensdagen uitkomt. Met 100 man krijgt men een traject van 100 m van deze dijk dus gerealiseerd binnen een tijdspanne van 10 dagen. Dit geeft een goed idee van de omvang van de werken.

De omvang van deze werken wordt nog duidelijker wanneer de foto's van wijlen Etienne Cools op het strand van Raversijde

215 Burgers 2001, 139-146.

FIG. 64 **Kleine breuken in het oppervlakteveen onder de dijk.** ***Small faults in the surface peat below the embankment.***

FIG. 65 **Rijen veenblokken gefotografeerd op het strand van Raversijde door wijlen Etienne Cools.** ***Rows of peat blocks photographed by the late Etienne Cools on the beach at Raversijde.***

(fig. 65) vergeleken worden met fig. 60. Er kan verondersteld worden dat deze dijk in elk geval al doorliep tot op het huidige strand. Met deze observatie wordt de waargenomen lengte van de dijk meteen minstens verviervoudigd (fig. 66). In de context hiervan verdient het toponiem 'Caesars Dijk'[216] dat door vissers gelokaliseerd wordt in zee ter hoogte van Raversijde toch wel bijzondere aandacht. Het is evenwel spijtig dat de waarneming van wijlen Etienne Cools (fig. 65) niet meer nauwkeurig gelokaliseerd kan worden op het huidige strand.

216 Mortier 2003, 68.

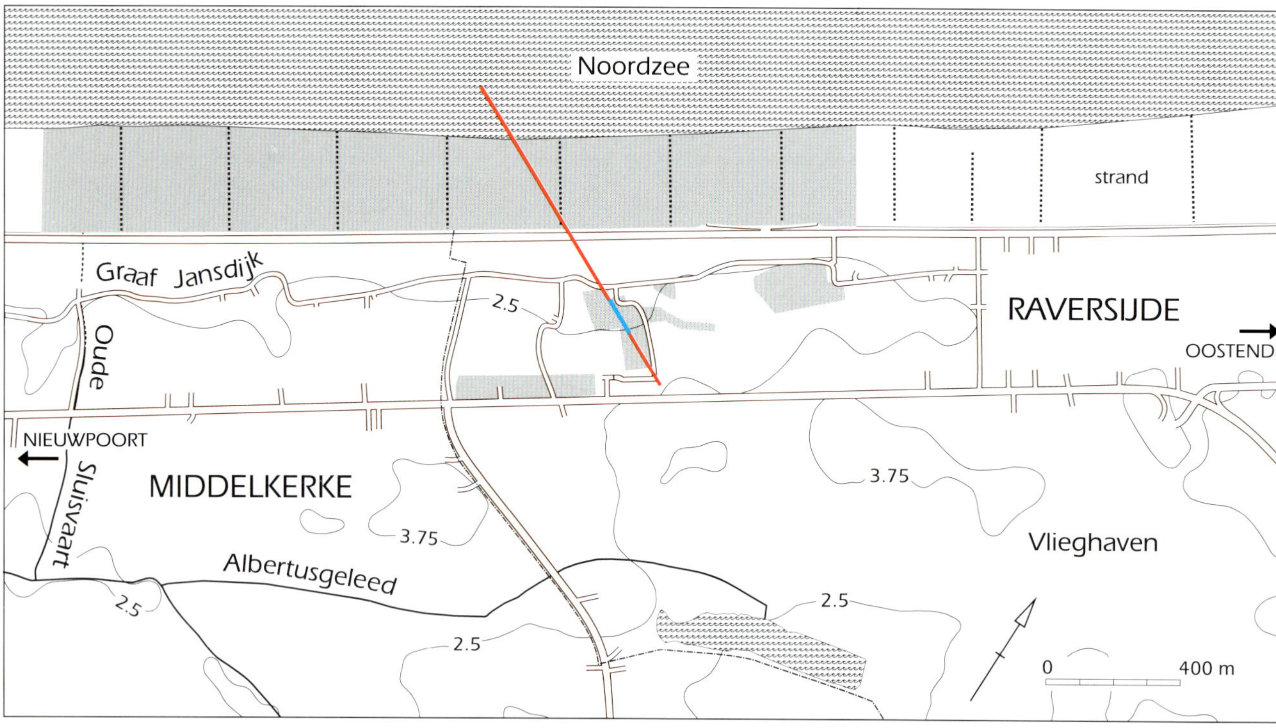

FIG. 66 **Verondersteld traject van de Romeinse dijk.**
Supposed trajectory of the Roman embankment.

3.4.2 De mobiele *archaeologica* gerelateerd aan de dijk

In totaal werden er slechts 86 ceramiekfragmenten ingezameld in de context van de hierboven beschreven dijk. Het betreffen allemaal kleine tot zeer kleine fragmenten. Het grootste fragment meet 44 mm en de gemiddelde grootste afmeting van deze ceramiekfragmenten is slechts 18 mm (fig. 67). Het schervenmateriaal dat voor 75 % uit grijs aardewerk bestaat, is ondanks de sterke fragmentatiegraad nog duidelijk herkenbaar als te dateren in de Romeinse periode door het homogene karakter van het ensemble in combinatie met de aanwezigheid van een fragment in *terra sigillata* en enkele fragmenten in geverfd aardewerk. Collega Alain Vanderhoeven situeerde het ensemble in de 2de helft van de 2de eeuw. Deze vondsten sluiten qua datering aan bij de verspreid over het terrein in middeleeuwse contexten aangetroffen Romeinse ceramiekfragmenten (*cf. supra*), alleen zijn deze laatste wel systematisch een stuk groter.

Zoals hierboven al gemeld werd het merendeel (81%) van deze ceramiekfragmenten aangetroffen aan de voet van de oostzijde van de dijk in associatie met de met organisch materiaal aangerijkte horizont. Het is niet duidelijk of dit iets betekent, en zo ja wat precies. Het kleine schervenmateriaal wijst voor deze vondsten in elk geval op een specifieke tafonomische geschiedenis. Ceramiekensembles met dergelijke kenmerken worden o.a. aangetroffen in fossiele bewerkingslagen (ploeg- of spitlagen) zoals vastgesteld onder de Heilige Geestkapel in Aalst[217] of in contexten waar biologische activiteit van graafdieren zoals mollen verantwoordelijk wordt geacht voor de aanwezigheid van de ceramiekfragmenten[218]. Geen van beide interpretaties ligt in deze context voor de hand, maar is anderzijds ook niet geheel uit te sluiten. Een derde mogelijkheid is dat dit ceramische vondstenmateriaal, alvorens te belanden aan de voet van de dijk, afkomstig is van een wegdek en door het gebruik van die zone als wegtraject gefragmenteerd is geraakt. Een interpretatie van dit spoor als dijk is in dit kader niet onlogisch, aangezien dijken vaak als wegen werden benut en vice versa. Hiervan zijn voor latere perioden heel wat voorbeelden gekend. Er wordt vaak vastgesteld dat een buiten gebruik gestelde dijk bijvoorbeeld verder wordt benut als weg, maar omgekeerd wordt een opgehoogde weg ook versterkt tot waterkerende dijk[219]. Er dient in deze context eerlijkheidshalve wel vermeld te worden dat er bij de Romeinse dijk uit Raversijde geen enkele andere aanduiding aanwezig is die pleit voor een interpretatie van deze structuur als weg.

Enkele scherven waaronder een stukje *terra sigillata* zijn afkomstig uit het dijklichaam zelf. Deze observatie sluit meteen uit dat de aanleg van de dijk ouder zou zijn dan de 2de helft van de 2de eeuw, wat theoretisch op basis van de stratigrafie alleen niet uit te sluiten was. Deze vaststelling houdt dus in dat de stabilisatiehorizont pas ten vroegste in de 2de helft van de 2de eeuw is ontwikkeld, want de horizont komt niet onder het dijklichaam voor. Deze stabilisatiehorizont werd zowel aan de oostkant als aan de westkant van de dijk paleobotanisch onderzocht.

217 Pieters *et al.* 1994, 301-302.
218 Brunet-Villatte *et al.* 1998, 31.
219 Bogemans *et al.* 2008a, 54; Bogemans *et al.* 2008b, 137; Bogemans *et al.* 2009, 77 en volgende; Verboven & De Haan 2008, 41; Verboven & De Haan 2012, 164.

3.4.3 Paleobotanisch onderzoek van de vegetatiehorizont

Jan Bastiaens

In het kader van paleobotanisch onderzoek van de vermelde vegetatiehorizont werden er 7 stalen onderzocht. Aan de oostzijde van de dijk gaat het om 6 stalen, waarvan 3 in verticale sequentie (vegetatiehorizont en onderliggende wadsedimenten). Aan de westzijde van de dijk, de kant met de veenpakketten, werd 1 staal uit de vegetatiehorizont onderzocht (tabel 7).

De wadsedimenten bevatten weinig zaden. Enkele soorten wijzen duidelijk op de mariene herkomst van de sedimenten: zeekraal (*Salicornia* sp.) en schorrenkruid (*Suaeda maritima*), soorten van slikken en schorren. Ook de zaden van melde (*Atriplex* sp.) en rode ganzenvoet (*Chenopodium rubrum*) kunnen hun oorsprong in schorren hebben. Zeekraal, schorrenkruid, melde en rode ganzenvoet groeiden waarschijnlijk niet ter plekke. Stabilisatie- en vegetatiehorizonten van slikken en schorren werden niet vastgesteld in de wadsedimenten. De zaden zijn aangevoerd met de sedimenten. Andere in de wadsedimenten aanwezige soorten kunnen afkomstig zijn van bijvoorbeeld door de zee herverwerkt veen.

Een alternatieve maar heel weinig waarschijnlijke verklaring is dat de zaden in de wadsedimenten door infiltratie afkomstig zouden zijn van de bovenliggende vegetatiehorizont. In dit geval zou verwacht kunnen worden dat de genoemde soorten in lage densiteiten eveneens aanwezig zijn in de vegetatiehorizont. Alleen melde is echter in de vegetatiehorizont aanwezig, maar het geslacht melde hoort in meerdere milieus thuis en is daarom weinig indicatief. Anderzijds zouden soorten van de in soorten en aantallen veel rijkere vegetatiehorizont ook aanwezig zijn in de wadsedimenten, en niet vooral soorten van slikken en schorren.

Wat de reconstructie van de vegetatie van de vegetatiehorizont enigszins in een moeilijk daglicht stelt, is de aanwezigheid van intrusieve zaden die bij het actuele oppervlak en de (sub)recente vegetatie horen. Van grote weegbree (*Plantago major*) konden duidelijk té goed bewaarde zaden vastgesteld worden. Toch wordt hier aangenomen dat het overgrote deel van de zaden en soorten, zoniet alle soorten, deel uitmaken van het archeobotanisch spectrum dat bij de vegetatiehorizont hoort.

Van de vegetatiehorizont werden 5 stalen onderzocht: 4 stalen van de oostzijde en 1 staal van de westzijde. Twee zaken springen hierbij in het oog: de vegetatie is gelijk langs weerszijden van de dijk en de vegetatie is in grote lijnen te kenmerken als een vegetatie op zoete standplaats met soorten van voedselrijke pioniervegetaties, tredplaatsen, ruigten en mogelijk ook grasland. Voorbeelden zijn rood/blauw guichelheil (*Anagallis arvensis* subsp.), akkerdistel/kale jonker (*Cirsium arvense / palustre*), wilde peen (*Daucus carota*), grote weegbree (*Plantago major* subsp.), varkensgras (*Polygonum aviculare* subsp.), zilverschoon (*Potentilla anserina*), diverse boterbloemsoorten (*Ranunculus* spp., met behaarde boterbloem (*Ranunculus sardous*) als belangrijkste), witte krodde (*Thlaspi arvense*); vogelmuur (*Stellaria media* subsp.), kleine brandnetel (*Urtica urens*) ... en waarschijnlijk ook melde. De aangetroffen soorten sluiten goed bij elkaar aan en weerspiegelen de lokale vegetatie[220] op en langs de dijk. De vegetatie is eerder jong, met storingsinvloeden. Gezien de relatief goed ontwikkelde vegetatiehorizont betekent dit waarschijnlijk niet dat de vegetatiehorizont maar korte tijd bestaan heeft. Vermoedelijk moet de oorzaak eerder gezocht worden in vernietiging of verstoring van de vegetatie, bijvoorbeeld door betreding. Invloed van de zee is niet waarneembaar in het soortenspectrum.

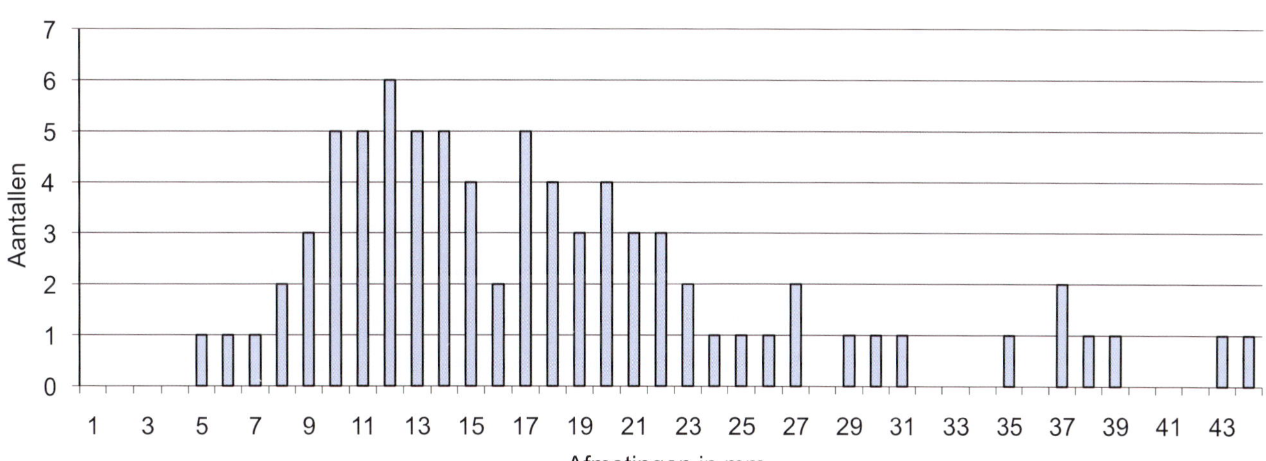

FIG. 67 **Aantallen en grootste afmetingen van de in associatie met de dijk aangetroffen ceramiekfragmenten.**
Numbers and maximum dimensions of the pottery sherds found in association with the Roman embankment.

220 Op de in het kustgebied gelegen Romeinse sites van Stene en Plassendale werden gelijkende vegetetaties aangetroffen (Jan Bastiaens, niet gepubliceerde data).

TABEL 7

Zaden en vruchten uit de paleobodem gelinkt aan de Romeinse dijk. .. / ..: hele exemplaren / fragmenten. Fragmenten van melde (*Atriplex sp.*) werden niet geteld. +++: 100-1000. * = (ook) recent. De naamgeving is gebaseerd op Lambinon et al. 1998.

*Seeds and fruits from the palaeosol associated with the Roman embankment. .. / ..: whole specimens / fragments. Fragments of Atriplex sp. were not counted. +++: 100-1000. * = (also) recent. The nomenclature is based on Lambinon et al. 1998.*

RAVERSIJDE ROMEINSE DIJK		oostzijde						westzijde
monster		1a	1b	1c	2	3	4	5
volume (l)		0,5	0,5	0,5	1	1	1,5	1
kleinste maaswijdte (mm)		0,5	0,5	0,5	0,5	0,5	0,5	0,5
interpretatie		wad-sediment	wad-sediment	vegetatie-horzont	vegetatie-horizont	vegetatie-horizont	vegetatie-horizont	vegetatie-horizont
NIET VERKOOLD								
olieplanten / voedergewassen								
Brassica rapa subsp. campestris / rapa	raapzaad /witte raap			1 / 2	0 / 1	7 / 5		0 / 14
Brassica sp.	kool				1	0 / 5	0 / 5	
wilde planten								
Alnus glutinosa vruchtschub	zwarte els							0 / 1
Anagallis arvensis sp.	rood / blauw guichelheil				1	2	5	
Apiaceae	schermbloemenfamilie							1
Asteraceae	composietenfamilie				1			
Atriplex sp.	melde	1	2 / 10	101	+++	189	117	73
Betula sp.	berk	1						
Carduus / Cirsium sp.	distel / vederdistel					2		
Carex distans / pallescens								
Carex sp.	zegge			1	1	11	9	9
Chenopodiaceae	ganzenvoetfamilie		0 / 1					
Cirsium arvense / palustre	akkerdistel / kale jonker				5 / 1	11	24 / 3	8 / 5
Cirsium sp.	vederdistel			3		9	5	1
Cladium mariscus	galigaan			27	26		109 / 19	
Chenopodium rubrum	rode ganzenvoet	1						
Cyperaceae	cypergrasfamilie					2		
Daucus carota	wilde peen					5	2	1
Fallopia convolvulus	zwaluwtong							1
Galium sp.	walstro							1
Juncus sp.	rus			1		5		
Hydrocotyle vulgaris	waternavel				1			
Leontodon autumnalis	herfstleeuwentand							12
Leontodon sp.	leeuwentand			1		2	2	
Marrubium vulgare	malrove				1			3
Mentha aquatica / arvensis	watermunt / akkermunt						2	
cf *Menyanthes trifoliata*	waterdrieblad							0 / 1
Plantago major	grote weegbree			2*	6*	29*	3	20*
Poaceae	grassenfamilie			3		7*	19	9
cf Poaceae	grassenfamilie							2
Polygonaceae	duizendknoopfamilie							1
Polygonum aviculare subsp.	varkensgras			4 / 1	5	18		15 / 3
Polygonum persicaria	perzikkruid						2	
Potamogeton sp.	fonteinkruid		1	2	1			
Potentilla anserina	zilverschoon			3	4 / 1	86	22	3
Potentilla sp.	ganzerik					5		
Primulaceae	sleutelbloemfamilie							1
Ranunculus acris-type	scherpe boterbloem						2	
Ranunculus flammula	egelboterbloem					2		

RAVERSIJDE ROMEINSE DIJK		**oostzijde**						**westzijde**
monster		**1a**	**1b**	**1c**	**2**	**3**	**4**	**5**
volume (l)		**0,5**	**0,5**	**0,5**	**1**	**1**	**1,5**	**1**
kleinste maaswijdte (mm)		**0,5**	**0,5**	**0,5**	**0,5**	**0,5**	**0,5**	**0,5**
interpretatie		**wad-sediment**	**wad-sediment**	**vegetatie-horzont**	**vegetatie-horizont**	**vegetatie-horizont**	**vegetatie-horizont**	**vegetatie-horizont**
Ranucnculus repens-type	kruipende boterbloem			1		2		
Ranunculus sardous	behaarde boterbloem			5	4	299	7 / 2	4
Ranunculus sceleratus	blaartrekkende boterbloem	1						
Ranunculus subg. *Batrachium*	waterranonkel			1		2		1
cf *Raphanus raphanistrum* vrucht	knopherik					0 / 2		
Rumex sp.	zuring					5	2	
Salicornia sp.	zeekraal		2					
Sambucus nigra	gewone vlier							1
Sambucus sp.	vlier							0 / 1
Scirpus lacustris	mattenbies				1	5	7	3 / 1
Scirpus maritimus	heen					0 / 2		
Scirpus sp.	bies			3 / 1	4	2		
Sinapis arvensis	herik				2			
Sonchus asper	gekroesde melkdistel			1		5	2	
Sonchus oleraceus	gewone melkdistel					2		2
Stellaria media subsp.	vogelmuur			5 / 1	6 / 2	32	20 / 7	7
Suaeda maritima	schorrenkruid		2					
Taraxacum sp.	paardenbloem			1			2	4
Thlaspi arvense	witte krodde			1 / 1	0 / 4		2 / 2	
cf *Urtica dioica*	grote brandnetel					5		1
Urtica dioica	grote brandnetel							
Urtica urens	kleine brandnetel			1		5	2	1
indeterminatum				1	1	9	15	3
Poaceae knoop	grassenfamilie						2	
Sphagnum sp. blaadje	veenmos						5	1
Sphagnum sp. knop	veenmos						2	
VERKOOLD								
gebruiksplanten								
graangewassen								
Triticum spelta kafbasis	spelt				2			
wilde planten								
Chenopodiaceae	ganzenvoetfamilie				1			
Fabaceae	vlinderbloemenfamilie				1			
Galium aparine	kleefkruid			0 / 3			3	
Galium sp.	walstro			1	3	5		
Matricaria maritima subsp. *inodora / maritima*	reukeloze kamille / zeekamille			3			2	
Poaceae	grassenfamilie			2	2			
Potentilla anserina	zilverschoon			1				
Potentilla sp.	ganzerik			1				
Rumex sp.	zuring				4		2	
Scirpus sp.	bies					2		
indeterminatum				3			2	
Erica sp. blaadje	dophei							1
Poaceae knoop	grassenfamilie						2	

De zaden van mattenbies (*Scirpus lacustris*) en galigaan (*Cladium mariscus*) wijzen erop dat er naast de genoemde vegetatietypes ook plassen en moerassen in de omgeving zijn. Een andere verklaring voor de aanwezigheid van mattenbies en galigaan zou eventueel herverwerkt veen kunnen zijn.

Tot de categorie van de voedselrijke pioniervegetaties behoren tevens akkers, naast andere vegetatietypes. In de profielopbouw zijn echter geen verdere aanwijzingen aangetroffen dat het bij de onderzochte vegetatiehorizont ook werkelijk om akkers zou kunnen gaan. Wel moeten de zaden van raapzaad/witte raap (*Brassica rapa* subsp. *campestris/rapa*) in dit verband vermeld worden[221]. Uit moderne experimenten is bekend dat raapzaad/witte raap, een olieplant/voedergewas, zelfs op schorren succesvol gekweekt kan worden[222].
Aan de oostzijde van de dijk, waar ook het schervenmateriaal is aangetroffen, komen meer verkoolde zaden voor dan langs de westzijde, al werd er hier slechts 1 staal van geanalyseerd. Of dit verschil werkelijk betekenis heeft en welke, is onduidelijk.

3.4.4 Interpretatie van de waargenomen sporen en vondsten gerelateerd aan de dijk

Op basis van de beschikbare informatie is het momenteel niet mogelijk om een onderscheid te maken tussen de interpretatie van deze sporen als een werkelijk waterkerende (zomer- of winter)dijk d.w.z. een structuur die in dit geval inkomend zeewater moet weren of als een ophoging aangebracht voor de installatie van een weg. Romeinse wegen hebben immers steeds een zogenaamde *agger*, een ophoging om het niveau van de weg boven dit van de omgeving te brengen. Deze *agger* is altijd merkelijk breder dan de uiteindelijke weg. In zijn eenvoudigste vorm bestaat een dergelijke *agger* uit sedimenten die aan beide kanten van de geplande weg zijn gedolven en die in het centrum worden opgestapeld. Zo realiseert men een droog vlak voor de weg en tegelijkertijd ook drainagegrachten aan weerszijden ervan. Er wordt verondersteld dat de oorsprong van dit systeem in de natte gebieden gezocht moet worden. De voor de constructie van de *agger* gebruikte materialen waren in de meeste gevallen afhankelijk van de lokaal beschikbare materialen[223]. In Raversijde zijn dit: klei, leem, zand en veen.

In Raversijde werd er aan geen van beide zijden van de dijk een drainagegracht waargenomen binnen een zone van 6 m – de onderzochte zone aan weerszijden van de dijk – die aansluit bij de dijk. Enkel aan de westzijde van de dijk werd de aanwezigheid van rechthoekige kuilen vastgesteld die tot in en zelfs tot onder het oppervlakteveen reikten. Het is wellicht niet toevallig dat de veenpakketten in de dijk zich precies in het westelijke deel ervan bevinden. Het is zeer aannemelijk om deze kuilen te verbinden met de ontginning van het veen nodig voor de constructie van de veenmuurtjes in het dijklichaam.

Wat bij de interpretatie van dit spoor in elk geval een adequate verklaring nodig heeft, is de asymmetrie in de opbouw met drie veenmuurtjes enkel aan de westzijde van de dijk, de aanwezigheid van *archaeologica* enkel aan de voet van de oostzijde van de dijk en de hogere concentratie aan verkoolde plantenresten eveneens aan de voet van de oostzijde van de dijk. Aangezien veen merkelijk resistenter is dan klei tegen erosie door water, kan er besloten worden dat de initiatiefnemers voor deze dijk er vanuit gingen dat de dreiging van inkomend water vooral of enkel gesitueerd was aan de westzijde van de dijk. De relatief grote resistentie van veen tegen erosie door water kan mooi geïllustreerd worden met beelden van het strand van Raversijde zelf waarop heel wat veenwinningskuilen te zien zijn. De restanten van niet-geëxploiteerd veen zijn systematisch beter bewaard gebleven dan de kleiige opvulling van de kuilen zelf[224]. De inschatting van de dreiging van het water door de initiatiefnemers was blijkbaar niet ongegrond, want uit het onderzoek is duidelijk gebleken dat de dijk achteraf ook effectief aan die kant door watererosie aangetast is. Meer invloed van zeewater aan de westkant van de veronderstelde dijk wordt daarnaast ook ondersteund door de resultaten van het diatomeeënonderzoek (*cf.* 2.5), waarbij de locatie van profiel A (ten westen van de dijk of buitendijks) iets meer onder de invloed van mariene omstandigheden lijkt gestaan te hebben dan deze van profiel B (ten oosten van de dijk of binnendijks). Het paleobotanische onderzoek kon geen verschil in vegetatie duiden tussen de vegetatiehorizont aan de oostzijde en deze aan de westzijde. Het betrof in beide gevallen een vegetatie van een zoete standplaats. Het gebruik van veenturven of veenblokken voor versteviging van (middeleeuwse?) dijken is tevens vastgesteld in Zeeland, meer bepaald in Oud-Rilland. De daar vastgestelde veenblokjes hadden ook een parallellogramvormig zijaanzicht[225]. Het aanbrengen van riet-, mest- en venige lagen wordt bij middeleeuwse dijken ook doorgaans in verband gebracht met het verhogen van de resistentie van de dijk tegen erosie door water[226].

De aanwezigheid van deze dijk of weg ter hoogte van Raversijde sluit in elk geval aan bij de hypothesen van Etienne Cools in verband met de Romeinse kustverdediging van maritiem Vlaanderen. Onder andere op basis van militaire logica veronderstelde laatstgenoemde een reeks militaire vestigingen[227] op de toenmalige duinengordel, een eind voor de huidige kustlijn. Het is dus goed denkbaar dat deze dijk/weg hiermee of bijvoorbeeld met een overslagplaats of ankerplaats[228] verband houdt en het leger misschien zelfs verantwoordelijk was voor de aanleg ervan. Een andere mogelijkheid is dat deze dijk effectief een geul omgaf die zich ter hoogte van het huidige Raversijde een eind landinwaarts uitstrekte. In deze hypothese zou zich een eind verder westwaarts een tegenhanger van deze dijk moeten bevinden. Het is zeer verleidelijk om deze hypothese te koppelen aan de ontstaansgeschiedenis van de middeleeuwse nederzetting Raversijde langs een getijdengeul die op basis van de Belgische bodemkaart (fig. 68) en de waarnemingen door A. Chocqueel en E. Cools inderdaad een eind ten westen van de opgegraven dijk gesitueerd kan worden en die misschien zelfs teruggaat op de getijdengeul die door de

221 Ook op een andere Romeinse site in het kustgebied, namelijk in Stene, werden raap/witte raap vastgesteld (Jan Bastiaens, niet gepubliceerde data).
222 Pals 1999, 140.
223 Morriss 2005, 86-89.
224 Verhulst 1995, foto op pagina 28.
225 Wielinga 2008, 30.
226 Hallewas & Moree 2011, 198.
227 Cools 1985, 17-18, o.a. fig. 1.
228 Zoals verondersteld wordt voor de site Meols in NW-Engeland (Griffiths *et al.* 2007, 432).

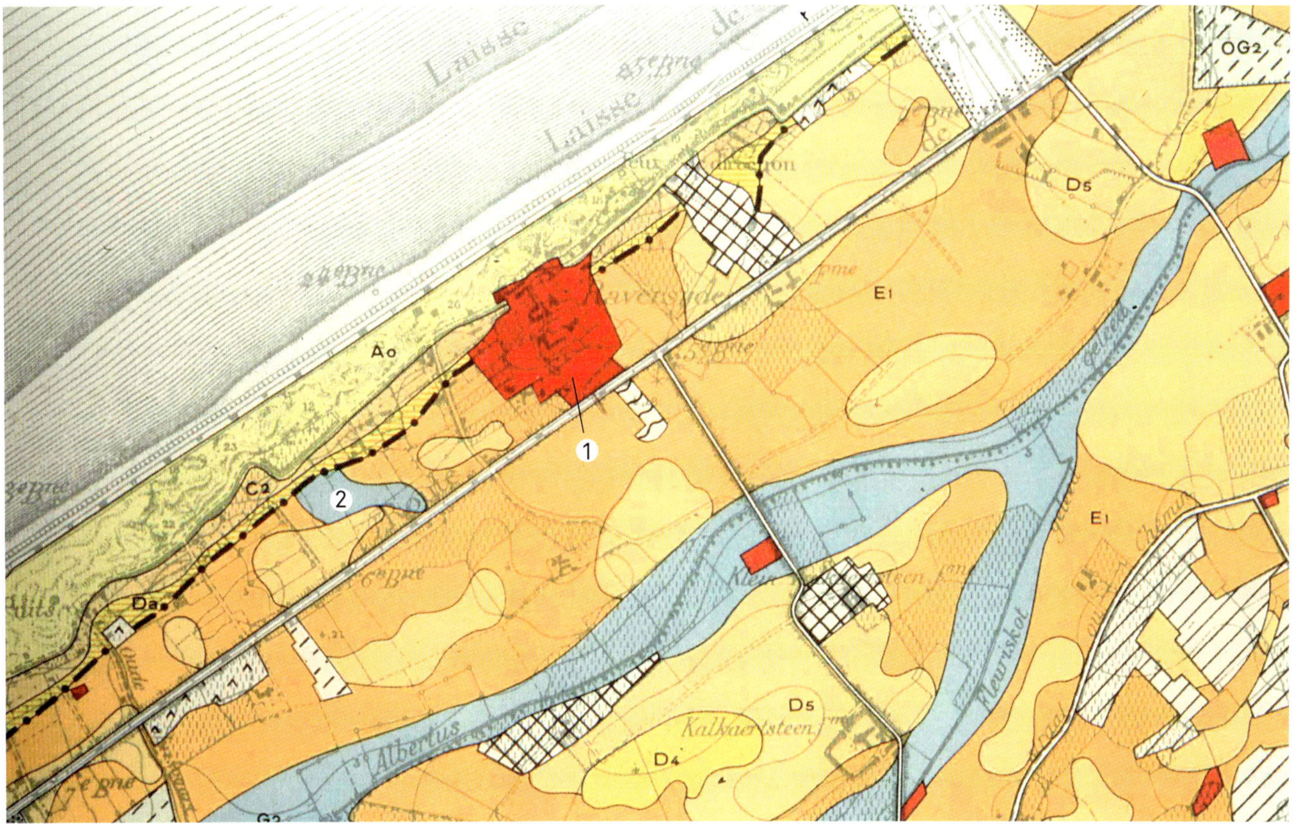

FIG. 68 **Uittreksel uit de bodemkaart van België, kaartblad 21 W en 21 E. Legende 1: verdwenen dorpskern, 2: getijdengeul?**
Extract from the Belgian geological map, sheets 21 W and 21 E. Key: 1: lost village center, 2: tidal gully?

Romeinse dijk werd ingedijkt. Deze hypothese moet echter nog verder onderzocht worden. De dijk heeft in elk geval wel ongeveer dezelfde oriëntatie als de door A. Chocqueel veronderstelde 'baie naturelle' die zorgde voor een 'ancrage' voor de middeleeuwse vissersnederzetting (fig. 69) als van de op de bodemkaart aangeduide getijdengeul[229] iets ten westen van de verdwenen dorpskern van Walraversijde (symbool D5).

Om de hierboven beschreven vaststellingen in de bredere context te kunnen kaderen, volgt hierna een kort literatuuroverzicht van de vroegste dijkbouw in Noordwest-Europa. Hieruit blijkt dat deze dijk het absoluut verdient om internationaal onder de aandacht te worden gebracht.

3.4.5 De vroegste dijkbouw in Noordwest-Europa: een literatuuroverzicht

Zowel in de materiële als in de geschreven bronnen is er weinig informatie over het aanleggen van zeewerende dijken en over het onder controle houden van overstromingsgevaar[230] in de Romeinse periode.

Onrechtstreekse argumenten voor de inpoldering van getijdengebieden in de Romeinse periode zijn sinds enkele decennia gekend via archeologisch onderzoek in Groot-Brittannië. Zo is er de site 'Rumney Great Wharf' langs het estuarium van de Severn in Zuidoost-Wales, waar een buiten de huidige zeedijk gelegen netwerk van met Romeinse ceramiek geassocieerde drainagegrachten werd onderzocht. De in de grachten aangetroffen vondsten duiden op de periode late 2de/midden 4de eeuw AD. Om een dergelijk netwerk van drainagegrachten efficiënt te laten functioneren, dient men volgens Allen en Fulford ook een zeedijk in te schakelen. Beide auteurs brengen dit netwerk van drainagegrachten en de daarin begrepen veronderstelde aanleg van een dijk – gezien de omvang van het project en gezien de vondst van een steen met een inscriptie die het *Legio II Augusta* vermeldt (de zogenaamde Goldcliffsteen) – in verband met activiteiten van het Romeinse leger en meer specifiek met deze van het bovenvermelde legioen gebaseerd in Caerleon[231]. Het ingepolderde gebied werd misschien zelfs door dit legioen voor eigen rekening of voor rekening van de keizer beheerd.

229 Ameryckx 1952a en b.

230 Burgers 2001, 19.

231 Allen & Fulford 1986, 113.

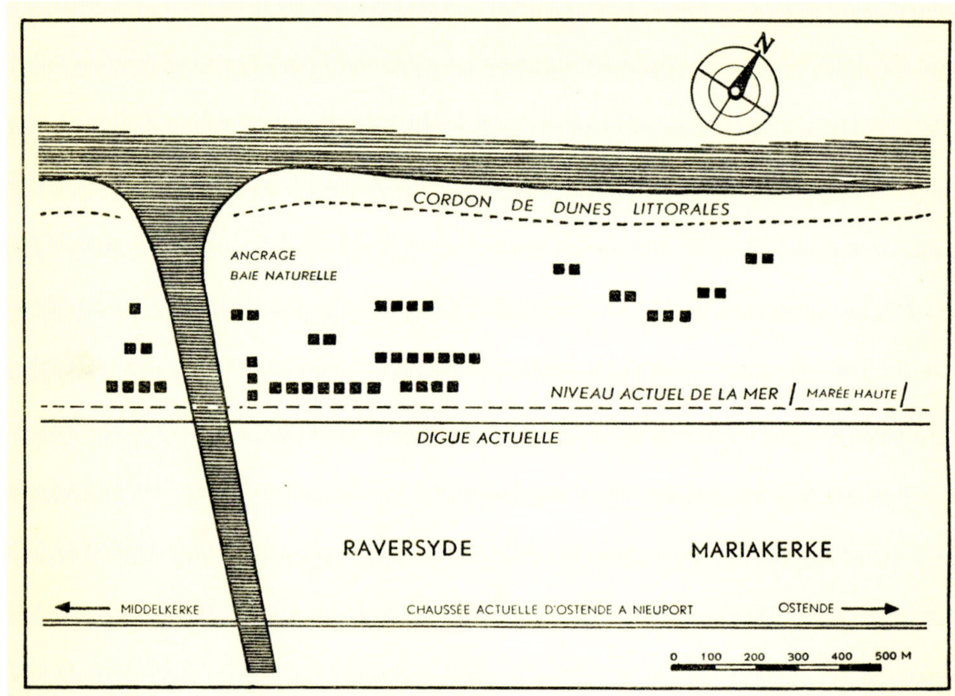

FIG. 69 De 'baie naturelle' volgens Chocqueel 1950.
The tidal inlet, after Chocqueel 1950.

Het tweede voorbeeld is afkomstig van de andere kant van het estuarium van de Severn, namelijk uit de 'North Somerset Levels'. Ook in deze zone wordt op basis van indirecte argumentatie voor de Romeinse periode – meer specifiek voor de periode 3de/1ste helft 4de eeuw – het bestaan van een zeedijk met een stelsel van sluizen verondersteld tussen Middlehope en Clevedon[232].

Voor het estuarium van de Humber in Noordoost-Engeland daarentegen gaat men er na decennia van archeologisch onderzoek van uit dat de laaggelegen alluviale gronden van dit estuarium in de Romeinse periode weliswaar intensief werden geëxploiteerd, maar in tegenstelling tot de middeleeuwen zonder drastische ingrepen in het landschap zoals de aanleg van zeedijken of het graven van afwateringskanalen[233].

Een in deze context te vermelden archeologisch spoor is de 'Car Dyke'[234], een ongeveer 15 m brede gracht met aan weerszijden een dijkvormige ophoging. Dit spoor is over een afstand van 122 km in kaart gebracht ongeveer tussen Lincoln en Cambridge en dateert vermoedelijk uit de Romeinse periode. Wat de functie betreft zijn er verschillende mogelijkheden waaronder deze van drainage van de laaggelegen 'fenlands' wellicht de meest aannemelijke is. Het is dus niet echt een dijk zoals deze vastgesteld in Raversijde, maar een drainagekanaal met aan weerszijden een ophoging en gelegen op de grens van hoog- en laaggelegen gronden, dat er moest voor zorgen dat het water uit de hoger gelegen gebieden niet in de laaggelegen gebieden binnen drong maar zo snel en efficiënt mogelijk naar zee werd afgeleid zonder belangrijke gevolgen voor de oostwaarts ervan lager gelegen alluviale gebieden van de Wash.

Bij de voorbeelden van inpoldering in de Romeinse periode in het estuarium van de Severn gaat men ervan uit dat de aanleg van een zeedijk de onvermijdelijke eerste stap moet geweest zijn in het inpolderingsproces. Voorbeelden uit Nederland tonen aan dat dit wellicht niet noodzakelijk is. Kleine zones konden vermoedelijk ook efficiënt beschermd worden door lage zogenaamde 'zomerdijken'. Voorbeelden van dergelijke, lage dijken uit de Romeinse tijd die naar alle waarschijnlijkheid enkel seizoensmatig bescherming boden, zijn reeds op verschillende locaties in Nederland onderzocht[235]. Het betreft meer specifiek de in Friesland gesitueerde terpen Dongjum-Heringa, Peins-Oost en Wijnaldum-Tjitsma[236]. De op deze drie locaties aangesneden dijken liggen allen parallel met de toenmalige kust, waren tot 14 m breed en tussen 1,05 en 1,25 m hoog, zijn vooral vanwege de geringe hoogte als zomerdijken te beschouwen en zijn niet in staat om stormvloeden in de winter op te vangen[237]. Ze zijn allemaal te dateren in de periode 1ste eeuw voor Christus/2de eeuw na Christus[238].

Het dijkachtige fenomeen aangesneden onder de terp van Wijnaldum-Tjitsma is aangelegd voor de nederzetting uit het 3de kwart van de 2de eeuw AD. Het dijkje met een totale breedte van 10 m bereikte een hoogte van 0,7 m en was opgebouwd uit vierkante, keurig gestapelde zoden[239].

232 Rippon 2000, 190-191, *cf.* fig. 25.
233 Van de Noort 2004, 135.
234 Simmons & Cope-Faulkner 2004, 1-30, 162-165.
235 Rippon 2004, 362.
236 Bazelmans 2005, 68.
237 Bazelmans 2005, 76.
238 Bazelmans 2005, 76.
239 Gerrets & de Koning 1999, 98.

Zeer recentelijk werd ook een dijk uit de Romeinse periode aangesneden in Serooskerke (Zeeland, NL)[240].

Tussen 1993 en 1997 zijn er in Vlaardingen een reeks dammen en duikers aangetroffen uit de periode 175 voor Chr./175 na Chr[241]. De dammen en de duikers gingen wellicht samen met de aanleg van kades of dijken[242], maar harde bewijzen ontbreken hiervoor tot dusver. Deze waren wellicht op hoger gelegen oeverwallen gesitueerd, die archeologisch evenwel het minst goed bewaard zijn, zodat de kans klein is om nog eventuele dijkrestanten archeologisch aan te tonen. Sites met houten duikers uit de Romeinse tijd zijn ook vroeger reeds in het West-Nederlandse kustgebied aangetroffen, nl. in Rotterdam[243] en Zuidland[244]. Ondertussen zijn er niet minder dan 16 sluizen uit de Romeinse tijd gekend in Nederland, bijna allemaal gelegen in het mondingsgebied van de Maas[245].

Langs de kusten van Nedersaksen laat men de dijkbouw in elk geval ook teruggaan tot de beginperiode van het 1e millennium[246]. In Feddersen-Wierde (Cuxhaven) is bijvoorbeeld een 1,3 m hoge uit klei opgebouwde dijkachtige wal archeologisch gedocumenteerd die een nederzetting uit de 2de eeuw AD flankeerde.

Voorbeelden van inpoldering van laaggelegen zones nabij de zee uit de Romeinse periode zijn ook gekend uit Italië, onder andere in de Po-vlakte. Daar ging het echter eerder om droogmaking door evacuatie van overtollig water uit het binnenland via het aanleggen van afleidingskanalen, dan om droogmaking door het aanleggen van dijken die binnenkomend zeewater moesten weren[247]. Diverse bronnen stellen vaak dat soldaten dergelijke werkzaamheden voor hun rekening namen. Zo zouden de werken in de Adige-regio tussen Padua en Ferrara uitgevoerd zijn door soldaten van Augustus na de slag bij Actium in 31 v. Chr[248].

Er zijn dus heel wat aanwijzingen en argumenten die erop wijzen dat de dijken veel vroeger dan de middeleeuwen en zelfs nog voor de komst van de Romeinen in onze gewesten gebouwd werden[249]. Materiële bewijzen ervan zijn tot nog toe zeer schaars. De dijk aangesneden in Raversijde is de eerste in zijn soort die archeologisch herkend is. Het is aannemelijk dat er bij archeologisch onderzoek in laaggelegen kustgebieden nog kunnen worden aangetroffen. In het Vlaamse kustgebied zijn er twee factoren die ervoor gezorgd hebben dat er wellicht niet zo veel resten meer van overblijven. De erosie van de kustlijn sinds de Romeinse periode is misschien wel de belangrijkste factor, maar daarnaast zijn er de grootschalige middeleeuwse en latere exploitaties van turf die over grote oppervlaktes het pre-middeleeuwse bodemarchief grondig hebben vernield. Ten slotte zijn deze structuren wanneer ze volledig opgebouwd zijn uit dezelfde klei als de onderliggende en bovenliggende sedimenten niet zo gemakkelijk te herkennen bij archeologisch terreinonderzoek. Bij de identificatie van de dijk in Raversijde heeft het toeval een belangrijke rol gespeeld. Zonder de bewaring van een volledige doorsnede doorheen de dijk was dit fenomeen wellicht nooit herkend. Bovendien is het beeld dat de bedijking van de kustvlakte pas start in de middeleeuwen zo ingeburgerd, dat het zeer moeilijk wordt om aanwijzingen op het terrein te herkennen die eigenlijk een andere boodschap geven.

3.4.6 Conclusie

In Raversijde is een dijk aangesneden uit de 2de helft van de 2de eeuw AD. Deze is aangelegd bovenop reeds gerijpte sedimenten en maakte verdere bodemvorming mogelijk aan weerszijden ervan. Deze dijk is 12 m breed en nog bewaard over een hoogte van iets meer dan 1 m. De asymmetrie in de opbouw is een argument om dit spoor als een dijk te interpreteren. Men verwachtte dat de dreiging met water vanuit het westen kwam, wat naderhand ook het geval bleek. De minimale vastgestelde lengte van de dijk is 107 m, maar deze lengte kan minstens verviervoudigd worden als we de waarnemingen van wijlen Etienne Cools op het strand ook als een onderdeel van deze dijk beschouwen. Dit maakt meteen duidelijk dat dit archeologische spoor van bovenlokaal belang is. De omvang van de werken maakt aannemelijk dat het leger ervoor verantwoordelijk was[250]. Identiek vergelijkingsmateriaal is niet voorhanden, maar het hierboven voorgestelde literatuuroverzicht toont aan dat de aanleg van dijken, dammen en duikers in elk geval tot de activiteiten behoorde van de bewoners van het Noordzeegebied en dit op zijn minst sinds de voorromeinse ijzertijd.

Het is verder verleidelijk om deze waarnemingen, gezien de oriëntatie van de dijk, in verband te brengen met de Yde of getijdengeul aan de oevers waarvan de middeleeuwse vissersnederzetting Walraversijde later tot ontwikkeling kwam. Deze in de middeleeuwen benutte getijdengeul zou immers kunnen teruggaan op een veel grotere geul die men reeds in de Romeinse periode onder controle probeerde te krijgen. Een dijk is uiteraard ook meteen een weg. In die zin kan deze dijk bijvoorbeeld leiden naar een ankerplaats of overslagplaats voor goederen voor de kust, een functie die bijvoorbeeld verondersteld wordt voor de site Meols in Noordwest-Engeland[251].

Deze bedijking heeft op iets langere termijn zijn vooropgezet doel niet bereikt, aangezien dit infrastructuurwerk op een later tijdstip is afgedekt met mariene afzettingen. In de 19de eeuw werd deze situatie geïnterpreteerd als een bewijs voor een overstroming van de kustvlakte na een periode van bewoning[252]. Tussen de dijk en de installatie van het vissersdorp zit wel nog een laatmiddeleeuwse agrarische fase die we hierna in beeld brengen.

240 'Grote archeologische verrassing'. Romeinse dijken en een terp bij Serooskerke. In: Zeeuws Erfgoed. Nieuwsbrief van de Stichting Cultureel Erfgoed Zeeland, jaargang 7, nr. 2, juni 2008, 13.
241 Brinkkemper & De Ridder (red.) 2000, 1.
242 Brinkkemper & De Ridder (red.) 2000, 37.
243 van Trierum 1986, 63.
244 van Trierum 1986, 66.
245 de Ridder 2005, 63.
246 Ey 2005, 146.
247 White 1970, 169-171.
248 White 1970, 170.
249 Ook in andere gebieden in het Romeinse rijk zoals Beotië en Etrurië bouwden de Romeinse activiteiten voort op expertises uit voorgaande periodes (Simmons & Cope-Faulkner 2004, 17).
250 Bij dergelijke grote infrastructuurwerken komt het leger gezien de beschikbare mankracht steeds in beeld (*cf.* bijvoorbeeld Burgers 2001, 143).
251 Griffiths *et al.* 2007, 432.
252 Gosselet & Rigaux, 1877-1878, 218-226; Blanchard 1906, 143.

3.5 Een middeleeuwse percelering: 15de-eeuws of ouder?

Marnix Pieters

In de loop van de opgravingscampagnes 1992-1998 werden regelmatig stukken van opgevulde grachten en greppels aangesneden zoals aangeduid op een algemeen plan van de onderzochte zone (fig. 70). In de periode 2002-2003 werd het voor onderzoek toegankelijke deel van de niet opgegraven zone aanvullend via geofysische methoden onderzocht[253]. Dit leverde bijkomende informatie op over grachten of greppels die ook betrokken is in deze analyse. Onderzoek heeft aangetoond dat een aantal van deze grachten en greppels bij elkaar horen en wellicht een laatmiddeleeuwse fossiele percelering in de bodem materialiseren die voorafgaat aan de ingebruikname van de onderzochte zone voor bewoning door de vissers. Deze grachten en greppels (3.5.2.) worden hierna kort behandeld en in samenhang met een fossiele ploeglaag (3.5.1.) geïnterpreteerd (3.5.3.).

3.5.1 Een begraven of fossiele ploeglaag

In het opgegraven areaal is systematisch onder de gebouwen en onder de subrecente ploeglaag, een fossiele ploeglaag aangesneden. Deze bestond in de zones die werden onderzocht tussen 1992 en 1995, uit bleekgrijze tot grijsbeige klei (fig. 139: rechts van de kuil en onder de subrecente ploeglaag) met nogal wat houtskoolpartikels en een kleine hoeveelheid laatmiddeleeuws aardewerk. Hierbij dient opgemerkt te worden dat in deze ploeglaag nergens fragmenten van roodbeschilderd aardewerk werden aangetroffen. Dergelijk aardewerk werd trouwens in geen enkele in Raversijde achter de duinengordel onderzochte archeologische context tot nog toe aangetroffen. Dit doet vermoeden dat deze ploeglaag niet tot de 12de eeuw of vroeger terug gaat, maar ten vroegste laatmiddeleeuws is. De onderkant van deze ploeglaag bevindt zich in de zone van gebouw 5 op 3,45 m T.A.W. en in de zone van gebouw 1 op 3,6 m T.A.W. Deze laag werd door alle geregistreerde laatmiddeleeuwse sporen van de vissersnederzetting gesneden behalve door een aantal grachten en greppels waarmee ze klaarblijkelijk verband hield. Hierna overlopen we achtereenvolgens de verschillende grachten en greppels.

3.5.2 Een reeks grachten en greppels

3.5.2.1 Gracht spoornr. 52

In sleuf 92/VIII werden twee evenwijdige grachten (spoornrs. 52 en 1824) aangesneden die op een hoger niveau in de stratigrafie slechts één grachtcomplex vormen maar naar onder toe duidelijk uitsplitsen in twee verschillende grachten[254]. Gracht spoornr. 52 is iets meer dan 2 m breed en de bodem bevindt zich op 2,2 m T.A.W. Van gracht spoornr. 1824 – eveneens ongeveer 2 m breed – kon de diepte door de hoge grondwaterstand niet bepaald worden. Bovenop de grachtvulling van spoornr. 52 bevindt zich bakstenen muur spoornr. 53, waardoor duidelijk is dat deze gracht ouder is dan een deel van de 15de-eeuwse bewoning. Bij deze grachten is de onderste vulling kleiig van aard, terwijl een bovenste vulling zeer veel *archaeologica* bevat en zeer asrijk is. Hoewel beide grachten slechts over een lengte van 2 m zijn vastgesteld in de verkennende sleuven uit 1992, is aannemelijk dat ze parallel met de grachten spoornrs. 61 en 79 verlopen en ingepast kunnen worden binnen een groter geheel (fig. 70).

3.5.2.2 Gracht spoornr. 61[255]

Deze gracht is aangesneden in de sleuven 92/IX (spoornr. 61), 93/V (fig. 71a) & VIII (spoornr. 219), 94/II (spoornr. 520, fig. 71b), 95/VIII (spoornr. 685) & 95/XII (spoornr. 696) en dit over een totale lengte van minstens 90 m (fig. 70). 14 m verder in sleuf 95/IX werd deze gracht niet meer waargenomen. Dit kan niet te wijten zijn aan eventuele verstoringen vermits in de zone waar de gracht verwacht werd, door de mens onaangeroerde klei is aangetroffen. De gemiddelde breedte van deze gracht bedraagt 2-3 m. Als minimale waarde is 1,6 m gemeten en als maximale waarde meer dan 5 m (nabij de aansluiting met gracht spoornr. 269). De bodem van deze gracht is op de meeste plaatsen vrij plat en bevindt zich op 2,0 tot 2,6 m T.A.W. In deze dieptes is geen trend te herkennen, er kan m.a.w. uit deze dieptes niet worden afgeleid in welke richting de gracht eventueel afwaterde. Vooral in sleuf 94/II kan worden vastgesteld dat de gracht werd uitgegraven tot in de zandige watervoerende sedimenten. In de opvulling is bijna altijd een duidelijk onderscheid te maken tussen de onderste kleiige vulling en de bovenste pakketten die meer zand bevatten en bovendien doorspekt zijn met *archaeologica* en heel wat as. De *archaeologica* en de as verwijzen ontegensprekelijk naar de periode waarin deze gracht geen drainerende functie meer diende te vervullen. De grachtvullingen werden zo veel mogelijk in segmenten opgegraven (fig. 72) met het oog op het detecteren van ruimtelijke verschillen in de opvulling ervan. Hieruit is gebleken dat de vulling in elk geval in sterke mate heterogeen was vooral wat betreft de densiteit van het in de vulling aanwezige afval. Deze vaststelling met zekerheid terugkoppelen naar eventuele verschillen in de producenten van dit afval of aan bepaalde huishoudens is tot nog toe niet mogelijk gebleken (*cf.* 4.4.1.2).

De gebouwen 1 tot 4 staan zo goed als perfect evenwijdig met deze gracht ingeplant. Gebouw 13 is gedeeltelijk bovenop de onderste vulling van deze gracht gebouwd en gebouw 16 is duidelijk ook niet evenwijdig met de gracht gebouwd.

Aangezien tonwaterput spoornr. 226 – waarvoor het hout gekapt werd tussen 1389 en 1401[256] – de onderste vulling van de gracht doorsnijdt – en niet de bovenste – is duidelijk dat deze gracht reeds aanwezig was bij de aanvang van de 15de eeuw m.a.w. bij de start van de uitleg van de vissersnederzetting in deze zone achter de Graaf Jansdijk, waardoor aannemelijk wordt dat deze percelering naar alle waarschijnlijk ouder is dan de 15de eeuw.

253 Strutt & Hay 2003.

254 Het betreft wel twee verschillende grachten die ongetwijfeld in chronologische volgorde dezelfde grens materialiseren.

255 Van deze gracht werden reeds een aantal eerste gegevens gepubliceerd: Pieters 1995.

256 Houbrechts & Pieters 1999, 229.

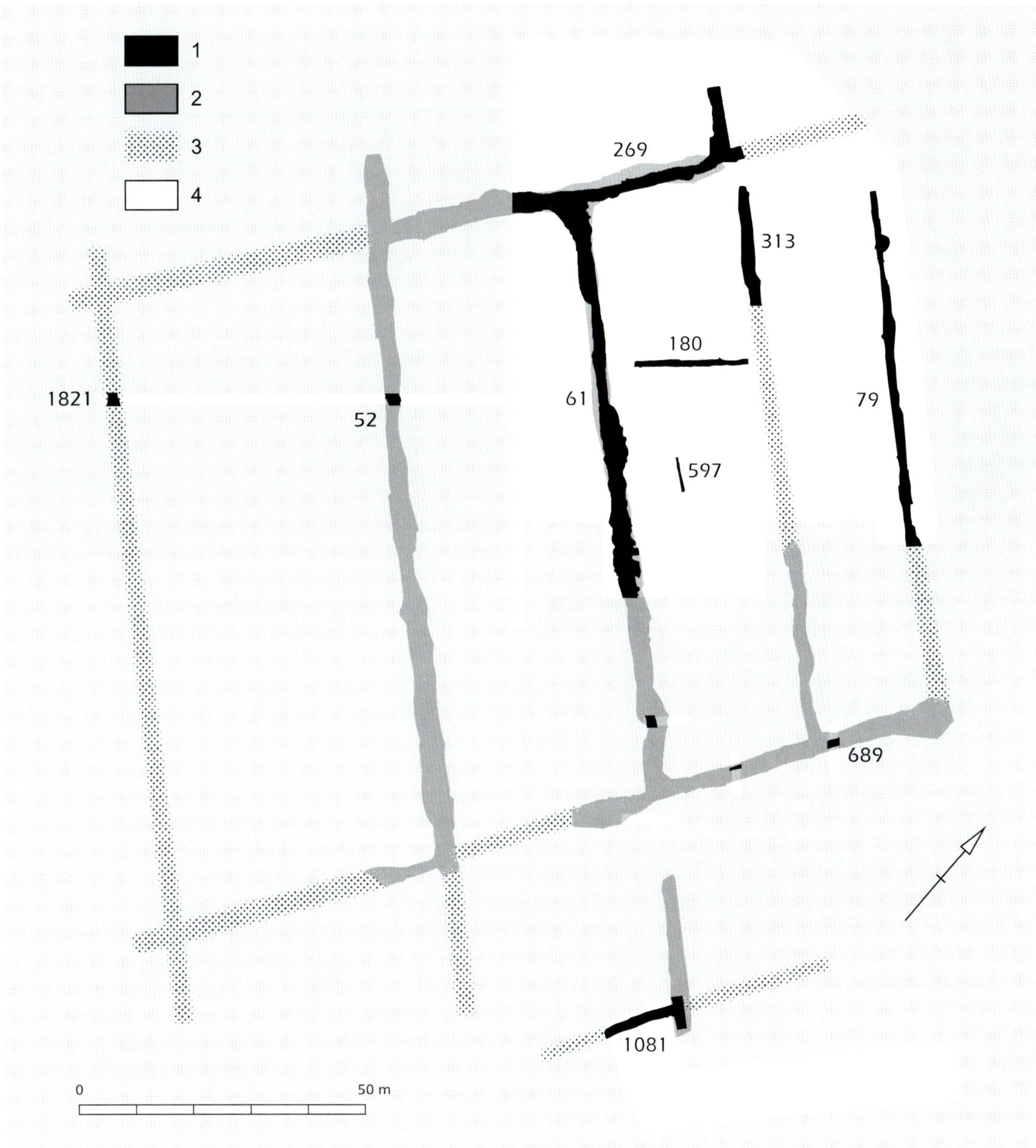

FIG. 70 **Gereconstrueerde fossiele perceelsgrachten. Legende: 1: opgegraven, 2: in kaart gebracht via geofysisch onderzoek, 3: verondersteld, 4: opgegraven zones.**
Reconstructed plot boundary ditches. Key: 1: excavated, 2: mapped by means of geophysics, 3: supposed, 4: excavation trenches.

3.5.2.3 Gracht spoornr. 79

In de sleuven 92/XI (spoornr. 79), 95/III (spoornr. 617), 97/III & IV (spoornr. 1009) werd evenwijdig aan gracht spoornr. 61 (fig. 70), nog een gracht geregistreerd over een totale lengte van ongeveer 61 m. De breedte bedraagt 1,25-2,70 m. De opvulling is net als bij gracht spoornr. 61 opgebouwd uit een onderste kleiige vulling en een bovenste vulling die zandiger is en meer archeologische vondsten bevat. De densiteit aan archeologische vondsten ligt wel beduidend (*cf.* 4.4.1.2) lager dan bij gracht spoornr. 61. Dit volgt vermoedelijk uit het feit dat deze gracht meer aan de rand van de bewoningszone gesitueerd is en zich bevindt tussen een ganse reeks gebouwen bevindt, zoals wel het geval is bij gracht spoornr. 61. De bodem van deze gracht is gesitueerd op 2,3 tot 3,0 m T.A.W.

3.5.2.4 Greppel spoornr. 180

Greppel spoornr. 180 (fig. 70) met een breedte van 1,2 m bevindt zich onder gebouw 2 en werd over een lengte van 21,7 m vastgesteld. Deze is NO-ZW georiënteerd zoals de meeste gebouwen. Het zuidwestelijke einde van de gracht viel samen met de zuidwestelijke wand van gebouw 2 die ter hoogte van gracht nr. 180 duidelijk dieper gefundeerd was. M.a.w. de bouwers van gebouw 2 beseften dat de weinig stabiele grachtvulling ter hoogte van de muur diende te worden verwijderd alvorens met de bouw van de muur kon worden gestart. Vermits er zich onmiddellijk ten zuidwesten van gebouw 2 een aantal kuilen bevinden is het ook goed mogelijk dat deze ondiepe gracht verder doorliep dan nog kon worden waargenomen via het archeologisch terreinonderzoek. De bleekblauwgrijze klei waarmee deze gracht is opgevuld, lijkt qua kleur en textuur zeer sterk op de begraven ploeglaag (fig. 139) die op vele plaatsen onder de gebouwen is waargenomen. De vlakke bodem van deze ondiepe gracht bevindt zich op 3,4 m T.A.W. Door water afgezette vullingen zijn in dit grachtje niet herkend. Het is ook niet duidelijk hoe de greppel kan ingepast worden in het grotere geheel van de perceelsgrenzen. Deze greppel gaat in elk geval aan gebouw 2 vooraf.

3.5.2.5 Gracht spoornr. 269

Deze gracht, aangesneden in de sleuven 93/VIII en mogelijkerwijze ook in sleuf 95/V, sluit haaks aan bij gracht spoornr. 61 (fig. 70). De gracht wordt gesneden door veenwinningsput spoornr. 619 (fig. 73). Nabij de westelijke wand van sleuf 93/VIII en in de sleuven 93/I & II is de relatie met kuil spoornr. 115 niet volledig duidelijk. Het lijkt echter wel alsof gracht spoornr. 269 doorloopt in zuidwestelijke richting. Ter hoogte van veenwinningsput spoornr. 619 splitst de gracht in twee takken. Eén loopt door in noordoostelijke richting en wordt nog vóór de oostelijke wand van sleuf 93/VIII volledig weggegraven door de boven vermelde veenwinningsput. Een tweede tak maakt ter hoogte van dezelfde veenwinningsput een hoek van 90° en loopt verder in noordwestelijke richting. Ook deze tak wordt een eindje verder volledig weggegraven door dezelfde veenwinningsput. In de tak van de gracht die in noordwestelijke richting verloopt zijn twee fasen met een licht verschillende positie aan te wijzen. Het is duidelijk dat bij de aanleg van veenwinningsput spoornr. 619 rekening is gehouden met de aanwezigheid van deze grachten. De localisatie van deze veenwinningsput lijkt immers voor een deel bepaald door de aanwezigheid van gracht spoornr. 269. Dit kan erop wijzen dat de inplanting van veenwinningsputten beïnvloed is door de localisatie van grachten wat er op zijn beurt kan op wijzen dat de al of niet aanwezigheid van veenwinningsputten te maken heeft met de toenmalige eigendoms- of in elk geval de gebruiksstructuur.

In gracht spoornr. 269 is evenals bij gracht spoornr. 61 systematisch een onderste kleiige en een bovenste meer zandige vulling te onderscheiden.

Deze gracht werd opgegraven in stukken van 4 m lengte met de bedoeling de *archaeologica* uit de vulling ruimtelijk preciezer te kunnen positioneren (*cf.* 4.4.1.2).

3.5.2.6 Gracht spoornr. 313

Gracht spoornr. 313 (fig. 70), aangesneden in sleuf 93/VIII, bevindt zich gedeeltelijk onder gebouw 5. Deze gracht met op sommige plaatsen een duidelijk uitgesproken V-vormige doorsnede (fig. 136b) is 1,85 m breed. De bodem is op 2,2 m T.A.W. hoogte gesitueerd. Deze gracht bevindt zich niet alleen onder gebouw 5 maar wordt bovendien ook gesneden en ten oosten van gebouw 5 zelfs volledig weggegraven door veenwinningsput spoornr. 69 (fig. 73). De zuidwestelijke grens van bovenvermelde veenwinningsput bevindt zich eigenlijk haast in het verlengde van de aangesneden gracht. Het lijkt er opnieuw, zoals bij gracht spoornr. 269, op alsof men bij het aanleggen van veenwinningsput spoornr. 69 rekening gehouden heeft met de positie van gracht spoornr. 313. Dit kan erop wijzen dat deze gracht een belangrijke grens vertegenwoordigde die bij de veenontginning niet mocht overschreden worden. Dit wijst voor de betrokken percelen vermoedelijk op een verschillende eigenaar en/of cijnshouder[257].

De onderste vulling van deze gracht bestaat uit bleekgrijze klei met nogal wat houtskool, terwijl de bovenste vullingen, vooral vanaf 2,7-2,8 m T.A.W., zandig zijn, heel wat meer archaeologica bevatten en opgevuld zijn tijdens de 15de-eeuwse bewoningsfase. Bij de analyse van gebouw 5 (*cf.* 4.3.2.5) is gebleken dat de zuidwestelijke muur ervan gedeeltelijk is weggezakt in deze gracht.

3.5.2.7 Greppel spoornr. 597

In sleuf 94/II werd onder gebouw 13, een 40 tot 60 cm brede, noordwest-zuidoost gerichte greppel geregistreerd (fig. 70). Deze werd aangesneden over een lengte van 6 m. De bodem van deze smalle ondiepe greppel was hoogstens een 10-tal cm dieper dan 3,42 m T.A.W.

257 Tys 1996, 133 en volgende.

FIG. 71 **a: gracht spoornr. 61 in sleuf 93/V en b: gracht spoornr. 61 in sleuf 94/II.**
a: ditch 61 in trench 93/V and b: ditch 61 in trench 94/II.

3.5.2.8 Gracht spoornr. 689

Deze gracht werd gedocumenteerd in de sleuven 95/X & XI. Het betreft een tot 1,25 m brede gracht met een donkergrijze kleiige vulling, die is aangelegd in de opvulling van veenwinningsput spoornr. 608 (fig. 70).

3.5.2.9 Gracht spoornr. 1079

Deze gracht bevindt zich onder gebouw 18 (sleuf 97/X fig. 3), wordt gesneden door veenwinningsput spoornr. 606 en is gevuld met grijze klei waarin een 150-tal ceramiekfragmenten aangetroffen zijn. De gracht is over een lengte van een 10-tal m vastgesteld en schommelt in breedte van 0,6 tot 1,9 m. De bodem bevindt zich op 2,8-2,9 m T.A.W. Te oordelen naar de hoeveelheid en de aard van de ceramiekfragmenten was deze gracht niet al te ver van een bewoningssite verwijderd. Mogelijkerwijze moeten we hierbij denken aan de bewoning van de in de 13de en/of 14de-eeuwse beheersdocumenten vermelde cijnshouders[258].

3.5.2.10 Gracht spoornr. 1081

Deze gracht werd aangesneden in sleuf 97/XI (fig. 70). Het betreft een gedeelte van een grachtenstelsel met twee takken die haaks op elkaar staan. De vulling van deze gracht bestaat uit een onderste kleiige laag en een bovenste pakket van zandige klei doorspekt met as, ceramiek en botresten. Van dit grachtenstelsel blijft enkel ter hoogte van een zandige strook, vermoedelijk een voormalige getijdegeul, een gedeelte over. Aan twee zijden worden deze grachten aangesneden door veenwinningsputten,

258 Tys 1996, 133 en volgende.

FIG. 72 **Overzicht van gracht nr. 61 waarvan de vulling in segmenten werd opgegraven.**
Ditch 61, which was excavated in spits.

in het oosten door veenwinningsput spoornr. 608 en in het westen door veenwinningsput spoornr. 449. Enkel de vulling van veenwinningsput spoornr. 608 is doorspekt met allerlei archeologisch materiaal. Het kortste stukje gracht bevindt zich in het verlengde van de gracht spoornr. 61.

3.5.2.11 Gracht spoornr. 1821

Deze gracht werd aangesneden in sleuf 92/VI (fig. 70). Het betreft een 2,5 tot 3 m breed grachtspoor. De bodem ervan bevindt zich op 2,1 m T.A.W. en de vulling bestaat uit grijszwart kleiig zand met zeer veel houtskool, scherven en beenderen. Deze gracht is aangelegd in de opvulling van veenwinningsput spoornr. 27.

3.5.3 Interpretatie van de grachten en de ploeglaag

Alvorens de in hoofdstuk 4 voorgestelde bewoningszone van het vissersdorp tot stand kwam, was het gebied kennelijk als landbouwzone – lees akkerareaal – in exploitatie. Dit kan worden afgeleid uit de aanwezigheid van een ploeglaag en een aantal grachten. Deze bevinden zich stratigrafisch onder de gebouwen, worden gesneden door de oudste sporen zoals door tonwaterput spoornr. 226 en zijn dus per definitie ouder dan de 15de-eeuwse bewoning. Een aantal van deze sporen worden ook gesneden door veenwinningsputten. In de context van deze sporen en de ploeglaag werd een weliswaar kleine maar toch representatieve hoeveelheid ceramiekfragmenten aangetroffen. Het is niet zonder betekenis dat bij deze ceramiekfragmenten geen enkel fragment van roodbeschilderde of zgn. Pingsdorf-ceramiek is aangetroffen. Van dergelijke ceramiek werd bovendien tot nu toe op gans de onderzochte zone geen enkel fragment aangetroffen. Dit lijkt gezien de grote aantallen in de opgegraven zone geregistreerde ceramiekfragmenten (meer dan 300.000) een duidelijk signaal te zijn dat zgn. Pingsdorf-aardewerk in het geheel niet voorkomt in de reeds onderzochte zone. Hoewel de 'afwezigheid van' niet altijd zonder gevaar kan worden geïnterpreteerd, lijkt het op basis van deze vaststelling toch aannemelijk dat dit via de begraven ploeglaag en de ermee samenhangende greppels geïdentificeerd akkerland slechts tot stand kwam na de 12de/begin 13de eeuw. Het feit dat niet alleen in Brugge maar ook in het Brugse Ommeland zgn. Pingsdorf-aardewerk zeer regelmatig voorkomt[259] versterkt de waarde van deze observatie. Bovendien zijn fragmenten van dit soort aardewerk in grote aantallen aangetroffen tijdens een in het kader van Planarch 2 gevoerd archeologisch prospectieproject in het poldergebied ter hoogte van Raversijde-Leffinge[260], m.a.w. in de onmiddellijke omgeving.

Deze informatie sluit aan bij de landschappelijke evolutie van het gebied die gedistilleerd werd vanuit de geschreven bronnen. Uit de geschreven bronnen is geweten dat in het onderzoeksgebied al van in de 10de eeuw aan schapenteelt werd gedaan en dat dit gebied ten laatste in de 2de helft van de 11de eeuw definitief aan de getijdeninvloed was onttrokken[261]. Dergelijke 'schaapshoeder'-activiteiten laten dus hoogstwaarschijnlijk weinig of geen herkenbare archeologische sporen of resten in het landschap achter. Na een periode van schapenteelt met twee subfasen[262] wordt overgeschakeld naar runderteelt. De geleidelijke overgang van schapenteelt naar runderteelt en eventueel zelfs naar landbouw vond in het studiegebied plaats tussen 1133 en het midden van de 13de eeuw[263]. In deze periode is het domein ook onder verschillende kleinere cijnshouders verdeeld. Bij deze cijnshouders bevonden zich waarschijnlijk ook individuele akkerbouw- en runderteeltbedrijfjes[264]. Rond 1200 bestond het 'oudland' van het St.-Pietersdomein (waartoe de zone van het latere vissersdorp behoort) vermoedelijk essentieel uit een weidegebied[265] waar vooral aan runderteelt gedaan werd. Op dat ogenblik waren in het Vrancx Ambacht, een gebied ten westen van het St.-Pietersdomein, wel reeds gronden aanwezig waarop het zgn. *overhert*

259 Verhaeghe 1988a, 81-82.
260 Pieters *et al.* 2006.
261 Tys 1996, 106.
262 De eerste fase wordt in de geschreven bronnen met '*terram ad oves en pastoralia ad oves*' beschreven, de tweede met de term '*berquaria*' (Tys 1995-1996, 96).
263 Na de oorkonde van Diederik van den Elzas uit 1133 zijn de geschreven bronnen zwijgzaam tot het midden van de 13de eeuw.
264 Tys 1996, 112.
265 Tys 1996, 119.

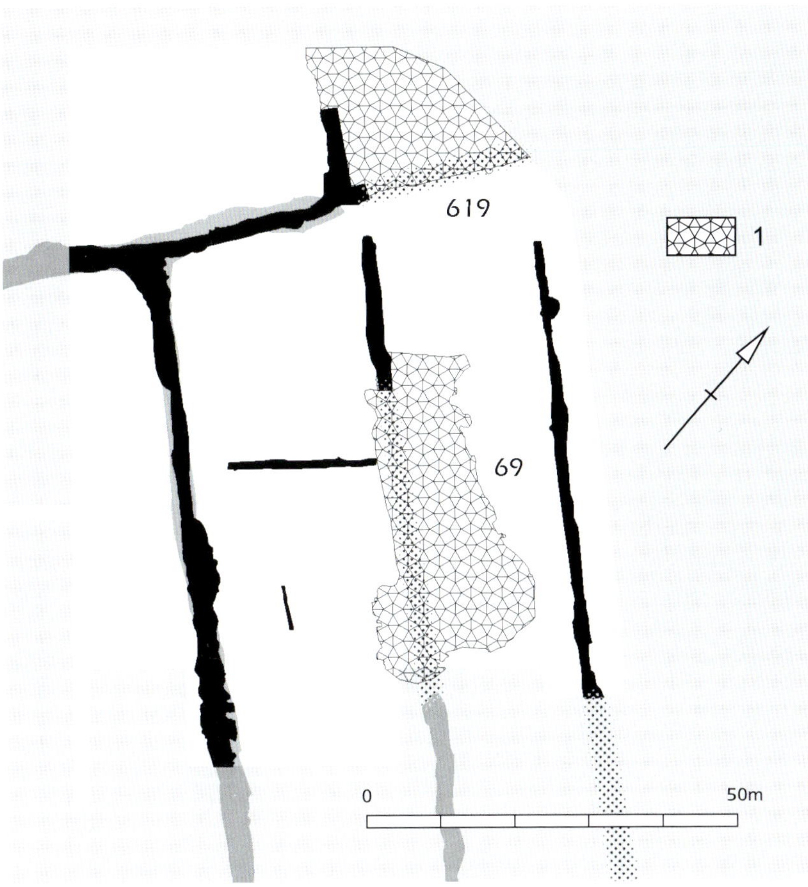

FIG. 73 **Veenwinningsputten spoornrs. 69 en 619 geprojecteerd op de fossiele percelen. Legende: 1: veenwinningsputten.**
Peat extraction pits 69 and 619 in relation to the plot boundaries. Key: 1: peat extraction zones.

(lat. *superaratum*) werd geheven, m.a.w. gronden die geploegd werden in functie van akkerbouw[266]. Het is op deze basis verantwoord te veronderstellen/niet uit te sluiten dat ook in het St.-Pietersdomein op dat ogenblik, op het einde van de 12de eeuw, reeds gronden aanwezig waren die geploegd werden. Uit de beschikbare archeologische informatie is dit voorlopig niet op te maken. Deze geploegde gronden vertegenwoordigden in deze vroege fase mogelijkerwijze slechts een klein percentage van het totale gebied zodat de kans om deze zones aan te snijden en te identificeren op archeologische wijze niet meteen voor de hand ligt. Later is de zone met akkerbouw wellicht uitgebreid.

Dit akkerbouw-gebied vormde te oordelen naar de beschikbare archeologische informatie geen aaneengesloten gebied maar was door grachten in verschillende percelen opgesplitst. In het onderzochte gebied werden verschillende grachten aangesneden waarvan het uitgraven ongetwijfeld de 15de-eeuwse bewoning voorafgaat. Het betreft de grachten spoornrs. 52, 180, 313, 597 en 1079. Deze mogen worden geanalyseerd in samenhang met een aantal andere grachten waarvan de aanleg naar alle waarschijnlijkheid ook aan de 15de-eeuwse bewoning voorafgaat, nl. de spoornrs. 61, 79, 269, 689, 1081 en 1821. Dit is des te aannemelijker wanneer wordt vastgesteld dat ze samen met enkele grachten van de eerste groep, een organisch geheel lijken te vormen. Sommige van de hier besproken grachten zijn vrij klein en derhalve eerder als greppels te beschouwen, nl. de spoornrs. 180 en 597. De andere grachten (spoornrs. 52, 61, 79, 269, 313 en 1821) vormen op één spoor na, 1079, dat zich buiten het centrale gedeelte van de opgegraven zone bevindt en duidelijk anders georiënteerd is, een regelmatig perceleringspatroon. Ook gracht spoornr. 689, hoewel naar alle waarschijnlijkheid vroegmodern in datering, lijkt in de percelering te passen. Dit zou kunnen betekenen dat gracht spoornr. 689 in feite een heraanleg is van een voormalige perceleringsgracht die oorspronkelijk voor het uitgraven van veenwinningsput spoornr. 608 wellicht al op deze plaats aanwezig was.

Op basis van de opgravinggegevens aangevuld met informatie uit het geofysisch onderzoek kunnen minstens 4 percelen gereconstrueerd worden. De op die wijze samengestelde perceelsconfiguratie (fig. 70) is grofweg rechthoekig en opgebouwd uit langwerpige percelen die in de lengteas NW/ZO geöriënteerd zijn. De percelen zijn alle vier om en bij de 100 m lang, respectievelijk van noord naar zuid, 102, 102, 105 en 106 m. De breedte van de percelen evolueert eveneens van noord naar zuid van ongeveer 23, over 29 en 37 tot 49 m[267]. Er is onvoldoende informatie beschikbaar om perceelsgracht spoornr. 1081 op sluitende wijze in dit systeem te integreren: ofwel is een van de langwerpige percelen om en bij de 140 m lang in plaats van 100 m zoals de andere, ofwel zijn ze allemaal 140 m lang ofwel bevindt zich ten oosten

266 Tys 1996, 116-120; Tys 1999.

267 **De afstanden werden bepaald op basis van de as van de betrokken grachten.**

van de langwerpige percelen een reeks kleinere, vierkante tot rechthoekige percelen. De vier gereconstrueerde langwerpige percelen zijn 2 tot 4 maal langer dan ze breed zijn. Verdere onderverdelingen van deze langwerpige percelen werden enkel vastgesteld onder de vorm van kleinere dwarse greppels die evenwel zoals spoornr. 180 qua oriëntatie niet zo goed passen binnen het grotere geheel.

Bij het aanleggen van de veenwinningsputten spoornrs. 69 en 619 werd duidelijk rekening gehouden met deze percelering (fig. 73). De begrenzing van de veenwinningsput materialiseert eigenlijk de perceelsgrens verder in de bodem. Aldus kan worden vermoed dat de onderscheiden percelen toebehoorden aan verschillende personen (cijnshouders?) en dat m.a.w. eigendomsaspecten of gebruiksaspecten een belangrijke rol speelden in het kader van het aanleggen van deze veenwinningsputten. Dat veenwinningsputten perceleringsgrachten respecteren is bijvoorbeeld ook vastgesteld in het verlaten dorp Valkenisse[268]. Het is evident dat dergelijke activiteiten inderdaad niet zomaar om het even waar werden uitgevoerd, maar terdege rekening houden met de eigendomstoestand wat hier in Raversijde duidelijk is geregistreerd in het bodemarchief.

Sporen van bewoning gelinkt aan deze percelen zijn niet herkend. De hoeveelheid mobiele archaeologica in de grachtvullingen is ook redelijk klein waardoor aannemelijk is dat de bewoning zich op enige afstand van de onderzochte percelen bevond.

3.6 Laatmiddeleeuwse veenontginningen

Marnix Pieters

In de loop van het onderzoek zijn een groot aantal veenwinningsputten (fig. 74) onderzocht. Sommige hiervan zijn ouder dan de onderzochte bewoning, andere zijn even oud en nog andere zijn jonger. Deze laatste groep wordt in hoofdstuk 5 behandeld. Veenwinning is in de Polders een belangrijke factor in relatie tot erfgoedonderzoek.

In de zone langs de Duinenstraat zijn minstens twee laatmiddeleeuwse veenwinningsputten (spoornrs. 797 & 1672) aangesneden die zowel wat de veenontginning zelf als het volledig dichten van de nagelaten depressie betreft, ouder zijn dan de laatmiddeleeuwse bewoning in deze zone. Een gelijkaardige vaststelling is ook gedaan met betrekking tot de veenwinning op het perceel waarop de kapel van Walraversijde is gebouwd (95/VI, spoornr. 1815) als onder de dijk (96/III, spoornr. 936) ten noorden van de Duinenstraat. Bij de veenwinningsputten spoornrs. 69 en 606 is enkel duidelijk vastgesteld op basis van de stratigrafie dat het uitgraven en gedeeltelijk dempen van deze ontginningsputten plaatsgrepen voorafgaandelijk aan de bouw van een deel van de 15de-eeuwse gebouwen van het dorp. Dit kan tevens verondersteld worden voor de veenwinningsputten spoornrs. 27 en 619.

3.6.1 Veenwinningsput spoornr. 27

Veenwinningsput spoornr. 27 (fig. 74) is aangesneden in de sleuven 92/VI, VII (spoornr. 42) en vermoedelijk ook in de sleuven 95/VII (spoornr. 1813) en 99/I. De opvulling bestaat in de sleuven 92/VI & VII uit een onderste heterogene kleiige vulling die wordt afgedekt door een zwart humeus zandig pakket doorspekt met allerlei archeologisch materiaal. De scheiding tussen beide pakketten bevindt zich op 2,4-2,6 m T.A.W. Het bovenliggende zandig pakket is tussen 75 cm en 1 m dik. In de sleuven 95/VII en 99/I is het bovenste gedeelte van deze opvulling duidelijk minder zandig.

3.6.2 Veenwinningsput spoornr. 69

Veenwinningsput spoornr. 69 (fig. 75), met een oppervlakte van ongeveer 600 m², werd aangesneden in de sleuven 92 X, XI & XXVIII, 93 V & VIII, 94 I & II (fig. 74). Dit is de enige veenwinningsput die in de totaliteit is onderzocht. Het is ook wellicht een van de kleinste. Het betreft een langwerpige veenwinningsput. De gebouwen 1-5 & 11-13 (*cf. infra*) wekken sterk de indruk ingeplant te zijn rond deze veenwinningsput. Enkel gebouw 5 strekt zich ongeveer 1,5 m uit boven de gedeeltelijk opgevulde veenwinningsput. De veenwinningsput snijdt de fossiele middeleeuwse ploeglaag en gracht spoornr. 313. Heel typerend voor deze laatmiddeleeuwse veenwinningsputten is het feit dat systematisch helemaal onderaan enkele cm van het oppervlakteveen niet ontgonnen werd, een zgn. 'restveentje', zoals te zien op fig. 76.

In de opvulling zelf (fig. 76) van de veenwinningsput zijn duidelijk twee fasen aan te duiden. De onderste vulling is kleiig en zandig en zeer heterogeen door de talrijke zichtbare brokken sediment. Deze vulling kwam vermoedelijk snel tot stand onmiddellijk na of zelfs quasi-gelijktijdig met het uitdelven van het veen en bevat op een paardenkadaver na (spoornr. 164) voor zover vastgesteld geen archeologische vondsten. Het bovenste pakket daarentegen is zandig van textuur, homogeen en rijk aan archeologisch materiaal vooral in de contactzone met het onderliggende heterogene pakket. Het vertegenwoordigt de geleidelijke verdere opvulling van de aanvankelijk door de veenwinning nagelaten depressie. Deze vulling kwam tot stand tijdens de bewoning van de rond de put opgestelde woningen. Hij bestaat uit eolisch aangebracht zand aangerijkt met archeologisch materiaal en heel veel koolstof onder de vorm van organisch materiaal. Doordat dit zand zeer humeus is, kan worden afgeleid dat de depressie slechts geleidelijk opgevuld is geraakt. Van een plots drastisch inwaaien van een groot pakket zand is dus geen sprake. Het contact tussen beide qua oorsprong duidelijk verschillende pakketten bevindt zich op 2,4-2,5 m T.A.W. De bovenste opvullingslaag werd ten behoeve van het onderzoek naar de ruimtelijke spreiding van artefacten evenals gracht spoornr. 61, uitgegraven in artificiële eenheden. In dit geval waren het vierkante blokken van 2 m bij 2 m (*cf.* 4.4.2.2), eveneens met de bedoeling om inzicht te verwerven in de ruimtelijke spreiding van het afval.

268 Van Heeringen 1990, 116.

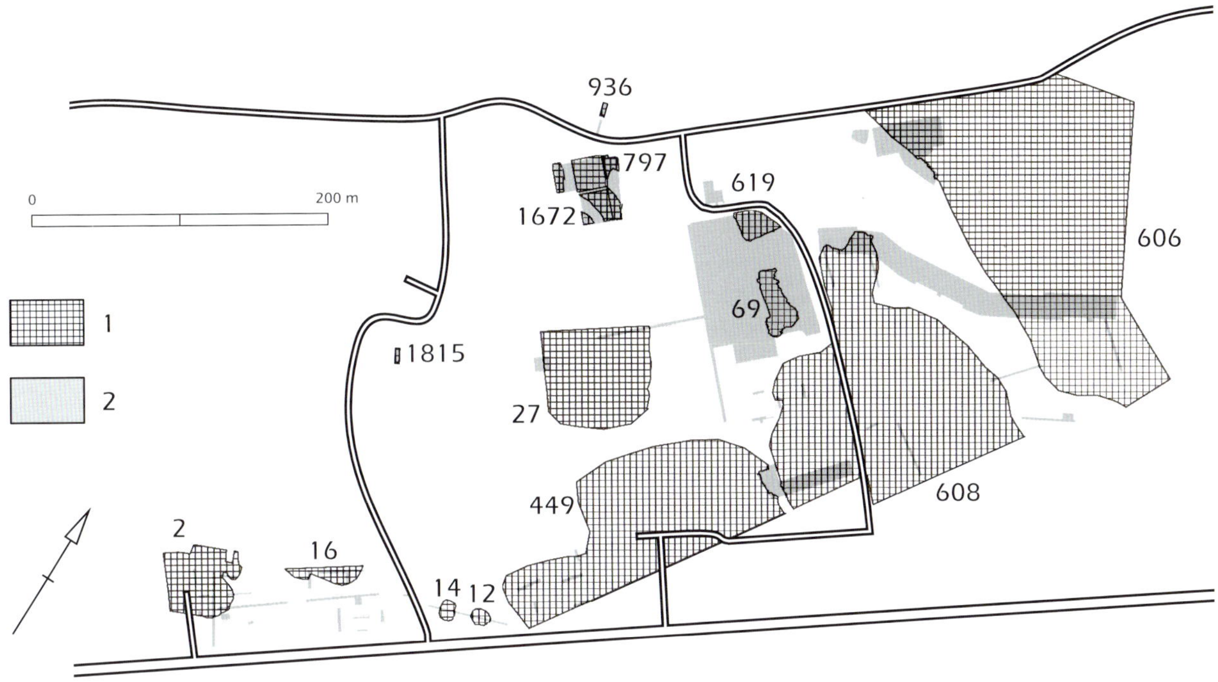

FIG. 74 **De in de periode 1992-1999 aangesneden laatmiddeleeuwse en jongere veenwinningsputten (1) tegen de achtergrond van de opgegraven sleuven (2).**
Late medieval and early modern peat extraction pits excavated between 1992 and 1999 (1) versus the trenches excavated in this period (2).

3.6.3 Veenwinningszone spoornr. 606

Deze veenwinningszone werd aangesneden in de sleuven 94 X, 94 XI en 97/VII, VIII & X (fig. 74). Deze ontginningszone werd verder ook waargenomen in 1995 bij het volgen van de graafwerken voor de aanleg van een grote waterpartij (fig. 3: 95/I).

De zuidelijke grens van veenwinningsput spoornr. 606 is vanuit geologisch standpunt goed verklaarbaar. De veenwinning sluit immers aan tegen een opgevulde getijdengeul die het veen in de ondergrond al grotendeels had weggeschuurd waardoor ontginning in deze zone onmogelijk of in elk geval weinig zinvol was. Deze veenwinning zet tevens de voormalige getijdegeul heel duidelijk extra in reliëf. Men zou in dit geval dus kunnen spreken van een antropogeen versterkte reliëfsinversie[269].

De grote bevloering (fig. 275) die aansluit bij gebouw 18 bevindt zich volledig boven de opgevulde veenwinningsput, evenals een gedeelte van de noordelijke muur. Dit toont aan dat de veenwinning in deze sector in elk geval aan het gebruik van gebouw 18 vooraf ging. Gebouw 18 houdt gezien zijn inplanting ook duidelijk rekening met de aanwezigheid van de uitgeveende zone aan de noordzijde. De veenwinningsput spoornr. 606 snijdt ook duidelijk een gracht (spoornr. 1079) die zich stratigrafisch onder gebouw 18 bevond.

Gebouw 17 bevindt zich eveneens op de getijdengeul ten zuiden van deze veenwinningszone. Het dendrochronologisch onderzoek van een tonwaterput die bij dit gebouw hoort heeft 1390 als *terminus post quem* opgeleverd.

Deze grote veenwinningszone werd nadien niet hergebruikt als landbouwzone maar bleef achter op een zeer laag peil, nabij gebouw 18 op een hoogte van slechts 2,2-2,4 m T.A.W. Aanvankelijk is het opvullingspakket van de door de veenwinning nagelaten depressie zeer rijk aan organisch materiaal soms zelfs haast volledig organisch. Naar de top van de opvulling toe is meer humusarm beige zand aanwezig. Dit kan erop wijzen dat deze depressie aanvankelijk, eventueel zelfs ten tijde van de bewoning van gebouw 18, een weelderige plantengroei kende die verantwoordelijk was voor de genese van de sterk organische sedimenten. Slechts naar het einde van de opvullingsgeschiedenis van de veenwinningsput toe zijn er blijkbaar episoden waarin de plantengroei geen gelijke tred kon houden met de minerale toevoer (fig. 77). Meer oostwaarts is deze veenwinningsput blijkbaar beter opgevuld vermits de aanvankelijke kleiige opvulling er ongeveer tot 3,2 m T.A.W. reikt.

Uit de opvulling van veenwinningsput spoornr. 606 werd een beperkte hoeveelheid archeologisch materiaal gerecupereerd. In sleuf 94/X bestond dit haast uitsluitend uit fragmenten van handgevormd Romeins aardewerk (*cf.* 3.3). Ergens in die omgeving van sleuf 94/X werd dus vermoedelijk een archeologische site uit de Romeinse periode aangesneden en in belangrijke mate vernield bij laatmiddeleeuwse veenwinningsactiviteiten.

Indien gebouw 17 net als gebouw 18 ook van na de veenwinning dateert, wat niet bewezen is maar wel aannemelijk lijkt, is de ontginning, gezien de datering van de tonwaterput,

269 Pieters 2000.

FIG. 75 **Veenwinningsput spoornr. 69 in grondplan in sleuf 94/II.**
Peat extraction pits 69 in plan in trench 94/II.

mogelijkerwijze ten laatste te situeren op het eind van de 14de of in het begin van de 15de eeuw. Het archeologische materiaal uit gracht spoornr. 1079 verschaft in elk geval een *terminus post quem* voor de ontginningsactiviteit, nl. midden/late 13de eeuw-1350/1375[270].

Behalve de ligging van deze zone aansluitend bij de Gravejansdijk, zouden twee bijkomende argumenten ervoor kunnen pleiten deze ontginningszone te verbinden met de werken aan de dijk die op initiatief van Jan zonder Vrees werd gebouwd en versterkt. Enerzijds sluit de datering van de tonwaterput niet uit dat de ontginning werd uitgevoerd in de late 14de-vroege 15de eeuw. Anderzijds werd deze ontginningszone niet hergebruikt voor agrarische doeleinden, zoals wel het geval is met een aantal andere vermoedelijk oudere veenontginningsputten. Dit was waarschijnlijk met deze veenwinningszone niet meer mogelijk aangezien naast het veen ook een belangrijk deel van de klei voor de constructie van de dijk werd afgevoerd. Bij de andere onderzochte veenwinningsputten lijkt de klei niet of in elk geval niet volledig afgevoerd te zijn, waardoor de zone waarin veen was ontgonnen dankzij het terug gedeeltelijk opvullen van de putten met de klei o.a. bruikbaar bleef voor agrarische doeleinden, zij het wel op een lager, lees natter, niveau dan ervoor vanwege het verwijderen van de veenlaag.

3.6.4 Veenwinningsput spoornr. 619

Deze veenwinningsput (fig. 78), met een minimale oppervlakte van 500 m², werd aangesneden in de sleuven 93/VIII, 94/I, 95/III & 95/V (fig. 74). De ontginningszone lijkt binnen een door twee grachten afgebakend terrein te passen. Deze grachtvullingen worden evenwel gesneden door veenwinningsput spoornr. 619 zelf. In de zuidhoek van de veenwinningsput is een zone langer blijven openliggen vermoedelijk onder de vorm van een poel.

Ook deze veenwinningsput is gekenmerkt door twee genetisch duidelijk verschillende vullingen: een onderste pakket getuigend van een snelle opvulling met nogal wat duidelijk herkenbare brokken sediment en een bovenste humeuze en zandige vulling met heel wat archeologische vondsten. Een ontginningszone is dus als een depressie in het landschap achtergelaten en geleidelijk aan opgevuld met ingewaaid duinzand gemengd met nederzettingsafval.

3.6.5 Veenwinningsput spoornr. 797

Deze ontginningszone (fig. 74) is gelokaliseerd in de sleuven 96/I, II, 97/I & 98/I (spoornr. 1454) en loopt volledig onder de gebouwen door. In de opvulling van deze veenwinningsput zijn

270 Pieters 2002b, bijlage 1, 227.

FIG. 76 **Veenwinningsput spoornr. 69 in doorsnede.**
Peat extraction pit 69 in section.

FIG. 77 **Bovenste zandige vulling van veenwinningsput spoornr. 606.**
Upper sandy fill of peat extraction pit 606.

twee pakketten te herkennen. De onderste vulling is zeer heterogeen en duidelijk het resultaat van het snel dempen van de put. Bovenaan bevindt zich echter een meer gehomogeniseerde laag van 20-25 cm dikte. Deze laag kan het best als een ploeglaag worden geïnterpreteerd gezien de scherpe ondergrens en de voor een ploeglaag karakteristieke dikte. Gezien het geringe humusgehalte van en de aanwezigheid van nogal wat brokken en stukken in deze laag, is het duidelijk dat deze zone alvorens ze als bouwterrein in gebruik werd genomen, niet zeer lang is geploegd, hooguit gedurende enkele decennia (?). De top van deze ploeglaag is ongeveer op 3 m T.A.W. gesitueerd. Deze laag is tevens systematisch een stuk kleiiger dan de onderliggende sedimenten. Het lijkt alsof bij het opvullen van de depressie doelbewust klei is overgehouden om een kleiige topvulling te vormen in de veenwinningskuil. In de opvulling van deze veenwinningsput zijn verschillende tonwaterputten aangelegd. De oudste datering van een van deze wordt geleverd door tonwaterput spoornr. 1186 die 1396-1406 als kapdatum heeft opgeleverd. De opvulling van de veenwinningsput situeert zich dus wellicht in de 14de eeuw of vroeger, m.a.w. in de periode bij uitstek van veenwinning. Uit de vulling van de veenwinningsput zelf zijn geen *archaeologica* gerecupereerd[271].

3.6.6 Veenwinningsput spoornr. 936

Deze sporen van veenontginning werden aangesneden ten noorden van de Duinenstraat (fig. 74) onder een meer dan 3 m dik pakket opgeworpen klei, te interpreteren als een gedeelte van een enorm middeleeuws dijklichaam. Indien deze dijk kan vereenzelvigd worden met de dijk aangelegd op initiatief van Jan zonder Vrees, houdt dit meteen in dat deze veenwinning dateert van vóór het begin van de 15de eeuw en eigenlijk wellicht ook

271 **Er dient wel genuanceerd te worden dat deze vullingen vanwege het ogenschijnlijke archeologisch steriele karakter niet systematisch in detail onderzocht zijn.**

FIG. 78 **Veenwinningsput spoornr. 619 in grondplan in sleuf 95/V.**
Peat extraction pit 619 in plan in trench 95/V.

van voor dat beslist werd om op die plaats een dijk op te werpen, vermits het niet logisch lijkt eerst een zone uit te graven om ze vervolgens op te hogen. De top van de opvulling van de veenwinningsput bevindt zich op 2,6 m T.A.W.

3.6.7 Veenwinningsput spoornr. 1672

De situatie van veenwinningsput spoornr. 1672 is volledig vergelijkbaar met deze van veenwinningsput spoornr. 797.

Deze veenwinningsput is aangesneden in de sleuven 96/I en 98/III (fig. 74). De top van de ploeglaag die ontwikkeld is in de opvulling van de veenwinningsput is gesitueerd op 2,85 m T.A.W. In de top van deze ploeglaag is vervolgens een A1-horizont ontwikkeld die wijst op de latere aanwezigheid van grasland in deze zone.

3.6.8 Veenwinningsput spoornr. 1815

Op het perceel waarop de kapel van Walraversijde stond, zijn bij een klein proefonderzoek in 1995, sporen van veenwinning aangesneden helemaal onderaan de stratigrafie. M.a.w. al de in deze sleuf aangesneden sporen, te interpreteren als restanten van de kapel, zijn jonger dan de veenwinning. Dendrochronologisch onderzoek van het hout van tonput spoornr. 681, eveneens aangelegd in de vulling van veenwinningsput spoornr. 1815 (fig. 74), verschafte 1429-1439 als kapdatum voor het hout van de ton[272].

Uit dit overzicht van al de bij de opgravingen geregistreerde veenwinningsputten (fig. 74) in de onderzochte zone wordt meteen duidelijk hoe groot de impact van deze ontginningsactiviteiten op het landschap in elk geval in de omgeving van de vissersnederzetting Walraversijde wel geweest is[273]. Als gevolg hiervan is een groot deel van het premiddeleeuwse bodemarchief grondig vernield. Zo heeft veenwinningsput spoornr. 606 bijvoorbeeld wellicht grotendeels een Romeinse nederzetting opgeslokt. De intensieve laatmiddeleeuwse veenontginningsactiviteiten zijn er in Raversijde en omgeving meteen ook mee voor verantwoordelijk dat slechts zeer langzaam greep verkregen wordt op de sporen en resten van menselijke activiteiten voorafgaand aan de late middeleeuwen.

De in Walraversijde aangesneden middeleeuwse veenwinningen zijn niet vergelijkbaar met de systematische uitgelegde, grootschalige veenderijen in Zeeuws-Vlaanderen[274] of in de Wase polders[275]. De meeste vermeldingen van veenwinningen in geschreven bronnen uit de 13de-15de eeuw hebben voor de Vlaamse kustvlakte langs de Noordzee betrekking op

272 Houbrechts & Pieters 1999, 237.
273 Pieters 2000.
274 Verhulst 1995, 78-83.
275 Augustyn 1999.

individuele veenwinningsputten[276]. Deze stelling lijkt bevestiging te vinden in de archeologische waarnemingen van de sinds 1992 in Raversijde onderzochte zone met veenwinningsputten met een onregelmatige vorm. Het door Adriaan Verhulst geschatte percentage van de totale uitgeveende zone in de Vlaamse kustvlakte van 10 %[277] is daarentegen, te oordelen naar de informatie afkomstig uit het onderzoek in Raversijde, wel aan de lage kant. Het percentage uitgeveende zones benadert in Raversijde immers eerder 25 % dan de 10 % van de totale oppervlakte, zoals vermeld door Verhulst. Het is echter niet in te schatten in hoeverre de zone Raversijde representatief is voor de Vlaamse kustvlakte.

Bovendien is duidelijk gebleken dat de opvullingsgeschiedenis en de chronologie van de in Raversijde onderzochte veenwinningsputten wel heel verschillend kan zijn. Sommige zijn volledig gedempt voorafgaand aan de laatmiddeleeuwse bewoning, andere zijn duidelijk langere tijd tijdens de bewoningsfase onopgevuld gebleven. Bij de veenwinningsputten spoornrs. 27, 69 en 219, gesitueerd binnen de woonzone, bestaat de bovenste opvulling vooral uit een zandig pakket doorspekt met nederzettingsafval. De betrokken veenwinningsputten zijn dus tussen de woningen als een duidelijke depressie herkenbaar gebleven en daarom ook hergebruikt als afvalzone. Geleidelijk aan raakten deze veenwinningsputten opgevuld maar ze bleven ondanks de opvulling toch steeds lager liggen dan de niet uitgeveende zones. De inhoud van deze bovenste vullingspakketten wordt verder meer in detail besproken (*cf.* 4.4.2.2).

Onderaan wordt door de middeleeuwse ontginners steeds een zgn. restveentje, een enkel cm dun laagje niet ontgonnen veen, *in situ* achter gelaten. Deze werkwijze biedt drie duidelijke voordelen: vermenging van mineraal met organisch materiaal wordt vermeden, dit is zeer belangrijk voor de kwaliteit van het veen als brandstof, de toevloed van grondwater wordt binnen de perken gehouden en op het geconsolideerde veen is het veel makkelijker werken dan op de onderliggende waterverzadigde sedimenten (klei of zand, al naargelang), waar men onmiddellijk staat in te ploeteren. De twee laatste voordelen werden proefondervindelijk vastgesteld bij het onderzoek van deze ontginningsstructuren.

3.7 Een laat-14de-eeuws muntdepot

Marnix Pieters, Liesbet Schietecatte,
Tito Goddeeris & Frans De Buyser

3.7.1 Inleiding

In december 1999 werd in Raversijde in sleuf 99/V stratigrafisch onder een laatmiddeleeuwse woning, een klein muntdepot (spoornr. 2283, fig. 79) aangetroffen. De Lambert-coördinaten van de vindplaats zijn: 211,0714 noord/43,7058 oost. In een klein ingegraven potje op drie poten (5550.1, fig. 80) en in rood aardewerk bevonden zich 211 zilveren plakken van hetzelfde type geslagen onder Lodewijk van Male. De numismatische studie van dit depot is uitgevoerd door Dr. Tito Goddeeris uit Kortrijk. Dit depot is vermoedelijk aan de grond toevertrouwd in de periode van de Gentse opstand (1379-1385) tegen Lodewijk van Male. Uit deze periode zijn wel meer muntdepots bekend, zoals een groot aantal muntdepots uit het Kortrijkse aantonen[278].

Bij het vrijleggen van het ingegraven potje waren de munten volledig zwart geoxideerd, zodat niet onmiddellijk duidelijk was dat dit potje munten bevatte en geen asresten zoals gewoonlijk bij dit soort ingegraven potten. Wanneer duidelijk werd dat dit potje geen zgn. aspot was maar munten bevatte, is het potje samen met

FIG. 79 **Muntdepot spoornr. 2283 zoals aangetroffen op het terrein.**
In situ coin hoard as encountered during the excavations.

276 Verhulst 1995, 88.

277 Verhulst 1995, 83.

278 Despriet *et al.* 1999.

TABEL 10
Stempelvergelijking.
Comparison of the dies.

groep	1 munt per stempel d1	2 munten per stempel d2	3 munten per stempel d3	aantal gekende stempels d	aantal gekende munten n	n/d
plak [A] voorzijde	9	0	0	9	9	1
plak [A] keerzijde	9	0	0	9	9	1
plak [B] voorzijde	7	0	0	7	7	1
plak [B] keerzijde	7	0	0	7	7	1
plak [C] voorzijde	51	7	0	58	65	1,12
plak [C] keerzijde	65	0	0	65	65	1
plak [D] voorzijde	76	24	2	102	130	1,27
plak [D] keerzijde	117	5	1	123	130	1,05

De stempelsnijder of graveur vervaardigde de stempels van voor- en keerzijde. De stabiele muntstempel (*coin dormant, Unterstempel*) was verankerd in een houten blok. De mobiele stempel (*coin mobile, Oberstempel*) was vastgehecht aan een houten steel die terzelfder tijd dienst deed als handvat en als hamerslagvlak. Het muntplaatje of blank werd op de onderste matrijs gelegd en de mobiele stempel werd op het muntplaatje geplaatst, dat dus tussen twee matrijzen kwam te liggen. Er werd stevig op de mobiele muntstempel geklopt, zodat de beeldenaar van de twee matrijzen in het metaal van de blank werden geslagen.

Door onderling vergelijken der 211 plakken van de muntvondst van Raversijde, konden we het aantal verschillende stempels van voor- en keerzijde achterhalen. Hiervoor waren 22.147 vergelijkingen nodig (voorzijde plak [A], [B] en [C] die ongewijzigd bleef: 3.240 vergelijkingen; keerzijde plak [A]: 36; keerzijde plak [B]: 21; keerzijde plak [C]: 2.080; voorzijde plak [D]: 8.385 en keerzijde [D] eveneens 8.385 vergelijkingen).

De conclusies zijn (tabel 10, fig. 83):

<u>Plak [A]</u> (9 exemplaren): allen verschillende stempels voor zowel voor- als keerzijde

<u>Plak [B]</u> (7 exemplaren): eveneens allen verschillende stempels voor zowel voor- als keerzijde

<u>Plak [C]</u> (65 exemplaren):

- <u>Voorzijde</u> (leeuw): zelfde stempels op exemplaren: 15=41, 46=124, 58=92, 62=163, 107=186, 140=173, 168=40; dus 58 voorzijdestempels gebruikt voor 65 exemplaren
- <u>Keerzijde</u> (kruis): verschillende stempels voor alle 65 exemplaren

Ook geen overlappingen tussen voorzijde plak [A], [B] en [C].

<u>Plak [D]</u> (130 exemplaren)

- <u>Voorzijde</u>: zelfde stempels voor exemplaren: 11=26, 27=115, 31=114=207, 34=49, 38=60, 42=100, 50=137, 52=125, 56=154, 63=85, 65=132, 71=112, 72=141, 73=174, 79=167, 96=189, 97=111, 105=152, 116=129, 117=166, 142=145, 160=205, 171=64, 172=183=210, 180=6, 185=69

  Twee stempels werden driemaal gebruikt

  Dus 102 voorzijde-stempels gebruikt voor 130 exemplaren
- <u>Keerzijde</u>: zelfde stempels op exemplaren: 2=26, 34=49, 96=189, 144=160, 180=6=14, 138=12

  Eén stempel werd ook driemaal gebruikt

Dus 123 keerzijden voor 130 exemplaren.

In de muntvondst komen drie dubbels voor die zowel dezelfde voor- als keerzijde hebben: 6=180, 34=49, 96=189.

3.7.2.1 Statistische verwerking van de gegevens

Sinds de late jaren 70 heeft de statistiek in de numismatiek opgang gemaakt, waarbij onder meer getracht wordt het totaal aantal geslagen muntstukken van een emissie te achterhalen. Dit gebeurt in twee stappen, eerst het bepalen van het oorspronkelijk aantal muntstempels dat gebruikt werd. Bij voorkeur de voorzijde-stempels, die kleiner in aantal zijn dan de keerzijde-stempels (het is bekend dat de *coin mobile* veel sneller versleet dan de *coin dormant*). Vervolgens wordt daaruit de omvang van de emissie opgezocht. Dit komt neer op de vraag hoeveel muntstukken per muntstempel werd geproduceerd.

3.7.2.2 Oorspronkelijk aantal voorzijde-stempels

Een eerste aanzet daartoe was een overzicht van bestaande methoden door Carter tijdens een internationale rondetafel over het thema *Statistics and Numismatics* in Parijs in 1979[282]. Hierin plaatst Carter een achttal methodes naast elkaar, waarvan de ene al complexer dan de andere, en waarvan sommige niet zonder gesofistikeerde berekeningen gebruikt kunnen worden. In 1986 heeft Esty een nieuw overzicht en vergelijking gemaakt van de methoden en hun nauwkeurigheid geëvalueerd aan de hand van computer-gesimuleerde resultaten[283]. Dit zorgde voor een selectie van de methodes. Uiteindelijk stelt Esty in een recent artikel gepubliceerd in 2006[284] één methode voor in twee fasen om het

282 Carter 1981a en b.

283 Esty 1986.

284 Esty 2006.

oorspronkelijk aantal muntstempels te berekenen: in een eerste stap het bepalen van de *coverage* (*couverture*) om vervolgens van daaruit in een tweede stap het origineel aantal muntstempels te berekenen. Men dient echter steeds sceptisch te blijven met deze estimatoren. Ze zijn de best gekende, maar ze zijn niet perfect. Er zijn drie belangrijke beperkingen. Vooreerst weet men nooit met zekerheid of het in de muntvondst om een willekeurig samengesteld monster gaat (*random sample*). De munten moeten tijdens hun circulatie voldoende gemixt geweest zijn. Vervolgens mag het staal niet te klein zijn. De resultaten zijn des te beter naargelang het stempelaantal vollediger is en de index n/d hoger is (n is het aantal munten in het staal, d het aantal stempels in het staal). De methodes zijn er vooral voor de zone tussen index 3 en 1,5. Bij een index lager dan 1,5 wordt het resultaat minder exact, wat blijkt uit het betrouwbaarheidsinterval dat vrij wijd kan worden. Ten slotte, en dat is een ernstige beperking, zijn de muntstempels die vroegtijdig stuk gingen en zeer weinig munten hebben geslagen, in wezen niet te kwantificeren. De meeste estimatoren gingen ervan uit dat de stempels een gelijk aantal munten sloegen (*equal die-output*), wat kennelijk niet het geval is. Een index onder 1,5 bevat veel muntstempels met één exemplaar d1 (*singletons*) en laat vermoeden dat een heel deel muntstempels niet vertegenwoordigd zijn d0. De berekening van het totaal aantal muntstempels D verwaarloost dan een hoeveelheid stempels. Dit probleem omzeilt Esty door een totaal andere methode van de *coverage*, die geen aantallen muntstempels of muntstukken weergeeft, maar een verhouding van het aantal munten geslagen door de stempels aanwezig in het staal op het totaal aantal munten geslagen door al de stempels, een cijfer tussen 0 en 1. Het is de fractie van de emissie, waarvan we de stempels hebben gezien. Dit leent zich beter tot stalen met veel d1 en d0, met lage index n/d, maar geeft geen absolute cijfers zoals aantal stempels of munten, enkel relatieve omvang van emissies.

Passen we dit toe op de muntvondst van Raversijde. De beste groep is de voorzijde van plak [D] met 130 munten en een index n/d = 1,27, niet veel boven het mogelijk minimum 1 (tabel 10). We veronderstellen ook dat de volledige emissie van plak [D] erin vervat is, d.w.z. dat de muntvondst dateert van na 27.6.1377 (Er zijn namelijk twee onbekenden. 1° Werd er na 27.6.1377 verder gemunt? en 2° Werd het muntpotje vóór of na diezelfde datum in de grond gestopt?). De formules zijn uitgelegd bij Esty[285].

$n = 130, d = 102, d1 = 76, d2 = 24, d3 = 2$

Raming van D in twee stappen.

Stap 1: estimatie *coverage*:

$Cest = 1 - [d1/n] = 1 - [76/130] = 0{,}4153$

Stap 2: estimatie D door gebruik Cest

$Dest = [d/Cest][1 + (d1/2d)] = [102/0{,}4153][1 + (76/204)] = 337$

Het juiste beeld is misleidend zonder het bijkomende betrouwbaarheidsinterval:

e = de punt-estimatie van het aantal stempels

De eindpunten van de 95 % betrouwbaarheidsinterval voor D worden gegeven door

$e + (2e/n)^2 \pm (2e/n)\sqrt{2e} = 337 + (674/130)^2 \pm (674/130)\sqrt{674} =$ 229 tot 498 of 230 tot 500

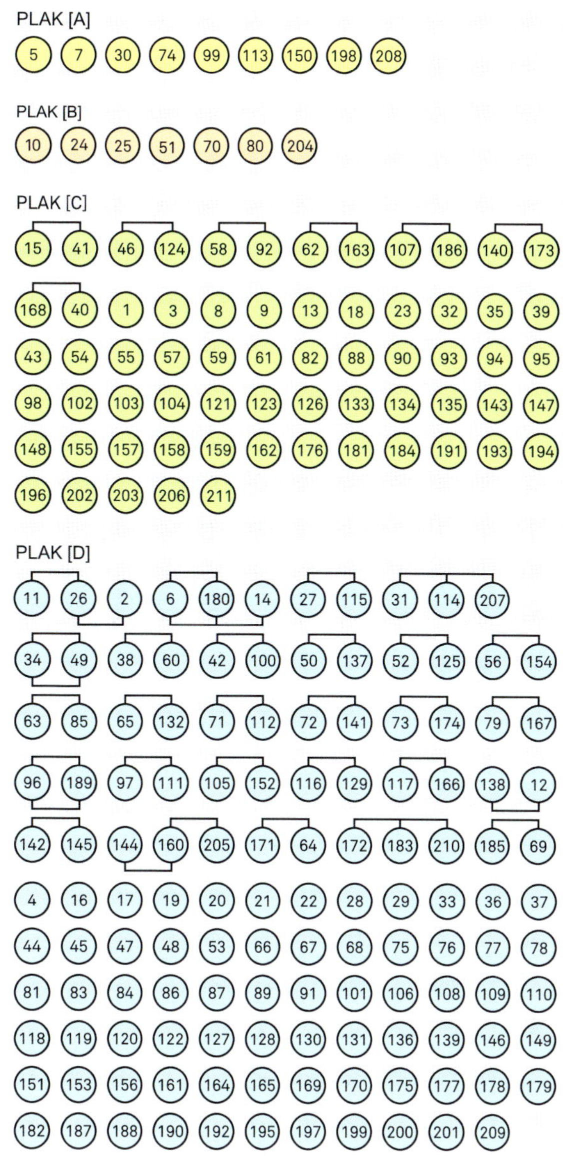

FIG. 83 **De vier munttypes en hun spreiding in het muntdepot van Raversijde.**
The four coin types and their distribution in the coin hoard.

Het 95 % betrouwbaarheidsinterval voor C is 0,2781 tot 0,5526, erop wijzend dat we geen juist idee hebben van C en dat de puntestimatie 0,4153 preciezer lijkt dan gerechtvaardigd.

Dit is ook de bezorgdheid van Buttrey[286] met zijn bezinning en reflectie na het enthousiasme van het eerste uur. Zijn bedoeling is de onmogelijkheid aan te tonen een juist antwoord te krijgen met dergelijke berekeningen. Het eerste probleem, het voor een emissie gebruikte aantal stempels, vraagt weinig

285 Esty 2006.

286 Buttrey 1993 & 1994.

discussie daar er geen fundamentele onenigheid is over de methodologische procedures. Het ander probleem, het aantal munten geslagen door deze stempels, is het onhandelbare: hoe komt men van het aantal gebruikte stempels tot het aantal geslagen munten? Wanneer we ons in dergelijke berekeningen begeven, kunnen we volgens Buttrey er zeker van zijn dat het antwoord verkeerd zal zijn, gezien het niet juist kan zijn – eens men begint te gissen, is het aantal mogelijke permutaties gigantisch; we kunnen zeker zijn van één ding, dat deze operaties enkel fouten zullen produceren. In antwoord daarop richt zich de Callataÿ[287] op enkele punten opgeroepen door Buttrey en tracht de kerk in het midden te laten.

3.7.2.3 Aantal munten geslagen per stempel

Voor het merendeel van de emissies is de omvang van de productie niet bekend. Voor wie toch een berekening wil proberen, wordt de taak gemakkelijker door te veronderstellen dat de productiehoeveelheid van elke muntstempel een constante is. Het enige wat men nodig heeft, is ergens die constante te vinden en die te vermenigvuldigen met het aantal berekende muntstempels. Voor de middeleeuwse numismatiek, spijts de grote verschillen, lijkt de gemiddelde productie per stempel rond de 30.000 munten te schommelen[288]. Uit alles blijkt echter dat er geen constante is: de stempelproductiviteit heeft altijd fel gevarieerd van stempel tot stempel. De vraag is welke de oorzaken zijn die de leeftijd van een stempel bepalen. Buttrey somt er een 6-tal op[289]. De ongelijkheid van productiviteit der stempels is een feit, ook moet men overeenkomen over de aard van die geconstateerde ongelijkheid en dus over de vorm van de distributie die men uiteindelijk adopteert. Aanvankelijk dacht Carter aan een eerste model volgens een eenvoudige Gauss-curve en nadien aan een tweede model volgens een asymmetrische gamma-curve, die uiteindelijk beide niet voldeden. Een derde model volgens de Callataÿ[290] lijkt een distributie aan te nemen die nogal vergelijkbaar is met die van de menselijke mortaliteit (ten minste vóór de opkomst van de antibiotica ter bestrijding van de kindersterfte). Het betreft de samenvoeging van twee curven: een snel dalende voor de hoge kindersterfte, gevolgd door een andere, een min of meer symmetrische, voor de individuen die de kindersterfte overleefd hebben[291]. Inderdaad lijkt het zeer waarschijnlijk dat een groot deel van de stempels snel geëlimineerd werden door een fabricagefout (fig. 84). Ook Esty & Carter[292] probeerden de variabiliteit van de distributie te bepalen: tussen alle mogelijke modellen die kunnen verwacht worden, springt het negatief binomiale model eruit als meest aanvaardbare kandidaat. Ook hier ziet men de combinatie van twee curven zoals bij de Callataÿ verondersteld[293].

Passen we dit nu toe op plak [D] voorzijde: met 337 stempels x 30.000 munten per stempel, komen we tot een emissie van 10.110.000 munten. We beschikken evenwel over de muntrekeningen voor deze periode: voor plak [D] bedraagt de emissie 5.721.375 munten en kunnen we een omgekeerde controle uitvoeren. Delen we dit door het berekende aantal stempels 337, komen we tot een gemiddelde productie van ongeveer 16.980 munten per stempel. Dit betekent dat ofwel de estimatie van het aantal stempels 337, ofwel het aanvaarde gemiddelde van 30.000 stuks per voorzijde-stempel te hoog gegrepen is. Dit laat duidelijk zien dat heel de bouw op estimaties steunt. Laten we evenmin vergeten dat het staal van plak [D], in de muntvondst, 130 munten, slechts 1/44.000 bedraagt van de emissie. Zoals Buttrey aanhaalt, is een theoretisch gemiddelde gezien de extreme distributie van het aantal munten per stempel zinloos.

Realistischer is het met de Callataÿ[294] een distributie aan te nemen met waarden zoals bv.: 30 % x n, 15 % x 2n, 5 % x 3n, 5 % x 4n, 9 % x 5n, 12 % x 6n, 9 % x 7n, 5 % x 8n, 5 % x 9n, 3 % x 10n en 2 % x 11n[295].

100 % = 337 stempels; 337 x 412n/100 = 5.721.375 munten; n = 4.120 munten.

Dit wil zeggen dat de 'kindersterfte' bij de voorzijde-stempels groot is: 30 % van de stempels slaan slechts 4.120 munten/stempel, 15 % 8.240, 5 % 12.360. Dit wil tevens zeggen dat 50 % van de stempels (mediaan) instaat voor nog geen 20 % van de munten (1.041.840 munten). Verder dat 5 % van de stempels 16.480 munten/stempel, 9 % 20.600, 12 % 24.720, 9 % 28.840, 5 % 32.960, 5 % 37.080, 3 % 41.200 en 2 % 45.320 leveren. Van de stempels die de "kindersterfte" overleefd hebben, slaat de grootste hoeveelheid (modus), 12 %, ongeveer 24.720 munten/stempel. De langstlevende stempels kunnen tot 45.320 munten slaan.

Conclusie: de estimaties betreffen een groep (plak [D] voorzijde) met lage index n/d, lage *coverage* met wijd betrouwbaarheidsinterval. Dankzij de muntrekeningen die bekend zijn kunnen we ons retrograad een idee vormen van het slagaantal per stempel. Hiervoor gebruiken we een distributiemodel door de Callataÿ vooropgesteld.

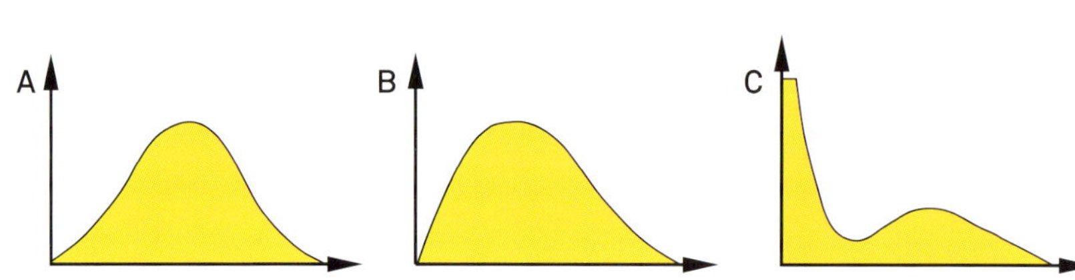

FIG. 84 **Distributiemodel van aantallen muntstempels.**
Distribution model of numbers of dies.

287 De Callataÿ 1995.
288 De Callataÿ 1995, 299.
289 Buttrey 1994, 343-346.
290 De Callataÿ 1987, 76-95; De Callataÿ 1993, 31-48.
291 Afbeeldingen van de drie curven bij de Callataÿ 1987, 89 en 91 en de Callataÿ 1993, 45.
292 Esty & Carter 1992, 165-186.
293 Esty & Carter 1992, fig. 3 tot 5, 168 en 170.
294 De Callataÿ 1987, 90-91, n. 27.
295 Dit in tegenstelling tot de vroegere symmetrische curve van Carter: 7% x n, 24% x 5n, 38% x 10n, 24% x 15n, 7% x 20n.

Dit is de beste groep om estimaties op toe te passen. Passen we dit ook toe op de plak [C] voorzijde met index n/d van slechts 1,12, komen we tot een nog minder betrouwbare punt-estimatie van 388 stempels met betrouwbaarheidsinterval van 200 tot 860. Gezien we ook dit slagaantal kennen 7.987.125 munten, betreft het een *random sample* van 7.987.125/65 = ongeveer 1/123.000. Gebruiken we dezelfde distributiemethode, komen we tot uitersten van 5.000 tot 55.000 munten/stempel met gemiddelde van 20.600 en maximumgroep van 30.000/stempel (= aan het aanvaarde gemiddelde voor de middeleeuwse numismatiek in de literatuur). Nog minder exacte cijfers bekomen wij bij het bepalen van de keerzijde-stempels. De enige bruikbare groep is plak [D] die zich met een zeer lage index n/d 1,05 nauwelijks leent tot estimaties. Volgens dezelfde berekeningen komen we tot 1815 stempels met betrouwbaarheidsinterval van 920 tot 4280. Dit zou betekenen dat per één voorzijde-stempel 5,38 keerzijde-stempels nodig waren.

3.7.2.4 Berekening van de gemiddelde stempelleeftijden en het aantal aambeelden[296]

Voor de enige toepasselijke groep, plak [D], gebruiken we de volgende conventies:

- n = aantal munten in de vondst: 130
- dv = gekende aantal voorzijde-stempels: 102
- dk = gekende aantal keerzijde-stempels: 123
- dsc = stempelcombinaties of de verschillende interconnecties tussen voorzijde- en keerzijde-stempels: 127
- N = gekende aantal munten uit de muntrekeningen: 5.721.375
- Dv = berekende originele aantal voorzijde-stempels: 337
- Dk = idem voor keerzijde: 1815
- Dsc = idem voor stempelcombinaties: 4138. Hiervoor wordt de alternatieve formule (3) van Esty[297] gebruikt:

  $$\text{Dest2} = \frac{2n}{R - 4 + \sqrt{[8R+R^2]}} \quad \text{waar } R = n/d$$

  $$\text{Dest2} = \frac{2\,(130)}{1{,}023 - 4 + \sqrt{[8(1{,}023)+1{,}023^2]}} = 4138$$
- A = aantal aambeelden of "werkstations" gebruikt voor het vervaardigen van de emissie
- Tv = gemiddelde leeftijd voorzijde-stempel in dagen
- Tk = idem voor keerzijde-stempel
- T = de totale tijd in dagen tijdens dewelke de emissie werd geslagen. Voor plak [D] is dit in de muntrekeningen 1338 dagen. In werkingsdagen uitgedrukt is dit 1100 dagen, in de veronderstelling dat per jaar 300 dagen werd gewerkt (in de veronderstelling van 320 dagen per jaar is dit 1173 werkdagen). In uren betekent dit 13200 in de veronderstelling dat 12 uur per dag gewerkt werd, ingesloten niet-productieve periodes als etenstijd. Hiermee kennen we ook het gemiddeld aantal munten per dag door het atelier uitgegeven (*per diem output*): 5.721.125/1100 = 5200.

De werking in het muntatelier moet waarschijnlijk als volgt geweest zijn: de voorzijde-stempel werd vastgeklemd in een houten aambeeld. Een muntplaatje werd op de voorzijde-stempel gelegd, en op de keerzijde-stempel werd één- of soms tweemaal geslagen met een hamer. Efficiëntie vereiste waarschijnlijk twee of drie man voor het muntproces: één om de munten te slaan, één om de vermoedelijk warme muntplaatjes op het aambeeld te plaatsen en de geslagen munten te verwijderen, en mogelijks een derde man om de warme muntplaatjes gereed te maken voor de tweede werker. 's Nachts werden de keerzijde-stempels ofwel teruggeplaatst in een stempeldoos ofwel bij het aambeeld gelaten. Het is weinig waarschijnlijk dat de voorzijde-stempels uit de aambeelden werden gehaald om eveneens voor de nacht in een doos opgeborgen te worden. Deze praktijk zal een effectieve veiligheidsmaatregel geweest zijn om te beletten dat stempels buiten de munt werden gesmokkeld.

Een nuttige parameter is de stempelcombinatie-ratio Dsc/(Dv + Dk). Wanneer een keerzijde-stempel bij een bepaald aambeeld bleef tot ze begaf, is het duidelijk dat bij elke stempeluitval een nieuwe stempelcombinatie volgde en daardoor Dsc gelijk zal zijn aan Dv + Dk of de ratio gelijk aan 1. De stempelcombinatie-ratio kan eigenlijk ietwat minder zijn dan één, wanneer occasioneel beide stempels simultaan vervangen moesten worden. Wanneer de stempels 's nachts terugkeerden naar de stempeldozen (of stempeldoos, indien enkel de keerzijde-stempels terugkeerden), dan wordt het aantal stempelcombinaties groter dan Dv + Dk of de ratio groter dan 1. Elke dag werd gewoonlijk voor een andere stempelcombinatie gekozen omdat de keerzijde-stempels willekeurig gekoppeld werden aan de voorzijde-stempels. Daardoor kan de stempelcombinatie-ratio gebruikt worden om aan te tonen dat de stempels 's nachts terugkeerden naar de box. Dit kan duidelijk aangetoond worden bij plak [D], waar 5,38 zoveel maal keerzijde-stempels waren als voorzijde-stempels en minstens 2152 stempelcombinaties mogelijk waren indien elke keerzijde-stempel bij zijn voorzijde-stempel bleef tot hij begaf. De ratio is dan 2152/(337+1815) = 1. In dit geval kwam elke voorzijde-stempel in contact met 6,38 keerzijde-stempels. Bij de estimatie komen we echter uit op 4138 stempelcombinaties of een ratio van 4138/(337+1815) = 1,92. In dit geval kwam elke voorzijde-stempel gemiddeld in contact met 12,28 keerzijde-stempels.

Hoeveel munten kon een aambeeld gemiddeld per dag slaan? Wanneer we veronderstellen dat munten gedurende een 12-uur dag aan een doorsnee tempo van één munt per 10 à 15 seconden geslagen werden, dan kan een aambeeld 2800 tot 4300, of 3500 ± 800 munten per dag produceren. Men kan ook aan een sneller tempo gewerkt hebben, bv. 1250 munten per uur of 15000 per dag per aambeeld (d.i. 3600 seconden per uur gedeeld door 1250 munten per uur, maakt iets minder dan 3 seconden om een munt te slaan).

Hoeveel aambeelden waren er aan de slag? Indien we het gekend aantal van emissie plak [D] 5.721.375 delen door 3500 munten per dag per aambeeld, komen we aan 1634,6 aambeelddagen. We weten dat er 1100 dagen werd gewerkt voor deze emissie, dus: $\frac{1634{,}6 \text{ aambeelddagen}}{1100 \text{ dagen}} = 1{,}48$ aambeelden aan het werk.

296 Carter 1981b, 193-203; Carter & Nord 1992.

297 Esty 2006, 360.

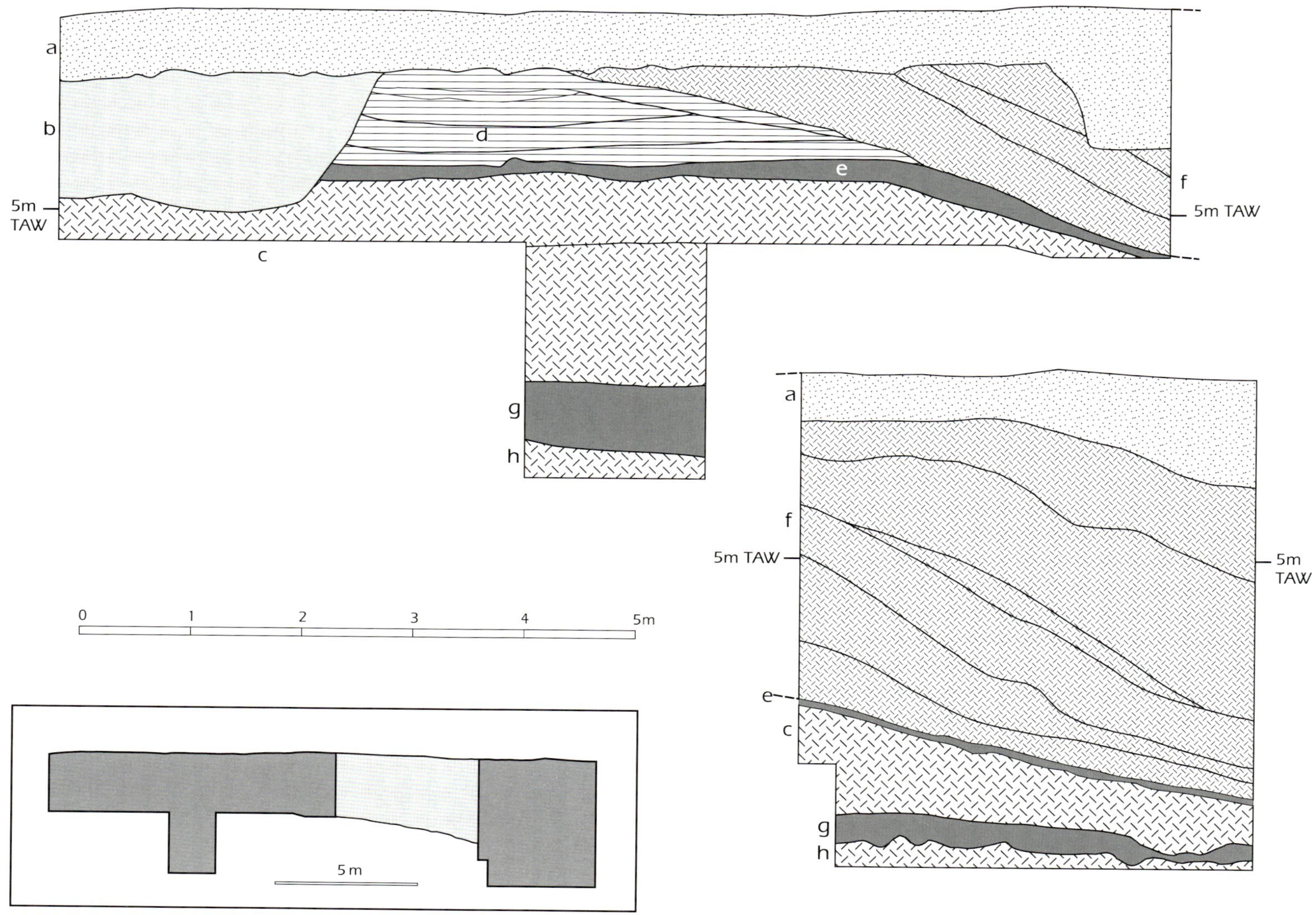

FIG. 85 **Gedeeltelijke doorsnede door de laatmiddeleeuwse dijk. Legende: a: zand, b: zand, c: klei, d: klei, e: stabilistieniveau rijk aan organisch materiaal en met een platige structuur, f: begraven oppervlak en h: opgevulde veenwinningsput, klei.**
Part of the late medieval embankment in section. Key: a: sand; b: sand; c: clay; d: clay; e: highly organic layer representing landscape stability and with a platy soil structure; f: buried surface and h: fill of peat extraction pit, clay.

In dit enorme kleipakket werd op een later niet nader in de tijd bepaald tijdstip aan de landzijde een soort terras uitgegraven (fig. 85 b). Gericht naar het zuiden en beschut tegen de zeewind is dit een ideaal terras om aan kleinschalige tuinbouw te doen. De huidige Duinenstraat ligt vermoedelijk minstens gedeeltelijk bovenop dit 'terras' en dus ook boven de dijk.

De top van het begraven oppervlak (fig. 85 g) daalt van zuid naar noord van 3,4 m T.A.W. (94/III) tot 2,6 m T.A.W. (96/III). Het is 14 tot 30 cm dik en bevat heel wat sterk gefragmenteerde mobiele archaeologica (context spoornr. 602) zoals ceramiek, dierenbot, lederfragmenten en houtresten. Het ceramiekensemble (272 fragmenten) bestaat uit rood oxiderend gebakken aardewerk, grijs aardewerk, Rijnlands steengoed met zoutglazuur, Siegburg-steengoed en wit aardewerk, vermoedelijk Langerwehe. De onderlinge verhouding tussen deze groepen berekend op basis van de schervenaantallen ziet er als volgt uit: 69 % rood aardewerk, 20 % grijs aardewerk, 7 % steengoed met zoutglazuur, 3,5 % Siegburg-steengoed en 0,5 % wit aardewerk. Dit ensemble bevat onvoldoende daterende kenmerken om een nauwkeurige datering toe te laten, maar is onmiskenbaar als laatmiddeleeuws te omschrijven. Het relatieve aandeel van grijs aardewerk geeft eventueel aan dat het ensemble wat vroeger dient te worden gesitueerd dan de doorsnee afvalcontexten uit Walraversijde waarvoor 1425-1475/1500 als dateringsvork gehanteerd wordt[312].

Beide sleuven (94/III en 96/III) leverden samen een profiel op van 21 m lengte dat aan geen van beide kanten buiten het vastgestelde dijklichaam reikte. Dit profiel was met de lengte 14° NW georiënteerd. Daar niet precies geweten is onder welke hoek de sleuven het dijklichaam hebben aangesneden kan de afstand van 21 m niet automatisch omgezet worden naar een minimale breedte van de dijk. Daar deze sleuven in elk geval toch meer haaks dan parallel met de dijk zijn aangelegd, betekent dat de waargenomen afstand van minstens 21 m toch aangeeft dat deze dijk van een serieus kaliber was en bijvoorbeeld merkelijk breder was dan de in Raversijde onderzochte Romeinse dijk. Dit blijkt ook uit de waargenomen bewaarde dikte van het opgeworpen kleipakket dat in de meest zeewaarts gelegen sleuf nog 3,2 m bedroeg. Afgaande op de afknotting van een aantal schuin gelaagde kleipakketten (fig. 85 f bij sleuf 94/III) is het duidelijk dat de dijk zoals deze nu kan geregistreerd worden, in het verleden al gedeeltelijk is afgevlakt. Deze afvlakking heeft in elk geval niet geresulteerd in een archeologisch herkenbare verbreding aan de basis zodat de afstand van 21 m in elk geval niet dient te worden geminderd met een eventuele recente verbreding door afvlakking.

Een boring in deze sleuf heeft aangetoond dat deze dijk werd aangelegd op een terrein dat al van het in de ondergrond aanwezige oppervlakteveen ontdaan was op het moment voorafgaand aan de aanleg van de dijk (fig. 85 h). In deze terreinen moet dus meer dan 6 m diep worden gegraven om de ongestoorde 'moederbodem' te bereiken, in dit geval een dun restantje van het oppervlakteveen. De veenwinning op deze terreinen dient vermoedelijk gesitueerd te worden in de 13de-14de eeuw zoals de meeste veenderijen in de kustvlakte. Dit houdt meteen in dat de dijk zelf ten vroegste uit de 13de-14de eeuw dateert. Verder is er vermoedelijk ook enige tijd verlopen tussen de veenwinning op het terrein en de aanleg van de dijk, te oordelen naar de humeuze toplaag met sterk plaatvormige bodemstructuur die ontwikkeld was in de opvulling van de veenwinningsput. Het is immers ook niet echt logisch om terreinen eerst uit te venen, ze m.a.w. ongeveer in zijn geheel 1 m lager te leggen, om ze vervolgens in functie van de aanleg van een dijk terug op te hogen. Beide acties: de uitvening en de dijkaanleg zijn wellicht in de tijd enigszins van elkaar gescheiden en/of zijn in elk geval door twee verschillende actoren met een ander doel voor ogen beslist.

Uit deze observaties kunnen een aantal gegevens worden afgeleid. Het kleiige pakket van de dijk reikt nu met zijn hoogste punt nog tot ongeveer 6,4 m T.A.W. Dit is ruim 2,5 m hoger dan het hoogste punt in de polders achter de dijk[313], nl. ter hoogte van woning 1. Het is bovendien mogelijk dat de top van de dijk reeds vroeger gedeeltelijk werd afgevlakt en de dijk dus aanvankelijk nog hoger was. Deze dijk heeft een basis die wijst op een infrastructuurwerk van een serieuze omvang. De stratigrafische opbouw van de dijk toont via het stabilisatieniveau aan dat deze in twee duidelijk gescheiden fasen is opgeworpen. Uit een analyse van de kenmerken van het stabilisatieniveau en van het begraven oppervlak kan worden afgeleid dat het lineaire traject van deze dijk zowel voor de aanleg van de eigenlijke dijk als na een eerste aanleg, een tijd als weg dienst deed. Hierbij dient men zich wel de vraag stellen of men archeologisch een onderscheid kan maken tussen een weg in de echte betekenis van het woord en een zgn. werfweg die enkel in gebruik was ten tijde van de werkzaamheden voor de aanleg van de dijk. De vrij belangrijke hoeveelheid archeologisch materiaal die uit het stabilisatieniveau onder het dijklichaam werd gehaald pleit voor het onderste lineaire traject toch eerder ten voordele van een (langdurig) gebruik van het traject als een weg in de echte betekenis van het woord. Dit archeologische materiaal vertoont bovendien een verregaande graad van fragmentatie wat op zijn beurt naar betreding verwijst. Voor de stabilisatiefase waargenomen in het dijklichaam zelf lijkt een gefaseerde dijkaanleg meer voor de hand te liggen gezien de voor de bouwers beperkte technische middelen in de periode van de aanleg. Dergelijke werkwijze in fasen met een tussenliggend stabilisatieniveau is ook bijvoorbeeld goed gedocumenteerd bij het archeologische onderzoek van de 14de-eeuwse stadsomwalling van Parijs[314]. Van een mogelijk wegtracé bovenop de dijk zijn geen sporen aangetroffen onder de vorm van karresporen of een plaatvormige bodemstructuur. Een afvlakking van de dijk kan er zoals reeds gezegd voor gezorgd hebben dat deze sporen niet bewaard zijn gebleven: afwezigheid van bewijs is immers geen bewijs van afwezigheid.

De geringe afstand tussen de dijk en de in de sleuven 96/II en 98/III aangetroffen woningen, geeft goed te kennen dat de woningen aangesneden in deze sleuven eigenlijk vlak achter de dijk stonden die hen niet alleen tegen het zeewater maar ook tegen de wind beschutte. Het opstapelen van een enorme aardmassa, zoals deze dijk, brengt met zich mee dat het grondwater in of onder de dijk zelf door capillariteit verhoogt wat op zijn

312 Pieters *et al.* 1995b, 272.

313 Voor de afzetting van het duinzand wel te verstaan.

314 Brunet-Villatte *et al.* 1998, 149-150.

beurt dan weer aanleiding kan geven tot het uitsijpelen van grondwater aan de zijkanten van de dijk. Een dergelijke grondwaterspiegelstijging in een door mensenhanden opgeworpen pakket is bijvoorbeeld zeer duidelijk aangetoond voor de Karolingische motte van Werken[315].

Het lijkt zeer aannemelijk, ook na de archeologische analyse, om de aangesneden dijk te vereenzelvigen met de volgens geschreven bronnen in 1404 aangelegde 'nieuwen dijc'[316]. De aanleg ervan situeert zich precies in een periode van verhoogde stormactiviteit in het kustgebied van Vlaanderen in de eerste twee decennia van de 15de eeuw[317]. Uit diezelfde geschreven bronnen kan tevens afgeleid worden dat deze dijk gedeeltelijk in uitgeveende terreinen werd aangelegd, wat voor het onderzochte deel van deze dijk in elk geval duidelijk is gebleken uit de archeologische vaststellingen.

In een later stadium hebben de duinen zich vermoedelijk vastgezet op deze dijk. Er is echter geen informatie beschikbaar over het tijdstip waarop dit gebeurde. Verder is er ook nog heel wat zand in de polders achter de dijk terechtgekomen. Dit heeft niet alleen de grote uitgeveende zone ten noorden van gebouw 18 geleidelijk aan vol gestoven, maar heeft eveneens gezorgd voor een zandig, tegen de dijk aan tot 1 m dik en naar het binnenland uitwiggend, tapijt in de zone van het dorp achter de dijk (fig. 2). De vraag kan gesteld worden of deze verstuiving niet reeds was gestart gedurende de 15de eeuw zelf. Het feit dat het loopvlak in de 15de-eeuwse woonzone geleidelijk aan wordt opgehoogd (*cf. infra*), kan hiervoor een argument zijn.

Dat de hierboven behandelde dijk wellicht een belangrijke verbindingsweg langsheen of door het vissersdorp is hierboven reeds aangegeven. Andere informatie over wegen of paden is echter zo goed als afwezig. De afwezigheid van bepaalde sporen of aanwijzigingen vast stellen bij archeologisch onderzoek is echter evenzeer belangrijk. In de tijdens de opgravingscampagnes 1992-1998 onderzochte sleuven werden nergens duidelijke sporen van wegen aangetroffen. Hoogstens konden enkele zones worden aangeduid die door de aanwezigheid van een verhoogd aantal steenbrokken, lineaire, ingedrukte sporen (van karrewielen?) en platgedrukte ceramiekfragmenten maar ook door de afwezigheid van kuilen konden geïnterpreteerd worden als zones die regelmatig betreden werden. Het betreft vooral zones in en om een aantal gebouwen. De afwezigheid van duidelijk herkenbare wegen stelt het probleem van de circulatie in het dorp bijzonder scherp, ware het niet dat de geschreven bronnen hiervoor een oplossing kunnen suggereren. Het onderzoek van de geschreven bronnen door Dries Tys[318] heeft namelijk wel een aantal wegen gelokaliseerd. Deze waren bijna allemaal haaks op de dijk georiënteerd en gesitueerd ter hoogte van nu nog bestaande perceelsgrenzen. Drie van deze wegen zijn bovendien gesitueerd onder nu nog gebruikte wegen en paden. De 'Heerweg naar Leffinge' ligt onder de Kalkaertstraat, de 'Hofweg van Andries Sonnemaere' bestaat nog als dienstweg tussen de parking aan de Nieuwpoortsesteenweg en de woning van wijlen Victorine en Maurice Boydens en de 'Halve Landweg' bestaat nog als wandelpad tussen de cafetaria en de Duinenstraat. Het feit dat de opgravingsvlakken allemaal binnen bestaande percelen zijn aangelegd, verklaart meteen waarom van deze wegen geen sporen zijn aangesneden tijdens de opgravingen. De negatieve informatie uit de opgraving bewijst wel dat het wegenpatroon zoals opgesteld op basis van de geschreven bronnen inderdaad wel kan overeenstemmen met de realiteit. De archeologische bronnen lijken te bevestigen dat althans in de opgegraven zones tussen deze haaks op de dijk gerichte wegen geen dwarse verbindingswegen aanwezig waren. Van een wegennet in de vorm van een regelmatig dambord zoals in Oostende en Nieuwpoort is m.a.w. geen sprake. De weg tussen de kapel en de 'Heerweg naar Leffinge' is de enige die niet haaks op de dijk georiënteerd is, maar er evenwijdig aan loopt.

Dit voorbeeld toont mooi de complementariteit tussen de twee soorten bronnen aan. Uit de geschreven bronnen wordt een patroon gedistilleerd dat echter pas kan worden bewezen via onderzoek van de materiële bronnen. In de zomer van 2001 werd op de grens van de 16de-eeuwse percelen 60 en 61 o.a. een 1,75 m brede met bakstenen geplaveide weg aangetroffen die haaks op de dijk was gericht (sleuf 2001/I). Dit zou kunnen een stuk van de halve landweg zijn, het zou echter ook een nog niet geïdentificeerde weg kunnen zijn die zich ook zoals al de andere wegen op de grens van percelen bevond. De licht gebombeerde met platgelegde bakstenen geplaveide weg was aan beide zijden afgeboord door drie rijen op de kant geplaatste bakstenen wat erop wijst dat de weg goed verzorgd was en niet het eerste, beste pad was[319]. Dit spoor wordt in een volgend volume over het onderzoek in Raversijde meer in detail behandeld.

Dit specifieke haaks op de dijk georiënteerde wegennet lijkt in elk geval ook aan te geven dat de ingezetenen van Walraversijde inderdaad vooral op zee gericht waren. Er is immers via het onderzoek van de geschreven bronnen slechts één weg die een verbinding met het binnenland tot stand bracht, nl. de Heerweg naar Leffinge, de andere waren naar de zee gericht.

4.2 De kapel van Walraversijde archeologisch belicht

In 1995 werd een kleine proefsleuf (95/VI: fig. 3) van 3 bij 10 m opgegraven op het terrein van de kapel (fig. 86). In deze sleuf werd, in het licht van de vraagstelling, als zeer relevant spoor een 0,7 m breed en op plaatsen nog 1,2 m diep uitbraakspoor (fig. 87: spoornr. 674) van een muur aangesneden die 64° NO georiënteerd was. Dit uitbraakspoor bestond haast uitsluitend uit brokjes kalkmortel wat erop wijst dat de stenen van dit gebouw in tegenstelling tot deze van de woningen in het dorp (*cf. infra*) wel degelijk verbonden waren met kalkmortel en niet met aardmortel. Zowel ten noorden als ten zuiden van deze muur werd een bakstenen bevloering aangesneden. De bevloering ten noorden (fig. 87: spoornr. 672) was uitgevoerd in een soort visgraatmotief. Bij de bevloering ten zuiden waren de stenen in rijen haaks op de muur aangebracht (fig. 87: spoornr. 683 en fig. 88). Aan de zuidkant van de muur bevond zich tevens ook een steunbeer (fig. 87: spoornr. 682). Ten noorden van de muur was onder de

315 Gebhardt & Langohr 1999.
316 Augustijn 1992, 351.
317 de Kraker 2009, 21.
318 Tys 1996, catalogus kaart 8.
319 Schietecatte & Pieters 2002, 35.

FIG. 86 **18de-eeuwse (?) afbeelding van de toren van de kapel van Walraversijde.**
18th-century (?) depiction of the Walraversijde chapel tower.

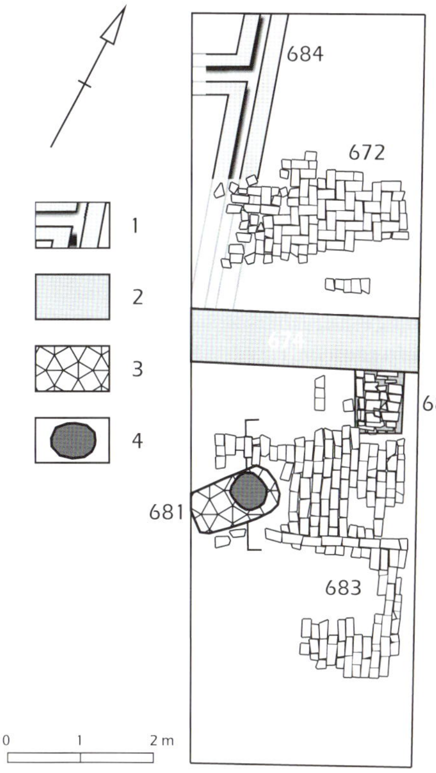

FIG. 87 **In sleuf 95/VI aangesneden archeologische sporen. Legende: 1: riool, 2: uitbraakspoor, 3: kuil, 4: waterput.**
Archaeological features recorded in trench 95/VI. Key: 1: sewer, 2: robber trench, 3: pit, 4: well.

FIG. 88 **Bakstenen bevloering spoornr. 683.**
Brick floor 683.

De dijk, het summiere op zee gerichte wegennet en de kapel vormen samen met het hierboven besproken agrarisch landschap met littekens van veenwinning (3.8.) het kader voor de inplanting van de woningen van de vissersnederzetting die hierna één voor één in detail worden bekeken.

4.3 De laatmiddeleeuwse woningen met de gekoppelde structuren en de ruimtelijke indeling van de in de periode 1992-1998 opgegraven zone van het vissersdorp 'Walraversijde'

4.3.1 Inleiding

De besproken gebouwen worden in het eerste deel van dit hoofdstuk (4.3.2.) op de volgende wijze voorgesteld: plattegrond per plattegrond, in samenhang met de eraan gekoppelde structuren en zoveel mogelijk in de volgorde waarin ze werden opgegraven[329]. Het spreekt voor zich dat de precieze samenhang tussen structuren en plattegronden in een aantal gevallen niet met 100 % zekerheid kan hard gemaakt worden. De voorgestelde samenhang is immers vooral afgeleid uit de lokalisatie van de betrokken structuren en in die zin steeds voor een deel hypothetisch. Bij gebouw 1 (fig. 92) kan bijvoorbeeld niet echt hard gemaakt worden dat structuur spoornr. 198 wel degelijk bij dit gebouw hoort. Structuur 198 zou evenzeer kunnen toegewezen worden aan gebouw 2 dat zich onmiddellijk ten noordwesten van gebouw 1 bevindt. In twijfelgevallen zoals deze – wanneer de structuren zich op ongeveer gelijke afstand van verschillende gebouwen bevinden – worden de betrokken structuren voorgesteld samen met het grondplan van het eerst behandelde gebouw, in dit geval gebouw 1. Van een groot aantal gebouwen bleven haast enkel uitbraaksporen over, in een uitzonderlijk geval was soms nog een stuk van een muur in opstand bewaard gebleven. Door het feit dat enkel uitbraaksporen bewaard zijn is de bouwchronologie eigenlijk omzeggens niet te achterhalen.

Bij alle voorgestelde tonputten zijn de tonnen systematisch vervaardigd uit duigen in eik. In verband met houtindentificaties van deze tonnen worden dan ook enkel die elementen besproken die kunnen variëren: wissen en bomgatplankjes.

De analyse plattegrond per plattegrond wordt gevolgd door een synthetisch luik (4.3.3) met betrekking tot de gebouwen waarin bijkomende informatie is opgenomen die niet specifiek aan één gebouw gekoppeld is. Hierin worden de volgende aspecten behandeld: de voor de gebouwen aangewende materialen (4.3.3.1.), de resultaten van fysico-chemisch en micromorfologisch onderzoek op gebouwgerelateerde fenomenen (4.3.3.2.), osendropgrepels, funderingen, bevloeringen en muurkasten (4.3.3.3.), de oriëntatie en het aantal fasen van de woningen (4.3.3.4.), het grondplan of de organisatie van de leefruimte (4.3.3.5.), de oppervlakte en de afmetingen van de bakstenen gebouwen (4.3.3.6.), gebouwen in hout: voorlopers en/of blijvers (4.3.3.7.), comfortverruimende aspecten (4.3.3.8.), de onderlinge samenhang en inplanting (4.3.3.9.), chronologie van de bewoning (4.3.3.10). Hoofdstuk 4.3.3. wordt ten slotte afgesloten met een synthese (4.3.3.11.) van het voorgaande en een conclusie over wonen in een laatmiddeleeuws en/of vroegmodern vissersdorp in het zuidelijk Noordzeegebied (4.3.3.12).

4.3.2 De individuele gebouwen met de eraan gekoppelde structuren

4.3.2.1 Gebouw 1

Het grondplan van gebouw 1 (fig. 92-93 en fig. 408) lijkt samengesteld uit twee tegen elkaar geplaatste, rechthoekige eenheden. Het gebouw was zowel langs de zuidwestmuur als de zuidoostmuur en vermoedelijk ook langs de noordoostmuur afgeboord met een bakstenen plaveisel. De vier rijen schuin op zijn kant geplaatste bakstenen (fig. 92: spoornr. 67) die in 1993 nog als een omver gevallen muurtje werden geïnterpreteerd[330], zijn in feite niets anders dan de afboordingsstenen van een bakstenen plaveisel zoals er vooral later in de zone aansluitend bij de Duinenstraat verschillende beter bewaarde zijn onderzocht. De afstand van de buitenboord van dit plaveisel tot de zuidwestmuur bedraagt 1,85 tot 2 m en tot de zuidoostmuur slechts 1,15 m. De aanwezigheid van dit plaveisel laat toe te besluiten dat dit ensemble van uitbraaksporen minstens op een bepaald ogenblik één geheel heeft gevormd en niet moet geïnterpreteerd worden als twee eenvoudigere, rechthoekige gebouwen die elkaar op deze plaats in de tijd zijn opgevolgd. Wel is het niet uit te sluiten dat dit gebouw in twee fasen is opgericht, m.a.w. één van beide kan aan de andere aangebouwd zijn. Het meest waarschijnlijke is dat het westelijke deel later is toegevoegd. Dit kan afgeleid worden uit het feit dat onder het westelijke gedeelte van gebouw 1 wellicht een osendropgreppel te herkennen is (niet afgebeeld op fig. 92). De aanwezigheid van een plaveisel langs twee – eventueel drie – muren geeft aan dat de circulatie van de bewoners zich hoofdzakelijk in deze zones en in mindere mate aan de noordwestkant afspeelde. Aan de noordwestkant van het gebouw zijn wel twee waterputten geregistreerd: een tonwaterput en een waterput in baksteen. Gebouw 1 is met de lengte 44° NO en met de breedte 47° NW georiënteerd.

Op enkele bakstenen na is deze plattegrond volledig bewaard onder de vorm van uitbraaksporen (fig. 92: spoornr. 93). Het enige stuk met bakstenen *in situ* in een buitenmuur – meer bepaald de zuidoostmuur – is 50 tot 55 cm breed zoals de meeste uitbraaksporen van dit gebouw. De waargenomen diepte van de uitbraaksporen van gebouw 1 bedraagt 15 tot 20 cm. De uitbraaksporen blijven dus zeer oppervlakkig waardoor ze bijvoorbeeld amper reiken tot in de fossiele ploeglaag die overal op dit terrein onder de gebouwen nog kan worden gedetecteerd. Dit betekent dat deze muren niet echt gefundeerd waren in de betekenis die nu aan funderingen wordt gegeven. Het betreft muren die bijna gewoon op het oppervlak zijn gebouwd. Hoogstens werden de zoden weggenomen vooraleer tot de bouw van de muren werd

329 Hierdoor blijven de reeds verschenen interimverslagen wat de nummering van de gebouwen betreft volledig coherent met dit eindverslag van de opgravingen.

330 Pieters 1993, 259.

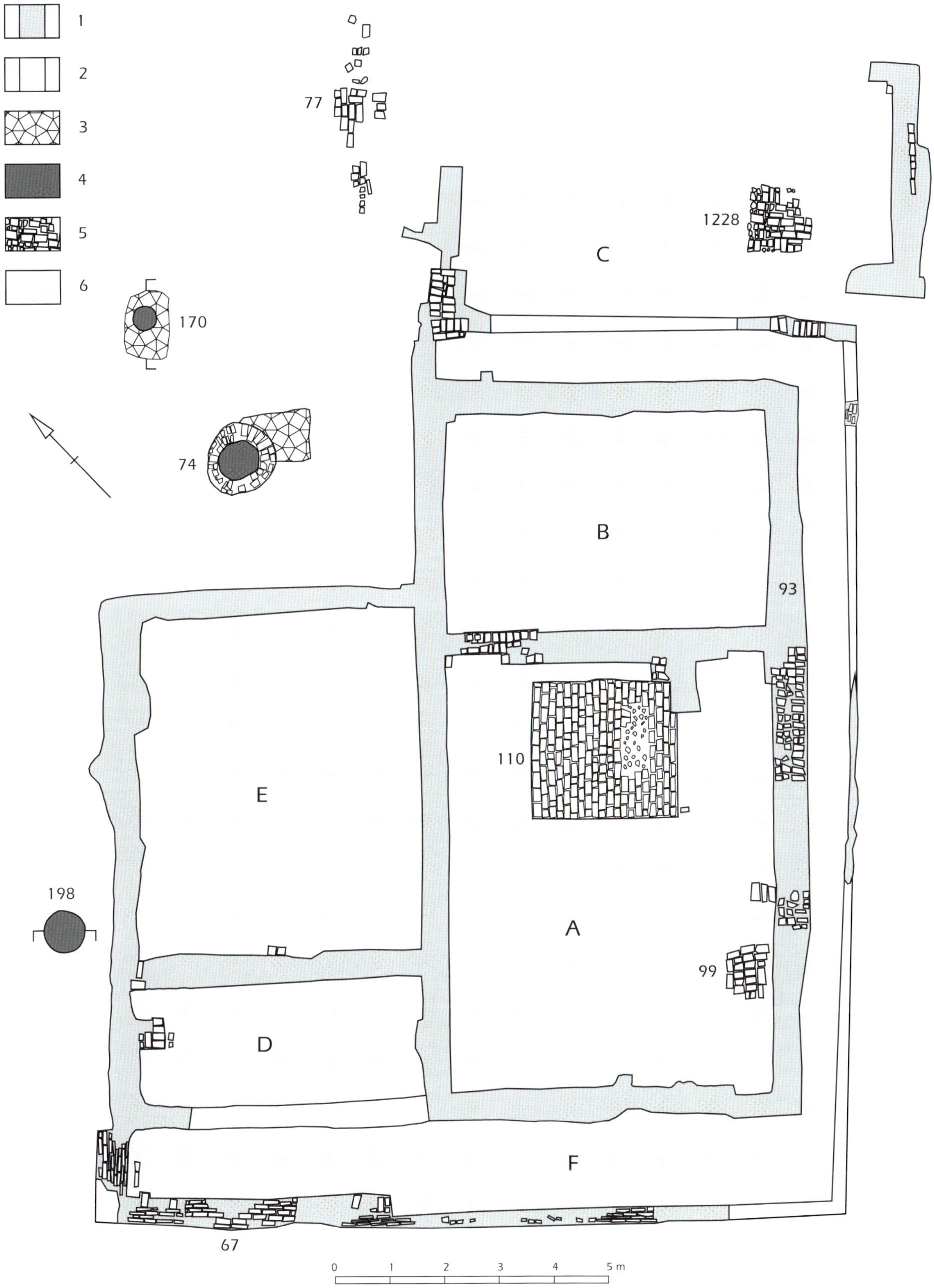

FIG. 92 **Plattegrond van gebouw 1 met aanvullingen. Legende: 1: uitbraaksporen, 2: aanvullingen, 3: kuil, 4: waterput, 5: bakstenen, 6: bebouwde oppervlakte.**

Final floor plan of building 1. Key: 1: robber trenches, 2: deduced extensions of the excavated features, 3: pit, 4: well, 5: bricks, 6: built surface area.

FIG. 93 **Overzicht van gebouw 1.**
General overview of building 1.

FIG. 94 **De vierkante bakstenen haardvloer met mortelrestanten in een centrale zone.**
The square brick hearth floor with whitish mortar staining in the centre.

overgegaan. Zo reikt de zuidwestmuur van gebouw 1 amper 5 cm dieper dan de onderkant van de kleine haardplaat ernaast (fig. 92: spoornr. 99). Doordat de muren slechts bewaard zijn onder de vorm van uitbraaksporen is het onmogelijk om een eventuele bouwchronologie, zoals hierboven gesuggereerd, ondubbelzinnig te achterhalen. De chronologie van de uitbraak weerspiegelt immers niet noodzakelijk de chronologie van de eventuele bouwfasen.

De uitbraaksporen bakenen minstens vier gesloten ruimtes af. In de grootste ruimte van dit gebouw (fig. 92 A) bevindt zich een licht bol staande, nagenoeg vierkante haardvloer (fig. 92: spoornr. 110, fig. 94) in baksteen (formaat van de bakstenen: 24,5-28 cm bij 11,5-13,5 bij 5,5-6 cm) van 2,55 bij 2,45 m. Deze ruimte meet binnenwerks 7,6 m bij 5,9 m. Dit komt neer op een oppervlakte van ongeveer 45 m^2. Bovenop deze haardplaat is een ovaal mortelspoor zichtbaar (fig.94). De zone met mortelresten sluit aan tegen een min of meer rechthoekig gedeelte (0,5 m bij 1,2 m) in de haardplaat. Dit gedeelte is gerealiseerd met baksteenbrokken in plaats van met volledige of halve stenen (fig. 92). Onder het bol staande gedeelte van de beschreven haardvloer bevond zich een ovaalvormig (1 m bij 1,3 m) bakstenen vloertje (spoornr. 112) met een 25 tot 35 cm brede omzoming van kalkmortel (fig. 95). Dit vloertje is qua vorm identiek aan het bovenop de haardvloer aanwezige mortelspoor. De omzoming met kalkmortel vertoont in de oostelijke hoek sporen van sterke verhitting. Het vloertje zelf was ook nog gefundeerd op een laagje baksteenpuin. Deze waarnemingen geven te kennen dat een aanvankelijk gewoon op de klei gebouwde oven, kachel of haard, in een tweede fase op een bakstenen vloer werd geplaatst. Dit is vermoedelijk ingegeven vanuit hygiënische en/of veiligheidsmotieven. De aanwezigheid van deze bakstenen haardvloer suggereert bovendien dat de rest van dit vertrek – en wellicht dus ook de rest van het gebouw – op het ogenblik van de aanleg van deze haardvloer geen bakstenen bevloering had. Enkele bewaarde, platliggende bakstenen in vertrek E (fig. 92) zijn eventueel wel als een restant van een bakstenen bevloering te interpreteren. De aanwijzingen zijn echter te beperkt om dit hard te maken, waardoor het ook om een laat in de bouwchronologie aangebrachte vloer kan gaan. De eventuele afwezigheid van bakstenen bevloeringen in dit gebouw is des te merkwaardiger omdat er buiten aan verschillende zijden van het gebouw wel een bakstenen plaveisel is aangebracht. Een andere mogelijkheid is dat er in deze

FIG. 95 Onder de vierkante haardvloer is een ovaal bakstenen vloertje aangetroffen met dezelfde afmetingen als de zone met mortelrestanten op de haardvloer.
Below the square brick hearth floor, an oval brick floor was encountered, similar in size to the area with mortar staining overlying it.

ruimte bijvoorbeeld een houten bevloering lag, waarvan geen leesbare sporen zijn achtergebleven of herkend in het bodemarchief.

De binnenmuur waartegen de haardvloer zich bevindt, is ter hoogte daarvan 15 tot 20 cm dikker dan aan de zijwanden van het vertrek. Deze vernauwingen zouden kunnen wijzen op twee doorgangen naar de meer oostelijk gesitueerde plaats, één langs elke zijde van de haardvloer. Nabij de oosthoek van de haardvloer bevindt zich een 90 cm lang uitbraakspoor dat haaks op de dwarsmuur staat. Deze structuur doet sterk aan een schouwwang denken. In deze centrale ruimte bevinden zich ten westen van de haardvloer ook enkele zones van roodbruin verhit zand (niet aangeduid op fig. 92). Omdat deze gedeeltelijk afgedekt worden door de haardvloer zelf, dienen ze minstens te worden geassocieerd met de eerste fase van deze structuur. Ten slotte bevindt zich in dit vertrek een tweede, kleinere haardplaats (spoornr. 99, fig. 96) van 0,8 m bij 0,95 m tegen de zuidoostmuur. Deze is gelinkt met een laagje oranjebruin verhit zand en werd op een bepaald ogenblik met klei afgedekt. Dit kan erop wijzen dat beide haardplaatsen uit dit vertrek niet gelijktijdig in gebruik waren.

De meest oostelijke, volledig door uitbraaksporen afgebakende plaats (fig. 92: B) van dit gebouw meet 3,85 m bij 5,9 m binnenwerks en beslaat ongeveer 23 m^2 bruikbare ruimte. De twee zuidelijke vertrekken van gebouw 1 (A en B) meten samen 13,2 m bij 7,1 m buitenwerks en beslaan in totaal ongeveer 94 m^2.

Ten noordoosten van deze twee duidelijk door uitbraaksporen afgebakende ruimtes, bevindt zich mogelijkerwijze een niet volledig afgesloten of in elk geval een lichter gebouwde ruimte (fig. 92: C) van ongeveer 6 m bij 3,5 m. In de oosthoek hiervan bevindt zich een ongeveer vierkante, nog sterk met as bevuilde, bakstenen haardplaat (fig. 92: spoornr. 1228) van 1,2 m zijde. Het is niet duidelijk hoe deze ruimte eruit zag. Op 0,85 m van de noordoostmuur van het meest oostelijke en volledig door uitbraaksporen afgebakende vertrek, bevindt zich een slechts gedeeltelijk bewaarde rij platgelegde bakstenen. Deze stenen behoren mogelijkerwijze bij het bovenvermeld bakstenen plaveisel (fig. 92: spoornr. 67). De noordwestwand van deze ruimte lijkt het stevigst gebouwd en reikt met zijn uiteinde 3,75 m verder dan de noordoostelijke afsluitmuur van het aanpalende vertrek. Iets buiten de noordhoek van deze ruimte bevinden zich een aantal platgelegde bakstenen (fig. 92: spoornr. 77), vermoedelijk

FIG. 96 **Bakstenen haardvloer spoornr. 99.**
Brick hearth floor 99.

van een soort bevloering. Ten oosten van de oosthoek van gebouw 1 is een ongeveer 4 m lang uitbraakspoor aanwezig met aan elk uiteinde een kort dwarsstukje. Het is niet duidelijk waarmee dit spoor in verband kan worden gebracht. Het bevindt zich in elk geval gedeeltelijk boven een greppeltje dat eventueel als een soort druipspoor of osendropgreppel kan worden geïnterpreteerd.

Het westelijke gedeelte van dit gebouw bestaat eveneens uit een grote en een kleine ruimte. Deze zijn echter onderling anders gesitueerd dan in het oostelijke gedeelte van dit gebouw. De grote ruimte (fig. 92: E) meet 6,1 tot 6,2 m bij 5,1 tot 5,3 m binnenwerks en beslaat 31 m² en de kleine (fig. 92: D) slechts 2,15 m bij 5,3 m of 11 m². In de laatst vermelde kleine ruimte vertoont de noordwestwand een naar binnen gerichte uitsprong van twee stenen breed.

De gezamenlijke oppervlakte van de vier duidelijk door uitbraaksporen afgebakende vertrekken bedraagt ongeveer 146-147 m² wat neerkomt op ongeveer 110 m² bruikbare ruimte. Alles samen bedraagt de bebouwde oppervlakte zonder de geplaveide zones ongeveer 170 m².

Binnenin en vlakbij gebouw 1 zijn er ook een aantal paalsporen aangetroffen (fig. 97). Sommige daarvan houden eventueel verband met gebouw 1 zelf (fig. 97: A, B & D), andere verwijzen wellicht eerder naar een houten voorganger (fig. 97: C) of hebben misschien helemaal niets te maken met gebouw 1. Een duidelijk grondplan is in deze paalsporen in elk geval niet te herkennen, het betreft in feite twee of drie rijen paalsporen. Wel is opvallend dat de te herkennen rijen paalsporen ongeveer op dezelfde manier georiënteerd zijn als gebouw 1 zelf, wat op zich eerder pleit voor een interpretatie als restanten van een houten voorganger.

In de onmiddellijke omgeving van het gebouw bevinden zich een bakstenen waterput (fig. 92: spoornr. 74), een tonwaterput[331] (fig. 92: spoornr. 170) en een ronde structuur (fig. 92: spoornr. 198) die vanwege de vorm en de kenmerken eigenlijk ook als een tonput geïnterpreteerd kan worden[332]. Vertrekkend van de hypothese dat men niet zonder drinkwater kan, zou de constructie van gebouw 1 kunnen dateren van na 1391, de laatst vastgestelde jaarring op tonwaterput spoornr. 170.

4.3.2.1.1 Bakstenen waterput spoornr. 74

Deze ronde waterput (fig. 92, 98-99), opgetrokken in een muur van één steen dik (formaat van de bakstenen: 27 bij 12 bij 6 cm), heeft een buitendiameter van 1,25 m en een binnendiameter van 0,72 m. Aan de oostkant van de put is een rechthoekige kuil van 1,5 m bij 0,7 m aanwezig (fig. 92: 74). Deze houdt vermoedelijk verband met de aanleg van deze waterput. De stenen waarmee de waterput gebouwd is, zijn verbonden met een zandige klei en niet met kalkmortel. De bodem van de waterput bestaat uit een bakstenen bevloering (formaat van de bakstenen 24,5-26 bij 11,5-12 bij 5-5,5 cm). Deze bevloering bevindt zich op een hoogte van 2,05 m T.A.W. De afstand van deze bodem tot de bovenste bewaarde steenlaag bedraagt 1,8 m en wordt overbrugd door 27 steenlagen. De opvulling van de putkoker bestond in de bovenste 1,3 m vooral uit grijszwart zand doorspekt met baksteenpuin. In deze vulling werden niet minder dan 25 volledige bakstenen en een 150-tal halve bakstenen aangetroffen samen met een handvol potscherven en een fragment van een scheepjespenning (347.1) geslagen in het Duitse Nürnberg in de 15de eeuw. Deze penning verschaft enkel een *terminus post quem* voor het definitief buiten gebruik stellen van deze waterput.

De baksteenfragmenten vertegenwoordigen samen ongeveer het equivalent van 4 steenlagen. De waterput was ongetwijfeld om veiligheids- en hygiënische redenen oorspronkelijk een heel stuk hoger opgebouwd. De onderste 50 cm van de opvulling bevat nogal wat mosselschelpen, visgraten, een beperkte hoeveelheid ceramiek en enkele objecten in metaal en organisch materiaal.

331 In de tekst is sprake van 'tonwaterput' enkel wanneer kan worden verondersteld dat het effectief om een waterput ging. In de andere gevallen wordt gesproken van 'tonput'.

332 Houbrechts & Pieters 1999, 229.

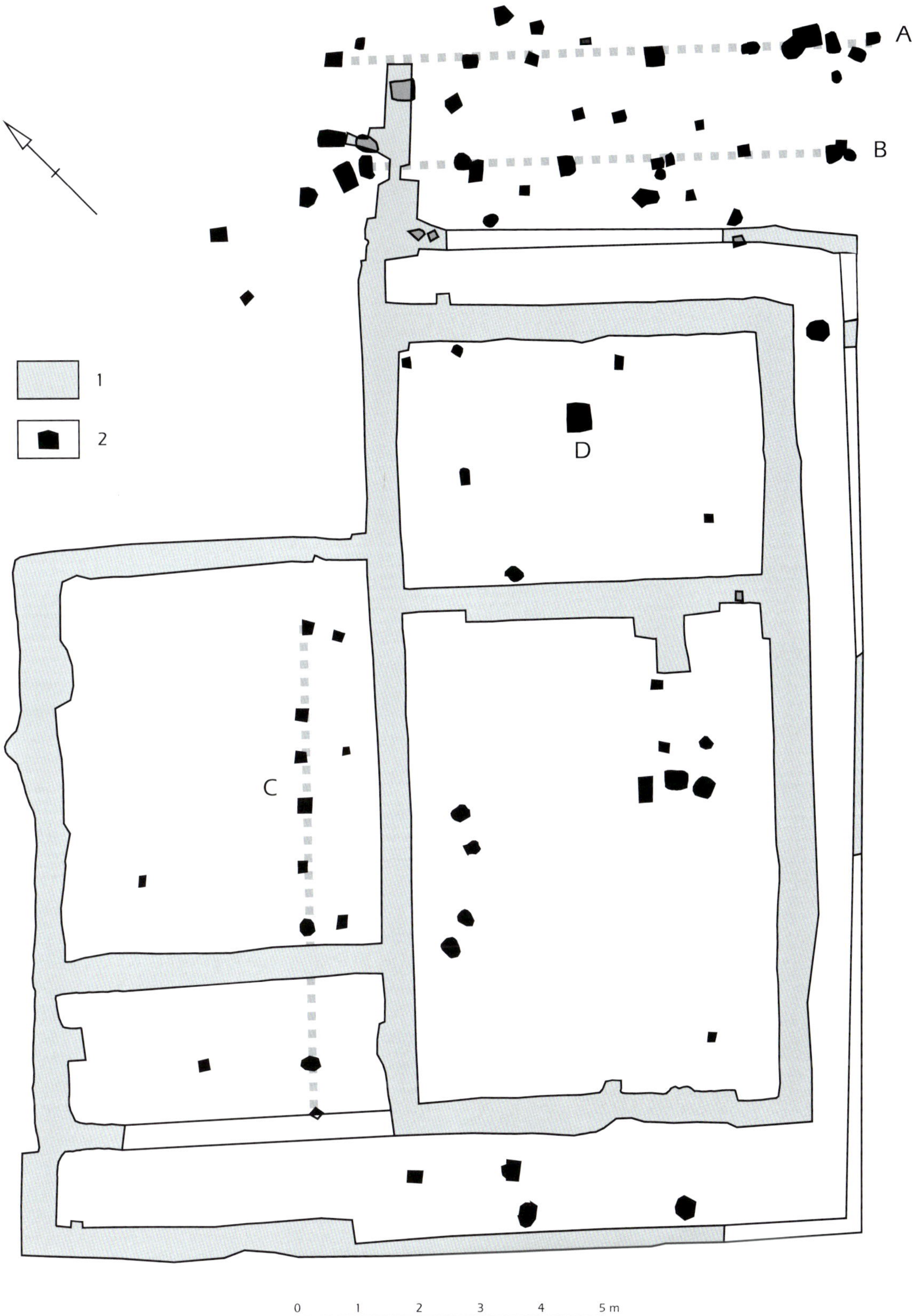

FIG. 97 **Paalsporen aangesneden binnen en in de zone van gebouw 1. Legende: 1: plattegrond gebouw 1, 2: paalsporen.**
Locations of postholes within and surrounding building 1. Key: 1: floor plan of building 1; 2: postholes.

FIG. 98 **Bakstenen waterput in grondplan, spoornr. 74.**
Brick well 74 in plan.

FIG. 99 **Bakstenen waterput, spoornr. 74.**
Brick well 74.

Tot de vondsten uit de bodemvulling behoren: een als speelschijf hergebruikt bodemfragment van een recipiënt in oxiderend gebakken aardewerk met een oranjebruin hard baksel (350.1, fig. 100.1), een randfragment van een kan – wellicht afkomstig uit Scarborough (Verenigd Koninkrijk) – in rood aardewerk met geribbelde hals, een worstvormig oor en bedekt met groenbruin loodglazuur (351.1, fig. 100.2), een kraan in een koperlegering met een handgreep in de vorm van een 'tweepas' (351.3, fig. 100.3), twee helften van een houten mesheft samengehouden door een kapje in een koperlegering (351.4: niet geïllustreerd) en een benen kapje van een mes (351.2, fig. 100.4). Geen van deze vondsten laat een precieze datering toe.

De in de vulling aangetroffen visfauna wordt verder besproken in hoofdstuk 4.4.4. Dierenresten uit het verkennend onderzoek in 1992. Uit tabel 86 blijkt dat deze fauna voor 60 % uit platvissen en voor bijna 35 % uit haring bestaat.

4.3.2.1.2 Tonwaterput spoornr. 170

De tonnen zijn ongeveer centraal in een afgerond rechthoekige constructiekuil[333] van 1,2 m bij 0,85 m geplaatst. De bodem van deze tonwaterput (fig. 92, 101-102) bevindt zich op 2,07 m T.A.W. Enkel van het onderste gedeelte van de ton (632.1) is het hout gedeeltelijk bewaard gebleven. Deze houtresten verschaften via een dendrochronologische analyse[334], 1391 als *terminus post quem* voor de aanleg van deze tonwaterput. De bewaarde wissen waren in wilg[335]. De opvulling van de tonschacht (fig. 101) is zeer homogeen en bestaat uit bruine zandige klei met talrijke houtskoolpartikels. Enkel helemaal onderaan in de tonschacht bevindt zich een laag die hoofdzakelijk bestaat uit aan elkaar passende ceramiekfragmenten van twee kruiken in grijs en rood aardewerk (fig. 102). De twee meest volledige exemplaren worden hieronder beschreven.

333 Door de hoge grondwaterstand is bij het doorsnijden van dit spoor, de profielwand aan beide zijden van de putkoker ingestort waardoor alleen de doorsnede door de putkoker zelf kon ingetekend worden.
334 Houbrechts & Pieters 1999, 227.
335 De Groote 1998-1999, 43.

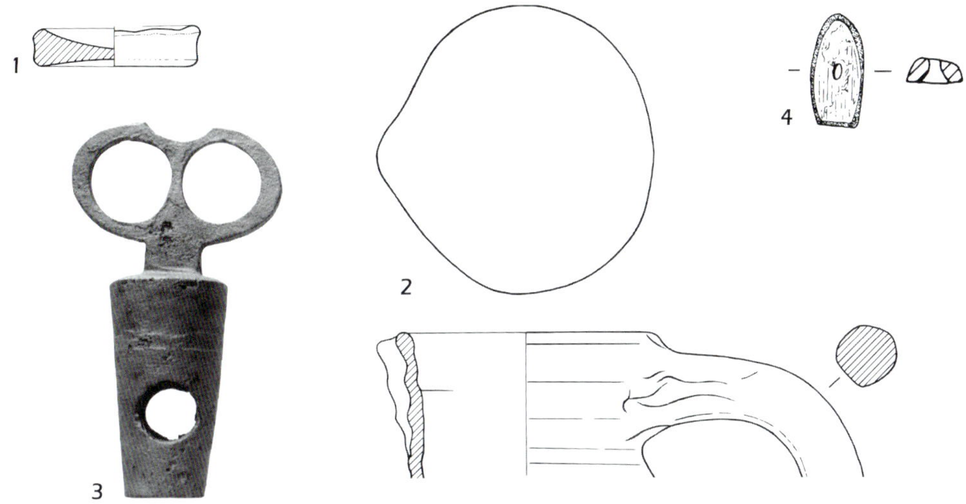

FIG. 100 **Vondsten uit de vulling van waterput spoornr. 74: speelschijf in rood aardewerk (1), randfragment van een kan uit Scarborough (?) (2), bronzen tap (3) en benen eindkapje van een mes (4).**
Small finds from the fill of well. 74: redware gaming disc (1), rim of a Scarborough (?) jug (2), bronze tap (3) and bone butt end of a knife (4).

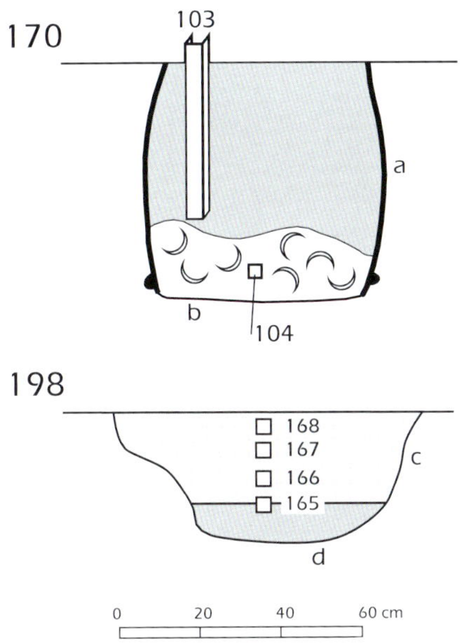

FIG. 101 **Doorsneden door tonputten spoornrs. 170 en 198. Legende: a: bruine zandige klei met talrijke partikels van houtskool, b: concentratie potscherven, c: mengeling van groenbeige klei en bruine zandige klei, d: grijze klei met scherven.**
Sections through barrel wells 170 and 198. Key: a: brown sandy clay with abundant charcoal particles, b: pottery concentration, c: mixture of greenish beige clay and brown sandy clay, d: grey clay containing pottery.

FIG. 102 **De bodemvulling van tonwaterput spoornr. 170 is gekenmerkt door de aanwezigheid van een groot aantal aan elkaar passende ceramiekfragmenten.**
The basal fill of barrel well 170 contained numerous pottery fragments that could be refitted.

FIG. 103 **Twee kruiken in grijs aardewerk uit de bodemlaag van de opvulling van tonwaterput spoornr. 170.**
Two pitchers in greyware from the basal fill of barrel well 170.

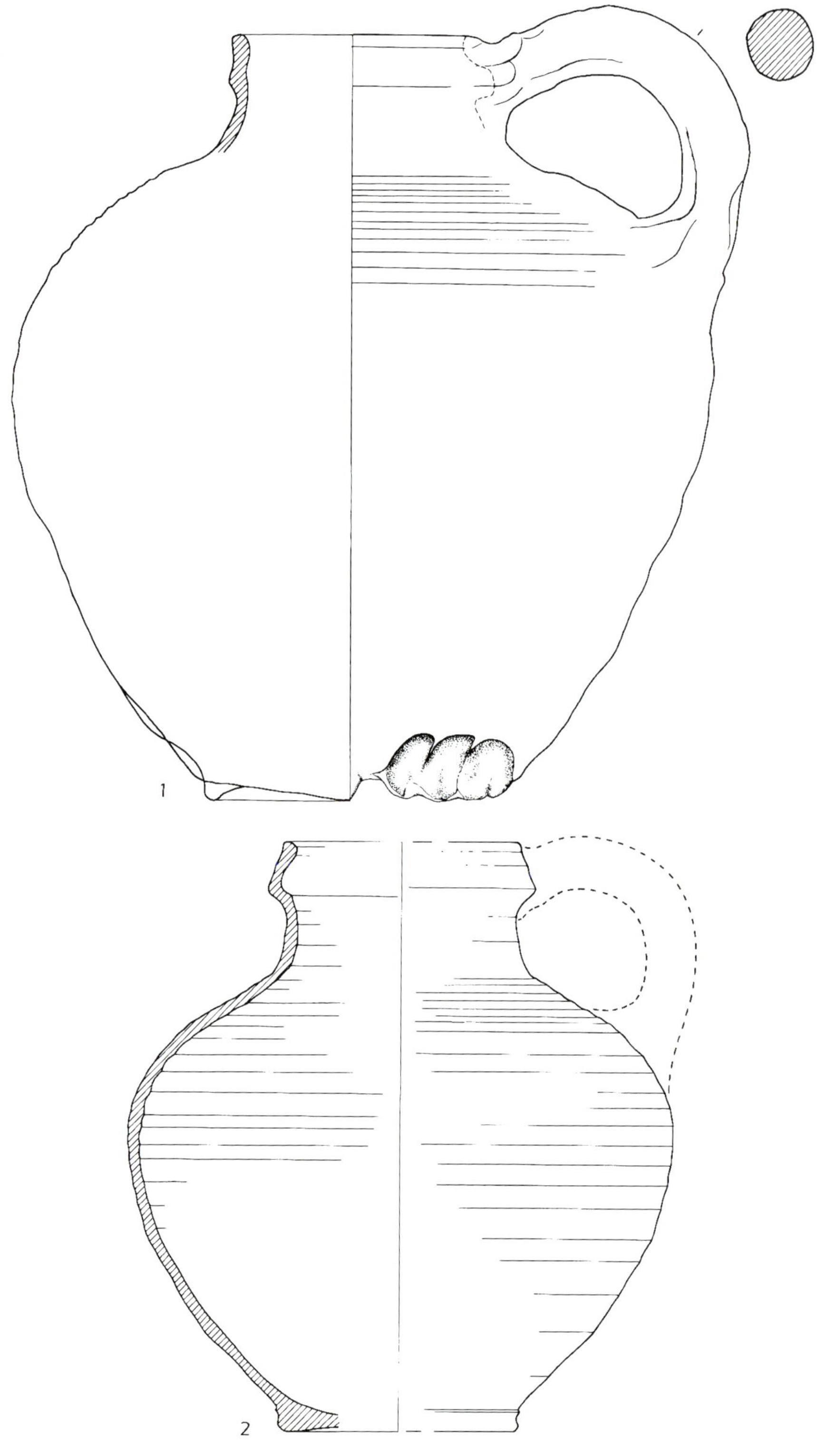

Kruik in grijs aardewerk (631.2, fig. 103.1) op vijf drieledige standvinnen, met cilindrische hals, rechtopstaande rand en ribbel aan de buitenkant en rolrond oor dat boven de rand uitkomt. De standvinnen vertonen nogal wat sporen van sleet vooral deze die tegenover het oor staan. De schouder is licht geribbeld. Afmetingen van de kruik: hoogte: 32,5 cm, grootste diameter: 30 cm, randdiameter: 10,5 cm.

Fragment van een kruik in rood aardewerk (631.9, fig. 103.2) op een volledig afgesleten standring, met een cilindrische hals, uitgesproken ribbel aan de buitenzijde en licht inwaarts staande en aan de binnenzijde verdikte rand. Uit de roetsporen op de bodem en onderkant van de buik valt af te leiden dat deze kruik ooit op het vuur heeft gestaan. Op de schouder is een ovale vlek glazuur aangebracht aan de overzijde van de kant met het oor. Afmetingen van de kruik: hoogte: 24,8 cm, grootste diameter: 23,6 cm, randdiameter: 10,3 cm. Zoals verder kan worden vastgesteld worden kruiken zeer regelmatig aangetroffen in tonwaterputten.

4.3.2.1.3 Tonput spoornr. 198

Enkel de algemene vorm – een cilindervormige kuil met een doormeter van 1,1 m tot 0,8 m – kan pleiten voor een interpretatie van deze structuur als tonput (fig. 92 en 101). De bodem ervan bevindt zich op 2,61 m T.A.W., m.a.w. zeer hoog ten opzichte van de meeste andere tonwaterputten, wat een gebruik als tonwaterput uitsluit. Houtresten van een eventuele ton zijn door het ondiepe karakter van dit spoor niet bewaard gebleven. De vulling bestaat uit een mengeling van groenige klei en bruine zandige klei die onderaan overgaat in grijze klei met nogal wat ceramiekfragmenten (fig. 101). Deze vulling is bemonsterd voor palynologisch onderzoek. De stalen (nrs. 165 tot en met 168) zijn niet verder onderzocht, maar worden bewaard en gearchiveerd door het VIOE voor eventueel verder onderzoek.

4.3.2.2 Gebouw 2

Gebouw 2 (fig. 104-105 en fig. 408) heeft een regelmatig rechthoekig grondplan en is met de lengteas 43° NO georiënteerd. De dwarsmuren zijn 46° NW georiënteerd. Binnenwerks bedragen de lengte en de breedte respectievelijk 11,4 m en 5,2 tot 5,4 m en buitenwerks 12,4 m bij 6,2 m. Deze ruimte is onderverdeeld in twee vertrekken: een klein en een groot. Deze meten binnenwerks 3 m bij 5,2 m en 7,9 tot 8 m bij 5,4 m. De kleinste ruimte bevindt zich aan de noordoostkant van het gebouw. De totale bebouwde oppervlakte bedraagt 75 m^2.

Op een 1,8 m lang stuk van de zuidwestmuur na (fig. 106), zijn de muren enkel onder de vorm van uitbraaksporen (fig. 104, spoornr. 177) bewaard gebleven. Het ondiepe karakter van deze uitbraaksporen maant aan tot voorzichtigheid bij de interpretatie van onderbrekingen zoals in de noordoostwand van het gebouw. Het zou immers kunnen dat door het iets dieper uitgraven tijdens het archeologische onderzoek, het uitbraakspoor in deze zone niet meer detecteerbaar was. Er werden binnen gebouw 2 slechts twee sporen waargenomen die naar het maken van vuur verwijzen. Het betreft een in de grote ruimte tegen de zuidoostwand gesitueerde *in situ* verhitte zone (fig. 104, spoornr. 1224) en een zone met gebakken klei in de as van gebouw 2 nabij de binnenmuur (fig. 104, spoornr. 214). In het midden van de zuidoostmuur van de grote ruimte zit een bakstenen uitsprong. Juist aan de overzijde van deze uitsprong bevindt zich in de noordwestmuur een bakstenen sokkel die dieper in de grond reikt dan het gemiddelde uitbraakspoor van de muur. Beide elementen verwijzen ongetwijfeld naar de indeling van de dakstructuur. Het gedeelte van de zuidwestmuur dat nog over drie baksteenlagen bewaard is gebleven, bevindt zich juist boven een opgevulde greppel (spoornr. 180, *cf.* 3.5.2.4). Men heeft er dus bij de bouw van de woning rekening mee gehouden dat de muur ter hoogte van deze opgevulde greppel kon verzakken. Dit toont onomstootbaar aan dat de 15de-eeuwse bouwers van de gebouwen in Walraversijde wisten dat opgevulde greppels bij overbouwen stabiliteitsproblemen konden veroorzaken. Men verkoos de vulling van de greppel weg te nemen en ter plaatse de muur dieper te 'funderen'.

De stenen zijn in dit twee stenen (+/- 50 cm) dik muurgedeelte niet strikt volgens een bepaald verband gelegd, maar vooral met het oog op een verzorgd parament aan weerszijden. Binnen deze twee halfsteense paramentmuren werd de centrale ruimte zo goed en zo kwaad mogelijk opgevuld met bakstenen en fragmenten van bakstenen (fig. 106). Vlakbij de binnenmuur werd er ongeveer in de as van het gebouw ook een met kalkmortel gevuld kuiltje (fig. 104, spoornr. 1225) vastgesteld. De functie hiervan is niet duidelijk. Enkele platliggende bakstenen die in het kleinste vertrek bewaard werden, kunnen restanten van een bakstenen bevloering zijn.

Gebouw 2 is aan weerszijden voorzien van duidelijk herkenbare osendropgreppels (fig. 408). Deze waren vooral gevuld met grote baksteenbrokken.

Dit gebouw valt ten opzichte van de andere gebouwen vooral op door een aantal kuilen (fig. 107) dat ofwel doorheen de uitbraaksporen (spoornrs. 176, 181, 186 en 187) ofwel gewoon binnen het gebouw is uitgegraven (spoornrs. 197, 200, 201, 204, 205, 210 en 211). Hierdoor wordt aannemelijk dat gebouw 2 vroeger dan de andere gebouwen uit deze zone verlaten was.

De kuil met platvisresten die in 1994 al uitgebreid bestudeerd[336] is, bevindt zich onmiddellijk ten noordoosten van gebouw 2 en vlakbij de rand van veenwinningsput spoornr. 69.

5 m ten zuidwesten van gebouw 2 bevindt zich tonwaterput spoornr. 226. Dit is de diepste tonwaterput en tevens die met de op één[337] na oudste datering van het onderzochte deel van Walraversijde. Het treft dat een van de oudste van de onderzochte tonwaterputten tevens wordt gekoppeld aan een gebouw dat wellicht vroeger dan de andere is verlaten. Op basis van de datering van tonwaterput spoornr. 226 is gebouw 2 opgericht na 1391. Hieronder gaan we dieper in op deze tonwaterput.

4.3.2.2.1 Tonwaterput spoornr. 226

De tonnen van deze tonwaterput (fig. 108-109) zijn min of meer centraal in een ovale constructiekuil van 1,65 bij 1,35 m geplaatst. De bodem van deze tonwaterput bevindt zich op 0,35 m T.A.W. Met deze diepte reikt de bodem van de tonwaterput tot in een kleilaag onder de basis van het oppervlakteveen (fig. 108). Van de onderste drie tonnen is het hout volledig bewaard gebleven, van de ton erboven slechts gedeeltelijk. Behalve de bovenste ton (792.1) die over de onderliggende schuift, zijn de tonnen telkens enkele centimeters in deze eronder geschoven. De vier bewaarde tonnen (792.1, 793.1, 796.1 en 798.1), vervaardigd uit 12 tot 14 duigen met kroosgroeven op 5 tot 6 cm van de uiteinden, variëren in doormeter van 52 tot 60 cm. Ze worden samengehouden door negen hoepels (niet allemaal te zien op fig. 108). In de onderste ton (798.1) is een duig met een vierkant (7,5 cm zijde) bomgat en een merkteken aanwezig[338]. Minstens vijf tonnen zijn nodig om het toenmalige oppervlak te bereiken. De tonschacht is overwegend opgevuld met gereduceerde klei die zeer weinig archaeologische vondsten bevatte, waardoor het lijkt alsof deze tonwaterput na het uitgraven snel weer gedempt is.

336 Pieters *et al.* 1995.

337 Tonwaterput spoornr. 1624 heeft een kapdatum opgeleverd die één jaar vroeger begint dan deze van tonwaterput spoornr. 226.

338 Houbrechts & Pieters 1999, 228 fig. 3: 9.

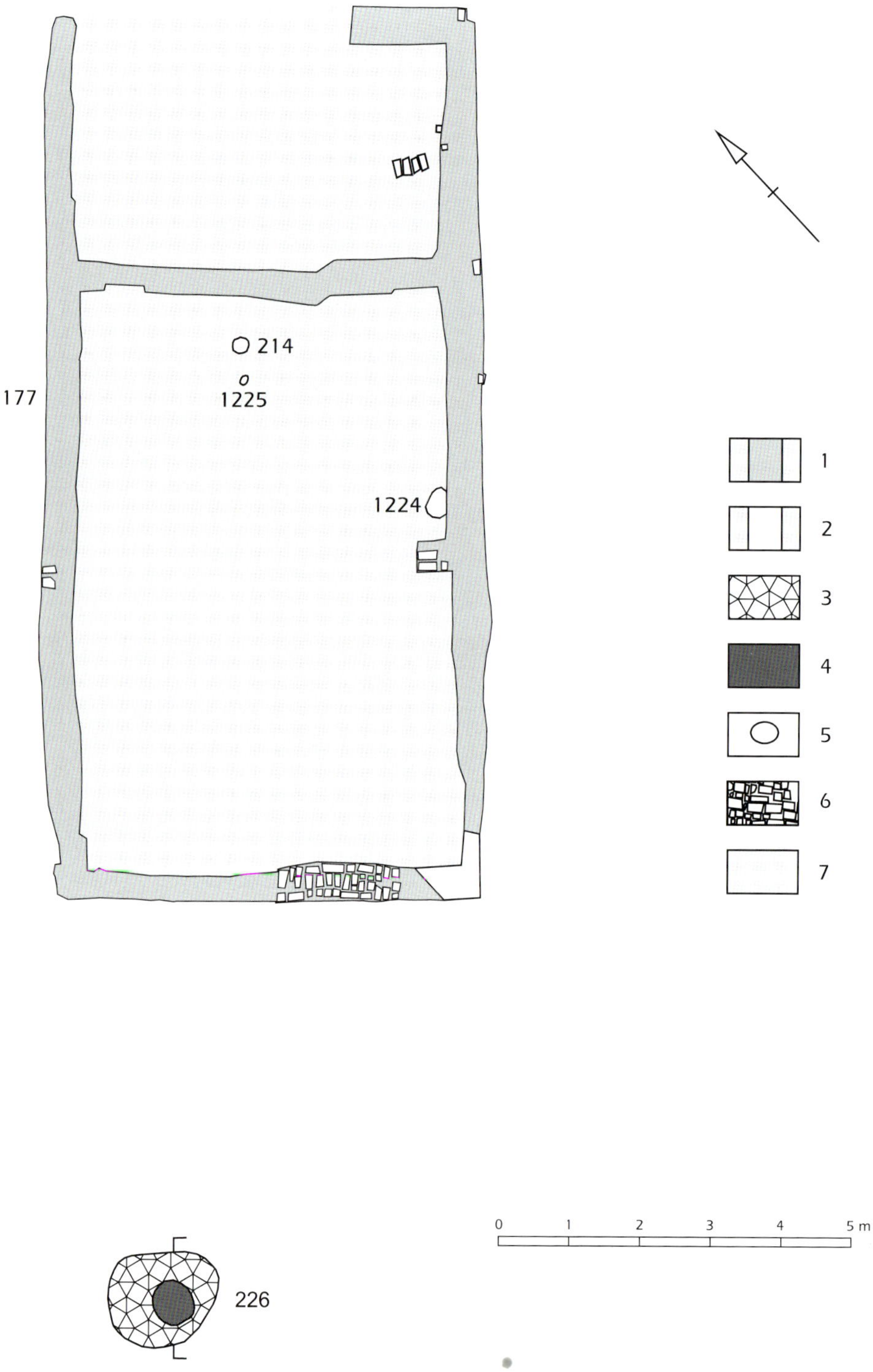

FIG. 104 Plattegrond van gebouw 2 met aanvullingen. Legende: 1: uitbraaksporen, 2: aanvullingen, 3: kuil, 4: waterput, 5: specifieke sporen, 6: bakstenen, 7: bebouwde oppervlakte.
Final floor plan of building 2. Key: 1: robber trenches, 2: deduced extensions of the excavated features, 3: pit, 4: well, 5: specific features, 6: bricks, 7: built surface area.

In de vulling van de bovenste drie tonnen is een kruik (fig. 110, fig. 111:790.1), een kan (fig. 111: 790.2) en restanten van een bodem of deksel van een rieten mand aangetroffen. Van beide ceramische recipiënten volgt hierna de beschrijving.

Kruik nr. 790.1 is in grijs aardewerk met een bodem op vier vijfledige standvinnen, met cilindrische hals, rolrond oor en rand met aan de buitenkant een sterk uitgesproken ribbel. Afmetingen van de kruik: hoogte: 30 cm, grootste diameter: 26,6 cm, randdiameter: 9,9 cm.

Kan nr. 790.2 is in Rijnlands steengoed, heeft een driehoekig verdikte rand en is bedekt met een bruinbeige zoutglazuur. Het baksel is bleekbeige. De onderste helft van het recipiënt vertoont heel wat druipsporen die tijdens het glazuren ontstaan zijn. Op de schouder zijn twee rijen onregelmatig uitgevoerde radstempels aangebracht. Afmetingen van de steengoedkan: hoogte: 33,1 cm, grootste diameter: 18,3 cm, randdiameter: 7,8 cm.

De onderste vulling van de tonwaterput (van de bodem tot ongeveer halverwege de onderste ton) bestaat uit klei waarin

FIG. 105 Gebouw 2 gevat tussen gebouw 1 (links) en gebouw 3 (rechts). Zicht vanuit het noordoosten.
Building 2, located between buildings 1 (left) and 3 (right). View from the north-east.

FIG. 106 Deel van de zuidwestmuur van gebouw 2.
Part of the south-western wall of building 2.

FIG. 107 Gebouw 2, doorsneden door enkele kuilen o.a. op de voorgrond en in de rechterbenedenhoek.
Robber trenches of building 2 cut by several pits such as the one in the foreground and another in the bottom right corner.

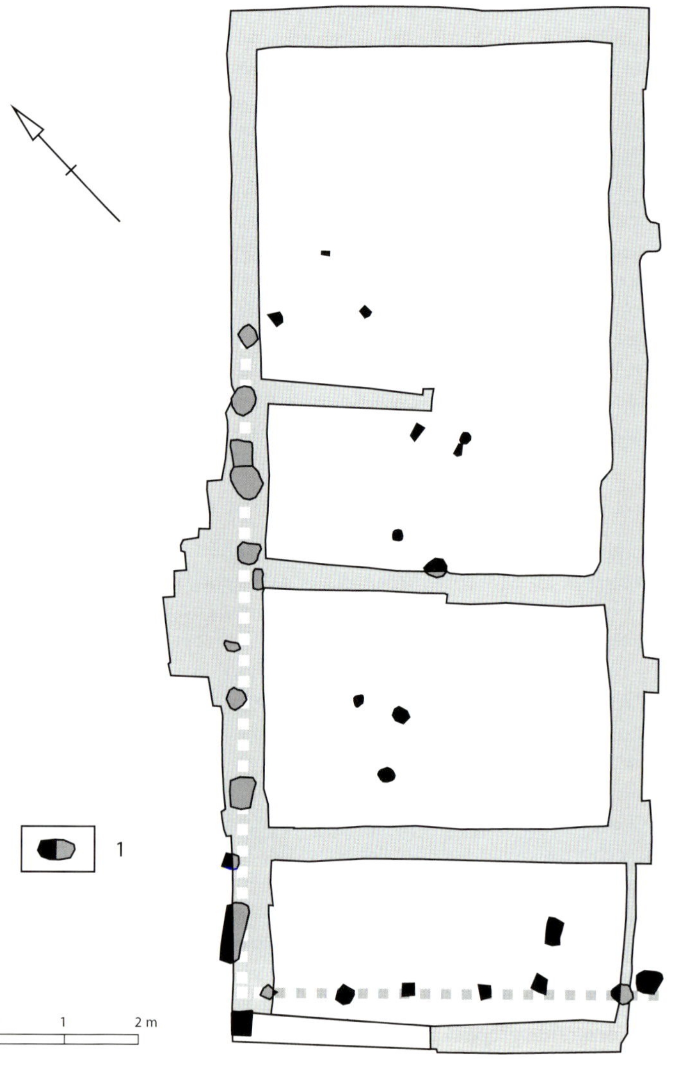

FIG. 118 **Paalsporen (1) geregistreerd in de zone van de plattegrond van gebouw 3.**
Postholes (1) recorded in association with building 3.

toont aan dat hier systematisch aandacht voor was. De breedte van de muur bedraagt 0,3 tot 0,4 m en vertoont op 2 m van de noordwestmuur een plotse vernauwing met een lengte van 1,5 tot 1,8 m. Mogelijkerwijze houdt deze vernauwing verband met een deuropening. Maar de breedte ervan lijkt wat groot te zijn voor een deuropening (of poort?). Anderzijds kan deze onregelmatigheid in het bouwwerk verwijzen naar een herstelling of eventueel een verbouwing. Een gelijkaardige vernauwing komt ook voor in de zuidoostwand. Op basis van de bewaarde muurresten van de zuidwestmuur kan men het muurwerk het best omschrijven als een muur met aan beide zijden een halfsteens parament waartussen een opvulling van zandige klei met baksteenbrokken is aangebracht.

De uitbraaksporen zijn 0,35 tot 0,45 m breed en vertonen middenin de noordwestwand een plotse verbreding aan de binnenzijde tot 0,55 m over een lengte van 1,2 m. Deze verbreding bevindt zich juist tegenover de aan de buitenzijde van deze muur aangebouwde, circulaire structuur (fig. 123, spoornr. 444) met een diameter van 1,4 tot 1,5 m. Van deze halfsteense structuur (formaat bakstenen: 26,5-27,5 bij 12,5-13 bij 6 cm) is enkel de onderste steenlaag – slechts gedeeltelijk – bewaard. Indien de aanbouw bij dit gebouw een oven is geweest, bevond de stookruimte zich boven het niveau van de onderste steenlaag, want er werd niet het minste spoor van verhitting van de klei ter hoogte van de onderste steenlaag vastgesteld. Ovens met een onderbouw komen inderdaad vooral vanaf de 15de eeuw voor[346].

In de uitbraaksporen is in de noordoostwand van het gebouw een 2,9 m lange onderbreking vastgesteld, waarvoor verschillende interpretaties mogelijk zijn. Ofwel was het uitbraakspoor in deze zone minder goed bewaard waardoor het niet werd opgemerkt, ofwel betrof het een grote opening in de wand die eventueel naar een poort kan verwijzen. De steunbeer nabij de noordoosthoek is misschien een argument in de richting van een poort. De uitbraaksporen zijn gekenmerkt door een grijsbeige vulling van kleiig zand met baksteenbrokken en wat kalkbrokjes. Ze bevatten een kleine hoeveelheid ceramiek en ook wat steenkoolbrokjes.

346 van de Venne 2008, 133.

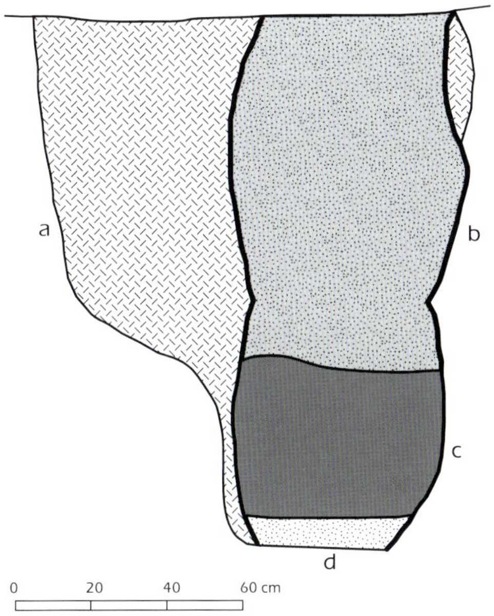

FIG. 119 **Doorsnede door tonwaterput spoornr. 392. Legende: a: kleiige opvulling constructiekuil, b: bruine zandige klei, c: bruine tot grijszwarte zandige klei, d: zand gemengd met klei.** ***Barrel well 392 in section. Key: a: clayey fill of construction cut, b: brown sandy clay, c: brown to black sandy clay, d: sand mixed with clay.***

FIG. 120 **Doorsnede door tonwaterput spoornr. 392.** ***Barrel well 392 in section.***

Drie *in situ* verhitte zones (fig. 123, spoornrs. 1220-1222) en een kuiltje gevuld met gebakken grond gemengd met houtskool (fig. 123, spoornr. 1223), bevinden zich in het breedste gedeelte van het gebouw. Enkele platliggende bakstenen in dat gedeelte zouden er ook kunnen op wijzen dat het gebouw in een bepaalde fase met bakstenen was bevloerd.

Voor de dakconstructie van dit gebouw had men op zijn minst twee grote mogelijkheden. In het eerste geval gebruikt men één zadeldak gecentreerd op het smallere gedeelte van het gebouw. Hierbij wordt ter hoogte van het bredere gedeelte aan het gebouw een 'luifel' met kleinere hellingsgraad toegevoegd. Deze laatste reikt dan tot ongeveer halverwege de noordoostelijke helft van het zadeldak. In het tweede geval bestaat de dakconstructie uit twee verschillende zadeldaken die ter hoogte van de verbreding van het gebouw bij elkaar aansluiten. De buiten de kleinere gevel uitstekende gedeelten van de centrale wand moesten met planken of vakwerk gedicht worden. De vermoedelijke ovenstructuur maakt aannemelijk dat de noordwestgevel in elk geval tot in de nok in baksteen doorliep en tevens voorzien was van een schouw.

Dat de ronde structuur wel degelijk als het restant van een oven kan worden geïnterpreteerd laten een aantal vergelijkingen met gelijkaardige onderzochte structuren toe, die hierna kort even worden voorgesteld. Deze structuur heeft in elk geval het grondplan dat in dit deel van de wereld algemeen kenmerkend is voor bakovens voor brood, namelijk cirkelvormig, ovaal of hoefijzervormig[347].

De 17de-eeuwse behuizing van Smeerenburg op Spitsbergen bevatte o.a. ook een woning waarbij een buiten de woning gesitueerde oven was gekoppeld aan een binnen de woning opgestelde schouw. De oven met een doormeter van ongeveer 1,5 m was halfrond en sloot aan bij de westelijke muur van de onderzochte woning[348]. Deze situatie lijkt zeer goed vergelijkbaar met deze vastgesteld in Walraversijde. In het Nederlandse Hasselt konden twee huisbakkerijen archeologisch worden onderzocht. De eerste dateerde van de periode 1675-1750 en de andere van de eerste helft van de 19de eeuw. De oudste oven is hoefijzervormig,

347 van de Venne 2008, 133.

348 Hacquebord 1988, 60: fig. 45; Zantkuijl 1988, 72-73: figuren 57 en 60.

FIG. 121 **Vierkant bomgat en ingekrast merk op de onderste ton van tonwaterput spoornr. 392.**
Square bunghole and incised mark on the preserved basal barrel of barrel well 392.

meet 1,4 m binnenwerks en is opgetrokken in een muur van één steen dik. De 19de-eeuwse oven is meer ovaal, meet 1 bij 1,4 m binnenwerks[349] en is opgetrokken in een muurtje van slechts een halve steen dik. Qua afmetingen en algemene vorm zijn deze ovens uit Hasselt (NL) vergelijkbaar met de in Raversijde onderzochte structuur. Deze informatie toont aan dat een dergelijke kleine oven niet alleen voor eigen gebruik werd benut maar mogelijkerwijze ook diende om brood voor anderen te bakken. Dit gegeven laat toe te veronderstellen dat gebouw 4 bewoond werd door iemand die minstens een gedeelte van zijn tijd doorbracht met het bakken van brood en in de context van het vissersdorp wellicht ook scheepsbeschuit. Bovendien waren er in vissersplaatsen algemeen meer bakkers dan in andere bewoningskernen. Door het onregelmatig leven van de vissers die o.a. afhankelijk waren van de getijden en regelmatig gedurende lange perioden van huis weg waren, was er weinig gelegenheid om thuis te eten en werd er bijgevolg veel brood gegeten dat op voorhand gebakken was[350].

Door A. Ronse en Th. Raison werden in 1918 voor West-Vlaanderen, meer bepaald voor het zandige kustgebied tussen Nieuwpoort en De Panne, twee types van woningen (A en B) toebehorend aan landbouwers-vissers[351] geïnventariseerd. Het grondplan van het eerste type (A) vertoont gelijkenissen met het grondplan van het hier besproken gebouw nr. 4 (fig. 126). Men hoeft enkel abstractie te maken van een halfondergrondse kelder en twee kleine stallen, m.a.w. vooral de landbouwelementen te elimineren, om bij het grondplan van gebouw 4 te belanden. Het betreft een woning met aangebouwde oven, een bakhuis en een woongedeelte bestaande uit een slaapkamer en gemeenschappelijke ruimte. Ter hoogte van de overgang bakhuis-woonhuis springt het gebouw onder een hoek van 90° 1,5 m naar buiten, net als bij gebouw 4. Bij gebouw 4 bevinden de sporen die naar het maken van vuur verwijzen zich in het breedste gedeelte van het gebouw, m.a.w. in dat gedeelte van het gebouw dat A. Ronse en Th. Raison in hun gebouw tevens als het woongedeelte omschrijven.

In de nabijheid van gebouw 4 bevinden zich verschillende tonwaterputten, namelijk de spoornrs. 312, 330 en 418 (fig. 123). Uit de eindvulling van tonwaterput spoornr. 418 valt op te maken dat deze later als beerput hergebruikt werd. Deze tonwaterput bevindt zich niet in de onmiddellijke nabijheid van de andere tonwaterputten die aan gebouw 4 kunnen worden gekoppeld. Dit kan betekenen dat men de twee functies toch liever ruimtelijk gescheiden hield.

4.3.2.4.1 Tonwaterput spoornr. 312

De ton was tegen de wand van een ovale constructiekuil van 1,4 m bij 1 m geplaatst. Deze constructiekuil snijdt deze van de tonwaterputten er onmiddellijk naast (spoornr. 330)[352]. De bodem van deze tonwaterput (fig. 127-128) bevindt zich op 2,3 m T.A.W. Hout was niet bewaard en had zelfs geen sporen nagelaten in de bodem, misschien waren de duigen reeds verwijderd in de late middeleeuwen, wat bij een aantal tonwaterputten is vastgesteld. De tonschacht was hoofdzakelijk opgevuld met baksteenpuin (formaat van deze bakstenen: 24-26 bij 11-12 bij 5-7 cm). Op de bodem is echter een kleine hoeveelheid ceramiek aangetroffen waaronder een intacte kan in Siegburg-steengoed (945.2, fig. 129) met korte, licht conische hals, eenvoudig rechtopstaande rand en één bandvormig oor. Op de schouder is deze kan versierd met drie noppen. Afmetingen van de kan: randdiameter: 5,4 cm, grootste diameter: 13,3 cm, hoogte: 22 cm.

4.3.2.4.2 Tonwaterput spoornr. 330

De tonnen van deze dubbele tonwaterput (fig. 127, 130-131) zijn nabij de wand van een grote, ovale constructiekuil van 2,2 m bij 1,2 m geplaatst. De meest noordelijke ton snijdt de andere ton. De bodem van de eerstgenoemde bevindt zich op 2,2 m T.A.W. Houtresten zijn bewaard tot 2,5 m T.A.W, maar deze restanten

349 Bartels 1993a, 14-15; 19: structuren 105 en 108.
350 Van Beylen 1993, 89.
351 Ronse & Raison 1918, dl. II, 21-32.
352 Noch de vorm van de constructiekuil, noch de vermelde relatie tot tonwaterput spoornr. 330 zijn te zien op fig. 32.

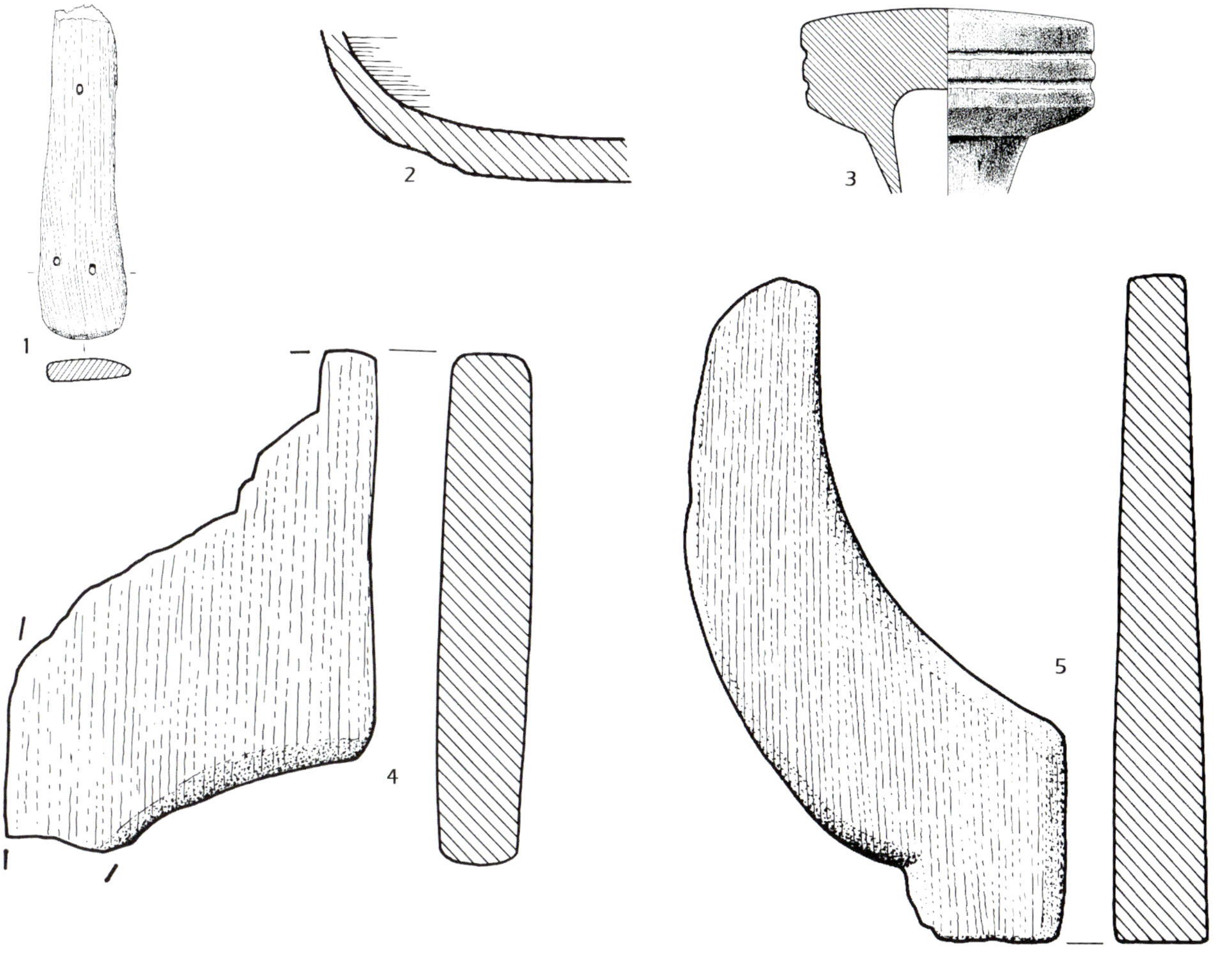

FIG. 122 **Houten voorwerpen uit de bodemvulling van tonwaterput spoornr. 392.**
Wooden artefacts from the basal fill of barrel well 392.

van duigen waren niet meer geschikt voor dendrochronologisch onderzoek. De bodem van de oudste ton bevindt zich op 2,1 m T.A.W. en is opgebouwd uit platgelegde bakstenen. Ook de houtresten van deze ton waren niet meer geschikt voor dendrochronologisch onderzoek. In de vulling van de oudste ton werd o.a. een gaaf bewaarde pelgrimsampul (988.1) in tin/lood aangetroffen[353].

4.3.2.4.3 Tonwaterput spoornr. 418

De tonnen (fig. 123) zijn boven elkaar, centraal in een onregelmatige constructiekuil van 1,6 m bij 1,3 m geplaatst. De bodem van deze tonwaterput bevindt zich op 2,15 m T.A.W. Ten gevolge van problemen met overtollig grondwater is de tonwaterput tijdens het onderzoek bij het vrijleggen ingestort voordat de profieltekening kon gemaakt worden. De schamele houtresten waren niet meer geschikt voor dendrochronologisch onderzoek. Doordat de tonschacht niet zichtbaar was in het opgravingsvlak, werden de duigen van de bovenste ton wellicht al in de late middeleeuwen verwijderd. De interpretatie van deze structuur als tonwaterput is echter niet helemaal zeker. In de opvulling waren er immers resten, waaronder een stuk linnen (1167.1) gevonden die wijzen op een gebruik als beerput[354]. Het is echter goed mogelijk dat een oorspronkelijk als waterput aangelegde tonput op een bepaald ogenblik werd hergebruikt als beerput. Dit is evenwel niet hard te maken vermits de tonput evengoed van bij de aanvang als beerput kon bedoeld zijn.

De beerputvulling werd onderzocht op de aanwezigheid van darmparasieten[355] en leverde een inzicht in de hygiënische toestand van de gebruikers van deze latrine. Volgens de normen uit

353 Pieters *et al.* 2002, p. 285: 988.1
354 Identificatie Penelope Walton Rogers, *cf.* Penelope Walton Rogers 2000, 2 (ongepubliceerd onderzoeksrapport van 28.02.2000).
355 Bouchet 1995; Bouchet 2003; Fernandes *et al.* 2005.

FIG. 130 **Tonwaterput spoornr. 330 voor het leeghalen.**
Barrel well 330, prior to the removal of the fill.

FIG. 131 **Tonwaterput spoornr. 330 ontdaan van sediment.**
Barrel well 330 after the fill had been removed.

Vooral door het hoge aandeel vinstralen en vinstraaldragers verschilt de skeletverdeling duidelijk van die aangetroffen in een lens in kuil spoornr. 167 (de reeds vroeger gepubliceerde 'platviskuil') die afval bevat van het verwerken van een grote partij schol voor latere consumptie[360]. Een ander verschil ligt in de afmetingen van de platvissen (tabel 15). Daar waar de schollen uit de 'platviskuil' afmetingen hadden die vooral in de grootteklassen 20-30 en 30-40 cm SL lagen, zijn die uit tonput spoornr. 418 aan de kleine kant. Van de 15 resten die een groottereconstructie toelieten, was er slechts één die wees op een vis tussen 20 en 30 cm SL. Alle andere waren kleiner dan 20 cm en een derde is van platvissen van ongeveer 10 cm SL.

De dierlijke resten uit deze tonput bestaan dus duidelijk uit consumptieafval, waarbij er duidelijk op gelet werd dat groot, niet-rottend materiaal niet in de vulling terechtkwam. De reden hiervoor ligt voor de hand: men wou vermijden dat de structuur zich te snel opvulde en wellicht werd de opvulling regelmatig hergebruikt als bemesting. Het dierlijk afval komt niet enkel van de tafel maar ook uit de keuken, terwijl een deel zelfs opgegeten was en samen met de menselijke uitwerpselen in de tonput belandde. Doordat de vulling echter heel selectief tot stand kwam, is het moeilijk interpretaties op te stellen over het consumptiepatroon van de bewoners van gebouw 4. Opvallend blijft wel dat de geconsumeerde platvissen kleiner zijn dan deze waarvan we de resten terugvonden in een kuil met het productieafval van gezouten of gedroogde platvis. Ook de geconsumeerde kabeljauwachtigen en de palingen zijn eerder klein. De vleesconsumptie kan aan de hand van de beertonvulling niet worden gereconstrueerd.

TABEL 15
Relatief aandeel van de verschillende grootteklassen (in cm SL) bij schol/bot/schar uit beerton 418, gebouw 4 (n=15).
Frequency of the different size classes (in cm SL) for plaice/flounder/dab from sewage barrel 418, building 4 (n=15).

grootteklasse	%
<10	33.3
10-20	60.0
20-30	6.7

360 Van Neer & Pieters 1997.

4.3.2.5 Gebouwen 5 en 11

Deze gebouwen (fig. 132-138 en fig. 408) worden samen behandeld, omdat ze archeologisch met elkaar verbonden waren. Er bestaat dus een reële kans dat ze samenhoorden.

4.3.2.5.1 Gebouw 5

In 1993, toen in sleuf 93/VIII slechts ongeveer de helft van het gebouw was onderzocht, leek het alsof gebouw 5 een trapezoïdaal grondplan had (fig. 134)[361]. Ook figuur 132 bevatte sporen in die richting. Nader onderzoek toonde echter aan dat de trapeziumvorm van het grondplan van gebouw 5 niet intentioneel was, maar wellicht het gevolg van een vervorming, veroorzaakt door stabiliteitsproblemen. Figuur 133 toont hoe het grondplan van gebouw 5 er bij aanvang wellicht heeft uitgezien of bedoeld was.

De opgemeten gebouwsporen vormen een gebouw waarvan de lengteas op basis van de noordoostwand 45° NW is georiënteerd en de dwarsmuren 44° NO zijn georiënteerd. De lengte bedraagt buitenwerks en zonder de steunbeer 14,6 tot 14,7 m. De breedte buitenwerks bedraagt aan de zuidoostkant 5,9-6,0 m en aan de noordwestkant 7,8 m.

Dit onregelmatige grondplan is dus waarschijnlijk het gevolg van een gedeeltelijke vervorming van het gebouw, veroorzaakt door stabiliteitsproblemen. Aan de zuidwestelijke muur wijzen allerlei vaststellingen in elk geval op dergelijke problemen. Tussen de zuidwestmuur en de zuidoostmuur bevindt zich in het muurwerk nabij de zuidhoek van het gebouw een duidelijke cesuur (fig. 135). Voorbij de cesuur verandert het muurwerk niet enkel van verband, het is bovendien twee steenlagen minder diep. Het verband van het eerste deel van de muur is anderhalve steen dik en omvat een rij koppen en een rij strekken. Daarna gaat het over in een muur van anderhalve steen dik, met een rij strekken aan elke zijde en een middengedeelte dat met baksteenpuin is opgevuld. Een soort parementsysteem dus. Verder zit er in de zuidwestmuur op 1 m van de zuidhoek van het gebouw een duidelijke knik (fig. 132). Als bovendien blijkt dat diezelfde zuidwestmuur sterk schuin is gezakt omdat hij vlak naast en zelfs gedeeltelijk boven een opgevulde gracht staat (fig. 136), dan ligt de verklaring voor de knik voor de hand. De verschuiving van de zuidwestmuur is het duidelijkst ter hoogte van het westelijke deel van de zuidwestmuur. Onmiddellijk ten oosten van de hoek, gevormd door de zuidwestmuur en de aanzet van de westelijke dwarsmuur, bevinden zich immers nog restanten van de onderste steenlagen van de zuidwestmuur. Die geven de vroegere posities van deze muur aan (fig. 137). De verzakking van de zuidwestmuur in een gedempte gracht heeft er ten slotte voor gezorgd dat van deze muur nog acht steenlagen in opstand bewaard zijn gebleven. De muur kan het best omschreven worden als een soort parament aan beide zijden, met een kern van zandige klei en baksteenpuin. Die bakstenen hebben een formaat van 24,5-27,5 bij 11,5-13 bij 5,5-6 cm. Op ongeveer 1,6 m ten zuidoosten van de aanzet van de dwarsmuur zit in de zuidwestmuur een verticale gleuf van ongeveer een halve steen breed (fig. 137). Waarschijnlijk was die gleuf een soort afloop (voor water en andere keukenafval) naar de gracht ernaast. Dergelijke gleuven in het metselwerk zijn ook in verschillende andere gebouwen vastgesteld, zoals in gebouwen 29 en 31 (*cf. infra*). Eens voorbij de aanzet van de dwarsmuur verandert de zuidwestmuur volledig van karakter. Hij gaat over van een muur van anderhalve steen in een muur van slechts een halve steen, opgebouwd uit twee op zijn kant geplaatste stenen. Het is echter duidelijk dat de zuidwestmuur in zijn oorspronkelijke dikte minstens een stuk verder liep dan de aanzet met de dwarsmuur laat veronderstellen, zoals te zien op figuur 136b. De onregelmatigheden die in de zuidwestmuur van gebouw 5 werden vastgesteld, zoals de cesuur, de knik en de verzakking, houden wellicht verband met de aanwezigheid van een drietal bakstenen structuren (fig. 132) in het gebouw. Het is mogelijk dat die structuren dienden ter ondersteuning van dakbalken die het probleem van de gedeeltelijk weggezakte muur moesten opvangen. Zo kunnen ze als poeren of standvinken worden geïnterpreteerd. Het klopt dat dergelijke structuren tot nog toe slechts een maal zijn vastgesteld bij de laatmiddeleeuwse gebouwen in Raversijde, wat aangeeft dat het inderdaad om uitzonderlijke fenomenen gaat.

Als men vervolgens de zuidwestmuur van gebouw 5 zou terugplaatsen op zijn veronderstelde oorspronkelijke positie (fig. 133), krijgt men een gebouw met kenmerken en afmetingen die Walraversijde typeren. Het gaat dan om een gebouw van 14,7 m bij 5,9 m buitenwerks, dat is opgedeeld in een grote en kleine kamer. De grote kamer beslaat met zijn 48-50 m^2 twee derde van de oppervlakte van het gebouw. Gebouw 5 beslaat in die configuratie ongeveer 91 m^2.

Nabij de zuidhoek van het gebouw bevinden zich aan de buitenzijde van de zuidwestmuur twee bakstenen steunbeertjes. Van de zuidwestmuur zijn over bijna de ganse lengte bakstenen *in situ* aanwezig, behalve in een 2 m lange strook tussen de twee bovenvermelde steunbeertjes. Mogelijk bevond er zich op deze plaats een deuropening. In dit geval zijn daar vermoedelijk nooit stenen aanwezig geweest. Dat een deuropening soms begeleid wordt door steunbeertjes toont ook het onderzoek van het 15deeeuwse woonhuis van het Hof te Eksel in Moorsel aan[362]. Gebouw 5 heeft ook uitspringende gedeelten aan de beide hoeken van de zuidoostmuur én aan de noordoostmuur, op iets meer dan 2 m van de oosthoek van het gebouw. Enkele platliggende bakstenen aan de zuidhoek geven mogelijk aan dat het gebouw binnenin met bakstenen was bevloerd.

Naast de zuidwestmuur van het gebouw, die boven een opgevulde gracht staat, bevinden zich onder de zuidoostelijke helft van het grootste vertrek twee opgevulde grachten. De zuidoostmuur staat boven een opgevulde veenwinningsput, waardoor die laatste lichtjes in zuidoostelijke richting is weggezakt. Al die elementen samen zijn er duidelijk te veel aan geweest. Vermoedelijk hebben ze bijvoorbeeld in een periode van grote en langdurige neerslag de hierboven geschetste stabiliteitsproblemen veroorzaakt. De verzakkingen hebben er anderzijds voor gezorgd dat van zowel de zuidwestmuur als de zuidoostmuur nog stenen (baksteenformaat: 23-27 cm bij 10,5-13 cm bij 5-6 cm) *in situ* zijn bewaard gebleven. Naast de drie bovenvermelde bakstenen standvinken werden er ook een aantal sporen onderzocht die verwijzen naar het maken van vuur en de aanwezigheid van een tonwaterput (spoornr. 378). De sporen die naar vuur verwijzen betreffen enerzijds een *in situ* verhitte plek (spoornr. 447:

361 Pieters 1994, 284.

362 Callebaut 1979, 11, fig. 5.

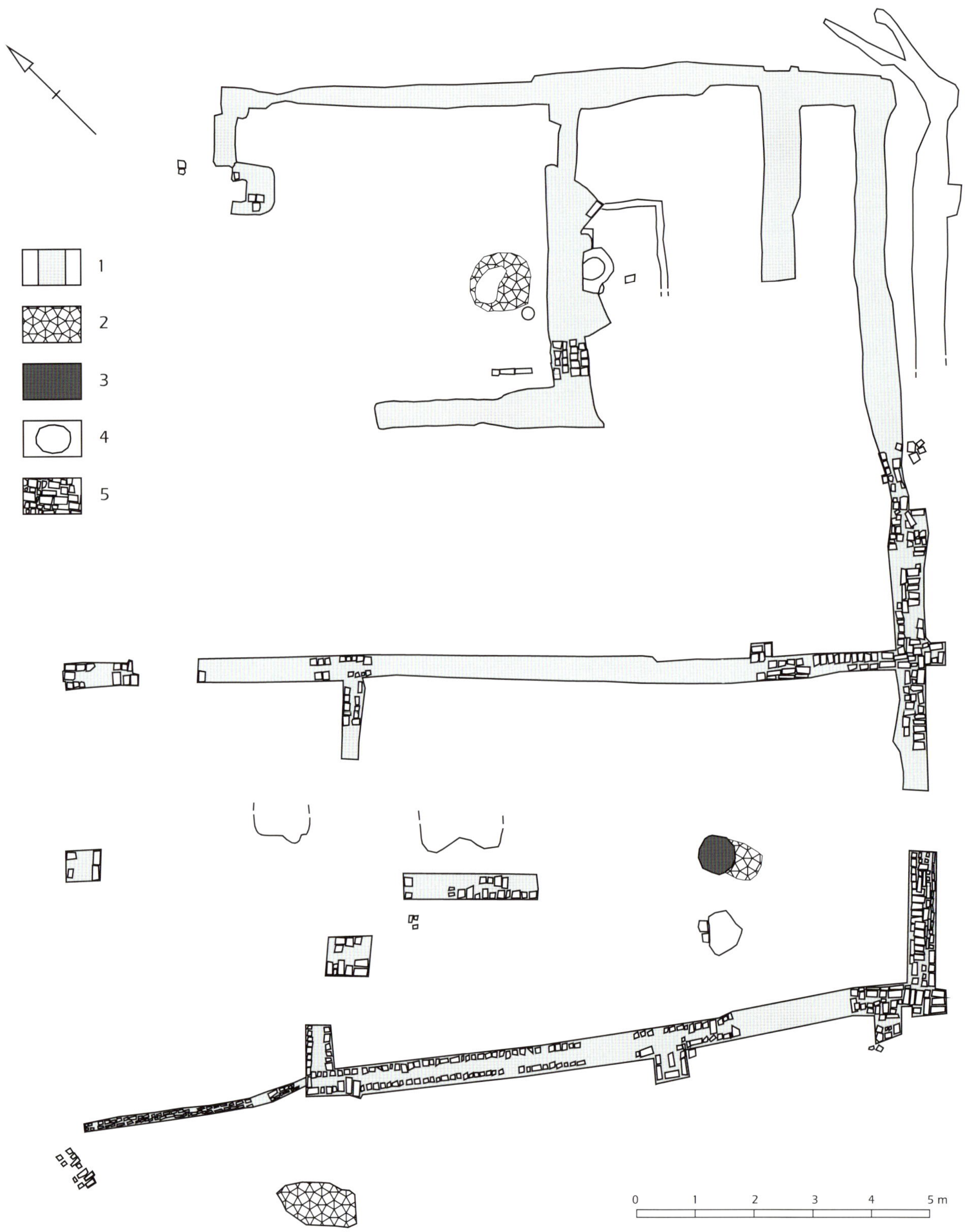

FIG. 132 Plattegrond van gebouwen 5 en 11, zoals opgegraven. Legende: 1: uitbraaksporen, 2: kuil, 3: waterput, 4: specifieke sporen, 5: bakstenen.

Floor plans of buildings 5 and 11 as excavated. Key: 1: robber trenches, 2: pit, 3: well, 4: specific features, 5: bricks.

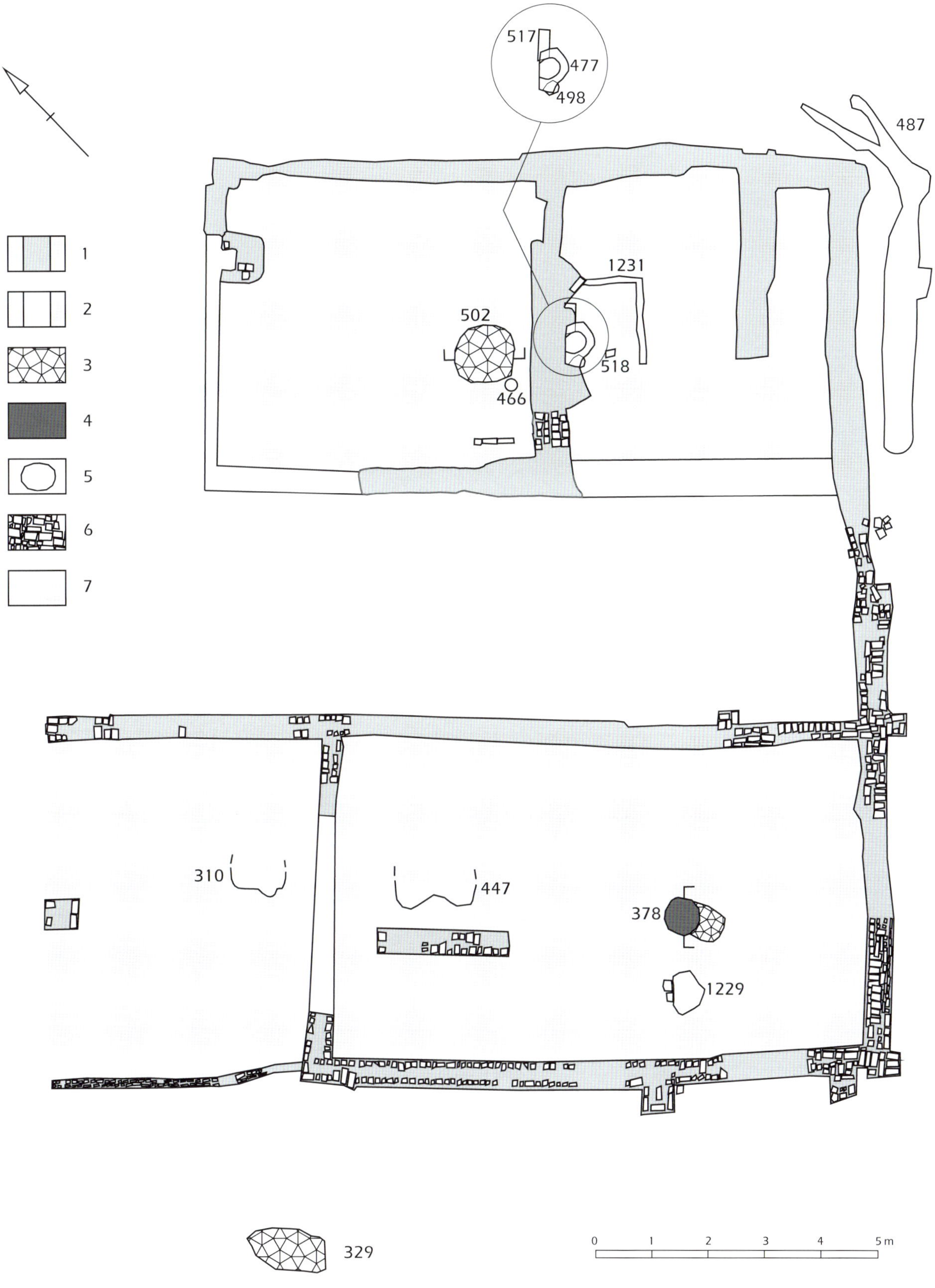

FIG. 133 **Plattegrond van gebouwen 5 en 11 met aanvullingen en aanpassingen. Legende: 1: uitbraaksporen, 2: aanvullingen, 3: kuil, 4: waterput, 5: specifieke sporen, 6: bakstenen, 7: bebouwde oppervlakte.**
Final floor plans of buildings 5 and 11. Key: 1: robber trenches, 2: deduced extensions of the excavated features, 3: pit, 4: well, 5: specific features, 6: bricks, 7: built surface area.

FIG. 134 **Zuidwestelijk deel van gebouw 5.**
South-western part of building 5.

FIG. 135 **Cesuur in de zuidwestmuur van gebouw 5.**
Structural change in the south-western wall of building 5.

fig. 133), een houtskoolrijke zone met enkele natuurstenen (spoornr. 1229: fig. 133) en een kuil gevuld met houtskool en gebakken brokjes klei (spoornr. 310: fig. 133 en 139).

Gebouw 5 was door een muur, wellicht een laag muurtje, verbonden met gebouw 11 (fig. 138). Onmiddellijk ten zuidwesten van gebouw 5 werd kuil spoornr. 329 aangetroffen. De vulling van deze ovale kuil (fig. 133: 3) bestond uit homogeen zwartgrijs zand met mosselschelpen, ceramiek- en baksteenfragmenten, botmateriaal en houtskool. Onderaan in de kuil kregen ceramiekfragmenten duidelijk de overhand, de vulling bestond er bijna uitsluitend uit ceramiekfragmenten. Uit deze zijn 28 ceramische recipiënten bijna volledig wedersamengesteld (fig. 140-146). Het is zeer verleidelijk om die speciale kuilvulling te koppelen aan de hierboven veronderstelde stabiliteitsproblemen van gebouw 5. Vanuit dat oogpunt zouden de hierna behandelde ceramische recipiënten de inhoud van een rek en/of kast kunnen zijn geweest en aldus bij de stabiliteitsproblemen gebroken zijn geraakt. Het is in elk geval een merkwaardige vaststelling die haar gelijke niet kent in het overige bodemarchief dat in Raversijde werd onderzocht. De bespreking van de aangetroffen recipiënten volgt hieronder.

4.3.2.5.2 Ceramiek uit kuil spoornr. 329

In deze kuil (fig. 132) werden in totaal 28 volledige of nagenoeg volledige recipiënten aangetroffen: 8 in Rijnlands steengoed met zoutglazuur (fig. 140), 4 in grijs aardewerk (fig. 141:1-4) en 16 in rood oxiderend gebakken aardewerk (fig. 141: 5 en fig. 142-146).

FIG. 136 De zuidwestmuur van gebouw 5 is gedeeltelijk weggezakt in een onderliggende gracht: a: gezien vanuit het zuidoosten, b: gezien vanuit het noordwesten.
The south-western wall of building 5 is deformed due to partial subsidence into an underlying infilled ditch: a: seen from the south-east, b: seen from the north-west.

Rijnlands steengoed met zoutglazuur
984.3. (fig. 140: 1): Kan met gelobde standring, cilindrische hals, bandvormig oor en eenvoudige, rechtopstaande rand. De kan heeft de volgende afmetingen: hoogte: 29,4 cm, grootste diameter: 15,7 cm en diameter van de rand: 6,7 cm.

984.4 (fig. 140: 2): Kan met gelobde standring en eenvoudige, licht naar buiten staande hals en rand. De kan heeft de volgende afmetingen: hoogte: 25,6 cm, grootste diameter: 12,9 cm en diameter rand: 6,2 cm.

984.5 (fig. 140: 3): Groot fragment van kan met bandvormig oor en eenvoudige, licht naar buiten staande hals en rand. De rand is licht inwaarts afgeschuind. Afmetingen van de kan: grootste diameter: 12,7 cm en diameter rand: 6,2 cm.

984.6 (fig. 140: 4): Kan op gelobde standring, met bandvormig oor en eenvoudige, licht naar buiten staande hals en rand. De kan heeft de volgende afmetingen: hoogte: 25,8 cm, grootste diameter: 12,5 cm en diameter rand: 6,2 cm.

984.7 (fig. 140: 5): Kan op gelobde standring en met bandvormig oor. Grootste diameter: 11,6 cm.

984.11 (fig. 140: 6): Kan op gelobde standring en met bandvormig oor. Grootste diameter: 13, 3 cm.

984.13 (fig. 140: 7): Kan op gelobde standring en met aanzet van een bandvormig oor. Grootste diameter: 11 cm.

984.14 (fig. 140: 8): Kan met twee bandvormige oren en een in doorsnede driehoekige rand. De kan heeft de volgende afmetingen: grootste diameter: 16,4 cm en diameter rand: 3,6 cm.

Grijs reducerend gebakken aardewerk
984.8 (fig. 141: 1): Kruik op vier zevenledige standvinnen, met cilindrische hals, ribbel aan de buitenzijde van de rand en rolrond oor. Afmetingen van de kruik: hoogte: 35,4 cm, grootste diameter: 35,5 cm en diameter rand: 11,2 cm.

984.9 (fig. 141: 3): Kruik op vijf drieledige standvinnen, met cilindrische hals, rolrond oor en licht naar buiten staande geprofileerde rand met uitgesproken ribbel aan de buitenzijde. Afmetingen van de kruik: hoogte: 28,8 cm, grootste diameter: 27,6 en diameter rand: 11,8 cm.

984.10 (fig. 141: 2): Kruik met rolrond oor, cilindrische hals en eenvoudig rechtopstaande rand met een ribbel aan de buitenzijde. Afmetingen van de kruik: hoogte: 22,3 cm, grootste diameter: 21,2 cm en diameter rand: 10 cm.

984.12 (fig. 141: 4): Kookpot met peervormig profiel op acht uitgeknepen voetjes, met één verticaal geplaatst rolrond oor en een eenvoudig naar buiten staande rand. Afmetingen van de kookpot: hoogte: 17,7 cm, grootste diameter: 17,8 cm en diameter rand: 11,9 cm. Op de bodem zijn zeer weinig roetsporen te zien, wellicht te weinig om een courant gebruik op het vuur te

FIG. 137 **Restanten van de onderste laag van de zuidwestmuur van gebouw 5 op hun oorspronkelijke localisatie.**
Remnants of the bottom brick course of the southwestern wall of building 5 with the bricks still in their original positions.

veronderstellen. Het stuk doet trouwens denken aan een kookkan of zelfs aan een kamerpot.

Rood oxiderend gebakken aardewerk
984.18 (fig. 141: 5): Groot fragment van een kookpot op drie potjes, met uitstaande hals, eenvoudig verdikte rand en twee in doorsnede rechthoekige oren. Loodglazuur is enkel aangebracht op de binnenkant van de bodem, op de binnenkant van de hals en op de buitenkant van de schouder in de zones tussen de oren. De kookpot is onderaan intens beroet. Afmetingen van de kookpot: hoogte zonder de poten: 17,6 cm, grootste diameter: 21 cm en diameter rand: 17,2 cm.

984.2 (fig. 142: 1): Kookpot op vierledige standvinnen, met uitstaande hals, eenvoudig afgeronde rand en twee rolronde oren. Loodglazuur is aangebracht op de binnenkant van de bodem en op de binnenkant van de rand tussen de beide oren. De pot is onderaan intens beroet. Afmetingen van de kookpot: hoogte, 19,4 cm, grootste diameter: 24,6 cm en diameter rand: 18,6 cm.

984.20 (fig. 142: 2): Groot fragment van een uitermate sterk door vuur aangetaste kookpot op drie standvinnen, met twee rolronde oren, naar buiten staande hals en eenvoudig verdikte rand. Loodglazuur is enkel aangebracht op de binnenkant van de bodem. Afmetingen van de kookpot: hoogte zonder de standvinnen: 17,3 cm, grootste diameter: 22,8 cm en diameter rand: 18 cm.

984.23 (fig. 142: 3): Kookpot op drie drieledige standvinnen, met uitstaande hals, eenvoudig verdikte rand en twee rolronde oren. Loodglazuur op de binnenkant van de bodem en op de binnenkant van de hals in de zones tussen beide oren in. De onderkant is sterk beroet. Afmetingen van de kookpot: hoogte: 19,7 cm, grootste diameter: 23 cm en diameter rand: 18,8 cm.

984.24 (fig. 142: 4): Kookpot op standvinnen, met uitstaande hals, eenvoudig ronde rand en twee rolronde oren. Loodglazuur is aangebracht op de binnenkant van de bodem en op de binnenkant van de hals en rand in de zones tussen de oren. De pot is aan de buitenkant intens beroet. Afmetingen van de kookpot: hoogte: 19,9 cm, grootste diameter: 24,6 cm en diameter rand: 19,5 cm.

984.22 (fig. 142: 5): Kookpot op zeven tweeledige standvinnen, met naar buiten staande hals, in doorsnede driehoekige rand en twee rolronde oren. Loodglazuur is enkel aangebracht op de binnenkant van de bodem en op de buitenkant van de schouder in de zones tussen de oren in. De pot is aan de

FIG. 138 **De gebouwen 5 en 11, een overzicht.**
Buildings 5 and 11, an overview.

FIG. 139 **Kuil spoornr. 310 gevuld met een sediment rijk aan houtskool en gebakken brokjes klei.**
Pit 310 was infilled with sediments rich in charcoal and burnt clay fragments.

onderkant stevig beroet. Afmetingen van de kookpot: hoogte: 17,7 cm, grootste diameter: 22,5 cm en diameter rand: 18,6 cm.

984.19 (fig. 142: 6): Kookpot op drie vierledige standvinnen, met uitstaande hals en rand die inwaarts afgeschuind is en een rolrond oor. De onderkant is intens beroet. Loodglazuur is enkel aangebracht op de binnenkant van de bodem. Afmetingen van de kookpot: hoogte: 17,6 cm, grootste diameter: 22,3 cm en diameter rand: 17,6 cm.

984.1 (fig. 143: 1): Kookpot op drie vier- tot vijfledige standvinnen, uitstaande hals, inwaarts afgeschuinde rand en twee rolronde oren. Loodglazuur is aangebracht op de binnenkant van de bodem en aan de buitenkant, in twee zones op de schouder tussen beide oren in. De kookpot is onderaan intens beroet. De zones met loodglazuur op de schouder zijn bijkomend versierd met vier tot vijf slibboogjes. Afmetingen van de kookpot: hoogte: 29,5 cm, grootste diameter: 35,6 cm en diameter rand: 22,8 cm.

984.21 (fig. 143: 2): Kookpot op drie vijfledige standvinnen, met uitstaande hals, licht inwaarts afgeschuinde rand en een rolrond oor. Loodglazuur is enkel aangebracht op de binnenkant van de bodem. De pot is onderaan intens beroet. Afmetingen van de kookpot: hoogte: 18,2 cm, grootste diameter: 21,8 cm en diameter rand: 18,4 cm.

984.25 (fig. 143: 3): Kookpot in rood aardewerk op drie vierledige standvinnen, met één rolrond oor, naar buiten staande hals en inwaarts afgeschuinde rand. Loodglazuur is enkel aangebracht op de binnenkant van de bodem en de kookpot is aan de buitenkant intens beroet. Afmetingen van de kookpot: hoogte: 20,8 cm, grootste diameter: 25,8 cm en diameter rand: 18,8 cm.

984.26 (fig. 144: 1): Kookpot op drie zesledige standvinnen met uitstaande hals, inwaarts afgeschuinde rand en twee rolronde oren. Loodglazuur is aangebracht op de binnenkant van de bodem en op de buitenkant van de schouder in twee zones tussen beide oren in. De zones met loodglazuur op de buitenkant zijn bijkomend versierd met 7 tot 8 slibboogjes. Het glazuur is relatief slordig over deze slibboogjes aangebracht, waardoor sommige ervan niet geglazuurd zijn. De bodem is intens beroet. Afmetingen van de kookpot: hoogte: 24,4 cm, grootste diameter: 32 cm en diameter rand: 22,6 cm.

984.28 (fig. 144: 2): Kookpot op twee- en drieledige standvinnen met uitstaande hals, inwaarts afgeschuinde rand en twee rolronde oren. Loodglazuur is enkel aangebracht op de binnenkant van de bodem en de buitenkant is intens beroet. Afmetingen van de kookpot: hoogte: 21,7 cm, grootste diameter: 27,4 cm en diameter rand: 19 cm.

FIG. 140 **Rijnlands steengoed met zoutglazuur uit kuil spoornr. 329.**
Salt-glazed stoneware from the Rhineland from pit 329.

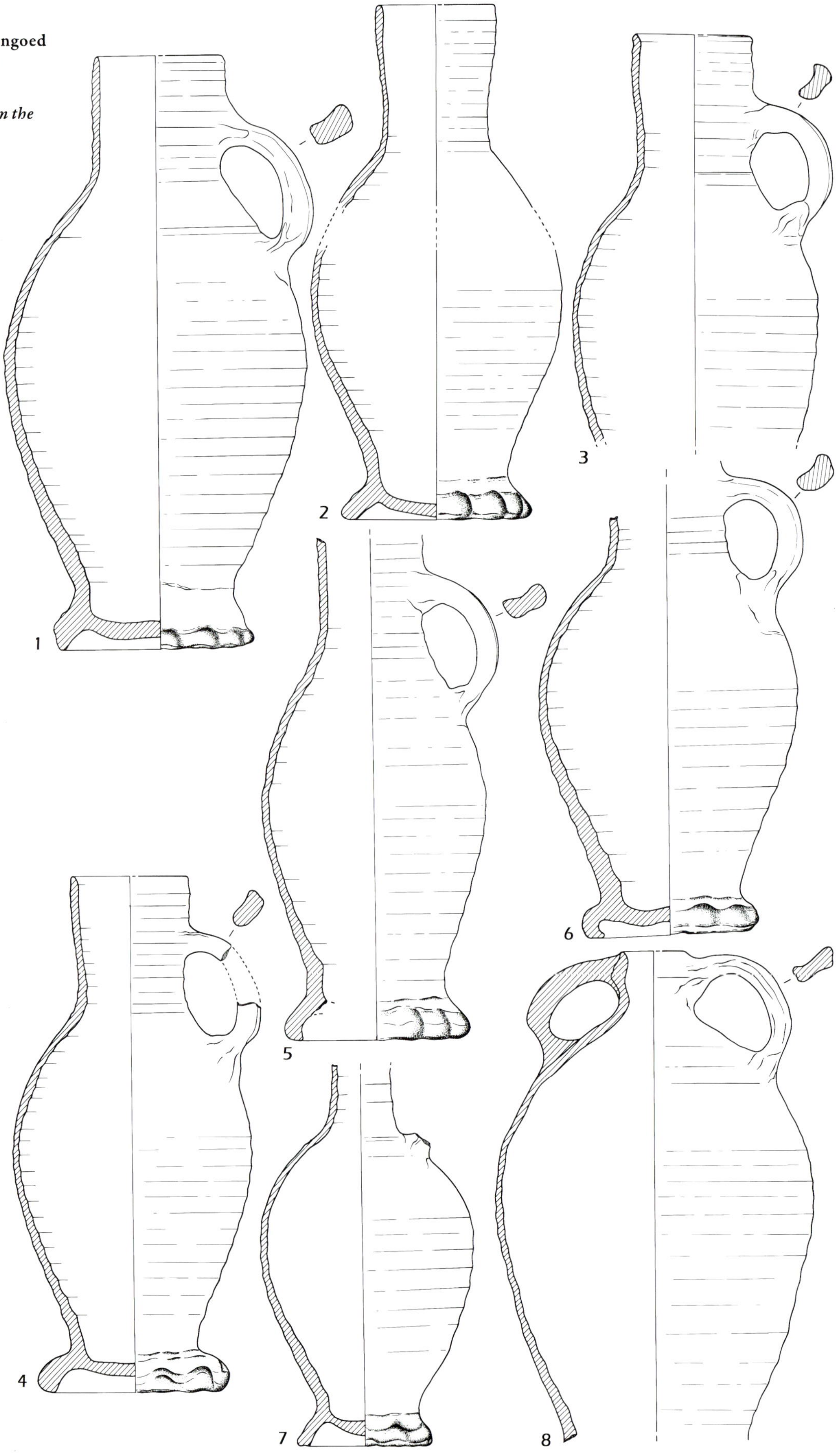

FIG. 141 **Grijs (1-4) en rood aardewerk (5) uit kuil spoornr. 329.**
Grey ware (1-4) and red ware (5) from pit 329.

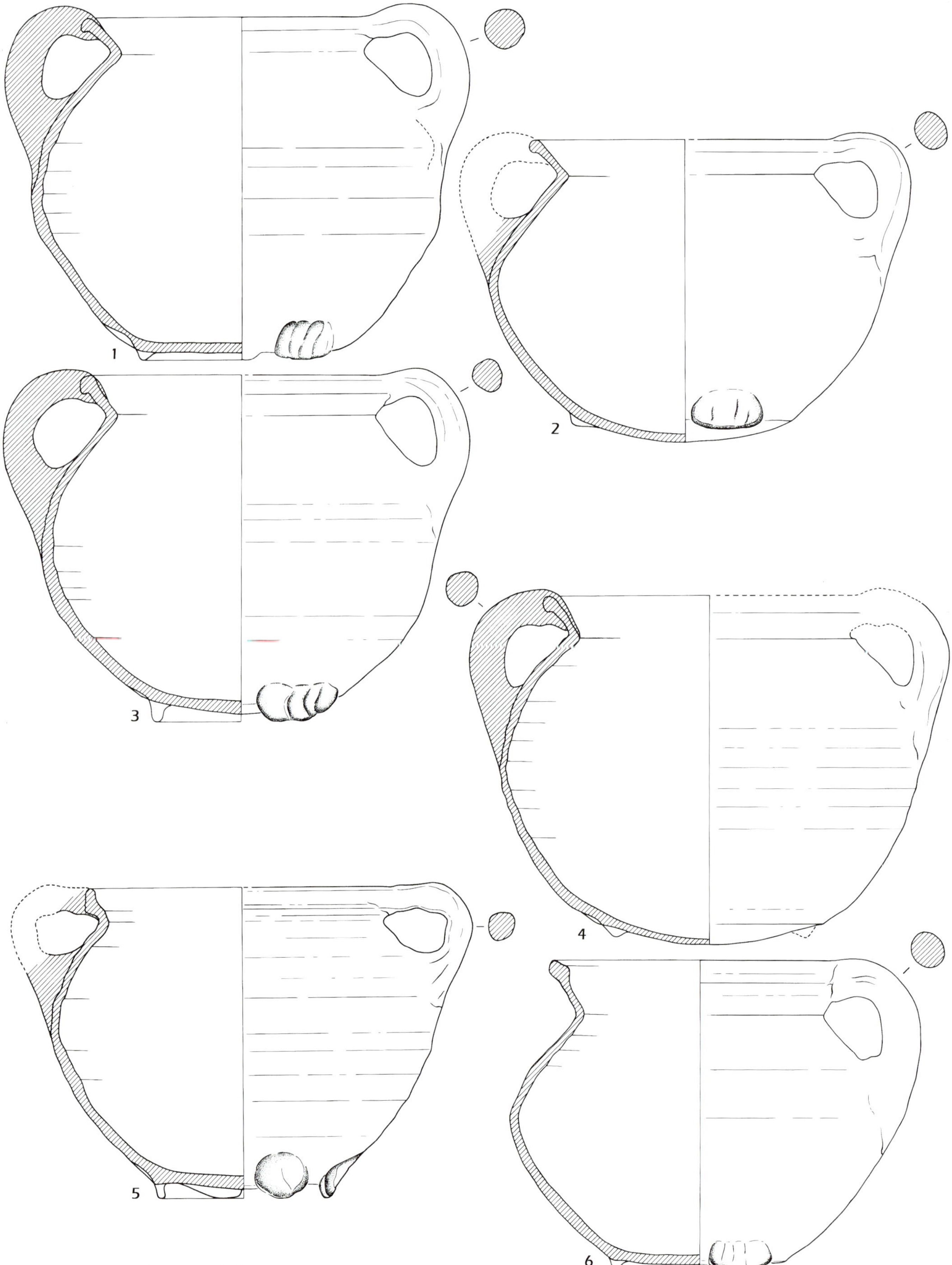

FIG. 142 **Rood aardewerk uit kuil spoornr. 329.**
Redwares from pit 329.

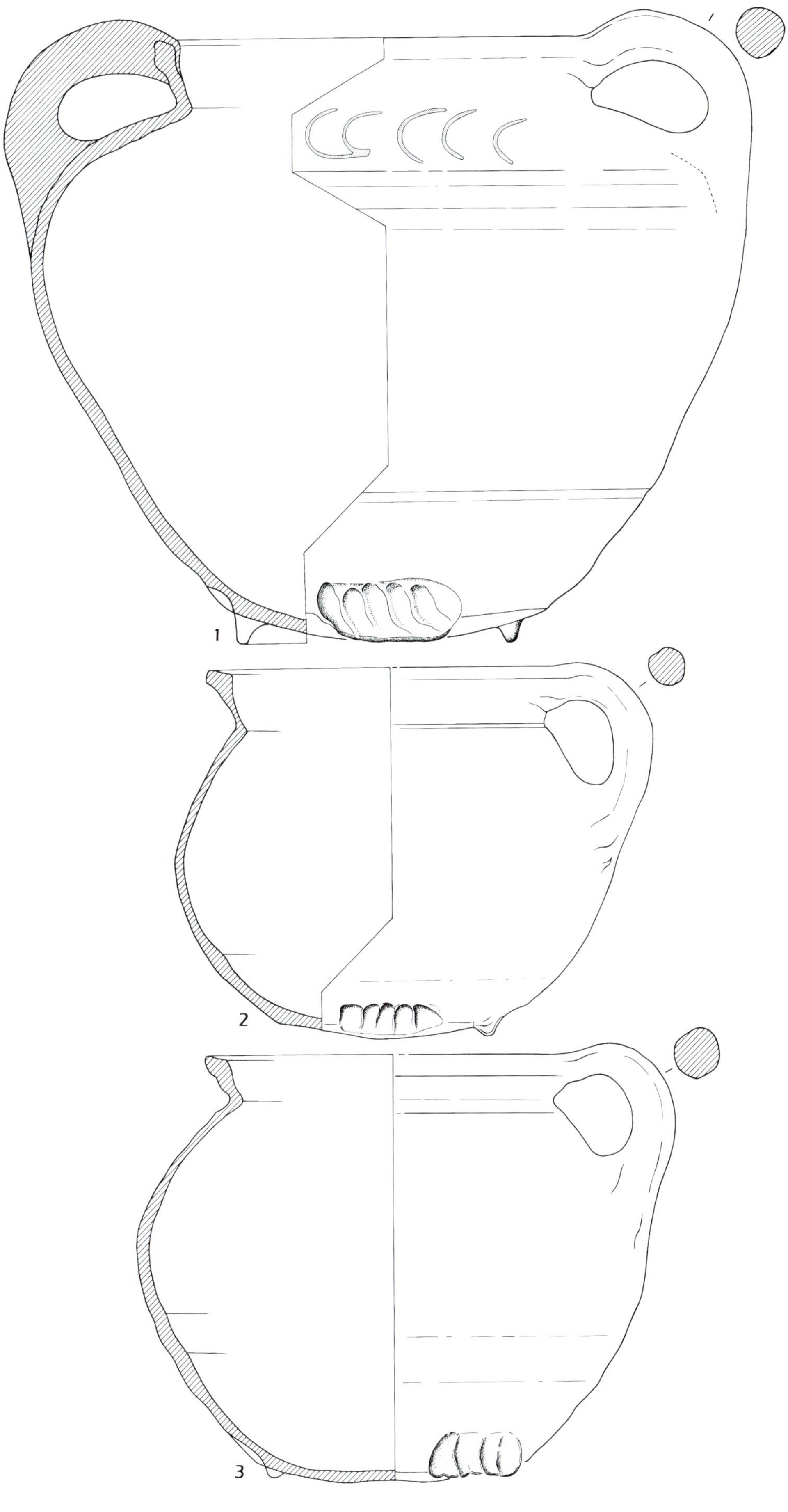

FIG. 143 **Rood aardewerk uit kuil spoornr. 329.**
Redwares from pit 329.

FIG. 144 **Rood aardewerk uit kuil spoornr. 329.**
Redwares from pit 329.

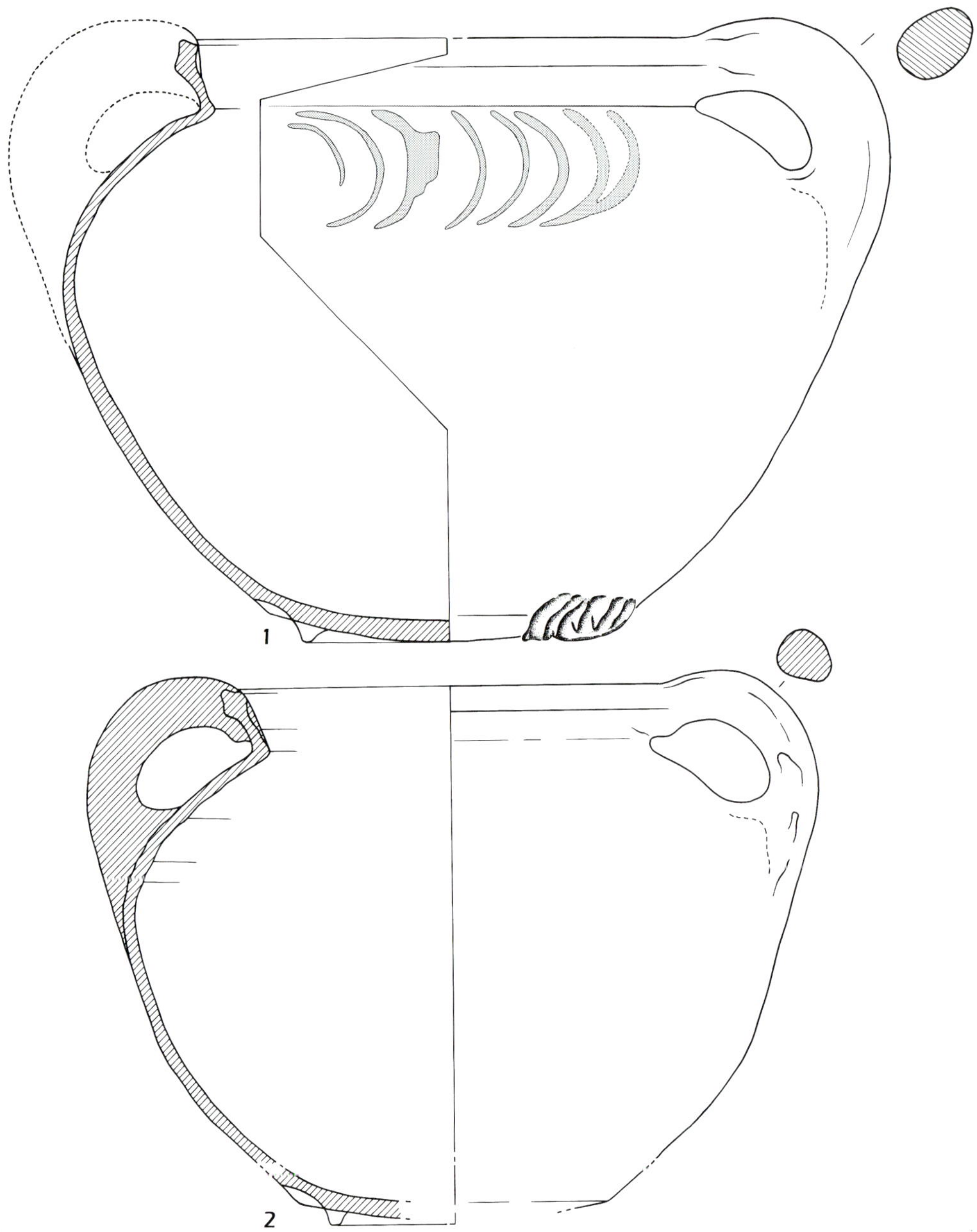

984.27 (fig. 145: 1): Kookpot met uitstaande hals, inwaarts afgeschuinde rand en twee rolronde oren. De onderste helft is aan de buitenkant intens beroet. Afmetingen van de kookpot: grootste diameter: 29,4 cm en diameter rand: 22,4 cm.

984.16 (fig. 145: 2): Archeologisch volledig fragment van een kannetje op standvoet, met rolrond oor, min of meer cilindrische geribbelde rand en een vlek loodglazuur op de schouder tegenover het oor. Onder het glazuur is in wit slib een drieledig floraal motief aangebracht. Afmetingen van het kannetje: hoogte: 14,8 cm, grootste diameter: 14,6 cm en diameter rand: 8,6 cm.

984.15 (fig. 146: 1): Archeologisch volledig fragment van een kruik op vier vierledige standvinnen, met rolrond oor, cilindrische hals, ribbel op de rand en licht naar binnen staande aan de binnenzijde verdikte en afgeronde rand. De kruik is onderaan intens beroet. Afmetingen van de kruik: hoogte: 31,6 cm, grootste diameter: 31,2 cm en diameter rand: 10,5 cm.

984.17 (fig. 146: 2): Kruik op vier vierledige standvinnen, met rolrond oor, cilindrische hals, ribbel op de rand en licht naar binnen staande aan de binnenzijde verdikte en afgeronde rand. De kruik is onderaan intens beroet. Afmetingen van de kruik: hoogte: 32,8 cm, grootste diameter: 31,2 cm en diameter rand: 11,6 cm.

Bij het bekijken van dit ensemble van voorwerpen in ceramiek springen enkele aspecten onmiddellijk in het oog. Eén ervan is het ontbreken van platte en open vormen zoals borden, kommen en braadpannen, een ander is het ontbreken van Siegburg-steengoed. Een nuance is hier weliswaar op zijn plaats. Bepaalde afwezige vormen zoals kommen en borden zijn bij het onderzoek in Raversijde minder frequent aangetroffen. Dat geldt echter niet voor de ontbrekende braadpannen. Die zijn doorgaans zeer talrijk vertegenwoordigd onder het rood oxiderend gebakken aardewerk van Raversijde. In elk geval, er werden geen platte en

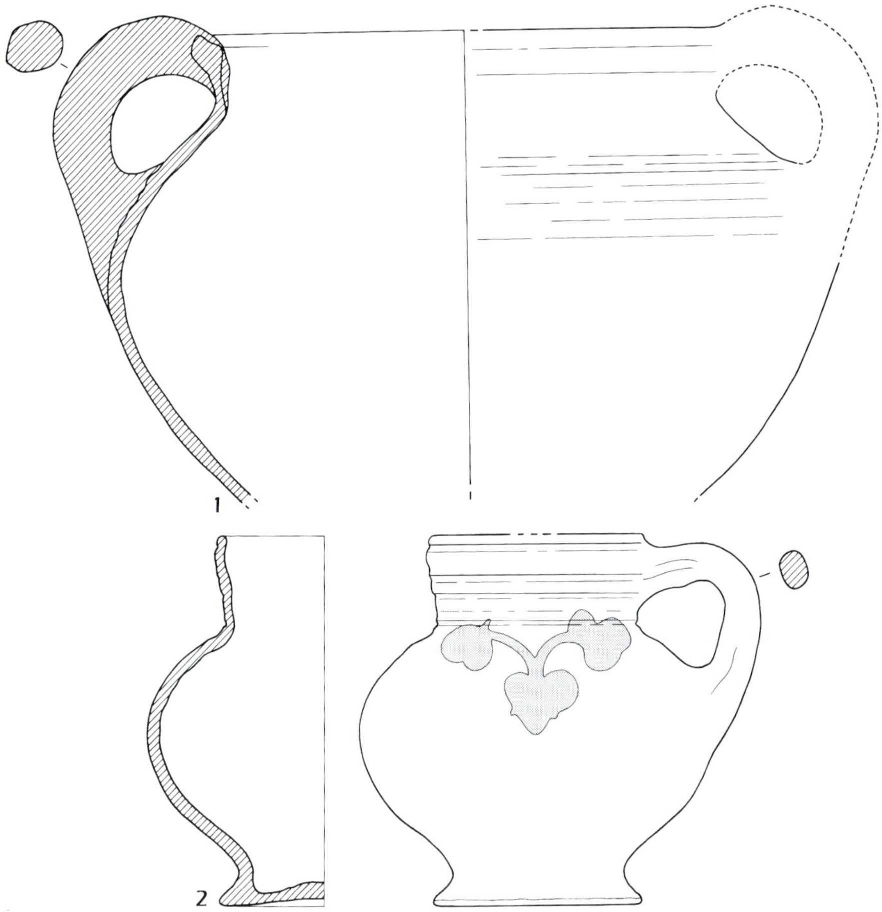

FIG. 145 **Rood aardewerk uit kuil spoornr. 329.**
Redwares from pit 329.

open vormen in deze kuil gedumpt. Naar de reden ervan blijft het gissen.

4.3.2.5.3 Tonwaterput spoornr. 378

De ton is tegen de wand van een rechthoekige constructiekuil van 1,1 m bij 0,6 m geplaatst. De bodem van deze tonwaterput (fig. 147-148) bevindt zich op 1,85 m T.A.W. Omdat de put zich bevond onder een opgevulde gracht is enkel het onderste gedeelte ervan bewaard gebleven. Op de bodem van de tonschacht bevindt zich een 2 tot 5 cm dik zandlaagje, dat afgedekt wordt door een laag zware klei van ongeveer 20 cm dik. Die kleilaag bevatte o.a. een houten lepel (fig. 149). De houtresten van de duigen vertoonden slechts 85 jaarringen, waardoor de dendrochronologische analyse geen datering opleverde.

Ook tonwaterput spoornr. 226 was in een gracht aangelegd. Dit kan erop wijzen dat deze grachten eerder droog waren en vooral interessant vanuit een optiek van werkbesparing. Op deze plaatsen moest er immers minder gegraven worden.

4.3.2.5.4 Gebouw 11

Gebouw 11 is met de lengteas 44° NW en met de dwarsmuurtjes 43° NO georiënteerd. Dit gebouw is slechts gedeeltelijk in uitbraakspoor bewaard (fig. 132-133). Zo hebben enkele recentere kuilen (spoornrs. 462, 463) vermoedelijk de oostelijke helft van de zuidwestmuur uitgewist. Het betreft twee kuilen met een overwegend zwarte, zandige vulling, gelijkaardig aan die van de onderzochte veenwinningsputten die als stortzone werden hergebruikt (*cf. infra*). De grootste (spoornr. 463) meet ongeveer 3 m in doormeter. Dit impliceert in elk geval dat de op die plaats vastgestelde onderbreking in de uitbraaksporen niet noodzakelijk als een vroegere deur- of poortopening moet worden geïnterpreteerd. Ook de westelijke hoek van het gebouw is niet bewaard gebleven, zelfs niet in de vorm van een uitbraakspoor. Ondanks de slechte bewaringsgraad kan de algemene vorm van het gebouw toch worden bepaald. Het gaat om een rechthoekig gebouw dat buitenwerks 5,9 m bij 11,3 m meet. Het gebouw heeft een oppervlakte van 66 m² en is van oost naar west in drie ruimtes onderverdeeld. De meest oostelijke ruimte meet binnenwerks amper 0,9 tot 1 m. Vlak naast de zuidoostelijke buitenmuur bevindt zich een greppel die als een osendropgreppel (fig. 133, spoornr. 487) kan worden geïnterpreteerd. Het feit dat de zuidoostmuur van gebouw 5 tot 2,2 m voorbij de oosthoek verder loopt en daar contact maakt met een zuidoostmuur van gebouw 11 die in zuidwestelijke richting doorloopt, zou erop kunnen wijzen dat beide gebouwen onderling waren verbonden met een laag (?) muurtje.

De middenste ruimte van gebouw 11 meet binnenwerks 3,1 tot 3,2 m bij 4,7 m. In deze ruimte bevinden zich structuren die verband houden met de verwarming van het gebouw: een *in situ* verhitte zone (fig. 133, spoornr. 477) en drie met as gevulde kuiltjes (spoornrs. 498, 517, 518). Alle vier de sporen bevinden zich binnen een rechthoekige of vierkante ruimte die blijkbaar aansluit tegen de binnenmuur en door een 10 cm brede greppel wordt afgebakend (spoornr. 1231). Enkel van deze binnenmuur

FIG. 146 **Rood aardewerk uit kuil spoornr. 329.**
Redwares from pit 329.

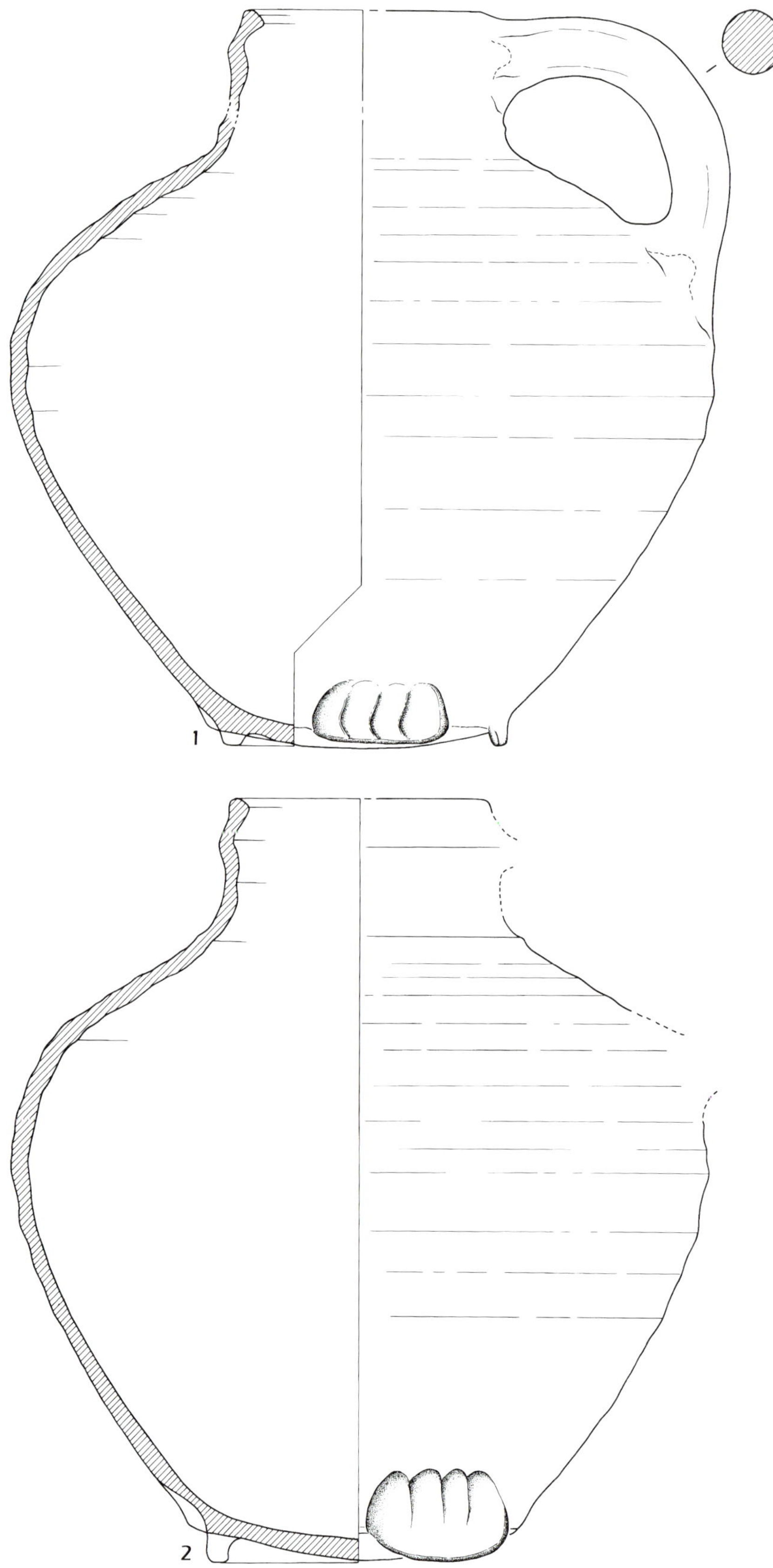

FIG. 147 **Tonwaterput spoornr. 378.**
Barrel well 378.

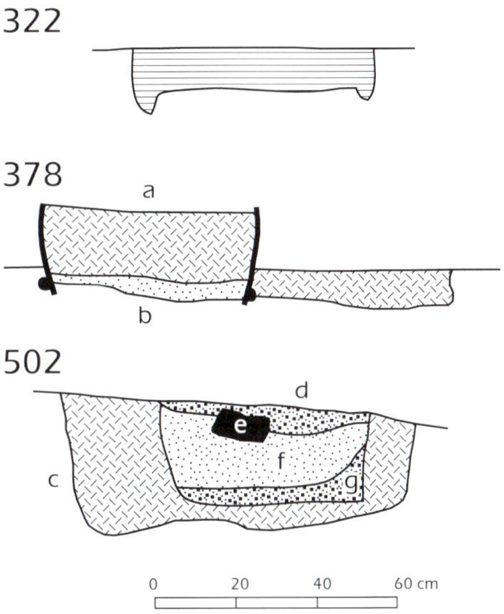

FIG. 148 **Doorsnedes door tonwaterput spoornr. 378 en door tonputten spoornrs. 322 en 502. Legende: a: klei, b & f: zand, c: kleiige opvulling constructiekuil, d & g: as, e: baksteen.**
Barrel well 378 and barrel lined pits 322 and 502 in section. Key: a: clay, b& f: sand, c: clayey fill of construction cut, d& g: ash, e: brick.

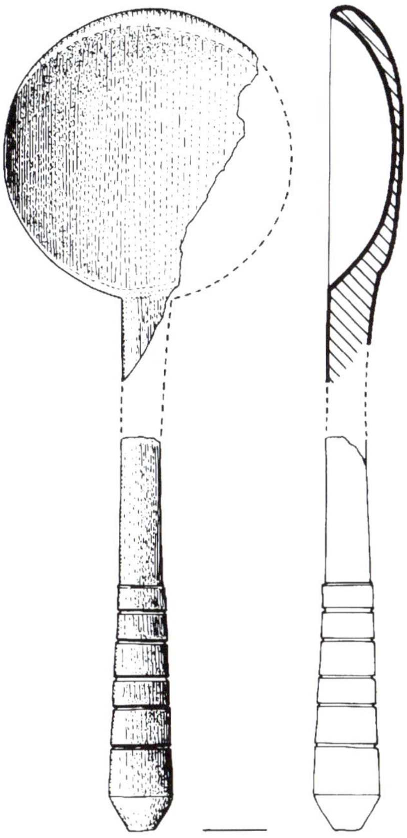

FIG. 149 **Houten lepel (1110.1) uit de vulling van tonwaterput spoornr. 378.**
Wooden spoon (1110.1) from the basal fill of barrel well 378.

zijn nabij de zuidwestwand van gebouw 11 een aantal bakstenen bewaard gebleven (fig. 133). De meest westelijke ruimte is de grootste en meet binnenwerks 5,1 bij 4,8 m, wat neerkomt op ongeveer 25 m^2. Binnen deze ruimte bevinden zich twee elementen die erop wijzen dat er vuur werd gemaakt: een *in situ* verhitte plek (spoornr. 1232: niet afgebeeld, maar bevindt zich ongeveer ter hoogte van tonput spoornr. 502) en een ingegraven pot, een zogenaamde aspot (spoornr. 466: 1323.1, fig. 150). Het betreft een kookpot in rood aardewerk, met de opening naar onder (fig. 151). Het feit dat deze kookpot ondersteboven in de grond is geplaatst, geeft aan dat in de bodem van dit stuk ceramiek ook een opening was of gemaakt was. Verder bevinden zich in deze ruimte nog een aantal bakstenen, vermoedelijk in hun oorspronkelijke verband. Enkele platliggende bakstenen zouden kunnen verwijzen naar de oorspronkelijke bevloering. Een aantal andere liggen op hun kant, wat erop zou kunnen wijzen dat ze een haard afbakenden. Doorheen de *in situ* verhitte plek (spoornr. 1232) is tonput spoornr. 502 gegraven, waardoor die plek op enkele randjes na volledig is vergraven.

4.3.2.5.5 Tonput spoornr. 502

De ton (fig. 148 en 152) bevindt zich min of meer centraal in een afgerond vierkante constructiekuil (fig. 152) van 1 m bij 0,95 m binnen gebouw 11. De bodem van de tonput bevindt zich op 2,87 m T.A.W. De zeer geringe diepte sluit in elk geval uit dat deze structuur als tonwaterput kan worden geïnterpreteerd. De bodem van de constructiekuil reikt tot 6 cm dieper dan de bodem van de eigenlijke tonschacht. Hout is niet bewaard gebleven. De bodemvulling van de tonschacht bestaat uit twee aslaagjes (fig. 148: d en g) gescheiden door een zandpakket (fig. 148: f). Door de aanwezigheid van die aslaagjes werd deze tonput tijdens het terreinonderzoek als aston omschreven. De vulling deed immers spontaan aan één of andere specifieke artisanale (?) functie denken, zoals het roken van vis. Om uitsluitsel te krijgen werden zowel de planten- als de dierenresten van deze laagjes in detail onderzocht. Uit het laagje met asresten op de bodem van de tonput werd ook een sierspeld in tin/lood (1366.1) gerecupereerd[363]. De plantenresten in de aslaagjes leverden geen informatie over een eventueel specifiek gebruik van de ton of over een specifieke vulling. Er werden vooral grote hoeveelheden[364] verkoolde resten van galigaan aangetroffen. De aslaagjes van de vulling bevatten duidelijk ook heel wat visresten. De resultaten van het onderzoek van de dierlijke resten volgen hierna. De functie van deze structuur blijft echter vooralsnog ondanks de diverse onderzoeken onduidelijk. Een mogelijke functie voor dit soort ondiepe tonnen met asrijke vulling is die van container voor huisveegsel (*cf. infra*): as gemengd met klein keuken- en tafelafval.

4.3.2.5.6 Dierenresten uit tonput spoornr. 502
Wim Van Neer, An Lentacker & Anton Ervynck

Uit tonput spoornr. 502, bijgenaamd de aston, kwam geen met de hand te verzamelen botmateriaal. Er zaten geen grote botten of schelpen in de vulling, enkel kleine resten die aan de hand van een zeefstaal van 10 liter zijn ingezameld (tabel 16). In dit zeefstaal zat naast een kippenbotje een beperkte hoeveelheid visresten.

De visresten van de aston bevatten vooral haring, schol/bot/schar, kabeljauwachtigen en paling (tabel 17). Binnen de klasse van de Gadidae zijn hoofdzakelijk wijtingresten aangetroffen en één stuk schelvis. Wat de platvissengroep 'schol/bot/schar' betreft, waarvan de soorten osteologisch moeilijk van elkaar te onderscheiden zijn, waren er 3 stukken van bot afkomstig. Het gaat om delen van de kop van vissen die 25 tot 30 cm lang waren. Een andere platvissoort die in deze context voorkomt is de tarbot. Van die soort werd de wervel van een relatief klein exemplaar (20 cm SL) gevonden. Ten slotte zaten in deze ton ook 2 resten van een poon, maar de vinstekel en het schedelfragment konden niet op soort gedetermineerd worden.

De skeletverdeling van een aantal soorten is het vermelden waard. Van de paling zijn uitsluitend wervels gevonden, wat erop wijst dat de kop werd verwijderd en elders achtergelaten. Het

FIG. 150 **Ingegraven pot in rood aardewerk.**
In situ redware pot.

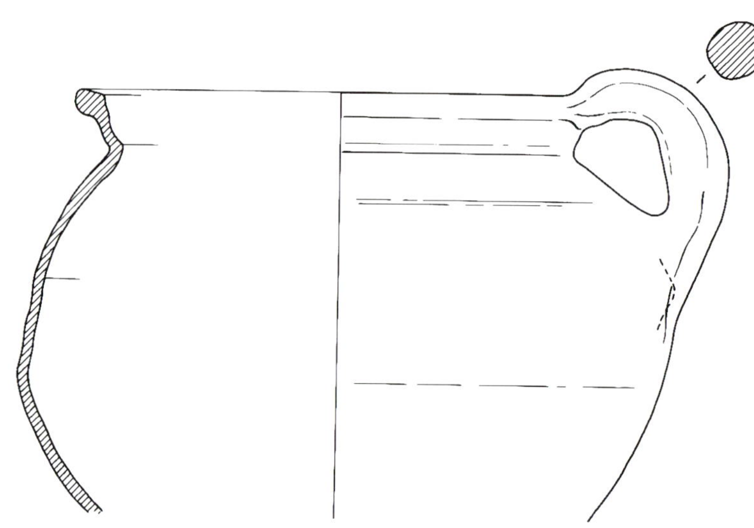

FIG. 151 **Kookpot in rood aardewerk (1323.1) hergebruikt als aspot.**
In situ cookingpot in redware (1323.1) reused as an ash pot.

363 *Cf.* Pieters *et al.* 2002, 289 nr. 1366.1.

364 Bastiaens 2002, 105.

FIG. 152 **Tonput spoornr. 502 in grondplan.**
Barrel lined pit 502 in plan.

TABEL 16
Inventaris van de dierenresten uit tonput spoornr. 502, gebouw 11 (zeef: zeefstaal).
Inventory of animal remains from barrel well 502, building 11 (zeef: sieved sample).

soort	zeef 10 l > 2 mm
PISCES	
paling (*Anguilla anguilla*)	25
haring (*Clupea harengus*)	101
schelvis (*Melanogrammus aeglefinus*)	1
wijting (*Merlangius merlangus*)	28
kabeljauwachtige (Gadidae sp.)	21
poon (Triglidae sp.)	2
tarbot (*Scophthalmus maximus*)	1
bot (*Platichthys flesus*)	3
schol/bot/schar (Pleuronectidae sp.)	81
niet gedetermineerde visresten	148
AVES	
eischaal	+
kip (*Gallus gallus* f. domestica)	1
niet gedetermineerde vogelresten	1
MAMMALIA	
niet gedetermineerde zoogdierresten	3
totaal	416

materiaal valt uiteen in twee duidelijk verschillende grootteklassen: van de 25 stuks zijn er 15 van vis die 20 tot 30 cm lang was, de overige zijn van grotere exemplaren tussen de 40 en 50 cm SL. Van de haring is ongeveer 60 % tussen 15 en 20 cm, de rest is iets groter (20-25 cm SL). Ongeveer 85 % van de haringresten zijn wervels. Bij de wijting valt het op dat de helft van de stukken wervels zijn en dat er bij het materiaal van de kop relatief weinig stukken van de kieuwkorf zitten. Dat kan erop wijzen dat het om tafelafval gaat. De gereconstrueerde groottes van de wijting uit deze context tonen dat ongeveer de helft van de vissen klein was (10 tot 20 cm SL), terwijl de andere helft een heel stuk groter was (30-40 cm SL). De enige andere kabeljauwachtige die werd aangetroffen was een schelvis die 50 tot 60 cm mat en kon worden gedetermineerd op basis van een schedelfragment. De beenderen aangeduid als 'niet-determineerbare Gadidae' kunnen op basis van hun morfologie niet aan een bepaalde soort worden toegeschreven, maar de afmetingen wijzen wel eerder op schelvis. De skeletverdeling van deze middelgrote kabeljauwachtigen toont dat meer dan de helft van de stukken van vinstralen afkomstig zijn, en dat voor de rest vooral elementen van de kieuwkorf voorkomen (tabel 18). Het gaat hier dus niet om typisch tafelafval, in die zin dat er geen wervels zijn afgezet die zouden kunnen wijzen op de consumptie van de vleesrijke delen van de vis. Bij de platvissen is de situatie anders (tabel 19). Daar maken vinstralen, maar vooral vinstraaldragers die in de vis zitten, 30 % uit van het materiaal en de wervels ongeveer 40 %, terwijl kieuwboogelementen en stukken van de nabijgelegen tongboog ongeveer 15 % van het materiaal vertegenwoordigen. Andere delen van de kop maken ongeveer 15 % uit van de platvisbotten. We hebben wervels gevonden die wel degelijk uit het midden van het lichaam komen, niet enkel de eerste of allerlaatste wervel die bij typisch

TABEL 17
Relatief aandeel van de visresten gedetermineerd in tonput spoornr. 502, gebouw 11 (n=263).
Frequency of identified fish remains from barrel well 502, building 11 (n=263).

soort	%
paling (*Anguilla anguilla*)	9.5
haring (*Clupea harengus*)	38.4
schelvis (*Melanogrammus aeglefinus*)	0.4
wijting (*Merlangius merlangus*)	10.6
kabeljauwachtige (Gadidae sp.)	8.0
poon (Triglidae sp.)	0.8
tarbot (*Scophthalmus maximus*)	0.4
bot (*Platichthys flesus*)	1.1
schol/bot/schar (Pleuronectidae sp.)	30.8

TABEL 18

Relatief aandeel van botelementen uit verschillende zones van het skelet bij de niet identificeerbare Gadidae (kabeljauwachtigen) uit tonput spoornr. 502, gebouw 11 (n=18).

Frequency of the elements from the different skeletal zones for the non-identified Gadidae from barrel well 502, building 11 (n=18).

skeletzone	%
wervels	0.0
vinstralen en vinstraaldragers	66.7
kieuwkorf	22.2
andere kopelementen	11.1

TABEL 20

Relatief aandeel van de verschillende grootteklassen (in cm SL) bij schol/bot/schar uit tonput spoornr. 502, gebouw 11 (n=37).

Frequency of the different size classes (in cm SL) for plaice/flounder/dab from barrel well 502, building 11 (n=37).

grootteklasse	%
10-20	24.3
20-30	43.2
30-40	21.6
40-50	10.8

TABEL 19

Relatief aandeel van botelementen uit verschillende zones van het skelet bij schol/bot/schar uit tonput spoornr. 502, gebouw 11 (n=84).

Frequency of the elements from the different skeletal zones for plaice/flounder/dab from barrel well 502, building 11 (n=84).

skeletzone	%
wervels	39.3
vinstralen en vinstraaldragers	29.8
kieuwkorf en tongboog	14.3
andere kopelementen	16.7

slachtafval[365] overwegen. De platvisresten uit deze tonput lijken omwille van de skeletverdeling dus hoofdzakelijk te bestaan uit resten van geconsumeerde exemplaren. Wanneer men de groottereconstructies bekijkt (tabel 20) blijkt dat ongeveer 25 % van de platvis afkomstig is van exemplaren die geen 20 cm SL haalden. De categorieën 20 tot 30 cm en 30-40 cm SL zijn goed voor respectievelijk 43 % en 22 %, terwijl grotere exemplaren van 40-50 cm SL ongeveer 10 % uitmaken.

De vulling van de ton blijkt tafelafval (bv. de platviswervels) te bevatten, en keukenresten (bv. de kieuwkorf-elementen van kabeljauwachtigen). Mogelijk gaat het om afval dat op de vloer terechtkwam en dat bij het vegen in de aston belandde. Vermits geen van de botten brandsporen vertoonden, gaat het zeker niet om dierenresten die in het haardvuur waren beland.

4.3.2.6 Gebouw 6

Gebouw 6 (fig. 153 en fig. 408) is slechts heel fragmentarisch bewaard. Toch is het mogelijk om met de bewaarde restanten een rechthoekige gebouwplattegrond te reconstrueren. Die is echter zo hypothetisch dat met de veronderstelde maten geen rekening wordt gehouden bij de gezamenlijke analyse van de gebouwen (4.3.3.). De lengteas en de dwarsmuur van dit gebouw zijn respectievelijk 36° NO en 52° NW georiënteerd. Enkele lineaire puinstroken nabij gracht spoornr. 219 zouden erop kunnen wijzen dat dit gebouw zich met een tweede vertrek nog een 3-tal m verder zuidwestwaarts uitstrekte dan getoond in fig. 153. De archeologische gegevens zijn echter te schaars om die stelling hard te maken. De slechte bewaringstoestand van dit gebouw is enerzijds te wijten aan landbouwactiviteiten en anderzijds aan het aanleggen van een drainagegreppel (spoornr. 273). De talrijke ploegsporen die dwars op de belendende gracht doorheen dit terrein snijden laten vermoeden dat de verhoogde ploegschade vooral het gevolg is van de aanwezigheid van de opgevulde gracht. Door de lagere densiteit van de bodem kon de ploeg daar immers dieper insnijden. De grotere ploegdiepte werd vermoedelijk ook tegen wil en dank aangehouden juist buiten de gracht, waardoor de noordwestwand van gebouw 6 werd opgeruimd. Behalve door ploegerosie werd dit gebouw ook aangetast door een drainagegreppel die nagenoeg dezelfde oriëntatie had als de zuidwestwand van gebouw 6. Dezelfde greppel sneed ook reeds een stuk weg van gebouw 3. Twee structuren verwijzen naar vuur: een *in situ* verhitte plek (fig. 153, spoornr. 333) en een kuiltje aan de buitenzijde van de zuidoostmuur (fig. 153, spoornr. 346) met een vulling van as en gebakken kleibrokjes. Nabij de zojuist vermelde verhitte plek bevindt zich ook een min of meer vierkante structuur (0,5 bij 0,45 m buitenwerks). Deze structuur (spoornr. 334, fig. 154-155) is afgeboord met enkele op hun kant geplaatste bakstenen (afmetingen: 25,5-26,5 cm bij 11,5-12 cm bij 5-5,5 cm) die in een greppeltje zijn gezet. De structuur, die vanaf de top van de bakstenen 25 tot 30 cm diep is, bevat een vulling van bruine zandige klei met houtskool. Meer centraal in het gebouw bevindt zich een structuur die als een tonput kan geïnterpreteerd worden (spoornr. 322, fig. 148). Een aantal platliggende bakstenen, vooral boven deze structuur, verraden dat het gebouw op een bepaald ogenblik mogelijk met bakstenen was gevloerd.

Onmiddellijk ten oosten van gebouw 6 treffen we een wolk van paalsporen aan, die lijkt te wijzen op een klein rechthoekig houten gebouw (fig. 156). Het betreft een rechthoekige zone van

365 Vergelijk met de gegevens uit de lens van de zgn. platvissenkuil of kuil spoornr. 167 gepubliceerd in Van Neer & Pieters 1997.

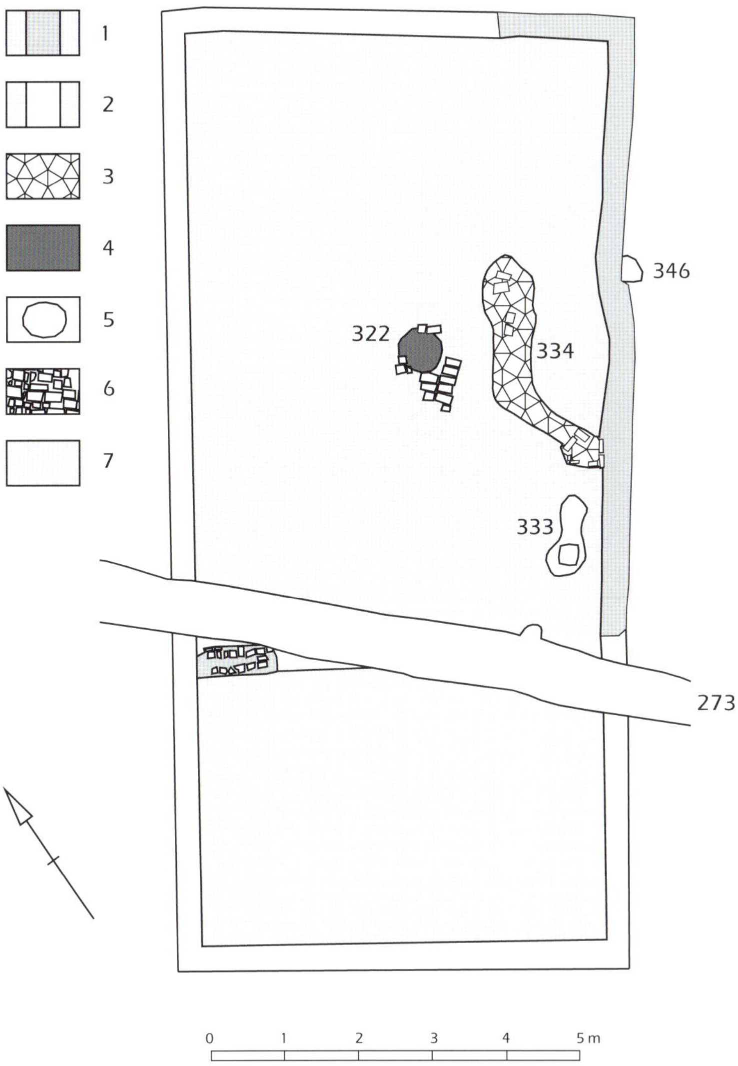

FIG. 153 **Plattegrond van gebouw 6 met aanvullingen. Legende: 1: uitbraaksporen, 2: aanvullingen, 3: kuil, 4: waterput, 5: specifieke sporen, 6: bakstenen, 7: bebouwde oppervlakte.**
Final floor plan of building 6. Key: 1: robber trenches, 2: deduced extensions of the excavated features, 3: pit, 4: well, 5: specific features, 6: bricks, 7: built surface area.

FIG. 154 **Vierkante structuur spoornummer 334 in baksteen binnen gebouw 6.**
Square brick structure 334 associated with building 6.

FIG. 155 Doorsnede door vierkante structuur binnen gebouw 6.
Square brick structure associated with building 6 in section.

FIG. 156 Paalsporen aangesneden binnen en in de zone van gebouw 6. Legende: 1: plattegrond gebouw 1, 2: paalsporen.
Postholes within and around building 6. Key: 1: floor plan of building 1, 2: postholes.

3,4 bij 5,5 m die met de lengteas 36° noordoost is georiënteerd. Deze sporen wijzen op een aanbouw bij gebouw 6 of op restanten van een oudere fase.

4.3.2.6.1 Tonput spoornr. 322

Het enige argument dat ertoe aanzet dit spoor op te nemen bij de tonputten is de algemene, cilindrische vorm. De geringe diepte waarop de bodem van deze structuur zich bevindt (fig. 148), namelijk 2,9 m T.A.W., sluit alleszins uit dat het om een tonwaterput gaat. Deze tonput bevindt zich centraal binnen gebouw 6, de functie ervan is onduidelijk. Van eventuele houtresten was geen spoor te bekennen. Algemeen gesproken vertoont deze tonput wel wat gelijkenissen met tonput spoornr. 502 in gebouw 11.

4.3.2.7 Gebouw 7

Gebouw 7 (fig. 157-158 en fig. 408) is met de hoofdas 43° NO en met de dwarsmuren 45° NW georiënteerd. Het was een eenvoudig rechthoekig gebouw dat binnenwerks 4,7 m bij minstens 7,3-7,4 m mat. Aanvankelijk leek het erop dat gebouw 7 binnenwerks wel 7,5 m breed was. De driedubbele rij op zijn kant geplaatste bakstenen waarvan toen werd aangenomen dat het de noordwestmuur van gebouw 7 was is in feite een deel van de afboording van de zeer grote, met bakstenen geplaveide zone die aansluit bij gebouw 15 (zie verder bij de bespreking van gebouw 15). Het onderzoek in 1995 bracht evenwel een bijkomend uitbraakspoor aan het licht dat zich binnenwerks op ongeveer 4,7 m van de zuidoostwand van gebouw 7 bevond. Op 7,3 tot 7,4 m afstand van de noordoostwand bevindt zich een vaag uitbraakspoor dat kan worden geïnterpreteerd als dat van een eventuele binnenmuur. De gereconstrueerde, aangevulde plattegrond van gebouw 7 loopt gedeeltelijk boven een zone die in 1999 verder is onderzocht. In sleuf 99/VI, die zowel aansluit bij sleuf 93/VIII als bij sleuf 95/V, werden echter geen sporen aangetroffen die met de plattegrond van gebouw 7 in verband konden worden gebracht. Dit is wellicht te wijten aan de ondiepe grondsporen die in bepaalde zones, in dit geval sleuf 99/VI, niet meer leesbaar waren.

Nabij de noordoostelijke dwarsmuur, ongeveer in de as van het gebouw, bevindt zich een kuiltje opgevuld met gebakken klei en as (fig. 157: spoornr. 309). Dit gebouw is, op enkele stenen in de noordoostmuur na, enkel als uitbraakspoor bewaard gebleven. Vermoedelijk was dit gebouw langs de zuidoost- en noordoostmuur afgeboord met een bakstenen terrasje. Daar troffen we immers enkele stenen aan die op hun kant werden geplaatst, wat dat vermoeden kan bekrachtigen. Onmiddellijk ten noordoosten van de noordoostmuur werd een kuiltje (fig. 157: spoornr. 316) aangetroffen waarin zich twee volledige ceramische recipiënten bevonden (953.1 en 953.2, fig. 159-160). Het betreft een flesje in rood aardewerk met twee oren, een vlakke bodem, een eenvoudig uitstaande rand en een volledig geribbelde wand. Het flesje heeft de volgende afmetingen: hoogte: 13,5 cm, grootste diameter: 13 cm en diameter rand: 6,8 cm (fig. 160: 1). Het andere recipiënt is een kannetje in Rijnlands steengoed met zoutglazuur en uitgevoerd met een gelobde standring, met twee bandvormige oren en een eenvoudig rechtopstaande rand met ribbel aan de buitenzijde. Het heeft de volgende afmetingen: hoogte: 18,2 cm, grootste diameter: 11,2 cm en diameter rand: 3, 6 cm (fig. 160: 2).

Enkele platliggende bakstenen en een stuk natuursteen binnen de plattegrond van gebouw 7 kunnen wijzen op een bakstenen vloer.

Ten zuiden van de zuidoostwand bevindt zich een bijna 2 m lang relict van een afboording (fig. 157, spoornr. 1239) van een bakstenen vloer. De afboording is NW-ZO georiënteerd en maakt mogelijk deel uit van een gebouw dat voor de rest buiten de opgegraven zone ligt.

Een 7-tal m ten noordoosten van gebouw 7 bevinden zich drie baksteenpartijtjes, mogelijk de restanten van een klein bijgebouw. Twee daarvan bevinden zich op 1,5 m van elkaar en hebben eveneens een NO-ZW oriëntatie.

Ten oosten van gebouw 7 bevinden zich ten slotte ook twee tonwaterputten (spoornrs. 318 en 366) en vermoedelijk een bakstenen waterput (spoornr. 317). De tonwaterputten gaven respectievelijk 1397 als *terminus post quem* en 1433-1443 als kapdatum. Gebouw 7 is op basis van die informatie in gebruik na 1397 en na 1433. De bakstenen waterput was volledig tot op de bodem uitgebroken en was bijgevolg enkel als negatief spoor bewaard. Dat maakt de interpretatie enigszins hypothetisch.

4.3.2.7.1 Tonwaterput spoornr. 318

De tonwaterput (fig. 161-162) is min of meer centraal in een ovale en getrapt uitgegraven constructiekuil van 1,25 m bij 0,85 m geplaatst. Enkel een groot deel (ongeveer 50 cm) van het hout van de onderste ton (961.1), samengesteld uit 13 duigen, is bewaard. De bodem van deze waterput bevindt zich op 2,00 m T.A.W. Op de bodem van de tonschacht bevindt zich een 10 cm dikke zandlaag. Die is bedekt met een laag verspitte klei van 40 cm, met daarboven een pakket kleiig zand doorspekt met potscherven. De jongste jaarring op een van de duigen is uit het jaar 1397, wat meteen als *terminus post quem* voor deze structuur kan worden gebruikt[366].

Uit de bovenste vulling van deze tonwaterput (fig. 161: i) werden heel wat *archaeologica* geborgen, waaronder twee kookpotten en een fragment van een mortier. Een korte beschrijving van de vondsten:

Kookpot in rood aardewerk (fig. 163: 1, 960.1) op drie vier- tot vijfledige standvinnen met een rolrond oor, een naar buiten staande hals, licht verdikte en inwaarts afgeschuinde rand. De onderste helft van de buitenkant is zwaar beroet en er is enkel glazuur aangebracht op de binnenkant van de bodem. Afmetingen van de kookpot: grootste diameter: 22 cm, randdiameter: 17,6 cm, hoogte: 17 cm.

Kookpot in rood aardewerk (fig. 163: 2, 960.2) op drie massieve pootjes, met twee haakvormig opgetrokken oren, rechte hals en uitstaande, inwaarts afgeschuinde rand met dekselgeul. Glazuur is aangebracht op de buitenzijde van de rand en schouder in de zones tussen de beide oren in en op de binnenkant van de bodem. Afmetingen van de kookpot: grootste diameter: 25,7 cm, randdiameter: 16,5-19,7 cm, hoogte: 25,7 cm.

Fragment van een mortier (fig. 163: 3, 960.17) in kalksteen. Hoogte: minstens 13,5 cm, diameter: 30,5 cm.

366 **Houbrechts & Pieters 1999, 231.**

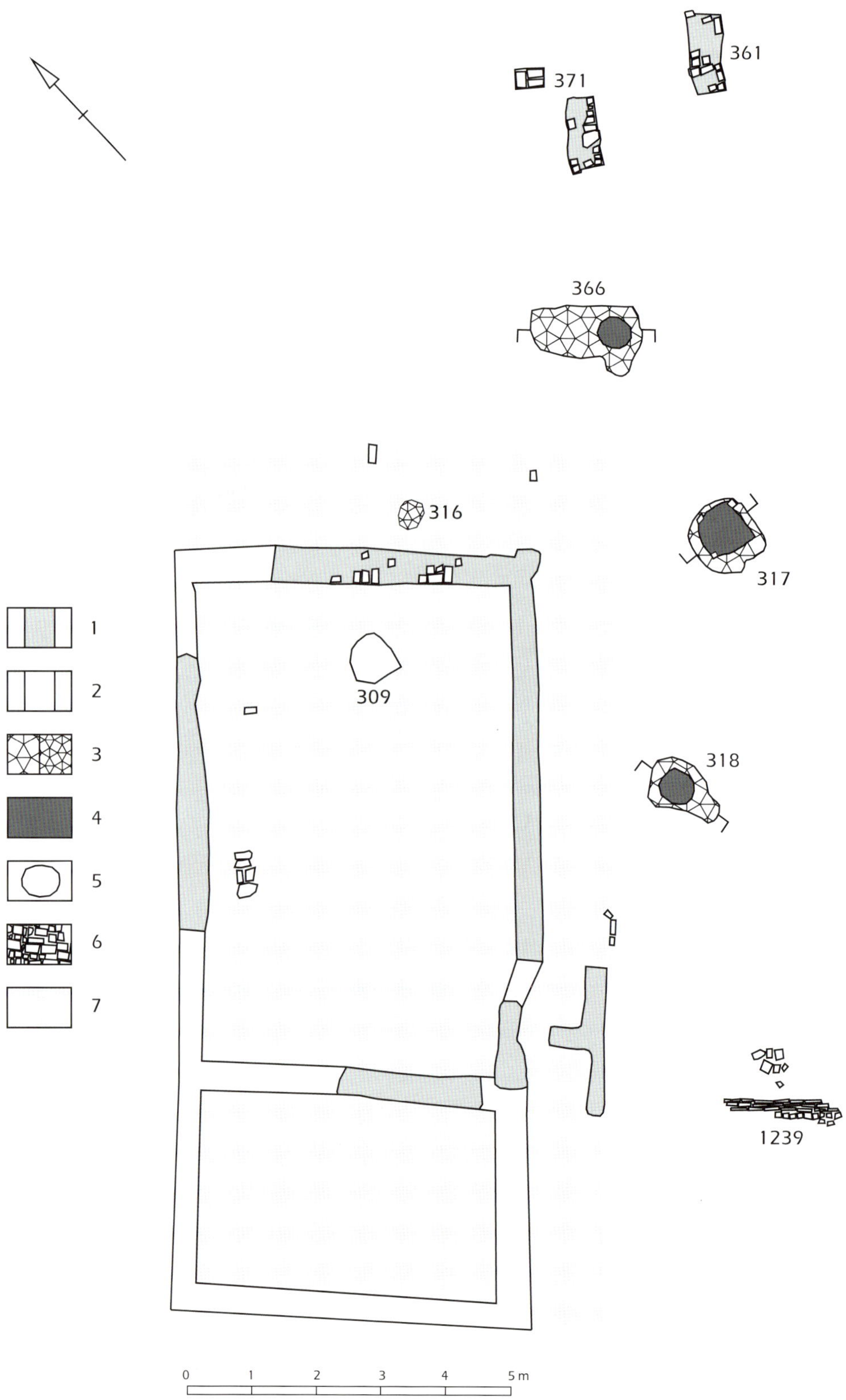

FIG. 157 Plattegrond van gebouw 7 met aanvullingen. Legende: 1: uitbraaksporen, 2: aanvullingen, 3: kuil, 4: waterput, 5: specifieke sporen, 6: bakstenen, 7: bebouwde oppervlakte.
Final floor plan of building 7. Key: 1: robber trenches, 2: deduced extensions of the excavated features, 3: pit, 4: well, 5: specific features, 6: bricks, 7: built surface area.

FIG. 158 **Gedeeltelijke plattegrond van gebouw 7 met kuil spoornr. 316.**
Partial floor plan of building 7 with pit 316.

FIG. 159 **Twee ceramische recipiënten uit kuil spoornr. 316.**
Two ceramic vessels from pit 316.

4.3.2.7.2 Tonwaterput spoornr. 366

De tonnen (fig. 161 en 164) zijn in een langwerpige, trapvormig uitgegraven, constructiekuil van 1,5 bij 0,4 tot 0,6 m geplaatst. De bodem van deze tonwaterput bevindt zich op 1,60 m T.A.W. Enkel van de onderste ton (1088.1) is het hout volledig bewaard. In een van de duigen, met kroosgroef op 4,5 cm van het duiguiteinde, is een rond bomgat aangebracht. Verder werden ook twee merktekens vastgesteld: een maalteken en een Romeinse negen[367]. Op de bodem van de tonschacht bevindt zich een tot 30 cm dik pakket van donkergrijze klei met nogal wat archeologisch materiaal, zoals een haast intact fluitje in ceramiek en een bezem met wikkel[368]. Het betreft een antropomorf fluitje in rood aardewerk met loodglazuur (fig. 165). Het voorgestelde personage heeft een drieledige baard en draagt een hoofddeksel met een gestileerde veer. Ogen en mond zijn uitgevoerd in wit slib en bedekt met vaalgroen loodglazuur. Het hoofd vertoont bovenaan twee perforaties: centraal en perifeer. Meer informatie over fluitjes in ceramiek opgegraven in Raversijde is te vinden onder 4.4.1.2.2.

De bovenliggende vullingspakketten zijn ongetwijfeld snel ingebracht en bevatten enkel wat residueel materiaal. De jongste jaarring op een van de duigen is van het jaar 1431. De vellingsdatum van de boom wordt geplaatst tussen 1433 en 1443[369].

4.3.2.7.3 Waterput in baksteen (?) spoornr. 317

Nabij de oosthoek van gebouw 7 bevindt zich een trechtervormige kuil met bovenaan een doormeter van ongeveer 1,75 m (fig. 161 en 166). De bodem van deze kuil, die naar onderen toe vernauwt tot 0,95 m doormeter en meer afgerond vierkantig

367 Houbrechts & Pieters 1999, 228 fig. 3: 4 en 12.

368 Pieters 1995, 227, fig. 14.

369 Houbrechts & Pieters 1999, 231.

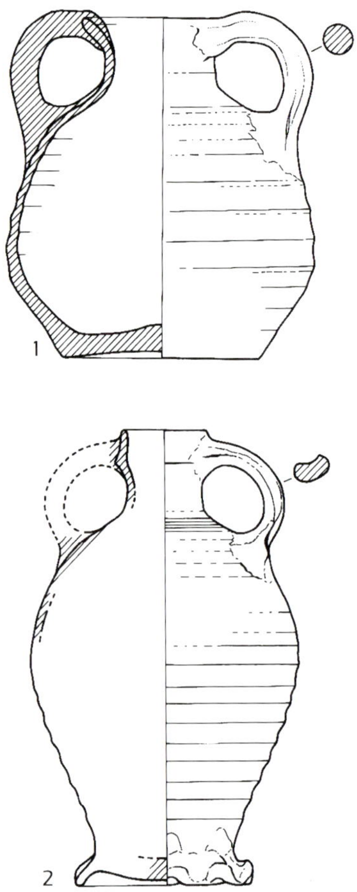

FIG. 160 **Flesje in rood aardewerk (953.1) en kannetje in Rijnlands steengoed met zoutglazuur (953.2).**
Bottle in redware (953.1) and Rhineland salt-glazed stoneware jug (953.2).

wordt in plaats van rond, bevindt zich op 1,76 m T.A.W. De opvulling bestaat voor een belangrijk deel uit baksteenpuin (formaat van de bakstenen: 23-27 cm bij 11,5-12 cm bij 5,5-6 cm).

Tussen dit puin werd als enig ander object een ijzeren vizier van een helm aangetroffen (955.1, fig. 167)[370]. Het gaat om het bovenste deel van een tweeledig vizier. Het stuk heeft twee spleetvormige openingen van 57-58 mm lengte en een centrale, haaks op de spleten geplaatste richel. De beide uiteinden van het vizier waren afgebroken. Bij het linkeruiteinde was de circulaire opening (diam.: 8 mm) om het vizier aan de helm te verbinden nog bewaard. Het kleine gaatje onder de rechterspleet van het vizier was bestemd om een staafje te huisvesten dat moest beletten dat het onderste deel van het vizier boven het bovenste deel ging schuiven. Volgens Bernie Willoughby[371] is dit fragment de bovenste plaat van een tweedelig vizier van een gesloten helm uit de late 16de of vroege 17de eeuw. Een tot in de kleinste details identiek stuk is gedateerd rond 1580. Volgens dezelfde persoon werd het vizier op onorthodoxe wijze verwijderd van de helm, met de bedoeling hem beter geschikt te maken voor belegeringswerk. Een gesloten helm met beperkte zichtbaarheid is immers weinig geschikt voor belegeringswerk. Hierna volgt een kleine greep uit een resem vergelijkbare stukken.

Een helm uit het Higgins Armory Museum te Worcester met een gelijkaardig vizier wordt gedateerd omstreeks 1550 en toegeschreven aan Vlaanderen[372]. Een helm met gelijkaardig vizier, bewaard in het Fitzwilliam Museum te Cambridge en afkomstig uit Italië wordt gedateerd omstreeks 1580[373]. Een volledig harnas van een ruiter, wellicht vervaardigd in Italië tussen 1580 en 1600 is voorzien van een morfologisch identiek vizier[374]. Ook een helm, waarschijnlijk gemaakt voor een lid van de pauselijke wacht omstreeks 1600 is voorzien van een morfologisch identiek vizier[375]. En een helm met een identiek vizier (inv. 95.1188) uit het 'Musée Historique Lorraine' te Nancy[376] wordt gedateerd omstreeks 1610-1620. Het betreft een helm van een zogenaamde kurassier, een zwaar bewapende ruiter. Het stuk in het museum in Nancy komt waarschijnlijk uit Frankrijk.

Deze voorbeelden geven aan dat dergelijke vizieren gebruikt werden in de periode 1550-1610/1620, dat ze een onderdeel vormden van de uitrusting van volledig bepantserde ruiters en dat de meeste exemplaren in Italië vervaardigd zijn. Stuk voor stuk elementen die naadloos aansluiten bij de Raversijdse vondsten, omdat ze perfect passen binnen de context van het beleg van Oostende (1601-1604). Uit geschreven bronnen is immers af te leiden dat de ruiterij van de aartshertogen gestationeerd was in Raversijde[377], meer bepaald in een zone gekend als Neer. Deze ruiterij bestond uit kurassiers en busschieters te paard[378]. Sinds 1603 stond de Genuees Ambrogio Spinola aan het hoofd van de belegeringstroepen[379] die naast Spanjaarden ook een belangrijk deel Italianen omvatten.

De vondstcontext van Walraversijde laat toe het gebruik van het exemplaar dat daar gevonden werd te dateren in de periode 1601-1604. Het is meteen een ondubbelzinnige materiële verwijzing naar de aanwezigheid van een ruiterij in Walraversijde in het begin van de 17de eeuw. Als we dan ook nog toevoegen dat Spinola bevelhebber was tijdens de belegering van de stad Oostende hoeft de link met Italië geen verder betoog.

Helemaal onderaan van de structuur is een 2 tot 3 cm dik beige zandlaagje opgemerkt. De algemene vorm van deze kuil en de aard van de opvulling doen vermoeden dat het om een uitgebroken waterput gaat. Binnen die hypothese geeft het vizier dus aan dat deze kuil, ontstaan door het uitbreken van een in oorsprong 15de-eeuwse waterput, pas ten vroegste ten tijde van het

370 Pieters *et al.* 2005, 80-81.
371 Armourer Nortoon Armoury Tewkesbury, Informatie op 14 januari 2000 ter beschikking gesteld.
372 Williams 2003, 729.
373 Williams 2003, 326.
374 Williams 2003, 299.
375 Williams 2003, 303.
376 Clermont-Joly & Remy 1992, 27 nr. 14.
377 Vlietinck 1889, 39-40. Vlietinck leidde dit o.a. af uit het feit dat in de stadsrekeningen van Nieuwpoort voor de jaren van het beleg verschillende malen gewag gemaakt wordt van leveringen van hooi en haver in 'Ravesyde'.
378 Thomas 2004, 82.
379 Thomas 2004, 97.

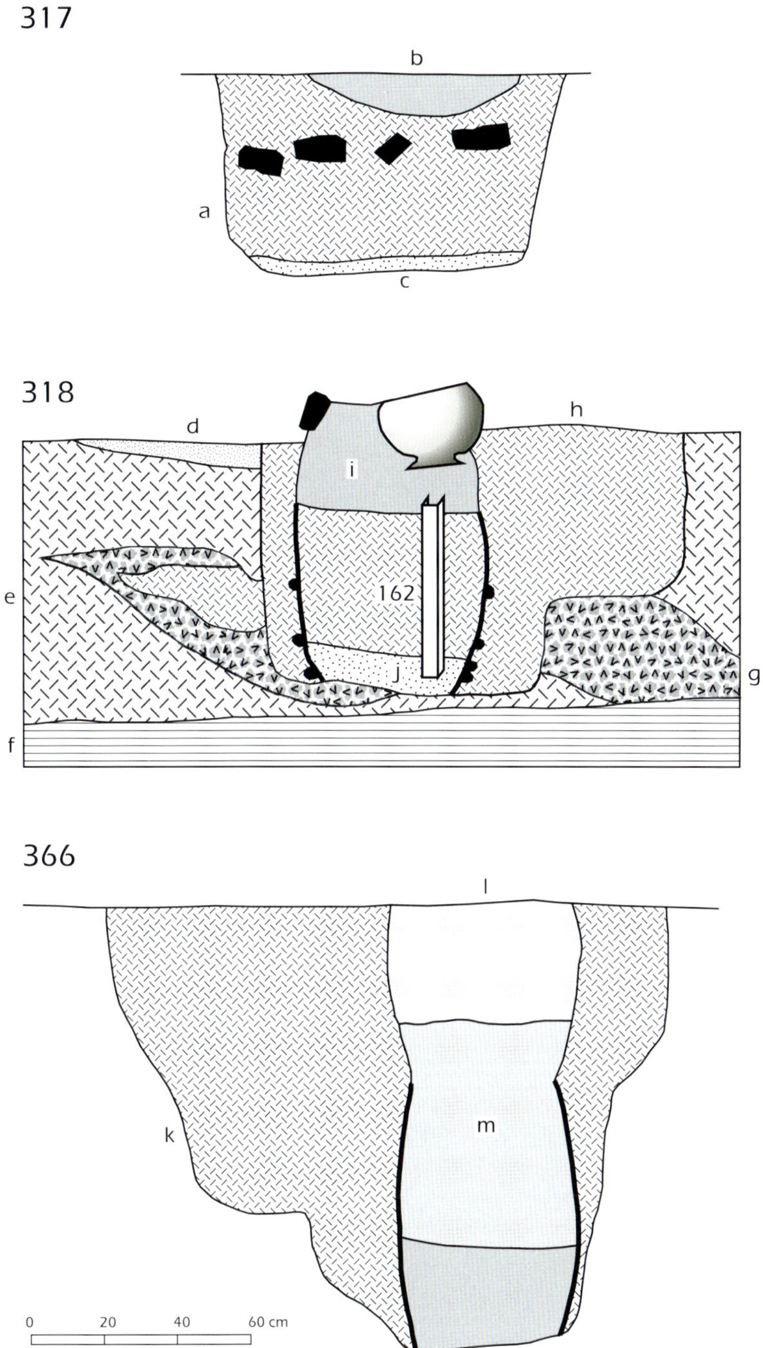

FIG. 161 **Doorsnedes door waterput (?) spoornr 317 en tonwaterputten spoornrs. 318 en 366. Legende: a: klei met een tussenliggend niveau van bakstenen; b: grijze klei; c: zand; d: gelaagd zand; e: verzette klei; f: gelaagde klei; g: veen; h: klei: opvulling constructiekuil en opvulling ton; i: zwart kleiig zand met nogal wat ceramiekfragmenten; j: zand; k: klei: opvulling constructiekuil; l: grijze klei; m: bruingrijze klei; n: donkergrijze klei met artefacten.**
Brick well (?)317 and barrel wells 318 and 366 in section. Key: a: clay with intercalated brick layer; b: grey clay; c: sand; d: laminated sand; e: disturbed clay; f: laminated clay; g: peat, not in situ; h: clayey fill of construction cut and barrel well; i: black clayey sand containing pottery; j: sand; k: clayey fill of construction cut; l: grey clay; m: brownish grey clay; n: dark grey clay containing artefacts.

beleg van Oostende helemaal is opgevuld. Logischer lijkt dat deze waterput pas na het beleg van Oostende is uitgebroken, met als bedoeling om na een intermezzo van 200 jaar deze terreinen weer als akkerland in gebruik te nemen.

4.3.2.8 Gebouw 8

Dit gebouw (fig. 168 en fig. 408), dat met de lengteas 40° NO en met de dwarsmuur 53° NW is georiënteerd, kon slechts gedeeltelijk onderzocht worden. Deze plattegrond verschaft enkel bruikbare informatie over de oriëntatie en de breedte van de gebouwen. Het gaat vermoedelijk om een eenvoudig rechthoekig gebouw van 5,6 m buitenwerks dat op enkele bakstenen na slechts in negatief spoor is bewaard. Enkel in de zuidoostwand en nabij de noordhoek zijn nog enkele bakstenen *in situ* overgebleven. Ongeveer te midden van de noordoostwand is langs de binnenzijde van de muur een uitsprong aanwezig. In tegenstelling tot de meeste andere gebouwplattegronden bevinden zich binnen het areaal van gebouw 8 (fig. 173) een aantal kuilen (spoornrs. 135, 271, 272, 341 en 1230). Sommige ervan doorsnijden zelf de uitbraaksporen van het gebouw (spoornrs. 271, 341) en een ervan (spoornr. 272, fig. 168) is gevuld met bruine zandige klei die veel houtskool en gebakken brokjes klei bevat. Die kunnen we dus mogelijk associëren met de verwarming van het

FIG. 162 Tonwaterput spoornr. 318.
Barrel well 318.

gebouw. Gebouw 8 behoort dus evenals gebouw 2 vermoedelijk bij de gebouwen die vroeger dan de andere zijn verlaten in deze zone. Ten noordwesten van gebouw 8 is een tonwaterput (spoornr. 132, *cf. infra*) onderzocht die via de datering van de duigen aangeeft dat gebouw 8 in gebruik was na 1404.

4.3.2.8.1 Tonwaterput spoornr. 132

De tonnen (fig. 168-169) zijn in de hoek van een ovale constructiekuil van 1,4 m bij 0,95 m geplaatst. De constructiekuil is getrapt (fig. 169) uitgegraven. De bodem van deze waterput bevindt zich op 2,06 m T.A.W. Alvorens de tonnen in de put te plaatsen werd eerst een bevloering in baksteen gelegd. Deze bevloering is in oppervlakte iets groter dan die van de eigenlijke ton. Eén bewaarde wis bleek uit hazelaar vervaardigd[380]. De opvulling van de onderste ton (nr. 524.1), samengesteld uit 15 duigen waarvan het hout slechts gedeeltelijk bewaard is, bestaat uit grijszwarte klei met vooral bovenaan nogal wat baksteenpuin. Boven de onderste ton bestaat de opvulling haast uitsluitend uit gestapeld baksteenpuin (fig. 170). Op de bodem van de tonwaterput wordt baksteenpuin in de vulling schaars en domineren scherven van kruiken in rood en grijs aardewerk, zoals het geval bij tonwaterput spoornr. 170 aangesneden bij gebouw 1.

Omdat er op de duigen geen spinthout aanwezig is, kan door het dendrochronologisch onderzoek enkel een *terminus post quem* voorgesteld worden. De jongste jaarring op een van de duigen dateert uit 1404[381].

Uit de grote hoeveelheid ceramiekfragmenten konden drie kruiken samengesteld worden: 1 in grijs aardewerk en 2 in rood aardewerk. Hieronder de beschrijving van de drie archeologisch volledige kruiken.

521.1: Kruik in grijs aardewerk (fig. 171: 1) op zes drieledige standvinnen, met cilindrische hals, ribbel aan de buitenzijde, rolrond oor en eenvoudig rechtopstaande rand. Afmetingen: hoogte: 21,1 cm, grootste diameter: 21,8 cm, randdiameter: 9,3 cm.

521.2: Kruik in rood aardewerk (fig. 171: 2) op vier drieledige standvinnen, met cilindrische hals, rolrond oor en aan de binnenzijde verdikte en naar binnen staande, inwaarts afgeschuinde rand. Op de schouder tegenover het oor is een vlek loodglazuur aangebracht. Afmetingen: hoogte: 25 cm, grootste diameter: 21,4 cm, randdiameter: 10,6 cm.

521.30: Archeologisch volledig fragment van een kruik in rood aardewerk (fig. 171: 3) op standvoet, met cilindrische hals, rolrond oor en bandvormige, licht verdikte rand. Op de schouder tegenover het oor is een grote vlek loodglazuur aangebracht. Afmetingen: hoogte: 24,4 cm, randdiameter: 9,2 cm, grootste diameter: 20 cm.

4.3.2.9 Gebouw 9

Gebouw 9 (fig. 172-174 en fig. 408) met aanbouw (?) is met de lengteas 40° NO en met de dwarsmuur 52° NW georiënteerd. Het gebouw is buitenwerks 5,7 tot 6 m breed. Dit gebouw is op enkele stenen in de uitbraaksporen na (spoornr. 383) volledig uitgebroken. De aanbouw is beter bewaard. Nabij de oosthoek bevinden zich binnen het gebouw een aantal platliggende stenen. Ofwel zijn die een relict van een bakstenen bevloering, ofwel van een klein bakstenen massiefje in de buurt van een eventuele ingang. De zuidoostmuur liep vermoedelijk in de vorm van een steunbeer nog iets meer dan 0,5 m voorbij de noordoostmuur. In het zuidwestelijke gedeelte van gebouw 9 bevinden zich ook enkele platliggende bakstenen, vermoedelijk een relict van een

380 De Groote 1998-1999, 43.

381 Houbrechts & Pieters 1999, 227.

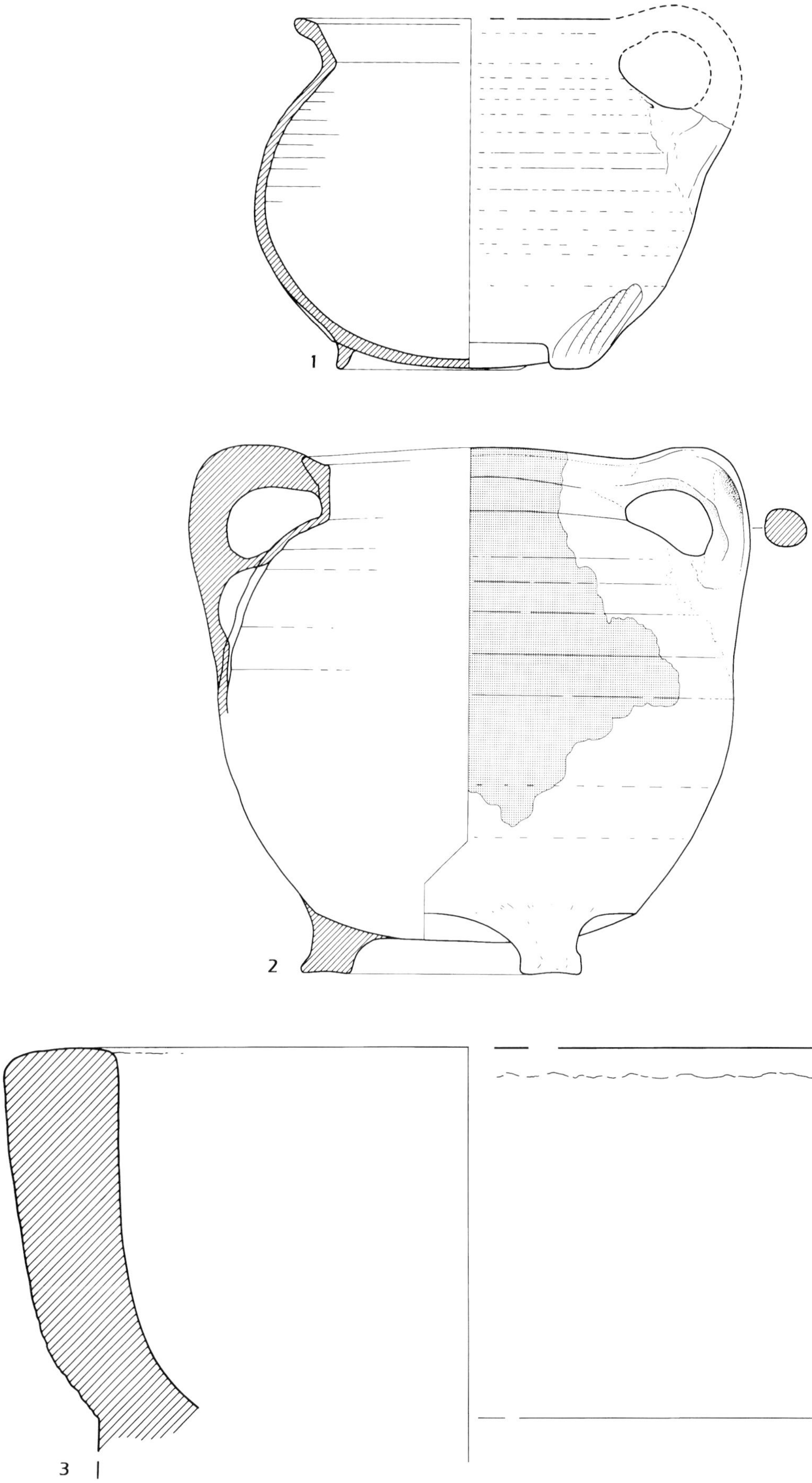

FIG. 163 **Archaeologica uit de bovenste vulling (fig. 161: i) van tonwaterput spoornr. 318.**
Finds from the upper fill (fig. 161: i) of well 318.

FIG. 164 Tonwaterput spoornr. 366.
Barrel well 366.

FIG. 165 Anthropomorf fluitje in rood aardewerk (1091.1) uit tonwaterput spoornr. 366.
Anthropomorphic redware whistle (1091.1) from barrel well 366.

FIG. 166 Bakstenen waterput (?) spoornr. 317.
Brick well (?) 317.

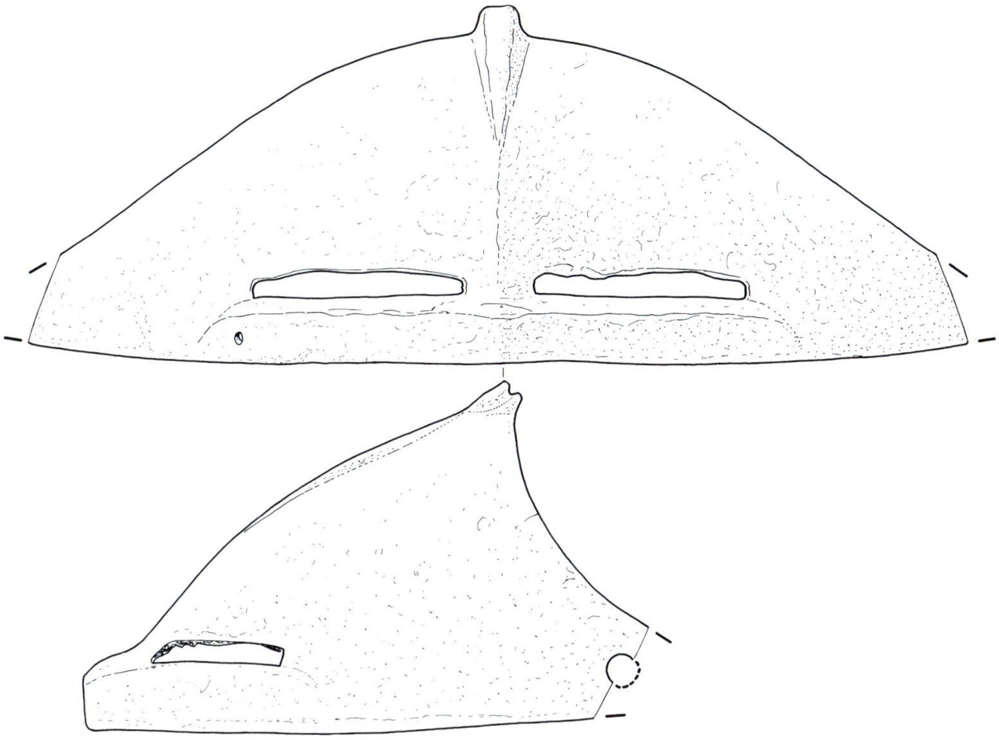

FIG. 167 **IJzeren vizier van een helm (955.1).**
Iron visor of a helmet (955.1).

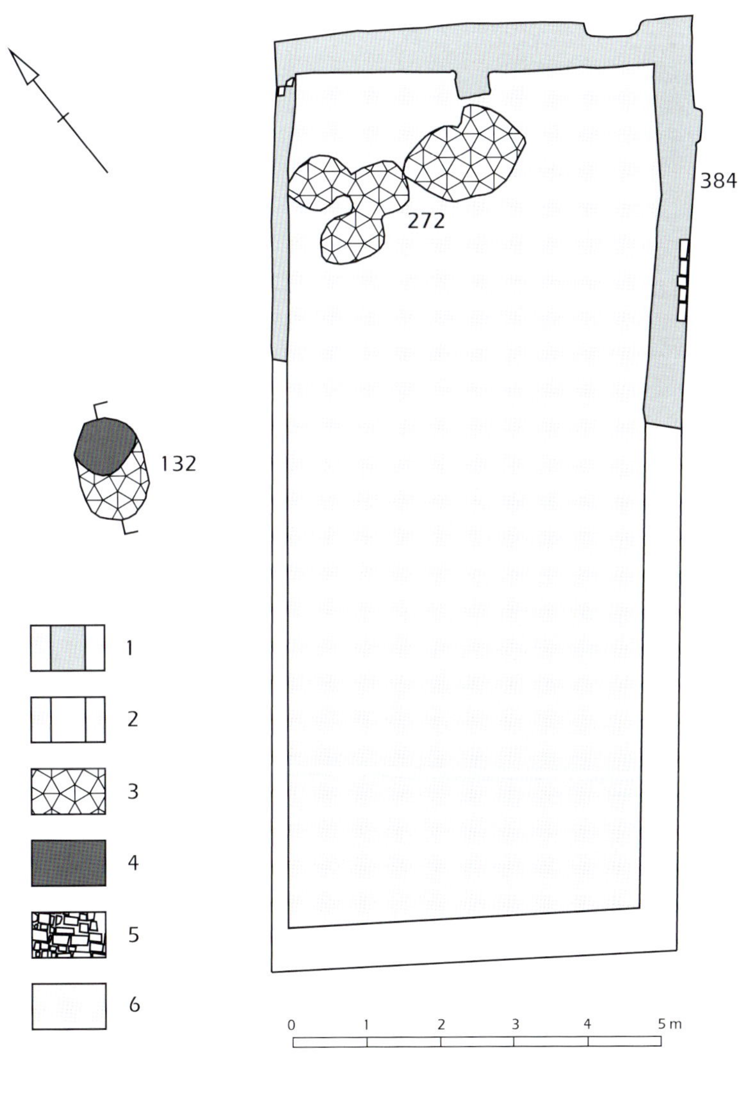

FIG. 168 **Plattegrond van gebouw 8 met aanvullingen. Legende: 1: uitbraaksporen, 2: aanvullingen, 3: kuil, 4: waterput, 5: bakstenen, 6: bebouwde oppervlakte.**
Final floor plan of building 8. Key: 1: robber trenches, 2: deduced extensions of the excavated features, 3: pit, 4: well, 5: bricks, 6: built surface area.

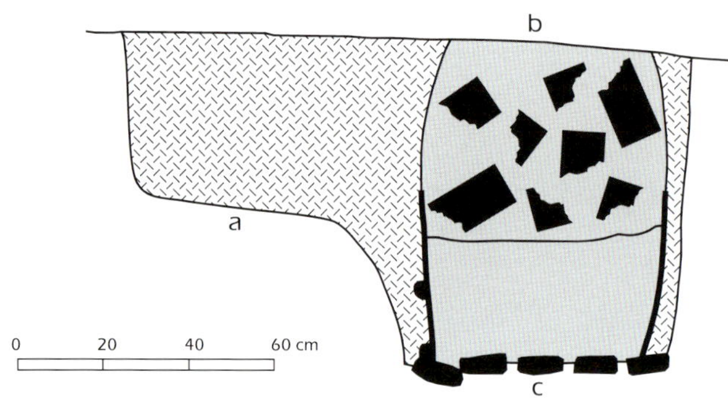

FIG. 169 **Doorsnede door tonwaterput spoornr. 132. Legende: a: verzette klei, b: grijszwarte klei, c: bakstenen.**
Barrel well 132 in section. Key: a: disturbed clay, b: greyish black clay, c: bricks.

bakstenen vloer. Die laatste zijn in tegenstelling tot de bakstenen nabij de oosthoek gelegd in visgraatverband. In diezelfde zone zijn ook drie sporen aangetroffen die verband kunnen houden met de verwarming van het gebouw. Het betreft een *in situ* verhitte zone (spoornr. 141) en twee kuiltjes (spoornrs. 138 en 140) opgevuld met oranjebruine as. Ongeveer 4 m ten zuidwesten van de noordhoek is er in de noordwestelijke muur aan de binnenkant een bakstenen uitsprongetje. Ten zuidoosten van gebouw 9 bevindt zich op 6,1-6,2 m afstand een anderhalve steen dikke muur (spoornr. 243, fig. 174). Het gaat om een muur die over 3 steenlagen bewaard is. De muur bestaat uit een rij strekken en een rij koppen (baksteenformaat: 10,5-12 bij 23-26,5 bij 5-6 cm) die in de verschillende lagen onderling van plaats wisselen. Samen met twee kleine stukken muur (o.a. spoornr. 142) kan een nagenoeg vierkante ruimte – de hierboven vermelde aanbouw – afgebakend worden. Naast een aantal platliggende bakstenen wordt deze ruimte vooral gekenmerkt door de aanwezigheid van vijf tonwaterputten (spoornrs. 230, 232, 234, 258 en 259). Het lijkt alsof deze aanbouw o.a. diende als onderdak voor de waterputten. Van tonwaterput spoornr. 230 kon het hout niet gedateerd worden. De overige tonwaterputten geven respectievelijk 1422-1432, 1408-1428, 1417 en 1402 als vellingsdatum of als *terminus post quem*. In de zone met de 5 tonwaterputten werden tal van objecten of fragmenten van objecten aangetroffen die met de vrijetijdsbesteding te maken hebben, zoals speelschijven, knikkers, koten ... De aanbouw werd in elk geval pas in een 2de fase gezet, omdat er vlak naast de zuidoostmuur van gebouw 9, m.a.w. binnen de aanbouw, een druipspoor werd geregistreerd dat als greppeltje (spoornr. 1240) kan worden geïnterpreteerd. Muur spoornr. 243 (fig. 174) doorsnijdt tevens ook het druipspoor (spoornr. 1241, fig. 187) dat met gebouw 10 verbonden is.

Een kuiltje (spoornr. 136) ten slotte doorsnijdt de uitbraaksporen van dit gebouw. In tegenstelling tot bij gebouwen 2 en 8 werden er hier geen kuilen aangetroffen binnen de plattegrond. De gegevens uit het dendrochronologisch onderzoek geven aan dat gebouw 9 in gebruik was na 1402, na 1408, na 1417 en na 1422, allemaal data binnen de eerste drie decennia van de 15de eeuw. Laten we even de verschillende tonwaterputten bekijken.

4.3.2.9.1 Tonwaterput spoornr. 230

De tonwaterput[382] staat min of meer centraal in een afgerond vierkante constructiekuil van 1,1 m bij 1,05 m (fig. 172 en 175). De bodem van de tonwaterput ligt op 2,14 m T.A.W. Enkel het hout van de onderste ton (nr. 828.1) is bewaard. De bodemvulling van de tonschacht bestaat uit bruine zandige klei met heel wat baksteenpuin en wat houtresten. Door het geringe aantal jaarringen – slechts 99 – kon deze ton uit hout gekenmerkt door een snellere groei, niet worden gedateerd. In de vulling van de tonschacht werd ook een kleine hoeveelheid ceramiekfragmenten geregistreerd, vooral van kruiken in rood aardewerk[383].

4.3.2.9.2 Tonwaterput spoornr. 232

De tonwaterput (fig. 172, 175-176) staat centraal in een afgerond rechthoekige constructiekuil van 1,35 bij 1 m. De bodem van deze tonwaterput bevindt zich op 1,65 m T.A.W. Van de onderste ton (nr. 836.1), samengehouden door drie wissen, is het hout volledig bewaard, van die erboven, die over de onderliggende ton schuift, slechts gedeeltelijk.

Op de bodem van de tonwaterput bevindt zich een tot 50 cm dik pakket van organische klei. In dit pakket organische klei zaten heel wat stukjes touw (833.22-23). De organische klei bevatte behalve de touwen ook textielfragmenten (833.21), resten van krabben, twee kleine gevlochten mandjes (833.1-2, fig. 177) en ceramiekfragmenten.

Het best bewaarde mandje (833.1) is opgebouwd uit 8 verticale elementen, met daartussen nog 8 horizontale elementen. De diameter van het mandje bedraagt bovenaan +/- 5 cm en de bewaarde hoogte bedraagt 3,5 tot 4 cm.

41 passende ceramiekfragmenten behoren bij een steengoedkan met gelobde standring (fig. 179.1: 833.3). De overgang tussen

382 Houbrechts & Pieters 1999, 229.

383 Pieters 2002, Bijlage 3: fig. 116.

de schouder en de rand is geacccentueerd met een weinig uitgesproken ribbel. De rand gaat lichtjes inwaarts vanaf een duidelijk uitgesproken ribbel in de onderste zone van de rand. Deze kan in Rijnlands steengoed is zowel aan de buiten- als binnenkant bedekt met zoutglazuur en heeft een beigegrijs homogeen baksel. Diameter van de rand: 8 cm, grootste diameter: 18,1 cm, totale hoogte: 28-29 cm. Sommige ceramiekfragmenten uit deze bodemvulling passen bij fragmenten uit de bodemvulling van tonwaterput spoornr. 234 ernaast. Ondanks hun nabijheid ligt tussen het ontstaan van beide bodemvullingen wellicht een tijdsspanne van een aantal jaren of tientallen jaren. Dat wijst erop op dat fragmenten van eenzelfde ceramisch recipiënt op uiteenlopende momenten in twee verschillende structuren konden belanden. Het is dus niet omdat scherven in elkaar passen dat de vullingen van de structuren waarin ze werden aangetroffen gelijktijdig tot stand zijn gekomen.

Bovenop dit pakket organische klei ligt een 10 tot 20 cm dikke laag zuiver beige zand (fig. 178), waarop een steengoedkan rust (832.1: fig. 179.3). Deze kan, in Rijnlands steengoed op gelobde standring, heeft een bandvormig oor en een driehoekig verdikte rand aan de buitenzijde. De kan is bedekt met een mat bruin zoutglazuur. Vanaf de schouder lopen heel wat glazuurstrepen naar onder. Het baksel is geelbeige. Afmetingen: hoogte: 31 cm, grootste diameter: 15,5 cm.

De rest van de tonschacht is volgestort met baksteenpuin en met sedimenten zonder uitgesproken kenmerken. Uit deze bovenste vulling komen nog twee kannetjes: één in steengoed (831.11) en één in tin (831.26).

Het kannetje in Rijnlands steengoed (fig. 179.2: 831.11) met zoutglazuur heeft een gelobde standring, een cilindrische hals, een eenvoudig rechtopstaande rand en een bandvormig oor. Het baksel is beige en vertoont op sommige plaatsen een grijze kern. Afmetingen van het kannetje: hoogte: 16,8 cm, grootste diameter: 11 cm, randdiameter: 6,2 cm.

Het tinnen kannetje (fig. 180) op standvoet vertoont een aantal deuken en heeft geen oor. Het is versierd met een aantal lijnen: één ter hoogte van het midden van de buik, een dubbele lijn op de overgang van buik naar schouder en een dubbele lijn op het smalste deel van de hals. Nabij de bovenkant van de rand zijn aan de kant waar het oor stond twee merken ingestempeld: een naar links klimmende leeuw en een gotische letter b, van Brugge (?)[384]. Afmetingen van het kannetje: hoogte: 17,1 cm, randdiameter: 6,4-6,6 cm, diameter standvoet: 8,2 cm, diameter van de buik: 8,2-8,6 cm, diameter van smalste deel van de hals: 4 cm.

Deze tonwaterput snijdt de constructiekuil van tonwaterput spoornr. 234. Tijdens het archeologische onderzoek is hij ingestort, waardoor een deel van de informatie over de duigen verloren ging. Het dendrochronologisch onderzoek suggereert voor de boom een vellingsdatum tussen 1422 en 1432. De jongste jaarring is van 1421[385].

FIG. 170a-c **Tonwaterput spoornr. 132 in onderzoek.**
Barrel well 132 during excavation.

384 *Cf.* Vandenberghe 1985, 7.
385 Houbrechts & Pieters 1999, 230.

FIG. 171 **Ceramische recipiënten uit de vulling van tonwaterput spoornr. 132: 1: grijs aardewerk, 2-3: rood aardewerk, schaal: 1/3.** ***Ceramic vessels from the fill of barrel well 132: 1: greyware, 2-3: redware, scale: 1:3.***

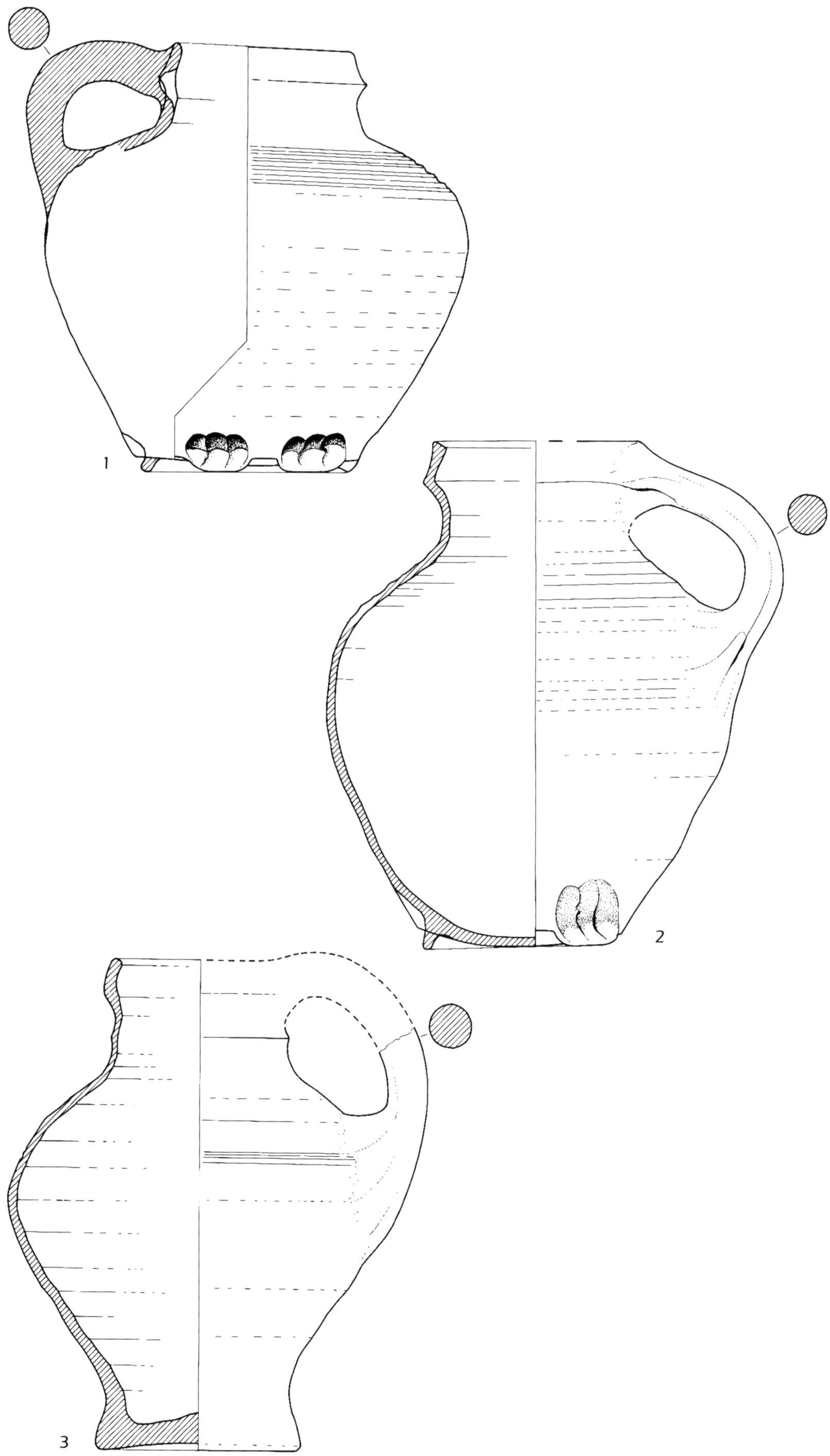

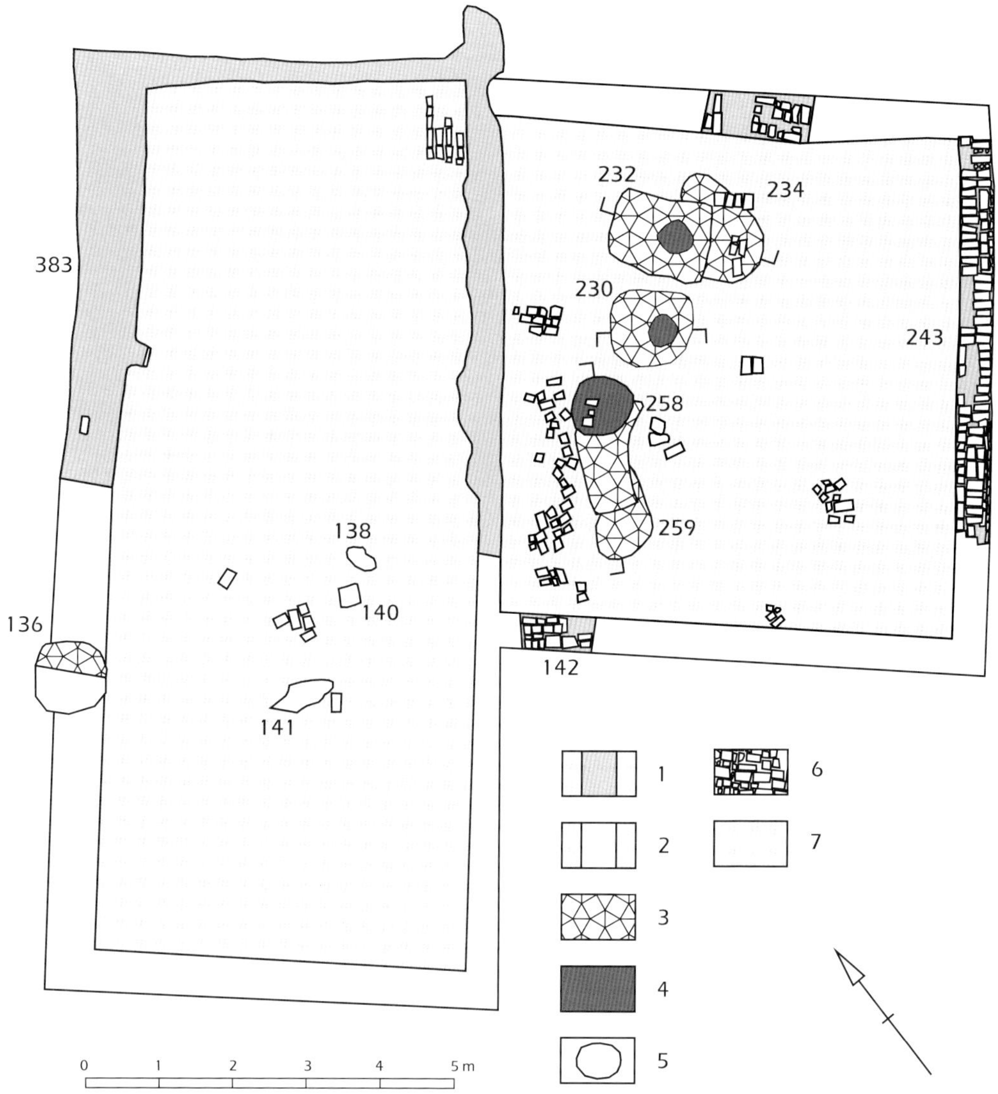

FIG. 172 **Plattegrond van gebouw 9 met aanvullingen. Legende: 1: uitbraaksporen, 2: aanvullingen, 3: kuil, 4: waterput, 5: specifieke sporen, 6: bakstenen, 7: bebouwde oppervlakte.**
Final floor plan of building 9. Key: 1: robber trenches, 2: deduced extensions of the excavated features, 3: pit, 4: well, 5: specific features, 6: bricks, 7: built surface area.

4.3.2.9.3 Tonwaterput spoornr. 234

De tonwaterput (fig. 172 en 175-176) is centraal in een ovale constructiekuil van 1,5 bij 1 m geplaatst. De tonschacht is niet zichtbaar in het opgravingsvlak, in tegenstelling tot die van tonwaterput spoornr. 232 er vlak naast. De bodem van deze tonwaterput bevindt zich op 1,75 m T.A.W. Van de onderste ton (843.1) is het hout volledig bewaard gebleven. Deze ton is samengesteld uit 12 duigen die worden samengehouden door drie wissen. De kroosgroeven bevinden zich op 6 cm van de duiguiteinden. Op één duig is een merk aangebracht in de vorm van een streep, gekruist door vier evenwijdige streepjes[386]. De twee tonnen erboven zijn al in de late middeleeuwen verwijderd. Dat verklaart waarom de tonschacht niet zichtbaar was in het opgravingsvlak. Op de bodem van de tonwaterput bevindt zich een tot 10 cm dik zandlaagje. Dat is afgedekt met een eveneens ongeveer 10 cm dik laagje zwarte organische klei, dat wat ceramiek en enkele slecht bewaarde stukjes kurk bevat en erbovenop een groot fragment van een kruik in rood aardewerk. De rest van de tonschacht is opgevuld met verspitte klei en is stratigrafisch eigenlijk niet te onderscheiden van de opvulling van de constructiekuil. Dat kan erop wijzen dat de opvulling van de constructiekuil van tonwaterput spoornr. 234 op een bepaald

386 **Houbrechts & Pieters 1999, 228 fig. 3: 17.**

FIG. 173 **Overzichtsfoto van de opgegraven gedeelten van gebouwen 8 en 9.**
Overview picture of the excavated parts of buildings 8 and 9.

ogenblik (bij het vervangen door tonwaterput spoornr. 232?) grotendeels opnieuw beroerd werd en na de installatie van de nieuwe tonwaterput opnieuw werd opgevuld, samen met wat nog restte van de tonschacht van tonwaterput spoornr. 234. Zo werd wellicht ook de toenmalige vulling van tonwaterput spoornr. 234 gefossiliseerd. De laatste jaarring op een van de duigen is van het jaar 1407, de vellingsdatum van de boom wordt gesitueerd tussen 1408 en 1428[387]. De vulling van de tonschacht bevat een afdruk[388] (840.7) van een mijt van het type Jan zonder Vrees, uit het begin van de 15de eeuw. De chronologische informatie die de afdruk ons verschaft ligt helemaal in de lijn van de dendrochronologische data.

4.3.2.9.4 Tonwaterput spoornr. 258

De tonwaterput (fig. 172 en 181) is tegen de korte wand van een rechthoekige constructiekuil van 1,8 m bij 0,75 m geplaatst. De constructiekuil is trapvormig uitgegraven en snijdt de constructiekuil van tonwaterput spoornr. 259 (*cf. infra*). Op één plaats reikt de constructiekuil ruim 30 cm dieper voor een paal. Waarom juist is niet duidelijk. Het kan eventueel het restant zijn van een systeem waarbij de paal gebruikt werd om water boven te halen. De bodem van deze put bevindt zich op 1,70 m T.A.W. In het profiel van de tonschacht zijn duidelijk drie boven elkaar gestapelde tonnen te herkennen. Van de onderste ton (888.1) is het hout bewaard, van de twee erboven blijft enkel een silhouet over. Op een van de duigen van de onderste ton is een onduidelijk merk[389] aanwezig: een horizontale en een verticale streep, met daarboven een maalteken. De kroosgroef bevindt zich op 5,5 cm van de duiguiteinden, op één duig waren drie boven elkaar

FIG. 174 **Oostelijke muur van de aanbouw bij gebouw 9.**
Eastern wall of the annex of building 9.

387 Houbrechts & Pieters 1999, 230.
388 De mijt zelf was niet bewaard, enkel een afdruk in een concretie.
389 Houbrechts & Pieters 1999, 228 fig. 3: 8.

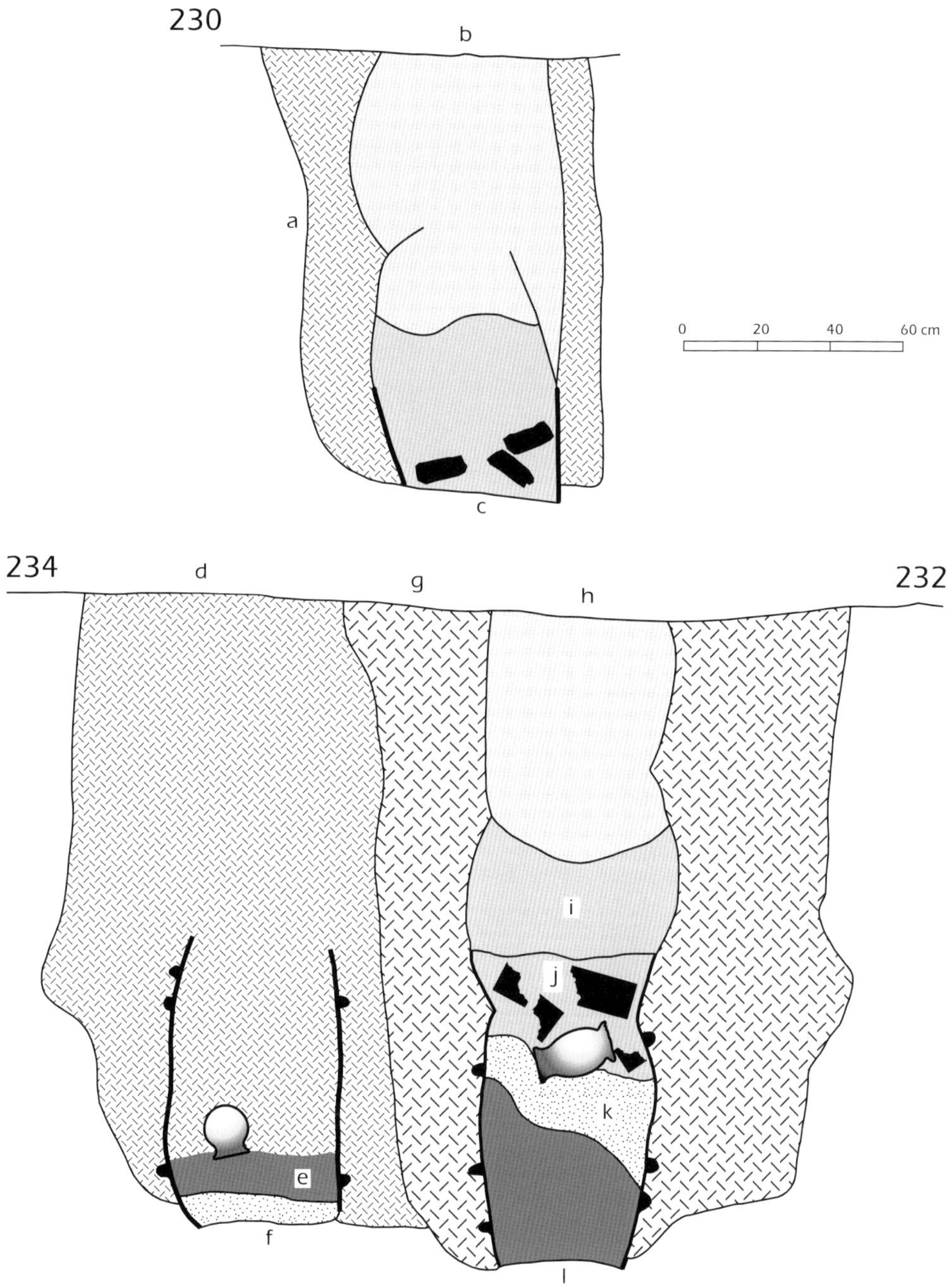

FIG. 175 **Doorsneden door tonwaterputten spoornrs. 230, 232 en 234. Legende: a: verzette klei, b: mengeling van olijfbruine klei en bruine zandige klei, c: bruine zandige klei met houtskoolpartikels en onderaan nogal wat baksteenbrokken, d: verzette klei, e: zwarte, organische klei, f: zand, g: verzette klei, h: bruine zandige klei, i: zwart kleiig zand met baksteenbrokken, j: hoofdzakelijk baksteenbrokken, k: zand, l: zwarte, organische klei.**
Barrel wells 230, 232 and 234 in section. Key: a: disturbed clay, b: mixture of olive brown clay and brown sandy clay, c: brown sandy clay with abundant charcoal particles and frequent brick fragments at the base of the layer, d: disturbed clay, e: black organic clay, f: sand, g: disturbed clay, h: brown sandy clay, i: black clayey sand with brick fragments, j: predominantly brick fragments, k: sand, l: black organic clay.

FIG. 176a-b **Tonwaterputten spoornrs. 232 en 234.**
Barrel wells 232 and 234.

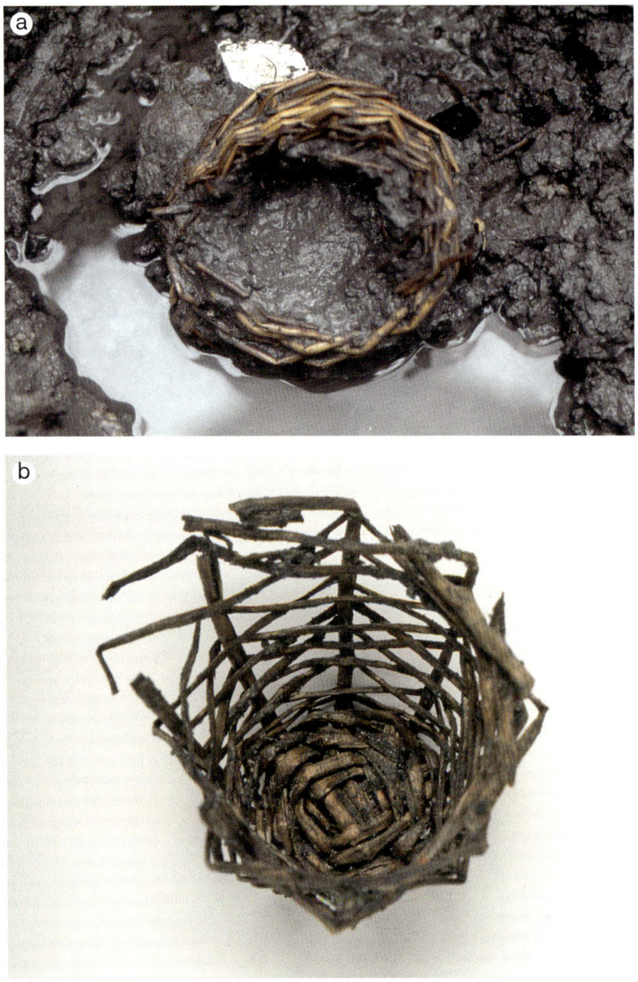

FIG. 177a-b **Miniatuur mandje (833.1) uit bodemvulling van tonwaterput spoornr. 232 voor en na conservatie.**
Miniature basket (833.1) from the basal fill of barrel well 232 before and after conservation treatment.

geplaatste kroosgroeven aangebracht op respectievelijk 5, 6 en 7 cm van het duiguiteinde. De jongste jaarring op de duigen van de onderste ton dateert uit 1417, wat meteen ook de *terminus post quem* is voor de aanleg van deze tonwaterput[390].

De onderste twee tonnen zijn opgevuld met zandige klei, vermengd met veel baksteenpuin en houtresten zoals duigfragmenten, stokken en resten van een bezem (885.8) in struikhei (*Calluna vulgaris* (L.) Hull). Verder zijn in de opvulling van tonwaterput spoornr. 258 ook een kleine omlijsting in een koperlegering voor een ronde hanger (885.4)[391], een schuimspaan (885.5: fig. 182) – gezien de context passender een visspaan genoemd – en een steengoedkan (885.6: fig. 183) aangetroffen.

Aan de schuimspaan, in een koperlegering en met een diameter van 11,2 cm, was te oordelen aan de roestsporen een 22 mm brede, ijzeren steel bevestigd met drie rivetten. De schuimspaan (dikte: 0,9 mm) telt 23 gaatjes die hoogstwaarschijnlijk zijn gemaakt voor de steel bevestigd werd, omdat de steel een aantal gaatjes afdekte.

Van deze kan in Rijnlands steengoed op gelobde standring, met bandvormig oor en bedekt met een mat bruin zoutglazuur is het baksel beigegrijs. De bovenste helft is beter bedekt met glazuur dan de onderste helft, die een hele reeks druipsporen bevat. De afmetingen van de kan: hoogte: 31,7 cm, grootste diameter: 15,9 cm en diameter rand: 5,6 cm.

4.3.2.9.5 Tonwaterput spoornr. 259

De tonwaterput (fig. 172 en 181) is geplaatst in een ovale, trapvormig uitgegraven constructiekuil van 1,25 m bij 0,7 m. De bodem van de waterput bevindt zich op 1,94 m T.A.W. Enkel de onderste ton (894.1) is bewaard gebleven. De kroosgroeven bevinden zich op 5,5 cm van de duiguiteinden. De twee tonnen erboven zijn al verwijderd in de late middeleeuwen, vermoedelijk bij het aanleggen van de waterput er vlak naast. Op een van de duigen is een merk aangebracht in de vorm van twee verbonden

390 Houbrechts & Pieters 1999, 230.

391 Pieters *et al.* 2002, 292: 885.4.

FIG. 178a-b **Steengoedkan 832.1 rust bovenop een pakket zand.**
Stoneware jug 832.1 resting on a sand layer.

maaltekens[392]. De ton wordt samengehouden door twee wissen. Op de bodem van de tonschacht bevindt zich een ongeveer 15 cm dik zandpakket. De rest van de tonschacht is opgevuld met baksteenpuin, ceramiekscherven en zwartbruine klei die volledig door aardwormen is herbewerkt. Voor deze ton kan enkel een *terminus post quem* worden voorgesteld, meer bepaald 1402[393].

In het zandpakket op de bodem werden 13 bolvormige benen kraaltjes (892.1: fig. 184, ø 6,4-6,9 mm, hoogte: 5-7 mm) en een volledig verpulverde, glazen kraal (892.2) aangetroffen.

Uit de vulling erboven komen twee sterk gelijkende kruiken in rood aardewerk (890.4-5: fig. 185), een houten mesheft (890.3: fig. 186: 1) en twee onderling sterk gelijkende houten fluitjes (890.1-2: fig. 186: 2-3).

Kruik 890.4 (fig. 185: 1) in rood aardewerk, op een standring van zeven individuele voetjes, heeft een rolrond oor en een cilindervormige hals met ribbel onder de rand. Op de schouder is tegenover het oor een vlek glazuur aangebracht. Afmetingen van de kan: hoogte: 23,2 cm, grootste diameter: 20,4 cm, randdiameter: 8,6 cm.

Kruik 890.5 (fig. 185: 2) in rood aardewerk, op een standring van negen individuele voetjes, heeft een rolrond oor en cilindervormige hals met ribbel onder de rand. Op de schouder is tegenover het oor een vlek glazuur aangebracht. Afmetingen van de kan: hoogte: 22,8 cm, grootste diameter: 20,4 cm, randdiameter: 8,5 cm.

Het houten mesheft (fig. 186: 1) is aan één zijde voorzien van een ingekerfd eigendomsmerk (?). De twee helften van het heft waren met drie klinknageltjes aan de plaatvormige angel bevestigd. De afmetingen van het heft bedragen: lengte: 8,5 cm en breedte: 1,9 tot 2,5 cm.

Fragment van een houten fluit (890.1: fig. 186: 2) met minstens twee openingen: een circulaire en een ovale. Het instrument is versierd met vier parallelle groefjes. Afmetingen: lengte: minstens 4,7 cm en diameter: +/- 1,8 cm. Het tweede exemplaar van een houten fluit (890.2: fig. 186: 3) is eveneens voorzien van minstens twee openingen en versierd met vier parallelle groefjes. Afmetingen: lengte: 5 cm en diameter: 1,8 cm.

4.3.2.10 Gebouw 10

Van gebouw 10 (fig. 187 en fig. 408) is zo weinig overgebleven dat de reconstructie in zeer sterke mate hypothetisch is. Het gebouw is vermoedelijk met de lengteas NO-ZW georiënteerd. Vanwege het hypothetische karakter zijn de graden van de oriëntatie niet bepaald. Van het muurwerk zelf is op twee muurfragmentjes na, één in sleuf 92/IX (spoornr. 68) en één in sleuf 93/III (spoornr. 1242), niets overgebleven. Dit was vermoedelijk een rechthoekig gebouw. Van de veronderstelde noordoostwand is enkel een muurtje van anderhalve steen dik over een lengte van 0,9 m bewaard. Het gaat om twee rijen van een halve steen (afmetingen van de bakstenen: 24-28 cm bij 11-14 cm bij 5-6 cm) met in het midden een tussenruimte voor kleinere stukken baksteen. Van de veronderstelde noordwestwand is een gelijkaardig muurtje over een lengte van 1,25 m bewaard. Het enige goed bewaarde

392 Houbrechts & Pieters 1999, 228, fig. 3: 3.

393 Houbrechts & Pieters 1999, 230.

FIG. 179 **Steengoedkannen 1 (833.3), 2 (831.11) en 3 (832.1).**
Stoneware jugs 833.3, 832.1 and 831.11.

FIG. 180 **Tinnen kan 831.26 uit de bodemvulling van tonwaterput spoornr. 232.**
Pewter jug 831.26 from the basal fill of barrel well 232.

element van deze woning is de afboording van een bakstenen bevloering die bij de noordwestwand aansluit (spoornr. 244, baksteenformaat: 10,5-11 bij 24-25,5 bij 5,5-6 cm). Het betreft drie en op één plaats vier, op hun kant geplaatste bakstenen die een zone met platliggende bakstenen begrenzen. Nabij de noordhoek is deze vloerbegrenzing afgerond. Ten noordwesten van de bevloering ligt een greppel (spoornr. 1241) die als druipspoor kan worden geïnterpreteerd. Hij bevindt zich gedeeltelijk onder de bevloering, wat inhoudt dat de bevloering aan de buitenkant niet van bij de aanvang aanwezig was, maar pas in een latere fase is toegevoegd.

De redenen waarom dit gebouw zo slecht is bewaard zijn talrijk. Enerzijds zijn de muren gedeeltelijk uitgebroken omdat er op deze plaats een aantal laatmiddeleeuwse kuilen uitgegraven werden. Anderzijds is er een 20ste-eeuwse ceramieken drainagebuis pal boven de noordwestwand aangelegd. Gebouw 10 behoort dus ook tot de gebouwen die zoals gebouwen 2 en 8 vroeger dan de andere verlaten zijn.

4.3.2.11 Gebouw 12

(Gebouw 11 werd al vroeger behandeld samen met gebouw 5, zie paragraaf 4.3.2.5.4.)

Gebouw 12 (fig. 188 en fig. 408) is met de lengteas 45° NO georiënteerd en helaas slechts gedeeltelijk bewaard gebleven. De noordoostwand lijkt haast volledig verstoord door de aanleg van een laatmiddeleeuwse gracht (fig. 408).

Gebouw 12 maakt voor zijn zuidwestwand blijkbaar gebruik van de noordoostmuur van gebouw 11. Op basis daarvan zou men zelfs kunnen argumenteren dat gebouw 12 in feite deel uitmaakt van gebouw 11. Op ongeveer 2 m daarvan liep waarschijnlijk een dwarsmuur. Voor het overige vertoont de plattegrond van gebouw 12 gelijkenissen met die van gebouw 4. Het betreft immers ook een gebouw met twee verschillende breedtes. Het zuidelijke gedeelte meet ongeveer 5 m buitenwerks en het noordelijke gedeelte slechts 3,5-3,6 m buitenwerks. Op ongeveer 4 m van de noordoostmuur van gebouw 11 maakt de plattegrond vermoedelijk een hoek van 90°. Het merkwaardige is dat op de plaats waar bij gebouw 4 een ovenstructuur aanwezig is bij gebouw 12 de gracht (fig. 408) een halfcirkelvormige (diameter: ongeveer 3 m) uitstulping vertoont. Dat wil weliswaar niet zeggen dat bij gebouw 12 een oven hoorde. De gezamenlijke opstelling van de gebouwen 11 en 12 vertoont verder ook parallellen met die van gebouwen 3 en 4. Ten noordwesten van gebouw 12 werd een greppel opgemerkt (spoornr. 1825), die als een 'osendropgreppel' kan worden geïnterpreteerd. Nabij de veronderstelde oosthoek van het gebouw ligt een kuiltje met asresten (spoornr. 1826).

De onduidelijke relatie tussen gebouw 12 en de gracht zorgt voor moeilijkheden in de interpretatie van het gebouw. Zoals het archeologisch geregistreerd is, snijdt de grachtvulling de summiere resten van dit gebouw. Als we veronderstellen dat deze grachten teruggaan op een fossiele percelering van voor de eigenlijke dorpsuitleg, dan zou die vaststelling impliceren dat gebouw 12 ouder is dan de andere gebouwen en minstens uit de 14de eeuw moet dateren. De uitstulping ter hoogte van de gracht zou echter ook kunnen wijzen op een latere verstoring, die tijdens de opgraving niet als dusdanig herkend werd. Die hypothese is gezien de summiere resten van gebouw 12 niet helemaal uit te sluiten. In het tweede geval verdwijnt het argument van de gelijkenis met gebouw 4, op basis van de halfcirkelvormige uitstulping van de gracht.

4.3.2.12 Gebouw 13

In gebouw 13 zijn zonder enige twijfel twee en vermoedelijk zelfs drie bouwfasen te herkennen, waarvan één met een licht verschillende oriëntatie (fig. 189 en fig. 408). Het gaat niet om een gefaseerde bouw met toegevoegde eenheden zoals bij gebouw 1, maar duidelijk om ingrijpende wijzigingen van het bouwconcept. De verschillende bouwfasen bemoeilijken het lezen van het bodemarchief aanzienlijk, daarom moet er voor gebouw 13 met verschillende hypothesen rekening worden gehouden. De oudste en jongste fasen zijn beter aan te duiden dan de tussenliggende fase.

De eerste fase (fig. 190) is goed herkenbaar, hoewel ze haast enkel onder de vorm van uitbraaksporen bewaard is. Dat is vooral te wijten aan de gelijkenissen tussen het gebouw uit deze fase en de andere huisplattegronden die in Raversijde zijn opgegraven. Het betreft een eenvoudig rechthoekig gebouw

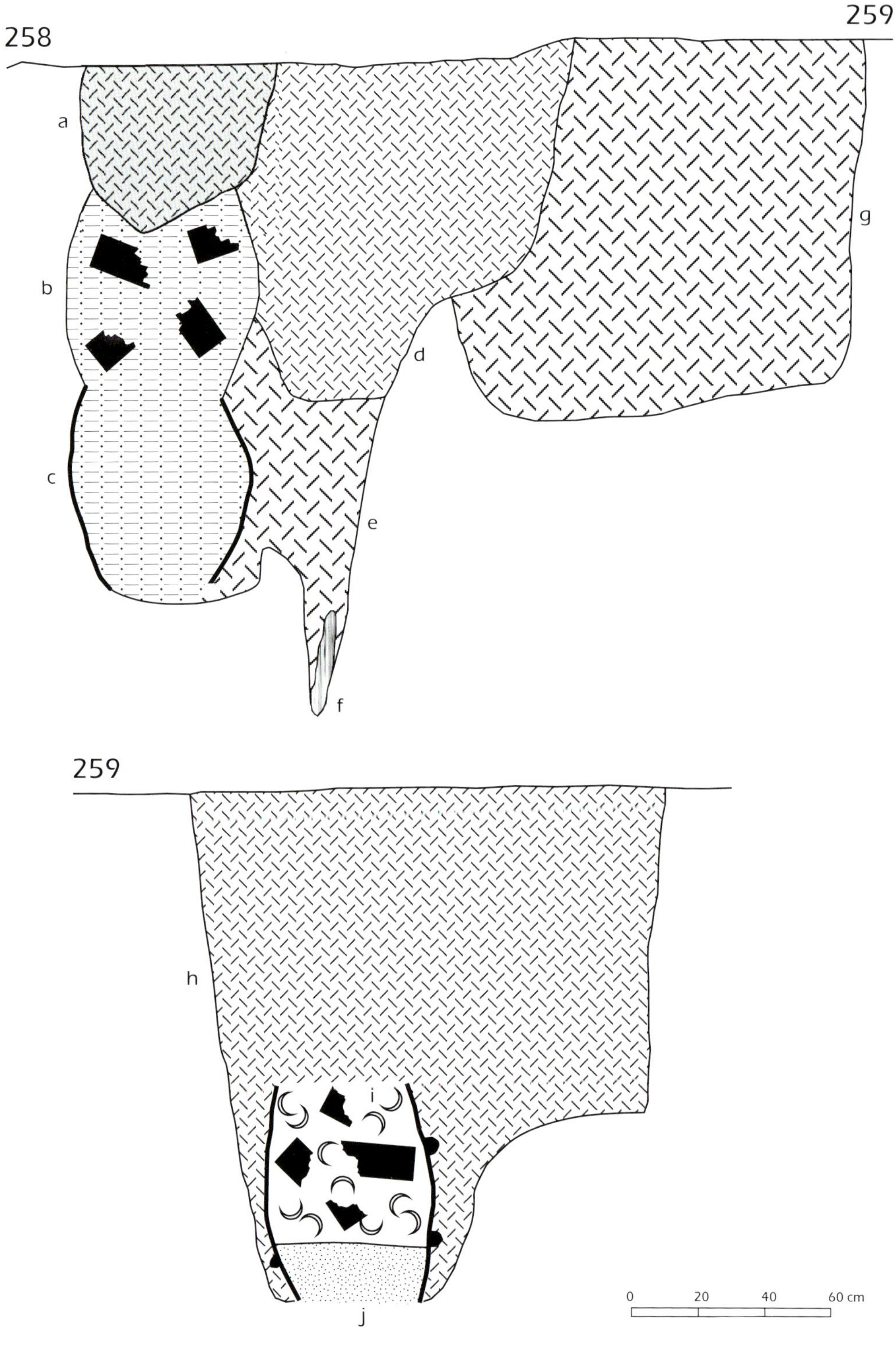

FIG. 181 Doorsneden door tonwaterputten spoornrs. 258 en 259. Legende: a: bruine zandige klei, b: bruingrijze zandige klei met baksteenbrokken, c: blauwgrijze zandige klei, d: verzette klei, e: gereduceerde verzette klei, f: hout, g en h: verzette klei, i: baksteen- en ceramiekfragmenten, j: zand.
Barrel wells 258 and 259 in section. Key: a: brown sandy clay, b: brownish grey sandy clay with brick fragments, c: blueish grey sandy clay, d: disturbed clay, e: reduced homogeneous clay, f: wood, g and h: disturbed clay, i: brick and pottery fragments, j: sand.

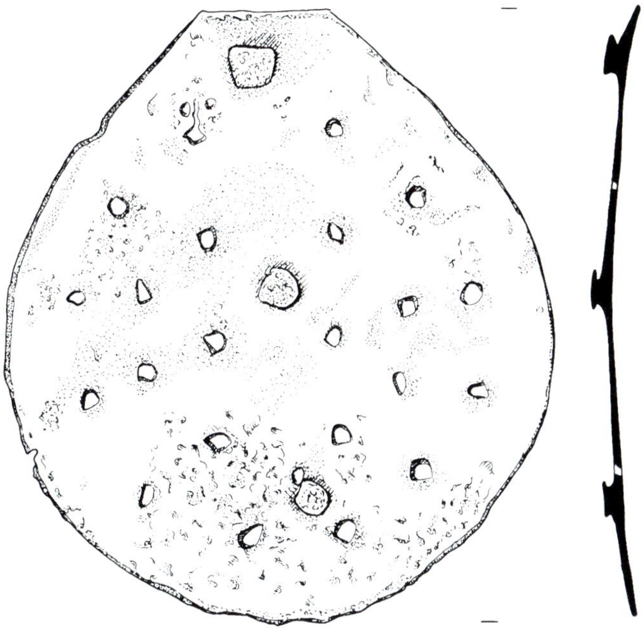

FIG. 182 Schuimspaan (885.5) in een koperlegering uit tonwaterput spoornr. 258.
Copper alloy skimmer (885.5) from barrel well 258.

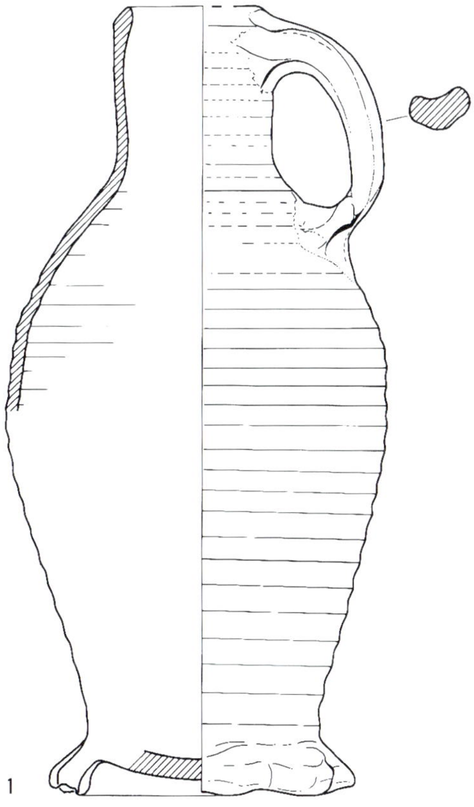

FIG. 183 Kan in steengoed met zoutglazuur (885.6) uit tonwaterput spoornr. 258.
Salt-glazed stoneware jug (885.6) from barrel well 258.

FIG. 184 13 benen kraaltjes uit de bodemvulling van tonwaterput spoornr. 259.
13 bone beads from the basal fill of barrel well 259.

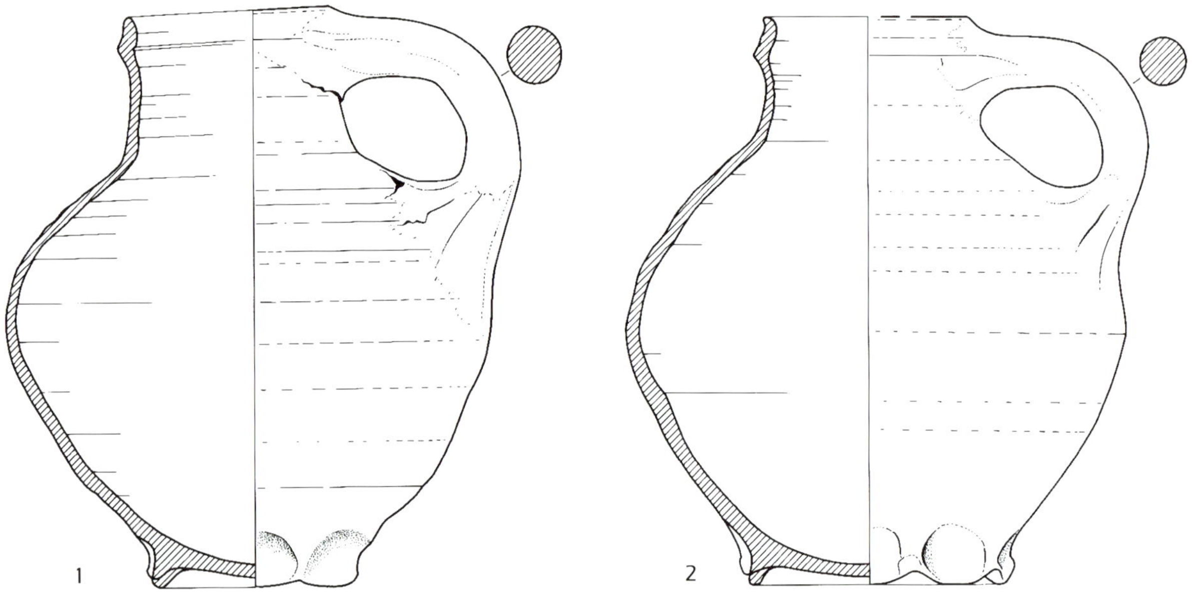

FIG. 185 **Twee kruiken in rood aardewerk (890.4-5) uit de vulling van tonwaterput spoornr. 259.**
Two redware pitchers (890.4-5) from the fill of barrel well 259.

FIG. 186 **Objecten in hout uit de vulling van tonwaterput spoornr. 258: een mesheft (890.3, 1) en twee fluitjes (890.1-2, 2-3).**
Wooden objects from the fill of barrel well 258: a knife hilt (890.3, 1) and two flutes (890.1-2, 2-3).

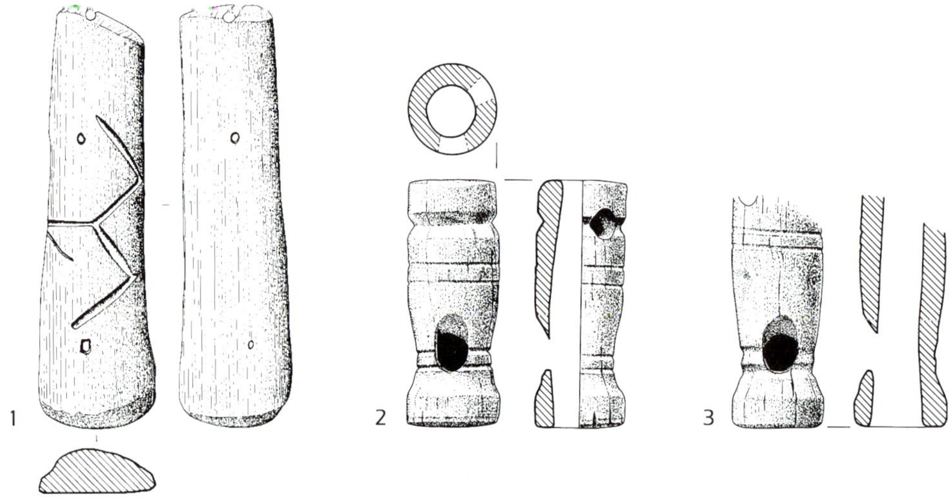

dat met de lengteas 54° NO en met de dwarsmuren 36° NW is georiënteerd. Deze fase van gebouw 13 is met de lengteas 10° meer naar het oosten georiënteerd dan het aanpalende gebouw 1. Het gebouw uit fase 1 meet buitenwerks 15,1 m bij 5,9-6,3 m en is onderverdeeld in drie vertrekken. Ze hebben van zuid naar noord een bruikbare oppervlakte van respectievelijk ongeveer 31 m², 19 m² en 16 m². De totale bebouwde oppervlakte bedraagt 92 m². In de grootste ruimte bevinden zich verschillende sporen die naar de verwarming van de ruimte verwijzen: een rechthoekige vloerplaat (spoornr. 522, fig. 191) van 2,25 m bij 1,65 m aangelegd met bakstenen in visgraatmotief en twee *in situ* verhitte plekken (spoornrs. 1236 en 1237, fig. 190). Op de bakstenen vloerplaat bevindt zich een circulair (diameter 0,35 m) mortelspoor. Met deze mortel werd een verzakking in de haardvloer gedeeltelijk weggewerkt. De verzakking werd veroorzaakt door steeds verder inklinkende en dus onvoldoende stabiel opgevulde kuiltjes (spoornrs. 524 en 525, fig. 192-193) onder de haardvloer. Ze werden opgevuld met oranjebruin houtskoolrijk zand en hebben waarschijnlijk ook te maken met de verwarming van de ruimte voor het aanbrengen van de haardvloer.

In de aanpalende ruimte bevindt zich o.a. een klein kuiltje (spoornr. 1238), gevuld met zuiver beige zand. Er zijn nog gevallen bekend van dergelijke kuiltjes in gebouwen, maar tot op heden is er nog geen verklaring voor gevonden. Het kan gaan om

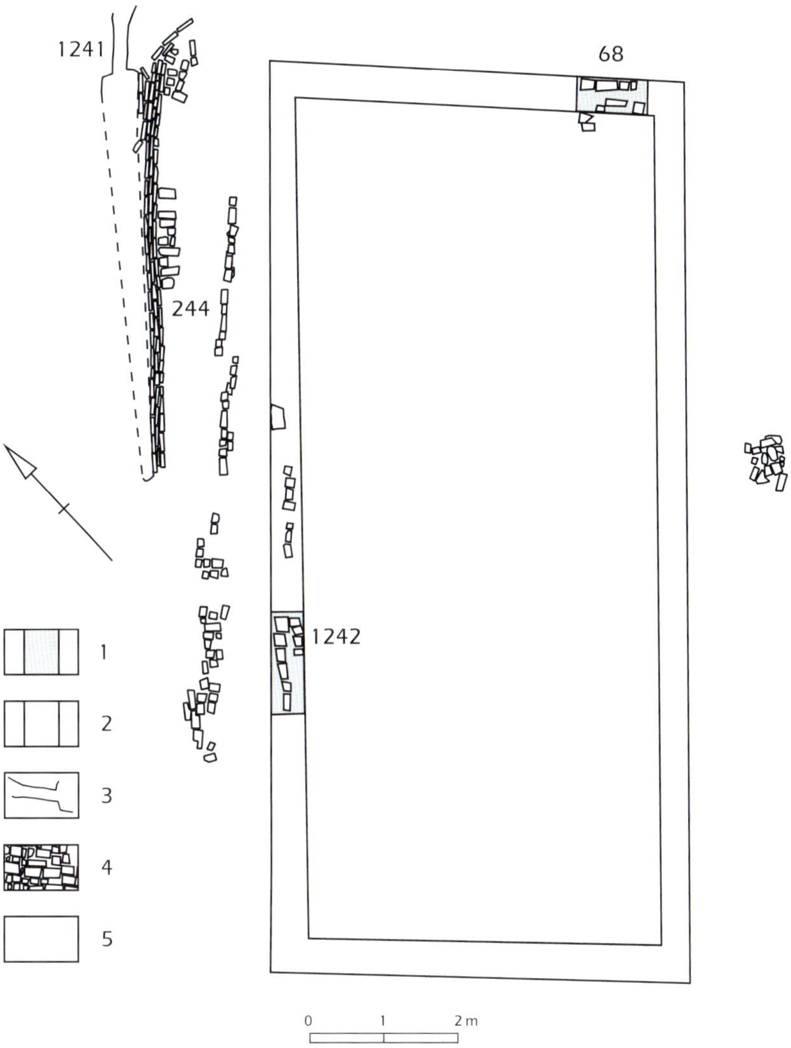

FIG. 187 **Plattegrond van gebouw 10 met aanvullingen. Legende: 1: uitbraaksporen, 2: aanvullingen, 3: specifieke sporen, 4: bakstenen, 5: bebouwde oppervlakte.**
Final floor plan of building 10. Key: 1: robber trenches, 2: deduced extensions of the excavated features, 3: specific features, 4: bricks, 5: built surface area.

een met zand opgevuld kuiltje, achtergelaten door het uit de grond trekken van een balk of paal voorafgaand aan de oprichting van gebouw 13. Bij deze werd dan wel resoluut gekozen voor zuiver zand, dat weinig samendrukbaar is.

Ter hoogte van de haardvloer ligt aan de buitenzijde van de noordwestmuur een rudimentaire bevloering (spoornr. 530, fig. 190) in baksteen, gemengd met wat natuursteen. De positie van de bevloering, die buiten het gebouw ligt, is vergelijkbaar met een eveneens buiten gelegen bevloering aangebracht bij gebouw 3. De rudimentaire bevloering zou echter ook bij de volgende fase van gebouw 13 kunnen horen.

In het uitbraakspoor (spoornr. 552) van de 1ste fase van gebouw 13 is een Vlaamse zilveren groot (242.1) aangetroffen, geslagen onder Filips de Goede in de periode 1419-1434. Deze munt geeft aan dat de oudste fase van gebouw 13 niet is uitgebroken vóór 1419. Als men de groot zou interpreteren als een bouwoffer dat bij de oprichting van gebouw 13 werd ingemetst en bij de uitbraak ervan vermengd geraakte met de rest van het onherbruikbare bouwafval, dan zou dat zelfs betekenen dat gebouw 13 niet werd opgericht voor het jaar 1419. Omdat de oudste fase in de voorgestelde fasering van gebouw 13 in de 2de fase enkel wordt uitgebreid, slaat de zojuist voorgestelde chronologische informatie dus ook op de 2de fase. Dit is tegelijkertijd ook een *terminus post quem* voor de 3e fase. Op die basis kan men fasen 1 en 2 in de eerste 2 tot 3 decennia van de 15de eeuw situeren en fase 3 vanaf decennium 3 van die eeuw. Later kan zeker ook, vroeger is uitgesloten.

Een tweede fase (fig. 194) is eventueel te herkennen aan een aantal restanten van uitbraaksporen ten zuidwesten, ten zuiden en ten oosten van fase 1 en enkele beter bewaarde muurfragmenten, zoals de zuidoostelijke hoek (fig. 195). Deze sporen leunen gezien hun gelijkaardige oriëntatie eerder aan bij de oudste fase dan bij de jongste fase van gebouw 13. Behalve aan de noordoostkant, waar de muur op iets meer dan 3,5 m van de noordoostmuur van de oudste fase staat, bevinden deze muren zich op ongeveer 2 m van het centrale gebouw. Het zouden eventueel relatief lage muurtjes in baksteen kunnen geweest zijn met een gedeeltelijk open bovenbouw in hout en daarop een dak dat schuin tegen de gevelmuren loopt. Op die manier wordt gebouw 13 aan drie zijden beter afgeschermd tegen de weersomstandigheden. Het zouden eventueel ook de afboordingen kunnen zijn van een plaveisel langs de drie zijden. Omdat die hypothese van muren die plaveisels afboordden nergens anders in Raversijde is geopperd verdient de eerste meer krediet. Bovendien

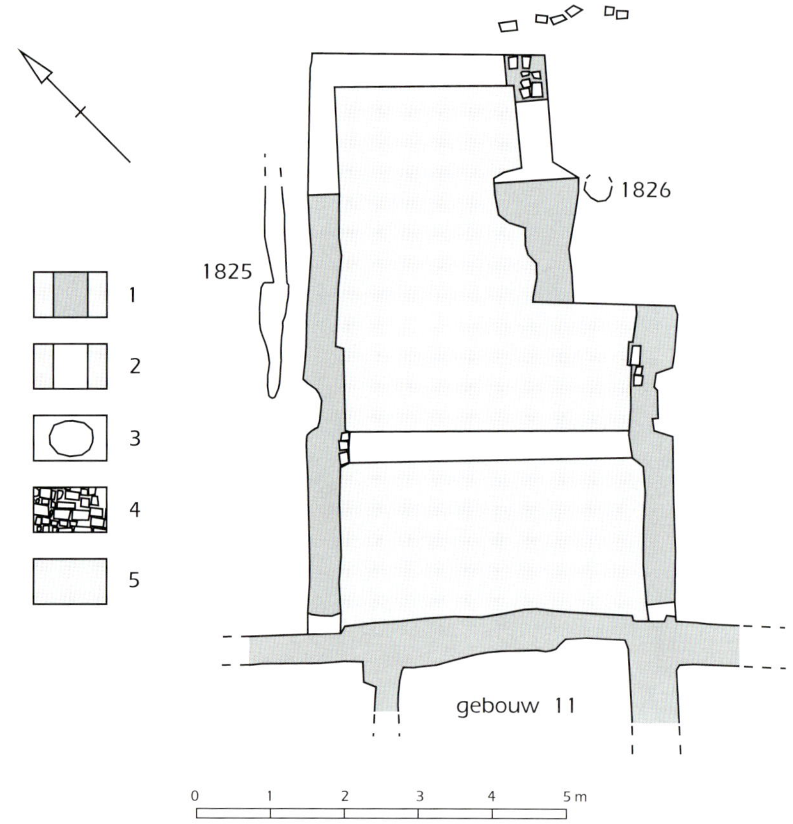

FIG. 188 **Plattegrond van gebouw 12 met aanvullingen. Legende: 1: uitbraaksporen, 2: aanvullingen, 3: specifieke sporen, 4: bakstenen, 5: bebouwde oppervlakte.**
Final floor plan of building 12. Key: 1: robber trenches, 2: deduced extensions of the excavated features, 3: specific features, 4: bricks, 5: built surface area.

bevindt plaveisel spoornr. 529 (fig. 194 en 196) zich in die hypothese dan buiten de met muurtjes afgezoomde zone. Deze met bakstenen (formaat van de bakstenen: 22-30 bij 10-15 bij 5 cm) geplaveide zone, afgeboord met drie rijen gekantelde bakstenen, suggereert dat ten noorden en ten noordwesten van gebouw 13 op een bepaald ogenblik geplaveide zones waren aangebracht. Vloerplaat spoornr. 552 kan strikt genomen ook bij de tweede fase behoren. In die hypothese vertegenwoordigen de kuiltjes spoornrs. 524-525 de eerste fase van het verwarmingselement.

De ten opzichte van de 1ste fase toegevoegde uitbraaksporen zouden echter ook kunnen geïnterpreteerd worden als een volledige nieuwbouw van gebouw 13 volgens hetzelfde concept, maar in totaal 6,3 m langer en ongeveer 2,1 m breder. In beide hypothesen beslaat gebouw 13 ongeveer 184 m². Enkel in de laatste hypothese is de haardpot/aspot (spoornr. 714: fig. 197) op een gemakkelijke manier in te passen, daarom lijkt ze ons de meest waarschijnlijke. De haardpot is anders in geen van de voorgestelde fasen geïntegreerd. Hij snijdt immers door de uitbraaksporen van de 1ste fase, waardoor hij er niet mee kan worden verbonden. Hij past ook niet in het voorgestelde eerste concept van de tweede fase of in de derde fase, omdat hij dan buiten het gebouw zou liggen. Het gaat om een kookpot in rood aardewerk (1856.1, fig. 198) met rolrond oor, op vijf drieledige standvinnen, met naar buiten staande hals, dekselgeul en vermoedelijk slechts één rolrond oor, hergebruikt als aspot. De pot werd hiertoe in een normale positie, dat wil zeggen met de bodem naar onder en de opening naar boven, in de grond gezet. De onderkant is intens beroet en aan de binnenkant van de bodem is loodglazuur aangebracht. Randdiameter van de pot: 16 cm, grootste diameter: 29 cm, hoogte: 26,4 cm. Door de aanleg van draineerbuizen in de jaren 60 van de 20ste eeeuw was de aspot reeds grotendeels beschadigd (fig. 197).

De derde fase, die in elk geval na 1419 moet worden gedateerd en eventueel zelfs een heel stuk later omwille van de groot van Filips de Goede in de uitbraaksporen van de voorgangers, kan door een duidelijk verschillende oriëntatie en een aantal oversnijdingen slechts gedeeltelijk geïdentificeerd worden (fig. 199). Deze derde fase is met de lengteas 48° NO en met de dwarsmuren 43° NW georiënteerd. Het meest opvallende kenmerk van deze fase is de grote rechthoekige ruimte met bakstenen bevloering (spoornr. 527, fig. 200). Ze meet 5,6-5,7 m bij 7 m buitenwerks en 4,9 bij 5,7 m binnenwerks en is gevloerd met helrode bakstenen in visgraatverband. Zowel van de zuidwestwand, de zuidoostwand als de noordoostwand zijn nog stenen *in situ* bewaard gebleven. In de noordoostwand van deze ruimte verspringt de muur op 1,2 m van de oosthoek met een muurdikte. Tegen de noordhoek is vermoedelijk achteraf een overwelfde bakstenen latrine (spoornr. 546: fig. 201) bijgeplaatst. In deze ruimte, die verdiept is ten opzichte van het loopvlak, bevindt zich ook een rond, bakstenen structuurtje (spoornr. 596, fig. 202) dat waarschijnlijk een koelruimte was. Omdat de bevloering slechts zeer gedeeltelijk is bewaard kon het verband tussen de bevloering en de ronde structuur niet worden vastgesteld. Aangezien de structuur op de plaats staat waar vroeger de noordwestelijke muur van de oudste fase stond, kunnen we veronderstellen dat deze structuur tot de derde fase behoorde. Wat opvalt aan deze ruimte is dat ze is uitgediept voor de vloer werd aangelegd. Dat verklaart waarom er onder de vloer geen sporen meer zijn overgebleven van de muur van de oudste fase. Alleen het

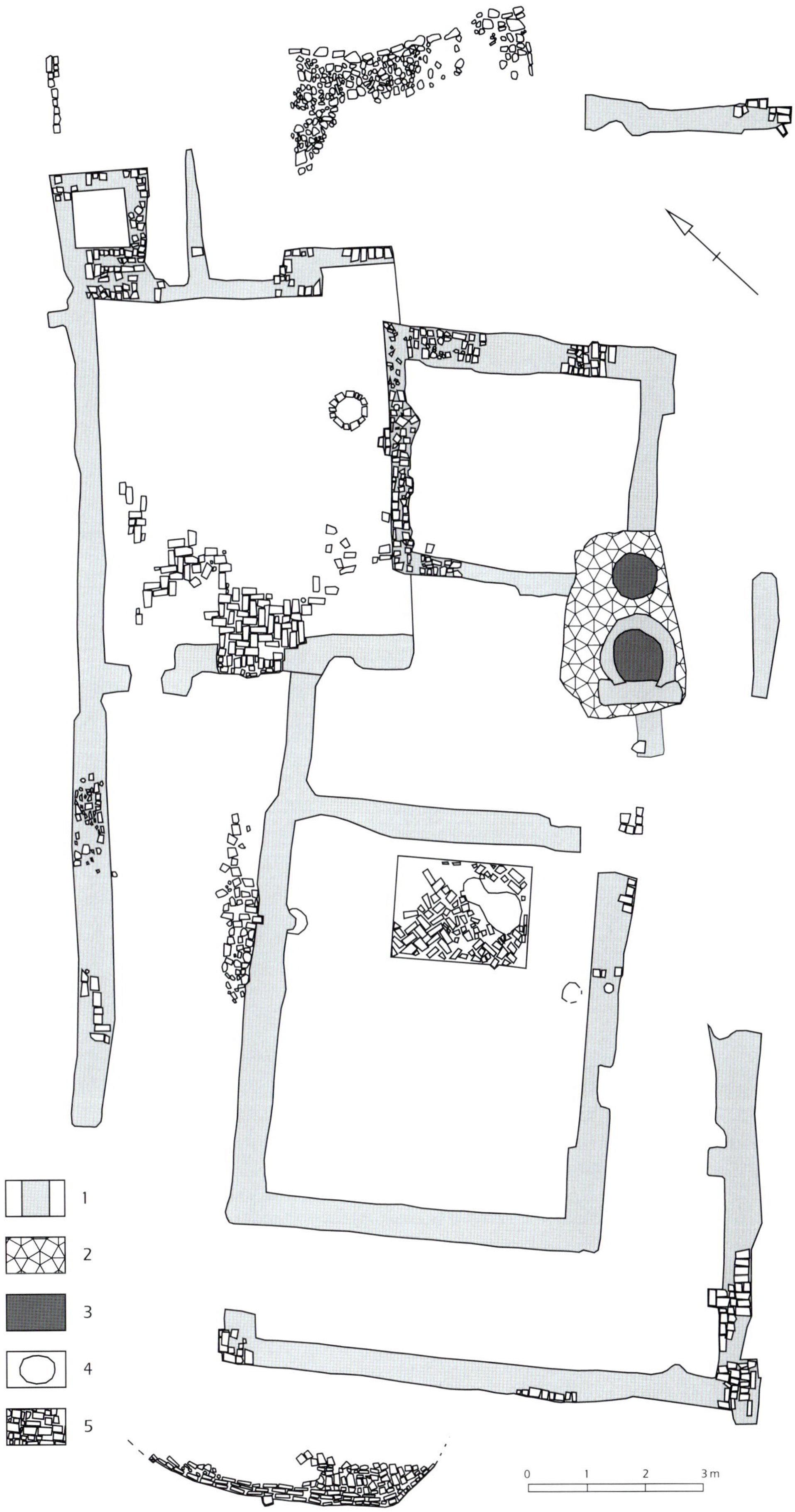

FIG. 189 **Plattegrond van gebouw 13, alle fasen samen. Legende: 1: uitbraakspoor, 2: kuil, 3: waterput, 4: specifieke sporen, 5: bakstenen.** ***Floor plan of building 13, all phases shown together. Key: 1: robber trenches, 2: pit, 3: well, 4: specific features, 5: bricks.***

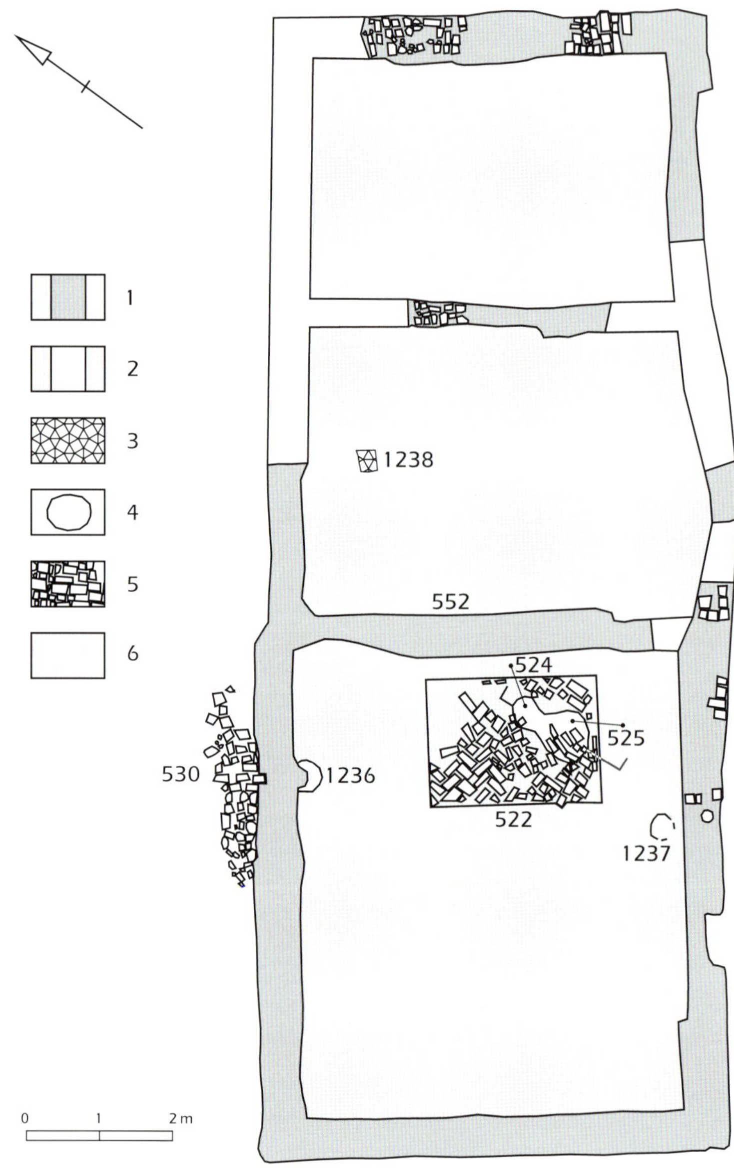

FIG. 190 **Plattegrond van gebouw 13 fase 1 met aanvullingen. Legende: 1: uitbraaksporen, 2: aanvullingen, 3: kuil, 4: specifieke sporen, 5: bakstenen, 6: bebouwde oppervlakte.**
Floor plan of building 13 phase 1. Key: 1: robber trenches, 2: deduced extensions of the excavated features, 3: pit, 4: specific features, 5: bricks, 6: built surface area.

druipspoor uit de oudste fase (fig. 203) kon nog worden geregistreerd. Met deze derde fase wordt het verschil in oriëntatie tussen de oudste fase van gebouw 13 en die van gebouw 1 teruggebracht van 10° tot 4-5°. De derde fase heeft een bebouwde oppervlakte van ongeveer 84 m².

Bij deze fase behoren ook tonwaterput spoornr. 721 (fig. 204-205) en de bakstenen waterput spoornr. 715 (fig. 206). De tonwaterput kan te oordelen naar de dendrochronologische informatie niet aangelegd zijn voor 1424. Het muurtje waarin de bakstenen waterput is ingewerkt heeft dezelfde oriëntatie (fig. 199) als die van de muren van de grote ruimte met baksteenbevloering. De bakstenen waterput is wellicht pas ten vroegste in 1440-1450 aangelegd.

Ten noordoosten van gebouw 13 werd een bevloering in natuursteen (spoornr. 526, fig. 207) aangetroffen. De met natuurstenen geplaveide zone is 4 m lang en 0,9 tot 2,1 m breed. Deze geplaveide structuur is slechts gedeeltelijk bewaard gebleven, er is slechts aan twee kanten een afboording teruggevonden. Ze bestaat aan de noordoostkant van het plaveisel uit een 15-tal tot 35 cm grote natuurstenen en aan de oostkant uit bakstenen op hun kant. In de afboording met grote natuurstenen zijn vooral kalkstenen verwerkt, terwijl in het vlak gedeelte naast wat bakstenen en enkele kalkstenen vooral donkergetinte natuursteen is verwerkt. De structuur ligt op de rand van een grote veenwinningskuil die later nog als stortplaats diende (spoornr. 69) en is er gedeeltelijk in weggezakt. Dat verklaart meteen waarom hij beter bewaard is.

Omdat de structuur niet volledig bewaard is, is het ook niet helemaal duidelijk of het om een wegeltje gaat in de vorm van een pad om van punt x naar punt y te gaan of om een geplaveide zone die aansluit bij de derde fase van gebouw 13, hoofdzakelijk bedoeld om het schoeisel zo proper mogelijk te houden bij allerlei activiteiten aan de woning. Aangezien de afboording aan de oostkant is bewaard is het duidelijk dat als het een pad was, het ter hoogte van deze afboording ophield. Bij het onderzoek van 1996 werden op verschillende plaatsen met natuursteen

FIG. 191 **Rechthoekige bakstenen haardplaat (spoornr. 522) behorend tot de oudste fase van gebouw 13.**
Rectangular brick floor (No. 522) from phase 1 of building 13.

FIG. 192 **Twee kuilen onder de bakstenen haardplaat spoornr. 522.**
Two pits excavated below brick floor 522.

geplaveide zones aangetroffen die aansluiten bij het gebouw. Daarom gaat de voorkeur lichtjes uit naar een geplaveide zone die aansluit bij de derde fase van gebouw 13. Het kan dat ze aansluit bij een rijtje bakstenen dat in noordoostelijke richting tot 2 m voorbij de aangebouwde latrine loopt.

Hierna volgt een uitgewerkte beschrijving van de structuren die bij gebouw 13, fase 3 horen.

4.3.2.12.1 Een nagenoeg vierkante bakstenen beerput, spoornr. 546[394]

Tegen de noordhoek van fase 3 van gebouw 13[395] bevindt zich een kleine, nagenoeg vierkante bakstenen structuur (fig. 201). Deze was tot boven opgevuld met een homogeen pakket zwartgrijs kleiig zand, doorspekt met baksteenpuin. Dit pakket van 1,4 tot 1,5 m dik houdt waarschijnlijk verband met de gedeeltelijke uitbraak en opvulling van deze structuur en de woning waartoe hij behoorde. Het was centraal in de structuur duidelijk dikker dan

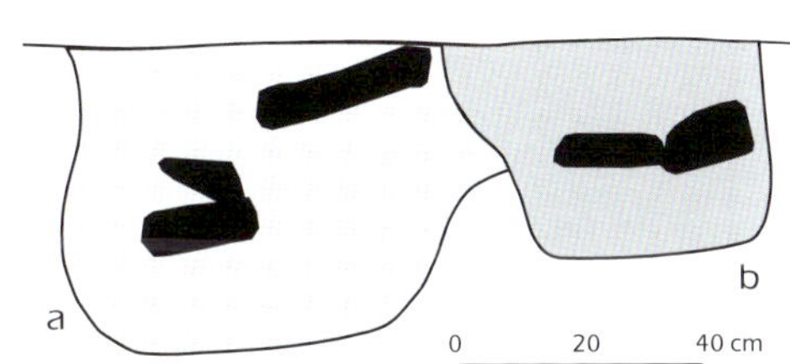

FIG. 193 **Kuilen spoornrs. 524 (rechts) en 525 (links) in doorsnede. Legende: a: oranjebruine asachtige vulling met baksteenbrokken, b: zwart zand met enkele baksteenbrokken.**
Pits 524 (right) and 525 (left) in section. Key: a: orange-brown ash deposit containing brick fragments, b: black sand with occasional brick fragments.

394 **Deze latrine werd al uitvoerig besproken in Pieters *et al.* 1999.**

395 **Pieters 1995, Pl. 1, gebouw 13, tussen p. 224 en 225.**

FIG. 194 **Plattegrond van gebouw 13 fase 2 met aanvullingen. Legende: 1: uitbraaksporen, 2: aanvullingen, 3: specifieke sporen, 4: bakstenen, 5: bebouwde oppervlakte.**
Final floor plan of building 13 phase 2. Key: 1: robber trenches, 2: deduced extensions of the excavated features, 3: specific features, 4: bricks, 5: built surface area.

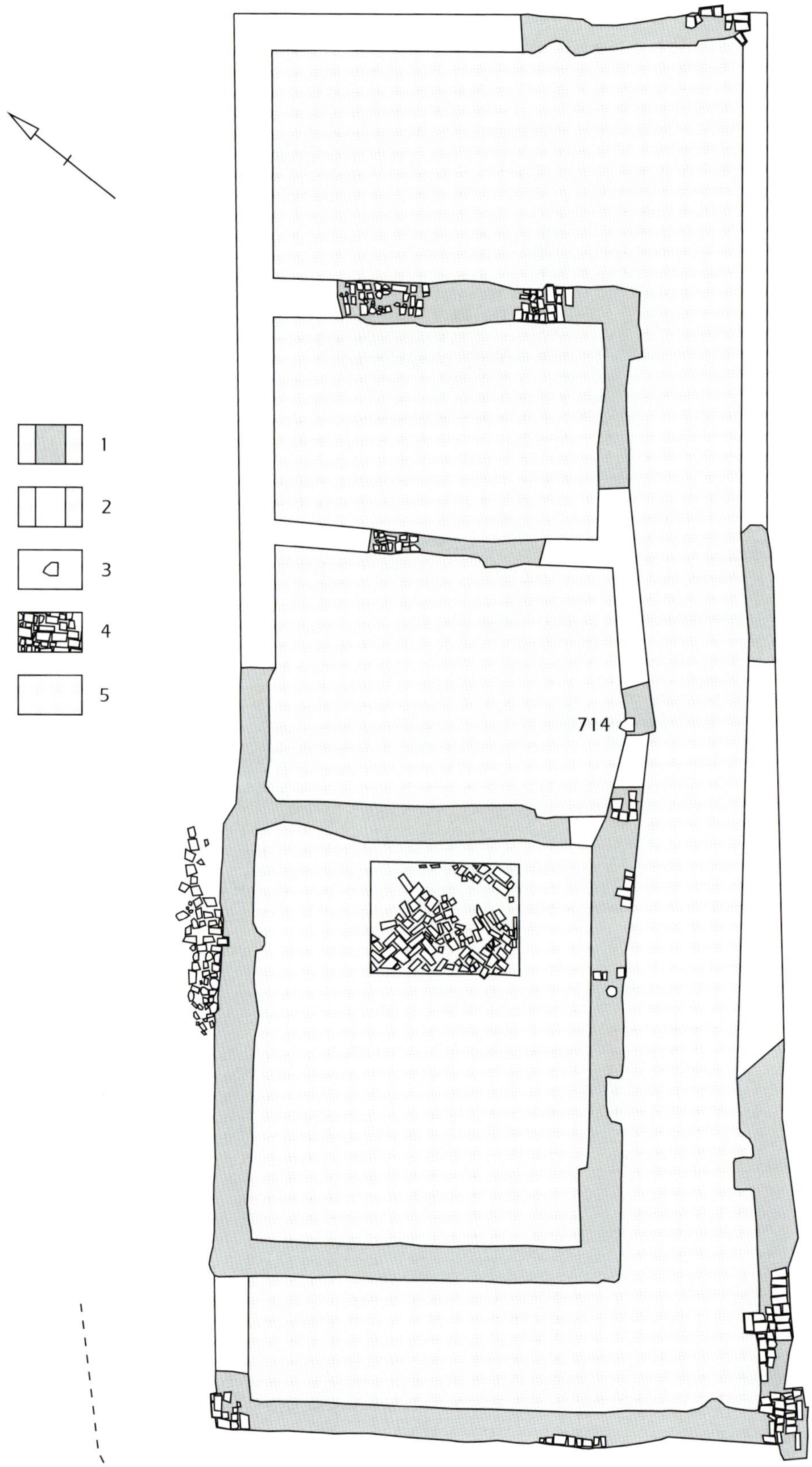

FIG. 195 **Zuidoosthoek van gebouw 13 fase 2.**
South-eastern corner of building 13 phase 2.

FIG. 196 **Bakstenen plaveisel spoornr. 529.**
Brick floor 529.

FIG. 197 **Ingegraven haardpot, gebouw 13, 2de fase.**
In situ pot, building 13, phase 2.

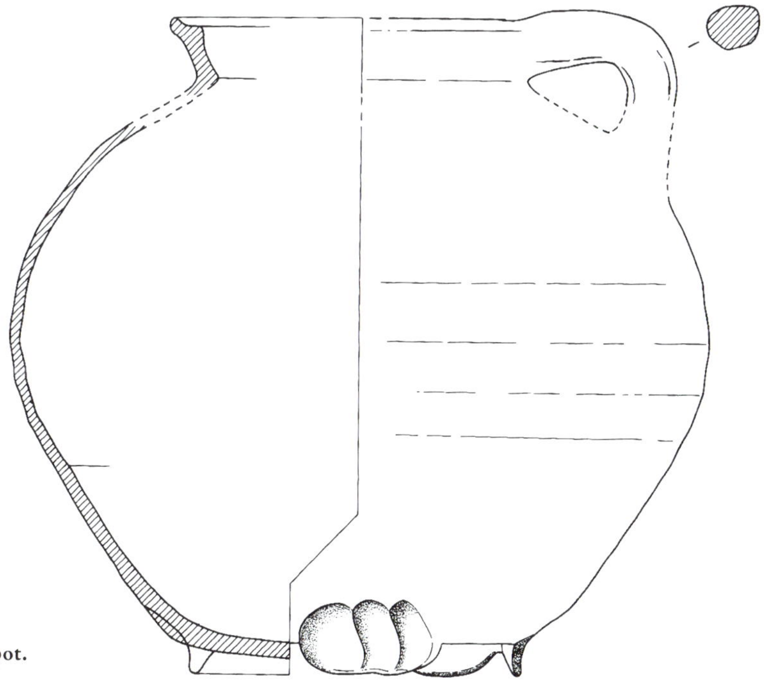

FIG. 198 **Kookpot in rood aardewerk hergebruikt als haardpot.**
In situ redware cooking pot reused as an ash pot.

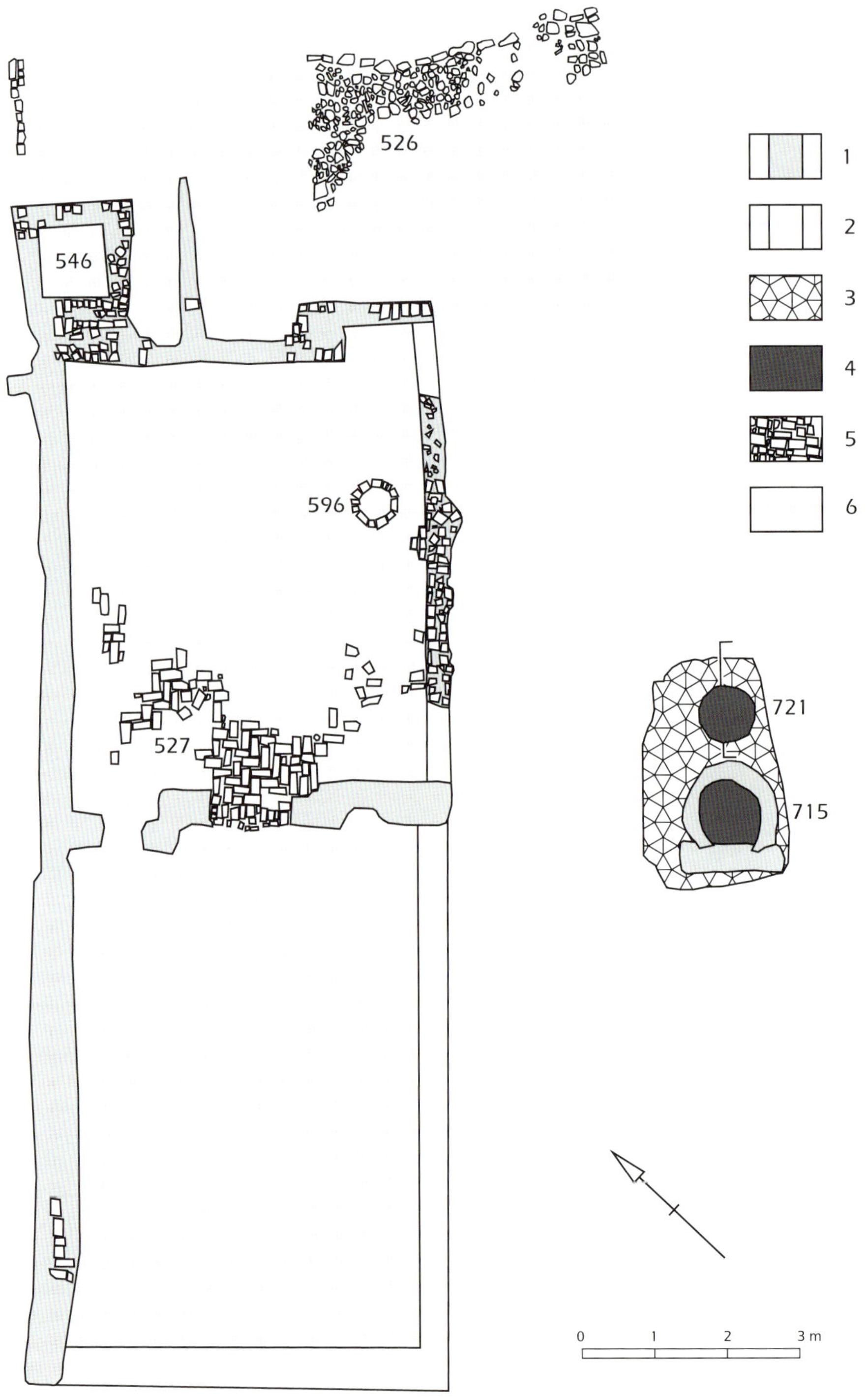

FIG. 199 **Plattegrond van gebouw 13 fase 3 met aanvullingen. Legende: 1: uitbraaksporen, 2: aanvullingen, 3: kuil, 4: waterput, 5: bakstenen, 6: bebouwde oppervlakte.**
Final floor plan of building 13 phase 3. Key: 1: robber trenches, 2: deduced extensions of the excavated features, 3: pit, 4: well, 5: bricks, 6: built surface area.

nabij de wanden. De noordwestwand van de latrine was een heel stuk dieper uitgebroken dan de overige wanden.

Vanaf een diepte van ongeveer 1,1 m ten opzichte van de bovenkant van de bewaarde bakstenen muren begon de primaire vulling zich langs de randen af te tekenen. Ze bestond uit een donkerbruine, haast volledig organische afzetting (fig. 208), te interpreteren als bodemgenetisch getransformeerde beer. Dat het om een beerput ging lag dus voor de hand. De laag was zeer homogeen en werd als één pakket beschouwd. De organische laag, met een volume van ongeveer een halve kubieke meter, werd – op de stalen voor specifieke doeleinden na – aan verder onderzoek onderworpen op het opgravingsterrein. Ze werd gezeefd over een zeef met vierkante mazen en een zijde van 3 mm. Daarnaast werden er ook specifieke monsters genomen voor gedetailleerde zeefprocedures. Die zeefstalen laten toe op adequate wijze plantenresten en fijn botmateriaal te recupereren. Verder is deze primaire vulling ook bemonsterd voor een palynologisch en parasitologisch onderzoek. Opmerkelijk aan deze laag is dat ze haast geen grote mobiele vondsten bevatte. Tijdens de opgraving werden uit deze laag geen scherven of botten

FIG. 200 **Bevloering in rode baksteen spoornr. 527, gebouw 13 fase 3.**
Red brick floor 527, building 13 phase 3.

bovengehaald[396]. Enkel bij het volledig uitzeven kwam een zeer kleine hoeveelheid mobiele *archaeologica* te voorschijn, naast een grote hoeveelheid plantaardige en kleine dierlijke resten[397].

De bakstenen bodem is nagenoeg vierkant (0,75 bij 0,85 m) en bevindt zich op een diepte van 1,4 m T.A.W. Op die plaats is dit ongeveer 75 cm beneden de top van de permanente grondwatertafel en amper 40 cm boven de top van het subatlantisch veen (fig. 209). Dit houdt in dat de bewaringsomstandigheden voor allerlei organische resten in de onderste vulling van deze beerput zeer goed zijn. De bakstenen constructie is verder licht trechtervormig. Ze werd breder naar boven toe en mat op het hoogst bewaarde niveau 1,1 bij 1,0 m. Vooral de zuidoost- en de noordwestwand waren ten opzichte van de bodem bovenaan merkelijk breder, namelijk 1,1 m tegenover 0,75 m beneden. De bakstenen put is 2,3 m diep en telt met de bodem inbegrepen 35 steenlagen, gemetst in een onregelmatig verband. Dit onregelmatige verband is vooral het gevolg van het grote percentage halve stenen die in de muren zitten verwerkt. De stenen zijn enkel gebonden met een zandige klei die vergelijkbaar is met die van de bewaarde muurfragmenten. Enkel de binnenzijde van de put is keurig afgewerkt. Het formaat van de bakstenen is 23-25 bij 10-11,5 bij 5,5-6 cm.

Eén van de hoeken vertoonde onderaan een verzakking, mogelijk doordat er gemetst werd onder de permanente grondwatertafel. De wanden bestaan voor zover is nagegaan uit muren van één steen dik, behalve onderaan in de zuidwestwand. Daar zijn de onderste 13 steenlagen van de muur slechts een halve steen dik (fig. 209).

Op een hoogte van 1 m boven de bodem van de put, meer bepaald in de 16de steenlaag vanaf de bodem, bevonden zich vier uitsparingen in het metselwerk. Zowel de zuidwest- als noordoostwand heeft twee van die uitsparingen. Ze liggen op 55-62 cm van elkaar en kunnen als stellinggaten geïnterpreteerd worden,

FIG. 201 **Zicht op het noordelijk deel van gebouw 13, fase 3. Op de voorgrond bevindt zich de bakstenen latrine spoornr. 546.**
The northern part of building 13, phase 3. In the foreground brick latrine 546 can be seen.

396 Het volledig ontbreken van vondsten tijdens de opgraving dient te worden gerelativeerd vermits op het terrein was geweten dat alles toch zou gezeefd worden. Dit maakt dat met minder aandacht wordt gespeurd naar vondstenmateriaal.

397 Voor het onderzoek van deze plantaardige en dierlijke resten verwijzen we eveneens naar Pieters *et al.* 1999.

FIG. 202 Ronde bakstenen structuur spoornr. 596: a: met vulling uit baksteenpuin, b: leeggehaald.
Circular brick structure 596: a: with brick rubble fill and b: after removal of brick rubble fill.

FIG. 203 Overzicht met muur, ronde structuur 596 en druipspoor gekoppeld aan gebouw 13 fase 1.
Wall, circular structure 596 and eaves drip associated with building 13 phase 1.

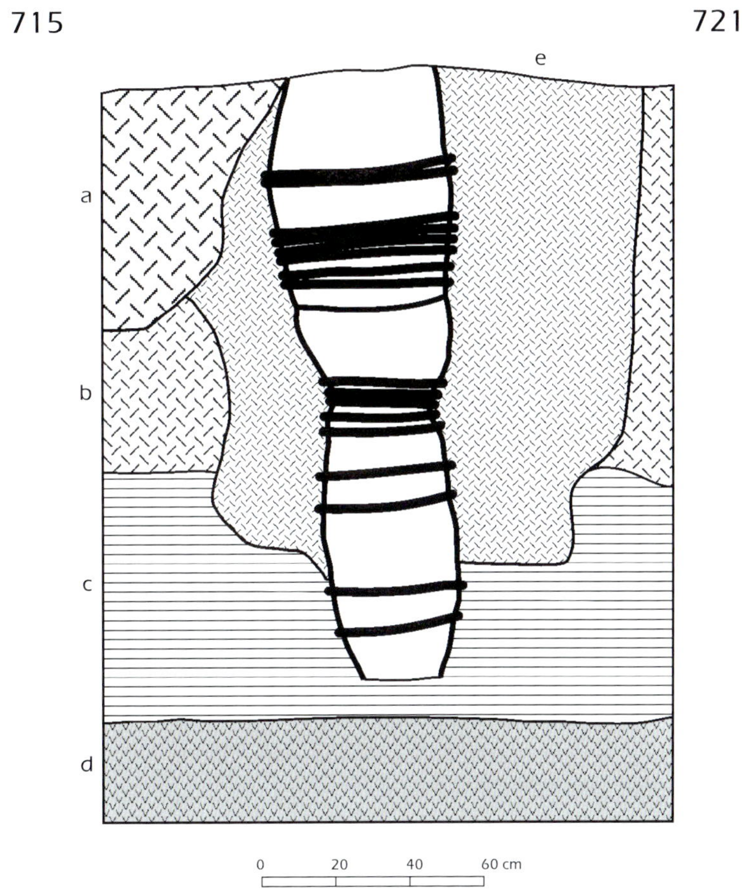

FIG. 204 **Tonwaterput spoornr. 721 in doorsnede. Legende: a, b: klei zonder stratificatie, c: gelaagde klei, d: veen, e: verspitte klei, insteek tonwaterput.**
Barrel well 721 in section. Key: a, b: homogeneous clay, c: laminated clay, d: peat, e: disturbed clay, fill of construction cut for barrel well.

openingen waarin tijdens het opmetsen van deze put balkjes zaten om de stelling te dragen waarop de bouwers de put verder in de hoogte konden afwerken. Nadien werd de stelling met de balkjes verwijderd zonder de gaten op te vullen. Gelijkaardige stellinggaten worden regelmatig vastgesteld zoals bijvoorbeeld bij een waterput uit Antwerpen die in het tweede kwart van de 17de eeuw buiten gebruik werd gesteld[398].

Ook in de 30ste en 31ste steenlaag werd een dergelijke uitsparing in de wand aangetroffen. Omdat de overige wanden niet voldoende hoog bewaard zijn gebleven kon niet worden nagegaan of er aan deze uitsparing nog andere konden worden gekoppeld. Deze laatste uitsparing kan gezien de positie eventueel verband houden met een voormalige gewelfondersteunende structuur. Dat de structuur overwelfd was bewijst in elk geval de aanzet van de overwelving die ter hoogte van de 29ste steenlaag bewaard is gebleven.

Van de oorspronkelijke kleur van de bakstenen is binnenin de beerput door allerlei vormen van chemische neerslag nog weinig te merken. Er zijn echter opmerkelijke verschillen in de afzettingen op de wanden. De bodem en de onderste vier steenlagen zijn vrij van afzettingen (fig. 209). Van steenlaag 5 tot 16 is de wand bedekt met een donkerzwarte aankorsting, van steenlaag 17 tot 23 met een ruwe bruinbeige aankorsting en op de steenlagen 24 tot 29 bevindt zich enkel een dun, bleekbeige laagje, vermoedelijk kalkneerslag. Deze verschillen houden ongetwijfeld grotendeels verband met het grondwaterregime en de bijhorende chemische processen in deze beerput. Ook de vullingsgraad van de structuur kan hierin een rol spelen.

Bovenaan vormt een bakstenen massiefje (fig. 199 en 201) van minstens zeven steenlagen dik de verbinding met het gebouw waar de beerput bij aansluit. Omdat geen enkele muur van de beerput deel uitmaakt van het gebouw zelf, is de mogelijkheid dat hij achteraf werd aangebouwd niet uit te sluiten. Een tweede beerput in Raversijde (fig. 256), opgegraven aan gebouw 16, is daarentegen wel volledig ingewerkt in het muurwerk van het gebouw en is dus beter geïntegreerd in het architecturaal concept ervan. Het lijkt er echter wel op, gezien het bakstenen massiefje, dat de beerput toegankelijk was van in gebouw 13. Over de functie van het vertrek waar de latrine bij aansluit zijn geen onmiddellijke gegevens voorhanden. Ze had wel een bakstenen vloer[399]. Het zou dus wel degelijk om een residentiële ruimte kunnen gaan. Het blijft een hypothese, want de aanpalende ruimte kan even goed als keuken gediend hebben.

398 Veeckman 1996, 48-49.

399 Pieters 1995, 224, fig. 8.

FIG. 205 Tonwaterput spoornr. 721.
Barrel well 721.

FIG. 206 Bakstenen waterput spoornr. 715: a: overzicht, b: detail.
Brick well 715: a. overview, b: detail.

FIG. 207 **Natuurstenen bevloering spoornr. 526.**
Natural stone floor 526.

FIG. 208 **Detail van de oorspronkelijke vulling van de bakstenen latrine spoornr. 546.**
Close-up of the primary fill of brick latrine 546.

FIG. 209 **Detail van het bodemprofiel ter hoogte van de bakstenen latrine spoornr. 546.**
The stratigraphic sequence adjacent to brick latrine 546.

4.3.2.12.2 Bakstenen putje spoornr. 596

In of onder de bevloerde ruimte van gebouw 13, fase 3 bevindt zich een rond bakstenen putje (fig. 202). Het putje met een binnendiameter van 0,4 tot 0,45 m is gebouwd met een muur van een halve steen. Deze muur rust op de bakstenen bevloering die de koker onderaan afsluit. De koker was volledig opgevuld met puin en bevatte behalve baksteenbrokken en kalkmortelfragmenten geen mobiele archeologische vondsten. De geringe diepte, 3,07 m T.A.W., sluit een functie als waterput uit. Het lijkt onwaarschijnlijk dat het om een zinkputje gaat. In dat geval zou men immers geen bodem van baksteen verwachten. Bovendien werden er geen sporen aangetroffen van oxido-reductie en klei-infiltratie, wat zou wijzen op een dergelijk gebruik. Ten slotte werd op de bodem van het putje geen micro-gelaagdheid vastgesteld, zodat men er in de hypothese van een zinkputje al moet van uitgaan dat het onmiddellijk voorafgaand aan de afbraak en opvulling met baksteenpuin nog zeer grondig werd gereinigd. Dit lijkt echter hoogst onwaarschijnlijk. Alle andere structuren die in Walraversijde zijn onderzocht, zoals beerputten en waterputten, tonen immers aan dat ze niet meer werden geruimd voordat ze definitief buiten gebruik werden gesteld. In Slijpe is er in tegenstelling tot de structuren uit Walraversijde wel van uitgegaan dat een voormalige latrine grondig werd geruimd voor ze buiten gebruik te stellen en het resterende gedeelte met puin op te vullen[400]. Op de site Slijpe heeft dat ongetwijfeld te maken met het feit dat de ruimte nadien op een andere manier werd aangewend. Het ter plaatse laten van de oorspronkelijke vulling vormde daar een probleem, terwijl het in de voorbeelden uit Walraversijde om een definitieve opgave van de betrokken structuren gaat en er dus geen argument is om de structuren grondig te reinigen voor ze buiten gebruik te stellen.

De structuur is het best te interpreteren als een soort kleine koelruimte om voedingswaren die snel bederven langer te bewaren. Het geringe volume sluit uit dat het in dit geval om grote hoeveelheden zou gaan. In houten gebouw a, geregistreerd nabij gebouw 13 *(cf. infra)* is een sterk verwante structuur aangetroffen. In het bakstenen putje met verzonken bodem heerste waarschijnlijk een iets vochtigere en bijgevolg koelere atmosfeer. Datzelfde vermoeden heerst voor een klein keldertje met verzonken vloer, net buiten een gebouw in Temple End (High Wycombe, Buckinghamshire, Verenigd Koninkrijk)[401]. Dit soort ingegraven structuren doet natuurlijk ook onmiddellijk denken aan de talrijke dolia die in de Romeinse periode werden ingegraven om voedingstoffen als wijn en olijfolie te bewaren[402]. Voor de verdere behandeling van deze problematiek verwijzen we naar 4.3.3.8.4. Ondergrondse ruimtes: koele of geheime berging?

4.3.2.12.3 Bakstenen waterput spoornr. 715

Deze waterput (fig. 206), met een buitendiameter van 1,3 m en een binnendiameter van 0,85 m, is niet volledig cirkelvormig. Aan de zuidwestelijke kant sluit de putcirkel, die één steen dik is, aan tegen een 1,45 m lange rechte muur van anderhalve steen. De beide structurele elementen, gebonden met een beige zandige klei, zijn zonder twijfel gelijktijdig gerealiseerd. Het

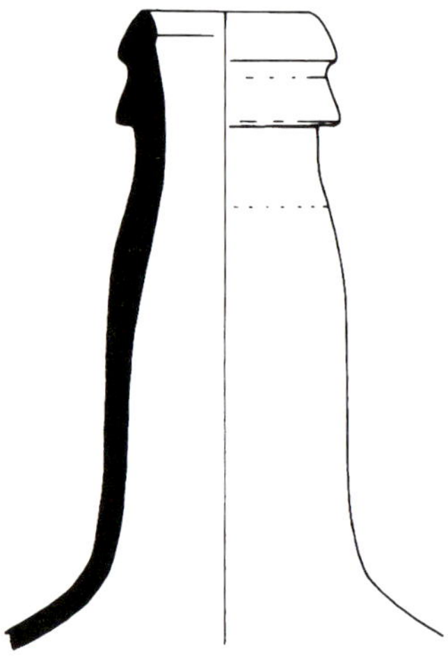

FIG. 210 **Halsfragment van een fles (1857.1) aangetroffen in de vulling van bakstenen waterpur spoornr. 715. Schaal: 2/3.**
Neck fragment of a glass bottle (1857.1) found in the fill of brick well 715. Scale 2:3.

cirkelvormige gedeelte is immers keurig ingewerkt in de rechte muur. De bodem van de waterput bevindt zich op 1,95- 2,0 m T.A.W. en bestaat uit een aantal bakstenen die in de put gelegd zijn. De putcirkel telt op de best bewaarde plaats nog 29 steenlagen. De constructiekuil van waterput spoornr. 715 snijdt zowel door de constructiekuil van een nabijgelegen tonwaterput (spoornr. 721) als door de uitbraaksporen van de oudste fase(n) van gebouw 13. De vulling van de putschacht bestaat vooral uit beige kleiig zand doorspekt met baksteenbrokken en kalkmortel. In de vulling van deze waterput werd enkel een halsfragment van een glazen fles (1857.1, fig. 210) aangetroffen. De dendrochronologische informatie van de doorsneden tonwaterput geeft aan dat deze bakstenen waterput ten vroegste in 1424 – eventueel zelfs ten vroegste in 1430 – werd aangelegd. Omdat dit de meest recente *terminus post quem* is van een van de tonnen, moeten er ongetwijfeld nog een aantal jaren worden bijgeteld voor het spinthout en vervolgens voor de periode dat de tonwaterput in gebruik was voor de stenen waterput werd aangelegd. Dit impliceert dus dat deze bakstenen waterput wellicht pas ten vroegste omstreeks 1440/1450 is aangelegd.

Het fragment van de glazen fles geeft aan dat de finale opgave van de waterput na de middeleeuwen gesitueerd dient te worden, wellicht zoals vastgesteld bij de andere bakstenen waterputten na het beleg van Oostende (1601-1604).

4.3.2.12.4 Tonwaterput spoornr. 721

Deze tonwaterput (fig. 204-205) bevindt zich centraal in een rechthoekige constructiekuil[403]. De constructiekuil wordt in elk geval gesneden door de insteek van de bakstenen waterput er

400 Zeebroek *et al.* 2006, 170 fig. 15.
401 Lucas & Regan 2003, 176.
402 Borgongino *et al.* 2010, 126.
403 Door de latere oversnijding door de aanleg van bakstenen waterput spoornr. 715 zijn de oorspronkelijke afmetingen van de constructiekuil niet meer te achterhalen.

onmiddellijk naast. De bodem van de tonwaterput bevindt zich op 1,08 m T.A.W., dat is ruim 90 cm dieper dan die van de bakstenen waterput. Er zijn vier tonnen nodig om het middeleeuwse oppervlak te bereiken. Van drie tonnen is het hout nog bewaard. De duigen van deze drie tonnen worden samengehouden door 16 hoepels waarvan er een aantal gegroepeerd voorkomen.

De bovenste ton (1888.1) met een maximale diameter van 67 cm, is samengesteld uit 18 onvolledig bewaarde duigen. Op deze ton zijn geen merken of bomgaten te vinden. Wel werden er in 4 duigen van de bovenste ton, aan de onderkant buiten het gedeelte dat door de kroosgroeven wordt afgebakend, 11 perforaties vastgesteld. Ook op het Mijnplein in Oostende[404] werd een ton aangetroffen met duigen die op dezelfde manier geperforeerd waren. De gaten zijn terug te voeren naar een bodemversteviging die met tappen was vastgehecht onder de in de kroosgroeven gevatte bodemplaat[405]. In het vakjargon van de kuiper heet dergelijke bodemversteviging een 'bodemklamp'. Bodemklampen werden vooral gebruikt bij vaten waarin wijn of alcohol werd bewaard, omdat ze bij gisting van de drank sterk onder druk komen te staan[406]. De stelling lijkt in dit geval op te gaan, omdat deze ton de enige is van de opgegraven tonnen uit Raversijde waarvan het hout uit de Bourgogne of het Bekken van Parijs afkomstig is[407] en die dus als wijnton gebruikt werd.

De middelste ton (1891.1) met een diameter van 61 cm is opgebouwd uit 15 op 36 cm lengte afgekapte duigen. Op twee daarvan is een merk aanwezig[408].

De onderste ton (1893.1) met een maximale diameter van 61 cm is samengesteld uit 15 duigen met een lengte van 72, 5 tot 73, 5 cm. Eén daarvan is voorzien van een bomgat (8 cm horizontaal bij 7,5 cm verticaal) en een aantal ingekerfde merken: drie in elkaar grijpende cirkeltjes van ongeveer 3 cm diameter naast een dunne horizontale lijn[409], drie lijntjes die op een punt samenkomen[410] en een horizontale streep op één uiteinde verbonden met een horizontaal geplaatst maalteken en op een ander met een streepje onder een hoek van 45° [411]. Dergelijke kleine cirkeltjes komen ook voor als merk op tonnen uit de periode tussen de 2de helft van de 14de en de 1ste helft van de 16de eeuw, opgegraven te Heist[412].

De duigen van alle drie de tonnen werden dendrochronologisch geanalyseerd. Voor de bovenste ton wordt 1424 als *terminus post quem* voorgesteld, eventueel zelfs 1430. Van de middenste ton kan de kapdatum van de boom gesitueerd worden tussen 1413 en 1423, met een jongste jaarring uit 1412. De jongste jaarring op duigen van de onderste ton is uit het jaar 1416, wat neerkomt op een vellingsdatum tussen 1418 en 1438.

De opvulling van deze tonwaterput is zeer homogeen en bestaat op het onderste zandpakket na, dat nogal wat glasfragmenten bevatte, uit gereduceerde klei gemengd met natuursteen en baksteenpuin. Hier en daar bevindt zich ook een duig in de opvulling van de tonschacht. Voor een duig in de vulling van de onderste ton kon geen datum worden voorgesteld op basis van het dendrochronologisch onderzoek.

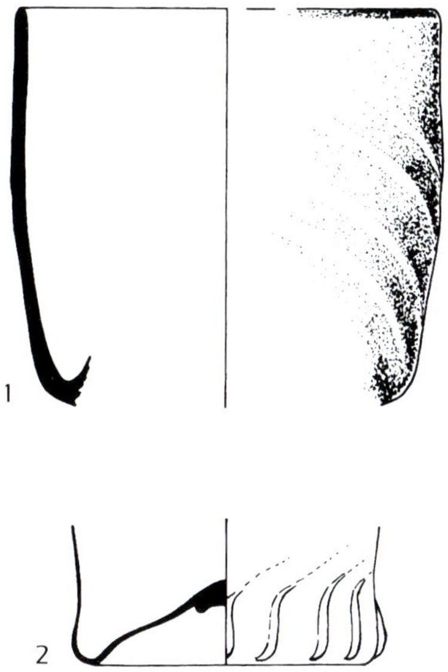

FIG. 211 **Glasvondsten uit de bodemlaag van tonwaterput spoornr. 721. Schaal: 2/3.**
Glass finds from the basal layer of barrel well 721. Scale 2:3.

In het onderste zandige pakket is behalve glas ook een insigne (1895.1) in tin/lood geborgen in de vorm van een spelbord met 25 vakjes[413]. Het glasensemble uit de vulling van deze tonwaterput verschaft heel wat informatie over de glasconsumptie in Raversijde in het midden en/of de 2de helft van de 15de eeuw, zoals de vaststelling dat er drie verschillende bekertypes gelijktijdig in gebruik waren: een Maigelbecher (1895.2), een schuin getorste beker (1895.6: fig. 211: 1) en een beker met abrupt afknikkend ribbelpatroon, (1895.7[414]: fig. 211: 2) alle drie in groen glas.

Vlak bij gebouw 13 werd ook een concentratie paalsporen geregistreerd waarin een houtbouw kan herkend worden. Die wordt hierna besproken.

4.3.2.13 Houten gebouw a

Ten westen van gebouw 13 bevindt zich een concentratie paalsporen waarin met wat goede wil een houtbouw (fig. 212-213 en fig. 408) kan herkend worden. Een discontinue greppel (spoornrs. 572-573) ten noorden van de zone met paalsporen, eventueel te interpreteren als een osendropgreppel en een kuiltje met een houtskoolrijke vulling (spoornr. 1828), te interpreteren als het relict van de stookplaats, sterken het vermoeden dat deze paalsporen de restanten zijn van een houten gebouw. Bovendien wordt de zone met paalsporen omgeven door – en niet gesneden door – een aantal afvalkuilen (fig. 212). De spreiding van deze

404 **Pieters *et al.* 1995a, 191: fig. 7.**
405 **Taransaud 1976, 29.**
406 **Waelput 2004, 175.**
407 **Houbrechts & Pieters 1999, 245.**
408 **Houbrechts & Pieters 1999, 228: fig. 3: 23.**
409 **Houbrechts & Pieters 1999, 228: fig. 3: 22.**
410 **Houbrechts & Pieters 1999, 228: fig. 3: 29.**
411 **Houbrechts & Pieters 1999, 228: fig. 3: 7.**
412 **Hillewaert 1989, 85.**
413 **Pieters *et al.* 2002, 291: 1895.1.**
414 **Gevaert *et al.* 2003, 12 fig. 7.**

FIG. 212 **De zone met paalsporen wordt gemeden door afvalkuilen.**
The area with the postholes was avoided for refuse pits.

kuilen lijkt dus gedeeltelijk mee bepaald te zijn door de aanwezigheid van deze houtbouw.

Behalve de aanduiding van de zone kan ook vermoed worden dat het gebouw tweeschepig was, dat de lengteas ongeveer 40° NW was georiënteerd en een kleine aanbouw had waarin o.a. de watervoorziening was ondergebracht. Gebouw a mat vermoedelijk ongeveer 10,3 m bij 6 m. Aan gebouw a kunnen we dus waarschijnlijk de tonwaterputten spoornrs. 550, 555, 556 en 592 en het bakstenen putje spoornr. 537 koppelen. Wat de datering betreft hebben de tonwaterputten respectievelijk 1406 en 1444 als *termini post quem* en 1410-1420, 1474-1484 en 1422-1432 als kapdata. Tonwaterput spoornr. 556 snijdt echter wel twee paalsporen. Daaruit kunnen we besluiten dat deze houtbouw op die plaats hersteld of verbouwd is. Dat kan ook afgeleid worden uit het grote aantal paalsporen. Er is dus geen sprake van een eenmalig geconstrueerd gebouw dat slechts gedurende een beperkte periode gebruikt werd, maar veeleer van een gebouw dat langere tijd in gebruik was. Afgaande op de dateringen van de tonwaterputten ging het wellicht om een langdurige periode in de 15de eeuw, meer bepaald van na 1406 tot na 1474.

Een totaal andere hypothese interpreteert deze tonwaterputten en het bakstenen kokertje (spoornr. 537) als de enige relicten van een stenen gebouw waarvan verder geen uitbraaksporen overgebleven zijn. In deze hypothese wordt de houtbouw als een voorloper van dit stenen gebouw beschouwd. Dat is echter weinig waarschijnlijk, vooral omdat er van alle andere bakstenen gebouwen in de onderzochte zone sporen zijn overgebleven en er geen argument is om te veronderstellen dat dat in deze zone niet het geval zou zijn. Het zou hoogst ongewoon zijn dat er niet een of ander gedeelte van een muur toch een leesbaar spoor had achtergelaten. Daarom opteren we ervoor om deze houtbouw niet als een voorloper maar als een blijver te interpreteren.

Hierna bespreken we kort de structuren die aan deze houtbouw zijn gekoppeld.

4.3.2.13.1 Bakstenen putje spoornr. 537

Deze ronde bakstenen structuur (fig. 214-215) met een buitendiameter van 0,95 m en een binnendiameter van 0,4 m is opgevuld met bruine zandige klei, vermengd met baksteenpuin en mosselschelpen. Op de bodem stond een kruik in grijs aardewerk waarvan het oor was afgebroken. Van deze structuur zijn 12 steenlagen bewaard. Het formaat van de bakstenen is 25-27 bij 11-12 bij 6 cm. De bovenste steenlaag bestaat uit volledige bakstenen die aan de binnenkant van het putje elkaar met de hoeken raken, maar aan de buitenzijde met de hoeken 10 tot 15 cm van elkaar verwijderd zijn. De V-vormige spleten die zo zijn ontstaan tussen de bakstenen zijn opgevuld met olijfbeige klei. De overige steenlagen bestaan overwegend uit halve en driekwart stenen. Op de bodem van het putje – op 2,75 m T.A.W. – bevond zich een ongeveer 5 cm dik zandlaagje. Gezien de geringe diepte was dit hoogstwaarschijnlijk geen waterput maar wel een koelruimte, zoals bakstenen putje spoornr. 596 bij fase 3 van gebouw 13. De rechtopstaande kruik in grijs aardewerk is alleszins een sterk argument in die richting. Het betreft een kruik (fig. 216) in grijs aardewerk met geribbelde continue standring, conische hals, rolrond oor en licht naar buiten staande rand met een ribbel aan de buitenzijde. Afmetingen van de kruik: hoogte: 30,2 cm, grootste diameter: 29 cm, randdiameter: 12,2 cm. Het is best denkbaar dat de kruik bijvoorbeeld gebruikt werd om melk koel te houden.

4.3.2.13.2 Tonwaterput spoornr. 550

De tonwaterput (fig. 217) is centraal (?) in een rechthoekige constructiekuil van minstens 1,15 m bij 0,75 m geplaatst. De bodem van deze tonwaterput bevindt zich op 2,16 m T.A.W. Van de onderste ton (238.1) is enkel het onderste gedeelte van de duigen bewaard. Door het ontbreken van spinthout kan door het dendrochronologisch onderzoek enkel een *terminus post quem* worden vastgesteld, namelijk 1406[415]. De vulling van de

415 Houbrechts & Pieters 1999, 232.

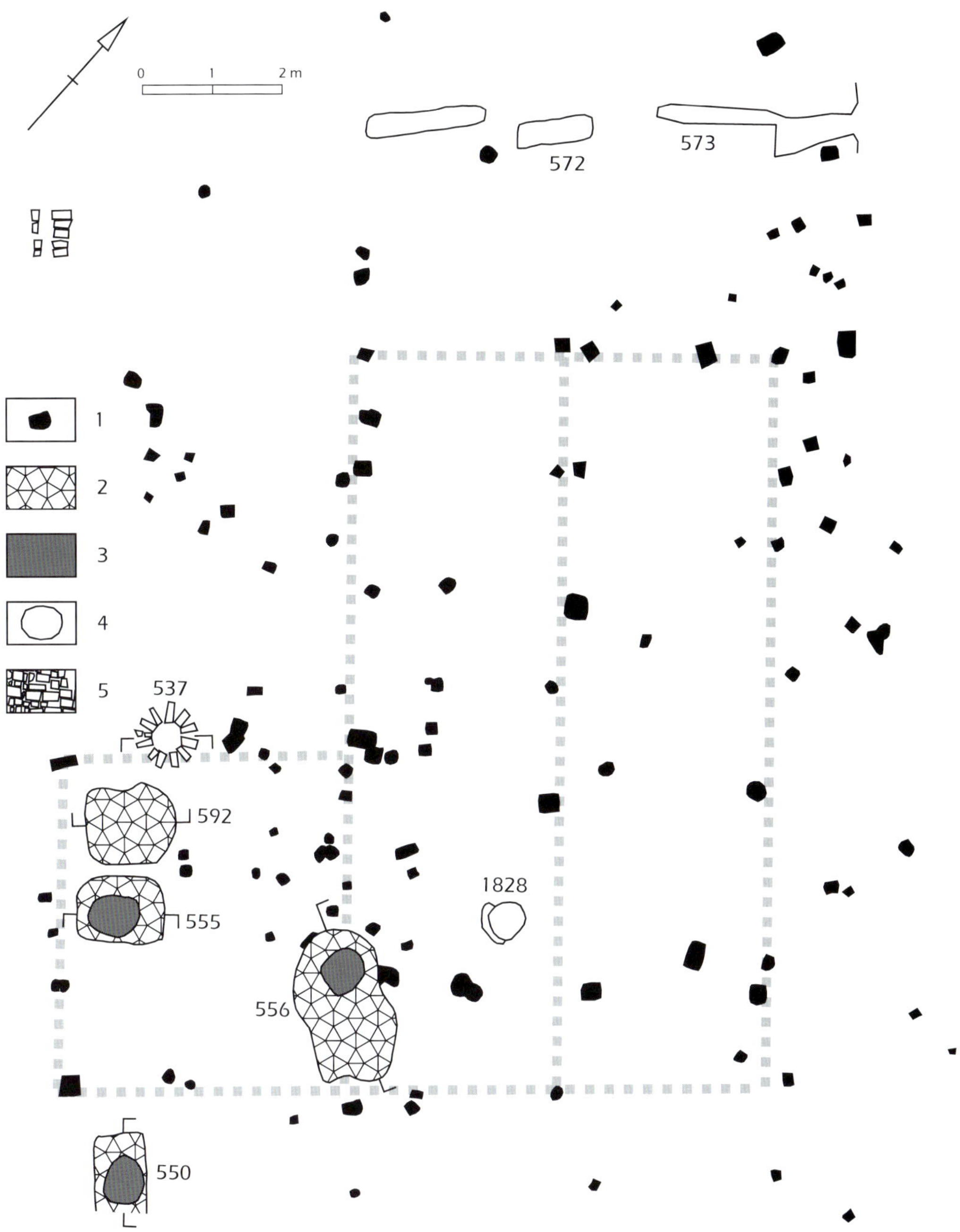

FIG. 213 **Zone met paalsporen ten zuidwesten van gebouw 13 en in streepjeslijn gesuggereerde plattegrond. Legende: 1: paalspoor, 2: kuil, 3: waterput, 4 specifieke sporen, 5: bakstenen.**
Area with postholes to the south-west of building 13; the dashed line indicates the suggested floor plan of wooden building a. Key: 1. posthole, 2: pit, 3: well, 4: specific feature, 5: brick.

tonschacht is nogal uniform en bestaat vooral uit olijfbeige klei met wat verspreid baksteenpuin, houtskool en wat ceramiek.

In de vulling werd ook een volledig geglazuurde kleine kookpot (240.1, fig. 218) in rood oxiderend gebakken aardewerk aangetroffen. Hij staat op drie pootjes, heeft een naar buiten staande hals, een in doorsnede driehoekige rand en twee rolronde oren. Afmetingen van de kookpot: randdiameter: 10 cm, hoogte: 12,1 cm, grootste diameter: 12,2 cm.

4.3.2.13.3 Tonwaterput spoornr. 555

De tonnen zijn centraal in een afgerond rechthoekige constructiekuil van 1,25 bij 0,9 m geplaatst. De bodem van deze tonwaterput (fig. 219) bevindt zich op 1,46 m T.A.W. Van de onderste ton (249.1), met een hoogte van 72 cm, is het hout volledig bewaard, van die erboven slechts gedeeltelijk. De tweede ton schuift in de onderste ton. De duigen van de onderste ton worden slechts door twee wissen samengehouden. De wissen zijn vervaardigd uit es

FIG. 214a-c **Bakstenen structuur nr. 537 tijdens de opgraving: a. bovenaanzicht, b. doorsnede, c. leeggemaakte structuur.**
Brick structure 537 under excavation: a. plan, b. section, c. structure after removal of the fill.

FIG. 215 **Doorsnede door bakstenen structuur nr. 537. Legende: a: heterogene, zandige opvulling, b: homogeen zandlaagje bovenop klei, c: verspitte klei, d: lichtgrijs zand gemengd met kleibrokjes.**
Brick structure 537 in section. Key: a: heterogeneous sandy fill, b: homogeneous sand layer overlying clay, c: disturbed clay, d: light grey sand with clayey inclusions.

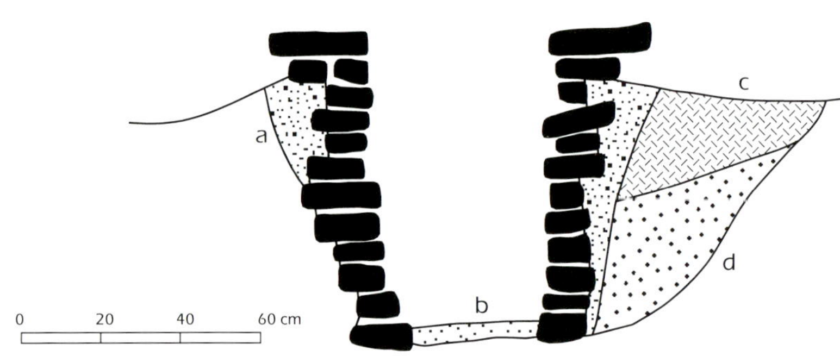

en wilg[416]. In een van de duigen bevindt zich een rechthoekig bomgat van 8 bij 7 cm dat nog steeds is afgedicht met het bomgatplankje. Wat verder in de duig bevindt zich in de as van het bomgat een ronde opening van 2 cm doormeter met daarin een tap. In de vulling van de tonschacht zijn twee zones te onderscheiden: de onderste ton en die erboven. De bovenste vulling is nogal uniform en bestaat uit een bruine zandige vulling met wat verspreid baksteenpuin en ceramiek. De vulling van de onderste ton is in sterke mate organisch van aard (fig. 220) en is doorspekt met takken, twijgjes, bladeren en een duig. Helemaal op de bodem bevindt zich ook een houten kommetje (250.1, fig. 221). Het gaat om een gedraaid kommetje met een diameter van 10,4 cm en een hoogte van 4 cm. Het kommetje heeft een rond profiel, een vlakke bodem met rechte kanten en een aan de buitenzijde licht verdikte rand.

De jongste jaarring op de duigen van de onderste ton is van het jaar 1380. Door de aanwezigheid van schors kan de vellingsdatum precies gesitueerd worden in de winter van 1381-1382. Voor de fragmentarisch bewaarde ton (248.1) erboven werd 1444 als *terminus post quem* vastgesteld. Enkele duigen van de ton zijn

416 De Groote 1998-1999, 46-47.

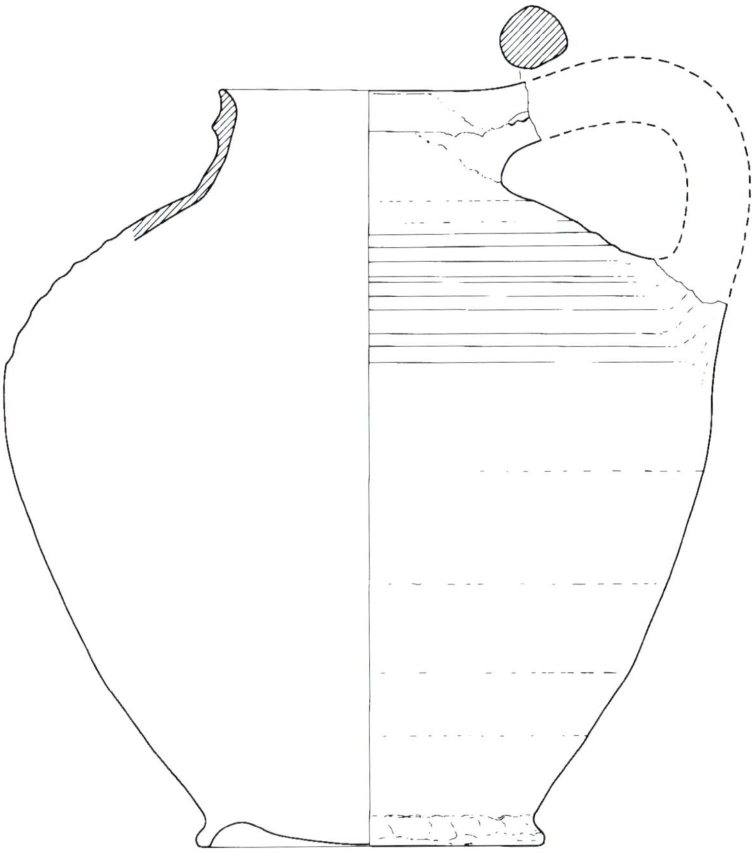

FIG. 216 **Kruik in grijs aardewerk (213.1) aangetroffen op de bodem van de bakstenen structuur nr. 537.**
Greyware pitcher (213.1) found at the base of brick structure 537.

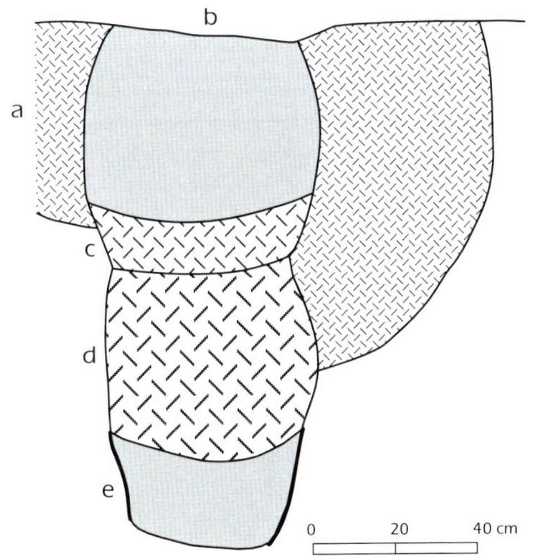

FIG. 217 **Tonwaterput spoornr. 550 in doorsnede. Legende: a: Verspitte klei, insteek tonwaterput, b: bruingrijze houtskoolrijke klei, c: beige klei, d: grijze klei, e: bruingrijze klei.**
Barrel well 550 in section. Key: a: disturbed clay, construction cut of barrel well, b: brownish grey clay with abundant charcoal particles, c: beige clay, d: grey clay, e: brownish grey clay.

FIG. 218 **Kookpotje in rood aardewerk (240.1) uit de opvulling van tonwaterput spoornr. 550.**
Redware cooking pot (240.1) from the fill of barrel well 550.

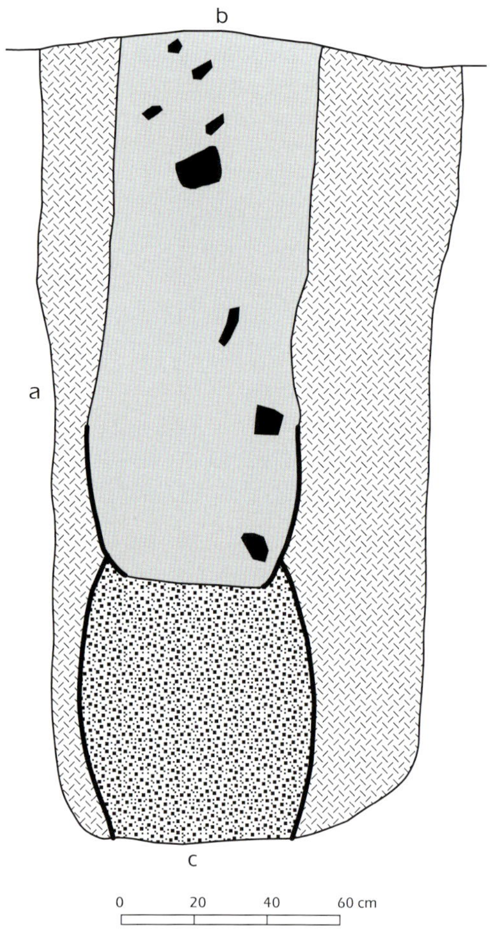

FIG. 219 **Tonwaterput spoornr. 555 in doorsnede. Legende: a: verspitte klei, insteek tonwaterput, b: bruine zandige klei met baksteenfragmenten, c: bodemvulling tonschacht rijk aan herkenbare houtresten.**
Barrel well structure. Key: a: disturbed clay, fill of construction cut for barrel well, b: brown sandy clay containing brick fragments, c: basal fill of barrel well with abundant identifiable wood fragments.

echter gemaakt in snelgroeiend hout met brede en weinig talrijke jaarringen. De duig uit de vulling werd eveneens onderworpen aan een dendrochronologisch onderzoek en leverde 1313 als *terminus post quem* op[417]. De grote verschillen in datering van de twee tonnen voor eenzelfde tonwaterput toont aan dat toch steeds voorzichtigheid is geboden bij de interpretatie van dendrochronologische dateringen voor bijvoorbeeld 1 ton van een tonwaterput. Vermits de bovenste ton de jongste is, zou men ook kunnen denken aan een tonwaterput waarvan op een bepaald moment de bovenste ton is vervangen. Het onderlinge chronologische verschil tussen beide tonnen is echter nogal groot en overstijgt de vermoedelijke levensduur van een tonwaterput. Die wordt eerder in termen van een half decennium gevat (*cf.* 4.3.3.8.2. Watervoorziening).

4.3.2.13.4 Tonwaterput spoornr. 556

In deze afgerond rechthoekige constructiekuil van 2,2 m bij 1,25 m zijn twee tonwaterputten (fig. 222-223) aanwezig. Van slechts één ervan is de tonschacht onmiddellijk onder de huidige ploeglaag zichtbaar, wat ons doet veronderstellen dat beide putten een verschillende datering hebben. Tijdens of voor de constructie van de meest recente tonwaterput – de put die van bovenaf al zichtbaar is – zijn de bovenste tonnen van de tonwaterput die vervangen moest worden uit de grond getrokken. Zo ontstond bij de opgraving de verkeerde indruk dat het om een enkele tonwaterput ging met een uitzonderlijk grote constructiekuil. Van de oudste tonwaterput, ook de oostelijke tonwaterput genaamd, blijft dus enkel de vulling van de onderste ton over. De bodem ervan bevindt zich op 1,98 m T.A.W. en bestaat uit een geperforeerde bodemplaat (fig. 223d) van een ton met een diameter van 44-45 cm. Deze bodemplaat bestaat uit drie met deuvels verbonden planken. De middenste plank, uit ander hout vervaardigd dan de twee andere, is niet meer de oorspronkelijke. Behalve twee merken, een ingekrast en een ingebrand, wordt deze bodemplaat vooral gekenmerkt door een reeks perforaties[418]. In de middenste plank hebben de gaten een kleinere diameter en een meer onregelmatige vorm. De gaten zijn dus duidelijk met twee verschillende instrumenten (op twee verschillende momenten?) gemaakt. De oorspronkelijke functie van die

FIG. 220 **De onderste ton van tonwaterput spoornr. 555 bevat heel wat organische resten.**
The basal barrel of well 555 contained abundant plant remains.

417 Houbrechts 1999, 24.

418 Houbrechts & Pieters 1999, 234 fig. 8.

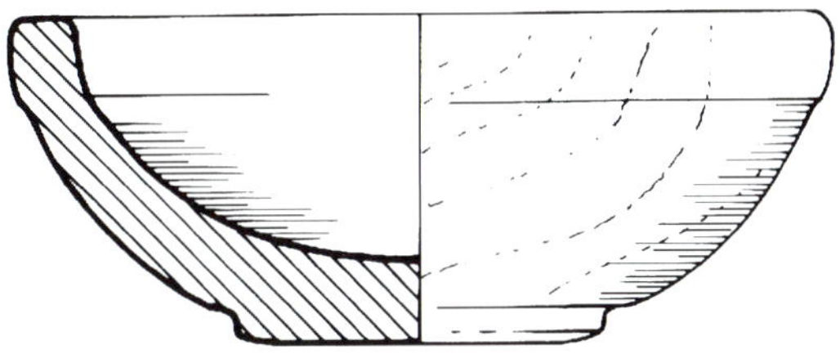

FIG. 221 **Houten kommetje uit de vulling van tonwaterput spoornr. 555, Schaal 2/3.**
Wooden bowl from the fill of barrel well 555, scale 2:3.

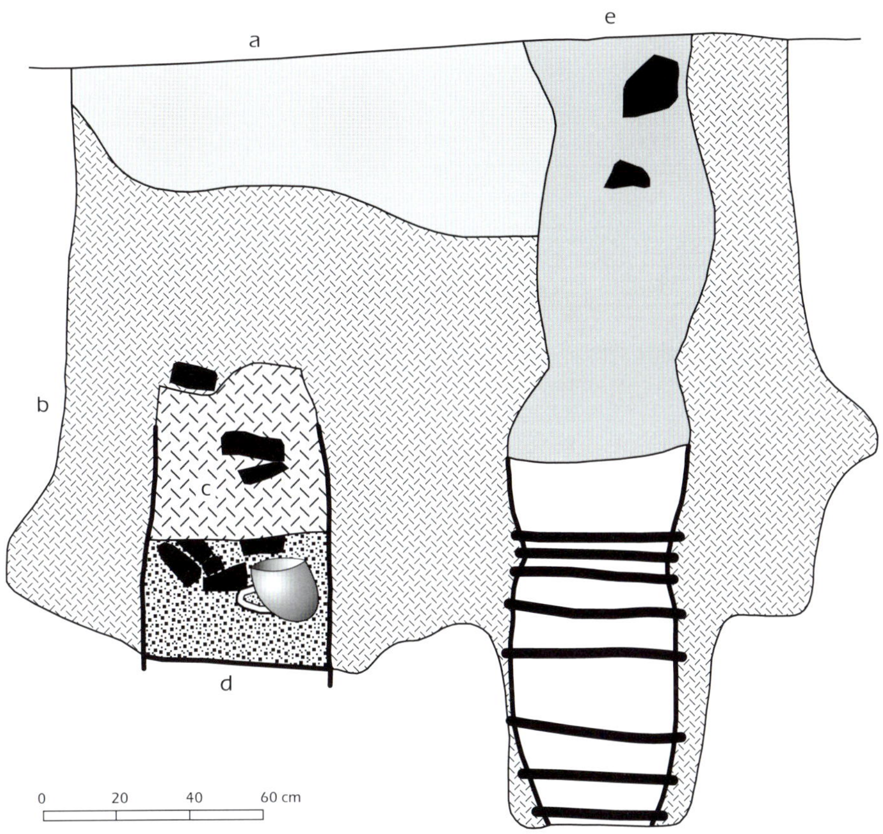

FIG. 222 **Tonwaterput spoornr. 556 in doorsnede. Legende: a: bruine zandige klei, b: verspitte klei, insteek tonwaterput, c: verspitte klei met baksteenfragmenten, d: grijszwarte zandige klei met baksteenfragmenten, e: bruingrijze zandige klei.**
Barrel well 556 in section. Key: a: brown sandy clay, b: disturbed clay, fill of construction cut for barrel well, c: disturbed clay with brick inclusions, d: greyish black sandy clay with brick inclusions, e: greyish brown sandy clay.

FIG. 223 **Tonwaterput spoornr. 556 tijdens de opgraving: a. overzicht, b. idem met de oostelijke tonwaterput in doorsnede, c. detail van de bodemvulling van de oostelijke tonwaterput, d. leeggemaakte oostelijke tonwaterput, e. westelijke tonwaterput in doorsnede.**
Barrel well 556 under excavation: a. overview, b. idem with eastern barrel well in section, c. close-up view of bottom fill of the eastern barrel well, d. eastern barrel well after removal of the rubble fill, e. western barrel well in section.

perforaties is niet gekend. Ook aan middeleeuwse bodemplaten uit Schleswig[419], die op dezelfde manier geperforeerd zijn, wordt een bijzondere functie toegeschreven, echter zonder verdere specificatie (zie verder voor een meer uitvoerige bespreking van deze problematiek bij 4.3.3.8.2. Watervoorziening). Verder zit er in de plank met het ingebrand merk ook een kleine rechthoekige opening, afgedicht met een plankje. De duigen worden samengehouden door wissen uit es en wilg[420]. De bovenste vulling van deze ton bestaat uit beige klei gemengd met baksteenpuin. Ze dekt een onderliggend pakket af van grijszwarte zandige klei, een laag die verwijst naar de gebruiksfase van de tonwaterput. De vellingsdatum voor de boom die het hout leverde voor de ton van de oostelijke tonwaterput is gesitueerd tussen 1410 en 1420[421]. In de vulling van de oostelijke tonwaterput zijn 4 grote stukken ceramiek aangetroffen (fig. 223c), die hierna worden besproken.

Een tuitkan (258.1, fig. 224: 1) in rood aardewerk op drie massieve pootjes, met rolrond oor, licht uitstaande hals en uitstaande en inwaarts afgeschuinde rand. De pootjes zijn op de zijkant versierd met een duimindruk. De buik, schouder, hals en rand van de kan zijn op de kant met de tuit voorzien van loodglazuur. Afmetingen van de tuitkan: totale hoogte: 20,3 cm, grootste diameter: 15,8 cm, randdiameter: 10,8 cm.

Een fragment van een kookpot (258:3, fig. 224: 2) in rood aardewerk op vijf vijf- tot zesledige standvinnen. De standvin tegenover het verticale oor is volledig recht afgesleten. De kookpot heeft een uitstaande hals met een in doorsnede driehoekig verdikte rand. Glazuur is aangebracht op de binnenkant van de bodem en op de schouder ter hoogte van de drie slibboogjes. De pot is zowel op de bodem als de buik en zelfs op de schouder sterk beroet. Afmetingen van de kookpot: grootste diameter: 22-22,5 cm, hoogte: 18 cm, randdiameter: 18-18,5 cm.

Fragment van een kruik (258.2, fig. 224: 3) in grijs aardewerk op vijf zesledige standvinnen. Deze zijn niet of zeer weinig gesleten. Grootste diameter: 36 cm.

Grijs kannetje (258.4, fig. 224: 4) op standvoet met rolrond oor, bolvormige buik, cilindrische hals en licht inwaarts staande rand met ribbel aan de buitenzijde. Afmetingen van het kannetje: hoogte: 17 cm, grootste diameter: 13,8 cm, randdiameter: 9-9,5 cm.

De westelijke tonwaterput reikt met zijn bodem een eind dieper (fig. 223b), namelijk tot op 1,54 m T.A.W. De bovenste vulling van de tonschacht is vrij uniform en bestaat uit bruingrijze zandige klei met wat verspreid baksteenpuin. Naar onderen toe bevat deze vulling meer as. In deze vulling zijn een loodstrip voor glas-in-loodramen (260.1), drie fragmenten van lichtgeel

419 Ulbricht 2006, 136-137.

420 De Groote 1998-1999, 47-48.

421 Houbrechts & Pieters 1999, 233.

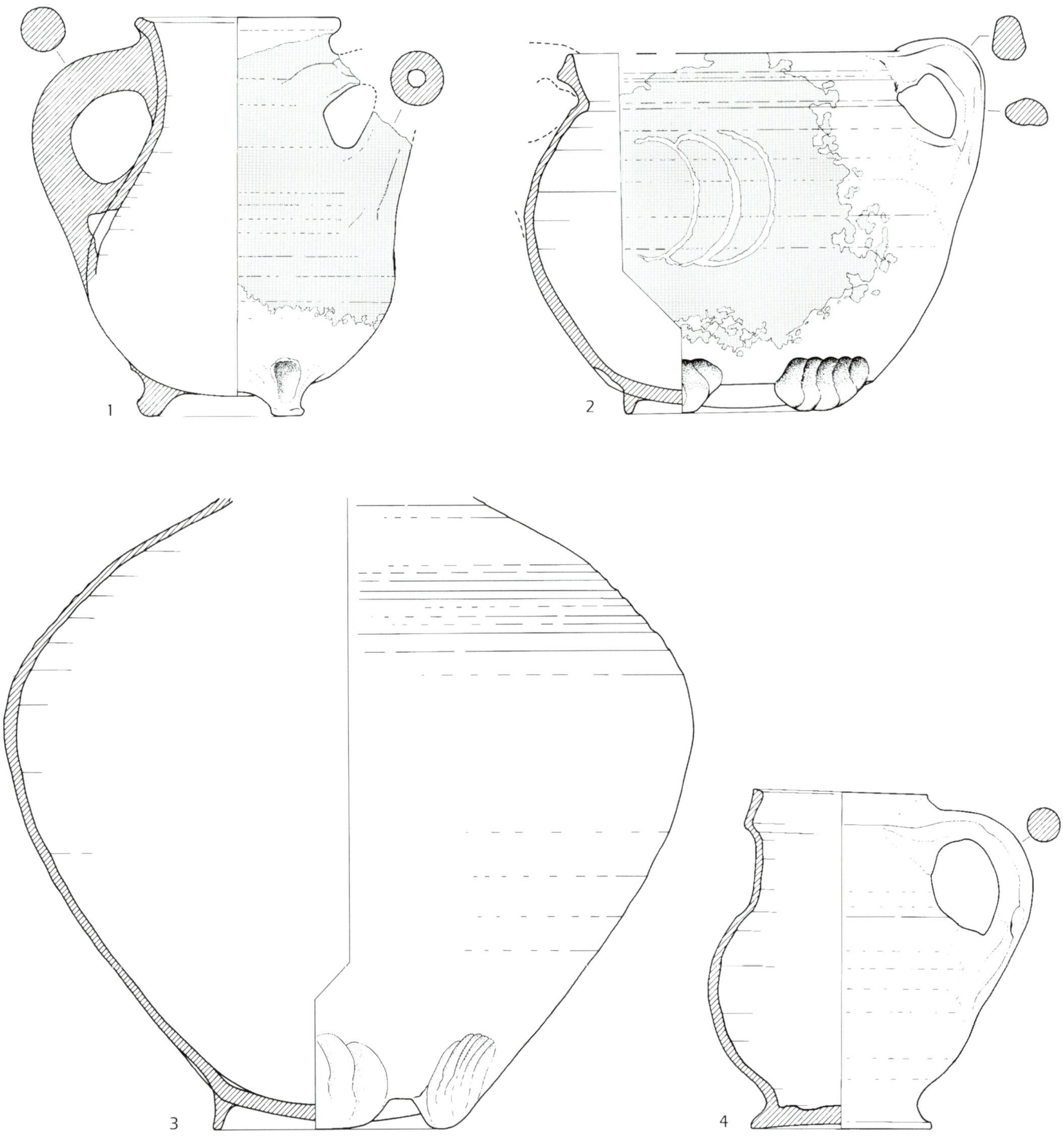

FIG. 224 **Ceramiek uit tonwaterput spoornr. 556, oostelijke tonwaterput. Rood aardewerk: tuitkan (258.1) en kookpot (258.3); grijs aardewerk: kruik (258.3) en kannetje (258.4).**

Ceramics from the fill of barrel well. 556, the eastern well. Redware: spouted jug (258.1) and cooking pot (258.3); greyware: pitcher (258.2) and jug (258.4).

vensterglas (260.3) en een zwarte kraal aangetroffen (260.2). De vermelde ringvormige kraal, vermoedelijk in git, heeft de volgende afmetingen: diameter: 13,7 mm, hoogte: 9,2 mm; diameter van de cilindrische perforatie: 2,1 mm.

De opvulling van de onderste ton bestaat voor een deel uit een laag grof baksteenpuin (fig. 223e). Juist boven deze grove puinlaag bevinden zich een houten balkje (1379.1, fig. 225: 1) en resten van een bezem. Het houten balkje (doorsnede 2,7 bij 4,7 cm) met sporen van drie ovale (6,9 bij 1,2 cm) gleuven is aan één uiteinde afgebroken en aan het andere afgeschuind. In de middelste gleuf is een plankje (lengte: 38,5 cm, breedte: 5,1 cm en dikte: 1 cm) vastgemaakt met een houten pennetje. De aanwezigheid van 4 pengaten ter hoogte van dit plankje wijst vermoedelijk op één of verschillende herstellingen.

Onmiddellijk onder deze laag grof baksteenpuin zijn heel wat objecten aangetroffen:

Een stok (1378.6, fig. 225: 2) met afgeplat uiteinde waarin drie nagelgaten aanwezig zijn. Van een eventuele te veronderstellen ijzeren haak waren geen resten overgebleven. De lengte van de stok bedraagt +/- 72 cm.

Een kruik (1378.1, fig. 225: 3) in grijs aardewerk op vijf vierledige standvinnen, met cilindrische, licht geribbelde hals en rand en rolrond oor. De onderkant is beroet en de standvinnen zijn slechts matig afgesleten. Afmetingen van de kruik: hoogte: 21,9 cm, grootste diameter: 19,4 cm, randdiameter: 8,8 cm.

Een tweede kruik (1378.7, fig. 225: 4) in grijs aardewerk op vijf vierledige standvinnen, met cilindrische hals, aan de binnenzijde verdikte licht naar binnen staande en inwaarts afgeschuinde rand en rolrond oor dat boven de rand uitkomt. De standvinnen zijn allemaal gelijkmatig afgesleten waardoor de pot op de licht lensvormige bodem steunt en dus niet meer stabiel staat. In de wand bevinden zich ook drie kleine gaten. Afmetingen van de kruik: hoogte: 25,7 cm, grootste diameter: 25 cm, randdiameter: 9,6 cm.

Een groot fragment van een kom (1378.8, fig. 225: 5) in rood aardewerk op drie vierledige gelijkmatig afgesleten standvinnen, met een korte uitstaande hals, in doorsnede afgerond driehoekige en aan de buitenzijde ontwikkelde rand, gietsneb en twee rolronde horizontaal geplaatste oren. Afmetingen van de kom: grootste diameter: 23,7 cm, hoogte: 12 cm.

Een bodemfragment (1378.9, fig. 225: 6) van een klein kruikje met vlakke bodem in Rijnlands steengoed met zoutglazuur. Het baksel is grijs. Het betreft vermoedelijk een zgn. spinpotje.

Hoofd (1378.2, fig. 225: 7) van een beeldje (een gekroonde Madonna) in een zacht bruinbeige baksel met een donkergrijze kern en met resten van een witte beschildering. Het hoofd dat volgens de afmetingen deel uitmaakte van een beeld van ongeveer 30 cm is uit twee aparte helften samengesteld.

Fragment (1378.3) van een zwarte ringvormige kraal, vermoedelijk in git. Afmetingen van de kraal: 9,9 mm, hoogte: 8,3 mm. Diameter van de cilindrische perforatie: 2, 3 mm.

Een ovaal zandstenen gewicht (1378.4, fig. 225: 8) met dubbelconische perforatie bovenaan (diameter: 13 mm). Gewicht: 330 g. Dikte: 22,5 mm. Lengte: 125 mm.

Een grote schuimspaan (1378.5, fig. 225: 9) in een koperlegering. Diameter: +/- 21 cm. De buitenrand is licht omgeplooid. Aan deze schuimspaan was oorspronkelijk een ijzeren steel gerivetteerd. Deze schuimspaan had oorspronkelijk tussen de 40 en de 50 perforaties.

Helemaal op de bodem bevindt zich een zandlaag waarin bakstenen zijn ingebed. De duigen van de onderste ton (259.2), met een hoogte van 74 cm, worden samengehouden door zes wissen uit wilg en es[422]. Op twee duigen van deze ton zijn merken aangebracht: op de duig met bomgat een cirkeltje van ongeveer 3 cm doormeter[423] en op een andere duig een Romeinse VI[424]. Het bomgat is langs de buitenzijde afgedicht met een duig. Van de ton (259.1) erboven is het hout slechts gedeeltelijk bewaard.

Wat de datering van de ton van de westelijke tonwaterput betreft zijn er twee data beschikbaar: een vellingsdatum tussen 1474 en 1484 voor de onderste ton en een *terminus post quem* van 1446 voor de slechts gedeeltelijk bewaarde ton erboven[425]. Het verschil tussen beide dateringen toont meteen ook de relatieve waarde van een *terminus post quem* aan.

4.3.2.13.5 Tonwaterput spoornr. 592

De tonnen van deze waterput (fig. 226-227) waren centraal in een afgerond rechthoekige constructiekuil van 1 m bij 1,3 m geplaatst. De bodem van de put bevindt zich op 1,71 m T.A.W. De opvulling van de tonschacht van de bovenste twee tonnen bestaat uit bruine zandige klei. De opvulling van de tonschacht van de onderste ton is opgebouwd uit achtereenvolgens een laag bruine klei met houtresten, beige zand met schelpjes en grijze zandige klei, die op zijn beurt op beige zand rust. Het lijkt erop dat het probleem van een vervuilde putbodem werd opgelost door er opnieuw een pak zuiver zand over te storten. Een proces dat uiteraard niet oneindig herhaald kon worden, want eens raakt de putschacht volledig opgevuld. Zowel de grijze zandige klei als de bruine klei met houtresten verwijzen naar de gebruiksperiodes van de waterput. Van de onderste ton (1428.2) is het hout volledig bewaard, van die erboven (1428.1) slechts gedeeltelijk. Deze laatste is gedeeltelijk in de onderste ton geschoven. De duigen van de onderste ton worden samengehouden door zes wissen, minstens één ervan in hazelaar[426]. Eén duig heeft een min of meer vierkant bomgat. Op dezelfde duig is tevens een merk aangebracht: een liggend kruis waaraan op één uiteinde twee boven elkaar geplaatste maaltekens zijn verbonden[427]. Voor deze tonwaterput staan twee data ter beschikking: een vellingsdatum tussen 1422 en 1432 voor de onderste ton en een *terminus post quem*, namelijk 1403, voor de gedeeltelijk bewaarde ton erboven[428].

In de opvulling van de tonschacht werden op twee plaatsen objecten gelokaliseerd. Uit laag b (fig. 226: b) komt een gefacetteerd fragment van het uiteinde van een hoorn (1424.1) in een fijn wit baksel dat als een product van Langerwehe is te identificeren[429]. Nabij het uiteinde bevindt zich een grote vlek geel tot groen glazuur met donkergroene stippen. Uit laag d (fig. 226: d) komen twee fragmenten van een versleten gedraaid houten kommetje (1430.1, fig. 228: 1). Afmetingen van het kommetje: diameter: 17,4 cm, hoogte: 6,5 cm. Het kommetje heeft een rond profiel,

422 De Groote 1998-1999, 47-48.
423 Houbrechts & Pieters 1999, 228 fig. 3: 21.
424 Houbrechts & Pieters 1999, 228 fig. 3: 10.
425 Houbrechts & Pieters 1999, 233.
426 De Groote 1998-1999, 49.
427 Houbrechts & Pieters 1999, 228 fig. 3: 5.
428 Houbrechts & Pieters 1999, 233-234.
429 Hurst et al. 1986, 227-228.

FIG. 225 **Mobilia uit de opvulling van tonwaterput spoornr. 556, westelijke tonwaterput. 1: houten onderdeel (1379.1), 2: houten stok (1378.6), 3: kruik in grijs aardewerk (1378.1), 4: kruik in grijs aardewerk (1378.7), 5: fragment van kom in rood aardewerk (1378.8), 6: fragment van 'spinpotje' (1378.9), 7: fragment van een beeldje (1378.2), 8: zandstenen gewicht (1378.4) en 9: schuimspaan in koperlegering (1378.5). Schaal 1/3, behalve 7 en 8 (2/3).**
Artefacts from the fill of barrel well 556, the western well. 1: wooden part of an object (1379.1), 2: wooden stick (1378.6), 3: greyware pitcher (1378.1), 4: greyware pitcher (1378.7), 5: fragment of a redware bowl (1378.8), 6: fragment of an 'ointment jar' (1378.9), 7: fragment of a pipeclay figurine (1378.2), 8: sandstone weight (1378.4) and 9: copper alloy skimmer(1378.5). Scale 1/3 except 7 and 8: 2/3.

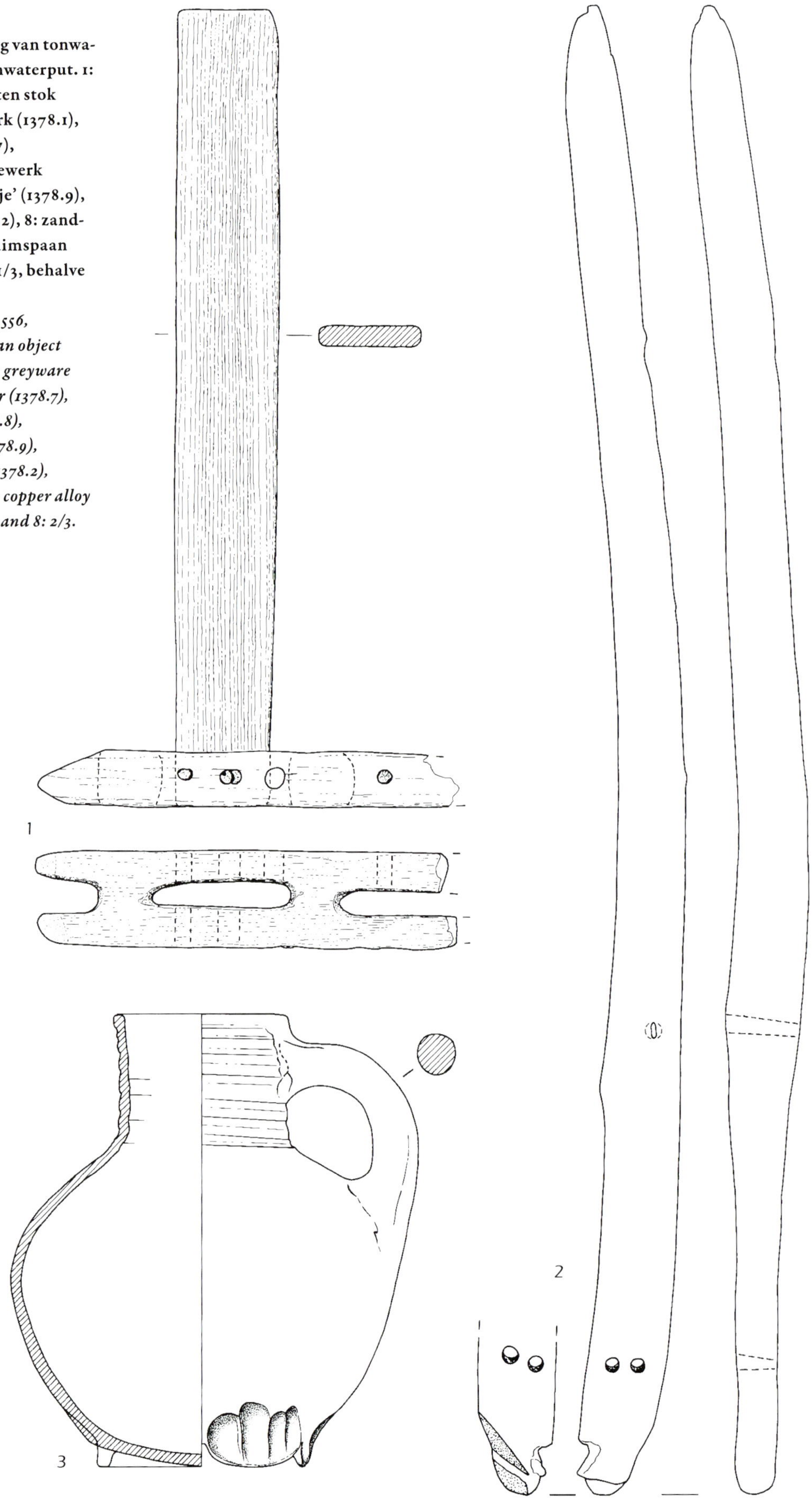

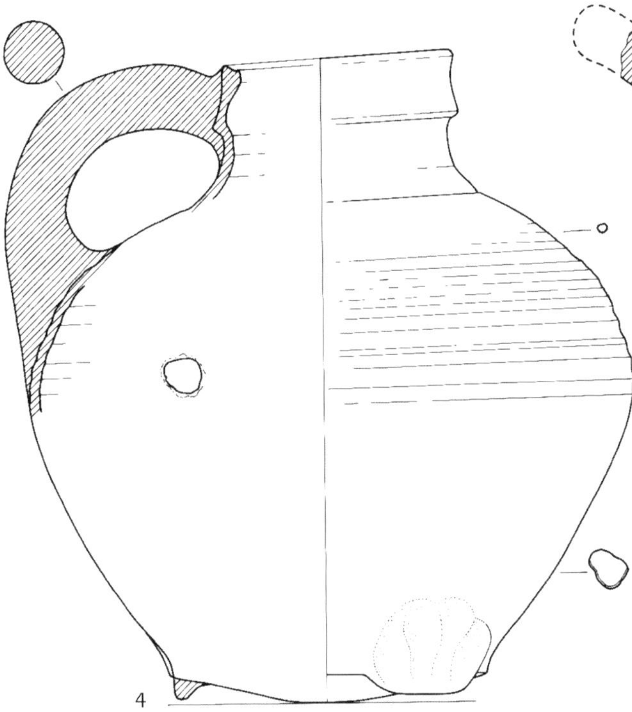
4

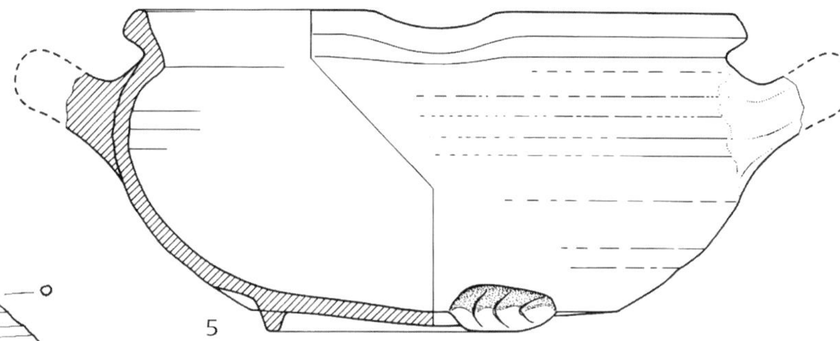
5

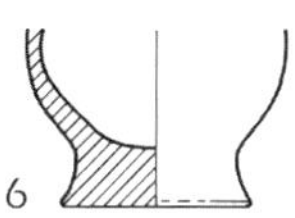
6

7

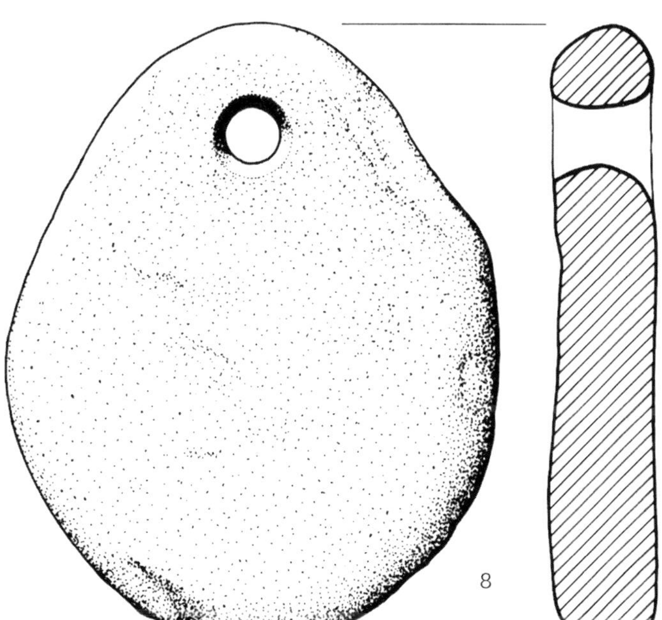
8

9

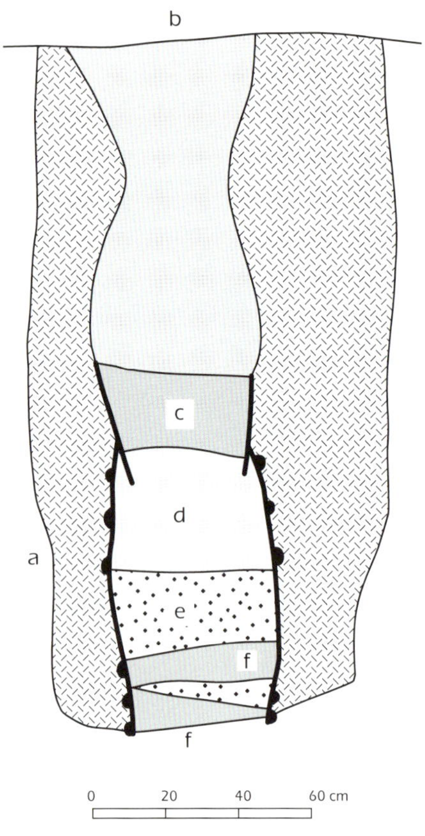

FIG. 226 **Tonwaterput spoornr. 592 in doorsnede. Legende: a: verspitte klei, insteek tonwaterput, b: bruine zandige klei, c: donkerbruine zandige klei, d: bruine klei, e: zand, f: grijze zandige klei.**
Barrel well 592 in section. Key: a: disturbed clay, fill of construction cut for barrel well, b: brown sandy clay, c: dark brown sandy clay, d: brown clay, e: sand, f: grey sandy clay.

FIG. 227 **Tonwaterput spoornr. 592 tijdens de opgraving.**
Barrel well 592 under excavation.

een licht holle bodem met schuine kanten en een aan de buitenzijde naar binnen afgeschuinde rand. De bodem is geaccentueerd met een groefje. Verder bevatte laag d ook een archeologisch volledig fragment van een kannetje (1430.2, fig. 228: 2) in rood aardewerk met een vlakke tot licht concave bodem, een rolrond oor, een cilindrische hals en een bandvormige, licht verdikte rand. Op de schouder tegenover het oor is een vlek loodglazuur aangebracht die een geometrisch patroon in wit slib bedekt. Op de bodem zijn wat sporen van beroeting vast te stellen. Afmetingen van het kannetje: hoogte: 12 cm, randdiameter: 8,6 cm, grootste diameter: 15 cm.

4.3.2.14 Gebouw 14

Gebouw 14 is slechts fragmentarisch bewaard. Daardoor zijn er weinig zekerheden over het grondplan (fig. 229-230 en fig. 408). Het lijkt in elk geval, gezien de geringere muurdiktes, een lichtere constructie te zijn. De breedte bedraagt ongeveer 5,5 m buitenwerks en de lengte is ongetwijfeld minder dan 11 m, omdat er in de sleuf 95/V onmiddellijk ten zuiden aan de overkant van de wandelweg geen sporen van dit gebouw werden aangesneden. Het betreft een bouwsel met aan twee zijden een muurtje van slechts een halve steen dik. Enkel aan de noordkant was de muur een volle steen dik. Wat de oriëntatie betreft past dit gebouwtje wel in het algemene patroon. De vermoedelijk korte zijde is 47° NO gericht. De noordwesthoek is licht afgerond.

Ten noordoosten van gebouw 14 bevindt zich tonput spoornr. 633. De ton is centraal in een ronde constructiekuil van 0,8 m diameter geplaatst. De bodem van de tonput ligt op 2,7 m T.A.W. Het hout van de ton was niet bewaard. De constructiekuil reikt nog 20 cm dieper. Deze tonput is onvoldoende diep om als waterput te kunnen functioneren. De vulling van de tonschacht (fig. 231-232) bestaat verder volledig uit een pakket as, gemengd met brokken roodbruine verhitte grond en visresten. Door al deze kenmerken lijkt deze structuur in sterke mate op tonput spoornr. 502 aangesneden bij gebouw 11. Uit de vulling van de tonschacht van tonput spoornr. 633 werden o.a. dankzij het zeven 5 objecten gerecupereerd: een muntspeld (1654.1)[430],

430 Pieters *et al.* 2002, 288.

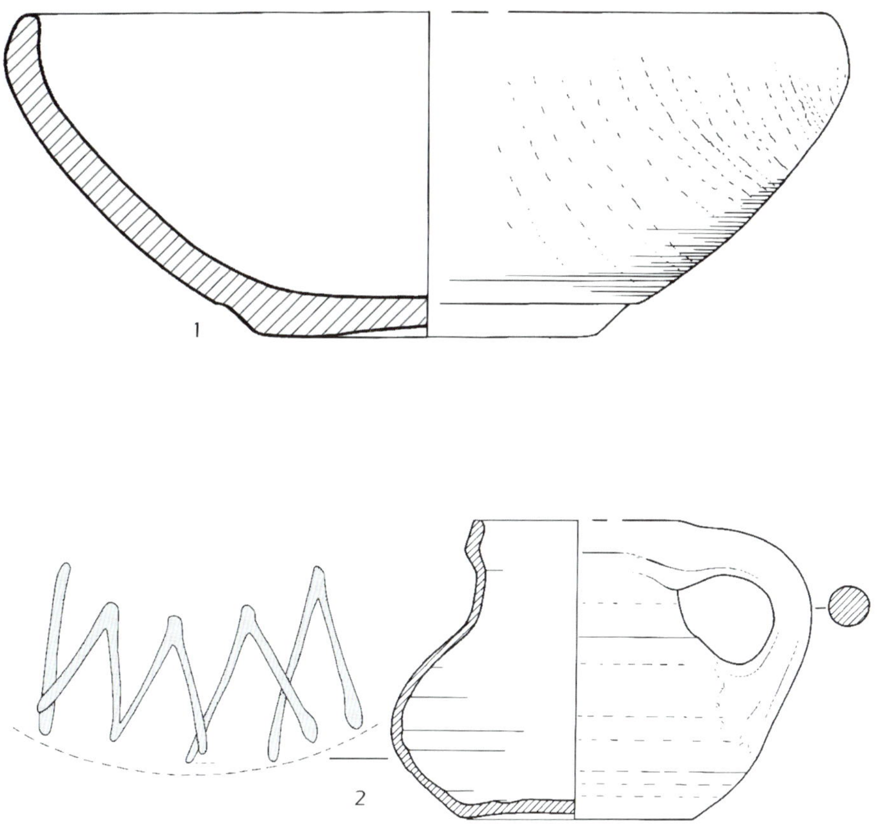

FIG. 228 **1: Houten kommetje (1430.1) en 2: kannetje (1430.2) in rood aardewerk uit de opvulling van tonwaterput spoornr. 592.**
Artefacts recovered from the fill of barrel well 592: 1: wooden bowl (1430.1) and 2: redware jug(1430.2).

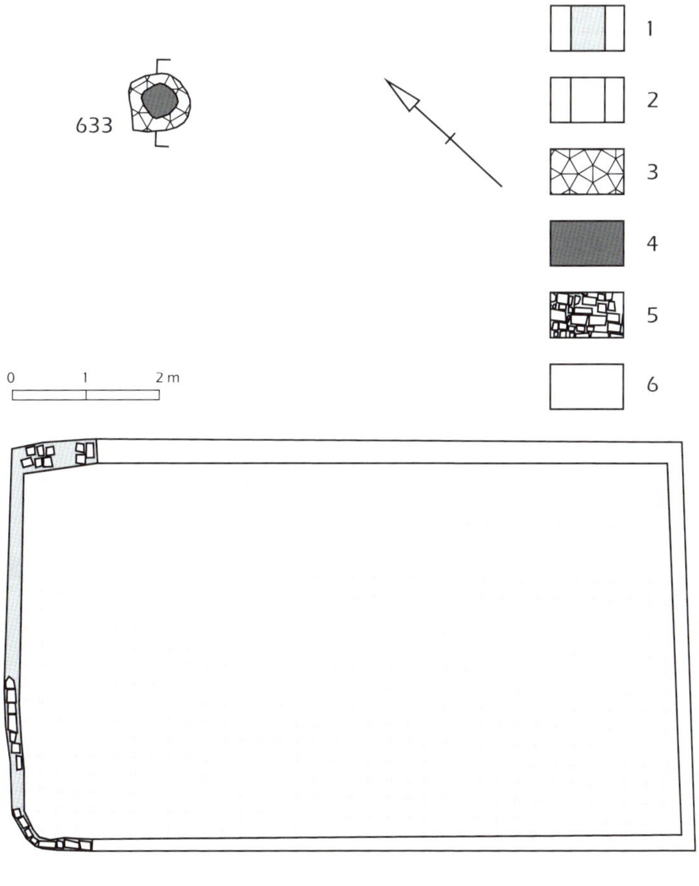

FIG. 229 **Plattegrond van gebouw 14 met aanvullingen. Legende: 1: uitbraaksporen, 2: aanvullingen, 3: kuil, 4: tonput, 5: bakstenen, 6: bebouwde oppervlakte.**
Floor plan of building 14. Key: 1: robber trenches, 2: deduced extensions of the excavated features, 3: pit, 4: barrel lined pit, 5: bricks, 6: built surface area.

FIG. 230 **Sleuf 93/IV met de sporen van gebouw 14: a. gezien vanuit het oosten, b.: gezien vanuit het westen.** ***Trench 93/IV with the remains of building 14: a. view from the east, b.: view from the west.***

een dobbelsteentje (1654.2, zijde: 7,4 tot 7,6 mm en met de één tegenover de twee, fig. 233: 1), een spinsteentje in steengoed met zoutglazuur (1654.3, diameter: 24 mm, gewicht: 9,5 g., fig. 233: 2), een loden netverzwaring (1654.4) en een mondharp in ijzer (1654.5).

Bij twee ondiepe tonputten (spoornrs. 502 en 633) – de ene aangetroffen binnen gebouw 11 (*cf. supra*) en de andere hier bij gebouw 14 – bestaat de tonschachtvulling, zoals vast te stellen tijdens het opgraven ervan, o.a. uit as hoofdzakelijk gemengd met visresten, vandaar dat deze tonnen als astonnen werden omschreven. Op basis hiervan zou men kunnen vermoeden dat deze structuren dienden voor de behandeling en bewaring van vis, maar er zijn geen harde argumenten om die stelling te staven. De enige enigszins vergelijkbare ingegraven structuren met een vastgestelde associatie van vuur/houtskool en visresten die bekend zijn bij de auteur zijn onderzocht in Elizavetovka – aan de noordkust van de Zwarte Zee – en dateren uit de 4de of 3de eeuw v.Chr. Ze werden door de onderzoekers voorzichtig geïnterpreteerd als restanten van een installatie om vis te roken[431], maar verdere informatie is niet beschikbaar.

De planten- en dierenresten in de vulling zijn onderzocht om eventuele aanwijzingen te zoeken die verwijzen naar de functie van deze structuren. Uit het onderzoek van de dierenresten uit tonput spoornr. 633 blijkt vooral dat het om resten van tafel- en keukenafval gaat, zoals hierna aangetoond. Ook het onderzoek van de plantenresten verwijst niet naar een specifieke functie[432].

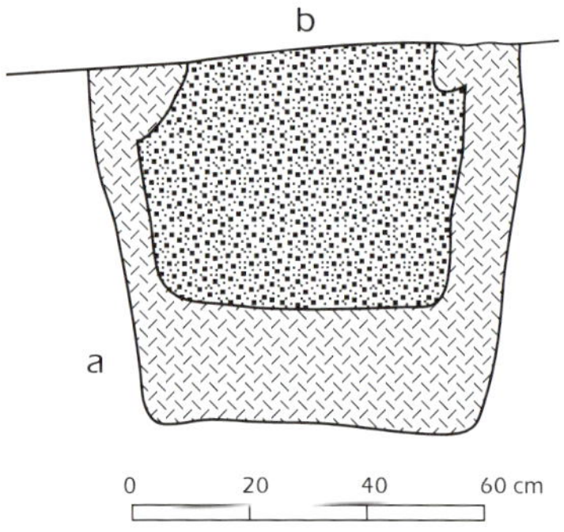

FIG. 231 **Tonput spoornr. 633 in doorsnede. Legende: a: verspitte klei, insteek tonput, b: as, roodbruine verhitte grond en houtskool.** ***Barrel lined pit 633 in section. Key: a: disturbed clay, fill of construction cut for barrel well, b: ash, reddish brown burnt clay and charcoal.***

4.3.2.14.1 Dierenresten uit tonput spoornr. 633
Wim Van Neer, An Lentacker & Anton Ervynck

De inventaris van de dierenresten uit deze aston staat in tabel 21. Het gaat om wat handverzamelde stukken, maar vooral om materiaal uit een volumineus zeefstaal (61 liter). Schelpdieren zijn niet sterk vertegenwoordigd; meestal gaat het om mosselen en kokkels als voornaamste consumptiesoorten. Opvallend is

431 Munk Hojte 2005, 142.

432 Info Jan Bastiaens, waarvoor dank.

FIG. 232 **Tonput spoornr. 633 tijdens de opgraving.**
Barrel lined pit 633 under excavation.

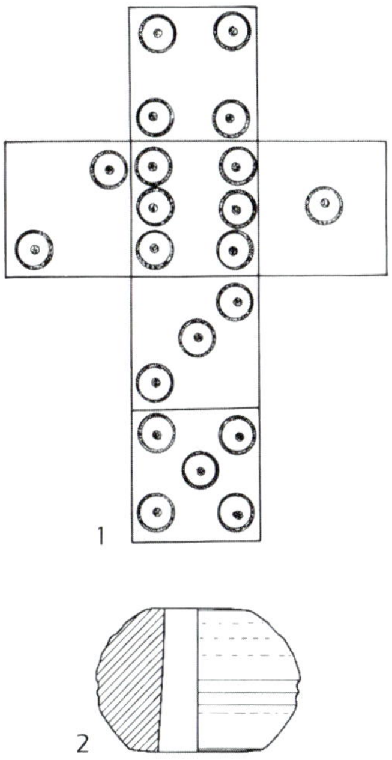

FIG. 233 **Mobilia uit de vulling van tonput spoornr. 633. 1: dobbelsteentje (1654.2), 2: spinsteentje (1654.3). Schaal: 1: 2/1 en 2: 1/1.**
Artefacts from the fill of barrel well 633. 1: die (1654.2), 2: spindle whorl (1654.3). Scale: 1) 2:1 and 2) 1:1.

dat er slechts één oesterschelp is gevonden. Daarnaast zijn er nog een aantal soorten waarvan niet zeker is of ze werden gegeten: de tepelhorens, de platte slijkgaper en soorten binnen de *Spisula/Mactra*-groep ('strandschelpen'). Het sterk gefragmenteerde materiaal binnen deze laatste categorie werd niet tot op soortniveau gedetermineerd. Daarnaast werden nog een aantal fragmenten van de inwendige schelpen van de zeekat, een inktvissoort, gevonden. Wellicht werden deze dieren, die veel voorkomen in de Noordzee, gegeten op de site. De land- en zoetwatermollusken blijven voorlopig ongedetermineerd; het gaat uitsluitend om kleine soorten zoals *Hydrobia* (o.a. het wadslakje), die gemakkelijk met water in huis kunnen zijn meegebracht.

Ook de resten van amfibieën moeten komen van dieren die per toeval in en rond het huis zijn geraakt. De botjes van kikkers en padden werden niet tot op soort gedetermineerd; één fragment kwam van een salamander. De aston bevatte eerder weinig vogelresten. Een aantal botten komen van ganzen, de botgrootte wijst erop dat het om de huisgans gaat. Eén eendenbot kan van de huiseend of de wilde eend komen, maar dat is niet uit de osteometrie van de vondst af te leiden. Ten slotte zaten er tussen de vogelresten nog enkele kippenbotten, één skeletelement van een niet nader te determineren zangvogeltje en fragmenten van eischaal. In de zoogdierresten werden een groot aantal botjes van kleine knaagdieren of spitsmuizen aangetroffen en ongeveer evenveel kleine fragmenten van niet te identificeren, grotere zoogdierbotten. Het herkenbare zoogdiermateriaal bevat botten van de traditionele vleesleveranciers, met name rund, varken en schaap. Er werd ook één bot van een geit herkend en zoals gewoonlijk blijven er heel wat vondsten over waarvan onduidelijk is of het om schapen- of geitenresten gaat. Het is zeker dat ze tot één van beide soorten behoren, maar het skeletmateriaal van schapen en geiten is nu eenmaal niet altijd eenduidig te onderscheiden[433]. Omdat positieve identificaties van geitenresten eerder zeldzaam zijn, gaat het binnen de categorie 'schaap of geit' in vrijwel alle gevallen wellicht om resten van schaap. Een laatste zoogdiersoort uit de astonvulling is de haas. Daar werden 12 botten van gevonden.

De belangrijkste categorie bij de dierenresten zijn de visbotten. Met 4800 geïdentificeerde visresten is aston 633 het grootste onderzochte assemblage van alle structuren in of vlak bij de huizen. Het is deze staalgrootte die ook de grote soortenrijkdom verklaart (tabellen 21 & 22). De vissen die elders op de site domineren komen ook hier het talrijkst voor, met in volgorde van belangrijkheid haringachtigen, kabeljauwachtigen, platvissen en paling. De vele andere vissoorten maken elk hooguit 1 % van het totaal uit.

433 Boessneck *et al.* 1964.

TABEL 21

Inventaris van de dierenresten uit tonput spoornr. 633, gebouw 14 (HV: handverzameld, zeef: zeefstaal).
Inventory of animal remains from barrel lined pit 633, building 14 (HV: hand collected, zeef: sieved sample).

soort	HV	zeef 61 l > 2 mm
MOLLUSCA		
gewone tepelhoren (*Polinices catenus*)	-	6
gewone tepelhoren (*Polinices catenus*) / glanzende tepelhoren (*Polinices polianus*)	-	3
mossel (*Mytilus edulis*)	-	18
oester (*Ostrea edulis*)	1	1
gewone kokkel (*Cerastoderma edule*)	1	10
strandschelp sp. (*Spisula / Mactra* sp.)	-	22
platte slijkgaper (*Scrobicularia plana*)	-	2
gewone zeekat (*Sepia officinalis*)	-	26
niet gedetermineerde land- en zoetwatermollusken	-	75
PISCES		
paling (*Anguilla anguilla*)	-	527
rietvoorn (*Scardinius erythrophthalmus*)	-	2
karper (*Cyprinus carpio* f. domestica)	-	13
karperachtige (Cyprinidae sp.); grootte karper	-	9
karperachtige (Cyprinidae sp.); grootte rietvoorn	-	21
haringhaai (*Lamna nasus*)	-	1
stekelrog (*Raja clavata*)	-	6
rog (Rajidae *sp.*)	-	37
haring (*Clupea harengus*)	-	1283
sardien (*Sardina pilchardus*)	-	70
haring (*Clupea harengus*) of sardien (*Sardina pilchardus*)	-	416
elft/fint (*Alosa* sp.)	-	72
haringachtigen (Clupeidae sp.), haring, elft of fint	-	115
kabeljauw (*Gadus morhua*)	-	11
schelvis (*Melanogrammus aeglefinus*)	-	258
wijting (*Merlangius merlangus*)	-	70
kabeljauwachtige (Gadidae sp.)	-	433
driedoornige stekelbaars (*Gasterosteus aculeatus*)	-	19
poon (Triglidae sp.)	-	9
horsmakreel (*Trachurus trachurus*)	-	6
grote pieterman (*Trachinus draco*)	-	5
tonijn (*Thunnus thynnus*)	-	3
makreel (*Scomber scombrus*)	-	49
tarbot (*Scophthalmus maximus*)	-	4
schol (*Pleuronectes platessa*)	-	29
bot (*Platichthys flesus*)	-	2
schar (*Limanda limanda*)	-	3
schol/bot/schar (Pleuronectidae sp.)	-	1254
tong (*Solea* sp.)	-	73
niet gedetermineerde visresten	-	2984

soort	HV	zeef 61 l > 2 mm
AMPHIBIA		
salamander (Salamandridae sp.)	-	1
niet gedetermineerde amfibieënresten	-	75
AVES		
eischaal	-	+
gans (*Anser anser* f. domestica)	-	8
wilde eend (*Anas platyrhynchos*)	-	1
kip (*Gallus gallus* f. domestica)	-	4
zangvogel (Passeriformes sp.)	-	1
niet gedetermineerde vogelresten	-	23
MAMMALIA		
niet gedetermineerde micromammalia	-	118
haas (*Lepus capensis*)	-	12
varken (*Sus scrofa* f. domestica)	-	4
rund (*Bos primigenius* f. taurus)	1	5
schaap (*Ovis ammon* f. aries)	-	5
geit (*Capra aegagrus* f. hircus)	-	1
schaap (*Ovis ammon* f. aries) / geit (*Capra aegagrus* f. hircus)	1	6
rib - groot	-	1
rib - gemiddeld	2	4
rib - klein	-	1
wervel - groot	-	1
wervel - gemiddeld	-	10
wervel - klein	-	2
niet gedetermineerde zoogdierresten	1	101
totaal	7	8331

Binnen de haringachtigen is de haring zelf goed voor 90 % van alle resten, terwijl sardien en elft/fint in deze context elk 5 % vertegenwoordigen. Dat is opvallend, omdat elders op de site slechts sporadisch bot van die beide soorten werd teruggevonden. De skeletverdeling van de haring toont dat 35 % van het materiaal afkomstig is van de kop, bij elft/fint is dat 15 % en bij sardien 20 %. Dat wijst erop dat hele vis in het huis werd binnengebracht voor bereiding. Zelfs het ontschubben gebeurde waarschijnlijk deels binnen. Dat blijkt alleszins uit de talrijke schubben van (niet determineerbare) haringachtigen die zijn aangetroffen. Vermoedelijk ging het om volledige vis. Duidelijke indicaties voor kaken ontbreken alleszins, elementen van de kieuwkorf en schoudergordel[434] zijn in elk geval eerder beperkt vertegenwoordigd.

Bij de op soort gedetermineerde stukken in de groep van de platvissen (schol/bot/schar) is er een duidelijk overwicht van schol. Van beide andere soorten zijn maar enkele botjes herkend. De skeletverdeling (tabel 23) toont een duidelijk overwicht van wervels (55 %), en ook de vinstraaldragers (en sporadische vinstralen) zijn met bijna 20 % goed vertegenwoordigd. Dat wijst erop dat de platvis hier geconsumeerd werd. Kieuw- en tongboogelementen maken ongeveer 5 % uit, terwijl de resterende 20 % van andere kopelementen is. Ongeveer de helft van de platvissen waren dieren van 10 tot 20 cm SL, 30 % was tussen 20 en 30 cm SL en 15 % tussen 30 en 40 cm SL (tabel 24). Bovendien was bijna 5 % van de vissen langer dan 40-50 cm SL. Er kwamen ook wat botjes voor van exemplaren kleiner dan 10 cm. Er werden dus op het eerste gezicht vooral kleine tot middelgrote platvissen geconsumeerd. Van de grotere exemplaren kan men zich afvragen of het om volledige exemplaren ging dan wel om vissen waarvan kop en staart voordien reeds waren verwijderd, zoals geïllustreerd in de reeds gepubliceerde 'platviskuil'[435]. In een poging om dat na te gaan werden de gegevens van skeletverdeling en gereconstrueerde grootes met elkaar gecombineerd. Tabel 25

434 *Cf.* Seeman 1986.

435 Pieters *et al.* 1995b.

TABEL 22

Relatief aandeel van de visresten gedetermineerd in tonput spoornr. 633, gebouw 14 (n=4800).

Frequency of identified fish remains from barrel lined pit 633, building 14 (n=4800).

soort	%
paling (*Anguilla anguilla*)	11.0
rietvoorn (*Scardinius erythrophthalmus*)	0.0
karper (*Cyprinus carpio* f. domestica)	0.3
karperachtige (Cyprinidae sp.); grootte karper	0.2
karperachtige (Cyprinidae sp.); grootte rietvoorn	0.4
haringhaai (*Lamna nasus*)	0.0
stekelrog (*Raja clavata*)	0.1
rog (Rajidae *sp.*)	0.8
haring (*Clupea harengus*)	26.7
sardien (*Sardina pilchardus*)	1.5
haring (*Clupea harengus*) of sardien (*Sardina pilchardus*)	8.7
elft/fint (*Alosa* sp.)	1.5
haringachtigen (Clupeidae sp.), haring, elft of fint	2.4
kabeljauw (*Gadus morhua*)	0.2
schelvis (*Melanogrammus aeglefinus*)	5.4
wijting (*Merlangius merlangus*)	1.5
kabeljauwachtige (Gadidae sp.)	9.0
driedoornige stekelbaars (*Gasterosteus aculeatus*)	0.4
poon (Triglidae sp.)	0.2
horsmakreel (*Trachurus trachurus*)	0.1
grote pieterman (*Trachinus draco*)	0.1
tonijn (*Thunnus thynnus*)	0.1
makreel (*Scomber scombrus*)	1.0
tarbot (*Scophthalmus maximus*)	0.1
schol (*Pleuronectes platessa*)	0.6
bot (*Platichthys flesus*)	0.0
schar (*Limanda limanda*)	0.1
schol/bot/schar (Pleuronectidae sp.)	26.1
tong (*Solea* sp.)	1.5

TABEL 23

Relatief aandeel van botelementen uit verschillende zones van het skelet bij schol/bot/schar uit tonput spoornr. 633, gebouw 14 (n=1241).

Frequency of the elements from the different skeletal zones for plaice/flounder/dab from barrel lined pit 633, building 14 (n=1241).

skeletzone	%
wervels	55.5
vinstralen en vinstraaldragers	18.5
kieuwkorf en tongboog	4.4
andere kopelementen	21.7

TABEL 24

Relatief aandeel van de verschillende grootteklassen (in cm SL) bij schol/bot/schar uit tonput spoornr. 633, gebouw 14 (n=592).

Frequency of the different size classes (in cm SL) for plaice/flounder/dab from barrel lined pit 633, building 14 (n=592).

grootteklasse	%
<10	0.3
10-20	49.8
20-30	31.1
30-40	14.9
40-50	3.9

TABEL 25

Relatief aandeel van precaudale en caudale wervels in de verschillende grootteklassen (in cm SL) van schol/bot/schar uit tonput spoornr. 633, gebouw 14.

Frequency of precaudal and caudal vertebrae for the different size classes (in cm SL) for plaice/flounder/dab from barrel lined pit 633, building 14.

cm SL	<10	10-20	20-30	30-40	40-50
aantal	1	220	160	87	23
	%	%	%	%	%
precaudaal	100	10	24	16	4
caudaal	0	90	76	84	96

geeft het relatieve belang aan van rompwervels (precaudale) versus staartwervels (caudale) voor de verschillende grootteklassen, waaruit een ondervertegenwoordiging blijkt van de precaudale wervels bij de platvis van 40-50 cm SL. De vraag is of dit erop kan wijzen dat er platvis geconsumeerd werd die eerder was ontdaan van kop en staart. De stelling wordt tegengesproken door de grootteverdeling binnen de kopelementen. Die verdeling bevestigt de aanwezigheid van grote exemplaren.

Binnen de kabeljauwachtigen gaat het overwegend om resten van schelvis, gevolgd door die van wijting. Kabeljauw is relatief beperkt vertegenwoordigd. Alle elementen van deze soort zijn van de kop, met uitzondering van een precaudale wervel van een vis van 20-30 cm en twee caudale wervels van exemplaren die respectievelijk 40-50 en 50-60 cm SL maten. Alle kopelementen zijn afkomstig van kabeljauwen die slechts 20-30 cm SL lang waren. Opmerkelijk is de grote hoeveelheid schelvis: binnen de Gadidae is deze soort goed voor meer dan 75 %. Nergens werden dergelijke hoge percentages van wijting aangetroffen. Bij onderzoek naar de afmetingen van de visresten (tabel 26) blijkt dat kleine vis (20-30 cm SL) ongeveer 5 % uitmaakt, en dat de

TABEL 26

Relatief aandeel van de verschillende grootteklassen (in cm SL) bij schelvis uit tonput spoornr. 633, gebouw 14 (n=270).

Frequency of the different size classes (in cm SL) for haddock from barrel lined pit 633, building 14 (n=270).

grootteklasse	%
20-30	3.7
30-40	34.1
40-50	45.9
50-60	16.3

middelgrote exemplaren van 30-40 en 40-50 cm SL respectievelijk 35 % en 45 % vertegenwoordigen. Grotere vis van 50-60 cm SL is goed voor ongeveer 15 %. De skeletverdeling toont dat wervels en kopelementen goed vertegenwoordigd zijn (tabel 27). Bovendien blijkt de verhouding tussen precaudale wervels en caudale wervels redelijk constant te zijn doorheen de verschillende grootteklassen (tabel 28). Er is dus geen reden om aan te nemen dat men hier met gepreserveerde schelvis te maken heeft. Bij de bereiding van stokvis, waarvoor niet alleen kabeljauw maar ook schelvis kan gebruikt worden, zal men bij de grotere exemplaren niet alleen de kop, maar ook het voorste deel van de wervelkolom wegnemen[436]. Als er dergelijke stokvis is geconsumeerd, vindt men beendercollecties terug waarin de kopelementen en grote precaudale wervels ondervertegenwoordigd zijn. Een dergelijk patroon is er hier duidelijk niet. We mogen er dus van uitgaan dat hier de resten van volledige, waarschijnlijk verse en ter plaatse geconsumeerde schelvis werden afgezet. Bij de wijting maken kopelementen ongeveer 30 % uit van de collectie. Qua afmetingen is er een grote spreiding: bijna 55 % van de stukken is afkomstig van vis die 10 tot 20 cm lang was, die van 20-30 cm SL maken 30 % van het totaal uit (tabel 29). Wijting van 30-40 cm is goed voor ongeveer 5 %, die van 40-50 cm voor 15 %. Dit is de enige context van Raversijde waar wijting van die afmetingen werd aangetroffen. Kortom, het blijkt dus dat er in dit huis volledige wijtingen van sterk verschillende afmetingen in het eten verwerkt werden.

TABEL 27

Relatief aandeel van botelementen uit verschillende zones van het skelet bij schelvis uit tonput spoornr. 633, gebouw 14 (n=258).

Frequency of the elements from the different skeletal zones for haddock from barrel lined pit 633, building 14 (n=258).

skeletzone	%
wervels	56.2
kopelementen	34.5
schoudergordel	9.3

TABEL 28

Relatief aandeel van precaudale en caudale wervels in de verschillende grootteklassen (in cm SL) van schelvis uit tonput spoornr. 633, gebouw 14.

Frequency of precaudal and caudal vertebrae for the different size classes (in cm SL) for haddock from barrel lined pit 633, building 14.

cm SL	20-30	30-40	40-50	50-60
aantal	10	64	44	8
	%	%	%	%
precaudaal	100	31	48	50
caudaal	0	69	52	50

TABEL 29

Relatief aandeel van de verschillende grootteklassen (in cm SL) bij wijting uit tonput spoornr. 633, gebouw 14 (n=58).

Frequency of the different size classes (in cm SL) for whiting from barrel lined pit 633, building 14 (n=58).

grootteklasse	%
10-20	53.4
20-30	29.3
30-40	3.4
40-50	13.8

Bij de palingresten stelt men vast dat 97 % afkomstig is van wervels en dat het weinige craniale botmateriaal grotendeels toebehoort aan een enkele kop van een groot exemplaar van 80 tot 90 cm. Bij analyse van de grootteverdeling (zonder die grote kop) blijkt dat bijna 65 % van de palingen in de gebruikelijke grootteklasse van 30-40 cm zat (tabel 30). Vissen van 40-50 en 50-60 cm SL zijn goed voor respectievelijk 15 % en 20 %. Grotere exemplaren van 60-70 en 70-80 cm SL worden elk maar door één skeletelement aangeduid. Vergeleken met de andere contexten aangetroffen in of verbonden aan gebouwen valt hier dus op dat

TABEL 30

Relatief aandeel van de verschillende grootteklassen (in cm SL) bij paling uit tonput spoornr. 633, gebouw 14 (n=157), exclusief de resten van een grote kop.

Frequency of the different size classes (in cm SL) for eel from barrel lined pit 633, building 14 (n=157), excluding remains deriving from a large head.

grootteklasse	%
30-40	63.7
40-50	16.6
50-60	18.5
60-70	0.6
70-80	0.6

436 *Cf.* Brinkhuizen 1994, Clippel & Falk 2002.

er beduidend meer exemplaren groter dan 30-40 cm SL werden geconsumeerd.

Van de overige vissoorten is relatief weinig materiaal voorhanden. We moeten ons dus voorzichtig uitspreken over grootte of skeletverdeling. Bij tong valt het op dat er bijna uitsluitend (99 %) wervels zijn gevonden en dat het om mooie exemplaren ging van 20-30 cm SL (40 %) en 30-40 cm SL (60 %). De enige andere platvis die nog werd aangetroffen is de tarbot, met resten van eerder kleine exemplaren: twee precaudale wervels van vissen die 30-40 cm lang waren, een stuk schoudergordel (cleithrum) van een individu van ongeveer 25 cm SL, en een kaakfragment van een exemplaar dat slechts 10 tot 20 cm mat. Bij de roggen kwamen hoofdzakelijk niet- identificeerbare wervellichamen voor, alle huidstekels bleken van stekelrog afkomstig te zijn. De enige andere kraakbeenvis die is aangetroffen is een haringhaai. Van die soort werd er een wervellichaam aangetroffen.

Als zoetwatervis komen karper en rietvoorn voor. Misschien is het aandeel aan karper wat overschat, want de skeletelementen van deze soort lijken mogelijk allemaal afkomstig van één exemplaar. Het is onduidelijk of de driedoornige stekelbaars uit dezelfde wateren komt als de karperachtigen, vemits deze soort door zijn hoge zouttolerantie ook voor de kust voorkomt. Wat zijn aanwezigheid in de 'aston' verklaart, is evenmin duidelijk: het is gezien de visrijke omgeving onwaarschijnlijk dat hij als voedsel diende. Nemen we aan dat het resten zijn van prooidieren in de maag van andere vissen, dan moeten we veronderstellen dat er in het huis roofvissen werden gereinigd en dat de ingewanden binnen weggegooid werden.

Voor de rest leverde de aston nog een aantal extra zeevissen op die elders op de site slechts sporadisch of helemaal niet voorkomen. Het gaat om poon, horsmakreel, grote pieterman, makreel en tonijn. Van die laatste zijn er net als in beerton spoornr. 655 (*cf. infra*) alleen schubben teruggevonden. Bij de makreelresten ging het om ongeveer even veel kopelementen als wervels.
We mogen besluiten dat het dierlijke materiaal uit de vulling van de aston aangeeft dat enkel consumptieafval van klein formaat in de structuur terechtkwam. Het gaat om tafelresten, maar ook om keukenafval.

4.3.2.15 Gebouw 15

Gebouw 15 (fig. 234-235 en fig. 408) is met de lengteas 43° NW en met de dwarsmuren 46° NO georiënteerd. De breedte buitenwerks bedraagt 5,75 m. Dit slechts gedeeltelijk opgegraven gebouw bestaat uit minstens twee vertrekken. De voorgestelde reconstructie is zeker qua lengte hypothetisch, aangezien een groot stuk van het gebouw buiten het opgegraven areaal ligt. In het volledig onderzochte vertrek van dit gebouw komen aan de binnenzijde van de zuidoostmuur twee perfect symmetrische bakstenen uitsprongetjes voor. Ze bevinden zich op een onderlinge afstand van 2,2 m en de afstand tot de dichtstbijzijnde hoek bedraagt bij beide 1,1 m. Deze uitsprongetjes kunnen vermoedelijk worden geïnterpreteerd als de restanten van de haardwangen. Perfect in het midden van de twee uitsprongetjes bevindt zich ook een *in situ* verhitte vlek (spoornr. 667). Rondom deze vlek is de klei ook sterk aangerijkt met houtskool. Vlak bij het meest noordelijke uitsprongetje is een grape in rood aardewerk aangetroffen (spoornr. 648, fig. 236-237). Hij is gevuld met asrijk sediment en ingegraven in een normale positie. Op de bodem van de pot werd een Vlaamse leeuwengroot in zilver (1694.2) aangetroffen. Die is geslagen tussen 1346 en 1373 te Gent, Brugge of Mechelen onder Lodewijk van Male[437]. De munt maakt de interpretatie van deze structuur een stuk moeilijker. Ze sluit het vermoeden dat de pot een ingegraven aspot bij de haard was immers nagenoeg uit. De munt doet bovendien onmiddellijk denken aan twee andere hypotheses: een ondergrondse kluis of (pas gestarte) spaarpot of een bouwoffer. De datering van de munt (3de kwart van de 14de eeuw) zou erop kunnen wijzen dat de structuur misschien zelfs helemaal niets met gebouw 15 te maken had, maar verwijst naar een vorige occupatie, in dit geval de houtbouw die aan gebouw 15 voorafgaat (*cf. infra*) bijvoorbeeld. We verwijzen hierbij naar een potje met 211 zilveren munten van Lodewijk van Male, dat in december 1999 een 20-tal m zuidwaarts is aangetroffen in sleuf 99/V (*cf.* hoofdstuk 3.7).

In ditzelfde vertrek bevinden zich nabij de noordoostmuur zes bakstenen *in situ*. Hun nut is onduidelijk. Ofwel zijn ze een relict van een bevloering in baksteen, ofwel gaat het om een bakstenen uitsprong zoals in de zuidoostmuur. Tegen die laatste veronderstelling kan worden ingebracht dat de beide uitsprongetjes aan de zuidoostmuur duidelijk dieper reikten dan deze zes bakstenen. Deze laatste bestonden immers nog uit twee steenlagen. Het lijkt dus aannemelijker dat de zes bakstenen een relict van een voormalige bevloering zijn. Dat wordt bevestigd door het vermoeden dat dit gebouw op een bepaald ogenblik langs alle zijden werd omgeven met bakstenen plaveisels.

Verder bevinden zich in dit vertrek van 4,9 bij 3,1 tot 3,3 m binnenwerks ook verschillende sporen die wellicht met de verwarming van deze ruimte verband houden. Eén daarvan (spoornr. 667) is reeds vermeld bij de bakstenen uitsprongetjes die als haardwangen werden geïnterpreteerd. Het gaat om vier zones met verhitte sedimenten (spoornrs. 658, 665-667). Twee daarvan (spoornrs. 666-667) zijn verder nog omgeven door een sterk met houtskool aangerijkte, kleiige zone.

Ook in het tweede vertrek bevinden zich een aantal sporen die wellicht met de verwarming van het gebouw te maken hebben. Het betreft drie *in situ* verhitte plekken (spoornrs. 636, 640 en 641) en een kuiltje gevuld met afwisselend as en beige zuiver zand (spoornr. 638).

Zoals hierboven aangestipt werd dit gebouw op een bepaald ogenblik aan de drie onderzochte zijden omzoomd met een met bakstenen geplaveide zone (spoornr. 637). Het druipspoor (spoornr. 1305) langs de zuidwestgevel van gebouw 15 wijst erop dat – indien het verband houdt met gebouw 15 – de geplaveide zone in elk geval pas na verloop van tijd is aangelegd.

Deze geplaveide zone is aan de noordoostkant en de zuidoostkant vermoedelijk iets meer dan 6 m breed, en aan de zuidwestkant ongeveer 4,5 m. In de zuidhoek en langs de zuidwestzijde is deze zone afgezoomd met drie tot vijf rijen gekantelde bakstenen. Doordat het plaveisel slechts zeer gedeeltelijk is bewaard gebleven kan de relatie tot de verschillende tonwaterputten (spoornrs. 130, 659 en 663) en de twee tonlatrines

437 **Identificatie Frans De Buyser, waarvoor dank.**

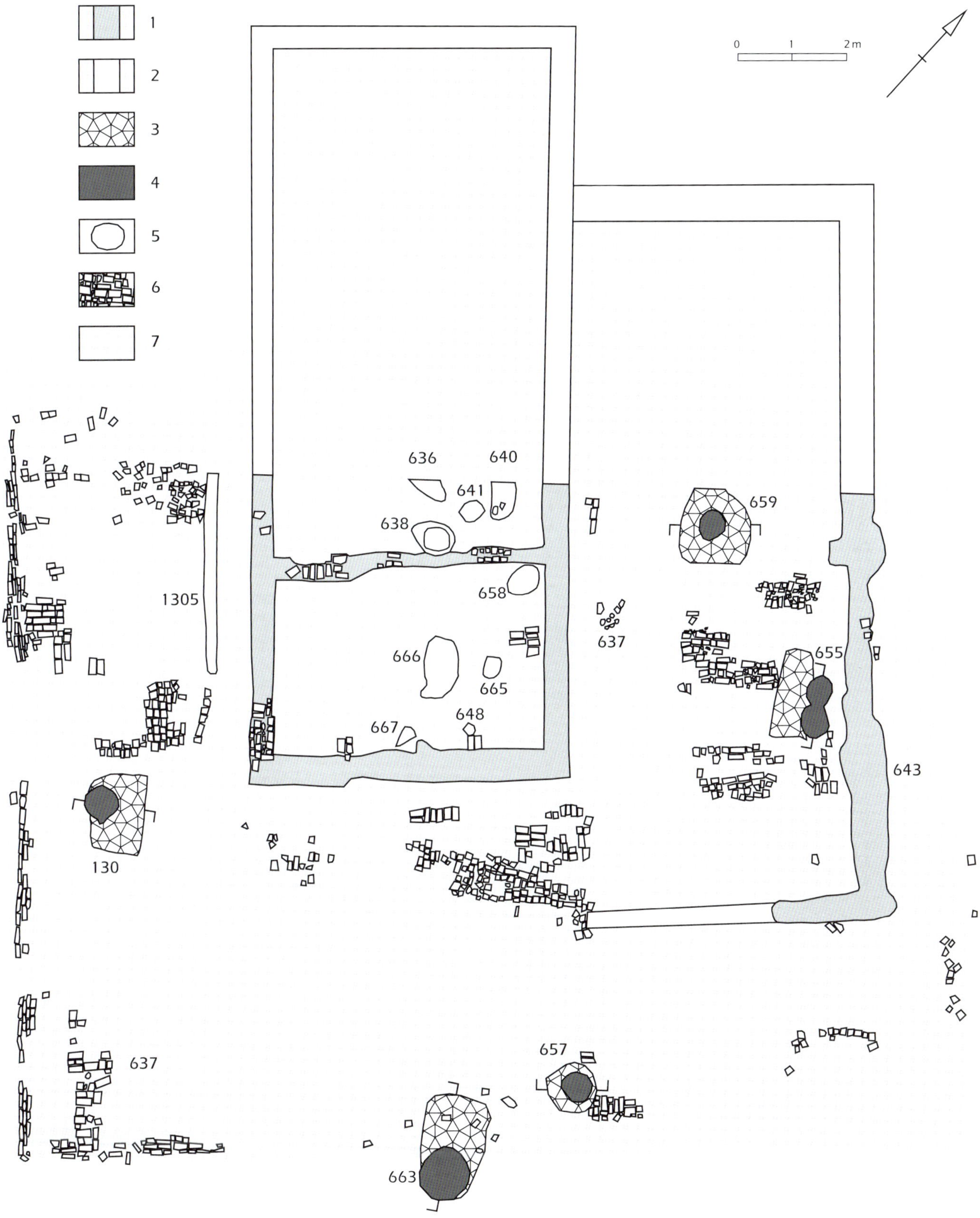

FIG. 234 **Plattegrond van gebouw 15 met aanvullingen. Legende: 1: uitbraaksporen, 2: aanvullingen, 3: kuil, 4: waterput, 5: specifieke sporen, 6: bakstenen, 7: bebouwde oppervlakte.**
Floor plan of building 15. Key: 1: robber trenches, 2: deduced extensions of the excavated features, 3: pit, 4: well, 5: specific features, 6: bricks, 7: built surface area.

FIG. 235 a: Algemeen zicht op de resten van gebouw 15; b: detailbeeld van de oudste fase van gebouw 15.
a: General view of the remains of building 15;
b: focus on the earliest part of brick building 15.

FIG. 236 Ingegraven pot spoornr. 648.
In situ pot 648.

FIG. 237 Op de bodem van de ingegraven pot werd een zilveren munt aangetroffen.
A silver coin was found in the in situ pot.

(spoornr. 655) die zich in de zone van het plaveisel bevonden niet worden achterhaald. Voor twee van de drie tonwaterputten is er dendrochronologische informatie beschikbaar. Voor tonwaterput spoornr. 659 wordt de vellingsdatum van het hout van de jongste ton geplaatst tussen 1420 en 1440. Voor tonwaterput spoornr. 663 staat enkel een *terminus post quem* ter beschikking, nl. 1441. Op die basis kan verondersteld worden dat gebouw 15 in gebruik is na 1420 en na 1441. Drie van de onderzochte tonwaterputten leverden helaas geen datering op.

In een volgende fase[438] wordt aan dit gebouw een grote ruimte toegevoegd (fig. 234). Het betreft een NW-ZO gerichte muur die over een lengte van 7,5 m kon worden geregistreerd. Op het oostelijke uiteinde maakt deze muur een hoek van 90° naar het zuidwesten. Dit laatste gedeelte is slechts 1,5 m lang. Het is niet ondenkbaar dat de bewoners van woning 15 op een bepaald ogenblik hebben besloten een belangrijk gedeelte van de bevloerde zones rond hun huis te overdekken. Hiermee legden ze in één klap ook een waterput en de twee tonlatrines droog. Deze latere aanbouw hangt vermoedelijk samen met tonwaterput spoornr. 657, te oordelen naar de gelijkaardige vulling van beide sporen. Uitbraakspoor spoornr. 643 zou echter ook het restant van een later gebouw kunnen zijn dat inderdaad samenging met tonwaterput spoornr. 657, maar niets te maken had met zijn voorganger. Het zou in deze hypothese vrij merkwaardig zijn dat dit latere gebouw precies dezelfde oriëntatie had als gebouw 15.

Tot slot nog vermelden dat dit bakstenen gebouw wellicht is voorafgegaan door een anders georiënteerde houtbouw. Dat laat de wolk van paalsporen die werd geregistreerd rond en binnen de plattegrond van gebouw 15 (fig. 238) in elk geval vermoeden. In een 15-tal paalsporen kan eventueel een gedeelte van een licht anders georiënteerd gebouw herkend worden dat met de lengteas ongeveer 41° noordoost is georiënteerd (fig. 238). Zeker is dat niet, de paalsporen zouden immers ook kunnen wijzen op een houten aanbouw bij gebouw 15.

Hierna volgen in detail de verschillende structuren van dit gebouw.

4.3.2.15.1 Tonwaterput spoornr. 130

De tonwaterput (fig. 239-240) is in de hoek van een afgeronde rechthoekige constructiekuil van 1,5 bij 1 m geplaatst. De constructiekuil is trapvormig uitgegraven. De bodem van deze tonwaterput bevindt zich op 1,65 m T.A.W. Van de onderste ton (499.1) is het hout volledig bewaard gebleven. Ze is samengesteld uit 15 duigen van 74 cm lengte, die worden samengehouden door vijf wissen uit hazelaar[439]. De kroosgroeven bevinden zich op 5 cm van de uiteinden van de duigen. In een van de duigen zit een rechthoekig bomgat van 8 cm horizontaal[440] bij 7 cm verticaal, afgesloten met een bomgatplankje uit wilg[441]. Op diezelfde duig en een aangrenzende zijn – haaks op de duigranden – twee maaltekens als merk aangebracht[442], mogelijk een Romeinse twintig. De ton erboven (498.1) is over de onderste geschoven. De bovenste vulling van de tonschacht bestaat uit een homogeen pakket bruine, zandige en houtskoolrijke klei. Hierin werd o.a. een fragment van een kan aangetroffen in Siegburg-steengoed (491.1) op uitgeknepen standring en bedekt met groen loodglazuur. Op de bodem van deze kan zijn 2 aangebakken roodbakkende stukjes klei te zien, alsook 3 stukjes witbakkende klei. Dat wijst erop dat dergelijk steengoed werd geglazuurd in een oven, samen met ander aardewerk, met name wit- en roodbakkend aardewerk. De vulling van de onderste ton is heterogeen en bestaat uit een mengeling van blauwe gereduceerde klei, bruine zandige klei en baksteenpuin. Helemaal onderaan bevond zich een fragment van een rudimentair aangepunte stok (diameter: 4,2-4,4 cm) in hazelaar (*Corylus a.*), met één afgeplatte zijde (495.1, fig. 241: 1). Op de afgeplatte zijde zijn drie nagelgaten aanwezig. Iets wat lijkt op een ijzeren haak was volledig weggeroest. Naast deze stok werd ook een kruik in rood aardewerk aangetroffen (495.2, fig. 241: 2). Het betreft een kruik in rood aardewerk op vier drieledige standvinnen, met rolrond oor, cilindrische hals met ribbel en aan de binnenkant verdikte, inwaarts afgeschuinde rand. Op de schouder tegenover het oor is een ovale vlek glazuur aangebracht. De afmetingen van de kruik zijn: grootste diameter: 26,2 cm, hoogte: 26 cm, randdiameter: 11,4 cm.

Dit is de eerste tonwaterput die bij het archeologisch onderzoek in Raversijde werd onderzocht (voorjaar 1993). De goed bewaarde ton werd door vriesdrogen geconserveerd voor de eerste tijdelijke tentoonstelling over de opgravingen. Die stond van juli 1994 tot maart 1998 in de 'Villa Goffinet' van het Memoriaal Prins Karel. Ze is ook opgenomen in de tweede tijdelijke tentoonstelling 'Walraversijde anno 1465', die opgesteld werd in mei 1998 en *anno* 2011 nog steeds dienst doet in de permanente opstelling van het museum 'Walraversijde 1465'. Omdat de ton naar aanleiding van de ontsluiting geconserveerd werd is ze nog niet dendrochronologisch onderzocht.

4.3.2.15.2 Tonput spoornr. 655

Tegen de wand van een onregelmatige constructiekuil van 1,55 bij 1 tot 1,2 m bevinden zich twee tonnen die vlak naast elkaar zijn geplaatst (fig. 242-243). De bodem van de meest noordelijke ton bevindt zich op 2,14 m T.A.W., die van de ton ernaast op 2,20 m T.A.W. Er zijn twee tonnen nodig om het toenmalige oppervlak te bereiken. Van beide tonnen zijn slechts schamele houtresten bewaard, onvoldoende voor een dendrochronologisch onderzoek. De vulling van beide tonschachten is gelijkaardig: op de bodem een 20 tot 30 cm dik en in oorsprong latrinair depot, afgedekt met een vulling van grijze klei met redelijk wat houtskool. Omdat beide tonnen vlak naast elkaar zijn geplaatst en er in de opvulling van de constructiekuil geen oversnijdingen konden worden gedetecteerd, mogen we aannemen dat ze gelijktijdig moesten functioneren. Twee op gelijkaardige wijze tegen elkaar geplaatste tonnen, opgevuld in de 16de eeuw, werden bijvoorbeeld ook aangetroffen in Exeter (GB)[443].

De latrinaire vulling doet voor deze tonnen uit Walraversijde meteen de vraag rijzen wat het nut was van die structuren. Het zou inderdaad kunnen gaan om tonlatrines en niet om

438 Deze uitgebroken muur (spoornr. 643) snijdt ongetwijfeld door de bewaarde bevloering rondom het huis.

439 De Groote 1998-1999, 40-42.

440 Bij de beschrijving van de tonnen worden deze rechtop gezet. Horizontaal betekent dus in feite haaks op de duigranden en verticaal evenwijdig met de duigranden.

441 Pieters 1994, 287.

442 Pieters 1994, 289, fig. 13.

443 Allan & Morris 1984, 309-316.

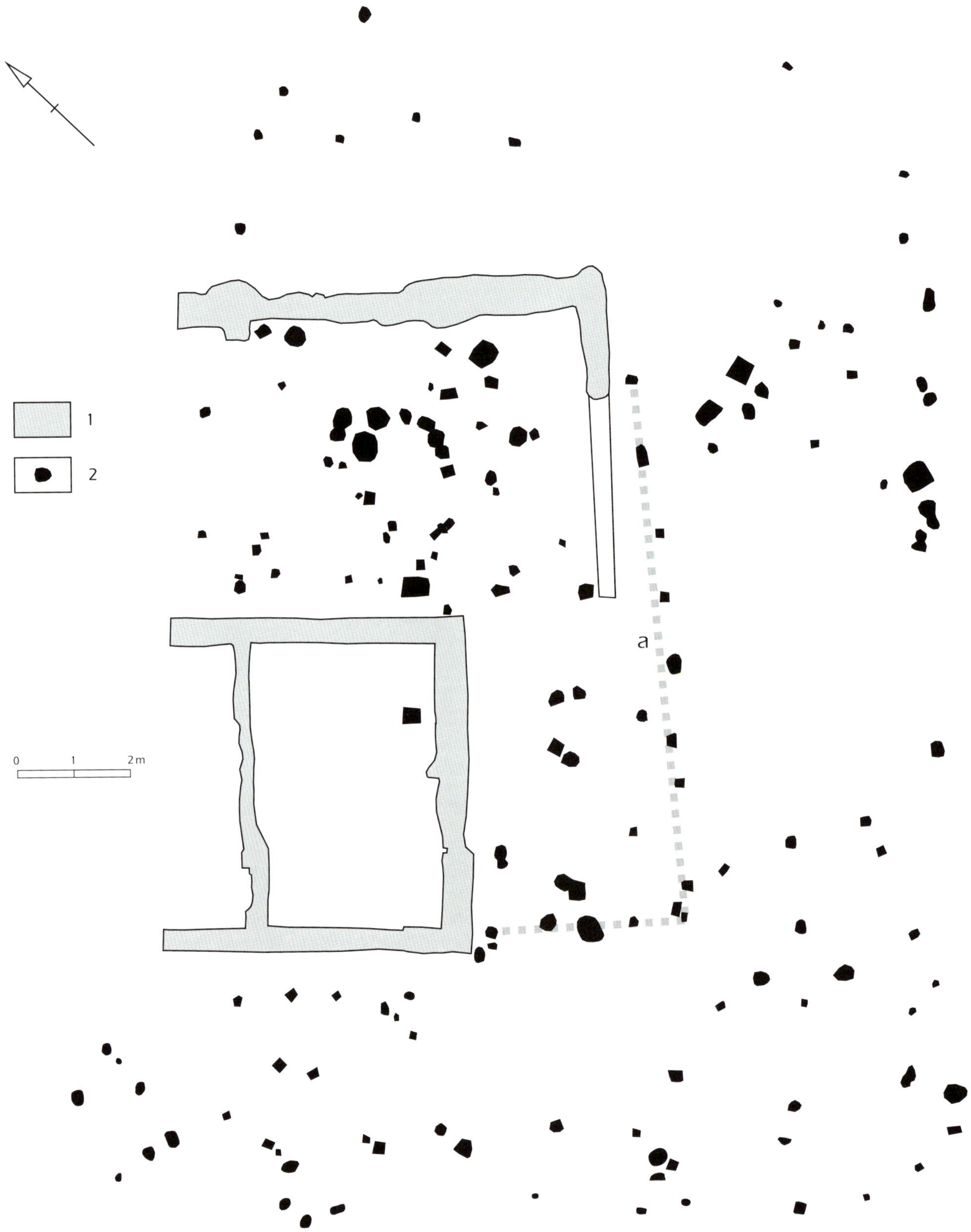

FIG. 238 **Paalsporen binnen en in de omgeving van de plattegrond van gebouw 15. Legende: 1: uitbraaksporen, 2: paalsporen.**
Postholes recorded within and near building 15. Key: 1: robber trenches, 2: postholes.

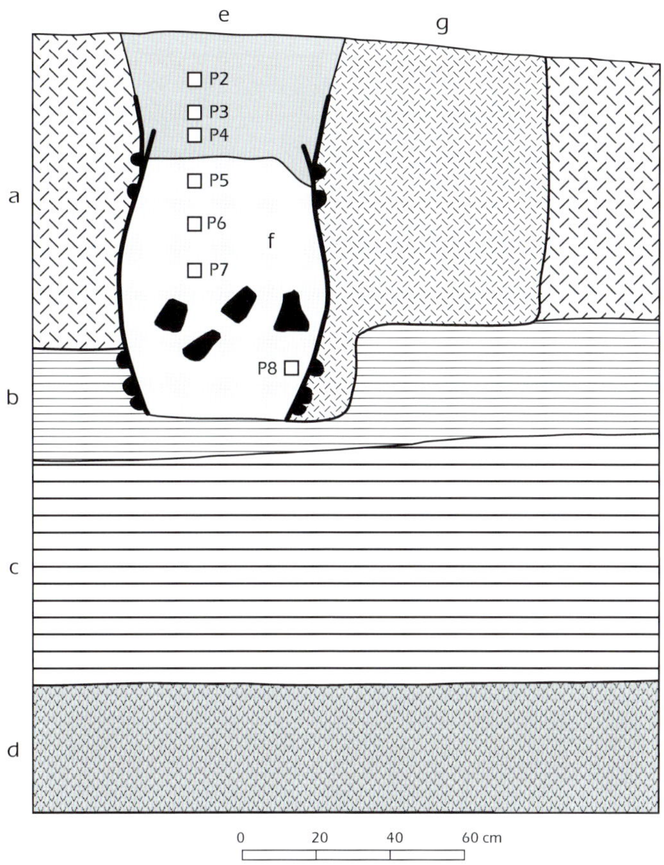

FIG. 239 Tonwaterput spoornr. 130 in doorsnede. Legende: a: verspitte klei, ophoging Romeinse dijk, b: lemige klei met laagjes veendetritus, c: lemige klei met stratificatie, d: veen, e: bruine zandige klei met houtskoolpartikels, f: heterogene klei met baksteenfragmenten, g: verspitte klei, insteek tonwaterput.
Barrel well 130 in section. Key: a: disturbed clay, Roman embankment, b: silty clay with layers of detrital peat fragments, c: silty laminated clay, d: peat,
e: brown sandy clay with charcoal particles,
f: heterogeneous clay with brick inclusions,
g: disturbed clay, fill of construction cut for barrel well.

tonwaterputten, maar dat is niet hard te maken. Het is denkbaar dat het om tonwaterputten gaat die buiten gebruik zijn gesteld en daarna als tonlatrine werden hergebruikt. Maar omdat dit soort structuur in Raversijde slechts een maal is aangetroffen opteren we toch voor tonputten die van bij aanvang als latrines werden gebruikt.

In de constructiekuil van deze tonlatrines is een Vlaamse dubbele mijt aangetroffen (1704.1, gewicht: 0,86 g, doormeter: 19 mm), in biljoen geslagen onder Filips de Goede in de periode 1419-1434. Dit impliceert dat deze tonlatrines niet vroeger dan 1419 kunnen aangelegd zijn. Uit de vulling van de meest noordelijke ton komen vijf ondoorschijnend witte, ringvormige glazen kraaltjes (1708.1) vastgekit in een stuk textiel, verschillende stukken linnen (1708.2) en een kannetje in Rijnlands steengoed met zoutglazuur (1708.3).

De glazen kraaltjes hebben een hoog loodgehalte en zijn wellicht ingevoerd uit het huidige Duitsland of Engeland[444]. Ze hebben de volgende afmetingen: diameter: 5,2 mm, hoogte: 2,4 mm en diameter perforatie: 2,4 mm. De stukken linnen zijn vervaardigd in vlas of hennep. De grootste stukken linnen hebben de volgende afmetingen: 4,2 bij 3,8 cm, 6 bij 2 cm en 2,2 bij 1,2 cm[445]. Het kannetje (fig. 244) in Rijnlands steengoed met zoutglazuur op gelobde standring heeft een bandvormig oor en een eenvoudig rechtopstaande cilindrische hals en rand. Randdiameter: 4,5 cm, grootste diameter: 7,7 cm, hoogte: 11,6 cm. De stukken linnen verwijzen ondubbelzinnig naar de latrinaire functie van deze structuur. Van deze tonput werd de organische bodemvulling ook palynologisch onderzocht. De resultaten van dat onderzoek worden samen besproken met het palynologisch onderzoek van de andere onderzochte vullingen met latrinaire oorsprong: de vulling van tonput spoornr. 418 van gebouw 4 (4.3.2.4. Gebouw 4) en die van de houten beerput spoornr. 1554 van gebouw 28 (4.3.2.29. Gebouw 28). Het onderzoek van de dierenresten wordt hieronder beschreven.

4.3.2.15.3 Dierenresten uit tonput spoornr. 655

Wim Van Neer, An Lentacker & Anton Ervynck

Uit de vulling van de twee beertonnen die samen structuur 655 vormen werden geen dierlijke resten met de hand verzameld. Er komt wel materiaal uit twee zeefstalen (van 6 en 7 liter), één uit elke ton (tabel 31). De vondstencollecties worden opnieuw gedomineerd door visbotten. Bij het ander consumptieafval ontbreken de schelpdieren volledig. Er zitten vooral ondetermineerbare fragmenten van zoogdierbotten in. Opvallend is wel het grote aantal konijnenbotten, een soort die elders op de site

444 Caluwé *et al.* 2003, 62-63.

445 Walton Rogers 2000b.

FIG. 240 Tonwaterput spoornr. 130 tijdens de opgraving.
Barrel well 130 under excavation.

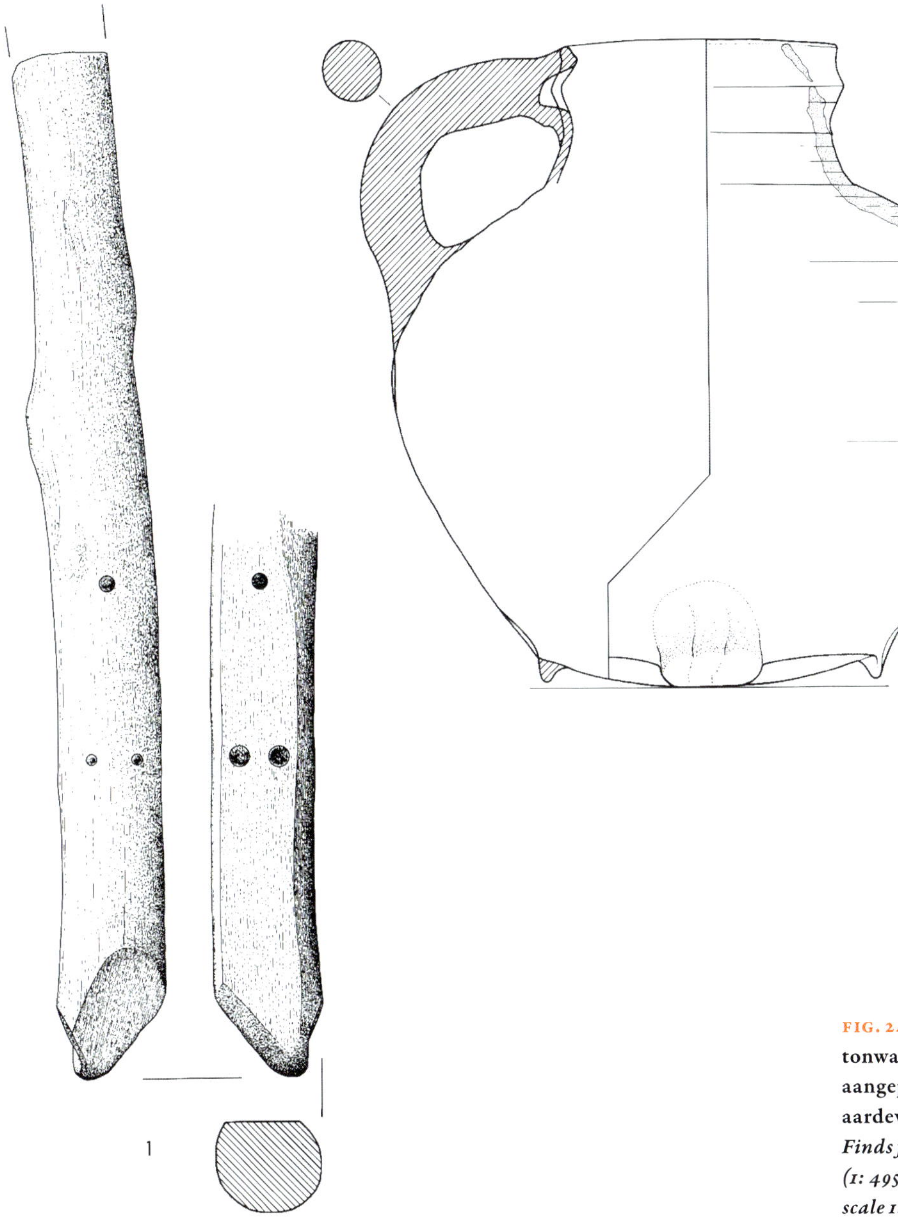

FIG. 241 Mobilia uit de vulling van tonwaterput spoornr. 130: een rudimentair aangepunte stok (1: 495.1) en een kruik in rood aardewerk (2: 495.2), allebei op schaal 1/3.
Finds from the fill of well 130: wooden stick (1: 495.1) and redware pitcher (2: 495.2), both at scale 1:3.

altijd vrij zeldzaam is. Een aantal intrusieve resten van amfibieën en knaagdieren of spitsmuizen vervolledigen de collecties. Er zijn geen opvallende verschillen te noteren tussen de vullingen van de twee tonnen.

Ook wat de visresten betreft kunnen beide vullingen samen beschouwd worden. Er zijn geen duidelijke verschillen tussen beide ensembles, met uitzondering van het grote aantal tonijnresten in één context (*cf. infra*). Alles samen vormen de platvissen (schol/bot/schar) de talrijkste visgroep, gevolgd door kabeljauwachtigen, haring en paling (tabel 32). Van de op soort gedetermineerde Gadidae blijkt wijting relatief frequent, terwijl schelvis en kabeljauw minder voorkomen. Andere soorten zijn minder vertegenwoordigd in deze beerton; het gaat om rog, griet en tong, evenals een opmerkelijke hoeveelheid tonijn in een van de twee substalen. Aan die tonijnresten hoeven we kwantitatief niet te veel belang te hechten. Het gaat immers enkel om een concentratie kopschubben, waarschijnlijk afkomstig van één enkel exemplaar.

De skeletverdeling van de overige vissoorten vertoont ook een aantal interessante patronen. Zowel bij de paling als bij de haring zijn de resten van de kopstreek sterk ondervertegenwoordigd, met respectievelijk slechts 4 % en 9 % van het botmateriaal. Alle palingen behoren tot dezelfde grootteklasse van 30-40 cm SL. Ook bij de haring is er weinig variatie in grootte vast te stellen (20-30 cm SL). Opmerkelijk in deze beerton is dat ongeveer de helft van de haringwervels de typische afgeplatte vorm vertoont van vis die door het maag-darmkanaal is gegaan. Bij de kabeljauwachtigen stelt men een overwicht vast van wijting, dat echter deels te verklaren is door een goed bewaarde kop van een vis die ongeveer 40 cm SL mat. De andere resten zijn hoofdzakelijk wervels, de meeste van kleine wijting (10-20 cm SL). Van schelvis konden alleen wervels gedetermineerd worden: een stuk is van een vis die 40-50 cm SL mat, de 11 andere zijn staartwervels van schelvissen tussen 20 en 30 cm SL. Het gaat bij deze concentraties van wervels van wijting en schelvis duidelijk om tafelafval, maar bij kabeljauw is geen dergelijk patroon te

TABEL 31

Inventaris van de dierenresten uit tonput spoornr. 655, gebouw 15 (zeef: zeefstaal).

Inventory of animal remains from barrel lined pit 655, building 15 (zeef: sieved sample).

soort	feature 1365	feature 1366
	zeef	zeef
	61	71
	> 2 mm	> 2 mm
INSECTA		
vliegenpupae	+	+
PISCES		
paling (*Anguilla anguilla*)	20	109
rog (Rajidae sp.)	3	2
haring (*Clupea harengus*)	100	201
kabeljauw (*Gadus morhua*)	-	5
schelvis (*Melanogrammus aeglefinus*)	11	1
wijting (*Merlangius merlangus*)	3	37
cf. wijting (cf. *Merlangius merlangus*)	-	11
kabeljauwachtige (Gadidae sp.)	51	410
tonijn (*Thunnus thynnus*)	2	55
griet (*Scophthalmus rhombus*)	2	-
schol (*Pleuronectes platessa*)	1	-
bot (*Platichthys flesus*)	3	2
schol/bot/schar (Pleuronectidae sp.)	139	430
tong (*Solea* sp.)	-	9
niet gedetermineerde visresten	233	950
AMPHIBIA		
niet gedetermineerde amfibieënresten	-	30
AVES		
kip (*Gallus gallus* f. domestica)	-	1
niet gedetermineerde vogelresten	1	5
MAMMALIA		
niet gedetermineerde micromammalia	1	21
konijn (*Oryctolagus cuniculus*)	49	25
varken (*Sus scrofa* f. domestica)	3	-
wervel - klein	-	8
niet gedetermineerde zoogdierresten	50	75
totaal	672	2387

merken. Van deze soort zijn uitsluitend tanden gedetermineerd van exemplaren die minstens 1 m lang moeten geweest zijn. Het feit dat er zo goed als geen resten van grotere kabeljauwachtigen werden achtergelaten in de beerton blijkt ook uit de grootteremconstructies van de niet-determineerbare Gadidae. De grootste exemplaren waren middelgrote vissen (50-60 cm SL), te vergelijken met de afmetingen die bij de meeste schelvis in Raversijde wordt vastgesteld. De niet-determineerbare Gadidae-resten bestaan hoofdzakelijk uit vinstralen en vinstraaldragers. Ze bevestigen het patroon dat er hier voornamelijk kleine botten werden gedeponeerd en dat men zich elders van grotere resten ontdeed (tabel 33). Ook bij de platvissen blijkt die sortering. Bij de tongresten zitten alleen wervels van individuen die 20-25 cm lang waren. Bij de groep schol/bot/schar stelt men vast dat wervels slechts 10 % uitmaken van alle resten, maar dat vinstralen en vooral vinstraaldragers 65 % van het bot vertegenwoordigen (tabel 34). Er is dus een overwicht aan skeletelementen die zich bevinden in en aan de vleesrijke stukken van de vis. Resten van de kieuw- en tongboog maken 20 % uit van het botmateriaal en de overige 5 % zijn andere kopelementen. Van die laatste categorieën is het onduidelijk of ze als slacht- of keukenafval dienen beschouwd te worden, dan wel of ze aantonen dat platvis soms in zijn geheel op tafel kwam. Als er naar de grootteverdeling (tabel 35) gekeken wordt lijkt er een zeker overwicht te zijn van wervels van kleine exemplaren, maar het staal is onvoldoende groot om als significant te beschouwen. Het is dus niet hard te maken dat er een preferentiële afzetting is geweest van kleine platvislichamen en grotere koppen. De algemene grootteverdeling toont dat ongeveer 60 % van de resten afkomstig is van platvissen die 10 tot 20 cm SL maten, terwijl de lengteklassen 20-30 en 30-40 cm elk bijna 20 % voor hun rekening nemen. Samengevat lijken de visresten in dit geheel hoofdzakelijk klein consumptie-afval.

4.3.2.15.4 Tonwaterput spoornr. 657

De twee tonnen (fig. 245-246) zijn centraal en boven elkaar in een ronde constructiekuil van 0,9 m doormeter geplaatst. De bodem van de waterput bevindt zich op 2,6 m T.A.W. Enkel van de onderste ton is het hout helemaal onderaan bewaard, onvoldoende dus voor een dendrochronologische analyse. De opvulling van de tonschacht bestaat haast volledig uit zwart zand vermengd met kleibrokjes en baksteenbrokjes. Dit zwart zand lijkt sterkt op de afdekkende subrecente ploeglagen. Helemaal op de bodem bevindt zich een laag slordig neergelegde bakstenen (fig. 246b). Uit de vulling van deze structuur werden geen specifieke vondsten gerecupereerd. De aard van de opvulling wijkt af van de vulling van de overige tonwaterputten en doet vermoeden dat deze tonwaterput van recentere datum is dan al de overige. Hoeveel jonger is niet duidelijk.

4.3.2.15.5 Tonwaterput spoornr. 659

De tonnen van deze waterput (fig. 247-248) waren centraal in een afgeronde vierkantige constructiekuil van 1,3 m zijde geplaatst. De bodem van de put bevindt zich op 1,23 m T.A.W. De vulling bestaat bijna volledig uit heterogene brokken klei die er halsoverkop lijken ingegooid. Enkel de onderste 40 cm van de tonschacht is opgebouwd uit grijszwarte, zandige klei met nogal wat houtresten. Deze laag verwijst duidelijk naar de periode van gebruik van de waterput. Helemaal onderaan bevindt zich een bodemfragment van een kruik in grijs aardewerk. Van de

TABEL 32
Relatief aandeel van de visresten gedetermineerd in tonput spoornr. 655, gebouw 15 (n=1607).
Frequency of identified fish remains from barrel lined pit 655, building 15 (n=1607).

soort	feature 1365 n=335 %	feature 1366 n=1272 %	som n=1607 %
paling (*Anguilla anguilla*)	6.0	8.6	8.0
rog (Rajidae sp.)	0.9	0.2	0.3
haring (*Clupea harengus*)	29.9	15.8	18.7
kabeljauw (*Gadus morhua*)	0.0	0.4	0.3
schelvis (*Melanogrammus aeglefinus*)	3.3	0.1	0.7
wijting (*Merlangius merlangus*)	0.9	2.9	2.5
cf. wijting (cf. *Merlangius merlangus*)	0.0	0.9	0.7
kabeljauwachtige (Gadidae sp.)	15.2	32.2	28.7
tonijn (*Thunnus thynnus*)	0.6	4.3	3.5
griet (*Scophthalmus rhombus*)	0.6	0.0	0.1
schol (*Pleuronectes platessa*)	0.3	0.0	0.1
bot (*Platichthys flesus*)	0.9	0.2	0.3
schol/bot/schar (Pleuronectidae sp.)	41.5	33.8	35.4
tong (*Solea* sp.)	0.0	0.7	0.6

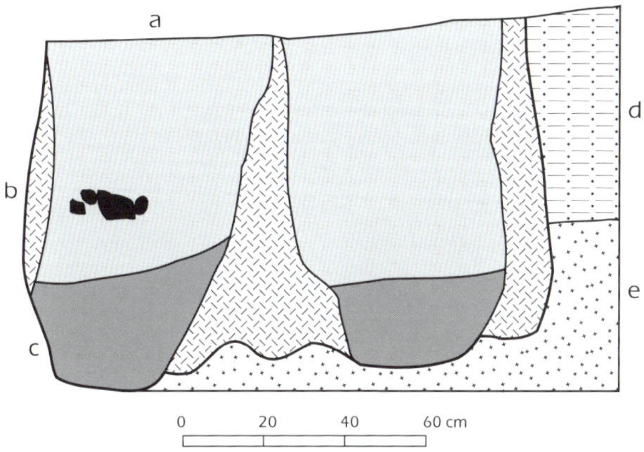

FIG. 242 **Tonput spoornr. 655 in doorsnede. Legende: a: zwart zand gemengd met klei, b: verspitte klei, insteek tonput, c: organisch materiaal, d: klei met stratificatie, e: zand.**
Barrel lined pit 655 in section. Key: a: black sand mixed with clay, b: disturbed clay, fill of construction cut for barrel well, c: organic material, d: laminated clay, e: sand.

FIG. 243 **Tonput spoornr. 655 tijdens de opgraving.**
Barrel lined pit 655 under excavation.

TABEL 33
Relatief aandeel van botelementen uit verschillende zones van het skelet bij de niet identificeerbare Gadidae (kabeljauwachtigen) uit tonput spoornr. 655, gebouw 15 (n=443).
Frequency of the elements from the different skeletal zones for the non-identified Gadidae from barrel lined pit 655, building 15 (n=443).

skeletzone	%
wervels	0.9
vinstralen en vinstraaldragers	49.4
kieuwkorf	26.2
andere kopelementen	23.5

TABEL 34
Relatief aandeel van botelementen uit verschillende zones van het skelet bij schol/bot/schar uit tonput spoornr. 655, gebouw 15 (n=560).
Frequency of the elements from the different skeletal zones for plaice/flounder/dab from barrel lined pit 655, building 15 (n=560).

skeletzone	%
wervels	10.4
vinstralen en vinstraaldragers	65.9
kieuwkorf en tongboog	19.6
andere kopelementen	4.1

onderste ton (1723.1) is het hout volledig bewaard, van die erboven slechts gedeeltelijk. De duigen van de onderste ton variëren in lengte van 72 tot 74,5 cm. De ton, samengesteld uit 14 duigen, had een doormeter van om en bij de 60 cm. Het uitzonderlijk grote, rechthoekige bomgat van 27-28 cm bij 18 cm liep door over drie duigen. De opening was afgedekt met een grote lap leder die op de ton was genageld, wat te maken had met het hergebruik van de ton als waterputbeschoeiing[446]. In de zone van het bomgat zijn twee merken aanwezig. Eén ervan is minder duidelijk en lijkt wat afgesleten en het andere, in de vorm van een vier in spiegelbeeld, lijkt doorsneden door het bomgat. Deze laatste vaststelling laat vermoeden dat het abnormaal grote bomgat wijst op een gebruikswijziging van de ton, bijvoorbeeld van transport van vloeistoffen of natte producten naar transport van stukgoederen. Voor een ton met een gelijkaardig groot bomgat uit Frankfurt (Oder) denkt de betrokken onderzoeker inderdaad aan een gebruik voor het transport van stukgoederen[447].

TABEL 35
Relatief aandeel van de verschillende grootteklassen (in cm SL) bij schol/bot/schar uit tonput spoornr. 655, gebouw 15 (n=56).
Frequency of the different size classes (in cm SL) for plaice/flounder/dab from barrel lined pit 655, building 15 (n=56).

grootteklasse	%
10-20	62.5
20-30	17.9
30-40	19.6

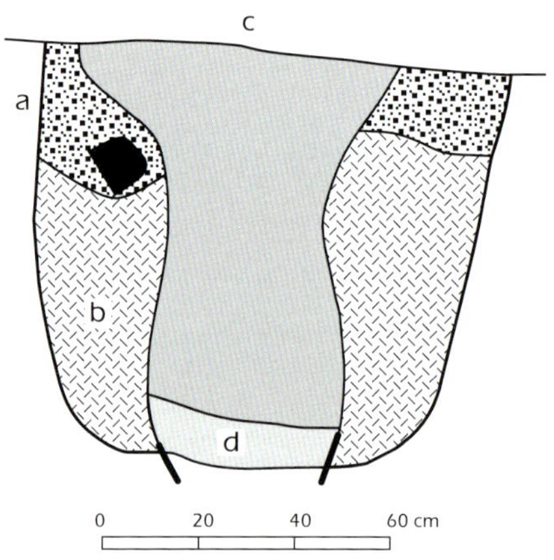

FIG. 245 **Tonput spoornr. 657 in doorsnede. Legende: a: klei gemengd met zwart zand, b: verspitte klei, insteek tonput, c: zwart zand, d: klei gemengd met zwart zand.**
Barrel lined pit 657 in section. Key: a: clay mixed with black sand, b: disturbed clay, fill of construction cut for barrel well, c: black sand, d: clay mixed with black sand.

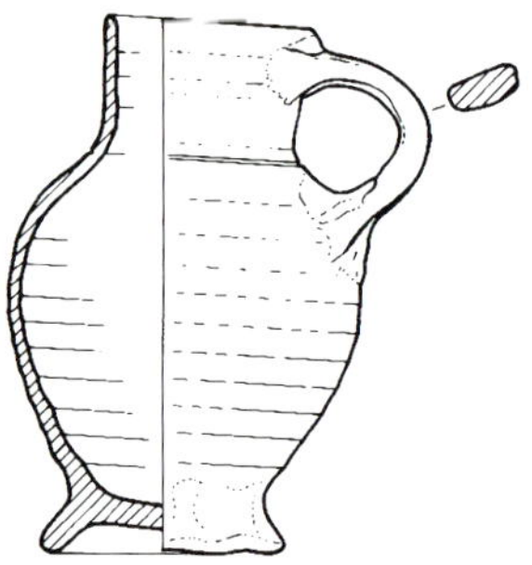

FIG. 244 **Kannetje in steengoed (1708.3) uit tonput spoornr. 655.**
Stoneware jug (1708.3) from barrel well 655.

446 Houbrechts & Pieters 1999, 236 fig. 12.

447 Huth 1975, 39.

FIG. 246 Tonput structuur nr. 657 bij de opgraving: a. in doorsnede, b.: leeggemaakt.
Barrel lined pit 657 under excavation: a. in section, b.: after removal of the fill.

De jongste jaarring op de duigen van de bovenste ton (1717.1) is van het jaar 1390, wat meteen ook de *terminus post quem* is voor deze ton. Voor de onderste ton kan de vellingsdatum gesitueerd worden tussen 1420 en 1440. De recentste jaarring is van het jaar 1413[448].

In de bodemvulling van deze tonwaterput, rijk aan organisch materiaal, is een kruik aangetroffen in grijs aardewerk (1720.1, fig. 249) op 6 tweeledige standvinnen, met cilindrische hals, rechtopstaande rand met ribbel aan de buitenzijde en rolrond oor. Een gat in de wand van de kruik is gedicht met een loodplug. Afmetingen van de kruik: hoogte: 28,7 cm, grootste diameter: 25,8 cm, randdiameter: 9,6 cm.

Op figuur 248b is ook duidelijk de begraven bodem, besproken in vorige hoofdstukken (2.1. profielen A en B en 3.4), te herkennen. Ook in figuur 251 treffen we die aan.

4.3.2.15.6 Tonwaterput spoornr. 663

De tonnen van deze tonwaterput (fig. 250-251) zijn tegen de wand van een afgerond rechthoekige constructiekuil van 1,9 m bij 1,2 m geplaatst. De constructiekuil is getrapt uitgegraven. De bodem van de tonwaterput bevindt zich op 1,57 m T.A.W. De vulling van de tonschacht bestaat uit bruine heterogene zandige klei met wat schervenmateriaal en organisch materiaal, zoals

448 Houbrechts & Pieters 1999, 237.

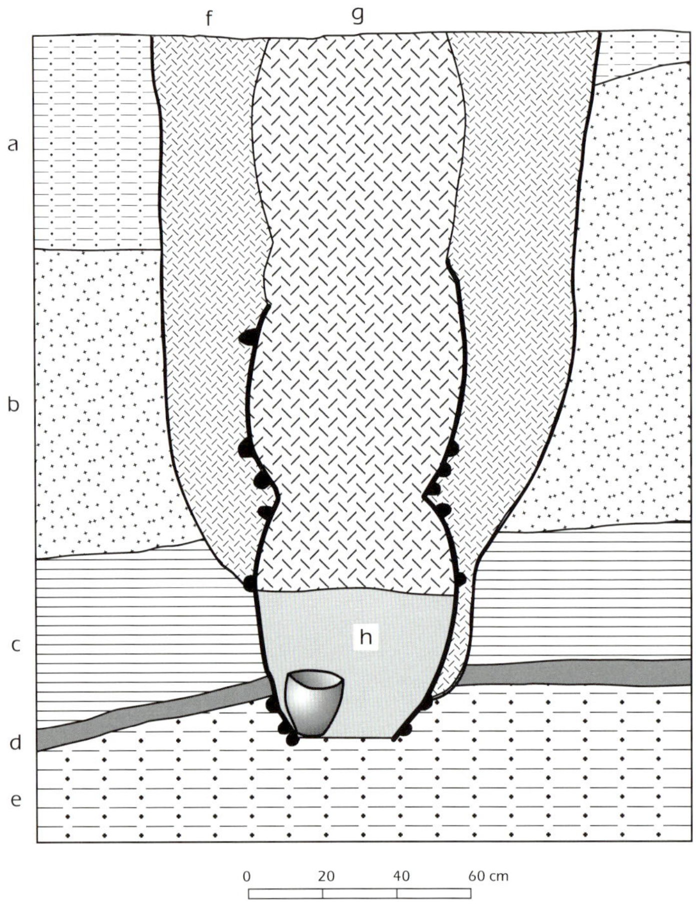

FIG. 247 **Tonwaterput spoornr. 659 in doorsnede. Legende: a: klei met stratificatie, b: zand, c: klei met stratificatie, d: humeuze stabilisatie, e: zandige klei met stratificatie, f: verspitte klei, insteek tonwaterput, g: verspitte klei, opvulling tonnen, h: humeuze bodemvulling tonwaterput.**
Barrel well 659 in section. Key: a: laminated clay, b: sand, c: laminated clay, d: soil, e: sandy laminated clay, f: disturbed clay, fill of construction cut for barrel well, g: disturbed clay, barrel well fill, h: humic basal layer of barrel well.

fragmenten van duigen. Helemaal onderaan op de bodem bevindt zich een tot 10 cm dik zandpakket. Enkel van de onderste ton (1730.1) is het hout bewaard gebleven. De ton, met een hoogte van ongeveer 70 cm[449] en een grootste diameter van ongeveer 60 cm, is samengesteld uit 15 duigen die samen worden gehouden door zeven wissen. Eén van de duigen heeft een min of meer vierkantig (8 cm horizontaal bij 9 cm verticaal) bomgat. Langs de kant van het bomgat zijn op de ton in drie zones merken ingekrast. Ze lopen door over vier duigen en zijn vermoedelijk – omdat er verschillende generaties merken elkaar overlappen – niet te ontwarren. Enkel een kruis, een cirkel en een aantal horizontaal geplaatste maaltekens zijn individueel te onderscheiden binnen het geheel. Het dendrochronologische onderzoek leverde voor deze ton enkel een *terminus post quem* op, namelijk 1441. Voor de duigen uit de vulling leverde het dendrochronologisch onderzoek geen datering op[450].

In de bodemvulling van de tonwaterput zijn een kan in steengoed (1731.1), een fragment van een 'driepootje[451]' (1731.2) en een kookpot (1731.3) aangetroffen. De kan (fig. 252.1: 1731.1) met gelobde standring, cilindrische hals, eenvoudige rechtopstaande rand en bandvormig oor is gemaakt in Rijnlands steengoed met zoutglazuur. Afmetingen van de kan: hoogte: 26,7 cm, grootste diameter: 15,8 cm, randdiameter: 6,8 cm. Het fragment van een driepootje in rood aardewerk is afkomstig van een exemplaar met een plat draagvlak. De hoogte van het driepootje bedraagt 50-52 mm. De kookpot in rood aardewerk (fig. 252.2: 1731.3) op drie drieledige standvinnen, met naar buiten staande hals en in doorsnede driehoekige rand heeft twee rolronde oren. Er is enkel loodglazuur aangebracht op de binnenkant van de bodem en op de buitenkant van de hals en rand in de zones tussen de twee oren. De buitenkant van de kookpot is intens beroet. Afmetingen van de kookpot: randdiameter: 17 cm, grootste diameter: 21,4 cm, hoogte: 18 cm.

449 De ton is niet echt volledig bewaard, bovenaan ontbreekt een klein gedeelte van de duigen.
450 Houbrechts 1999, 24.
451 Voor meer informatie omtrent deze 'driepootjes' zie 4.4.1.2.2. Specifieke materiële resten uit deze grachten.

4.3.2.16 Houten gebouw b

Ten noordoosten van gebouw 15 treffen we een situatie aan die vergelijkbaar is met die van houten gebouw a bij gebouw 13 (fig. 253 en 408). Het betreft eveneens een dichte wolk paalsporen in de onderliggende klei, waarin geen precies grondplan kan worden aangeduid. Wel is duidelijk dat in deze zone een houtconstructie aanwezig was. Dat zou onrechtstreeks kunnen blijken uit de vaststelling dat de zone met de paalsporen, net zoals bij gebouw a, duidelijk gemeden wordt door andere structuren dan afvalkuilen. Deze constructie, die slechts gedeeltelijk in sleuf 95/V ligt, had op basis van de afmetingen van de zone met paalsporen een lengte van ongeveer 10,3 m, was meerschepig en met de lengteas ongeveer 42° noordoost georiënteerd. Een spoor dat verwijst naar het maken van vuur (spoornr. 668) vinden we ten oosten van de zone met paalsporen. Een concentratie paalsporen nabij de zuidhoek van zone b wijst eventueel op een klein losstaand gebouwtje (een hok of spijker?).

4.3.2.17 Gebouw 16

Gebouw 16 (fig. 254 en fig. 408) is slechts fragmentarisch bewaard gebleven. Van de zuidoostwand bijvoorbeeld kon enkel een stuk van iets meer dan drie m worden geregistreerd. Het onvolledige grondplan is vooral het resultaat van erosie door het ploegen. De woning ligt namelijk buiten de zone van de nederzetting met een belangrijke eolische zandtoevoer nadat ze verlaten werd. Hierdoor zijn de sporen hier duidelijk minder goed bewaard en lagen ze lang binnen het bereik van de ploeg. Ondanks de slechte bewaring kunnen we toch de algemene kenmerken van dit gebouw vastleggen.

Het gaat om een gebouw dat met zijn hoofdas 50° NO en met zijn dwarse gedeelten 37° NW is georiënteerd. De volledige lengte buitenwerks bedraagt 16-17 m en de breedte 7 m. De bebouwde oppervlakte beslaat 114 m^2. Het gebouw heeft voor zover kan worden achterhaald een symmetrisch grondplan en is opgedeeld in een centrale ruimte met een verwarmingselement en twee kleinere vertrekken, één aan elke zijde van de centrale ruimte. In deze centrale ruimte die aanleunt tegen een binnenmuur bevindt zich een vierkante zone van 2,75-2,85 m zijde, de breedte van de binnenmuur meegerekend. Deze vierkante zone (fig. 255) is in de bodem gematerialiseerd door een 10 tot 15 cm brede greppel (spoornr. 1233), gevuld met bruine zandige klei gemengd met kalkmortelbrokjes. Er werd een gelijkaardige greppel gevonden bij de plattegrond van gebouw 11. Binnenin dit vierkant bevindt zich – echter niet volledig centraal – een nagenoeg vierkante bakstenen vloer (spoornr. 697, fig. 255) van 1,15 bij 1,2 m. Deze vloer is opgebouwd uit drie bouwlagen (fig. 255b) die vooral bestaan uit halve bakstenen en baksteenfragmenten, gebonden met beige zandige klei. Enkele volledige bakstenen uit deze vloer geven een idee van de variatie in de

FIG. 248 Tonwaterput spoornr. 659 tijdens de opgraving: a. overzicht, b. detail van ton.
Barrel well 659 under excavation: a. overview, b. close-up view of barrel.

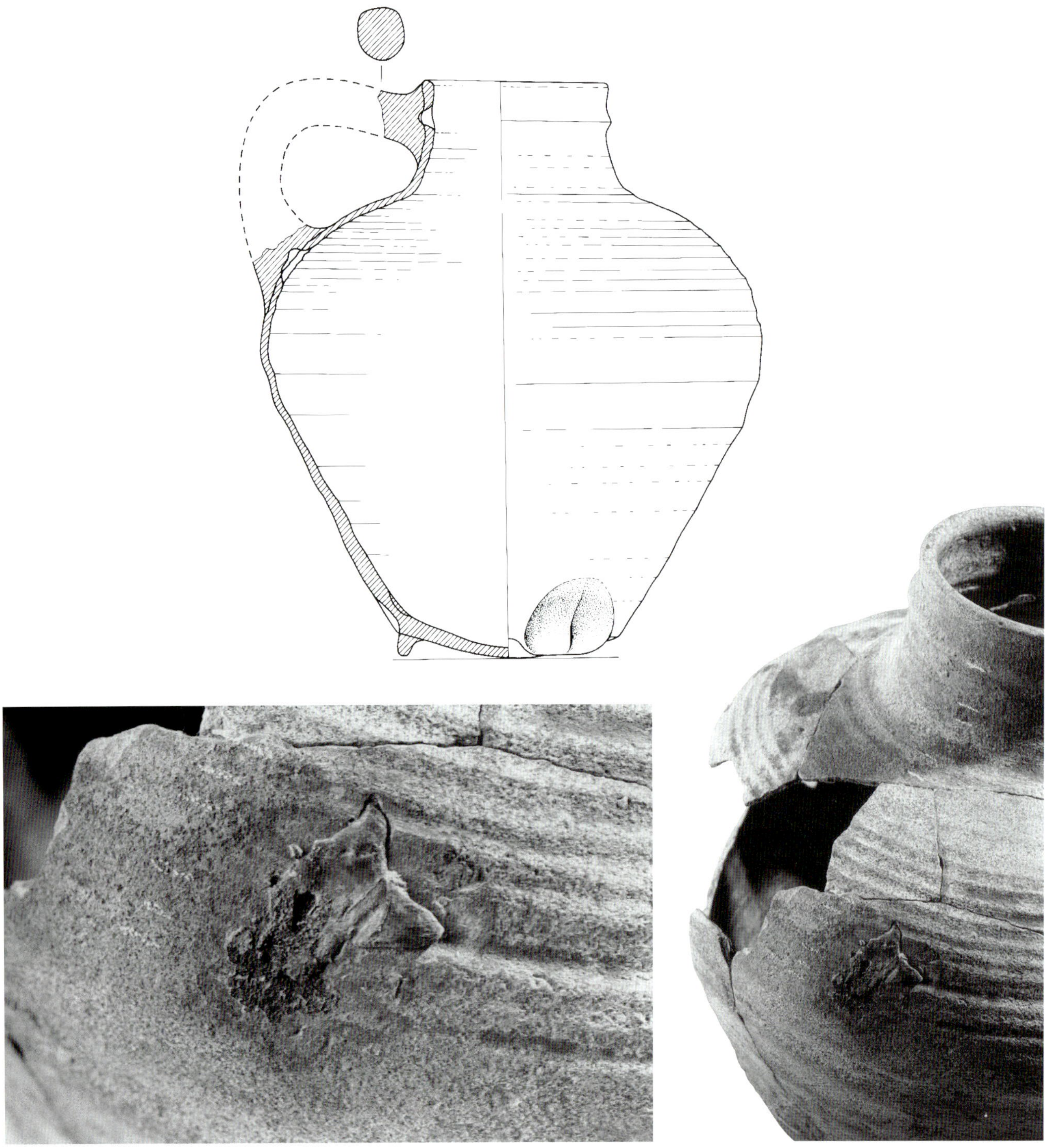

FIG. 249 **Kruik in grijs aardewerk (1720.1). Een gat in de wand is gedicht met een loodplug.**
Greyware pitcher (1720.1) with a perforation plugged with lead.

baksteenformaten: van 21 bij 10,5 bij 4,5 cm tot 25,5 bij 11,5 bij 6 cm. Eén van de stenen vertoonde een pootafdruk (hond of kat?), ontstaan tijdens het droogproces.

Van de noordwestmuur zijn nog een aantal stenen in verband bewaard gebleven, vooral nabij de in de muur ingewerkte rechthoekige beerput van ongeveer 1,4 bij 1,0 m binnenwerks (spoornr. 702, fig. 256). Deze beerput ligt ongeveer ter hoogte van de bakstenen vloer van zojuist. Iets meer dan een halve meter ten zuidwesten van deze beerput bevindt zich aan de binnenzijde van de noordwestmuur een kleine uitsprong. De uitsprong had waarschijnlijk een dragend nut voor de dakconstructie van het gebouw.

Tussen gebouwen 13 en 16 (fig. 408) bevinden zich ook enkele greppels (spoornrs. 699, 710 en 711) die als osendropgreppels kunnen worden geïnterpreteerd. Eén daarvan (spoornr. 711) wordt gesneden door de bakstenen beerput spoornr. 702. Dit

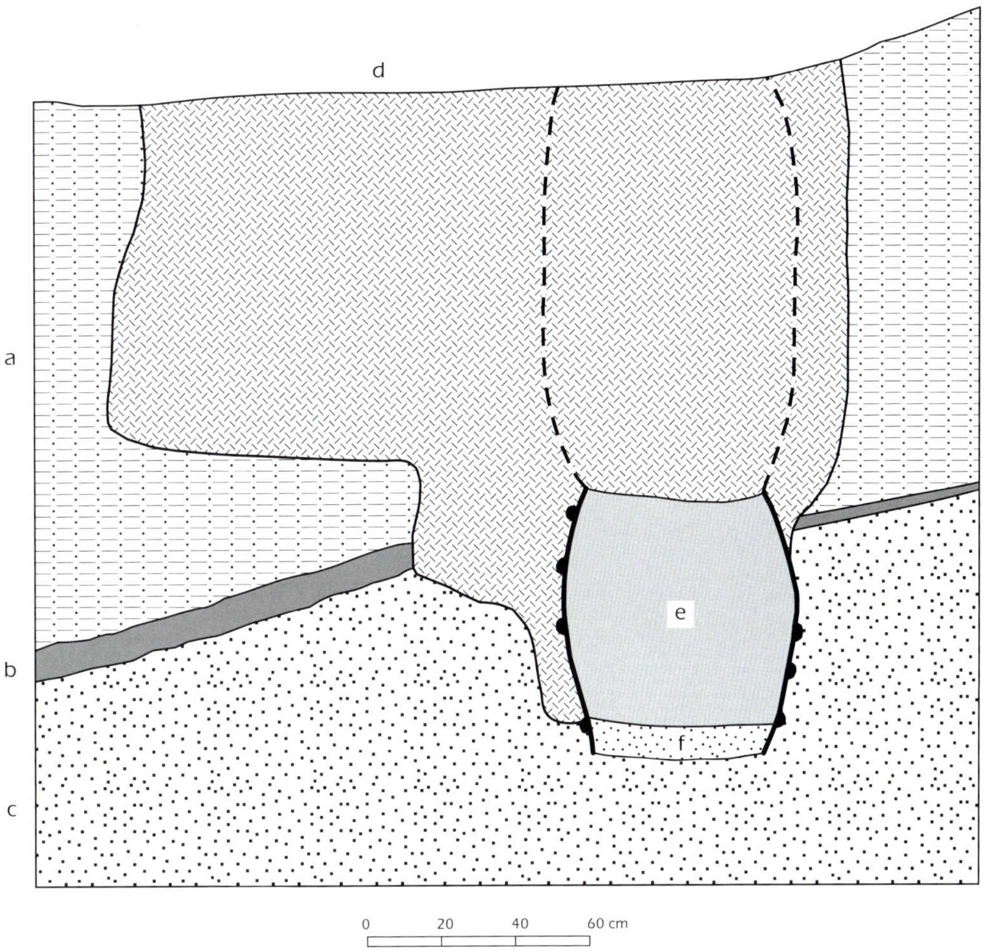

FIG. 250 **Tonwaterput spoornr. 663 in doorsnede. Legende: a: klei met stratificatie, b: humeuze horizont, c: lichtgrijs zand, d: verspitte klei, insteek tonwaterput, e: heterogene bodemvulling ton bevat ceramiek en duigresten, f: zand.**
Barrel well 663 in section. Key: a: laminated clay, b: humic layer, c: light grey sand, d: disturbed clay, fill of construction cut for barrel well, e: heterogeneous basal fill of barrel well containing pottery and stave fragments, f: sand.

FIG. 251 **Tonwaterput spoornr. 663 tijdens de opgraving.**
Barrel well 663 under excavation.

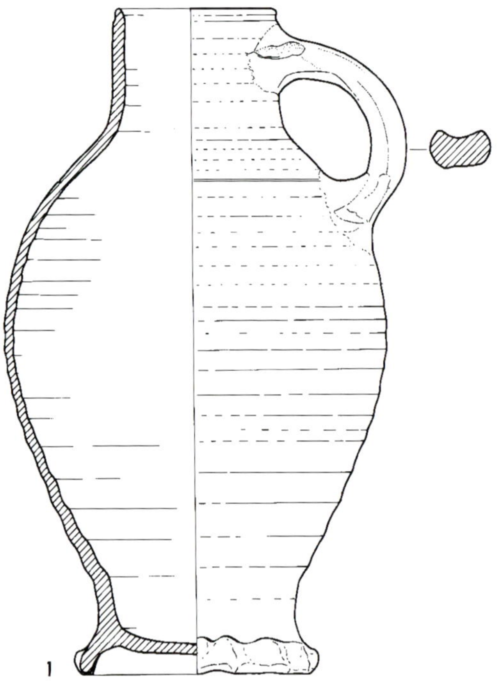

1

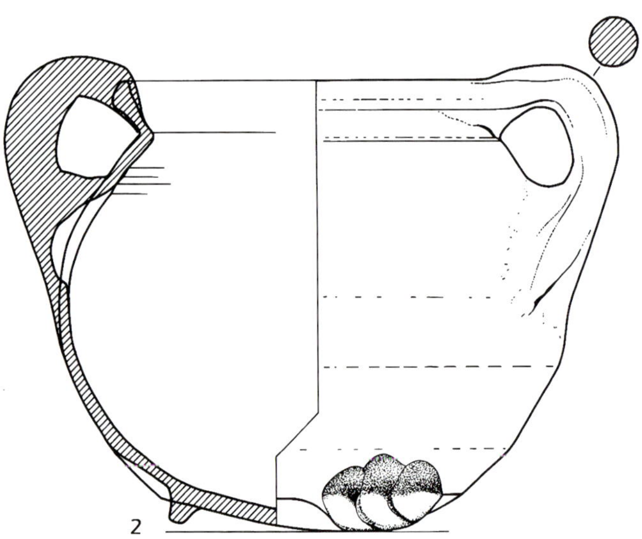

2

FIG. 252 **Mobilia uit de vulling van tonwaterput spoornr. 663: kan in Rijnlands steengoed met zoutglazuur (1: 1731.1) en kookpot in rood aardewerk (2: 1731.3).**
Finds from the fill of barrel well 663: salt-glazed stoneware jug (1: 1731.1) and redware cooking pot (2: 1731.3).

wijst erop dat de beerput er niet van in het begin lag – ondanks de integratie in het grondplan – of dat de greppels bij een oudere fase van de woning hoorden. Een oudere fase die enkel nog dankzij deze greppels bewaard is in het bodemarchief.

Ten slotte bevinden zich binnen het gebouw ook 2 kuilen (fig. 254, spoornrs. 706, 707). De functie ervan is niet duidelijk. Ze bevatten ook geen specifieke vondsten. De grootste (spoornr. 706) lijkt in elk geval de oriëntatie van het gebouw te respecteren.

Twee tonwaterputten, spoornrs. 709 en 712, horen vermoedelijk bij gebouw 16. Enkel voor tonwaterput spoornr. 709 leverde dendrochronologisch onderzoek een datering op: 1364 als *terminus post quem*, informatie die niet zo bruikbaar is om gebouw 16 preciezer in de tijd te situeren.

4.3.2.17.1 Tonwaterput spoornr. 709

De tonwaterput (fig. 257-258) is min of meer centraal geplaatst in een ovale constructiekuil van 1,6 m bij 0,85 m. De bodem van deze waterput bevindt zich op 2,40 m T.A.W. en bestaat uit een laag keurig binnen de ton geplaatste bakstenen (fig. 258b). Van de onderste ton (1845.1) zijn de duigen gedeeltelijk bewaard. Deze ton is volgens het dendrochronologisch onderzoek mogelijk afkomstig uit Zuid-België[452]. De jongste jaarring op de duigen is van 1364, een jaartal dat als *terminus post quem* kan worden weerhouden. Er zijn minstens twee tonnen nodig om het toenmalige oppervlak te bereiken. De opvulling van de tonschacht bestaat vooral uit materiaal dat snel werd ingestort om de schacht te dempen.

Onderaan werden zowel een kan als een kruik aangetroffen. Het betreft een kan (1846.1: fig. 259.1) in Rijnlands steengoed met zoutglazuur met gelobde standring, cilindrische hals, bandvormig oor en een eenvoudig rechtopstaande, niet geprofileerde rand. In de wand zit een klein gaatje. Afmetingen van de kan: hoogte: 27,2 cm, grootste diameter: 18 cm, diameter ter hoogte van de rand: 7,6 cm. Het zwaartepunt ligt bij deze kan hoger dan bij de gemiddelde kan in Rijnlands steengoed uit Raversijde. De kruik (1846.2: fig. 259.2) in grijs aardewerk heeft vier drieledige standvinnen, een rolrond oor, een cilindrische hals en een licht naar binnen staande, bovenaan afgeronde rand. Afmetingen van de kruik: hoogte: 26 cm en grootste diameter: 24 cm.

4.3.2.17.2 Tonwaterput spoornr. 712

De tonwaterput (fig. 260-261) is centraal in een ovale constructiekuil van 1,25 bij 0,9 m geplaatst. De bodem van deze waterput bevindt zich op 2,15 m T.A.W. Van het hout van de onderste ton blijven enkel wat povere restanten over, die niet volstonden voor een dendrochronologisch onderzoek. De vulling van de tonschacht bestaat uit grijze, redelijk homogene klei met wat steenkoolbrokken. Een van deze steenkoolbrokken werd petrografisch en palynologisch onderzocht door A. H. V. Smith, voormalig medewerker van de 'National Coal Board'. Het onderzoek wees uit dat deze steenkoolbrok afkomstig kan zijn van het 'Durham Coalfield'. De steenkool uit dit gebied werd via de rivier Tyne uitgevoerd naar onder andere het toenmalige graafschap Vlaanderen[453]. De kenmerken van de steenkoolbrok sluiten evenwel niet uit dat hij van andere Britse steenkoolgebieden afkomstig is, zoals het 'South Wales Coalfield'. De steenkool

452 Houbrechts 1999, 7-8.

453 Smith 2000.

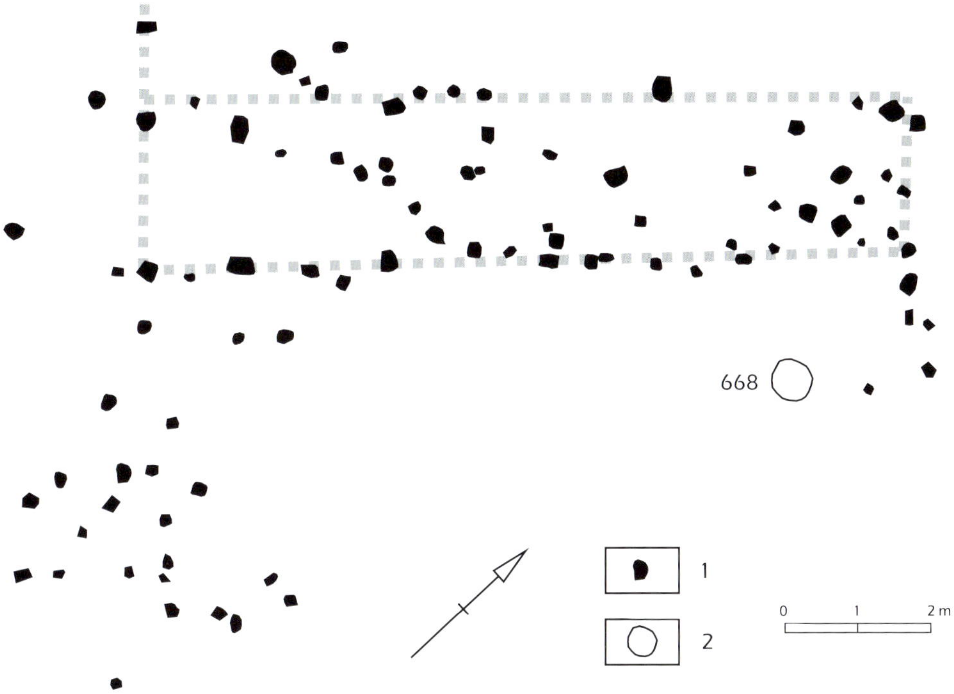

FIG. 253 Gereconstrueerde plattegrond van houten gebouw b. Legende: 1: paalsporen, 2: specifiek spoor.
Reconstructed ground plan of wooden building b. Key: 1: postholes, 2: specific feature.

daar heeft gelijkaardige kenmerken en ouderdom. Hiermee is vanuit de materiële bronnen aangetoond dat ook in de 15de eeuw nog steenkool uit Engeland in het graafschap Vlaanderen belandde. Voor de late 14de eeuw zijn er heel wat geschreven bronnen die dat bevestigen[454].

Op de bodem van de tonschacht bevindt zich een pakket ceramiek, dat onder andere de volgende drie recipiënten bevat:

Twee passende fragmenten van een vierlobbig kommetje in rood aardewerk met verticaal geplaatst rolrond oor (1849.1: fig. 262.1). De binnenkant is volledig bedekt met een witte sliblaag die achteraf bedekt is met groen loodglazuur. Dat loopt een stuk over de rand;

De helft van een eierdopvormige beker in rood aardewerk op standvoet met vlakke bodem (1850.1: fig. 262.2). Enkel de binnenkant is haast volledig bedekt met bruin loodglazuur;

Een bolvormig kookpotje in rood aardewerk (1850.2: fig. 262.3) op drie tweeledige standvinnen, met rolrond oor, naar buiten staande hals en eenvoudig verdikte rand. Loodglazuur is enkel aangebracht op de binnenkant van de bodem. Het potje is aan de buitenkant intens beroet. Afmetingen van het potje: randdiameter: 12,4 cm, grootste diameter: 15 cm, hoogte: 11,7 cm.

4.3.2.17.3 Een rechthoekige bakstenen beerput, spoornr. 702

Deze beerput, die goed is ingewerkt in de noordwestmuur van gebouw 16, meet 2 m bij 1,75 m buitenwerks (fig. 256). Profiel C, zoals besproken in hoofdstuk 2.1., is opgenomen onder deze beerput. De beerput, opgetrokken in muren van een steen dik, heeft tevens een bakstenen bodem. Die bevindt zich op 2,65 m T.A.W. en is niet volledig afgewerkt. Zowel nabij de oosthoek als nabij de westhoek van de beerput ontbraken in de bevloering immers een aantal stenen. De stenen van de bodem zijn binnenin de beerput in aan de kortste zijde evenwijdige rijen aangebracht. De bodem loopt dus niet onder de muren van de beerput door. De noordwestwand van de beerput is het best bewaard gebleven en geeft aan dat de beerput minstens 16 steenlagen of ongeveer één m diep was. Deze structuur was vermoedelijk te gebruiken en toegankelijk via gebouw 16. De beerput is op een onderste organische vulling na volledig opgevuld met bruingrijs zand, waarin veel baksteenpuin aanwezig is. Uit deze opvulling werden o.a. twee penningen gerecupereerd. Ze kunnen geïdentificeerd worden als zogenaamde armenpenningen. Penning 1831.1 (fig. 263.1a-b) in tin/lood vertoont aan één zijde de afbeelding van een aambeeld (?) en aan de andere zijde die van een kort leliekruis. Afmetingen en gewicht van de penning: dikte: 1,4 mm, diameter: 13,5 mm, gewicht: 1,6 g. Penning 1831.2 (fig. 263.2a-b), eveneens in tin/lood vertoont aan één zijde de afbeelding van een wiel of rad en aan de andere zijde een kort leliekruis. Afmetingen en gewicht van de penning: diameter: 14 mm, gewicht: 1,9 g. Aan beide stukken is te zien dat ze werden gegoten samen met een reeks andere stukken en dat ze naderhand werden losgeknipt uit dit geheel.

De onderste vulling van de beerput, ongeveer 10 cm dik, bestond uit zuiver organisch materiaal dat door aardwormen (?) volledig tot ronde aggregaatjes was herbewerkt. Ze bevatte geen archeologisch materiaal dat met het blote oog herkend kon worden. Deze vulling werd voor natuurwetenschappelijk onderzoek integraal gezeefd. Hieronder volgt de studie van de dierlijke resten die zich in de zeefresidu's bevonden.

454 **Degryse 1983.**

FIG. 254 **Plattegrond van gebouw 16 met aanvullingen. Legende: 1: uitbraaksporen, 2: aanvullingen, 3: waterput, 4: specifieke sporen, 5: bakstenen, 6: bebouwde oppervlakte.**
Floor plan of building 15. Key: 1: robber trenches, 2: deduced extensions of the excavated features, 3: well, 4: specific features, 5: bricks, 6: built surface area.

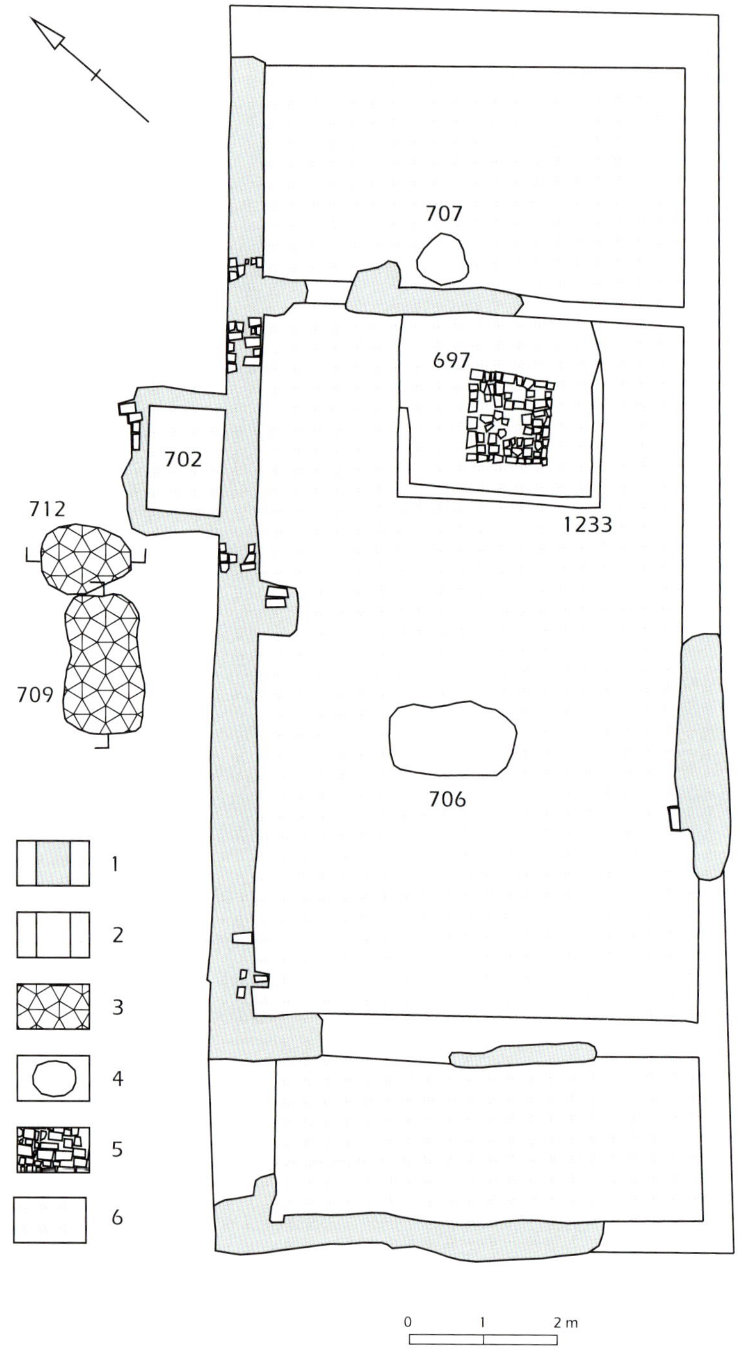

4.3.2.17.4 Dierenresten uit bakstenen beerput spoornr. 702
Wim Van Neer, An Lentacker & Anton Ervynck

Tabel 36 geeft de inventaris van de dierenresten uit deze beerput, voornamelijk afkomstig uit een klein zeefstaal (5 liter). Het vondstenmateriaal toont het spectrum dat typerend is voor de andere beerputten en zogenaamde astonnen: kleine fragmenten van grote zoogdierbotten, weinig vogelresten en een overheersing van visbotten. Als intrusieven vinden we vliegenpoppen, wat amfibieën en kleine knaagdieren of spitsmuizen. De enige opvallende vondst uit de beerput is een skeletelement van de garnaal (*Crangon crangon*). Dit is nog maar de tweede vondst van dit dier binnen de Vlaamse archeologie, nadat eerder al een eerdere vondst kwam uit een beerput in Antwerpen[455].

De visresten uit deze context worden gekarakteriseerd door een sterk overwicht van haringbot. Die maken de helft uit van het assemblage (tabel 37). De kabeljauwachtigen, de

455 Veeckman *et al.* 2000.

FIG. 255 **Vierkante zone met bakstenen vloer binnen gebouw 16: a. overzicht, b. detail van bakstenen vloer.**
Square feature with central brick floor in building 16: a. overview, b. detail of brick floor.

platvissengroep schol/bot/schar en de paling zijn elk goed voor ongeveer 15 %. De overige resten zijn afkomstig van rog, poon, makreel, tong en rietvoorn, een zoetwatervis waarvan een geïsoleerde, typisch gezaagde keeltand werd aangetroffen. Van rog zijn 5 wervels teruggevonden en een huidstekel die op basis van zijn vorm[456] aan stekelrog kan worden toegeschreven. De familie van de ponen is vertegenwoordigd door een vinstraaldrager en door een schub van de zijlijn die aan grauwe poon kan toegeschreven worden. Ook de aanwezigheid van makreel is door een schub aangetoond, meer bepaald een exemplaar van de kiel. Van tong werden er twee staartwervels teruggevonden van individuen die 20 tot 25 cm lang waren.

Net zoals in de vorige contexten blijkt dat er voor paling vooral wervels zijn aangetroffen. De kopelementen maken slechts 10 % uit van het totaal. Bij de haring ligt de verhouding ongeveer gelijk (9 % kopelementen). Qua afmetingen zit de haring vooral in de grootteklasse 20-25 cm SL, terwijl bij de paling een grotere variatie is te merken: ongeveer 80 % van de palingresten is van exemplaren die ongeveer 30 cm maten, maar de overige stukken behoorden toe aan vissen van 40-50 en

456 *Cf.* Gravendeel *et al.* 2002.

FIG. 256 **Rechthoekige bakstenen beerput, spoornr. 702.**
Rectangular brick cesspit 702.

60-70 cm SL. Bij de resten van Gadidae konden slechts twee botjes op soort gebracht worden. Het gaat om wervels van wijting van 10-20 cm SL. Bij de niet-determineerbare kabeljauwachtigen zitten nog twee resten die qua afmetingen en algemene bewaringstoestand van wijting van dezelfde grootteklassen afkomstig kunnen zijn. De overige niet geïdentificeerde Gadidae omvatten drie wervelfragmenten, waarvan twee van een individu van 30-40 cm SL. Het overige materiaal van deze groep bestaat hoofdzakelijk uit vinstraaldragers en kieuwboogelementen. Bij die laatste horen een aantal kieuwdoornen die van grote individuen moeten afkomstig zijn, waarschijnlijk van kabeljauw. Deze verdeling toont opnieuw aan dat er vermeden werd om grotere botten in de beerput achter te laten. Het aantal platvisresten is eerder aan de lage kant om doorgedreven uitspraken te kunnen doen over de skeletverdeling of de gereconstrueerde groottes. Van de zes botjes die een groottereconstructie toelieten zit de helft in de klasse 10-20 cm SL, de rest is 20-30 cm SL. Meer dan de helft van de platvisresten zijn afkomstig van de kieuwkorf en de nabijgelegen tongboog (tabel 38). Andere kopelementen maken bijna 25 % uit, terwijl wervels voor 17 % vertegenwoordigd zijn. Er werd slechts één fragment van een vinstraal aangetroffen. Dat is weinig in vergelijking met de hierboven vermelde beerputcontexten. Interessant is een staartwervel van een platvis van 20-30 cm SL die duidelijke oplossingsverschijnselen vertoont. Dat wijst erop dat een deel van de opgegraven resten van voedsel komt dat door het maagdarmkanaal van de bewoners is gegaan.

Bij de interpretatie van de visresten dient ten slotte nog te worden opgemerkt dat, hoewel er garnaal werd gevonden in de beerputvulling, er toch geen vissoorten in deze context voorkomen die in garnaalnetten kunnen verwacht worden (zoals stekelbaars, *Gobiidae*). Dergelijke kleine vissoorten zijn echter wel in een andere context gevonden (*cf.* 4.4.3.2.2, kuil spoornr. 463).

FIG. 257 **Tonwaterput spoornr. 709 in doorsnede. Legende: a: verspitte klei, insteek van tonwaterput; b: bruine zandige klei, c: beige kleiig zand met baksteenfragmenten.**
Barrel well 709 in section. Key: a: disturbed clay, fill of construction cut for barrel well, b: brown sandy clay, c: beige clayey sand containing brick inclusions.

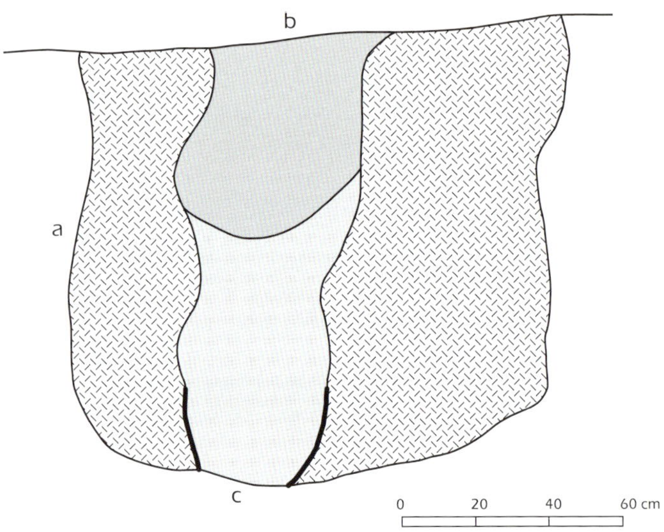

TABEL 36

Inventaris van de dierenresten uit beerput spoornr. 702, gebouw 16 (HV: handverzameld, zeef: zeefstaal).

Inventory of animal remains from cesspit 702, building 16 (HV: hand collected, zeef: sieved sample).

soort	HV	zeef 5 l > 2 mm
INSECTA		
vliegenpupae	-	+
gewone garnaal (*Crangon crangon*)	-	1
PISCES		
paling (*Anguilla anguilla*)	-	30
rietvoorn (*Scardinius erythrophthalmus*)	-	1
stekelrog (*Raja clavata*)	-	1
rog (Rajidae sp.)	-	5
haring (*Clupea harengus*)	-	104
wijting (*Merlangius merlangus*)	-	2
kabeljauwachtige (Gadidae sp.)	-	34
grauwe poon (*Chelidonichthys gurnardus*)	-	1
poon (Triglidae sp.)	-	1
makreel (*Scomber scombrus*)	-	1
schol/bot/schar (Pleuronectidae sp.)	-	29
tong (*Solea* sp.)	-	2
niet gedetermineerde visresten	-	147
AMPHIBIA		
niet gedetermineerde amfibieënresten	-	5
AVES		
eischaal	-	+
kip (*Gallus gallus* f. domestica)	3	-
niet gedetermineerde vogelresten	-	1
MAMMALIA		
niet ngedetermineerde micromammalia	-	3
konijn (*Oryctolagus cuniculus*)	-	1
rund (*Bos primigenius* f. taurus)	1	-
niet gedetermineerde zoogdierresten	3	50
totaal	7	419

TABEL 37

Relatief aandeel van de visresten gedetermineerd in beerput spoornr. 702, gebouw 16 (n=211).

Frequency of identified fish remains from cesspit 702, building 16 (n=211).

soort	%
paling (*Anguilla anguilla*)	14.2
rietvoorn (*Scardinius erythrophthalmus*)	0.5
stekelrog (*Raja clavata*)	0.5
rog (Rajidae sp.)	2.4
haring (*Clupea harengus*)	49.3
wijting (*Merlangius merlangus*)	0.9
kabeljauwachtige (Gadidae sp.)	16.1
grauwe poon (*Chelidonichthys gurnardus*)	0.5
poon (Triglidae sp.)	0.5
makreel (*Scomber scombrus*)	0.5
schol/bot/schar (Pleuronectidae sp.)	13.7
tong (*Solea* sp.)	0.9

TABEL 38

Relatief aandeel van botelementen uit verschillende zones van het skelet bij schol/bot/schar uit beerput spoornr. 702, gebouw 16 (n=29).

Frequency of the elements from the different skeletal zones for plaice/ flounder/dab from cesspit 702, building 16 (n=29).

skeletzone	%
wervels	17.2
vinstralen en vinstraaldragers	3.4
kieuwkorf en tongboog	55.2
andere kopelementen	24.1

FIG. 258 **Tonwaterput spoornr. 709 tijdens de opgraving: a. in doorsnede, b: leeggemaakt.**
Barrel well 709 under excavation: a. in section, b. after removal of the fill.

4.3.2.18 Gebouw 17

Gebouw 17 (fig. 264 en fig. 410) kon slechts gedeeltelijk onderzocht worden, omdat het gedeeltelijk onder de berm ligt die aansluit bij de Duinenstraat (fig. 265). Het gaat vermoedelijk om een rechthoekig gebouw van minstens 9 bij 6 m. De algemene bouw ligt in de lijn van de overige gebouwen. Gebouw 17 is enkel meer oost/west gericht dan de tot nu toe behandelde gebouwen. Het is met zijn lengteas 69° NO en met de dwarsmuren 18° NW georiënteerd. Op een binnenmuur (spoornr. 1082) na, waarvan nog enkele stenen overblijven, is dit gebouw enkel in uitbraakspoor bewaard. Op enkele stenen van deze binnenmuur bevonden zich resten van een witte bepleistering (fig. 266), aan de kant van de ruimte met het verwarmingselement. Dat zou erop kunnen wijzen dat de verwarmde ruimte van dit gebouw binnenin bepleisterd was. De stenen van deze binnenmuur hadden het volgende formaat: 24-25 bij 11,5-12 bij 5-5,5 cm. In de meest westelijke kamer van het gebouw is een min of meer ronde haardplaat (spoornr. 1042) van losse baksteenfragmenten aanwezig (fig. 267). Het baksteenformaat van de bakstenen in deze haardplaat is 24,5 bij 12 bij 6 cm. Deze kleine haardplaat dekte zelf een oudere kuil af (spoornr. 1047), die in tegenstelling tot bij gebouwen 1 en 13 op basis van de vulling niet in verband kon worden gebracht met de verwarming van de ruimte. Aan de zuidkant van het gebouw bevindt zich aan de buitenkant een rudimentaire bevloering in een mengeling van natuur- en bakstenen (spoornr. 1040, fig. 264-265). In het oostelijke vertrek bevindt zich nabij de muur een tonwaterput (spoornr. 1041, fig. 268). Het dendrochronologische onderzoek van de duigen leverde 1390 als *terminus post quem* op, wat impliceert dat gebouw 17 in elk geval na 1390 in gebruik was.

Onder en rond gebouw 17 werden niet minder dan 90 paalsporen geregistreerd (fig. 269). Enkele ervan hebben een zeer donkere en houtskoolrijke vulling, vooral nabij de haardplaat (fig. 265). Een duidelijke gebouwplattegrond kon in deze paalsporen echter niet worden herkend. Wel kunnen in deze wolk van paalsporen (spoornrs. 1044-1046, 1048-1059) enkele palenrijen worden aangeduid waarvan de oriëntatie die van de baksteenbouw benadert. Het zou dus inderdaad kunnen gaan om een houten voorganger van gebouw 17. Slechts enkele van deze paalsporen bevatten een kleine hoeveelheid mobiele vondsten. Die kunnen echter enkel aantonen dat het om laatmiddeleeuwse paalsporen gaat.

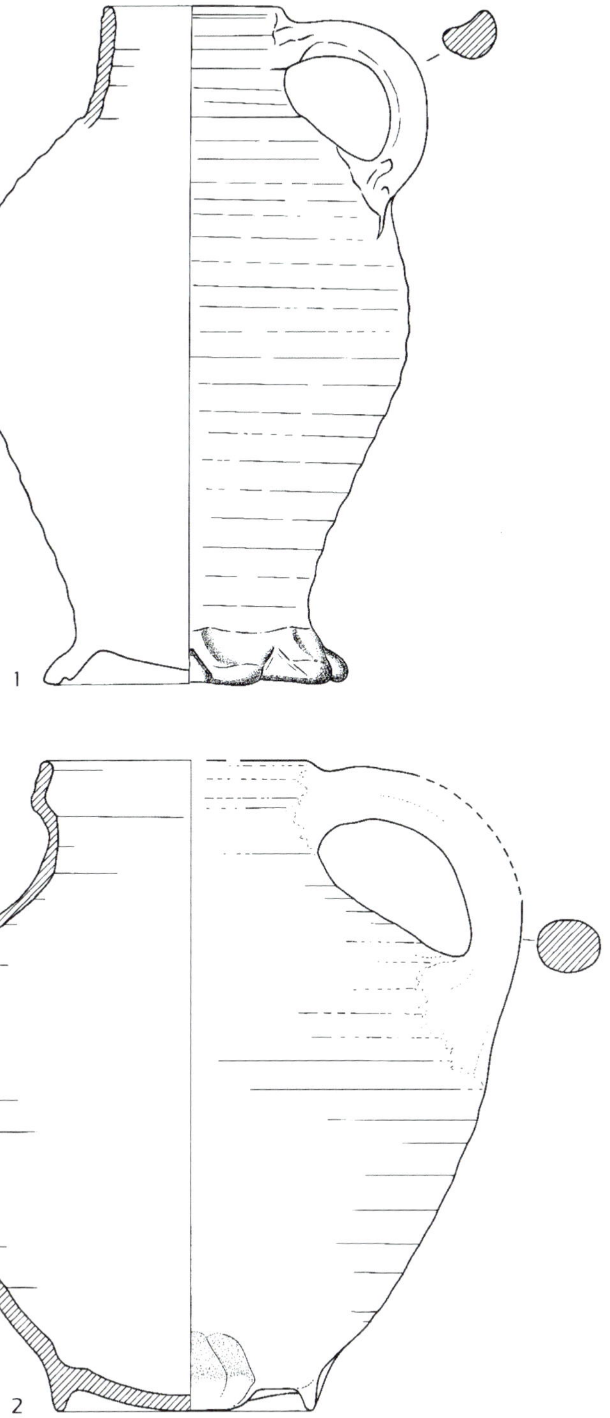

FIG. 259 **Mobilia uit tonwaterput spoornr. 709: kan in Rijnlands steengoed (1: 1846.1) en kruik in grijs aardewerk (2: 1846.2).**
Finds from barrel well 709: salt-glazed stoneware jug (1: 1846.1) and greyware pitcher (2: 1846.2).

4.3.2.18.1 Tonwaterput spoornr. 1041

De tonwaterput (fig. 268 en 270) is min of meer centraal in een ovale constructiekuil van 1,3 m bij 1 m geplaatst. De bodem van deze waterput bevindt zich op 2,03 m T.A.W. Enkel van de onderste ton (2600.1) is nog hout bewaard. De bodem van de tonwaterput bestaat uit een laag binnen in de ton aangebrachte natuursteen (fig. 268b en 270 g). Hierboven zit een ongeveer 20 cm dik pakket zwartgrijze zandige klei, dat overeenstemt met de gebruiksfase van de waterput. Daarboven bevinden zich een aantal duigresten. De rest van de opvulling van de tonschacht is hoofdzakelijk kleiig van aard en is bewust ingebracht bij het buiten gebruik stellen van de waterput. De slechts gedeeltelijk bewaarde onderste ton bestond uit 12 duigen. Er zijn twee dendrochronologische dateringen: één voor de duigen van de onderste ton en één voor de duigen uit de opvulling. Het betreft in beide gevallen een *terminus post quem*: 1376 voor de duigen uit de opvulling. Voor de duigen van de ton is de jongst bewaarde jaarring van het jaar 1390. Het spint begint in het jaar 1384[457].

457 **Houbrechts 1999, 9.**

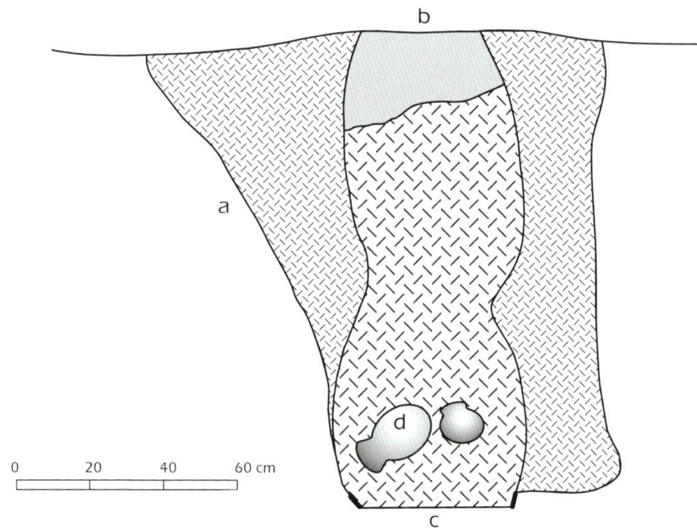

FIG. 260 **Tonwaterput spoornr. 712 in doorsnede. Legende: a: verspitte klei, insteek tonwaterput, b: beige grijze klei, c: grijze homogene klei, d: ceramiek.**
Barrel well* 712. Key: a: *disturbed clay, fill of construction cut for barrel well, b: beige clay, c: grey homogeneous clay, d: ceramics.

FIG. 261 **Tonwaterput spoornr. 712 tijdens de opgraving.**
Barrel well 712 under excavation.

In de vulling van deze tonwaterput werden geen specifieke vondsten aangetroffen.

4.3.2.19 Gebouw 18

Gebouw 18 (fig. 271-272 en fig. 410) kon niet volledig onderzocht worden vanwege de verstoring aan het westelijke uiteinde door een recentere gracht. Het was in elk geval een zeer groot gebouw van minstens 25 m lengte en 5,5 tot 5,7 m breedte buitenwerks. Het is enkel onder de vorm van uitbraaksporen bewaard gebleven en was met de lengteas nagenoeg oost/west georiënteerd. De volledige bebouwde oppervlakte bedraagt 135 m^2. Het gebouw is met de lengteas precies 77° NW en met de dwarsmuren 12° NO georiënteerd. Het is in drie ruimtes opgedeeld. Een centrale kleine ruimte meet 3,2 m bij 4,8 m binnenwerks en is ingesloten door twee grotere ruimtes. Aan de westkant een ruimte van minstens 10,4 m bij 4,7-4,8 m, aan de oostkant een ruimte van 9,4 m bij 4,9 m. In de kleine, centrale ruimte zijn verschillende sporen aangetroffen die verwijzen naar de verwarming van het gebouw. Het betreft een rond brandspoor met een diameter van ongeveer 1,5 m (spoornr. 1086), dat in een latere fase werd afgedekt met een slechts gedeeltelijk bewaarde bakstenen haardplaat (spoornr. 1064). Dat dit ronde spoor het resultaat is van serieuze verhitting bewijst het feit dat de klei niet alleen rood, maar bovenaan zelfs witgebakken is (fig. 273). Evenals bij de haardplaat van gebouw 1 waren ook op deze bakstenen haardplaat resten van mortel aanwezig. Verder bevond zich ook een ovale zone van verhitte klei (spoornr. 1085) nabij de zuidelijke zijmuur van deze kamer. Een zone van *in situ* verhitte klei (spoornr. 1084) bevond zich ten slotte ook nabij de zuidmuur van het westelijke vertrek. In de beide grote ruimtes werd een vierkante structuur opgegraven (spoornrs. 1063, 1068: fig. 274) met een ongekende functie. Het betreft een licht uitgegraven structuur met wanden die gedeeltelijk met bakstenen waren afgelijnd. Ten zuiden van beide structuren bevindt zich telkens één enkel paalspoor (spoornrs. 1797, 1798). Een opvallende vaststelling, omdat – in tegenstelling tot bij gebouw 17 – onder en naast dit gebouw geen middeleeuwse paalsporen zijn aangesneden. Ten noorden sluit bij dit gebouw een zeer grote bakstenen (formaat van de bakstenen: 22-28 bij 10-12 cm) bevloering aan (spoornr. 1060, fig. 275a en b), waarin minstens drie verschillende fasen te herkennen zijn. Wellicht

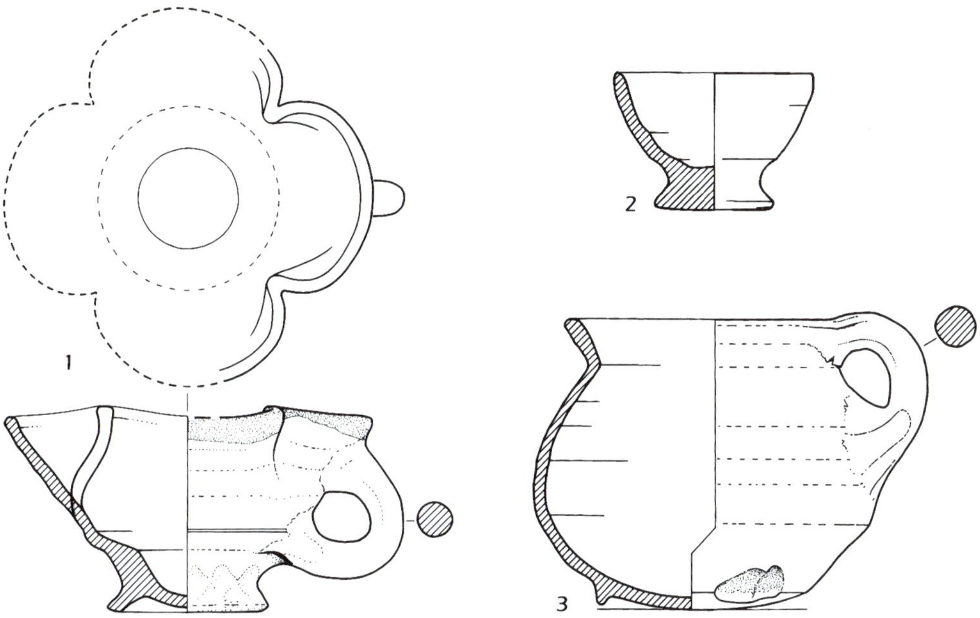

FIG. 262 **Mobilia uit tonwaterput spoornr. 712: kommetje (1: 1849.1), beker (2: 1850.1) en kookpotje (3: 1850.2), allemaal in rood aardewerk.**
Finds from barrel well 712: bowl (1: 1849.1), beaker (2: 1850.1) and small cooking pot (3: 1850.2), all redwares.

FIG. 263 **Twee penningen in tin/lood uit de opvulling van beerput spoornr. 702.**
Two pewter or lead tokens from the fill of cesspit 702.

sloot deze bevloering oorspronkelijk perfect op de noordmuur aan. Dit impliceert dat deze vloer pas in een 2de fase is aangelegd, omdat er in de zone naast het gebouw ook een druipspoor (spoornr. 1799) werd opgemerkt. De oudste fase van deze bevloering met centrale richel bestaat overwegend uit gele baksteen, de twee andere fasen uit een mengeling van rode en gele bakstenen. Figuur 275c zoomt in op het contact tussen de drie fasen: zone met overwegende gele bakstenen en twee zones met een mengeling van rode en gele bakstenen. Deze bevloering, die keurig is afgeboord met een dubbele rij gekantelde bakstenen, ligt volledig bovenop een uitgeveende zone (veenwinningszone spoornr. 606, *cf. supra*) en daalt als het ware af naar een lager gelegen natte zone. De goede bewaringsgraad van deze bevloering is volledig te danken aan de latere afdekking met duinzand. Gebouw 18 ligt met andere woorden op een hoger gelegen, lineaire zone met een kleiige bodem. Die wordt langs weerszijden begrensd door lager gelegen uitgeveende en met zand opgevulde zones. Ze worden op het terrein gevormd door puinlagen die van onder het bovenvermelde duinzand aan beide zijden van gebouw 18 dagzomen. Het geeft de indruk dat het puin van dit gebouw bij zijn ontmanteling aan beide zijden in de lager gelegen zones is gedumpt. Onder gebouw 18 bevond zich ook een opgevulde fossiele perceelsgracht met een volledig andere oriëntatie (spoornr. 1079, *cf.* hoofdstuk 3.5.2.) dan die van gebouw 18. Deze gracht wordt ook gesneden door de boven vermelde veenwinningsput. Deze drie elementen samen – gebouw 18, de fossiele perceelsgracht en de veenwinningsput – vertolken in hun onderlinge relatieve chronologie treffend de laatmiddeleeuwse historiek van deze zone: van agrarische zone over veenwinningsgebied tot woonzone.

Ten noorden van gebouw 18 zijn nog twee bakstenen structuren geregistreerd: een muurtje (spoornr. 1083) dat zich haaks op gebouw 18 bevond en een muur met een andere oriëntatie dan die van gebouw 18 (spoornr. 1065, fig. 272b). Het is niet duidelijk of de muur in verband kan worden gebracht met gebouw 18. Het haakse muurtje daarentegen houdt wellicht verband met de bakstenen bevloering. Wel is het zo dat de westzijde van het grote bakstenen plaveisel (spoornr. 1060) evenwijdig loopt met muur spoornr. 1065.

Gebouw 18 wijkt duidelijk af van de overige gebouwen, zowel door de oriëntatie, de afmetingen als de aanwezigheid van twee specifieke structuren die nergens anders zijn vastgesteld. Waterputten of afvalkuilen zijn in de context van dit gebouw niet waargenomen, al moeten we hier beklemtonen dat de ruimere omgeving van dit gebouw niet is opgegraven. Ook is opvallend dat in de zone van gebouw 18 relatief weinig (lees: haast geen) archeologische vondsten zijn geregistreerd. Dat is opmerkelijk, want anders zijn er in de nabijheid van de gebouwen tal van archeologische objecten aanwezig.

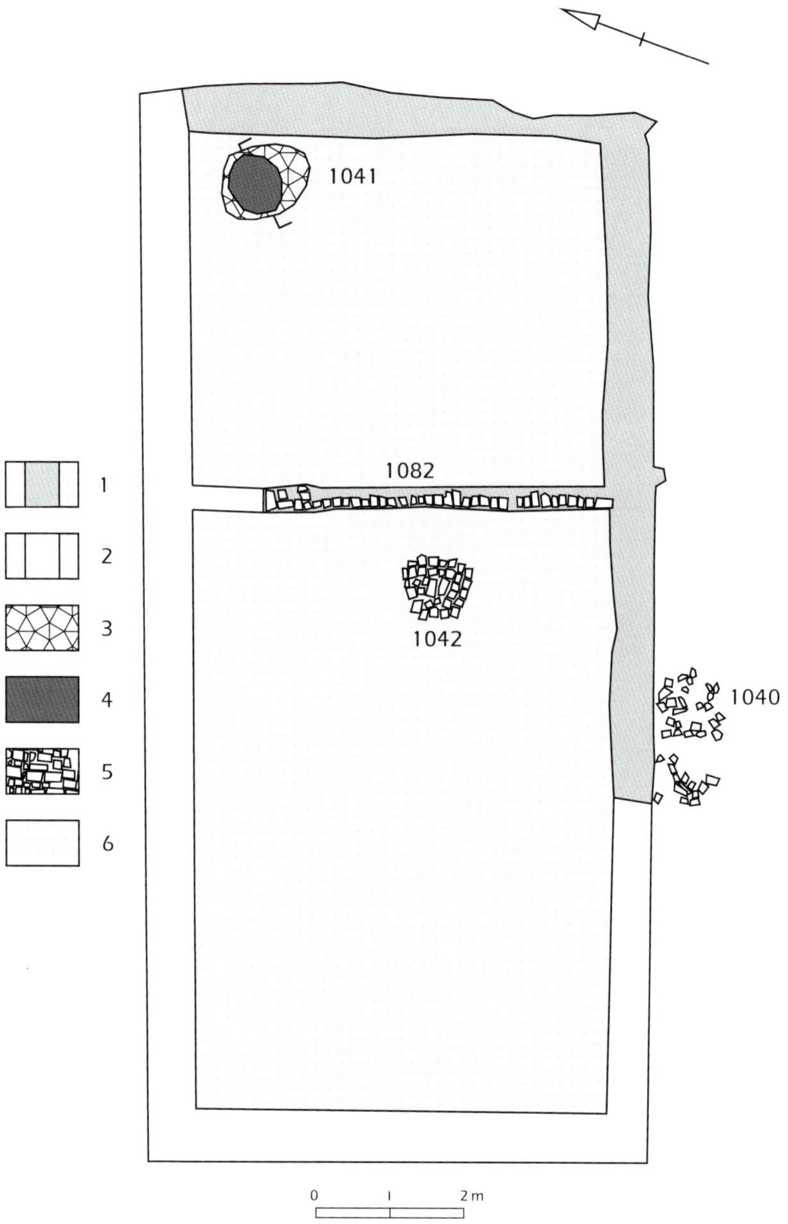

FIG. 264 **Plattegrond van gebouw 17 met aanvullingen. Legende: 1: uitbraaksporen, 2: aanvullingen, 3: kuil, 4: waterput, 5: bakstenen, 6: bebouwde oppervlakte.**
Floor plan of building 17. Key: 1: robber trenches, 2: deduced extensions of the excavated features, 3: pit, 4: well, 5: bricks, 6: built surface area.

4.3.2.20 Gebouw 19

Op de resten van de 18de- of 19de-eeuwse voorloper van de woning[458] van wijlen mevrouw Jeanne Boydens na is gebouw 19 het jongste dat werd aangesneden in de zone langs de Duinenstraat en vermoedelijk zelfs in het hele archeologische onderzoek in Raversijde. Gebouw 19 (fig. 271) is stratigrafisch duidelijk jonger dan alle andere gebouwen in de zone langs de Duinenstraat (Raversijde 96-98). De bovenste bakstenen van het bewaarde muurwerk van gebouw 19 werden reeds aangesneden op 3,9 m T.A.W., het begeleidende uitbraakspoor kon reeds vanaf 4,1 m T.A.W. worden waargenomen. Dat is amper een 40-tal cm onder het huidige oppervlak. Omdat de resten van gebouw 19 zich voor deze zone zeer ondiep bevinden zijn ze aanzienlijk aangetast door latere activiteiten.

Het gaat om een rechthoekig gebouw van 22,9 m en eventueel zelfs 30,5 m bij 6,5 m buitenwerks, dat door twee of drie dwarsmuurtjes (fig. 271 en 276a) wordt onderverdeeld in drie of vier vertrekken van respectievelijk 7, 11,7, 3,6 en 5,9 m binnenwerks. De volledige bebouwde oppervlakte bedraagt ongeveer 218 m². Enkel de westelijke muur is goed bewaard. Deze muur

458 In 2005 is deze woning gesloopt in functie van de verdere aanleg van het provinciedomein. Restanten van de voorganger worden o.a. bij de behandeling van gebouw 23 (4.3.2.24. Gebouw 23) kort besproken.

FIG. 265 **Gebouw 17 tijdens de opgravingen.**
Building 17 under excavation.

FIG. 266 **Restanten van pleisterwerk op binnenmuur van gebouw 17.**
Plaster remains on the internal wall of building 17.

van 22,9 m lengte is 39° NW georiënteerd en maakt een ongeveer rechte hoek met de bovenvermelde dwarsmuurtjes, die 49° NO georiënteerd zijn. Het gebouw zou te oordelen naar een lineair puinpakket (fig. 271, spoornr. 1804) buitenwerks ook 8,6 m breed kunnen zijn. Het enige argument daarvoor is het puinpakket evenwijdig met muur spoornr. 727. Gezien de stratigrafie is dat minder aannemelijk, het puinpakket bevindt zich immers boven gracht spoornr. 887. Net het uitgraven van deze gracht heeft ervoor gezorgd dat de oostelijke muur van gebouw 19 niet bewaard is gebleven in het bodemarchief.

De dwarsmuurtjes (spoornrs. 873 en 738) staan respectievelijk op een rudimentaire bevloering van baksteen (spoornr. 747, fig. 276b-c) en op een laag met baksteenpuin. In het noordelijke gedeelte van het gebouw werd er ook een rudimentaire bevloering van hoofdzakelijk baksteenpuin (spoornr. 886) aangetroffen. Toen de bevloering werd schoongemaakt werd er onder andere een fragment van een kan uit de ateliers van Bouffioulx (?) met daarop het jaartal 1601 aangetroffen (2276.1, fig. 277). Dat zou erop kunnen wijzen dat deze structuur nog gedeeltelijk aan de oppervlakte lag tijdens en zelfs na het beleg van Oostende (1601-1604).

Op basis van de oriëntatie en de technische kenmerken van het muurwerk, zoals het gebruikte bindmiddel, het veelvuldig gebruik van gerecycleerde bakstenen en de manier waarop de stenen verwerkt zijn in een soort 'parementsysteem' – met de betere stenen aan de buitenzijde en de kleinere brokken tussenin – mogen we stellen dat dit dit gebouw in elk geval technisch aansluit bij de traditie van de overige gebouwen die in Raversijde onder de loep werden genomen. De stratigrafische positie laat er echter geen twijfel over bestaan: gebouw 19 is jonger dan de overige gebouwen in deze zone. Het is echter niet duidelijk hoeveel jonger precies.

Als de ommeloper uit 1534 het bij het rechte eind heeft stonden er in deze zone in dat jaar echter geen huizen meer[459]. Het

FIG. 267 **Haardplaat in baksteen.**
Brick hearth floor.

459 Tys 1997, 161.

zou dus kunnen gaan om een gebouw dat pas werd opgericht nadat de zone een tijd werd verlaten[460] tijdens de crisis met Maximiliaan van Oostenrijk op het einde van de 15de eeuw. De vondsten op de rudimentaire bevloering tonen aan dat het gebouw nog in gebruik was bij het begin van de 17de eeuw. Indien de ommeloper echter enkel bedoelt dat er geen bewoonde huizen meer stonden zou het ook een vervallen gebouw of ruïne kunnen geweest zijn, in zodanig slechte staat dat een opname in de ommeloper niet meer zinnig was. Dat sluit een eventueel hergebruik ten tijde van het beleg van Oostende helemaal niet uit.

4.3.2.21 Gebouw 20

Ter hoogte van gebouw 20 is het bodemarchief door een drukke bouwchronologie vrij ingewikkeld (fig. 278a). Desondanks kunnen we twee hoofdfasen in het muurwerk onderscheiden. Die zullen hieronder vanwege de duidelijk verschillende oriëntatie als gebouwen 20 en 21 worden voorgesteld (fig. 278c). Gebouw 20 is het jongste van de twee (fig. 278b). Het betreft een L-vormig gebouw met minstens drie vertrekken (fig. 279 en fig. 409). De kamer op de hoek van de L meet 7,1 tot 7,8 m bij 4,5-4,6 m binnenwerks. De meest westelijke kamer is nagenoeg vierkant en meet 4,4 tot 5 m bij 4,4 m binnenwerks. De meest oostelijke kamer werd slechts gedeeltelijk opgegraven en is binnenwerks 4,7 m breed. Het langste deel van het L-vormige gebouw is met de lengteas 43° NW georiënteerd. De hoek gevormd door de noordoostelijke en de noordwestelijke muur meet 100° en toont aldus aan dat de meest westelijke kamer duidelijk een verschillende oriëntatie had. Gebouw 20 heeft een bebouwde oppervlakte van minstens 95 m².

Gebouw 20 is in belangrijke mate omgeven met plaveisels in baksteen (formaat: 23-25/11-12/5-6 cm). Aan de noordoost- en noordwestkant van gebouw 20 zijn deze plaveisels (spoornrs. 740-741, fig. 280a-b) min of meer evenwijdig met de muren gelegd. Hierin zijn er duidelijk twee fasen te onderscheiden. In

FIG. 268 Tonwaterput spoornr. 1041 tijdens de opgraving: a. in doorsnede, b: leeggemaakt.
Barrel well 1041 under excavation: a. in section, b. after removal of the fill.

460 Tys 1997, 162.

FIG. 269 **Plattegrond van gebouw 17 met een wolk van paalsporen. Legende: 1: uitbraaksporen, 2: paalsporen.**
Ground plan of building 17 with numerous postholes. Key: 1: robber trenches, 2: postholes.

de laatste fase zijn deze plaveisels niet enkel licht verhoogd, maar ook beperkt verbreed. Ze zijn in de laatste fase respectievelijk 1,55 tot 1,7 m en 1,4 m en in de eerste fase respectievelijk 1 tot 1,3 m en 1,2 tot 1,3 m breed. De afboordingen van de plaveisels bestaan uit 1 tot 2 rijen gekantelde bakstenen. Tonwaterput spoornr. 792 wordt gedeeltelijk afgedekt door plaveisel spoornr. 741. Aangezien dendrochronologisch onderzoek[461] van de duigen van tonwaterput spoornr. 792 een kapdatum van de boom suggereert tussen 1412 en 1422, is dit plaveisel in elk geval niet aangelegd voor 1412. Deze tonwaterput behoort wellicht bij gebouw 21 (*cf.* 4.3.2.22).

Aan de zuidkant van gebouw 20 is de geplaveide zone (spoornr. 743) heel wat groter en in zijn laatste fase zeker niet evenwijdig aan het muurwerk van gebouw 20. Dit plaveisel bestaat uit zowel baksteen (formaat: 23,5/10/5 cm) als natuursteen. De stukken natuursteen zijn vooral aangewend om de geplaveide zone te begrenzen. In de zuidhoek van deze geplaveide zone is keurig een bakstenen waterput (spoornr. 732, fig. 281) ingewerkt. Omdat de constructiekuil van deze bakstenen waterput die van tonwaterput spoornr. 745 snijdt, zijn er dankzij het dendrochronologisch (*cf. infra*) onderzoek van de tonnen van deze tonwaterput dateringsgegevens beschikbaar[462]. Uit deze informatie kunnen we afleiden dat de bakstenen waterput in elk geval werd aangelegd na 1442. Het plaveisel in baksteen en natuursteen dat tonwaterput spoornr. 745 afdekt kan echter pas zijn aangelegd na 1467. Dat kunnen we alleszins

461 Houbrechts & Pieters 1999, 240.

462 Houbrechts & Pieters 1999, 240.

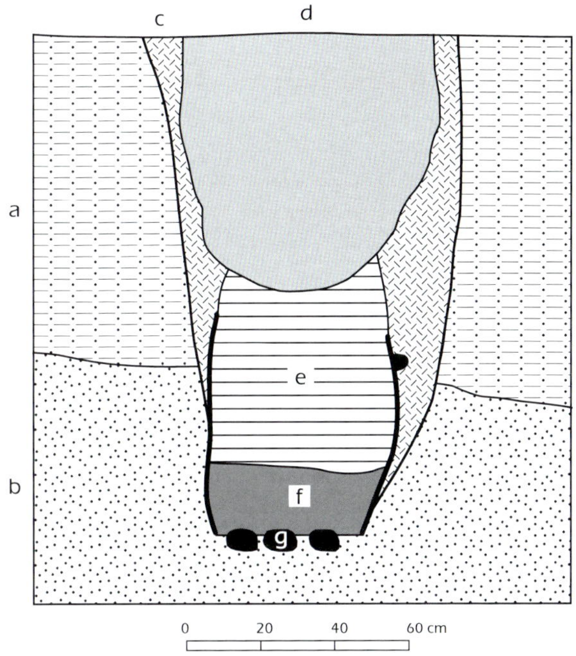

FIG. 270 **Tonwaterput spoornr. 1041 in doorsnede. Legende: a: klei met stratificatie, b: zand, c: verspitte klei, insteek tonwaterput, d: bruine zandige klei met houtskool, e: blauwe klei, f: zwartgrijze zandige klei, g: natuursteen.** *Barrel well 1041 in section. Key: a: laminated clay, b: sand, c: disturbed clay, fill of construction cut for barrel well, d: brown sandy clay with charcoal inclusions, e: blue clay, f: dark grey sandy clay, g: natural stone.*

opmaken uit de dendrochronologische data van de duigen die in de opvulling van de putschacht samen met een Vlaamse groot zijn aangetroffen. Deze vaststellingen kunnen op verschillende manieren worden geïnterpreteerd. Ofwel heeft deze bakstenen waterput een tijd gefunctioneerd zonder begeleidend plaveisel, eventueel zelfs gelijktijdig met tonwaterput spoornr. 745, ofwel werd de bewuste bakstenen waterput pas aangelegd na 1467.

Tonwaterput spoornr. 745 kan in elk geval niet bij gebouw 21 horen, want hij snijdt de uitbraaksporen ervan. Deze chronologische gegevens suggereren dus dat gebouw 20 in gebruik was in de 2de helft van de 15de eeuw, om precies te zijn na 1442 en na 1466. De andere tonwaterputten (spoornrs. 766-767, 792, 799, 810, 812, 822, 856) aangesneden onder, in en in de nabijheid van gebouw 20 worden – gezien het logische verband met gebouw 21 – hierna behandeld bij de bespreking van gebouw 21.

Van de bevloering binnen gebouw 20 zijn zowel voor de zogenaamde hoekkamer als voor het meest westelijk gelegen vertrek gegevens beschikbaar. Het betreft in beide gevallen een bevloering in gele baksteen (formaat: 25-27/12-13/5-7 cm). Waarschijnlijk was ook de meest oostelijke kamer met bakstenen bevloerd. De bevloering van de meest westelijke kamer toont aan dat dit gebouw inderdaad een licht stompe hoek had. De bakstenen voor de bevloering zijn immers afgeschuind (fig. 282) om aan te kunnen sluiten bij de muur van de hoekkamer.

Aan de binnenkant van de meest westelijke muur van gebouw 20 bevinden zich twee bakstenen uitsprongen op een onderlinge afstand van 2 m. In een van deze uitsprongen was een baksteen verwerkt met een witte pleisterlaag. Het is niet duidelijk of deze pleisterresten zich nog *in situ* bevonden of enkel op een hergebruikte baksteen aanwezig waren. De bepleisterde baksteen bevindt zich in elk geval 8 cm onder de bovenkant van de bevloering in dit vertrek. De dwarsmuur die de hoekkamer van de meest oostelijke kamer scheidt heeft twee uitsprongen op ongeveer gelijke afstand. Aan de andere zijde van dezelfde dwarsmuur, dus binnen het hoekvertrek, zijn op een onderlinge afstand van iets minder dan 2,5 m twee uitbraaksporen van dergelijke uitsprongen geregistreerd. Dat zou erop kunnen wijzen dat alle kamers een verwarmingselement hadden. Er werden echter nergens sporen van verhitte ondergrond teruggevonden. Logisch, in een gebouw dat vermoedelijk van bij aanvang overal een bakstenen bevloering had.

Tegen de meest westelijke buitenmuur en in het verlengde van de noordwestelijke langsgevel bevinden zich een aantal bakstenen structuurtjes (spoornrs. 750, 753, 869 en 870, fig. 278d en 279) waarvan de functie niet duidelijk is. De twee eerste doen denken aan een soort gootje: een bakstenen structuurtje van één steen dik waarvan enkel de randen 2 stenen hoog zijn.

Tegen de noordoostelijke gevel zijn een aantal bakstenen (spoornr. 1827, fig. 278b en 279) in verband aangetroffen die een gedeelte van een cirkelomtrek omschrijven. Ze doen onmiddellijk denken aan de oven die aan de buitenzijde van gebouw 4 is aangebouwd (fig. 125). Als dat spoor wijst op een oven, dan was hij in elk geval reeds verdwenen op het moment dat de plaveisels aan deze kant van het gebouw werden aangelegd.

Hierna worden de twee waterputten van gebouw 20 besproken.

4.3.2.21.1 Bakstenen waterput spoornr. 732

Deze bakstenen waterput (fig. 281) met een buitendiameter van 1,45 tot 1,55 m is netjes ingewerkt in de bevloering van woning 20. De binnendiameter bedraagt 90 tot 105 cm. Van deze constructie, die niet met kalkmortel is gemetst, maar met dezelfde specie als alle andere bakstenen muren van de gebouwen, zijn nog 30 steenlagen in opstand bewaard. Helemaal op de bodem van de put werd bovenop de slikwadafzettingen een laag baksteenpuin aangebracht als bedding. De bodem is op 1,58 m T.A.W. gesitueerd. De vulling van de put bestond vooral uit baksteenpuin en zand. Uit deze vullingslagen werden niet minder dan 580 halve en 95 volledige bakstenen (formaat: 24-27/11-13/5-6 cm) gehaald. Als we rekenen aan 30 stenen per laag zijn deze bakstenen en

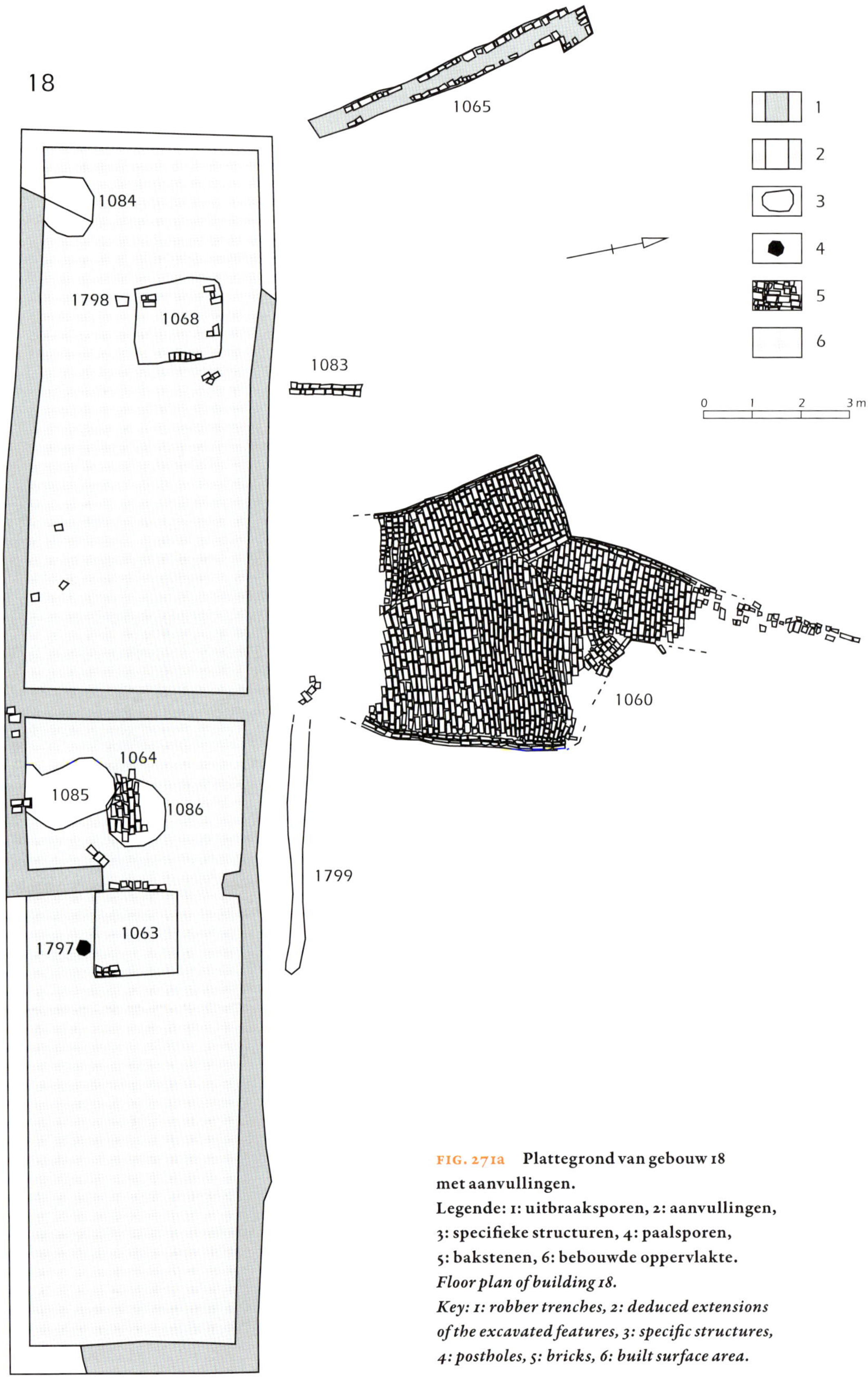

FIG. 271a **Plattegrond van gebouw 18 met aanvullingen.**
Legende: 1: uitbraaksporen, 2: aanvullingen, 3: specifieke structuren, 4: paalsporen, 5: bakstenen, 6: bebouwde oppervlakte.
Floor plan of building 18.
Key: 1: robber trenches, 2: deduced extensions of the excavated features, 3: specific structures, 4: postholes, 5: bricks, 6: built surface area.

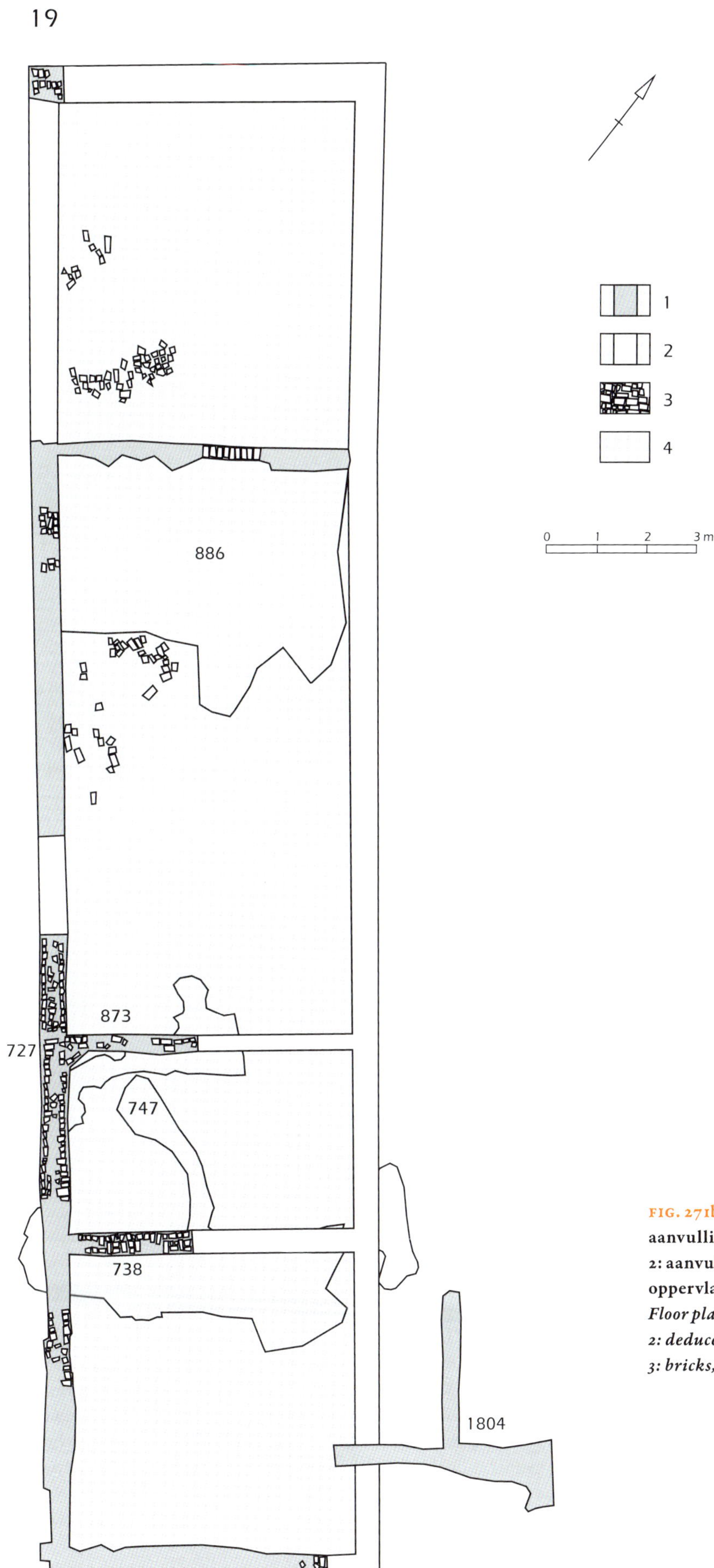

FIG. 271b **Plattegrond van gebouw 19 met aanvullingen. Legende: 1: uitbraaksporen, 2: aanvullingen, 3: bakstenen, 4: bebouwde oppervlakte.**
Floor plan of building 19. Key: 1: robber trenches, 2: deduced extensions of the excavated features, 3: bricks, 4: built surface area.

FIG. 272 **Gebouw 18 tijdens de opgraving. a: overzicht en b: muur spoornr. 1065.** ***Building 18 under excavation. A: overview and b: brick wall 1065.***

halve bakstenen goed voor nog eens minstens 12 bijkomende steenlagen. Met deze steenlagen erbij reikt deze waterputschacht tot ongeveer 60 cm boven het omliggende plaveisel. Enkel de onderste vulling van de put bevatte wat meer organische resten, zoals een bezem (1916.1: fig. 283) waar de originele wikkel nog rond zat. Afmetingen van de bezem: bewaarde lengte: 14 cm, diameter ter hoogte van de wikkel: 6-7 cm. Verder zijn in de vulling van deze waterput geen specifieke voorwerpen aangetroffen.

De constructiekuil van deze waterput snijdt – zoals hierboven aangestipt – de constructiekuil van de aanpalende tonwaterput spoornr. 745. Op basis van de dendrochronologische resultaten dateert de aanleg van waterput spoornr. 732 in elk geval van na 1442 en vermoedelijk zelfs van na 1467. Deze chronologische informatie stemt overeen met de gegevens op een insigne uit Amersfoort (2085.1[463]) dat ten vroegste uit 1444[464] stamt. Het werd aangetroffen in de vulling van een kuil (spoornr. 761) die eveneens wordt gesneden door de waterput in kwestie.

4.3.2.21.2 Tonwaterput spoornr. 745

Deze tonwaterput bevindt zich vlak naast een waterput in baksteen. De constructiekuil van deze laatste snijdt zonder twijfel de insteek van de tonwaterput, wat ons doet veronderstellen dat de bakstenen waterput zijn houten voorganger op deze plaats heeft vervangen. In grondplan kan de constructiekuil van de

463 Pieters *et al.* 2002, 282.

464 Van Beuningen & Koldeweij 1993, 215.

FIG. 273 **Rond spoor (nr. 1086) als resultaat van een intense bodemverhitting binnen gebouw 18.**
Circular feature (no. 1086) resulting from intense heating of the soil in building 18.

FIG. 274 **Onderste gedeelte van structuur spoornr. 1068, binnen gebouw 18.**
Lower part of feature 1068 in building 18.

tonwaterput echter niet goed worden onderscheiden van een veel grotere, met klei opgevulde kuil. De bodem van deze waterput bevindt zich op 1,97 m T.A.W. Van de onderste ton (2140.1) is het hout volledig bewaard, van die (2138.1) erboven, die ongeveer 5 cm in de onderste ton inschuift, slechts gedeeltelijk. De duigen van de onderste ton zijn opmerkelijk slap in vergelijking met de duigen van de andere tonputten. 11 duigen, samengehouden door drie wissen, vormen een ton met een maximale diameter van 52 cm. Op een van de duigen is een merk in de vorm van een 'Griekse i' aangebracht[465]. Helemaal op de bodem van de tonwaterput ligt een 10 cm dikke laag zand. Het zand is er ongetwijfeld bij de aanleg van de put in gegoten. Hierboven bevindt zich een dikke laag zwarte klei van ongeveer 20 cm, die overeenstemt met de periode van gebruik van de waterput. Naar boven toe bevinden zich in de vulling o.a. ook nog wat duigen (fig. 284).

Deze tonwaterput is chronologisch bijzonder interessant. De constructiekuil van de tonwaterput wordt doorsneden door de insteek van de bakstenen waterput ernaast, de opgevulde tonwaterput wordt afgedekt door een bevloering in baksteen en doorsnijdt zelf de uitbraaksporen van een oudere fase van het gebouw, hierna voorgesteld als gebouw 21. Het onderzoek van deze tonwaterput levert dus drie dateringen op. De duigen van de

465 Houbrechts & Pieters 1999, 228, fig. 3 n° 24.

FIG. 275 **Grote bakstenen bevloering (spoornr. 1060) aansluitend bij gebouw 18. a en b: overzicht; c: detail van het contact tussen de drie fasen.**
Large brick floor 1060 adjacent to building 18. a and b: overview; c: detail of the contact zone of the three phases.

FIG. 276 **Gebouw 19 tijdens de opgraving. a: overzicht; b en c: muren spoornrs. 727 en 738.**
Building 19 under excavation. a: overview; b and c: brick walls 727 and 738.

FIG. 277 **Wandfragment van een kan in steengoed met medaillon waarop de 1 van 1601 te zien is.**
Body sherd of a stoneware jug with a medallion on which the '1' of '1601' is visible.

FIG. 278 Gebouw 20 tijdens de opgraving. a: gezien vanuit het zuidwesten, b: gezien vanuit het zuidoosten, c: gebouw 20 ligt duidelijk boven gebouw 21, d: de bakstenen structuren spoornrs. 750 en 753.
Building 20 under excavation. a: view from the south-west, b: view from the south-east, c: building 20 clearly overlies building 21, d: brick structures 750 and 753.

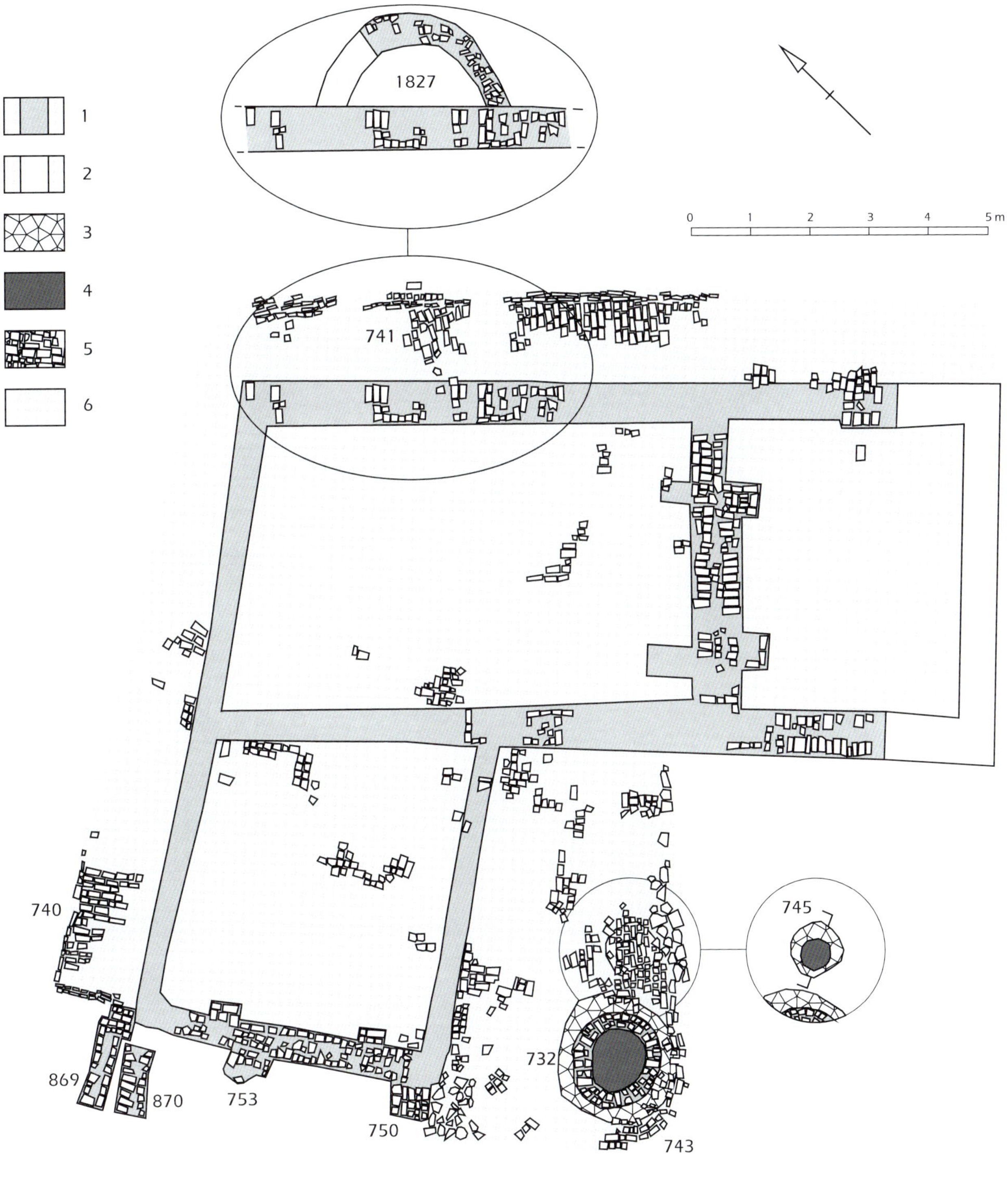

FIG. 279 **Plattegrond van gebouw 20 met aanvullingen. Legende: 1: uitbraaksporen, 2: aanvullingen, 3: kuil, 4: waterput, 5: bakstenen, 6: bebouwde oppervlakte.**
Floor plan of building 20. Key: 1: robber trenches, 2: deduced extensions of the excavated features, 3: pit, 4: well, 5: bricks, 6: built surface area.

FIG. 280 **Plaveisels in baksteen bij gebouw 20, a: spoornr. 740, b: spoornr. 741.** ***Brick paving adjoining building 20, a: context no. 740, b: context no. 741.***

bovenste ton geven 1429[466] als *terminus post quem*. De duigen van de onderste ton geven een vellingsdatum tussen 1442 en 1452 en de jongste jaarring dateert uit het jaar 1436. De duigen uit de vulling zelf hebben een jongste jaarring uit 1457 die gekoppeld kan worden aan een vellingsdatum tussen 1466 en 1476. Omdat die van de twee onderste tonnen bewaard zijn gebleven, zijn de duigen aangetroffen in de opvulling van de tonwaterput ofwel afkomstig van een niet bewaarde bovenliggende ton, ofwel van om het even welke andere ton waarvan er duigen beschikbaar waren toen tonwaterput spoornr. 745 uit gebruik is geraakt of gesteld.

Uit de bovenste tonschachtvulling (fig. 284: b) komen naast een Vlaamse groot (1960.1) in zilver, geslagen in Brugge onder Karel de Stoute in de periode 1467-1474 (gewicht: 1,26 g, doormeter: 24 mm), ook drie stukjes vensterglas: 1 in groen glas (1960.3) en twee in blauw (1960.2) vensterglas. De chronologische informatie van de zilveren groot sluit naadloos aan bij de dendrochronologische analyse van de duig.

Uit de bovenste vulling van de onderste ton komt een glad afgewerkte rechte stok met een tot nog toe ongeïdentificeerde functie (fig. 285). De stok heeft over het grootste deel van de lengte een vlakke kant waardoor de doorsnede van dit gedeelte halfrond is. Het uiteinde, vermoedelijk de plaats om de stok vast te nemen, is bijgesneden en is meer rond in doorsnede. Afmetingen van de stok: lengte van de stok: 45,2 cm, lengte van het plat vlak: ongeveer 34 cm, doorsnede in de zone met de vlakke kant: 16 bij 15 mm, diameter van het uiteinde: 14,5-15 mm.

466 Houbrechts 1999, 24.

FIG. 281 Waterput spoornr. 732 tijdens de opgraving. a: ingewerkt in bakstenen plaveisel spoornr. 743, b: leeggemaakt, c-d: snijdt tonwaterput spoornr. 745.
Brick well 732 under excavation. a: integrated into brick paving 743, b: after removal of the fill, c-d: cutting the construction cut of barrel well 745.

Ondanks de afwezigheid van onderverdelingen doet deze stok toch sterk denken aan een maatstok, zowel vanwege zijn algemene vorm als vanwege de afmetingen, die sterk gelijken op die van maatstok 2216.3 (fig. 320: 3). Deze gladde stok zou eventueel ook vistuig geweest kunnen zijn. Een *kvistekaep* bijvoorbeeld, Deens[467] voor een stok die gebruikt werd om de netten van zeewier en ander materiaal te ontdoen. Een reclamebord uit Helsingoer toont hoe dit tussen 1839 en 1915 in Denemarken in zijn werk ging[468]. De netten worden opengehangen op staken en met behulp van een stok met daaraan een touw, een soort zweep (?), ontdaan van allerlei hinderlijk materiaal. Een buigbare stok (gaulette) van ongeveer 1 m, gemaakt in hazelaar of kornoelje, is volgens L. Vannetelle eveneens een onmisbaar instrument om de netten te onderhouden en meer specifiek om erop te slaan en ze zo te ontdoen van allerlei onbruikbaar materiaal, zoals planten en wortels[469]. Dit blijft echter een hypothese.

467 Met dank aan Jochen Meyer, National Museum of Denmark, voor de hulp bij de interpretatie van dit voorwerp.

468 Lundbaek 1975, 66-67.

469 Vannetelle 1911, 298.

FIG. 282 **Een aantal bakstenen die afgeschuind werden om perfect aan te sluiten bij een muur van gebouw 20.**
Reshaped bricks fitted to a wall of building 20.

4.3.2.22 Gebouw 21

Gebouw 21 (fig. 286-287 en fig. 408) bevindt zich op dezelfde plaats als gebouw 20, maar is met zijn lengteas volledig anders georiënteerd (fig. 411), nl. 58-59 ° NO. De dwarsmuren zijn 34° NW georiënteerd. Gebouw 21 (fig. 287a-c) kon niet volledig onderzocht worden, onder andere door een aantal latere verstoringen. Het gebouw bevond zich ook niet volledig binnen sleuf 96/I. Gebouw 21 is rechthoekig en meet minstens 11,6 m bij 5,1-5,2 m buitenwerks. Aanvankelijk was het in minstens drie kamers opgedeeld van respectievelijk 3,5, 5,6 en minstens 0,75 m bij 4,5 m binnenwerks. De meest oostelijke ruimte was ongeveer 25 tot 30 cm dieper uitgegraven dan de rest van het gebouw. Ze werd afgebakend door een dwarsmuur die niet tot tegen de zuidmuur doorliep, maar op deze plaats een doorgang (?) liet. Aan de westkant leunen tegen deze dwarsmuur enkele baksteenpartijtjes die zouden kunnen wijzen op een haard op deze plek. Sporen van *in situ* verhitte grond werden evenwel nergens in gebouw 21 vastgesteld. Op de bodem van de verlaagde zone bevonden zich verschillende betredingslaagjes met een sterk ontwikkelde platige bodemstructuur. Deze laagjes dekten tonwaterput spoornr. 810 af. Volgens het dendrochronologisch onderzoek zijn de duigen van deze ton afkomstig van een boom die tussen 1401 en 1421 werd geveld[470]. Omdat deze tonwaterput vermoedelijk buiten gebruik werd gesteld bij de ingebruikname van gebouw 21, impliceert dit dat gebouw 21 in elk geval pas na 1401 werd opgericht. In deze kamer met verlaagde vloer werden nog twee andere tonputten aangetroffen, nl. de spoornrs. 812 en 822. Beide staken wel boven de bovenvermelde betredingslaagjes uit (fig. 287b) en dateren dus uit de gebruiksfase van gebouw 21. Voor deze tonputten bekwamen we de volgende data: een *terminus post quem* 1398 voor tonput spoornr. 812 en een vellingsdatum tussen 1413 en 1433 voor tonput spoornr. 822. Omdat beide tonputten nogal ondiep zijn, met hun bodem op respectievelijk 2,4 en 2,63 m T.A.W., amper 30-50 cm onder het vloerniveau van de verdiepte ruimte dus, zou het om andere dan waterputten kunnen gaan. Het zouden bijvoorbeeld ook koelruimtes kunnen zijn. Daar moet aan toegevoegd worden dat enkele tonputten in de onmiddellijke omgeving van gebouw 21, nl. de spoornrs. 766 en 856,

FIG. 283 **Bezem uit de onderste opvulling van waterput spoornr. 732.**
Besom broom from the basal fill of brick well 732.

470 Houbrechts & Pieters 1999, 241.

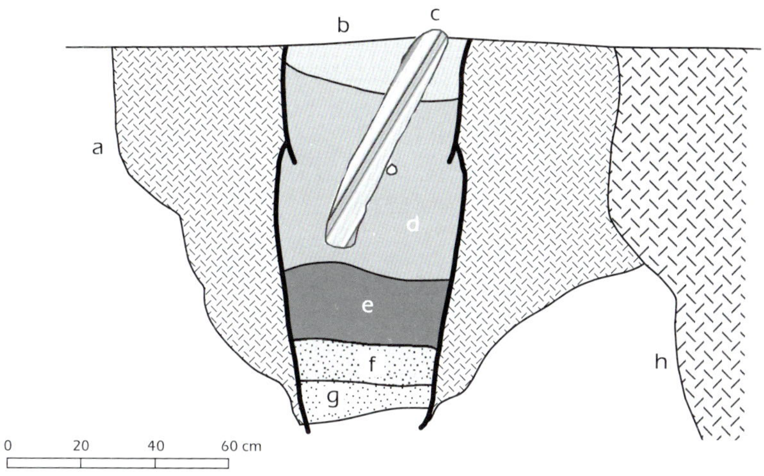

FIG. 284 Tonwaterput spoornr. 745 in doorsnede. Legende: a: klei zonder stratificatie, insteek tonwaterput, b: bruine zandige klei, c: duig, d: grijszwarte, zandige klei met houtresten, e: zwarte klei, stabilisatielaag, f: zand gemengd met klei, g: beige zand, h: klei zonder stratificatie, insteek waterput spoornr. 732. ***Barrel well 745 in section. Key: a: homogeneous clay, fill of construction cut for barrel well, b: brown sandy clay with charcoal inclusions, c: barrel stave, d: grey black sandy clay with plant macrofossils (wood), e: black clay, evidence for a stable phase, f: sand mixed with clay, g: beige sand, h: homogeneous clay, fill of construction cut for brick well 732.***

ook heel ondiep zijn. De overige tonputten uit de omgeving van gebouw 21 zijn evenwel een stuk dieper. Bij gebouw 21 horen waarschijnlijk ook enkele vlakbij aangesneden tonwaterputten, namelijk spoornrs. 766, 767, 792 en 799. Deze leverden de volgende respectievelijke data: 1426-1436, 1366 *terminus post quem*, 1412-1422 en 1407-1417. Alle vellingsdata van tonwaterputten die we in verband kunnen brengen met gebouw 21 vallen in de eerste vier decennia van de 15de eeuw.

Aan de zuidoostkant van gebouw 21 zijn sporen van een plaveisel in baksteen (spoornr. 773) geregistreerd. Dat maakt het aannemelijk dat ook gebouw 21 op een bepaald ogenblik op zijn minst gedeeltelijk was voorzien van een plaveisel. In deze zone werd ook een druipspoor (spoornr. 772) onderzocht. Het lijkt erop dat dit druipspoor onder de bevloering door liep, wat kan verklaard worden door het feit dat de bevloering slechts na verloop van tijd aan woning 21 is toegevoegd. Druipspoor spoornr. 772 wordt ook gesneden door de constructiekuil van tonwaterput spoornr. 799, op basis van de dendrochronologische informatie na 1407. In de noordhoek van dit gebouw zijn drie kuilen vastgesteld. Kuil spoornr. 781 snijdt in elk geval de uitbraaksporen en is duidelijk later, maar de twee andere sporen (spoornrs. 788 en 789) houden gezien hun positie en regelmatige vorm misschien wel verband met structuren die tegen de hoek zijn aangebouwd. Het zijn in elk geval geen aangebouwde latrines of waterputten. De bodem ervan reikt immers niet dieper dan het vertrek waartoe ze eventueel behoorden.

Het gebouw onderging op een bepaald ogenblik ingrijpende veranderingen. Het vertrek met verlaagde vloer werd in twee delen opgesplitst door een bijkomende dwarsmuur (fig. 287a-b), die nog over 8 steenlagen was bewaard (formaat van de gebruikte bakstenen: 26-28 X 12-13 X 5-7 cm). De bewaarde fragmenten van de zijmuren (respectievelijk over 9 en 7 steenlagen bewaard) zijn opgetrokken uit bakstenen van hetzelfde formaat als die van de dwarsmuur. Het is goed mogelijk dat op dat ogenblik de verlaagde ruimte gedeeltelijk werd opgevuld en dat de oorspronkelijke dwarsmuur op minder dan 1 m afstand van de nieuwe werd uitgebroken. Zo ontstond er een gebouw met drie kamers van oost naar west van respectievelijk 2,3, 6,8 en minstens 0,75 m bij 4,5 m binnenwerks. Behalve interne verbouwingen werden aan gebouw 21 op dit ogenblik waarschijnlijk ook vertrekken toegevoegd. Ten noordwesten en vermoedelijk wat later ook ten noorden werden twee kamers toegevoegd van west naar oost van respectievelijk 4,8 m bij 5,4-5,7 m en van 3,5-3,8 m bij 3,8 m binnenwerks. De tonput spoornr. 856 (fig. 305-306) in de eerst vermelde kamer heeft 1397 als *terminus post quem* opgeleverd. Deze tonput was blijkbaar aan één zijde afgeboord met een aantal op zijn kant geplaatste bakstenen. Binnen deze kamer werden ook twee zones met verhitte grond (spoornrs. 1800-1801) opgemerkt, nabij de westelijke hoek werd een uitbraakspoor in de vorm van een hoek (spoornr. 806) aangetroffen. In het muurwerk van de meest westelijk aangebouwde kamer werden bakstenen gevonden met restanten van pleisterwerk. Het gaat om hergebruikte bakstenen van een bepleisterd gebouw. De kant met het pleisterwerk was naar de binnenkant van de muur gericht, om het aan het oog van de toenmalige bewoners te onttrekken. In de gemeenschappelijke muur is aan de kant van het westelijke vertrek een muurnis aangebracht (fig. 287d). Het meest oostelijk gelegen aangebouwde vertrek lijkt rekening te houden met de hierboven vermelde kuilen (spoornrs. 788 en 789), wat de smalle onbebouwde strook tussen de aanbouw en het gebouw zou kunnen verklaren. Uit het grondplan zou men kunnen afleiden dat spoornr. 806 en de meest oostelijke aanbouw een oudere fase van gebouw 21 zijn. Stratigrafisch is dat echter niet mogelijk, spoornr. 806 is immers ouder dan de meest oostelijke aanbouw.

Onder de meest westelijk aangebouwde kamer bij gebouw 21 alsook onder de overige ruimtes van gebouw 21 werd een wolk van paalsporen (spoornr. 1802) aangetroffen die wijzen op een voorganger in hout. Met deze paalsporen kon geen duidelijke plattegrond worden samengesteld (fig. 288).

De bouwchronologie van gebouw 21 kan op basis van de stratigrafie en de externe dateringen als volgt worden samengevat. Voor dit gebouw staan via dendrochronologisch onderzoek de volgende data ter beschikking: na 1366, na 1397, na 1398, na 1401, na 1407, na 1412, na 1413 en na 1426. Een vrij continue reeks vanaf de late 14de/begin 15de eeuw, die aangeeft dat het gebouw wellicht in gebruik was gedurende de eerste drie decennia van de 15de eeuw en wellicht nog wat langer. Na 1442 of eventueel zelfs na 1444 wordt gebouw 21 overbouwd door gebouw 20. Aangezien kuil spoornr. 761 (beneden rechts op fig. 287a) de uitbraaksporen van gebouw 21 snijdt en in de opvulling ervan een insigne van Maria van Amersfoort (2085.1) is aangetroffen dat niet ouder kan zijn dan 1444, is de kuil waarin de bakstenen waterput spoornr. 732 en tonwaterput spoornr. 745 zijn aangelegd in elk geval niet volledig gedempt vóór 1444.

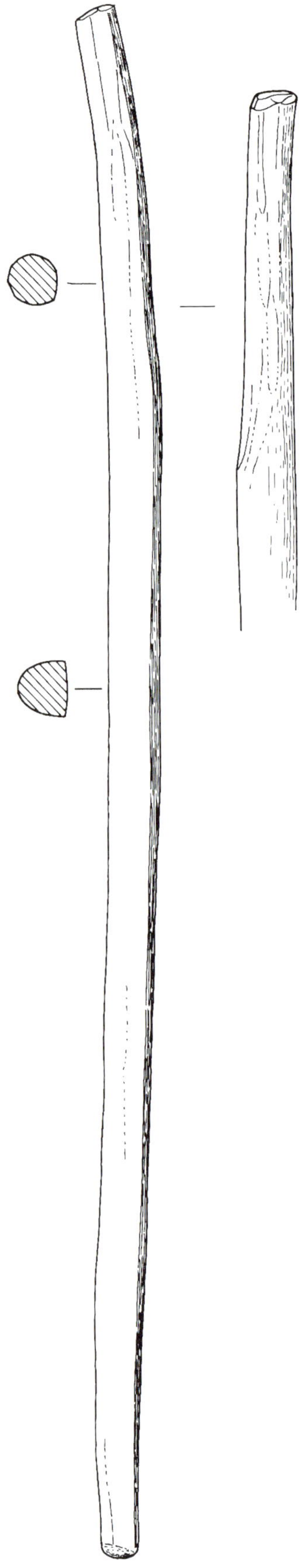

FIG. 285 **Fijn afgewerkte houten stok uit de vulling van tonwaterput spoornr. 745. Schaal: 1/2**
Carefully finished wooden stick from the fill of barrel well 745. Scale 1/2.

Met de verschillende aangebouwde ruimtes erbij beslaat gebouw 21 minstens[471] 112 m².

Hierna bekijken we de verschillende aan gebouw 21 gekoppelde structuren.

4.3.2.22.1 Tonput spoornr. 766

De tonschacht ligt in een hoek van de grofweg vierkante constructiekuil van 1,05 m bij 0,9 m. De bodem van deze tonwaterput bevindt zich op 2,67 m T.A.W. Van de duigen van deze ton (2119.1) is enkel het onderste gedeelte bewaard. De opvulling van de tonschacht (fig. 289-290) bestaat van boven naar onder uit een met baksteenpuin gemengde aslaag, een pakket beige zand en een laagje met verzette klei. Het pakket zand is er ongetwijfeld ingebracht bij de constructie van de waterput en was vermoedelijk bedoeld als laag die moest beletten dat klei in suspensie kon gaan bij het putten van water. De duigen leverden een vellingsdatum op tussen 1426 en 1431[472].

In de constructiekuil werden 8 passende fragmenten van een braadpan (fig. 291) in rood aardewerk aangetroffen. De braadpan heeft een licht lensvormige bodem, een naar buiten staande wand en een niet verdikte rand. Loodglazuur is enkel aangebracht op de binnenkant van de bodem. De onderkant van de bodem vertoont lichte sporen van beroeting en de randdiameter bedraagt +/- 22,5 cm.

Uit de tonschacht komen fragmenten van een mijt in biljoen die ofwel geslagen is onder Jan zonder Vrees ofwel te identificeren is als een Limburgse imitatie uit de 1ste helft van de 15de eeuw. Deze informatie sluit perfect aan bij de dendrochronologische gegevens.

4.3.2.22.2 Tonwaterput spoornr. 767

De tonnen van deze put zijn centraal geplaatst in een ronde constructiekuil met een doormeter van ongeveer 0,9 m. De bodem van de tonput bevindt zich op 2,02 m T.A.W. Het hout van de onderste ton (2200.1) is volledig bewaard. De ton is samengesteld

471 Het westelijke uiteinde is niet gelokaliseerd.

472 Houbrechts 1999, 24.

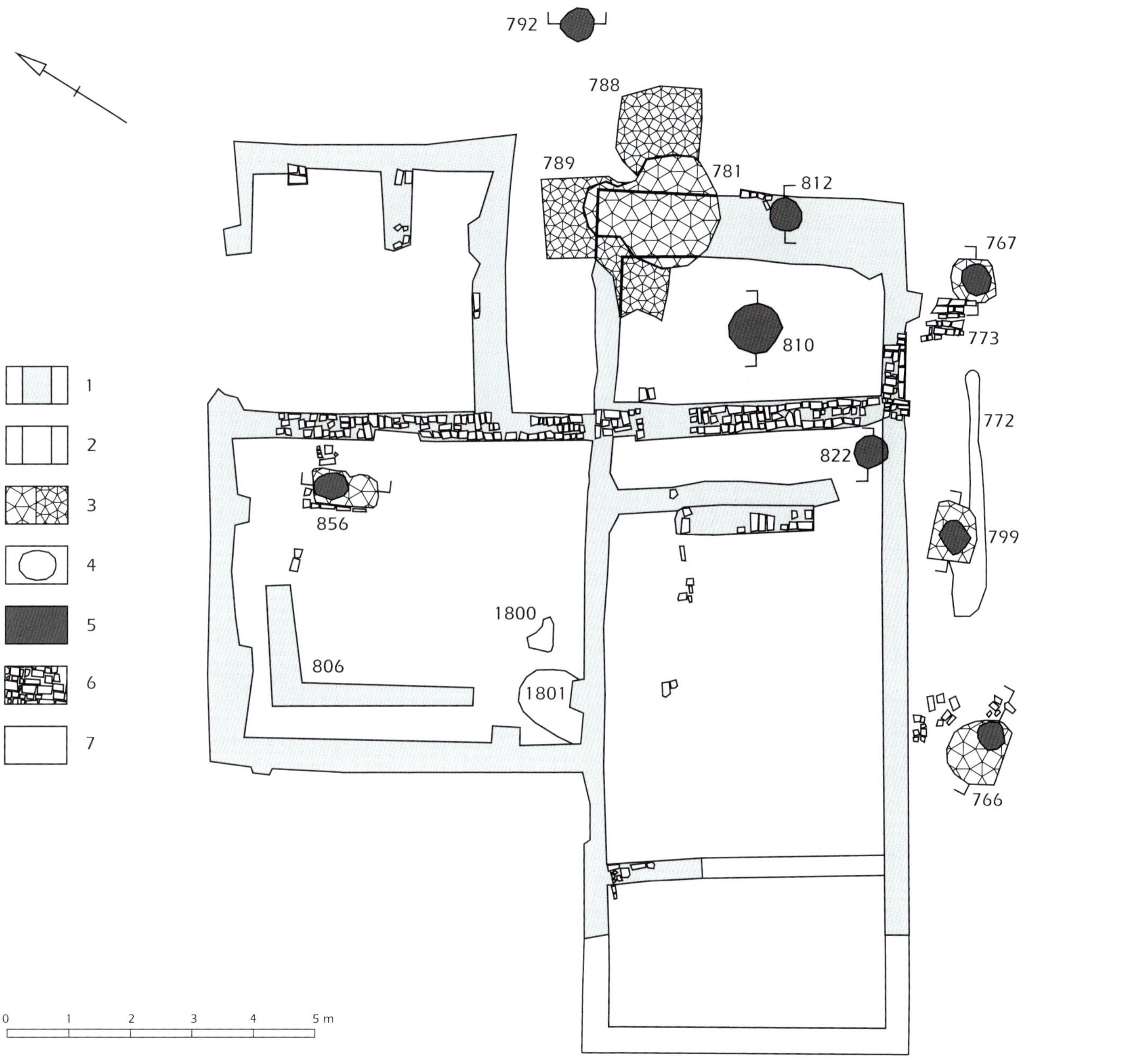

FIG. 286 **Plattegrond van gebouw 21 met aanvullingen. Legende: 1: uitbraaksporen, 2: aanvullingen, 3: kuil, 4: specifieke structuren, 5: waterput, 6: bakstenen, 7: bebouwde oppervlakte.**
Floor plan of building 21. Key: 1: robber trenches, 2: deduced extensions of the excavated features, 3: pit, 4: specific structures, 5: well, 6: bricks, 7: built surface area.

uit 13 duigen met een lengte van 72-73 cm en heeft een maximale diameter van 55 cm. Op de duig met het vierkante bomgat (7.5 cm bij 8 cm) is geen merk aangebracht. Op een van de andere duigen staat echter wel een variant op een 'swastika' als merk[473]. Het bomgat was aan de buitenkant van de ton afgedicht met een fragment van een bodemplaat van een ton met de volgende afmetingen: diameter: 30 cm, dikte: 17 mm. De tonschacht (fig. 292) van deze waterput was nog grotendeels als een holte in de bodem achtergebleven. Tijdens de opgraving bij het schaven is er zelfs iemand tot aan de knie ingezakt. Voor deze ton kan op basis van het dendrochronologisch onderzoek enkel een *terminus post quem* worden voorgesteld, namelijk 1366[474].

Nabij de bodem van de tonwaterput is een kannetje in rood aardewerk aangetroffen (2204.1: fig. 293). Het kannetje in rood aardewerk staat op een standring van negen ééndelige standvinnen en heeft een cilindrische hals en een licht naar binnen

473 Houbrechts & Pieters 1999, 228.

474 Houbrechts & Pieters 1999, 240.

FIG. 287 **Gebouw 21 tijdens de opgraving: a. overzicht gezien vanuit het westen, b. detailbeeld gezien vanuit het westen, c. overzicht gezien vanuit het oosten, d. muurnis.**
Building 21 under excavation: a. overview seen from the west, b. close-up view seen from the west, c. overview seen from the east, d. wall niche.

staande rand. Afmetingen van het kannetje: hoogte: 14,5 cm, randdiameter: 9,4 cm en maximale diameter: 12,5 cm. Van een eventueel oor is er geen spoor. Op een plaats op de schouder is een vlek loodglazuur aanwezig.

4.3.2.22.3 Tonwaterput spoornr. 792

Deze tonwaterput heeft onderaan een minimale insteek die slechts enkele cm ruimer is dan de ton zelf. De bodem van de put bevindt zich op 2,11 m T.A.W. De put bestond dus uit minstens twee op elkaar gestapelde tonnen. De bovenste ton is in de late middeleeuwen reeds gerecupereerd, zodat enkel de onderste ton (2072.1) voor studie bewaard is. Deze ton is samengesteld uit 15 duigen met een lengte van 72-73 cm die samen een ton met een maximale doormeter van 58 cm vormen. Om het bomgat (9 cm horizontaal bij 8 cm hoog) af te dekken is langs de buitenzijde van de ton een halve bodemplaat (2077.1) met een diameter van ongeveer 50 cm geplaatst. Op deze plaat zijn heel wat lijnen ingekerfd die een complex merk of een generatie van merken vormen[475]. Op twee van de duigen zijn ook merken aangebracht: een

475 **Houbrechts & Pieters 1999, 234 fig. 8: 2.**

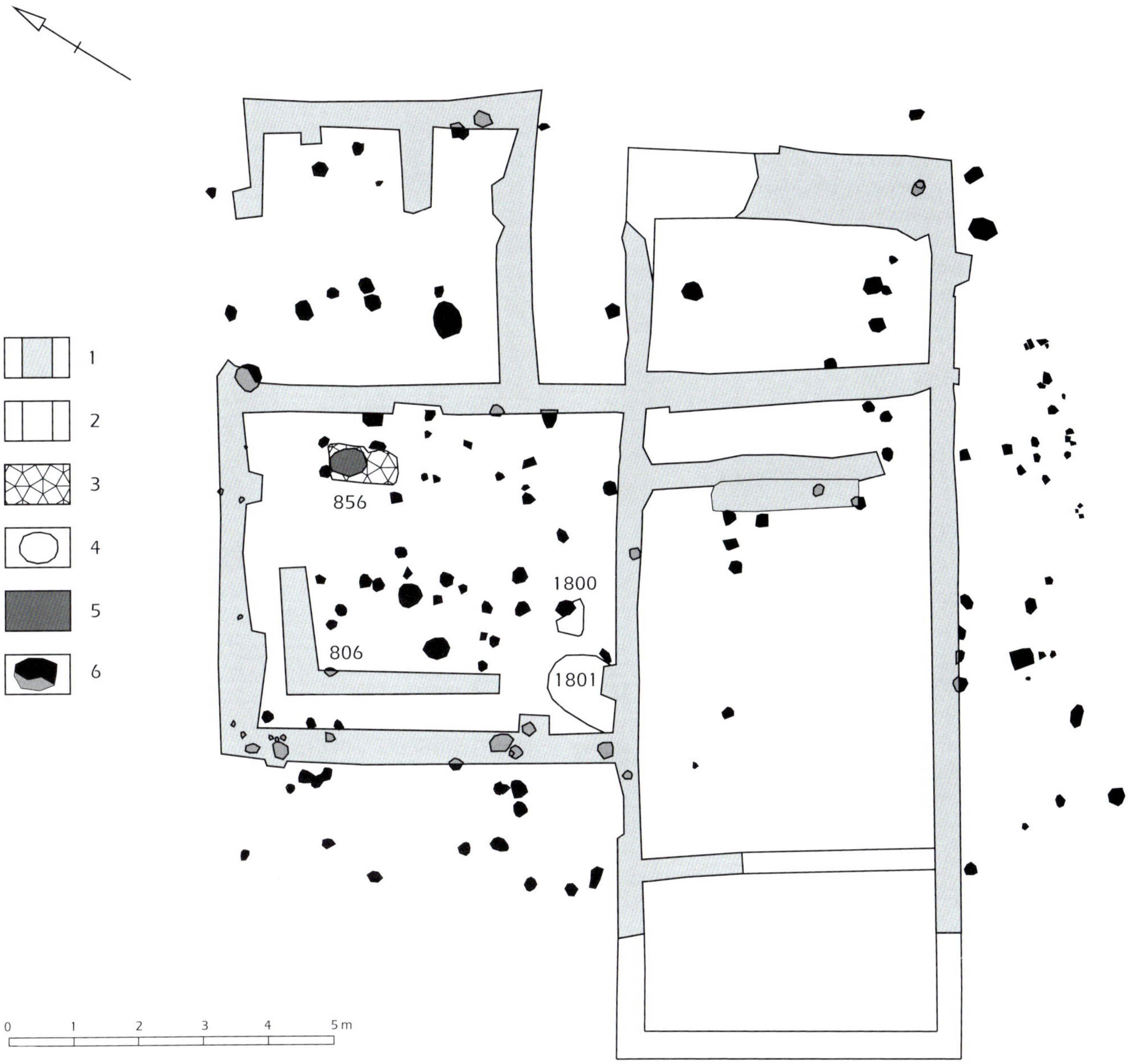

FIG. 288 **Paalsporen aangesneden binnen en in de zone van gebouw 21. Legende: 1: uitbraaksporen, 2: aanvullingen, 3: kuil, 4: specifieke structuren, 5: waterput en 6: paalsporen.**
Postholes within and around building 21. Key: 1: robber trenches, 2: deduced extensions of the excavated features, 3: pit, 4: specific structures, 5: well and 6: postholes.

fijne, horizontaal geplaatste T (?)[476] en een horizontale streep met twee haakse en twee schuine strepen[477] op de duig met het bomgat. In de opvulling van de tonschacht (fig. 294) zijn drie eenheden te onderscheiden: een homogeen blauwgrijs zandpakket, onderaan afgedekt door een zwartgrijs zandig pakket met heel wat organisch materiaal, zoals resten van een schoen van het type met vetersluiting opzij (2073.1-2)[478], en bovenaan in de ton een bruin organisch pakket vermengd met baksteenpuin. De jongste jaarring op de duigen van de ton is van 1401. De vellingsdatum van de boom wordt geplaatst tussen 1412 en 1422[479]. De vulling en de constructiekuil worden afgedekt met een pakket veenbrokjes (fig. 294: a).

476 Houbrechts & Pieters 1999, 228 fig. 3: 13.
477 Houbrechts & Pieters 1999, 228 fig. 3: 19.
478 Schietecatte 2003, 182 fig. 26: 196-197.
479 Houbrechts & Pieters 1999, 240.

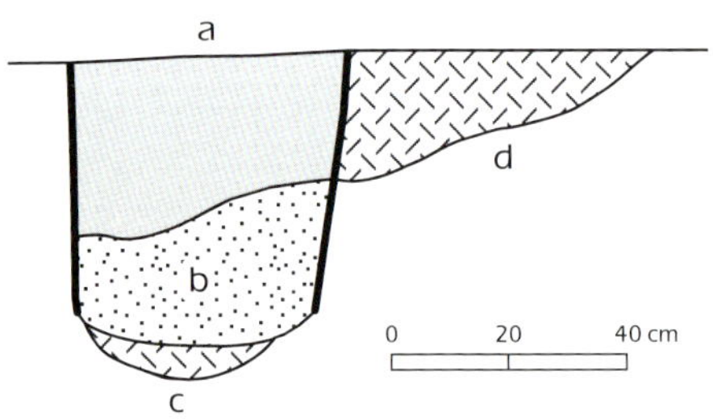

FIG. 289 **Tonwaterput spoornr. 766 in doorsnede. Legende: a: baksteenpuin gemengd met as, b: beige zand, c: klei zonder stratificatie, d: klei zonder stratificatie, insteek tonwaterput.**
Barrel well 766 in section. Key: a: brick rubble mixed with ash, b: beige sand, c: homogeneous clay, d: homogeneous clay, fill of construction cut for barrel well.

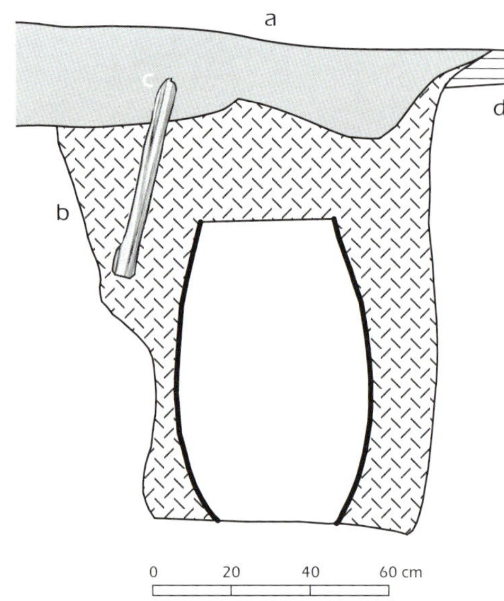

FIG. 292 **Tonwaterput spoornr. 767 in doorsnede. Legende: a: bruine zandige klei met houtskoolfragmenten, b: klei zonder stratificatie, constructiekuil tonwaterput, c: houten stok, d: beige klei, fossiele ploeglaag.**
Barrel well 767 in section. Key: a: brown sandy clay with charcoal fragments, b: homogeneous clay, fill of construction cut for barrel well, c: wooden stick, d: beige clay, fossil ploughsoil.

FIG. 290 **Tonwaterput spoornr. 766 bij de opgraving.**
Barrel well 766 under excavation.

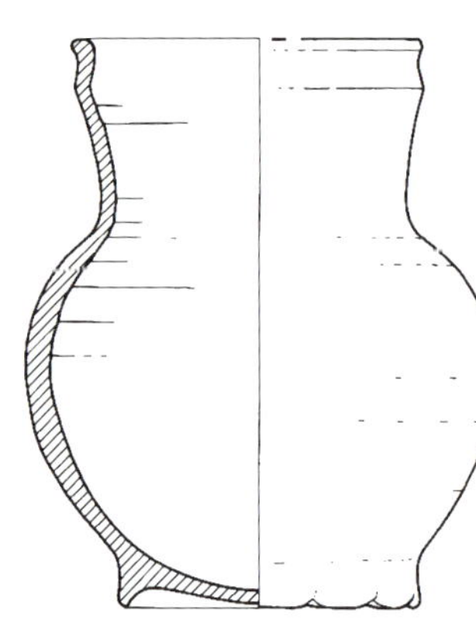

FIG. 293 **Kannetje (2204.1) in rood aardewerk uit de vulling van tonwaterput spoornr. 767.**
Small redware jug (2204.1) from the fill of barrel well 767.

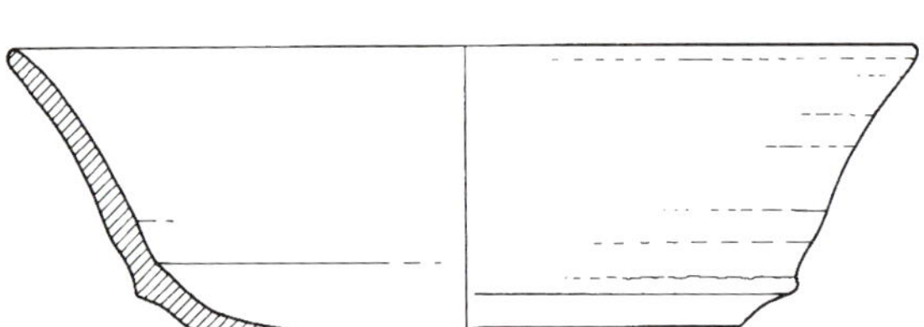

FIG. 291 **Fragment van een braadpan in rood aardewerk uit de constructiekuil van tonwaterput spoornr. 766.**
Fragment of a redware cooking pot from the fill of the construction cut of barrel well 766.

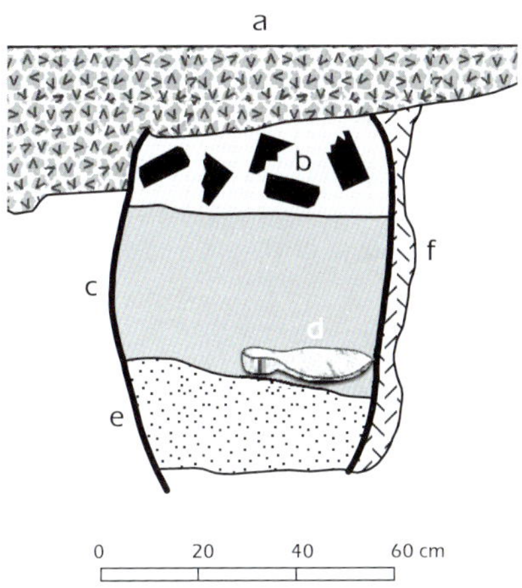

FIG. 294 Tonwaterput spoornr. 792 in doorsnede. Legende: a: zwart pakket van veenbrokjes, b: bruin organisch materiaal gemengd met baksteenbrokken, c: zwartgrijs zand, d: resten van een schoen, e: blauwgrijs zand, f: klei zonder stratificatie, constructiekuil.

Barrel well 792 in section. Key: a: crumbly black peat, b: brown organic layer with brick inclusions, c: black grey sand, d: remains of a shoe, e: blueish grey sand, f: homogeneous clay, fill of construction cut.

In het bruine, organische pakket (fig. 294: b) zat een houten bol, aan twee zijden afgevlakt (2075.1, fig. 295: 1) en met cilindrische doorboring (diameter: 3-3,4 cm). De diameter van de bol bedraagt 8,5 cm, de hoogte 7 cm. Deze bol was wellicht een van de bollen die in sets gebruikt werden om zeilen en dwarsmasten ook bij nat weer omhoog te doen rollen langs de mast. Een volledige set van die bollen, gescheiden door houten tussenstukken, werd onder andere aangetroffen op het wrak van de Mary Rose[480]. Ook op het Cattewater Wreck, gezonken in de eerste helft van de 16de eeuw, werd een dergelijk geperforeerde bol aangetroffen[481] die sprekend lijkt op exemplaar 2075.1 uit Walraversijde. In het Oostendse vissersmilieu van het begin van de 20ste eeuw werden dergelijke geperforeerde houten bollen 'rakklootjes' genoemd. Ze werden onder andere gebruikt rond het touw dat de twee klauwen van de gaffel tegen de mast drukte[482]. Deze bollen lieten toe de gaffel ook bij nat weer langs de mast op en neer te laten (fig. 296). Dergelijke bollen worden in de archeologische literatuur vaak verkeerdelijk als vlotters voor netten geïdentificeerd. Een veronderstelling die niet past bij de doorgaans goede afwerking van deze objecten, in tegenstelling tot de gekende vlotters die vooral uit kurk bestaan en over het algemeen vrij rudimentair van vorm zijn.

In het zwartgrijze, zandige pakket (fig. 294: c) zijn naast de resten van een leren schoen (2073.1-2, de zool en het bovenstuk) nog verschillende andere voorwerpen in organisch materiaal aangetroffen. Het betreft acht fragmenten van een touw met een gezamenlijke lengte van 1,7 m en een doormeter van 1 tot 1,5 cm (2073.3, fig. 295: 2), de helft van een gedraaid houten kommetje (2073.4, fig. 295: 3) en twee stukken schapenvacht met de volgende afmetingen: 13 bij 6 cm, 5,5 bij 5 cm (2073.5). De diameter van het houten kommetje bedraagt 17,5 cm, de hoogte 6,8 cm. Het kommetje heeft een rond profiel, een vlakke bodem met schuine kanten en een aan de buitenzijde naar binnen afgeschuinde rand. De overgang naar de bodem is beklemtoond met een groefje.

4.3.2.22.4 Tonwaterput spoornr. 799

De tonnen van deze put zijn centraal in een rechthoekige constructiekuil van 1 m bij 0,75 m geplaatst. De bodem van de tonwaterput (fig. 297-298) bevindt zich op 1,77 m T.A.W. Het hout van de onderste ton (2124.1) en een kleine helft van dat van de ton (2123.1) erboven is bewaard gebleven. Die laatste is een flink stuk in de onderste ton geschoven. De onderste ton is samengesteld uit 15 duigen van 74 cm lengte en heeft een maximale diameter van ongeveer 64 cm. Op de duig met het bomgat en op een aangrenzende duig is een merk aangebracht[483]. Aan de buitenkant van de onderste ton bevindt zich een geïsoleerde duig die dit bomgat rudimentair afdicht. De opvulling van de onderste ton is sterk organisch van aard en bevat naast takken en twijgen ook een aantal houten voorwerpen zoals een schop, een kam en een boetnaald, terwijl de ton erboven opgevuld is met bruine zandige klei die een kleine hoeveelheid schervenmateriaal bevat. Onderzoek van de zeefstalen uit de onderste vulling van deze ton door A. De Groote heeft naast een hele rist houtsoorten ook de aanwezigheid van heel wat kersen- of kriekenpitten en stukjes textiel aangetoond[484]. Die resten maken het aannemelijk dat deze tonwaterput de ondergrondse container van een latrine was. Op het terrein was de vulling helemaal niet als een latrinaire vulling herkenbaar.

Voor deze tonwaterput werden drie data bekomen via dendrochronologisch onderzoek. De jongste jaarring op de duigen van de bovenste ton is van het jaar 1391, wat neerkomt op een vellingsdatum tussen 1404 en 1414. Voor de duigen van de onderste ton is er enkel een *terminus post quem*, namelijk 1398. De duig (2126.1) aan de buitenkant van de onderste ton heeft 1406 als jongste jaarring. De boom is dus geveld tussen 1407 en 1417[485]. Deze data sluiten allemaal zeer goed bij elkaar aan.

In de vulling van de onderste ton werd zoals aangestipt een groot aantal objecten aangetroffen, vooral in organisch materiaal. Hieronder volgt de beschrijving van de aangetroffen objecten.

Een fragment van een baksteen vertoont op de zijkant een met een beitel uitgekapte gleuf (2125.1, fig. 299: 1). Deze baksteen heeft wellicht ooit dienst gedaan als spitlager.

Een fragment van een rechthoekige, dubbele kam in buxushout heeft een combinatie van een fijne en een grove tanding (2125.2, fig. 299.2). Op de breedte van 16 grove tanden komen aan de andere zijde 58 fijne tanden voor. De kam is 10 cm breed, de bewaarde lengte bedraagt 7,4 cm. Het middenstuk is op de bewaarde helft versierd met 19 ovale doorboringen die elk voorzien zijn van 6 uitsteeksels. Het vermoedelijke midden van de kam is geaccentueerd door een circulaire verdieping. Twee

480 Rule & The Mary Rose Trust 1995, 17.
481 Redknap 1984, 47 fig. 17a.
482 Bly 1920, 62 & 206.
483 Houbrechts & Pieters 1999, 228 fig. 3: 6.
484 De Groote 1998-1999, 58-67.
485 Houbrechts & Pieters 1999, 240-241.

FIG. 295 **Vondsten uit de opvulling van tonwaterput spoornr. 792: 1: houten bol met cilindrische perforatie (2075.1), 2: touwfragmenten (2073.3), 3: helft van een houten kommetje (2073.4).**
Finds from the fill of barrel well 792: 1: wooden sphere with cylindrical perforation (2075.1), 2: rope fragments (2073.3) and one half of a wooden bowl (2073.4).

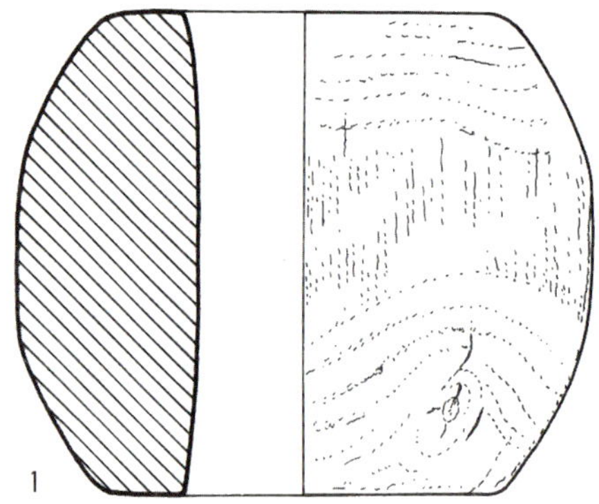
1

2

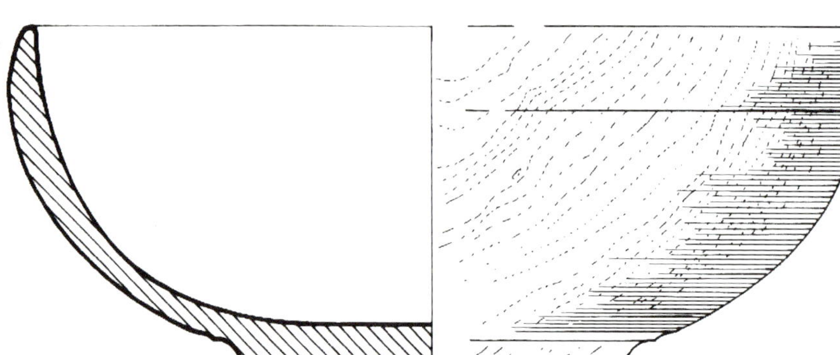
3

FIG. 296 **Cilindrische bollen in hout met perforatie zoals te zien bij de *Nele*, een replica van een 19de-eeuwse vissersboot uit Oostende.**
Cylindrical wooden balls with central perforation as seen on the Nele, a replica of a 19th-century fishing vessel from Ostend.

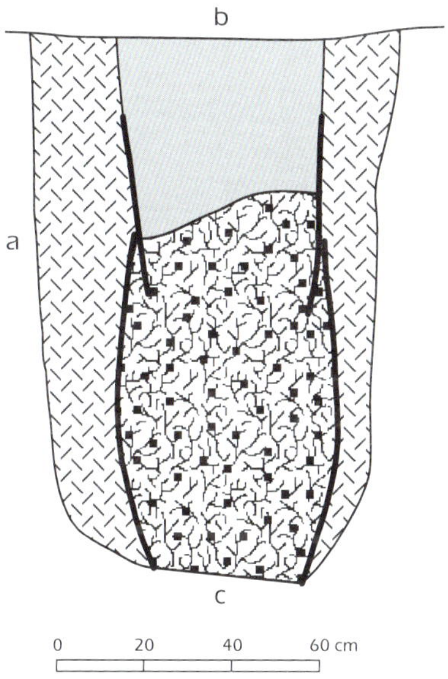

FIG. 297 **Tonwaterput spoornr. 799 in doorsnede. Legende: a: klei zonder stratificatie, constructiekuil, b: bruine zandige klei, c: sterk organische opvulling waaronder twijgen en pitten.**
Barrel well 799 in section. Key: a: homogeneous clay, fill of construction cut, b: brown sandy clay, c: highly organic fill containing twigs and pips, among other organic remains.

FIG. 298 **Tonwaterput spoornr. 799 bij de opgraving.**
Barrel well 799 under excavation.

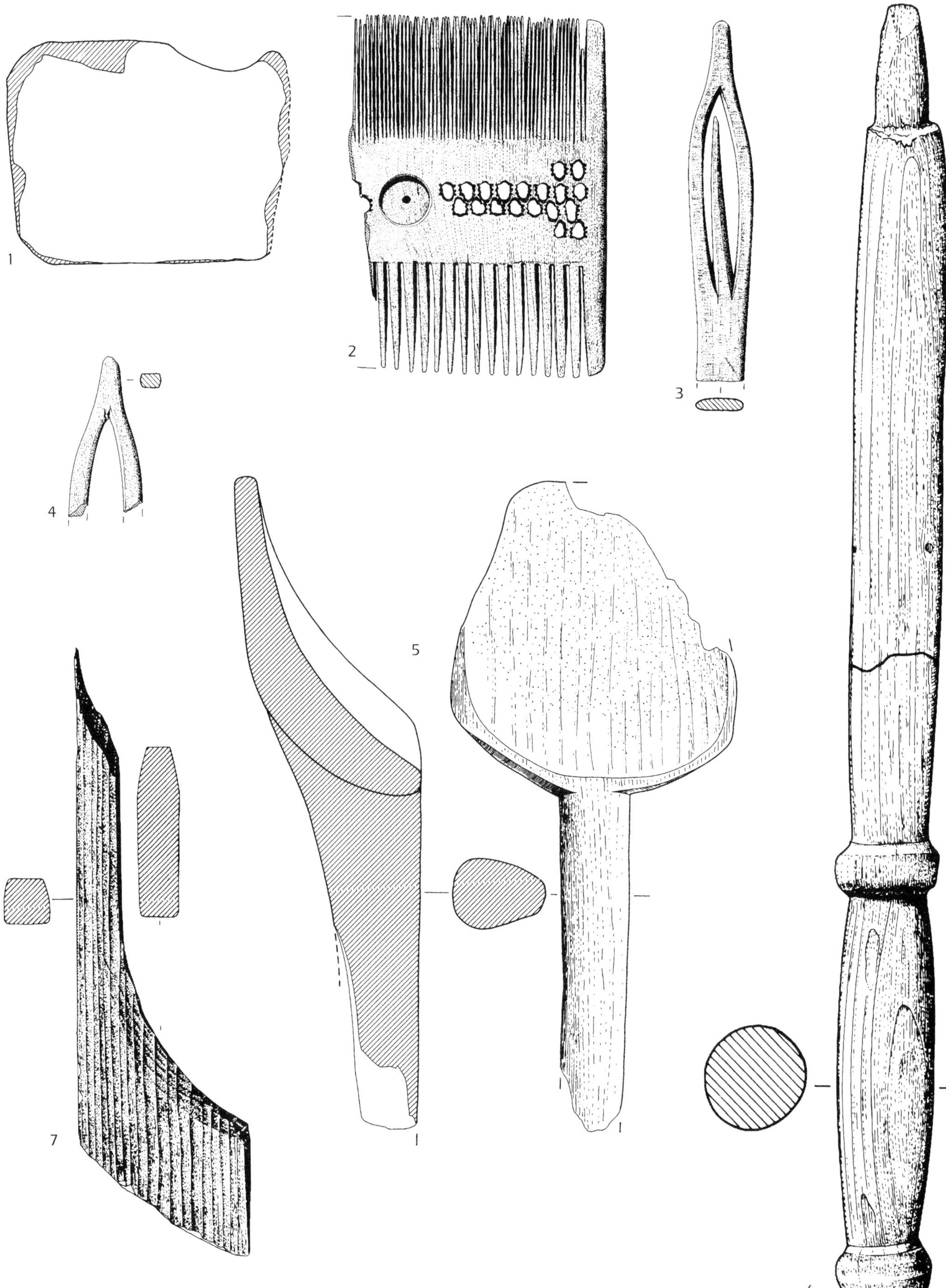
1
2
3
4
5
6
7

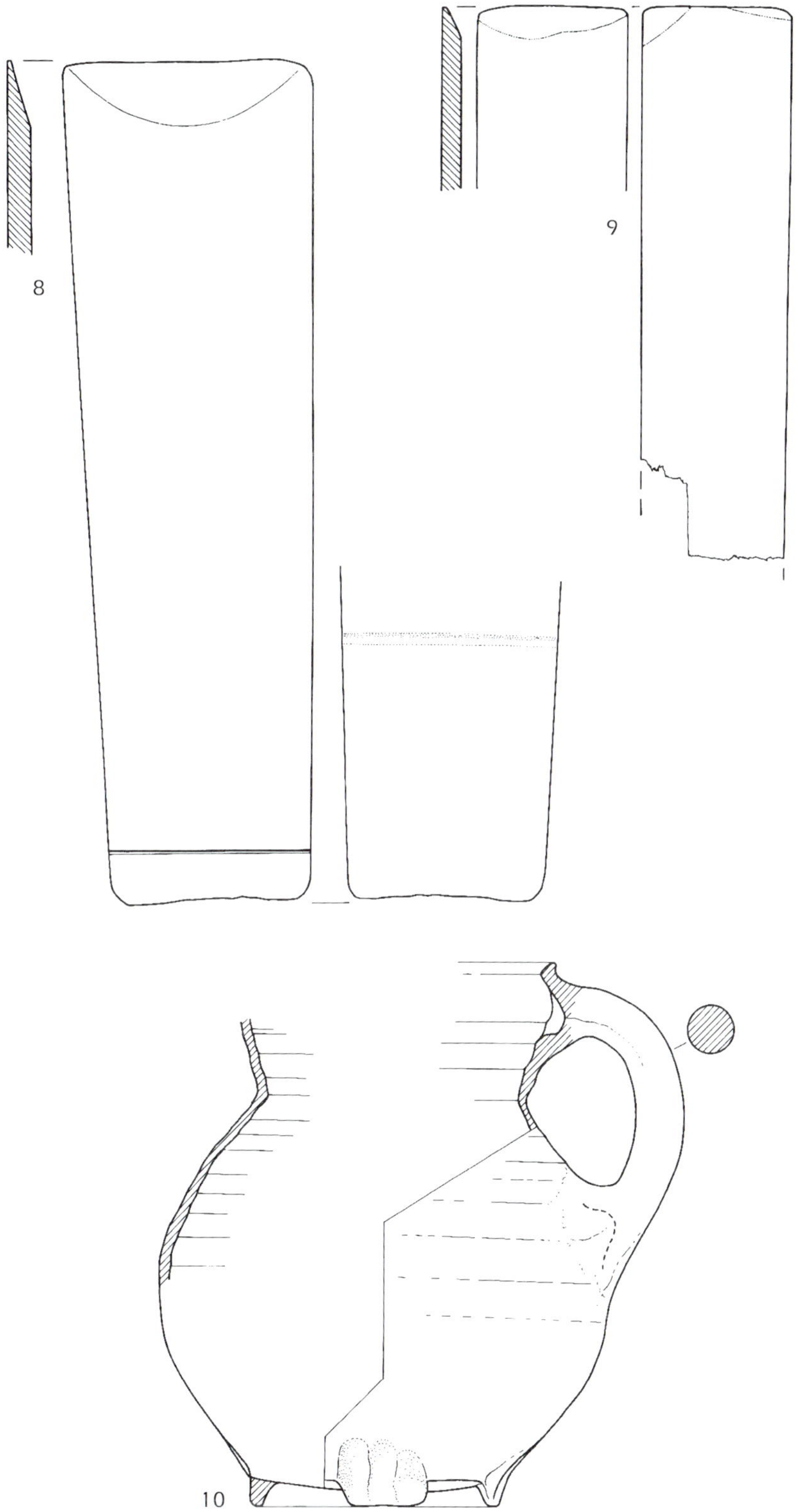

FIG. 299 **Vondsten uit de onderste vulling van tonwaterput spoornr. 799: baksteen met uitgekapte gleuf (1: 2125.1), fragment van een kam in buxushout (2: 2125.2), twee fragmenten van boetnaalden (3-4: 2125.3-4), fragment van een houten schop/scheplepel (5: 2125.5), ronde stok (6: 2125.6), booromslag (?) (7: 2125.7), duig van emmertje (?) (8: 2125.10), fragment van duig van emmertje (?) (9: 2125.11), kruik in grijs aardewerk (10: 2125.14). Schaal: 1, 5 & 8-10: 1/3, 2-4 & 6-7: 2/3.**

Finds from the basal fill of barrel well 799: brick with excised groove (1: 2125.1), fragment of a boxwood comb (2: 2125.2), two fragments of netting needles (3-4: 2125.3-4), fragment of wooden shovel/ladle (5: 2125.5), wooden stick (6: 2125.6), brace (?) (7: 2125.7), stave of a bucket (?) (8: 2125.10), fragment of a bucket stave (?) (9: 2125.11), greyware pitcher (10: 2125.14). Scale: 1, 5 & 8-10: 1/3, 2-4 & 6-7: 2/3.

gedeeltelijk bewaarde ovale doorboringen aan de andere zijde van de circulaire verdieping laten vermoeden dat de kam symmetrisch was versierd. De ovale perforaties op deze kam zijn voorzien van zes uitsteeksels waardoor ze bij de auteur spontaan de gedachte aan luizen oproepen. Het lijkt er dus op dat de doorboringen geschematiseerde voorstellingen zijn van het ongedierte dat met deze kammen verwijderd moest worden.

Voor deze kam en meer specifiek voor de karakteristieke versiering bestaan er in de literatuur drie parallellen, namelijk een 14de-eeuws exemplaar uit Novgorod[486], één uit de 14de eeuw uit Londen[487] en één uit een 15de-eeuwse context uit Kampen[488]. Dit zijn – toevallig of niet – drie Hanzesteden. Het valt op dat er kammen met een gelijkaardige versiering zijn gevonden op zulke uiteenlopende plaatsen. Het is bijgevolg zeer aannemelijk dat deze kammen van hetzelfde productiecentrum afkomstig waren en via het netwerk van de Hanze op deze plaatsen beland zijn. De Hanze heeft ongetwijfeld een enorme invloed gehad op de maritieme cultuur in de Noordzee en het Balticum[489]. Deze kam met typische versiering draagt bij tot die stelling.

Een fragment van een onversierde houten boetnaald (2125.3, fig. 299.3) heeft een bewaarde lengte van 10 cm en een breedte van 1,3-1,8 cm.

Een tweede fragment van een boetnaald (2125.4, fig. 299.4) in esdoorn (*Acer sp.*) heeft een bewaarde lengte van 4,5 cm en een breedte van 2,1 cm.

Door vuur aangetast fragment van een houten schop/scheplepel in één stuk, parallel met de groei-as van het hout uitgekerfd (2125.5, fig. 299.5). Afmetingen van de schop/scheplepel: bewaarde lengte: 36 cm, grootste breedte van het blad: 16,1 cm, bewaarde lengte van het blad: 17,5 cm, diameter van de steel: 4 bij 5,4 cm.

Ronde houten stok (2125.6, fig. 299.6) met twee ringvormige verdikkingen die een handvat vormen en een pen aan het uiteinde. Afmetingen van de stok: lengte: 36,5 cm, grootste diameter: 2,8 cm. In de 17de-eeuwse vulling van een bakstenen waterput van het kasteel van Tillegem (Sint-Michiels, Brugge)[490] werd een tinnen lepel aangetroffen met gelijkaardige houten steel.

Stuk hout met twee afgeronde zijden (2125.7, fig. 299.7), vermoedelijk een fragment van een booromslag. Afmetingen van het object: lengte: 17 cm, dikte: 11-13 mm.

Twee vierkante bomgatplankjes: 2125.8 met een zijde van 7,9 tot 8,2 cm en een dikte van 15-22 mm en 2125.9 met een zijde van 7,2 tot 7,8 cm en een dikte van 20 mm.

Duig (2125.10, fig. 299.8) van een emmer(?). De kroosgroef bevindt zich op 2 cm van het smalste duiguiteinde, terwijl het breedste duiguiteinde voorzien is van een kim. Aan de buitenkant zijn indrukken te zien, mogelijk van een band. Afmetingen van deze duig: lengte: 34 cm, breedte: 8,4-10,3 cm, dikte: 1 cm.

Fragment van een duig (2125.11, fig. 299.9) van een emmertje(?). Aan het breedste uiteinde van de duig is ook een kim aangebracht. Afmetingen van de duig: bewaarde lengte: 22,4 cm, breedte: 6-6,2 cm, dikte: 8 mm.

Verschillende stukjes linnen (2125.12).

Onversierde ronde gesp (2125.13) zonder middenstijl in een koperlegering. Diameter van de beugel: 38,5 mm.

Twee passende fragmenten van een kruik in grijs aardewerk (2125.14, fig. 299.10) op vier twee- tot drieledige standvinnen, met rolrond oor, trechtervormige hals en inwaarts afgeschuinde naar binnen staande rand. Afmetingen van de kruik: grootste diameter: 18,7 cm, hoogte: 22,7 cm.

4.3.2.22.5 Tonwaterput spoornr. 810

De tonnen van deze waterput stonden centraal in een ronde constructiekuil met een doormeter van 0,8 tot 0,9 m. Vermits de tonschacht niet detecteerbaar is in grondplan is meteen ook aangetoond dat de bovenste tonnen van de put reeds vroeger zijn gerecupereerd, vermoedelijk op het moment dat de waterput buiten gebruik werd gesteld. Daardoor is ook enkel het hout van de onderste ton (2133.1) bewaard. Deze ton is samengesteld uit 15 duigen met een lengte van 71-73 cm en heeft een maximale diameter van 59 cm. Op drie van de duigen zijn merken[491] aanwezig, onder andere op die met het bomgat (9 cm hoog bij 10 (?) cm breed). Het bomgat werd afgedicht met een plankje (2134.1) dat er op was genageld. De bodem van de put bevindt zich op 1,86 m T.A.W.

Op de bodem van deze tonwaterput (fig. 300) ligt een laag grijze, humeuze klei van ongeveer 30 cm dikte. Daarboven zit een duidelijk pakket van gestratificeerd zand en klei waarin tijdens de opgraving een aantal knaagdierskeletjes (?) werden opgemerkt. Deze tonwaterput is stratigrafisch afgedekt door de betredingsniveautjes van de oudste fase van een gebouw in deze zone. Dat maakt hem vanuit chronologisch standpunt bijzonder interessant. De jongste jaarring op de duigen dateert uit 1380 en de vellingsdatum wordt gesitueerd tussen 1401 en 1421[492]. Uit de vulling van de tonwaterput zijn tijdens het opgraven geen opmerkelijke vondsten geborgen, enkel een aantal bakstenen (formaat: 26 X 12 X 6 cm) en de bovenvermelde knaagdierskeletjes.

4.3.2.22.6 Tonput spoornr. 812

De ton is geplaatst in een min of meer ovale, getrapt uitgegraven constructiekuil van 1,1 m bij 0,6 m. De bodem van de put bevindt zich op 2,40 m T.A.W. Het hout van de ton (2145.1) is slechts gedeeltelijk bewaard. De duigen zijn nog amper 58 cm lang. De ton heeft een maximale diameter van 59 cm en is samengesteld uit 15 duigen die samen worden gehouden door vijf wissen. In een van de duigen zit een schuin geplaatst, vierkant bomgat van 7,5 cm zijde. Over dezelfde duig lopen enkele ingekerfde lijnen die aan een merk doen denken[493].

De tonschacht (fig. 301) is opgevuld met heterogene bruine zandige klei die een gesedimenteerde vulling op de bodem van de put afdekt. De put bevindt zich binnen het verlaagde gedeelte van gebouw 21 en steekt boven de loopniveautjes in dit gebouw

486 Kolchin 1989, 399: Pl. 153: 3.

487 Egan & Pritchard 1991, 373 nr. 1737.

488 Barwasser & Goubitz 1990, 94; Sarfatij (red.) 1990, 77.

489 Meier 2006, 125.

490 Devliegher 1990, 55.

491 Houbrechts & Pieters 1999, 241 fig. 16.

492 Houbrechts & Pieters 1999, 241.

493 Houbrechts & Pieters 1999, 228 fig. 3: 27.

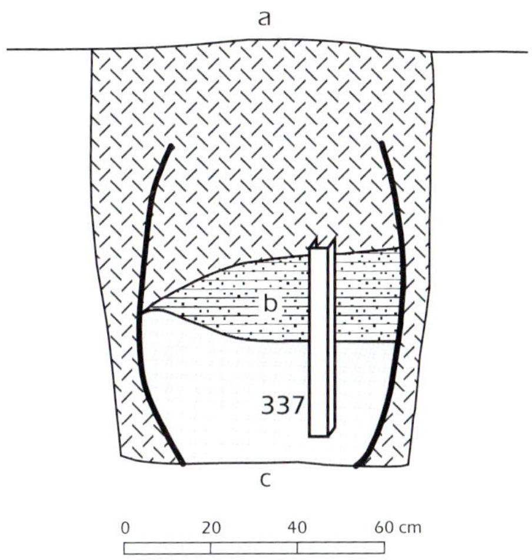

FIG. 300 **Tonwaterput spoornr. 810 in doorsnede. Legende: a: klei zonder stratificatie, constructiekuil en bovenste vulling tonwateput, b: zand en klei met prominente stratificatie, c: grijze humeuze klei.**
Barrel well 810 in section. Key: a: homogeneous clay, fill of construction cut and upper part of barrel well fill, b: highly laminated sand and clay, c: grey humic clay.

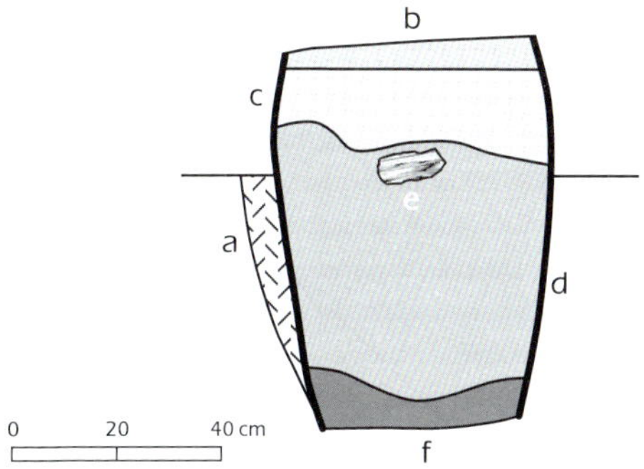

FIG. 302 **Tonput spoornr. 822 in doorsnede. Legende: a: klei zonder stratificatie, constructiekuil, b: bruine, zandige klei, c: beige kleiig zand, d: grijs kleiig zand met wat baksteenfragmenten, e: hout, f: zwarte, humeuze klei.**
Barrel lined pit 822 in section. Key: a: homogeneous clay, fill of construction cut, b: brown sandy clay, c: beige clayey sand, d: grey clayey sand with some brick fragments, e: plant macrofossil (wood), f: black humic clay.

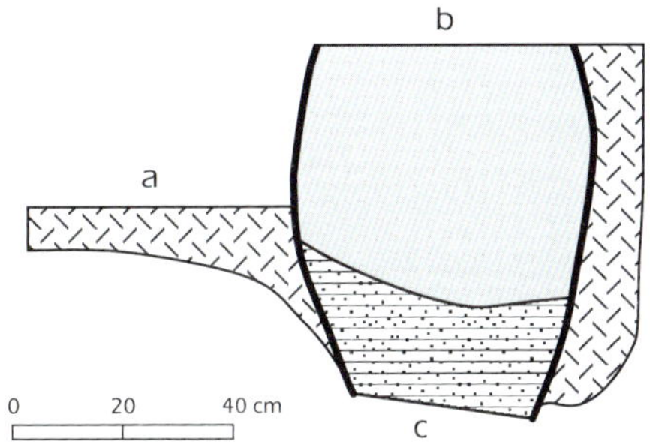

FIG. 301 **Tonput spoornr. 812 in doorsnede. Legende: a: klei zonder stratificatie, constructiekuil, b: bruine zandige klei gemengd met baksteenfragmenten en olijfgroene klei, c: klei en zand met stratificatie.**
Barrel lined pit 812 in section. Key: a: homogeneous clay, fill of construction cut, b. brown sandy clay with brick fragments and olive green clay, c: laminated clay and sand.

uit. Via het dendrochronologisch onderzoek kon voor deze tonput enkel een *terminus post quem* worden vastgesteld, namelijk 1398[494]. In de vulling zaten geen mobiele vondsten.

Het is niet zeker dat deze structuur een waterput was. Het zou ook om een halfondergrondse opslagplaats kunnen gaan, zoals de bakstenen koker spoornr. 596 die onderzocht werd bij de jongste fase van gebouw 13.

4.3.2.22.7 Tonput spoornr. 822

De ton staat in een minimale constructiekuil waar ze net in past (fig. 302-303). De bodem van de tonput bevindt zich op 2,63 m T.A.W. De duigen van de ton (2170.1) zijn op een aantal cm na volledig bewaard. De ton heeft een maximale diameter van 60 cm en is samengesteld uit 15 duigen. Eén daarvan is gekenmerkt door een nagenoeg vierkant bomgat van 7,5 cm horizontaal op 7 cm verticaal. Op dezelfde duig vormen een aantal ingekerfde lijnen een vrij onduidelijk merk[495].

De tonschacht is opgevuld met een heterogene opeenvolging van lagen die er vermoedelijk bij het afdanken van de put zijn ingebracht. Enkel de bodemvulling, zwarte humeuze klei, lijkt te verwijzen naar de gebruiksperiode van deze structuur. Deze tonput bevindt zich evenals tonput 812 binnen het verlaagde gedeelte van gebouw 21. De structuur steekt eveneens een eindje boven de loopniveautjes uit. De jongste jaarring dateert uit 1412 en de vellingsdatum wordt gesitueerd tussen 1413 en 1433[496]. Ook voor deze tonput geldt dat het wellicht niet gaat om een waterput, maar om een halfondergrondse opslagplaats (fig. 303). Er werden geen bijzondere vondsten opgemerkt bij het leeghalen van de tonschacht. Dat er in beide tonputten (spoornrs. 812 en

494 Houbrechts & Pieters 1999, 241.

495 Houbrechts & Pieters 1999, 228 fig. 3: 28.

496 Houbrechts & Pieters 1999, 242.

FIG. 303 Tonput spoornr. 822 tijdens de opgraving:
a. in grondplan, b. in doorsnede,
c. leeggemaakt.
Barrel lined pit 822 under excavation: a. in plan, b. in section, c. after removal of the fill.

822) waarvan vermoed wordt dat het geen waterputten waren geen mobiele vondsten werden opgemerkt is wellicht geen toeval. In de tonwaterputten werden immers steeds allerlei objecten gevonden die men er in de tijd van het gebruik blijkbaar niet meer kon of wou uithalen zonder al te grote inspanningen.

4.3.2.22.8 Tonput spoornr. 856

De ton staat in een rechthoekige constructiekuil van 1,05 m bij 0,55 m. De bodem van de put bevindt zich op 2,49 m T.A.W. De tonschacht (fig. 304-305) is haast volledig opgevuld met beige kleiig zand gemengd met baksteengruis, een opvulling die kenmerkend is voor de uitbraaksporen van de muren op de site. Enkel onderaan bevindt zich wat kleiig zand, wellicht uit de gebruiksperiode van de tonput. Helemaal onderaan, zelfs een stuk onder de duigen, ligt beige zand (fig. 304). Hierin is een houttrip of houten tripklomp aangetroffen. Deze houttrip of tripklomp (fig. 306) is vervaardigd in wilg (*Salix sp.*) of populier (*Populus sp.*). In de zijkanten van de houttrip of tripklomp is een hele reeks nageltjes aanwezig. Dat is ook zo in de verdikkingen aan de onderzijde. Ze komen aan de bovenzijde door het hout. Afmetingen van de houttrip of tripklomp: lengte: 22,8 cm, breedte: 9,4 cm en hoogte: 4,4-5,1 cm.

Vermoedelijk is er een verband tussen deze tonput en een reeks paalsporen in de onmiddellijke omgeving. De duigen (2225.1) van de ton zijn ongeveer over de helft van hun oorspronkelijke lengte bewaard, zoals te zien op fig. 305c. De ton, met een maximale diameter van 55 cm, is samengesteld uit 13 duigen. Op één ervan, niet die met het bomgat (8 cm horizontaal bij 7 cm verticaal), is een merk aangebracht. Het gaat om vier parallelle streepjes, gevolgd door een V[497]. Het merk doet aan een Romeinse negen denken. Normaalgezien komen de eenheden weliswaar achter het vijftal. Een acht die op die manier is gevormd werd ook aangetroffen op de daksporen van de dakconstructie van de schuur van de abdij Ter Doest[498]. Daar betrof het wel degelijk een telmerk. De jongste jaarring op de duigen van deze ton is van het jaar 1397[499], wat meteen ook de *terminus post quem* is voor de aanleg van deze tonput.

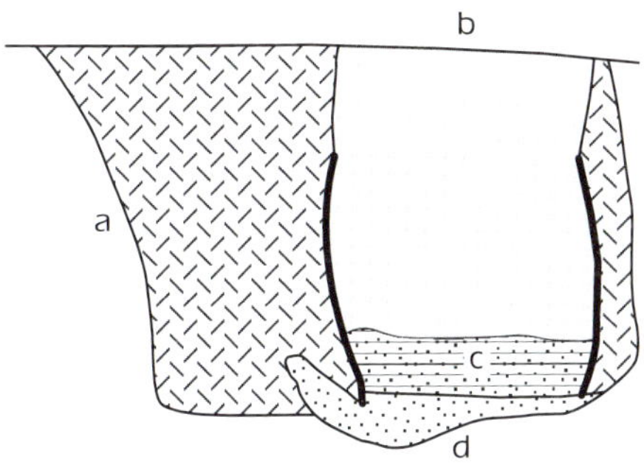

FIG. 304 Tonput spoornr. 856 in doorsnede. Legende: a: klei zonder stratificatie, constructiekuil, b: beige zand met stukken baksteen, c: kleiig zand, stabilisatiefase, d: beige zand.
Barrel lined pit 856 in section. Key: a: homogeneous clay, fill of construction cut, b: beige sand with brick fragments, c: clayey sand, evidence for a stable phase, d: beige sand.

4.3.2.23 Gebouw 22

Gebouw 22 (fig. 307 en fig. 408) is op enkele bakstenen na enkel onder de vorm van uitbraaksporen bewaard en kon bovendien slechts gedeeltelijk onderzocht worden. Het betreft een rechthoekig gebouw van 5,2 m bij minstens 6 m buitenwerks dat met de lengteas 50° NO is georiënteerd. Op 1 m afstand van de zuidhoek van het gebouw springt de zuidelijke gevel onder een hoek van 90° 60 cm naar binnen. Dat heeft waarschijnlijk te maken met een eventuele toegang op deze plaats. Vlak naast en evenwijdig aan de zuidelijke gevel loopt een 50 tot 60 cm brede greppel (spoornr. 961). Deze greppel met ongekende lengte stopt ter hoogte van de vermoedelijke toegang en diende mogelijk voor de afvoer van het dakwater. Aan de westzijde van het gebouw bevindt zich een bevloering (spoornr. 720) van platgelegde bakstenen met daartussen af en toe een natuursteen. De afboording van dit plaveisel bestaat uit een dubbele rij gekantelde bakstenen. Het plaveisel strekte zich vermoedelijk uit tot aan de ingang en in elk geval tot ongeveer 1,5-1,7 m ten noorden van de westelijke hoek van gebouw 22. Merkwaardig genoeg stopt het plaveisel langs de noordgevel ongeveer ter hoogte van de insprong in de zuidgevel.

In het gebouw zijn twee zones (spoornrs. 977 en 1002) geregistreerd met sporen van intense verhitting *in situ*. Nabij de noordmuur gaat het vermoedelijk om de resten van een haardje (spoornr. 977), omdat er daar veel verhitte baksteenfragmenten werden gevonden. Het haardje bevond zich op ongeveer 4 m van de westelijke hoek van gebouw 22. De ganse zone binnen gebouw 22 was verder ook over een belangrijk gedeelte bedekt met een dun, bruin zandig laagje (een loopvlak?) dat op sommige plaatsen de indruk wekte ooit verhit te zijn geweest. Nabij de grens van de onderzochte zone bakent een rij gekantelde bakstenen (spoornr. 1008) een vermoedelijk rechthoekige ruimte af. Daar kan onder een hoek van 90° een lineair spoor aan worden gekoppeld. Hierbinnen bevindt zich een tweede spoor (nr. 1002) dat naar *in situ* verhitting verwijst.

Dit gebouw springt echter vooral in het oog door de rechthoekige structuur in baksteen (spoornr. 943, fig. 308, zie hieronder) binnen de plattegrond.

De bovenvermelde aanwijzingen voor verhitting van het loopvlak lijken te suggereren dat dit gebouw eerder benut werd als werkruimte en minder als woonruimte. Een bijkomend argument in die richting is de afwezigheid van aan dit gebouw te koppelen waterputten. Die veronderstelling moet wel gerelativeerd worden. Dit gebouw is slechts voor de helft onderzocht, het is dus best mogelijk dat er aan de noordoostkant van het gebouw waterputten lagen.

497 Houbrechts & Pieters 1999, 228 fig. 3: 11.
498 Delaey 1998, 9.
499 Houbrechts & Pieters 1999, 243.

FIG. 305 Tonput spoornr. 856 tijdens de opgraving:
a. in grondplan en doorsnede,
b. in doorsnede,
c. leeggemaakt.
Barrel lined pit 856 under excavation: a. in plan and in section, b. in section, c. after removal of the fill.

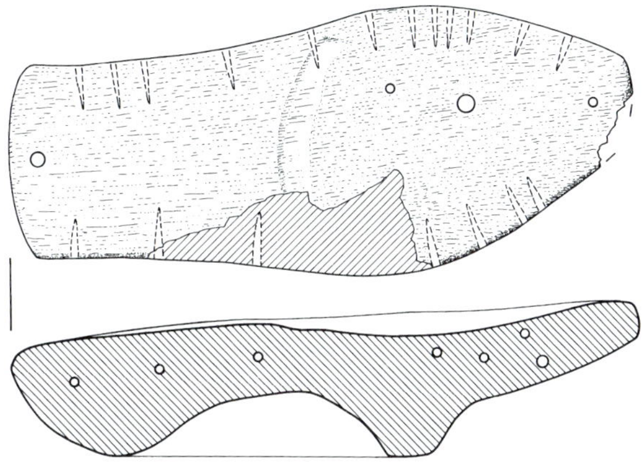

FIG. 306 Houttrip of houten tripklomp uit laag d van de vulling van tonput spoornr. 856.
Patten from layer d of the fill of barrel lined pit 856.

4.3.2.23.1 Rechthoekige bakstenen structuur, spoornr. 943

Binnen de plattegrond van gebouw 22 bevindt zich een rechthoekige bakstenen structuur (fig. 308) van 1,7 bij 0,75 m. Hij bestaat uit een bakstenen bevloering van de bovenvermelde afmetingen, omrand met een muurtje van een halve steen. Zo ontstond een rechthoekige bak van 1,4 bij 0,4-0,5 m binnenwerks met een bevloering op 3,35 m T.A.W. Van het muurtje zijn nog twee steenlagen bewaard. De opvulling van de structuur bestond uit beige kleiig zand met baksteenpuin en kalkmortel, de gebruikelijke materie van uitbraaksporen. De materie in de voegen tussen de stenen van het bodemoppervlak was niet donkerder van kleur dan die in de voegen van de muurtjes zelf. Een dergelijk kleurverschil van het sediment tussen de stenen op de bodem en de stenen in de muur werd daarentegen wel vastgesteld bij structuur spoornr. 924 van gebouw 29. De structuur die we hier behandelen verschilt van oriëntatie duidelijk van het muurwerk van gebouw 22. Bovendien was spoor nr. 943 duidelijk van hoger in het bodemarchief leesbaar dan de uitbraaksporen van gebouw 22. Beide vaststellingen maken aannemelijk dat deze

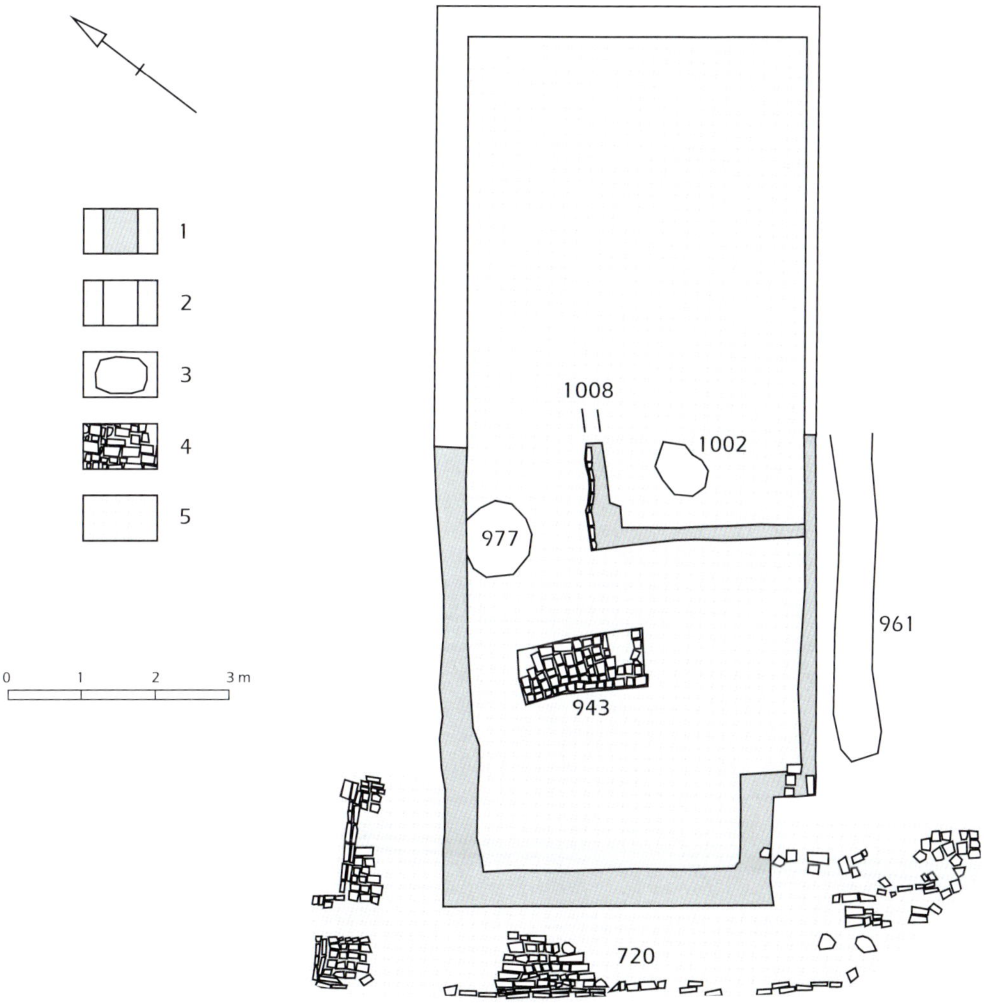

FIG. 307 Plattegrond van gebouw 22 met aanvullingen. Legende: 1: uitbraaksporen, 2: aanvullingen, 3: specifieke structuren, 4: bakstenen, 5: bebouwde oppervlakte.
Floor plan of building 22. Key: 1: robber trenches, 2: deduced extensions of the excavated features, 3: specific structures, 4: bricks, 5: built surface area.

FIG. 308 **Rechthoekige bakstenen structuur, spoornr. 943 binnen gebouw 22.**
Rectangular brick structure 943 in building 22.

rechthoekige bakstenen structuur misschien zelfs niets te maken heeft met gebouw 22, maar enkel op een later ogenblik op die plaats is gelokaliseerd.

Dergelijke structuren kunnen worden geïnterpreteerd als rookovens voor vlees of vis (*cf. infra* spoornr. 924 bij gebouw 29).

4.3.2.24 Gebouw 23

Gebouw 23 (fig. 309 en fig. 408) heeft duidelijk verschillende bouwfasen. Door de sterke aantasting van het bodemarchief aan gebouw 23 zijn ze echter niet meer zo goed zichtbaar. Ter hoogte van gebouw 23 werden immers na de late middeleeuwen verschillende ingrepen in de bodem uitgevoerd: er werd een gracht (spoornr. 887, fig. 310) gegraven, een paard (spoornr. 893, fig. 311) begraven en een kelder (spoornr. 868, fig. 312) aangelegd. Bovendien bevindt gebouw 23 zich in drie verschillende sleuven, nl. 96/I, 96/II en 97/I, wat op zich niet bevorderlijk is voor een optimale inschatting van het bodemarchief. Verder is er tussen de sleuven 96/I en 96/II om praktische redenen een strook van 1 m breed niet onderzocht.

Gebouw 23 heeft een rechthoekig grondplan (fig. 309), meet buitenwerks 5,8 m bij ongeveer 11,5 m en beslaat zo een oppervlakte van 65,5 m². De rechthoekige ruimte is onderverdeeld in een grote (fig. 309: B en C) en een kleine ruimte (fig. 309: A) van respectievelijk 8,1 bij 4,8 en 2,1 bij 4,8 m binnenwerks. De vloer van gebouw 23 bestond in deze eerste fase uit klei, met daarop een laagje zand. Dat kan worden afgeleid uit de aanwezigheid van een tot enkele cm dik laagje van bruin kleiig zand met een uitgesproken plaatvormige structuur, wat erop wijst dat het zand betreden is (fig. 313a, b en c). Dergelijke karakteristieke laagjes zijn tot nog toe op de site enkel aangetroffen binnen de woningen en kunnen als loopvlak (spoornr. 952) geïnterpreteerd worden. Van dit laagje, dat oorspronkelijk vermoedelijk de ganse oppervlakte van de woning besloeg, is door de talrijke verstoringen slechts een 4-tal m² overgebleven voor onderzoek (fig. 313a). Het resterende gedeelte van dit laagje is net daarom zeer gedetailleerd opgegraven. Alle vondsten, hoe klein ook, werden op het opgravingsplan ingetekend en het uitgehaalde sediment werd naderhand volledig gezeefd. De zeefresidu's werden onderworpen aan een botanisch en zoölogisch onderzoek. Tevens werden van dit laagje monsters genomen, zowel voor fysico-chemische analyses als voor een micromorfologisch onderzoek (*cf. infra*). De interpretatie als loopvlak wordt in elk geval bevestigd door de grote fragmentatiegraad van het teruggevonden botmateriaal (*cf. infra*).

Gebouw 23 staat met zijn zuidwestelijke gedeelte boven op een opgevulde veenwinningsput. Het oorspronkelijke oppervlak aan de zuidwestkant van de woning was bijgevolg lager gelegen dan dat aan de noordoostelijke kant. Het niveauverschil werd weggewerkt door het muurwerk vanuit de diepste zone in opeenvolgende horizontale lagen tegen de helling te laten aansluiten. Daardoor ligt de onderkant van de onderste steenlaag van het muurwerk van gebouw 23 aan de zuidwestkant opmerkelijk dieper dan aan de noordoostkant (2,92 m t.o.v. 3,27 m T.A.W.). Binnenin de woning werd het bodemoppervlak vervolgens genivelleerd in de zuidwestelijke helft, met een kleipakket tot 20 cm dik. Het metselverband van de zeven steenlagen die bewaard zijn voor de zuidoostelijke muur bestaat uit een rij strekken en een rij koppen (baksteenformaat: 26-27.5 X 12-13.5 X 5.5-7 cm). Ze worden in de opeenvolgende lagen van positie verwisseld. Waar deze regelmaat niet kan worden aangehouden (wegens een gebrek aan voldoende volledige stenen?) wordt overgeschakeld op een soort parementsysteem met twee rijen stenen aan de buitenzijde, opgevuld met baksteenbrokken.

Nabij de zuidhoek van gebouw 23 versmalt de muur plaatselijk over een lengte van 85 cm tot een dikte van één steen, met andere woorden van een muur van 45-46 cm tot een muur van 25-26 cm dikte. Dit is ongetwijfeld de voormalige toegang tot de woning. In de as van deze vermoedelijke deuropening bevindt zich binnen de plattegrond van het gebouw bovendien een gedeeltelijk bewaarde bakstenen (formaat van de bakstenen: 19-28 X 10-14 X 6-7 cm) bevloering (spoornr. 771, fig. 314). De begrenzing van deze bevloering is aan de oostkant nogal rechtlijnig en regelmatig. Zo ontstaat de indruk dat de bevloering zich in oostelijke richting oorspronkelijk niet verder uitstrekte. In de lengteas was ze ongetwijfeld wel langer. De bevloering lag er in

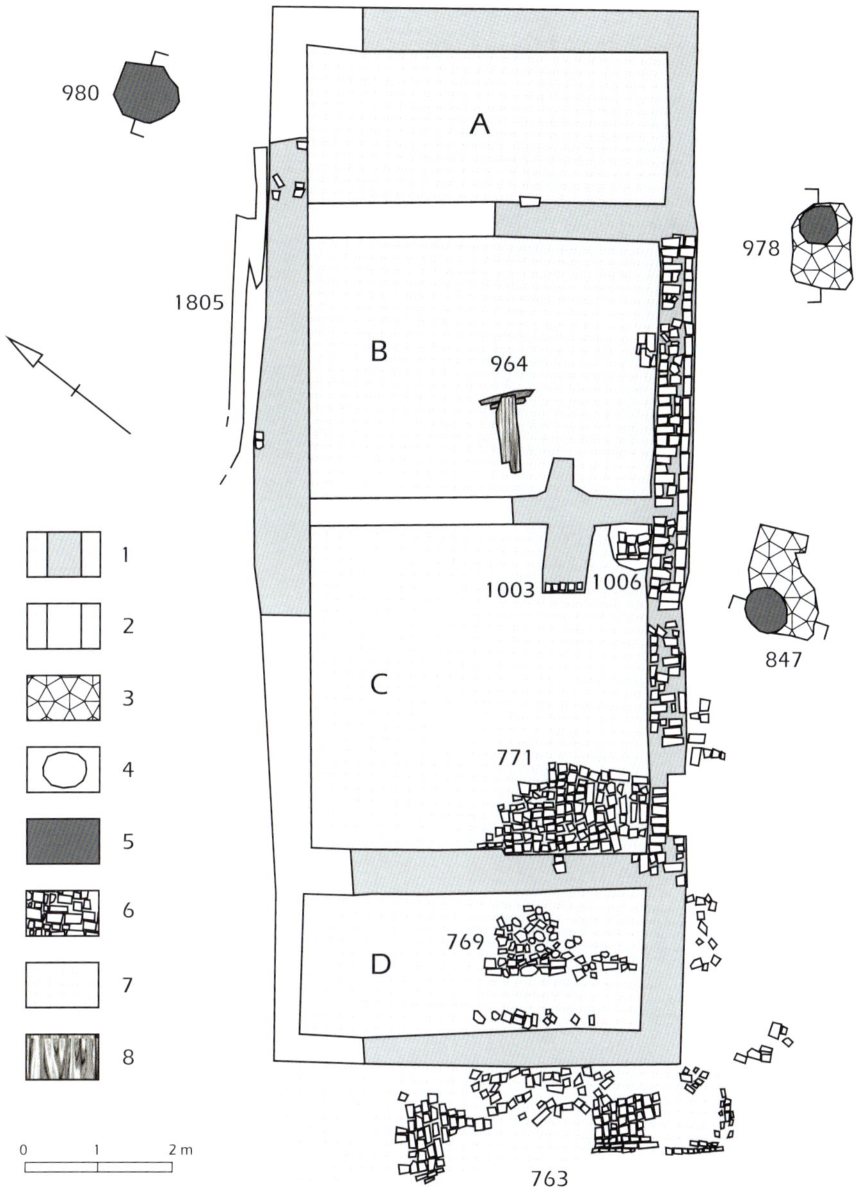

FIG. 309 Plattegrond van gebouw 23 met aanvullingen. Legende: 1: uitbraaksporen, 2: aanvullingen, 3: kuilen, 4: specifieke structuren, 5: waterputten, 6: bakstenen, 7: bebouwde oppervlakte, 8: houtresten. ***Floor plan of building 23. Key 1: robber trenches, 2: deduced extensions of the excavated features, 3: pits, 4: specific structures, 5: wells, 6: bricks, 7: built surface area, 8: plant macrofossils (wood).***

elk geval niet in de aanvangsperiode van gebouw 23, vermits het bovenvermelde loopvlak met plaatvormige structuur (spoornr. 952) ook onder deze bevloering ligt.

In het midden van de grote kamer (fig. 309 B en C), op ongeveer 4 m van de zuidhoek, bevindt zich tegen de zuidoostelijke muur een bakstenen haardje (spoornr. 1006, fig. 315). Onder dit haardje zat een met as gevuld kuiltje (spoornr. 983) vermoedelijk een relict van de vroegere fase van deze stookplaats.

Rond de oudste fase van gebouw 23, zowel aan de west- als zuidkant, zijn restanten aangesneden van een plaveisel. Dit plaveisel (spoornr. 769, fig. 316) is tot 1,1 m breed, bestaat uit een mengeling van natuur- en baksteen (formaat: 24-27 X 11.5-13.5 X 4-5.5 cm) en bevindt zich 15 tot 20 cm hoger dan de bevloering binnen het gebouw. Aan de noordkant van gebouw 23 loopt een greppeltje (spoornr. 1805) dat als druipspoor bij dit gebouw kan worden geïnterpreteerd.

In een tweede fase wordt gebouw 23 in de lengte 2,3 m langer, waardoor de totale bebouwde oppervlakte op 78 m² wordt gebracht. Dit houdt in dat indien aan de andere muren niets wordt gewijzigd gebouw 23 er een ruimte van 1,8 bij 4,8 m binnenwerks bij krijgt (fig. 309: D) en buitenwerks 5,8 bij minstens 13,3 m meet. Aan deze nieuwe westelijke muur ligt aan de buitenkant een nieuw plaveisel (spoornr. 763, fig. 316) dat uitsluitend uit bakstenen bestaat. Het plaveisel wordt afgeboord door drie rijen gekantelde bakstenen en ligt ongeveer 20 cm hoger (3,6 m T.A.W.) dan het plaveisel dat aansluit bij de vorige westmuur. Het oppervlak hoogt in deze zone blijkbaar geleidelijk op tijdens de bewoning. Ook een aantal aspecten die hierna behandeld worden hangen vermoedelijk samen met de uitbreiding aan de westkant.

Ongeveer centraal in gebouw 23 wordt een nieuwe dwarsmuur gebouwd die de haard spoornr. 1006 gedeeltelijk

FIG. 310 Gracht spoornr. 887 bij de opgraving.
Ditch 887 under excavation.

FIG. 311 Een begraven paard (structuur nr. 893) nabij gebouw 23.
A buried horse (893) next to building 23.

FIG. 312 Kelder in baksteen, spoornr. 868 bij de opgraving.
Brick cellar 868 under excavation.

FIG. 313 **Bruine betredingslaag met plaatvormige structuur binnen gebouw 23: a. in grondvlak, b. in profiel en c. detail van laag in profiel.**
Brown occupation layer with platy structure within building 23: a. in plan, b: in section and c: detail of layer in section.

FIG. 314 **De deuropening van gebouw 23 met in het verlengde een bakstenen bevloering.**
The doorway of building 23 with brick paving.

FIG. 315 **Bakstenen haard tegen de zuidoostelijke muur van gebouw 23.**
Brick hearth adjoining the south-eastern wall of building 23.

FIG. 316 **De bakstenen plaveisels van gebouw 23.**
The brick pavements of building 23.

doorsnijdt. Tegen deze muur leunt aan de westzijde een rechthoekig puinpakket (spoornr. 1003) met aan één zijde nog een rij *in situ* bewaarde bakstenen. Aan de oostzijde van deze muur komt ook een uitstulping in het uitbraakspoor voor. Beide sporen kunnen als restanten van haardwangen worden geïnterpreteerd. Door de verstoring door de 19de-eeuwse kelder is van de eventuele andere haardwangen niets bewaard gebleven.

Fasen 1 en 2 van gebouw 23 zijn met de lengteas 54-55° NO georiënteerd. De dwarsmuren zijn 37-38° NW georiënteerd. In de onmiddellijke omgeving van gebouw 23 bevinden zich verder 3 tonwaterputten (spoornrs. 847, 978 en 980) die wellicht met de eerste fasen van gebouw 23 in verband kunnen gebracht worden. Ze leverden allen een kapdatum op voor het hout: respectievelijk 1412-1422, 1415-1425 en 1396-1406. Hieruit kan worden afgeleid dat gebouw 23 in de eerste twee decennia van de 15de eeuw in gebruik was en wellicht nog wat langer. Deze informatie sluit perfect aan bij de informatie op 4 munten uit loopvlak spoornr. 952. De drie recentste dateren vermoedelijk uit de regeerperiode van Jan zonder Vrees, na 1407 (*cf. infra*).

In en rond gebouw 23 bevinden zich ook een aantal muurresten en sporen van uitgebroken muren die het best als een derde fase van gebouw 23 kunnen worden geïnterpreteerd (fig. 317). Aan de buitenzijde ervan sluit een plaveisel (spoornr. 949) van bakstenen aan. Binnen de onvolledig aangesneden ruimte werden ook restanten van een bakstenen bevloering (spoornr. 962) aangetroffen. Het formaat van deze bakstenen is 22 bij 11 bij 5 cm. Het zijn de resten van de helft van een gebouw, waarvan de andere muren door de aanleg van een kelder onleesbaar werden gemaakt. Deze fase behoudt dezelfde oriëntatie als de fasen 1 en 2. Tonwaterput spoornr. 864, die zelf geen datering opleverde, sluit wellicht eerder bij deze fase aan, waardoor hij ook niet meer binnen een gebouw is gesitueerd (fig. 318). Deze

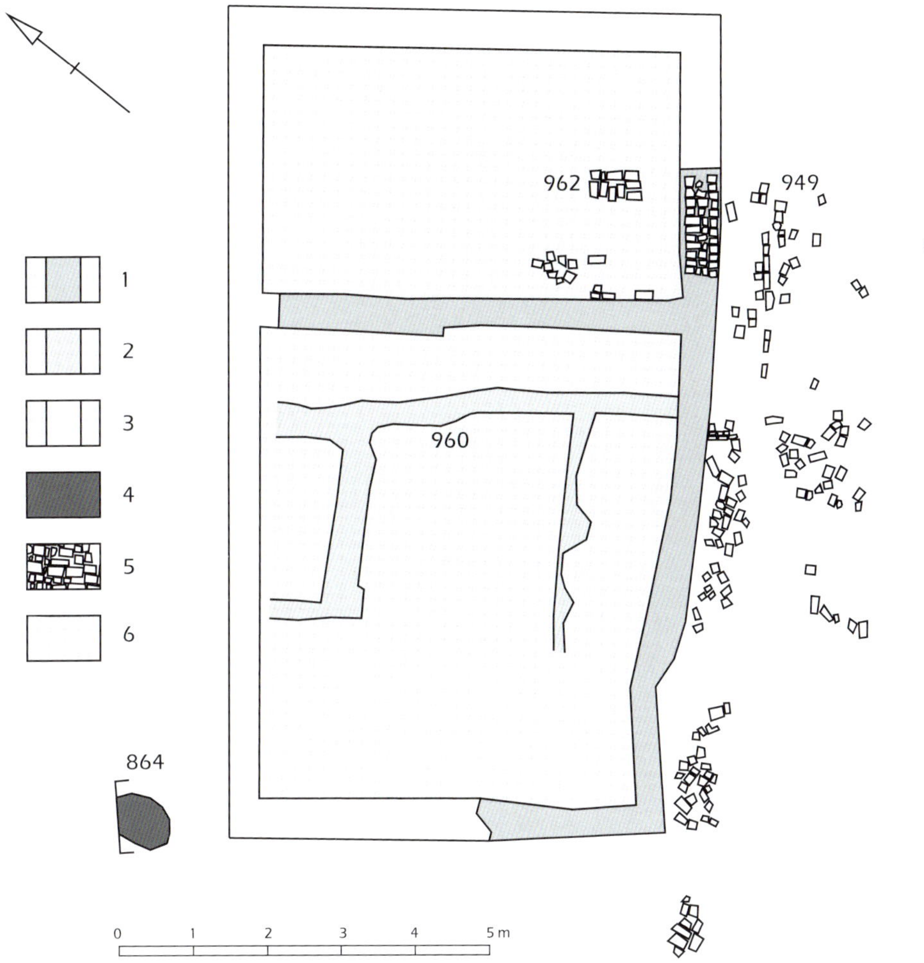

FIG. 317 **Plattegrond van gebouw 23-fase 3 met aanvullingen. Legende: 1: uitbraaksporen, 2: aanvullingen, 3: waterputten, 4: bakstenen, 5: bebouwde oppervlakte.**
Floor plan of building 23 phase 3. Key: 1: robber trenches, 2: deduced extensions of the excavated features, 3: wells, 4: bricks, 5: built surface area.

fase moet na 1415 worden gedateerd, wat kan worden afgeleid uit de jongste kapdatum van de twee tonwaterputten die door deze sporen worden afgedekt.

Ten slotte bevinden zich binnen gebouw 23 nog een aantal sporen waar niet meteen een verklaring voor is. Het gaat om een kuil (spoornr. 985) met daarboven een aantal planken (spoornr. 964, fig. 309)[500] en een aantal fragmentarisch bewaarde uitbraaksporen (spoornr. 960, fig. 317). Figuur 318 toont de verschillende veronderstelde fasen boven elkaar.

4.3.2.24.1 Het loopvlak spoornr. 952 multidisciplinair onderzocht

Zoals hierboven vermeld is dit loopvlak (fig. 313) zeer gedetailleerd opgegraven en uitvoerig bemonsterd. Al het uitgegraven sediment werd gerecupereerd en gezeefd. Zo zijn een groot aantal kleine objecten geborgen.

Tot de objecten uit dit loopvlak behoorden naast een kleine hoeveelheid ceramiekfragmenten en een kraal in amber (2446.1) ook enkele metalen voorwerpen, waaronder vier munten. Een mijt geslagen onder Lodewijk van Nevers of een imitatie van een dergelijke mijt (2445.3), een mijt geslagen vanaf 1407 onder Jan zonder Vrees (2448.2), een imitatie van een dubbele mijt type Jan zonder Vrees of Filips de Goede (2445.1) en een imitatie van een mijt type Jan zonder Vrees of Filips de Goede (2448.1). Geen van de vier munten is geslagen na 1434. Het feit dat bij twee munten het onderscheid tussen Jan zonder Vrees en Filips de Goede niet mogelijk is, wijst enkel op de slechte bewaringstoestand van de stukken. Het zouden dus theoretisch ook drie mijten kunnen zijn die geslagen werden onder Jan zonder Vrees. De aanwezigheid van een mijt van Lodewijk van Nevers in dit laagje wijst erop dat dergelijke munten ongeveer 50 jaar na het einde van de regeerperiode van Lodewijk van Nevers bij het begin van de 15de eeuw nog konden verloren worden in Walraversijde. Van dergelijk klein geld zou men dat niet verwachten.

500 **Deze kuil en de bijbehorende planken zijn geïntegreerd in de fasen 1 en 2 van gebouw 23 en de fragmentaire uitbraaksporen bij fase 3 van gebouw 23.**

FIG. 318 **Beide hoofdfasen van gebouw 23 boven elkaar geprojecteerd.**
Superimposed view of the two main phases of building 23.

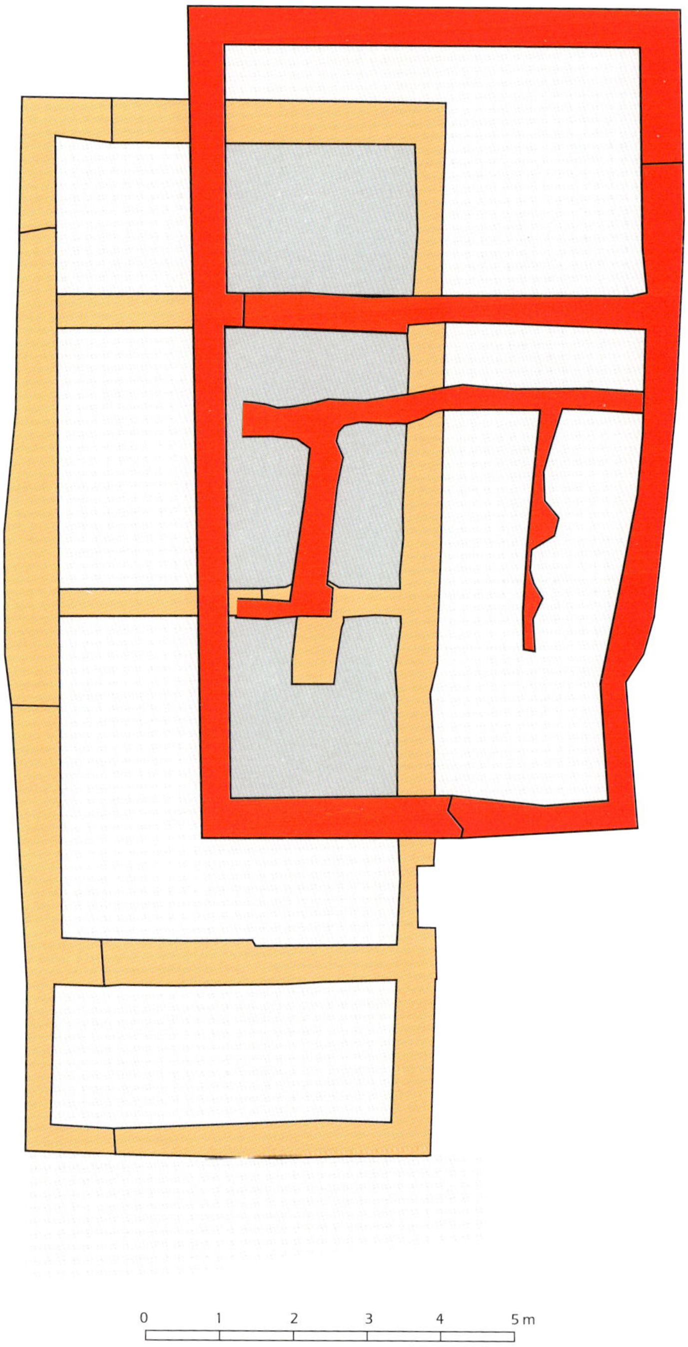

Het ensemble ceramiek uit deze context telt 216 fragmenten. Ongeveer 30 % ervan is niet groter dan 1 cm^2. Het gaat om vier soorten ceramiek. Rood aardewerk, grijs aardewerk, Rijnlands steengoed met zoutglazuur en Siegburg-steengoed. De onderlinge verhouding van deze groepen bedraagt op basis van de schervenaantallen respectievelijk 56 %, 39 %, 3,5 % en 1,5 %. De verhouding, berekend op het minimum aantal individuen (MAI) (slechts 19 in totaal), doet de balans nog wat verder in het voordeel van het rood aardewerk overhellen en haalt het steengoed een stuk uit het verdomhoekje, met percentages van 63 %, 21 %, 11 % en 5 % voor respectievelijk rood aardewerk, grijs aardewerk, Rijnlands steengoed met zoutglazuur en steengoed uit Siegburg.

Wat de vormen betreft bestaat het rode aardewerk uit een oorfragment van een kom met boven de rand opgetrokken verticale oren, twee randfragmenten van braadpannen met ronde aan de buitenzijde ontwikkelde randen, een randfragment van een kruik met cilindrische hals en ribbel aan de buitenzijde en acht randfragmentjes van eerder kleine kookpotten met uitstaande hals en aan de buitenzijde verdikte rand. Het grijze aardewerk bestaat uit drie randfragmenten van kruiken met cilindrische hals en ribbel aan de buitenzijde en uit een randfragment van een potje met korte uitstaande hals. Het steengoed bestaat uit wandfragmenten van recipiënten in Siegburg-steengoed, het steengoed met zoutglazuur bestaat uit een randfragment van een kruik met cilindrische hals en een randfragment van een kruikje met minstens één bandvormig oor op de rand. Uit dit beperkte geheel blijkt dat de drie hoofdgroepen, die ook verschillende functies vervulden, vertegenwoordigd zijn. Rood aardewerk was vooral bestemd om te koken en te braden, grijs aardewerk om water aan te voeren en op te slaan, steengoed diende als schenkgerei op tafel.

Onder de metalen voorwerpen bevinden zich vier spijkers, een ronde (2535.5) en een rechthoekige (2448.5) gesp, twee fragmenten van klinknagels (2535.6-7) en twee vishaken (2448.3, 2535.2), allemaal in ijzer. De objecten in een koperlegering bestaan uit een gesp in de vorm van een sleutelgat (2535.3), een speld (2535.4), een half belletje (2446.4), een kettinkje (2446.3), twee stukjes in elkaar gevlochten koperdraad (2446.2, 2448.4) en een haak van een gordelsluiting (2445.2).

Deze context is bijzonder interessant omdat hij als een van de weinige vermoedelijk uitsluitend vondsten in hun primaire context bevat. Waarschijnlijk gaat het om verloren voorwerpen en fragmenten van objecten die onbewust niet werden afgevoerd naar een afvalput of een stortzone. Vanuit die invalshoek zijn de objecten dus bevoorrechte getuigen van wat zich binnenshuis heeft afgespeeld[501]. Tussen de voorwerpen in een koperlegering zaten opvallend veel kledijonderdelen. Logisch, want er wordt verondersteld dat er op deze plaats lange tijd mensen hebben gewoond. Het is vanuit archeologisch perspectief geruststellend dat een verondersteld loopvlak binnen een woning ook geïdentificeerd kan worden aan de hand van voorwerpen die erin worden aangetroffen. Ze wijzen bovendien duidelijk op het maritieme karakter van de site (klinknagels, vishaken).

Een analyse van de stratigrafie toont aan dat dit loopvlak in elk geval tot de eerste fase van gebouw 23 behoort. Deze eerste fase kan op basis van de aangetroffen munten in het eerste derde van de 15de eeuw en eventueel zelf in het 1ste kwart van die eeuw worden gesitueerd.

Loopvlak spoornr. 952 werd ook fysico-chemisch en micromorfologisch onderzocht[502]. Het sediment van dit loopvlak bevat gemiddeld 10 % klei, 11 % leem en 79 % zand, waardoor het in de Belgische textuurdriehoek als lemig zand (symbool S) wordt omschreven. Het loopvlak bevat verder 2,4-2,5 % organisch materiaal, 4,7-4,8 % kalk en 0,3 % P_2O_5.

Van dit loopvlak werden ook twee slijpplaatjes geanalyseerd (29393 en 29394) die hieronder kort worden beschreven.

29393: samenstelling van het loopvlak: ongeveer 40 % kwarts (0,160 bij 0,480 mm en diameter: 0,224 mm), ongeveer 5 % veenbrokjes (de grootste met een diameter van 2 tot 3 mm), kalkbrokjes, enkele schelpfragmenten en glauconietkorrels. Onmiddellijk onder het laagje komen in het sediment zones met georiënteerde klei voor.

29394: samenstelling van het loopvlak: ongeveer 40 % kwarts (0,198 bij 0,224 mm, 0,224 bij 0,416 mm en 0,205 mm diameter), veenbrokjes, een enkel brokje houtskool, schelpfragmenten, kalkbrokjes, glauconietkorrels, een zone met georiënteerde klei en enkele kwartskorrels met een kleihuidje.

Dit loopvlak bevat kwarts met een korrelgrootte die niet voorkomt in de aan de oppervlakte liggende polderklei.. Het gaat dus ongetwijfeld om aangevoerd zand dat wellicht diende als strooistel in de woningen. Omdat het fijne materiaal zeer innig met het grove materiaal is vermengd moeten we de hypothese dat dit sediment duin- of strandzand is opzij schuiven. Het is niet evident dat die vermenging is ontstaan door een proces van strooien en belopen. Het gaat dus wellicht eerder om lemig zand dat ergens werd uitgegraven en gebruikt als strooisel.

Naast kwarts bevat dit loopvlak ongeveer 5 % veenbrokjes. Het is niet duidelijk of ze moeten worden geïnterpreteerd als verkoold veen of als onverbrande veenbrokjes die vrijkwamen bij het gebruik van veen binnenshuis. Uit de aanwezigheid ervan kan in elk geval afgeleid worden dat binnenshuis nogal wat veen werd benut. Er is haast geen houtskool aanwezig in de slijpplaatjes. Dat kan erop wijzen dat hout voor de bewoners van deze woning in Walraversijde minder belangrijk was als huishoudelijke brandstof.

Verder is het opvallend dat noch fytolieten noch stukjes gebakken grond zijn waargenomen in de slijpplaatjes. Wel werden met invallend licht enkele minuscule brokjes ceramiek of baksteen herkend. De aanwezigheid ervan kan in verband gebracht worden met het manipuleren van ceramiek binnenshuis. Bij heel wat kookpotten ontbreken immers aan de buitenkant schilfers die er wellicht zijn afgesprongen tijdens het verhitten van de kookpotten.

Tot slot dient nog vermeld te worden dat het loopvlak, dat op het terrein zeer homogeen leek, onder de microscoop toch een zekere gelaagdheid vertoont, met bandjes die wat meer klei bevatten en die suggereren dat dit loopvlak het resultaat is van een geleidelijk proces. Wellicht van de herhaaldelijke toevoeging van nieuw sediment.

Ook de dierenresten uit dit loopvlak werden onderzocht. Ze zijn allemaal klein, door een sterke fragmentatie. De dierenresten bevestigen op die manier de interpretatie van spoornr. 952 als loop- of betredingslaag.

4.3.2.24.2 Dierenresten uit loopvlak spoornr. 952 binnen gebouw 23

Wim Van Neer, An Lentacker & Anton Ervynck

De looplaagjes uit de vloer binnen gebouw 23 bleken een niet gering aantal dierlijke resten te bevatten. Ze werden met de hand verzameld, maar ook door middel van zeefstalen. Hierbij werd in eerste instantie een ruimtelijke opdeling gevolgd, maar bij de verwerking bleek dat alle kwadranten met dierlijke resten hetzelfde materiaal bevatten, in vergelijkbare frequenties. Daarom werd beslist de vloer als één context te beschouwen en de dierenresten als één geheel te interpreteren (tabel 39).

Het meest kenmerkende aan de vondsten is dat ze door een sterke fragmentatie allemaal klein van formaat zijn. Daardoor zijn er ook veel niet-determineerbare stukken. Schelpen ontbreken vrijwel geheel, vogelbotten komen opnieuw slechts sporadisch voor. Bij de intrusieven zitten een aantal botten van de zwarte rat.

501 LaMotta & Schiffer 1999, 21.

502 Zowel voor de beschrijving als de interpretatie van de analyseresultaten kon een beroep worden gedaan op Prof. Dr. Roger Langohr en Prof. Dr. Georges Stoops, waarvoor dank.

TABEL 39

Inventaris van de dierenresten uit de vloerlaagjes in gebouw 23 (HV: handverzameld, zeef: zeefstaal).
Inventory of animal remains from the floor deposits in building 23 (HV: hand collected, zeef: sieved sample).

soort	total HV	total zeef
MOLLUSCA		
fuikhoren (*Hinia reticulata*)	2	-
mossel (*Mytilus edulis*)	4	1
gewone kokkel (*Cerastoderma edule*)	1	-
strandschelp sp. (*Spisula / Mactra* sp.)	6	3
niet gedetermineerde land- en zoetwatermollusken	-	4
PISCES		
paling (*Anguilla anguilla*)	-	49
stekelrog (*Raja clavata*)	-	4
gevlekte rog (*Raja montagui*)	-	1
golfrog (*Raja undulata*)	-	1
rog (Rajidae sp.)	-	11
haring (*Clupea harengus*)	57	493
kabeljauw (*Gadus morhua*)	3	6
schelvis (*Melanogrammus aeglefinus*)	3	6
wijting (*Merlangius merlangus*)	1	27
cf. wijting (cf. *Merlangius merlangus*)	3	-
kabeljauwachtige (Gadidae sp.)	7	81
driedoornige stekelbaars (*Gasterosteus aculeatus*)	-	1
poon (Triglidae sp.)	-	2
tonijn (*Thunnus thynnus*)	1	2
makreel (*Scomber scombrus*)	-	2
schol (*Pleuronectes platessa*)	3	2
bot (*Platichthys flesus*)	-	5
schol/bot/schar (Pleuronectidae sp.)	74	218
tong (*Solea* sp.)	-	3
niet gedetermineerde visresten	8	726
AVES		
eischaal	-	+
kip (*Gallus gallus* f. domestica)	1	-
niet gedetermineerde vogelresten	5	1
MAMMALIA		
zwarte rat (*Rattus rattus*)	20	-
niet gedetermineerde micromammalia	-	9
varken (*Sus scrofa* f. domestica)	5	-
rund (*Bos primigenius* f. taurus)	1	-
schaap (*Ovis ammon* f. aries)	3	-
schaap (*Ovis ammon* f. aries) /geit (*Capra aegagrus* f. hircus)	10	1
rib - gemiddeld	8	-
wervel - groot	1	-
wervel - gemiddeld	3	-
niet gedetermineerde zoogdierresten	51	130
totaal	281	1789

TABEL 40

Relatief aandeel van de visresten gedetermineerd in het handverzameld (HV) en gezeefd materiaal (zeef) uit de vloerlaagjes in gebouw 23.

Frequency of identified fish remains from the hand-collected (HV) and sieved material (zeef) from the floor deposits in building 23.

soort	HV n=152 %	zeef n=914 %
paling (*Anguilla anguilla*)	0.0	5.4
stekelrog (*Raja clavata*)	0.0	0.4
gevlekte rog (*Raja montagui*)	0.0	0.1
golfrog (*Raja undulata*)	0.0	0.1
rog (Rajidae sp.)	0.0	1.3
haring (*Clupea harengus*)	37.5	53.9
kabeljauw (*Gadus morhua*)	2.0	0.7
schelvis (*Melanogrammus aeglefinus*)	2.0	0.7
wijting (*Merlangius merlangus*)	0.7	3.0
cf. wijting (cf. *Merlangius merlangus*)	2.0	0.0
kabeljauwachtige (Gadidae sp.)	4.6	8.9
driedoornige stekelbaars (*Gasterosteus aculeatus*)	0.0	0.1
poon (Triglidae sp.)	0.0	0.2
tonijn (*Thunnus thynnus*)	0.7	0.2
makreel (*Scomber scombrus*)	0.0	0.2
schol (*Pleuronectes platessa*)	2.0	0.2
bot (*Platichthys flesus*)	0.0	0.5
schol/bot/schar (Pleuronectidae sp.)	48.7	23.9
tong (*Solea* sp.)	0.0	0.3

Opvallend aan de visresten van de looplaagjes is dat de gemiddelde grootte van de stukken ook relatief klein is, zowel bij het niet-identificeerbare als bij het determineerbare materiaal. Dat is ongetwijfeld te wijten aan vertrappeling van grotere botresten, gecombineerd met de hogere kans dat vooral kleine botten in de de vloerlagen ingebed raken. Het verklaart waarschijnlijk voor een deel waarom haring zo dominant is in deze contexten. Dat dit niet de enige factor is blijkt wel uit de relatief lage percentages paling die zijn aangetroffen (tabel 40). De platvisgroep schol/bot/schar komt numeriek op de tweede plaats, gevolgd door de kabeljauwachtigen, waarvan de drie klassieke soorten (kabeljauw, schelvis en wijting) zijn aangetoond. Roggen zijn vooral door de stekelrog vertegenwoordigd, maar bij de huidstekels zitten ook exemplaren van gevlekte rog en golfrog. Andere weinig talrijke soorten zijn tonijn – daar werden enkel 2 schubben van teruggevonden – stekelbaars, makreel, poon en tong.

Aan de hand van de skeletverdeling van de verschillende soorten en de grootteverdeling kan het assemblage verder ontleed worden. Het blijkt dat bij de haring een relatief grote hoeveelheid kopelementen voorkomt (ongeveer 25 %) en dat de grootteverdeling bovendien minder homogeen is dan in andere contexten (bv. de beerputten). De meeste haringresten behoren tot de gebruikelijke klasse 20-25 cm SL, maar een kwart van het materiaal is wat kleiner (15-20 cm SL). Bij dezelfde oefening voor de platvissen blijkt dat de wervels de helft van het materiaal uitmaken en dat vinstraaldragers bijna 20 % vertegenwoordigen (tabel 41). De kieuw- en tongboogelementen zijn goed voor ongeveer 10 % van het materiaal, de andere kopelementen voor ongeveer 20 %. Een duidelijk verschil met de resten uit de beerputten zit in de gereconstrueerde afmetingen van de platvissen (tabel 42). Er is een klein aantal (bijna 5 %) resten afkomstig van platvis kleiner dan 10 cm, maar het meest opmerkelijke is dat grote exemplaren tussen 30 en 40 cm SL hier bijna 45 % uitmaken. Uit de skeletverdeling, gecombineerd met groottebepalingen voor elk skeletelement, blijkt dat de grote exemplaren in hun geheel en dus waarschijnlijk vers werden geconsumeerd. Er is geen aanduiding dat hier overblijfselen zijn achtergelaten van grote platvis waarvan kop en staart voordien werden afgehaald. Dat proces is gedocumenteerd in de 'platviskuil'. Met andere woorden, er is in deze vloercontexten geen aanduiding van de elders geprepareerde platvis. Hij was dus mogelijk enkel voor export. Bij de Gadidae is kabeljauw vertegenwoordigd door een wervelfragment en voor de rest door 5 kopelementen. Bij de schelvis overwegen wervels (4 stuks) op de schoudergordel (2 fragmenten), maar elementen van de kop zelf zijn afwezig. Van de relatief talrijke wijtingen bestaan de aanwezige skeletdelen voor een kwart uit kopelementen, de rest zijn wervels. Bij de niet-determineerbare Gadidae zitten hoofdzakelijk fragmenten die van eerder kleine en middelgrote vis zijn. Op twee geïsoleerde tanden na is er geen aanduiding dat in deze categorie veel kabeljauw aanwezig zou zijn. Het algemene beeld blijft dus dat grotere botten, en vandaar ook grotere soorten, relatief zeldzaam zijn.

TABEL 41

Relatief aandeel van botelementen uit verschillende zones van het skelet bij schol/bot/schar (n=216) uit de vloerlaagjes in gebouw 23.

Frequency of the elements from the different skeletal zones for plaice/flounder/dab (n=216) from the floor deposits in building 23.

skeletzone	%
wervels	49.5
vinstralen en vinstraaldragers	18.5
kieuwkorf en tongboog	9.3
andere kopelementen	22.7

TABEL 42

Relatief aandeel van de verschillende grootteklassen (in cm SL) bij schol/bot/schar (n=114) uit de vloerlaagjes in gebouw 23.

Frequency of the different size classes (in cm SL) for plaice/flounder/dab (n=114) from the floor deposits in building 23.

grootteklasse	%
<10	4.4
10-20	9.6
20-30	43.0
30-40	43.0

Van paling zijn alweer vooral wervels aangetroffen, kopelementen maken iets meer dan 10 % uit.

De samenstelling van het dierlijk materiaal uit de vloerlagen is dus beïnvloed door een ganse reeks van depositionele processen. Allereerst is het mogelijk dat men vermeden heeft dat grote stukken op de vloer terechtkwamen. Zonder twijfel zal groot materiaal dat toch op de grond belandde later zijn weggeveegd. Enkel klein materiaal dat aan de aandacht ontsnapte kon in huis achterblijven. Daar was het wel onderhevig aan verdere fragmentatie door vertrappeling. Enkel de fragmenten die uiteindelijk in de vloerlagen werden ingedrukt, bleven bewaard.

4.3.2.24.3 Tonwaterput spoornr. 847

De tonwaterput is tegen de wand van een rechthoekige constructiekuil van 1,1 bij 1,4 m geplaatst. De constructiekuil kan waargenomen worden tot op 3,3 m T.A.W. De bodem van deze tonwaterput bevindt zich op 1,72 m T.A.W. Enkel het hout van de onderste ton (2213.1) is nog aanwezig in de bodem. De tonnen erboven werden reeds gerecupereerd in de late middeleeuwen, op het moment dat de put buiten gebruik werd gesteld. Dat leiden we af uit de vaststelling dat in de constructiekuil het hout van de wissen rond de ton wel goed bewaard is, maar niet het hout van de tonnen zelf. Die zijn normaal uit beter hout vervaardigd en waren dus zeker bewaard gebleven als ze niet waren weggenomen. De bewaarde ton heeft een maximale doormeter van 51 cm en is samengesteld uit 13 duigen met een lengte van 76 cm. Slechts op één duig werd een merk (?) vastgesteld en dan nog wel aan de binnenzijde. Het gaat om een ingekerfde V[503] onder of boven een van de kroosgroeven op 6 cm van het uiteinde van de duigen.

De opvulling van de tonschacht (fig. 319) bestaat uit drie lagen: een onderste vulling van baksteenpuin en nogal wat organisch materiaal zoals hout en leder, een pakket heterogene klei en een meer dan 1 m dik pakket van gedeeltelijk verkoolde veenbrokjes en visgraten. Een dergelijk associatie is al enkele malen vastgesteld op de site, onder andere bij de structuren met spoornrs. 502 en 633. Dit pakket veenbrokjes is duidelijk toegevoegd om na de recyclage van de duigen van de bovenste ton het resterende gat te dichten.

De jongste jaarring op de duigen dateert uit 1411, de kapdatum van de boom wordt gesitueerd tussen 1412 en 1422[504].

In de bovenste vulling van de tonschacht (fig. 319: b) zijn 4 stukken touw (2214.1) aangetroffen.

In de bodemvulling van de tonwaterput (fig. 319: c en d) zijn behalve baksteenfragmenten de hieronder besproken voorwerpen aangetroffen.

Een randfragment van een diep bord met vlag in majolica uit Valencia versierd met kobaltblauwe, gevlochten banden. De overgebleven ruimte tussen de banden is opgevuld met lijnen en stippen in bruine luster. Op de onderkant van het recipiënt zijn enkel sporen van concentrische banden in bruine luster te zien (2216.1, fig. 320.1).

Een houten fluit met minstens twee circulaire openingen. Afmetingen van de fluit: lengte: 7,8 cm, diameter: 1,8 cm. (2216.2, fig. 320.2).

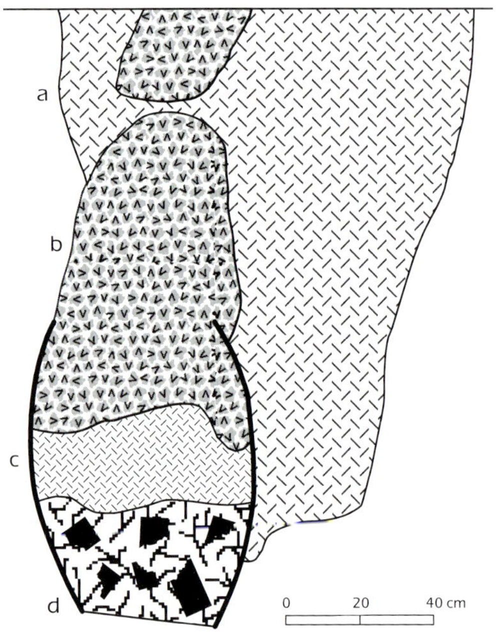

FIG. 319 **Tonwaterput spoornr. 847 in doorsnede. Legende: a: klei zonder stratificatie, constructiekuil, b: pakket veenbrokjes gemengd met visgraten, c: klei zonder stratificatie, d: baksteenpuin en objecten in organisch materiaal.**
Barrel well 847 in section. Key: a: homogeneous clay, construction cut fill, b: layer consisting of crumbly peat and fishbones, c: homogeneous clay, d: brick rubble and objects in organic material.

Een houten maatstok met een lengte van 45,6 cm (2216.3, fig. 320.3). Deze stok is over een lengte van 36,7 cm in 81 eenheden verdeeld. In deze eenheden is een duidelijke hiërarchie herkenbaar. Het gegradueerde gedeelte is met streepjes over de volledige breedte van de maatstok in 18 stukken verdeeld: 15 van 2 tot 3 cm breed en drie van 7 tot 8 mm breed. Na vijf brede stukken van 2 tot 3 cm volgt telkens een smal stuk dat met een kort streepje in twee is verdeeld en aan één kant wordt afgelijnd met een schuin geplaatst streepje. Door die drie smalle stukken wordt de stok eigenlijk in drie hoofdeenheden van ongeveer 11 cm lengte verdeeld. De 15 brede stukken zijn met vier korte streepjes in vijf gedeeld, de drie smalle eenheden zijn met één kort streepje in twee verdeeld. Deze stok is vermoedelijk een 'elle' zoals onder andere vermeld in de inboedel van Oude Maria Dircksdochter, een Leidse molenaarsweduwe uit de late 16de eeuw[505]. Deze elle wordt vermeld samen met de naaimand, waaruit kan worden afgeleid dat ellen onder andere werden gebruikt bij het naai- en verstelwerk. Uit de literatuur zijn een aantal gelijkaardige voorwerpen bekend. Een eiken stok uit de late 13de of vroege 14de eeuw, gevonden in Rotterdam, is 25 cm lang en

503 Houbrechts & Pieters 1999, 228 fig. 3: 30.
504 Houbrechts & Pieters 1999, 242.
505 Pijzel-Dommisse & Zonnevylle-Heyning 1986, 26.

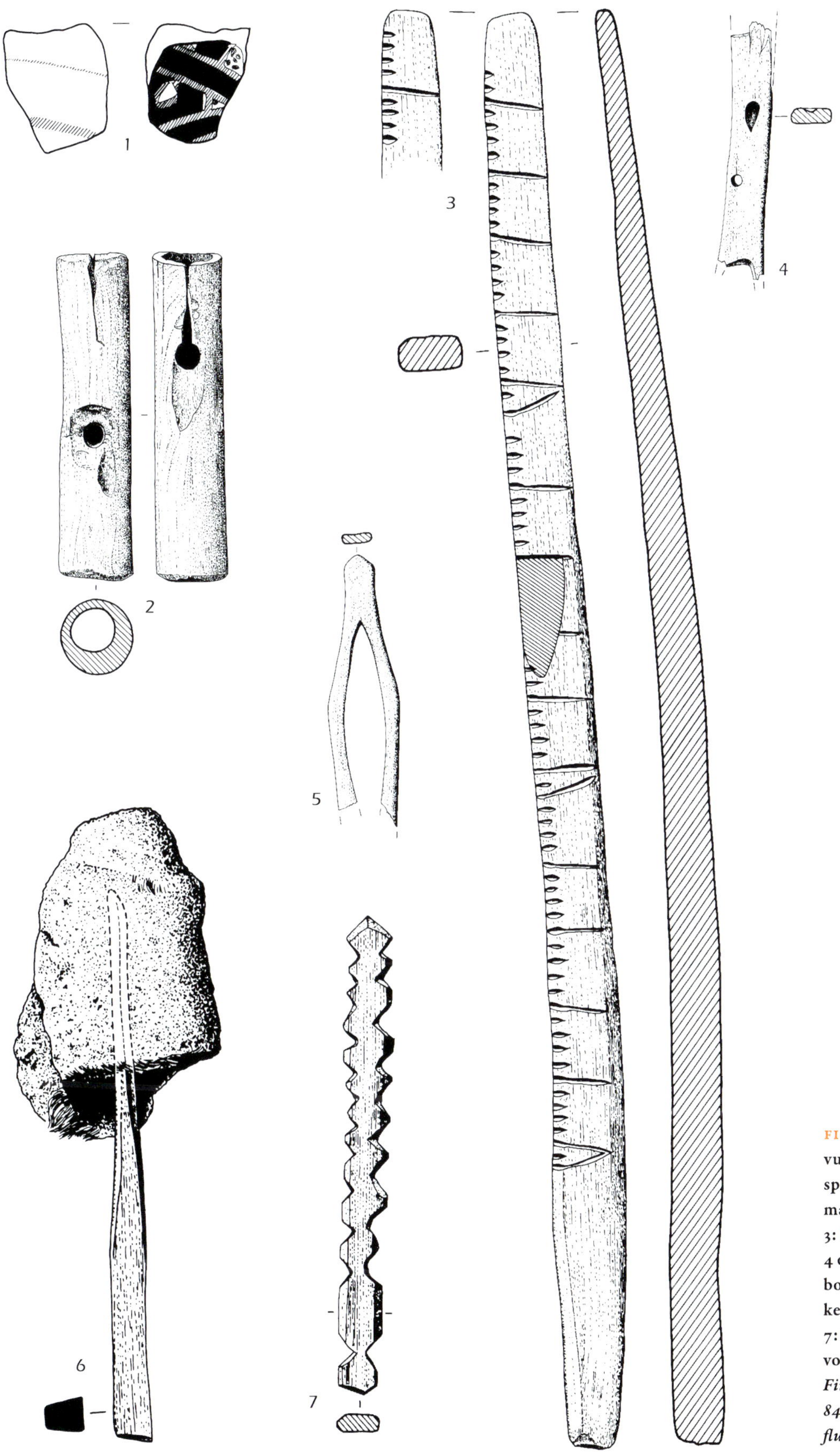

FIG. 320 **Mobilia uit de vulling van tonwaterput spoornr. 847. 1: scherf in majolica, 2: houten fluit, 3: houten maatstok, 4 en 5: fragmenten van houten boetnaalden, 6: stokje gewikkeld in een stuk schapenvacht, 7: houten ongeïdentificeerd voorwerp. Schaal: 2/3.**
Finds from the fill of barrel well 847. 1: majolica sherd, 2: wooden flute, 3: wooden measuring rule, 4-5: fragments of wooden netting needles, 6: stick wrapped in a piece of sheepskin, 7: unidentified wooden object. Scale: 2:3.

verdeeld in vier eenheden die op hun beurt nog eens in tien zijn onderverdeeld[506]. Bij dit exemplaar uit Rotterdam zijn de hoofdeenheden ook bijkomend benadrukt. Bij enkele gelijkaardige, ingekerfde stokken uit de tweede helft van de 14de eeuw, gevonden in Londen, zijn er twee die door de cyclische herhaling van twee soorten inkepingen in sterke mate vergelijkbaar zijn met de Raversijdse vondst. De vondsten uit Londen en Rotterdam worden in de desbetreffende publicaties 'kerfstokken' genoemd. De functie van de besproken vondsten uit Walraversijde, Rotterdam en Londen beantwoordt echter wellicht niet aan het gebruik van een zogenaamde 'kerfstok', zoals dat in de publicaties beschreven wordt. Een kerfstok werd immers gebruikt bij het afsluiten van een commerciële transactie. De kerfstok werd in twee verdeeld, elke partij nam een deel mee als bewijs[507]. Dit systeem werd bijvoorbeeld toegepast in laatmiddeleeuws Engeland. Daar kreeg een lener van de schatkist een kerfstok met daarop de aanduiding van de geleende som. Die moest dan met de welomschreven belastingsinkomsten op een precies vastgelegd moment worden terugbetaald[508]. Min of meer vergelijkbaar is het subrecent gebruik van winkeliers en herbergiers, die op die manier de schulden van hun klanten bijhielden.

De hierboven besproken archeologische voorbeelden doen echter eerder aan een soort maatstok denken, de voorloper van de huidige meetlat. Het exemplaar uit Walraversijde is in elk geval intact, zodat bij dit exemplaar zeker geen sprake kan zijn van een in twee gedeelde kerfstok. Een dergelijke functie, namelijk een maatstok van een schoen- of kleermaker, wordt ook toegekend aan een rechte tak uit hazelaar (*Corylus a.*) met een reeks gehiërarchiseerde en op regelmatige afstanden aangebrachte inkervingen. De stok werd aangetroffen in het Franse Charavines, in een 11de-eeuwse context[509]. Tussen de voorwerpen van de Barentsexpeditie[510] vinden we een houten stok terug van 79,5 cm met maatinkepingen en met een punt in hoorn. Hij wordt geïnterpreteerd als een *ellestok*. Van houten maatstokken, ook wel 'duimstokken' genaamd, werden aan boord van de Wasa drie exemplaren aangetroffen. Ze dateren uit de vroege 17de eeuw en worden geïnterpreteerd als onderdeel van de uitrusting van de houtbewerkers aan boord van het oorlogschip[511]. Het zou dus ook kunnen dat dergelijke stokken scheepsuitrusting waren. De verspreiding van dergelijke maatstokken in archeologische publicaties is echter ongetwijfeld volledig bepaald door de bewaringsomstandigheden. Die zijn in maritieme context doorgaans beter dan in niet-maritieme context. Een heel ander soort 'kerfstok' met een opeenvolging van huismerken[512] werd tot in de jaren 70 van de vorige eeuw nog gebruikt in de Alpen om de broodbakvolgorde vast te leggen en zo onder andere het houtverbruik voor iedere familie gelijk te houden.

Verder werden ook nog de volgende objecten aangetroffen in de bodemvulling van de tonwaterput.

Een beschadigde houten boetnaald met een bewaarde lengte van 6,2 cm en een breedte van 1-1,1 cm. De boetnaald is centraal geperforeerd, aan één zijde is een ingebrand druppelvormig spoor te merken (2216.4, fig. 320.4).

Een fragment van een boetnaald (2217.2, fig. 320.5) gemaakt in vlierhout (*Sambucus sp.*) met de volgende afmetingen: bewaarde lengte: 6,6 cm en breedte: 1,9 cm.

Een stuk schapenvacht, rond een houten stokje van 13,2 cm lengte gedraaid en met teer of pek doordrenkt (2216.5, fig. 320.6).

Een houten latje dat aan beide uiteinden min of meer aangepunt werd en aan weerszijden een reeks V-vormige inkepingen draagt. Afmetingen: lengte: 11,5 cm, breedte: 11-12 mm, dikte: 4 mm (2216.6, fig. 320.7). Functie: onbekend.

Een kopspeld in een koperlegering (2216.7).

Een hangoogje van een kruisje in tin/lood (2217.1)[513].

4.3.2.24.4 Tonwaterput spoornr. 978

De tonwaterput is geplaatst tegen een van de korte wanden van een rechthoekige constructiekuil van 1,1 m bij 0,85 m. De bodem van de put bevindt zich op 2,15 m T.A.W. Enkel van de onderste ton (2495.1) is het hout bewaard. Het betreft een ton met een maximale diameter van 61 cm, samengesteld uit 16 duigen met een lengte van 73-75 cm, samengehouden door zes wissen. Op de duig met het bomgat, 9 cm horizontaal bij 7,5 cm verticaal, is ook een merk aangebracht (fig. 321b). Dit loopt door op de aangrenzende duig en is te omschrijven als een horizontale lijn met aan één uiteinde twee parallelle en korte, haaks gepositioneerde lijnen en aan het andere uiteinde twee schuin geplaatste lijnen[514] die parallel lopen met de hoofdlijn. Voor hergebruik als waterputbeschoeiing was het bomgat langs de buitenzijde afgedicht met een element van een bodem- of dekselplaat (fig. 321a) met een diameter van 49-50 cm (2494.1). Op het bewaarde stuk van de bodemplaat is eveneens een merk aangebracht, dat bestaat uit drie parallelle lijnen die een vierde lijn haaks snijden[515].

De opvulling van de tonschacht (fig. 322) bestaat van boven naar onder uit grijs zand met wat baksteenpuin (fig. 322: a), een bruine mestachtige vulling (fig. 322: b) die op zijn beurt grijs zand vermengd met baksteenpuin (fig. 322: c) afdekt.

In de bovenste vulling van de tonschacht is een fragment van een ijzeren vishaak met weerhaak aangetroffen (2496.1). De bewaarde lengte van de ijzeren vishaak bedraagt 39 mm.

Uit de mestachtige vulling komen een halve baksteen met twee inkepingen (2497.1, fig. 323), een bezem en een stuk geweven wol. De halve baksteen (visnetverwaring of ander gewicht) weegt 970 g. De bezem met een bewaarde lengte van 26 cm, een diameter ter hoogte van de wikkel van 6,5 cm en een breedte aan het uiteinde van 12 cm, is onderaan door gebruik sterk afgesleten. Het stuk geweven wol meet 30 bij 17 cm.

De jongste jaarring op de duigen dateert uit 1414, de kapdatum van de boom wordt gesitueerd tussen 1415 en 1425[516].

4.3.2.24.5 Tonwaterput spoornr. 980

Vermits de tonschacht vlak in de hoek van sleuf 97/I ligt en de aansluitende zone niet is onderzocht, is de vorm van de constructiekuil niet gekend. De bodem van de tonwaterput bevindt zich

506 Carmiggelt 1997, 150, 222.
507 Egan 1998, 274-276.
508 Keen 1997, 10.
509 Mille *et al.* 1993, 247 fig. 177.
510 Braat *et al.* (red.) 1998, 221: 6.4.2.
511 Lanitzki 1984, 132-133.
512 Macherel 1994, 88.
513 *Cf.* Pieters *et al.* 2002, 277.
514 Houbrechts & Pieters 1999, 228 fig. 3: 19.
515 Houbrechts & Pieters 1999, 228 fig. 3: 16.
516 Houbrechts & Pieters 1999, 243.

FIG. 321 **Tonwaterput spoornr. 978 bij de opgraving: a. overzicht, b. detail van bomgat.**
Barrel well 978 under excavation: a. overview, b. close-up view of bunghole.

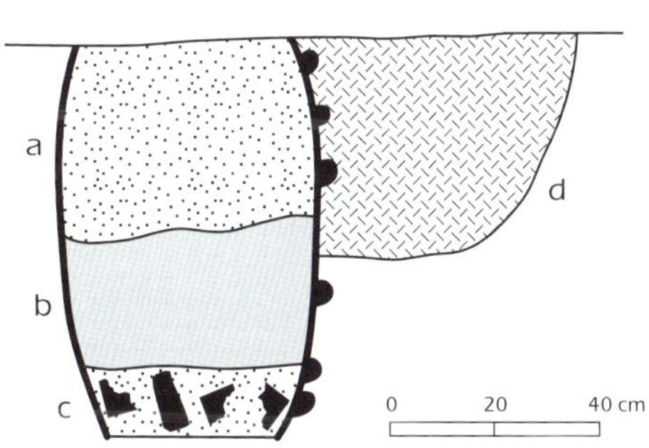

FIG. 322 **Tonwaterput spoornr. 978 in doorsnede. Legende: a: grijs zand, b: bruine mestachtige laag, c: grijs zand met baksteenpuin, d: klei zonder stratificatie, constructiekuil.**
Barrel well 978 in section. Key: a: grey sand, b: layer consisting of crumbly peat and fishbones, c: grey sand with brick fragments, d: homogeneous clay, construction cut fill.

FIG. 323 **Baksteen met twee inkepingen uit de vulling (b) van tonwaterput spoornr. 978. Schaal: 1/3.**
Brick with a notch on either side found in the fill (b) of barrel well 978. Scale: 1:3.

FIG. 324 **Tonwaterput spoornr. 980 tijdens de opgraving: a. overzicht, b. detail van de bodemvulling, c. leeggemaakt.**
Barrel well 980 under excavation: a. overview, b. close-up view of the bottom fill, c. after removal of the fill.

op 1,61 m T.A.W. Van de twee onderste tonnen is het hout volledig bewaard (fig. 324), het hout van de ton erboven was flinterdun en niet bruikbaar voor verder onderzoek.

De bovenste ton, die goed bewaard bleef, (2504.1) heeft een maximale diameter van 51 cm en bestaat uit 13 duigen van 73 tot 74,5 cm lengte. Eén daarvan vertoont een merk in de vorm van een maalteken[517].

De onderste ton (2505.1) met een maximale diameter van 59 cm is samengesteld uit 15 duigen met een lengte van 72,5 tot 73,5 cm. Eén daarvan draagt naast een vierkant bomgat van 7,5 cm zijde ook een ingekerfd merk[518]. Dit bomgat was voor het gebruik als waterput afgedicht met een fragment van een duig (2506.1) waarop eveneens een merk was ingekerfd[519].

Van twee wissen is de houtsoort bepaald, het gaat om hazelaar[520]. Voor de bovenste ton kon via dendrochronologisch onderzoek enkel een *terminus post quem* worden bekomen, namelijk 1403. Voor de onderste ton was de jongste jaarring uit 1394. Dat geeft een vellingsdatum van de boom tussen 1396 en 1406[521].

De opvulling van de tonschacht (fig. 325) is van boven naar onder samengesteld uit bruine zandige houtskoolrijke klei (fig. 325: d), die een beige zandige lens met wat baksteenpuin bevat (fig. 325: c) en een homogeen pakket van grijs kleiig zand vol kalkmortelfragmenten (fig. 325: e) afdekt. Dat laatste pakket is meer dan 1 m dik en bevat helemaal op de bodem van de put drie voorwerpen in ceramiek waaronder een fragment van een kruik in grijs aardewerk met een stuk van een aangeknoopt touw (fig. 324 en fig. 326: 4).

Uit de tonschachtvulling komen de volgende voorwerpen:

Een kruik in grijs aardewerk (2501.1, fig. 326: 1) op vijf drieledige standvinnen, met cilindrische hals, rechtopstaande rand met ribbel aan de buitenzijde en rolrond oor dat tot boven de rand komt. Afmetingen van de kruik: hoogte: 31,5 cm, grootste diameter: 30,1 cm en randdiameter: 11 cm.

Een kruik in grijs aardewerk (2503.3, fig. 326: 2) op drieledige standvinnen, met cilindrische hals, rolrond oor en naar binnen staande rand. Afmetingen: hoogte: 22,8 cm, grootste diameter: 20,8 cm, randdiameter: 9,2 cm.

Een randfragment van een kruik in grijs aardewerk (2503.4, fig. 326: 3) met cilindrische hals, rolrond oor en naar binnen staande bovenaan verdikte rand. Randdiameter: 10,6 mm. Rond het oor was een stuk touw gedraaid.

Een stuk touw met de volgende afmetingen: doormeter: +/- 1-1,5 cm, bewaarde lengte: +/- 30 cm. Het touw was nog (2503.2, fig. 326: 4) rond het oor van het bovenvermeld kruikfragment in grijs aardewerk gewikkeld.

Twaalf fragmenten van een touw (gezamelijke lengte: +/- 1,5 m, doormeter: 1-1,5 cm) (2503.1).

4.3.2.24.6 Tonwaterput spoornr. 864

De ton is centraal in een nauw aansluitende constructiekuil geplaatst. De tonwaterput is echter grotendeels vernield bij het graven van een vroegmoderne perceelsgracht (spoornr. 887, fig. 310). Van de ton (2243.1) zijn slechts zes duigen *in situ*

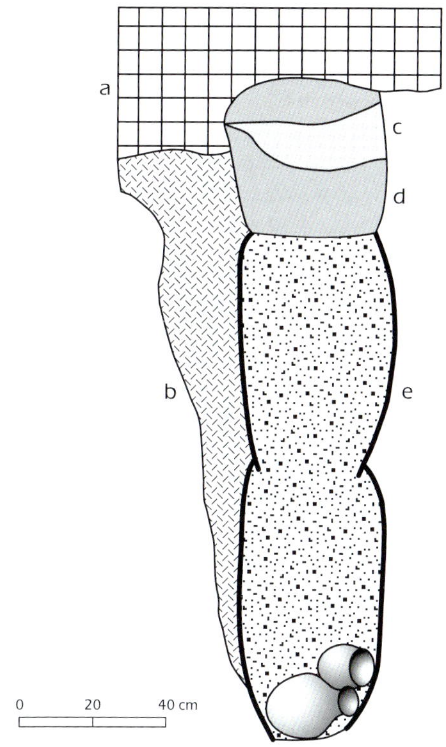

FIG. 325 **Tonwaterput spoornr. 980 in doorsnede. Legende: a: verstoring, b: klei zonder stratificatie, constructiekuil, c: beige kleiig zand met baksteenfragmenten, d: bruine zandige houtskoolrijke klei, e: grijze kleiig zand met kalkmortelbrokken.**
Barrel well 980 in section. Key: a: disturbed layer, b: homogeneous clay, construction cut fill, c: beige clayey sand with brick inclusions, d: brown sandy clay with charcoal inclusions, e: grey clayey sand with mortar inclusions.

bewaard. Eén ervan heeft een bomgat van 9 cm horizontaal bij 7,5 cm verticaal. De bodem van de tonwaterput is op 2,42 m T.A.W. gesitueerd. Hoewel er enkele duigen bewaard zijn bleek dendrochronologische datering niet mogelijk.

De bodemvulling (fig. 327) van de ton bestaat uit een laag bruin, overwegend organisch materiaal (fig. 327: e). In de bodemvulling zaten twee objecten in hout die moeilijk te interpreteren zijn.

Fragment van een balkje (2241.1, fig. 328.1) met een lip. In de lip zijn 4 nagelgaten aanwezig. Afmetingen van het balkje: lengte: 16,3 cm, breedte: 5,2 cm, dikte: 5,4-5,6 cm.

Langwerpig plankje (2241.2: fig. 328.2) met minstens 4 perforaties (diameter: 8-10 mm). Afmetingen van het plankje: bewaarde lengte: 37,2 cm, breedte: 4,5-4,6 cm, dikte: 14-16 mm.

517 Houbrechts & Pieters 1999, 228 fig. 3: 2.
518 Houbrechts & Pieters 1999, 228 fig. 3: 20.
519 Houbrechts & Pieters 1999, 228 fig. 3: 14.
520 De Groote 1998-1999, 50.
521 Houbrechts & Pieters 1999, 243.

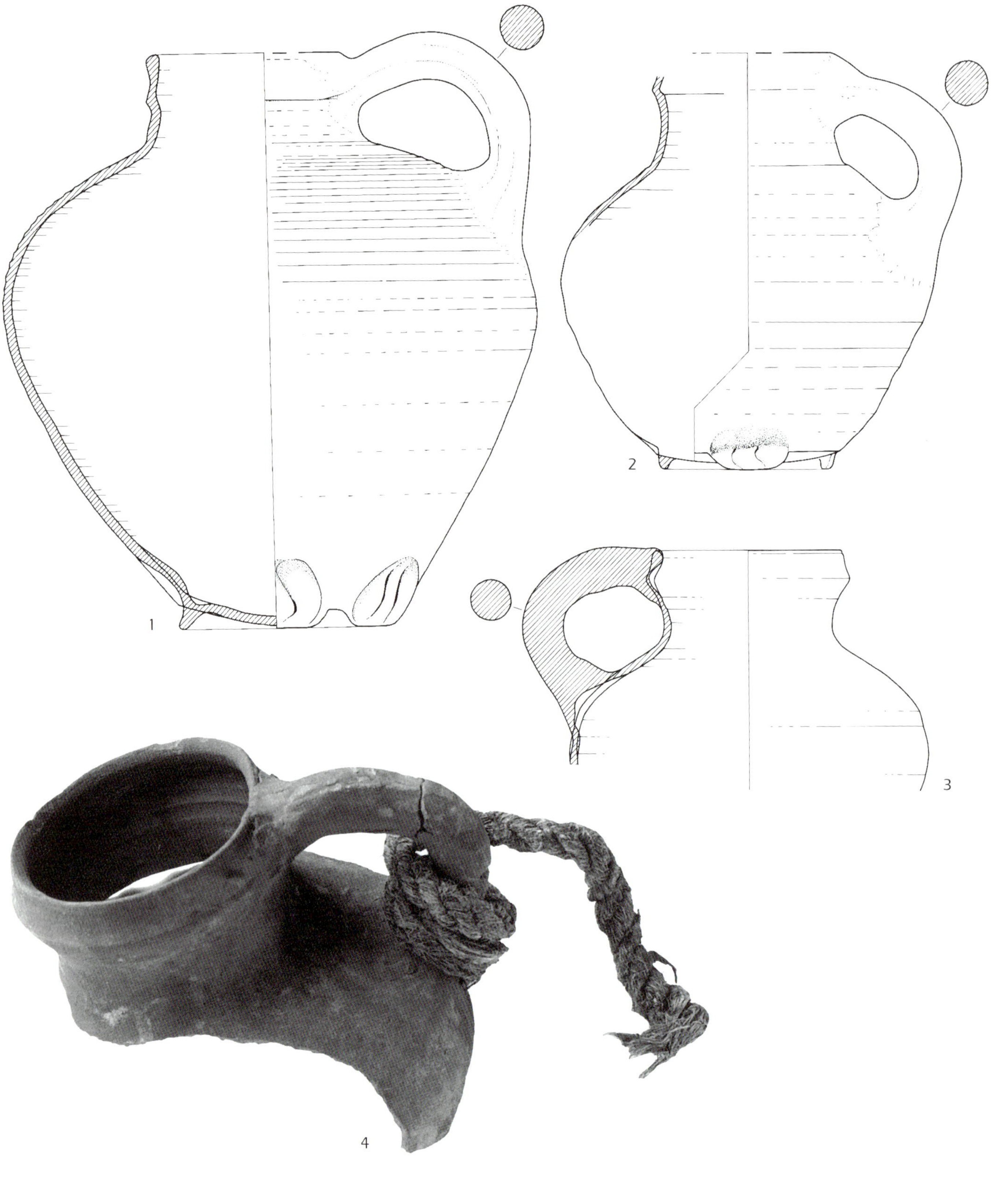

FIG. 326 **Mobilia uit de opvulling van tonwaterput spoornr. 980. 1: kruik in grijs aardewerk, 2: kruik in grijs aardewerk, 3: randfragment van kruik in grijs aardewerk, 4: stuk touw aan randfragment van kruik.**
Finds from the fill of barrel well 980. 1: greyware pitcher (2501.1), 2: greyware pitcher (2503.3), 3: rim fragment of greyware pitcher, 4: rope attached to rim fragment of greyware pitcher.

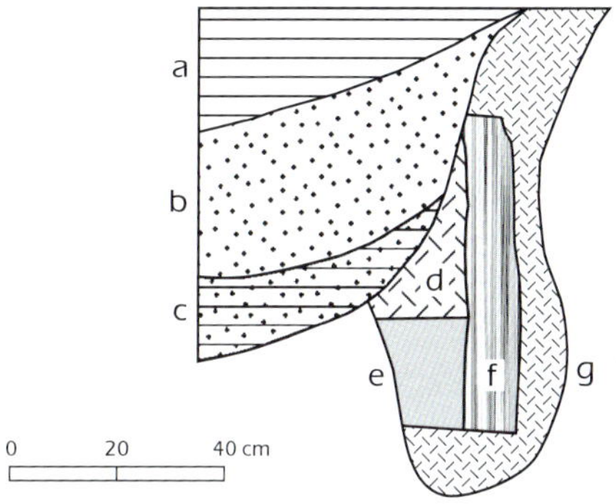

FIG. 327 **Tonwaterput spoornr. 864 in doorsnede. Legende: a: donkerbruine klei, grachtvulling, b: donkergrijs zand, grachtvulling c: klei en zand zonder stratificatie, grachtvulling, d: klei zonder stratificatie, opvulling tonschacht e: bruine organische klei, f: duigen, g: klei zonder stratificatie, constructiekuil.** ***Barrel well 864. Key: a: dark brown clay, ditch fill, b: dark grey sand, ditch fill, c: homogeneous clay and sand, ditch fill, d: homogeneous clay, barrel well fill, e: brown highly organic clay, f: staves and g: homogeneous clay, construction cut fill.***

4.3.2.25 Gebouw 24

Gebouw 24 (fig. 329 en fig. 408) bevindt zich gedeeltelijk in de sleuven 96/II en 98/I. Het betreft vermoedelijk een eenvoudig rechthoekig gebouw van 5,7 bij minstens 12,5 m buitenwerks, opgesplitst in twee vertrekken van respectievelijk 4,8 bij ongeveer 5 m en 4,9 bij minstens 6 m binnenwerks. De lengteas van gebouw 24 is 55° NO georiënteerd, de dwarse muren 37° NW. In een latere fase wordt dit gebouw gedeeltelijk overbouwd door de tweede fase van gebouw 26 (fig. 335).

In de grotere ruimte bevindt zich een zone met verhitte klei (spoornr. 1440). Deze ruimte was op een bepaald ogenblik ook voorzien van een bevloering in baksteen. Daarvan konden nog een aantal resterende stenen geregistreerd worden, een deel van hen in visgraatverband (spoornr. 1421). De kleinere ruimte had te oordelen naar de restanten van een bruin zandig loopvlak, zoals in gebouw 23, oorspronkelijk een aarden vloer (spoornr. 1441) uit zandige sedimenten.

Gebouw 24 valt vooral op door de aanwezigheid van twee ingegraven tonnetjes (spoornrs. 1397 en 1444) en een ingegraven pot (spoornr. 1436). De interpretatie van beide tonnetjes en de ingegraven pot ligt niet onmiddellijk voor de hand: asrecipiënten, kluizen, zinkputjes of nog iets anders (*cf.* verdere discussie in 4.3.3.8.1. en 4.3.3.8.4).

Tonput spoornr. 922 bevindt zich enkele meters ten zuidwesten van de zuidwesthoek van gebouw 24 en mag wellicht ook met dit gebouw in verband gebracht worden. Een aantal platliggende bakstenen, eveneens ten zuidwesten van gebouw 24, zijn te interpreteren als de restanten van een plaveisel (spoornr. 1118) dat bij gebouw 24 aansluit en waarin de vermelde tonput wellicht was ingewerkt.

Hierna zetten we de kenmerken uiteen van de structuren die aan gebouw 24 gekoppeld waren.

4.3.2.25.1 Tonput spoornr. 922

De ton staat tegen de wand van een ovale constructiekuil van 1,6 m bij 1,1 m. De bodem van de waterput bevindt zich op 2,94 m T.A.W., waardoor meteen uitgesloten kan worden dat de waterput was bedoeld om grondwater op te vangen. Van de ton (2841.1) zijn enkel ongeveer 20 cm lange duigfragmenten bewaard gebleven. Deze tonput (fig. 330) reikt niet tot in de onderliggende natuurlijke sedimenten, maar tot in een kuil opgevuld met afval. Als het al een (regen?)waterput betreft zal de kwaliteit van het water in elk geval van bedenkelijke kwaliteit geweest zijn. Voor deze fragmentarisch bewaarde duigen kon via een dendrochronologisch onderzoek geen datering worden bekomen[522]. Een sluitende hypothese over de functie hebben we ook niet.

4.3.2.25.2 Tonput spoornr. 1397

Van deze kleine tonput zonder waarneembare constructiekuil ligt de bodem op 2,98 m T.A.W. Van de duigen zijn enkel nog flinterdunne restanten overgebleven. De tonput in gebouw 24 wordt gesneden door het uitbraakspoor (spoornr. 1398) van de noordgevel van dit gebouw. Uit de opvulling van de tonschacht (fig. 330) is enkel een loden netverzwaring gehaald (3157.1) met een gewicht van 34,2 g en een breedte van 36 mm.

4.3.2.25.3 Ingegraven pot spoornr. 1436

Tussen gebouwen 24 en 26 en eigenlijk zelfs gedeeltelijk onder het uitbraakspoor van de noordwestelijke muur van gebouw 24 loopt een greppel (spoornr. 1393) waarin een groot fragment van een kookpot (3213.1, fig. 331) in rood aardewerk op standvinnen is aangetroffen (spoornr. 1436), geplaatst in een normale positie. Dit fragment is afkomstig van een kookpot in rood aardewerk op drie drieledige standvinnen en heeft hoogstens één oor. Loodglazuur is enkel aangebracht op de binnenkant van de bodem. Er zaten geen sporen van beroeting op de bodem van het recipiënt. Grootste diameter van de kookpot: 17 cm.

4.3.2.25.4 Tonput Spoornr. 1444

Van deze kleine tonput uit gebouw 24, evenals structuur nr. 1397 zonder waarneembare constructiekuil, zijn onderaan enkel nog wat duigresten bewaard die weliswaar geen dendrochronologische analyse toelieten. De diameter onderaan de ton is vergelijkbaar met die van het tonnetje aangetroffen bij spoornr. 1158, nl. 25-30 cm. De bodem van dit tonputje bevindt zich op 2,76 m T.A.W. Uit de vulling van de tonschacht (fig. 330) zijn geen vondsten gehaald.

522 **Houbrechts 1999, 24.**

FIG. 328 Twee objecten in hout uit de vulling van de tonwaterput spoornr. 864. Schaal 1/2.
Two wooden objects from the fill of barrel well 864. Scale 1:2.

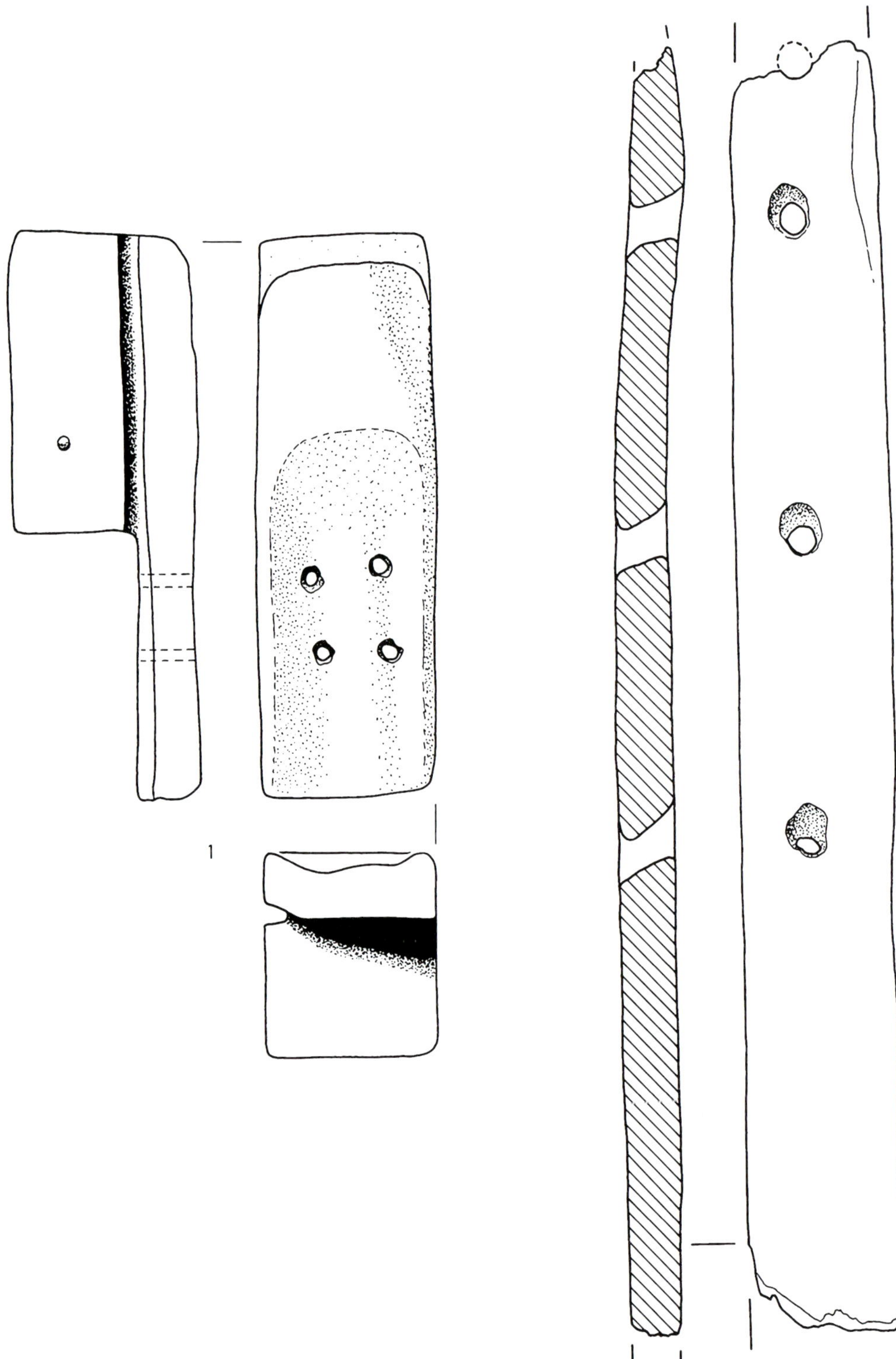

4.3.2.26 Gebouw 25

Van gebouw 25 (fig. 332), aangesneden in sleuf 98/I, blijven enkel de resten van de noordgevel (spoornr. 1355) en de aanzet van één dwarsmuur over. De zeer slechte bewaring houdt ongetwijfeld verband met de ondiepe ligging van de uitbraaksporen (+/- 3,8 m T.A.W.). Gebouw 25 is met de lengteas 42-43° NO georiënteerd. Te oordelen naar een aantal platliggende bakstenen (spoornr. 1388) was gebouw 25 vermoedelijk bevloerd met bakstenen.

4.3.2.27 Gebouw 26

Gebouw 26 bestaat uit minstens twee gebouwen die elkaar op dezelfde plaats hebben opgevolgd. Talrijke postmiddeleeuwse kuilen hebben ter hoogte van dit gebouw het beeld in sterke mate vertroebeld.

Aanvankelijk is gebouw 26 (fig. 333-334 en 408) vrij smal. Het gebouw meet immers slechts 3,5 m bij minstens 6,4 m binnenwerks. Omdat het gebouw niet volledig kon onderzocht worden is niet duidelijk of het meer dan één vertrek telde. In het

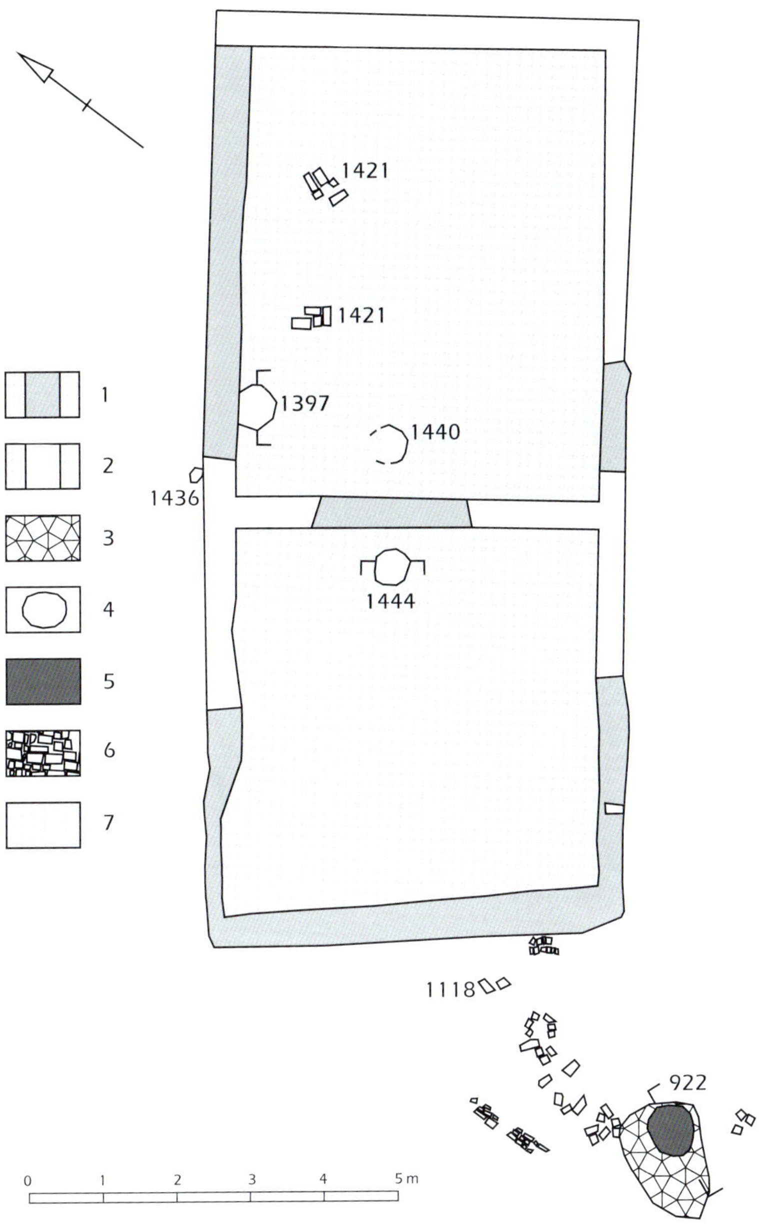

FIG. 329 Plattegrond van gebouw 24 met aanvullingen. Legende: 1: uitbraaksporen, 2: aanvullingen, 3: kuil, 4: specifieke sporen, 5: tonputten, 6: bakstenen, 7: bebouwde oppervlakte.
Floor plan of building 24. Key: 1: robber trenches, 2: deduced extensions of the excavated features, 3: pits, 4: specific structures, 5: barrel lined pits, 6: bricks, 7: built surface area.

volledig onderzochte vertrek (fig. 334) bevindt zich nabij de meest oostelijke dwarsmuur een min of meer vierkante haardplaat in baksteen (spoornr. 1443) van 2,1-2,3 m bij 2,3-2,4 m. Deze haardplaat was grotendeels afgeboord met een enkele rij op gekantelde bakstenen. De rest van de oppervlakte binnen dit vertrek bestond uit belopen zwartbruin, kleiig zand, dat zeer vergelijkbaar is met de loopvlakken in gebouwen 23 en 24. Het gebouw is met de lengteas 54° NO georiënteerd en met de breedteas 36° NW.

De stratigrafische relatie tussen het restant van een bakstenen bevloering (spoornr. 1442) in de noordelijke hoek van het gebouw en de rechthoekige haardplaat toont aan dat deze laatste op een later tijdstip volledig overdekt werd met een bakstenen bevloering. Die besloeg wellicht de hele ruimte. De aanleg van tonput spoornr. 1389 ging waarschijnlijk de fase met haardplaat vooraf. Voor het hout van de ton wordt een kapdatum tussen 1416 en 1426 voorgesteld. Op basis hiervan kan verondersteld worden dat gebouw 26 in gebruik is genomen na 1416. De positie en de geringe diepte (bodem op 2,89 m T.A.W.) van deze tonput maken het onwaarschijnlijk dat het een waterput betreft. De precieze functie ervan is anderzijds ook niet duidelijk. Deze structuur sluit in elk geval aan bij een aantal verwante structuren uit de nabijgelegen gebouwen. Het gaat bijvoorbeeld om twee ondiepe tonputjes, geregistreerd binnen gebouw 24.

Bij deze eerste fase van gebouw 26 sluit aan de noordwestzijde een plaveisel in baksteen aan. Hierin zijn twee fasen te onderscheiden: een rudimentaire bevloering vooral uit baksteenpuin (spoornr. 1427) en een beter afgewerkte bevloering met bakstenen (spoornr. 1386).

In een tweede periode, in elk geval na 1416, wordt gebouw 26 op twee manieren uitgebreid (fig. 335-336 en 409). Enerzijds wordt het gebouw zelf verbreed tot een rechthoekige eenheid van

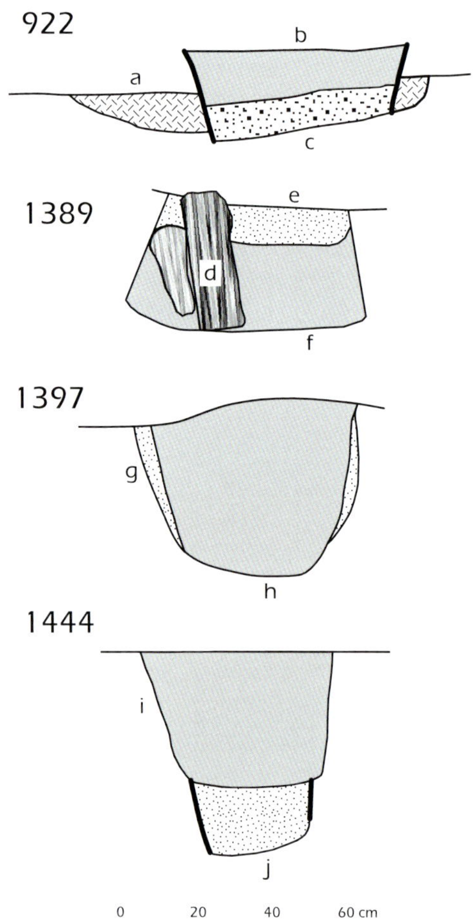

FIG. 330 **Tonputten spoornrs. 922, 1389, 1397 en 1444 in doorsnede. Legende: a: zwartgrijze klei zonder stratificatie, constructiekuil, b: bruine zandige klei met baksteenfragmenten, c: zwartgrijs humeus zand, d: duigresten, e: beige zand, f: bruine zandige klei gemengd met olijfbeige klei, g: beige zand, h: bruine zandige klei, i: bruine zandige klei, j: beige zand.**
Barrel lined pits 922, 1389, 1397 and 1444 in section. Key: a: greyish black homogeneous clay, construction cut fill, b: brown sandy clay with brick inclusions, c: greyish black humic sand, d: stave remains, e: beige sand, f: brown sandy clay mixed with olive beige clay, g: beige sand, h: brown sandy clay, i: brown sandy clay, j: beige sand.

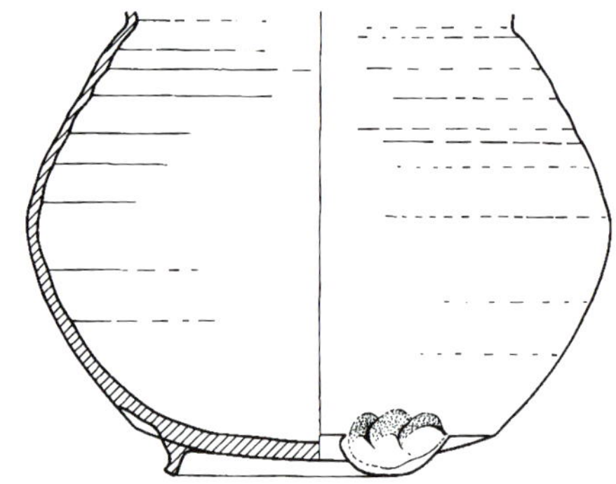

FIG. 331 **Kookpot in rood aardewerk, rechtstaand aangetroffen tussen de gebouwen 24 en 26.**
Redware cooking pot, found upright between buildings 24 and 26.

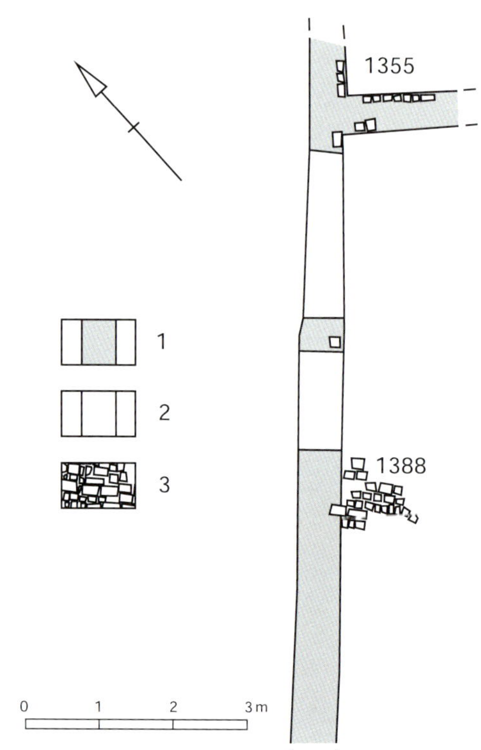

FIG. 332 **Gedeeltelijke plattegrond van gebouw 25. Legende: 1: uitbraaksporen, 2: aanvullingen, 3: bakstenen.**
Partial floor plan of building 25. Key: 1: robber trenches, 2: deduced extensions of the excavated features, 3: bricks.

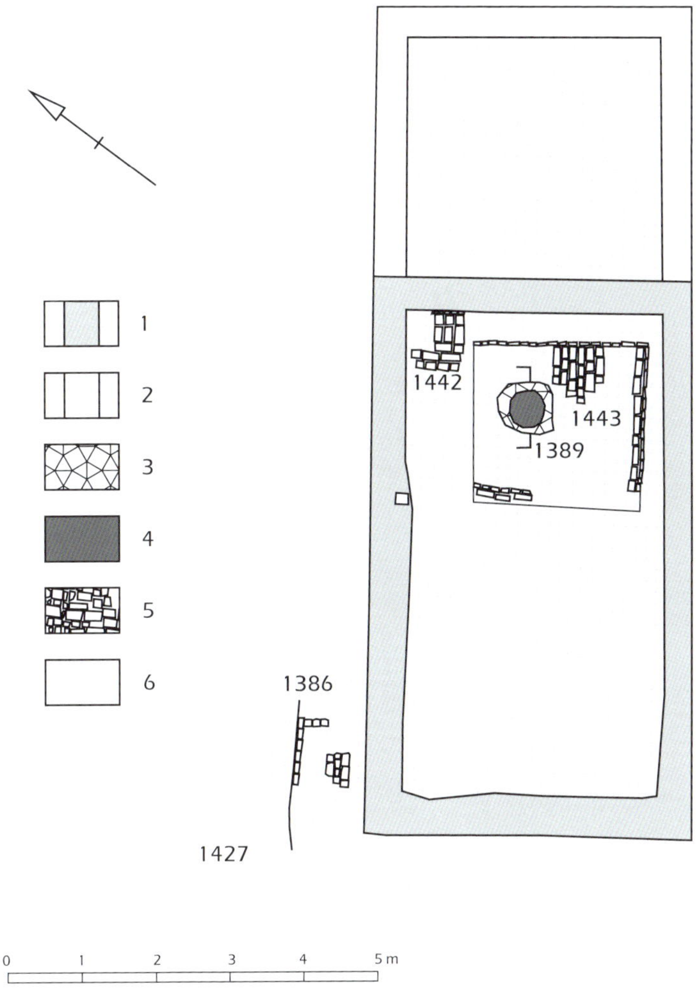

FIG. 333 **Plattegrond van gebouw 26 fase 1 met aanvullingen. Legende: 1: uitbraaksporen, 2: aanvullingen, 3: kuil, 4: specifieke sporen, 5: bakstenen, 6: bebouwde oppervlakte.**
Floor plan of building 26 phase 1. Key: 1: robber trenches, 2: deduced extensions of the excavated features, 3: pits, 4: specific structures, 5: bricks, 6: built surface area.

FIG. 334 **Fase 1 van gebouw 26 tijdens de opgraving.**
Building 26 phase 1 under excavation.

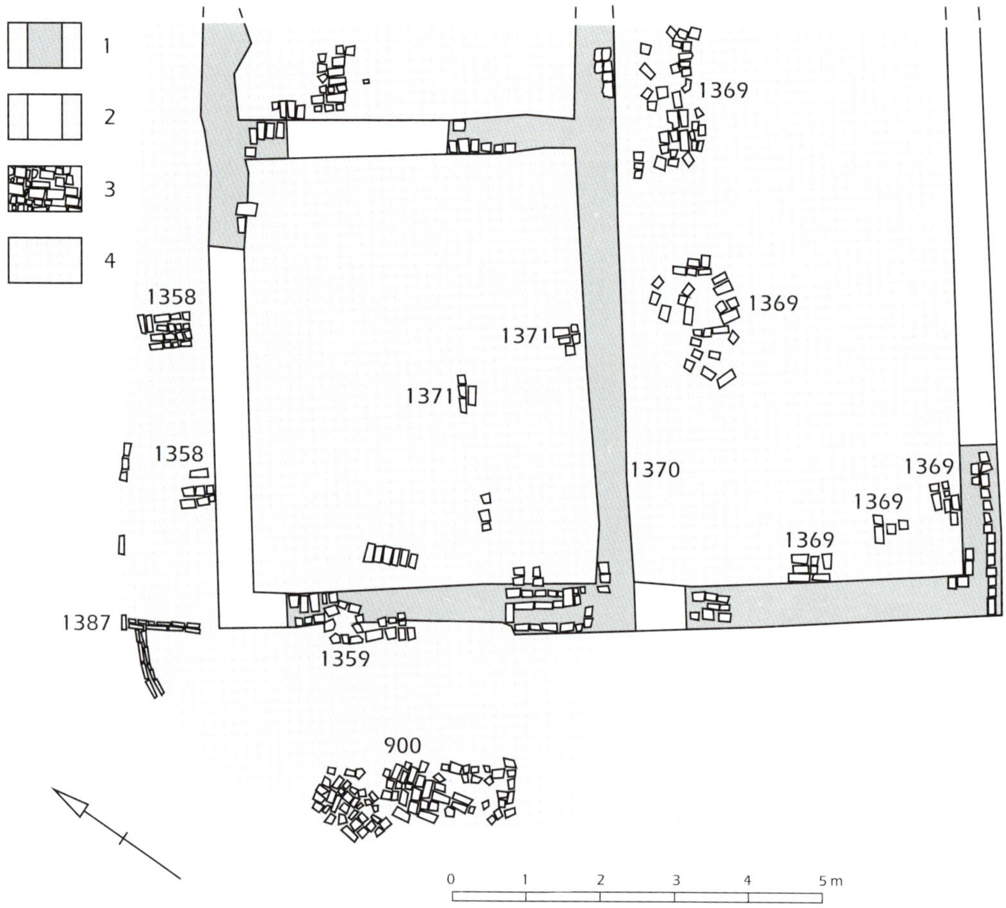

FIG. 335 Plattegrond van gebouw 26 fase 2 met aanvullingen. Legende: 1: uitbraaksporen, 2: aanvullingen, 3: bakstenen, 4: bebouwde oppervlakte.
Floor plan of building 26 phase 2. Key: 1: robber trenches, 2: deduced extensions of the excavated features, 3: bricks, 4: built surface area.

FIG. 336 Fase 2 van gebouw 26 tijdens de opgraving.
Building 26 phase 2 under excavation.

5,6 m bij minstens 8 m buitenwerks. Anderzijds wordt aan de zuidoostkant van het gebouw, dat op zich reeds verbreed was, een rechthoekig vertrek van 5,2-5,4 m bij minstens 8 m buitenwerks toegevoegd. Het strekt zich grotendeels boven gebouw 24 uit. De tweede fase van gebouw 26 is met de lengteas 52° NO en met de breedteas 35° NW georiënteerd.

Te oordelen naar de grote hoeveelheid bewaarde platliggende bakstenen (spoornrs. 1369 en 1371) mogen we besluiten dat beide onderdelen van gebouw 26 in deze fase met bakstenen bevloerd waren. In de westelijke dwarsmuur zit een slordig geconstrueerd bakstenen kokertje (spoornr. 1359, fig. 336) met een onduidelijke functie.

Aan de noord- en westzijde van de tweede fase van gebouw 26 sluit een bakstenen plaveisel aan. Hierin zijn ook twee fasen te herkennen: spoornrs. 1358 en 1387. Aan de zuidzijde van gebouw 26 is het terrein te sterk vergraven. Van eventuele plaveisels is geen spoor meer overgebleven.

Om en rond gebouw 26 werden dus de resten aangetroffen van minstens vier boven elkaar geplaatste bakstenen plaveisels (twee in elke fase). De westelijke uitlopers hiervan werden aangesneden in sleuf 96/II (spoornr. 900). Aan de westkant van gebouw 26 zijn ze wel 2,7 m breed. Die plaveisels tonen aan dat het oppervlak in deze zone tijdens de bewoningsperiode reeds geleidelijk aan steeg, waardoor de plaviesels voortdurend op een hoger niveau moesten komen. Een gelijkaardige vaststelling is gedaan voor de plaveisels bij gebouw 23.

Hierna volgt de beschrijving van de twee structuren bij gebouw 26.

4.3.2.27.1 Bakstenen putje spoornr. 1359

Eén van de muren van gebouw 26 heeft een onregelmatig geconstrueerd kokertje (fig. 336) in baksteen zonder specifieke bodemstructuur. Het is vervaardigd uit een aantal halve bakstenen die op onregelmatige wijze min of meer in een cirkel met een buitendiameter van 55 tot 60 cm zijn geplaatst. De structuur was over 5 steenlagen bewaard. De bovenste steenlaag werd aangesneden op 3,72 m T.A.W. De bodem, die op 3,45 m T.A.W. is gesitueerd, wordt gevormd door een onderliggende muur. De functie van dit structuurtje is helemaal niet duidelijk.

4.3.2.27.2 Tonput spoornr. 1389

De bodem van deze tonput bevindt zich op 2,89 m T.A.W. De geringe diepte van de tonput is de reden dat de duigen van deze ton (3250.1) slechts gedeeltelijk bewaard zijn (over een lengte van ongeveer 30 cm) en een interpretatie als waterput kan uitgesloten worden. Deze ton is samengesteld uit 16 duigen en had een grootste en kleinste diameter van respectievelijk 61 en 48 cm. De vulling bestaat vooral uit beige zand met een aantal duigfragmenten (fig. 330: d). Drie ervan pasten samen tot een bodemplaat (3253.1) met een doormeter van 49 cm. Het hout voor deze ton is volgens het dendrochronologisch onderzoek gekapt tussen 1416 en 1426[523].

4.3.2.28 Gebouw 27

Van dit gebouw, dat enkel voor de volledigheid wordt vermeld, werd slechts één uitgebroken muur (spoornr. 1375) gedeeltelijk aangesneden tegen de noordrand van sleuf 98/I. Dit uitbraakspoor vertoont een lichtjes afwijkende oriëntatie ten opzichte van de meeste andere uitbraaksporen omdat het 61° NO is georiënteerd in plaats van de gebruikelijke 50-55° NO.

4.3.2.29 Gebouw 28

Zowel de westelijke helft van sleuf 96/II als het centrale gedeelte van sleuf 98/III (fig. 3) bevatten grote hoeveelheden bakstenen en baksteenpuin. De intense bouwactiviteiten in deze sector maken het ontrafelen van de bouwchronologie bijzonder ingewikkeld. Afhankelijk van de interpretatie kunnen hierin een aantal gebouwen worden herkend. Ze worden achtereenvolgens voorgesteld als de gebouwen 28, 29, 30 en 31.

Gebouw 28 (fig. 337-338 en fig. 409) met halfcirkelvormig plaveisel en roodbeschilderde muren heeft een evolutie doorgemaakt die gelijklopend is met die van gebouw 29. De evolutie van gebouw 28 is als gevolg van een lichte verschuiving van de dwarse muren tijdens de bewoning echter iets beter te volgen dan die van gebouw 29, waar de dwarsmuren zich steeds op dezelfde plaats bevonden.

Gebouw 28 is een rechthoekig gebouw van 16,5 bij 6,5 m buitenwerks, wat neerkomt op een bebouwde oppervlakte van 109,5 m². Het gebouw is in de lengte 52-55° NO en in de breedte 31-35° NW georiënteerd. In de laatste fase – meteen de grootste uitbreiding van dit gebouw – lijkt deze rechthoekige ruimte enkel opgesplitst in een grote kamer van 8,7-9 m bij 5,5-5,6 m binnenwerks en een kleinere kamer van 6,2 m bij 5,5 m binnenwerks. Tot deze fase behoren twee bevloeringen met bakstenen die elkaar in de tijd opvolgen en evenwijdig zijn aan de dwarsmuren en een *in situ* verhitte plek (spoornr. 1491). Van deze bevloeringen zijn restanten aangetroffen op 3,89 m (spoornr. 1461) en op 3,82 m (spoornr. 1494) T.A.W.

De westelijk afsluitende dwarsmuur vertoont op 1 m van de westelijke hoek van gebouw 28 een in oostelijke richting uitspringend gedeelte in baksteen, wellicht een haardwang. Deze afsluitende dwarse muur werd opgetrokken toen gebouw 28 met ongeveer 1,7 m werd uitgebreid in westelijke richting. In deze uitbreiding zijn eigenlijk minstens twee en wellicht zelfs drie fasen te onderscheiden. De recentste fase bevindt zich in de lijn van de noordwestelijke gevel van gebouw 28. De voorgaande fase (spoornr. 1548) wijkt qua oriëntatie licht af, is duidelijk tegen de hoek van het vertrek met de bepleistering aangebouwd en staat gedeeltelijk boven de bakstenen bevloering (spoornr. 1547) die vermoedelijk samengaat met een nog oudere fase van deze uitbreiding. In de muur met spoornr. 1548 is bewust een gleuf gelaten. Van de oudste fase van de uitbreiding blijven enkel een aantal stenen van de muur over (spoornr. 1552, niet afgebeeld), een uitbraakspoor van een naar binnen gerichte bakstenen insprong (spoornr. 1584, niet afgebeeld) en de bakstenen bevloering (spoornr. 1547) die oorspronkelijk onder de muur met gleuf (spoornr. 1548) door liep.

523 **Houbrechts 1999, 9.**

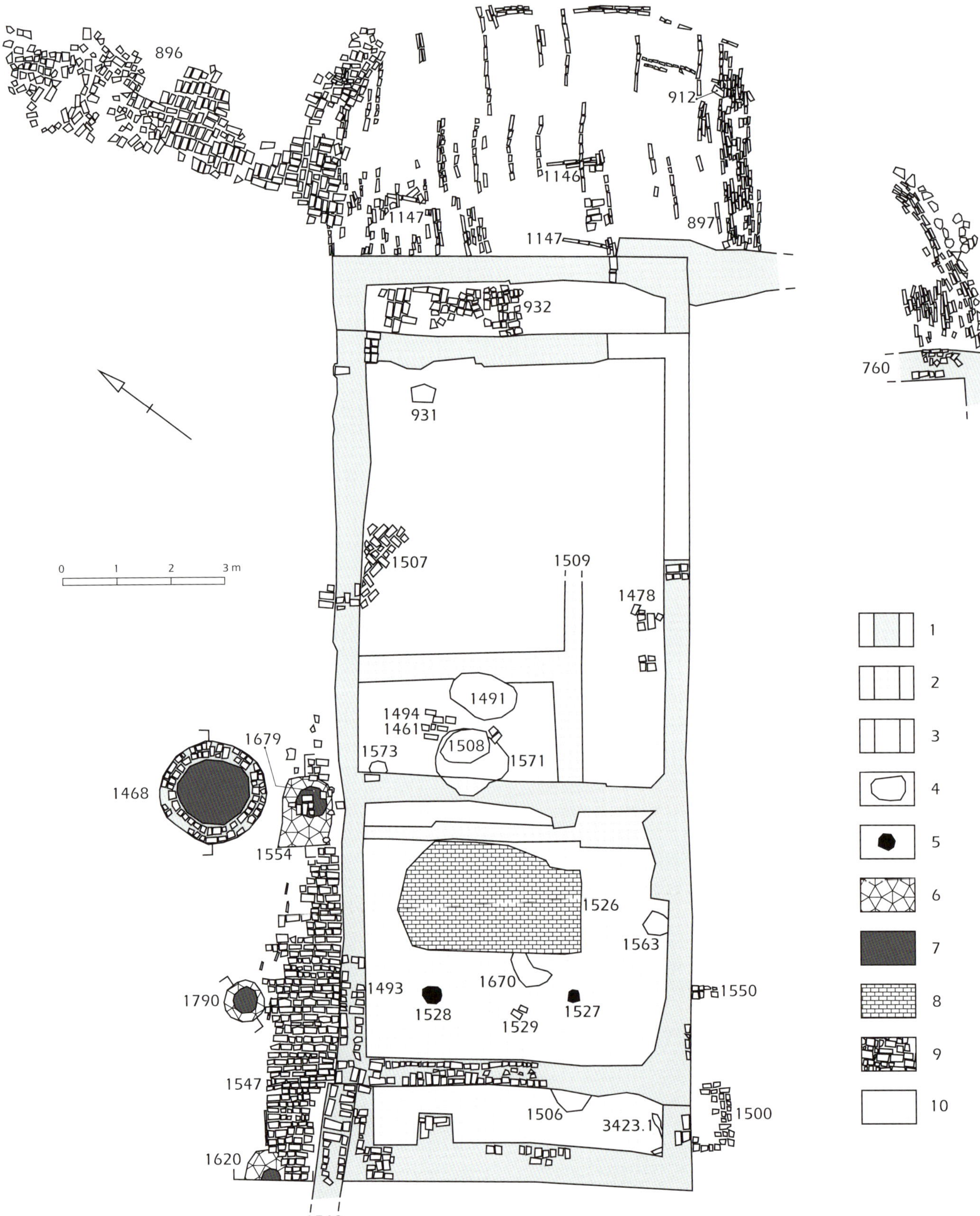

FIG. 337 **Plattegrond van gebouw 28 met aanvullingen. Legende: 1: uitbraaksporen, 2: uitbraaksporen oudere fase, 3: aanvullingen, 4: specifieke structuren, 5: paalsporen, 6: kuilen, 7: waterputten, 8: pleisterwerk, 9: bakstenen, 10: bebouwde oppervlakte.**
Floor plan of building 28 with additions. Key: 1: robber trenches, 2: robber trenches from earlier phase, 3: additions to the observed features, 4: specific structures, 5: postholes, 6: pits, 7: wells, 8: lime plaster, 9: bricks, 10: built surface area.

FIG. 338 **Gebouw 28 tijdens de opgraving: a. algemeen beeld, b. spoornr. 897, c. spoornr. 1507.**
Building 28 under excavation: a. general view, b. context no. 897, c. context no. 1507.

In de stratigrafie werd nabij de zuidhoek van de uitbreiding op ongeveer 3,5 m T.A.W. een ijzeren muuranker aangetroffen met de volgende afmetingen: bewaarde lengte: 49 cm, bewaarde breedte: 49 cm (3423.1, fig. 339) aangetroffen. Dat kan gezien de context gesitueerd worden na de eerste fase van de uitbreiding in westelijke richting en voor de laatste fase van de uitbreiding in deze richting.

Ook in oostelijke richting werd gebouw 28 uitgebreid, meer bepaald met 1,4 m. Hierdoor kwam vermoedelijk een stuk voormalig plaveisel (spoornr. 932) binnen het gebouw te liggen.

Voor de uitbreidingen in westelijke en oostelijke richting mat gebouw 28 dus ongeveer 13,4 bij 6,5 m buitenwerks en was het verdeeld in twee ruimtes – een grote en een kleine – van respectievelijk 8,2 m bij 5,6 m en 4,0 bij 5,6 m binnenwerks. Het uitbraakspoor van de dwarse muur die de scheiding vormde tussen de twee ruimtes was opvallend dunner dan de buitenmuren, wat erop kan wijzen dat het ook een houten wand had kunnen zijn. Samen met de uitbreidingen in oostelijke en westelijke richtingen werd de dwarse muur licht opgeschoven in oostelijke richting en werd ook het woonniveau binnen gebouw 28 geleidelijk opgehoogd. Zo werden buiten de reeds vermelde bevloeringen ook restanten van bevloeringen aangetroffen op 3,60 m (spoornr. 1507) en op 3,36 m (spoornrs. 1478 en 1529). Bevloering spoornr. 1507 (fig. 338c) werd aangelegd in een visgraatmotief. Loopvlakken van hard aangetrapt, kleiig zand met een platige structuur werden aangesneden op 3,07-3,15 m (spoornr. 1811) en op 3,30 m T.A.W. (spoornr. 1812). Ze laten vermoeden dat gebouw 28 aanvankelijk niet met bakstenen bevloerd was. Naast restanten van bevloeringen werden ook *in situ* verhitte zones aangetroffen op 3,56 m (spoornr. 1506), op 3,43 m (spoornr. 1508), op 3,24 m (spoornr. 1571), op 3,27 m (spoornr. 931) en op 3,11 m T.A.W. (spoornr. 1670).

Eén van de meest opvallende vaststellingen in gebouw 28 is het feit dat in de noordwestelijke hoek van het gebouw nog een muurfragment *in situ* bewaard was met aan de binnenzijde een witte pleisterlaag (fig. 340). Deze muur was te oordelen naar het bewaarde fragment opgetrokken in een soort paramentsysteem. Onderaan vertoonde het pleisterwerk een aantal aflopende verfstrepen in een rode kleur. Bovendien werd in het meest westelijke vertrek van gebouw 28 bijna 6 m^2 pleisterwerk in een horizontale positie (spoornr. 1526, fig. 341) aangetroffen dat met de afgewerkte zijde naar de ondergrond gekeerd lag. Alsof het naar beneden was gevallen. Dit horizontale pleisterwerk bleek aan de afgewerkte zijde grotendeels rood gekleurd. Aan de kant die naar boven lag waren de afdrukken van bakstenen in negatief goed zichtbaar, dit pleisterwerk was oorspronkelijk dus duidelijk aangebracht op een bakstenen muur. Het pleisterwerk telde afdrukken van minstens 24 opeenvolgende steenlagen wat aan 6-7 cm per baksteenlaag (inclusief de metselspecie) neerkomt op een muur die minstens 144-168 cm hoog was. Omdat de volledige zone met pleisterresten op basis van de afdrukken van de steenlagen zich over ongeveer 2 m uitstrekte, kwam deze pleisterlaag naar alle waarschijnlijkheid van een muur van ongeveer 2 m hoog. Deze waarneming is zeer waardevol voor de reconstructie van de gebouwen in Walraversijde. Ze toont immers duidelijk aan dat de muurresten of uitbraaksporen van de muren niet afkomstig zijn van sokkels of voetmuren, maar van volwaardige muren in baksteen. In het eerste geval leidt dit naar houten gebouwen of vakwerkgebouwen op een sokkel in baksteen, in het tweede geval naar volledige bakstenen gebouwen. De laag met pleisterresten bevindt zich stratigrafisch boven bevloering spoornr. 1529. Deze bevloering was echter op enkele stenen na volledig weggebroken voor de pleisterlaag op deze plaats belandde. Hieruit kan in elk geval worden afgeleid dat gebouw 28 in een vrij vroege fase – in elk geval voor de uitbreiding in westelijke richting – reeds met bakstenen bevloerd was en aan de binnenzijde bepleisterd. De pleisterlaag spoornr. 1526 is wellicht afkomstig van de westelijke afsluitmuur van gebouw 28 voor dit gebouw in westelijke richting is uitgebreid.

Binnen het gebouw en tegen de zuidoostelijke gevel aan werd een spoor aangetroffen dat het best kan omschreven worden als een pekinfiltratie (spoornr. 1563). Dit pekspoor moet gezien zijn stratigrafische positie in de beginfase van gebouw 28 worden gesitueerd. Hetzelfde geldt voor een klein ingegraven tonnetje (spoornr. 1573) aan de noordwestgevel. Op een bepaald ogenblik, vrij vroeg in de evolutie van gebouw 28 – vermoedelijk nog voor de uitbreidingen – is binnen in de woning met lichtere centrale wanden (spoornr. 1509) een rechthoekige ruimte van 2,6 bij 3,6 m binnenwerks gemaakt. Ze omgeeft een *in situ* verhitte plek (spoornr. 1571) en het reeds vermelde ingegraven tonnetje.

Twee paalgaten (spoornrs. 1527 en 1528) die door de vleilaag van de oudste bakstenen bevloering zijn gegraven, houden gezien hun positie vermoedelijk verband met de uitbreidingswerkzaamheden aan de westkant. Mogelijk geven ze aan dat er een stelling werd gebruikt.

Gebouw 28 is net als gebouw 29 voor zover kon worden vastgesteld volledig omzoomd met bakstenen plaveisels. Tussen gebouwen 28 en 29 bestaan ze uit platliggende bakstenen die met de lengteas haaks op de zijgevels van beide gebouwen werden gelegd. Hierin zijn minstens twee grote fasen te onderscheiden: een ongeveer 1,3 tot 1,45 m breed plaveisel (spoornr. 1547) dat aansluit bij de noordwestgevel van gebouw 28, een plaveisel dat de volledige oppervlakte tussen de gebouwen 28 en 29 beslaat (spoornr. 1481) en dat vermoedelijk bij het aanleggen van de bakstenen waterput (spoornr. 1468, fig. 342) werd vernieuwd (spoornr. 1462). Omdat het oudste plaveisel doorloopt tot minstens 1,5 m voorbij de dwarsmuur met de bepleistering, is het vermoedelijk pas aangebracht nadat gebouw 28 in westelijke richting was uitgebreid. Het dekt in elk geval een houten latrine die bij gebouw 28 hoort (spoornr. 1554) en een grachtje af (spoornr. 1740, niet afgebeeld). In de houden latrine is na het jaar 1456 een ton (spoornr. 1679) geplaatst. Het grachtje werd in functie van het plaveisel opgeschoven in noordelijke richting en met planken en duigen van tonnen beschoeid (spoornr. 1755). Het grachtje met spoornr. 1740 is waarschijnlijk een perceelsgrens die ook later nog in de volledig dekkende plaveisels te herkennen was als een centrale richel.

Ook langs de zuidoostgevel zijn restanten van een bakstenen plaveisel (spoornr. 1500) aangesneden op 3,5 m T.A.W.

De meest spectaculaire bevloering bevindt zich echter tegen de noordoostelijke gevel (fig. 337 en 338b). Het betreft een grote, ovale tot halfcirkelvormige bevloering (spoornr. 897) van gekantelde bakstenen. Een plaveisel van platliggende bakstenen (spoornr. 896) sluit aan de noordkant aan op deze ovale bevloering. Die stenen lopen zelf gedeeltelijk door over de ovale bevloering. Ze draagt sterke sporen van slijtage en heeft dus duidelijk een lange levensduur gehad. De afboording van deze bevloering wisselt van twee rijen gekantelde bakstenen over een rij natuurstenen naar helemaal geen afboording. Binnen het vlak van de stenen die op hun kant zijn geplaatst bevinden zich een aantal kleinere zones met platliggende stenen. Deze zones duiden vermoedelijk op herstellingsfasen. Het ovale plaveisel heeft minstens twee fasen gekend. Van de eerste fase was enkel een gedeelte van de afboording bewaard (spoornr. 912). Daaronder

FIG. 339 **Muuranker in ijzer: a. tijdens de opgraving, b: tekening na reiniging en conservatie. Schaal 1/3.**
Iron anchor plate: a. during excavation, b: drawing after cleaning and conservation. Scale: 1:3.

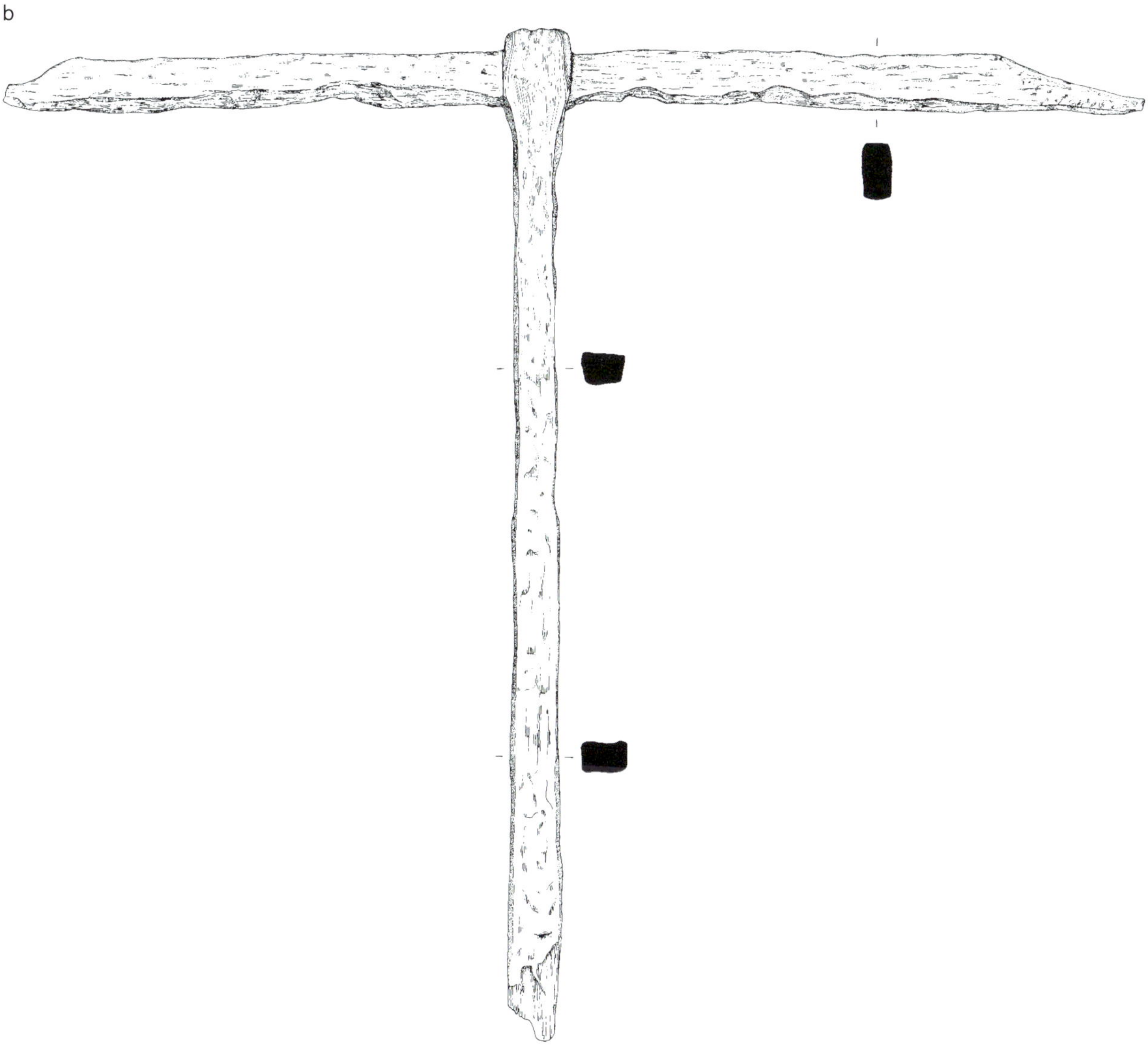

FIG. 340 **Muur met *in situ* bewaard pleisterwerk, gebouw 28. a: overzicht, b: detail.**
Figure 246: Wall covered with lime plaster, building 28. a: overview, b: detail.

werden echter nog verschillende andere restanten van afboordingen (spoornrs. 1146-1147) van oudere plaveisels aangetroffen. Geen daarvan liep evenwijdig met de muren. De restanten van een bakstenen bevloering (spoornr. 932) die binnen de meest oostelijke uitbreiding werden aangetroffen bevonden zich oorspronkelijk waarschijnlijk ook buiten het gebouw. Vermoedelijk gaat het om resten van een van de oudste plaveisels aan de noordoostkant van gebouw 28.

Te oordelen naar de morfologie van het ovale plaveisel en enkele muurfragmenten in sleuf 96/I (spoornr. 760) en sleuf 98/III (spoornr. 1550) was aan gebouw 28 aan de zuidoostkant een vertrek aangebouwd. De aangetroffen restanten zijn te weinig representatief om het vertrek met enige zekerheid te reconstrueren. Wel was de oostgevel ervan 2 m meer westwaarts gesitueerd.

Tussen gebouwen 28 en 29 werden ook een aantal tonwaterputten (spoornrs. 1553, 1620, 1624, 1628, 1645, 1775, 1776, 1780 en 1790) aangesneden. Sommige hiervan horen vermoedelijk bij gebouw 28. Twee ervan (spoornrs. 1620 en 1790) zijn in elk geval afgedekt door de eerste fase van het plaveisel dat de ruimte tussen gebouwen 28 en 29 volledig in beslag neemt. Deze informatie geeft aan dat het volledig dekkend plaveisel tussen gebouwen 28 en 29 in elk geval niet vóór 1443 werd aangelegd. De dateringen uit het dendrochronologisch onderzoek naar de tonnen van deze waterputten en de latrine geven aan dat gebouw 28 in gebruik is na 1393, na 1443 en na 1456. Deze data lijken aan te geven dat

FIG. 341 **Pleisterwerk spoornr. 1526. a: overzicht, b-c: ingezoomd.**
Area with lime plaster, (context no. 1526). a: overview, b-c: close-up view.

gebouw 28 dateert uit de vroege 15de eeuw en nog in gebruik was in het derde kwart van dezelfde eeuw.

Gebouw 28 is net als gebouw 29 gedeeltelijk boven een opgevulde veenwinningsput gebouwd. Op deze situatie werd echter volledig anders gereageerd dan bij gebouw 29. In plaats van de depressie op te vullen voor de bouw van de woning werden de werken onmiddellijk aangevat van op het bestaande oppervlak. Het terrein werd pas na de bouw genivelleerd, zodat de westelijke dwarsmuur vooral in de zone van de zuidhoek ongeveer 40 cm werd ingegraven. Hierdoor is de muur ook beter bewaard gebleven.

Hierna volgen de beschrijvingen van de talrijke structuren die aan gebouw 28 worden toegewezen.

4.3.2.29.1 Bakstenen waterput spoornr. 1468

Deze bakstenen waterput (fig. 342) met een buitendiameter van 1,85 tot 1,90 m en een binnendiameter van 1,2 tot 1,4 m bevindt zich ingewerkt in de bakstenen bevloering tussen gebouwen 28 en 29. De wand van de waterput is één steen dik en is in de 10 onderste bouwlagen vooral uit kops verwerkte volledige stenen (formaat: 21,5-28 X 10-14,5 X 5-7,5 cm) opgetrokken. Ze werden keurig geschrankt in de opeenvolgende lagen, zodat de stootvoegen nooit boven elkaar kwamen te liggen. Boven de 10 onderste lagen zijn ook halve stenen verwerkt en worden de stenen al eens anders dan kops aangebracht. Zoals bij de andere bakstenen constructies is ook deze put niet met kalkmortel, maar met een soort kleiige zandleem gemetst. De onderste laag stenen van de waterput rust op de zesdelige velg van een karrenwiel met 12 spaken (fig. 343), die de binnendiameter van de waterput bepaalt en tegelijkertijd hiervoor een horizontale vertrekbasis meegeeft. De onderdelen van de velg worden met pennen in de lengteas van de velgonderdelen aan elkaar gekoppeld. Deze pennen zijn 21 cm lang en hebben een diameter van 2,5 cm. De spaken zijn ter hoogte van de velg vierkant in doorsnede en hebben een zijde van 2,5 cm. Op twee plaatsen is het wiel na breuk verstevigd met ijzeren platen. Afmetingen van de velg: buitendiameter: 136 cm, breedte: 5,2 cm en hoogte: 7,4 cm. Aan de buitenzijde van de velg zijn heel wat kleine steentjes te zien die wellicht tijdens de gebruiksfase van het wiel in het hout gedrukt zijn. Dat impliceert dat de velg niet voorzien was van een metalen bescherming, maar enkel met metalen strips werd hersteld bij breuken.

Dat deze velg werd aangetroffen wil nog niet zeggen dat de bewoners van Walraversijde zelf ook over karren beschikten of regelmatig karren gebruikten. Het toont enkel en minstens aan dat ze soms aan een afgedankt wiel van een kar konden geraken. De naaf en de spaken werden verwijderd voor de velg werd hergebruikt als basis van deze waterput. Daartoe werden de spaken

FIG. 342 **Waterput spoornr. 1468 tijdens de opgraving: a. overzicht, b-c: detailbeelden, d. leeggemaakt, e. detail van de muurstructuur.**
Well 1468 under excavation: a. overview, b-c: close-up views, d. after removal of the rubble fill, e. close-up view of wall structure

tegen de velg afgezaagd en niet uit de velg getrokken. Karrenwielen worden niet zo dikwijls aangetroffen bij archeologisch onderzoek, maar ondertussen zijn er toch een aantal laatmiddeleeuwse of vroegmoderne exemplaren gekend, zoals de voorbeelden uit Amersfoort (14de eeuw)[524], Delft (17de eeuw)[525], Doesburg (15de eeuw)[526], Dortmund-Groppenbruch (late middeleeuwen)[527] en Oostende (16de eeuw)[528]. Het enige volledig bewaarde wiel uit Oostende telde tien spaken en had een buitendiameter van +/- 125 cm. Het wiel uit Amersfoort heeft net als dat uit Walraversijde 12 spaken. Het wiel uit Delft had een buitendiameter van 160 cm[529]. Dat uit Dortmund-Groppenbruch bestond uit een vijfdelige beukenhouten velg en had een buitendiameter van 140 cm[530], zeer vergelijkbaar dus met het wiel uit Walraversijde. Deze karrenwielen tonen eigenlijk treffend aan hoe de constructie van waterputten ertoe heeft bijgedragen dat door archeologisch onderzoek onrechtstreeks ook informatie ingewonnen kan worden over het wegtransport in de betrokken perioden.

De bodem van de waterput, op 1.50-1,55 m T.A.W., is niet speciaal aangelegd, maar bestaat gewoon uit de onderliggende, onverstoorde gelaagde en siltrijke klei. De opvulling van de waterput bestaat vooral uit met zand gemengd baksteenpuin, arm aan vondstenmateriaal. Deze waterput, die samen hoort met de recentste fasen van gebouwen 28 en 29, is te oordelen naar de vondsten helemaal onderaan in de vulling ook nog in gebruik geweest in de late 16de of vroege 17de eeuw, ongeveer een eeuw nadat de gebouwen in deze zone van het dorp verlaten werden.

Helemaal onderaan in de opvulling van deze bakstenen waterput werden namelijk 17 fragmenten van minstens vier gelijkaardige kannetjes in Rijnlands steengoed met zoutglazuur

524 Hänninen *et al.* 1994, 135.
525 Nooijen 1992, 132-133.
526 Firmin & van Straten 2010, 125.
527 Bergmann 1993, 207.
528 Pieters *et al.* 1995a, 190-192.
529 Nooijen 1992, 133.
530 Bergmann 1993.

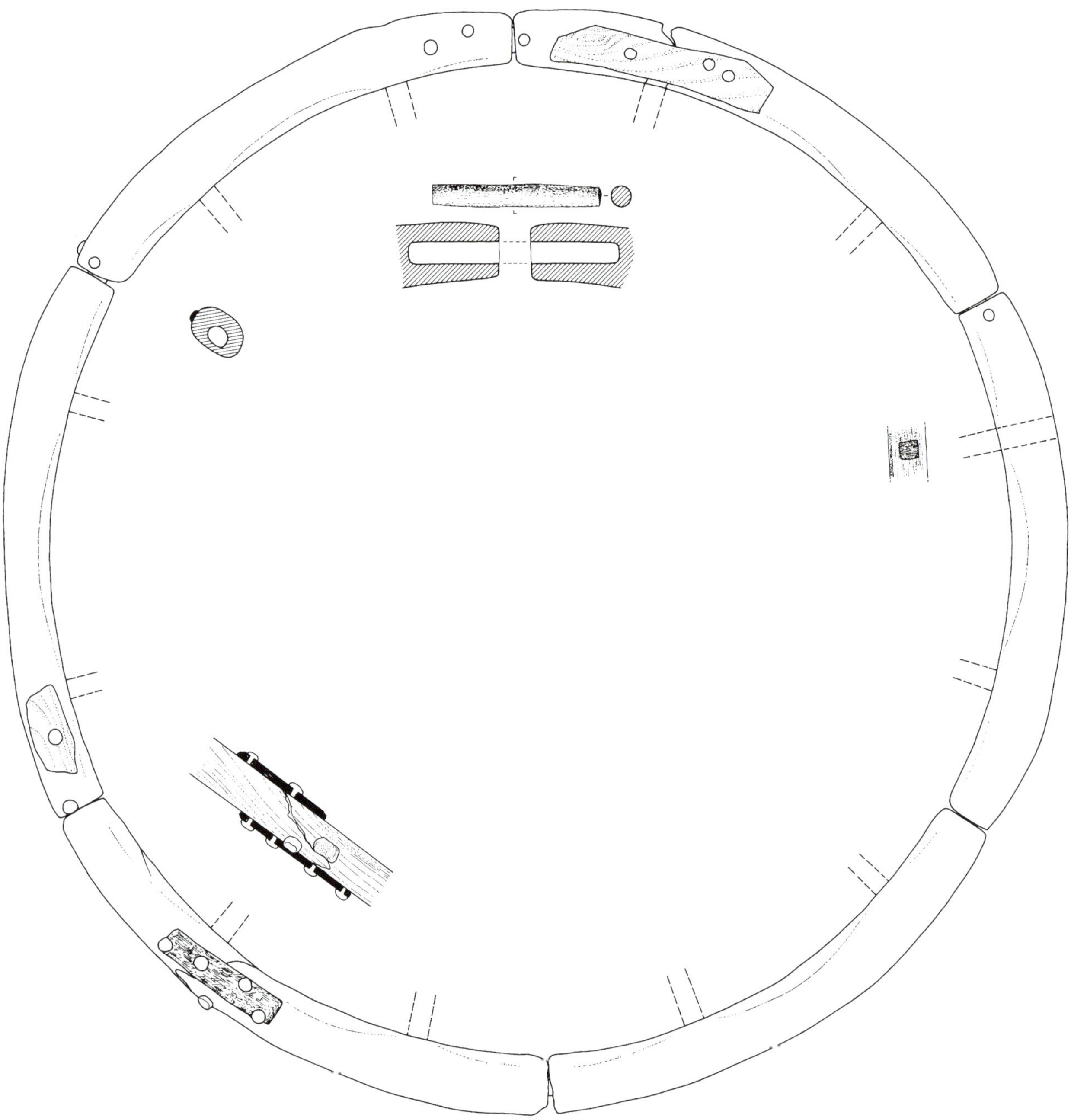

FIG. 343 **6-delige velg van karrenwiel met 12 spaken. Schaal: 1/8.**
Rim of a cartwheel assembled from 6 parts and with 12 spokes. Scale: 1:8.

aangetroffen. Twee kannetjes (3687.1-2, fig. 344) zijn voldoende bewaard om de vorm te achterhalen. Het gaat om onversierde, eerder bolvormige kannetjes met een cilindrische hals, bandvormig oor, vlakke bodem en een ribbeltje op de overgang van de hals en de buik. Zes fragmenten hebben een donkergrijs baksel en een bruin gespikkeld 'Tijger'-glazuur. Bij de overige fragmenten is het baksel grijs tot lichtgrijs en het zoutglazuur in zones bleekgrijs tot lichtbruin. Kannetjes met deze morfologie en technische kenmerken komen voor onder de producten van Frechen (D) of Keulen (D) en worden gedateerd van het tweede kwart van de 16de eeuw[531] tot de late 16de eeuw. Het enige bewaarde bodemfragment van dit ensemble vertoont in elk geval concentrische strepen op de bodem, die gemaakt zijn door de draad die gebruikt werd om de recipiënten van het wiel los te maken[532]. Die sporen zijn trouwens typerend voor de producten van Frechen. De morfologie van deze fragmenten vertoont heel

531 **Zie o.a. Reineking van Bock 1986 (3), 231 fig. 263.**

532 **Hurst *et al.* 1986, 214.**

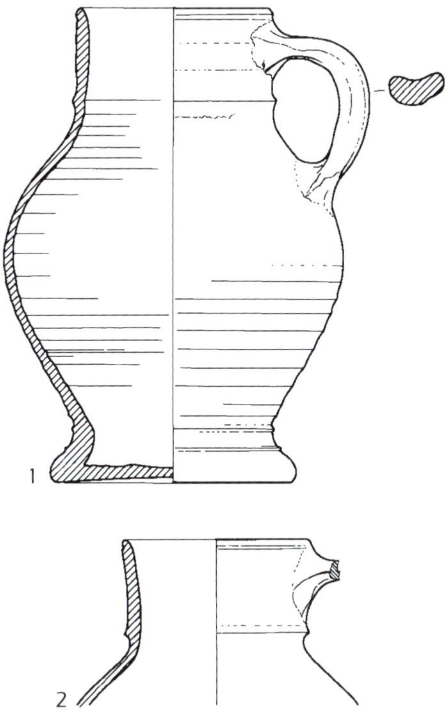

FIG. 344 Ceramiek uit de vulling van waterput spoornr. 1468: 1. kannetje in steengoed met zoutglazuur, 2: fragment van een kannetje in steengoed met zoutglazuur.
Ceramics from the fill of well 1468: 1: salt-glazed stoneware jug, 2: fragment of a salt-glazed stoneware jug.

wat gelijkenissen met enkele gekende producten van Frechen uit het laatste kwart van de 16de eeuw[533]. Dezelfde basisvorm komt echter ook nog voor in het derde kwart van de 17de eeuw[534] bij producten uit Frechen.

Deze waterput is dus pas ten vroegste in de late 16de eeuw definitief buiten gebruik gesteld, een vaststelling die ook voor andere bakstenen waterputten uit Raversijde werd gedaan. De voor de hand liggende conclusie is dat ze dus nog gebruikt werden tijdens het beleg van Oostende (1601-1604). Dit toont meteen aan dat bakstenen waterputten bij de archeologische structuren horen die ook later nog gemakkelijk herbruikbaar zijn. Dat maakt hen niet meteen de beste chronologische gidsstructuren.

4.3.2.29.2 Een nagenoeg vierkante houten beerput spoornr. 1554

Geklemd tussen waterput spoornr. 1468 en de zijgevel van gebouw 28 (fig. 337) bevindt zich een nagenoeg vierkante houten structuur (1 bij 0,9 m). Het betreft een kuil met rechte wanden (fig. 345) met de bodem op 2,40 m T.A.W. De kuil was aan de westzijde nog met twee boven elkaar geplaatste planken beschoeid. De vijf op de omtrek gesitueerde ingeheide palen laten vermoeden dat deze put oorspronkelijk rondom met planken was verstevigd. Een aantal ervan zijn vermoedelijk hergebruikt toen er in een tweede fase een ton werd gezet tegen de oostelijke wand van de latrine. De opvullingslagen (fig. 346) van deze houten put waren duidelijk latrinair van aard, te herkennen aan karakteristieke organische resten zoals textiel en een overvloed aan resten van zaden en pitten, waaronder nogal wat kersen- en kriekenpitten. Helemaal bovenaan was een laag zand aangebracht, als het ware om bij het installeren van tonput spoornr. 1679 de latrine enigszins te saneren.

Uit de vulling van deze structuur werden behalve een reeks textielresten (4038.1-2, 4039.1, 4040.1) ook twee houten voorwerpen en een stuk ceramiek aangetroffen. Het betreft een halfcilindervormig doosje in eik (*Quercus sp.*, 4037.1, fig. 347.1) en een latje met verschillende perforaties (4037.2, fig. 347.2). Het doosje vertoont op één kant de sporen van een perforatie. Afmetingen van het object: lengte: 9,6 cm en breedte: 5,2-5,4 cm. Het langwerpige latje met 4 perforaties (1 grote (diameter: 11 mm) en 3 kleine (diameter: 3-5 mm)) is op het bewaarde uiteinde afgevlakt zoals de onderdelen van een bodemplaat van een ton. Afmetingen van het latje: bewaarde lengte: 22,2 cm, breedte: 3,1 cm en dikte: 14 mm. Voor geen van de beide houten objecten kan een precieze functie voorgesteld worden. Het stuk ceramiek is een fragment van een kan in Rijnlands steengoed met zoutglazuur op gelobde standring en met één bandvormig oor. Het baksel is lichtgrijs tot plaatselijk geelbeige. De grootste diameter van het fragment bedraagt 12,3 cm.

4.3.2.29.3 Dierenresten uit houten beerput 1554, gebouw 28

Wim Van Neer, An Lentacker & Anton Ervynck

In deze beerput zat geen groot botmateriaal, enkel kleine (vis) resten uit een zeefstaal (tabel 43). De visresten uit deze context zijn weinig talrijk, maar het algemene beeld dat in de andere beerputten en tonnen is waargenomen komt ook hier terug: een overwicht aan paling, haring, platvissen en kabeljauwachtigen (tabel 44). Wel is het aandeel van de Gadidae eerder laag in vergelijking met de meeste andere vergelijkbare contexttypes. Ondanks de eerder beperkte hoeveelheid materiaal, lijken de tendensen die bij de overige beertonnen en -putten werden vastgesteld ook hier te gelden: paling en haring zijn vooral door wervels vertegenwoordigd. De afmetingen blijken ook hier hoofdzakelijk de gebruikelijke normen: ongeveer 30 cm SL voor paling en 20-25 cm voor haring. Door spijsvertering afgeplatte viswervels komen voor en dat niet alleen bij haring, maar ook bij paling en bij schol/bot/schar. De platvis is weer vooral vertegenwoordigd door botresten van eerder kleine individuen (10-20 cm SL: 60 %; 20-30 cm SL: 40 %). De skeletverdeling toont een overwicht van vinstralen en vooral vinstraaldragers (samen goed voor ongeveer 40 %) terwijl wervels en kopelementen (zonder kieuwkorf) elk ongeveer 25 % van het platvisbot uitmaken (tabel 45). De Gadidae zijn vertegenwoordigd door twee wervels van kleine wijting (15-20 cm SL), terwijl van kabeljauw alleen een tand van een groot individu aanwezig is. Bij de niet- determineerbare kabeljauwachtigen werd een kieuwdoorn aangetroffen van een groot exemplaar. De eerder zeldzame soorten in deze structuur zijn roggen, vertegenwoordigd door een huidstekel van stekelrog en door een wervel van een niet nader te identificeren soort. Een bekkenfragment van een karperachtige kon niet op soort gebracht worden en ook van een staartwervel van tong kon niet uitgemaakt worden of het ging om de gewone (*Solea solea*) of de Franse tong (*Solea lascaris*).

533 Gaimster 1997a, 214: fign. 53 & 54.
534 Gaimster 1997a, 223: fig. 73.

FIG. 345 **Vierkante houten beerput en beerton bij de opgraving. a: in grondplan, b: gedeeltelijk in doorsnede, c: in doorsnede.**
Square wooden cesspit and barrel under excavation. a: in plan, b: partially in section, c: in section.

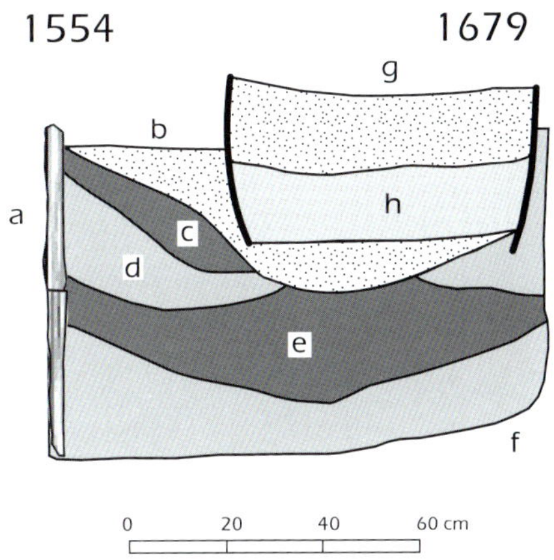

FIG. 346 **Houten beerput spoornr. 1554 en tonput spoornr. 1679 in doorsnede. Legende: a: houten planken, b: beige zand, c-d: bruine organische klei, e: zwarte klei, f: bruinzwarte zandige klei, g: beige zand, h: bruin zand rijk aan ceramiekfragmenten.**
Wooden cesspit 1554 and barrel lined pit 1679 in section. Key: a: wooden planks, b: beige sand, c-d: brown organic clay, e: black clay, f: brownish black sandy clay, g: beige sand, h: brown sand containing abundant pottery fragments.

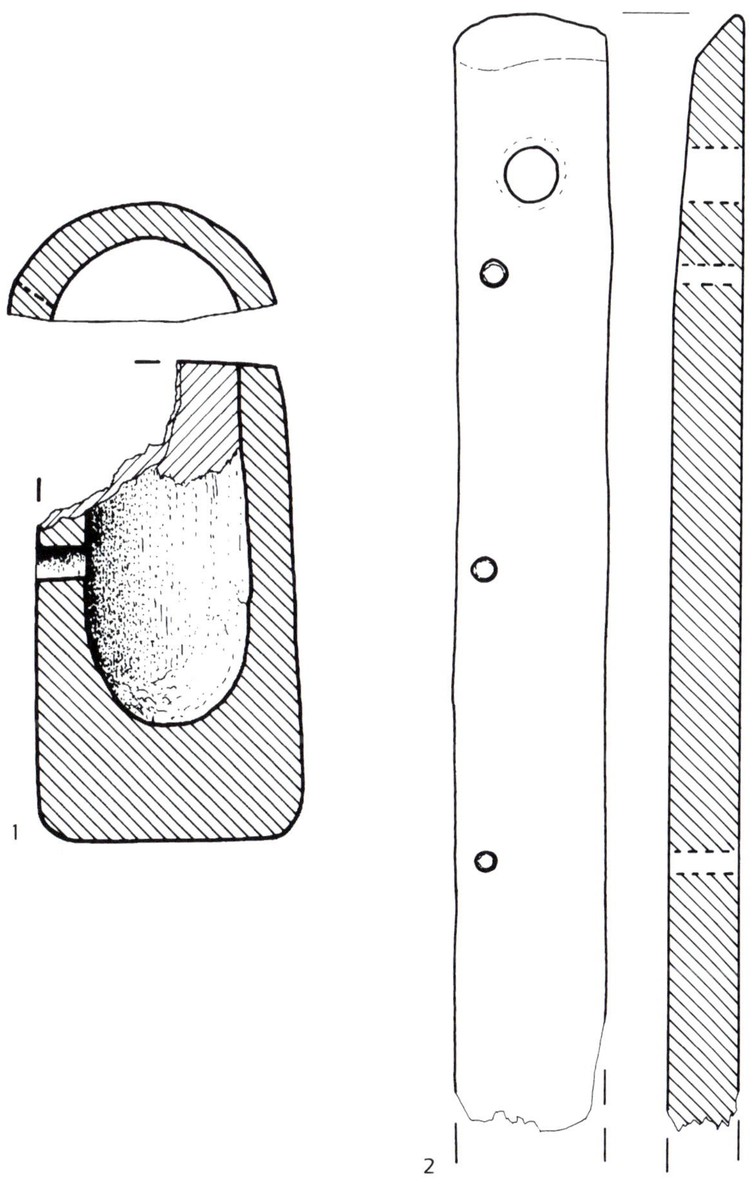

FIG. 347 **Mobilia uit de opvulling van beerput spoornr. 1554. 1: doosje (?) en 2: latje. Schaal 2/3.**
Artefacts from the fill of cesspit 1554. 1: small box and 2: stave (?). Scale: 2:3.

TABEL 43

Inventaris van de dierenresten uit de houten beerput spoornr. 1554, gebouw 28 (zeef: zeefstaal).

Inventory of animal remains from cesspit 1554, building 28 (zeef: sieved sample).

soort	10 l zeef > 2 mm
INSECTA	
vliegenpupae	+
PISCES	
paling (*Anguilla anguilla*)	29
karperachtige (Cyprinidae sp.)	1
stekelrog (*Raja clavata*)	1
rog (Rajidae sp.)	1
haring (*Clupea harengus*)	52
kabeljauw (*Gadus morhua*)	1
wijting (*Merlangius merlangus*)	2
kabeljauwachtige (Gadidae sp.)	9
schol (*Pleuronectes platessa*)	1
schol/bot/schar (Pleuronectidae sp.)	37
tong (*Solea* sp.)	1
niet gedetermineerde visresten	41
AVES	
eischaal	+
MAMMALIA	
rib - groot	1
niet gedetermineerde zoogdierresten	75
totaal	252

TABEL 44

Relatief aandeel van de visresten gedetermineerd in de houten beerput spoornr. 1554, gebouw 28 (n=135).

Frequency of identified fish remains from cesspit 1554, building 28 (n=135).

soort	%
paling (*Anguilla anguilla*)	21.5
karperachtige (Cyprinidae sp.)	0.7
stekelrog (*Raja clavata*)	0.7
rog (Rajidae sp.)	0.7
haring (*Clupea harengus*)	38.5
kabeljauw (*Gadus morhua*)	0.7
wijting (*Merlangius merlangus*)	1.5
kabeljauwachtige (Gadidae sp.)	6.7
schol (*Pleuronectes platessa*)	0.7
schol/bot/schar (Pleuronectidae sp.)	27.4
tong (*Solea* sp.)	0.7

TABEL 45

Relatief aandeel van botelementen uit verschillende zones van het skelet bij schol/bot/schar (n=36) uit de houten beerput spoornr. nr. 1554, gebouw 28.

Frequency of the elements from the different skeletal zones for plaice/flounder/dab (n=36) from cesspit 1554, building 28.

skeletzone	%
wervels	22.2
vinstralen en vinstraaldragers	41.7
kieuwkorf en tongboog	13.9
andere kopelementen	22.2

4.3.2.29.4 Pollen uit de vullingen van beerputten spoornrs. 418, 655 en 1554 en uit twee coprolieten uit de bovenste vulling van veenwinningsput spoornr. 69.
Koen Deforce

Om een beter inzicht te krijgen in het dieet van de inwoners van het laatmiddeleeuwse Walraversijde werd er in aanvulling op het onderzoek van plantaardige macroresten ook palynologisch onderzoek uitgevoerd op de vulling van enkele beerputten. Palynologisch onderzoek wordt, in tegenstelling tot onderzoek van zaden en vruchten, maar zelden uitgevoerd op de organische vullingen van beerputten. Nochtans kan het onderzoek van pollen en sporen heel wat extra informatie opleveren, bijvoorbeeld over het gebruik van planten waarvan er geen of zelden macroresten bewaard blijven. Ook het gebruik van plantaardige producten zonder zaden of vruchten kan in sommige gevallen worden aangetoond op basis van palynologisch onderzoek.

De coprolieten zijn onderzocht omdat ze een uitstekend conserveringsmilieu vormen voor pollen (en ander plantaardig materiaal) en omdat ze eventueel informatie zouden kunnen opleveren over het dieet, het tijdstip (seizoen) van een bepaald archeologisch spoor en over de vegetatie in de omgeving. De onderzochte coprolieten zijn vermoedelijk afkomstig van vos of hond. Zowel de afmetingen, vorm (een afgerond en een spits uiteinde) als de inhoud (veel botfragmenten) wijzen in die richting.

Van de monsters voor het palynologisch onderzoek werd telkens ± 1cm^3 materiaal gebruikt voor de preparatie. Bij de coprolieten werd eerst de buitenzijde verwijderd om contaminatie van pollen uit het omgevende sediment te vermijden. De monsters werden behandeld volgens de standaardmethoden[535]. Voor de identificatie van de verschillende pollentypes is gebruik gemaakt van de publicaties van Punt[536], Moore *et al.*[537], Beug[538], Reille[539] en van een referentiecollectie van recente pollen en sporen. Uit ieder monster uit de beerputten zijn minimum 500 pollen en sporen geïdentificeerd en geteld (527-624). Uit de monsters van de coprolieten zijn respectievelijk slechts 279 en 370 pollen en sporen geïdentificeerd.

Uit de vullingen van beerputten spoornrs. 418, 655 en 1554, die in diezelfde volgorde behoren bij de gebouwen 4, 15 en 28, is telkens een monster onderzocht (tabel 46). Een van de belangrijkste pollentypes in de onderzochte beerputten is graan (Cerealia). Dit is bij de meeste (post)middeleeuwse beerputten het geval, waarschijnlijk omdat er toen veel graanproducten zoals brood en pap werden gegeten. Een groot gedeelte van het pollen blijft immers aan de graankorrels kleven wanneer het uitgebloeid is en vrucht vormt. Zo bevat één graankorrel gemiddeld 1500 stuifmeelkorrels van graan, maar daarnaast ook een 100-tal stuifmeelkorrels van andere plantensoorten uit de omgeving[540]. Via oogsten, dorsen en vermalen komt dat pollen in het meel of andere graanproducten terecht[541]. En aangezien het pollen niet alleen goed bestand is tegen de eventuele hoge temperaturen bij het bereiden van voedsel, maar ook tegen een reis door het menselijke spijsverteringsstelsel[542], komt het vrijwel ongeschonden in de beerput terecht. Een andere mogelijke oorzaak voor de hoge percentages graanpollen zou stro of dorsafval kunnen zijn dat eventueel in de beerkuilen gedeponeerd is[543]. Enkel het pollen van rogge (*Secale cereale*) werd hier onderscheiden van dat van de andere granen. Van boekweit (*Fagopyrum esculentum*), waarvan een kleine hoeveelheid pollen is aangetroffen, wordt eveneens bloem gemaakt. Boekweit is echter geen graan, maar behoort tot de duizendknoopfamilie (Polygonaceae).

Er is ook pollen van een aantal keukenkruiden aangetroffen, zoals kervel (*Anthriscus cerefolium*) en vermoedelijk ook van koriander (*Coriandrum sativum*). Van kervel worden bijna nooit de zaden gevonden, maar het stuifmeel van deze plant wordt ongeveer bij ieder palynologisch onderzoek van middeleeuwse en postmiddeleeuwse beerputten aangetroffen. Soms zelfs in vrij grote hoeveelheden[544]. Vermoedelijk was zeer populair in de middeleeuwse en postmiddeleeuwse keuken. Kervel is niet inheems in Vlaanderen, maar is door de Romeinen in onze gewesten ingevoerd[545].

Het pollen van koriander behoort tot het holzaadtype (*Bifora radians* type)[546]. Dit wil zeggen dat het pollen van beide planten niet van elkaar kan worden onderscheiden op basis van hun morfologie. Holzaad is echter niet inheems in Noordwest-Europa en komt hier enkel in zeer zeldzame gevallen voor als adventieve plant[547]. Ook koriander is niet inheems in Noordwest-Europa, maar komt oorspronkelijk uit Zuidwest-Azië of het oostelijke mediterrane gebied. Het werd eveneens door de Romeinen in onze streken geïntroduceerd en was vooral in de middeleeuwen een populair keukenkruid[548]. Vermoedelijk is het pollen van het holzaadtype in deze beerput dan ook afkomstig van koriander.

Het pollen van de exotische Myrtaceae-familie dat is aangetroffen is waarschijnlijk toe te schrijven aan kruidnagel (*Syzygium aromaticum*). Op basis van zijn morfologie is het echter niet te onderscheiden van een aantal andere verwante soorten en genera uit deze familie. Kruidnagel werd veel gebruikt in de middeleeuwse keuken[549] en het pollen van de Myrtaceae familie is dan ook een frequente vondst in middeleeuwse beerputten[550]. Kruidnagels zijn de gedroogde, nog gesloten bloemknoppen van de kruidnagelboom, die een grote hoeveelheid pollen bevatten.

Tot het *Cannabis*-type behoort naast hennep (*Cannabis sativa*) ook hop (*Humulus lupulus*). Beide planten werden vroeger dikwijls geteeld, hennep voornamelijk voor de vezels, maar ook wel voor het zaad, hop als ingrediënt voor bier. Hop komt bij ons trouwens ook van nature voor.

Verder is er ook nog pollen aangetroffen van wortel (*Daucus carota*), erwt (*Pisum sativum*), en tuinboon (*Vicia faba*).

Er is ook een groot aantal pollentypes aangetroffen van planten die enkel in het Middellandse Zeegebied voorkomen, zoals aardbeiboom (*Arbutus unedo*), gewone gomrotsroos (*Cistus ladanifer*), schermbloemige heide (*Erica umbellata*) en zonneroosje (*Helianthemum*). Aardbeiboom en zonneroosje komen sporadisch ook wel buiten het mediterrane gebied voor, maar de gewone gomrotsroos komt enkel voor in het westelijke gedeelte van de mediterrane regio, schermbloemige heide enkel in het westen van het Iberisch Schiereiland[551].

Niet alleen het natuurlijke verspreidingsgebied van deze planten is gezien de vindplaats van pollen ervan bijzonder. Ook het feit dat er van deze planten geen botanische macroresten aangetroffen zijn in de onderzochte beerputten, noch in andere middeleeuwse archeologische contexten uit de Lage Landen is opvallend. Al deze taxa worden bovendien door insecten bestoven, wat betekent dat ze relatief weinig pollen produceren[552]. Uit onderzoek van stuifmeel uit recente honingstalen uit de Mediterrane regio blijkt dat deze taxa belangrijke honingplanten zijn in dit gebied[553]. De enige aannemelijke verklaring voor het voorkomen van deze pollentypes in de onderzochte beerputten uit Walraversijde is dan ook de consumptie van honing of van producten die honing bevatten uit het mediterrane gebied. Vermoedelijk is dat niet zo uitzonderlijk. Ook in 15de-eeuwse beerputten uit Brugge[554] en in een 16de-eeuwse beerput uit Aalst[555] zijn

535 Moore *et al.* 1991.
536 Punt *et al.* (eds) 1976-2003.
537 Moore *et al.* 1991.
538 Beug 2004.
539 Reille 1992.
540 Robinson & Hubbard 1977.
541 Vuorela 1973; Behre 1981; Hall 1988.
542 Krzywinski 1979; Greig 1982.
543 Greig 1981.
544 Zie bijvoorbeeld Van den Brink 1989; 1988; Van Haaster 2008; 1997a; De Groote *et al.* 2004; 2009; Cooremans *et al.* 2007; Deforce 2007; Deforce *et al.* 2007a; 2007b; 2007c; De Clercq *et al.* 2007; Deforce in voorbereiding.
545 Van Haaster 1997b.
546 Punt 1984.
547 Lambinon *et al.* 1998; Tutin *et al.* 1964-80.
548 Pals 1997.
549 Collet 1992.
550 Zie bv. De Groote *et al.* 2004, Van Haaster 2008, Deforce 2010.
551 Tutin *et al.* 1964-1980.
552 Adams *et al.* 1978.
553 Bonvehi, Coll 1993; D'Albore 1998; Gomez Ferreras & Sáenz de Rivas 1980; Terrab *et al.* 2004; Valencia-Barrera *et al.* 2000.
554 Deforce 2010.
555 Deforce 2006.

TABEL 46

Pollen, sporen en parasieten uit de vullingen van beerputten spoornrs. 418, 655 en 1554 alsook uit twee coprolieten uit de bovenste vulling van veenwinningsput spoornr. 69 (95 Rav7/2 en 95 Rav 22/2).

Pollen, spores and parasites from the fills of cesspits 418, 655 and 1554 and from two coprolites from the upper fill of peat-cutting pit 69.

	95Rav7/2		95Rav22/2		nr. 655		nr. 1554		nr. 418		
	n	%	n	%	n	%	n	%	n	%	
bomen en struiken:											
Acer					1	0,2			1	0,2	esdoorn
Alnus	24	6,5	22	7,9	12	2,0	31	5,0	22	4,2	els
Arbutus unedo							1	0,2			aardbeiboom
Betula	11	3,0	1	0,4	3	0,5	4	0,6	9	1,7	berk
Carpinus betulus	1	0,3			1	0,2	1	0,2			haagbeuk
Castanea sativa					1	0,2	1	0,2			tamme kastanje
Corylus avellana type	31	8,4	11	3,9	19	3,1	11	1,8	25	4,7	hazelaar
Fagus sylvatica					1	0,2	1	0,2	2	0,4	beuk
Fraxinus excelsior	4	1,1			1	0,2	1	0,2	3	0,6	gewone es
Hedera helix					1	0,2					klimop
Ilex aquifolium							1	0,2			hulst
Ligustrum vulgare					28	4,6	6	1,0	8	1,5	wilde liguster
Pinus	2	0,5	3	1,1	10	1,6	4	0,6	10	1,9	grove den
Quercus	22	5,9	7	2,5	12	2,0	12	1,9	25	4,7	eik
Salix			1	0,4	1	0,2	4	0,6	3	0,6	wilg
Sambucus nigra							1	0,2			gewone vlier
Tilia	3	0,8			1	0,2	2	0,3	2	0,4	linde
Ulmus			1	0,4	1	0,2	1	0,2	3	0,6	olm
cultuurgewassen:											
Anthriscus cerefolium					6	1,0	5	0,8			kervel
Bifora radians type					1	0,2					holzaad type
Daucus carota					2	0,3					peen
Cannabis type	1	0,3					1	0,2			hennep type
Cerealia	33	8,9	33	11,8	61	10,0	166	26,6	57	10,8	graan
Secale cereale							2	0,3	3	0,6	rogge
Fagopyrum esculentum					1	0,2	1	0,2	1	0,2	boekweit
Myrtaceae					3	0,5	16	2,6	2	0,4	kruidnagel
Pisum sativum			1	0,4	3	0,5	3	0,5	1	0,2	erwt
Vicia faba					2	0,3	7	1,1	4	0,8	tuinboon
kruiden:										0,0	
Agrostemma githago									1	0,2	bolderik
Ambrosia type									2	0,4	
Anthemis type	2	0,5	10	3,6	7	1,1	11	1,8	3	0,6	kamille type
Apiaceae	2	0,5	4	1,4	11	1,8	3	0,5	6	1,1	schermbloemigen
Armeria maritima type A					1	0,2					engels gras type A
Artemisia					1	0,2			1	0,2	alsem
Aster type	1	0,3	3	1,1	7	1,1	6	1,0	6	1,1	aster type
Asteracae Liguliflorae	1	0,3	5	1,8	22	3,6	6	1,0	16	3,0	lintbloemigen
Brassicaceae					12	2,0	9	1,4	10	1,9	kruisbloemigen
Calluna vulgaris							2	0,3			struikhei
Campanula type					9	1,5	3	0,5	3	0,6	klokje type
Caryophyllaceae	11	3,0	1	0,4	2	0,3			1	0,2	anjerfamilie
Centaurea cyanus			1	0,4	58	9,5	13	2,1	19	3,6	korenbloem
Centaurea nigra type					1	0,2	3	0,5	2	0,4	zwart knoopkuid type
Chelidonium majus			1	0,4							stinkende gauwe
Chenopodiaceae	4	1,1	24	8,6	66	10,8	14	2,2	30	5,7	ganzevoetfamilie
Cirsium type					2	0,3			1	0,2	vederdistel
Cistus ladanifer					2	0,3	6	1,0	4	0,8	gewone gomrotsroos
Cistus cf. *crispus*					4	0,7	1	0,2			
Cistus undiff.							1	0,2	1	0,2	

	95Rav7/2		95Rav22/2		nr. 655		nr. 1554		nr. 418		
	n	%	n	%	n	%	n	%	n	%	
Cyperaceae	6	1,6	16	5,7	5	0,8	8	1,3	20	3,8	cypresgrassenfamilie
Echium vulgare					18	2,9	1	0,2			slangekruid
Ericaceae	14	3,8	4	1,4	29	4,7	62	9,9	27	5,1	heidefamilie
Erica umbellata							3	0,5			schermbloemige heide
Erodium									1	0,2	Reigersbek
Fillipendula	1	0,3									spirea
Galium type									1	0,2	walstro type
Genista type							1	0,2			heidebrem type
Helianthemum (reticulaat-striaat)							2	0,3	1	0,2	zonneroosje
Helianthemum (striaat)							1	0,2	2	0,4	zonneroosje
Hydrocotyle vulgaris							1	0,2			waternavel
Jasione montana type					2	0,3	2	0,3	3	0,6	zandblauwtje type
Lamiaceae							1	0,2			lipbloemenfamilie
Lotus type					1	0,2	4	0,6	4	0,8	rolklaver type
Lythrum salicaria type									1	0,2	gewone kattestaart type
Mentha type					7	1,1	3	0,5	4	0,8	munt type
Orlaya grandiflora					13	2,1					straalscherm
Papaver rhoeas type					1	0,2			1	0,2	klaproos type
Plantago coronopus	1	0,3	1	0,4			2	0,3			hertshoornweegbree
Plantago lanceolata	1	0,3	3	1,1			4	0,6	4	0,8	smalle weegbree
Plantago maritima									1	0,2	zeeweegbree
Plantago major			1	0,4			3	0,5		0,0	grote weegbree
Poaceae	58	15,7	87	31,2	38	6,2	57	9,1	46	8,7	grassen
Polygnum aviculare type			1	0,4	1	0,2					varkensgras type
Potentilla type									1	0,2	ganzerik type
Ranunculus acris type			1	0,4	1	0,2	6	1,0	1	0,2	boterbloem type
Rosaceae					11	1,8	5	0,8	5	0,9	rozenfamilie
Rumex obtusifolius type									1	0,2	ridderzuring type
Scilla type					2	0,3					(ster)hyacint type
Serratula type							1	0,2	4	0,8	zaagblad type
Solanum nigrum type							2	0,3			zwarte nachtschade type
Sparganium erectum type									1	0,2	grote egelskop type
Succisa							1	0,2			blauwe knoop
Trifolium repens type			1	0,4	19	3,1	39	6,3	44	8,3	witte klaver type
Trifolium pratense type					8	1,3	5	0,8	7	1,3	rode klaver type
Vicia type							1	0,2			wikke type
varens en mossen											
Osmunda regalis					1	0,2					koningsvaren
monoleet spilaat	26	7,0	15	5,4	11	1,8	1	0,2	10	1,9	naaktvarenfamilie
Polypodium vulgare					2	0,3					eikvaren
Sphagnum sp.	34	9,2	14	5,0	25	4,1	9	1,4	23	4,4	veenmos
indeterminata	3	0,8	2	0,7	40	6,5	36	5,8	27	5,1	
som	**370**	**100**	**279**	**100**	**612**	**100**	**622**	**100**	**527**	**100**	**som**
Schimmels											
Thecaphora									1	0,2	
groenwieren (*Chlorophyceae*)											
Pediastrum									1	0,2	
Parasieten (Nematoda)											
Ascaris sp.					125	20,4	12	1,9	62	11,8	spoelworm
Trichuris sp.					349	57,0	353	56,6	265	50,3	zweepworm

dezelfde aanwijzingen voor het gebruik van mediterrane honing gevonden.

Een groot aantal andere taxa zoals slangenkruid (*Echium*), heidebrem type (*Genista* type) en tamme kastanje (*Castanea sativa*) hebben vermoedelijk dezelfde oorsprong. Deze soorten komen ook in Vlaanderen voor, maar zijn veel algemener in Zuid-Europa. Bovendien worden deze taxa hier maar zelden teruggevonden bij palynologisch onderzoek, maar zijn ze wel belangrijke elementen in de pollenspectra van honing uit Spanje en Portugal[556].

Ook taxa zoals witte klaver type (*Trifolium repens* type), rode klaver type (*Trifolium pratense* type) en wikke type (*Vicia* type) zijn typische honingplanten en kunnen via de consumptie van honing in de beerput terecht zijn gekomen. In dit geval kan het echter zowel om lokaal geproduceerde honing zijn als om honing van Zuid-Europese herkomst.

Honing was in de middeleeuwen de meest gebruikte zoetstof. Suiker was op dat moment nog erg zeldzaam en duur[557]. Bovendien bevat honing grote hoeveelheden pollen[558]. Het is dan ook niet verwonderlijk dat het gebruik van honing een belangrijke invloed heeft op het pollenspectrum van middeleeuwse beerputten.

Liguster (*Ligustrum vulgare*) is een struik die bij voorkeur op kalkhoudende bodems groeit en een grote lichtbehoefte heeft. De kustduinen zijn dan ook zijn belangrijkste huidige verspreidingsgebied[559]. Dat was blijkbaar ook reeds in de middeleeuwen zo. Pollen van Liguster is tot nog toe enkel in Stene[560], Verrebroek[561] en hier in Raversijde aangetroffen.

Andere planten die typisch zijn voor het kustgebied en waarschijnlijk afkomstig van de lokale vegetatie zijn de ganzenvoetfamilie (Chenopodiaceae) en Engels gras (*Armeria maritima*). Deze planten zijn zoutminnend en groeien bij voorkeur in perimariene milieus.

Er is ook pollen gevonden van een aantal typische akkeronkruiden zoals bolderik (*Agrostemma githago*), korenbloem (*Centaurea cyanus*) en straalscherm (*Orlaya grandiflora*). Deze pollentypes worden frequent aangetroffen in middeleeuwse en postmiddeleeuwse beerputten en –kuilen, soms in vrij hoge aantallen[562]. Het pollen van deze soorten heeft waarschijnlijk dezelfde weg afgelegd als dat van het graan en is dus ook via de consumptie van graanproducten in de beerkuilen beland.

Deze soorten moeten vroeger heel talrijk geweest zijn in de graanakkers, zeker als men bedenkt dat de meeste van deze planten relatief weinig pollen produceren[563]. Momenteel zijn de meeste akkeronkruiden sterk aan het afnemen door nieuwe landbouwtechnieken, zoals een betere zaadgoedschoning en het gebruik van herbiciden. Korenbloem en bolderik zijn zelfs bijna volledig uit graanakkers verdwenen en komen enkel nog sporadisch voor in wegbermen, op stortterreinen en andere verstoorde terreinen. Bolderik wordt voor Vlaanderen omschreven als zeer zeldzaam, straalscherm is hier vermoedelijk nagenoeg volledig verdwenen[564].

Andere pollentypes die potentiële akkeronkruiden bevatten zijn kamille type (*Anthemis* type), lintbloemigen (Asteraceae-Liguliflorae), kruisbloemigen (Brassicaceae), klaproos type (*Papaver rhoeas* type), varkensgras type (*Polygonum aviculare* type) en de anjerfamilie (Caryophyllaceae)[565].

De aanwezigheid van pollen van struikhei (*Calluna vulgaris*) en van sporen van veenmos (*Sphagnum*) is waarschijnlijk toe te schrijven aan het gebruik van turf als brandstof[566]. Vermoedelijk werd de as, samen met stukken onverbrande turf, op het oppervlak van de beerput gestrooid omdat het geurhinder vermindert en helpt om insecten te bestrijden[567]. Anderzijds is het ook goed mogelijk dat een gedeelte van het pollen van struikhei via de consumptie van honing in de beerput beland is. Struikhei is immers een belangrijke honingplant[568]. Er komt in ieder geval veel veen voor in de ondergrond van Raversijde. De vele veenwinningskuilen tonen aan dat het veen hier ook ontgonnen is.

Tijdens het palynologisch onderzoek zijn er ook eitjes van twee soorten darmparasieten aangetroffen, namelijk van de spoelworm (*Ascaris*) en van de zweepworm (*Trichuris*). Beide soorten worden bijna steeds aangetroffen bij onderzoek van (post)middeleeuwse beerputten, -kuilen en andere afvalcontexten[569]. Door hun geringe afmetingen (10-100 µm), die van dezelfde grootte-orde zijn als pollen en sporen, en door hun zeer resistente wand, blijven de eitjes van veel intestinale nematoden immers niet alleen bewaard in de bodem, maar zijn ze ook bestand tegen de behandeling voor pollenanalyse[570] van de monsters.

Ascaris is een kosmopolitische parasitaire nematode. De volwassen worm leeft in de dunne darm van zijn gastheer. *Ascaris lumbricoides* is de soort die op mensen parasiteert. De eitjes van deze soort zijn morfologisch echter niet te onderscheiden van die van *Ascaris suum*, die op varkens parasiteert. *Ascaris lumbricoides* is momenteel nog de meest algemene parasitaire worm-infectie in ontwikkelingslanden. Naar schatting is een kwart van de wereldbevolking ermee geïnfecteerd[571].

Ook *Trichuris trichura*, de zweepworm, is een algemeen voorkomende darmparasiet bij de mens. De volwassen nematode leeft in de dikke darm, de eitjes komen mee met de fecaliën van de gastheer. Een nieuwe gastheer raakt besmet door de consumptie van gecontamineerd voedsel of water. Ook hier is het niet mogelijk om op basis van de vorm van de eitjes een onderscheid te maken met de verwante soort *Trichuris suis* die op varkens parasiteert.

De pollenspectra van de twee onderzochte coprolieten uit de bovenste vulling van veenwinningsput spoornr. 69 verschillen maar weinig met die uit de beerputten. Vermoedelijk gaat het dan toch eerder om coprolieten van een hond, niet van een vos. De honden werden immers wellicht gedeeltelijk gevoed met

556 Bonvehi, Coll 1993; D'Albore 1998; Terrab *et al.* 2004; Valencia-Barrera *et al.* 2000.
557 Galloway 2000.
558 Bryant 2001.
559 Maes *et al.* 2006.
560 Deforce 2010b.
561 Gelorini *et al.* 2003.
562 Zie bijvoorbeeld De Groote *et al.* 2009; Deforce 2007; Deforce 2010.
563 Brun *et al.* 2007.
564 Lambinon *et al.* 1998, Van Landuyt *et al.* 2006.
565 Behre 1981.
566 Deforce *et al.* 2007d.
567 Hakbijl 2002; Doelle 2001.
568 Lambinon *et al.* 1998.
569 Bouchet *et al.* 2003b.
570 Wharton 1980; Bouchet *et al.* 2003a.
571 Pawlowski 1990.

etensresten van de bewoners. Vooral de hoge percentages pollen van graan (*Cerealia*) wijzen hierop. Dit bevestigt op het vlak van dieetonderzoek de bruikbaarheid van de hond als proxy voor de mens[572].

4.3.2.29.5 Tonput spoornr. 1573

De bodem van dit tonputje zonder zichtbare constructiekuil bevindt zich op 2,61 m T.A.W. Dit tonnetje (3655.1) met slecht bewaarde houtresten ligt in gebouw 28, vlak tegen de noordelijke zijgevel. Het tonnetje in eik (*Quercus* sp.) is samengesteld uit 10 duigjes van minstens 40 cm lengte, die bij elkaar werden gehouden door minstens 5 houten wissen. De kroosgroeven bevinden zich op 2 cm van de duiguiteinden, de kleinste diameter van het tonnetje bedraagt 23 cm. De afmetingen van dit tonnetje sluiten aan bij de tonnetjes aangesneden in de contexten van de gebouwen 24 en 30.

Via dendrochronologisch onderzoek werd voor de duigresten van dit tonnetje het jaar 1370 als *terminus post quem* vastgesteld[573]. Uit de vulling (fig. 348) werden geen specifieke voorwerpen gehaald.

4.3.2.29.6 Tonwaterput spoornr. 1620

Deze tonwaterput (fig. 349) bevindt zich juist ter hoogte van het westelijke profiel van sleuf 98/III. Een analyse van de stratigrafie toont duidelijk hoe de afdekkende lagen (fig. 350: a, b, g en h) door het rijpingsproces van de vulling in de tonschacht in de loop der tijd erin zijn weggezakt. De bodem van deze waterput bevindt zich op 2,00 m T.A.W. De opvulling van de tonschacht bestaat van onder naar boven uit beige zand (fig. 350: m) afgedekt door een pakket puur organisch materiaal (fig. 350: l) dat de onderste ton volledig opvult. De bovenste ton is opgevuld met zwart zand (fig. 350: k) dat op zijn beurt wordt afgedekt met beige zand (fig. 350: j) en bruine zandige houtskoolrijke klei (fig. 350: i). De tonwaterput snijdt ook de gracht (fig. 350: e, spoonr. 1755) tussen de gebouwen 28 en 29. Twee houten palen (fig. 350: n) naast de tonwaterput kunnen verband houden met een eventuele bovengrondse structuur om water boven te halen. Er werden in Raversijde meermaals resten van houten palen gevonden aan tonwaterputten.

De bovenste ton (4293.1) is samengesteld uit 12 duigen die worden samengehouden door twee wissen. De kroosgroeven bevinden zich op 5 cm van de duiguiteinden. Eén van de duigen bevat een ronde opening van 2,7 cm doormeter (fig. 351). De bovenste ton schuift in de onderste ton. De onderste ton (4294.1) is samengesteld uit 13 duigen van 75 tot 77 cm, samengehouden door vijf wissen. De kroosgroeven bevinden zich op 5 tot 6 cm van de duiguiteinden. Op geen van beide tonnen was een merk aanwezig. Het onderzoek van de jaarringen leverde wel twee kapdata op: 1416-1426 voor de bovenste ton (4293.1) en 1443-1453 voor de onderste ton (4294.1)[574]. Tussen beide data zit ongeveer een kwarteeuw.

In twee eenheden van de vulling van de tonschacht werden een aantal voorwerpen aangetroffen, respectievelijk in de zwart

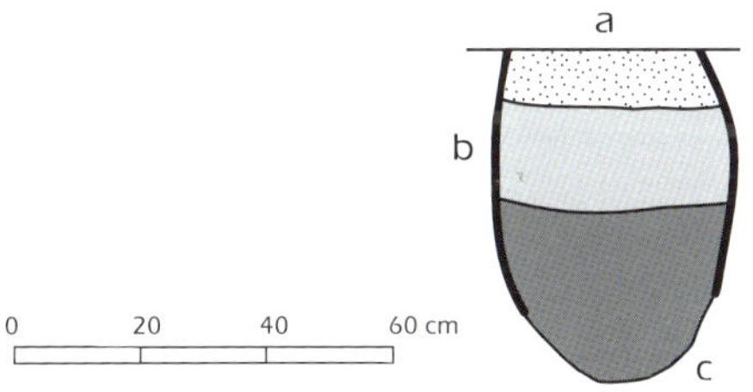

FIG. 348 Tonput spoornr. 1573 in doorsnede. Legende: a: beige zand, b: bruin kleiig zand, c: donkerbruin kleiig zand.
Barrel lined pit 1573 in section. Key: a: beige sand, b: brown clayey sand, c: dark brown clayey sand.

FIG. 349 Tonwaterput spoornr. 1620 tijdens de opgraving.
Barrel well 1620 under excavation.

572 Schietecatte & Sealy 2006, 64.

573 Fraiture & Houbrechts 2000.

574 Fraiture & Houbrechts 2000.

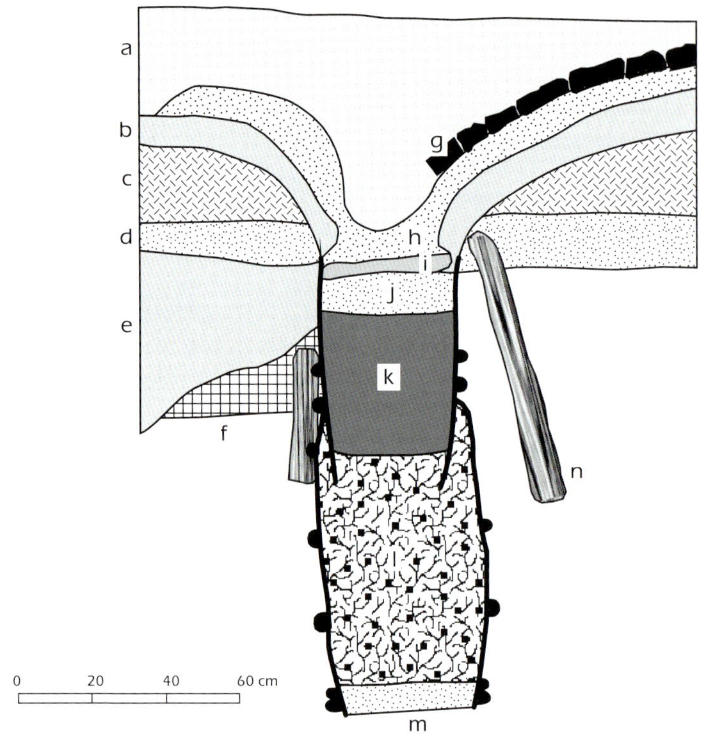

FIG. 350 **Tonwaterput spoornr. 1620 in doorsnede. Legende: a: bruin kleiig zand, b: bruine zandige klei, c: blauwgrijze zandige klei met baksteenpuin, d: beige zand, e: bruine klei, grachtvulling, f: blauwgrijze klei, fossiele bewerkingslaag, g: baksteen, h: beige zand, i: bruine zandige houtskoolrijke lens, j: beige zand, k: zwart zand met mobiele vondsten, l: holorganische vulling met o.a. voorwerpen in hout, m: beige zand, n: hout.**
Barrel well 1620 in section. Key: a: brown clayey sand, b: brown sandy clay, c: blueish grey sandy clay with brick fragments, d: beige sand, e: brown clay, ditch fill, f: blueish grey clay, fossil agricultural layer, g: brick, h: beige sand, i: brown sandy layer with abundant charcoal inclusions, j: beige sand, k: black sand containing artefacts, l: organic layer containing wooden objects, m: beige sand, n: wood.

zandige vulling van de bovenste ton (fig. 350: k) en in de organische vulling van de onderste ton (fig. 350: l).

Uit het zwarte zand van de bovenste ton zijn afkomstig:

- Een dobbelsteentje in been met een zijde van 5,5 tot 5,8 mm en met de één tegenover de twee (4290.1, fig. 352: 1).
- Een fragment van een onversierde boetnaald in iep (*Ulmus sp.*). Afmetingen: bewaarde lengte: 11,6 cm en breedte: 1,6 cm (4290.2, fig. 352: 2).
- Een houten tap met de volgende afmetingen: lengte: 4-4,5 cm en diameter bovenaan: 2,6 cm (4290.3, fig. 352:3).
- Een kleine munt in zwart biljoen, vermoedelijk geslagen in Luik door Arnold van Hoorn ergens tussen 1378 en 1389 (4290.4).

Uit de organische vulling van de onderste ton komen:

- Een ronde zoemschijf in lood met twee centrale perforaties, een scherp gekartelde omtrek en een diameter van 42-44 mm. Eén van de zijden heeft een aantal diepe krassen (4291.1, fig. 352: 4).
- Een fragment van een boetnaald in esdoorn (*Acer sp.*)., met twee ingebrande dwarse strepen erop Afmetingen van de boetnaald: bewaarde lengte: 11,7 cm en breedte: 1,6 cm (4291.2, fig. 352: 5).
- Een fragment van de bak van een houten lepel (4291.3, fig. 352: 6).
- Een fragment van een rechthoekige, dubbele kam in buxus (*Buxus sempervirens*) met een combinatie van een fijne en grove tanding. 9 grove tanden hebben in de breedte aan de andere zijde 32 fijne tanden. Afmetingen van de kam: breedte: 7 cm, bewaarde lengte: 4,5 cm en dikte: 7,5 mm. Aan één zijde is de diepte voor de fijne tanden gemarkeerd met een fijn lijntje 4291.4, fig. 352: 7.

Een kleine helft van een gedraaid kommetje in berk (*Betula sp.*). Afmetingen van het kommetje: diameter: 16,8 cm en hoogte: 5,7 cm. Het kommetje heeft een rond profiel, een vlakke bodem met schuine kanten en een naar binnen afgeschuinde rand aan de buitenzijde. Op één plaats loopt de wand zonder knik ter hoogte van de bodem door tot op het bodemvlak (4291.5, fig. 353: 8).

- Een gedraaid kommetje in els (*Alnus gl./inc.*). Afmetingen van het kommetje: diameter: 20,8 cm en hoogte: 8,2 cm. Het kommetje heeft een rond profiel, een vlakke bodem met schuine kanten en een licht verdikte rand aan de buitenzijde. Centraal op de bodem is het bevestigingspunt van de draaibank bewaard gebleven in de vorm van een putje. Op twee plaatsen die tegenover elkaar liggen is de knik in de bodem veel beperkter doordat de wand een stuk verder doorloopt (4291.6, fig. 352: 9).
- Een fragment van een latje met een krammetje in een koperlegering erdoor. Afmetingen: bewaarde lengte: 9,8 cm, breedte: 2,1-2,3 cm en dikte: 2,5 mm (4291.7, fig. 338: 10).
- Een fragment van een aangepunte stok. Afmetingen: bewaarde lengte: 14,5 cm en diameter: 1,6-2,4 cm (4291.8, fig. 352: 11).

4.3.2.29.7 Tonput spoornr. 1679

Enkel bij deze tonput (fig. 345) kan worden aangetoond dat hij ondubbelzinnig van bij aanvang als beerton werd gebruikt. Hij werd immers aangelegd binnen een oudere vierkante latrine (spoornr. 1554). Bij de overige tonputten met een latrinaire vulling (spoornrs. 418, 655 en 799) is niet duidelijk of ze van bij het begin als beerton dienden. Het lijkt waarschijnlijker dat dit

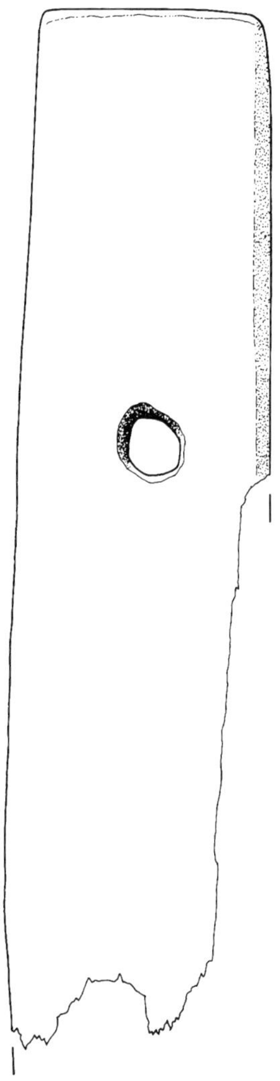

FIG. 351 **Duig met circulaire perforatie van de bovenste ton van tonwaterput spoornr. 1620. Schaal: 1/3.**
Stave with circular perforation, from the upper barrel of barrel well 1620. Scale: 1/3.

waterputten waren die werden hergebruikt als ondergrondse container voor latrines.

De bodem van tonput spoornr. 1679 bevindt zich op 2,81 m T.A.W. De vulling (fig. 346) van de ton is duidelijk latrinair van aard. Dat wordt bevestigd door het onderzoek van de dierenresten in de vulling. Onderaan bevatte die in tegenstelling tot de andere beertonnen een beperkte hoeveelheid ceramiek. Enkel de onderste 30 cm van de duigen is bewaard gebleven. De fragmentarisch bewaarde ton (4029.1) heeft een maximale diameter van ongeveer 60 cm en een minimale diameter van 49 cm. De ton is samengesteld uit 16 duigen met kroosgroeven op 6 cm van de duiguiteinden. Onderzoek van de jaarringen leverde een kapdatum op tussen 1456 en 1466[575].

In de vulling van de ton werden de volgende voorwerpen aangetroffen:

- een spinsteentje (3844.1, fig. 353.1) in steengoed met zoutglazuur en 2 of eventueel 3 groeven. Diameter en gewicht van het spinsteentje: 20,5 mm en 6,7 g.
- een stuk groen vensterglas (4027.1).
- een kookpotje (4035.1, fig. 353.2) in rood aardewerk op vijf drieledige standvinnen, met twee gedeeltelijk plat geknepen oren, naar buiten staande hals en licht inwaarts afgeschuinde rand. Loodglazuur is aangebracht op de binnenkant van de bodem en op de buitenkant van de schouder in de twee zones tussen de oren in. Onderaan en op de wanden is het potje intens beroet. Afmetingen van het potje: randdiameter: 13,2 cm, hoogte: 11,9 cm en grootste diameter: 14,5 cm.

4.3.2.29.8 Dierenresten uit beerton structuurnr. 1679, gebouw 28

Wim Van Neer, An Lentacker & Anton Ervynck

Net als bij beerput structuur nr. 1554 was er voor deze beerton slechts een eerder klein staal beschikbaar, met daarin voornamelijk visresten (tabel 47). Haring domineert met bijna 60 % (tabel 48), maar er is wel een verschil met de meeste andere beerputten en tonnen. De kopelementen overwegen, de wervels maken hier slechts een kwart uit van al het haringbot. Mogelijk werden relatief veel haringkoppen in de beerton gegooid, maar het is duidelijk dat er ook ander afval in de context terechtkwam. Dat blijkt uit de afgeplatte wervels die zijn aangetroffen. Schol/bot/schar maakt ongeveer 10 % uit van de vis in deze context, de exemplaren van deze soorten waren van de gebruikelijke grootteklassen 10-20 en 20-30 cm SL. Over de skeletverdeling kan wegens de geringe staalgrootte niets gezegd worden. Dezelfde opmerking geldt voor de kabeljauwachtigen. Voor de Gadidae zijn dit keer geen resten van kleinere exemplaren aanwezig. De meeste stukken zijn van middelgrote individuen, mogelijk schelvis. Er zijn maar weinig palingresten gevonden, en de resten die werden aangetroffen waren uitsluitend wervels van vissen die ongeveer 30 cm lang waren. Opmerkelijk is dat in deze beerton resten van tong bijna even talrijk zijn als die van schol/bot/schar. Van de 10 tongresten waren er 7 staartwervels en 3 kopelementen. Het gaat telkens om vissen van 20-25 cm SL. Onder de 3 poonresten bevond zich een schub van de zijlijn die op basis van de vorm van grauwe poon afkomstig bleek. Karper is ook redelijk goed vertegenwoordigd met 2 schubben en voor de rest botfragmenten van vooral de kop. De enkele stukken die een groottebepaling bij karper toelieten wijzen op afmetingen in de klasse 30-40 cm SL.

In de vulling van de beerton zat ook één botje van een hond. Het is evenwel zeker dat dit geen deel is van een kadaver dat voor de rest bij de opgraving over het hoofd werd gezien (er zaten geen grote botten in de vulling). Hoe het hondenbot dan in de beerton terechtkwam, is niet duidelijk.

4.3.2.29.9 Tonwaterput spoornr. 1790

De tonnen bevinden zich centraal in een ronde constructiekuil van 0,8 m diameter. De bodem van deze waterput bevindt zich op 1,80 m T.A.W. De bovenste ton (4276.1) is slechts fragmentarisch bewaard. De onderste ton (4277.1) is samengesteld uit 15 duigen van 74 tot 76 cm lengte die worden samengehouden door vier wissen. In de duig met het vierkant (9,5 bij 8,5 cm)

575 **Fraiture & Houbrechts 2000.**

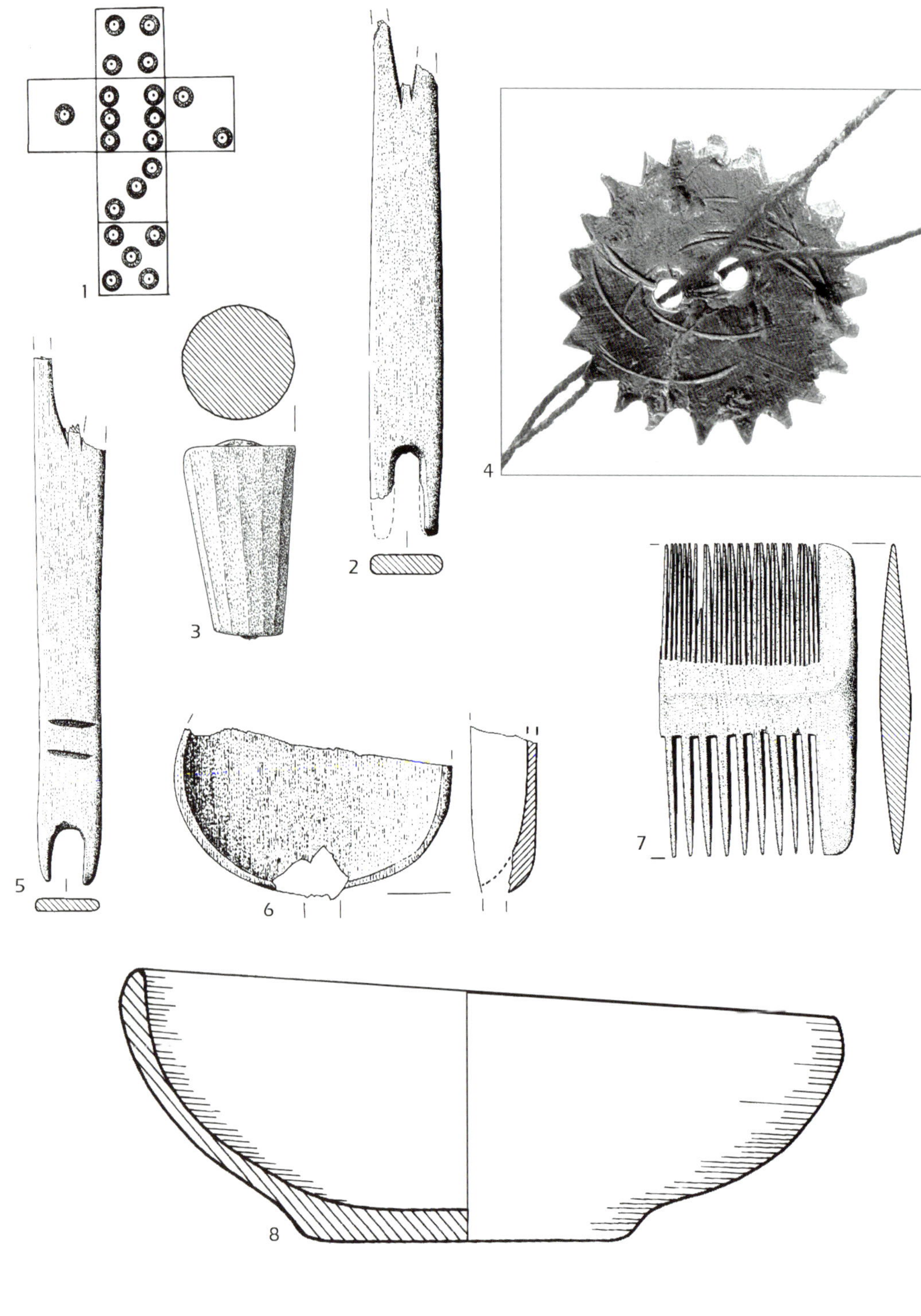

FIG. 352 Mobilia uit de vulling van tonwaterput spoornr. 1620. 1: dobbelsteen (4290.1), 2: fragment van een boetnaald (4290.2), 3: houten tap (4290.3), 4: zoemschijf in lood (4291.1), 5: fragment van een boetnaald (4291.2), 6: fragment van een lepel (4291.3), 7: fragment van een kam (4291.4), 8: kommetje (4291.5), 9: kommetje (4291.6), 10: houten voorwerp (4291.7), 11: houten voorwerp (4291.8). Schaal: 1: 2/1, 2-3 & 5-11: 2/3, 4: 1/1.
Artefacts from the fill of barrel well 1620. 1: die (4290.1), 2: fragment of a netting needle (4290.2), 3: wooden tap (4290.3), 4: lead humming top (4291.1), 5: fragment of a netting needle (4291.2), 6: fragment of a spoon (4291.3), 7: fragment of a comb (4291.4), 8: bowl (4291.5), 9: bowl (4291.6), 10: wooden object (4291.7), 11: wooden object (4291.8). Scale: 1: 2:1, 2-3 & 5-11: 2:3, 4: 1:1.

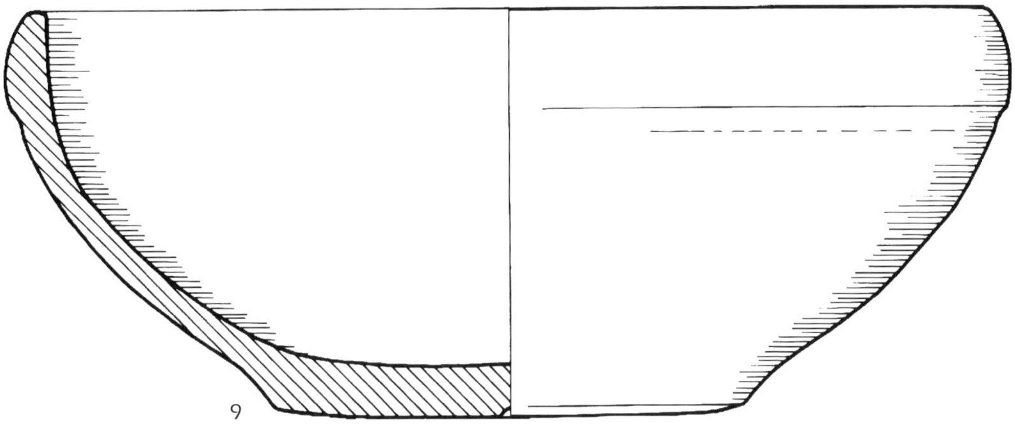

9

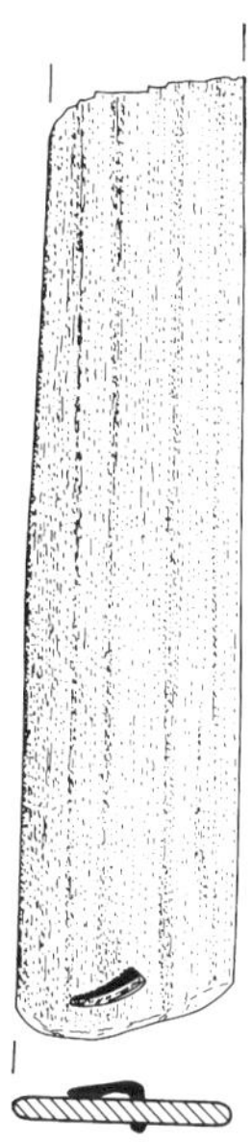

10

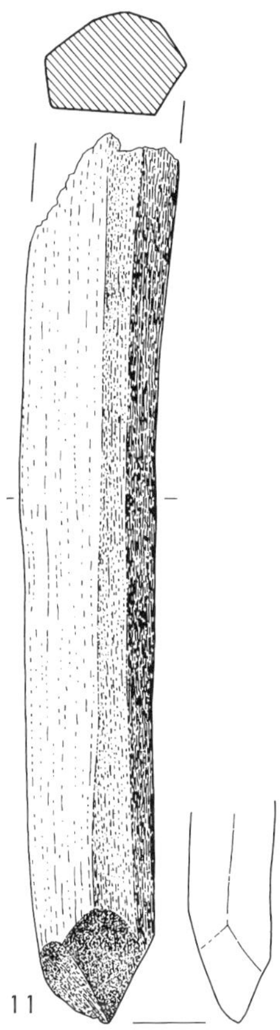

11

TABEL 47

Inventaris van de dierenresten uit de houten beerton structuur nr. 1679, gebouw 28 (zeef: zeefstaal).

Inventory of animal remains from sewage barrel 1679, building 28 (zeef: sieved sample).

soort	5 l zeef > 2 mm
MOLLUSCA	
mossel (*Mytilus edulis*)	1
PISCES	
paling (*Anguilla anguilla*)	8
karper (*Cyprinus carpio* f. domestica)	7
haring (*Clupea harengus*)	67
kabeljauwachtige (Gadidae sp.)	8
grauwe poon (*Chelidonichthys gurnardus*)	1
poon (Triglidae sp.)	2
schol/bot/schar (Pleuronectidae sp.)	12
tong (*Solea* sp.)	10
niet gedetermineerde visresten	48
AMPHIBIA	
niet gedetermineerde amfibieënresten	8
AVES	
eischaal	+
kip (*Gallus gallus* f. domestica)	1
MAMMALIA	
hond (*Canis lupus* f. familiaris)	1
schaap (*Ovis ammon* f. aries) / geit (*Capra aegagrus* f. hircus)	1
niet gedetermineerde zoogdierresten	20
totaal	195

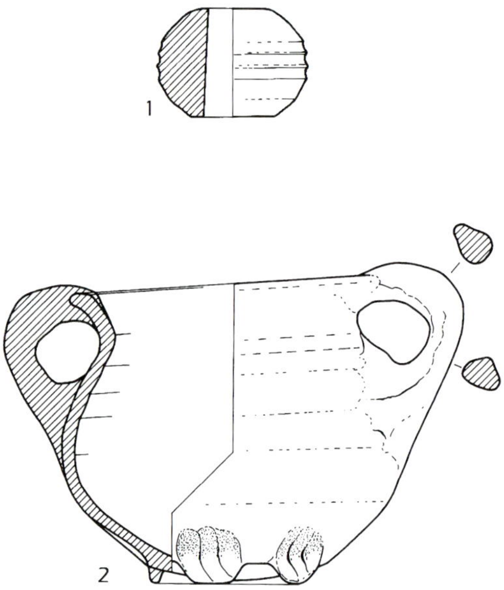

FIG. 353 **Mobilia uit de vulling van tonwaterput spoornr. 1679. 1: spinsteentje (3844.1), 2: kookpotje in rood aardewerk (4035.1). Schaal: 1: 2/3, 2: 1/3.**

Artefacts from the fill of barrel well 1679. 1: spindle whorl (3844.1), 2: redware cooking pot (4035.1). Scale: 1: 2:3, 2: 1:3.

TABEL 48

Relatief aandeel van de visresten gedetermineerd in de houten beerton structuur nr. 1679, gebouw 28 (n=115).

Frequency of identified fish remains from sewage barrel 1679, building 28 (n=115).

soort	%
paling (*Anguilla anguilla*)	7.0
karper (*Cyprinus carpio* f. domestica)	6.1
haring (*Clupea harengus*)	58.3
kabeljauwachtige (Gadidae sp.)	7.0
grauwe poon (*Chelidonichthys gurnardus*)	0.9
poon (Triglidae sp.)	1.7
schol/bot/schar (Pleuronectidae sp.)	10.4
tong (*Solea* sp.)	8.7

bomgat is een merkteken (fig. 354: 1) ingekrast. De kroosgroeven bevinden zich op 5 tot 6 cm van de duiguiteinden.

Het dendrochronologisch onderzoek leverde voor deze tonwaterput drie kapdata op. De boom voor ton 4276.1 werd gekapt tussen 1391-1401, die van ton 4277.1 tussen 1389-1399 en die van de duig in de vulling (4282.3) tussen 1390 en 1400. Deze data sluiten perfect bij elkaar aan en tonen enerzijds aan dat deze tonwaterput niet voor 1391 in gebruik kan genomen zijn en anderzijds dat deze tonwaterput gezien de dateringen wel tot de eerste fasen van de dorpsbewoning op deze percelen hoort.

De opvulling van de onderste ton (fig. 355) bestaat vooral uit baksteenpuin. Een duigfragment uit deze vulling heeft een dubbele ingekraste X als merk (fig. 354: 2). Het baksteenpuin wordt vervolgens afgedekt door een pakket bruine zandige klei. In de onderste vulling van de ton, vermengd onder het baksteenpuin, werden deze vondsten gedaan:

- Een fragment van een prikslede (4282.1, fig. 354: 3). De halve onderkaak van een paard is aan de onderkant helemaal afgesleten door het gebruik als prikslede. De onderkaak is zodanig afgesleten dat de tandwortels al zichtbaar zijn.

Sinds de 15de eeuw was een kind op een zogenaamde kaakslede of prikslede een populair motief in winterafbeeldingen[576]. De

576 **Willemsen 1998, 110.**

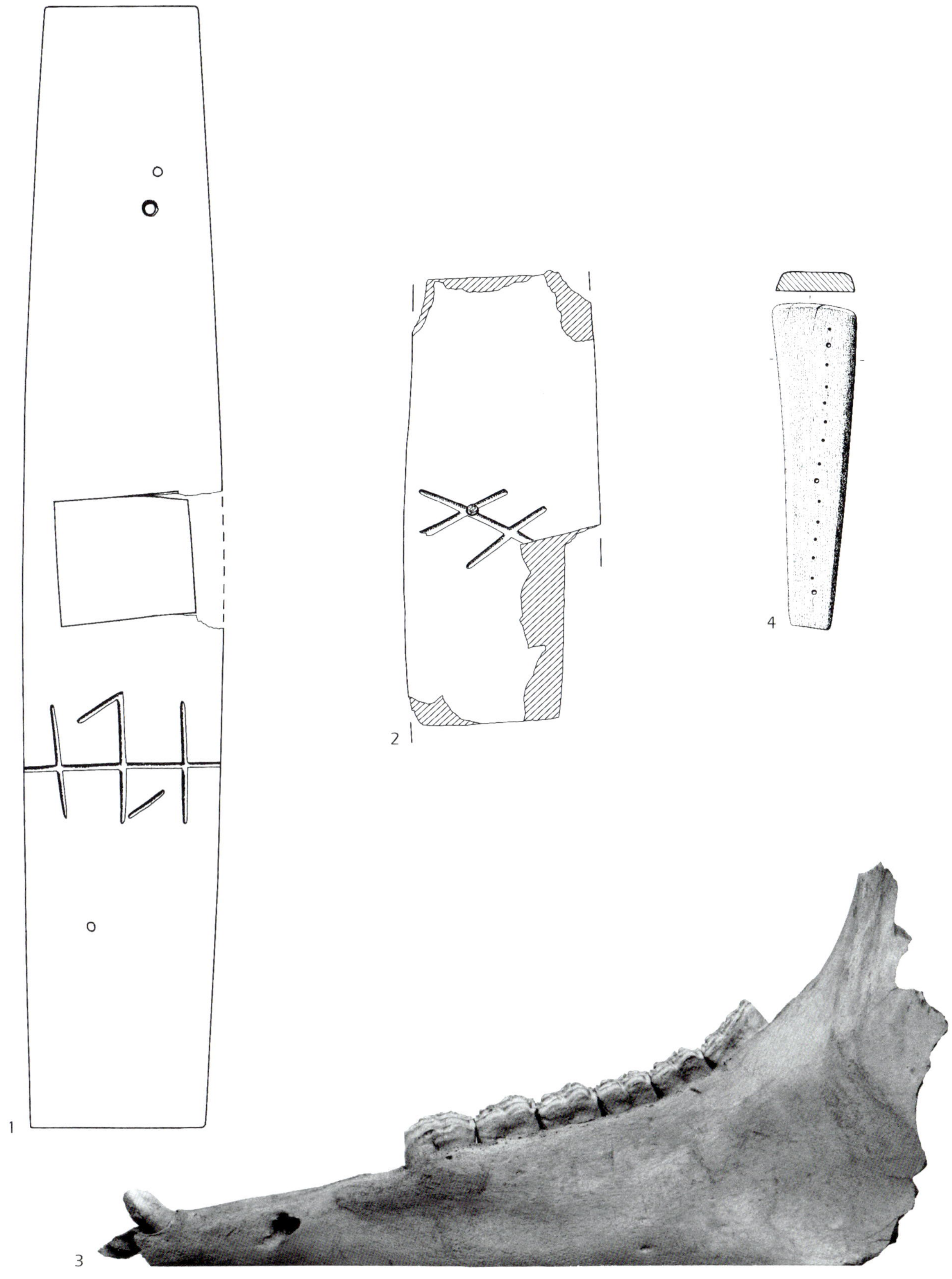

FIG. 354 **Duig met merk en mobilia uit de vulling, allebei van tonwaterput spoornr. 1790. 1: Duig met bomgat en merk van tonwaterput spoornr. 1790 (4277.1), 2: duig met merk uit de vulling van tonwaterput spoornr. 1790 (4282.3), fragment van een prikslede (4282.1) en helft van een heft in buxus (4282.2). Schaal: 1-2: 1/4, 4: 2/3.**
Stave with mark and artefacts from the fill of barrel well 1790. 1: Stave with bunghole and mark (4277.1), 2: stave with mark, from the fill (4282.3), fragment of an ice sledge (4282.1) and half of a boxwood hilt (4282.2). Scale: 1-2: 1:4, 4: 2:3.

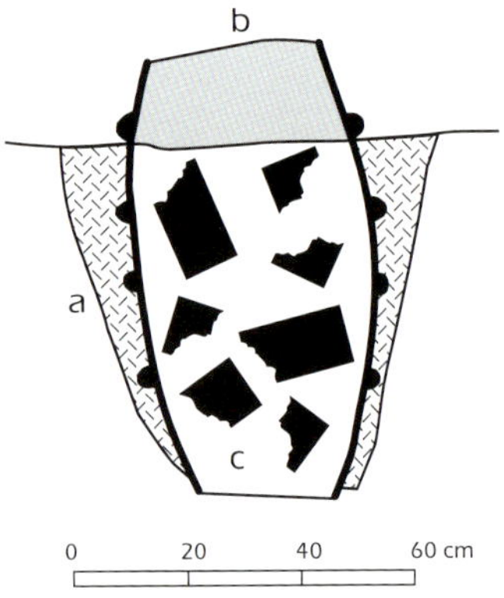

FIG. 355 Tonwaterput spoornr. 1790 in doorsnede. Legende: a: blauwgrijze klei zonder stratificatie, opvulling constructiekuil, b: bruine zandige klei, c: baksteenpuin.
Barrel well 1790 in section. Key: a: blueish grey homogeneous clay, construction cut fill, b: brown sandy clay, c: brick rubble.

oudst bekende afbeelding stamt uit het eerste kwart van de 14de eeuw[577]. De afbeelding van deze activiteit door P. Breugel de Jonge is ongetwijfeld de bekendste[578]. Die afbeeldingen tonen dat men met priksleden op verschillende manieren ijspret kon beleven: met het voorste deel van het kaakbeen in de glijrichting of omgekeerd. Een slede kon bestaan uit één kaakbeen of uit twee kaakbenen[579], zowel kaakbenen van runderen als van paarden[580]. De talrijke grachten en waterpartijen in de omgeving van Walraversijde boden maakten ijspret ongetwijfeld mogelijk. Gelijkaardige prikslede s uit de onderkaak van een paard werden onder andere in Dordrecht aangetroffen[581], in de grachten van het kasteel van Eindhoven[582] (1420-1486) en in laatmiddeleeuwse stedelijke contexten uit Eindhoven[583]. In Eindhoven zijn niet minder dan negen prikslede s aangetroffen. Acht ervan zijn vervaardigd uit de onderkaak van een paard, een uit de onderkaak van een rund. Verder werden er ook prikslede s uit de onderkaak van een paard teruggevonden in Groningen, Spijkenisse en Rotterdam[584].

- De helft van een heft in buxushout (4282.2, fig. 354: 4) dat met drie nageltjes aan de plaatvormige angel was bevestigd. Tussen de nageltjes zijn ter versiering nog 12 metalen pinnetjes op een lijn aangebracht. Het heft wordt breder naar het uiteinde toe. Afmetingen van het heft: lengte: 8,3 cm en breedte: 1,1 tot 2,2 cm.

4.3.2.30 Gebouw 29

Ter hoogte van gebouw 29 is de bouwchronologie vrij ingewikkeld. Er konden drie verschillende gebouwen geïdentificeerd worden: 29, 30 en 31. Het is echter niet altijd evident harde argumenten te vinden die de structuren aan een van deze gebouwen toewijzen (fig. 412).

Gebouw 29 (fig. 356 en 409) bevindt zich in de as van gebouw 30 en kan als het ware als de opvolger van dit laatste gebouw worden beschouwd. Het werd enkel een 10-tal m meer naar het westen opgetrokken en uitgebreid met een zijdelings vertrek. Het betreft een gebouw van minstens 18,3 m bij 6 m buitenwerks, waar aan de zuidkant een vertrek van 5,2 bij 4,1 m binnenwerks was toegevoegd. Deze aanbouw is in sleuf 96/II (fig. 357) beter bewaard gebleven dan in sleuf 98/III. Gebouw 29 is in de lengte 54-56° NO georiënteerd en in de breedte 33-35° NW.

Het rechthoekige gedeelte van minstens 18,3 m lengte is opgedeeld door minstens vier dwarse muren, die duidelijk niet allemaal gelijktijdig zijn gezet. Bovendien lijken sommige muren meerdere keren opnieuw gebouwd. De meest oostelijke dwarsmuur behoort in elk geval zeker niet meer tot de laatste fase, hij wordt immers afgedekt door een bakstenen bevloering (spoornr. 895, fig. 358a) die reeds op 4,1 m T.A.W. werd aangetroffen. Deze bevloering dekte ook een haardplaat af die tegen de oostgevel tussen twee haardwangen werd aangetroffen (spoornr. 911, fig. 358b). In deze haardplaat zaten veel krassen, waarschijnlijk het gevolg van het kappen of klieven (?) van hout op de bevloering voor de haard. Zo werden in de laatste fase van gebouw 29 kennelijk twee ruimtes van respectievelijk 2,6 en 2,8 m binnenwerks samengevoegd tot een grotere ruimte van 5,9 m binnenwerks.

Eén van de dwarsmuren wordt ook afgedekt door een bevloering van bakstenen in visgraatverband. Van deze bevloering (spoornr. 1472, fig. 358c), waarvan de onderkant gesitueerd was op 3,93 m T.A.W, bleef enkel het bodemsilhouet van de bakstenen over in de onderliggende vleilaag. Op basis van de gegevens uit de opgraving is op te maken dat het onderzochte gedeelte van gebouw 29 in de laatste fase slechts door één dwarsmuur (de muur die zich boven spoornr. 1691 bevindt, fig. 356) werd opgesplitst in twee ruimtes van respectievelijk 5,8-5,9 m en minstens 11,2 m binnenwerks. De overige dwarsmuren zetten zich kennelijk niet door tot in de laatste fase. Het gebouw was eventueel wel opgedeeld door lichtere structuren zoals houten wanden, maar daar zijn in de bodem geen sporen van opgemerkt.

Behalve de dwarsmuur, afgedekt door de bakstenen bevloering in het oostelijk deel van gebouw 29, zijn alle dwarsmuren voorzien van uitbraaksporen van bakstenen massiefjes die in westelijke richting uitsteken. Ze kunnen als haardwangen worden omschreven. Tussen deze 'haardwangen', op 2 tot 2,5 m van elkaar, werden steeds sporen aangetroffen die naar verwarming verwijzen: een haardplaat op 4,07 m T.A.W. (spoornr. 911) in baksteen tegen de oostelijke dwarsgevel, een aspot op 3,84 m T.A.W. (spoornr. 1484, fig. 358d) ingewerkt in een rudimentaire bakstenen haardplaats (spoornr. 1483) en sporen van *in situ* verhitte grond. De ingegraven kookpot (3363.1, fig. 359) in rood aardewerk heeft de volgende kenmerken: drie drieledige standvinnen, naar buiten staande hals, in doorsnede driehoekige rand en twee rolronde oren. De kookpot is onderaan licht beroet. Enkel op de binnenkant van de bodem en op de binnenkant van de hals

577 IJzereef 1974, 182.
578 Van Vilsteren 1987, 48.
579 IJzereef 1974.
580 IJzereef 1974.
581 IJzereef 1974.
582 De Jong 1992, 206: afb. 139.
583 De Jong 1994, 247-250.
584 Herweijer *et al.* 1986, 12.

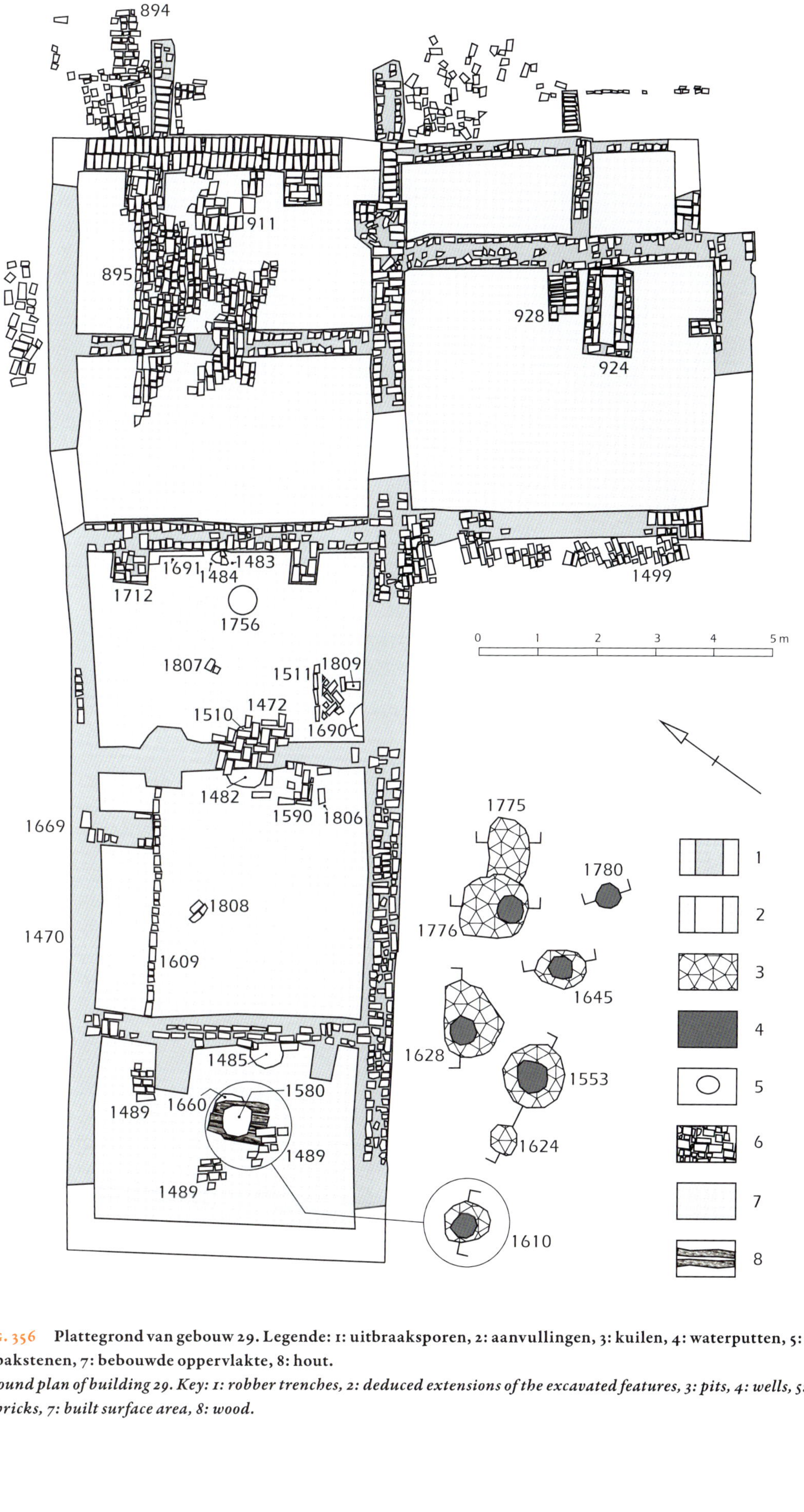

FIG. 356 **Plattegrond van gebouw 29. Legende: 1: uitbraaksporen, 2: aanvullingen, 3: kuilen, 4: waterputten, 5: specifieke structuren, 6: bakstenen, 7: bebouwde oppervlakte, 8: hout.**
Ground plan of building 29. Key: 1: robber trenches, 2: deduced extensions of the excavated features, 3: pits, 4: wells, 5: specific structures, 6: bricks, 7: built surface area, 8: wood.

FIG. 357 **Het deel van gebouw 29 in sleuf 96/II.**
Part of building 29 in trench 96/II.

en rand in de zones tussen de beide oren in was loodglazuur aangebracht. Afmetingen van de kookpot: randdiameter: 19,6 cm, grootste diameter: 22,8 cm, hoogte: 19,5 cm. Houtsoortdeterminatie van de houtskool in deze pot wees uit dat er slechts twee houtsoorten waren vertegenwoordigd, nl. els en es[585].

Bij een van deze dwarsmuren zou men 'haardwangen' aan beide zijden van de muur kunnen veronderstellen. De aanwezigheid van *in situ* verhitte plekken aan beide zijden van deze laatste muur zou die hypothese kunnen bevestigen. In de sporen aan de westzijde van deze muur, die naar verwarming verwijzen, zijn drie fasen te herkennen: een *in situ* verhitte zone op 3,28 m T.A.W. (spoornr. 1589[586]), een bakstenen haardplaat op 3,38 m T.A.W. (spoornr. 1590, formaat van de bakstenen: 26-26,5 bij 11,5-12,5 bij 5-6 cm) en een *in situ* verhitte zone (spoornr. 1482) op 3,75 m T.A.W. Aan de oostkant van deze muur werden slechts twee *in situ* verhitte zones aangesneden: één (spoornr. 1510) in het midden van de muur op 3,53 m T.A.W. en één (spoornr. 1690) op 3,21 m T.A.W. in de zuidwesthoek van het vertrek.

In het meest westelijke vertrek werden drie *in situ* verhitte zones aangesneden: één op 3,75 m T.A.W. tegen de dwarsmuur (spoornr. 1485) en twee op ongeveer 1 m van de muur, respectievelijk op 3,30 m (spoornr. 1580) en op 3,08 m T.A.W. (spoornr. 1660). In totaal werden er niet minder dan tien sporen aangetroffen die naar de verwarming van gebouw 29 verwijzen. De verschillende niveaus waarop ze worden aangetroffen tonen aan dat de vloerniveaus tijdens de bewoning verschillende malen werden verhoogd. De niveauverschillen tussen vuurplaatsen binnen eenzelfde vertrek bedragen tot 65 cm. Dezelfde vaststellingen gelden voor restanten van bevloeringen, wat wellicht aangeeft dat het oppervlak zich tijdens de bewoningsfase geleidelijk ophoogde, onder andere door inwaaiend duinzand (?).

Te oordelen naar de restanten van bakstenen bevloeringen, die op verschillende plaatsen binnen gebouw 29 werden aangetroffen, was gebouw 29 vermoedelijk reeds van bij aanvang gedeeltelijk met bakstenen bevloerd. Behalve de reeds vermelde bevloeringen op 4,1 (spoornr. 895) en 3,93 (spoornr. 1472) m T.A.W. werden nog restanten van bevloeringen aangetroffen op 3,28 (spoornr. 1808), op 3,38 (spoornr. 1807[587]), op 3,43 (spoornr. 1511), op 3,53 (spoornr. 1809) m en op 3,83 (spoornr. 1489 en 1806) m T.A.W.

Als ze goed bewaard zijn blijkt dat in deze bevloeringen nogal wat variatie zit. De stenen worden evenwijdig met de dwarsmuren gelegd (spoornr. 1489), haaks op de dwarsmuren (spoornr. 895), diagonaal (spoornrs. 1807 en 1808), in een visgraatverband met de stenen in een diagonale positie (spoornr. 1511) of in een visgraatverband met de stenen evenwijdig met de muren (spoornr. 1472).

Bevloering spoornr. 1511, afgeboord met een rij op zijn kant geplaatste bakstenen, kan als een soort drempel worden geïnterpreteerd die bij een mogelijke toegang hoort. In hetzelfde vertrek bevond zich een rond bakstenen kokertje (spoornr. 1756, fig. 358e) met onduidelijke functie, dat voor zover kon worden achterhaald de constructiekuil van tonwaterput spoornr. 1586 snijdt. Deze tonwaterput hoort wellicht bij gebouw 30, wat zou impliceren dat gebouw 29 dateert van na 1449 (zie datering tonwaterput spoornr. 1586, behandeld bij gebouw 30, alsook verder in deze paragraaf).

In de ruimte met de rechthoekige haardplaat spoornr. 1590 is in de lengte een enkele rij bakstenen (spoornr. 1609) aangetroffen op ongeveer 1 m van de noordwestelijke wand. Haaks op deze rij stenen bevond zich een muurtje van 1,15 m (spoornr. 1669) waarvan de functie niet duidelijk is. De meest oostelijke dwarsmuur van dit vertrek was te oordelen naar restanten van bepleistering aan de westzijde bepleisterd. In deze ruimte werd ook een laag aangesneden (3698) die heel wat pleisterresten bevatte. Sommige fragmenten bevonden zich nog in hun oorspronkelijk verband, zoals in gebouw 28. Deze laag dekt de oudste bevloering af en maakt het aannemelijk dat gebouw 29 van bij de aanvang minstens gedeeltelijk wit bepleisterd was.

585 De Groote 1998-1999, tabel A.
586 Bevindt zich onder spoor nr. 1482.
587 Het betreft evenals spoornr. 1472 een silhouet van een bevloering.

In het meest westelijke vertrek van gebouw 29 is een tonput (spoornr. 1610, fig. 358f) aangetroffen die afgedekt was met 4 planken. Merkwaardig genoeg bevond zich boven deze planken een *in situ* verhitte zone (spoornr. 1580) die duidelijk door de planken had gebrand. Ook de bovenste vulling van de ton bestond uit verhit zand. De samenhang tussen beide structuren is niet duidelijk. Omdat deze tonput reeds een *in situ* verhitte plek doorsnijdt, vond op deze plaats een afwisseling plaats van verhitten, 'afkoelen' en weer verhitten. De tonput is gezien zijn geringe diepte (bodem op 2,8 m T.A.W.) geen waterput, maar mogelijk een soort koelruimte.

In ditzelfde vertrek is helemaal onderaan in de stratigrafie een hertshoornen tuimelaar (3860.1, fig. 360) van een kruisboog aangetroffen. De tuimelaar heeft de volgende afmetingen: diameter: 33,4 mm, hoogte: 23,8 mm. Dit exemplaar was matig versleten. Dwars doorheen de tuimelaar zit een ijzeren pen.

De best bewaarde dwarsmuur (baksteenformaat: 24,5-27,5 x 11-13,5 x 5-7 cm), die nog over 53 cm hoogte was bewaard, had een merkwaardige versteviging onderaan. Op de plaats waar deze muur over een opgevulde kuil (spoornr. 1713) liep werd boven de kuil eerst een ontlastingsboog in baksteen (spoornr. 1691, fig. 358g) gebouwd die de muur tegen verzakkingen moest behoeden. De ontlastingsboog rustte zelf op een steunbeer uit 12 steenlagen (spoornr. 1712) die helemaal vanop de niet geroerde bodem van de kuil startte. Voor de bouw ervan werd met andere woorden eerst de kuilvulling verwijderd.

Voor de bouw van gebouw 29, dat met zijn westelijke helft boven een opgevulde veenwinningskuil is ingeplant, werd in tegenstelling tot bij gebouw 28 eerst het terrein genivelleerd. Hiervoor werd 25 tot 30 cm klei aangebracht in de zone van de vroegere veenwinningsput.

Het zijdelingse vertrek (fig. 357) springt in het oog door de rechthoekige bakstenen structuur, vermoedelijk een rookoven (spoornr. 924, fig. 358h). Enerzijds bevat het sediment in de voegen tussen de stenen van de bodem van deze structuur duidelijk meer koolstof dan het andere voegwerk op de site. Anderzijds zijn er een aantal archeologische lagen in dit vertrek die sterk verrijkt zijn met met koolstof. Dit kan erop wijzen dat dit zijdelingse vertrek gebruikt werd als een ruimte om (vis?) te roken. In deze donkerzwarte lagen bevonden zich ook een plank en een aantal verticale nagels, wat op de aanwezigheid van een planken bevloering wijst. Dat is dan weer niet gebruikelijk in een rookruimte. De installatie van de zogenaamde rookoven hoort volgens de stratigrafie op het einde van de evolutie thuis, dus na de vorming van de donkerzwarte, koolstofrijke lagen. De oostelijke gevel van dit vertrek is gemetst in een soort paramentsysteem en vertoont in het midden een knik. Mogelijk werd aan deze beginnende verzakking verholpen met een steunbeer van 50 cm breed (spoornr. 928) aan de binnenkant van de muur. In deze muur was ook een gleuf opengelaten, waarvan de functie niet duidelijk is.

Aan de oostkant van deze zijdelingse ruimte werden twee (?) kleine vertrekken toegevoegd, respectievelijk van 1,3 bij 2,9 en 1,3 bij 2 m binnenwerks. Deze ruimten waren duidelijk lichter van structuur aangezien de muurtjes slechts 25 cm dik waren. Door deze toegevoegde vertrekken kwam de oostgevel van de zijdelingse aanbouw gelijk met die van het hoofdgebouw.

Voor zover kon achterhaald worden is gebouw 29 aan de buitenkant volledig afgeboord met bakstenen plaveisels. Aan de oostzijde is dit bakstenen plaveisel (spoornr. 894) ongeveer 1 tot 1,25 m breed. Dit plaveisel wordt opgedeeld door 3 muurtjes die 1 tot 1,35 voorbij de oostgevel uitsteken. De functie van deze korte muurtjes is niet duidelijk. Waarschijnlijk ondersteunden ze een soort afdak (?). Aan de noordzijde is het plaveisel minder regelmatig dan langs de oostgevel. Het bestaat daar enkel uit een aantal onregelmatig platgelegde bakstenen. De meest spectaculaire bevloering bevindt zich echter in de zone tussen gebouwen 28 en 29. Op een bepaald ogenblik is de 6,3 m brede ruimte, die zich tussen beide gebouwen in bevindt, volledig geplaveid met bakstenen (spoornr. 1481). Op 1,25-1,3 m van de noordwestelijke gevel van gebouw 28 bevindt zich een scheidingslijn in de bevloering. Ze is te herkennen aan een rij in de lengte geplaatste bakstenen die ongeveer evenwijdig loopt met de zijgevels van gebouwen 28 en 29. Deze rij bevindt zich exact boven een oude greppel (spoornr. 1755) die bedekt wordt door het plaveisel. De scheidingslijn markeert dus de plaats waar het water werd vergaard. Op dit plaveisel wordt op een hoger niveau een nieuw plaveisel (spoornr. 1462) aangebracht, vermoedelijk op het ogenblik dat de bakstenen waterput wordt geïnstalleerd. Die snijdt immers het eerste plaveisel, dat de volledige ruimte beslaat. Voordat de zone tussen gebouwen 28 en 29 een eerste maal volledig werd geplaveid, had gebouw 29 vermoedelijk enkel een 1,5 tot 1,75 m breed plaveisel (spoornr. 1810). Dat is af te leiden uit de restanten van een vleilaag en van een bakstenen plaveisel (spoornr. 1499) ten zuidwesten van de uitbouw aan gebouw 29. Dat was ook het geval bij gebouw 28.

Tussen gebouwen 28 en 29 zijn 9 tonwaterputten onderzocht; ze worden hierna behandeld. Zeven ervan (spoornrs. 1553, 1624, 1628, 1645, 1775, 1776 en 1780) behoren vermoedelijk bij gebouw 29. De dateringen van de tonwaterputten geven aan dat gebouw 29 in gebruik was na 1394, na 1398, na 1403, na 1412, na 1414, na 1468 en na 1479, dus vanaf de late 14de/begin 15de eeuw tot het laatste kwart van deze eeuw met een belangrijk hiaat tussen 1414 en 1468. Deze lange periode sluit in elk geval aan bij de talrijke niveauophogingen die binnen het gebouw zijn vastgesteld. Ook tonwaterput spoornr. 1586 kan aan gebouw 29 worden toegewezen. Dan komt er nog een datering bij voor het gebruik van gebouw 29: na 1449, wat het zopas vermelde hiaat enigszins opvult. Omdat dit dan de enige tonwaterput zou zijn die zich binnen gebouw 29 bevindt is geopteerd om hem toch eerder toe te wijzen aan gebouw 30 (fig. 387). Dat heeft wel gevolgen voor de interpretatie van de bouwevolutie van gebouw 29. Het impliceert dat gebouw 29 slechts na 1449 de vorm van figuur 356 aangenomen had en voor dat jaar mogelijk bestond uit twee kleinere afzonderlijke gebouwen (gebouwen 29 a en b?), die in elkaars verlengde lagen en op een bepaald moment tegen elkaar zijn gegroeid tot gebouw 29, zoals weergegeven op figuur 356. Ook gebouw 3 werd op een bepaald ogenblik in de lengte uitgebreid. Indien spoornr. 1586 toch een tonwaterput is die zich binnen gebouw 29 bevindt, zoals in Walraversijde nog is vastgesteld in onder andere gebouw 21, vervalt de hypothese dat twee aparte gebouwen tot één gebouw samensmolten of dat de tonwaterput tot gebouw 30 behoorde. Deze analyse legt meteen de grenzen bloot van stratigrafisch onderzoek van bouwchronologieën dat hoofdzakelijk gebeurt op basis van uitbraaksporen, in het bijzonder wanneer de verschillende bouwfasen elkaar op dezelfde plaats hebben opgevolgd.

Sommige tonwaterputten (spoornrs. 1645, 1775 en 1776) zijn ouder dan het eerste plaveisel dat de volledige ruimte afdekt, aangezien ze er door afgedekt worden. Ze geven aan dat dit plaveisel in elk geval niet aangelegd werd voor 1414. Met plaveisels moet wel opgelet worden. Ze kunnen op uiteenlopende tijdstippen zowel worden weggenomen als teruggelegd, wat stratigrafisch misleidend kan zijn.

FIG. 358 Gebouw 29 tijdens de opgravingen: a. spoornr. 895, b. haardplaat spoornr. 911, c. spoornr. 1472, d. spoornr. 1484, e. spoornr. 1756, f. tonwaterput spoornr. 1610 met gerelateerde sporen van verhitting, g. spoornr. 1691, h. spoornr. 924.
Building 29 under excavation: a. context no. 895, b. heart plate 911, c. context no. 1472, d. context no. 1484, e. context no. 1756, f. barrel well 1610 with associated heating evidence, g. context no. 1691, h. context no. 924.

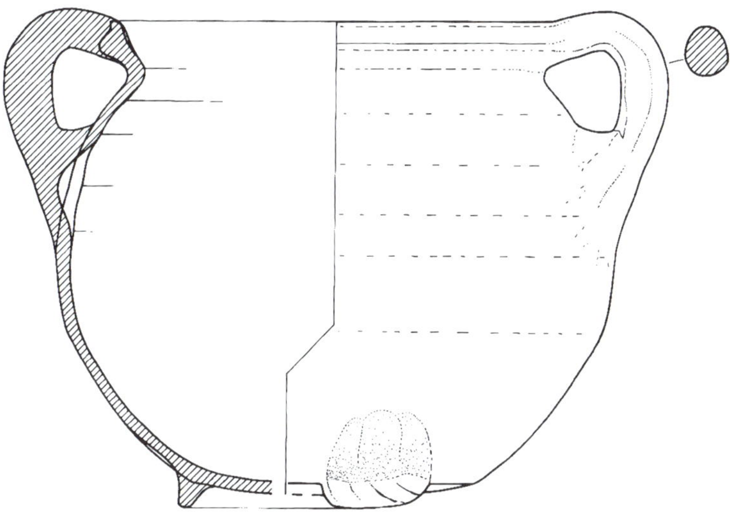

FIG. 359 **Ingegraven pot van spoornr. 1484.**
In situ pot from context 1484.

FIG. 360 **Tuimelaars van kruisbogen aangetroffen te Walraversijde. Het rechterexemplaar (3860.1) is gevonden binnen de plattegrond van gebouw 29.**
Crossbow nuts found at Walraversijde. The one on the right was found in building 29.

4.3.2.30.1 Onderzoek van houtskool uit aspot spoornr. 1484
Annelies De Groote & Koen Deforce

De vulling van de aspot is gezeefd op een maaswijdte van 0,5 mm. Uit dit zeefresidu zijn 156 houtskoolfragmenten onderzocht (tabel 49). Het grootste gedeelte bestond uit els (*Alnus* sp.) (67.3 %) en gewone es (*Fraxinus excelsior*) (30.1 %). Verder zijn er ook nog enkele houtskoolfragmenten van eik (*Quercus* sp.) (2.6 %) gedetermineerd.

TABEL 49
Overzicht van de houtskoolidentificaties van de inhoud van haardpot spoornr. 1484, gebouw 29.
Charcoal identifications from the content of in situ pot 1484, building 29.

haardpot 98/Rav 3363	n	%	
Alnus sp.	105	67,3	els
Fraxinus excelsior	47	30,1	gewone es
Quercus sp.	4	2,6	eik
totaal	156	100	

4.3.2.30.2 Tonwaterput spoornr. 1553

De tonnen (fig. 361-362) bevinden zich centraal in een ronde constructiekuil (diameter: 1-1,1 m). De bodem van deze waterput bevindt zich op 2,10 m T.A.W. De bovenste ton (4180.1), niet volledig bewaard, bestaat uit 14 duigen samengehouden door minstens vier wissen. De kroosgroeven bevinden zich op 5 cm van de duiguiteinden, één duig vertoont sporen van een bomgat. De onderste ton (4229.1) is samengesteld uit 15 duigen van om en bij de 72 cm. Deze duigen zijn aan de binnenzijde hevig geschroeid en worden samengehouden door acht wissen. De kroosgroeven bevinden zich op 4 cm van de duiguiteinden, één duig heeft een vierkant bomgat (zijde: 8,5 cm).

De opvulling van de tonschacht is van onder naar boven opgebouwd uit bruine organische klei afgedekt met een beige zandlaagje van 5 cm dikte. Hierboven bevindt zich een homogeen, bruin zandig kleipakket dat de tonschacht volledig opvult en enkel ter hoogte van de overgang naar de bovenste ton onderbroken wordt door een beige, sterk gelaagd zandpakket van een 5-tal cm dikte.

In de vulling van de constructiekuil zijn de hierna opgesomde objecten geregistreerd:

Een onversierde boetnaald vervaardigd in taxus (*Taxus baccata*). Afmetingen: bewaarde lengte van 16,3 cm en breedte van 1,7 cm (4171.1, fig. 363.1),

Verschillende stukjes touw (diameter: 18 mm), vervaardigd uit een grasachtige vezel. Lengte van het langste stuk: 25 cm (4171.2)

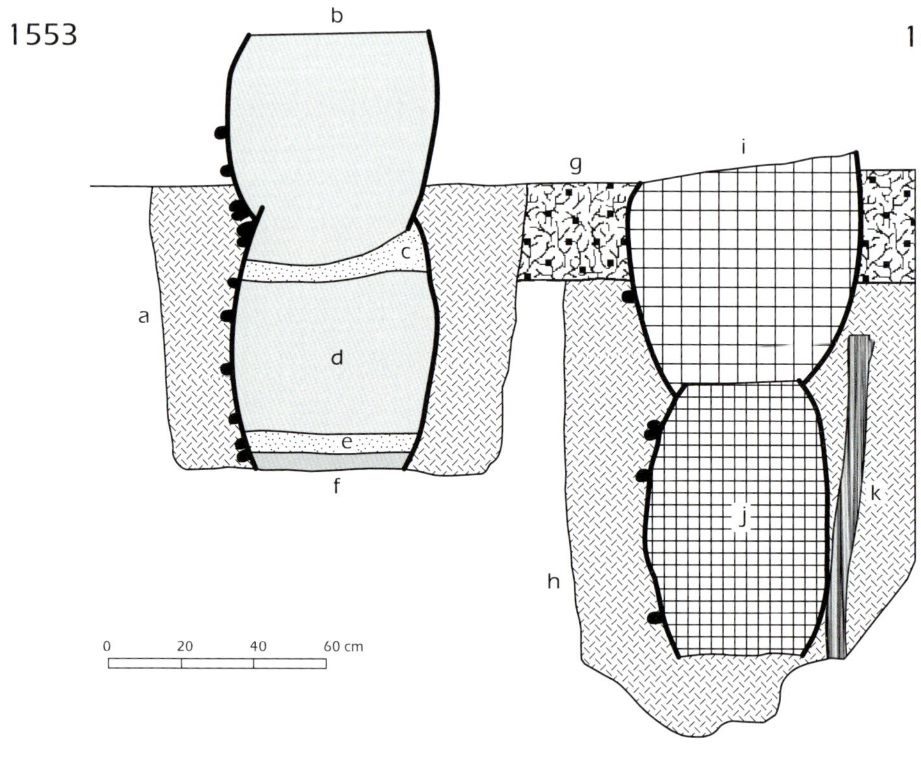

FIG. 361 **Tonwaterputten spoornrs. 1553 en 1624 in doorsnede. Legende: a: klei zonder stratificatie, constructiekuil b: homogeen bruin zandig pakket klei, c: beige zand, d: homogeen bruin zandig pakket klei, e: beige zand, f: bruine organische klei, g: organisch materiaal, h: klei zonder stratificatie, constructiekuil, i: vulling bovenste ton, j: vulling onderste ton, k: hout.**
Barrel wells1553 and 1624 in section. Key: a: homogeneous clay, construction cut fill, b: homogeneous brown sandy clay, c: beige sand, d: homogeneous brown sandy clay, e: beige sand, f: brown organic clay, g: organic material, h: homogeneous clay, construction cut fill, i: fill of upper barrel, j: fill of lower barrel, k: wood.

FIG. 362 Tonwaterputten spoornrs. 1553 en 1624 tijdens de opgraving.
Barrel wells 1553 and 1624 under excavation.

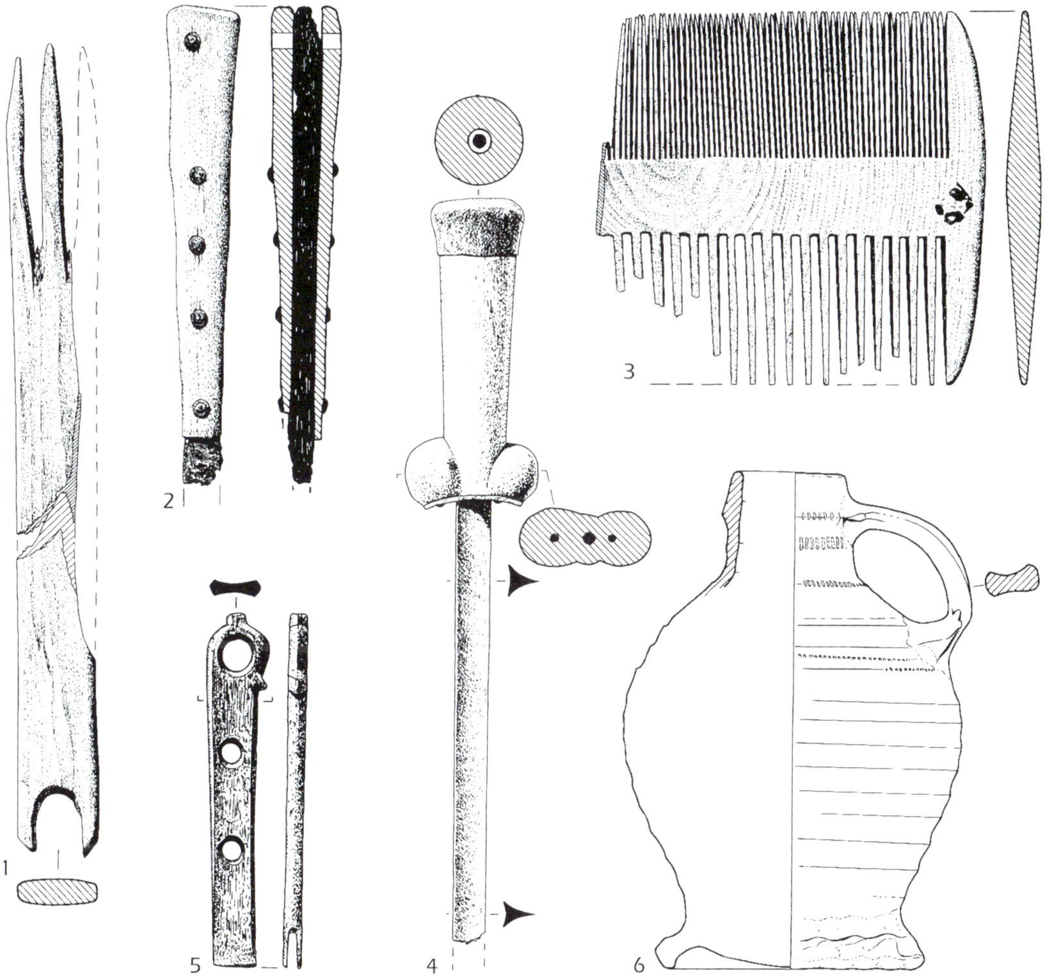

FIG. 363 Mobilia uit tonwaterput spoornr. 1553. 1. fragment van een boetnaald (4171.1), 2. heft van een mes (4237.1), 3. fragment van een dubbele kam in buxus (4237.2), 4. nierdolk (4237.5), 5. plaatvormige angel (4237.8), 6. kannetje in Rijnlands steengoed met zoutglazuur (4237.9), schaal: 1-3, 5: 2/3, 4, 6: 1/3.
Artefacts from the fill of barrel well 1553. 1. fragment of a netting needle (4171.1), 2. knife hilt (4237.1), 3. fragment of a boxwood comb (4237.2), 4. kidney dagger (4237.5), 5. Scale tang of a knife (4237.8), 6. salt-glazed Rhineland stoneware jug (4237.9), scale: 1-3, 5: 2/3, 4, 6: 1/3.

Een tuit van een recipiënt in wit aardewerk bedekt met geelgroen loodglazuur met talrijke groene stippen. Het stuk is wellicht een product uit Langerwehe.

In het homogeen bruin zandig kleipakket tussen de twee zandige eenheden werden de volgende objecten aangetroffen:

Een mesheft (4237.1, fig. 363.2) in wortelhout van eik dat met vijf klinknageltjes aan de ijzeren plaatvormige angel is bevestigd. Het heft wordt dikker en breder naar het uiteinde toe. De afmetingen van het heft zijn: lengte: 8,6 cm en breedte: 0,8 tot 1,5 cm.

Een fragment van een rechthoekige, dubbele kam (4237.2, fig. 363.3) in buxus (*Buxus sempervirens*) met een combinatie van een fijne en grove tanding. Op de breedte van 19 grove tanden komen aan de andere zijde 63 fijne tanden voor. De afmetingen van het kamfragment: breedte: 7,5 cm, bewaarde lengte: 8 cm, dikte: 7,5 mm.

Een fragment (4237.3) zwaar aangetast vensterglas waarvan de kleur niet meer kan bepaald worden.

Fragmenten van een archeologisch volledige, ééndelige tonvormige kruisribbelbeker (4237.4) in groen glas.

Een nierdolk (4237.5, fig. 363.4) met een heft in berk (*Betula* sp.). Het sterk verroeste lemmet heeft een driehoekige doorsnede. Tussen het lemmet en het heft was een ijzeren (?) stootplaatje aangebracht dat aan het heft bevestigd was met twee nageltjes. Over het heftuiteinde zat een metalen kapje.

Een stuk touw met een diameter van 16 mm (4237.6). Bewaarde lengte: 13 cm.

Een eendelige, tonvormige kruisribbelbeker in groen glas[588] (4237.7).

Een plaatvormige angel van een mes (?) (4237.8, fig. 363.5) in een koperlegering. Het stuk is licht concaaf en heeft drie perforaties. Afmetingen van de angel: lengte: 70,5 mm, maximale breedte: 13 mm.

Een kannetje in Rijnlands steengoed (4237.9, fig. 363.6) op gelobde standring, met cilindrische hals, in doorsnede driehoekige rand en bandvormig oor. Op de hals en de schouder zijn in totaal vijf rijen met radstempels aangebracht. Afmetingen van het kannetje: randdiameter: 4,8 cm, grootste diameter: 14 cm, hoogte: 19,8 cm.

Voor deze tonwaterput zijn twee dendrochronologische dateringen beschikbaar: een vellingsdatum voor de bovenste ton nr. 4180.1 van 1420-1430 (?) en een vellingsdatum van 1468-1478 voor de onderste ton 4229.1[589].

4.3.2.30.3 Tonput spoornr. 1610

De ton bevindt zich tegen de wand (fig. 356) van een ovale constructiekuil (0,8 bij 0,65 m). De bodem van deze ton bevindt zich op 2,80 m T.A.W. Dat is zeer hoog, wat het onwaarschijnlijk maakt dat het om een waterput gaat. Dit is ook de tonput bij dit gebouw die zich overduidelijk binnen de gebouwplattegrond zelf bevindt. Bovendien zijn op de lokalisatie van de tonput twee sporen aangesneden die naar verhitting verwijzen (fig. 358f), het ene ouder (spoornr. 1660), het andere jonger (spoornr. 1580) dan de tonput.

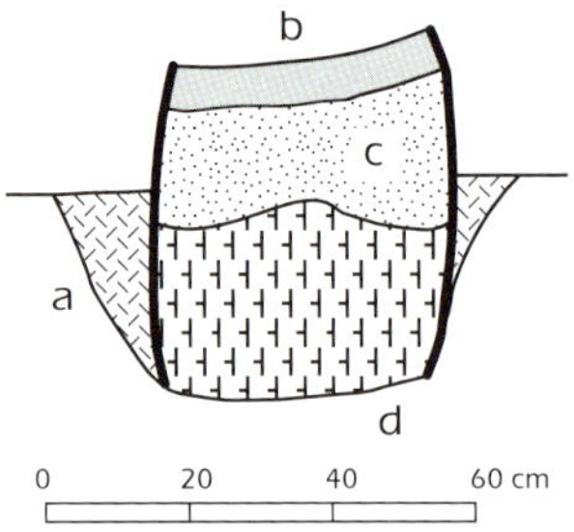

FIG. 364 Tonput structuur nr. 1610 in doorsnede. Legende: a: klei zonder stratificatie, b: bruinoranje verhitte zandige klei, c: beigegrijs zand, d: mengeling van klei en zand.
Barrel lined pit 1610 in section. Key: a: homogeneous clay; b: brown to orange burnt sandy clay, c: beige grey sand, d: mixture of clay and sand.

De vulling van de ton (fig. 364) bestaat van onder naar boven uit een mengeling van klei en zand, daarop een laag beigegrijs zand en tot slot een bruinoranje verhitte zandige laag. In de vulling werden geen vondsten aangetroffen. Deze ton was op een bepaald ogenblik afgedekt met enkele planken die nadien gedeeltelijk verkoold en in het midden zelfs volledig opgebrand zijn. De ton (3864.1) is samengesteld uit 13 duigen die onvolledig bewaard zijn. De kroosgroeven bevinden zich op 3 tot 4 cm van de duiguiteinden. Enkele duigen vertonen gaten buiten de door de kroosgroeven bepaalde toninhoud, zoals ook vastgesteld is bij tonwaterput spoornr. 721. De gaten dienden om dwars onder de duigen van de bodemplaat één of meerdere duigen vast te klemmen om de bodem te verstevigen.
Het dendrochronologische onderzoek leverde voor deze ton 1479 als *terminus post quem* op[590].

4.3.2.30.4 Tonwaterput spoornr. 1624

De tonnen (fig. 361-362) bevinden zich tegen de wand van een vermoedelijk ronde constructiekuil (diam.: 0,8 m). De bodem van deze tonwaterput bevindt zich op 1,60 m T.A.W. De bovenste ton (4181.1) is samengesteld uit 15 duigen van 73 tot 74 cm lang, die worden samengehouden door één wis. Op de duig met het bomgat (7,5 cm bij 6,6 cm verticaal) staat een merk dat doorloopt op de aangrenzende duig. Het merk kan omschreven worden als een schematische pijl met een veer op het einde, waaraan verder aan één kant een X is toegevoegd (fig. 365). De dikte van de duigen schommelt tussen 1,2 en 1,6 cm. De kroosgroeven bevinden zich op 6 cm van het uiteinde van de duigen. De onderste ton (4228.1) is samengesteld uit 14 duigen van 74 tot 75 cm, die worden samengehouden door vier wissen. De bovenste ton schuift lichtjes over de onderste.

588 Gevaert *et al.* 2003, 60: fig. 41 en 103.

589 Fraiture & Houbrechts 2000.

590 Fraiture & Houbrechts 2000.

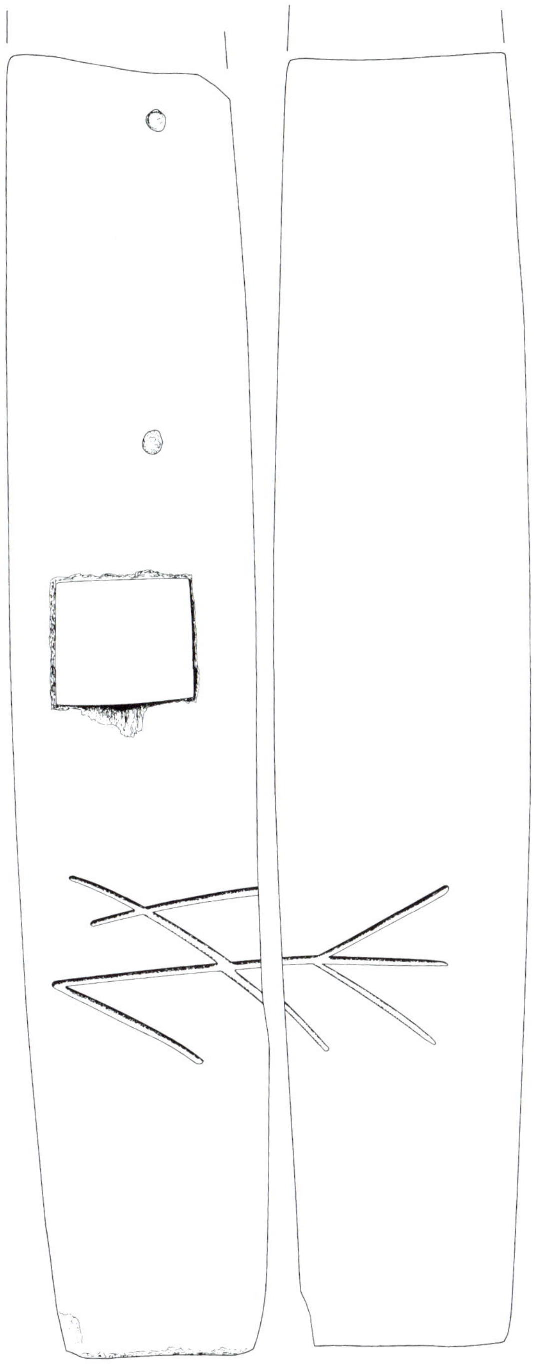

FIG. 365 **Twee duigen van de bovenste ton van tonwaterput spoornr. 1624, schaal: 1/4.**
Two staves of the upper barrel of barrel well 1624, scale 1:4.

Door het vele water in de tonschacht is hij tijdens de opgraving kort na het fotograferen grotendeels ingezakt. Daardoor kon de stratigrafie van de opvulling niet in detail worden geregistreerd. Wel zijn de vullingen van beide tonnen apart doorzocht. In de constructiekuil werd een houten plank opgemerkt. Bij de aanleg van deze tonwaterput diende de plank wellicht om de onderste ton te klemmen en op de juiste positie te houden bij het heropvullen van de resterende constructiekuil. In de omgeving van de tonwaterputten met spoornrs. 1553 en 1624 bevindt zich een laag die vooral is opgebouwd uit organisch afval (laag 4231). Ze bedekt de constructiekuil van tonwaterput spoornr. 1624, maar wordt doorsneden door de insteekkuil van tonwaterput spoornr. 1553.

Het onderzoek van de jaarringen op de tonduigen leverde twee kapdata op: 1414-1424 voor de bovenste ton (4181.1) en 1388-1398 voor de onderste ton (4228.1)[591]. De bovenvermelde laag is dus in elk geval na 1414 aangebracht.

In de vulling van de tonputschacht werden de hieronder vermelde artefacten aangetroffen. Er is een onderscheid gemaakt tussen de vulling van de bovenste ton en die van de onderste ton. Uit de vulling van de bovenste ton komen:

- Een fragment van een boetnaald (4226.1, fig. 366.1) in taxus (*Taxus baccata*). Bewaarde lengte: 11,2 cm.
- Een bezem (4226.2) met wikkel. Bewaarde lengte: 28 cm, diameter: 9 cm, breedte van de wikkel: 9 cm.
- Een houten tap (4226.3, fig. 366.2). Afmetingen: lengte: 54 mm en diameter: 18 mm.
- Verschillende stukken touw (4226.4) van 12 mm diameter, vervaardigd in een grasachtige vezel. Lengte van het langste stuk: 27 cm.
- Uit de vulling van de onderste ton komen:
- Een fragment van een bodemplaat (4227.1) van een ton. Diameter: +/- 29 cm.
- Verschillende stukken touw (4227.2) met een diameter van 13 mm. Lengte van het langste stuk: 30 cm.

4.3.2.30.5 Tonwaterput spoornr. 1628

De tonnen (fig. 356 en 367) bevinden zich tegen een van de wanden van een onregelmatige constructiekuil (1,2 bij 1 m). De bodem van deze waterput bevindt zich op 1,63 m T.A.W. Te oordelen naar resten van plankjes (fig. 368) die zich bovenop de rand van de bovenste ton bevonden, was deze tonwaterput wellicht ooit afgedekt met een plank (?). Het is de eerste en enige keer dat er in Raversijde een aanwijzing is gevonden dat deze tonwaterputten tijdens hun gebruiksfase werden afgedekt.

De opvulling van de tonschacht bestaat van onder naar boven uit beige zand met daarop een reeks fragmenten van planken, vermoedelijk duigen. De onderste ton is verder opgevuld met een overwegend zandig pakket dat nogal wat houtresten bevat. Het gaat ter hoogte van de bovenste ton over in een pakket as en gebakken grond. Helemaal bovenaan bestaat de opvulling uit blauwbeige zandige klei met kalkmortel.

591 Fraiture & Houbrechts 2000.

De bovenste ton is samengesteld uit 15 duigen (4191.1) van 71 tot 72 cm lang die worden samengehouden door vier wissen en met kroosgroeven op 5 cm van de duiguiteinden. Op één duig, die aan de binnenzijde bijna volledig is geschroeid, is een merk aangebracht in de vorm van een grote X. Aan twee de beentjes aan dezelfde kant van de X is met een schuin streepje een kleine X toegevoegd (fig. 369). Aan de andere kant van de X is de hoek in twee gedeeld door een centraal streepje. Aan een van de uiteinden van de duig zitten een aantal ingekraste streepjes die niet echt intentioneel lijken. In een tweede duig, waarin zich ook het bomgat (8,8 cm bij 8 cm verticaal) bevindt, is met een passer een halve cirkel aangebracht. Het is niet uitgesloten dat deze halve cirkel oorspronkelijk eigenlijk een volledige cirkel was. De sporen zijn echter zo vaag dat het enkel kan worden vermoed. De onderste ton is samengesteld uit 14 duigen (4199.1, fig. 370) van 74 tot 76 cm lengte die samen worden gehouden met drie wissen. In een van de duigen bevindt zich een bomgat (9 cm bij 8,5 cm verticaal). Op een van de andere duigen, die aan de binnenzijde stevig zijn geschroeid, is een stervormig merk aangebracht. De kroosgroeven bevinden zich op respectievelijk 5,5 tot 6 cm van de duiguiteinden. Het dendrochronologisch onderzoek leverde voor de bovenste ton 1402-1412 als kapdatum op en voor de onderste ton 1403-1413[592].

In de vulling van de bovenste ton is enkel een stuk vensterglas aangetroffen (4190.1). In de vulling van de onderste ton zijn naast een stuk geelbruin vensterglas (4194.1) ook 5 objecten in hout teruggevonden:

- een langwerpig latje (fig. 371.1, 4194.2) in es (*Fraxinus exc.*) met ovale tot rechthoekige doorsnede en vermoedelijk een ovale perforatie aan beide uiteinden. Centraal zijn er drie parallelle groefjes aangebracht. Afmetingen: bewaarde lengte: 39,5 cm,

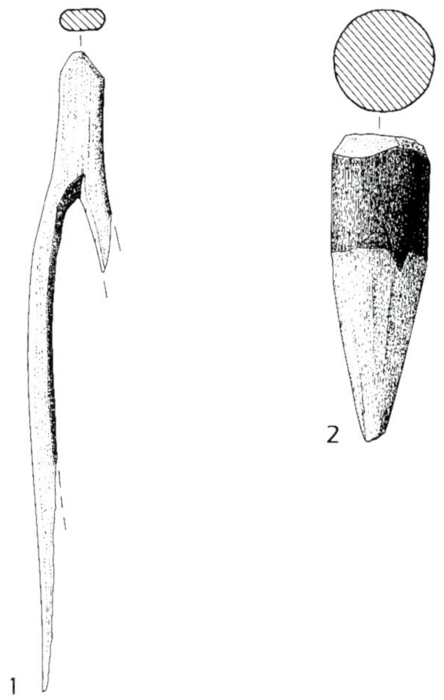

FIG. 366 **Mobilia uit de vulling van tonwaterput spoornr. 1624. 1: fragment van een boetnaald (4226.1) en houten tap (4226.3), schaal: 2/3.**
Artefacts from the fill of barrel well 1624. 1: fragment of a netting needle (4226.1) and wooden tap (4226.3), scale 2:3.

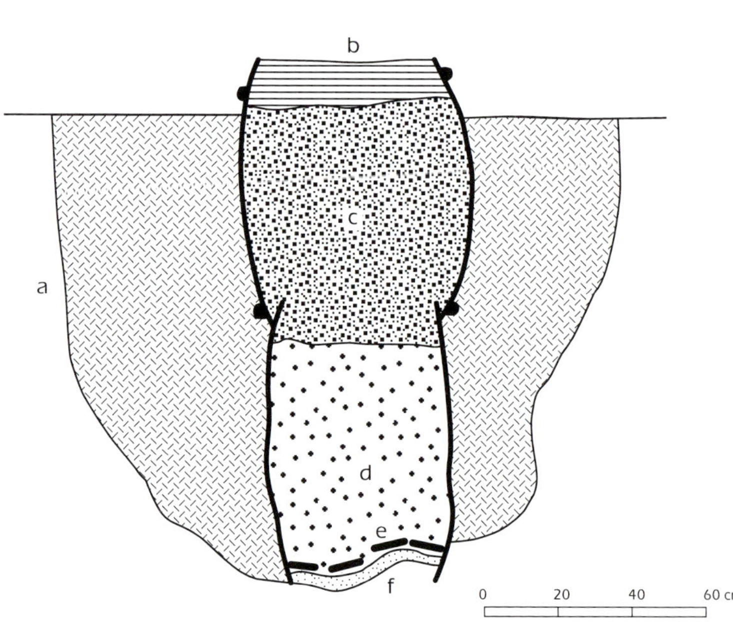

FIG. 367 **Tonwaterput spoornr. 1628 in doorsnede. Legende: a: klei zonder stratificatie, constructiekuil, b: zandige klei met kalkbrokken, c: as gemengd met verhitte grond, d: blauwgrijs zand, e: hout, f: beige zand.**
Barrel well 1628 in section. Key: a: homogeneous clay, construction cut fill, b: sandy clay containing pieces of chalk mortar, c: ash mixed with burnt soil, d: blueish grey sand, e: wood, f: beige sand.

592 Fraiture & Houbrechts 2000.

FIG. 368 **Restanten van hout liggend bovenop de duigen van tonwaterput spoornr. 1628.** ***Wood remains resting on top of the staves of barrel well 1628.***

breedte: 29-30 mm, afmetingen van de ovale perforatie: 28 bij 11 mm. Dit latje zou kunnen geïnterpreteerd worden als vistuig, meer bepaald als een onderdeel van een spoel om draad op te winden, vergelijkbaar met deze aangetroffen op de Mary Rose[593]. In de ovale perforaties zouden dan korte dwarse stukjes ingepast worden die eveneens aan de veronderstelde andere kant in een tweede gelijkaardig latje zouden passen.

- een fragment van een houten plank (fig. 371.2, 4194.3) met een langwerpige gleuf (42 bij 12-16 mm) en sporen van 3 ronde gaten (diameter: 10,5 mm). Afmetingen: bewaarde lengte: 42 cm, breedte: 14,4 cm, dikte: 1,5 cm.
- een fragment van een houten plank (fig. 371.3, 4194.4) met drie tapgaten, een rechthoekige gleuf en vermoedelijk de aanzet van een tweede rechthoekige gleuf. Afmetingen: bewaarde lengte: 36 cm, breedte: 7,5 cm, dikte: 1,5 cm.
- een fragment van een houten plank (fig. 371.4, 4194.5) met vier tapgaten. Aan één zijde is nog een stuk schors bewaard. Afmetingen: bewaarde lengte: 24 cm, breedte: 6-6,3 cm, dikte: 1,5 cm.
- een fragment van een houten plank (fig. 371.5, 4194.6) met een rechthoekige gleuf en 2 ingekraste evenwijdige lijnen. Afmetingen: bewaarde lengte: 28 cm, breedte: 7,2-7,8 cm, dikte: 1,5 cm.

4.3.2.30.6 Tonwaterput spoornr. 1645

De ton (fig. 356, 372-373) bevindt zich ongeveer centraal in een ovale constructiekuil (1,6 bij 0,8 m). De bodem van de tonwaterput is gesitueerd op 2,4 m T.A.W. Door de geringere diepte van deze waterput zijn de duigen van deze ton niet over de volledige lengte bewaard gebleven. De ton is samengesteld uit 12 duigen (4178.1) met kroosgroeven op 4 tot 5 cm van de duiguiteinden. De duig met het bomgat (8,5 cm bij 7,8 cm verticaal) heeft een vijftal perforaties met een diameter van om en bij de 1 cm. Op een andere duig bevindt zich een merk dat is samengesteld uit twee naast elkaar geplaatste X-en. Ze sluiten aan bij een aantal ingekraste lijnen die elkaar haaks snijden (fig. 374). Zoals bij de linkerton van tonwaterput spoornr. 556 is ook bij deze ton nog een bodemplaat aanwezig. Ze bestaat uit drie delen die per verbinding met twee deuvels aan elkaar zijn gehecht. In de bodemplaat zitten zes perforaties op regelmatige afstand, met een diameter van 17-18 mm. De zone binnen deze perforaties is aan de binnenkant van de ton geschroeid. Aan de buitenkant van de ton is op een van de onderdelen van de bodemplaat (4274.1) een brandmerk aangebracht. Omdat het brandmerk wordt doorsneden door een van de gaten, zijn die in elk geval in een later stadium aangebracht (fig. 375).

Het dendrochronologisch onderzoek leverde voor ton 4178.1, 1414-1424 als kapdatum op[594].

De tonschacht is opgevuld met een nogal homogeen grijsbruin kleiig pakket. Bovenaan in de vulling is een mestlens opgemerkt (feature 4271). Helemaal onderaan bevonden zich een 4-tal steengoedkruiken. De vulling van de tonschacht wordt naar onderen toe wat zandiger.

In de constructiekuil zijn resten van een touw met een diameter van 18 mm en een bewaarde lengte van 8,5 cm aangetroffen (4170.1).

Uit de mestlens komen:

- verschillende stukken wol. Afmetingen van het grootste stuk: 9 bij 5 cm.

593 Steane & Foreman 1991, 93.

594 Fraiture & Houbrechts 2000.

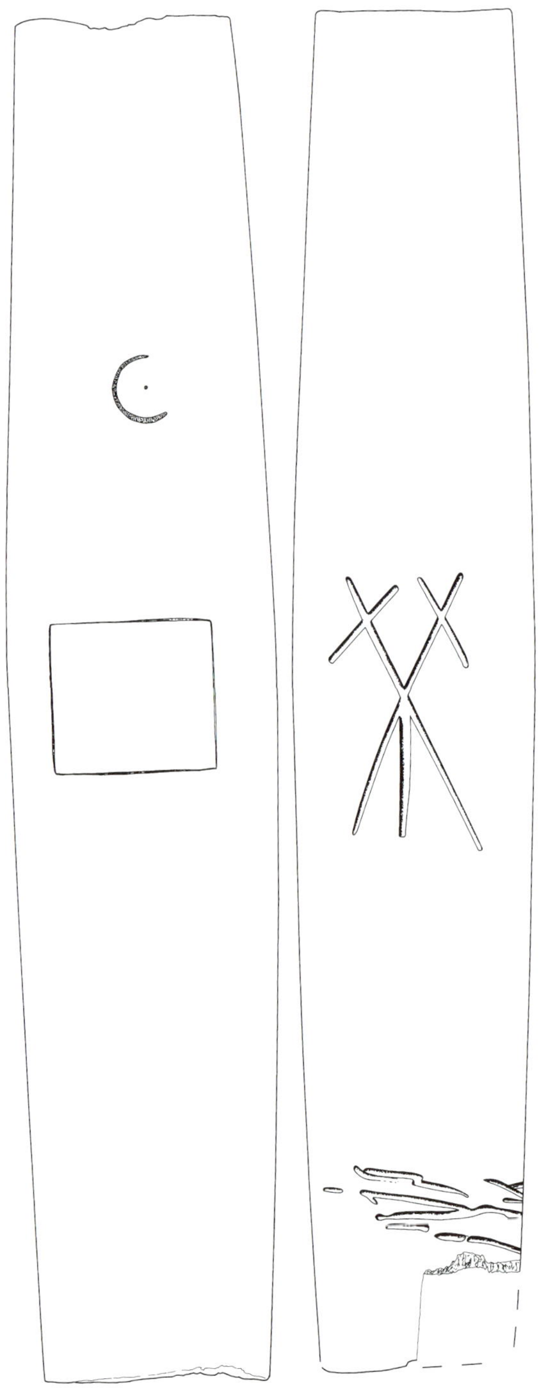

FIG. 369 Twee duigen van de bovenste ton van tonwaterput spoornr. 1628, schaal: 1/4.
Two staves of the upper barrel of barrel well 1628, scale 1:4.

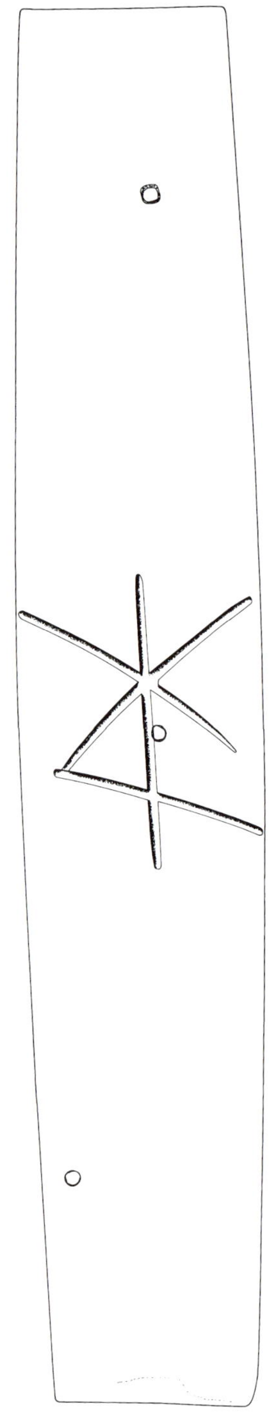

FIG. 370 Duig van de onderste ton van tonwaterput spoornr. 1628, schaal: 1/4.
Stave of the lower barrel of barrel well 1628, scale 1:4.

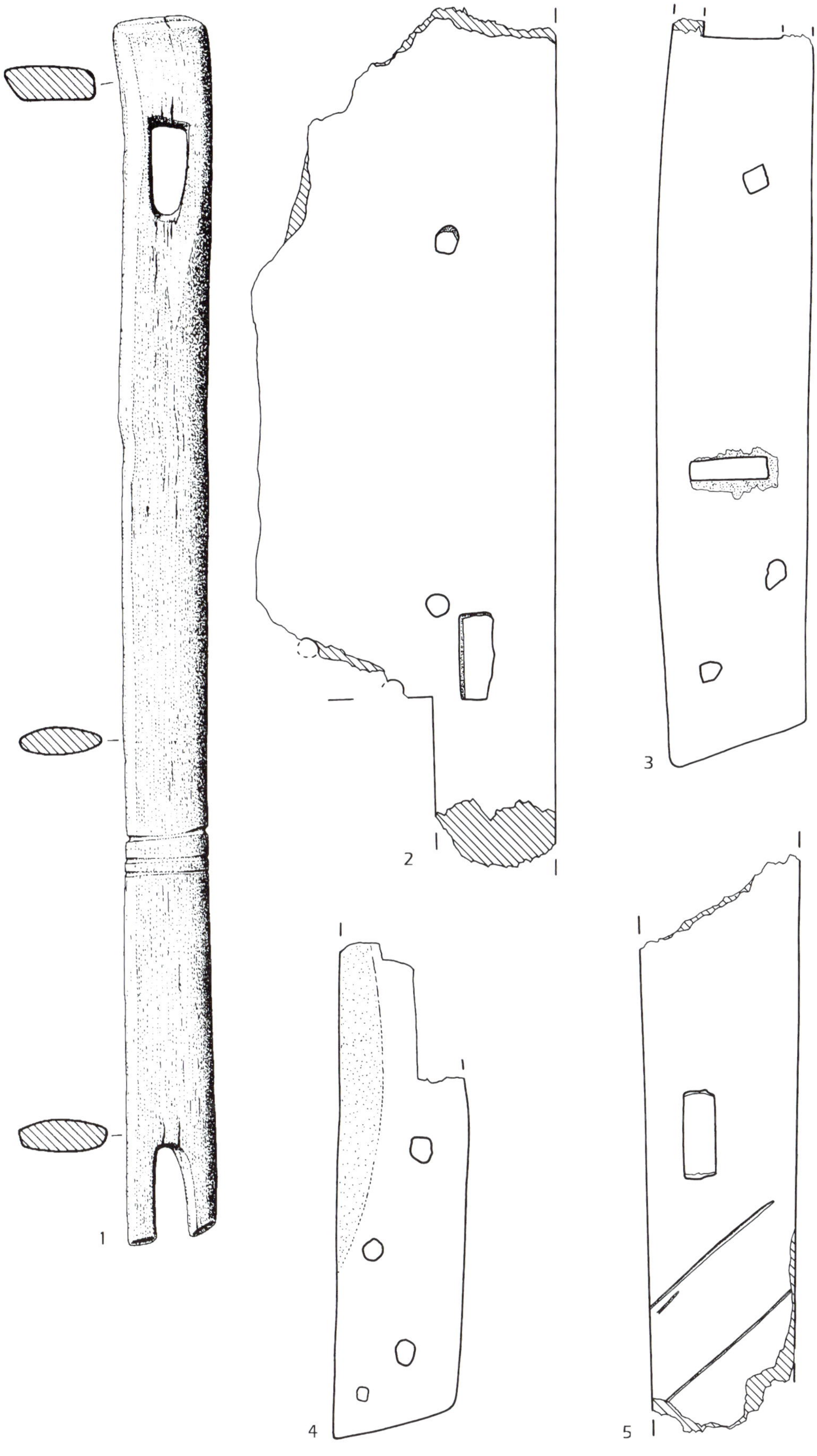

FIG. 371 **Houten voorwerpen uit de vulling van tonwaterput spoornr. 1628. 1: latje in es, 4194.2, schaal: 2/3; 2-5: fragmenten van houten planken, 4194.3-6, schaal: 1/3.**
Wooden objects from the fill of barrel well 1628. 1: wooden slat (ash), 4194.2, scale 2:3; 2-5: fragments of planks, 4194.3-6, scale 1:3.

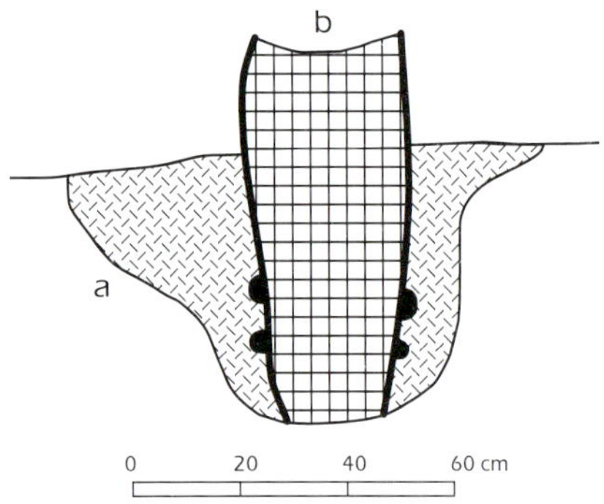

FIG. 372 Tonwaterput spoornr. 1645 in doorsnede. Legende a: klei zonder stratificatie, constructiekuil, b: vulling ton.
Barrel well 1645 in section. Key: a. homogeneous clay, construction cut fill, b. barrel fill.

FIG. 373 Tonwaterput spoornr. 1645 tijdens de opgraving: a. overzicht, b. in doorsnede, c. detailbeeld van drie kannen op de bodem van de put.
Barrel well 1645 under excavation: a. overview, b. in section, c. close-up view of three jugs at the bottom of the well.

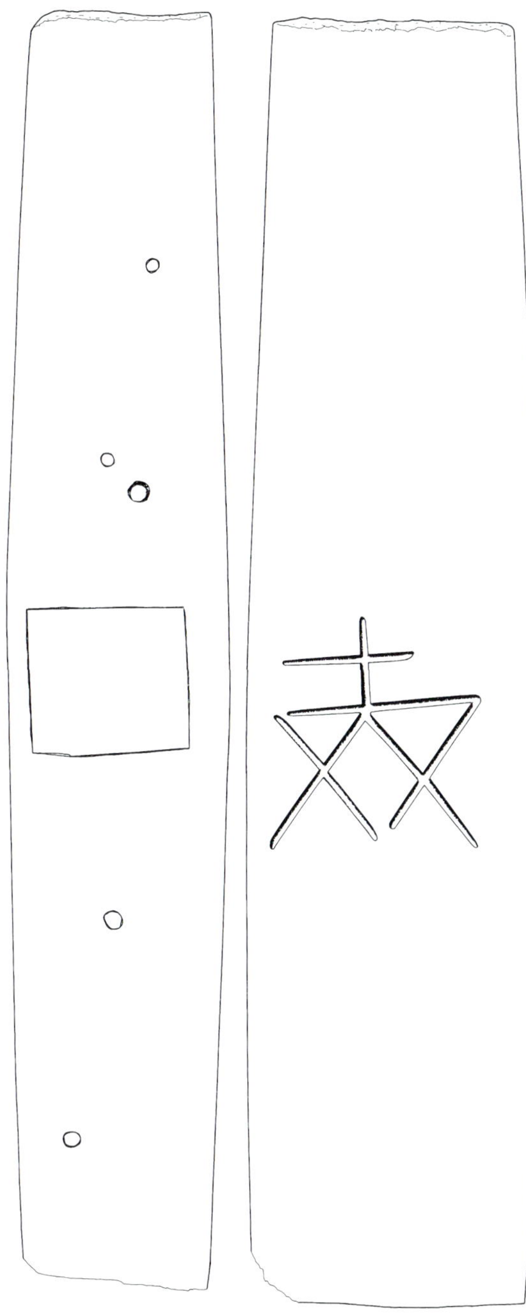

FIG. 374 Twee duigen: één met bomgat en één met merk van ton hergebruikt bij tonwaterput spoornr. 1645, schaal 1/4.
Two staves, one with a bunghole and one with a mark, from the barrel reused in barrel well. 1645, scale 1:4.

- verschillende stukken touw (diameter: 12 mm). Lengte van het langste stuk: 15 cm.
- een fragment van een mat (?)uit gevlochten plantaardige vezels. De verschillende vezelbundeltjes staan haaks op elkaar (fig. 376).

Uit de bodemvulling van de ton komen 4 ceramische recipiënten, resten van touwen en een bezem:

- een bezem met wikkel (4268.1). Bewaarde lengte: 25 cm, diameter: 7 cm, breedte van de wikkel: 4 cm.
- verschillende stukken touw (4268.2) van 12 mm diameter. Lengte van het langste stuk: 22 cm.
- een kan in Rijnlands steengoed (4268.3, fig. 377.1) met zoutglazuur op gelobde standring, met cilindrische hals en rand en bandvormig oor. Randdiameter: 6,4 cm, grootste diameter: 12,2 cm, hoogte: 25,6 cm.
- een kan in Rijnlands steengoed (4268.4, fig. 377.2) met zoutglazuur op gelobde standring, met cilindrische hals, in doorsnede driehoekig verdikte rand en bandvormig oor. Randdiameter: 8,1 cm, grootste diameter: 15,8 cm, hoogte: 31,2 cm.
- een kan in Rijnlands steengoed (4268.5, fig. 377.3) met zoutglazuur op gelobde standring, met cilindrische hals, verdikte rand en bandvormig oor. Randdiameter: 7,3 cm, grootste diameter: 17 cm, hoogte: 33,3 cm.
- een kan in Rijnlands steengoed (4268.6, fig. 377.4) met zoutglazuur op gelobde standring, met cilindrische hals, in doorsnede driehoekige ondersneden rand en twee bandvormige oren. Randdiameter: 4,4 cm, grootste diameter: 18,8 cm, hoogte: 32,6 cm.

De vier steengoedkannen vormen een coherent ensemble uit het 2de kwart tot het midden van de 15de eeuw. Dat leert ons alleszins de datering van de tonwaterput.

4.3.2.30.7 Tonwaterput spoornr. 1775

De ton (fig. 356) bevindt zich min of meer centraal in een ovale constructiekuil (1 bij 0,7 m) die wordt gesneden door de constructiekuil van tonwaterput spoornr. 1776. De bodem van deze waterput bevindt zich op 1,86 m T.A.W. De tonschacht is niet op te merken in het sediment boven het niveau van de bewaarde ton, wat erop wijst dat deze tonwaterput reeds gedeeltelijk ontmanteld werd in de late middeleeuwen. De tonschachtvulling (fig. 378) is bovenaan afgedekt met een pakket organisch materiaal. De vulling van de ton zelf bestaat van onder naar boven uit een zandpakket, bedekt met een heterogene vulling die vooral veel bakstenen en baksteenfragmenten bevat. In deze vulling is verder enkel een cilindervormig doosje (fig. 379) in esdoorn (*Acer* sp.) aangetroffen. Diameter: 6,6 cm, hoogte zonder deksel: 6,8 cm, dikte van de bodem: 1 tot 1,5 cm. Aan de bodem en halverwege is het doosje versierd met groeven.

De ton heeft 15 duigen (4193.1) van 73 tot 74 cm lang, die worden samengehouden door drie wissen. Op een van de duigen is een merk aangebracht dat doet denken aan een gespiegelde vier waaraan wat streepjes zijn toegevoegd (fig. 380). In een andere duig zit een bomgat (8,5 cm bij 7,5 cm verticaal). De kroosgroeven bevinden zich op 5 tot 6 cm van de duiguiteinden. Het dendrochronologische onderzoek levert voor deze ton 1398-1408 als kapdatum op[595].

595 Fraiture & Houbrechts 2000.

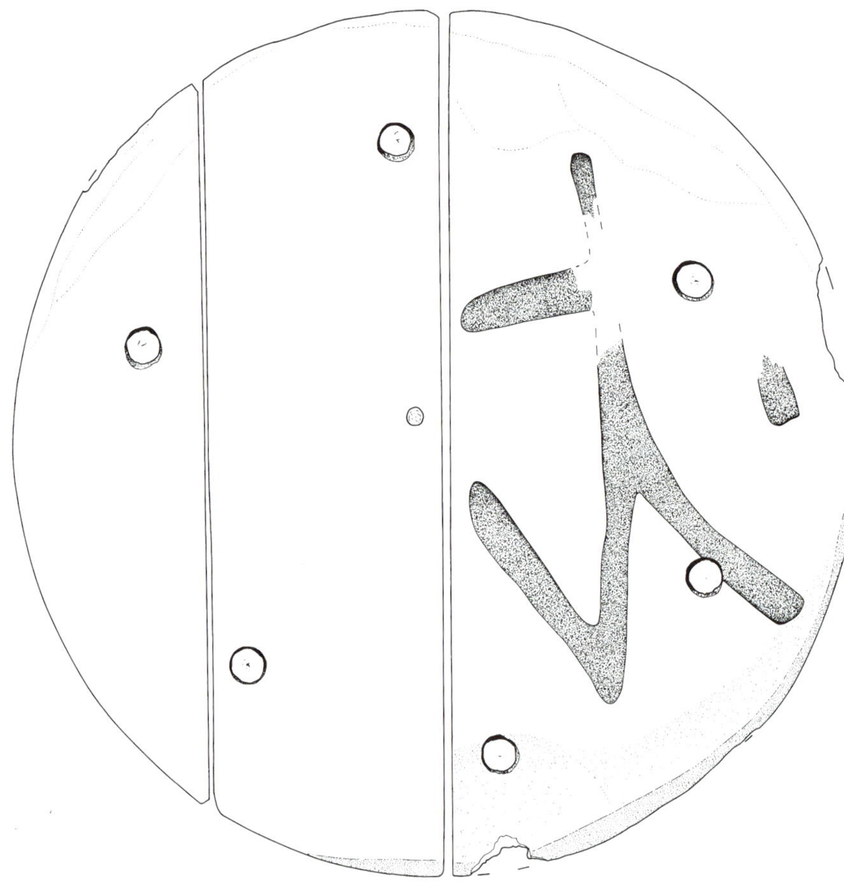

FIG. 375 Bodemplaat van ton in tonwaterput spoornr. 1645, schaal 1/4.
Bottom of a barrel reused in barrel well 1645, scale 1:4.

FIG. 376 Fragment van een mat (?) in gevlochten plantaardige vezels.
Fragment of a possible mat made of plant fibres.

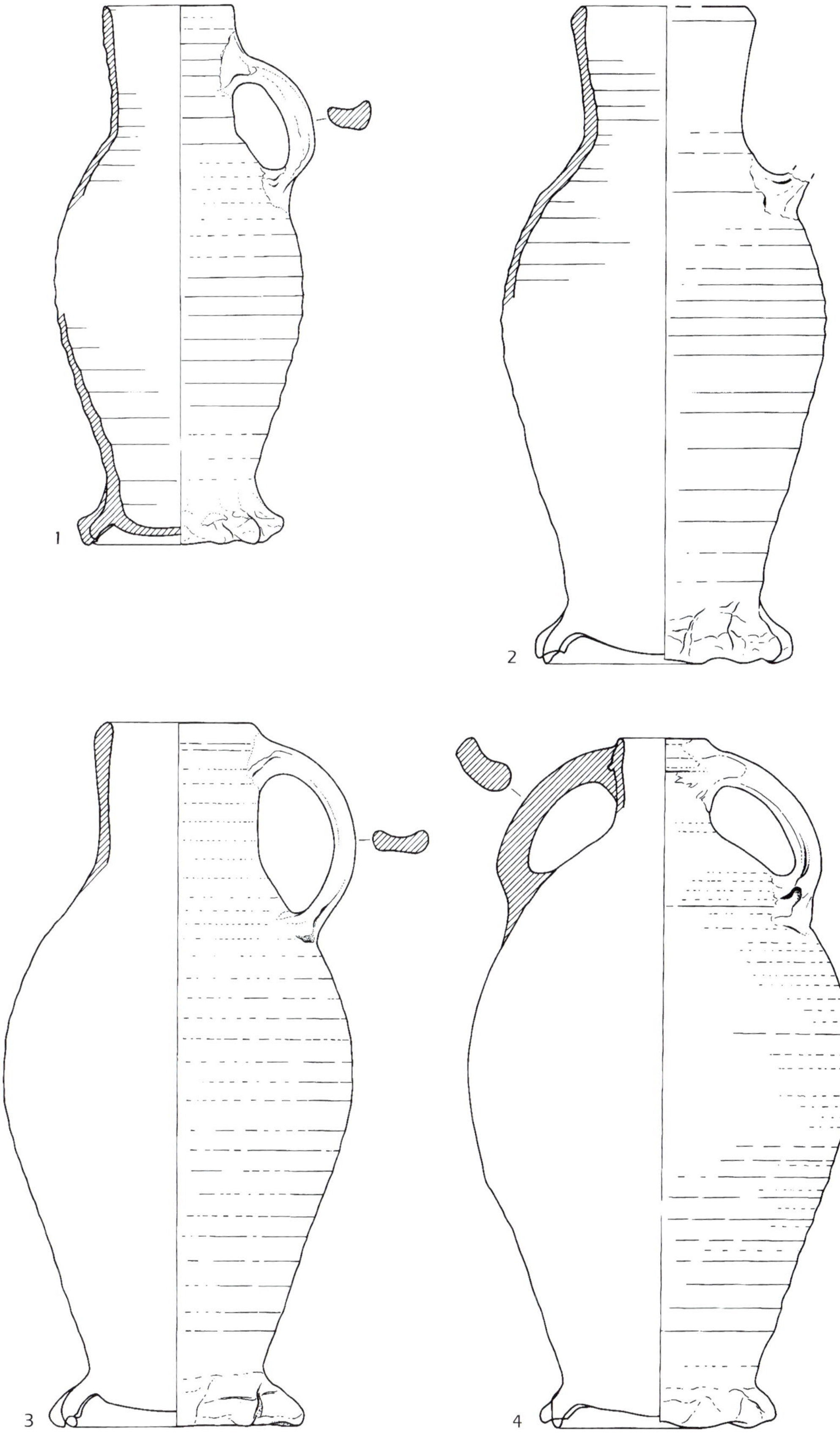

FIG. 377 **Vier steengoedkannen uit de vulling van tonwaterput spoornr. 1645. 1: 4268.3, 2: 4268.4, 3: 4268.5, 4: 4268.6, schaal: 1/3.**
Four stoneware jugs from the fill of barrel well. 1645. 1: 4268.3, 2: 4268.4, 3: 4268.5, 4: 4268.6, scale 1:3.

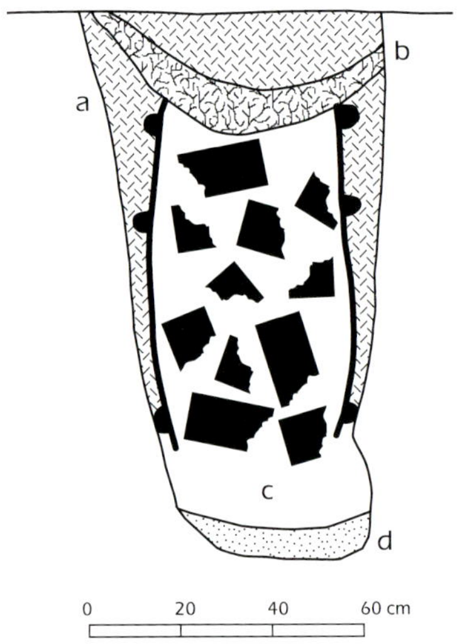

FIG. 378 **Tonwaterput spoornr. 1775 in doorsnede. Legende: a: blauwgrijze klei zonder stratificatie, constructiekuil en afdekking tonschacht, b. organisch materiaal, c. heterogeen pakket met vooral bakstenen en baksteenfragmenten, d: beige zand.**
Barrel well 1775 in section. Key: a: homogeneous blueish grey clay, construction cut fill and cover of barrel, b. organic material, c. heterogeneous fill, predominantly bricks and brick fragments, d: beige sand.

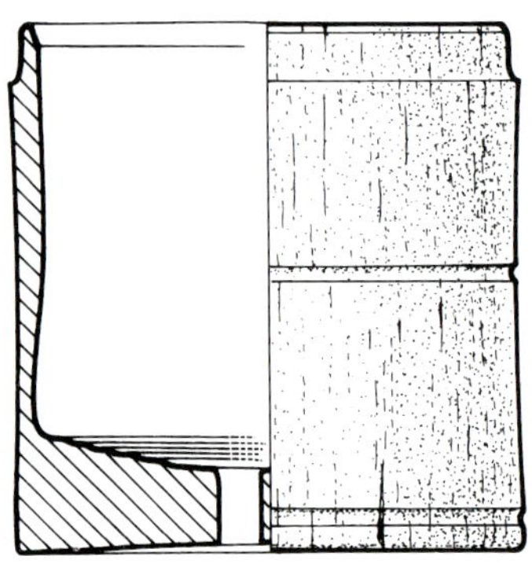

FIG. 379 **Cilindervormig doosje uit de vulling van tonwaterput spoornr. 1775, schaal: 2/3.**
Cylindrical box from the fill of barrel well 1775, scale 2:3.

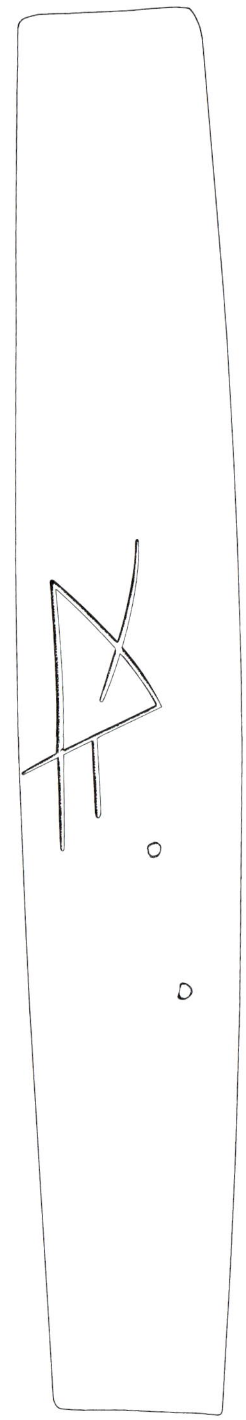

FIG. 380 **Duig met merk van ton gebruikt bij tonwaterput spoornr. 1775, schaal: 1/4.**
Stave with mark from barrel reused in barrel well 1775, scale 1:4.

4.3.2.30.8 Tonwaterput spoornr. 1776

De ton (fig. 356) bevindt zich tegen een wand van een afgerond vierkante constructiekuil (zijde 1-1,1 m). De bodem van deze tonwaterput bevindt zich op 2,05 m T.A.W.

De bovenste helft van de ton (fig. 381) was gevuld met een overwegend organisch pakket (mest, takjes, botmateriaal en eierschalen). De onderste helft bestond uit gereduceerde zandige klei en bevatte naast een kan in steengoed met zoutglazuur ook een houten kommetje. Dit laatste was gerepareerd en droeg onderaan een eigendomsmerk. De ton werd samengehouden door vier wissen. Door de overvloedige regenval in de dagen voor de opgraving van de tonwaterput stortte hij in bij het fotograferen. Deze tonwaterput werd bovendien al in de winter van 1998-1999 doorboord toen er in deze zone filters werden gestoken om de grondwaterspiegel te doen dalen en zo het archeologisch onderzoek te vergemakkelijken. Hierdoor waren twee duigen vernield.

Uit de vulling van de constructiekuil komt enkel een bezem met een bewaarde lengte van 26 cm en een diameter van 5 cm (4169.1). In de bovenste vulling van de tonwaterput zijn onder de organische resten o.a. ook stukjes textiel uit vlas of hennep aangetroffen. De afmetingen van het grootste stuk bedragen 3 bij 2 cm. (4222.1).
In de onderste vulling van deze tonwaterput zijn aangetroffen:
- een gedraaid kommetje in esdoorn (*Acer sp.*). Diameter: 20,9 cm, hoogte: 8,3 cm. Het kommetje heeft een rond profiel, een vlakke bodem met rechte kanten en een aan de buitenzijde afgeschuinde rand. Zowel de rand als de bodem zijn aan de buitenzijde geaccentueerd met groefjes. Ook binnenin is de bodem door een groefje beklemtoond. De wand is op drie plaatsen hersteld met draadjes in een koperlegering. Op de bodem is een pijlvormig merk aangebracht (4223.1, fig. 382.1).
- een kan in Rijnlands steengoed (4223.2, fig. 382.2) met zoutglazuur, op gelobde standring, met cilindrische hals en rand en bandvormig oor. Randdiameter: 5,3 cm, grootste diameter: 11,2 cm, hoogte: 27 cm.

De ton (4177.1) was samengesteld uit minstens tien, maar vermoedelijk 12 duigen van 74 tot 75 cm lang. De kroosgroeven bevinden zich op 6 cm van de duiguiteinden. In een van de duigen van deze tonwaterput bevinden zich in de lengteas van de duig vier opgevulde openingen met een diameter van ongeveer 1 cm (fig. 383). Aan de binnenzijde is deze duig stevig geschroeid. Een andere duig heeft naast vier opgevulde openingen ook een bomgat (7,2 bij 7,7 cm verticaal).

Het dendrochronologisch onderzoek levert voor deze ton 1412-1422 als kapdatum op[596]. Dit onderzoek geeft ook een idee van de tijdsdiepte voor de vastgestelde oversnijding tussen de constructiekuilen van de tonwaterputten spoornrs. 1775 en 1776. Het zou om minstens 4 jaar gaan, maar wellicht eerder om 14 jaar of meer.

4.3.2.30.9 Tonwaterput spoornr. 1780

Deze tonwaterput (fig. 356, 384) werd volledig afgedekt door een aantal lagen uit organisch materiaal. De opvulling van de tonschacht bestond van onder naar boven uit beige zand, op de bodem afgedekt met een pakket organisch materiaal. De ton was slechts voor de helft opgevuld, de andere helft was een ondergrondse holte. Een dergelijke holte is ook vastgesteld bij tonwaterput spoornr. 767 in sleuf 96/I. De bodem van deze waterput bevindt zich op 1,64 m T.A.W.
In het pakket organisch materiaal zijn de hierna vermelde objecten aangetroffen:
- 4259.1: een fragment van een stok die minstens aan één uiteinde was afgerond (fig. 385: 1). Afmetingen: bewaarde lengte: 42,5 cm, diameter: 27 mm.
- 4259.2: een fragment van een aangepunt stokje (fig. 385: 2). Afmetingen: bewaarde lengte: 10 cm, diameter: 7-9 mm.
- 4259.3: een kruik in rood aardewerk (fig. 385: 3) op vier tweeledige standvinnen met trechtervormige hals, licht inwaarts staande rand en een rolrond oor. Randdiameter: 9 cm, grootste diameter: 19,6 cm, hoogte: 23,6 cm.

De ton die voor deze tonwaterput werd gebruikt (4257.1, fig. 386) heeft 12 duigen van 76 cm lengte die worden samengehouden door vier wissen. Een aantal duigen zijn geperforeerd. Eén van de duigen heeft ongeveer in de lengteas van de duig zeven perforaties, opgevuld met een tap. Twee ervan zijn duidelijk groter en hebben een doormeter van ongeveer 2 cm. De

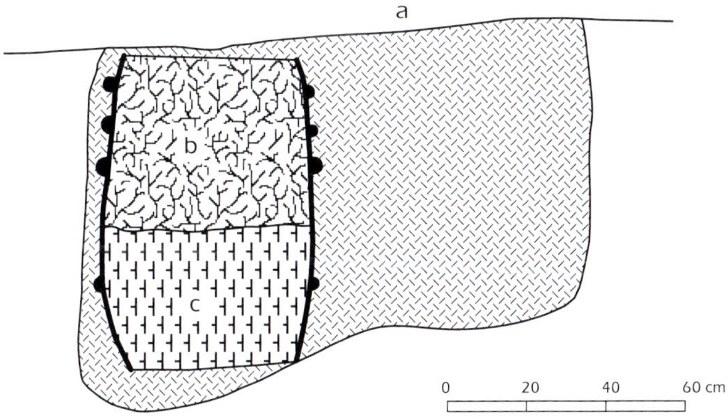

FIG. 381 Tonwaterput spoornr. 1776 in doorsnede. Legende: a. klei zonder stratificatie, constructiekuil, b. organisch pakket, c. gereduceerde zandige klei.
Barrel well 1776 in section. Key: a. homogeneous clay, construction cut fill, b. organic fill, c: reduced sandy clay.

596 Fraiture & Houbrechts 2000.

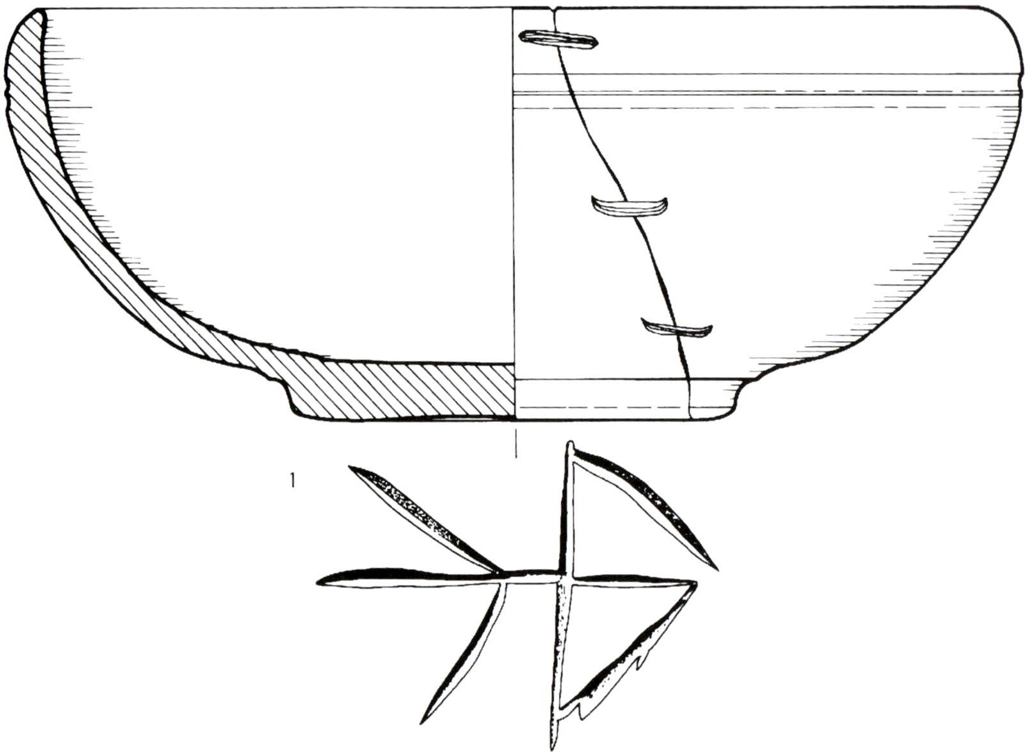

1

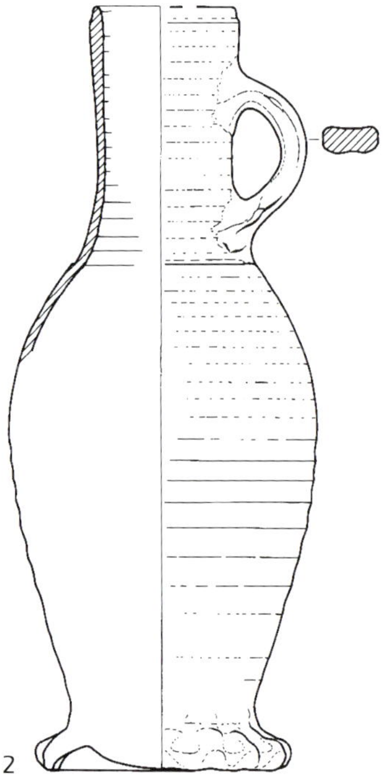

2

FIG. 382 **Mobilia uit de vulling van tonwaterput spoornr. 1776. 1: kommetje in hout (4223.1) en 2: kan in steengoed (4223.2), schaal: 1: 2/3, 2: 1/3.**

Artefacts from the fill of barrel well 1776. 1: wooden bowl (4223.1) and 2: salt- glazed stoneware jug (4223.2), scale: 1: 2/3, 2: 1/3.

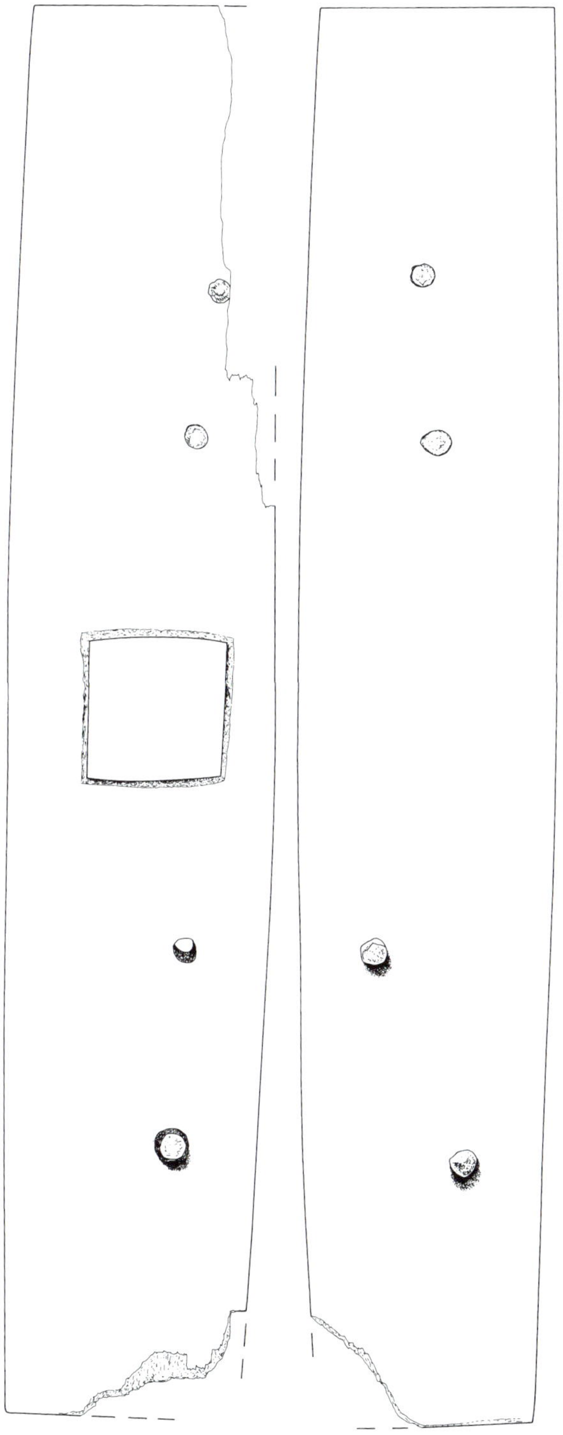

FIG. 383 Twee duigen van ton van tonwaterput spoornr. 1776, schaal: 1/4.
Two staves from barrel reused in barrel well 1776, scale 1:4.

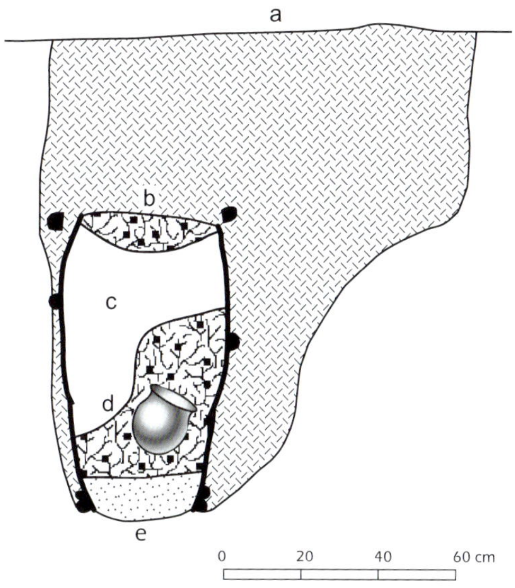

FIG. 384 Tonwaterput spoornr. 1780 in doorsnede. Legende: a. gereduceerde klei zonder stratificatie, constructiekuil, b. organisch materiaal, c. holte, d. zuiver organisch materiaal, e. beige zand.
Barrel well 1780 in section. Key: a. homogeneous reduced clay, construction cut fill, b. organic unit, c. cavity, d. pure organic material, e. beige sand.

binnenzijde van deze duig met kroosgroeven op 6 cm is volledig geschroeid. Een tweede duig vertoont vier perforaties van om en bij de 1 cm doormeter. Een derde duig (niet afgebeeld) slechts drie. Op een vierde duig, die langs binnen helemaal niet geschroeid is, staat een grillig merk.

Uit het onderzoek van de jaarringen bleek dat de kapdatum van de boom ergens tussen 1394 en 1404[597] ligt.

4.3.2.30.10 Bakstenen putje spoornr. 1756

Vlakbij tonwaterput spoornr. 1586, die aan gebouw 30 is toegewezen, bevindt zich een rudimentair afgewerkt rond bakstenen kokertje (fig. 358e). De bodem van het putje is gemaakt uit keurig geplaatste bakstenen waarop met radiaal geplaatste halve bakstenen een grove cirkelvormige koker is gemaakt. Die was over drie steenlagen bewaard. De bodem van deze structuur bevindt zich op 2,7 m T.A.W. Een vierkant (zijde: 30 cm) en massief stuk hout, ook te zien op figuur 358e en aangetroffen in de onmiddellijke omgeving van het bakstenen putje, heeft mogelijk gediend om dit putje met een buitendiameter van 45 tot 50 cm aan de bovenkant af te sluiten.

597 Fraiture & Houbrechts 2000, 73.

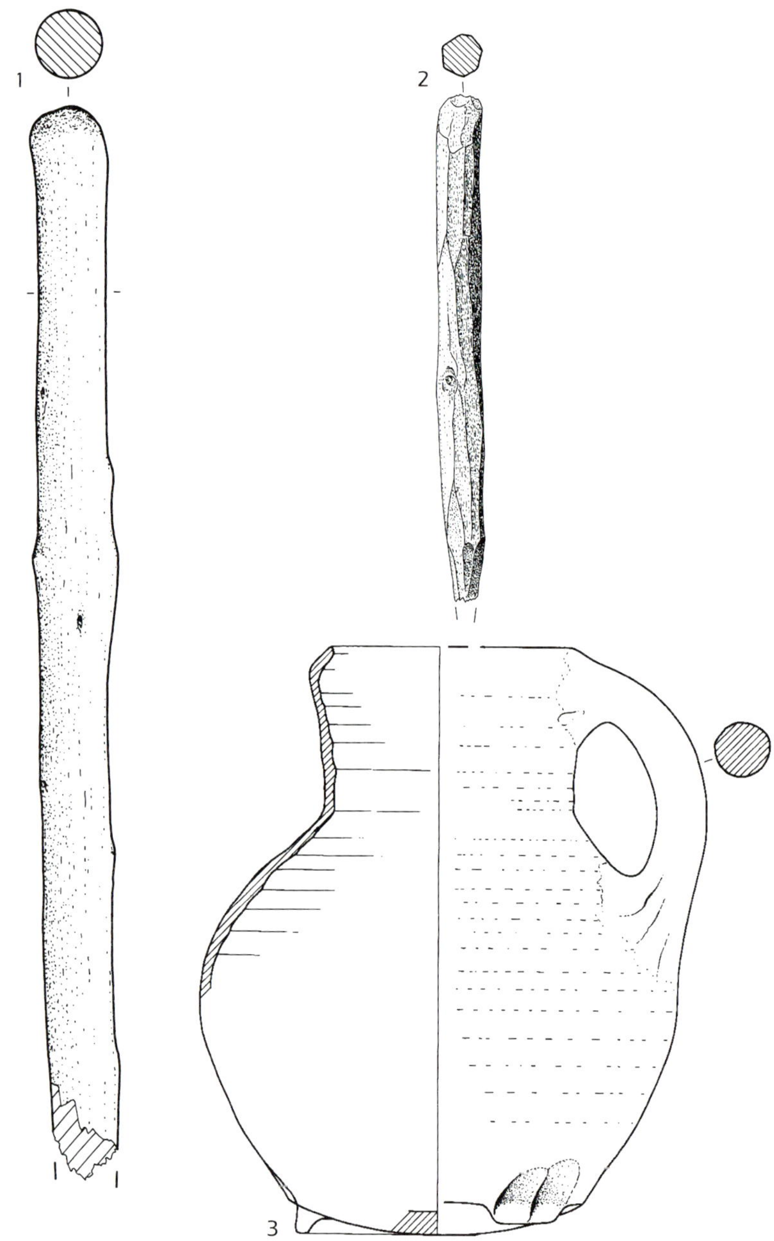

FIG. 385 **Mobilia uit de vulling van tonwaterput spoornr. 1780. 1: stok, 2: aangepunt stokje, 3: kruik in rood aardewerk, Schaal: 1 en 3: 1/3, 2: 2/3.**
Artefacts from the fill of barrel well 1780. 1-2: sticks, 3: redware jug, scale: 1 and 3: 1/3, 2: 2/3.

4.3.2.30.11 Rechthoekige bakstenen structuur, spoornr. 924

Binnen de recentste fase van gebouw 29 bevindt zich een rechthoekige bakstenen structuur (fig. 358h) van 1,4 m bij 0,7-0,8 m buitenwerks. Hij is opgebouwd uit een rechthoekige bevloering in baksteen, met muurtjes op de omtrek. De muurtjes aan de lange zijden zijn één steen dik, die aan de korte zijden slechts een halve steen. Zo ontstond een rechthoekige bak van 1,15 bij 0,3 m binnenwerks met een bevloering op 3,45 m T.A.W. Van de muurtjes zelf zijn nog twee steenlagen gedeeltelijk bewaard. Het sediment tussen de stenen van de bevloering was duidelijk zwarter dan het sediment tussen de stenen van de muurtjes. Ook bij gebouw 22 is een dergelijke bakstenen structuur geregistreerd. Daar was er wel geen verschil tussen het sediment van de bevloering en dat van de muurtjes.

De twee rechthoekige bakstenen structuurtjes (spoornrs. 924 en 943 (fig. 308)) kunnen zoals hoger vermeld eventueel als kleine rookinstallaties worden geïnterpreteerd. Ze vertonen morfologische gelijkenissen met kleine, Romeinse rookovens zoals er bijvoorbeeld één werd onderzocht te Xanten (D)[598]. De grotere ovens daar zijn van 3 tot 11 m lang en hebben meestal een binnenwerkse breedte van 60 cm. De kleinere Romeinse rookovens werden waarschijnlijk benut voor het snel roken van worst en vis.

Omdat de vermoedelijke rookoventjes in Walraversijde zo klein zijn, kunnen we veronderstellen dat ze enkel voor eigen gebruik werden benut. Een kleine berekening toont echter aan dat er met deze oventjes meer vissen konden worden gerookt dan men zou denken. Het is dus helemaal niet uit te sluiten dat het

598 Gerlach 1994, 27, fig. 18.

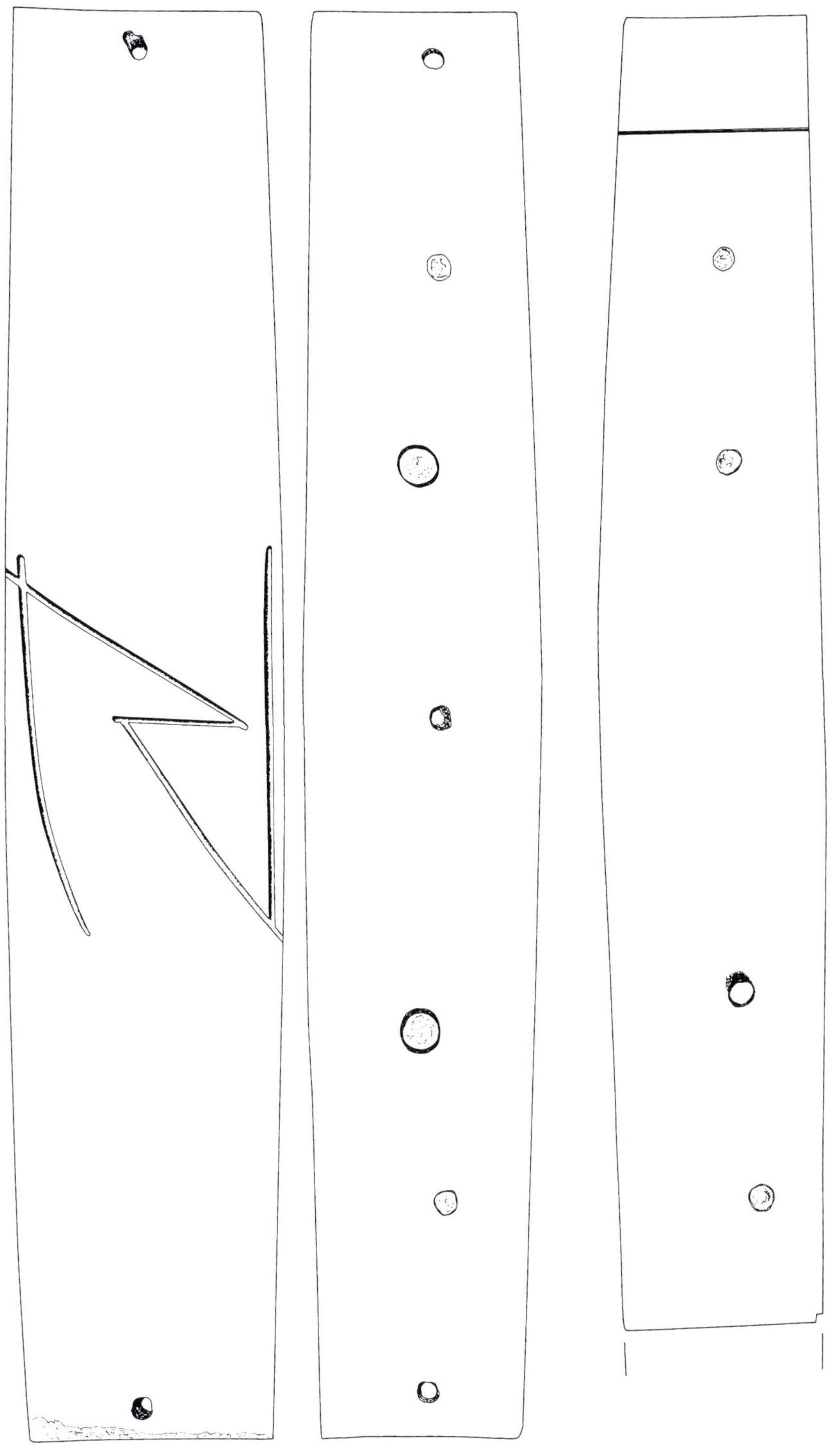

FIG. 386 **Drie duigen van de ton gebruikt voor de aanleg van tonwaterput spoornr. 1780, schaal: 1/4.**
Three staves from the barrel reused as lining for barrel well. 1780, scale 1;4.

overgrote deel van de vis die in de oventjes werd gerookt bestemd was voor de verkoop. De berekening is gemaakt voor haring, volgens het systeem dat beschreven is voor een 20ste-eeuwse haringrokerij uit Antwerpen[599]. De oventjes uit Walraversijde hebben een bruikbare ruimte van respectievelijk 1,15 m bij 0,3 m en 1,4 m bij 0,4-0,5 m. In de Antwerpse rokerij werden de haringen door de ogen aan stokjes geregen op een onderlinge afstand van 8,5 cm, 12 per meter. De onderlinge afstand tussen de stokjes bedroeg iets minder dan 10 cm, 67 stokjes op een afstand van ongeveer 6 m. Als we met deze gegevens de oventjes uit Walraversijde met haring vullen, in de veronderstelling dat er minstens vier niveaus waren, passen er in de kleinste oven 160

599 **De haringrokerij, een monument om in te wonen, 3. Met dank aan Danielle Caluwé voor het attent maken op en het ter beschikking stellen van deze publicatie.**

haringen, in de andere zelfs 280[600]. In een structuur met bruikbare hoogte van 1 m kan men van de haring uit Walraversijde, gemiddeld 20 tot 25 cm[601] lang, vier niveaus onderbrengen. Het rookproces in de Antwerpse rokerij nam ongeveer een werkdag in beslag. Op basis van die gegevens kunnen we meteen de dagcapaciteit van de oventjes in Walraversijde berekenen. Ze overstijgt zelfs in het geval van de kleinste oven ruimschoots de behoefte van een individueel huishouden. De berekeningen leveren vermoedelijk slechts minimale hoeveelheden op. Deze schouwen of oventjes konden vermoedelijk immers hoger dan 1 m geweest zijn.

4.3.2.31 Gebouw 30

Gebouw 30 (fig. 387 en fig. 408) is vrij goed bewaard en kan relatief gemakkelijk herkend worden. Het betreft een rechthoekig gebouw van minstens 15,5 bij 5,9-6,2 m buitenwerks. Dit gebouw is met de lengteas 50° NO gericht en met de dwarsas 36° NW. Het gebouw is aanvankelijk onderverdeeld in twee kamers, een kleine kamer van 5,6 m bij 5,2 m binnenwerks en een grote kamer van minstens 9,2 m bij 5,2 m binnenwerks. In de grote kamer bevindt zich het verwarmingselement (spoornr. 1153). Nadien wordt deze grote kamer zelf in twee eenheden opgesplitst zodat het gebouw in een tweede fase drie kamers telt, van oost naar west respectievelijk 5,6, 2,8-2,9 en 5,6-6,1 m binnenwerks, en het verwarmingselement in de kleine middenkamer komt te liggen. De twee meest oostelijke kamers hebben te oordelen naar een aantal overgebleven bakstenen (spoornrs. 1136 & 1154) twee bevloeringen in baksteen gehad: een in een haaks patroon, een tweede in een visgraatmotief. Oorspronkelijk bestond de bevloering mogelijk enkel uit beige zand. In het centrale kleine kamertje was een dergelijke zandlaag in sterke mate vertrappeld, behalve in een rechthoekige zone die aansluit tegen de zuidmuur (spoornr. 1155, fig. 388a). Die rechthoekige zone met egaal zand kan op verschillende manieren verklaard worden: ofwel was deze zone geplaveid met bakstenen zoals bij gebouw 23 en lag ze dus aan een deur. De positie ervan is in elk geval vergelijkbaar met gebouw 23. Ofwel stond hier een meubel of een ander obstakel dat verhinderde dat het zand in de onderliggende klei vertrappeld werd. Andere verklaringen zijn uiteraard ook mogelijk.

De rechthoekige haardplaat (spoornr. 1153, fig. 388b) van 100 bij 60 cm bestaat uit een mengeling van natuursteen en baksteen. Ze kwam door de invoeging van de westelijke binnenmuur in de kleinste centrale kamer te liggen. De bovenkant bevond zich op 3.28 m T.A.W.

In de noordelijke hoek van de meest westelijke kamer was een klein tonnetje ingegraven (spoornr. 1158, fig. 388c) dat was afgedekt met een plank (fig. 389). In de archeologische lagen die de sporen van de westelijke kamer van gebouw 30 afdekten werden een 15-tal fragmenten van constructiehout (spoornr. 1103, fig. 388d) aangetroffen. Een aantal hadden halfhoutse verbindingen, pennen, pengaten of gleuven en zijn vermoedelijk afkomstig van de wand- of dakstructuur van gebouw 30 (fig. 390). Hierna volgt de beschrijving van de meest relevante houten elementen:

- 2696.1 (fig. 390.1): balkje in grove den (*Pinus sylvestris L.*) met op elk uiteinde een lip en een verstek. Afmetingen: lengte: 53,5 cm, doorsnede: 6 bij 7,5 cm.
- 2697.1 (fig. 390.2): vierkant (zijde: 7,2 bij 7,2 cm) balkje in fijnspar (*Picea a*) met op elk uiteinde een pen met sporen van een doorboring. Centraal in het balkje bevindt zich een gleuf die een pen van 8,8 cm bij 2 cm, 5 cm diep kan vatten. Deze pen/gat-verbinding was oorspronkelijk via een nagel verzekerd. Lengte van het balkje: 134 cm.
- 2695.1 (fig. 390.3): stuk constructiehout in grove den (*Pinus sylvestris L.*) met op elk uiteinde een verstek en een lip. In het balkje is op één plaats ook een pengat aangebracht waarin nog een stuk van de pen aanwezig is. Afmetingen: lengte: 60 cm, doorsnede: 4,5 bij 5 cm.
- 2700.1 (fig. 390.4): balkje in grove den (*Pinus sylvestris L.*) met op elk uiteinde een verstek. Afmetingen: lengte: 71,5 cm, doorsnede: 5,5/6,2 bij 5,5 cm.
- 2701.1 (fig. 390.5): stuk constructiehout in grove den (*Pinus sylvestris L.*) met op het bewaarde uiteinde een lip. In het stuk bevinden zich verschillende nagels. Afmetingen: bewaarde lengte: 44 cm, breedte: 7 cm, dikte: 3,5-5 cm.

Voor zover bewaard en onderzocht was gebouw 30 minstens aan twee zijden, de zuidkant en oostkant, volledig afgeboord met een bakstenen plaveisel (spoornr. 1101, fig. 388e). Dit plaveisel kende minstens twee fasen en dekte onder andere tonwaterput spoornr. 1186 af. Die bewijst via het dendrochronologisch onderzoek dat de bevloering in baksteen in elk geval pas na 1396 werd aangebracht. Aan de oostelijke dwarsgevel sluit dit plaveisel aan op een aantal houten planken die de wanden van een klein, N-Z gericht grachtje (spoornr. 935) beschoeien. In deze zone zijn in het plaveisel ook een aantal natuurstenen verwerkt. Het grachtje was perfect noord-zuid georiënteerd en werd over een afstand van 10-11 m waargenomen in sleuf 96/II. Het waargenomen zuidelijke uiteinde ervan komt ook werkelijk overeen met het einde en ontstond niet na vergravingen door andere structuren.

Een tonwaterput (spoornr. 1586), een 3-tal m ten westen van gebouw 30, is mogelijk net als tonwaterput spoornr. 1186 met dit gebouw te verbinden. De constructiekuil van tonwaterput spoornr. 1586 doorsnijdt in elk geval de greppel die aansluit op de bakstenen kanalisatie (spoornr. 1652) uit gebouw 31. De vellingsdata van beide tonnen situeren de aanleg van tonwaterput spoornr. 1586 na 1449. Dit impliceert dat gebouw 30 in gebruik is na 1396 en na 1449. Dat lijkt lang voor een gebouw met zeer weinig tekenen van verbouwingen of verschillende fasen. Misschien is dit een bijkomend argument om tonwaterput spoornr. 1586 ondanks de ligging binnen de plattegrond van gebouw 29 toch eerder bij gebouw 29 te laten aansluiten.

Een aantal kuilen doorsnijden de uitbraaksporen van gebouw 30, met name spoornrs. 1098, 1099 en 1122.

Hierna worden de verschillende structuren bij gebouw 30 behandeld.

600 Voor oven spoornr. 924 is de berekening als volgt gebeurd: 3 tot 4 haringen in de breedte, vermenigvuldigd met 12 levert 36 tot 48 haringen per niveau op. Met een laag gemiddelde van 40 bekomt men 160 voor vier niveaus. Voor spoornr. 943 werden 5 haringen gerekend in de breedte en dit 14 keer. Over vier niveaus bekomt men aldus 280.

601 Pieters *et al.* 1999b, 209.

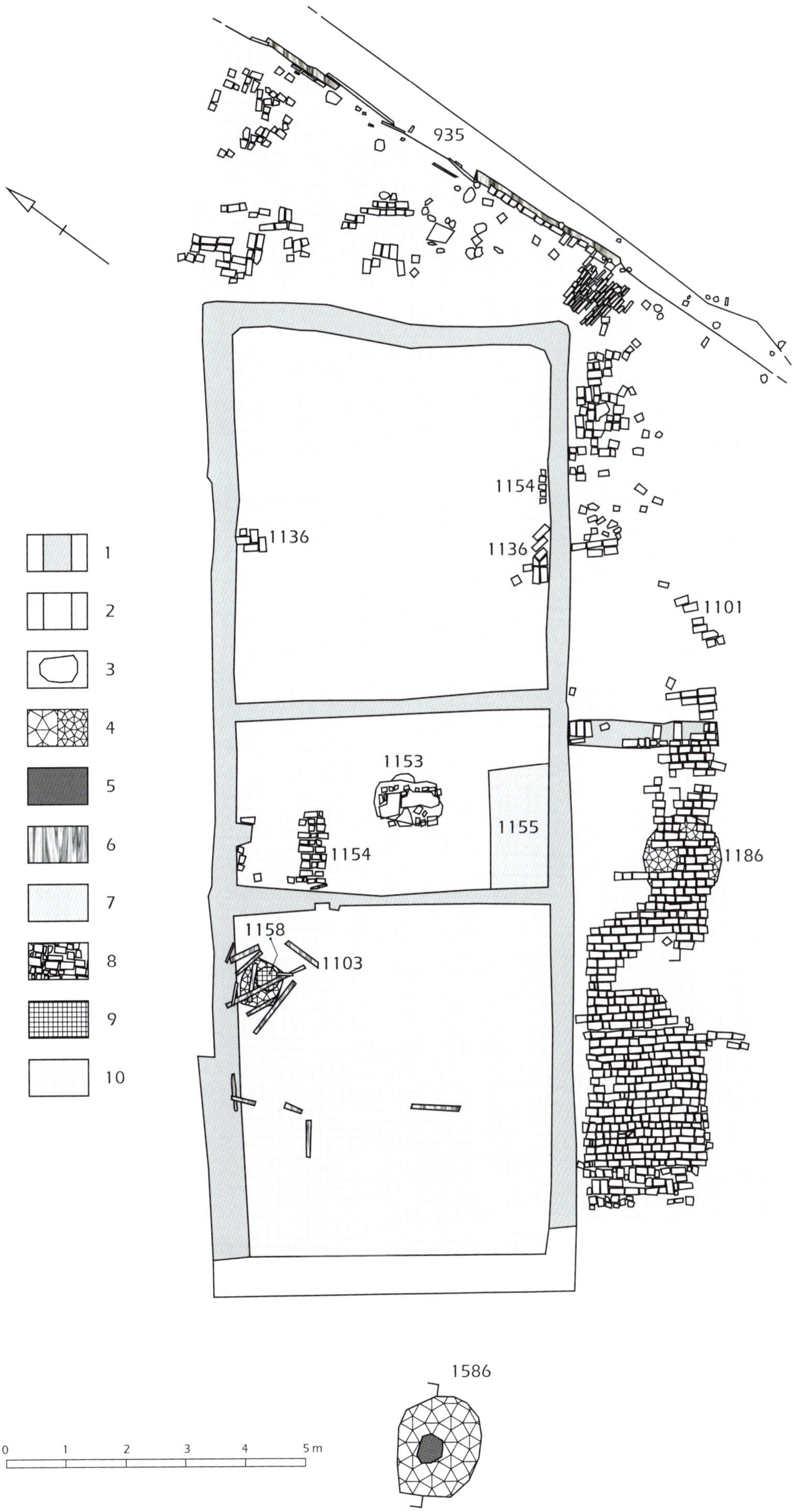

FIG. 387 **Plattegrond van gebouw 30 met aanvullingen. Legende: 1: uitbraaksporen, 2: aanvullingen, 3: specifieke structuren, 4: kuilen, 5: waterputten, 6: hout, 7: zandige zone, 8: bakstenen, 9: houten tonnetje, 10: bebouwde oppervlakte.**
Floor plan of building 30. Key: 1: robber trenches, 2: deduced extensions of the excavated features, 3: specific structures, 4: pits, 5: well, 6: wood, 7: sandy zone, 8: bricks, 9: small wooden barrel, 10: built surface area.

FIG. 388 **Gebouw 30 opgegraven:**
a. spoornr. 1155; b. spoornr. 1153; c: spoornr. 1158; d. spoornr. 1103; e. spoornr. 1101.
Building 30 after excavation: a. context no. 1155; b. context no. 1153; c. context no. 1158; d. context no. 1103; e. context no. 1101.

d

e

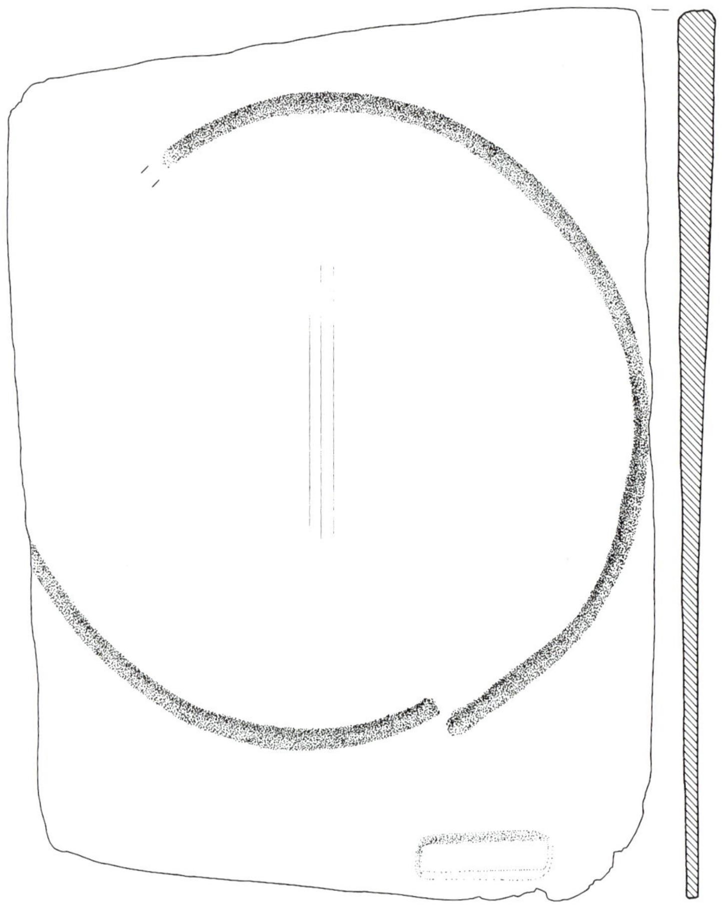

FIG. 389 **Houten plank die het tonnetje spoornr. 1158, bovenaan afdichtte. Schaal: 1/3.**
Wooden plank which covered small barrel 1158. Scale 1:3.

4.3.2.31.1 Een ingegraven tonnetje spoornr. 1158, een ondergrondse kluis?

Het fragmentair[602] bewaard eikenhouten tonnetje is samengesteld uit 10 duigen van 26 tot 27 cm lang en 8 tot 10 cm breed (fig. 391) en één duig van 2 tot 3 cm breed. Deze laatste heeft centraal een rechthoekige verdikking (volledige dikte: 5 cm) met perforatie. In deze perforatie zat nog een tap (fig. 391). De duigen werden samengehouden door 5 wissen in wilg[603]. Grootste en kleinste diameter van het tonnetje: respectievelijk 28 en 26 cm. De kroosgroeven bevinden zich op 1,5 tot 2 cm van de duiguiteinden. Geschatte inhoud van het tonnetje: 13 liter.

Het tonnetje was met een stevige plank (fig. 388c) tegen een van de wanden van een afgeronde, min of meer vierkante constructiekuil van 0,8 bij 0,7 m geklemd. Het was bij het aantreffen bovendien afgedekt met het oorspronkelijke deksel, een eikenhouten plank met daarin de rand van de ton als negatief spoor (fig. 389). De bodem van het tonnetje bevindt zich op 2,85 m TAW. Toen deze structuur ontdekt werd was de holte onder de plank helaas enkel opgevuld met grondwater, niet meer met materiële resten die naar de functie van deze structuur hadden kunnen verwijzen.

Waarschijnlijk diende dit tonnetje aanvankelijk voor het persoonlijke aandeel in de proviandering op schepen. In de eerste plaats wordt aan alcoholische dranken zoals brandewijn gedacht. Wat de vorm betreft lijkt dit tonnetje bijvoorbeeld zeer goed op een tonvormige veldfles die werd aangetroffen op een VOC-schip dat in het midden van de 17de eeuw[604] zonk in Schotse wateren. De houten veldfles van dit scheepswrak is met een hoogte van 16,5 cm, een maximale diameter van 11 cm en een inhoud van ongeveer vier liter wel een stuk kleiner dan het tonnetje uit Walraversijde. Er werden ook tonnetjes van 9 tot 16 cm hoog aangetroffen in middeleeuwse en vroegmoderne contexten uit Lübeck (Duitsland)[605]. De Nerevsky-opgravingen te Novgorod (Rusland) leverden ook een aantal vaatjes op met een inhoud van ongeveer 12 liter[606].

Als secundaire functie lijkt die van ondergrondse kluis het meest aannemelijk. Parallellen hiervoor zijn niet bekend. De vraag blijft wel waarom men de bodemplank onderaan in het tonnetje niet heeft gelaten. Ze had de waardevolle voorwerpen in dit tonnetje beter kunnen beschermen tegen de vochtige ondergrond.

602 De bodemplaten ontbreken.
603 De Groote 1998-1999, 50.
604 Martin 1995, 20-21 fig. 7; Martin 1997, 174 fig. 7.
605 Gläser 1992, 165: Abb. 57: 1; Neugebauer 1975, 122.
606 Kolchin 1989, 38-39.

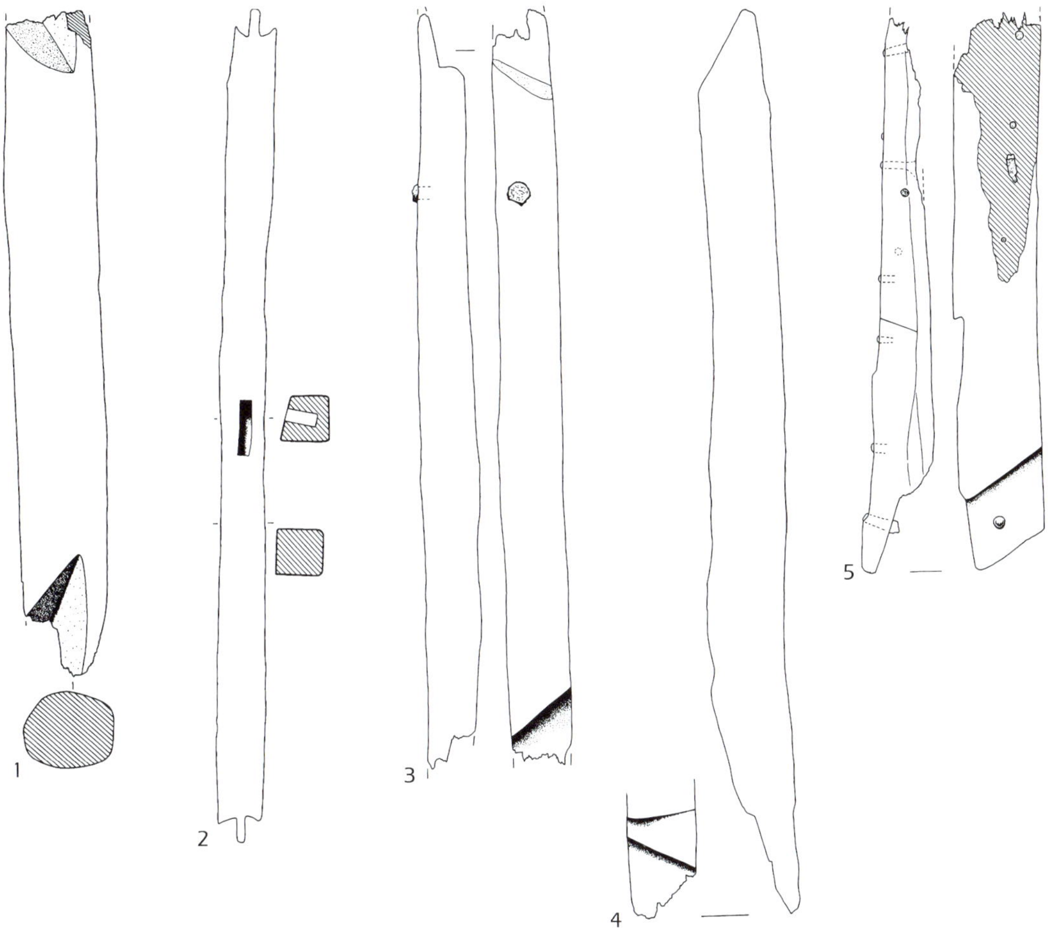

FIG. 390 Resten van constructiehout aangetroffen boven gebouw 30. Legende: 1: 2696.1, 2: 2697.1, 3: 2695.1, 4: 2700.1, 5: 2701.1. Schaal: 1/6 (1, 3-5), 1/12 (2).
Fragments of construction wood observed above the traces of building 30. Key: 1: 2696.1, 2: 2697.1, 3: 2695.1, 4: 2700.1, 5: 2701.1. Scale 1:6 (1, 3-5), 1:12 (2).

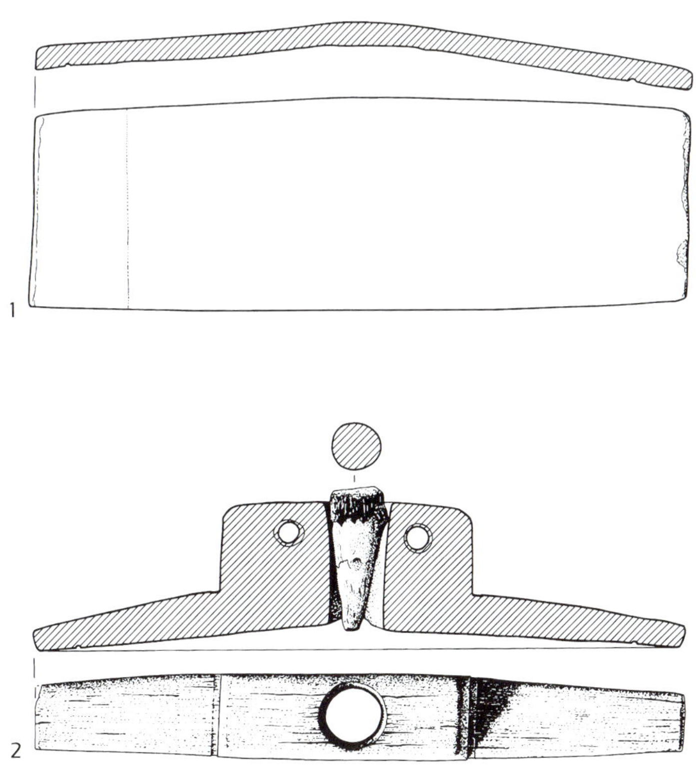

FIG. 391 Duigen van het tonnetje van spoornr. 1158. Schaal: 1/3.
Staves from small barrel 1158. Scale 1:3.

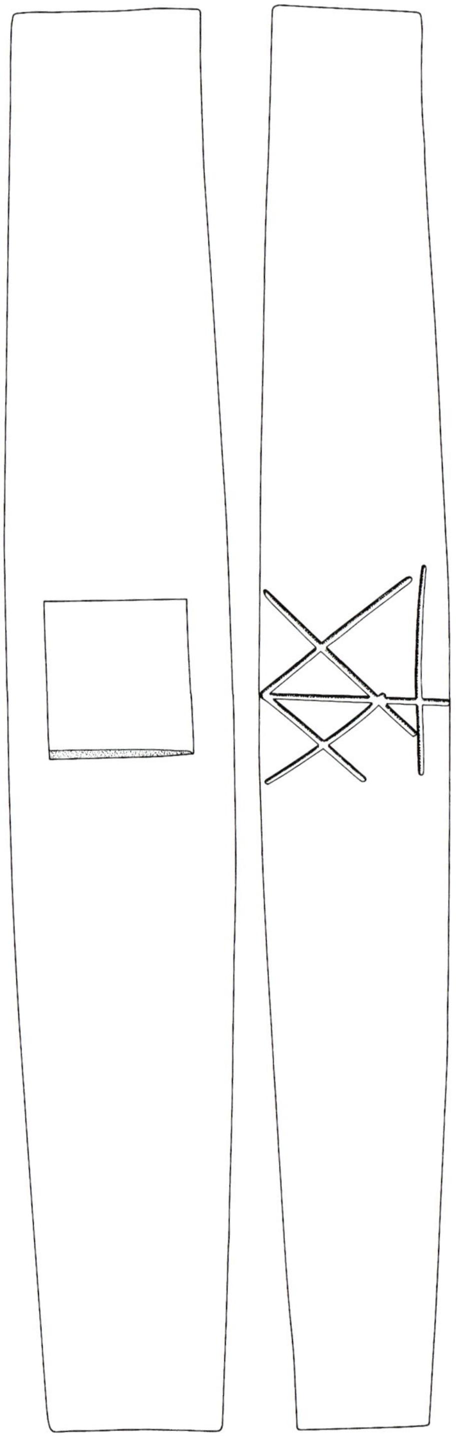

FIG. 392 **Duigen van tonwaterput spoornr. 1186. Schaal: 1/4.**
Staves from barrel well 1186. Scale 1:4.

4.3.2.31.2 Tonwaterput spoornr. 1186

Deze tonwaterput is centraal in een circulaire constructiekuil met een doormeter van 1,35 tot 1,45 m geplaatst. De tonschacht is niet meer te zien bovenaan in de constructiekuil. De bodem van deze waterput bevindt zich op 1,85 m T.A.W. Van de onderste ton (2851.1) is het hout volledig bewaard gebleven. Het is een ton met een maximale diameter van 60 cm, samengesteld uit 15 duigen van 74-75 cm lang, bij elkaar gehouden door 5 wissen. Eén van de duigen vertoont een merk waarin X-en verwerkt zijn. Een andere duig heeft een vierkant bomgat van 8,5 cm verticaal bij 7,5 cm horizontaal (fig. 392). Van de ton erboven blijven *in situ* enkel een aantal wissen over. Dit betekent ongetwijfeld dat de duigen uit de grond werden getrokken op het moment dat de tonwaterput buiten gebruik werd gesteld, terwijl de wissen achterbleven. De bovenste ton was over de onderste geschoven. Het hout van de onderste ton reikt ruim 15 cm dieper dan de bakstenen vloer in de ton. Boven de bakstenen vloer (fig. 393) bevindt zich een 10 cm dik zandpakket dat op zijn beurt wordt afgedekt door een 40 cm dikke laag van zwartgrijs kleiig zand met veel organisch materiaal. In deze laag bevonden zich een aantal houten voorwerpen (kommetjes, schalen). De vulling boven de onderste ton bestaat uitsluitend uit zware verspitte klei, gebruikt om de onbruikbaar geworden tonwaterput te dempen. Ook in deze vulling werden een aantal voorwerpen aangetroffen. Het dendrochronologisch onderzoek stelt voor het hout van deze ton een kapdatum voor tussen 1396 en 1406[607]. De jongste bewaarde jaarring is van 1389.

Uit de bovenste vullingen van de tonwaterput werden een groot aantal objecten gehaald. Uit de verspitte klei (fig. 393: 1186b) komen:

- 2850.1: een wandfragment van een recipiënt in grijs aardewerk met een aangekitte bitumineuze substantie.
- 2850.2 (fig. 394.1): een fragment van een gedraaid kommetje in esdoorn (*Acer sp.*). Diameter: 17,1 cm, hoogte: 4,6 cm. Het kommetje heeft een rond profiel, een vlakke bodem met hol gezette kanten en een aan de buitenzijde licht naar binnen afgeschuinde rand. De overgang tussen bodem en buik wordt geaccentueerd met een ribbeltje.
- 2850.3: een randfragment van een gedraaid kommetje in esdoorn (*Acer sp.*). De rand is aan de buitenzijde licht naar binnen afgeschuind.
- 2850.4 (fig. 394.2): Een stuk schapenvacht dat rond een stokje in wilg (*Salix sp.*) is gedraaid en vermoedelijk doordrenkt met teer of pek. Afmetingen van het stokje: lengte: 15 cm, diameter: 21-23 mm.
- 2850.5 (fig. 394.3): houten latje met afgeschuind uiteinde en laterale inkeping. Afmetingen: lengte: 9,5 cm, breedte: 11-14 mm, dikte: 9-10 mm.
- 2850.6: drie stukjes linnen uit vlas. Afmetingen van het grootste stuk: 7 bij 2 cm.
- 2850.7: een staafvormige wetsteen in bleekgrijze zandsteen met een natuurlijke morfologie. Afmetingen bij benadering: 12 bij 4 bij 2,5 cm.

607 **Houbrechts 1999, 24.**

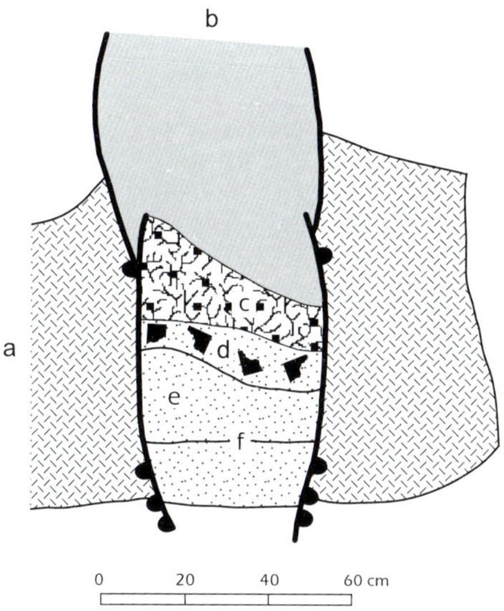

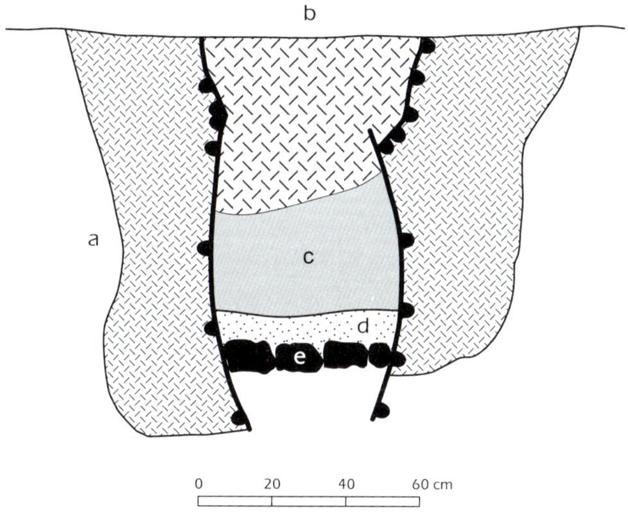

FIG. 393 Tonwaterput spoornr. 1186 in doorsnede. Legende: a. verspitte klei, constructiekuil, b. bruine organische klei, c. zwartgrijs kleiig zand met resten in organisch materiaal, d. zand, e. bakstenen. Doorsnede door tonwaterput spoornr. 1586. Legende: a. verspitte klei, constructiekuil, b. bruine zandige klei, c. vooral takken en twijgen, d. baksteenpuin gemengd met zand, e. beige zand.
Barrel well 1186 in section. Key:. a. disturbed clay, construction cut fill, b. brown organic clay, c. greyish black clayey sand with organic remains, d. sand, e. bricks.
Barrel well 1586 in section. Key: a. disturbed clay, construction cut fill, b. brown sandy clay, c. plant macrofossils, predominantly branches and twigs, d. brick rubble mixed with sand, e. beige sand.

Uit het zwartgrijs kleiig zand komen:

- 2853.1 (fig. 394.4): ongeveer de helft van een gedraaid kommetje in esdoorn (*Acer sp.*). Diameter: 13,2 cm, hoogte: 6,0 cm. Het kommetje heeft een rond profiel, een vlakke bodem met hol gezette kanten en een eenvoudig afgeronde rand. De overgang van de bodem naar de buik is geaccentueerd met een ribbeltje, de rand met twee groefjes. Op de bodem is een kruisvormig merk aangebracht.
- 2853.2: een bezem. Bewaarde lengte: 26 cm, diameter ter hoogte van de wikkel: 7-7,5 cm, diameter ter hoogte van het bewaarde uiteinde van de bezem: 9,5 cm.
- 2853.3: een bezem. Bewaarde lengte: 24 cm, diameter ter hoogte van de wikkel: 6-6,5 cm. De bezem is door gebruik sterk afgesleten.
- 2853.4 (fig. 394.5): een helft van een grote gedraaide schotel in beuk (*Fagus s.*). Diameter: 48,3 cm, hoogte: 7,5 cm. De schotel heeft een geknikt profiel, een vlakke bodem met schuine kanten en een naar buiten staande rand. Centraal op de schotel zitten heel wat krassen. Resten van enkele ijzeren nageltjes verwijzen naar een herstelling.
- 2853.5 (fig. 394.6): door vuur aangetast fragment van een ingesnoerd object in fijnspar (*Picea a.*).
- 2853.6 (fig. 394.7): een langwerpig stukje es (*Fraxinus exc.*). Afmetingen: bewaarde lengte: 13,1 cm, diameter: 1 cm.
- 2853.7 (fig. 394.8): een licht aangepunte tak met halfhoutse inkeping op één uiteinde. Afmetingen: lengte: 21,4 cm, diameter: 18-21 mm.
- 2853.8 (fig. 394.9): aangepunte stok. Afmetingen: lengte: 8,7 cm, diameter: 22 mm.

4.3.2.31.3 Tonwaterput spoornr. 1586

De tonnen bevinden zich min of meer centraal in een afgerond rechthoekige constructiekuil van 1,5 bij 1,1 m. De bodem van

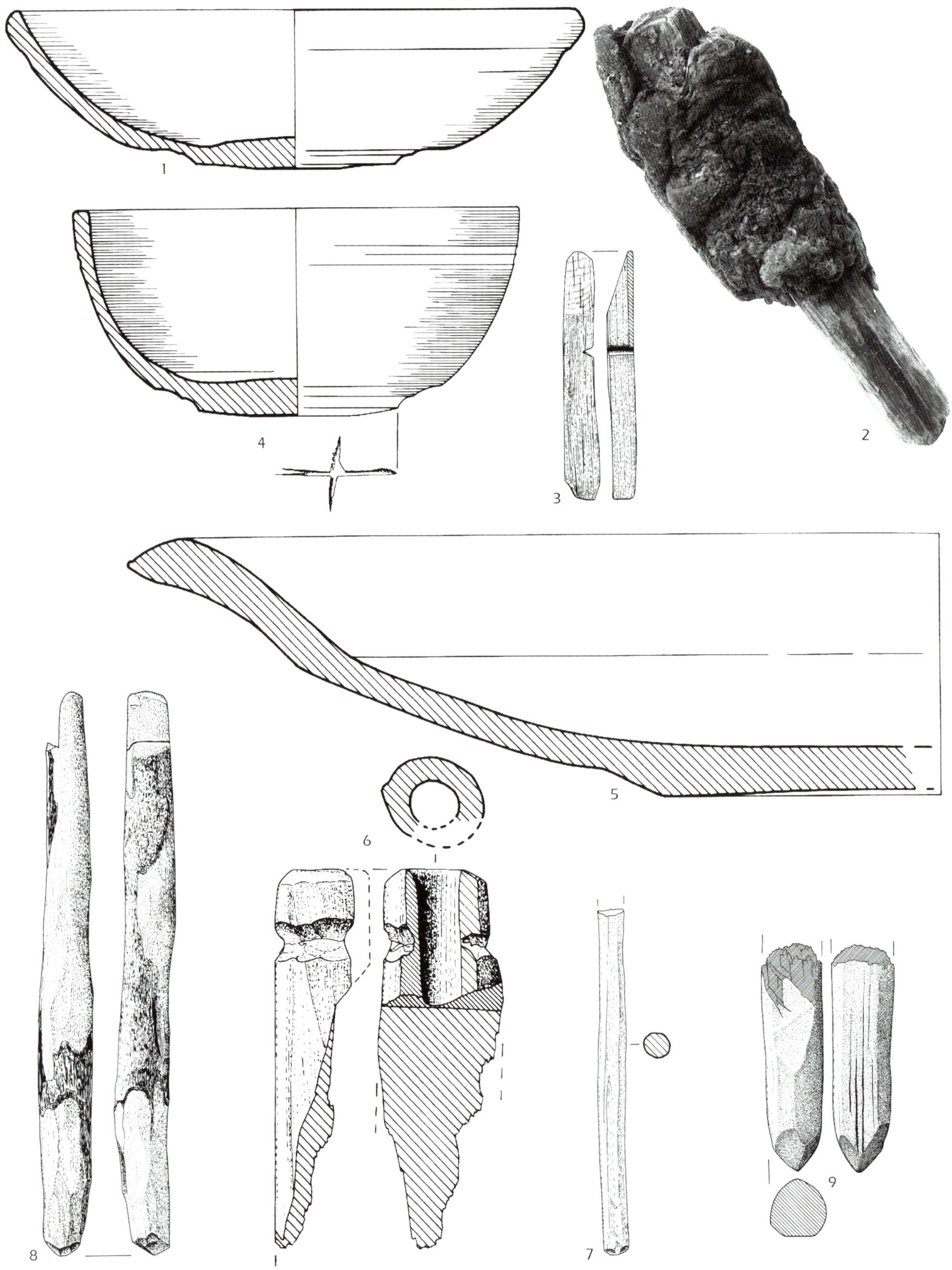

FIG. 394 **Objecten uit de vulling van tonwaterput spoornr. 1186. Legende: 1: 2850.2, 2: 2850.4, 3: 2850.5, 4: 2853.1, 5: 2853.4, 6: 2853.5, 7: 2853.6, 8: 2853.7, 9: 2853.8. Schaal: 1-2, 4-6: 2/3, 3 & 7-9: 1/2.**
Objects from the fill of barrel well 1186. Key: 1: 2850.2, 2: 2850.4, 3: 2850.5, 4: 2853.1, 5: 2853.4, 6: 2853.5, 7: 2853.6, 8: 2853.7, 9: 2853.8. Scale 1-2 & 4-6: 2:3, 3 & 7-9: 1:2.

deze waterput bevindt zich op 2,20 m T.A.W. De opvulling (fig. 393) van de tonschacht bestaat van onder naar boven uit een ongeveer 30 cm dik pakket beige zand, een laag baksteenpuin vermengd met zand, een laag met takken en twijgen en ten slotte een pakket bruine zandige klei. Dit laatste pakket komt ongeveer overeen met de vulling van de bovenste ton.

Die schuift over de onderste heen. De onderste ton (diameter: +/- 53 cm) is samengesteld uit 14 duigen van 73 tot 74 cm, samengehouden door 4 wissen. Op een van de duigen van de onderste ton (4016.1) is een merk ingekrast, in de vorm van een pijl met onderaan een schuin snijdende streep (fig. 395). De kroosgroeven bevinden zich op 5 cm van de duiguiteinden. Op een andere duig is een schildvormig merk ingebrand (fig. 395). Op een derde duig ten slotte is aan de binnenzijde een ingekerfde V aangebracht (fig. 395). Ook een duig van tonwaterput spoornr. 847 uit gebouw 23 heeft dat V-teken.

De bovenste ton, niet volledig bewaard, bestaat uit 12 duigen en had een diameter van 52 cm. De kroosgroeven bevinden zich op ongeveer 5,5 cm van de duiguiteinden. Van deze ton (4017.1) is één duig getekend. Ze vertoont een ingekrast merk met drie parallelle strepen, gekruist door een vierde (fig. 396). Het dendrochronologisch onderzoek leverde voor beide tonnen van deze tonwaterput een gelijkaardige vellingsdatum op, namelijk 1449-1459 voor ton 4016.1 en 1443-1453 voor ton 4017.1[608]. Ze dateren dus uit het midden van de 15de eeuw of van kort erna. In de opvulling van de constructiekuil van deze tonwaterput zijn de volgende objecten aangetroffen:

- 3596.1 (fig. 397. 1): een kannetje in Rijnlands steengoed met zoutglazuur op een gelobde standring met een cilindrische hals en rand en bandvormig oor. Afmetingen van het kannetje: randdiameter: 5,1 cm, grootste diameter: 11,3 cm en hoogte: 17,7 cm.
- 3939.1: een beschadigde knikker in een grijszwart zacht baksel, met een diameter van 24 tot 25 mm.
- 3939.2 (fig. 397.2): een min of meer bolvormig stuk kurk met gefacetteerde zijkanten. Afmetingen: diameter: 10 cm en dikte: 7 cm.
- 3939.3 (fig. 397.3): een min of meer ronde vlotter in kurk met op één kant een V-vormige inkeping. Afmetingen: diameter: 9,4-10,6 cm, dikte: 3,3-4,2 cm.
- 4018.1: een randfragment van een Maigelbecher in groen glas.
- 4018.2 (fig. 397.4): een fragment van een langwerpig bakje (?) met een dwarse compartimentering. Bewaarde afmetingen: lengte: 16,3 cm, breedte: 3,6 cm.
- 4019.1: fragmentair bewaarde bezem. Bewaarde lengte: 24 cm, diameter van de bundel twijgjes: 5-6 cm.
- 4019.2 (fig. 397.5): vier fragmenten van een stompe zool in kurk van een stillegang. Lengte: +/- 22,5 cm, breedte van de hiel: 5,1 cm, breedte van het voorste deel: 8,0 cm, dikte: 8-16 mm.
- 4020.1 (fig. 397.6): spinsteentje in steengoed met zoutglazuur met 1 groef. Diameter: 24 mm. Gewicht: 10,6 g.

4.3.2.32 Gebouw 31

Het oudste gebouw (fig. 398 en fig. 412) in deze zone is slechts fragmentarisch bewaard, vooral door de intense bouwactiviteit in deze zone. Het was een eenvoudig rechthoekig gebouw van ongeveer 17,5 bij 5,3-5,8 m buitenwerks. Binnenwerks komt dit neer op 16,6 bij 4,4 m. Gebouw 31 is opgedeeld in drie kamers van respectievelijk 5,8 m, 6,8 m en 3,1 m lengte binnenwerks. Gebouw 31 is met de lengteas 53-55 ° NO en met de breedteas 35° NW georiënteerd. De bebouwde oppervlakte bedraagt ongeveer 96,5 m^2.

Op 1,5 m van de westelijke hoek van gebouw 31 lijkt een soort bakstenen kanalisatie (spoornr. 1652) door de muur naar buiten te lopen. Ze bestaat uit drie rijen bakstenen die in de as van de kanalisatie zijn gelegd. Behalve de bodemlaag was enkel de eerste laag van de beide wanden nog bewaard. 1 m voorbij de muur gaat de bakstenen kanalisatie over in een greppeltje. Dit was mogelijk een afloop voor gebruikt water. In de westelijke hoek van gebouw 31 was verder ook een vierkante opening in de muur gelaten.

De baksteenen (formaat 27,5-28 X 13 X 7-7,5 cm) westelijke dwarsgevel (spoornr. 1559) rustte onderaan op een aantal grote stukken platte natuursteen. Evenwijdig met een van de dwarsmuren loopt een greppeltje (spoornr. 1357) dat eventueel als osendropgreppel kan worden geïnterpreteerd. In deze hypothese is de kleinste kamer een uitbreiding van een oorspronkelijk korter gebouw. De afstand van de greppel tot de muur impliceert een overhang van ongeveer 1 m. Het greppeltje zou echter ook ouder kunnen zijn en dus niets met gebouw 31 te maken hebben.

Op een bepaald ogenblik wordt gebouw 31 blijkbaar buiten gebruik gesteld nadat er twee dwarsmuren worden gesloopt tot op het niveau van een bevloering waarin ze vervolgens ingewerkt worden. Deze bakstenen bevloering sluit aan bij gebouw 30. In de grote kamer van gebouw 31 wordt op een bepaald ogenblik ook een tonwaterput (spoornr. 1187) aangelegd. Dat gebeurde volgens het dendrochronologische onderzoek van het hout van de ton niet vóór 1396, maar vermoedelijk ergens in het begin van de 15de eeuw. Het zou kunnen impliceren dat gebouw 31 laat-14de-eeuws is.

4.3.2.33 Gebouw 32

De reden om dit gebouw te veronderstellen is een muur (spoornr. 53) van 40 cm dik in sleuf 92/VIII. Hij werd over een lengte van 1,25 m vastgesteld, er waren nog 7 steenlagen *in situ* van bewaard. Deze muur stond op de vulling van gracht spoornr. 52. Op basis van een kort stuk muur was dit gebouw waarschijnlijk met één van zijn assen +/- 45° NW georiënteerd. Verder zijn van dit mogelijke gebouw geen andere sporen geregistreerd. De zones die dergelijke sporen zouden kunnen opleveren zijn immers niet opgegraven.

608 Fraiture & Houbrechts 2000, 73.

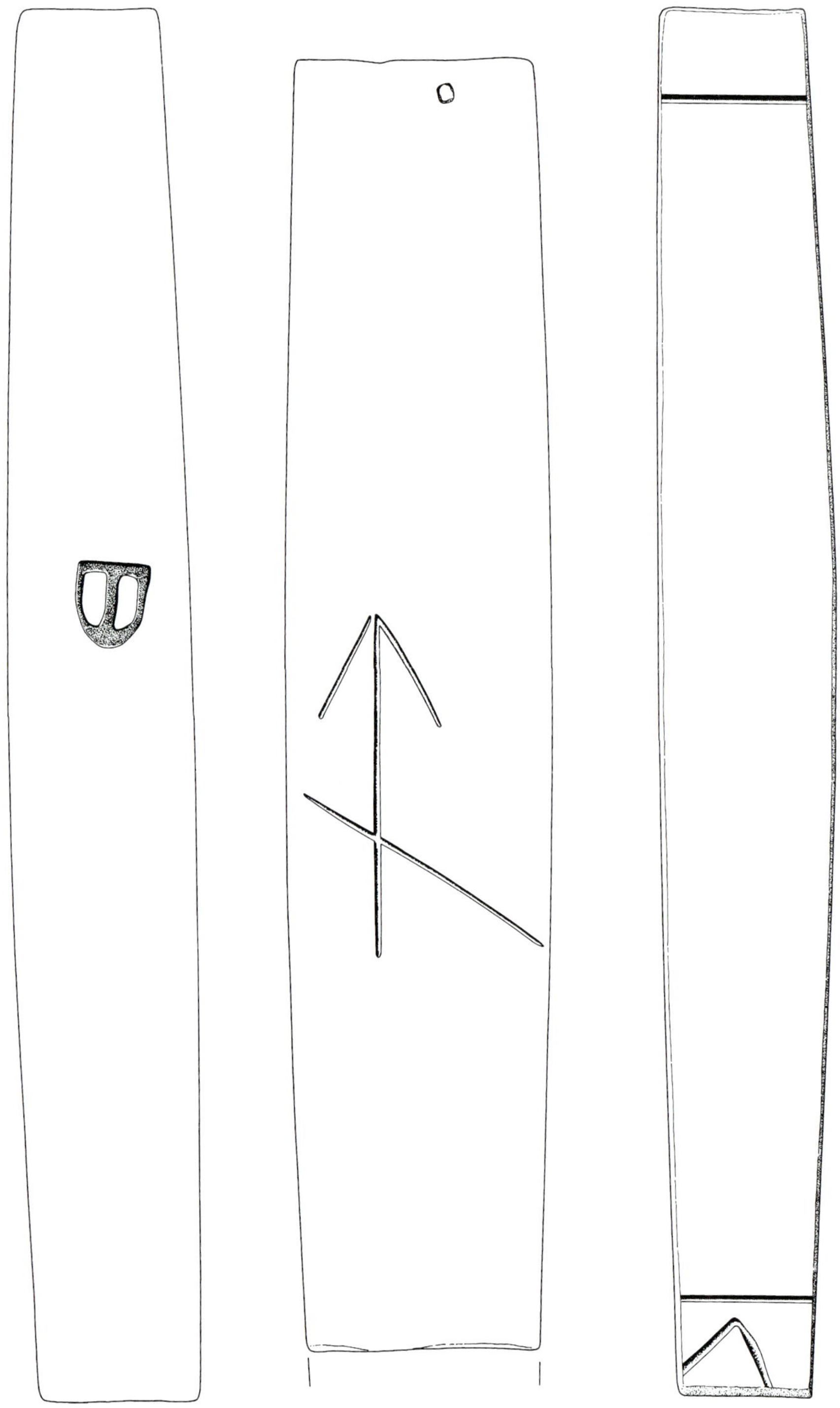

FIG. 395 **Duigen van de onderste ton van tonwaterput spoornr. 1586. Schaal: 1/4.** *Staves from the lower barrel in barrel well 1586. Scale 1:4.*

4.3.2.34 Gebouw 33

In sleuf 95/IX (fig. 3) werd een min of meer vierkante, (1.50 bij 1.75 m) bakstenen structuur aangesneden (fig. 399). De vier muren van deze structuur, spoornr. 687, waren nog over acht steenlagen bewaard. Ter hoogte van steenlaag 8 was binnen de vier muren een bevloering van platliggende bakstenen aangebracht. Deze bevloering was niet beroet, vertoonde geen sporen van verhitting en was hier en daar wat verzakt. Enkele bakstenen in de zuidoostelijke profielwand van sleuf 95/IX maken het aannemelijk dat deze structuur niet volledig vrij stond en wellicht bij een gebouw hoorde. Er volgde echter geen bijkomend opgravingswerk. Deze hypothese kan dus niet bevestigd worden. Ook de functie van deze structuur is bij gebrek aan verwijzingen niet duidelijk. Op een bepaald ogenblik werd aan een duiventorentje gedacht, maar dat is gezien de context van vissersdorp weinig waarschijnlijk.

Het is in elk geval aannemelijk dat deze structuur bij een bakstenen gebouw hoorde dat het nummer 33 meekreeg.

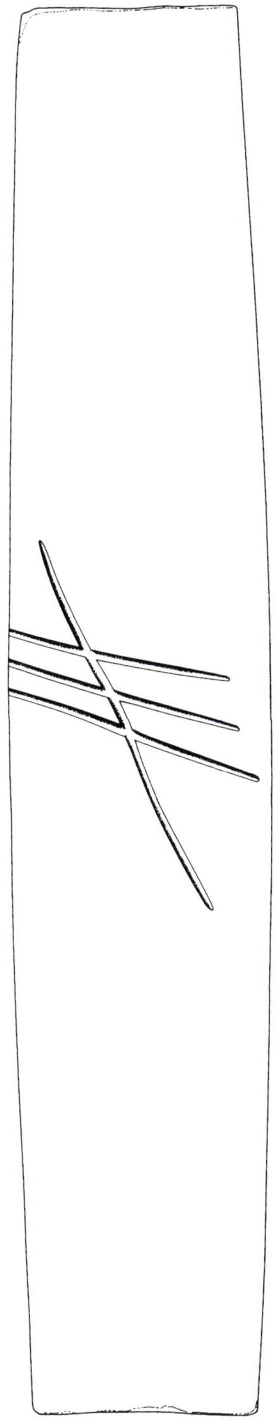

FIG. 396 **Duig van de bovenste ton van tonwaterput spoornr. 1586. Schaal: 1/4.**
Stave from the upper barrel in barrel well 1586. Scale 1:4.

4.3.3 De gebouwen en de gekoppelde structuren samen bekeken: bijkomende informatie en synthese

Van de 33 gebouwen behandelen we nu een groot aantal aspecten. Eerst worden de gebruikte materialen (4.3.3.1) onder de loep genomen. Sommige materialen zijn bovendien ook fysico-chemisch en micromorfologisch onderzocht (4.3.3.2.). Daarbij aansluitend wordt ingezoomd op enkele specifieke (technische) aspecten van de gebouwen, zoals de afwezigheid van funderingen en de aanwezigheid van muurkasten (4.3.3.3.). Vervolgens worden de gebouwen in hun geheel bekeken op het vlak van oriëntatie (4.3.3.4.), grondplan (4.3.3.5.) en oppervlakte (4.3.3.6.).

Na een kort overzicht van de geregistreerde houten gebouwen (4.3.3.7.) worden de comfortverruimende aspecten zoals water- en beerputten behandeld (4.3.3.8.). Afsluiten doen we met de problematiek van de onderlinge samenhang en de inplanting in het landschap (4.3.3.9.) en *last but not least* de chronologie (4.3.3.10.). Het laatste onderdeel van dit hoofdstuk is de synthese van de behandelde aspecten (4.3.3.11.).

4.3.3.1 Gebruikte bouwmaterialen

4.3.3.1.1 Natuursteen

Natuursteen werd in Walraversijde over het algemeen relatief weinig aangewend voor de realisatie van de wooninfrastructuur. Bewerkte stukken natuursteen[609] werden, behalve dan voor de kapel, eigenlijk zelfs helemaal niet gebruikt. De natuurstenen die in Walraversijde zijn aangetroffen zijn bijna uitsluitend rolkeien, dat zijn stukken natuursteen die ooit door langdurig transport door rivieren afgerond zijn. De stenen zijn bij hun 'ontginning' dus niet vormgegeven, ze zijn ergens in een rivierbedding of op een strand opgeraapt. Het geringe gebruik van natuursteen in Walraversijde heeft ongetwijfeld te maken met de schaarste aan dergelijke materialen in de streek. De uitzondering op de regel zijn de plaveisels bij de gebouwen. Die maken regelmatig gebruik van natuurstenen rolkeien, op drie manieren: als afboording van een bakstenen plaveisel zoals vastgesteld bij gebouw 28, als basismateriaal voor een plaveisel zoals te zien bij gebouw 13 of als bijmenging tussen de bakstenen zoals te merken in een van de plaveisels van gebouw 23. Voor de muren van de gebouwen werd echter bijna nooit gebruik gemaakt van rolkeien die op de site zijn aangetroffen. Natuursteen werd dus wellicht doelbewust niet verwerkt in de muren. Dergelijke stukken natuursteen raakten hoogst uitzonderlijk wel eens vermengd met de bakstenen. In de meeste muren is er wel één of andere verdwaalde rolkei gevonden. Illustratief voor die handelswijze zijn trouwens de drie passende fragmenten van een vijzel in *Purbeck Marble*[610] die in de noordmuur van gebouw 3 werden aangetroffen. Slechts één maal, namelijk bij gebouw 31, werd opgemerkt dat er een aantal platte stukken natuursteen, eveneens zonder verdere bewerking, onder de onderste laag bakstenen van een muur waren geplaatst als versterking van de fundering. Natuursteen is verder ook

609 Met bewerkte natuursteen wordt het tot regelmatige blokken omgevormde natuursteen bedoeld zoals Lediaankalkzandsteen en Doornikse kalksteen om er slechts twee te noemen.

610 Pieters 1993, 285 fig. 6.

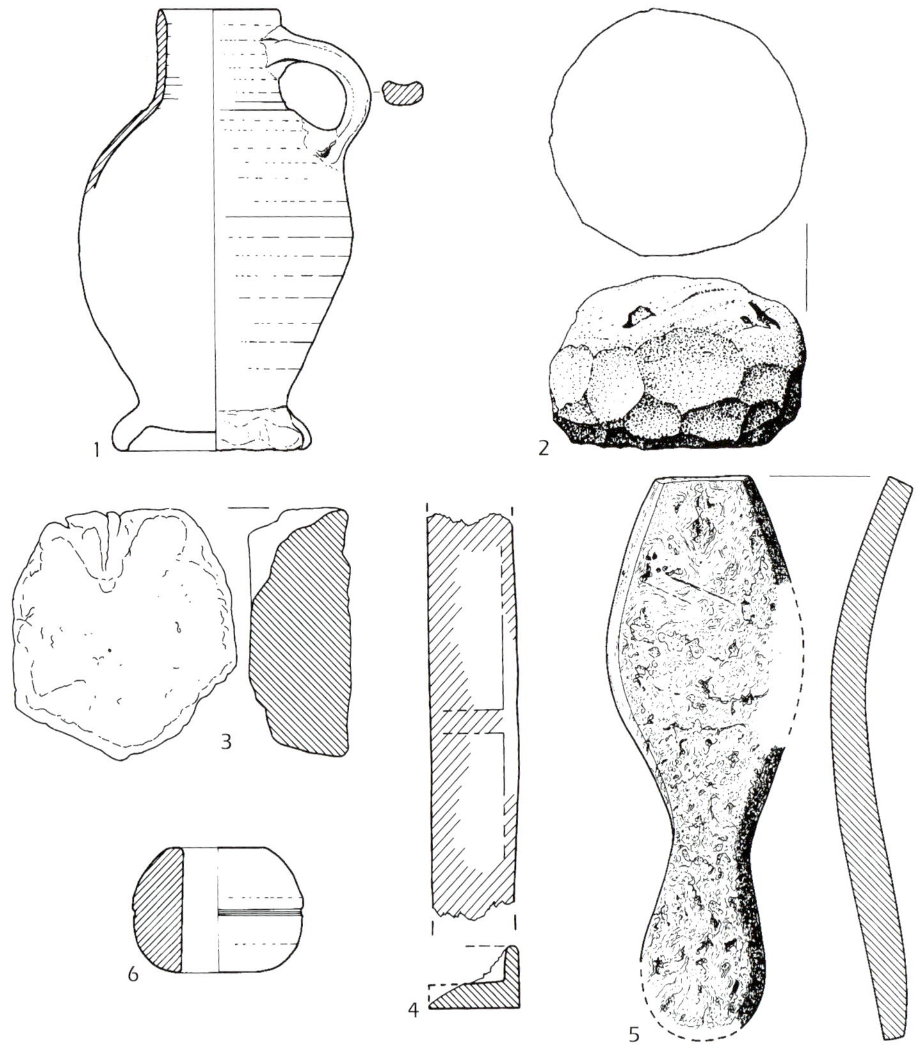

FIG. 397 **Objecten uit de vulling van tonwaterput spoornr. 1586. Legende: 1: 3596.1, 2: 3939.2, 3: 3939.3, 4: 4018.2, 5: 4019.2, 6: 4020.1. Schaal: 1-5 (1/3), 6 (1/1).**
Objects from the fill of barrel well 1586. Key: 1: 3596.1, 2: 3939.2, 3: 3939.3, 4: 4018.2, 5: 4019.2, 6: 4020.1. Scale 1:3 (1-5), 1:1 (6).

aangewend om de haardplaat van gebouw 30 te construeren en om de bodem van tonwaterput spoornr. 1041 bij gebouw 17 te stabiliseren. Dit gebruik van onbewerkte natuursteen in plaveisels en af en toe in muren, haardplaten en tonwaterputten verklaart meteen waarom dergelijke natuurstenen haast systematisch, maar steeds in kleine hoeveelheden voorkomen in de meeste archeologische contexten van Walraversijde. De natuurstenen zijn zelfs kenmerkend voor deze site, in een omgeving waar van nature geen natuursteen voorkomt in de bovenste meters van de ondergrond.

In het bodemarchief van Raversijde werden zoals al gezegd geen fragmenten van rolkeien aangetroffen die tot bouwmateriaal werden omgevormd. Het gaat enkel om een klein aantal fragmenten in kalkzandsteen en kalksteen: twee fragmenten van sterk geprofileerde stukken (51.1), vermoedelijk van een deur- of vensteromlijsting, een fragment van een zuiltje of een half zuiltje (1744.2), een stuk bewerkte natuursteen zonder specifieke vormkenmerken (3712.1), hergebruikt in muur spoornr. 1559, en een vierkante donkere vloertegel. Een van de geprofileerde stukken (51.1) is aangetroffen buiten de zone met geconcentreerde bewoning, meer bepaald in gracht spoornr. 8 nabij de Nieuwpoortsesteenweg (sleuf 92/V, fig. 3), het fragment van het zuiltje (1744.2) en het tweede sterk geprofileerde stuk en de vloertegel komen uit proefsleuf 95/VI, die in 1995 werd aangelegd op het terrein van de kapel. Het resterende stuk is aangetroffen in de uitbraaksleuf van muur spoornr. 1559 van gebouw 31. Dit is geen argument om gebouw 31 in belangrijke mate in natuursteen te reconstrueren. Er is blijkbaar wel wat natuursteen gebruikt om de 'fundering' van het gebouw te versterken. Maar geen van de fragmenten kan aantonen dat voor de seculiere gebouwen in Walraversijde natuursteen, omgevormd tot bouwmateriaal, werd gebruikt. Uit de verspreiding van de bewerkte stukken natuursteen kan verder worden afgeleid dat de kapel eigenlijk het enige gebouw in het dorp was waarin een zekere hoeveelheid bewerkte natuursteen was verwerkt. Vermoedelijk werd die gebruikt voor de bevloering of voor venster- en/of deuromlijstingen. Het gebruik van natuursteen is voor zover archeologisch aantoonbaar ook in de andere laatmiddeleeuwse/vroegmoderne vissersmilieus hoofdzakelijk beperkt gebleven tot bevloeringen, plaveisels en haarden. Dat is namelijk het geval in Sandhagen (Denemarken)[611] en in Dover-Townwall Street (GB)[612].

611 Berg *et al.* 1981.

612 Parfitt *et al.* 2001.

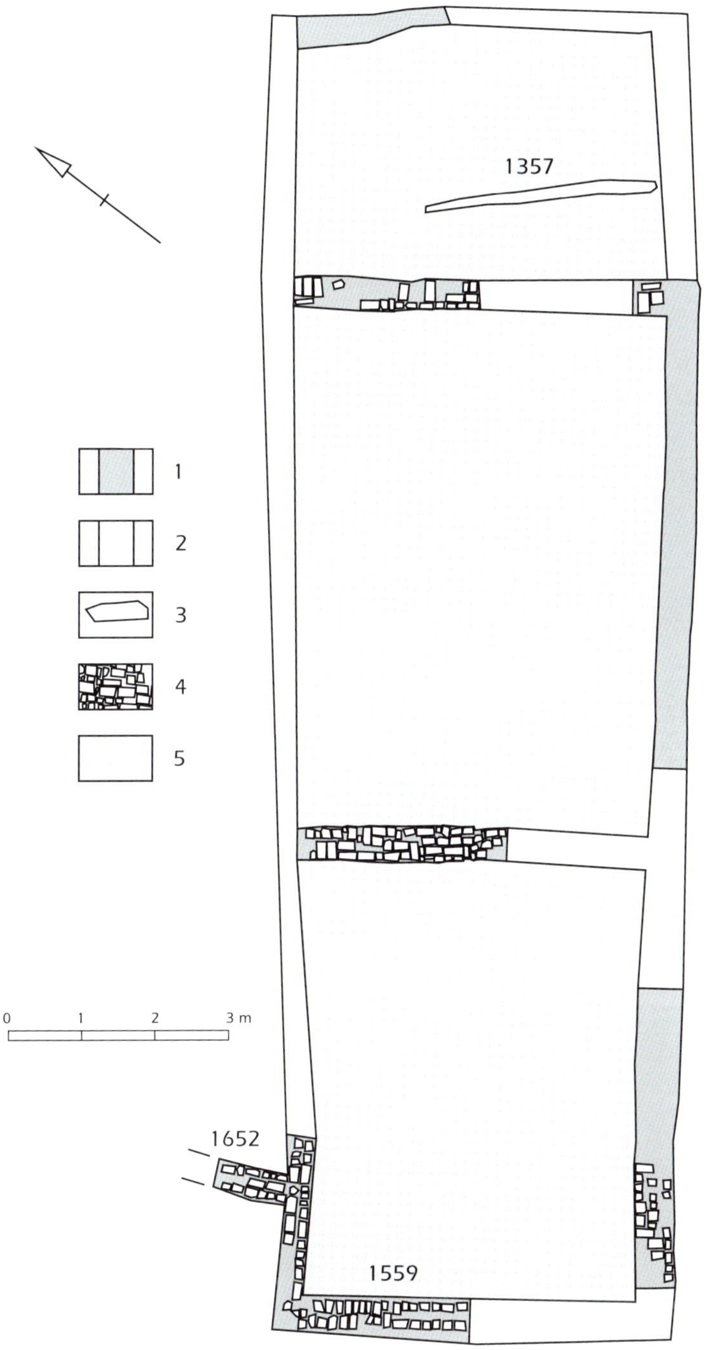

FIG. 398 **Plattegrond van gebouw 31 met aanvullingen. Legende: 1: uitbraaksporen, 2: aanvullingen, 3: specifieke structuren, 4: bakstenen, 5: bebouwde oppervlakte.** ***Floor plan of building 31. Key: 1: robber trenches, 2: deduced extensions of the excavated features, 3: specific structures, 4: bricks, 5: built surface area.***

4.3.3.1.2 Baksteen

De alomtegenwoordigheid van baksteen in het vissersmilieu van Walraversijde duidt er ontegensprekelijk op dat dit materiaal heel belangrijk was voor de vissers. Niet alleen voor de muren van de gebouwen werd baksteen gebruikt, ook bevloeringen en haardplaten, zowel binnen- als buiten de gebouwen, en diverse comfortverruimende structuren zoals waterputten, beerputten, koelruimtes en rioleringen werden in baksteen aangelegd. Ook op de bodem van tonwaterputten werd af en toe een bevloering in baksteen aangetroffen. Bakstenen of baksteenfragmenten werden ook nu en dan gebruikt om een houten paal vaster in de grond en op zijn gewenste plaats te zetten door de constructiekuil rond de paal volledig met stukken baksteen op te vullen. Er werd ook baksteen gerecycleerd voor totaal andere bestemmingen. Dat leren ons enkele bakstenen die blijkbaar gebruikt werden als net(?)- of lijn(?)-verzwaringen[613] en als wetsteen.

613 **Borstlap *et al.* 2006, 22. Enkele fragmenten van kloostermoppen met slijtagesporen worden in deze bijdrage geïnterpreteerd als verzwaarders voor het 'hoekwant of beug' een met bakstenen verzwaarde lijn met haken voor de vangst van schelvis en kabeljauw en niet als netverzwaringen.**

FIG. 399 Bakstenen structuur spoornr. 687.
Brick structure 687.

Hierna volgen de kenmerken van bakstenen die in Walraversijde gebruikt zijn. De gegevens zijn gebaseerd op de detailanalyse van ongeveer 20.000 volledige bakstenen, die tijdens het archeologische onderzoek van 1992 tot 1998 werden verzameld. De 20.000 bakstenen, met een gezamenlijk volume van ongeveer 65 m^3, werden in 1999 integraal aangewend voor de heropbouw van vier middeleeuwse gebouwen in het openluchtgedeelte van het museum Walraversijde 1465. Ze werden weliswaar enkel gebruikt in de gedeelten die voor het publiek zichtbaar zijn. Dat wil wel zeggen dat de hoeveelheid stenen volstaat om minstens één en vermoedelijk zelfs twee van de kleinere woningen van Walraversijde volledig mee op te trekken. Het geeft een idee van de grote hoeveelheden bakstenen die zijn achtergebleven, ondanks de baksteenroof op deze site. Het toont ook het belang van baksteen voor de gebouwen van deze site in het bijzonder en voor de materiële leefwereld in het algemeen. Baksteen is dus zeker geen onbelangrijk onderdeel van de leefwereld.

Voor een veralgemeend gebruik van baksteen in de architectuur van een bepaalde regio zijn volgens Jane Wight, auteur van een standaardwerk over baksteenarchitectuur in Engeland, drie factoren van belang: de afwezigheid van geschikte soorten natuursteen, de aanwezigheid van de juiste klei om stenen te maken en een ondergrond die niet zo vast is, waardoor de relatieve lichtheid van baksteenarchitectuur ten opzichte van architectuur in natuursteen een voordeel is[614]. De dwingende wetmatigheid van die factoren wordt nu wel in vraag gesteld. Zo is onder andere in Brugge vastgesteld dat de aard van de ondergrond niet echt een beslissende rol speelt bij het overschakelen op baksteen[615]. Alle drie de factoren die Jan Wight opsomt zijn wel volledig van toepassing op de Vlaamse kustvlakte. De lichtheid van baksteen, vergeleken met die van natuursteen, is misschien wel een factor die de bewoners van Walraversijde ertoe heeft aangezet om de ruim beschikbare rolkeien toch niet te gebruiken voor de muren (*cf. supra*).

Dat bakstenen in de late middeleeuwen en/of later in Walraversijde en omgeving een zekere waarde hadden bewijst het feit dat ze over het algemeen, zoals werd vastgesteld bij het onderzoek van het bodemarchief in Raversijde, intensief werden gerecycleerd. De meeste muren van de gebouwen zijn immers enkel onder de vorm van uitbraaksporen bewaard gebleven. Slechts uitzonderlijk blijft een stukje muur met bakstenen *in situ* over. De reden waarom het ene deel van een muur wel en het andere niet is gerecycleerd is voorlopig niet systematisch te duiden. Tegenstrijdig is wel de vaststelling dat er tijdens de bewoning zelf niet altijd even zorgvuldig met deze stenen werd omgesprongen. Dat blijkt uit het relatief grote aantal nog bruikbare bakstenen in de onderzochte 15de-eeuwse afvalcontexten van Walraversijde. Hoewel de bakstenen na het verlaten van de gebouwen grondig werden gerecycleerd kregen ze tijdens de bewoning zelf schijnbaar niet veel aandacht. Een mogelijke verklaring is dat de meeste bakstenen werden gerecycleerd nadat de site was verlaten, mogelijk door mensen uit het omgevende agrarische milieu en dus niet door de vissersbevolking zelf. Die recuperatie na verlating van de site kan anderzijds ook niet alle uitbraaksporen verklaren. Heel wat muurwerk is al tijdens de 15de eeuw zelf uitgebroken. Dat bakstenen toch zo veel mogelijk hergebruikt werden is een eerder algemeen verschijnsel in het onderzoeksgebied. Een treffende illustratie van het hergebruik en dus ook van de waarde van de bakstenen is het voorbeeld van de ruïnes van de Duinenabdij. Die leverden in de vroege 17de eeuw één miljoen bakstenen op voor de stad Duinkerke[616]. Bij latere gelegenheden werden nog grote hoeveelheden bakstenen verkocht uit dezelfde ruïnes. Op de Britse Eilanden waren bakstenen in elk geval veel duurder dan de kalkmortel waarmee ze verbonden werden[617], zodat zelfs fragmenten van gebroken bakstenen verkocht werden als zogenaamde 'brickends'[618]. Ook de verdwenen kerk van Nieuwlande in Zeeland (Nl.) bijvoorbeeld viel ten prooi aan een intense baksteenroof[619]: men voer er vóór laagtij speciaal naartoe, liet de boot op het droge vallen, laadde hem vol met stenen en verdween bij het volgende hoogtij met de bakstenen. Het intensief recycleren of hergebruiken kan eigenlijk voor alle materialen (natuursteen, hout, metaal, glas,...) worden vastgesteld: in het verleden koos men duidelijk vaak voor een maximaal hergebruik.

De bakstenen uit Raversijde vormen een zeer heterogeen ensemble, vooral op het vlak van kleur, afmetingen en in mindere mate de vorm van de stenen. De bakstenen met een specifieke vormgeving zijn ondanks hun grote verscheidenheid slechts goed voor een uitermate klein aandeel. De bakstenen zijn overwegend geel en lichtrood van kleur. Typische kleuren voor de regio, die verwijzen naar de kalkhoudende[620] polderklei die gebruikt werd als grondstof. Sommige gele bakstenen zijn ook geheel of gedeeltelijk groen verglaasd. Deze verglazing, waarin vaak druppels zijn te herkennen, trad op bij stenen die zich onderaan in de oven bevonden bij het bakken. Ze was het gevolg van een combinatie van de zeer grote hitte en de invloed van de chemische bestanddelen in het vormzand en de turfas[621]. In deze as zat ondere andere zout, wat zorgde voor een spontane verglazing. Deze groenig verglaasde stenen zijn naderhand gewoon zoals de andere stenen in de muren verwerkt. Die in onze ogen soms fraaie stenen hadden in de late middeleeuwen in Walraversijde dus geen specifieke doeleinden. Er zijn wel voorbeelden van na de middeleeuwen bekend, waarbij dit soort stenen verwerkt wordt in een sierverband[622].

In het baksel van bakstenen uit Raversijde zitten bovendien ook regelmatig mariene schelpen (zoals platte slijkgapers en kokkels). Deze schelpen verwijzen evenals het kleurenpalet van de stenen duidelijk naar de lokaal-regionale herkomst van de grondstof. Ook nu nog worden er in de Raversijdse ondergrond regelmatig platte slijkgapers aangetroffen. De aanwezigheid van deze schelpen kan weliswaar niet bewijzen dat de stenen ter plaatse of in de omgeving werden gebakken, het maakt de mogelijkheid wel heel aannemelijk. De bakstenen vertonen ook regelmatig de vingerindrukken van de producenten, wat bewijst dat

614 Wight 1972, 53.
615 Mondelinge mededeling Vincent Debonne.
616 Becuwe 1987, 71.
617 Wight 1972, 43.
618 Wight 1972, 31.
619 De Nooyer 1928.
620 Hollestelle 1961, 95; Mostaert 1996, 48.
621 Hollestelle 1961, 55.
622 Hollestelle 1961, 55.

ze werden vastgenomen op een moment dat ze nog niet droog genoeg waren.

De bakstenen uit Walraversijde zijn qua afmetingen te vergelijken met de twee laatste van de hierna opgesomde groepen (29/32 X 14/15,5 X 6/7,5; 26,5/28,5 X 12,5/14 X 5,5/7; 24/25,5 X 11/12 X 5/6) die in het laatmiddeleeuwse Gent na elkaar werden gebruikt[623]. Onder het baksteenmateriaal van Walraversijde bevinden zich geen bakstenen die tot de eerste Gentse groep behoren, meer bepaald de zogenaamde moefen of kloostermoppen. Die stenen zijn in Gent tot 32 cm lang en zijn wellicht samen met de bakstenen uit groep twee in de late 13de-vroege 14de eeuw te dateren[624]. Sommige bakstenen uit Walraversijde hebben een maximale lengte van 28 cm en behoren zo tot de 2de groep. De meeste stenen hebben echter een lengte van 25 tot 26 cm, zo passen ze binnen de derde groep die in Gent werd opgetekend. De overschakeling op bakstenen uit de derde groep (24/25,5 X 11/12 X 5/6) gebeurde in Gent waarschijnlijk in het laatste kwart van de 14de eeuw[625]. Bakstenen van dit laatste formaat werden bijvoorbeeld ook gebruikt voor de bouw van de Aalsterse Heilige Geestkapel in 1368[626]. De grafkelder in de Onze-Lieve-Vrouwekerk in Brugge van de in 1338 overleden Nikolaas Van der Steene was gebouwd met iets kleinere bakstenen van 23,5/24 cm X 11,5 cm X 5/5,5 cm[627]. In Brugge werden rond 1400 of iets later vooral bakstenen van een veel kleiner formaat gebruikt bij de bouw van grafkelders, meer bepaald stenen van 20 cm X 9,5 cm X 5 cm[628]. Recent onderzoek toont aan dat er in de tweede helft van de 14de eeuw in Brugge al bakstenen voorkomen met een lengte van 21 cm en dat er in de 15de-16de eeuw courant bakstenen worden gebruikt van 20 tot 22 cm lang[629]. Ook in de regio Veurne is de verkleining van de baksteenformaten al voelbaar vanaf 1300 en komen baksteenformaten van 22 tot 24 cm lengte algemeen voor vanaf de 2de helft van de 14de eeuw[630]. Baksteenformaten met een lengte van 25 en 26 cm komen in de regio Veurne al voor vanaf 1275[631]. In Utrecht werden dan weer bakstenen met lengtes tot 29/30 cm veelvuldig aangewend in de 15de eeuw en de eerste helft van de 16de eeuw[632]. Duidelijk een volledig andere baksteentraditie dus.

Hoewel de informatie uit Gent en Aalst qua chronologie goed lijkt overeen te stemmen met de gegevens over de bakstenen uit Walraversijde heeft ze toch slechts – vooral gezien de informatie uit Brugge en Utrecht – een beperkte (chronologische) waarde. De baksteenformaten zijn immers vooral streekgebonden bruikbaar als chronologische indicatoren en dan nog enkel indien de informatie over hun plaatselijke evolutie is gebaseerd op voldoende statistisch betrouwbare gegevens. Dit is voor de regio Oostende-Nieuwpoort op dit ogenblik niet het geval. Tot voor kort was er ook geen actuele, ruimere synthese over het onderwerp, als vervolg op een deel van het werk van Hollestelle[633]. Recent is daar met de publicatie van de bijdragen aan het colloquium in Koksijde wel verandering in gekomen[634]. Men moet bij de interpretatie van de baksteenformaten bovendien op een juiste manier rekening houden met de aard van de constructies waaruit de stenen afkomstig zijn[635]. Zo is het logisch dat bakstenen voor de bouw van grafkelders kleiner zijn en wellicht ook sneller verkleinen in de tijd dan de stenen in contemporaine funderingsmuren van een grote kerk bijvoorbeeld. Verder speelt ook het hergebruik een niet te onderschatten, misleidende rol. Het heeft in elk geval in Walraversijde een zeer grote rol gespeeld. Onder de gerecycleerde bakstenen bevonden zich in elk geval geen moefen. Dit wijst er meteen op dat er in de zone of in de niche waaruit gerecycleerd werd geen gebouwen stonden die uit moefen waren opgetrokken. Op zich is dat misschien niet zo verwonderlijk. Moefen werden in de eerste baksteenperiode vooral aangewend in grote gebouwen, waarbij de stenen ook steeds met kalkmortel werden verbonden. Zo waren ze op slag minder gemakkelijk te recupereren. De vergelijking met de situatie in Brugge laat wel enkele verdere bedenkingen toe. Terwijl in Brugge formaten van 20 tot 22 cm zeer courant zijn in de 15de eeuw komen die in Walraversijde niet zo frequent voor en is de groep van 24-26 cm lengte de meest courante. Dit houdt in dat in Walraversijde de tendenzen van Brugge niet werden gevolgd of dat het in Walraversijde inderdaad vooral om hergebruik ging. In dat geval weerspiegelt het baksteengebruik in Walraversijde dus een oudere Brugse situatie. Deze bedenkingen gelden ook voor de vergelijking met de regio Veurne.

De bakstenen uit Walraversijde zijn verder, ongeacht hun formaat en kleur, vooral gekenmerkt door een belangrijke graad van slijtage. Ze zijn in sterke mate afgerond en vertonen bijgevolg relatief weinig scherpe kanten. Die slijtage is vermoedelijk het gevolg van de verschillende recyclages die de stenen in hun levenscyclus ondergingen. Het zijn dus zeker geen stenen die rechtstreeks van de producent afkomstig waren. Sommige bakstenen vertonen bijvoorbeeld ook restanten van witte bepleistering. Deze stenen zijn echter soms zodanig hergebruikt, met de pleisterresten op onzichtbare plaatsen (naar binnen in de muur gericht bijvoorbeeld), dat duidelijk is dat de bepleistering uit een vorige of een van de vorige gebruiksfasen stamt. Naast bakstenen met pleisterresten werden er echter ook muurfragmenten aangetroffen met nog resten van pleisterwerk *in situ*. Dat betekent meteen dat de bakstenen met pleisterwerk niet noodzakelijk van een andere plaats hoeven te komen. Ze kunnen evengoed ter plaatse gerecycleerd zijn. Onder de bakstenen worden ook af en toe bakstenen of fragmenten aangetroffen die sterk aan misbaksels doen denken, zoals aan elkaar gebakken stukken baksteen (1450.3) of stenen die bij het bakken volledig zijn opengebarsten. Ze werden echter ook gewoon samen met de andere stenen in de muren verwerkt. Of dit erop kan wijzen dat ze in de buurt van de site werden gebakken is niet duidelijk. De huidige perceptie van misbaksels is ongetwijfeld verschillend van de laatmiddeleeuwse. Het is perfect denkbaar dat een volledig kromme steen voor iemand uit de late middeleeuwen nog perfect bruikbaar was, bijvoorbeeld voor niet zichtbaar metselwerk.

623 Laleman *et al.* 1986, 84-85.
624 Laleman *et al.* 1986, 85.
625 Laleman *et al.* 1986, 85; Laleman & Raveschot 1991, 139-147.
626 Pieters et al. 1994, 306.
627 De Witte *et al.* 1982, 96.
628 De Witte *et al.* 1982, 103.
629 Wets 2008, 149.
630 Lehouck 2008, 219-222.
631 Lehouck 2008, 221.
632 Temminck Groll 1963, 173-174.
633 Hollestelle 1961.
634 Coomans & Van Royen 2008.
635 Hollestelle 1961, 82.

FIG. 400 **Bakstenen met een specifieke vormgeving. Schaal: 1/3.**
Bricks with a specific morphology. Scale 1:3.

Tussen de bakstenen uit Walraversijde bevinden zich merkwaardigerwijs ook een aantal stenen met een specifieke vormgeving[636]. De variatie in de vorm is haast oneindig zoals het hiernavolgende overzicht aantoont. Doordat het wellicht oorspronkelijk gaat om hergebruik van stenen die van andere plaatsen afkomstig waren, werd er van deze specifieke stenen geen systematische inventaris aangemaakt. Van elke vorm werd er minstens één exemplaar gedocumenteerd.

Eerst en vooral dient een onderscheid te worden gemaakt tussen enkele stenen die qua algemene vorm afwijken van de klassieke balkvorm (de lengte is tweemaal de breedte en de breedte is tweemaal de hoogte) van een baksteen en anderzijds de veel talrijkere stenen die het resultaat zijn van het vervormen of beter gezegd toetakelen zowel voor als na het bakken van deze klassieke balkvorm die ondanks alles in het eindproduct toch nog herkenbaar blijft. Tot de eerste categorie kunnen slechts enkele exemplaren worden gerekend: een vierkante steen van 17 cm zijde (1463.2, fig. 400: 1), een fragment van een rechthoekige steen en/of tegel (853.5: fig. 400: 2) en een driehoekige steen van ongeveer 15 cm zijde (2042.1, fig. 400: 3). De veel grotere tweede categorie wordt voor alle duidelijkheid opgesplitst in zeven subgroepen.

a) Een eerste groep bestaat uit gekromde stenen. Deze eenvoudig gekromde bakstenen (1308.1, fig. 400: 4) komen zeer regelmatig voor en zijn zowel in de breedte als in de lengte kleiner dan de gemiddelde baksteen van Walraversijde. Het valt op dat – ondanks de vele dergelijke bakstenen – geen van de tot nu toe onderzochte ronde structuren in baksteen (zoals enkele kleinere ingegraven bakstenen kokertjes (fig. 202 en fig. 358)) met dergelijke gekromde stenen werden gebouwd. Voor een cirkel met buitendiameter van 55 tot 60 cm en binnendiameter van ongeveer 40 cm zijn acht gekromde bakstenen nodig. Dit zou bijvoorbeeld perfect kunnen passen voor de veronderstelde bovengrondse bouw van een tonwaterput. Voorlopig zijn hier in Walraversijde echter geen aanwijzingen voor geregistreerd. Naast deze eenvoudig gekromde bakstenen werden nog enkele gekromde exemplaren aangetroffen met een meer complexe morfologie. Een daarvan is voorzien van vijf kleine V-vormige uitsparingen die vóór het bakken op de buitenrand werden aangebracht (1659.2, fig. 400: 5). Bij een ander exemplaar is van een van de lange gekromde zijden in de lengte een strook afgerond weggesneden (3206.1, fig. 400: 6). Bij een derde exemplaar is de lange gekromde zijde getand door de twee uitgespaarde gleuven van 5 cm breed (3206.2, fig. 400: 7). Daarnaast komen er bakstenen voor met slechts één licht gekromde zijde (2042.2, fig. 401: 1).

b) Een tweede groep bestaat uit stenen waarvan in de strek of in de kop een strook (zichtbaar op doorsnede) of een hoek (zichtbaar vanuit bovenaanzicht) werd weggesneden. Het betreft in het eerste geval bakstenen met een trapeziumvormige dwarsdoorsnede (1664.1, fig. 401: 2). In de langsrichting werd van de nog niet verharde steen een strook recht weggesneden. Een dergelijke in de langsrichting weggesneden strook kan niet alleen recht maar ook afgerond worden weggesneden (182.1, fig. 401: 3). Tot deze groep worden eveneens de bakstenen gerekend met een in bovenaanzicht recht weggesneden hoek (1220.1, fig. 401: 4). Deze hoek kan echter ook schuin onder een hoek van ongeveer 30° worden weggesneden (2306.1, fig. 401: 5). Bij dit laatste exemplaar was de rest van de korte zijde afgeschuind zodat deze steen een combinatie is van een steen met een afgeschuinde korte zijde waarvan bovendien een hoek schuin is weggesneden. Bakstenen met afgesneden hoek werden o.a. gebruikt om deuren en vensters te omlijsten[637], voor afzaten van steunberen en kroonlijsten[638] of om muren af te dekken zoals bij de schuur in Lissewege[639].

c) Een derde groep bevat stenen met één of meerdere afgeronde hoeken of zijden. Bij één exemplaar (2292.2, fig. 401: 6) werd een hoek volledig afgerond voor een elegantere steen voor de omlijsting van bijvoorbeeld deuren en vensters. Bij een tweede steen werd de korte zijde volledig afgerond (589.1, fig. 401: 7), bij een derde steen werd een afgeronde hoek geflankeerd door twee V-vormige inkepingen (2925.3, fig. 401: 8), een steen dus met een rondstaaf op een hoek. Een vierde steen is gekenmerkt door de afronding van een van de ribben van de balkvormige steen (3682.1: fig. 402: 1). Dit soort stenen werd gebruikt voor deur-, raam- en kroonlijsten, zoals te zien bij een middeleeuws huis in Oudenaarde[640].

d) Een vierde groep is vertegenwoordigd door bakstenen die aangepunt zijn in bovenaanzicht (2306.2, fig. 402: 2) of in doorsnede (1919.1, fig. 402: 3). Bij het eerste exemplaar werd van een baksteen aan beide zijden van een korte zijde onder een hoek van 45° een stuk afgesneden. Van het tweede exemplaar werden een lange en een korte zijde zowel onderaan als bovenaan vanaf 3 cm van de rand van de steen onder een hoek van 30° afgeschuind. De afgeschuinde vlakken lijken bovendien bedekt met een met een borstel opgesmeerde rode deklaag en waren in elk geval bedoel om zichtbaar te blijven. Deze baksteen werd wellicht gebruikt in het interieur.

e) Bakstenen met recht uitgesneden, halfronde uitsparingen in een van de lange zijden (2925.4, fig. 402: 4) vormen een vijfde groep. Identieke bakstenen zijn bijvoorbeeld aangewend in een korbeeltafel in de kerk van Meesden (Hertfordshire, GB)[641] en verwijzen mogelijkerwijze naar gebouwen met een uitkragende gevel. Dergelijke stenen werden echter ook (of vooral?) gebruikt voor lamp- of kaarsnissen zoals er één bewaard is in de 14de-eeuwse donjon van Merchtem[642]. Ook uit Oudenaarde[643], Gent[644] en Brugge[645] zijn er voorbeelden gekend van dergelijke kaarsnissen. Daarnaast komen nog gelijkaardige stenen met schuin uitgesneden halfronde uitsparingen voor (2231.1, fig. 402: 5).

f) De zesde groep bestaat uit enkele sterk geprofileerde bakstenen (770.2: fig. 402: 6, 1748.2: fig. 402: 7, 2352.2: fig. 403: 1)

636 Hier worden enkel die stenen behandeld die ondanks hun specifieke vormgeving toch als bouwmateriaal zijn bestemd of door hun specifiek slijtagepatroon naar een functie in het bouwwerk kunnen verwijzen.

637 Voor een fraai vroeg-16de-eeuws voorbeeld, zie J. Wight 1972, pl. 48.

638 Mondelinge mededeling Vincent Debonne.

639 Delaey 2008, 294.

640 Debonne & Lachaert 2007, 264 fig. 35.

641 Wight 1972, 48: fig. 3:1.

642 Doperé & Ubregts 1991, 74 fig. 94.

643 Debonne 2008, 200.

644 Laleman & Stoops 2008, 176.

645 Devliegher 1975, 134 fig. 204.

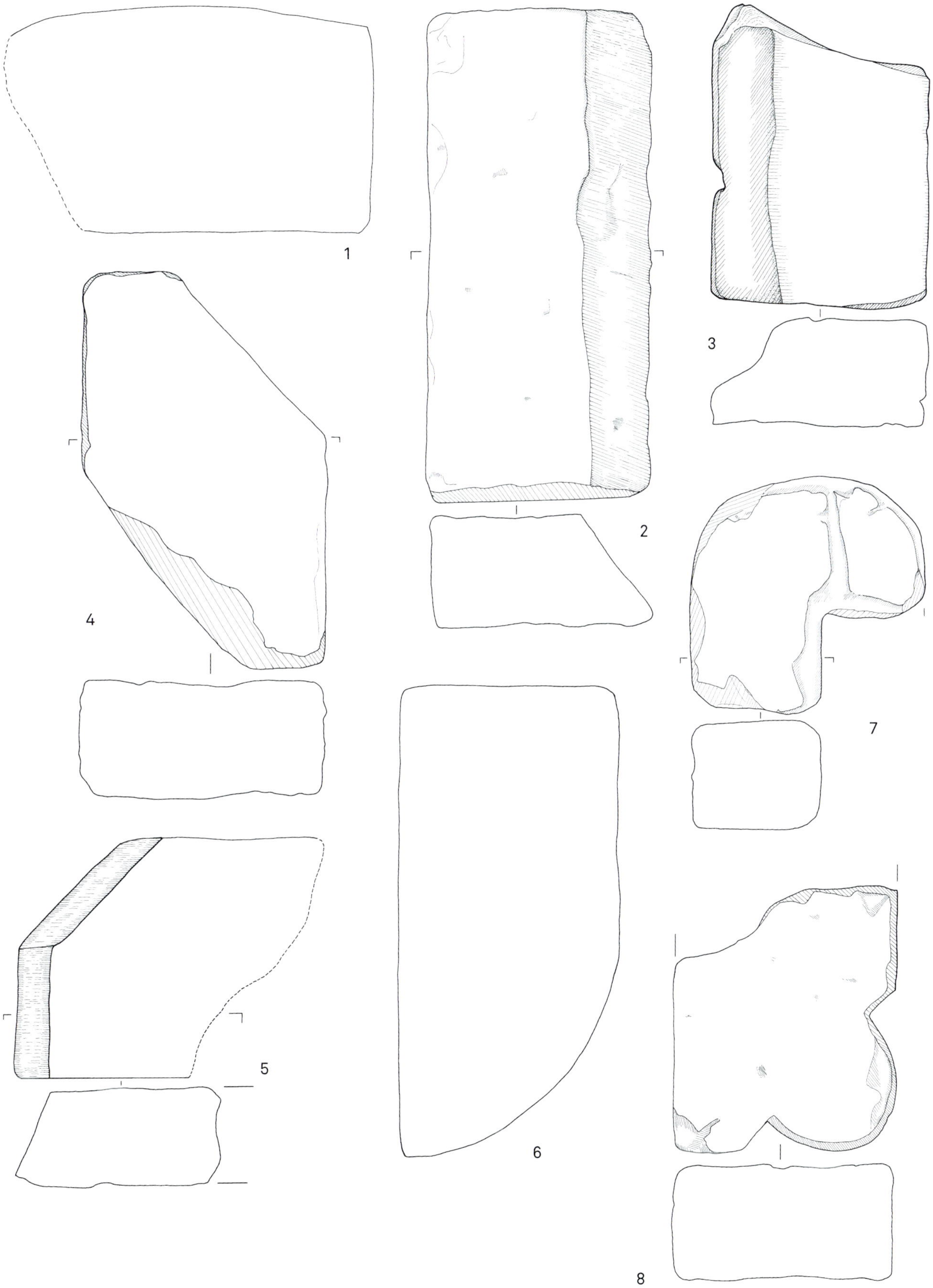

FIG. 401 **Bakstenen met een specifieke vormgeving. Schaal: 1/3.**
Bricks with a specific morphology. Scale 1:3.

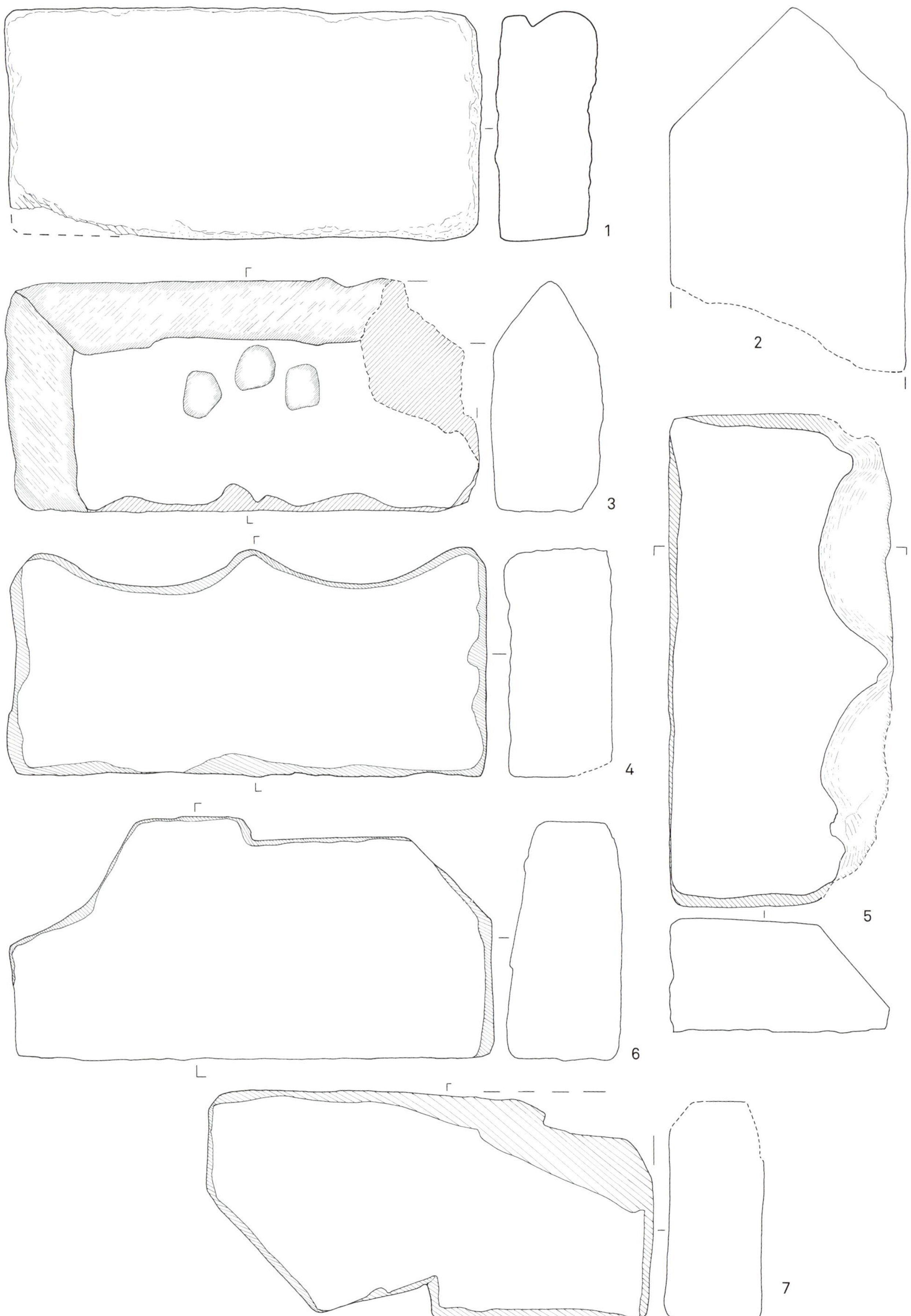

FIG. 402 **Bakstenen met een specifieke vormgeving. Schaal: 1/3.**
Bricks with a specific morphology. Scale 1:3.

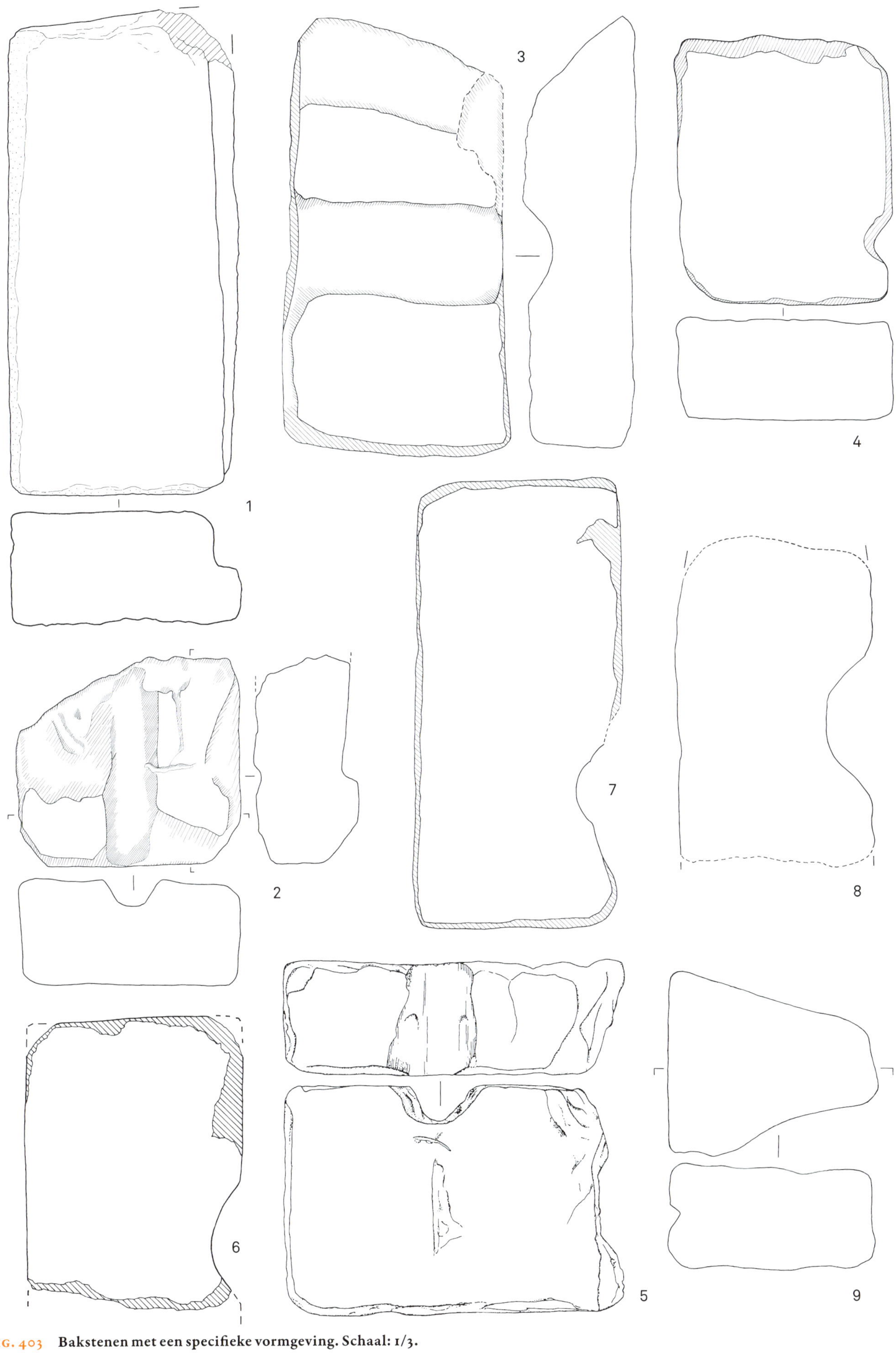

FIG. 403 **Bakstenen met een specifieke vormgeving. Schaal: 1/3.**
Bricks with a specific morphology. Scale 1:3.

die we vanwege de complexiteit van de vormgeving niet tekstueel beschrijven maar waarvoor we de lezer graag verwijzen naar de grafische voorstelling van de stenen.

g) De laatste groep ten slotte bestaat uit bakstenen met allerlei uitgespaarde of uitgehakte vlakken, hoeken, gleuven of holtes. De gleuven bevinden zich in het brede vlak (2932.8: fig. 403: 2, 1942.1: fig. 403: 3) of in het smalle vlak van de baksteen (766.3: fig. 403: 4, 272.1: fig. 403: 5, 2125.1: fig. 403: 6, 1901.23: fig. 403: 7, 2267.6: fig. 403: 8, 2953.1: fig. 403: 9). Een aantal hiervan zijn vermoedelijk gebruikt als steun voor een spit. Enkele andere stenen vertonen een eenvoudige uitgespaarde of uitgehakte hoek (376.1: fig. 404: 1, 2310.1: fig. 404: 2). Er werd slechts één baksteen aangetroffen met een circulaire uitholling op een van de brede vlakken (2932.9: fig. 404: 3), maar dit betreft wellicht een onvoltooide perforatie. Bij deze groep horen ook een aantal stenen met op regelmatige afstanden geplaatste uitsparingen. Deze uitsparingen zijn rechthoekig (2305.2: fig. 404: 4, 3565.1: fig. 404: 5) of driehoekig (1222.3: fig. 404: 6). Ten slotte zijn er bij één baksteen (2932.29: fig. 404: 7) twee gleuven uitgesneden met de concave zijde naar elkaar gericht.

In Walraversijde werden al deze bakstenen met een specifieke vormgeving tot dusver echter nog nooit aangetroffen in de situatie waarvoor ze bedoeld waren. Hierbij moet men wel rekening houden met het feit dat heel wat van deze bakstenen niet *in situ* in het bodemarchief van Walraversijde bewaard konden blijven gezien de beperkte bewaringsgraad van het muurwerk. Bijgevolg mag dus niet uitgesloten worden dat deze stenen in Walraversijde wel degelijk gebruikt werden waarvoor ze oorspronkelijk bedoeld waren. Dit argument is daarentegen wel bruikbaar voor bepaalde soorten (zoals de gekromde stenen) waarvan normaliter kan worden verwacht dat ze in hun oorspronkelijke situatie hadden kunnen aangetroffen worden. Anderzijds is het wel zo dat deze speciale stenen gewoon in de muren zijn aangetroffen, samen met de gewone balkvormige bakstenen. Indien deze bakstenen nodig waren voor bepaalde toepassingen zou men verwachten dat deze stenen – die ongetwijfeld duurder waren dan de gewone exemplaren – toch niet zomaar in de muren verwerkt zouden worden. Bij de opgravingen in Oostende werd een dergelijk voorraadje van gekromde stenen[646] inderdaad aangetroffen, wat erop wijst dat deze voor specifieke toepassingen opzij werden gezet.

Naast de stenen met specifieke vormgeving werden ook twee bakstenen met vóór het bakken aangebrachte versieringen aangetroffen. Op een van de zijkanten van een rode baksteen is een geometrische versiering (1901.8: fig. 405: 1) ingekrast die enigszins doet denken aan de op de tonnen gekerfde merken. Op een tweede, geelkleurige baksteen is op een van de platte vlakken een schematische voorstelling aangebracht van drie bogen die elk een pijl schieten naar een door twee grote parallelle V's aangeduid doel (1901.9: fig. 405: 2). Vooral de laatste voorstelling kan worden beschouwd als een *spielerei* van iemand die op zijn minst aanwezig was bij de productie van deze stenen. Dit werd op het equivalent van ongeveer 20.000 volledige bakstenen in Raversijde slechts éénmaal vastgesteld. Het geometrische ingekraste merk kan eventueel verband houden met het opmeten van de productie. Het zou kunnen dat de eerste steen van elke nieuwe productie op één of andere manier werd gemerkt, maar bewijzen hiervan zijn er niet.

Gezien de grote heterogeniteit, de formaten, de grote graad van slijtage, de aanwezigheid van pleisterresten op plaatsen die dat niet vereisen en het niet gebruiken van specifieke stenen waarvoor ze bestemd zijn, zijn de bakstenen uit Walraversijde ongetwijfeld te bestempelen als hergebruikt materiaal. Dit betekent niet per se dat ze van buiten de site afkomstig zijn, het kan ook gewoon om baksteenmateriaal gaan dat generatie na generatie ter plaatse werd hergebruikt, en dit vermoedelijk decennia lang. De grote graad van slijtage kan hierop wijzen. De grote heterogeniteit van het baksteenmateriaal zou eventueel ook verband kunnen houden met de mogelijkheid dat het gedeeltelijk om scheepsballast[647] ging dat nu en dan in het dorp belandde. Zo weten we dat bijvoorbeeld Nederlandse schepen in de 17de eeuw regelmatig bakstenen als ballast aan boord hadden[648]. Aangezien Vlamingen in de late middeleeuwen onder andere bakstenen naar Engeland verscheepten, maakten die stenen misschien soms ook wel deel uit van de lading van een boot. Bij het interpreteren van de vastgestelde heterogeniteit van de gebruikte bakstenen mag men echter niet uit het oog verliezen dat het archeologische onderzoek enkel de situatie op het einde van de bewoning aan het licht brengt. Het is m.a.w. niet uitgesloten dat de gebruikte bakstenen bij de aanvang van de bewoning in deze zone van het dorp in de late 14de-vroege 15de eeuw een homogener geheel vormden, dat enkel ten gevolge van de talrijke recyclagecycli met voortdurende bijmenging, heterogeen is geworden. De bakstenen die in Walraversijde achter de duinen werden aangetroffen, zijn vermoedelijk toch oorspronkelijk van buiten de site zelf (Oostende?). Op de site Raversijde-strand die in de 13de-14de eeuw te dateren is en die voor de nieuwe locatie een eind landinwaarts werd verlaten, werden immers nagenoeg geen bakstenen constructies aangetroffen. Het argument 'afwezigheid' houdt echter wel altijd risico's in. Het zou immers kunnen dat de bakstenen tot de laatste toe bij het verlaten van de woonzone op het strand werden gerecycleerd met het oog op de nieuw op te richten wijk in het meer landwaarts gelegen Sint-Pietersdomein. Anderzijds komen op het strand wel degelijk bakstenen voor zowel in enkele structuren (zoals haardplaten) als los in de vulling van veenwinningsputten zodat baksteen ter plaatse in elk geval niet volledig onbekend was in deze periode. De bakstenen zijn er voor alle duidelijkheid toch wel opvallend minder talrijk vertegenwoordigd dan in de woonzone die sinds 1992 onderzocht werd in de Polders.

Voor een aantal van de bakstenen met specifieke vormen is wel wat vergelijkingsmateriaal gekend. Gekromde stenen met vergelijkbare afmetingen zijn o.a. ook aangetroffen in Lampernisse[649] (B) en Roeselare-Sint Margriete[650] (B), beide in 14de-eeuwse contexten. Een 15de-eeuwse waterput uit Straatsburg (F) illustreert duidelijk een gebruik van dergelijk gekromde stenen

646 Pieters *et al.* 1995a, 193 fig. 11.

647 Bij het interpreteren van bakstenen als scheepsballast worden echter ook vraagtekens geplaatst (Smith 2001). Bakstenen zijn volgens Smith vooral handelswaar.

648 Kleij 1997, 182.

649 Scollar *et al.* 1970, 50.

650 Van Doorselaer, Verhaeghe 1974, 59.

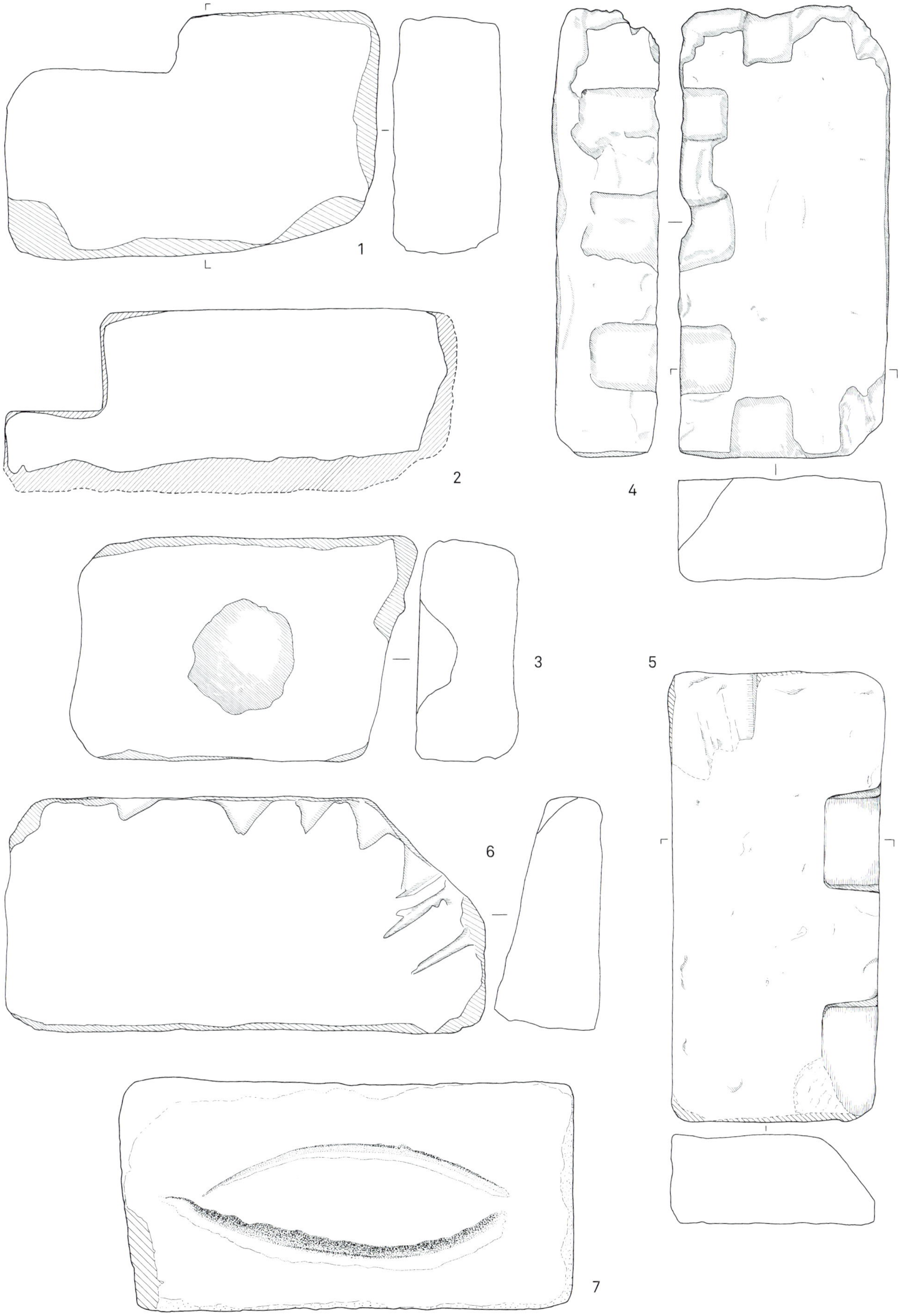

FIG. 404 **Bakstenen met een specifieke vormgeving. Schaal: 1/3.**
Bricks with a specific morphology. Scale 1:3.

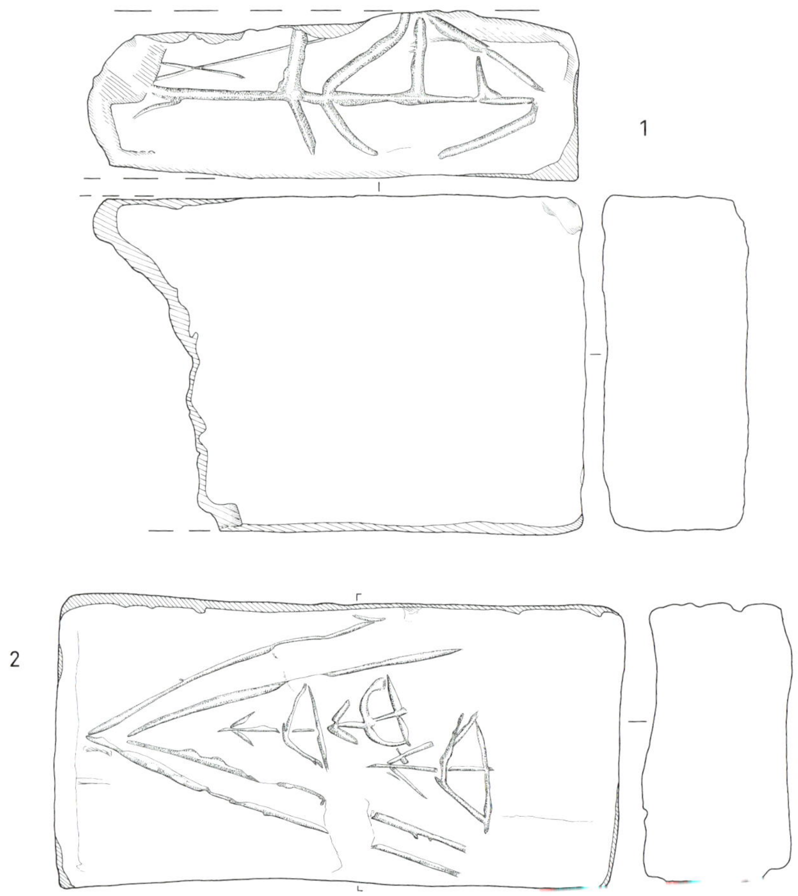

FIG. 405 **Bakstenen met een specifieke vormgeving. Schaal: 1/3.**
Bricks with a specific morphology. Scale 1:3.

voor het bouwen van een ronde waterput[651]. De in Straatsburg gebruikte stenen zijn echter een stuk groter (8 X 18 X 36-27 cm) dan de exemplaren uit Walraversijde. Bakstenen met een trapeziumvormige doorsnede bevinden zich o.a. tussen het bouwmateriaal van de abdij ter Duinen (Koksijde, B) uit de eerste helft en het midden van de 13de eeuw[652]. In Roeselare-Sint Margriete is in een 14de-eeuwse context net zo'n baksteen aangetroffen[653]. Bakstenen met weggesneden hoeken komen eveneens voor onder het bouwmateriaal van de abdij ter Duinen uit de eerste helft en het midden van de 13de eeuw[654] evenals bakstenen met afgeronde hoeken[655]. Bakstenen met twee halfronde uitsparingen zijn niet alleen in de kerk van Meesden (Hertfordshire, GB)[656] en de 14de-eeuwse donjon van Merchtem (B)[657]aangetroffen, maar ook in een context uit het kasteel van Valkenisse (Nl)[658] en in Brugge, Gent en Oudenaarde zoals hierboven vermeld. Geprofileerde bakstenen zijn ook gekend uit Heist[659]. Een baksteen met een ingekrast motief eveneens met militaire connotatie, een gehelmde ridder, is gekend uit de opgravingen in de Duinenabdij te Koksijde[660].

De gebouwen van het 15de-eeuwse Walraversijde waren dus ongetwijfeld voor een groot deel opgetrokken in baksteen. Hieronder volgt een kort overzicht dat aantoont dat Walraversijde op het vlak van woningen in baksteen allesbehalve achter was op de rest van het landelijke milieu in het zuidelijke Noordzeegebied.

In Engeland bleef het gebruik van baksteen in de middeleeuwen immers beperkt tot de belangrijkste bouwprojecten van de rijkste streken van het land. Baksteenbouw was er bovendien vooral een zaak van Oost- en Zuidoost-Engeland[661]. Het gebruik van baksteen is pas vanaf de Tudors[662] meer algemeen ingeburgerd. Maar zelfs in een aantal steden op het Europese continent voltrok het versteningsproces zich pas na het midden van de 15de eeuw. Zo voltrok in Middelburg, waar omstreeks 1525 zo'n 5000 tot 6000 mensen woonden, het versteningsproces zich tussen 1450 en 1650[663]. In Delft was de 'verstening' van de huizen pas na 1536 de regel[664]. Dit betekent uiteraard niet dat er vóór 1400 geen huizen in baksteen voorkwamen in de steden of zelfs op het platteland. In Brugge werden er in de 13de en vroege 14de eeuw heel wat huizen in baksteen opgetrokken. Hiervan is er in de stad

651 Burnouf *et al.* 1986, 99.
652 Termote 1990, 25: fig. 6 n° 28.
653 Van Doorselaer, Verhaeghe 1974, 59.
654 Termote 1990, 24: fig. 5 n° 19.
655 Termote 1990, 24: fig. 5 n° 15.
656 Wight 1972, 48: fig. 3:1.
657 Doperé & Ubregts 1991, 74 fig. 94.
658 Oele 1996, Oele 1997.
659 Hillewaert 1988c.
660 Schittekat 1972a, 37 fig. 38.
661 Brunskill 1990, 115-116.
662 Brunskill 1990, 130.
663 Sijnke & van Waarden-Koets 1994, 15.
664 Bult 1992a, 17.

doorgaans nog meer bewaard dan men op het eerste zicht zou denken[665]. De vroegste dateren van omstreeks 1200[666]. Ook in s'-Hertogenbosch zette het versteningsproces zich in vanaf het einde van de 13de eeuw, maar vooral in de 14de eeuw[667]. In Gent dateren de oudste volledige bakstenen gebouwen eveneens uit de 14de eeuw, maar het gros hiervan gaat niet verder terug dan de 15de-16de eeuw[668]. Het relatief late gebruik van baksteen voor woonhuizen in Gent houdt allicht verband met de aanwezigheid van een groot aantal gebouwen in natuursteen uit de 12de-13de eeuw. In het Nederlandse Hasselt (kleine laatmiddeleeuwse stad) kon o.a. ook een gedeelte van een bakstenen woning uit het midden van de 14de eeuw onderzocht worden[669]. Het onderzoek van sites met walgracht, een iets beter gekende landelijke bewoningsvorm, heeft aangetoond dat bij een aantal daarvan de residentiele gebouwen reeds vanaf de late 13de eeuw of de vroege 14de eeuw in baksteen zijn opgetrokken[670]. Het geringe aantal onderzochte sites met walgracht laat voorlopig niet toe om algemene uitspraken te formuleren over de verstening van deze gebouwen op het platteland. Deze vaststelling sluit in elk geval wel aan bij de nieuwe inzichten dat zowel in Brugge, Veurne als Kortrijk baksteen frequenter wordt gebruikt vanaf de 13de eeuw[671].

Voor de situatie van Walraversijde kan echter wel een treffende parallel gevonden worden in het landelijke Nieuwlande (Nl) waar zich in de loop van de 15de eeuw als het ware een metamorfose voltrok in het oostelijke deel van het dorp. De oude huizen werden er afgebroken en er verscheen een nieuwe wijk die uitsluitend uit steenbouw bestond[672]. Een dergelijke situatie kan zich ook hebben voorgedaan in Walraversijde. Vermits men door de moeilijkheden met de zee op het einde van de 14de eeuw gedwongen was zich opnieuw op een andere plaats meer landinwaarts te installeren, lijkt het niet onlogisch dat men dan ook maar meteen overgestapt is op een voor landelijke omgevingen nieuwere en veiligere manier van bouwen met baksteen, een bouwwijze die in de steden van het kustgebied al langer ingang had gevonden. De ondertussen nog toegenomen houtschaarste is hier misschien ook niet vreemd aan, maar dit staven met bewijzen is onmogelijk. Het lijkt een goed voorbeeld van de wet van de remmende voorsprong[673] van landelijke gebieden met vrij vroeg al enkele gebouwen in baksteen in vergelijking met vissersdorpen, zoals Walraversijde dat al omstreeks 1400 quasi volledig op baksteenbouw overschakelde.

Baksteen komt in elk geval ook voor in een aantal van de andere archeologisch gekende vissersmilieus zoals Nieuwe Yde[674], Heist[675] en Paalvoetside[676]. Bij geen van deze sites is echter het precieze belang van baksteen voor de lokale architectuur duidelijk. In Nieuwe Yde vielen er in de late 14de eeuw in elk geval heel wat bakstenen te recycleren. Dit toen al verlaten vissersdorp wordt vermeld als bron voor bakstenen voor de bouw van de stadsmuren en de vierboete van Nieuwpoort, wat erop wijst dat ook de visserwoningen in Nieuwe Yde omstreeks 1400 al in belangrijke mate in baksteen waren opgetrokken.

Hierna wordt het in Walraversijde gehanteerde metselverband nagegaan, m.a.w. de manier waarop de bakstenen tot een muur verwerkt werden. Een belangrijke eerste opmerking: door de hoge recuperatiegraad van de bakstenen kon slechts van een beperkt aantal muurfragmenten het metselverband worden bestudeerd. Hierbij komt nog dat er meestal slechts in een beperkte zone een gedeelte *in situ* overbleef. Het betrof dan vaak nog amper één steenlaag waardoor de dynamiek van het verband over de verschillende steenlagen heen in elk geval niet kon worden bepaald.

Het algemeen waargenomen verband kan het best als onregelmatig omschreven worden. Als er al sprake is van enige vorm van verband, wordt dit nooit systematisch over gans het bewaarde muurwerk toegepast. Een dergelijk ontbreken van een verband wordt ook wel vrij of wild verband genoemd[677]. Het onregelmatige karakter van het verband is vooral te wijten aan het feit dat met een beperkt aantal volledige bakstenen wordt gewerkt en aan de hoge graad van heterogeniteit van het baksteenmateriaal. In de muren worden vooral halve en driekwart stenen gebruikt. Deze worden door de metser vermoedelijk gebruikt zonder voorsortering naar vorm en afmeting waardoor het aanhouden van een regelmatig verband haast onmogelijk wordt. Er werd wel voor gezorgd dat de stootvoegen zich in de opeenvolgende bouwlagen nooit in elkaars verlengde bevonden.

Op zijn best kunnen in het metselwerk twee systemen worden herkend. Bij het ene systeem wordt een laag in de muur samengesteld uit een rij strekken en een rij koppen. Samen met de metselspecie is een dergelijke muur ongeveer 40 cm dik. De rij koppen en de rij strekken (staand verband[678]) wisselen in de opeenvolgende lagen telkens van plaats. Een dergelijk systeem werd o.a. vastgesteld bij de gebouwen 5, 9, 20, 23 (fig. 315), 28 en 29. Indien men met dit systeem een bredere muur wenste, werd tussen de twee rijen een kleine tussenruimte gelaten die werd opgevuld met kleinere brokken baksteen. Een muur van ongeveer 50 cm dik of twee strekken breed werd echter even gemakkelijk gerealiseerd met twee rijen koppen. Dit werd enkele keren vastgesteld als onderste laag van een muur o.a. bij de gebouwen 20 en 29 (fig. 357). Staand verband is in Brugge het meest gebruikte verband vanaf de periode 14de eeuw tot circa 1600[679]. Ook in de regio Veurne overheerst in de late middeleeuwen het gebruik van staand verband[680].

Het tweede systeem kan het best omschreven worden als een soort 'paramentsysteem' of kistwerk. Dit bestaat uit twee rijen strekken – halve stenen of om het even wat – met ertussen een zone die werd opgevuld met allerlei brokstukken. Met dit systeem werden vooral muren van 1,5 steen dik bekomen o.a. bij de gebouwen 4, 5 (fig. 137), 19, 23, 28 en 29 (fig. 358a), maar ook muren van twee stenen dik, o.a. bij de gebouwen 2 (fig. 106) en 20 (fig. 279). Het spreekt echter voor zich dat beide systemen gemakkelijk met elkaar te combineren zijn, en die combinatie is

665 Van Eenhooge 1997, 295.
666 Van Eenhooge 1998, 108.
667 Van Drunen & Glaudemans 1997, 163.
668 Charles *et al.* 2001, 75.
669 Bartels 1993a, 11 & 19: spoor 28.
670 Verhaeghe 1986, 71.
671 Debonne 2008, 201.
672 Van Heeringen 1991, 13.
673 Romein 1937.
674 Loppens 1932, 105-106.
675 Hillewaert 1988c.
676 Beekman & Van Beuningen 1995.
677 Hoogendijk 1994, 79.
678 Hoogendijk 1994, 77; Wets 2008, 151.
679 Wets 2008, 150.
680 Lehouck 2008, 219.

dan ook het meest voorkomend. Dit systeem laat een maximaal gebruik van het beschikbare baksteenmateriaal toe. Steenafval heeft men in dit systeem niet, aangezien alle brokken bruikbaar zijn, zelfs de kleinste. Deze muurdiktes stemmen bijvoorbeeld overeen met deze van de grotere laatmiddeleeuwse bakstenen huizen in Utrecht[681]. Bij de kleinere laatmiddeleeuwse huizen in Utrecht zijn de muren meestal maar 30 cm dik en wellicht verbonden met kalkmortel. Over de aard van het metselverband is geen informatie uit andere vissermilieus beschikbaar.

De hoogte van de muren is een ander aspect dat de aandacht verdient. Betreft het muren die tot op de volledige hoogte met bakstenen waren gerealiseerd of betreft het enkel voetmuren, een soort kleine sokkel om een hoofdzakelijk houten gebouw tegen opstijgend vocht te beschermen? Van de muren zelf krijgen we hierover relatief weining directe informatie gezien de grondige baksteenroof. De best bewaarde muurfragmenten van gebouwen 5, 21 en 23 tellen respectievelijk nog 8, 7 en 9 steenlagen. Bij gebouw 23 is boven de 7 steenlagen nog 30 cm uitbraakspoor bewaard waardoor de muur omgerekend al minstens 11 steenlagen telde. Bij gebouw 21 is de dwarsmuur nog 3 steenlagen hoger bewaard dan de zijmuur die 9 steenlagen telde waaruit kan afgeleid worden dan deze minstens 12 steenlagen telde. Met 12 steenlagen aan 6 tot 7 cm per steenlaag realiseer je een muur van 70 tot 80 cm hoogte, wat al redelijk hoog is voor een voetmuur.

Via de in horizontale positie in gebouw 28 aangetroffen pleisterwand met aan één kant duidelijk de indrukken van 24 baksteenlagen van een muur te zien zijn, blijkt dat de muren in grote mate of misschien zelfs volledig in baksteen waren. Met 24 steenlagen realiseer je een muur van 144 tot 168 hoogte, die bezwaarlijk nog kan geïnterpreteerd worden als een sokkel of voetmuur. Reglementen uit de vroege 18de eeuw van het Electoraat van Trier legden bijvoorbeeld voor nieuwe woningen een voetmuur van minstens kniehoogte[682] op (+/- 50 cm). Dit geeft goed aan in welke ordegrootte men van voetmuren (soubassements) sprak, in elk geval geen 1,5 m.

Het aantreffen van een ijzeren muuranker, eveneens in de context van gebouw 28, treedt deze interpretatie bij. De aanwezigheid van heel wat muurhaarden past beter in bakstenen dan in houten gebouwen. De aangetroffen restanten van pleisterwerk zijn gezien de indrukken op de achterkant overwegend aangewend op muren in baksteen. Het mag dus aangenomen worden dat de 15de-eeuwse gebouwen van Walraversijde overwegend in baksteen opgetrokken waren. Zoals al vastgesteld bij de beschrijving van de individuele gebouwen en ook verder nog besproken wordt, sluit dit de aanwezigheid van houten gebouwen helemaal niet uit.

4.3.3.1.3 Kalkmortel en aardmortel (?)

Het gebruik van kalkmortel werd in Walraversijde slechts zeer sporadisch vastgesteld, namelijk slechts drie geïsoleerde gevallen in de opgegraven zone. Het is zeer opvallend dat het gebruik van kalkmortel driemaal in associatie met een haardplaat is vastgesteld: bovenop de haardplaat[683] van gebouw 1, 13 en 18. Er moet een reden zijn waarom kalkmortel enkel in relatie tot haardplaten is vastgesteld. Het lijkt in elk geval op zich, los van andere argumenten, misschien wel te wijzen op het belang van de haard in de leefomgeving.

Er wordt dus behalve in relatie tot structuren bovenop de haardplaten om te metselen uitsluitend gebruikgemaakt van een zeer karakteristiek – op het terrein na verloop van tijd gemakkelijk herkenbaar – beige sediment dat kan omschreven worden als een mengeling van zand en klei (*cf.* 4.3.3.2.2. voor meer analytische info over deze mengeling). Dat het niet zomaar om het even welk sediment of gewoon aarde[684], maar wel om een preparaat gaat, bewijst het feit dat er bij alle gebouwen in Walraversijde dezelfde mengeling werd aangewend[685]. Deze mengeling ligt ook aan de basis van de kenmerken (kleur en textuur) van de talrijke uitbraaksporen, die hoofdzakelijk zijn opgevuld met deze metselspecie vermengd met baksteenbrokken en stukjes pleisterwerk. Micromorfologisch en fysico-chemisch onderzoek (*cf.* 4.3.3.2.2.) van dit materiaal bevestigt inderdaad dat het om een bewust aangemaakt product gaat. Het betreft vermoedelijk een mengeling van oppervlaktehorizonten afkomstig uit de plaatselijke bodem vermengd met meer zandig materiaal uit diepere lagen of afkomstig van elders. Duin- of strandzand lijkt er niet aan te pas te komen. Via onderzoek van dit soort materiaal van andere sites moeten we kunnen achterhalen waarop de grondstofkeuze precies gebaseerd was. Klei en kalk spelen hierin wellicht een belangrijke rol.

Het niet aanwenden van kalkmortel maar het consequente gebruik van een metselspecie (te omschrijven als aardmortel, ekstermortel of zwaluwmortel[686]) voor allerlei soorten stenen constructies als woningen en aanverwante structuren is op het platteland van West-Europa in de late middeleeuwen eerder regel dan uitzondering. Het lijkt zelfs een typisch kenmerk te zijn van de plattelandsconstructies. Het gebruik van aardmortel hoeft dan met andere woorden niet te wijzen op een technische zwakheid of gebrek aan kennis. Deze mortels vertonen immers vanwege hun kleigehalte doorgaans een zekere elasticiteit waarmee ze bijvoorbeeld vervormingen en verzakkingen kunnen opvangen zonder dat de muren breken, zoals wel het geval zou zijn bij muren verbonden met kalkmortel[687]. Het verschil tussen een gestabiliseerde aardmortel (een aardmengsel gestabiliseerd met kalk, doorgaans 15-18 % van het mengsel[688]) en een traditionele kalkmortel (van zand en grind) is anderzijds ook niet altijd even duidelijk, vermits traditionele mortels (van vóór de intrede van cement) vaak ook na het irreversibel hard worden kneedbaar en brokkelig bleven[689]. Of de in Walraversijde gebruikte metselspecie kan omschreven worden als een gestabiliseerde aardmortel is niet zeker, het is in elk geval wel meer dan gewoon lokale aarde. Wat in relatie tot het gebruik van gestabiliseerde aardmortels

681 Temminck Groll 1963, 144.
682 Freckmann 2006, 199.
683 Pieters 1993, 260.
684 Coignet & Coignet 2007, 30. Grond (terre) werd lange tijd gebruikt om bij droog metselwerk de ruimte tussen de stenen op te vullen om het bouwwerk meer wind- en waterdicht te maken.
685 Ondertussen is ook gebleken dat dit karakteristiek sediment ook aanwezig is bij de laatmiddeleeuwse of vroegmoderne gebouwen op de site van het Groot Tempelhof in Slijpe, *cf.* Zeebroek *et al.* 2006.
686 Letterlijke vertaling van '*mortier d'hirondelle*', een in Frankrijk gebruikelijke term voor dit soort mengsels.
687 Pesez 1998a, 65.
688 Coignet & Coignet 2007, 33.
689 Coignet & Coignet 2007, 31.

wel van belang is voor de interpretatie van de visserswoningen van Walraversijde is het feit dat duurzaam bouwen met een dergelijke aardmortel het gebruik veronderstelt van een bepleistering van de muren aan de buitenkant. Zo'n aan de buitenkant behandeld gebouw gezet met gestabiliseerde aardmortel heeft een gelijkaardige levensduur als een gebouw gezet met kalkmortel op basis van zand en grind[690].

Het niet gebruiken van kalkmortel voor de constructie van de muren, houdt in het geval van Walraversijde evenmin verband met de socio-economische situatie van de bewoners die eventueel onvoldoende bemiddeld geweest zouden zijn om kalkmortel aan te schaffen. De muren van hetzelfde gebouw werden immers naderhand minstens aan de binnenkant volledig bepleisterd met kalkmortel en wellicht ook aan de buitenkant, zoals het gebruik van aardmortel voorschrijft.

Dat het gebruik van aardmortels niet beperkt bleef tot kleine constructies van mindere kwaliteit bewijst bijvoorbeeld de middeleeuwse heerlijke schuur van Charny (F) (afmetingen: 40 bij 17 m) die ook zonder kalkmortel was gebouwd[691]. Wanneer dergelijke aardmortels gebruikt worden met natuursteen heeft men enerzijds te maken met muren van wel 0,8 tot 1,1 m dik en anderzijds met paramenten die in elkaar gewerkt zijn. Deze vaststellingen gaan echter niet op voor de bakstenen constructies die in Walraversijde gebouwd waren met aardmortels. De muren van de gebouwen in Walraversijde zijn slechts 0,4 tot 0,5 m dik en zijn in tegenstelling tot de muren in natuursteen soms wel opgebouwd uit twee paramenten met een centrale opvulling van baksteenbrokken en sediment. Ongetwijfeld impliceert een geringere muurdikte in de eerste plaats een geringere mogelijke hoogte. Voor de schuur van Charny wordt, gebaseerd op informatie van nog bewaarde op gelijkaardige wijze geconstrueerde schuren, rekening gehouden met een minimale hoogte van de zijmuren van 2,5 m. Voor de puntgevels wordt zelfs een hoogte van 8 tot 11 m mogelijk geacht. De geringere dikte van muren in baksteen houdt vermoedelijk ook verband met het feit dat muren in baksteen duidelijk lichter zijn dan muren in natuursteen. Gebouwen gezet met gestabiliseerde aardmortel hebben doorgaans niet meer dan 2 tot 3 niveaus[692].

Metselen met weinig of geen kalkmortel kwam echter in de middeleeuwen niet alleen op het platteland voor maar ook in de steden, zoals onder meer een laatmiddeleeuwse bakstenen beerput uit Nijmegen aantoont. Deze was gebouwd met bakstenen verbonden door met leem vermengd zand en enkel de hoeken ervan waren gemetseld met kalkmortel[693]. De meeste voorbeelden zijn echter wel gesitueerd op het platteland. De muren van de huizen in Dracy (Bourgogne, F) waren, zoals al het overige onderzochte muurwerk van deze site[694], geconstrueerd met natuursteen die enkel gebonden was met een gele, lokale klei[695]. Deze woningen werden in de late 13de-begin 14de eeuw gebouwd[696]. Het betreft op deze site eveneens woningen met volledig in natuursteen opgetrokken muren[697]. Eenzelfde observatie is mogelijk met betrekking tot de natuurstenen dorpsconstructies in Saint-Jean-Le-Froid (Aveyron, F) uit de 11de-13de eeuw. De spaties tussen de platte natuurstenen zijn er enkel opgevuld met een soort bruine aarde[698]. Jean-Marie Pesez gaat zover om te stellen dat het gebruik van aardmortels een typisch kenmerk is dat de middeleeuwse rurale architectuur onderscheidt van de religieuze, castrale en zelfs stedelijke architectuur uit deze periode[699]. In het graafschap Vlaanderen is zelfs een 13de-eeuws bakstenen gebouw opgetrokken op de commanderij in Slijpe, toe te wijzen aan de Tempeliers en gerealiseerd met aardmortel[700] die macroscopisch zeer goed gelijkt op de specie die in de 15de eeuw in Walraversijde werd gebruikt. Dit toont – ondanks het verschil van 1,5 eeuw – inderdaad aan dat het gebruik van dit soort mortel niet beperkt bleef tot de minder begoeden in de maatschappij.

De laatmiddeleeuwse landelijke baksteenarchitectuur in het graafschap Vlaanderen is dan weer niet volledig gerealiseerd zonder kalkmortel zoals aangetoond door het onderzoek van laatmiddeleeuwse gebouwen in Lampernisse[701], Roeselare (Sint Margriete)[702] en Moorsel[703]. Deze voorbeelden kunnen uiteraard alleen al door hun klein aantal geen representatief beeld verschaffen van de laatmiddeleeuwse plattelandsarchitectuur. Bovendien behoren deze sites tot de betere op het platteland. In Roeselare betreft het vermoedelijk de resten van de 'manor' van het dorp, en in Lampernisse en Moorsel de resten van gebouwen van sites met walgracht waarvan inmiddels werd aangetoond dat de bewoners tot verschillende sociale klassen behoorden gaande van de kleine adel tot de gemiddelde boer[704]. De meeste sites met walgracht lijken echter toe te behoren aan de bovenlaag van de middenklasse van vrije boeren[705]. Het zou dus kunnen dat het gebruik van kalkmortel om de muren te metsen ook deel uitmaakte van de statusgenererende kenmerken van dit soort sites. Dat de bewoners ervan een groot belang hechtten aan status blijkt uit het feit dat de grachten vooral een symbolische waarde hadden[706] en dus in de eerste plaats moesten dienen om hun status in de verf te zetten.

4.3.3.1.4 Kalkpleister: wit en rood

Gezien de pleisterfragmenten die op de volledige site van Walraversijde verspreid zijn aangetroffen, waren van een groot aantal gebouwen de muren of minstens enkele ervan geheel of gedeeltelijk aan de binnenkant of aan de binnen- en buitenkant met kalk bepleisterd. Wanneer de muren enkel onder de vorm van uitbraaksporen bewaard waren, zijn deze pleisterfragmenten teruggevonden in de opvulling van de uitbraaksporen. Bij enkele

690 Coignet & Coignet 2007, 33.
691 Beck (red.) 1989, 29.
692 Coignet & Coignet 2007, 33.
693 De Mul 1991, 13.
694 Abramowicz *et al.* 1970, 157.
695 Pesez 1975, 142.
696 Pesez 1975, 146.
697 Pesez 1975, 142.
698 Leciejewicz *et al.* 1970, 68.
699 Pesez 1998a, 66.
700 Zeebroek *et al.* 2006, 169.
701 Voor de site Gouden Klomp *cf.* Scollar *et al.* 1970, 20 fig. 5 en voor de site Leenhof ter Wissche *cf.* Verhaeghe 1986, 71 fig. 10.
702 Van Doorselaer & Verhaeghe 1974, 22-30.
703 Callebaut 1979, 11-14.
704 Verhaeghe 1986, 59.
705 Verhaeghe 1986, 79.
706 Verhaeghe 1986, 80.

van de nog in opstand bewaard gebleven muurfragmenten waren aan de binnenkant nog restanten van een bepleistering *in situ* aanwezig. Dit was het geval bij de gebouwen 17, 20, 28 (fig. 340a en b) en 29. Bij gebouw 28 was dit pleisterwerk nog bijzonder goed bewaard zowel *in situ* als in de binnen het gebouw aanwezige stratigrafie.

De los verspreid over de site aangetroffen fragmenten pleisterwerk vertonen op de achterkant bijna altijd sporen van de voegen van een bakstenen muur (fig. 406b) waaruit meteen blijkt dat de meeste gebouwen met pleisterwerk ook in baksteen waren opgetrokken. Bij gebouw 28 kan worden afgeleid dat het pleisterwerk minstens in twee fasen werd aangebracht: eerst werden de voegen met de kalkspecie opgevuld en vervolgens werd een vlakke afdekkende pleisterlaag aangebracht. Bij een aantal beter bewaarde pleisterfragmenten is duidelijk te merken dat de bepleistering in sommige gevallen werd voorzien van een afwerkingslaag of later werd opgesmukt met een fijnere kalklaag (witkalk?) die gezien de strepen vermoedelijk werd aangebracht met een borstel, zoals het fragment van fig. 406a aantoont. Heel wat fragmenten vertonen bovendien de sporen van een puntig truweel (fig. 406c) waarmee de kalkspecie op de muur werd gestreken. Deze bepleistering bleef meestal gewoon wit, maar heel af en toe werd ze ook versierd. Zo werd de bepleistering van gebouw 28 wellicht op zijn minst rood geschilderd. Dit kon in eerste instantie worden afgeleid uit de aanwezigheid van een aantal aflopende verfstrepen (fig. 340b) die zichtbaar waren op het pleisterwerk dat nog *in situ* aanwezig was op twee muren. Van dit pleisterwerk werd bovendien een groot stuk aangetroffen in de puinlagen van dit gebouw (fig. 341a) zodat kon achterhaald worden dat het pleisterwerk vanaf een bepaalde hoogte, boven de zone met verfstrepen op de muur, egaal rood was geschilderd. Rood beschilderd pleisterwerk werd eveneens aangetroffen tijdens de opgravingscampagne van 1999 in de context van een ander nog niet bestudeerd gebouw, waardoor in elk geval niet kan gesteld worden dat gebouw 28 een uniek geval is in Walraversijde. Philip Clogg (4.3.3.2.2) heeft een analyse uitgevoerd op een stuk rood pleisterwerk van gebouw 28. Deze rode kleur werd volgens de analysegegevens veroorzaakt door een ijzerverbinding: rode oker of haematiet[707]. Tussen de stenen van de rudimentaire bevloering spoornr. 886 van gebouw 19 (fig. 271) werd ook een stukje pleisterwerk aangetroffen met een beschildering van rode lijnen (fig. 406d). De twee haaks op elkaar staande lijnen maakten wellicht deel uit van een groot rasterwerk dat in rood vermoedelijk de voegen van bakstenen simuleerde. Aangezien deze context ook vroeg-17de-eeuwse vondsten bevat, is het niet zeker dat dit pleisterfragment wel tot de laatmiddeleeuwse materiële cultuur van de bewoners behoort. De interieurs van de woningen in Walraversijde waren meestal wit en in enkele gevallen rood of rood en wit. Rood werd in de middeleeuwen beschouwd als de direct tegengestelde kleur van wit. Beide kleuren voerden samen met zwart en soms ook groen de boventoon tot aan het einde van de middeleeuwen. Blauw en aanverwante kleuren kwamen pas vanaf de 13de eeuw echt op, maar ze verdrongen nooit het schema wit-rood-zwart[708]. Of het rood schilderen van het interieur van gebouw 28 veeleer een symbolische betekenis had, en dus geen loutere versiering was, kan niet achterhaald worden. Dit zou echter van belang kunnen zijn voor de interpretatie van het gebouw. In het geval van toename van versiering wijst het eerder op een huishouden dat over voldoende middelen beschikte om dit te bekostigen. Indien het een symbolische betekenis had, zou het ook een kenmerk kunnen zijn van een gebouw met een functie als herberg bijvoorbeeld. Aan rood worden tegengestelde betekenissen toebedeeld. Enerzijds kan het vurigheid en moed symboliseren, anderzijds is het ook de kleur van personen met een eerloos beroep[709].

In het uitbraakspoor (spoornr. 500) van gebouw 5 zijn pleisterfragmenten aangetroffen waarin er met een puntig voorwerp lijnen in het nog vochtige pleisterwerk zijn getrokken (fig. 406e). Deze bevinden zich systematisch boven de onderliggende opgevulde voegen zodat kan worden aangenomen dat deze lijnen de onderliggende (bak?)stenen op de bepleistering moesten aangeven. Hiermee staat in de materiële bronnen geschreven dat de bewoners van dit gebouw wilden tonen dat de muren van hun woning wel degelijk in (bak)steen waren opgetrokken en niet in vlechtwerk of hout. Er kan vanwege de fragmentatiegraad van de pleisterfragmenten niet afgeleid worden hoe groot de in het pleisterwerk aangeduide stenen waren. Het aanbrengen van die lijnen in de bepleistering is volgens ons een indirect argument om te veronderstellen dat ook de buitenkant van het gebouw bepleisterd was. Indien aan de buitenkant de bakstenen zichtbaar werden gelaten hoefde je aan de binnenkant met dergelijke ingekraste lijnen niet te beklemtonen dat je huis uit baksteen was opgetrokken, vermits iedereen dat ongetwijfeld heeft kunnen vaststellen aan de buitenkant.

Een klein aantal pleisterwerkfragmenten, aangetroffen op twee locaties binnen de opgegraven zone, vertonen op de achterkant systematisch sporen in negatief van plantaardig materiaal (stro?) (fig. 406f). Dit is vastgesteld bij een fragment uit laag 3527 aangetroffen tussen de gebouwen 28 en 29 en bij een ganse reeks fragmenten uit kuil spoornr. 221 ten oosten van gebouw 9. Dus vermoedelijk had gebouw 9 of een gedeelte daarvan wanden die bestonden uit met kalk bepleisterd stro of riet. Uit het micromorfologische onderzoek (*cf.* 4.3.3.2.1) blijkt dat deze pleisterspecie samengesteld is uit gebluste kalk vermengd met kwartszand. De afwezigheid van stukjes verhitte schelpen in de specie laat toe te besluiten dat de kalk niet werd bereid uit schelpen, maar vermoedelijk uit een fijne fossielarme kalksteen. Het betreft dus hoogstwaarschijnlijk een importproduct. Theoretisch gezien kan de kalk ook ter plaatse gebrand zijn uit de kalkstenen die onder het als scheepsbalast geïdentificeerd materiaal aangetroffen werden, zoals in een ensembe aangetroffen in de vulling van de gracht spoornr. 61[710]. Aanwijzingen hiervoor zijn echter niet herkend in het onderzochte deel van het bodemarchief. Import ligt dus meer voor de hand.

Op basis van de voor Walraversijde beschikbare archeologische bronnen kan er geen geheel sluitend antwoord geformuleerd worden op de vraag of ook de buitenkant van de muren bedekt was met pleisterwerk. Er is immers nergens in de opgegraven

707 Clogg 2002.
708 Pleij 1994, 20-23.
709 Pleij 1994, 70-71.
710 De Paepe & Pieters 1995, 246.

FIG. 406 **Pleisterfragmenten van de site Walraversijde. Schaal: 2/3.**
Plaster fragments from Walraversijde. Scale: 2/3.

zone in Raversijde een stuk muur bewaard gebleven waarop dit kon worden vastgesteld. Het kan echter op basis hiervan ook niet uitgesloten worden. Vermits men er bij het gebruik van aardmortels alle belang bij had dat het bindmiddel tussen de stenen droog bleef, lijkt een bepleistering aan de buitenkant meer dan waarschijnlijk, meer nog het is een vereiste om duurzaam met aardmortel te bouwen[711]. Gebouwen met muren in 'cob' (mengeling van klei, grind en stro) werden bijvoorbeeld in het recentere vissersmilieu in Exmouth (Devonshire, GB) in regel ook aan de buitenzijde bestreken met een mengsel van kalk en keitjes[712]. Ook de aanwezigheid van de hierboven vermelde ingekraste lijnen vastgesteld op pleisterfragmenten, wijst er wellicht op dat zowel het binnen- als buitenwerk bepleisterd werd. Niet alleen fysische factoren hadden een doorslaggevende rol bij het al dan niet bepleisteren van bakstenen gebouwen. Middeleeuwse bakstenen gebouwen werden in Stockholm over het algemeen niet bepleisterd omdat iedereen goed zou zien dat het wel degelijk een gebouw in baksteen betrof. In het middeleeuwse Stockholm waren bakstenen dan ook een modern en prestigieus bouwmateriaal[713].

Over de spreiding van pleisterwerk en de eventueel daarop aangebrachte muurschilderingen over de laatmiddeleeuwse

711 Coignet & Coignet 2007, 33.

712 Weddell 1986, 122.

713 Wessnert 2010, 33.

maatschappij kan vanuit de archeologische bronnen momenteel niet zoveel worden gezegd. Er zijn immers buiten de kerkelijke gebouwen, weinig gebouwen die met hun oorspronkelijke bepleistering en beschilderingen bewaard zijn gebleven. Uit enkele voorbeelden kan echter wel een eerste indruk worden gedistilleerd.

Muurschilderingen zijn al quasi niet aangetroffen bij een grootschalig onderzoek van de donjons in Vlaanderen[714]. Dit is echter vermoedelijk meer te wijten aan de slechte bewaringstoestanden van de meeste donjons dan aan de werkelijke afwezigheid van dergelijke versieringen in de middeleeuwse donjons. Bij het geringe aantal vastgestelde muurschilderingen in deze contexten bevinden zich twee voorbeelden van valse voegen[715]. Het in deze studie aangehaalde voorbeeld uit Tongeren (de donjon van Betho, met parallelle strepen die de omtrek van de stenen accentueren tegenover de witte achtergrond) toont aan dat er heel wat verschillende methodes waren om de voegen op het pleisterwerk te visualiseren. Bepleisteringsresten zijn uiteraard wel regelmatig aangetroffen in de context van deze onderzochte donjons in Vlaanderen. In de context van donjons moet men ook wel rekening houden met de eventuele aanwezigheid van tapijten bijvoorbeeld. In Londen zijn er buiten de kerkelijke gebouwen, enkel archeologische aanwijzingen aangetroffen voor witgekalkte middeleeuwse binnenmuren maar niet voor middeleeuws beschilderd pleisterwerk[716]. In Gentse middeleeuwse stadswoningen wordt vaak een rode verflaag opgemerkt als oudste verflaag op een natuurstenen parement. Hieruit mag echter niet worden afgeleid dat het interieur al van in het begin geschilderd was[717]. Een rode beschildering werd eveneens aangetroffen op het pleisterwerk van een 13de-eeuwse woning in Luddesdown (Kent, GB). Bij deze woning betrof het echter wel degelijk een geschilderd motief[718]. Onder het afbraakmateriaal van een 13de-eeuws gebouw in Zoutenaaie bevonden zich ook stukjes pleisterwerk met sporen van een rode beschildering. Dit betrof vermoedelijk een woning in vakwerk bedekt met pannen en voorzien van een rood beschilderd pleisterwerk[719]. Ten slotte zijn er eveneens aanwijzingen voor met kalk bepleisterde muren vastgesteld in Nieuwe Yde onder de vorm van een muurfragment met restanten van een witte bepleistering[720]. Deze informatie is echter te disparaat om zich een goed idee te kunnen vormen van de verspreiding over de middeleeuwse leefwereld. De voorbeelden wettigen wel de indruk dat bepleistering zowel sociaal als geografisch vrij ruim verspreid was.

Een bepleistering aan de binnenkant van een gebouw werd vooral aangebracht voor haar isolerend vermogen: om de warmte binnen te houden[721] en om het vocht buiten te houden[722]. De decoratieve afwerking van vele Antwerpse kamers uit de periode 1500-1800 met een gladde pleisterlaag en een overwegend lichte beschildering duidt er wellicht op dat men met deze bepleistering het binnenvallende licht doelbewust door weerkaatsing wilde versterken [723]. Dat een witte bepleistering de verlichting ten goede komt, staat buiten kijf. Het feit dat men deze dan naderhand rood kleurt, wijst erop dat verlichting in dat specifieke geval niet of niet meer de eerste bekommernis was, wat dan toch eventueel op een functie van herberg zou kunnen wijzen. Dergelijk pleisterwerk aan de buitenkant van de muren diende vooral om de aardmortel te beschermen tegen slagregens[724].

Pleisterwerk en mortels werden in Vlaanderen tot nu toe zelden fysico-chemisch onderzocht en gepubliceerd. Er zijn slechts een handvol voorbeelden van archeologisch pleisterwerk bekend uit het onderzoeksgebied. Voor het kustgebied van Noord-Frankrijk, België en Zeeland is er de studie door Hans Mestdagh van een 70-tal stalen uit 18 Romeinse sites[725]. Daarnaast werden twee stukken pleisterwerk bestudeerd uit de Gentse Sint-Pietersabdij[726]. Door het geringe aantal studies is vergelijkingsmateriaal niet of nauwelijks voorhanden waardoor het hierna behandelde micromorfologisch en fysico-chemisch onderzoek van de pleisterstalen uit Walraversijde zich noodgedwongen heeft moeten beperken tot het vaststellen en beschrijven van de algemene kenmerken (4.3.3.2.1.).

4.3.3.1.5 IJzer, lood, glas, zand en hout

Voorwerpen in ijzer die oorspronkelijk deel uit maakten van de nagelvaste infrastructuur van de gebouwen in Walraversijde zijn misschien niet schaars, maar wel moeilijk archeologisch zo te herkennen. Van slechts enkele van de aangetroffen scharnieren is zeker dat ze bij een deur of een vensterluik hoorden en niet bij een kast of koffer. Daarnaast is er wat ijzer betreft vooral een fragment van een muuranker aangetroffen dat ondubbelzinnig naar een gebouw in steen verwijst en niet naar een houtbouw.

In de context van gebouw 28 werd een groot fragment van een ijzeren muuranker aangetroffen met een eenvoudige aan twee uiteinden aangepunte stang als schieter (3243.1: fig. 339). Het muuranker heeft een bewaarde lengte van 43 cm en is 49 cm breed. De zoektocht naar vergelijkbare of andere muurankers in de archeologische literatuur bleef zonder resultaat. Bouwhistorisch onderzoek toont echter wel aan dat de schieters van muurankers van een eenvoudige rechte stang in de 15de eeuw evolueren tot sierlijk uitgewerkte staaltjes van smeedkunst tegen het einde van de 16de eeuw[727]. De aanwezigheid van dit muuranker is wel van belang in het licht van het onderzoek van de behuizing. Muurankers sluiten immers perfect aan bij gebouwen in baksteen, want ze worden niet gebruikt bij een bovenbouw in hout.

Behalve een ijzeren muuranker werden in de onderzochte zones ook 21 fragmenten van loodstrips voor glas-in-loodramen aangetroffen. Deze vertonen allemaal een I-vormige dwarsdoorsnede en de gleuf is 3 tot 4,4 mm breed. Deze vondsten stammen grotendeels uit de sector nabij de Duinenstraat (Raversijde 96-98), waar 13 van de 21 fragmenten zijn aangetroffen. Slechts vijf fragmenten zijn afkomstig van de zone Raversijde 92-95 en één fragment komt van het perceel waarop de kapel stond. De

714 Doperé & Ubregts 1991, 92.
715 Doperé & Ubregts 1991, 92.
716 Keily 1998, 41.
717 Laleman *et al.* 1986, 90.
718 Barnwell & Adams 1994, 122-123.
719 De Meulemeester & Termote 1983, 14.
720 Loppens 1932, 105-106.
721 Wight 1972, 24.
722 Wight 1972, 80.
723 Maclot 1988a, 109.
724 Coignet & Coignet 2007, 33.
725 Mestdagh 1991.
726 Stoops & Stoops 1996.
727 Charles *et al.* 2001, 71.

twee resterende kunnen enkel als losse vondsten uit Raversijde 92-98 worden beschouwd.

Deze vondsten wijzen erop dat sommige van de onderzochte woningen minstens gedeeltelijk voorzien waren van glas-in-loodramen. Op basis van de ruimtelijke spreiding van deze vondsten zou men kunnen besluiten dat de woningen – vooral het dichtst – bij de Duinenstraat beter voorzien waren van dergelijke ramen dan deze uit de zone Raversijde 92-95. Conclusies trekken uit één soort vondst is gevaarlijk, zo blijkt uit het feit dat in de zone van de kapel (fig. 87) slechts één loodstripfragment werd aangetroffen terwijl de kapel juist het enige gebouw is waarvan op basis van geschreven bronnen met zekerheid kan worden gesteld dat het glas-in-loodramen bezat. Dit wordt bovendien goed aangetoond door de materiële bronnen aan de hand van de grote hoeveelheden stukken vensterglas uit die ene kleine zoeksleuf in de zone van de kapel.

De loodstrips zouden theoretisch ook stukken gerecycleerd lood kunnen vertegenwoordigen dat van andere plaatsen werd aangebracht om er bijvoorbeeld in Walraversijde loden visnetverzwaringen van te maken. Maar de vele loden netverzwaringen in het bodemarchief van Walraversijde geven toch aan dat men op deze site net zo onzorvuldig met lood had omgesprongen als met bakstenen. Het recuperatieargument speelt echter in twee richtingen. Het lood van een gebroken ruit kon ook gemakkelijk onder de vorm van netverzwaringen worden hergebruikt en op die manier archeologisch onvindbaar worden. Algemeen wordt ervaren (*cf.* Winchester) dat de teruggevonden loodstrips bij archeologisch onderzoek niet gemakkelijk rechtstreeks te koppelen zijn aan het eigenlijke gebruik van glas-in-loodramen. De afwezigheid daarvan betekent immers niet automatisch dat er geen glas-in-loodramen waren zoals aangetoond voor de site van de kapel, terwijl de geringste hoeveelheid in veilige stratigrafische context aangetroffen loodstrips, wel sterke aanwijzingen maar geen zekerheden vormen voor de voormalige aanwezigheid van glas-in-loodramen[728]. Om het belang en vooral de betekenis van deze vondsten beter te kunnen evalueren, dienen ze te worden geanalyseerd in samenhang met het vensterglas zelf.

Glas is globaal bekeken slecht vertegenwoordigd onder de mobiele vondsten van Walraversijde. Glas werd immers vermoedelijk over het algemeen vrij goed gerecycleerd omdat het onder gemalen vorm opnieuw aan het productieproces kan deelnemen[729]. Bovendien is glas vanwege zijn specifieke chemische kenmerken onderhevig aan allerlei afbraakprocessen[730]. Het vensterglas is opgenomen in de studie van Danielle Caluwé[731] en wat hierna volgt is daarop gebaseerd.

Drie fragmenten (602.4, 2247.1 en 2348.92) zijn als kroonglas, vervaardigd volgens de centrifugale methode[732], te identificeren. Twee hiervan zijn afkomstig uit de zone nabij de Duinenstraat en één uit de zone Raversijde 1992-1995. Fragment 602.4 werd aangetroffen in kuil spoornr. 162, een 7-tal m ten noorden van gebouw 1. Fragment 2247.1 stamt uit de opvulling van kelder spoornr. 868 te dateren in de 18de of 19de eeuw en fragment 2348.92 is afkomstig uit laag 2348 die o.a. gebouw 30 afdekt, maar onder gebouw 29 doorloopt. Men kan dus besluiten dat kroonglas in Walraversijde voorkwam, en dat gebouw 1 en eventueel ook de gebouwen 29 en/of 30 over enkele dergelijke ruiten beschikte. Kroonglas is echter vermoedelijk slechts van marginale betekenis geweest in Walraversijde.

De meerderheid van het aangetroffen vensterglas is vervaardigd volgens de cilindermethode van Henkes[733]. Het vensterglas is voor deze bespreking opgedeeld in beschilderd glas en glas zonder sporen van beschildering. Deze laatste groep is op basis van de kleur verder opgesplitst in respectievelijk groen, blauw, geel, bruin, kleurloos glas en glas waarvan de kleur als gevolg van de zware aantasting niet meer kan worden bepaald.

De overgrote meerderheid van het beschilderd glas is aangetroffen in de zone van de kapel, wat erop wijst dat de kapel in elk geval voorzien was van beschilderd glas. Dit wordt o.a. reeds vermeld door Gaillard die stelt dat onder meer het wapen van de familie Reyphins op de glasramen was afgebeeld[734]. Het glas is sterk gefragmenteerd zodat hier en daar wel onderdelen van voorstellingen kunnen worden herkend, zoals een stuk van een hand[735], zonder dat evenwel de thematiek van de voorstelling kan worden achterhaald.

Beschilderd glas is echter niet volledig afwezig in de zones Raversijde 1992-1995 en 1996-1998. Eén stukje (1662.71) is aangetroffen in de bovenste vulling van veenwinningsput spoornr. 619, twee fragmenten (2828.1 en 5) komen uit de vulling van kuil spoornr. 1167 onmiddellijk ten westen van gebouw 23 en een aantal fragmenten (3569.1, 4-5) zijn afkomstig uit een afbraaklaag onder de bevloering spoornr. 1481 gesitueerd tussen de gebouwen 28 en 29. Uit de verspreiding van de fragmenten beschilderd glas kan in elk geval worden afgeleid dat in de zone Raversijde 92-95 vermoedelijk geen gebouwen met beschilderde glasramen voorkomen, zelfs gebouw 1 niet. Aangezien het ene fragment met sporen van beschildering uit de zone Raversijde 1992-1995 een geïsoleerde vondst is zonder dat andere aanwijzingen – in de vorm van aanwezigheid van fragmenten niet-beschilderd glas of fragmenten van loodstrips – werden aangetroffen mag hieraan niet te veel belang worden gehecht. In de zone langs de Duinenstraat, Raversijde 96-98, bezaten twee of drie gebouwen (23 en 28 of 29) wellicht wel één of meerdere ruiten met beschilderd vensterglas.

De verspreiding van het niet-beschilderd vensterglas over de onderzochte zone is niet willekeurig, ze lijkt gedeeltelijk gekoppeld aan bepaalde gebouwen. In de zone Raversijde 1992-1995 komen naast enkele geïsoleerde vondsten vooral glasfragmenten voor in de omgeving van de gebouwen 1, 2 en 13. Enkele stukken (230.4-6) komen uit de primaire vulling van latrine spoornr. 546 en de overige uit de bovenste vulling van veenwinningsput spoornr. 69 of uit kuilen die deze veenwinningsput afzomen. Het stukje glas gesitueerd ten noorden van veenwinningsput spoornr. 69, zit in de vulling van een vermoedelijk vroegmoderne kuil (spoornr. 475) en is daarom niet geheel betrouwbaar. Ten zuiden van de gebouwen 1 en 13 komt een kleine concentratie glas voor, eventueel te verbinden met een zuidwaarts gesitueerd

728 Biddle 1990, 96.
729 Oost 1988, 159-160.
730 Voor meer informatie omtrent chemische compositie en verwering van glas uit Raversijde zie Schalm *et al.* 2004.
731 Caluwé 2001.
732 Henkes 1994, 350: afb. 217.
733 Henkes 1994, 349: afb. 216.
734 Gaillard 1858, 58.
735 Caluwé *et al.* 2003, 65 fig. 43.

niet nader onderzocht gebouw. Het stukje glas aangetroffen nabij gebouw 15 kan bezwaarlijk als argument aangewend worden om dit gebouw ook van vensters met glazen ruiten te voorzien.

In de zone Raversijde 1996-1998 zijn de vensterglasvondsten vooral te verbinden met de gebouwen 20, 23, 28 en 29. De grote wolk met glasvondsten in sleuf 96/II is vooral samengesteld uit glasfragmenten waarvan de kleur niet meer kon worden bepaald en die zijn aangetroffen in de bovenste lagen waardoor een laatmiddeleeuwse datering voor deze fragmenten niet helemaal zeker is.

Deze stukken vensterglas geven samen met de fragmenten van loodstrips dus aan dat de hierboven opgesomde gebouwen wellicht op zijn minst gedeeltelijk voorzien waren van ramen met glazen ruiten. De vraag die hierbij rijst is de datering ervan. Op basis van de algemene stratigrafie en de specifieke dendrochronologische informatie van de tonwaterputten kan worden gesteld dat vensterglas, dat zeker nooit alomtegenwoordig is geweest in het laatmiddeleeuwse Walraversijde, slechts tot de materiële cultuur gaat behoren in de 2de helft van de 15de eeuw of eventueel zelfs naar het einde van deze eeuw toe. De uitzondering hierop is vermoedelijk de kapel. Men zou zich zelfs kunnen afvragen of de kapel (vermoedelijk gebouwd tussen 1421 en 1438[736]) niet de voorzet heeft gegeven voor de verspreiding van het gebruik van vensterglas in Walraversijde.

De hiernavolgende chronologische argumenten staven de hierboven geuite synthese omtrent de datering van vensterglas in Walraversijde. Vensterglas is aangetroffen in de vulling van de bakstenen latrine die tot de 3de fase van gebouw 13 behoorde en in elk geval van na 1419 en wellicht zelfs van na 1424 is. Vensterglas is in de zone Raversijde 1992-1995 ook aangetroffen in de vullingen van de tonwaterputten spoornrs. 555 en 556 met respectievelijk dateringen van 1444 als *terminus post quem* en 1474-1484 als vellingsdatum. Het glas in de omgeving van gebouw 20 is afkomstig uit het uitbraakspoor van dit gebouw (1973.1), uit de vulling van tonwaterput spoornr. 745 en uit de vulling van de bakstenen waterput spoornr. 732. Tonwaterput 745 heeft 1466-1476 als kapdatum opgeleverd en de bakstenen waterput is stratigrafisch jonger dan deze tonwaterput. In de zone tussen de gebouwen 28 en 29 is glas aangetroffen op en onder bevloering spoornr. 1481, in de vulling van de tonwaterputten spoornrs. 1553 en 1628 en in de constructiekuil van de bakstenen waterput spoornr. 1468 die samengaat met de laatste fase van de bevloering. De tonwaterputten hebben als respectievelijke dateringen 1468-1478 en 1403-1413 als kapdata opgeleverd. De laatste fase van bevloering spoornr. 1481 dateert vermoedelijk van na 1443, gezien de kapdatum van tonwaterput spoornr. 1620 die eronder zit. Het feit dat er ook vensterglas is aangetroffen onder deze bevloering, waaronder beschilderd vensterglas, sluit niet uit dat gebouw 28 reeds halfweg de 15de eeuw of zelfs iets vroeger voorzien was van vensters met glazen ruiten. De overige glasvondsten verwijzen wat de chronologie betreft dus vooral naar de 2de helft van de 15de eeuw.

De grote impuls voor de vervaardiging van vensterglas kwam na het midden van de 12de eeuw met de bouw van de kathedralen. Niet alleen voor de kathedralen, maar ook voor de behuizingen van het hof en de hoge geestelijkheid was glas nodig. De vroegste aanwijzingen voor glas in lood in bewoningscontexten dateert in Londen bijvoorbeeld van de late 13de eeuw. Hieruit blijkt dat de rijkere bevolking vanaf dan vensterglas in hun huis begon te gebruiken[737]. De gegoede burgerij volgde in de Nederlanden echter pas in de 15de eeuw[738].

Op archeologische sites op het laatmiddeleeuwse Europese platteland zijn er tot 1998 geen vondsten van vensterglas gesignaleerd[739]. Het onderzoek in Walraversijde laat echter toe deze stellingen in verband met vensterglas op het platteland althans voor Vlaanderen lichtjes te nuanceren. Kroonglas of *fond de bouteille*-glas staat afgebeeld op enkele schilderijen van Jan Van Eyck (+/- 1390-1441) en het gebruik ervan was in de 15de eeuw misschien nog vrij courant[740]. Het komt echter slechts in zeer beperkte mate voor in Walraversijde. Dit zou kunnen te wijten zijn aan het feit dat vensterglas in Walraversijde pas ruimer verspreid geraakt in de 2de helft van de 15de eeuw op een ogenblik dat kroonglas niet meer gebruikelijk was. In de 15de eeuw was voor vensterglas het ruitpatroon nog volop in gebruik. Vermoedelijk kreeg het glaspaneel pas na het midden van de 15de eeuw een loodpatroon met vierkante of rechthoekige indeling. Het ruitpatroon werd echter ook achteraf nog lang gebruikt[741]. In Walraversijde werden zowel ruitvormige als rechthoekige stukken glas aangetroffen. Gebrandschilderd glas wordt veel minder frequent gevonden dan gewoon vensterglas dat bijna bij elke opgraving die glas oplevert, wordt aangetroffen. Gebrandschilderd glas is gewoonlijk afkomstig van kerken, adellijke huizen of woningen van gegoede burgers en dateert vooral van de 16de eeuw en later[742]. Dat dit echter ook in andere milieus voorkwam, bewijzen de gegevens in verband met het 15de-eeuwse Walraversijde. Beschilderd glas is niet alleen in Walraversijde maar ook in het vissersdorp Heist aangetroffen, eveneens in contexten uit de 14de-15de eeuw[743]. Dit zou er kunnen op wijzen dat beschilderd vensterglas een zekere verspreiding kende in de laatmiddeleeuwse vissersmilieus van het Vlaamse kustgebied.

In een aantal gebouwen (23, 24, 26, 28, 29) is de aanwezigheid van dunne bruine loopniveautjes met een platige structuur vastgesteld. Deze werden tijdens het terreinonderzoek gedetailleerd opgegraven en uitvoerig bemonsterd zowel fysico-chemisch als micromorfologisch. Uit de analyses (*cf.* 4.3.3.2.3) blijkt dat deze laagjes ontstaan zijn door een discontinu aanbrengen van zand als vloerbedekking. Ze bleken echter reeds tijdens het archeologische terreinonderzoek relatief arm aan mobiele vondsten. Enkele vondsten daarvan (zoals een amberen kraal en enkele munten) zijn ongetwijfeld het gevolg van zogenaamd verlies-depositie.

736 Tys 1995-1996, 187.
737 Thomas 2002, 72.
738 Henkes 1994, 349.
739 Pesez 1998b, 473.
740 Laleman 1993, 31.
741 Everaert 1993, 44-45.
742 Henkes 1994, 351.
743 Hillewaert 1988c.

Bij de zoektocht naar de reconstructie van de activiteiten in deze gebouwen vertegenwoordigen verloren of onopzettelijk gedeponeerde mobilia de meest betrouwbare, primaire informatie[744] waarover men doorgaans beschikt. Bijgevolg moet er gezien de geringe vondsten in dit kader dus vooral informatie verwacht worden van het doorgedreven onderzoek van deze laagjes via gespecialiseerde technieken zoals de micromorfologie en de studie van plantenresten, pollen zowel als macroresten. Wat o.a. uit het micromorfologisch onderzoek kan afgeleid worden, is het grote belang van turf in plaats van hout als brandstof.

Zand werd systematisch gebruikt als vleilaag voor bakstenen bevloeringen en haardplaten, als middel om de bodem van vervuilde tonwaterputten te saneren en als stabiel materiaal om er buiten gebruik gestelde structuren mee op te vullen. Over het gebruik van zand voor de bevloering zoals aangetoond in Walraversijde zijn in de archeologische bronnen geen parallellen gekend. In de eerste helft van de 20ste eeuw strooide men in Raversijde net als op veel andere plaatsen wel nog zand op de (tegel)vloer[745].

De aangetroffen stukken conctructiehout vormen een andere bron van informatie over de materialen waarmee men in Walraversijde gebouwen optrok[746]. In een beperkt aantal paalsporen, weliswaar niet behorend bij een gebouw en hoofdzakelijk in de zone Raversijde 96-98, was af en toe nog een deel van de paal zelf bewaard. Hieruit bleek dat dit regelmatig stukken constructiehout waren die bijvoorbeeld als omheiningspaaltjes hergebruikt werden. Daarnaast werden af en toe stukken constructiehout aangetroffen in de vullingen van kuilen. Deze worden hier kort overlopen. Het grootste aantal daarvan werd evenwel aangetroffen in een archeologische laag tijdens het onderzoek van gebouw 30 (4.3.2.31. Gebouw 30).

In totaal kunnen een 25-tal stukken hout herkend worden als hergebruikt constructiehout. We hebben enkel die stukken opgenomen die aan de hand van bijkomende kenmerken (pengaten, lippen, open gaten, gleuven, afschuiningen ...) onomstotelijk als hergebruikt constructiehout konden worden geïdentificeerd. Dit betreft o.a. stukken van planken (2348.113, 2348.114, 2699.1, 2848.3, 4129.1, 4194.3-6) waarvan er twee houtanatomisch als eik gedetermineerd werden (2348.114 & 2699.1). Een tweede groep bestaat uit als een paal hergebruikte stukken hout met een eerder vierkante doorsnede en voorzien van een aantal pengaten (2866.1, 2883.1, 2890.1, 4144.1-2, 4241.1). Sommige van die pengaten zijn nog gevuld met pennen. Fragment 2883.1 werd ook houtanatomisch gedetermineerd als eik. Vier balkjes vertonen een lip (2241.1, 2701.1 (fig. 390.5), 4242.1, 4288.1) bedoeld voor het realiseren van zogenaamde lipverbindingen. 2701.1 was vervaardigd in grove den (*Pinus sylvestris*). Een volgende groep bestaat uit stukken balk met aan de uiteinden een lip en een verstek, eveneens te gebruiken voor lipverbindingen (2695.1 (fig. 390.3), 2696.1 (fig. 390.1), 2699.2, 2700.1 (fig. 390.4), 4140.1). Deze werden allemaal samen aangetroffen in de context van gebouw 30 (fig. 388d). Behalve 4140.1 bezitten al deze stukken twee op dergelijke wijze voorziene uiteinden. Deze vier stukken zijn allemaal vervaardigd in grove den (*Pinus sylvestris*). De totale lengte van de stukken is vrij gelijkaardig en schommelt tussen 53 en 71 cm. Tot slot zijn er nog twee balkjes: één met een open gat en een lip of loef (2865.1), en een tweede met aan elk uiteinde een pen (2697.1, fig. 390.2). Dit balkje vertoont centraal een gesloten gat dat een pen van ongeveer 9 bij 2 cm kan vatten. Het laatst genoemde balkje zou kunnen worden geïnterpreteerd als een hanebalk, een horizontaal verbindingsbalkje tussen twee sporen dicht bij de nok. Het feit dat aan één zijde in dit balkje een open gat is aangebracht verwijst mogelijkerwijze naar de aanwezigheid van een nokstijl of makelaar. In dit laatste geval verwijst deze vondst naar een nokstijlspant. De andere balkjes met lip en verstek zijn ongetwijfeld te interpreteren als schoren. Het kunnen zowel jukbalk-, nokstijl- als gebintbalkschoren zijn. Gezien het verstek betreft het in elk geval schuine verbindingen. Een van de planken (2348.114) vertoont ook duidelijke zaagsporen. Dit is niet uitzonderlijk vermits het zagen van hout in gebruik kwam in de 13de eeuw voor het vervaardigen van de huidplanken voor kogges[747].

De vraag naar het precieze uitzicht van het dakgebinte van de gebouwen uit Walraversijde kan eigenlijk niet vanuit de archeologische data worden beantwoord. Er staan enkel wat indirecte aanduidingen ter beschikking zoals de aanwezigheid van een hierboven net als hanebalk geïnterpreteerd stuk constructiehout. Om de kenmerken van het dakgebinte echt te kunnen reconstrueren zou een vrij groot deel van een gebint bewaard gebleven moeten zijn in het bodemarchief van Walraversijde, wat zeer onwaarschijnlijk is. Voor de reconstructie van de huizen in het openluchtgedeelte van het Museum Walraversijde, gebouwd in 1999-2000, werden de dakgebinten van de boerderij Vergauwe[748] als inspiratiebron gebruikt. Ze staan in de onmiddellijke omgeving van Walraversijde, gaan terug op een laatmiddeleeuwse site met walgracht en zijn als gebouw wel jonger dan de 15de eeuw, maar passen vermoedelijk wel in een lokale traditie. Het dak van de boerderij Vergauwe lijkt zeer goed op dit van een zogenaamd 'Vlaams spantdak'[749]. Van oudsher werd in onze gewesten de voorkeur gegeven aan een steile dakhelling van ongeveer 60°[750]. Het is echter helemaal niet zeker dat de woningen uit Walraversijde een dergelijke bekapping hadden, het behoort enkel tot de mogelijkheden.

De geringe hoeveelheid van dakpan- en leisteenfragmenten onder het vondstenmateriaal sluit uit dat de daken in Walraversijde integraal met pannen of leien waren bedekt. Met pannen gedichte daken laten immers steeds sporen na onder de vorm van concentraties van panfragmenten aan beide zijden van het gebouw. Deze vormen soms zelfs het enige argument om een gebouw te lokaliseren en te identificeren, als het op de grond rustte en geen ingegraven funderingssporen achterliet[751]. Pannen werden enkel in enige hoeveelheid aangetroffen op de site van de kapel. Pannen zouden in de onderzochte woonzones

744 LaMotta & Schiffer 1999, 21.

745 Mondelinge mededeling Agnès Mortier waarvoor dank.

746 De terminologie gebruikt in deze paragraaf is ontleend aan Berends 1999.

747 Hutchinson 1994, 21.

748 Kalkaertstraat 8 Middelkerke.

749 Trefois 1979, 121, fig. 60.

750 Trefois 1979, 127.

751 Moorhouse 1988, 46-47.

bijvoorbeeld wel kunnen gebruikt zijn voor het dichtleggen van het dak in de onmiddellijke omgeving van een eventueel rookgat. Dit werd bijvoorbeeld gesuggereerd voor Goltho en Barton Blount, twee verlaten middeleeuwse dorpen in Engeland[752]. Het is dan wel merkwaardig dat nergens in de onderzochte woonzones een stuk pan van enige afmetingen is teruggevonden. Het betreft uitsluitend kleine, slechts enkele cm grote fragmenten. Dit toont in elk geval aan dat de grotere stukken systematisch werden verwijderd van de onderzochte zone en dat enkel de kleinere stukken konden achterblijven. Dit is iets wat regelmatig vastgesteld wordt bij archeologisch onderzoek van middeleeuwse gebouwen in Engeland[753].

De bedaking bestond dus vermoedelijk integraal uit organisch materiaal. De precieze soort ervan bepalen is niet evident. Er zijn resten van galigaan (*Cladium mariscus*) aangetroffen in bijna elke archeologische context die op aanwezige planten werd onderzocht, wat in elk geval op een ruim verspreid gebruik van galigaan in het vissersdorp kan wijzen. Het is bijgevolg aannemelijk dat galigaan gebruikt werd om de daken van de gebouwen te dichten, maar daken in stro of riet zijn zeker ook niet uit te sluiten. Verder moet ook in rekening gebracht worden dat galigaan goed als fossiel vertegenwoordigd is in het subatlantische veen (*cf.* 2.3.) en dit ook een bron van de galigaanresten op de site kan vormen.

De duurtijd van een goed gelegd dak in stro bedraagt 30 tot 40 jaar volgens Clement Trefois [754]. Aan de zonnekant kan een strobedekking dat onder een hoek van 60-70° ligt zelfs 60 tot 80 jaar meegaan[755]. Van de verschillende strosoorten is roggestro vanwege zijn gladheid en zijn taaiheid, het meest gezocht. Daarnaast werd er nog tarwe- en gerststro gebruikt[756]. Riet is echter nog duurzamer dan stro[757]. Een bedekking met stro[758] wordt berekend op 7 kg/m² en was in de regel ongeveer 30 cm dik[759]. Op de dakvorst werden soms zogenaamde donderplanten aangebracht[760]. Voor Walraversijde zijn hierover echter geen gegevens beschikbaar. Wel is uit een vroeg-15de-eeuwse rekening geweten dat de Oostendse lakenhalle bijvoorbeeld 'gheveurst was met erde'[761]. De rieten daken van 'blackhouses' in de Outer Hebrides werden tot in het midden van de vorige eeuw met visnetten beschermd tegen de winterstormen[762]. Het is niet uit te sluiten dat dergelijk systeem ook gebruikt werd in het 15de-eeuwse Walraversijde. De impact van enkele stormen heeft er proefondervindelijk voor gezorgd dat men na enkele jaren ook overgestapt is op netten voor de daken van de gereconstrueerde woningen in Raversijde.

Door het niet gebruiken van dakpannen onderscheidt de bewoning van Walraversijde zich van deze van de residentiële gebouwen op sites met walgracht. Zowel op het Leenhof ter Wissche (Lampernisse)[763] als op het Hof van Roeselare (Sint-Margriete)[764] is immers het gebruik van dakpannen aangetoond. De afwezigheid van dakpannen op het neerhof van het Leenhof ter Wissche zou er dan weer kunnen op wijzen dat dit gebruik van dakpannen beperkt bleef tot de residentiële gebouwen op sites met walgracht[765]. Ook op het Engelse platteland in de late middeleeuwen is het gebruik van dakpannen beperkt tot de welgestelde klassen[766].

Er werden geen dakpannen gebruikt maar een fragment van een eventuele ventilatiekoepel kan erop wijzen dat er misschien wel ventilatiekoepels werden gebruikt? Eén fragment in grijs aardewerk (2348.133) is eventueel als een onderdeel van een ventilatiekoepel te identificeren. Een identificatie als nis van een kacheloven[767] of eventueel zelfs een vuurstolp[768] zou ook kunnen, maar enkele kenmerken – de dikte, de aanwezigheid van een met de vingers in de zachte klei aangebracht soort draperiedecor op de rand en de afwezigheid van een duidelijk plat vlak onder- of bovenaan – laten toe voor een ventilatiekoepel te opteren. Het betreft dan vermoedelijk het bovenste stuk van het uitstekend gedeelte van een van de openingen[769]. Daar dergelijke ventilatiekoepels blijkbaar vooral in artisanale contexten worden aangetroffen zoals blijkt uit gegevens van het onderzoek in Ieper[770], zou het ook kunnen dat het hierboven besproken stuk uit Walraversijde niet op het dak van een woning stond maar bijvoorbeeld op dat van een rookinstallatie voor vis. Onderzoek naar de verspreiding van ventilatiekoepels in Engeland toont weliswaar een ruimere verspreiding aan[771]. Het hypothetisch karakter van de identificatie van dit stuk ceramiek uit Walraversijde laat niet toe hier verder op in te gaan. Het dient enkel als een mogelijkheid te worden beschouwd.

Ondanks de gevaren die aan interpretaties op basis van afwezigheden vasthangen, kan het soms nuttig zijn stil te staan bij de afwezige elementen en en bij wat normalerwijze wel verwacht zou kunnen worden. Geglazuurde vloertegels en kacheloventegels zijn twee voorbeelden van soorten bouwmateriaal dat in de opgegraven zones niet zijn aangetroffen. Dit betekent echter niet dat fragmenten van geglazuurde tegeltjes helemaal niet voorkomen onder de mobilia. Voor deze geldt immers dezelfde opmerking als voor de dakpannen of stukken leisteen maar nog in een hogere graad. Hun aanwezigheid is zo beperkt en minimaal dat ze niet voor het door de producent bedoelde gebruik aangewend kunnen zijn. Van kacheloventegels werden geen stukken aangetroffen, zodat de in Walraversijde aangetroffen sporen van ovens of kachels ongetwijfeld niet met de gekende kacheloventegels waren gebouwd.

De meeste gebouwen van Walraversijde zijn dus gebouwd in baksteen verbonden met aardmortel, zijn voorzien van plaveisels in baksteen aan de buitenkant, zijn op de binnenmuren en wellicht ook op de buitenmuren voorzien van een witte kalkpleister

752 Beresford 1975, 41.
753 Moorhouse 1988, 46-47.
754 Trefois 1978, 101.
755 Trefois 1980, 42.
756 Trefois 1980, 47.
757 Trefois 1978, 103.
758 Trefois 1979, 27.
759 Trefois 1980, 87.
760 Trefois 1980, 147-153.
761 Vlietinck 1897, 61: voetnoot 2. Met dank aan Etienne Cools om ons hierop te wijzen.
762 Dimbleby 2007, 103-105.
763 Verhaeghe 1986, 66.
764 Verhaeghe 1986, 70.
765 Verhaeghe 1986, 66.
766 Moorhouse 1988, 46.
767 Suggestie Stefan Van Bellingen, waarvoor dank.
768 Dubbe 1980, 129 nr. 121.
769 Een haast volledig exemplaar van een dergelijke ventilatiekoepel in grijs aardewerk is gekend uit een laatmiddeleeuwse context uit Moorsel (Pieters *et al.* 1999a, 149: fign. 17-18).
770 Van Bellingen & Dewilde 1995, 163.
771 Moorhouse 1988, 45.

en hebben een dakbedekking in organisch materiaal. Enkele gebouwen hebben bovendien vensterglas in de raamopeningen en de bevloering bestaat ofwel uit baksteen ofwel uit aangestampte en met zand bestrooide klei.

4.3.3.2 Fysico-chemisch[772] en micromorfologisch[773] onderzoek op gebouwgerelateerde fenomenen

Gezien de gelijke analytische aanpak worden de resultaten van het fysico-chemisch en micromorfologische onderzoek op gebouwgerelateerde fenomenen samen behandeld.

4.3.3.2.1 Pleisterfragmenten

Zowel bij gebouw 28 als 29 is er op enkele plaatsen aan de binnenkant van het gebouw op de *in situ* bewaarde stukken muur een witte bepleistering vastgesteld (fig. 340). Bij gebouw 28 zijn op deze pleisterresten bovendien nog sporen aangetroffen van een rode beschildering. Dergelijke pleisterfragmenten werden daarnaast in heel wat over de site verspreide archeologische contexten aangetroffen en voornamelijk in de uitbraaksporen van de gebouwen. Hierdoor is aannemelijk dat alle of toch zeker de meeste van de onderzochte bakstenen gebouwen oorspronkelijk minstens gedeeltelijk van een dergelijke bepleistering voorzien waren. In de zones die niet afgedekt zijn met een dik pakket duinzand, m.a.w. waar de laatmiddeleeuwse archeologische sporen onmiddellijk onder de huidige ploeglaag zichtbaar worden, zijn deze pleisterfragmenten aanwezig in de uitbraaksporen duidelijk meer aangetast door oplossingsverschijnselen dan in de zone onmiddellijk aansluitend bij de Duinenstraat. Hierdoor zijn deze aanvankelijk tijdens de eerste jaren van het onderzoek niet onmiddellijk alsdusdanig herkend.

Van zes verspreid over het terrein aangetroffen pleisterfragmenten zijn, met het oog op een grondige karakterisatie hiervan, slijpplaatjes gemaakt voor een micromorfologische studie. Het betreft de volgende stalen: staal nr. 29388/4045 afkomstig uit muur spoornr. 1601 van gebouw 29, staal nr. 29742/94515/845 afkomstig uit kuil spoornr. 221 gesitueerd tussen de gebouwen 1, 2 en 10; staal nr. 29743/95046/1359 afkomstig uit uitbraakspoor nr. 500 van gebouw 5; staal nr. 29744/95180/220 uit een laag ter hoogte van gebouw 13; staal nr. 29746/97275/2502 afkomstig uit de opvulling van tonwaterput spoornr. 980 nabij gebouw 23 en staal nr. 29745/96364/2310 aangetroffen onder de bevloering spoornr. 897 van gebouw 28. Met dit onderzoek wordt het pleisterwerk van drie gebouwen uit de zone Raversijde 1992-1995 (gebouwen 1, 2 of 10; 5 en 13) en van drie gebouwen uit de zone Raversijde 1996-1998 (gebouwen 23, 28 en 29) bekeken.

Micromorfologische beschrijving[774] van de stalen

29388: fragment van een gele baksteen met restanten van minstens twee pleisterlagen. De onderste pleisterlaag bevatte duidelijk meer kwarts dan de bovenliggende. De massa van de baksteen bevat 2-5 % kwarts in twee grootteklassen (0,175 mm bij 0,145 mm en 0,065 bij 0,095 mm). De porositeit van de baksteen is voorzien van heel wat calcietcoatings.

29742: pleisterfragment. Bevat slechts 2 % kwarts (0,225 mm bij 0,160 mm) en bestaat bijgevolg bijna uit pure kalk.

29743: pleisterfragment. Bevat 10 % kwarts (0,325 bij 0,370 mm, 0,370 bij 0,205 mm en 0,245 bij 0,164 mm), grote (1,8 bij 1,3 mm) en kleine (0,325 bij 0,325 mm) kwartsvrije zones en donkere, kleiige tot lemige, zones (0,490 bij 0,575 mm). Grof/fijn gerelateerde verspreiding: open porfierisch. Bevat als mineraal o.a. microclien.

29744: pleisterfragment. Bevat 5 % kwarts (0,165-0,165 mm, 0,205 bij 0,205 mm, 0,370 bij 0,290 mm), kwartsvrije zones van kalk (2,45 bij 1,53 mm) en zones met zeer fijn kwarts (0,03 bij 0,02 mm; 0,130 bij 0,095 mm). Grof/fijn gerelateerde verspreiding: open porfierisch.

29746: pleisterfragment. Bevat schelpfragmenten, kalksteenbrokjes, hoekige en afgeronde kwarts (grootste: 0,400 bij 0,190 mm; 0,250 bij 0,190 mm; 0,160 bij 0,160 mm) en een zeldzame glauconietkorrel. Het grove materiaal vertegenwoordigt 15-20 % en dit bestaat vooral uit kwarts. Grof/fijn gerelateerde verspreiding: open porfierisch.

29745: pleisterfragment. Bevat geoxideerde glauconietkorrels, schelpfragmenten, 10 % kwarts (0,160 bij 0,175 mm; 0,290 bij 0,175 mm), afgeronde kwartsvrije zones van niet volledig gemengde kalk (5,26 bij 3,26 mm; 2,10 bij 1,47 mm, 0,84 bij 0,63 mm) en een zone die veel kwartsrijker is. Grof/fijn gerelateerde verspreiding: open porfierisch.

Uit het onderzoek van deze stalen blijkt dat de bepleistering bestaat uit een mengsel van kalk en een kleine hoeveelheid kwartszand. De af en toe in de pleisterspecie aanwezige schelpfragmenten zijn niet verhit zodat kan worden aangenomen dat de schelpjes bij het grove materiaal behoren en aan de kalk toegevoegd werden. De kalk lijkt dus niet gemaakt van schelpen, maar eerder van krijt of een fijne zuivere kalksteen. Tegen krijt pleit de afwezigheid van microfossielen. Vermits dat er zich onder het op de site aangetroffen gesteentemateriaal redelijk wat kalkstenen[775] bevinden, ligt het eerder voor de hand dat kalk werd gebrand van dergelijke stenen. Sporen van kalkbranden zijn echter nergens tijdens het terreinonderzoek herkend. De kalk kan dus ook gewoon van elders aangevoerd zijn.

772 De fysico-chemische analyses zijn uitgevoerd door het Laboratorium voor Bodemkunde van de Universiteit Gent. De resultaten van deze analyses zijn geïnterpreteerd samen met Prof. Dr. Roger Langohr. Voor de kleimineralogie kon een beroep worden gedaan op de expertise van Prof. Dr. Eric Van Ranst.

773 De slijpplaatjes voor deze studie zijn vervaardigd door het Laboratorium voor Petrografie, Mineralogie en Micropedologie van de Universiteit Gent. Voor de interpretatie kon een beroep worden gedaan op Prof. Dr. Roger Langohr en Prof. Dr. Georges Stoops.

774 Voor de beschrijving van de slijpplaatjes werd gebruik gemaakt van Bullock *et al.* 1985.

775 De Paepe & Pieters 1995.

Het percentage grof materiaal schommelt in de onderzochte stalen tussen 2 tot 15-20 %. De kwartsvrije zones in de stalen zijn vermoedelijk het gevolg van onvoldoende mengen van de pleisterspecie waardoor het toegevoegde zand niet volledig homogeen verspreid is geraakt over de kalkmassa.

Op de baksteen waren in de restanten van de bepleistering duidelijk twee lagen te herkennen. Een van deze lagen, de onderste, bevatte merkelijk meer kwarts dan de andere. Dit zou kunnen betekenen dat de eerste of voorbereidende laag iets zandiger en dus iets grover werd aangemaakt dan een eventuele afwerkingslaag. Gipskristallen werden in de onderzochte stalen nergens vastgesteld.

Het aanbrengen in verschillende lagen en de geringe porositeit zijn kenmerken die ook bij ander pleisterwerk reeds is vastgesteld[776]. Pleisterwerk uit de Gentse St.-Pietersabdij bestaat eveneens uit een mengsel van fijn zand en gebluste kalk in verhoudingen zand/cement van 1/1 tot 1/2[777]. De verhouding zand/cement is bij de stalen uit Raversijde duidelijk kleiner.

Op de pleisterfragmenten van gebouw 28 was aan één zijde een rode kleurstof aangebracht. Een analyse door Philip Clogg (*cf. infra*) wees uit dat ijzerverbindingen, wellicht haematiet, verantwoordelijk waren voor de rode kleur.

4.3.3.2.2 Het bindmiddel voor de muren in baksteen

De bakstenen muren zijn niet gemetst met een klassieke kalkmortel die cementeert en hard wordt, en die in de middeleeuwen voor grote gebouwen gebruikelijk was, maar ook vandaag nog wordt toegepast. De bakstenen in de muren zijn enkel gebonden met een olijfbeige sediment dat wanneer het vochtig blijft niet hard wordt en in elk geval niet cementeert. Doordat dit sediment met zijn typische kenmerken systematisch is aangetroffen bij alle in Raversijde onderzochte muren en andere constructies in baksteen is er duidelijk sprake van een bewust aangemaakte specie. Dit bindmiddel heeft bijvoorbeeld ook bijgedragen tot de karakteristieke kleur van de uitbraaksporen van de gebouwen die voor een belangrijk deel terug zijn opgevuld met dit bindmiddel, baksteenfragmenten en wat pleisterfragmenten. Dit olijfbeige sediment is ook zowel fysico-chemisch als micromorfologisch geanalyseerd. De micromorfologische stalen zijn allemaal genomen in de sleuf 99/I meer bepaald bij twee verschillende structuren met spoornrs. 1843 en 1858[778] die wellicht bij eenzelfde gebouw behoorden. De stalen voor fysico-chemisch onderzoek zijn daarentegen afkomstig van de sleuven 94/I, 96/I en 98/III.

Analysis of Colour on a Plaster fragment from building 28 with red colouring on the face
Philip Clogg

Analysis was undertaken using a Links System XR300 Energy Dispersive X-ray Spectrometer employing a Rhodium target X-ray tube. The analysis was undertaken at 20 kV under vacuum and at 50 kV with a copper filter in the air.

The result of the analysis at 20 kV is presented in graphical format with the element energy peaks relating to the pigment identified and labelled. The analysis at 50 kV did not produce any additional information and is therefore not included here.

The red colouring exists as a very thin incoherent surface layer and therefore the analysis of this surface will be influenced by the underlying material i.e. the composition of the plaster. In order to overcome this problem an analysis taken from a non coloured area can be substracted from one taken from the coloured area. Any major differences will be due to the composition of the colouring material. As initial analysis of the sample suggested the colouring was due to the presence of an iron compound and as iron is present in significant concentrations within plaster, the spectra substraction technique was used to clarify the analysis.

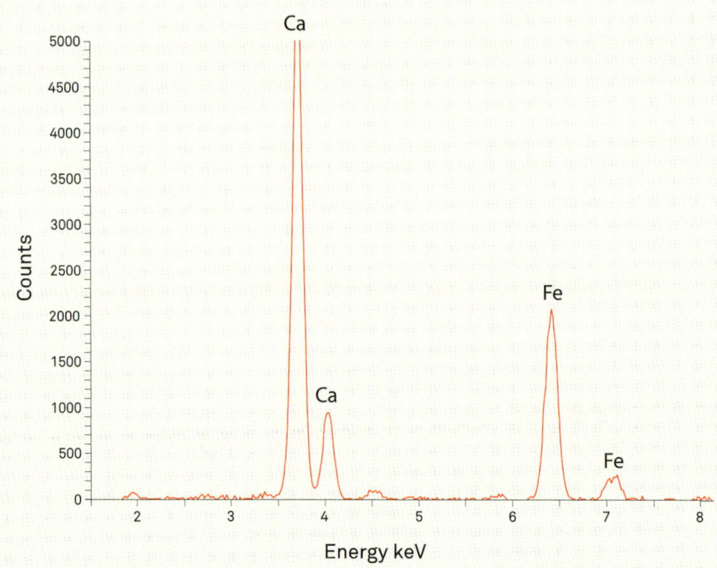

FIG. 407 **Verschillen in spectra tussen de voor- en achterzijde van het pleisterfragment met rode kleur.**
Differences in spectra between front and reverse of the plaster fragment with red colouring on the face.

Figure 407 shows a spectrum resulting from substracting an uncoloured plaster spectrum (taken from the rear of the fragment) from a coloured plaster spectrum. Strong iron peaks at 6.4 keV and 7.05 keV are present confirming the colouring to be that of an iron compound, presumably either red ochre or haematite. The presence of the calcium peaks at 3.69 keV and 4.0 keV is due to the fine finish of the plaster surface i.e. a calcium rich surface.

776 Stoops 1984, 168.
777 Stoops & Stoops 1996.
778 Uit de vorige opgravingscampagnes stonden voor onderzoek van het bindmiddel voor de muren enkel bulkstalen ter beschikking van het betrokken sediment. De stalen voor micromorfologisch onderzoek van dit bindmiddel werden pas genomen in 1999. Het gebouw waartoe de bemonsterde muren behoorden is verder ook niet behandeld in deze publicatie.

Micromorfologische beschrijving van de onderzochte stalen

29737/4881: fijn sediment met kwarts in twee grootteklassen. De grovere kwartskorrels (0,153 bij 0,205 mm en 0,205 bij 0,328 mm) vertegenwoordigen ongeveer 20 tot 30 %, de fijnere kwartskorrels (0,001-0,080 mm) vertegenwoordigen ongeveer 5 %. Het sediment bevat een enkele *biospheroid* afkomstig van een aardworm[779], enkele niet verbrande schelpfragmenten, een ceramiekfragment en o.a. de mineralen kwarts, muscoviet en glauconiet. De aanwezigheid van zones zonder grovere kwartskorrels geeft aan dat het sediment niet perfect homogeen was gemaakt. Ook werd één voorbeeld van ingespoelde secundaire kalk vastgesteld.

29738/4882: fijn sediment met kwarts in twee grootteklassen. De grovere kwartskorrels (0,175 bij 0,240 mm, 0,256 bij 0,288 mm, 0,336 bij 0,480 mm) vertegenwoordigen ongeveer 20 %. Er zijn ook zones zonder grovere kwartskorrels. De fijne massa is vermoedelijk kalkrijk en bevat naast kwarts ook kalkbrokken (0,160 bij 0,224 mm) en schelpfragmenten als grovere elementen. Als mineralen zijn behalve kwarts ook muscoviet en glauconiet herkend.

29739/4883: fijn sediment met kwarts in twee grootteklassen. De grovere kwartskorrels (0,160 bij 0,254 mm) vertegenwoordigen ongeveer 20 %. Er zijn daarnaast zones zonder deze grovere kwartskorrels. Als grof materiaal zijn verder kalkbrokjes en schelpfragmenten aanwezig. Als mineralen zijn muscoviet en glauconiet herkend. In het fijn materiaal zijn ook zones met georiënteerde klei aanwezig.

29740/4884: fijn sediment met kwarts in twee grootteklassen. De grovere kwartskorrels vertegenwoordigen ongeveer 20 %. Als grof materiaal zijn verder kalkbrokjes en een geïsoleerde *biospheroid* van een aardworm aanwezig. Als mineralen is behalve kwarts ook glauconiet herkend.

29741/4885: fijn sediment met kwarts in twee grootteklassen. De grovere kwartskorrels (grootste korrels: 0,400 bij 0,496 mm) vertegenwoordigen ongeveer 20 %. Als grof materiaal zijn verder schelpfragmenten, een stukje been en een kalknodule (0,208 bij 0,176 mm) herkend. Ook komen zones voor zonder grovere kwartskorrels en zones die duidelijk kalkrijker zijn.

De in deze vijf slijpplaatjes onderzochte sedimenten gelijken onderling sterk op elkaar en bevestigen dus de op het terrein vastgestelde homogeniteit van het bindmiddel van de bakstenen structuren. Aangezien deze slijpplaatjes van slechts twee structuren van wellicht eenzelfde gebouw afkomstig zijn, dient de vaststelling met betrekking tot de homogeniteit enigszins genuanceerd te worden. Kwarts is in alle slijpplaatjes aanwezig in twee grootteklassen. De grovere groep behoort tot de zandfractie en de fijnere groep tot de leemfractie. Het ontbreken van de grovere kwartskorrels in slijpplaatjes van de polderklei (*cf. infra*) toont aan dat het bindmiddel voor de muren in baksteen het resultaat is van het mengen van minstens twee producten, vermoedelijk oppervlaktehorizonten van de polderbodem en meer zandige lagen van dieper in de ondergrond. De grovere kwartskorrels vertegenwoordigen meestal ongeveer 20 % van de oppervlakte van het slijpplaatje en in één geval tussen 20 en 30 %. De aanwezigheid van zones zonder de grovere kwartskorrels in de slijpplaatjes toont aan dat de specie niet tot een volledig homogene massa is vermengd. Deze specie heeft een duidelijk grotere porositeit dan bijvoorbeeld de pleisterlagen. Deze porositeit gaat vermoedelijk voor een stuk terug op de luchtbellen die bij het mengen met water in de specie werden opgesloten.

De nogal vuile kleicoatings zijn allemaal op dezelfde manier georiënteerd wat eerder overeenstemt met een genese in de muur dan wel met een genese in het als grondstof gebruikte bodemmateriaal. De oriëntaties rond de zandkorrels pleiten eerder voor zandige natuurlijke lagen dan bijvoorbeeld duin- of strandzand. Een antropogene menging kan niet leiden tot georiënteerde klei rond zandkorrels.

Van dit bindmiddel voor de bakstenen structuren werden ook drie stalen fysico-chemisch geanalyseerd (tabel 50: 95356, 97233 en 3614). Het betreft een staal uit de bakstenen latrine (spoornr. 546) van gebouw 13, een staal uit de goed bewaarde muur van gebouw 23 en een staal uit de muur met de bepleistering van gebouw 28. Dit sediment bevat gemiddeld 18 % klei, 22 % leem en 60 % zand, en is in de Belgische textuurdriehoek[780] te situeren op de grens tussen klei (E) en zandleem (L). Het sediment bestaat uit gemiddeld 0,7 % organisch materiaal, 6-7 % kalk en geen gips. Uit de kleimineralogie van deze stalen bleek

TABEL 50

Resultaten van fysisch-chemisch onderzoek van 5 bodemstalen.

Results of physico-chemical analysis of 5 soil samples.

Monster	Klei %	Leem %	Zand %	OC	OM	$CaCaO_3$	P_2O_5	Fe % Dith.
95356	20.1	22.0	57.9	0.54	0.94	7.8		
97233	13.5	15.7	70.8	0.25	0.43	3.7		
3614	20.5	28.2	51.3	0.44	0.76	8.1		
97241	10.7	11.2	78.1	1.5	2.58	4.8	0.313	0.511
97266	9.3	10.9	79.8	1.33	2.29	4.7	0.322	0.621

779 Becze-Deak 1997, 244 fig. 8a.

780 Ameryckx 1979, 44.

in eerste instantie de grote onderlinge gelijkenis ervan. Als mineralen werden vastgesteld: muscoviet, kaoliniet, 2/1 zwellende kleien en wat *mixed layers*. Veldspaten werden niet vastgesteld.

Het aan de klei toevoegen van kwartskorrels kan geïnterpreteerd worden als een bewuste stabilisatie van de polderklei in functie van een gebruik in de muren. Het betreft een stabilisatie met inerte materialen die in feite resulteert in een grotere dichtheid waarbij de poriën en de capillaire kanalen zo veel mogelijk worden geblokkeerd. Tegelijkertijd wordt ook de weerstand tegen samendrukking groter[781]. Als we de zandfractie als de grove component van de mortel bekijken en de klei- en leemfracties als de fijne component, dan zitten deze ongeveer in een 2/3-1/3 verhouding tot elkaar, waarmee in mortels de optimale dichtheid bereikt wordt[782]. Omtrent dit soort aardmortels is echter weinig analytische informatie beschikbaar.

4.3.3.2.3 Loopniveautjes of zogenaamde *living-floors* in de gebouwen

In de zone langs de Duinenstraat zijn er dunne donkerbruine laagjes met een sterk platige structuur vastgesteld in een aantal gebouwen die door een aanwezig zanddek beter bewaard zijn gebleven. Deze laagjes zijn op het terrein geïnterpreteerd als de niveaus waarop werd gelopen en waarin hierdoor vermoedelijk allerlei klein tot zeer klein vuil is geraakt. Een zeer minutieuze opgraving van deze laagjes gaf als eerste resultaat dat deze zeer weinig artefacten bevatten. Er werd gehoopt om via een micromorfologisch onderzoek meer informatie te bekomen omtrent het leven binnenshuis.

Dergelijke laagjes werden bemonsterd in gebouw 21 (29392/2230/857), gebouw 23 (29393/96687/2234/860; 29394/ 97239/2535/952), gebouw 28 (29389/3607/1812; 29386/ 3830/1811) en gebouw 29 (29391/4287).

Micromorfologische beschrijving van de stalen uit de loopniveautjes

29392: laagje met 25 tot 35 % kwarts (0,176 bij 0,254 mm) dat bovenop een kleiige laag ligt. In deze kleiige laag werd o.a. muscoviet vastgesteld.

29393: het laagje bevat ongeveer 40 % kwarts (0,160 bij 0,480 mm en diameter: 0,224 mm), ongeveer 5 % veenbrokjes (de grootste met een diameter van 2 tot 3 mm), kalkbrokjes, enkele schelpfragmenten en glauconietkorrels. Onder het laagje komen in het sediment zones met georiënteerde klei voor.

29394: het laagje bevat ongeveer 40 % kwarts (0,198 bij 0,224 mm, 0,224 bij 0,416 mm en 0,205 mm diameter), veenbrokjes en een enkel brokje houtskool, schelpfragmenten, kalkbrokjes, glauconietkorrels, een zone met georiënteerde klei en enkele kwartskorrels met een kleihuidje.

29389: het laagje bevat ongeveer 50 % kwarts (0,240 bij 0,224 mm, 0,320 bij 0,560 mm), ongeveer 5 % veenbrokjes en schelpfragmenten. De kwartskorrels zijn zowel hoekig als afgerond. Onder het zandig laagje bevat de klei ongeveer 2 % fijne kwarts in de leemfractie en zones met georiënteerde klei. Behalve kwarts werd ook muscoviet in deze klei herkend.

29386: het laagje bevat ongeveer 50 % kwarts (0,160 bij 0,352 mm, diameter van 0,288 mm) en ongeveer 5 % veenbrokjes. In het looplaagje is tussen de zandkorrels ook pyriet aanwezig. In de klei onder het zandige laagje is de aanwezigheid van *biospheroids*, verzette *biospheroids*, muscoviet en schelpfragmenten vastgesteld.

29391: het laagje bevat ongeveer 50 % kwarts (0,160 bij 0,352 mm, 0,224 bij 0,272 mm), ongeveer 5 % veenbrokjes, enkele stukjes houtskool, kalkbrokjes (0,144 bij 0,176 mm), schelpfragmenten, glauconiet en muscoviet. De kwartskorrels raken elkaar niet. Met invallend licht zijn overal in dit laagje rode oplichtende bolletjes te zien die kunnen geïdentificeerd worden als baksteen- of ceramiekschilfers.

Deze laagjes bevatten allemaal 25/35 tot 50 % kwarts van een grootte die niet voorkomt in de polderklei. Het betreft dus ongetwijfeld aangevoerd sediment dat vermoedelijk als strooisel in de woningen werd gebruikt. Tegen de hypothese van zuiver zand als strooisel pleit het feit dat het fijne materiaal zeer innig met het grove materiaal is vermengd. Deze intense vermenging kan niet zo gemakkelijk door een mechanisme van strooien en vervolgens belopen worden bewerkstelligd.

In het op het eerste zicht vrij homogene pakket komen wel een aantal bandjes voor die wat meer klei bevatten. Hierdoor wordt gesuggereerd dat deze looplaagjes het resultaat zijn van een geleidelijk ophogingsproces, vermoedelijk als gevolg van het met tussenpozen aanbrengen van nieuw zand in de gebouwen.

Naast kwarts bevatten deze laagjes ook bijna allemaal ongeveer 5 % veenbrokjes. Het is niet duidelijk of deze moeten geïnterpreteerd worden als brokjes verkoold veen en dus als restanten afkomstig uit het vuur, of gewoon als onverbrand veenstof dat vrijkwam bij het verwerken van veen binnenshuis. Uit de aanwezigheid van deze veenbrokjes in de loopniveautjes kan in elk geval afgeleid worden dat binnenshuis nogal wat veen werd gemanipuleerd. Hout is ook niet volledig afwezig gezien de houtskoolbrokjes in de loopniveautjes. Wel kan worden afgeleid uit het micromorfologisch onderzoek dat hout voor de bewoners van Walraversijde merkbaar minder belangrijk was dan veen als huishoudelijke brandstof.

Fytolieten kunnen wijzen op de aanwezigheid van asresten van grassen of andere planten in de looplaagjes. Deze werden echter niet vastgesteld, evenmin als gebakken stukjes grond. Met invallend licht kon wel worden vastgesteld dat deze laagjes nogal wat minuscule brokjes ceramiek of baksteen bevatten. Dit is vermoedelijk het gevolg van het veelvuldig manipuleren van ceramiek binnenshuis. Bij heel wat kookpotten ontbreken inderdaad schilfers die er zijn afgesprongen bij het verhitten.

Het sediment van de loopniveautjes bevat gemiddeld 10 % klei, 11 % leem en 79 % zand waardoor het in de Belgische textuurdriehoek als lemig zand (S) wordt omschreven. De laagjes bevatten gemiddeld 2,4-2,5 % organisch materiaal, 4,7-4,8 % kalk en 0,3 % P_2O_5 (tabel 50: 97241 en 97266).

4.3.3.2.4 Enkele onder de gebouwen aangetroffen begraven A-horizonten

Het betreft A1-horizonten ontwikkeld in de top van opgevulde laatmiddeleeuwse veenwinningsputten en een Ap- en B-horizont van het fossiele middeleeuwse akkerland o.a. aangetroffen iets ten noorden van gebouw 16.

781 Houben & Guillaud 1995(2), 81 & 401.

782 Coutelas & Büttner 2009, 19.

Onder de gebouwen 28 en 29 was een begraven oppervlak gefossiliseerd. Het betrof in bodemkundige termen een A1-horizont ontwikkeld in de top van de vulling van een veenwinningskuil. Dit wijst er dus op dat deze zone pas als woonplaats in gebruik werd genomen nadat de veenwinningskuilen minstens al enkele decennia gedicht waren. Het betreft monster 29387/3855 onder gebouw 28 en monster 29390/3859 onder gebouw 29.

Micromorfologische beschrijving van beide stalen
29387: fijn sediment met ongeveer 5 tot 10 % fijn kwarts (leemfractie), 5 % veenfragmenten en een aantal kalknodules, zogenaamde *biospheroids* (0,208 bij 0,128 mm). Als mineralen werd ook pyriet en muscoviet vastgesteld.
29390: fijn sediment met ongeveer 2 % fijn kwarts (leemfractie), veenbrokken, kalknodules (*biospheroids*), schelpfragmenten, glauconiet, muscoviet en lenticulaire gips.

Enkele meters ten noorden van gebouw 16 werd zowel de fossiele ploeglaag (tabel 2: 97227) als de onderliggende B-horizont (tabel 2: 97228) van het aan de 15de-eeuwse bewoning voorafgaande middeleeuwse akkerland fysico-chemisch onderzocht. Het sediment bevat er gemiddeld 42 % klei, 49 % leem en 9 % zand waardoor het bij de Belgische textuurdriehoek binnen de zware klei (U) valt. Verder is gemiddeld 1 % organisch materiaal, 13 % kalk en 0,12-0,13 % P_2O_5 aanwezig. De Ap-horizont bevat merkelijk minder kalk dan de onderliggende B-horizont zodat er duidelijk sprake is van gedeeltelijke ontkalking in de bovenste horizont die aan de oppervlakte ligt.

4.3.3.2.5 Synthese van fysico-chemisch en micromorfologisch onderzoek op gebouwgerelateerde fenomenen

Biospheroids werden enkel aangetroffen in de begraven A1-horizonten ontwikkeld in de opvulling van veenwinningsputten, in het bindmiddel voor de muren in baksteen en in de kleipakketten onder de loopniveautjes in de huizen. Het feit dat deze *biospheroids* ook voorkomen in het bindmiddel voor de muren in baksteen geeft goed aan dat deze specie hoogstwaarschijnlijk op zijn minst werd vervaardigd uit lokale aan de oppervlakte liggende kleiige bodemhorizonten. Dit blijkt eveneens uit de aanwezigheid van diverse kenmerken van bodemmateriaal zoals *striated b-fabrics* of zones met geörienteerde klei in het bindmiddel voor de muren.

Kwartskorrels uit de zandfractie (groter dan 50 micron) zijn aangetroffen in het pleisterwerk, in het bindmiddel voor de muren in baksteen, in de bakstenen zelf, in de loopniveautjes in de woningen maar niet in de begraven horizonten van de onderliggende klei. Dit grover materiaal werd bijgevolg duidelijk van elders aangevoerd. Gezien de aanwezigheid van zowel duin- als strandzand in de onmiddellijke omgeving hoeft dit uiteraard niet van zo ver te komen. Ook kan worden gedacht aan het gebruik van meer zandigere sedimenten uit de ondergrond. Het onderzoek van deze monsters toont dus het systematische gebruik van zand voor allerlei praktische doeleinden aan. De geringe aanwezigheid van schelpfragmenten onder het gebruikte zand maakt een identificatie als strandzand in elk geval weinig waarschijnlijk.

De looplaagjes in de woningen bestaan vooral uit zand dat bewust werd aangebracht als strooisel in de woningen. De innige vermenging van het zand uit deze laagjes met het fijne materiaal zou tevens kunnen doen denken aan materiaal uit meer zandige bodemhorizonten. De aanwezigheid van kleiigere niveautjes in de laagjes verwijst naar een geleidelijke opbouw ervan. Uit de dominantie van veenbrokjes tegenover houtskool in deze laagjes kan men afleiden dat men vooral veen als brandstof gebruikte, en hout eerder sporadisch.
De gehaltes aan organisch materiaal en fosfaten van deze loopniveautjes liggen meer dan tweemaal zo hoog als die van de onderliggende polderklei, inclusief de fossiele ploeglaag. Dit beklemtoont de menselijke impact op deze loopniveautjes.

4.3.3.3 Osendropgreppels, funderingen, bevloeringen en muurkasten

Over het dak is er – zoals hierboven reeds vermeld – weinig en enkel onrechtstreekse informatie beschikbaar, onder de vorm van osendropgreppels bijvoorbeeld. Dergelijke greppels ontstaan door de impact van het regenwater dat van het dak sijpelt. Het invallende water ketst immers vooral de kleinere bodempartikels weg waardoor een lineair greppelvormig spoor ontstaat waarin vooral grovere elementen zoals keien, ander gesteentemateriaal en botmateriaal achterblijven. Bij hevige regenval staan dergelijke greppels vol met water dat wanneer mogelijk overloopt naar lagere gedeelten van de omgeving. Indien dergelijke lagere gedeelten niet van nature aanwezig zijn, wordt die wellicht door de bewoners aangelegd.

Eerst en vooral toont de positie van dit soort greppels perfect aan hoe ver de dakbedekking voorbij de muren reikte. Bovendien verschaft het stratigrafische verband tussen deze greppels en andere aan de gebouwen gekoppelde structuren informatie over de evolutie van de gebouwen. Osendropgreppels (spoornrs. 188, 189, 192, 487, 551, 710, 711, 772, 1799, 1805, 1825, 1829, 1830) zijn waargenomen bij de gebouwen 1-3 (fig. 105), 11-13 fase 1, 15, 16, 18, 21, 23. Uit dit overzicht blijkt dat osendropgreppels vooral voorkomen in de zone Raversijde 92-95. Deze vaststelling is complementair met de waarneming dat bakstenen plaveisels vooral voorkomen in de zone Raversijde 96-98. De twee sluiten elkaar immers uit. De osendropgreppels bevinden zich in Walraversijde doorgaans zeer dicht bij de muren zelf. De afstand vanaf de as van de greppel tot aan de muur bedraagt 0,1 tot 1,2 m. De meeste greppels bevinden zich op een afstand van 0,4 tot 0,7 m van de muur. Vandaar dat de dakbedekking bij de meeste gebouwen ongeveer een halve tot driekwart meter voorbij de buitenmuren uitstak. Van zodra de gebouwen met plaveisels omgeven worden, ontstaan er geen osendropgreppels meer. Bij de gebouwen 15 en 21 is dit treffend geïllustreerd vermits de osendropgreppels in beide gevallen overdekt werden met een bakstenen plaveisel. Hiermee is meteen ook geregistreerd dat de gebouwen 15 en 21 slechts in tweede instantie van plaveisels werden voorzien. Aanvankelijk zullen ze enige tijd zonder plaveisels gefunctioneerd hebben, maar hoe lang precies kan niet gezegd worden. Aangezien de ingewerkte bakstenen beerput van gebouw 16 de osendropgreppel doorsnijdt, behoorde die niet van bij de aanvang tot het gebouw hoewel men op basis van de perfecte inpassing in het architecturale concept van het gebouw wel geneigd zou zijn dit te denken. Voor een aantal greppels die omwille van hun ligging niet als osendropgreppels kunnen worden geïdentificeerd, kan worden aangenomen dat de waterafvoer via menselijke ingrepen werd gestuurd. Dit lijkt onder meer het geval voor de greppels in de omgeving van de gebouwen 3, 4 en 6. Deze greppels zijn immers niet duidelijk gekoppeld aan de fysische realiteit van de gebouwen, maar zijn blijkbaar wel bedoeld om het oppervlaktewater in deze zone efficiënt te evacueren naar de nabijgelegen gracht (fig. 408). Ze zijn dan ook onderling verbonden.

FIG. 408

Algemeen gebouwenplan van de zones Raversijde 92-95 en 96-98, oudste fase. Legende: 1: bakstenen gebouwen, 2: gebouw 13 fase 1, 3: houten gebouwen, 4: waterputten, 5: grachten, 6: bebouwde oppervlakte, 7: veenwinningsputten, 8: opgegraven zone.

General plan of the late medieval buildings in the Raversijde 1992-'95 zone and the earliest phase of Raversijde 1996-'98. Key: 1: brick buildings, 2: building 13 phase 1, 3: wooden buildings, 4: wells, 5: ditches, 6: built surface area, 7: peat extraction pits, 8: excavation trenches.

De gebouwen hebben geen enkele ondergrondse fundering in de huidige betekenis van het woord. De gebouwen werden gewoon op – en dus niet in – de grond gezet. Hooguit lijkt de graszode of de teelaarde weggenomen te zijn alvorens met de bouw werd gestart. De onderste steenlaag is bij de meeste muren meestal wel wat breder. Deze onderste laag kan in bepaalde gevallen zelfs tot drie bakstenen (ongeveer 75 cm) breed zijn. Meestal is de onderste laag van een muur van 1,5 steen, twee stenen breed. In een enkel geval (gebouw 31) is de muur onderaan versterkt met een aantal grote, grotendeels platte natuurstenen. Soms kunnen de onderste delen van de muren van een op een licht hellend terrein ingeplant gebouw zich wel gedeeltelijk ondergronds bevinden. Dit is echter het gevolg van het feit dat men eerst het gebouw heeft gezet en pas daarna de topografie horizontaal heeft gemaakt. Zo is te verklaren dat de muren van het westelijke uiteinde van gebouw 28 ten opzichte van een horizontaal vlak dieper reiken maar niet ten opzichte van het voormalige bodemoppervlak. De afwezigheid van funderingen is een wijd verspreid kenmerk van de laatmiddeleeuwse architectuur op het platteland. Hierbij aansluitend werden in de onderzochte zone ook geen kelders geregistreerd. Een als kelder geïnterpreteerde ruimte werd daarentegen wel aangesneden in een meer westelijk gelegen zone van het dorp die pas in 2009 onderzocht werd[783].

Restanten van vloeren in baksteen zijn vastgesteld in gebouw 6, gebouw 7, gebouw 9, fase 3 van gebouw 13, gebouw 15, gebouw 20, fases 1 en 3 van gebouw 23, gebouw 24, gebouw 25, fases 1 en 2 van gebouw 26, twee vertrekken van gebouw 28, een aantal vertrekken van gebouw 29 en in twee vertrekken van gebouw 30. In de meeste gebouwen werden ook één of enkele platliggende bakstenen aangetroffen die eventueel als restanten van bevloeringen te interpreteren zijn. Deze werden echter gezien het kleine aantal stenen niet opgenomen in de oplijsting hiervoor. De stenen van deze bevloeringen zijn ofwel in rijen haaks op of evenwijdig met de muren ofwel in visgraatverband gelegd. In enkele gebouwen met een goed bewaarde bevloering kan worden afgeleid dat deze in de eerste fase gewoon uit met zand aangereikte klei bestond. Zodra deze volledig uitdroogt wordt klei immers uitermate hard. Bij enkele gebouwen uit het begin van de bewoning (zoals de eerste fase van de gebouwen 23 en 30) is het zeer waarschijnlijk dat de vastgestelde restanten van de bakstenen bevloering beperkt bleven tot kleine zones binnen het gebouw. Zo heeft gebouw 23 enkel in de as van de deuropening een bevloering gekend. Hieruit en uit de informatie over plaveisels aan de buitenkant van de gebouwen kan worden afgeleid dat aan de plaveisels buiten meer belang werd gehecht dan aan de binnenbevloering. De reden hiervoor is wellicht dat ze buiten meer nodig waren dan binnen. Gebouw 29 is een voorbeeld van een vermoedelijk volledig met bakstenen geplaveid gebouw uit de eindfase van de bewoning. Ook gebouw 20 lijkt in zijn laatste fase volledig met bakstenen te zijn bevloerd. Daarnaast dient wel onderstreept te worden dat gebouw 28 van bij de aanvang ook reeds met bakstenen geplaveid was. De bevloering van een van de vertrekken van fase drie van gebouw 13 bestond uitsluitend uit helrode bakstenen (fig. 200), een soort die op de site niet zo frequent voorkwam. De bevloering van gebouw 19 is ondanks zijn jongere datering vrij rudimentair vanwege het gebruik van baksteenbrokken in plaats van bakstenen, wat laat vermoeden dat dit gebouw geen woonfunctie had.

Als conclusie in verband met bakstenen bevloeringen kan worden gesteld dat deze voorkwamen van bij de aanvang van de bewoning in de zone achter de dijk maar dat ze vermoedelijk slechts gemeen goed werden tegen het einde van de bewoning.

Doordat er slechts van een klein aantal gebouwen de muren over verschillende steenlagen bewaard zijn, kan weinig gezegd worden over het gebruik van muurkasten. Enkel bij gebouw 21 werd vermoedelijk een restant van een in de muur ingewerkte kast (fig. 287d) aangetroffen. Typische stenen voor het realiseren van kaars- of lampnissen bevinden zich wel onder de materiële resten maar kaarsnissen zelf zijn niet *in situ* aangetroffen. De geringe hoogte van de bewaarde muurfragmenten sluit dit ook zo goed als uit.

4.3.3.4 De oriëntatie en het aantal fasen van de woningen

De opgegraven gebouwen van Walraversijde kunnen op basis van hun oriëntatie in groepen worden verdeeld. Vermits het uitsluitend om rechthoekige gebouwen gaat wordt in relatie tot gebouwen meestal slechts over één oriëntatie gesproken, namelijk deze van de langste as van het gebouw. Van de oriëntatie van de lengteas van elk gebouw wordt de grootte van de afwijking ten opzichte van de perfect noordelijke oriëntatie uitgedrukt in graden (niet in grads) en de richting aan de hand van het toevoegsel oost of west. Een perfect noordoostelijke oriëntatie wordt dus omschreven als 45° NO en een perfect noordwestelijke als 45° NW. Bij de beschrijving van een oriëntatie – bijvoorbeeld noordoost-zuidwest – wordt in de hierna volgende bladzijden systematisch het tweede deel weggelaten. Het aantal graden van de afwijking van het noorden is in de meeste gevallen gemeten op de uitbraaksporen. Het spreekt dus voor zich dat hierop ten opzichte van de originele muur nog een klein verschil kan zitten. Kleine gemeten verschillen van één of enkele graden zijn dan ook niet relevant.

De grote meerderheid (ongeveer 2/3) van de gebouwen hebben met hun lengteas een noordoostelijke oriëntatie. Negen daarvan (gebouwen 1-3, 7-9, 12, 13 fase 3 en 25) zijn met de lengteas 40°-48° NO georiënteerd en 12 gebouwen (nrs. 13 fases 1 en 2, 16, 21-24, 26-31) zijn met de lengteas 50°-61° NO georiënteerd (fig. 408-409). Gebouw nr. 17 springt met een oriëntatie van 69° NO boven de twee groepen uit (fig. 410) en gebouw 6 blijft met een oriëntatie van 36° NO duidelijk onder de twee groepen steken. Van gebouw 10 kan alleen met zekerheid gesteld worden dat het met de lengteas NO is georiënteerd. Bij gebouw 6 is de afwijking vermoedelijk voor een (groot) deel te wijten aan het fragmentarische karakter van de bewaarde resten. Bij gebouw 17 is de afwijking volledig te verklaren door de fysische realiteit van het terrein. Gebouw 17 is immers ingeplant op een lineaire, niet uitgeveende zone gelegen tussen twee grote uitgeveende zones. De oriëntatie van gebouw 17 weerspiegelt dus noodgedwongen vooral de oriëntatie van de lineaire niet uitgeveende zone.

Het is opvallend dat de twee zones, Raversijde 92-95 en Raversijde 96-98, tot uiting komen met twee licht verschillende

783 Demey 2009.

oriëntaties. Dit verschil in oriëntatie is een argument voor het onderscheiden – en tot op een zekere hoogte apart bekijken – van beide zones. Het pleit ook tegen één volledig systematische uitleg in één moment van gans de zone achter de dijk en duinen. Dit verschil in oriëntatie geeft de indruk dat de ingebruikname voor bewoning achter de dijk en duinen minstens in twee momenten is op te splitsen mede doordat er niet meteen fysische achtergronden voor lijken te bestaan. In die optiek vertegenwoordigt de meest oostelijke zone wellicht de jongste fase van de twee, aangezien ze het verst van de 15de-eeuwe dorpskern verwijderd is. Om dit argument volledig hard te maken, zou ook een zone van de dorpskern in detail moeten worden onderzocht om te achterhalen of deze ook van in de vroege 15de eeuw bewoond was. Indien dit niet zo is, gaat het argument van de grotere afstand ten opzichte van de dorpskern uiteraard niet op.

Van de zone Raversijde 92-95 sluiten enkel de fases 1 en 2 van gebouw 13 en gebouw 16 aan bij de groep van de zone Raversijde 96-98. Gebouw 13 is in die zin interessant omdat het met zijn 3de fase beter past bij de dominante oriëntatie van de gebouwen in de zone waarin het gesitueerd is. De hierboven veronderstelde relatieve chronologie tussen beide zones komt dan ook vermoedelijk tot uiting in de wisselende oriëntatie van gebouw 13 dat slechts in zijn laatste fase overschakelt op de oriëntatie van de oostelijke zone. Bijgevolg gaan de eerste fases van gebouw 13 wellicht samen met de uitleg van de zone 96-98. Het hoeft geen betoog dat beide momenten van ingebruikname strikt genomen in de tijd niet zo ver uit elkaar hoeven te liggen. Dit kan namelijk een kwestie geweest zijn van enkele jaren. Het feit dat gebouw 13 twee fases heeft gekend met de eerste oriëntatie, zou er kunnen op wijzen dat het toch eerder in termen van decennia dient te worden geïnterpreteerd of dat gebouw 13 een stuk verder in de tijd teruggaat dan de overige gebouwen. Gebouw 25 strekt zich gedeeltelijk uit boven gebouw 26 en behoort in de zone 96-98 dus tot de recentere gebouwen. Het sluit qua oriëntatie aan bij de oostelijke zone, wat een bijkomend argument kan zijn ten voordele van een jongere uitbouw in de oostelijke sector.

Een compleet ander scenario is echter ook denkbaar. Hierbij wordt eerst de zone 92-95 bebouwd en voor de gebouwen in de zone 96-98 is op een later tijdstip voor een andere oriëntatie gekozen, die ook vroeger reeds was gebruikt. Deze oudere oriëntatie zou dan weerspiegeld zijn in de oriëntatie van de eerste fases van gebouw 13. Het tijdstip van ingebruikname voor bewoning van beide zones ligt al bij al niet erg ver uit elkaar vermits dit bijvoorbeeld niet of nauwelijks tot uiting komt in de dateringen van de tonwaterputten. Wanneer men alle dateringen[784] gebaseerd op tonnen, per zone optelt en deelt door hun respectievelijke aantal, bekomt men in beide gevallen 1413 als gemiddeld resultaat. Heel concreet bedraagt dit 1413,5 voor de zone Raversijde 92-95 en 1413,0 voor de zone Raversijde 96-98. Een eventueel verschil in datering komt evenmin tot uiting in de materiele cultuur van beide zones. Dit betekent niet dat er geen kleine, statistisch relevante verschillen te zien zijn tussen beide zones, maar bij de interpretatie daarvan rijzen heel wat problemen waaronder de residualiteit en het grote verschil in bewaringsomstandigheden.

Een derde mogelijkheid is dat er in bepaalde gevallen gewoon *ad hoc* gekozen werd voor een bepaalde oriëntatie. Dit is wellicht mogelijk voor een bepaald individueel geval maar lijkt gezien het consistente karakter van het oriëntatieverschil tussen beide zones, minder waarschijnlijk voor het geheel van de onderzochte gebouwen. In dit scenario is een dergelijk systematisch verschil tussen beide zones moeilijk te verklaren. De eerste mogelijkheid blijft m.a.w. de meest aanneembare.

Acht gebouwen (nrs. 4, 5, 11, 14, 15, 18-20) hebben een lengteas met noordwestelijke oriëntatie (fig. 408-409). Met uitzondering van gebouw 18 zijn alle gebouwen tussen 39° en 50° NW georiënteerd. Gebouw 18 wijkt met zijn 77° NW duidelijk af van de rest. Dit heeft ongetwijfeld, evenals bij gebouw 17, te maken met de geringe beschikbaarheid van droge en stevige bebouwbare ondergrond op deze opgevulde en in reliëf geplaatste getijdengeul geklemd tussen twee lager gelegen veenwinningszones in. Voor de gebouwen met een lengteas in noordwestelijke richting is geen verschil te duiden tussen de zones 92-95 en 96-98. Dit is echter niet zo absoluut als het lijkt, aangezien er in totaal slechts acht dergelijke gebouwen zijn geregistreerd waarvan slechts twee in de zone 96-98. Van gebouw 32 kan de oriëntatie vanwege het fragmentarische karakter van de resten niet worden bepaald.

Bovendien verschillen beide zones lichtjes qua verhouding tussen gebouwen met een noordoostelijke en noordwestelijke oriëntatie. In de zone Raversijde 92-95 vertegenwoordigen de gebouwen met een noordwestelijke oriëntatie 25 % van het gebouwbestand, terwijl dit percentage in de zone Raversijde 96-98 slechts 15 % bedraagt. Het geringe aantal individuen waarop deze percentages zijn berekend maant uiteraard aan tot voorzichtigheid bij de interpretatie.

Algemeen kan worden vastgesteld dat de oriëntatie van een gebouw aan bepaalde – vermoedelijk ongeschreven – regels onderworpen was. De steeds terugkerende oriëntaties wijzen erop dat de gebouwen niet zomaar lukraak werden opgetrokken. De twee dominerende oriëntaties: NO of NW maken onderling ongeveer een hoek van 90°. De enkele grote afwijkingen van het algemene stramien (gebouwen 17 en 18) zijn immers volledig te verklaren vanuit antropogene ingrepen uit het verleden die deze afwijkende oriëntaties in de hand hebben gewerkt. De vaststellingen met betrekking tot de oriëntatie van de gebouwen houden in dat deze niet alleen door het klimaat werd bepaald maar vermoedelijk ook (of vooral?) door culturele factoren. Volgens de schets in Ingelaere en Vanneste waren de meeste gebouwen op het strand van Walraversijde met de lengteas noordwest georienteerd[785]. Vanuit het standpunt van de oriëntatie bekeken, sluit de zone 92-95 dus iets beter aan bij de kenmerken van de bewoning op het strand dan de zone 96-98. Het gebouw op de meest gekende foto van het strand van Raversijde en gepubliceerd door Chocqueel is dan weer met de lengteas naar het noordoosten gericht[786].

Wat betreft de oriëntatie van de gebouwen valt tevens op dat de straten in de middeleeuwse stadscentra van het graafschap Vlaanderen overwegend zuidwest-noordoost gericht[787] waren. Dit is inderdaad zo in Oostende en Blankenberge, maar helemaal

784 *Termini post quem* werden opgeteld met het eerste jaar van elke kapdatum en vervolgens gedeeld door het aantal dateringen.

785 Vanneste & Ingelaere 1959, 37.

786 Chocqueel 1950, 116.

787 Rottier & Arnoldus 1984, 133.

FIG. 409
Algemeen gebouwenplan van de zones Raversijde 92-95 en 96-98, jongste fase. Legende: 1: bakstenen gebouwen, 2: gebouw 13 fase 1, 3: houten gebouwen, 4: waterputten, 5: grachten, 6: bebouwde oppervlakte, 7: veenwinningsputten, 8: opgegraven zone.
General plan of the late medieval buildings in Raversijde 1992-'95 and the youngest phase of Raversijde 1996-'98. Key: 1: brick buildings, 2: building 13 phase 1, 3: wooden buildings, 4: wells, 5: ditches, 6: built surface area, 7: peat extraction pits, 8: excavation trenches.

FIG. 410 **Algemeen gebouwenplan van de zones Raversijde 92-95 en 96-98 inclusief gebouwen 17 en 18. Legende: 1: bakstenen gebouwen, 2: gebouw 13 fase 1, 3: houten gebouwen, 4: waterputten, 5: grachten, 6: bebouwde oppervlakte, 7: veenwinningsputten, 8: opgegraven zone.**
General plan of the late medieval buildings in Raversijde 1992-'95 en 1996-'98, including buildings 17 and 18. Key: 1: brick buildings, 2: building 13 phase 1, 3: wooden buildings, 4: wells, 5: ditches, 6: built surface area, 7: peat extraction pits, 8: excavation trenches.

niet in Nieuwpoort waar het wegennet quasi perfect noord/zuid en oost/west is georiënteerd. Ook het huidige wegennet van Wenduine – dat vermoedelijk voor een deel teruggaat op het laatmiddeleeuwse wegennet – is zuidwest-noordoost gericht. Als de huizen haaks tot of parallel met de straat werden opgericht, zijn ze min of meer gelijk georiënteerd als de gebouwen in Walraversijde. Ook het residentiële gebouw opgegraven op het Hof van Roeselare (Sint-Margriete) is met zijn lengteas licht noordoost georiënteerd[788], echter duidelijk minder uitgesproken dan de gebouwen in Walraversijde. Deze vaststellingen lijken te suggereren dat de eventuele culturele achtergronden voor het kiezen van een bepaalde oriëntatie niet aan de specificiteit van de site Walraversijde kunnen gekoppeld worden maar blijkbaar geldig waren voor een ruimere regio. De gebouwen van Townwall Street in Dover zijn net als in Walraversijde met de lengteas zowel noordoost als noordwest gericht[789]. De gebouwen van Sandhagen zijn met de lengteas zowel noord, noordoost, oost als noordwest georiënteerd[790]. Hier staat tegenover dat de gebouwen uit Wharram Percy bijvoorbeeld per bouwfase heel sterk van oriëntatie kunnen verschillen (*cf. infra*), waardoor zeker niet kan beweerd worden dat de oriëntatie er bepaald wordt door fysische factoren. Een grootschalig onderzoek inzake de

788 Verhaeghe 1986, 73 fig. 11a.

789 Parfitt *et al.* 2001; Parfitt 2006, 32 table 1.

790 Berg *et al.* 1981.

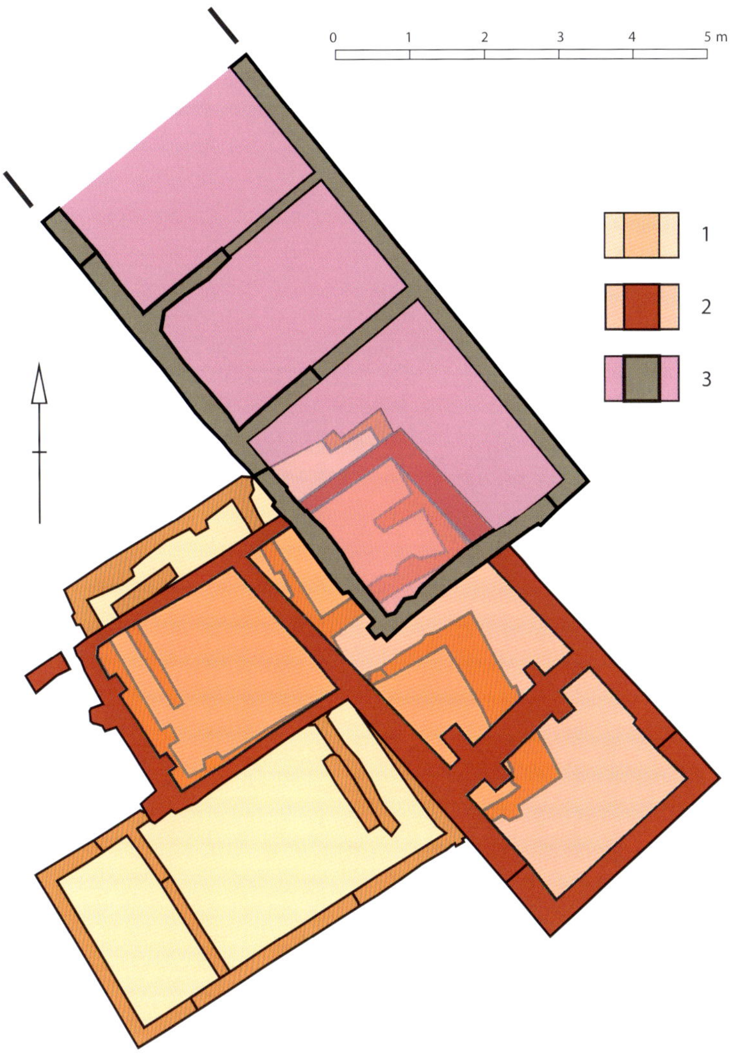

FIG. 411 **Superpositie van de gebouwen 19-21. Legende: 1: gebouw 21, 2: gebouw 20, 3: gebouw 19.**
Superposition of buildings 19-21. Key: 1: building 21, 2: building 20, 3: building 19.

oriëntatie van middeleeuwse gebouwen zou ongetwijfeld belangrijke verklaringen op tafel kunnen leggen, maar voor zover geweten werd dit nog niet uitgevoerd. Wat de Belgische kustvlakte betreft, lijken de straten en gebouwen tegen de kustlijn vooral haaks of parallel met deze kustlijn te zijn aangelegd. In Nieuwpoort werd het wegenpatroon parallel met of haaks op de IJzer aangelegd en niet met de kustlijn waar het blijkbaar al te ver van verwijderd was. Deze waarnemingen zouden er kunnen op wijzen dat men bij de aanleg van een gebouw of straat zich in de eerste plaats richtte op lokale topografiebepalende factoren. Klimaatsfactoren spelen dus wellicht een ondergeschikte rol vermits deze in Nieuwpoort niet fundamenteel kunnen verschillen van die in Walraversijde.

Bij het merendeel van de gebouwen uit Walraversijde is slechts één bouwfase archeologisch herkenbaar. Hierbij rijst onmiddellijk het probleem van de archeologische leesbaarheid. Verschillende bouwfasen die elkaar precies op dezelfde plaats opvolgen zijn bijna niet archeologisch detecteerbaar in een zone met slechte bewaring waarvan de muren bovendien enkel in uitbraakspoor bewaard zijn. Met het oog hierop rijst de vraag naar het onderscheid tussen bouwfase en een volledig ander gebouw. In deze studie werd geopteerd om een bouwfase te definiëren als een archeologisch herkenbare ingreep in een gebouw zonder dat de lokalisatie of de oriëntatie van het gebouw drastisch werd gewijzigd. Daarnaast mogen er bij een bouwfase geen argumenten zijn die wijzen op een al te groot chronologisch verschil met de vorige bouwfase. Kortom, er moet een zekere continuïteit te vermoeden zijn tussen de als bouwfasen te interpreteren structuren. In dit licht kunnen de wijzigingen aan de gebouwen 1, 2, 13, 15, 23, 26 en 28 als bouwfasen worden herkend. Gebouwen 20 en 21 (fig. 411) en 29, 30 en 31 (fig. 412) kunnen in die optiek geïnterpreteerd worden als verschillende gebouwen die elkaar in een zelfde zone hebben opgevolgd, vandaar dat ze ook een ander nummer hebben gekregen. Ze zijn immers genummerd van jong naar oud, m.a.w. in de volgorde waarin ze op het terrein zijn onderzocht, eerst de jongere dan de oudere. Enkel tussen gebouw 20 en 21 bestaat een oriëntatieverschil van om en bij de 70°. De gebouwen 29-31 volgen elkaar op een gedeeltelijk andere locatie maar met een gelijkaardige oriëntatie. Drie bakstenen gebouwen die elkaar hebben opgevolgd op eenzelfde locatie is het maximum en werd driemaal vastgesteld in de zone Raversijde 1996-1998. Dit betreft de gebouwen 19-20-21, gebouwen 24-26-25 en gebouwen 29-30-31.

Aansluitend hierbij mogen we niet vergeten dat veel van de gebouwen in de zone Raversijde 1996-1998 aantoonbare subfasen kennen, bijvoorbeeld onder de vorm van boven elkaar gesitueerde bakstenen plaveisels. Bij de gebouwen 20 en 23 zijn er dat twee, bij gebouw 26 zelfs vier. Dit toont ook aan dat het

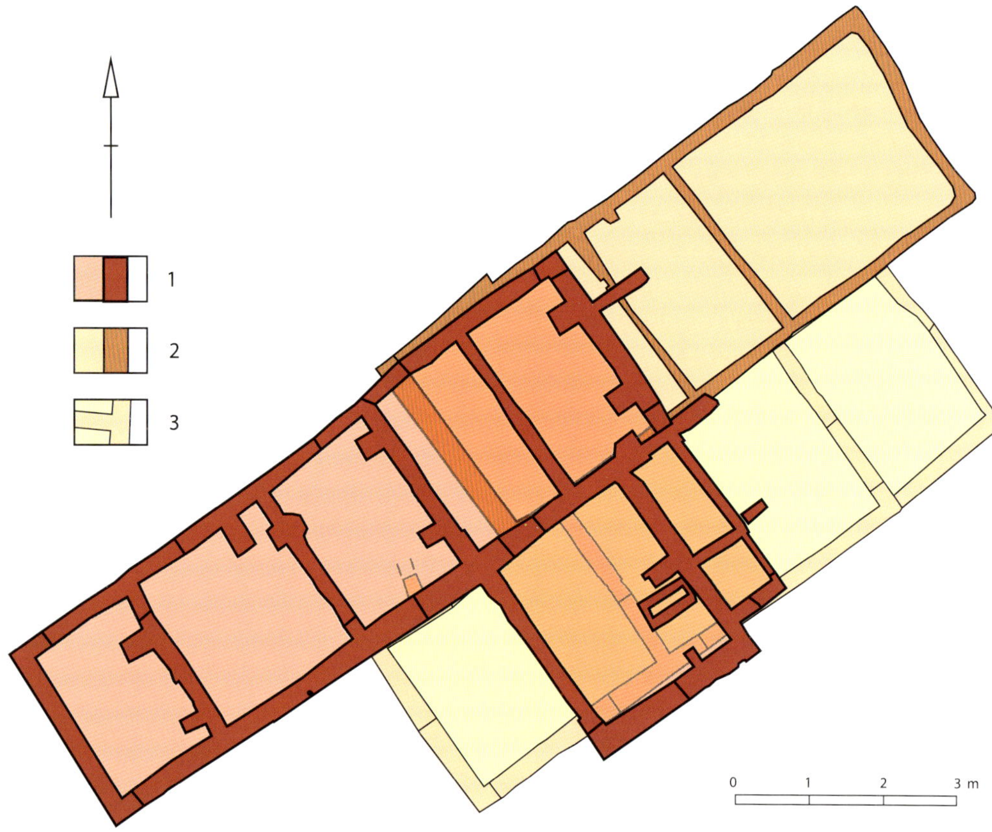

FIG. 412 **Superpositie van de gebouwen 29, 30 en 31. Legend: 1: 29, 2: 30 en 3: 31.** *Superposition of buildings 29, 30 and 31. Key: 1: 29, 2: 30 and 3: 31.*

bodemoppervlak in deze zone van het vissersdorp al geleidelijkaan verhoogde ten tijde van de bewoning waardoor oudere sporen meer kans hadden om bewaard te blijven. Dit werd eveneens vastgesteld in Dover-Townwall Street en wordt daar in verband gebracht met inspanningen van de bewoners om zich te wapenen tegen de zee in perioden van storm[791].

In tegenstelling tot de huizen van Wharram Percy die bijna in elke fase een andere oriëntatie vertonen[792], lijken oriëntatiewijzigingen bij de gebouwen uit Walraversijde eerder uitzondering dan regel. Dit is vermoedelijk deels te verklaren vanuit de geringe beschikbare ruimte. In een situatie met gebouwen die dicht bij elkaar staan, kan men het gebouw bij een eventuele nieuwe fase immers niet zomaar 90° draaien zonder het gebouw van de buren te raken. Dit is echter wel het geval voor gebouwen die op een voldoende groot perceel staan. Ook in Dover-Townwall street nemen de opeenvolgende bouwfasen steeds exact het grondplan van de vorige fase over[793]. Het achterwege blijven van frequente oriëntatiewijzigingen bij het oprichten van een nieuw gebouw is een kenmerk waarmee vissersmilieus zich kennelijk lijken te onderscheiden van agrarische milieus zoals Wharram Percy.

4.3.3.5 Het grondplan of de organisatie van de leefruimte

Van 19 van de 33 in Raversijde opgegraven gebouwen kunnen we relevante uitspraken doen over de vorm, het grondplan en meer specifiek de indeling van de ruimte binnen dit grondplan. Het betreft de gebouwen 1-5, 11-13, 15-16, 18-21, 23, 28-31. De overige gebouwen zijn zeer slecht bewaard gebleven of bevinden slechts gedeeltelijk binnen de onderzochte zones.

Gebouw 2 bezit een zeer eenvoudig rechthoekig grondplan (fig. 104) dat onderverdeeld is in twee ruimtes: een grote en een kleine ruimte. De grote ruimte is ongeveer tweemaal zo groot als de kleine ruimte. Dit lijkt voor een aantal gebouwen de basismodule te zijn, zeker in de zone Raversijde 92-95. Een identieke configuratie is immers ook aanwezig bij het grondplan van de gebouwen 3, 5 en 28. Gebouw 3 (fig. 113) is op een bepaald ogenblik wel in de lengte uitgebreid waardoor in een tweede fase ongeveer twee in oppervlakte gelijke ruimtes zijn ontstaan. Een dergelijke basismodule met een grote en kleine kamer kan tevens herkend worden binnen de meer complexe plattegrond van gebouw 1 (fig. 92). De positie van de kleine kamer ten opzichte van de grote is wisselend. Er is dus blijkbaar geen dwingende richtlijn op dit vlak. Dit betekent dat beide ruimtes geen specifieke functie

791 Parfitt *et al.* 2006, 393 en 417.

792 Hurst 1979, 139.

793 Parfitt *et al.* 2001.

hadden die om een welbepaalde positionering ten opzichte van de kardinale punten vroeg. Gebouwen 11 (fig. 133), 21 (fig. 286) en 23 (fig. 309) bieden varianten op het thema 'grote en kleine ruimte'. Bij gebouw 11 zijn de ruimtes qua oppervlakte min of meer aan elkaar gewaagd, terwijl de grote ruimte ongeveer driemaal (gebouw 21) of zelfs viermaal (gebouw 23) zo groot is als de kleine ruimte.

Een aantal gebouwen is voorzien van drie vertrekken. Hierin kunnen ook een aantal varianten worden herkend: één groot en twee kleine vertrekken (gebouw 13 fase 1 (fig. 190) en 16 (fig. 254)) of twee grote vertrekken en één klein vertrek (gebouw 18 (fig. 271), 30 (fig. 387) en 31 (fig. 398)). In de positie van de kleine ruimtes ten opzichte van de grote vallen een aantal verschillen op. Bij gebouwen 18 en 30 is de kleine ruimte ingesloten tussen de twee grote ruimtes. In de centrale kleine ruimte is in beide gevallen één of het enige verwarmingselement van het gebouw gesitueerd. Bij gebouw 16 wordt de grote ruimte aan beide uiteinden geflankeerd door een klein vertrek, en bij gebouw 13 fase 1 zijn de twee kleine vertrekken gesitueerd aan eenzelfde kant van het grote vertrek. Ten slotte is de kleinste ruimte bij gebouw 31 op het uiteinde van het gebouw gesitueerd. Gebouw 19 (fig. 271) wordt vanwege de jongere datering afzonderlijk bekeken. Het gebouw dat bestaat uit vier elkaar in de lengteas van het gebouw opvolgende vertrekken, valt immers ook op door zijn grote lengte. Met uitzondering van het al even vermelde gebouw 1 met samengestelde plattegrond, hebben alle tot nu toe vermelde gebouwen vertrekken die elkaar in de lengteas van het gebouw opvolgen.

Er zijn echter ook enkele gebouwen die bestaan uit naast elkaar geplaatste vertrekken zoals de gebouwen 1 (fig. 92), 9 (fig. 172), 15 (fig. 234), 20 (fig. 279), 21 (fig. 286), 26 fase 2 (fig. 335) en 29 (fig. 356). Deze zijn misschien niet onmiddellijk van in het begin als samengestelde plattegronden gebouwd. Ze hebben in elk geval wel op een bepaald ogenblik bestaan als gebouwen met een samengestelde plattegrond en zijn niet te herleiden tot twee verschillende bouwfasen van gebouwen met een eenvoudige plattegrond zoals bij gebouw 13. Bij gebouw 1 bestaat de samengestelde plattegrond uit een samenvoeging van twee basismodules. Dit lijkt eveneens het geval te kunnen zijn voor gebouwen 15 en 26 fase 2. Bij de gebouwen 9, 21 en 29 betreft het één grote ruimte die werd toegevoegd aan het voor het overige rechthoekig gebouw. In deze toegevoegde ruimtes bevinden zich bij gebouw 9 vijf tonwaterputten, bij gebouw 15 drie tonputten waarvan er twee als tonlatrine te identificeren zijn, bij gebouw 21 één tonwaterput en bij gebouw 29 een als rookoven geïnterpreteerde structuur. De samengevoegde ruimtes staan bij de gebouwen met samengesteld grondplan onderling haaks op elkaar, behalve bij gebouw 20 waarbij de aanbouw schuin staat ten opzichte van de rest van het gebouw. Uit de aanwezigheid van een bakstenen bevloering die zich met schuin afgesneden bakstenen (fig. 282) perfect aan deze situatie aanpaste, blijkt dat het werkelijk om een gebouw met schuine muren gaat en niet om onvoldoende ontwarde fasen van een gebouw. Behalve bij dit laatste gebouw lijkt de aanwezigheid van tonwaterputten, tonlatrines en een rookoven erop te wijzen dat de toegevoegde ruimtes niet voor woondoeleinden werden benut maar om bijvoorbeeld allerhande comfortverruimende of artisanale structuren onder dak te brengen.

Gebouwplattegrond 4 (fig. 123) wijkt grondig af van het eenvoudig rechthoekige stramien. Bovendien is aan een van de korte zijden aan de buitenkant een oventje toegevoegd (fig. 125). Gebouw 12 (fig. 188) kan eveneens van dit type zijn. Gebouwplattegronden met een halfronde aanbouw zijn blijkbaar ook herkend op het strand van Raversijde[794]. Het is verleidelijk om deze gebouwtjes en dan vooral gebouw 4 als een bakkerij te identificeren. Ronse en Raison geven in 1918 in functie van de wederopbouw van het door de oorlog geteisterde gebied een beschrijving van de woningen van landbouwers-vissers in de West-Vlaamse duinen. Deze woningen bezitten geen verdieping, zijn met de voorgevel naar het zuiden gericht, hebben een dak met een scherpe helling en beschikken aan de noordzijde over een afdak dat lager bij de grond reikt[795]. Ze stelden twee types voor. Het eenvoudigste type A bezit een oven, bakhuis, slaapkamer, gemeenschappelijke ruimte, twee stallen en een halfondergrondse kelder. Het merkwaardige aan dit verhaal is dat de helft van dit grondplan (fig. 126), d.w.z. zonder stallen en kelder, zeer goed overeenstemt met het grondplan van gebouw 4 van Walraversijde.

De gebouwen 5 en 11 (fig. 133) zijn met elkaar verbonden door een muur. Het is niet duidelijk of dit een hoge muur dan wel een laag muurtje voorstelde. In het laatste geval zou deze afgesloten ruimte tussen beide gebouwen kunnen gediend hebben om wat dieren te houden. We denken hierbij aan pluimvee, varkens of schapen. Bewijzen hiervoor werden er echter niet aangetroffen.

Over de positie van de ingang van de gebouwen in Walraversijde is er weinig echt harde informatie beschikbaar. Dit komt vooral doordat de meeste plattegronden slechts onder de vorm van uitbraaksporen bewaard zijn gebleven. Enkel bij gebouw 23 (fig. 314) kan de ingang ondubbelzinnig in de zuidelijke hoek van het gebouw gesitueerd worden. Dit is niet alleen af te leiden uit het feit dat de muur ter hoogte van de deuropening een steen inspringt, maar ook uit de bakstenen bevloering die in de as van de deuropening binnen gebouw 23 bewaard is gebleven. Van deze bevloering was tevens een stuk van de afboording bewaard waaruit blijkt dat deze bevloering niet over de volledige oppervlakte van de woning lag, maar enkel aanwezig was op die specifieke plaats. De deuropening bij gebouw 23 was ongeveer 80 cm breed. Ook bij gebouw 22 (fig. 307) is aannemelijk dat de toegang zich in de zuidelijke hoek van het gebouw bevond. Dit kan beargumenteerd worden enerzijds op basis van de insprong die de uitbraaksporen ter hoogte van de zuidwestelijke hoek maken en anderzijds op basis van de aanwezigheid van een bakstenen plaveisel in deze zone. Bij gebouw 9 (fig. 172) kan de ingang op basis van de aanwezigheid van een bakstenen massiefje in de oosthoek worden gesitueerd. Een aantal bakstenen van spoornr. 1809 geven vermoedelijk ook voor gebouw 29 (fig. 356) de positie van een deuropening weer. De weinig echt sluitende informatie over de positie van de deuropening lijkt toch de stelling van Trefois te bevestigen. Volgens hem situeerde de huistoegang van de landelijke gebouwen in onze gewesten over het algemeen wegens klimatologische overwegingen in de lange gevel die op het zuiden of zuidoosten uitgeeft[796]. Een eventuele aanduiding in een

794 Ingelaere & Vanneste 1959, 37.

795 Ronse & Raison 1918, 25.

796 Trefois 1978, 234.

andere richting vormt de aanwezigheid van bakstenen massiefjes aan de buitenkant van de gebouwen 3 en 13. Beide bevinden zich aan de noordkant van de betrokken gebouwen wat dus een deuropening gericht naar het noorden zou impliceren. Bij gebouw 3 lijkt dit vanwege de veronderstelde samenhang met gebouw 4 nog aannemelijk vermits de eventuele deuropening in gebouw 3 door gebouw 4 wordt afgeschermd van de ergste weersomstandigheden (fig. 409-410). Een eventuele deuropening in de op het zuiden gerichte zijgevel van gebouw 4 kan verondersteld worden op basis van het feit dat de muur er plaatselijk over een lengte van ongeveer 1,3 m duidelijk smaller wordt (fig. 123). Beide veronderstelde deuropeningen in gebouwen 3 en 4 liggen aldus vrij dicht bij elkaar en maken de eventuele circulatie efficiënt. De plaats van de deuropening is in het geval van woningen die naast elkaar liggen minder belangrijk vermits deze eigenlijk reeds van het ergste wordt afgeschermd door de woning van de gebuur. De door Trefois geopperde stelling is vermoedelijk vooral van belang voor gebouwen die alleen staan in het landschap en die voor wat bescherming tegen het klimaat betreft volledig op zichzelf aangewezen zijn. Over de manier waarop de deur was bevestigd en hoe ze eruit zag, staat haast geen informatie ter beschikking. Een baksteen met een centraal op een plat vlak gesitueerde circulaire uitholling zou eventueel als steun- of draaipunt voor een vensterluik of deur worden geïnterpreteerd, zoals wordt gesuggereerd voor een baksteen met uitgehakt 'bakje' uit Amersfoort[797]. Op de Raversijdse vondst (2932.9, fig. 404: 3) zijn evenmin als op de vondst uit Amersfoort de te verwachten slijtagesporen van een dergelijk gebruik aanwezig.

Een aantal muren vertonen bakstenen uitsprongen. Deze bevinden zich zowel aan de binnen- als buitenkant van de gebouwen. Deze hadden ongetwijfeld een ondersteunende functie. Deze aan de buitenkant kunnen worden geïnterpreteerd als steunberen die aan de voet van de muur uitspringen maar zich hogerop wellicht integreren in de muur. Dergelijke structuren werden enkel vastgesteld bij de gebouwen 3, 4 en 5. In de zone Raversijde 96-98 komen dergelijke aan de buitenzijde geplaatste uitsprongen niet voor.

De bakstenen uitsprongen aan de binnenkant van de muren kunnen op basis van hun lokalisatie en aantal in twee groepen worden verdeeld: haardwangen en ondersteuningen voor de ankerbalken. De eerste groep is het makkelijkst te herkennen en bestaat meestal uit twee naast elkaar in de dwarsmuren gesitueerde uitsprongen. De tweede groep bestaat uit structuurtjes, die wanneer ze goed genoeg bewaard zijn, in verband kunnen worden gebracht met een gelijkaardige structuur bij de muur aan de overzijde. Voorbeelden van als restanten van haardwangen geïdentificeerde uitsprongen zijn vastgesteld bij de gebouwen 1, 15, 20, 23 en 29. Gebouw 29 is bijzonder goed voorzien van dergelijke structuren.

Balkondersteunende structuren werden vastgesteld bij gebouw 2 en eventueel bij de gebouwen 8, 9, 16, 23 (?) en 29 (?). Het mooiste voorbeeld is de plattegrond van gebouw 2 (fig. 104) waar deze met bakstenen gerealiseerde structuren perfect tegenover elkaar zijn gesitueerd en zich bovendien exact in het midden van de grote kamer bevinden.

De meeste haardplaten en andere sporen die naar verwarming verwijzen, zijn binnenin de gebouwplattegronden gesitueerd. Dit is behalve in Rougiers (F) de algemene trend voor de laatmiddeleeuwse rurale bewoning[798]. Dit laat in eerste instantie toe deze gebouwen als wooneenheden te interpreteren. De relatie tussen vuur en wonen kan o.a. via etnografisch onderzoek worden onderbouwd, en komt ook zeer expliciet tot uiting in de middeleeuwse 'haardtellingen' die door het feit dat ze juist de haarden gaan tellen, deze beschouwen als de basiseenheid van de samenleving die een aantal personen groepeert die dezelfde haard gebruiken en dus m.a.w. onder hetzelfde dak wonen[799]. Het feit dat de meeste sporen van verwarming binnenin de woning zijn gesitueerd, toont ook aan dat koken grotendeels in deze leefruimte gebeurde en niet in een aparte ruimte. Desondanks worden toch soms sporen van vuur aangetroffen tegen de buitenkant van de gebouwen of er vlakbij. Een aantal van deze sporen zijn ongetwijfeld ouder dan het gebouw, andere houden misschien toch verband met buiten koken in perioden waarin dit mogelijk of aangewezen was. Dergelijke buiten de gebouwen gesitueerde sporen van vuur zijn o.a. aanwezig bij de gebouwen 6 (fig. 153: spoornr. 346) en 12 (fig. 188: spoornr. 1826). Ook een van de haardplaten van gebouw 1 bevindt zich buiten het bakstenen gedeelte van het gebouw. Dit zou er bij gebouw 1 kunnen op wijzen dat koken en verwarmen in bepaalde gevallen enigszins gescheiden gebeurde. De aanwezigheid van een tweede vuurplaats in laatmiddeleeuwse huizen wordt trouwens in bepaalde gevallen in die zin geïnterpreteerd[800]. Een aantal gebouwen van Walraversijde bezitten meer dan één haard. Meestal betreft dit louter op verschillende plaatsen gesitueerde *in situ* verhitte plekken of kuiltjes gevuld met as zoals bij de gebouwen 2, 3, 4, 5, 6, 9, 11, 15, 22 en 28. Bij deze gebouwen is niet altijd duidelijk of het werkelijk om verschillende tegelijk gebruikte haarden gaat of gewoon haardplaatsen zijn die elkaar chronologisch hebben opgevolgd. In bepaalde gevallen betreft het een bakstenen haard gecombineerd met een op een andere plaats gesitueerde *in situ* verhitte plek zoals bij de gebouwen 13 en 18. Uitzonderlijk gaat het om drie verschillende haarden in baksteen zoals bij gebouw 1 (fig. 92) of om een verwarmingselement in elk van de vier kamers zoals bij gebouw 29 (fig. 356). Haarden, sporen van verhitting en doofpotten worden verder in de tekst (4.3.3.8.1.) meer in detail behandeld bij de comfortverruimende aspecten van de gebouwen.

Bijkomende informatie over de functionele indeling van de ruimte wordt geleverd door de aanwezigheid van keurig afgewerkte openingen in de muren van enkele gebouwen. De meest duidelijke aanwijzing voor de functie daarvan is de aanwezigheid van een restant van een bakstenen riooltje vlakbij de westelijke hoek van gebouw 31 (fig. 398: spoornr. 1652). De aan deze riolering gekoppelde opening diende dus blijkbaar om afvalwater naar buiten te voeren. Dit kan echter op verschillende zowel artisanale als gewoon huishoudelijke activiteiten wijzen. Bovendien is er in de noordwestelijke hoek van dit gebouw nog een tweede opening aanwezig in het metselwerk, weliswaar zonder begeleidend spoor aan de buitenzijde van de muur. Verder is er een gleuf vastgesteld in de oostelijke muur van de aan gebouw

797 De Jong 1994, 97.
798 Pesez 1998b, 463.
799 Pesez 1998b, 457-458.
800 Meischke 1988, 223.

29 toegevoegde ruimte met de rechthoekige rookoven alsook in de zuidmuur van gebouw 5 (fig. 137). Ook aan deze twee muurgleuven kunnen geen andere sporen worden gekoppeld. De functie van deze openingen in de muren blijft behalve bij gebouw 31 onduidelijk. Wel duidelijk is dat sommige van deze gleuven voor heel wat hinder kunnen zorgen, alleen al door het feit dat allerlei ongewenste bezoekers zoals muizen en ratten zich via deze weg heel gemakkelijk een toegang kunnen verschaffen tot de woning.

De meeste gebouwen beschikken aan de buitenkant over plaveisels gerealiseerd met op de platte kant gelegde bakstenen opdat men de woning bij nat weer zo comfortabel en proper mogelijk kon betreden. Kortom, deze moesten vooral de onaangename situatie met de osendropgreppels vermijden. Een onbegroeide kleiige bodem van Walraversijde veranderde bij elke stevige regenbui ongetwijfeld in een modderpoel, vooral in de zone waar het water van het dak naar beneden kwam. Dit soort plaveisels is vastgesteld bij de gebouwen 1, 7, 10, 13, 15, 18, 20-23, 26, 28-30. De kleine partijtjes baksteen bij gebouw 3 en 13 worden niet als plaveisels beschouwd. Aangezien plaveisels ook zijn vastgesteld in de context van de eerste fase van gebouw 23 en van de eerste fase van gebouw 28 kan verondersteld worden dat deze van bij de aanvang van de bewoning in de zone achter de dijk aangebracht werden. Het feit dat ze minder frequent zijn aangesneden in de zone Raversijde 92-95 heeft vermoedelijk meer te maken met minder goede bewaringsomstandigheden voor dit soort sporen in deze zone dan wel met hun eigenlijke afwezigheid. Het feit dat ze in deze zone enkel bewaard zijn bovenop opgevulde structuren die naderhand door van bodemrijping verder ingezakt zijn, is in dit opzicht voldoende duidelijk. De bakstenen liggen met hun lengterichting meestal haaks op de muren. Deze plaveisels zijn over het algemeen verzorgd en in een aantal gevallen afgeboord met enkele rijen in een andere richting op zijn kant geplaatste bakstenen. In sommige plaveisels zijn eveneens natuurstenen verwerkt. Zo werden er natuurstenen gebruikt om gedeelten van het grote halfcirkelvormige plaveisel van gebouw 28 af te boorden. Het plaveisel aan de oostkant van gebouw 13 bestond dan weer volledig uit natuursteen. Bij een aantal gebouwen zoals gebouw 17 (fig. 265) en de fasen 1 en 3 van gebouw 23 (fig. 316) zijn deze plaveisels vrij onregelmatig. Ze bestaan in deze gevallen uit een aantal weinig systematisch bij elkaar gebrachte bak- en/of natuurstenen. De plaveisels zijn meestal min of meer evenwijdig aan de muren. Plaveisel spoornr. 1060 van gebouw 18 (fig. 275) en plaveisel spoornr. 897 (fig. 338b) van gebouw 28 vormen de twee belangrijkste uitzonderingen op deze regel. Plaveisel spoornr. 1060 betreft een door twee of drie rijen op zijn kant geplaatste bakstenen afgeboord plaveisel met een onregelmatige vorm. In het plaveisel zelf zijn op basis van de horizontale stratigrafie en de kleur van de bakstenen minstens twee en vermoedelijk zelfs drie fasen te herkennen. Dit plaveisel ligt op een helling en daalt van het niveau van gebouw 18 naar een lager gelegen uitgeveende zone af. Het lijkt op een plaveisel dat toegang biedt tot een natte zone, wat bijvoorbeeld nuttig kan zijn bij het wassen en bij het drenken van dieren. Het plaveisel van gebouw 28 is zeer groot en duidelijk halfcirkelvormig. De reden hiervoor is niet duidelijk.

Wat de plattegrond betreft, beantwoorden de gebouwen uit Walraversijde in essentie aan de 'elementaire middeleeuwse woning' zoals gedefinieerd door Chapelot & Fossier[801]. Op dit punt, een rechthoekige plattegrond die verdeeld is in een grote en kleine ruimte, beantwoordt de basismodule vastgesteld te Walraversijde ook aan het type 3 dat gedefiniëerd werd voor Brugse bakstenen huizen uit de periode 1200-1350[802]. Deze huizen zijn echter van een totaal andere allure dan die uit Walraversijde. De meeste ervan tellen bijvoorbeeld 4 niveaus en sommige zelfs 5[803]. Eenvoudige rechthoekige en in twee vertrekken onderverdeelde gebouwen komen wel frequent voor in de late middeleeuwen, bijvoorbeeld in Amsterdam[804].

De in Dover-Townwall Street opgegraven gebouwen hebben eveneens een eenvoudig rechthoekig tot vierkant grondplan en vertonen op enkele schaarse uitzonderingen na geen interne verdelingen[805]. Hetzelfde geldt voor de gebouwen van Sandhagen[806]. De in Sandhagen opgegraven woonzone van het 16deeeuwse vissersmilieu is bovendien gekenmerkt door de aanwezigheid van een groot aantal plaveisels in rolkeien. In Paalvoetside werd o.a. ook een plaveisel van rolkeien uit Scandinavië aangetroffen[807]. Plaveisels in rolkeien zijn daarnaast gekend uit het laatmiddeleeuwse Sluis[808], een sterk op de zee gericht laatmiddeleeuws stedelijk milieu.

4.3.3.6 De oppervlakte en de afmetingen van de bakstenen gebouwen

Van 14 gebouwen kunnen met relatieve zekerheid uitspraken gedaan worden over de bebouwde oppervlakte. Het gaat hierbij wel degelijk om bebouwde oppervlakte, d.w.z. de oppervlakte van de muren inbegrepen en niet om de netto beschikbare ruimte. Ook is de eventueel beschikbare ruimte op een tweede niveau niet meegerekend, wat op de huidige immobiliënmarkt wel gebruikelijk is. De gemiddelde bebouwde oppervlakte van de 14 gebouwen bedraagt 109 m^2. De oppervlakte gaat van 37 m^2 voor het kleinste gebouw tot 218 m^2 voor het grootste. Bij het elimineren van de extremen varieert de oppervlakte van 65,5 m^2 tot 147 m^2. De extremen (gebouw 4, 13 fase 2 en 19) werden elk om een precieze reden uitgeschakeld: gebouw 4 omdat het vermoedelijk een specifieke, d.w.z. artisanale, ruimte betreft, gebouw 13 fase 2 vanwege het hypothetische karakter van de reconstructie en gebouw 19 eveneens vanwege een vermoedelijk andere functie dan woonfunctie. Vervolgens kan men de resterende 11 gebouwen op basis van de oppervlakte in vier categorieën opsplitsen: van 66 tot 78 m^2, van 84 tot 96,5 m^2, van 109,5 tot 114 m^2 en van 135 tot 146 m^2. De twee groepen met de kleinste oppervlakte vertegenwoordigen ongeveer twee derde van de woningen. Bovendien valt minstens één (gebouw 28) van de vier grotere gebouwen enkel binnen de groep van de grotere gebouwen als gevolg van een aantal toevoegingen aan het oorspronkelijk kleinere gebouw. Als men hier verder nog aan toevoegt dat de indruk bestaat dat de meeste van de onvolledig onderzochte

801 Chapelot & Fossier 1980, 247.
802 Van Eenhooge 2001, 139 fig. 15.
803 Van Eenhooge 2002a en b.
804 Baart 2001, 166-169.
805 Parfitt *et al.* 2001; Parfitt 2006, 27.
806 Berg *et al.* 1981.
807 Beekman & Van Beuningen 1995.
808 Nieuwsbrief Archeologie Zeeland, 13, december 2000, 5-6.

gebouwen ook tot de kleinere klassen behoren, moet men besluiten dat een modale woning van Walraversijde gemiddeld ongeveer 84 m² oppervlakte besloeg. In de bakstenen gebouwen kan men dus eigenlijk meer algemeen twee hoofdgroepen onderscheiden: gebouwen met een oppervlakte kleiner dan 100 m² en gebouwen met een oppervlakte groter dan 100 m². Deze laatste groep gebouwen vertoont eveneens een aantal andere opvallende kenmerken. Gebouw 1 is gekoppeld aan een bakstenen beerput en bezit een vierkante bakstenen vloerplaat voor een oven of een kachel, gebouw 16 bezit een in de muur ingewerkte bakstenen beerput, gebouw 18 is gekoppeld aan een uitzonderlijk plaveisel en gebouw 28 had een roodgekleurde bepleistering aan de binnenkant. Enkel gebouw 13 fase 3 beantwoordt niet aan deze logica vermits dit gebouw een bakstenen latrine combineert met een geringe oppervlakte. Dit zou echter ook aan de slechts onvolledige bewaring van deze fase te wijten kunnen zijn.

Bekeken vanuit het standpunt van de oppervlakte van de gebouwen is de sociale differentiatie van dit vissersmilieu niet zo erg groot: de best bedeelde op het vlak van bewoonbare oppervlakte beschikt immers slechts over iets meer dan tweemaal zoveel ruimte als de slechtst bedeelde. Verder is er doorheen de 15de eeuw een trend van uitbreiding merkbaar. Een aantal gebouwen zoals 3, 23 en 28 realiseren immers archeologisch herkenbare uitbreidingen wat er via de materiële bronnen kan op wijzen dat dit milieu het niet zo slecht deed in de 15de eeuw. Qua oppervlakte lijken de woningen te suggereren dat de basiscel van dit milieu werd gevormd door de kernfamilie: vader, moeder, enkele kinderen en eventueel een oom, grootouder ...

De hierna vermelde afmetingen van de gebouwen zijn steeds buitenwerks genomen en dit meestal – bij gebrek aan de muren zelf – op de uitbraaksporen. Dit houdt in dat de werkelijke maten van de huizen iets kleiner waren dan de besproken maten. Dit verschil lijkt echter verwaarloosbaar. De breedte van de gebouwen varieert van 3,75 tot 8,8 m. De meeste gebouwen zijn echter gekenmerkt door een breedte tussen 5,2 en 6,5 m. Enkel gebouw 4 en de eerste fase van gebouw 26 zijn merkbaar minder breed. Gebouw 1 en fase 2 van gebouw 13 zijn met 7,1 en 8,2-8,8 m duidelijk breder. De laatst vermelde breedte is echter het resultaat van een vrij hypothetische reconstructie waardoor de maximale breedte van de gebouwen te Walraversijde wellicht 7,1 m bedraagt. Dit is niet toevallig bij het gebouw met de grootste oppervlakte. De lengte gaat van 8 m voor het kortste gebouw (gebouw 4) tot 25 m voor het langste gebouw (gebouw 18). De meeste gebouwen vertonen een lengte tussen 12,4 m en 17,5 m. De variatie in de gebouwen spruit dus vooral voort uit de verschillende lengtes, want de breedte is van alle gebouwen quasi gelijk. Deze gebouwen uit Walraversijde met een aantal op één lijn geplaatste vertrekken zouden dus ook als *long-houses*[809] kunnen omschreven worden vermits hun lengte op één uitzondering na (gebouw 11) minstens tweemaal de breedte bedraagt. Hun basisvorm verschilt zelfs niet veel van bijvoorbeeld de veel oudere gebouwen die in de Assendelver Polders opgegraven werden en als gemengde gebouwen voor vee en mens uit de vroege ijzertijd geïnterpreteerd werden[810]. Van slechts een 10-tal gebouwen is zowel de breedte als de lengte gekend. Uit deze gegevens blijkt dat de lengte-breedteverhouding van de meeste gebouwen tussen 2,2 en 2,7 is gesitueerd. De gebouwen 2 en 11 zijn gekenmerkt door een lengte-breedteverhouding van respectievelijk 2,0 en 1,9. Een uitschieter in de andere richting is gebouw 18 met een lengte-breedteverhouding van 4,4. Onderzoek van andere middeleeuwse gebouwen uit Engeland heeft aangetoond dat rechthoekige gebouwen (zoals die van Walraversijde) doorgaans een lengte-breedteverhouding hebben van 2/1.

Zowel ten opzichte van Dover-Townwall Street als Sandhagen zijn de gebouwen van Walraversijde vrij groot. Het grootste gebouw van Townwall Street heeft immers een oppervlakte van amper 56 m². De kleinere gebouwen van Dover-Townwall Street met een oppervlakte van 20 m² zijn waarschijnlijk eerder opslagruimtes of werkplaatsen[811]. Ook de gebouwen van Sandhagen zijn merkbaar kleiner dan deze uit Walraversijde, ze variëren in oppervlakte van 10 tot 66 m². Met de hierboven vermelde afmetingen en een gemiddelde oppervlakte van 109 m² behoren de huizen uit Walraversijde tot categorie van de middelgrote middeleeuwse stenen huizen zoals blijkt uit een overzicht voor de stad Utrecht[812].

4.3.3.7 Gebouwen in hout: voorlopers en/of blijvers

Het onderzochte terrein is in bepaalde zones bezaaid met paalsporen. Een aantal daarvan zijn wellicht te interpreteren als de sporen van houten staketsels om netten of vis te drogen. Slechts in een beperkt aantal gevallen kunnen in deze paalsporen iets duidelijkere structuren worden herkend. Deze omvatten wellicht minstens twee gebouwen (a en b, fig. 409). Alle andere palenrijen en wolken van paalsporen kunnen wellicht geïnterpreteerd worden als de restanten van de houten voorgangers van de gebouwen in baksteen. Enkel de gebouwen a en b hebben dus blijkbaar geen opvolger in baksteen gekregen. Beide gebouwen worden eveneens zorgvuldig ontweken door afvalkuilen, stemmen qua oriëntatie overeen met de bakstenen gebouwen en vertonen allebei een spoor dat verband houdt met het maken van vuur. Gebouw a (fig. 213) meet 10,3 bij 6 m en gebouw b (fig. 253) is eveneens 10,3 m lang. Bij gebouw a geven de dateringen van de tonwaterputten aan dat dit gebouw gedurende een belangrijk deel van de 15de eeuw in gebruik was. Ook de diverse palenrijen passen wat de oriëntatie betreft goed bij de gebouwen in baksteen. De oriëntatie van deze palenrijen is bovendien onderling ook zeer sterk gelijkend.

Bij deze houten structuren zit de moeilijkheid hem vooral in de interpretatie ervan. Zijn deze houten gebouwen te relateren met een aan de installatie van het vissersmilieu voorafgaande fase van grondgebruik of vertegenwoordigen ze de eerste voorlopige stap van de ingebruikname van deze zone achter de dijk in de vroege 15de eeuw? Tegen de eerste hypothese pleit de afwezigheid van afvalcontexten die met een eventueel grondgebruik in de 13de-14de eeuw zouden kunnen samengaan. *Mobilia* uit een gracht die wel tot deze fase behoort en overbouwd werd door gebouw 18 (gracht spoornr. 1079) zijn duidelijk verschillend van

809 Milne 1979, 68.
810 Brandt *et al.* (eds) 1987, 180, boerderijgebouw uit de vroege ijzertijd.
811 Parfitt 2006, 27.
812 Temminck Groll 1963, 139.

deze die behoren tot het eigenlijke vissersmilieu. Ze zouden bovendien toch in de opgegraven zones moeten aangetroffen zijn indien er zoveel houten structuren uit een vorige fase aanwezig waren. Hoewel deze restanten van houten gebouwen op basis hiervan wellicht niet tot een vorige gebruiksfase van de onderzochte terreinen behoren, zouden ze toch kunnen aantonen dat de allereerste fase van de bewoning achter de nieuwe dijk op zijn minst gedeeltelijk in hout was opgetrokken. Dit zou in verband kunnen worden gebracht met de snelheid waarmee de woonzone ter hoogte van het huidige strand ontruimd moest worden. Zoals waarnemingen op het strand hebben aangetoond, was deze woonzone bijna uitsluitend gekenmerkt door houten gebouwen. Vermits houten woningen eigenlijk als *mobilia* werden bekeken en dus volledig konden ontmanteld worden is het niet uitgesloten dat men in de nieuwe woonzone in een eerste fase een aantal gebouwen heeft opgetrokken met de materialen afkomstig uit de woonzone die plots moest verlaten worden. Dat de gebouwen gesitueerd op het huidige strand echter niet allemaal noch volledig zijn gerecycleerd blijkt heel duidelijk uit een foto van de jaren 50 van een houten gebouw met bakstenen haardplaat waarvan de onderste gedeelten van de houten wanden nog in de onderliggende klei staken[813].

De gebouwen in de 'nieuwe wijk' achter de dijk zijn dan allemaal – met uitzondering van twee – in de loop van de 15de eeuw in de opgegraven zone vrij snel vervangen door bakstenen gebouwen. Dit betekent niet per se dat alle gebouwen een houten voorganger hebben gekend. Het archeologische onderzoek toont immers aan dat bij een aantal gebouwen (bv. gebouw 23) geen enkele aanwijzing voorhanden is voor het bestaan van een houten voorganger. Integendeel de vondsten uit de bewoningshorizont of loopvlak in gebouw 23 tonen aan dat dit reeds ten tijde van Jan zonder Vrees in baksteen was opgetrokken. Op basis van de aanwezigheid van concentraties paalsporen kan men argumenteren dat wellicht enkel de gebouwen 1 (fig. 97), 3 (fig. 118), 6 (fig. 156), 15 (fig. 238), 17 (fig. 269) en 21 (fig. 288) (een) houten voorganger(s) hebben gekend.

Tot in de 13de eeuw zijn de burgerlijke gebouwen in het kustgebied van het graafschap Vlaanderen overwegend in hout. Daarna neemt het gebruik van baksteen snel toe. Het is echter goed mogelijk dat de baksteen vooral beperkt bleef tot de fundering en het onderste deel van de muur en dat het gebouw voor de rest overwegend uit hout bleef bestaan. Een dergelijke bouwwijze bleef in elk geval in gebruik tot in de 19de eeuw[814]. Het is dus zeker niet uitzonderlijk dat er in de 15de eeuw nog houten gebouwen in Walraversijde aanwezig waren. Het vissersmilieu Dover-Townwall Street is in de 12de-13de eeuw nog volledig in vakwerk of in hout opgetrokken[815]. In Paalvoetside komen naast gebouwen in steen of met een voetmuur in steen ook houten gebouwen voor[816], en in Ooltgensplaat is enkel een houten gebouw geregistreerd[817]. Ook in Sandhagen (16de-17de eeuw) zijn de huizen nog hoofdzakelijk in hout, soms met een voetmuur in natuursteen[818]. Deze informatie geeft onmiddellijk aan dat houtbouw in de ene regio langer doorleeft dan in de andere. We verwijzen naar het hoofdstuk over de voor de gebouwen aangewende materialen (4.3.3.1.) voor meer informatie over de verstening van de gebouwen in het onderzoeksgebied.

4.3.3.8 Comfortverruimende aspecten

De bewoners van Walraversijde hadden in belangrijke mate oog voor de uitbreiding van hun wooncomfort en dit, zoals hierna blijkt, op velerlei wijze. Eerst wordt er kort wat informatie over de binneninrichting van de woningen over matten en kasten gegeven. Daarna volgen een 5-tal aspecten i.v.m. comfortverbetering: de verwarming, de watervoorziening, de mogelijkheid om voedingsmiddelen koel te bewaren en de afvoer van vast en vloeibaar afval.

Een setje van gevlochten plantaardige vezels (4271.3: fig. 376) is te identificeren als een fragment van een gevlochten mat. Dit betreft een alleenstaande vondst waardoor er weinig concreets uit kan worden afgeleid in verband met matten en andere vloerbekledingen. Het feit dat dit soort voorwerpen over het algemeen slechts zeer geringe bewaringskansen heeft, laat toch de mogelijkheid open dat zij eerder talrijk dan zeldzaam waren in Walraversijde.

Een andere bron van informatie over de binneninrichting vormen eventuele sporen binnenshuis. In gebouw 30 was in een bepaalde zone een rechthoekige, met zand bestrooide zone (spoornr. 1155, fig. 388a) af te lijnen die in tegenstelling tot de rest van het eveneens met zand bestrooide vertrek niet gekenmerkt was door de aanwezigheid van ingetrapte voetsporen. Dit zou er kunnen op wijzen dat er hier bijvoorbeeld een koffer of een kast stond waardoor de zone niet toegankelijk was.

Hierna komen een vijftal comfortverruimende aspecten aan bod.

4.3.3.8.1 Verwarming: haarden, sporen van verhitting en doofpotten

Aanduidingen omtrent de verwarming van de gebouwen zijn in Walraversijde aanwezig onder de vorm van bakstenen haardplaten, haardwangen, in de bodem nagelaten sporen van verhitting en ingegraven doofpotten.

Haardplaten zijn vastgesteld bij de gebouwen 1 (fig. 92-96), 6 (fig. 153), 13 fasen 1 en 2 (fig. 190-191), 16 (fig. 254-255), 17 (fig. 264, 267), 18 (fig. 271-272), 23 fasen 1 en 2 (fig. 309, 315), 26 fase 1 (fig. 334), 29 (fig. 358) en 30 (fig. 387-388). Ook bij gebouw 22 (fig. 307, spoornr. 1008) kan er een haardplaat worden verondersteld. Op de haardplaat in gebouw 30 na, die ook gedeeltelijk uit natuursteen bestaat, zijn alle aangetroffen haardplaten opgebouwd uit op de platte kant gelegde bakstenen. Bij de beter afgewerkte haardplaten zijn deze bakstenen verwerkt in een lineair verband (gebouwen 1, 18, 23, 26 fase 1 en 29) of in een visgraatverband (gebouw 13). Ze zijn steeds afgezoomd met kleinere stukjes op zijn kant geplaatste bakstenen. Bij gebouw 16 is de haardplaat opgebouwd uit drie boven elkaar gelegde lagen van hoofdzakelijk halve bakstenen. Bij de gebouwen 6, 17 en 30 zijn de stenen van de haardplaten gelegd zoals ze best bij elkaar aansloten

813 Chocqueel 1950, 116.
814 Verhaeghe 1986, 65-66.
815 Parfitt *et al.* 2001.
816 Beekman & Van Beuningen 1995.
817 Olivier 1994.
818 Berg *et al.* 1981.

zonder rekening te houden met een vooraf bepaald patroon. Van de onderzochte haardplaten bevinden er zich slechts drie echt centraal in een kamer, namelijk deze van de gebouwen 6, 18 en 30. Door de kleine afmetingen van het vertrek waarin de haardplaten bij de gebouwen 18 en 30 zijn aangetroffen zijn deze ondanks hun centrale ligging toch slechts 1 m van de muren verwijderd. In al de andere gevallen ligt de haardplaat ofwel echt tegen een muur aan (gebouwen 1, 23 en 29) ofwel er zeer dicht bij (gebouwen 13, 16, 17, 26 fase 1). Dat dit niet altijd een korte dwarsmuur hoeft te zijn, tonen de haardplaten van de gebouwen 1 en 23 aan. De grotere haardplaten liggen wel steeds centraal ten opzichte van de breedte van het gebouw, m.a.w. ze zijn onder de nok of beter nog in de as van het gebouw gepositioneerd. In een aantal gebouwen komt een combinatie voor van een haardplaat en haardwangen zoals vastgesteld bij de gebouwen 1 en 29. In enkele gevallen kan men veronderstellen dat de haardplaat werd omgeven door een minder duurzame structuur (in hout of met leem bestreken vlechtwerk?), althans dit suggereren de lineaire en smalle grondsporen geregistreerd bij de gebouwen 11 en 16. Gebouw 22 zou ook een dergelijke constructie hebben gekend. Een dergelijke structuur is eventueel te interpreteren als de sporen die een soort rookkap nagelaten heeft in de bodem.

Op de haardplaat van gebouw 1 was een ovaal mortelspoor te zien (fig. 94). Bovendien werd achterhaald dat onder de haardplaat een eveneens van kalkmortel voorziene structuur aanwezig was met dezelfde omtrek als het mortelspoor bovenop de haardplaat (fig. 95). Aangezien kalkmortel, behalve bij deze twee structuren, twee andere haardplaten en op het perceel van de kapel in Walraversijde nergens is geattesteerd, kan men niet anders dan besluiten dat dit spoor inderdaad verwijst naar een structuur die voor zijn functioneren werkelijk kalkmortel nodig had. Dit is een bijkomend argument om op deze plaats een oven of kachel te reconstrueren. Een oven of kachel bouwen, deze hermetisch dichten en vuurvast maken is naar alle waarschijnlijkheid niet gemakkelijk te realiseren zonder kalkmortel. De aanwezigheid van een dergelijke oven of kachel kan eveneens verklaren waarom op de haardplaat zelf geen duidelijke sporen van verhitting zijn waargenomen. Ook op de beter afgewerkte haardplaten van de gebouwen 13, 16 en 18 ontbreken duidelijke sporen van verhitting. Dit zou kunnen wijzen op een verschil in functie tussen de kleinere haardplaten, die inderdaad vaak met asresten zijn afgedekt, en de grote beter afgewerkte haardplaten die dus eventueel als sokkel voor een oven of kachel zijn te interpreteren. Kachels worden bijvoorbeeld regelmatig aangetroffen in woningen in Centraal-Europa[819]. Dit is echter voorlopig enkel een hypothese. Bij interpretatie van de haardplaat als sokkel voor een kachel zou in de context van gebouw 1 de functie 'verwarmen' gescheiden zijn van het 'koken'. Bij gebouw 1 komen inderdaad nog twee andere haardplaatsen voor.

Als haardwangen te interpreteren bakstenen uitsprongen zijn slechts bij vijf gebouwen vastgesteld (1, 15, 20, 23 en 29). Ze zijn dus beter vertegenwoordigd in de zone Raversijde 96-98 en lijken ook vooral te verbinden met de recentere fasen van de gebouwen. Of de rookafvoer in het geval van de haardwangen reeds geregeld werd met een in de muur ingewerkt rookkanaal of nog met een houten of lemen rookkanaal[820] kan archeologisch niet worden uitgemaakt. Deze haardwangen zouden dus op het bestaan van schouwen wijzen en aantonen dat het van latere perioden vertrouwde schema van de open haard met schouw reeds aanwezig was in Walraversijde in de 15de eeuw.

Naast haardplaten en haardwangen zijn het vooral sporen van *in situ* verhitte klei en kuiltjes gevuld met verhit sediment die naar de verwarming van de gebouwen kunnen verwijzen (gebouwen 2-9, 11, 13 fase 1, 15, 18, 21-24 en 28-30). Deze komen duidelijk in een groot aantal gebouwen voor. De aanwezigheid van enkele gebouwen zonder sporen van verwarming in het bodemarchief laat zich voor een deel verklaren door de sterke plaatselijke aantasting van het bodemarchief ter hoogte van deze gebouwen, ofwel doordat deze gebouwen slechts gedeeltelijk binnen de opgegraven zone vielen. Enkel de gebouwen 12 en 19 behoren niet uitgesproken tot één van beide categorieën. Een aantal van deze *in situ* verhitte plekken liggen eerder centraal in de betrokken ruimtes, andere zijn vlak tegen een van de zijmuren gesitueerd. Wanneer deze samen met haardplaten voorkomen, vertegenwoordigt de haardplaat steevast het jongste element van beide. Dit wijst erop dat het vuur in een aantal gevallen aanvankelijk gewoon op de grond werd aangelegd en pas in een later stadium op haardplaten. Ook dit is een argument om te veronderstellen dat de levensstandaard in de loop van de 15de eeuw in Walraversijde gunstig evolueerde. In de context van gebouw 23 werden de drie systemen samen aangetroffen. Aan de hand van het stratigrafisch onderzoek kan de volgorde van deze bij gebouw 23 gebruikte systemen worden bepaald. De *in situ* verhitte plek wordt vervangen door een haardplaat, die op zijn beurt wordt opgevolgd door in de dwarsmuur aangelegde haardwangen.

Uit de analyse van de elementen die naar vuur verwijzen, kan worden afgeleid dat het vuur reeds van bij de aanvang van de bewoning in sommige gebouwen van Walraversijde werd aangemaakt tegen een zijmuur. Dit wordt treffend geïllustreerd door de muurhaard van de eerste fase van gebouw 23. Deze kan aan de hand van numismatisch materiaal in de periode van Jan zonder Vrees worden gedateerd. Van een systematische centrale positie van het verwarmingselement is geen sprake meer in het 15de-eeuwse Walraversijde. In de weinige gevallen waaruit voor de haardplaten bijvoorbeeld een centrale positie zou moeten blijken, stelt men vast dat deze zich in een zeer kleine ruimte bevinden zodat het verwarmingselement er nooit verder dan 1 m van een muur verwijderd is. Woning 6 is te fragmentarisch bewaard om dit algemeen beeld te ontkrachten. De positie van sommige haarden tegen de zijmuren heeft zijn consequentie voor de reconstructie van deze gebouwen. Het kunnen dus geen woningen zijn met lage muren en een dicht bij de grond komend dak. De zijmuren moeten dus minstens een zekere hoogte gehad hebben opdat het tegen de muur aangelegd vuur geen al te grote bedreiging voor het dak zou vormen[821]. Dit gegeven sluit perfect aan bij de andere informatie omtrent de muren van de gebouwen. De

819 Pesez 1998b, 476-477.
820 Zoals beschreven door Meischke 1988, 225-226.
821 Pesez 1998b, 464.

meeste woningen beschikken slechts over één verwarmingselement. Het aantal vuurplaatsen in de context van een gebouw kan gebruikt worden als een sociale indicator[822]. Dit zou voor Walraversijde een hogere sociale status impliceren voor de gebouwen 1 en 29, 1 vanwege de aanwezigheid van drie haarden in baksteen en 29 vanwege de aanwezigheid van een verwarmingselement in elk van de vier onderzochte kamers.

In de in Walraversijde onderzochte gebouwen zijn ook zes ingegraven potten aangetroffen. Het betreft een kruik in grijs aardewerk binnen gebouw 3 (952.1, fig. 116-117), vier kookpotten in rood aardewerk (1323.1, fig. 150-151, 1694.1, fig. 236-237 en 1856.1, fig. 197-198, 3363.1, fig. 358-359), respectievelijk binnen de gebouwen 11, 15, 13 en 29 en een ingegraven potje in rood aardewerk (3213.1, fig. 331) aangetroffen in greppel spoornr. 1393 tussen de gebouwen 24 en 26. Het zijn allemaal recipiënten die slechts in tweede of derde instantie, in elk geval na een ander gebruik in de grond werden geplaatst. De vier kookpotten vertonen aan de buitenkant immers heel wat brandsporen die verwijzen naar een voorafgaand gebruik als kookpot. Kookpot 3363.1 vertoonde onderaan ook een vrij groot gat. Bij kooppot 1694.1 zijn de drie massieve pootjes volledig weggesleten. Op de bodem van kookpot 1694.1 is tijdens de opgraving een zilveren munt aangetroffen. Het betreft een munt van het type groot (fig. 237) aangemaakt tijdens de regeerperiode van Lodewijk van Male (1346-1384). Ten slotte is de kruik in grijs aardewerk (952.1) slechts in het stadium van een sterk beschadigd fragment in de grond geplaatst. De kruik en een van de kookpotten (fig. 1323.1) zijn met de opening naar onder in de grond geplaatst. De kookpot op drie pootjes en vooral de kruik uit gebouw 15 (1694.1) zijn aan de binnenkant – vermoedelijk wegens plotse en sterke temperatuurschommelingen – afgeschilferd. De specifieke slijtagesporen aan de binnenkant van deze recipiënten maken een interpretatie als aspotten of doofpotten aannemelijk. In zogenaamde *aspotten* werden immers bij het ingaan van de nacht de resten van het haardvuur gedeponeerd[823]. De sterke temperatuursschommelingen door het periodiek aanbrengen van gloeiend hete as in een pot zou deze aan de binnenkant wel eens kunnen doen afschilferen, vooral doordat de as vermoedelijk met water werd geblust. Aspotten getuigen ervan dat de bewoners hun best deden om hun woning tegen brand te beschermen.

Als aspotten te identificeren ingegraven potten worden regelmatig aangetroffen bij onderzoek van laatmiddeleeuwse stedelijke woningen, o.a. in Leiden. Soms zijn deze afgedekt met een specifieke tegel zoals bij een 14de-eeuwse voorraadpot in rood geglazuurd aardewerk uit Leiden. Het betreft blijkbaar overwegend voorraadpotten die als aspot werden hergebruikt[824]. Deze bevinden zich zowel langs een muur als centraal in de kamer, maar steeds nabij de haard zoals het onderzoek aan de Haarlemmerstraat in Leiden aantoont[825]. In de bodem van dergelijke potten werd vaak een gat gemaakt voor de afvoer van het water dat erin gegoten werd om de as te doven[826]. Dat de interpretatie van dergelijke ingegraven potten als aspotten niet volledig zonder discussie is, tonen de verschillende andere hypothesen die hieromtrent nog bestaan. Dat dit soort ingegraven potten ook in Walraversijde niet automatisch allemaal als aspotten kunnen worden geïnterpreteerd, kan tevens worden afgeleid uit de aanwezigheid van een zilveren groot van Lodewijk van Male (1346-1384) op de bodem van de ingegraven pot 1694.1. De aanwezigheid van deze munt wijst eerder op een functie als ondergrondse kluis of als bouwoffer om bijvoorbeeld slechte geesten af te weren. Meer dan 30 voorbeelden van dergelijke middeleeuwse bouwoffers zijn gekend in Engeland[827]. Een dergelijk 'offer' zou echter op de keper beschouwd ook nog kunnen samengaan met een gebruik als doofpot in de zin dat de kwade geest van het vuur diende gesust te worden om de woning gedurende de nacht niet in brand te steken. Nabij de haard ingegraven potten worden door Steve Moorhouse[828] o.a. ook geïnterpreteerd als het equivalent van kookpotten om voedingswaren op te warmen maar niet te koken. In die hypothese dienen ze zich wel vlakbij het vuur te bevinden. Een gelijkaardige hypothese wordt ook weerhouden voor een 10-tal ingegraven potten, de meeste met de rand naar onder, aangetroffen binnen de gebouwen van het verlaten middeleeuwse dorp Westbury (GB). Ze dateren voornamelijk uit de periode late 14de-16de eeuw en zouden eventueel gediend hebben om ingrediënten voor medicinale of industriële doeleinden te laten fermenteren[829].

Ingegraven potten wijzen soms ook op een volledig andere functie, zoals o.a. in Antwerpen vastgesteld. Bij bouwkundig-archeologisch onderzoek in Antwerpen is immers reeds meermaals een aardewerken of gietijzeren verzonken pot in een keldervloer aangetroffen. Deze worden als zinkputjes geïnterpreteerd die het overtollige vocht na morsen of reinigen in de bodem lieten wegsijpelen[830]. Voorbeelden van ingegraven potten om drainagewater op te vangen zijn ook gekend uit middeleeuws Engeland, zoals voorbeelden uit Writtle en Kent's Moat illustreren[831].

Haardplaatsen gerealiseerd met bakstenen komen niet alleen in Vlaanderen en Nederland maar ook regelmatig in Engeland voor. In Frankrijk en Italië komen ze maar weinig of niet voor[832]. Wat de positie van de haard betreft, stelt de algemene regel dat de haard tot op het einde van de middeleeuwen in rurale middens voornamelijk nog centraal in de woning stond[833]. In stedelijke milieus was hij reeds in de loop van de 14de eeuw naar de zijmuur opgeschoven, zoals blijkt uit de volgende voorbeelden. Volgens Laleman *et al.*[834] waren wandhaarden in de Gentse woonhuisarchitectuur tot in de 14de eeuw een hoge uitzondering en bleven m.a.w. de centrale haarden tot in deze periode zeer goed vertegenwoordigd. Deze overgang lijkt in Gent qua datering vrij goed in overeenstemming met de evolutie in Londen, waar de haarden gedurende de 14de eeuw geleidelijkaan van een centrale plaats in de ruimte naar een zijmuur werden verplaatst[835]. Een houten woning uit de 2de helft van de 14de eeuw opgegraven in Leiden bezit bijvoorbeeld ook reeds een tegen de wand geplaatste haard[836]. Dit veronderstelt enkel dat de

822 Pesez 1998b, 475.
823 Dubbe 1980, 52.
824 Suurmond-van Leeuwen 1983, 21-23.
825 Bitter 1986, 94: afb. 5; 120: foto 11.
826 Suurmond-van Leeuwen 1981, 11 fig. 2 en 3.
827 Moorhouse 1986, 117.
828 Moorhouse 1986, 115.
829 Ivens *et al.* 1995, 275.
830 Maclot 1988b, 126.
831 Moorhouse 1986, 115.
832 Pesez 1998b, 457 en volgende.
833 Pesez 1998b, 458.
834 Laleman *et al.* 1986, 91-92.
835 Keily 1998, 40.
836 Kistemaker 1984, 174-175.

achterliggende wand plaatselijk vuurbestendig was gemaakt, maar niet per se uit steen bestond. Zoals de informatie uit Walraversijde aantoont, komen muurhaarden op het platteland in Vlaanderen reeds voor in de 15de eeuw. Een haard met een dergelijke positie is trouwens eveneens vastgesteld in Lampernisse op het Leenhof ter Wissche[837]. Ook op sites als Rougiers (F), Brucato (Italië) en Dracy (F) werden reeds muurhaarden vastgesteld en dit ook reeds in de 14de eeuw[838]. Muurhaarden met schouw worden op het Europese platteland vóór de 16de eeuw vermoedelijk over het algemeen niet aangebracht. Enkel uit 15de-eeuwse inventarissen van dorpsgebouwen in Lombardije kan de aanwezigheid van een schouw worden afgeleid[839]. Indien de vooruitgestoken structuren aan sommige muren van de gebouwen uit Walraversijde als haardwangen kunnen worden geïdentificeerd, tonen deze de aanwezigheid van schouwen aan in Walraversijde en dit reeds in de 15de eeuw.

4.3.3.8.2 Watervoorziening

Water is een levensnoodzakelijk goed. Aan de bevoorrading ervan wordt steeds veel aandacht besteed, zo ook in Walraversijde. Door het feit dat de waterbevoorradingsstructuren zich grotendeels ondergronds bevinden, zijn ze goed bewaard gebleven in het bodemarchief en bijgevolg ook archeologisch goed gekend. De watervoorziening was vooral gebaseerd op het winnen van grondwater. Dit werd mogelijk gemaakt door de aanleg van waterputten in baksteen en waterputten van gerecycleerde eiken haringtonnen. Regenwater werd misschien ook wel opgevangen, maar hierover is voor Walraversijde geen archeologische informatie beschikbaar.

Bakstenen waterputten

In Walraversijde komen bakstenen waterputten niet veel voor. Verspreid over de onderzochte zone zijn er hoogstens vijf aangetroffen (fig. 416). Enkel de gebouwen 1 (spoornr. 74, fig. 98-99), eventueel 7 (spoornr. 317, fig. 166), 13 en/of 16 (spoornr. 715, fig. 206), 20 (spoornr. 732, fig. 281) en 28 en/of 29 (spoornr. 1468, fig. 342) waren van een waterput in baksteen voorzien. Twee daarvan (74 en 715) hebben een bodem in baksteen en zo een gesloten container in de bodem. De overige bakstenen waterputten geven onderaan uit op de onverstoorde klei en bestaan enkel uit een aan beide uiteinden open bakstenen cilinder. De bodems van deze waterputten situeren zich tussen 1,55 en 2,05 m T.A.W. waardoor ze qua diepte perfect aansluiten met de meest voorkomende diepte van de tonwaterputten (*cf. infra*). De bakstenen waterputten hebben een binnendiameter die gaat van 0,72 m tot 1,2-1,4 m. Zelfs de kleinste diameter is een heel stuk groter dan deze van de tonwaterputten, wat meteen verklaart waarom in de vulling van deze waterputten bijna geen mobiele *archaeologica* werden aangetroffen. Bij eventueel verlies van een waardevol of voor de werking nefast voorwerp kon men er immers gemakkelijk in afdalen om het verloren object te bergen. Bovendien kon een vervuilde putbodem zo ook efficiënt gereinigd worden. Bij waterput spoornr. 1468 werd een houten velg van een karrenwiel gebruikt als basis voor het opgaand muurwerk (fig. 342-343) en de bakstenen cilinder werd er gewoon bovenop geplaatst. Via deze methode kon men onderaan mooi effen starten, want deze velg zorgde ervoor dat de waterputwand mooi horizontaal gemetst kon worden. Waar de relatie tussen bakstenen waterputten en tonwaterputten kan worden vastgesteld, blijkt de bakstenen waterput steeds de jongste. De aanleg van twee bakstenen waterputten die elk met hun insteek een voordien aangelegde tonwaterput snijden, kan op basis van de dendrochronologische informatie afkomstig uit het onderzoek van de tonwaterputten respectievelijk worden geplaatst na 1424 en na 1442. Deze informatie zou erop kunnen duiden dat bakstenen waterputten in Walraversijde pas rond het midden of zelfs in de 2de helft van de 15de eeuw gebruikt werden. Bovendien komen bakstenen waterputten meestal voor te midden van een zone met tonwaterputten (fig. 416). Of het kleinere aantal bakstenen waterputten tegelijkertijd duidt op een wijziging van individuele watervoorziening naar meer gemeenschappelijke watervoorziening kan niet bevestigd worden, maar dit lijkt wel een plausibele hypothese.

Sommige waterputten werden gezien de datering van de eindvulling nog gebruikt in de late 16de-vroege 17de eeuw. Dit is alvast het geval bij de bakstenen waterputten met spoornrs. 317, 715 en 1468, wat betekent dat deze op dat moment nog herkenbaar waren als waterput in het landschap en eventueel opnieuw in werking werden gesteld of gewoon verder werden gebruikt. Het gebruik ervan in de late 16de eeuw illustreert mooi het voordeel van bakstenen waterputten tegenover dat van tonwaterputten. Meer dan 100 jaar na hun aanleg deden ze nog even goed dienst, wat bij tonwaterputten onmogelijk is.

Waterputten in baksteen worden regelmatig bij archeologisch onderzoek aangesneden. Het gebruik van een velg van een karrenwiel als basis voor de bouw van een bakstenen waterput komt nog wel voor en kon o.a. worden vastgesteld bij drie 16de-eeuwse waterputten langs het 'nauwe straetkin' in Oostende[840]. Wagenwielen kenden in de middeleeuwen regelmatig een hergebruik als fundering van waterputten zoals ook vastgesteld in Delft (Nl)[841]. Mede dankzij dit hergebruik konden vrij veel middeleeuwse wagenwielen gedocumenteerd worden.

Tonwaterputten

Om tonnen als waterputbekisting te kunnen hergebruiken, werden de bodemplaten verwijderd[842], de hoepels losgemaakt en vermoedelijk versterkt of aangevuld. Dit laatste blijkt uit een 15de-eeuws document uit Bedern (GB) waar voor de aanleg van een tonwaterput niet alleen tonnen maar ook nieuwe hoepels worden gekocht[843]. In Walraversijde gaat het dus ongetwijfeld over hergebruikte tonnen die aanvankelijk een andere functie hadden. Indien men door een kuiper bodemloze vaten zou laten maken om als waterputbeschoeiing dienst te doen, zou men immers in de duigen geen kroosgroeven en zeker geen bomgat laten maken. In sommige gevallen (bv. in Lübeck) lijkt het er inderdaad wel op dat er speciale tonnen als waterputbeschoeiing

837 Verhaeghe 1986, 71 fig. 10.

838 Pesez 1998b, 463.

839 Pesez 1998, 466.

840 Pieters *et al.* 1995a, 192 fig. 8.

841 Nooijen 1992, 132-133.

842 Eenzelfde systeem werd ook vastgesteld bij een Romeinse tonwaterput uit de 1ste eeuw in Xanten (Leih 1995, 24).

843 Spriggs 1977, 14.

werden vervaardigd. Dit kan afgeleid worden uit het feit dat bij een volledig bewaarde, als waterput gebruikte ton met duigen van 1,7 tot 1,8 m lengte, een bovenste kroosgroef ontbrak[844]. Bij het onderzoek van de dendrochronologische data van de tonnen uit Walraversijde ontstaat er echter – ondanks de zekerheid dat het hergebruik betreft – wel de indruk dat men zich in regel bewust tonnen aanschafte om een tonwaterput te maken en dat niet zomaar om het even welke op de nederzetting aanwezige ton hiervoor in aanmerking kwam. Dit lijkt treffend geïllustreerd met de vier tonnen diepe tonwaterput (spoornr. 226, fig. 108) waarvan de drie dateerbare tonnen op een jaar na dezelfde kapdatum hadden[845] en dus vermoedelijk uit dezelfde boom vervaardigd zijn. De kwaliteit van de tonnen toont aan dat ze aanvankelijk bedoeld waren voor het vervoer van vloeistoffen of vochtige producten. Voorlopig werd er in Walraversijde slechts tweemaal een ton aangetroffen met een bodemplaat op haar oorspronkelijke plaats (tonwaterputten spoornrs. 556 (fig. 223) en 1645 (fig. 373, 375). Niet toevallig was in beide gevallen de bodemplaat systematisch geperforeerd. Deze perforaties houden vermoedelijk verband met een vorige gebruiksfase en hebben er enkel voor gezorgd dat de bodemplaat in de ton is gelaten. Het lijkt echter weinig waarschijnlijk dat de gaten in de bodemplaat aangebracht zouden zijn om het grondwater door te laten, zoals gesuggereerd voor een tonwaterput uit Middelharnis (NL)[846] en voor drie tonwaterputten uit Eindhoven[847] (NL). Deze hypothese verklaart immers in het geval van de bodemplaat van tonwaterput spoornr. 556[848] geenszins de verschillende diameters van de vastgestelde gaten. Deze verwijzen ongetwijfeld naar een verschillend werktuig waarmee de gaten zjin vervaardigd. Vermits de gaten in de bodemplaat niet op één moment werden aangebracht, is het eerder aannemelijk dat deze uit een vorige gebruiksfase stammen. Mochten deze gaten meteen aangebracht zijn voordat ze in de grond werden geplaatst, zou men immers één type van gaten verwachten en geen twee zoals nu het geval is. Het uitzonderlijke karakter van dit fenomeen in Walraversijde – op 61 tonwaterputten waarvan hout was bewaard, zijn er slechts twee aangetroffen met een bewaarde, geperforeerde bodemplaat – pleit bovendien tegen deze zienswijze. Indien men dus met een geperforeerde bodemplaat een ideale waterput kon maken, had men dit ongetwijfeld meer systematisch toegepast. Op de vraag naar de precieze functie van de gaten in de bodemplaat, blijven we het antwoord voorlopig echter schuldig. C. Morris denkt aan kaasproductie bij de op dergelijke wijze geperforeerde bodemplaten van tonnen uit York[849]. Dit lijkt ook voor Walraversijde geen onmogelijke hypothese. Een gebruik als visbun waarmee men vis op zee een tijd langer in leven kon houden, lijkt evenmin uit te sluiten. In het Noorse Zeevaartmuseum in Oslo zijn tonnen met geperforeerde bodemplaten aanwezig in de context van historische schepen waar ze blijkbaar dienden om overtollig water (regen- en zeewater) systematisch te laten wegvloeien van de andere in de ton opgeslagen goederen.

Bij de meeste tonwaterputten werd de onderste ton rechtstreeks op het sediment geplaatst. Vervolgens werd daarop het nodige aantal eveneens bodemloze tonnen gestapeld tot aan het oppervlak. De verschillende tonnen werden in of over elkaar geschoven zodat er geen kieren tussen de tonnen zaten. In een aantal gevallen werd de onderste ton op een bakstenen vloertje geplaatst (fig. 170). Soms werd er ook een bevloering in baksteen (fig. 246, 258) of natuursteen (fig. 268) in de ton aangebracht. De onderste vulling van de meeste tonwaterputten bestaat uit een homogene, beige zandlaag (duinzand?). Dit zandpakket werd bij de aanleg in de tonwaterputten aangebracht en zorgt ervoor dat het water bij het ophalen met bijvoorbeeld een kan of kruik aan een touw niet troebel wordt. Zand kan namelijk niet in suspensie gaan. Met een putbodem in klei riskeert men dan weer klei in suspensie te brengen bij het raken van de bodem, met als gevolg dat men nooit zuiver water zou kunnen bovenhalen. Ook werd er vastgesteld dat men soms een reeds gedeeltelijk vervuilde putbodem trachtte te saneren door er opnieuw een laag zand in te storten, zoals bij tonwaterput spoornr. 592 (fig. 226). Water werd bovengehaald met kruiken of kannen die met behulp van een aan het oor aangeknoopt touw (fig. 326: 4) in de put werden neergelaten. Een aantal keren is ook een paalspoor aangesneden vlakbij een tonwaterput of zelfs in de constructiekuil van de tonwaterput, zoals bij tonwaterput spoornr. 258 (fig. 181). Deze paalsporen verwijzen misschien wel naar het gebruik van een houten structuur om water te putten.

Indien het bomgat niet meer was afgedicht met het corresponderende oorspronkelijke bomgatplankje, werd het zo goed mogelijk op een andere manier afgesloten. Dit gebeurde door er een leren lap over te spannen zoals bij tonwaterput spoornr. 659[850], door er een halve bodemplaat (tonwaterputten spoornrs. 792 en 978 (fig. 321) of een duig (tonwaterputten spoornrs. 556, 799 en 980) achter te schuiven of door er een plankje op te nagelen (tonwaterput spoornr. 810).

Bij het buiten gebruik stellen van een tonwaterput werden de duigen van de bovenste ton regelmatig uit de grond getrokken alvorens het gat in de grond te dempen. Dit is reeds verschillende malen vastgesteld aan de hand van de wissen die nog in de wand aanwezig waren, terwijl er geen duigen meer waren. Het is immers niet op natuurlijke wijze te verklaren dat de duigen wel weggerot zouden zijn, maar de wissen uit hout van mindere kwaliteit niet. Dit impliceert dat het enkel de moeite loonde om de bovenste ton te recycleren. De onderste ton recycleren vergde blijkbaar iets te veel inspanning. Buiten gebruik gestelde tonwaterputten werden in Walraversijde niet als afvalput gebruikt. Het in de bodem nagelaten gat werd gewoon (wellicht zo snel mogelijk) met sediment en puin opgevuld. Kenmerkend voor deze werkwijze is de vulling van tonwaterput spoornr. 556 (fig. 223e) waarbij de onderste ton is opgevuld met afgedankte ceramieken recipiënten en bakstenen.

Een vraag die zich opdringt bij het bekijken van zoveel tonwaterputten is deze naar de levensduur van een dergelijke waterput, m.a.w. om de hoeveel jaar dient de tonwaterput te worden vervangen? Om over dit punt wat meer klaarheid te brengen, dient de datering van de inhoud van de tonwaterputten

844 Neugebauer 1975, 122.
845 Houbrechts & Pieters 1999, 229.
846 Olivier 1979, 148; Olivier 1994, 15; Olivier 2010, 24-27.
847 Arts 1994a, 177.
848 Houbrechts & Pieters 1999, 234 fig. 8a.
849 Morris 2000, 2250.
850 Houbrechts & Pieters 1999, 236 fig. 12.

systematisch te worden vergeleken met de dendrochronologische informatie. Het is echter zeer de vraag of de dateringen van mobilia ooit een datering met de nodige precisie zullen kunnen verschaffen om dit te achterhalen. Zo bestaat het in de tonwaterputten van Walraversijde aangetroffen materiaal grotendeels uit kruiken in grijs en rood aardewerk. Dit is dus helemaal niet geschikt om een zeer precieze datering van af te leiden. Theoretisch gezien zou men informatie over dit probleem ook kunnen inwinnen aan de hand van een grondige analyse van de dateringen van tonwaterputten die elkaar ogenschijnlijk vervangen. Het probleem hierbij is vooral archeologisch van aard, want men kan nooit met zekerheid weten welke put door welke werd vervangen. Er is echter toch wat informatie over de levensduur van de tonwaterputten in Walraversijde af te leiden uit het bodemarchief en meer bepaald uit het dendrochronologische onderzoek van tonwaterputten die elkaar snijden, tonwaterputten waarvan de onderlinge chronologische relatie dus met zekerheid af te leiden is uit de horizontale stratigrafie. Zo kunnen we 6 tonwaterputten van de rest onderscheiden, nl. de tonwaterputten spoornrs. 234-232 (gebouw 9), 259-258 (gebouw 9) en 1775-1776 (gebouw 29). Het verschil in datering bedraagt bij alle drie deze duo's telkens 14 of 15 jaar. Ondanks de geringe statistische basis van slechts drie waarnemingen kan dit bezwaarlijk als louter toeval geïnterpreteerd worden. Bijgevolg kan men op basis hiervan met enig voorbehoud een levensduur van ongeveer 15 jaar vooropstellen voor een tonwaterput vervaardigd met eiken haringtonnen en aangelegd in kalkrijke polderklei in het 15de-eeuwse Raversijde. Volgens Michel Groothedde[851] gaat een houten waterput echter hooguit enkele tientallen jaren mee, wat in de lijn ligt van de observatie in Raversijde. Om dit probleem met meer harde bewijzen te kunnen benaderen, zouden een aantal experimenten met dergelijke tonwaterputten nuttig zijn.

De vellingsdata en de *termini post quem* geleverd door het dendrochronologisch onderzoek van deze tonnen zijn tussen 1313 en 1484 gesitueerd. De overgrote meerderheid van de dateringen is echter te plaatsen in de twee laatste decennia van de 14de eeuw en de eerste drie decennia van de 15de eeuw (fig. 413-414).

Er zijn op 71 dateringen slechts vier vellingsdata waarvan de begindata in de 2de helft van de 15de eeuw vallen en slechts één *terminus post quem* die in de 2de helft van de 15de eeuw gesitueerd is. Vier hiervan zijn gelokaliseerd in de zone Raversijde 1996-1998. Deze chronologische informatie kan op verschillende manieren worden geïnterpreteerd. Enerzijds lijkt ze te suggereren dat tonnen in de 2de helft van de 15de eeuw in Walraversijde niet meer zo vaak voor waterputten werden gebruikt. In deze periode dient dus vermoedelijk de opkomst van de bakstenen waterputten te worden geplaatst. Deze zijn met vijf exemplaren immers duidelijk minder talrijk in aantal dan de tonwaterputten. De overschakeling op bakstenen waterputten is echter mogelijkerwijze niet alleen ingegeven door een technologische vernieuwing maar houdt misschien ook verband met een gewijzigde organisatie van de drinkwatervoorziening in Walraversijde: van individueel naar gemeenschappelijk. Anderzijds valt het op dat de dateringen van de tonnen uit Walraversijde ophouden omstreeks de tijd dat de lokale productie van kaakharing de import van kaakharing uit Scania van de markt verdrong[852]. Tegen het einde van de 15de eeuw was de situatie op de internationale haringmarkt danig gewijzigd dat sommige hanzesteden zelfs kaakharing aankochten in de Nederlanden[853]. Het is verleidelijk om beide fenomenen – de verdwijning van de tonnen in het bodemarchief van Walraversijde en de verdringing van de kaakharing van de markten – aan elkaar te koppelen[854]. Indien beide fenomenen met elkaar verband houden is dit een mooi voorbeeld van hoe onderzoek van tonwaterputten in een bepaalde regio informatie kan opleveren over verschuivingen op de internationale markten.

De diepte van de tonputten is erg wisselend: van meer dan 3 m (tonwaterput spoornr. 226) tot amper 0,75 m (tonput spoornr. 502). De overgrote meerderheid (60 %) is ongeveer 2 m diep. Op deze diepte bevindt zich in Raversijde meestal een watervoerende, meer zandige laag. Voor tonputten die slechts ongeveer 1 m diep zijn, is een interpretatie als tonwaterput bijzonder twijfelachtig en moet aan een andere functie worden gedacht. Ook de meer dan 3 m diepe tonwaterput (tonwaterput spoornr. 226) leverde vermoedelijk geen drinkbaar water voor de bewoners op. Het grondwater is immers ter hoogte van de subatlantische veenlaag volledig verontreinigd door organische stoffen[855] en onbruikbaar voor menselijke consumptie.

Een mogelijk verband tussen de diepte en de datering van een tonwaterput werd nagegaan. Dit zou kunnen als de stand van de grondwatertafel bijvoorbeeld door één of andere milieuwijziging gedurende de bewoningsperiode veranderd zou zijn. De bodems van de tonwaterputten bevinden zich tussen 0,35 m (tonwaterput spoornr. 226) en 2,67 m T.A.W. (tonwaterput spoornr. 766). Indien enkel de *termini post quem* in rekening worden gebracht, krijgt men inderdaad de indruk dat de oudere tonwaterputten minder diep zijn. Bij de gezamenlijke analyse van alle data – zowel de *termini post quem* als de begindata van de vellingsdata – komt deze trend iets minder duidelijk tot uiting. Er kan enkel worden gesteld dat er inderdaad slechts één van de diepste zes tonwaterputten (bodem lager dan 1.6 m T.A.W., tonwaterputten spoornrs. 226, 555, 556, 659, 663 en 721) is met een vroege datering, nl. tonwaterput spoornr. 226 (1391-1401). Voorzichtigheidshalve zou men dus kunnen besluiten dat de tonwaterputten door de tijd heen dieper werden aangelegd. Dit kan tevens duidelijk worden vastgesteld bij de tonwaterputten die elkaar snijden. De jongste van beide is immers systematisch dieper aangelegd dan de oudste (fig. 181, 222-223). Figuur 415 zet de dieptes van de tonwaterputten tegen de tijdsas af en laat enkele vaststellingen toe. Het overgrote deel van de tonwaterputten heeft zijn bodem tussen 1,5 en 2,5 m T.A.W. De verticale schommelingen nemen ongeveer vanaf het midden van het tweede decennium van de 15de eeuw toe. Een duidelijke reden hiervoor is er niet. Vóór het midden van de jaren 1420 lijkt alles iets regelmatiger. Een uitzondering hierop vormt tonwaterput spoornr. 226, die tevens zo'n diepte bereikte en de oudste met een kapdatum is. Een eerste tonwaterput gegraven als een soort verkenning van de ondergrond lijkt een mogelijke hypothese. Vooral omdat het door deze put aangeleverde water wellicht ongeschikt was

851 Groothedde 1996, 105.
852 Unger 1978, 348.
853 Unger 1978, 350.
854 Pieters 2005.
855 Maréchal & Ameryckx 1992, 248.

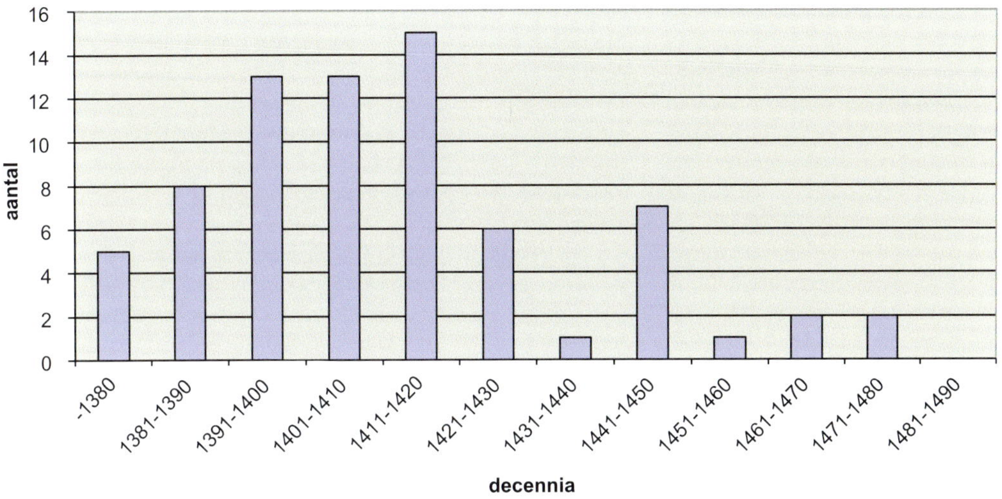

FIG. 413 **Dendrochronologische dateringen van de tonnen uit Walraversijde. *Termini post quem* en begindata van kapdata per decennium.** ***Dendrochonological dates of the barrels from Walraversijde. Termini post quem and initial years of felling dates grouped per decade.***

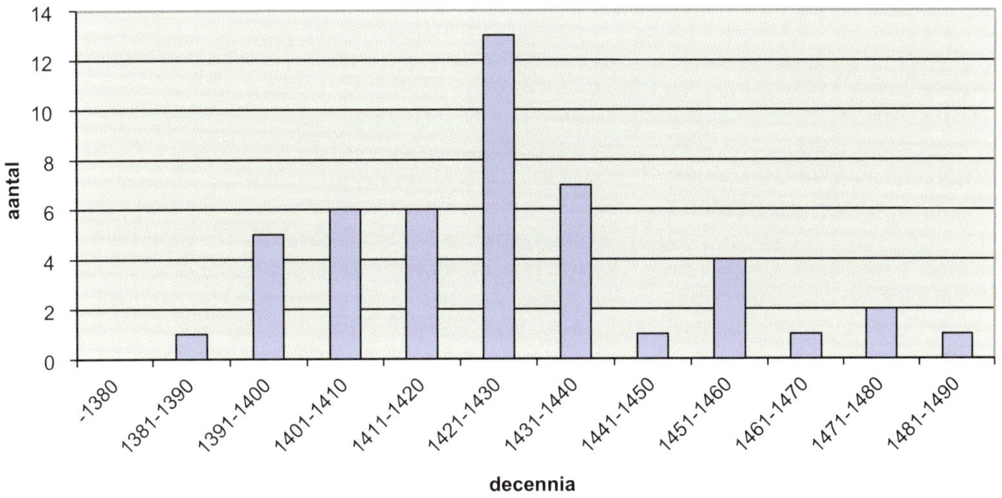

FIG. 414 **Dendrochronologische dateringen van de tonnen uit Walraversijde. Eindjaren van de kapdata per decennium.** ***Dendrochronological dates of the barrels from Walraversijde. Final years of felling dates grouped per decade.***

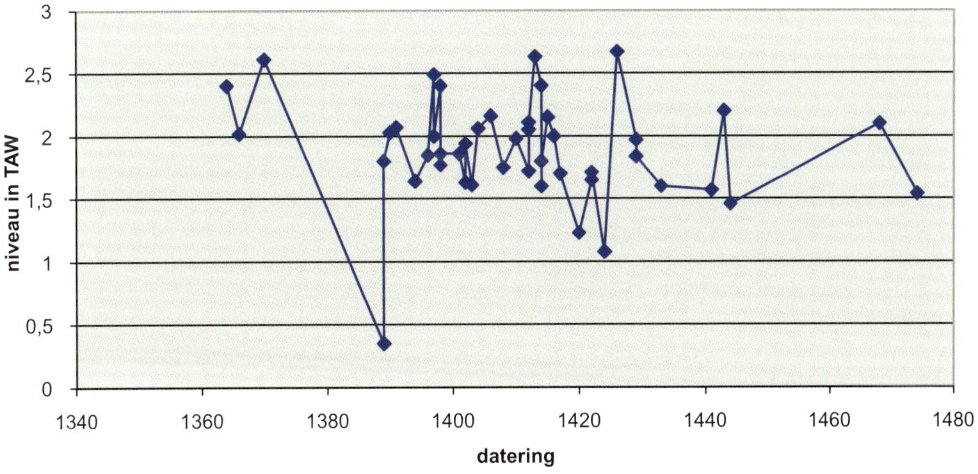

FIG. 415 **Niveau van de bodem van de tonwaterputten afgezet tegen een tijdsas (opgesteld op basis van de *termini post quem* en het beginjaar van de kapdata).** ***Level of the lowest part of the wells compared to the chronology (termini post quem and first year of felling dates).***

voor menselijke consumptie door de bezoedeling met organische stoffen uit het oppervlakteveen.

De dieptes van de tonwaterputten uit twee verschillende onderzochte zones werden vergeleken. De ene zone hoogde zich geleidelijk met duinzand op en is gesitueerd in een voordien uitgeveend gebied (o.a. tonwaterput spoornr. 980) of Raversijde 96-98. Het andere niet uitgeveende gebied is wat verder van de duinen verwijderd (o.a. tonwaterput spoornr. 633) of Raversijde 92-95. Uit deze vergelijking blijkt dat er geen enkele van de zes diepste tonwaterputten (met een bodem dieper dan 1,6 m T.A.W.) in de zone nabij de Duinenstraat gelegen is. Wanneer deze waarneming wordt uitgebreid tot de diepste 13 tonwaterputten met een bodem lager dan 1,7 m T.A.W. dan stelt men vast dat er hiervan slechts vier in de zone nabij de Duinenstraat gesitueerd zijn. In de zone 96-98 moest er blijkbaar gemiddeld niet zo diep gegraven worden om aan water te geraken.

Het overzichtsplan met de lokalisatie van de ton- en andere waterputten (fig. 416) laat ook enkele vaststellingen toe. De putten zijn eerst en vooral niet uniform over het onderzochte terrein verspreid, maar komen overwegend in groepjes voor. Vier van deze groepjes hebben een bakstenen waterput. Deze is in twee van de groepjes duidelijk de meest recente waterput en sluit blijkbaar een periode af waarin vooral tonwaterputten werden gebruikt. Uit de spreiding van de dateringen blijkt dat er nergens concentraties van putten uit een bepaalde periode worden vastgesteld. De groepjes zijn wat de dateringen betreft m.a.w. representatief voor het geheel. Dit houdt in dat deze waterputten bedoeld waren voor de individuele drinkwatervoorziening[856] en niet voor één of andere artisanale activiteit die op een gegeven moment veel water vergde. De grote hoeveelheid tonwaterputten op een beperkte oppervlakte houdt dus vermoedelijk verband met de relatief korte levensduur (15 jaar? *cf. supra*) van dit soort structuren. Een combinatie van een tonwaterput en een bakstenen waterput, zoals o.a. vastgesteld in Hasselt[857] (NL), werd in Walraversijde nog niet vastgesteld.

Waterputten gemaakt met overwegend bodemloze tonnen als waterputbeschoeiing worden regelmatig aangesneden in laatmiddeleeuwse en latere stedelijke milieus als Brugge (13de-15de eeuw)[858], Oostende (15de-16de eeuw)[859], Gistel (14de-15de eeuw)[860], Kortrijk[861], Gent[862], Brussel (midden 14de eeuw)[863], Mechelen (15de eeuw)[864], Antwerpen (late middeleeuwen-17de eeuw)[865], Herk-de-Stad (15de-16de eeuw)[866], Eindhoven (1250-1450/1500)[867], Haarlem (14de-15de eeuw)[868], Goedereede (Nl, 15de eeuw)[869], Utrecht[870], Groningen (14de-17de eeuw)[871], Norden (D)[872], Londen[873], Exeter (13de-18de/19de eeuw)[874], Perth[875], York (12de-vroege 16de eeuw)[876], Hull[877], Norwich[878] en Winchester[879].

Daarnaast worden er tonwaterputten aangetroffen in laatmiddeleeuwse en latere rurale middens zoals Sint-Lievenshoutem (14de eeuw)[880], Middelharnis (Nl, late middeleeuwen)[881], Valkenisse (Nl)[882], Zuidzande (Nl, 16de eeuw)[883], Huissen (Nl, 17de eeuw)[884], Borkum (D, 13de eeuw), Seriem (D, na 1341) en Butjadingen (D)[885]. Uit dit overzicht is af te leiden dat het gebruik van tonnen als waterputschacht een geografisch vrij algemeen verspreide techniek was die zeker niet beperkt bleef tot de kustgebieden. Hieruit blijkt ook duidelijk dat tonnen van verschillende formaten geschikt zijn en ingezet werden als waterputschacht. Een systematisch onderzoek naar de geografische spreiding van de soorten tonnen zal waarschijnlijk wel streekgebonden verschillen aantonen.

Tonnen met geperforeerde bodemplaten gebruikt als waterputbekisting zijn daarentegen slechts gekend uit een beperkt aantal andere lokaliteiten uit het onderzoeksgebied, nl. York[886], Eindhoven[887], Middelharnis (Nl)[888] en Mechelen[889]. De vondst van een los aangetroffen geperforeerde bodemplaat is ook gekend uit de Duinenabdij van Koksijde. Dit betreft een bodemplaat met een diameter van ongeveer 90 cm doorboord met tientallen perforaties van 5 tot 6 mm doormeter[890]. Een op gelijkaardige wijze van perforaties voorziene bodemplaat van een middeleeuwse harington is onder meer tentoongesteld in het museum van Falsterbo in Zuid-Zweden[891]. Falsterbo bevond zich in de late middeleeuwen in het centrum van de kaakharinghandel en maakte deel uit van het Deense koninkrijk.

Wat de vissersmilieus betreft, stelt men vast dat op de site Raversijde-strand bewoond in de 13de-14de eeuw bij de talrijke archeologische interventies nooit tonwaterputten opgemerkt zijn[892]. Bij diverse archeologische werkzaamheden in Heist werden o.a. reeds een hele reeks tonwaterputten onderzocht. De op

856 Epko Bult schat het consumptief gebruik per dag per hoofd van de bevolking voor Delft in de 15de-16de eeuw op 4 tot 5 liter (Bult 1992c, 52). Dit is echter gebaseerd op de idee dat persoonlijke hygiëne in deze periode vrij beperkt was.

857 Bartels 1993b, 44.

858 De Witte 1983, 144 & 146; De Witte 1985, 179; De Witte 1987, 99; De Witte & Hillewaert 1991, 100, 104 & 105; De Witte & Hillewaert 1993, 84 & 90; De Witte *et al.* 1995, 87; Hillewaert 1995, 42.

859 Pieters *et al.* 1995a, 189 & 191.

860 Hollevoet, ongepubliceerde data.

861 Despriet 1997, 18.

862 Vandenhoute 1979, 26; Laleman & Stoops 1993, 52; Laleman & Stoops 1994, 60.

863 Diekman 1995; Diekman 1997, 23-25; Hoffsummer & Houbrechts 1996, 43.

864 Vandenberghe 1976; Vandenberghe 1977, 185-187 & 192; Vandenberghe 1980, 247, 249 & 252; Vandenberghe & Raffo 1982, 49; Raffo 1983, 49; Vandenberghe & Swinnen 1984, 281; Mechelse Vereniging voor Stadsarcheologie 1995, 28; Mechelse Vereniging voor Stadsarcheologie 1996, 56.

865 Oost 1990, 51; Veeckman *et al.* 1996.

866 Van Impe *et al.* 1987, 123-125.

867 Arts 1994a, 176-179.

868 Van Greevenbroek 1985, 3.

869 Olivier 1979, 154.

870 Bloemers *et al.* 1981, 155.

871 Casparie & Helfrich 1995, 30.

872 Ey 1995, 289.

873 Spriggs 1977, 13.

874 Allan & Morris 1984, 309-313.

875 Morris 2000, 2241.

876 Morris 2000, 2238-2240.

877 Morris 2000, 2241.

878 Morris 1993, 95.

879 Spriggs 1977, 13.

880 De Groote *et al.* 2001, 36.

881 Olivier 1979, 148.

882 Hendrikse & van Heeringen 1995, 33.

883 Hendrikse 1990.

884 Janssen 1978, 196.

885 Ey 1995, 289.

886 Morris 2000, 2248: fig. 1085.

887 Arts 1994a, 177.

888 Olivier 1979, 148; Olivier 1994, 15.

889 Vandenberghe 1976, LVI.

890 Schittekat 1972b, 59 fig. 55.

891 Pieters 2002, deel 7, fig. 12 en 13.

892 Mondelinge mededeling van wijlen E. Cools, waarvoor dank.

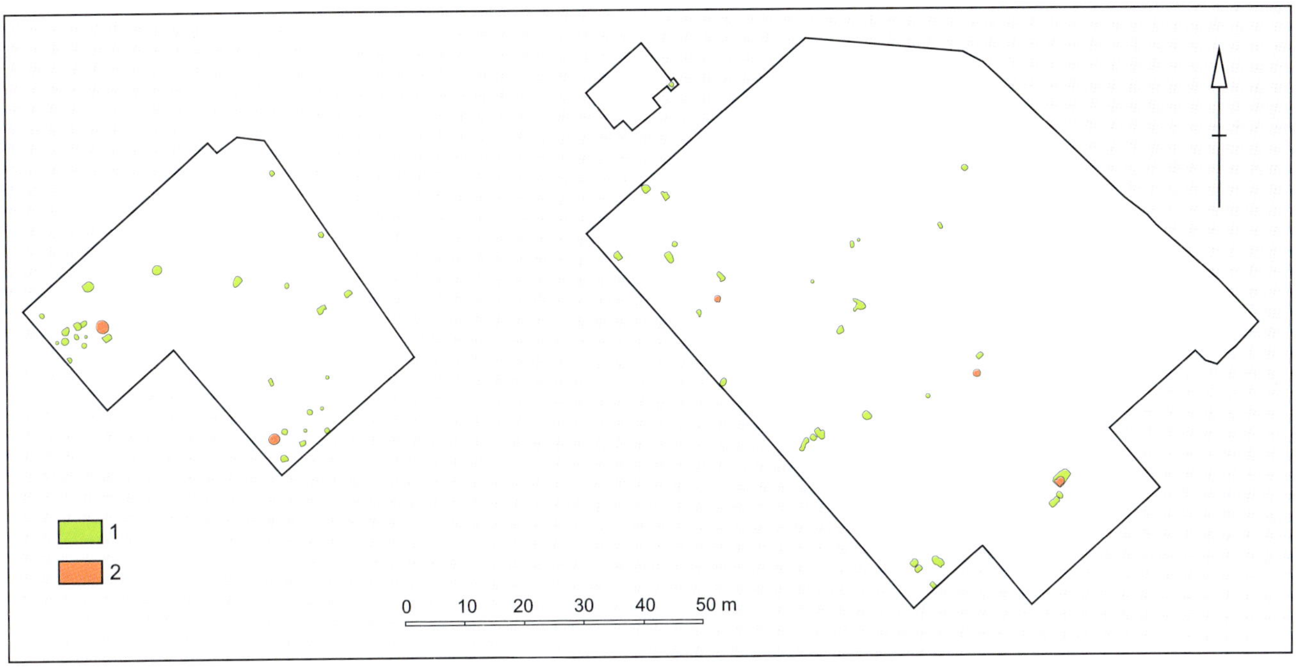

FIG. 416 **Plan met de lokalisatie van de waterputten. Legende: 1: tonwaterputten, 2. Bakstenen waterputten.**
Location map of the wells. Key: 1. Barrel wells, 2. Brick wells.

het eind van de jaren 80 door B. Hillewaert en Y. Hollevoet onderzochte tonwaterputten uit de 15de-16de eeuw werden in tegenstelling tot de tonwaterputten uit Walraversijde duidelijk systematisch als afvalput hergebruikt[893]. In de periode 1992-1994 werden er in Heist opnieuw een reeks tonwaterputten onderzocht. Van deze laatste klimmen er een aantal op tot de 14de eeuw. Ten slotte konden er in het voorjaar van 2000 nog eens zeven bijkomende tonputten worden onderzocht in Heist[894]. Ook op de veronderstelde site van Blutside werd door Karel Loppens een tonwaterput aangetroffen[895]. In Covehithe (GB), een vissersmilieu langs de Engelse kust, zijn eveneens tonnen aangetroffen[896], hergebruikt als waterputbekisting.

Deze informatie, vooral de info van Walraversijde, lijkt erop te wijzen dat tonwaterputten in het graafschap Vlaanderen pas vanaf omstreeks 1400 tot de materiële cultuur van vissers langs de Vlaamse kust gaan behoren. Bij gebrek aan een eigen ton- of andere waterput kon men altijd een ton gebruiken als tijdelijke opslagplaats voor het water in de keuken[897]. Wanneer deze niet ingegraven is, is de kans klein dat men hier iets van terugvindt in het bodemarchief.

4.3.3.8.3 Beerputten in hout en in baksteen

Minder levensnoodzakelijk dan waterputten maar toch in sterke mate comfortuitbreidend zijn latrines. Net als waterputten zijn deze door hun ondergrondse karakter vaak heel goed archeologisch bewaard en vormen dan ook meestal een ongekende bron van informatie. In Walraversijde zijn zowel beerputten in hout als beerputten in baksteen aanwezig. Gezien de grote aanwezigheid van tonnen is het niet verwonderlijk dat een aantal houten beerputten ook met tonnen gemaakt zijn.

Beerputten in hout

Tegen de noordmuur van gebouw 28 is een nagenoeg vierkante latrine aangetroffen (1 m bij 0,9 m). Deze was volledig in hout gerealiseerd (spoornr. 1554, fig. 345) en opgebouwd uit vier hoekpalen met planken errond. De latrine bevond zich op dezelfde plaats ten opzichte van gebouw 28 zoals een bakstenen latrine ten opzichte van gebouw 16. De positie van deze structuur laat vermoeden dat het de bedoeling was dat men deze kon betreden van binnen het gebouw 28, terwijl de structuur tegelijkertijd toch buiten gesitueerd was. In een tweede fase wordt centraal in deze vierkante beerput een ton geplaatst waardoor de vierkante houten beerput naar een zogenaamde tonlatrine evolueert (spoornr. 1679, fig. 345). Enkel tonlatrine spoornr. 1679 is dus gezien zijn aanleg binnen een voormalige houten beerput, duidelijk van bij de aanvang bedoeld als een ondergrondse container voor een latrine. Bij vier andere tonputten (spoornrs. 418, 655 (een dubbele tonput) en 799) werd de aanwezigheid van een latrinaire vulling vastgesteld, zonder dat evenwel kon worden aangetoond dat deze tonputten oorspronkelijk bedoeld waren als ondergrondse containers voor een latrine. Dit lijkt nog het meest aannemelijk voor de twee in eenzelfde constructiekuil geplaatste tonnen van tonwaterput spoornr. 655 (fig. 243), beide met een latrinaire bodemvulling.

Van twee van de vermelde tonlatrines kon de kapdatum van het hout worden bepaald: 1407-1417 (tonput spoornr. 799) en 1456-1466 (tonlatrine spoornr. 1679). Het beperkte aantal

893 Hillewaert 1989.
894 Dewilde M. & Wyffels F. 2001, 43-44.
895 Loppens 1932, 128.
896 Morris 2000, 2241.
897 Van Uytven 2007, 48.

tonnen dat als onderdeel van een latrine ge- of hergebruikt is, suggereert dat tonputten hiervoor in Walraversijde slechts sporadisch werden gebruikt of hergebruikt. De dateringen geven aan dat dit zowel in de eerste als in de tweede helft van de 15de eeuw het geval was.

De oorspronkelijke opvullingslagen van deze beerputten in hout zijn onderzocht op de aanwezigheid van dierlijke en plantaardige resten (o.a. pollen). Dergelijke onderzoeken verschaffen doorgaans heel wat informatie omtrent de materiële leefwereld in Walraversijde. In de vulling van de als beerput gerecycleerde tonwaterput spoornr. 418 werden naast de gebruikelijke resten van Ascaris en Trichuris ook eitjes van de ingewandsparasiet *Trichostrongylus* aangetroffen die op de aanwezigheid van schapen in de onmiddellijke omgeving wijzen[898]. Uit het onderzoek van de pollen uit drie houten beerputten (spoornrs. 418, 655 en 1554) blijkt dat deze vooral pollen van granen bevatten. Daarnaast komen pollen van keukenkruiden als kervel, koriander en kruidnagel voor. Merkwaardig is verder de aanwezigheid van pollentypes uit het Middellandse zeegebied die wellicht met de consumptie van honing in verband staan. Inschatten hoe uitzonderlijk de aanwezigheid van deze kruiden en honing is, behoort bij gebrek aan voldoende vergelijkingsmateriaal nog niet tot de mogelijkheden, vermits merkwaardig genoeg nog niet zoveel beerputten op hun polleninhoud werden onderzocht.

Verder is de aanwezigheid van Ascaris en Trichuris een constante voor dit soort structuren. Deze maken ook meteen de functie van deze structuren duidelijk (*cf.* 4.3.2.29.4. door Koen Deforce). Wat dierlijke resten betreft valt op dat deze hoofdzakelijk uit visresten bestaan[899] (*cf.* bijdragen 4.3.2.4.4., 4.3.2.17.4. en 4.3.2.29.3. door Van Neer *et al.*). Groot bot werd in geen enkele context aangetroffen evenmin als noemenswaardige hoeveelheden *archaeologica*. Hiermee sluiten deze structuren duidelijk aan bij de beerputten in baksteen die eveneens gekenmerkt worden door de afwezigheid van groter archeologisch materiaal.

De tonnen van tonwaterputten worden zoals hierboven reeds aangetoond relatief weinig in detail bestudeerd. Hetzelfde geldt voor de aard van de vulling. Dit verklaart waarom er momenteel geen bruikbaar overzicht van het hergebruik van tonwaterputten als latrines gemaakt kan worden. Hergebruik van tonwaterputten als latrine is in elk geval ook vastgesteld in Heist, een ander gekend vissersmilieu langs de Vlaamse kust[900]. Ook enkele van de in Eindhoven opgegraven tonwaterputten, uit de periode 1225-1350, kregen een tweede leven als latrine[901]. Los van concrete voorbeelden van tonwaterputten wordt het gebruik van tonnen voor latrines wel vermeld in een algemene studie omtrent het latrinaire gebeuren o.a. voor het Gentse Korenstapelhuis[902]. Dat tonnen niet altijd hoefden te worden ingegraven maar ook wel bovengronds konden blijven staan, toont een voorbeeld van een 18de-eeuwse heropgebouwde boerderij in Bokrijk[903]. Dit gebruik kan echter moeilijk of zelfs niet vanuit de materiële bronnen worden gedocumenteerd wanneer het bovengrondse gedeelte van het gebouw volledig is verdwenen zoals in Walraversijde.

Beerputten in baksteen

In de opgegraven zone werden slechts twee bakstenen beerputten aangetroffen. Deze werden allebei (spoornr. 546 (fig. 201)[904] en spoornr. 702 (fig. 256)) volledig archeologisch onderzocht. Het zijn twee nagenoeg vierkante structuren met een bodem in baksteen. Deze van beerput spoornr. 546 is merkelijk dieper gesitueerd (met bodem op 1,4 m T.A.W) dan deze van beerput spoornr. 702 (met bodem op 2,65 m T.A.W.), een verschil in diepte dat verder o.a. tot uiting komt in de betere bewaringsomstandigheden voor organische resten voor de eerst vermelde beerput. Beide structuren vertegenwoordigen latere toevoegingen aan respectievelijk gebouw 13 en gebouw 16. Ook al lijkt beerput spoornr. 702 beter architecturaal ingepast, de doorsneden osendropgreppel geeft duidelijk weer dat gebouw 16 een tijd zonder deze latrine heeft gefunctioneerd. Beerput spoornr. 546 was gezien de bewaarde aanzet van een gewelf ongetwijfeld volledig overwelfd. Mogelijkerwijze was boven deze structuren een behuizing (in hout of steen?) aanwezig zodat men deze structuren kan reconstrueren als tegen de gebouwen aanleunende constructies met een dakje, zoals op sommige iconografische documenten te zien is.

Naast de culturele archaeologica, enkel vertegenwoordigd in beerput spoornr. 546, zijn vooral de dierlijke resten (parasieten, kevers, vissen en de overige dieren) uit de primaire vulling van beide beerputten onderzocht. Enkel plantaardige macroresten uit beerput spoornr. 546 werden bestudeerd[905]. In tegenstelling tot de beerputten in hout is voor de beerputten in steen helaas geen palynologisch onderzoek uitgevoerd op de primaire vulling. Het resultaat van deze onderzoeken ligt hieronder voor. Het beoogt de hoog aangeschreven interdisciplinariteit, o.a. in de confrontatie van de vanuit verschillende onderzoeksvelden bekomen interpretaties vooral omtrent het functioneren van deze structuren en de socio-economische interpretatie van de structuren aan de hand van de erin aangetroffen resten. Een dergelijk onderzoek besteedt uitvoerig aandacht aan beerputten die wellicht in veel gevallen niet eens zouden worden bestudeerd wegens het bijna volledig ontbreken van tijdens de opgraving handmatig gerecupereerde mobiele vondsten, volledig ten onrechte zoals verder aangetoond. De meeste archeologisch onderzochte beerputten situeren zich immers in een stedelijke context en bevatten dan ook meestal grote hoeveelheden goed bewaard vondstenmateriaal die een uitvoerige studie ervan aantrekkelijk maken. Het zijn op veel sites immers ook de enige contexten die vondsten in hout, leder of textiel opleveren. Aan het 'ontbreken van' wordt bij archeologisch onderzoek echter niet altijd evenveel aandacht besteed. Vermits de beerputten van Walraversijde zich in een gedurende de 15de eeuw bewoond gedeelte van het vissersdorp bevinden, zijn het goede voorbeelden van beerputten gesitueerd in een landelijke context waarvan een aantal onderzoeksresultaten hebben aangetoond dat deze context, hoewel niet rijk, toch een zekere welstand kende[906]. De vraag hierbij is in hoeverre het onderzoek van deze beerputten dit beeld verder kan aanvullen, verfijnen, nuanceren of misschien zelfs tegenspreken.

898 Bouchet 1995.
899 Zie ook Pieters *et al.* 1999a.
900 Hillewaert 1989, 86.
901 Arts 1994a, 179 & 190.
902 Lamarcq 1993, 53 & 55.
903 Lamarcq 1993, 59; Laenen 1989, 78-79.
904 Deze beerput werd uitvoerig bestudeerd en ook reeds gepubliceerd (Pieters *et al.* 1999b).
905 Pieters *et al.* 1999a.
906 Pieters *et al.* 1995b, 273.

Een van de eerste vragen bij dit soort structuren is tafonomisch van aard, m.a.w. welk soort afval kwam er tijdens de gebruiksfase in terecht. Werden zij puur als toilet gebruikt of – zoals zo vaak op basis van archeologisch onderzoek wordt aangetoond – als een combinatie van een toilet en een afvalput? Indien dit laatste het geval is, dient dan ook te worden nagegaan welk soort afval precies in deze latrines terechtkwam. De vulling van beerput spoornr. 546 werd, zoals reeds gemeld, in detail onderzocht waardoor het onderzoek van de primaire vulling van deze beerput de basis vormt voor de verdere bespreking. De zeer geringe hoeveelheden scherven- en grover botmateriaal[907] die in de vulling van beide structuren zijn aangetroffen, sluiten formeel uit dat dergelijke resten systematisch door de bewoners tijdens de laatste gebruiksfase in de beerputten werden gedeponeerd.

Op 500 liter sediment uit beerput spoornr. 546 werden er naast een 30-tal potscherven immers slechts een 60-tal beenderresten – de visresten buiten beschouwing gelaten – die naar consumptie verwijzen, aangetroffen. Dit is bijzonder weinig. Doordat de precieze evolutie van deze structuur niet gekend is, is het bovendien niet uit te sluiten dat een deel van dit materiaal in de put is beland nadat hij reeds buiten gebruik was, namelijk in de periode vóór hij ontmanteld en opgevuld werd. Een grote hoeveelheid amfibie- en knaagdierresten wordt immers soms geïnterpreteerd als het gevolg van een langdurig functioneren van een structuur als bodemval[908]. Dit kan echter zowel samenvallen met de gebruiksfase van de structuur zelf (bv. via een externe opening) als erna tijdens een periode van leegstand en verval zoals soms kan worden aangetoond[909].

Uit de studie van de plantenresten blijkt dat vooral consumptieafval in de put terechtkwam, of in elk geval planten die op één of andere wijze door de mens gebruikt werden. Een deel van de aangetroffen consumptieresten zal het menselijk spijsverteringsstelsel gepasseerd zijn; een ander deel van het etensafval en de niet-gegeten gebruiksplanten zullen rechtstreeks in de put zijn gegooid. Samen verwijst het genoemde plantenmateriaal naar een duidelijke binnenhuiscomponent van de vulling. De resten van wilde planten, afkomstig uit de wijde omgeving van de site, zouden een buitenhuiscomponent kunnen vertegenwoordigen, maar zijn beduidend minder talrijk dan de eerder genoemde groepen. Bovendien is het goed mogelijk dat een deel van de wilde planten afkomstig is van materiaal dat door mens of dier of via de wind mee in huis was gebracht.

De dierlijke resten benadrukken de buitenhuiscomponent wat duidelijker. Op één synanthrope soort na, komen de loopkevers uit de buitenomgeving van de woning. Het lijkt weinig waarschijnlijk dat al deze insecten binnen in huis geraakten en uiteindelijk bij opruimbeurten in de put werden gegooid. Meer aannemelijk is dat de put een toegang naar buiten had, bijvoorbeeld om de structuur leeg te maken, maar waarlangs kleine dieren naar binnen konden. Sommige van deze soorten zoeken actief een dergelijke structuur vol voedsel op, zoals detrituseters, aaseters en predatoren die op aaseters afkomen. Op dezelfde wijze zullen de landslakken, de amfibieën en de meeste kleine zoogdieren in de context zijn terechtgekomen. Een deel van deze dieren is mogelijkerwijze ook in de beerput beland gedurende een eventuele periode van verval. Van binnenshuis komen de overblijfselen van commensale soorten (zwarte rat en huismuis) en wellicht ook van de gezelschapsdieren (kat en hond). Het echte dierlijke consumptieafval bestaat uit wat schelpen, eierschalen, beenderen van vogels en schapen, en een grote hoeveelheid visresten. Binnen deze laatste groep is een kleine hoeveelheid resten via menselijke uitwerpselen in de put beland. Daarnaast betreft het vooral afval dat van tafel komt en slachtafval ontstaan bij het schoonmaken van de vis. Het feit dat de botten van minstens een deel van de gegeten vissen wel, deze van vogels haast niet en deze van grote zoogdieren (rund, schaap, varken) nog minder in deze beerput worden gedeponeerd, duidt op een specifiek afvalverwerkingspatroon binnen het onderzochte huishouden. Enkel de vermoedelijk snel verteerbare, kleine visbotten werden in de beerput geworpen. Twee motieven kunnen hier meespelen: men wou de inhoud van de beerput recycleren voor een eventuele moestuin of men wou verhinderen dat hij al te vlug vol zou raken met allerlei niet verterend en zich dus snel opstapelend grof afval. De gewoonte om de met visafval aangerijkte inhoud van de beerput te gebruiken als meststof vond men tot voor kort nog steeds terug in het traditionele Vlaamse vissershuishouden[910]. Deze specifieke afvalverwerking maakt deze vulling ook onmiddellijk minder geschikt voor een analyse van het voedingspatroon van de gebruikers.

De tweede vraag betreft de socio-economische situering van de gebruikers. Dit kan vanuit verschillende invalshoeken benaderd worden: het voedingspatroon zoals blijkt uit de vulling van de beerputten, de informatie uit het parasitologisch onderzoek en de graad van welstand. Deze laatste kan gemeten worden aan de hand van de frequentie van dergelijk structuren, de aard en de hoeveelheid van comfortverruimende structuren waarover de bewoners van de gebouwen met beerput verder nog beschikten en aan de hand van de kwaliteit van de aangetroffen objecten. Aangezien de beerputvulling geen voor dit doel bruikbare ceramiek bevatte, kan deze onderzoekspiste die anders voor de site wel mogelijkheden biedt[911], niet op de primaire vulling van deze beerput worden toegepast.

Wat de parasieten betreft, dient vooral vermeld dat *Trichostrongylus* (een parasiet die in Raversijde reeds in een vroeger onderzochte context werd aangetroffen[912] en die wijst op de onmiddelijke nabijheid van schapen) niet werd vastgesteld in de stalen van deze beerput. Hoewel het gevaarlijk is conclusies te trekken uit de 'afwezigheid' ervan, zou dit kunnen betekenen dat de gebruikers van deze latrine minder dicht met schapen in contact kwamen dan de bewoners van de gebouwen 3 en/of 4. Alleen al het feit dat niet elke woning van Walraversijde over een latrine beschikte, doet vermoeden dat de bewoners van gebouwen met bakstenen latrines tot de socio-economisch hogere klasse van het dorp behoorden. Op een totaal van 33 gebouwen zijn er slechts twee met een bakstenen latrine. Als bovendien

907 Dit soort resten wordt echter in grote hoeveelheden aangetroffen op allerlei andere plaatsen binnen de site, als grachtvullingen, kuilen en stortplaatsen.

908 Bailon 1991, 277-278; Ervynck *et al.* 1994b, 145-167.

909 Bailon 1991, 278. De amfibieresten kwamen enkel voor in de bovenste stratigrafische eenheid van een buiten gebruik geraakte latrine.

910 Mondelinge informatie W. Lanszweert, Nationaal Visserijmuseum Koksijde.

911 Pieters *et al.* 1995b, 261-263.

912 Bouchet 1995.

blijkt dat een van deze woningen met bakstenen latrine ook nog voorzien is van enkele andere comfortverruimende structuren (bv. bakstenen waterput en kleine als koelruimte geïnterpreteerde circulaire structuur in baksteen) ligt het voor de hand deze woningen met latrine toe te schrijven aan de socio-economisch beter gesitueerden van de reeds onderzochte zone. Mogelijkerwijze betreft het een woning van een stuurman of misschien zelfs een weerd. Een wat verder volgend kort overzicht van de verspreiding van middeleeuwse latrines toont aan dat dergelijke structuren niet tot de standaarduitrusting behoorden van de laatmiddeleeuwse landelijke bewoning in het studiegebied. Om dit met harde bewijzen te staven, is er extra kwalitatief archeologisch onderzoek nodig.

De plantenresten lijken te suggereren dat de bewoners die de put gebruikten een zekere welstand hadden. Dit uitte zich onder meer in het gebruik van exotische producten als granaatappels, paradijskorrels en peper. Vijgen, walnoten en druiven zijn vermoedelijk ook importproducten, maar kenden een veel ruimere verspreiding. Bij de interpretatie van deze resten als tekens van een zekere welstand dient wel steeds de voor vissersmilieus gemakkelijkere toegang tot dit soort producten voor ogen gehouden te worden.

Het dierlijke materiaal belicht vanwege zijn specifieke tafonomische karakteristieken enkel de consumptie van vis. Deze was in eerste instantie gericht op producten uit zee, zoals voornamelijk haring, platvissen en kabeljauwachtigen. Opvallend hierbij is dat er in Walraversijde veel vis werd gegeten van kleinere afmetingen dan diegene die in die tijd op de binnenlandse markt werd verkocht. Dit suggereert de economische reflex waarbij de visser de producten met de beste kwaliteit én dus de hoogste verkoopprijs naar de markt stuurde en de mindere vis voor eigen consumptie hield. De mindere kwaliteit dient culinair wel gerelativeerd te worden, vermits kleinere vissen doorgaans beter van smaak zijn. De vondst van resten van de zee-engel, een culinair weinig aantrekkelijke soort, lijkt dit patroon te bevestigen. Naast de zeevis kwam, uit het zoete water, voornamelijk paling[913] op tafel. Op basis van deze visresten blijft het echter gezien de specifieke tafonomische kenmerken van deze afzetting moeilijk een uitspraak te doen over de welstand van de vroegere consumenten. Het onderzoek van de primaire vullingen van bakstenen latrines belicht heel wat aspecten van de leefwereld van een aantal 15de-eeuwse bewoners van Walraversijde. Vermoedelijk betreft het wel informatie omtrent de socio-economisch beter gesitueerden van het dorp. Naast de aanwezigheid van een aantal exotische producten zoals granaatappels, paradijskorrels en zwarte peper, werd ook het bestaan van een specifiek afvalverwerkingspatroon aangetoond. Blijkbaar belandden immers enkel visresten in de beerput.

Naast een socio-economische situering van deze gebouwen met latrine binnen het onderzochte gedeelte van Walraversijde zelf ligt het ook voor de hand om kort even na te gaan waar en vanaf wanneer dit soort structuren elders in het onderzoeksgebied werden aangebracht. Is een 15de-eeuwse bakstenen latrine op het Vlaamse platteland dus eerder de regel dan wel de uitzondering? Wat de middeleeuwse landelijke bewoning betreft, is met uitzondering van kloosters, abdijen, kastelen en sites met walgracht zeer weinig informatie voorhanden, zeker met betrekking tot de precieze vraag of in steen geconstrueerde latrines al dan niet tot de materiële cultuur van de bewoners behoorden. Latrines waren in Frankrijk tenminste sinds de 11de-12de eeuw in zwang in gebouwen voor collectieve bewoning zoals abdijen, kloosters en kastelen[914]. Deze chronologie lijkt tevens op te gaan voor Vlaanderen vermits bijvoorbeeld de Enaamse Benedictijnenabdij reeds in de 2de helft van de 11de eeuw over een vrij grote latrine beschikte[915]. Op de kasteelsite Ter Does, nabij Leiden, werd er eveneens een vierkante bakstenen latrine aangetroffen uit de late 13de-14de eeuw[916] die zeer goed lijkt op de beerput spoornr. 546 van Walraversijde. Een vermelding uit 1415 beschrijft verder in Lebbeke (Oost-Vlaanderen) een zogenaamd wijkhuisje dat opgesteld stond boven de gracht rondom een hofstede[917]. Dergelijke wijkhuisjes die stonden opgesteld boven de Zenne of een van de zijbeken van de Zenne, worden volgens Lindemans veelvuldig vermeld voor Brussel en omstreken in de 14de eeuw[918]. Deze wijkhuisjes verwijzen echter wel naar een toilet zonder een eraan gekoppelde beerput. Voor Wharram Percy (GB) worden enkel twee beerputten vermeld in relatie tot de 12de-eeuwse 'Manor', wel op een 30-tal m verwijderd van het woonhuis[919]. Uit Valkenisse (NL), een in 1682 in de Westerschelde verdronken dorp, zijn eveneens enkele laatmiddeleeuwse bakstenen beerputten gekend[920]. Er is echter geen informatie beschikbaar over de aanwezigheid van dit soort structuren in de landelijke vissersmilieus. Voor de steden is meer archeologische informatie voorhanden, zeker in de buurlanden. Voor Frankrijk kon op basis van een aantal geschreven bronnen worden afgeleid dat de constructie van latrines gedurende de 14de-15de eeuw zeer sterk werd aangemoedigd en zelfs aan particulieren in de steden werd opgelegd. Zo werden bij archeologisch onderzoek in Douai drie latrines onderzocht uit de 14de-15de eeuw. Geen enkele daarvan bestond echter uit steen[921]. Aan de serie gebouwen voor collectieve bewoning op het platteland kunnen ook typische stedelijke gebouwen met een openbaar karakter als gevangenissen en stapelhuizen worden toegevoegd[922]. Uit de Gentse binnenstad zijn slechts enkele latrines gekend: in het Gravensteen (11de eeuw), het Korenstapelhuis en het Belfort. Bij gewone middeleeuwse woonhuizen werden dergelijke nutsvoorzieningen in Gent voor zover bekend slechts zelden aangetroffen, zodat men veronderstelt dat de latrines daar waren ondergebracht in een van de bijgebouwen op het erf[923]. Een beerput aan de Schepenhuisstraat met eindvulling uit de 2de helft 17de-begin 18de eeuw is in oorsprong wellicht 15de-eeuws[924]. In Brugge zijn er bij sommige stadswoningen minstens sinds de 13de-15de eeuw bakstenen beer- en/of afvalputten aanwezig[925]. In Antwerpen werden afval- en/of beerputten aangelegd in de loop van de 15de eeuw[926]. In de Ieperse St.-Michielswijk werden

913 Er dient op gewezen te worden dat paling ook in zee kan worden gevangen.

914 Monnet 1992, 133-136.

915 Callebaut 1986, 98, fig. 5 en 99.

916 Renaud 1954, 137-140.

917 Lindemans 1994, 61.

918 Lindemans 1994, 89.

919 Beresford & Hurst 1990, 45, 77.

920 Hendrikse & Van Heeringen 1995, 31; Hendrikse 1996, 29.

921 Bonvarlet 1998, 17-18.

922 Lamarcq 1993, 55.

923 Laleman *et al.* 1986, 92.

924 Raveschot 1991.

925 De Witte *et al.* 1991, 100; Van Eenhooge 2002b, 46.

926 Oost 1988, 154.

bij het archeologische onderzoek van een 15-tal woningen[927] geen latrines aangetroffen, zelfs niet bij een veronderstelde patriciërswoning uit de 2de helft 13de-1ste kwart 14de eeuw[928]. Een onderzoek van de 'keurboeken' van Leiden met betrekking tot beerputten laat besluiten dat dergelijke structuren in Leiden slechts algemeen geïntroduceerd werden in de jaren 60 van de 15de eeuw[929]. De oudste stenen beerputten in Middelburg[930] en Nijmegen[931] dateren uit de 14de eeuw. Voor Nijmegen laat het zich aanzien dat de oudste stenen beerputten vooral werden aangelegd door de financieel meest draagkrachtigen van de stad. Het aantal beerputten in Nijmegen blijft echter tot in de het midden van de 16de eeuw klein[932]. In Delft dateren de oudste stenen beerputten uit de 15de eeuw[933]. In Hasselt (NL) valt de vroegste beerkelder te dateren in de late 15de of vroege 16de eeuw[934]. Een ronde bakstenen beerput dateert uit de late 15de eeuw[935]. In Eindhoven, waar binnen de middeleeuwse stad een aaneengesloten areaal van anderhalve hectare werd onderzocht dat voornamelijk nederzettingsporen uit de periode 1225-1350 heeft opgeleverd, werd enkel melding gemaakt van enkele tonwaterputten die als beer- of afvalput werden hergebruikt. Van de latere bewoning werden ook geen beerputten geregistreerd[936]. Volgens Henk Hendrikse zijn stenen beerputten reeds in de 15de eeuw zowel in de steden als op het platteland in Nederland algemeen ingeburgerd[937]. Er wordt echter niet vermeld op welke informatie deze stelling voor het platteland gebaseerd is. In de Engelse steden kenden latrines reeds vanaf de 12de-13de eeuw een vrij ruime verspreiding gezien de talrijke vermeldingen van burengeschillen over dit onderwerp enerzijds en de archeologische gegevens anderzijds[938].

Opmerkelijk voor de beerputten uit Walraversijde in vergelijking met talrijke op andere plaatsen onderzochte beerputten, is de afwezigheid van mobiele *archaeologica*. Behalve een handvol scherven waarvan niet duidelijk is hoe ze in de beerput geraakt zijn, werden vooral speldjes, enkele veteruiteinden, stukjes glas en twee dobbelsteentjes aangetroffen. Globaal genomen is de archeologische 'oogst' uit 500 liter sediment uit beerput spoornr. 546 uiterst mager en laat hij bijgevolg geen verregaande interpretaties toe. De mobiele vondsten sluiten chronologisch wel aan bij het algemene beeld bekomen op de rest van de site zodat naar een algemene datering in de 15de eeuw verwezen kan worden. Hierbij beklemtonen we nogmaals dat alle mobiele *archaeologica* uit de zeefstalen afkomstig zijn en dat er bij het manueel leeghalen, geen vondsten werden opgemerkt. Het treft verder dat de metaalvondsten mogelijkerwijze voor een groot deel afkomstig zijn van de kledij van de gebruikers van de beerput en dus onbewust in de put terechtkwamen. Een grote hoeveelheid kledij-toebehoren, in dit geval knopen, werd bijvoorbeeld ook aangetroffen in een 19de-eeuwse beerput uit Oudenaarde[939].

Dat een beerputvulling arm of beter gezegd bijna steriel is aan mobiele *archaeologica* lijkt uitzonderlijk, zoals enkele hierna geciteerde voorbeelden uit verschillende milieus en periodes duidelijk illustreren. In de Sint-Salvatorsabdij in Ename werden uit een beerput met vulling uit de 12de-begin 13de eeuw heel wat mobiele *archaeologica* w.o. ceramiek en botmateriaal gerecupereerd[940]. In stedelijke milieus worden bij uitstek grote hoeveelheden archeologisch materiaal gerecupereerd uit beerputten zoals een 15de-eeuwse beerput uit Veere[941] (NL), een 17de-eeuwse beerput in Tongeren[942] of een Dordtse beerput van omstreeks 1600[943] aantonen. De vraag stelt zich echter of het ontbreken van beerputten zonder noemenswaardige hoeveelheden archeologisch materiaal niet voor een deel te wijten is aan het feit dat dergelijke putten niet of minder werden onderzocht. De laatmiddeleeuwse beerputten uit Valkenisse (NL), een in 1682 in de Westerschelde verdronken dorp, bevatten bijvoorbeeld slechts een geringe hoeveelheid aardewerk en bot[944], maar wel beduidend meer dan deze uit Raversijde[945]. Het verschil tussen stad en platteland is blijkbaar een van de te onderzoeken variabelen[946]. Het verschil in vulling en gebruik van beerputten is echter niet eenvoudig te herleiden tot een verschil tussen stad en platteland. Enkele jaren geleden werden bijvoorbeeld een aantal 16de-eeuwse beerputten uit Oostende onderzocht die ook relatief weinig mobiele vondsten bevatten[947] ondanks hun situering binnen een stedelijk milieu. De inhoud van deze beerputten is echter nog niet in detail bestudeerd. Van twee aaneengeschakelde 15de-eeuwse beerputten in Sluis bevatte de éne uitsluitend beer en de andere naast beer voornamelijk ceramiek en glas[948]. Ook in Douai (F) werd een latrine uit de 14de-15de eeuw onderzocht die geen noemenswaardig archeologisch materiaal bevatte in de primaire vulling[949]. Van een 13de-eeuwse houten latrine, onderzocht in Saint-Omer (F), waren de onderste vullingen eveneens gekenmerkt door de afwezigheid van archeologisch vondstenmateriaal. Dit materiaal werd echter wel in grote hoeveelheden aangetroffen in de opvullingslagen[950] die niet van latrinaire oorsprong zijn. Het is niet onmogelijk dat beerputvullingen het resultaat zijn van verschillende gebruiksfasen met een enigszins verschillend karakter: toilet of toilet/afvalput of afvalput. Als deze verschillende gebruiksfasen elkaar in de tijd snel opvolgen is het niet uit te sluiten dat de afzettingen van deze verschillende fasen volledig vermengd geraken, gezien het vloeibare karakter van een aantal van deze afzettingen. Ook kan een plotse dichting van de structuur de aanwezige stratigrafie grondig verstoren. Zo kon in een 14de-eeuwse stenen latrine te Lille (F)[951] aan de hand van een grondige ceramiekstudie worden aangetoond dat de potscherven uit de onderste eenheden regelmatig pasten bij de scherven uit de bovenste eenheden. Dit is vermoedelijk te wijten aan processen van differentiële zetting en samendrukking die een grondige vermenging van de

927 Van Bellingen *et al.* 1994, 266, fig. 6; Van Bellingen & Dewilde 1995, 151, fig. 3.
928 Van Bellingen & Dewilde 1995, 152-158.
929 de Boer 1983.
930 Hendrikse 1996, 28.
931 Thijssen 1991, 19.
932 Van Enckevort & Thijssen 1996, 112.
933 Bult 1992c, 55.
934 Bartels 1993a, 34.
935 Bartels 1993a, 13.
936 Arts 1994a; 179 & 190.
937 Hendrikse 1996, 28.
938 Schofield & Vince 1994, 68.
939 De Groote & Ervynck 1996.
940 De Groote & Lemay 1994, 401-405.
941 Vreenegoor & Kuipers (red.) 1996.
942 Wouters *et al.* 1995.
943 Clevis & Sarfatij 1982.
944 Hendrikse 1996, 29.
945 Hendrikse & Van Heeringen 1995, 31.
946 Hendrikse 1996, 29.
947 Pieters *et al.* 1995a, 190.
948 Nieuwsbrief Archeologie Zeeland 2, maart 1998, 5-6.
949 Bonvarlet 1998, 18.
950 Barbé *et al.* 1996, 156-158.
951 Blieck 1996.

verschillende pakketten tot stand heeft gebracht. In Antwerpen is daarentegen wel degelijk aangetoond dat er geen onderscheid werd gemaakt tussen de functie van beerput en deze van afvalput. Ook wordt er in de geschreven bronnen voor deze stad éénzelfde woord gebruikt voor toilet en afvalput[952]. Het beeld is dus momenteel zeer wisselend.

4.3.3.8.4 Ondergrondse ruimtes: koele of geheime berging?

In Walraversijde zijn een beperkt aantal kleine ondergrondse structuren aangetroffen die niet voor een identificatie als waterput of latrine in aanmerking komen. Het betreft tonputjes vervaardigd met kleine tonnetjes (spoornrs. 1158, 1397, 1444, 1573), cilindervormige structuren bekleed met bakstenen (spoornrs. 537, 596, 1359 en 1756) en enkele zeer ondiepe tonputten (spoornrs. 198, 322, 502 en 633) respectievelijk aangesneden tussen de gebouwen 1 en 2, binnen gebouw 6, binnen gebouw 11 en vlakbij gebouw 14. Geen enkele van deze structuren reikt met zijn bodem dieper dan 2,6 m T.A.W. Hierdoor zijn ze te ondiep om als waterput en/of te klein om als beerput dienst te kunnen doen. De structuren in baksteen zijn gerealiseerd zonder (spoornr. 537, fig. 214) of met bevloering in baksteen (spoornrs. 596 (fig. 202), 1359 (fig. 336) en 1756 (fig. 358e). De structuur zonder bevloering in baksteen werd aangetroffen met een kruik in grijs aardewerk (213.1: fig. 216) op de bodem en had merkelijk een grotere buitendiameter (0,95 m) dan deze van de drie overige structuurtjes met bakstenen bodem en met een buitendiameter van 0,45 tot 0,65 m. De aanwezigheid van een dergelijke kruik doet bij spoornr. 537 denken aan een koelruimte. Deze structuur is echter als enige buiten de context van een bakstenen gebouw aangetroffen. De structuur bevindt zich wel vlakbij houten gebouw a en in de onmiddellijke omgeving van tonwaterputten spoornrs. 555, 556 en 592. De andere bakstenen structuurtjes bevinden zich in de context van gebouwen in baksteen: spoornr. 596 (gebouw 13 fase 3), spoornr. 1359 (gebouw 26 fase 2) en spoornr. 1756 (gebouw 29). In Leiden wordt een met 'bakstenen bekleed gat[953], dat gelijkenissen vertoont met de bakstenen kokertjes uit Walraversijde, geïnterpreteerd als een beter uitgewerkte aspot. Deze hypothese gaat niet zo goed op voor de exemplaren uit Walraversijde vermits nergens in deze structuren ook maar één spoor van houtskool, zelfs niet in poedervorm, werd waargenomen. Ook is er geen duidelijk verband met een vuurplaats vast te stellen.

De vier structuren vervaardigd met kleine tonnetjes bevinden zich allemaal binnenin een gebouwplattegrond. Bovendien bevinden drie ervan zich vlak tegen de noordelijke zijgevel van de woning waartoe ze behoren. Geen van de vier tonnetjes bezat nog een bodemplaat. In gebouw 30 is een volledig bewaard eikenhouten tonnetje (spoornr. 1158, fig. 388c) met een diameter van 25 tot 28 cm en samengesteld uit tien duigen van 26 tot 27 cm lengte aangetroffen. Het tonnetje was op het ogenblik van zijn ontdekking bovenaan nog afgedekt met een eikenhouten plank (fig. 389). De drie andere tonnetjes, aangetroffen in gebouw 24 (spoornrs. 1397 en 1444) en gebouw 28 (spoornr. 1573) waren veel minder goed bewaard en laten enkel een identificatie als klein tonputje toe. Enkel het hout van tonputje spoornr. 1573 was nog voldoende bewaard om een dendrochronologisch onderzoek toe te laten dat 1370 als *terminus post quem* heeft opgeleverd. Het hout van spoornr. 1158 werd nog niet dendrochronologisch bekeken.

Vier ondiepe tonputten zijn vervaardigd met dezelfde soort tonnen waarmee ook de tonwaterputten werden gemaakt maar springen uit de band door de geringe diepte, de ligging en/of de specifieke opvulling. De tonputten spoornrs. 502 en 633 zijn gekenmerkt door een specifieke vulling met veel houtskool en nogal wat visresten. Het onderzoek van deze resten[954] laat niet toe één of andere specifieke activiteit af te leiden waardoor alle mogelijkheden nog openblijven, dus ook die van koele of geheime berging. De twee andere ondiepe tonputten, spoornrs. 198 en 322, hebben behalve hun zeer geringe diepte geen specifieke kenmerken.

Deze kleine ingegraven structuren kunnen op verschillende manieren worden geïnterpreteerd: verborgen bergplaatsen voor waardevolle objecten, containers om bederfbare waren zo koel mogelijk te houden, zinkputjes om water te laten wegtrekken in de bodem of eventueel ascontainers, zoals gesuggereerd voor een structuur uit Leiden. Geen van deze hypothesen kan echter hard gemaakt worden. Tegen de hypothese van een geheime bergplaats pleit voor de houten tonnetjes, alsook voor een van de met bakstenen vervaardigde structuren, het ontbreken van een bodemplaat of bodemstructuur. In de hypothese van een geheime bergplaats zou men immers eerder verwachten dat de bodemplaat in de tonnetjes werd gelaten om de op te bergen waardevolle objecten zo proper mogelijk te houden. Eenzelfde redenering zou eveneens kunnen gelden voor de interpretatie van deze structuren als koelruimtes. Om deze sporen efficiënt als koelruimtes te gebruiken had men eigenlijk beter grotere tonnen gebruikt. In een tonnetje met een diameter van 25-30 cm kan je immers niet zo veel kwijt. Ze konden dan eventueel enkel dienen om specifieke producten met een beperkt volume koel te houden. Een gebruik van grotere ingegraven tonnen als koelruimte om bijvoorbeeld granaatappels te bewaren is wel reeds in de Augusteïsche periode (30 BC-14 AD) geattesteerd in het Zwitserse Windisch[955]. Blijven nog de hypothesen van zinkputjes en ascontainers. Indien het om zinkputjes zou gaan, zou men op de bodem toch af en toe restanten van een uit een dergelijk gebruik voortvloeiende typische afzetting verwachten. Dit is tot nu toe bij geen van deze structuurtjes het geval geweest. Gloeiende houtskool deponeren in houten containers lijkt op zich al geen goed idee, waardoor deze hypothese enkel kan opgaan voor de bakstenen structuurtjes. Zoals gezegd zijn in de context van deze structuren nergens sporen van houtskool waargenomen, zelfs niet in poedervorm. Geen van de hierboven aangehaalde hypothesen kan ook met zekerheid uitgesloten worden. Vergelijkingsmateriaal is op de bovenvermelde beter uitgewerkte aspot uit Leiden en de ingegraven tonnen uit Windisch niet voorhanden. Een combinatie van de verschillende interpretaties is heel goed denkbaar. Tonputje spoornr. 1158 heeft immers eerder de allure van een ondergrondse kluis, terwijl bakstenen structuur spoornr. 537 met de kruik op de bodem eerder aan een koele berging doet denken. De kenmerken van deze structuren, ondergrondse open

952 Maclot 1988b, 128-129.
953 Bitter 1986, 120: fig. 10.
954 *Cf.* Wim Van Neer *et al.* dit volume.
955 Jacomet 2002, 15.

cilinders gesitueerd boven de permanente grondwatertafel, zorgen er in elk geval voor dat er binnenin koeling optreedt als gevolg van de verdamping van bodemwater dat door de wanden dringt. Verdamping en condensatie is tevens de grondslag waarop de moderne koelkast is gebaseerd. Dit soort ingegraven structuren doet natuurlijk ook onmiddellijk denken aan de talrijke dolia die in de Romeinse periode werden ingegraven om voedingstoffen als wijn en olijfolie te bewaren[956], maar zijn veel groter qua volume.
Ten slotte valt op dat de structuurtjes gerealiseerd met tonnetjes uitsluitend voorkomen in de zone Raversijde 96-98 en dat de structuurtjes in baksteen in beide zones zijn geattesteerd. Een kelder is in Walraversijde in de hier besproken zones bij geen enkel gebouw vastgesteld. Enkel bij gebouw 28 is in de eerste fase een weinig verdiepte ruimte aanwezig.

4.3.3.8.5 Riolering en/of drainagesysteem

Behalve de beerputten die instonden voor een bepaald segment van het afval, diende er ook nog allerlei ander overtollig materiaal inclusief water uit de leefomgeving te worden verwijderd. Voor water gebruikte men riolerings- en drainagesystemen in baksteen en voor vast afval stonden afvalputten, buiten gebruik geraakte grachten en stortzones ter beschikking.

In de onderzochte zones zijn op verschillende plaatsen restanten van bakstenen kanalisaties aangetroffen (spoornrs. 419, 611, 684, 883 en 1652). Enkel de spoornrs. 419 en 1652 zijn ontegensprekelijk laatmiddeleeuws, de overige zijn wellicht vroegmodern en één ervan misschien wel subrecent. Ze zijn ook alle vijf op verschillende manieren geconstrueerd en bevinden zich bovendien in duidelijk verschillende contexten. Ze getuigen dus wellicht van verschillende bedoelingen.

Bakstenen kanalisatie spoornr. 419 (fig. 408 en 417) was gesitueerd tussen de gebouwen 3, 4 en 6 en was blijkbaar bedoeld om het water van drie greppels naar gracht spoornr. 219 af te voeren. De bodem van deze 5,2 m lange, in een kromming aangelegde kanalisatie bestond uit een rij dwars op de lengteas van de structuur geplaatste bakstenen. Om het draagvlak voor de wanden te verbreden werden aan weerszijden van de platgelegde bakstenen een rij baksteenbrokken toegevoegd. De wanden van de kanalisatie bestonden uit twee parallelle rijen overwegend halve bakstenen die in de lengteas van de kanalisatie werden geplaatst. Deze twee rijen, op 12 tot 15 cm van elkaar, werden op hun beurt afgedekt met een rij dwars op de lengteas geplaatste bakstenen. Zo werd er een gesloten kanalisatie bekomen met een centrale, vierkante opening. De bodem van dit ondergronds kanaaltje daalde 4 cm per meter naar de gracht af en bereikte deze laatste op 3,2 m T.A.W. Volgens het dendrochronologisch onderzoek werd deze kanalisatie pas aangelegd na 1414 en vermoedelijk zelfs na 1425 vermits kanalisatie spoornr. 419 de constructiekuil van tonwaterput spoornr. 392 sneed. Bij het blootleggen van de kanalisatie was deze volledig opgevuld met klei.

Van de bakstenen kanalisatie spoornr. 1652 die aan de noordkant gebouw 31 verliet (fig. 398), waren enkel de onderste twee steenlagen bewaard gebleven. De onderkant van deze riool was opgebouwd uit drie rijen in de lengteas van de riool geplaatste bakstenen. De buitenste rijen werden minstens verdubbeld zodat centraal een kanalisatie van ongeveer 12 cm breed ontstond.

Het basisconcept van deze verschillende soorten rioleringen of drainagekanalen is bij alle vijf de voorbeelden gelijk. Ze zijn vervaardigd uit een samenspel van haaks op en parallel met de lengteas van de structuur gelegde bakstenen. Spoornr. 419 is wellicht eerder als drainagesysteem te interpreteren en was als ondergrondse structuur bedoeld om het bodemwater sneller in een gewenste richting te doen lopen. Deze structuur is dus qua functie vergelijkbaar met de gekende subrecente rode draineerbuisjes in ceramiek en de huidige met kokosvezels omhulde geperforeerde buizen in kunststof. Spoornr. 1652 kan wel degelijk als een riool worden omschreven vermits ze kennelijk bedoeld was om water van binnen een gebouw naar buiten te leiden. In beide gevallen reflecteert de aanwezigheid van deze kanalisaties de bekommernis van de bewoners van het laatmiddeleeuwse en vroegmoderne Walraversijde voor de evacuatie van overtollig water. Dat dit in de zone tussen de gebouwen 3, 4 en 6 ondergronds diende te gebeuren, kan erop wijzen dat ze deze ruimte wilden gebruiken voor een bepaald doel dat niet verzoenbaar was met de aanwezigheid van open kanalisaties. Vanuit dit standpunt zou men kunnen argumenteren dat deze bakstenen kanalisatie allicht een op deze plaats gesitueerde greppel verving. Dit zou eveneens kunnen verklaren waarom de twee laterale greppels niet echt duidelijk verbonden waren met de kanalisatie, maar er veeleer tegen uitmondden. Over laatmiddeleeuwse en vroegmoderne rioleringen en drainagesystemen in landelijke omgevingen in het studiegebied is er weinig vergelijkbare archeologische informatie beschikbaar. Dit is een duidelijk ondergewaardeerd onderzoeksobject. Nochtans komen riolerings- en drainagesystemen bij archeologische opgravingen vanwege hun ondergrondse karakter ongetwijfeld regelmatig aan het licht zoals aangetoond door een deel van een houten rioolbuis aangetroffen in de context van een site met walgracht nabij de Dender in Aalst[957].

4.3.3.9 **De onderlinge samenhang en inplanting**

In de zones Raversijde 92-95 en Raversijde 96-98 zijn alles samen m.a.w. houten gebouwen inbegrepen 24 gebouwen gedocumenteerd die kunnen gelijktijdig bewoond geweest zijn (fig. 408-409). Op een gezamenijke oppervlakte van 7500 m² komt dit ongeveer neer op één gebouw per 310 m². De beide zones zijn wat bebouwingsdichtheid betreft duidelijk verschillend. Zone 92-95 heeft één gebouw per 360 m² en zone 96-98 heeft één gebouw per 210 m². De geringere bebouwingsdichtheid in de zone Raversijde 92-95 is volledig te wijten aan de aanwezigheid van twee stortzones die door de gebouwen werden gemeden en de aanwezigheid van een grachtenstelsel. Zeker in de zone 96-98 laat de dichtheid van de bebouwing geen ruimte meer voor stallen of tuintjes, laat staan voor akkertjes. De bebouwingsdichtheid in Walraversijde is absoluut groter dan deze bijvoorbeeld bij de gekende sites met walgracht. Zo hebben de woonzones van sites met walgracht in de streek van Veurne een gemiddelde oppervlakte van 1200 tot 2000 m². In de streek van Kortrijk bedraagt de gemiddelde oppervlakte zelfs 3000 tot 8000 m²[958]. Een hoge

956 Borgongino *et al.* 2010, 126.

957 Pieters & De Swaef 1987, 5 fig. 2.

958 Verhaeghe 1986, 62.

FIG. 417 **De bakstenen kanalisatie tussen de gebouwen 3, 4 en 6: a. overzicht, b. in doorsnede, c: onderste laag bakstenen.**
Brick sewer located between buildings 3, 4 and 6: a. overview, b. in section, c. lower course of bricks.

bebouwingsdichtheid is niet alleen vast te stellen in Walraversijde (zowel in de zone achter de duinen als in de zone op het strand) maar ook bij de twee andere op enige schaal onderzochte vissersmilieus: Sandhagen (Denemarken) en Dover-Townwall Street (GB). Het vissersmilieu Dover-Townwall Street was bovendien gekenmerkt door een bijzonder groot aantal op een kleine oppervlakte samengepakte gebouwen. Met ongeveer 30 m^2 per gebouw was de bewoningsdichtheid op deze site zeer hoog, merkelijk hoger zelfs dan deze in Walraversijde.

De gebouwen in Walraversijde staan min of meer op rijen. Een dergelijke inplanting is goed begrijpbaar vanuit het specifieke patroon van het wegennet. Een aantal parallelle wegen stonden ongeveer haaks op de dijk en dus ook min of meer haaks op de kustlijn. In de zone Raversijde 92-95 zijn de rijen woningen ongeveer net als het grachtenstelsel georiënteerd. Eén rij wordt gevormd door de gebouwen 6, 4, 3, 2, 1, 13 en 16. Ter hoogte van de gebouwen 4 en 6 staat er haaks op deze rij een tweede rij met de gebouwen 5, 11 en 12. De derde rij wordt gevormd door de gebouwen 7, 8, 9, 10 en eventueel houten gebouw a. De gebouwen 14 en 15 zijn eventueel een deel van een andere rij maar kunnen ook gewoon niet passen in dit stramien. Ook in de zone Raversijde 96-98 staan de gebouwen enigszins op rijen, weliswaar zonder begeleidende grachten. De gebouwen 22, 23, 24 en 26 vormen een rij evenals de gebouwen 28 en 29. Het gebouwencomplex 20-21 springt uit de band.

De onderlinge afstand tussen de gebouwen in de rijen is relatief gering. Deze bedraagt 25-35 cm (tussen gebouw 3 en 4), 0,9 m (tussen gebouw 24 en 26), 1,5-1,6 m (tussen gebouw 1 en 2), 1,7-1,8 m (tussen gebouw 8 en 9), 2,5-2,7 m (tussen gebouw 2 en 3), 3,5 m (tussen gebouw 13 en 16), 3,85 m (tussen gebouw 5 en 11), 4,1 m (tussen gebouw 23 en 24), 5,9-6,2 m (tussen gebouw 28 en 29) en 7,7-8 m (tussen gebouw 22 en 23). Een dergelijke opstelling van de gebouwen in rijen is ook te herkennen in het grondplan van de woonzone op het strand van Raversijde[959]. Aanwijzingen voor een zekere planning in de nederzettingsuitleg van een vissersmilieu komen tevens tot uiting op de site Dover-Townwall Street waar de gebouwen op een aantal gelijkaardige percelen opgesteld staan. In Sandhagen wijst geen enkel archeologisch gegeven op enige planning. Met deze nederzettingsuitleg in rijen verschilt de plattegrond van Walraversijde duidelijk van bijvoorbeeld deze van Wharram Percy, waar elke woning ingeplant is op zijn eigen perceel dat bovendien nog eens gekoppeld is aan een langwerpig perceel akkerland of weideland dat hierop aansluit[960].

In het geheel van gebouwen, waterputten, beerputten, grachten en kuilen kunnen vooral op basis van de onderlinge afstanden een aantal ensembles worden aangeduid. Deze zijn in het bodemarchief echter niet gematerialiseerd door grachten, greppels of herkende omheiningen. In de zone Raversijde 96-98 zijn dit er vijf. De tandem van de gebouwen 28 en 29 bezit bakstenen waterput spoornr. 1468, de houten latrine spoornr. 1554 en een reeks aan de bakstenen waterput voorafgaande tonwaterputten (spoornrs. 1553, 1620, 1624, 1628, 1645, 1775, 1776, 1780, 1790). Gebouw 20 en voorganger 21 bezitten bakstenen waterput spoornr. 732 en een aantal tonwaterputten (spoornrs. 745, 766, 767, 792, 799, 810, 812, 822 en 856). Gebouw 22 bezit rookoven spoornr. 943 maar blijkbaar geen waterputten. Vermits dit gebouw slechts gedeeltelijk is opgegraven, kunnen de waterputten ook perfect aan de andere kant gelegen zijn. Gebouw 23 met duidelijk bewaarde deuropening bezit drie tonwaterputten (spoornrs. 847, 864 en 978). De gebouwen 24 en 26 ten slotte bezitten slechts twee tonputten (spoornrs. 922 en 1389). Ook voor dit laatste ensemble geldt dat er zich nog tonwaterputten aan de niet onderzochte oostkant van deze gebouwen kunnen bevinden.

In de zone Raversijde 92-95 kunnen een 7-tal ensembles worden aangeduid. De gebouwen 7, 14, 15 en houtbouw b bezitten twee tonlatrines (spoornr. 655), een aston (spoornr. 633), een uitgebroken bakstenen waterput (spoornr. 317) en een aantal tonwaterputten (spoornrs. 130, 318, 366, 657, 659, 663). De gebouwen 8, 9 en 10 bezitten een aantal tonwaterputten (spoornrs. 132, 230, 232, 234, 258 en 259. De gebouwen 5, 11 en 12 bezitten enkel tonwaterput spoornr. 378 en de aston spoornr. 502. De gebouwen 3, 4 en 6 bezitten een aangebouwde oven, een bakstenen kanalisatie (spoornr. 419), een tonlatrine (spoornr. 418) en enkele tonwaterputten (spoornrs. 312, 330 en 392). De gebouwen 1 en 2 bezitten een bakstenen waterput (spoornr. 74) en een tonwaterput (spoornr. 170). De gebouwen 13 en 16 bezitten een bakstenen kokertje (spoornr. 596), twee bakstenen latrines (spoornrs. 546 en 702), een bakstenen waterput (spoornr. 715) en enkele tonwaterputten (spoornrs. 709, 712 en 721). Gebouw a bezit een bakstenen kokertje (spoornr. 537) en enkele tonwaterputten (spoornrs. 550, 555, 556 en 592).

Waterputten en beerputten zijn soms letterlijk buren, zoals vastgesteld bij de gebouwen 13 en 16 waar de bakstenen waterput vlakbij de bakstenen beerput is aangelegd. Dit is ook reeds vastgesteld op andere plaatsen zoals in Antwerpen[961] en had ongetwijfeld een kwalijke invloed op de kwaliteit van het putwater.

De gebouwen van Walraversijde kunnen niet globaal in fases opgedeeld worden. In de zone 96-98 zijn drie en vermoedelijk zelfs vier generaties gebouwen te onderscheiden. Het betreft de reeks van gebouw 21-20-19 (fig. 411) en deze van gebouw 31-30-29 (fig. 412) en 19. Gebouw 19 lijkt het meest recente van de reeks te zijn en is in die zin ook het enige in zijn generatie. Het lijkt niet uitgesloten dat dit gebouw nog in gebruik was of nog als ruïne herkenbaar was ten tijde van het beleg van Oostende (1601-1604). Tussen de stenen van een rudimentaire bevloering in baksteen van dit gebouw werd immers een in 1601 gedateerde steengoedscherf aangetroffen. Het gebouw is wel in lokale laatmiddeleeuwse traditie opgetrokken, zo blijkt uit het gebruik van dezelfde metselspecie en stenen als bij de andere gebouwen.

Van een aantal gebouwen is het bodemarchief nogal fel aangetast door kuilen met laatmiddeleeuwse vulling. Deze zijn dus wellicht vroeger verlaten dan de andere. Het betreft de gebouwen 21, 24, 30 en 31, waarvoor dit kan verwacht worden doordat ze later nog overbouwd werden, en de gebouwen 2, 8, 10 en 11 die niet meer overbouwd werden.

Op basis van de beschikbare gegevens is een schatting gemaakt van het aantal bewoners van Walraversijde in de 15de eeuw: van de opgegraven zone en van gans het dorp. Het spreekt voor zich dat de hierna volgende cijfers als een hypothese beschouwd moeten worden en enkel een grootteorde aangeven. In de opgegraven zones zijn in totaal 35 gebouwen gedocumenteerd. Het aantal bewoners werd geschat op basis van de twee meest uitgebreid onderzochte zones, namelijk zone 92-95 en zone 96-98. Zo wordt het totaal van 35 gebouwen tot 33 herleid. Verder worden in de overblijvende zone met een totale oppervlakte van ongeveer 3/4 ha, de houten voorlopers van de bakstenen gebouwen, de bakstenen gebouwen die elkaar hebben opgevolgd, de gebouwen die slechts zeer gedeeltelijk binnen deze zones lagen (nr. 27 en 32) en de gebouwen die vermoedelijk geen woonfunctie hadden (nr. 4 en 12) buiten beschouwing gelaten. Bijgevolg blijven er van de 33 gebouwen nog slechts 23 over. Voor de schatting van het totale aantal woningen in het dorp is gesteund op de omvang van het dorp zoals gereconstrueerd door Dries Tys op basis van geschreven en cartografische bronnen[962]. De totale dicht bebouwde oppervlakte van Walraversijde bedroeg vermoedelijk ongeveer 5 ha. Dit betekent dat men vertrekkend van 23 woningen per 3/4 ha op een totaal van ongeveer 150 woningen voor gans de dorpskern uitkomt. Rekening houdend met een gemiddelde gezinsgrootte op het platteland in de

959 Chocqueel 1950, 80; Vanneste & Ingelaere 1959, 37.

960 Beresford & Hurst 1990, 49.

961 Oost 1988, 160.

962 Tys 1995-1996, catalogus kaarten, bijlagen, figuren en foto's, kaart 8.

late middeleeuwen van 3 tot 4 personen[963] bekomt men een inwonersaantal van 75 tot 100 personen voor de in detail onderzochte zone, en om en bij de 500 inwoners voor de volledige dorpskern. Dit blijft uiteraard een hypothese die op zich al op verschillende andere hypothesen is gesteund. Het cijfer geeft in elk geval een idee van het inwonersaantal van Walraversijde.

4.3.3.10 Chronologie van de bewoning

Om de onderzochte laatmiddeleeuwse bewoning in Raversijde zo goed mogelijk chronologisch te vatten, staan verschillende materiële en geschreven informatiebronnen ter beschikking. Uit het bodemarchief van Walraversijde zelf komen een groot aantal munten en zijn een groot aantal tonwaterputten via dendrochronoligisch onderzoek gedateerd. Beide informatiebronnen geven een coherent beeld. Daarnaast is er informatie uit geschreven bronnen beschikbaar.

Van al de bij het archeologisch onderzoek aangetroffen munten die precies aan één bepaalde regeerperiode kunnen worden toegeschreven, 195 in totaal, zijn er 61 % te situeren in de regeerperiodes van Jan zonder Vrees en Filips de Goede (1404-1467), 21 % in de periode van Filips De Stoute en voorgangers, en 18 % in de periode na Filips de Goede. Om deze absolute aantallen wat te relativeren is van elke regeerperiode het aantal in Walraversijde teruggevonden munten gedeeld door het aantal jaren van de regeerperiode. Dit levert per periode een coëfficiënt op die vooral de verhouding Jan zonder Vrees/Filips de Goede in een gewijzigd daglicht plaatst (fig. 418). Is met de absolute aantallen per regeerperiode Filips de Goede veruit de kampioen met 73 munten tegenover 45 uit de regeerperiode van Jan Zonder Vrees, dan wordt de verhouding duidelijk omgewisseld als men de aantallen deelt over de jaren van de regeerperiode. Via deze berekening komt de regeerperiode van Jan zonder Vrees met gemiddeld drie munten per regeerjaar dubbel zo sterk naar voor als deze van Filips de Goede met 1,5 munt per regeerjaar. Al de overige regeerperioden komen nergens boven één munt per regeringsjaar uit.

De munten van Lodewijk van Nevers en Lodewijk van Male komen op één uitzondering na allemaal voor in de zone 92-95. Dit heeft vermoedelijk te maken met de aanwezigheid van een 14de-eeuwse bewoning of van 14de-eeuwse activiteiten in de onmiddellijke omgeving of in deze zone. In elk geval heeft ooit iemand er een muntdepot (*cf.* 3.7. Een laat-14de-eeuws muntdepot) aan de grond toevertrouwd. Deze trend lijkt zich gedeeltelijk door te zetten onder Filips de Stoute. Munten van Jan zonder Vrees en Filips de Goede komen eerder gelijkmatig voor in de verschillende opgegraven zones. Weinig munten van de

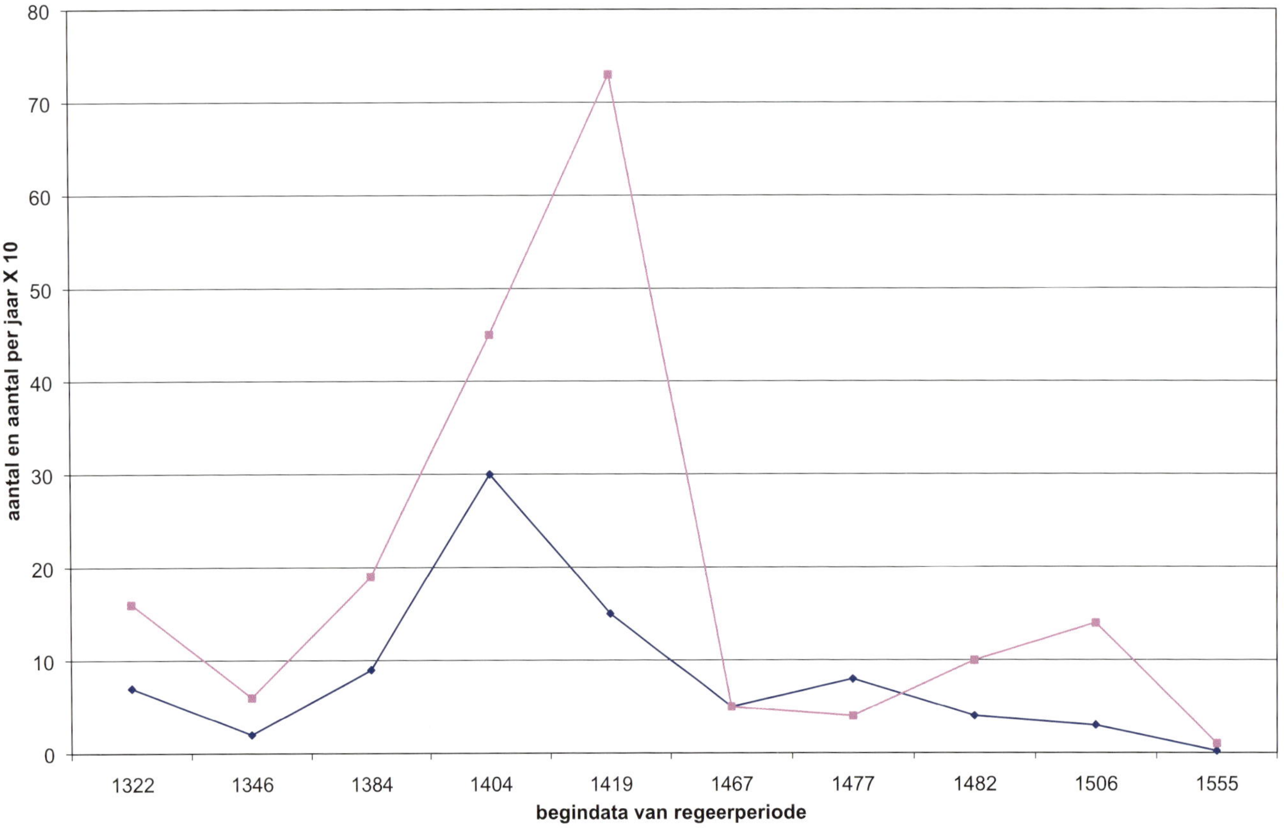

FIG. 418 **Aantal munten per regeringsjaar vermenigvuldigd met 10 (blauwe lijn) ten opzichte van het aantal munten per regeerperiode (paarse lijn).**
Number of coins per year per count multiplied by ten (blue line) compared to the number of coins per period of government (purple line).

963 Thoen 1995, 575.

regeerperioden na Filips de Goede zijn aangetroffen in een duidelijke archeologische context. De meeste zijn losse vondsten uit de afdekkende bovenlagen. Eén uitzondering vormt een munt van Karel de Stoute die werd aangetroffen in de vulling van kuil spoornr. 462 die de uitbraaksporen van gebouw 11 snijdt.

Deze informatie geeft aan dat de bewoning chronologisch vooral dient gesitueerd te worden in de periode late 14de eeuw-derde kwart 15de eeuw. Na Filips de Goede die met 73 munten is vertegenwoordigd, valt het aantal munten terug op 5 en 4, respectievelijk voor de regeerperiodes van Karel De Stoute en Maria van Bourgondië. En zoals gezegd komen deze meestal uit de afdekkende bovenlagen. De informatie uit het onderzoek van de munten sluit zeer goed aan bij de dateringen die via het dendrochronologische onderzoek van de tonnen van de tonwaterputten bekomen werden. Enkel de laatste decennia van de regeerperiode van Filips de Goede zijn minder goed vertegenwoordigd onder deze dateringen. Dit komt wellicht doordat tonwaterputten omstreeks het midden van de 15de eeuw in Walraversijde door bakstenen waterputten vervangen worden.

In totaal zijn er 73 dateringen bekomen op tonnen en tononderdelen uit Walraversijde. Deze dateringen bevinden zich allemaal tussen 1313 en 1484. Het gros van de dateringen (55 van de 73) is echter gesitueerd in de laatste twee decennia van de 14de eeuw en de eerste drie decennia van de 15de eeuw (fig. 413) wanneer men rekening houdt met de *termini post quem* en de begindata van de kapdata. Als men enkel de einddata van de kapdata in rekening neemt (fig. 414), bevindt het gros van de dateringen (37 van de 47) zich in het laatste decennium van de 14de eeuw en de eerste vier decennia van de 15de eeuw. In beide gevallen betreft het een periode van 50 jaar. Na deze piek daalt het aantal tonnen enorm. Er is enkel nog een lichte opflakkering in het 5de of 6de decennium van de 15de eeuw, afhankelijk van de manier waarop de dateringen bekeken worden (einddata of begindata van kapdata gekoppeld aan *termini post quem*).

Op basis van deze informatie kan de aanvang van de bewoning in de onderzochte zone van het verdwenen laatmiddeleeuws vissersdorp omstreeks 1400 +/- 10 geplaatst worden. 1388-1398 is de oudste kapdatum van een ton van een van de waterputten. Tonwaterputtten met dergelijke, vroege kapdata komen voor in de context van de gebouwen 2, 21, 23, 28, 29 en 30. Het belang van de munten van de regeerperiode van Jan zonder Vrees (1404-1419) spreekt dit niet tegen.

Verder kan uit de beschikbare absolute dateringen en relatieve chronologie voor enkele gebouwen worden afgeleid dat ze tot een stuk in de 15de eeuw in gebruik waren: gebouw 9 (eerste drie decennia), gebouw 20 (midden/2de helft 15de eeeuw), gebouw 21 (eerste drie decennia), gebouw 23 (eerste twee decennia), gebouw 28 (begin tot derde kwart 15de eeuw) en gebouw 29 (begin 15de eeuw tot na 1479). Voor de meeste gebouwen ontbreekt deze concrete informatie waardoor noodgedwongen met de algemene datering dient te worden gewerkt.

Voor het einde van de bewoning in de onderzochte zones staat zowel archeologische als geschreven informatie ter beschikking.

De informatie uit de geschreven bronnen heeft zeer bruikbare gegevens opgeleverd. Uit een rekening van 1510-1511 kan immers worden afgeleid dat een deel van het dorp op dat ogenblik vervallen en verlaten was. Volgens het onderzoek van Dries Tys[964] is het waarschijnlijk dat deze zone o.a. overeenstemt met perceel 63 waarop de opgegraven zone Raversijde 92-95 te situeren is. Op basis van de ommeloper van 1534 kan bovendien worden afgeleid dat gans de noordoostelijke zone van het dorp op dat ogenblik verlaten is[965], dus ook de opgravingszone 96-98. Perceel 59 was toen al met zekerheid verlaten, en de percelen 60, 61 en 62 naar alle waarschijnlijkheid.

Dit eventueel verschil in tijdstip van verlaten komt wellicht tot uiting uit het onderzoek van de twee opgegraven zones, nl. Raversijde 92-95 (perceel 63) en Raversijde 96-98 (perceel 60). Een aantal vondstengroepen is immers enkel aangetroffen in de zone 96-98 en niet in de zone Raversijde 92-95 of enkel in dat deel van deze zone dat eigenlijk door zijn ligging aansluit bij de zone 96-98 vermits het bijvoorbeeld op perceel 59 gelegen is. Fragmenten van Spaanse majolica van het type Isabela Polychroom zijn enkel aangetroffen op de percelen 59 en 60. Dezelfde vaststelling geldt voor gezichtskruikjes in Rijnlands steengoed met zoutglazuur en voor de zogenaamde spinpotjes eveneens in Rijnlands steengoed met zoutglazuur. Geen enkel exemplaar stamt uit de opgravingszone Raversijde 92-95. Dit zijn drie materiaalgroepen die vanaf het laatste kwart van de 15de eeuw kunnen aanwezig zijn in Walraversijde, maar die merkwaardigerwijze niet op perceel 63 aangetroffen zijn. Perceel 63 is dus vermoedelijk verlaten in de loop van het laatste kwart van de 15de eeuw, in een periode dat de bovenvermelde objecten nog niet tot de materiële cultuur van de dorpsbewoners behoorden. De jongste dateringen bekomen op tonwaterputten situeren zich inderdaad in het laatste kwart van de 15de eeuw: 1466-1476, 1468-1478, 1474-1484.

4.3.3.11 Synthese

Bij de aanvang van de ingebruikname van de nieuwe woonzone achter de dijk (late 14de-vroege 15de eeuw) bestond het gebouwenbestand vermoedelijk gedeeltelijk uit houten gebouwen, te oordelen naar de restanten van dergelijke gebouwen aanwezig onder sommige gebouwen in baksteen. Twee van deze gebouwen werden zelfs nooit vervangen door opvolgers in baksteen, maar bleven als houten gebouw doorleven tot een eind in de 15de eeuw. Over deze houten gebouwen kan niet zo veel gezegd worden behalve dat ze qua bouwvolume en oriëntatie op de gebouwen in baksteen gelijken.

De meerderheid van de gebouwen was echter in baksteen, rechthoekig van vorm, met binnenin witgekalkte muren, een dakbedekking uit organisch materiaal en omgeven door plaveisels eveneens in baksteen. De gebouwen, geconstrueerd zonder fundering en gemetst met aardmortel, stonden min of meer op rijen zodat er qua dorpsuitleg van een zekere organisatie kan gesproken worden. De bebouwingsdichtheid was groot in vergelijking met andere landelijke bewoningsvormen en geen enkel gebouw was duidelijk gekoppeld aan een agrarisch perceel. De meeste gebouwen waren met de lengteas noordoost georiënteerd. De oriëntaties van de gebouwen ondergaan in Walraversijde slechts in één uitzonderlijk geval, nl. bij de gebouwen 20 en 21, drastische wijzigingen; dit in tegenstelling tot een typische

964 Tys 1995-1996, 192.

965 Tys 1995-1996 catalogus kaart 8 en bijbehorende bijlage.

agrarische nederzetting zoals Wharram Percy[966] waar dergelijke wijzigingen frequent voorkwamen. Dat dit niet het geval is in Walraversijde, houdt vermoedelijk verband met de densiteit van de bebouwing. Indien er per generatie een nieuw gebouw in Walraversijde werd opgetrokken, was dit op enkele uitzonderingen na steeds op dezelfde plaats als de voorganger. Onder meer hierdoor is de globale indeling in bouwfasen niet mogelijk.

Over de laatmiddeleeuwse landelijke gebouwen in West-Europa was tot voor enkele decennia algemeen niet zo veel gekend. In deze situatie is de laatste decennia geleidelijk verandering gebracht. De 15de-eeuwse bakstenen gebouwen van Walraversijde beantwoorden met hun technische kenmerken goed aan wat geweten is over de laatmiddeleeuwse plattelandsarchitectuur in steen in vlakke gebieden[967]: d.w.z. eenvoudige, rechthoekige gebouwen zonder[968] of zonder noemenswaardige fundering[969], meestal ook gerealiseerd zonder gebruik te maken van kalkmortel. Het feit dat geen gebruik gemaakt werd van kalkmortel heeft in elk geval te Walraversijde vermoedelijk niets te maken met een eventuele schaarste van dit product, vermits de gebouwen minstens aan de binnenkant geheel of gedeeltelijk met kalk bepleisterd waren. Het is bovendien niet uitgesloten en eigenlijk zelfs waarschijnlijk dat ze ook aan de buitenkant bepleisterd waren. Dat gebouwen opgetrokken zonder gebruik te maken van kalkmortel niet noodzakelijk dienen beperkt te blijven tot bescheiden bouwsels, toont bijvoorbeeld een zonder kalkmortel gebouwde 13de-eeuwse schuur te Charny (F)[970]. De gebouwen van Walraversijde onderscheiden zich door het niet gebruiken van dakpannen voor de dakbedekking en van kalkmortel voor de muren daarentegen wel van de residentiële gebouwen op sites met walgracht uit de streek. Bij deze specifieke landelijke bewoningsvorm werden dergelijke bouwmaterialen vermoedelijk wel gebruikt en dit reeds vanaf de 13de/14de eeuw. Het zou kunnen dat het gebruik van deze materialen op deze sites de status van de bewoners extra in de verf moest zetten.

Wat specifiek de plattegrond betreft beantwoorden de gebouwen uit Walraversijde in essentie aan de 'elementaire middeleeuwse woning' zoals gedefinieerd door Jean Chapelot & Robert Fossier[971]. De evolutie waarbij deze eenvoudige rechthoekige woning in twee ruimtes werd opgesplitst, een grote kamer gewoonlijk met het verwarmingselement en een kleiner vertrek gewoonlijk zonder verwarmingselement, was reeds voltrokken te Walraversijde bij de aanvang van de 15de eeuw[972]. De haarden bevonden zich overwegend en dit van bij de aanvang van de 15de eeuw tegen of dicht bij een van de muren. Slechts bij enkele gebouwen was er immers nog echt sprake van een centraal geplaatste haard. Dit betekent dat de haard te Walraversijde in het begin van de 15de eeuw reeds was verschoven van een centrale plek in de ruimte naar de muur. De aanwezigheid van de haard tegen de muur is trouwens ook reeds vastgesteld in het residentieel gebouw uit de late 13de/vroege 14de eeuw onderzocht op het Leenhof ter Wissche te Lampernisse[973]. Ook de haardplaat van het door André Chocqueel op het strand gefotografeerd gebouw ligt vrij dicht bij een muur. Dat de haard dicht bij de muur is gesitueerd wijst erop dat het dak op die plaats nog ver genoeg van het vuur verwijderd was en m.a.w. geen bedreiging voor de veiligheid vormde. De haard lijkt in Walraversijde – met uitzondering van gebouw 1 – zowel voor het koken als voor het verwarmen gebruikt te worden, hoewel sporadisch ook nog vuurplaatsen buiten de gebouwen voorkomen.

De aanwezigheid in de meeste gebouwen van elementen die verband houden met verwarming, de grote zorg die besteed werd aan bevloeringen zowel buiten als binnen, de afmetingen van de gebouwen en tot slot de aanwezigheid van vensterglas tonen samen aan – mocht daar nog aan getwijfeld worden – dat deze gebouwen wel degelijk een woonfunctie hadden en verder ook geen stallen of artisanale ruimtes herbergden zoals de zgn. 'gemengde huizen' bestemd voor mens en dier[974]. Het samengaan van dit soort zgn. elementaire huizen en boerderijen te Königshagen (D) in de periode 12de-15de eeuw wordt er toegeschreven aan het belang van artisanale activiteiten in dit dorp die heel goed zouden kunnen samengaan met de elementaire huizen en minder met de boerderijen[975].

De relatief geringe oppervlakte van de woningen, gemiddeld 84 m^2, zou kunnen suggereren dat de kernfamilie de basiscel van dit vissersmilieu vormde en niet de patriarchale familie. In de bakstenen gebouwen kan men verder twee grote groepen onderscheiden: gebouwen met een oppervlakte beneden de 100 m^2 en gebouwen met een oppervlakte groter dan 100 m^2. Samen met de houten gebouwen lijken deze aan te tonen dat de sociale differentiatie in dit vissersmilieu relatief beperkt was en hooguit drie niveaus telde. Bovendien vertegenwoordigden de twee uitersten samen slechts een minderheid van de gebouwen wat wijst op een milieu met veel gelijken en enkele uitschieters zowel naar boven als naar onder toe.

Een kelder is te Walraversijde bij geen van deze gebouwen vastgesteld, dit zou trouwens zonder ophoging geen goed idee zijn gezien de hoge stand van de grondwatertafel. Enkel bij gebouw 28 is een weinig verdiepte ruimte aanwezig en recentelijk werd ook bij de in 2007 onderzochte zone langsheen de Duinenstraat wel een ruimte als kelder geïnterpreteerd.

De site van Walraversijde is verder gekenmerkt door talrijke tonwaterputten en een klein aantal bakstenen waterputten. De tonwaterputten domineren de scène in de eerste helft van de 15de eeuw, maar werden geleidelijk aan verdrongen door waterputten in baksteen. Sommige van deze laatste waren nog in gebruik in de late 16de-vroege 17de eeuw. Een bakstenen waterput is keurig

966 Hurst 1979, 139.

967 Sites als Rougier (Démian D'Archimbaud 1980) vertonen vanwege hun specifieke karakter ook een compleet gamma eigen kenmerken en kunnen op bepaalde aspecten niet gelijkgeschakeld worden met sites in een vlakke omgeving.

968 Zie bijvoorbeeld ook in Vallange (Lorraine, France) waar voetmuren gewoon op de bodem werden geplaatst (Blaising *et al.* 2006, 171).

969 Pesez 1998b, 97.

970 Beck (red.) 1989, 29.

971 Chapelot & Fossier 1980, 247.

972 Chapelot & Fossier 1980, 223.

973 Verhaeghe 1986, 71 fig. 10.

974 Chapelot & Fossier 1980, 229-245.

975 Chapelot & Fossier 1980, 245.

ingewerkt in het plaveisel van gebouw 20. Waterputten staan meestal los van de woning, maar kunnen er soms ook in geïntegreerd zijn. Zo bevinden waterputten zich, zoals o.a. vastgesteld in Antwerpen, soms in de kelder van de woning[976]. Binnenin gebouw 21 zijn in de hierboven vermelde ruimte met verdiepte bodem bijvoorbeeld twee tonwaterputten aanwezig.

In Walraversijde zijn er in totaal zeven latrines gedocumenteerd: twee zijn in baksteen en vijf in hout. De latrines in baksteen behoren vermoedelijk tot de socio-economisch best gesitueerden van het dorp. Bakstenen latrines komen in het onderzoeksgebied in laatmiddeleeuwse rurale context immers niet zo veel voor.

Bij wijze van conclusie kan men in Walraversijde in de gebouwen drie groepen onderscheiden, elk met een aantal eigen kenmerken. De eerste groep, de houten gebouwen a en b, zijn voor hun watervoorziening aangewezen op tonwaterputten en beschikken voor zover geweten niet over beerputten, noch over enig ander speciaal kenmerk. De tweede groep gebouwen (2-6, 11-12 en 21, 30-31 en wellicht ook 7-10, 14-15, 17, 22, 25-27) zijn in baksteen, hebben een oppervlakte kleiner dan 100 m^2, zijn voor hun watervoorziening aangewezen op tonwaterputten, zijn niet voorzien van vensterglas en beschikken in sommige gevallen wel over een tonbeerput. De derde groep, strikt genomen enkel 1, 16, 18 en 28, is in baksteen uitgevoerd, heeft een oppervlakte groter dan 100 m^2, is vermoedelijk voorzien van vensterglas, is soms binnenin rood geschilderd, beschikt ofwel over een bakstenen waterput ofwel over een bakstenen beerput ofwel over een nog ander opvallend kenmerk zoals een bijzonder groot plaveisel bijvoorbeeld. Bij deze groep lijken ook de gebouwen 13, 20, 23 en 29 aan te sluiten. Bij 20, 23 en 29 kan dit verklaard worden omdat hun volledige oppervlakte niet is gekend waardoor deze in feite ook meer dan 100 m^2 zou kunnen bedragen. Bij gebouw 13 ligt dit vermoedelijk aan de onvolledige bewaring van dit gebouw waardoor de oppervlakte wellicht onderschat is.

4.3.3.12 Wonen in een laatmiddeleeuws en/of vroegmodern vissersdorp in het zuidelijk Noordzeegebied: een conclusie

In een 16de-eeuwse geschreven bron wordt gezegd dat de Engelse vissersnederzettingen als kenmerk hebben dat ze geen grond bezitten noch ruimte hebben om boomgaarden en tuinen aan te leggen[977]. Henneptuinen vormen de enige uitzondering op deze regel[978]. De studie van een aantal plattegronden van Engelse vissersdorpen toont deze als een hechte wirwar zonder schijnbare aanduidingen voor planning. De dichte pakking van de gebouwen in vissersmilieus in Devonshire wordt geïnterpreteerd als het resultaat van het feit dat vissersdorpen aan de rand van het agrarische gebied gelegen waren en zich moesten tevreden stellen met de op vele plaatsen beperkte strook tussen het agrarische gebied en de zee. De zee dreef de vissers landinwaarts en de landbouwbevolking dreef hen in de andere richting, m.a.w. zeewaarts[979]. Dit gaat eigenlijk ook op voor de nederzetting Walraversijde die aanvankelijk vermoedelijk voor een belangrijk deel op het grafelijk domein was gelegen en pas door latere moeilijkheden met de zee naar veiligere oorden binnen het Sint-Pietersdomein werd verplaatst[980]. Dit grafelijke domein bestond ter hoogte van Walraversijde o.a. uit de woeste niet tot cultuurland omgezette gronden, precies de cultuurlandschappelijke niche waarin vissersdorpen in Engeland ook zijn gesitueerd. Hoe de verplaatsing naar voormalig landbouwland te Walraversijde precies in zijn werk is gegaan is niet geweten. De beschikbare gronden waren eventueel afkomstig van – onder invloed van de laatmiddeleeuwse landbouwcrisis – verlaten kleine en middelgrote bedrijven[981]. Het lijkt er in elk geval wel op dat vissersdorpen langs de Vlaamse kust toch wat meer ruimte konden in beslag nemen dan deze langs de kust van Devonshire bijvoorbeeld. Met betrekking tot Nieuwe Yde wordt gemeld dat de huizen in groepjes opgesteld stonden en dat ze onderling verbonden waren door zandwegels. De beschikbare ruimte wordt daar m.a.w. dan toch niet volledig in beslag genomen door bebouwing.

Vissersdorpen konden onder meer door de dichte pakking flink wat huizen tellen, zoals aangetoond voor Scheveningen waar in 1543 niet minder dan 250 huizen stonden[982]. Ondanks de dichte opeenstapeling van de huizen diende toch nog ruimte te worden gevonden voor lijnbanen of draaiplaatsen en droogtuinen. Te Walraversijde zijn er via de geschreven bronnen geen droogtuinen maar wel een draaiplaats gekend[983]. Het 16de-eeuwse vissersdorp Scheveningen is behalve van heel wat *droochtuynen* om schol te drogen ook voorzien van verschillende lijnbanen[984]. Dat dergelijke voorzieningen niet alleen in rurale milieus voorkwamen, bewijzen de draaiplaatsen die o.a. vermeld worden in het laatmiddeleeuwse Nieuwpoort[985].

Voor een aantal vissersdorpen zijn aan Scheveningen vergelijkbare cijfers bekend zowel wat het aantal vissershuizen betreft als het aantal inwoners. In Wenduine werden in 1378, een 200-tal huizen geteld. In Nieuwe Yde werden omstreeks 1314, een 450-tal inwoners geteld. Slepeldamme en Kokside, beide gelegen nabij Sluis, hadden op het einde van de 15de eeuw samen een 400-tal inwoners. Vroeger liep het aantal inwoners in beide dorpen samen zelfs op tot 1400 à 1500. Walraversijde past- met een schatting van een 500-tal inwoners in de 15de eeuw – goed binnen dit overzicht.

Een aantal vissersdorpen beschikte over een haventje of was gelegen aan een getijdengeul. Dit laatste was ook het geval voor Walraversijde in de beginperiode (13de eeuw). Een haventje wordt bijvoorbeeld vermeld in Wenduine. Nieuwe Yde was gelegen aan een getijdengeul, het zgn. Vloedgat. Een vuurtoren wordt vermeld in Heist en Wenduine. Ook Lombardside beschikte over een vuurtoren. De aanwezigheid van een vuurtoren in Heist en Wenduine houdt wellicht verband met de nabijheid van het Zwin. Een molen is dan weer in de geschreven of iconografische bronnen geattesteerd voor Nieuwe Yde en Walraversijde. Een gemeenschappelijk gebouw, een zgn. visschershuus, wordt vermeld voor Nieuwe Yde.

De ligging van vissersdorpen langs de kust houdt uiteraard allerlei gevaren in zodat het wonen in een vissersdorp heel wat onaangename kanten heeft. Niet alleen vallen heel wat vissersdorpen af en toe ten prooi aan invallen van vreemde militairen,

976 Maclot 1988c, 174.
977 Fox 2001, 134.
978 Fox 2001, 147.
979 Fox 2001, 134.
980 Tys 1995-1996, 155-162.
981 Tys 1995-1996, 161.
982 Egmond 1997, 17.
983 Tys 1995-1996, bijlagen kaart 8.
984 Egmond 1997, 17.
985 Vlietinck 1889b, 9.

daarnaast zijn er ook heel wat die sterk te lijden hebben van de opdringerige zee. Zo werd Nieuwe Yde in 1383 door de Engelsen geplunderd, Heist en Cadzand in 1405. In 1387 werd Koksijde nabij Sluis door de Engelsen in brand gestoken.

Over de huizen zelf en de comfortverruimende aspecten is haast geen informatie gekend uit de geschreven bronnen. Enkel voor Heist wordt in een geschreven document een 'tonnepitte' vermeld. Deze kan zonder bijkomende informatie zowel verwijzen naar watervoorziening als naar een toiletvoorziening. Dat in bepaalde vissersdorpen de huizen voor een belangrijk deel of grotendeels in steen waren opgetrokken kan eigenlijk wel worden afgeleid uit het feit dat voor Nieuwe Yde werd gemeld dat er ter plaatse heel wat bakstenen werden gerecupereerd, na de verwoesting van het dorp, om ze aan te wenden voor de bouw van de ommuring van Nieuwpoort en de bouw van de vierboete langs de IJzer.

Een gemeenschappelijk kenmerk van een aantal van deze vissersdorpen is in elk geval dat ze in de late middeleeuwen en vroegmoderne tijden blijkbaar zelden uitgroeiden tot een zelfstandige parochie. Walraversijde behoorde parochiaal bij Middelkerke. Scheveningen is nooit een zelfstandige gemeente geweest. Het dorp heeft altijd deel uitgemaakt van Den Haag[986]. Hetzelfde is vastgesteld door Henderikx voor Brijdorpe en Biezelinge in Zeeuws-Vlaanderen die zich nooit hebben losgemaakt van het kerkdorp waartoe ze behoorden[987] evenals voor de kust van Devonshire waar deze vissersdorpen steeds in zekere zin marginaal waren ten opzichte van de dominerend rurale maatschappij. Ze waren marginaal ten opzichte van de landbouwgrond maar ook ten opzichte van de parochie waartoe ze behoorden[988].

Uit het onderzoek van Walraversijde en de confrontatie van de gegevens met andere vissersmilieus komen enkele krachtlijnen naar voor die typerend lijken te zijn voor een laatmiddeleeuws vissersmilieu.

In een vissersdorp staan voor een landelijk milieu een abnormaal groot aantal gebouwen op een relatief kleine oppervlakte. Van deze gebouwen is er verder ook geen enkel duidelijk gekoppeld aan een perceel landbouwgrond. De voor bewoning in gebruik genomen zone kent dus een zeer grote bebouwingsdichtheid. In bepaalde zones blijft enkel nog genoeg plaats over om tussen de gebouwen te voet of eventueel met paard en kar te circuleren. Of de dorpsuitleg van een vissersmilieu het gevolg is van een organische groei of van een zekere mate van planning is niet op te maken uit de beschikbare informatie. Beide situaties zijn mogelijk. Walraversijde en Dover-Townwall Street wijzen eerder op enige mate van planning. In Sandhagen (DK) lijkt van planning helemaal geen sprake geweest te zijn.

Tot in de 14de eeuw zijn de gebouwen in een vissersdorp overwegend in hout. De 15de eeuw wordt althans in het kustgebied van Vlaanderen gekenmerkt door de overschakeling op gebouwen in baksteen. Dit is vooral voor Walraversijde duidelijk gedocumenteerd en kan voor Nieuwe Yde worden vermoed. Hoe het op dit punt gesteld is in andere regio's van het zuidelijk Noordzeegebied is niet geweten. In Sandhagen zijn de gebouwen in de 16de-vroege 17de eeuw nog grotendeels in hout.

Vissersmilieus zijn verder gekenmerkt door de aanwezigheid van aanzienlijke hoeveelheden onbewerkte natuursteen in de vorm van rolkeien, vermoedelijk te interpreteren als scheepsballast, maar die steevast als plaveisels worden ingeschakeld. De site in Sandhagen toonde aan dat deze grote oppervlaktes kunnen innemen.

Het is verder vooral op het gebied van concrete informatie over het uitzicht van de huizen en de comfortverruimende structuren dat de archeologische bronnen, in zonderheid deze van Walraversijde, heel wat informatie aanbrengen. De grote hoeveelheid aan informatie voor Walraversijde kan echter bij gebrek aan voldoende vergelijkingsmateriaal van andere archeologisch gekende vissersmilieus op het ogenblik bezwaarlijk worden veralgemeend.

De bebouwde omgeving wordt volgens Sanders[989] algemeen bepaald door zeven factoren: klimaat, topografie, beschikbare materialen, niveaus van technologie, economische mogelijkheden, functie en culturele afspraken. De eerste twee zijn in tegenstelling tot de andere niet flexibel. De factoren klimaat, topografie, beschikbare materialen, niveaus van technologisch kunnen, economische mogelijkheden en functie zijn herkenbaar gereflecteerd in de bebouwde omgeving van Walraversijde. De vraag naar de factor culturele afspraken; m.a.w. 'In hoeverre is het geheel van de bebouwde omgeving cultuurspecifiek?' blijft open. Om deze vraag statistisch onderbouwd te kunnen beantwoorden, is meer informatie nodig, in de eerste plaats over de bebouwde omgeving in andere landelijke milieus.

De beschikbare informatie uit de geschreven bronnen handelt vooral over algemene aspecten van het wonen in een vissersdorp zoals bewoningsdichtheid en algemene infrastructuur zoals wegen en dijken, terwijl de materiële bronnen vooral heel wat informatie aandragen over het concrete uitzicht van de huizen en de comfortverruimende structuren. Slechts een uitzonderlijke keer wordt ook een '*tonnepitte*' vermeld in een geschreven bron over Heist.

Tot zover de gebouwen en de daaraan gekoppelde structuren in de context van het zuidelijk Noordzeegebied. Hierna richten we ons terug op Walraversijde en meer specifiek op de overige onderzochte archeologische structuren van de laatmiddeleeuwse dorpsfase.

4.4 De andere structuren: vooral grachten, veenwinningsputten en kuilen

4.4.1 Grachten

4.4.1.1 Inleiding

Zoals in paragraaf 3.5.3 geargumenteerd behoren de in de zone Raversijde 1992-1995 onderzochte grachten tot een percelering die qua aanleg aan de 15de-eeuwse bewoning vooraf gaat. Bij deze grachten (spoornrs. 52, 61, 79, 269, 313, 1081: fig. 70) is telkens een onderste kleiige, bijna archeologisch steriele, vulling te onderscheiden van een bovenste meer zandigere vulling die op bepaalde plaatsen heel rijk is aan ceramiekfragmenten,

986 Egmond 1997, 18.
987 Henderikx 1991, 29-30.
988 Fox 2001, 186.
989 Sanders 1990, 44-45.

botmateriaal en ander huishoudelijk afval waaronder nogal wat asresten. Een belangrijk deel van de mobiele vondsten geregistreerd in de zone Raversijde 1992-1995 is uit deze bovenste grachtvullingen afkomstig. Deze situatie is op zich al een argument om te stellen dat men de waterevacuerende en drainerende functie van deze grachten tijdens de bewoning niet erg belangrijk vond, omdat het oké was dat ze geleidelijk aan opgevuld raakten met ingewaaid zand en huishoudelijk afval. Op één plaats werd bijvoorbeeld zelfs een concentratie natuurstenen[990] aangetroffen in de bovenste vulling (fig. 71). Dit zou er bijna voor pleiten dat deze grachten eerder als hinderlijk werden ervaren en m.a.w. voor de toenmalige bewoners beter opgevuld werden.

Om op deze bovenste vullingen archeologisch greep te krijgen, werden de grachten spoornrs. 61 en 269 opgegraven in 18 segmenten van 3 tot 5 m lang (fig. 419)[991]. Wat gracht spoornr. 61 betreft, werden deze segmenten op hun beurt en haaks op de lengteas van de gracht nog eens verder opgedeeld in schijven van 1 m dik. Op die manier werd gracht spoornr. 61 opgesplitst in 52 schijven van 1 m. Elke schijf werd vervolgens in de lengteas van de gracht nog eens in twee gedeeld, dit om eventuele asymmetrieën in de vullingen op te kunnen sporen. De segmenten van 3, 4 of 5 m bleven van elkaar gescheiden door een getuigenbankje, eveneens 1 m breed, dat gebruikt werd om na het onderzoeken van de vullingen, de gracht in doorsnede te onderzoeken. Van deze getuigenbankjes werden de materiële resten enkel geregistreerd in de sleuven 93/V en 93/VIII. Van het deel van deze gracht in beide sleuven werd overigens ook de volledige vulling gezeefd over een zeef met een maaswijdte van 3 mm. Voor gracht spoornr. 61 werd de volledige opgegraven lengte (ongeveer 70 m) op die manier (met uitzondering van het zeven van de volledige vulling, dat beperkt bleef tot de grachtvullingen in sleuven 93/V en 93/VIII) gedetailleerd onderzocht. De resultaten ervan worden hieronder toegelicht.

Dit alles werd vooral gedaan om verschillen in dichtheid van mobiele archaeologica in elk geval te kunnen registreren en eventueel te koppelen aan bepaalde in de nabijheid van de grachten opgestelde gebouwen. Bij de overige grachten uit de fossiele percelering (spoornrs. 79, 313 en 1081) werd vooral vanwege het tijds- en arbeidsintensieve karakter van de werkzaamheden niet op deze manier te werk gegaan. Het project werd vooral ook opgezet als een experiment om de haalbaarheid ervan te vergelijken met de informatiewinsten.

4.4.1.2 De bovenste vullingen van de grachten onderzocht

4.4.1.2.1 De bovenste vullingen gekwantificeerd

In 1995 werd al een eerste dergelijke analyse van een deel van gracht spoornr. 61 uitgevoerd[992]. Hier wordt het op die manier onderzochte gedeelte in lengte verdubbeld en geconfronteerd met informatie over de andere grachten (spoornrs. 79, 269, 1081: fig. 70).

De 104 eenheden waarin gracht spoornr. 61 opgedeeld is, leverden samen 25.019 ceramiekfragmenten op. Dit komt neer op een gemiddelde van 240 fragmenten per kleinste eenheid ofwel 481 ceramiekfragmenten per meter opgegraven gracht. De mediaan is 225 fragmenten. De aan ceramiekfragmenten rijkste eenheid leverde 1254 fragmenten op, de armste geen. Hieruit is onmiddellijk duidelijk dat er wel degelijk grote dichtheidsverschillen waar te nemen zijn. Er zijn evenwel slechts 6 eenheden die meer dan 500 ceramiekfragmenten hebben opgeleverd en 80 procent van de eenheden bevatten niet meer dan 350 fragmenten en als de grens op 450 fragmenten wordt gelegd, zijn al 91% van de eenheden gevat (fig. 420). Als naar de ruimtelijke spreiding van deze dichtheid aan ceramiekfragmenten wordt gekeken, vallen enkele zaken op. Het zuidoostelijke uiteinde van de gracht (ter hoogte van gebouw 16) is duidelijk minder rijk aan ceramiekfragmenten (fig. 421). Daar bevinden zich namelijk 16 van de 29 eenheden die minder dan 100 fragmenten hebben opgeleverd. Twee andere zones met eenheden met geringe ceramiekfragmenten bevinden zich respectievelijk ter hoogte van het vertrek met vierkante haardplaat van gebouw 1 en in de zuidwestelijke helft van de gracht ter hoogte van de gebouwen 9 en 10. Ook de 10 eenheden met de hoogste dichtheden aan schervenmateriaal (450 fragmenten of meer) vertonen een specifiek spreidingspatroon. De 10 daarop volgende eenheden met meer dan 360, maar minder dan 450 ceramiekfragmenten sluiten hierbij aan. Het noordwestelijke uiteinde van de gracht nabij de aansluiting met gracht spoornr. 269 is gekenmerkt door eenheden met heel veel ceramiekfragmenten. Een tweede zone bevindt zich ter hoogte van gebouw 2. Daarnaast zijn er nog twee eenheden: één ter hoogte van gebouw 1 en een tweede ter hoogte van gebouw 13. De vaststelling uit 1995 dat zones met grote dichtheid gescheiden zijn door zones met geringere dichtheid blijft in deze analyse nog steeds overeind[993]. Het is verleidelijk om op basis van de lokalisatie bepaalde zones met hoge dichtheid te koppelen aan bepaalde gebouwen: de zone op het noordwestelijke uiteinde van de gracht met gebouwen 6, 7 of 8, de drie naast elkaar gelegen eenheden met heel veel fragmenten (respectievelijk 479, 948 en 1254) aan gebouw 2 en de eenheid met 934 fragmenten aan gebouw 13. De vraag is echter wat die koppeling kan betekenen. Is het afval inderdaad te verbinden met de genoemde gebouwen of misschien juist niet? Mensen hebben vaak de neiging om afval niet voor hun eigen deur maar voor andermans deur te deponeren. Zo bekeken, levert deze vaststelling misschien wel informatie op over gebouwen die in de periode van afvaldeponering niet (of niet meer) bewoond zijn. Gebouwen 2 en 8 behoren inderdaad tot diegene die vroeger verlaten zijn dan de andere.

De kwestie van de lateraliteit van de gracht leek redelijk éénduidig in 1995, omdat de noordelijke helft van de gracht duidelijk rijker was aan schervenmateriaal in het toen bekeken gedeelte[994]. Na de verdubbeling van het onderzochte gedeelte is dit veel minder evident. In figuur 422 is per segment aangeduid welke kant het rijkste was aan schervenmateriaal. Ter hoogte van de gebouwen 2 tot 6 is dit inderdaad de noordelijke helft, waaruit zou kunnen afgeleid worden dat het afval vooral vanuit die gebouwen in de gracht is gedeponeerd. Ter hoogte van gebouw 6 wisselt dit en wordt de zuidelijke helft rijker. Bij gebouw 1 is de zuidelijke helft eveneens de rijkste. Dit loopt door tot ongeveer halfweg gebouw 13 waar de situatie zich weer omkeert en de

990 Voor informatie omtrent deze concentratie natuurstenen zie De Paepe & Pieters 1995.

991 Een aantal keren is van het 4 m interval afgeweken om redenen van praktische aard, en was een blok ofwel 3 m ofwel 5 m lang.

992 Pieters 1995, 222-225.

993 Pieters 1995, 224.

994 Pieters 1995, 223.

FIG. 419 **Opdeling van grachten spoornrs. 61 en 269 en veenwinningsput spoornr. 69 in artificiële eenheden.**
Ditches 61 and 269 and peat extraction pit 69 subdivided into spits.

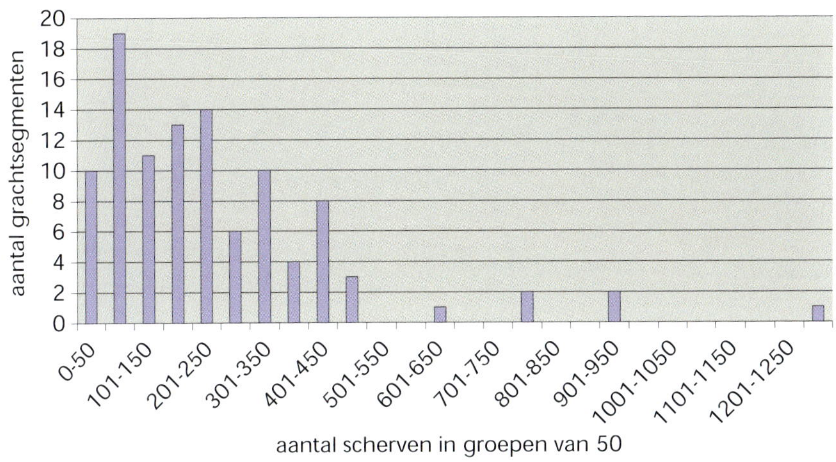

FIG. 420 **Frequentiedistributie op basis van het aantal ceramiekfragmenten per kleinste onderzochte eenheid van gracht spoornr. 61.**
Frequency distribution based on the number of pottery fragments per basic unit of ditch 61.

noordelijke helft opnieuw rijker wordt. Bij gebouw 16 wordt opnieuw van positie gewisseld. De situatie ter hoogte van gebouw 1 zou er kunnen op wijzen dat de houtbouw vastgesteld aan de andere kant van de gracht inderdaad voor een belangrijk deel verantwoordelijk was voor het afval in dit deel van de gracht. Op een plan met de eenheden die meer dan het gemiddeld aantal ceramiekfragmenten hebben opgeleverd (fig. 423), komt duidelijk de vondstenarme zone ter hoogte van gebouw 16 naar voren, evenals de rijkere zone tussen de gebouwen 4-8. Deze figuur bestendigt ook de rijkere zones ter hoogte van gebouw 2 en aan de kant van dit gebouw en de rijkere zones ter hoogte van gebouw 13 en ter hoogte van gebouw 1, maar in dit geval niet de helft die aansluit bij gebouw 1.

Het moet benadrukt dat de associaties van grachtsegmentvullingen met gebouwen zeer speculatief zijn. Andere informatiebronnen zoals de resultaten uit het onderzoek van aan elkaar passende ceramiekfragmenten, kunnen echter wel bijkomende argumenten opleveren (*cf. infra*) waardoor bepaalde veronderstellingen aan kracht winnen.

Gracht spoornr. 269 is enkel in segmenten van 4 m lang opgegraven. Hieruit blijkt in elk geval dat ook de vullingen van deze gracht gekenmerkt worden door grote dichtheidsverschillen in ceramiekfragmenten. Segment 11 bevatte er bijvoorbeeld slechts 189 en segment 10 maar liefst 5325.

Gracht spoornr. 79 is ondanks de vergelijkbare opsplitsing in de vulling met een onderste meer kleiig pakket en een bovenste asrijke laag duidelijk veel minder rijk aan ceramiekfragmenten. Op een aan gracht spoornr. 61 vergelijkbare onderzochte lengte, zijn in totaal slechts 2653 ceramiekfragmenten aangetroffen. Dit is amper iets meer dan een tiende van de ceramiekaantallen uit gracht spoornr. 61. Langs deze gracht staan ook haast geen gebouwen opgesteld. Dit toont wel aan dat de dichtheid van gebouwen en de dichtheid van afval in de grachten twee aspecten zijn die wel met elkaar verbonden kunnen worden. Dit wordt verder bevestigd door de onderzochte vullingen aan het noordelijke uiteinde van deze gracht, m.a.w. ter hoogte van de gebouwen 11 en 12, die duidelijk rijker zijn aan schervenmateriaal dan de vullingen in de rest van het traject. De laatste 15 m van deze gracht aan het noordelijke uiteinde, ongeveer 1/4de van de volledige onderzochte lengte, bevatten ongeveer 60% van het schervenmateriaal. Zelfs in dit rijkere noordelijke uiteinde blijft de dichtheid aan schervenmateriaal, ongeveer 100 per lopende meter grachtvulling, toch nog beduidend lager dan in de grachtvullingen van gracht spoornr. 61.

4.4.1.2.2 Specifieke materiële resten uit deze grachten

Door de enorme aandacht en energie die besteed werd aan het exhaustieve onderzoek van deze grachtvullingen – van een deel van de grachtvulling van gracht spoornr. 61 werd zelfs al het uitgegraven sediment van de bovenste vulling gezeefd – hebben deze grachtvullingen heel wat voor de site specifieke materiële resten opgeleverd die in andere contexten niet of minder talrijk zijn aangetroffen. Dit toont meteen het belang van exhaustieve bemonsteringscampagnes. De belangrijkste materiële resten hiervan worden hierna kort voorgesteld, uiteraard ook de betrokken materiële resten uit andere contexten van de site in acht genomen.

Via de uitgebreide zeefcampagne met betrekking tot de bovenste grachtvullingen werden o.a. vier passende fragmentjes van het benen montuur van een nietbril aangetroffen in de grachtvullingen ter hoogte van de gebouwen 6 en 8 (vondstnummer 1236.10, fig. 424). In het 4,5 tot 5 mm brede montuur (diameter: 4,4 cm) zijn aan beide zijden 3 concentrische groeven aangebracht[995]. In deze groeven zijn aan beide zijden resten van een rode kleurstof aanwezig. Naderhand zijn op de site Walraversijde nog op twee plaatsen resten van benen nietbrillen aangetroffen. Dankzij de resultaten van deze zeefcampagne werd de aandacht wel getrokken op dit soort kleine en fragiele resten.

Om op oudere leeftijd nog goed te kunnen schrijven en lezen, heeft men nu vaak behoefte aan een bril. Dit was ook zo in de late middeleeuwen. Bij het onderzoek te Walraversijde werden zes fragmenten van benen nietbrillen aangetroffen. Deze vertegenwoordigen minimum twee maar vermoedelijk drie monturen (1236.10, 1662.47 (bovenste vulling veenwinningsput spoornr. 619, zie verder) en 2803.4). Het is echter niet uit te sluiten, gezien de sterke gelijkenissen, dat de twee eerst vermelde vondsten tot éénzelfde brilmontuur behoren. De fragmenten van deze brillen

995 **Zie ook Pieters 2006, 49 fig. 9.**

FIG. 421 **Onderzochte eenheden van gracht spoornr. 61 in klassen verdeeld volgens het aantal ceramiekfragmenten per eenheid.**
Units divided into classes according to the number of recorded pottery fragments.

FIG. 422 **Per segment van gracht spoornr. 61 is de helft aangeduid die het meeste ceramiekfragmenten bevatte.**
Ditch 61 divided lengthwise into two halves. Per segment is indicated which half contained the largest amount of pottery.

FIG. 423 Eenheden van gracht spoornr. 61 met meer dan het gemiddelde aantal geregistreerde potscherven.
The ditch 61 spits that contained a more than average amount of recorded pottery.

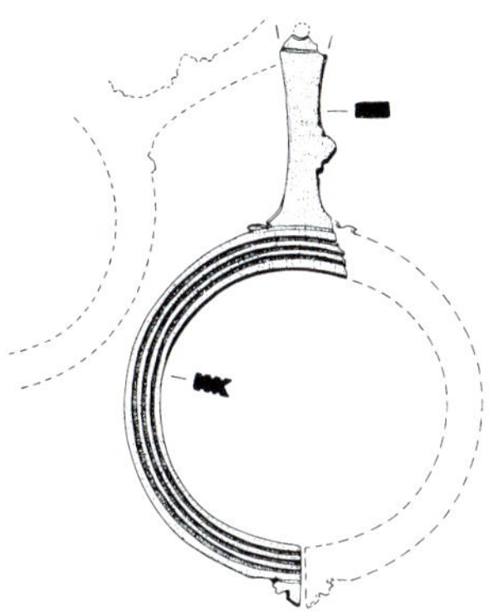

FIG. 424 **Vier passende fragmenten van een benen nietbril. Schaal: 2/3.**
Four refittable fragments of a bone spectacle frame. Scale 2:3.

zijn allemaal aangetroffen in contexten die tot de 2de helft van de 15de eeuw of zelfs het einde van de bewoning behoren.

Dergelijke brilmonturen werden met behulp van een passer uit een benen plaat, in dit geval van twee mm dik, gesneden. Van het buitenste passerlijntje zijn bij 1236.10 ter hoogte van de steel en ter hoogte van het in het verlengde van de steel gesitueerde uitsteeksel nog segmenten bewaard (fig. 424). Op de rechte steel is vermoedelijk aan de buitenkant een driehoekig uitsteeksel gelaten. Dit is aan beide zijden geaccentueerd met twee kleine V-vormige inkepingen. Dergelijke inkepingen bevinden zich ook nabij de aanhechting van de steel en nabij het driehoekig uitsteeksel dat in tweeën werd gebroken voor de introductie van de lens. Voor de lens is aan de binnenkant van het ringvormige montuur een V-vormig gleufje voorzien. Één zijde van de steel is merkbaar gladder dan de andere. Op de minst gladde zijde komen bovendien plaatselijk heel wat striaties voor die vermoedelijk het resultaat zijn van het dicht- en openvouwen van beide armen van de bril. Op het uiteinde van de afgebroken steel is nog een klein stukje zichtbaar van een konische perforatie. Het montuur is zowel bij 1236.10 als bij 1662.47 versierd met drie concentrische groeven. Resten van rode kleurstof in deze groeven wijzen erop dat deze monturen op een bepaald ogenblik aan beide zijden rood gekleurd waren. Fragment 2803.4 is herkenbaar als een onderdeel van een benen brilmontuur door de algemene morfologie en de aanwezigheid van een gleufje aan de binnenkant van het ringvormige gedeelte. Op dit fragment zijn geen versieringen noch kleurstof aangebracht. Het enige been dat voor het vervaardigen van dergelijke brilmonturen in aanmerking komt, is volgens Philip Armitage het kanonbeen van een stier[996].

De Europese bril werd uitgevonden in Italië, meer bepaald in Venetië, in de laatste decennia van de 13de eeuw. Tegen het einde van de 13de eeuw was het gebruik ervan in Venetië al algemeen verspreid[997].

En hoewel de ruimere verspreiding van de bril wordt gerelateerd aan de uitvinding en verspreiding van de boekdrukkunst in het 2de kwart van de 15de eeuw, werden toch al grote hoeveelheden brillen in London geïmporteerd in de laatste decennia van de 14de eeuw. Deze waren blijkbaar vooral afkomstig uit de Lage Landen waar in de late middeleeuwen een goed ontwikkeld brillenbedrijf actief was[998]. Volgens F. Rossi ontstonden in Vlaanderen en Brabant, gedurende de eerste helft van de 14de eeuw, de eerste centra buiten Venetië waar brillen werden vervaardigd door productieve gilden van brillenmakers[999]. Dit soort nietbrillen zijn goed gekend van allerlei laatmiddeleeuwse miniaturen en schilderijen[1000]. Het meest bekende van deze is ongetwijfeld het schilderij van Van Eyck van 'De Madonna met Kanunnik van der Paele'. Het feit dat dit soort objecten opduikt in de context van een vissersdorp toont aan dat sommige bewoners deze voorwerpen nodig hadden, vermoedelijk bij diverse schrijf- of leesactiviteiten. Tot in de 2de helft van de 15de eeuw bestonden uitsluitend convexe brillenglazen ter correctie van verziendheid (presbyopie)[1001]. De vondst van fragmenten van twee of drie van deze brillen in de context van Walraversijde doet vermoeden dat deze objecten in Walraversijde geen rariteiten waren, maar eerder deel uitmaakten van de doorsnee materiële cultuur van het vissersdorp in de 2de helft van de 15de eeuw.

Fragmenten van brilmonturen worden af en toe bij archeologisch onderzoek in laatmiddeleeuwse stedelijke contexten aangetroffen. Voorbeelden zijn gekend uit Mechelen (14A-15B)[1002], Londen[1003] (rond 1440), Zwolle (Nl)[1004], Groningen (Nl) (16de eeuw)[1005], Freiburg (D) (14de-15de eeuw)[1006], Lüneburg (D) (15de eeuw)[1007], Marburg (D)[1008] en Konstanz (D)[1009]. Brillen uit buxus en linde die in Wienhausen (D) ontdekt werden en dateren van circa 1350[1010] zijn samen met de brilfragmenten uit Walraversijde de enig gekende vondsten uit een rurale context.

Beide versierde fragmenten uit Walraversijde (1236.10, 1662.47) lijken erg hard, maar niet tot in de kleinste details, op het benen brilmontuur van rond 1440 of iets later, dat werd aangetroffen tussen middeleeuws stadsafval van Londen. Men veronderstelt zelfs dat deze in Londen gevonden bril werd geïmporteerd vanuit de Nederlanden ofwel werd gemaakt in Londen door een inwijkeling uit de Lage Landen[1011].

Bij nader inzien bevinden een aantal van de bovenvermelde stedelijke contexten met vondsten van brillen zich in de klerikale sfeer. Op het terrein van het Augustijnenklooster in Freiburg werden in een beerput een 6-tal fragmenten van laatmiddeleeuwse nietbrillen in buxus en linde gevonden[1012]. Deze wijken van vorm af van het exemplaar uit Walraversijde door de gebogen steel. Bovendien werd bij deze brillen de lens aan het

996 Armitage 1982, 68.
997 Frugoni 2007, 7.
998 Rhodes 1982, 64-66, Barron 1995, 10.
999 Rossi 1991, 33.
1000 Smeyers *et al.* 1993, 116: fig. 33.
1001 Rossi 1991, 35.
1002 Mechelse Vereniging voor Stadsarcheologie 1995, 28 & mondelinge mededeling L. Muylaert agentschap Onroerend Erfgoed, waarvoor dank.
1003 Rhodes 1982; MacGregor 1985.
1004 Müller 1995, 301.
1005 Goubitz 1988a, 53-54.
1006 Steuer 1985; Müller 1995.
1007 Steuer 1993.
1008 Steuer 1993.
1009 Steuer 1993.
1010 Steuer 1993.
1011 Rhodes 1982, 66.
1012 Steuer 1985; Müller 1995.

montuur gelijmd waardoor dit laatste niet meer moest gebroken worden. Laatmiddeleeuwse brillen of fragmenten ervan werden verder ook aangetroffen in Wienhausen in een Cisterciënzerinnenklooster (midden 14de eeuw) in Lüneburg, in het St.-Michaelisklooster (15de eeuw) in Marburg, onder de planken vloer van een in 1445 op de terreinen van het Dominikanenklooster opgerichte woning, in Konstanz[1013] en in Zwolle op de terreinen van het klooster van de Moderne Devoten[1014]. De knijpbril uit Zwolle is vervaardigd uit hoorn[1015]. De houten nietbril uit Mechelen is afkomstig van een beerput van het Karmelietenklooster. In dichtgevouwde positie werden dergelijke brilletjes bewaard in een lederen hoes zoals een vroeg-14de-eeuws exemplaar gevonden in de Warmoesstraat in Amsterdam[1016] of in een houten foedraal zoals aangetoond door een vondst uit Freiburg (D)[1017].

Ondanks het feit dat heel wat – de meeste – brillen zijn aangetroffen in religieuze contexten en afbeeldingen van personen met bril vooral geestelijken voorstellen, kan men niet besluiten dat het gebruik van de bril in de late middeleeuwen beperkt bleef tot de klasse van de geestelijken. Ook kooplui, raadsheren en vele handwerklieden zullen brillen hebben gebruikt[1018]. De vondsten in Walraversijde vormen hiervoor voor het graafschap Vlaanderen een sterke bijkomende aanwijzing vanuit de materiële bronnen.

Behalve de fragmenten van een brilmontuur kenmerkten deze grachtvullingen zich vooral door een groot aantal specifieke voorwerpen in ceramiek. Het eerste voorwerp dat we behandelen, betreft een haast volledige veldfles. Het betreft 39 passende fragmenten van een veldfles (fig. 425) in wit aardewerk, bedekt met groen loodglazuur, die zijn aangetroffen in gracht spoornr. 269 nabij de noordhoek van gebouw 6. Het zeer fijne witte baksel is matig hard. De cilindrische veldfles met platte bodem en licht bolle bovenkant is op de zijkant voorzien van een giettuit, geflankeerd door twee bandvormige oren. Centraal op de bovenkant bevindt zich een nopje. Bodemdiameter: 13,9 cm. Door de vorm en het baksel kon deze veldfles als een product van pottenbakkers uit de omgeving van Saintonge (F) geïdentificeerd worden.

Van dergelijke veldflessen werden in totaal in de onderzochte zones van Walraversijde 89 fragmenten aangetroffen die zijn onder te verdelen in de zopas besproken haast volledige veldfles (1257.13, fig. 425) en in 21 verspreid over het terrein aangetroffen fragmenten van veldflessen (1318.3, 1450.5-1479.3-1531.5; 1471.4; 1524.2; 1900.37; 1926.6; 1954.2; 2056.7; 2067.2; 2283.8-2298.5; 2286.12; 2348.121; 2455.5; 2488.7; 2691.4; 2722.1; 2764.41; 2804.6, 2932.21; 3094.1, 3449.1). Deze fragmenten vertegenwoordigen minstens zes individuen. Ondanks het fragmentarisch karakter van de vondsten kan toch worden vastgesteld dat deze allemaal afkomstig zijn van één en hetzelfde type veldfles. Het betreft een cilindrische veldfles met vlakke bodem, licht convexe bovenkant en een op de zijkant ingeplante, licht trechtervormige tuit geflankeerd door twee bandvormige oren. Centraal op de bovenkant is verder een nopje aanwezig. Op de fragmenten zijn enkel lichte verschillen in afmetingen vast te stellen. Zo bedraagt de bodemdiameter van 1257.13, 13.9 cm en deze van 1450.5-1479.3-1531.5 slechts 11 cm. Het baksel van deze fragmenten is steeds fijn wit tot roze, bevat een kleine hoeveelheid afgeronde rode inclusies en is bedekt met groen loodglazuur dat vaak voorzien is van een metaalachtige glans. Veldflessen van dit type behoren inderdaad tot de middeleeuwse productie van de pottenbakkers uit de streek van Saintonge[1019]. Het witte of bleekroze baksel dat kenmerkend is voor de laatmiddeleeuwse producten[1020] van dit centrum is duidelijk aanwezig bij de stukken uit Walraversijde.

De 15de-eeuwse productie van Saintonge is echter veel minder gekend dan deze uit de twee voorafgaande eeuwen[1021]. Deze veldflessen werden vooral aangetroffen in de zone Raversijde 1996-1998 (17 van de 21 verspreid aangetroffen fragmenten). In de zone 1992-1995 zijn de fragmenten van deze veldflessen enkel aangetroffen in een zone ten noordoosten van gebouw 1, in de bovenste vullingen van veenwinningskuil spoornr. 69 en in gracht spoornr. 269. Ze behoren minstens sinds het midden van de 15de eeuw tot de materiële cultuur van de vissers. Ze komen bijvoorbeeld voor onder gebouw 20 en zijn te relateren aan gebouw 30.

FIG. 425 **15de-eeuwse veldfles in groengeglazuurd wit aardewerk uit Saintonge (F).**
A 15th-century green-glazed whiteware canteen from Saintonge (F).

1013 Steuer 1993, 206.
1014 Müller 1995, 301; Clevis 2001, 29.
1015 Clevis 2001, 29.
1016 Groenman-van Waateringe 1969, 257, pl. XXXVI.
1017 Steuer 1985, 51.
1018 Steuer 1993, 206.
1019 Chapelot 1975, 63 nr. 174.
1020 Chapelot 1975, 58.
1021 Chapelot *et al.* 1972, 77.

Deze veldflessen uit Saintonge kunnen geïnterpreteerd worden als indicatoren van de behoefte van de bewoners van Walraversijde om dranken mee te nemen voor consumptie buitenshuis. Dit kan op verschillende manieren worden bekeken. Deze veldflessen zouden met hun inhoud deel uit kunnen maken van het persoonlijke proviand op zee. Het feit dat de inhoud vrij beperkt was, kan erop wijzen dat het eerder voor iets speciaal was zoals wijn of korte drank bijvoorbeeld. De veldflessen zouden daarentegen ook kunnen geïnterpreteerd worden als onderdeel van de standaarduitrusting bij reizen zoals naar een bedevaartsoord bijvoorbeeld of eenvoudigweg zelfs als een container voor drank die werd meegenomen wanneer men een aantal uren buitenshuis tewerkgesteld was: als loonarbeider op landbouwbedrijven in de omgeving bijvoorbeeld. Voor dit laatste geval staan vermoedelijk ook andere alternatieven zoals steengoedkannen ter beschikking. Deze veldflessen vertegenwoordigen echter een specifiek product dat voor zover bekend niet voorkomt onder de lokale/regionale ceramische producten in rood oxiderend gebakken aardewerk. De afwezigheid ervan onder de lokale/regionale ceramiekproductie impliceert dat er dus vermoedelijk in laatmiddeleeuws Vlaanderen ook geen grote vraag naar was. De aanwezigheid van geïmporteerde veldflessen in Walraversijde doet op zijn beurt wel vermoeden dat er in vissersmiddens wel enige vraag naar veldflessen was. Deze zou echter te beperkt zijn om de Vlaamse pottenbakkers ertoe aan te zetten zelf veldflessen te gaan produceren. Dit zou ook kunnen betekenen dat veldflessen tot de materiële cultuur van maritieme gemeenschappen langs de Vlaamse kust behoren en veel minder tot deze van stedelijke of agrarisch-rurale milieus. Een noodonderzoek op het Mijnplein in Oostende, uitgevoerd in 1994 en 1995, leverde immers ook enkele veldflessen op waaronder een exemplaar in zgn. Merida-waar[1022]. Het lage aantal gekende stukken maant echter tot grote voorzichtigheid aan bij het maken van allerlei hypothesen. Hierbij moet men onder andere overwegen dat bijvoorbeeld ook zakken in leder de functie van veldfles konden vervullen, die echter veel minder kans maken om bewaard te blijven in het bodemarchief. Een imitatie van een lederen veldfles[1023] in ceramiek toont aan hoe dergelijke lederen veldflessen er zouden uitgezien hebben. Steengoedkannen zijn echter ook goed in staat om vooral in stabiele milieus de functie van veldfles te vervullen. In een minder stabiele omgeving zoals op een schip op zee heeft een veldfles die kan opgehangen worden uiteraard voordelen ten opzichte van een steengoedkan, die zeer gemakkelijk omvalt en snel aanleiding kan geven tot verlies van de meegevoerde drank.

Een tuitfragment van een dergelijke cilindrische veldfles uit Saintonge[1024] is in Sluis aangetroffen, samen met de grote collectie Valenciaanse majolica die dateert uit het midden van de 15de eeuw[1025]. Dergelijke veldflessen worden niet vermeld in een overzicht van laatmiddeleeuwse importceramiek van Brugge[1026]. Veldflessen worden evenmin vermeld in de studie van Koen De Groote over middeleeuws aardewerk in de regio Oudenaarde[1027]. Omdat dergelijke veldflessen, op het ene fragment uit Sluis na, voor zover bekend uit publicaties, nog nergens anders zijn aangetroffen in de Lage Landen maakt elke conclusie omtrent de betekenis van deze objecten uiterst hypothetisch. Over de concrete verspreiding kan in elk geval weinig worden gezegd, behalve dat ze aanwezig zijn in Walraversijde en Sluis.

De veldflessen uit Walraversijde en Sluis tonen in elk geval aan dat bepaalde producten van de pottenbakkers uit Saintonge minstens nog tot diep in de 15de eeuw Vlaanderen bereikten.

Een ander ceramisch product waarmee vooral de grachtvullingen (en in mindere mate ook de bovenste vullingen van de veenwinningsputten, zie verder) als vindplaats duidelijk naar voor treden zijn antropomorfe, ornitomorfe en andere fluitjes in ceramiek.

In totaal zijn bij het archeologisch onderzoek in de periode 1992-1998, 47 fragmenten van fluitjes aangetroffen in de onderzochte zone. Geen enkel exemplaar is evenwel volledig intact. Op basis van technische en morfologische criteria kunnen een 6-tal groepen worden onderscheiden: antropomorfe fluitjes in rood oxiderend gebakken aardewerk, ornitomorfe fluitjes in rood oxiderend gebakken aardewerk, een ornitomorf fluitje in een met wit slib bedekt rood baksel, een buisvormig fluitje in rood oxiderend gebakken aardewerk bedekt met een witte sliblaag, fluitjes in rood oxiderend gebakken aardewerk waarvan de vorm niet precies kan achterhaald worden en ten slotte fluitjes in wit aardewerk, vermoedelijk van het productiecentrum Langerwehe. De antropomorfe fluitjes vormen veruit de belangrijkste groep. Het is dan ook aannemelijk dat de meeste van de niet exact aan een van de groepen toewijsbare fluitfragmenten in feite bij deze groep horen. Aan deze 47 op de site opgegraven fragmenten kan ook een exemplaar uit een particuliere collectie worden toegevoegd. Het betreft eveneens een antropomorf fluitje in rood oxiderend gebakken aardewerk[1028] dat in de wand van een gracht werd aangetroffen nabij de plaats waar de molen van Walraversijde is gesitueerd (fig. 3: nabij westelijk uiteinde van sleuf 92/VI).

24 fragmenten behoren tot de groep van de antropomorfe fluitjes in ceramiek (637.1: fig. 426.1, 901.1[1029], 918.1: fig. 426.2, 942.1, 1091.1: fig. 426.3, 1120.1: fig. 426.4, 1206.2: fig. 426.5, 1263.3, 1314.1, 1531.2, 1562.1: fig. 426.6, 1563.1: fig. 426.7, 1569.1: fig. 426.8, 1616.1, 1662.29-32, 1662.33: fig. 426.9, 1854.2: fig. 426.10, 1922.1: fig. 426.11, 2020.3: fig. 426.12, 2553.1, 2587.1). De fluitjes zijn vervaardigd uit een oranje-rood tot beige-bruin hard micahoudend baksel. Het doorschijnend loodglazuur is vooral aangebracht op het aangezicht van de figuurtjes en veel minder op de achterzijde van het hoofd. Slechts twee fragmenten (van hetzelfde exemplaar?) zijn bedekt met een witte sliblaag die vervolgens groen is geglazuurd (1662.30-31). De ogen en de mond zijn meestal aangebracht in wit slib. Soms zijn ook de neus (1206.2: fig. 426.5, 1569.1: fig. 426.8 en 2020.3: fig. 426.12) en de haren (918.1: fig. 426.2) aangebracht in wit slib. Niet minder dan 21 fragmenten zijn afkomstig uit de zone 1992-1995 tegenover slechts twee uit de zone 1996-1998. Een laatste fragment ten slotte is afkomstig van sleuf 97/VIII in de zone ten noorden van de opgravingszone 1992-1995.

1022 Pieters *et al.* 1995a, 197 fig. 19.
1023 Biddle & Keene 1990, 247 fig. 53a.
1024 Hurst & Neal 1982, 96 fig. 7 nr. 141.
1025 Hurst & Neal 1982, 85.
1026 Hillewaert 1988.
1027 De Groote 2008.
1028 Pieters 1994, 290, fig. 15: 3. Met dank aan B. Mares, Leffinge voor het ter beschikking stellen van deze vondst.
1029 Pieters 1994, 290: fig. 15.3.

FIG. 426 **Anthropomorfe fluitjes in rood oxiderend gebakken aardewerk.**
Anthropomorphic redware whistles.

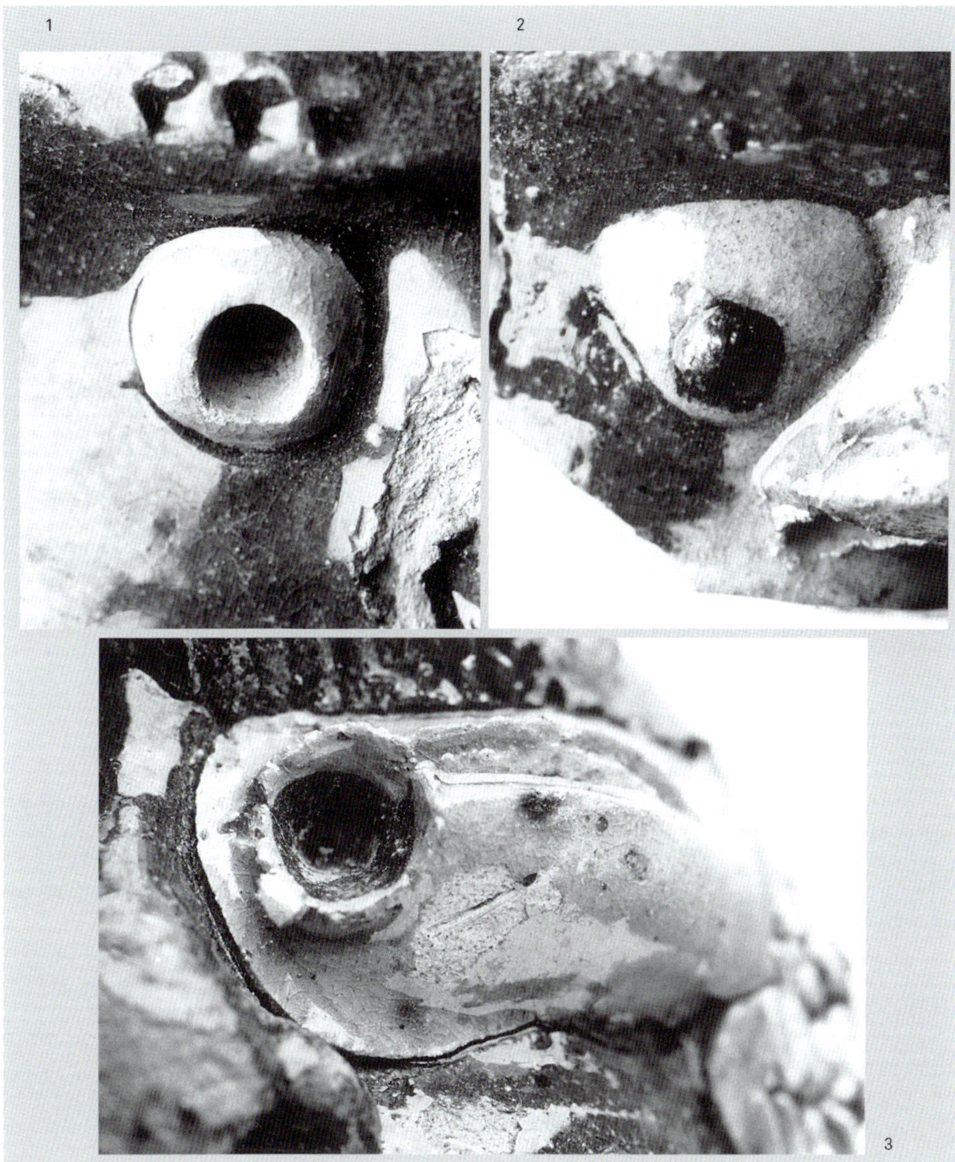

FIG. 427 **Detailopnames van de uitwerking van de ogen van de anthropomorfe fluitjes.**
Details of the eyes on the anthropomorphic whistles.

Op basis van de algemene vorm kunnen er drie types worden onderscheiden: bolvormige (1562.1: fig. 426.6), kegelvormige (1206.2: fig. 426.5) en meer cilindrische fluitjes (1922.1: fig. 426.11). In de uitvoering van de personages zit heel wat variatie: 11 zijn met baard en 1 is zonder baard. De baard is meestal tweeledig, maar soms ook drieledig. De baard komt voor in combinatie met snor, maar ook zonder snor. De baard is meestal wat donkerder geglazuurd dan de rest van het aangezicht. Dat deze antropomorfe fluitjes meestal van baard en snor zijn voorzien is merkwaardig, omdat op laatmiddeleeuwse schilderijen enkel heiligen worden afgebeeld met baard en snor. Leken worden altijd geschoren voorgesteld. De ogen werden op drie verschillende manieren uitgevoerd. Het betreft meestal een opgelegde ronde pastille in wit slib waarin vervolgens de pupil wordt aangebracht door deze pastille tot op de onderliggende rode klei centraal en konisch te perforeren (1563.1, fig. 427.1). Soms, wanneer ook de neus in wit slib is aangebracht, zijn de ogen uitgevoerd in een opgelegde ronde tot ovale pastille in wit slib waarop vervolgens centraal een roodbakkend stipje is aangebracht (2020.3, fig. 427.2). In twee gevallen zijn de ogen uitgevoerd in een lange ovale zone van opgelegd wit slib (918.1: fig. 427.3, 1091.1). De oogpupil wordt hierbij conisch uitgestoken tot op de onderliggende rode klei en verbonden met een horizontale in het slib ingekerfde lijn. De uitvoering van deze ogen lijkt zeer sterk op deze van de handvaten met gezichtsmaskers uit Brugge en Damme[1030]. De bovenkant van het hoofd vertoont eveneens nogal wat variatie. Bij twee exemplaren bevindt zich bovenop het hoofd een naar voren geplooid buisvormig uitsteeksel (1562.1: fig. 426.6, 1922.1: fig. 426.11) met een schijfvormig uiteinde. Bij 1922.1 bevindt zich centraal op deze schijf een opgelegd schijfje in wit slib met zes ingedrukte putjes. Bij een haast identiek fluitje uit Rotterdam wordt dit uitsteeksel bovenop het hoofd geïnterpreteerd als een soort bloem[1031]. Een van de personages (1091.1: fig. 426.3) draagt duidelijk een hoofddeksel, een soort muts,

1030 Gaimster & Verhaeghe 1992, 308-309.

1031 De Jong 1980, 190.

waarop zich een gestileerde veer bevindt. Een gestileerde veer is ook aanwezig op fragment 2587.1 (niet afgebeeld).

Op basis van vier min of meer volledige exemplaren kan worden afgeleid dat er fluitjes zijn met twee openingen (1562.1 (fig. 426.6) en 1922.1 (fig. 426.11)), maar ook met drie openingen (1091.1 (fig. 426.3) en 1206.2 (fig. 426.5)). De opening voor het steeltje van het mondstuk bevindt zich meestal aan de niet geglazuurde achterzijde van het fluitje. Enkel bij 1206.2 bevindt er zich op deze plaats geen enkele opening. Dit exemplaar heeft echter drie openingen: één centraal op het hoofd en één aan elke zijkant.

Ceramieken fluitjes in vergelijkbare techniek en vorm komen voor in Frankrijk, België en Nederland. Ze behoren zonder twijfel tot de groep van directe opvolgers van het hoogversierd aardewerk die vermoedelijk na 1350 ontstaan zijn[1032]. Geen enkel dergelijk fluitje kan immers met zekerheid in de periode 1200-1325/1350 worden gedateerd[1033]. Deze chronologische informatie is zeker niet in tegenspraak met de informatie van de site Walraversijde. Het is wel opmerkelijk dat op de site Raversijde-strand, in schril contrast met de site Raversijde-polder, geen enkel dergelijk fluitje in ceramiek is aangetroffen. Dit kan echter zowel aan chronologische als socio-economische redenen te wijten zijn. Indien het chronologisch argument valabel blijkt, zou dit impliceren dat dit soort fluitjes slechts na 1400 in Walraversijde (en misschien ook elders?) opduiken. Een exemplaar uit Aardenburg (Nl.), is afkomstig uit een context uit de 2de helft van de 14de eeuw[1034]. Volgens Trimpe Burger is een dergelijk fluitje ook gekend in Zierikzee (Nl.)[1035]. Een antropomorf fluitje werd eveneens aangetroffen in Brugge[1036], op de hoek van de Nieuwstraat en de Dijver. Een 9 cm hoog exemplaar in rood aardewerk met geel en groen glazuur is afkomstig uit de Schelde in Antwerpen[1037]. Twee exemplaren van 8 cm hoog zijn bekend uit het verdronken dorp Nieuwlande (Nl.)[1038]. Vier gelijkaardige antropomorfe fluitjes, respectievelijk afkomstig uit Krabbendijke (Nl), Sluis (Nl), Rotterdam (Nl) en Rijsel (F) dateren uit de 15de eeuw. De vorm van drie van deze wordt geïnterpreteerd als een duivelskop met gevorkte baard, de vierde als een monnikskop[1039] met tonsuur. Het 'Musée des Beaux-Arts ' in Lille bezit een ganse reeks fluitjes in dezelfde trant, waarvan sommige met een open vorm[1040]. Een dergelijke open vorm, die als waterfluitje wordt geïnterpreteerd[1041], is in Walraversijde echter niet vastgesteld. Ook in Douai is een antropomorf fluitje aangetroffen in een 15de-eeuwse context[1042]. Recentelijk is een gelijkaardig 15de-eeuws fluitje aangetroffen bij de opgravingen aan de Hopmarkt in Aalst[1043]. Fluitjes (*Bird whistles*) in aardewerk zijn in het algemeen zeer zeldzaam in Groot-Brittannië[1044].

Twee identieke fluitjes (1570.3: fig. 428.2, 2056.13: fig. 428.1) zijn gemaakt in de vorm van een in duikvlucht dalende vogel. Ze zijn allebei vervaardigd uit een roodbruin tot grijs hard baksel met een zandige verschraling waarin occasioneel tot 7 mm grote gesteentefragmenten voorkomen. De snavel en de vleugels van de vogel zijn bedekt met een witte sliblaag. De ogen zijn gevormd uit twee tegen elkaar aanleunende pastilles van wit slib waarin de pupillen conisch zijn uitgestoken, echter niet tot op de onderliggende roodbakkende klei. Zowel op de rug als op de buik van de vogel zijn – in de vorm van ingekraste parallelle strepen (van een kam?) – veren voorgesteld. In de vleugels zijn de veren dieper ingesneden dan op de borst en de rug. Te oordelen naar het meest volledige fragment (1570.3), bezitten deze fluitjes drie openingen: één in de snavel en twee nabij de staart.

Vogelfluitjes zijn vooral gekend in de vorm van een zittende of staande vogel[1045]. Parallellen van fluitjes in de vorm van een vliegende vogel zijn de auteur niet bekend.

Een van de ornitomorfe fluitjes in oxiderend gebakken rood aardewerk (1562.2; fig. 429) is opmerkelijk, zowel wat de morfologie als de technische kenmerken betreft. Het baksel doet niet echt exotisch aan, de versieringswijze echter wel. Wat de vorm betreft, lijkt het fluitje sterk op een zittende of broedende vogel (een kip?). Enkel het naar onder gerichte uitsteeksel is in het kader van een dergelijke interpretatie moeilijk te verklaren. Afgaande op de spatjes glazuur op de zigzaglijnen zou men kunnen vermoeden dat dit object bedoeld was om geglazuurd te worden en zou het misschien wel een onafgewerkt product zijn. Het heeft minstens twee openingen: één op de rug en één in de hals. Er moest dus waarschijnlijk gefloten worden op de kop van de vogel. Vergelijkbare objecten zijn de auteur evenmin als van de vorige twee vogelfluitjes bekend.

17 fragmenten kunnen door hun fragmentarisch karakter niet aan een specifieke groep worden toegeschreven, hoewel voor de hand ligt dat ze vooral tot de categorie van de antropomorfe fluitjes behoren. Het betreft negen mondstukfragmenten (769.1, 1219.2, 1235.2, 1257.7, 1468.1, 1854.1, 1900.5, 2348.24, 3506.2) en acht wand- en basisfragmenten (948.2, 1211.2, 1245.2, 1621.3, 1969.2, 2020.4, 2272.16, 2348.27). Wanneer het mondstuk op het breukvlak wordt afgesloten, zijn er twee fragmenten (1468.1, 2348.24) die een hoge fluittoon produceren wanneer er op geblazen wordt. Het buisvormig mondstuk werd bij de fluitjes te oordelen naar de naar binnen geduwde klei, eenvoudig door de wand van het luchtreservoir heen gestoken en enkel aan de buitenzijde mooi ingewerkt. Een mondstukfragment uit Londen dat sterk lijkt op de mondstukken uit Walraversijde is aangetroffen in een context uit de 2de helft van de 14de eeuw[1046].

Drie mondstukken zijn afkomstig van fluitjes in wit aardewerk (1383.4: fig. 430, 1573.3, 2272.50) bedekt met geel loodglazuur, voorzien van talrijke groene stippen. Twee stammen uit de zone 92-95 en het andere uit de zone 96-98. De precieze vorm van de fluitjes kan niet worden bepaald. Het lijken ronde fluitjes te zijn met glazuur dat te oordelen naar fragment 1573.3 vooral op de bovenste helft is aangebracht. De mondstukken zijn ingesnoerd nabij het uiteinde en verdikken geleidelijk naar de wand toe. Deze verdikking is ontstaan doordat het apart gemaakt buisje, dat door de wand werd gebracht, in het gedeelte nabij de wand extra bekleed werd met klei. Een kleine ovale opening is aangebracht in de bovenkant van het verdikt gedeelte. Op basis van de technische kenmerken[1047] kunnen deze stukken als wit aardewerk uit Langerwehe worden geïdentificeerd. Het vormengoed van deze productie is niet goed gekend, maar lijkt op het ogenblik vooral

1032 Verhaeghe 1989a, 77-78, 90.
1033 Verhaeghe 1989a, 78.
1034 Trimpe Burger 1962-1963, 540, afb. 59.
1035 Trimpe Burger 1962-1963, 540.
1036 De Witte 1981a, 207, afb. 2.
1037 Pauwels & Van Hoonacker 1981, 29-30.
1038 Bos *et al.* 1987, 33.
1039 De Jong 1980, 188-190.
1040 Verhaeghe 1989a, 77, o.a. fig. 109.
1041 Homo-Lechner 1996, 104.
1042 Louis 1993b, 38.
1043 De Groote *et al.* 2006.
1044 McCarthy & Brooks 1988, 104.
1045 Hurst *et al.* 1986, 143.
1046 Wardle 1998, 290.
1047 Hurst *et al.* 1986, 228.

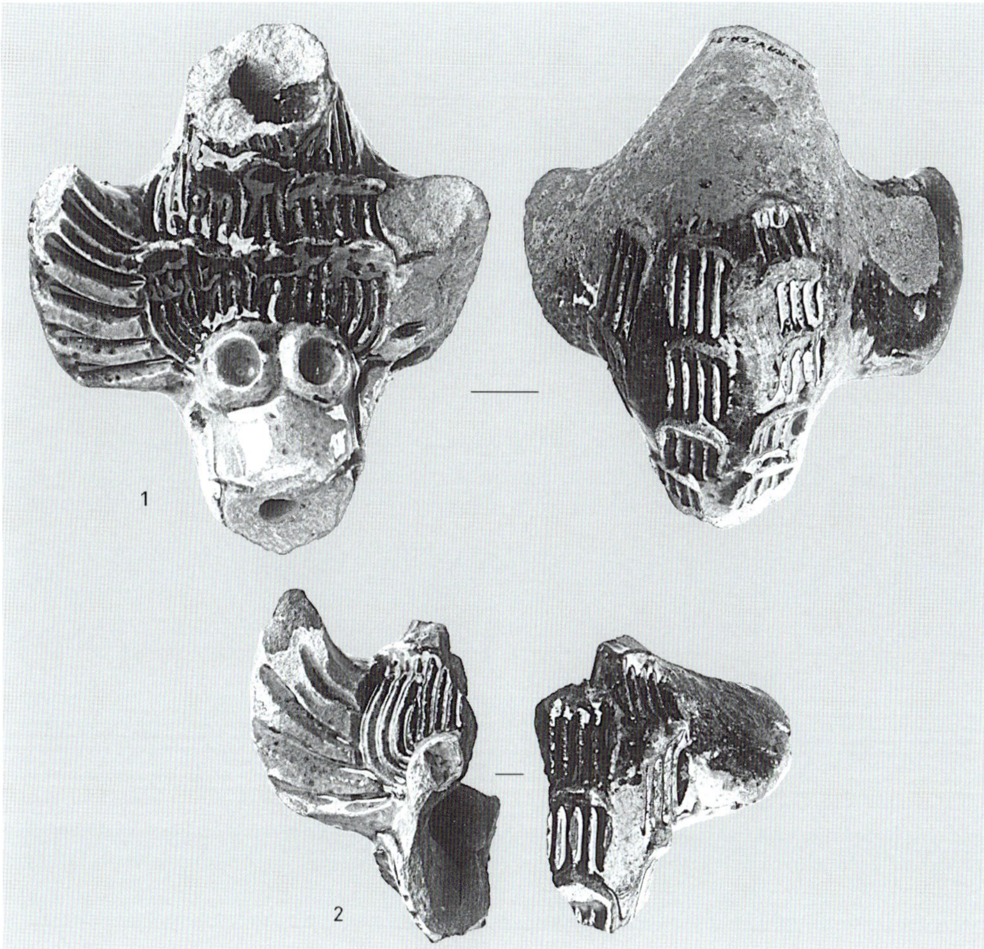

FIG. 428 **Vogelfluitjes in rood oxiderend gebakken aardewerk.**
Redware bird whistles.

kleinere gespecialiseerde objecten te omvatten zoals hoorns en papflesjes. Fluitjes, zoals hier besproken, passen perfect in dit kader. Vergelijkbare vondsten zijn ons echter niet bekend.

De ruimtelijke spreiding van de fluitjes vertoont merkwaardige kenmerken. Er zijn immers beduidend meer fragmenten van ceramieken fluitjes aangetroffen in de zone Raversijde 92-95 dan in de zone 96-98 nabij de Duinenstraat. Het betreft 35 fragmenten tegenover slechts 12. Het verspreidingspatroon van deze objecten binnen de zone 92-95 laat enkele vaststellingen toe. Een sterke concentratie (vier fragmenten) bevindt zich in de grachtvulling ten westen van gebouw 13. Deze concentratie is des te opmerkelijker door het feit dat ze twee (een antropomorf en een ornitomorf) van de zeven min of meer volledige fluitjes heeft opgeleverd, bovendien elk in een ander type. Het lijkt als het ware een op die plaats gedumpte, afgedankte collectie waterfluitjes te zijn. Een andere concentratie kan worden herkend in de zone tussen de gebouwen 7 tot 10 en 1 tot 4 en 6. Deze leverde 13 fragmenten op. Het grachtenstelsel komt echter algemeen als vindplaats voor deze vondsten sterk tot uiting, sterker bijvoorbeeld dan de opgevulde en als stort hergebruikte, opgevulde veenwinningsputten: 17 tegenover 8 fragmenten. Fluitjes werden met andere woorden regelmatig gedumpt in de grachtvullingen evenals de pelgrimshoorns trouwens. Dit is des te opmerkelijker daar andere vondstengroepen zoals knikkers, pijpaarden beeldjes en als containers voor transport van kwik geïnterpreteerde ronde potjes[1048] bijvoorbeeld helemaal niet voorkomen in de grachtvullingen.

Wat de functie betreft, blijven verschillende mogelijkheden open: het lokken van vogels, het geven van een signaal, gewoon het maken van geluiden als onderdeel van het tijdverdrijf van kinderen of een onderdeel van de attributen van narren. Zijn algemeen gesproken uit NW-Europa ornitomorfe fluitjes in de middeleeuwen algemener verspreid dan antropomorfe[1049], voor Walraversijde geldt dit zeker niet. Te Walraversijde zijn antropomorfe fluitjes immers sterk in de meerderheid: 24 antropomorfe tegenover drie ornitomorfe. Fluitjes in de vorm van een narrenkop werden o.a. ook vervaardigd in Rijnlands steengoed. De functie van deze zgn. 'narrenfluitjes' is onduidelijk. Gezien hun geringe voorkomen hadden ze waarschijnlijk een specifieke, gespecialiseerde functie. Misschien vormden ze wel een onderdeel van de attributen van een nar[1050]. Een dergelijke hypothese lijkt ons, gezien het groot aantal fluitjes uit Walraversijde, echter niet van toepassing op deze vondsten.

De fluitjes konden worden gevuld met water om een kwelend geluid te bekomen[1051]. Het vullen met water is wellicht vooral van toepassing op fluitjes die boven open zijn. Het is veel

1048 Pieters & Verhaeghe 2009, 107 fig. 3.
1049 Hurst *et al.* 1986, 142-143.
1050 Hayfield & Hurst 1983, 383.
1051 Hurst *et al.* 1986, 142.

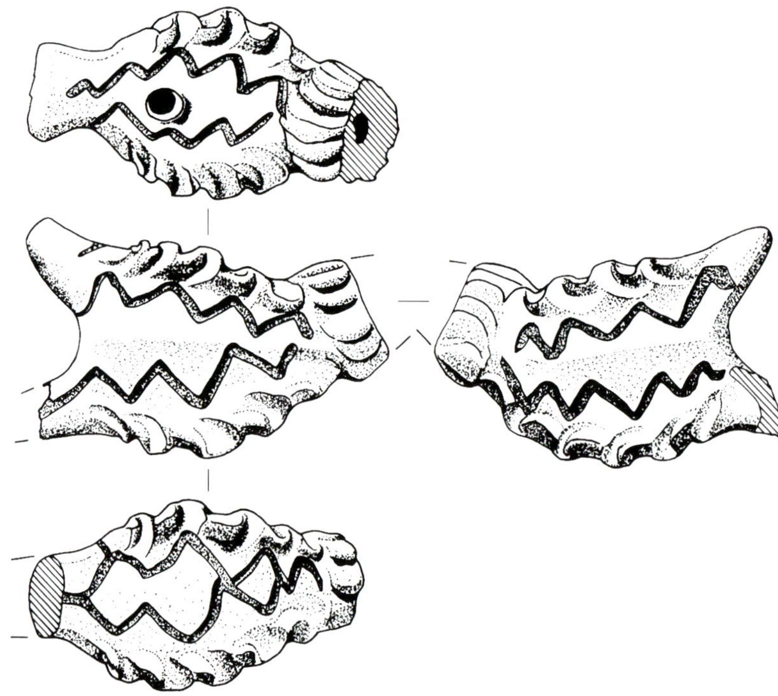

FIG. 429 Vogelfluitje in rood oxiderend gebakken aardewerk. Schaal: 2/3.
Redware bird whistle. Scale: 2:3.

gemakkelijker dergelijke fluitjes met water te vullen dan de gesloten fluitjes uit Walraversijde. Van zulke fluitjes met een opening bovenaan werd in Walraversijde geen enkel exemplaar gevonden. Dit opvullen met water verwijst naar hun oorspronkelijke functie van lokfluitje[1052], vandaar ook de door Trimpe Burger gehanteerde benaming 'vogelfluitje'[1053]. Dat dit soort fluitjes vooral in de vorm van een vogel werd gemaakt, verwijst ook visueel naar de functie van lokmiddel voor vogels. Vanaf de 14de eeuw zijn deze fluitjes volgens Homo-Lechner[1054] echter hoofdzakelijk speeltuigen en kunnen ze dus ook allerlei andere vormen aannemen zoals deze van een paard of een mens. Deze fluitjes kunnen echter ook worden geïnterpreteerd als instrumenten om geluidssignalen te geven[1055]. Het geven van geluidssignalen is een functie die ongetwijfeld van toepassing kan zijn in een vissersmilieu als Walraversijde. In die zin lijkt het aannemelijk dat ze te interpreteren zijn als speelgoed, waarbij via deze fluitjes door de vissers gebruikte krachtigere signaalinstrumenten als hoorns werden geïmiteerd en gehanteerd bij het spel door kinderen.

De grachtvullingen leverden ten slotte ook een aantal fragmenten op van objecten die door Trimpe Burger[1056] driepootjes of komfoortjes worden genoemd (fig. 431). De term driepootjes lijkt de best geschikte van beide, omdat het eigenlijk geen komfoortjes zijn in de betekenis van met houtskool gevulde recipiënten om gerechten warm te maken of te houden. Het betreft in bovenaanzicht afgerond, gelijkzijdig driehoekige tot ronde ringen op drie pootjes. Deze zijn zowel uitgevoerd in rood (744.16, 753.2, 757.1-765.6-773.4: fig. 432: 1, 764.4, 890.13, 1134.4, 1621.4, 1676.1 & 1731.2) als in grijs (180.2, 596.7-677.1, 741.8, 821.9, 902.2, 905.2: fig. 432:2, 1210.6 & 7, 1211.7, 1230.1, 1232.2, 1244.4, 1450.4-1532.4, 1532.3, 1567.4 & 5, 1662.72, 1994.3, 2110.1, 2319.2, 2348.119-2804.5: fig. 432: 3, 2917.1, 3485.1) aardewerk. Exemplaren in grijs aardewerk zijn dubbel zo sterk vertegenwoordigd als exemplaren in rood aardewerk: 23 in grijs aardewerk tegenover slechts negen in rood aardewerk.

Bij de exemplaren in rood aardewerk zijn er zowel met een uitgesproken afgeplat draagvlak als zonder of met een slechts weinig uitgesproken plat draagvlak bovenaan (757.1-765.6-773.4: fig. 432: 1). Deze met een duidelijk plat draagvlak zijn in de meerderheid. Er zijn ook duidelijke verschillen in de hoogte van de driepootjes: 34 mm, 48-52 mm en 83-84 mm. Het exemplaar met een weinig uitgesproken afgeplat draagvlak is tevens ook een hoog driepootje. De poten zijn allemaal cilindrisch en onderaan afgeplat.

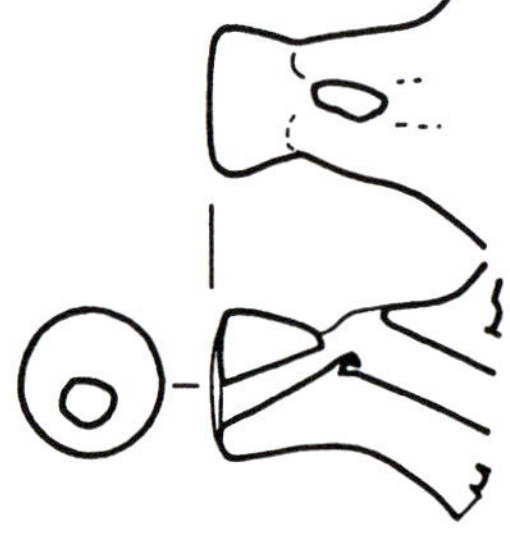

FIG. 430 Fragment van een fluitje in wit aardewerk bedekt met groen glazuur. Schaal: 2/3.
Fragment of a green-glazed whiteware whistle. Scale: 2:3.

1052 Homo-Lechner 1991, 427.
1053 Trimpe Burger 1962-1963, 540. De benaming vogelfluitje is wat verwarrend omdat dit onmiddellijk een ornitomorfe morfologie oproept wat niet altijd het geval is.
1054 Homo-Lechner 1996, 36.
1055 Homo-Lechner 1991, 427; Verhaeghe 1989a, 77-78.
1056 Trimpe Burger 1962-1963, 542: afb. 63.

FIG. 431 **Driepootjes in rood en grijs aardewerk.**
Greyware and redware tripods.

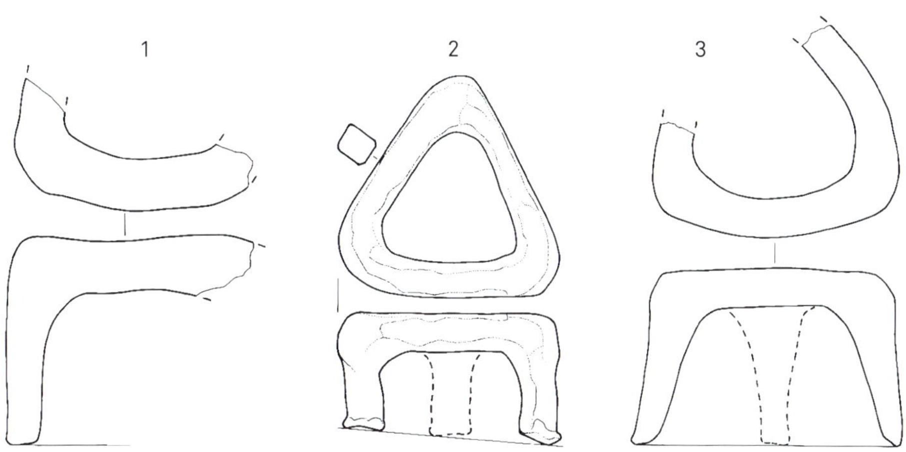

FIG. 432 **Driepootjes in rood (1: 757.1-765.6-773.4) en grijs aardewerk (2: 905.2; 3: 2348.119-2804.5). Schaal: 1/3.**
Tripods of greyware (1: 757.1-765.6-773.4) and redware (2: 905.2; 3: 2348.119-2804.5). Scale 1:3.

Bij de exemplaren in grijs aardewerk zijn er eveneens zowel met een duidelijk afgeplat als met een minder duidelijk afgeplat draagvlak. Deze laatste behoren systematisch tot de hogere voorbeelden. De hoogtes van de exemplaren in grijs aardewerk variëren van 43 tot 79-80 mm. In de driepootjes in grijs aardewerk zijn dus twee groepen te onderscheiden: een laag driepootje (43-53 mm hoogte) met een duidelijk uitgesproken plat draagvlak en een hoger driepootje (70-80 mm hoogte) met een rond of weinig uitgesproken plat draagvlak. De pootjes zijn cilindrisch en onderaan plat tot schuin of conisch. Cilindrische pootjes komen ook enkel voor bij de grotere driepootjes.

Op geen enkele van deze driepootjes zijn duidelijke roetsporen aanwezig. De meeste zijn volledig zuiver en slechts op enkele exemplaren is een weinig roet aanwezig. Dit lijkt een interpretatie waarbij de driepikkels gebruikt worden als steun om schotels in het vuur warm te houden of op te warmen (komforen) weinig geloofwaardig te maken. Veeleer lijkt het dat deze driepootjes geïnterpreteerd worden als de voorlopers van de moderne onderleggers voor op tafel, m.a.w. om toe te laten pas van het vuur gehaald vaatwerk op de tafel te plaatsen op een veilige en hygiënische manier. Hierbij moet wel worden opgemerkt dat deze driepootjes nogal klein zijn in oppervlakte en dus enkel kunnen dienen voor kleinere recipiënten met een vlakke bodem, zoals braadpannen. Het blijft dan ook de vraag of deze driepootjes geen andere functie hebben vervuld. Een artisanale toepassing is niet uit te sluiten. Ondanks deze beschouwingen vertonen deze driepootjes in ceramiek toch duidelijke verwantschappen met gelijkaardige metalen voorwerpen (treeften) die wel degelijk in het vuur gebruikt werden[1057] en waarvan o.a. een goed bewaard exemplaar is aangetroffen onder het laat-16de-eeuws materiaal van de Barentsexpeditie achtergelaten te Nova Zembla[1058].

Wanneer alle driepootjes op het opgravingsplan worden aangeduid (fig. 433) komen een aantal opmerkelijke zaken naar boven. Een duidelijke concentratie bevindt zich in gracht spoornr. 61 en de aanpalende zone onmiddellijk ten westen en zuidwesten van de gebouwen 1 tot 5. In deze concentratie zijn 15 van de 32 exemplaren aangetroffen. 11 ervan komen uit de

1057 Weyns 1974, 442.

1058 Braat *et al.* (red.) 1998, 228 nr. 7.2.5.

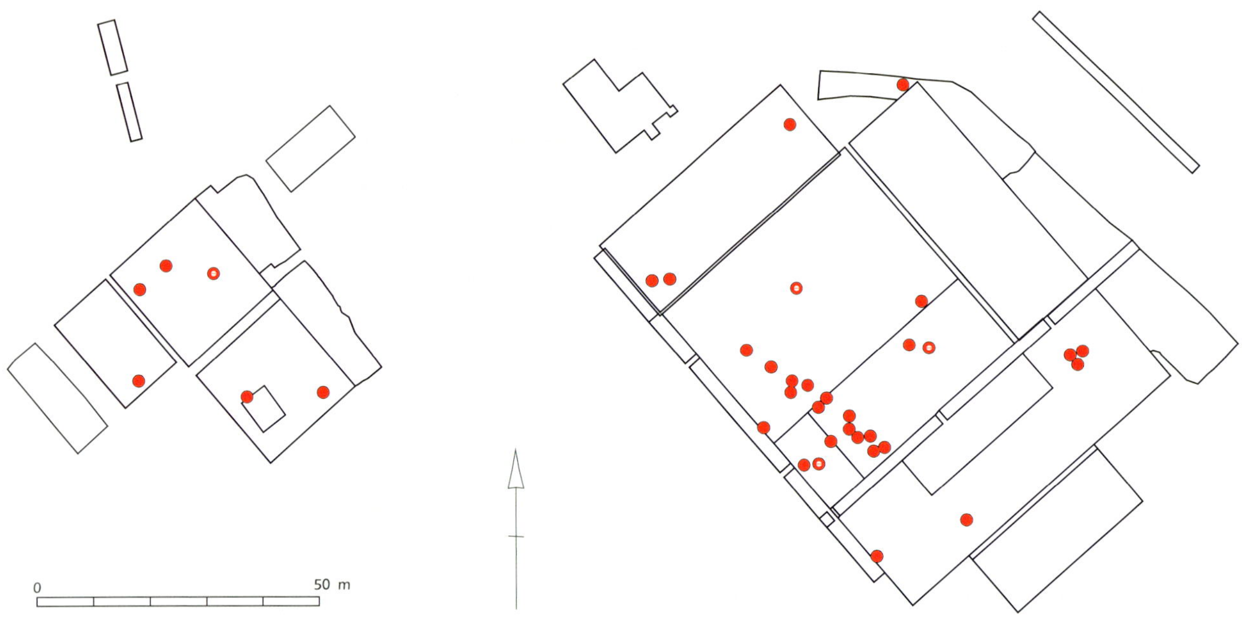

FIG. 433 **Ruimtelijke spreiding van de driepootjes binnen de opgegraven zone.**
Distribution of the tripods within the excavated zone.

grachtvulling zelf. Deze concentratie komt met zes van de negen exemplaren het sterkst tot uiting voor de driepootjes in rood aardewerk. Verder valt op dat in de sleuven nabij de Duinenstraat enkel driepootjes in grijs aardewerk zijn aangetroffen.

Van dit specifiek object zijn slechts heel weinig gepubliceerde parallellen gekend. Twee voorbeelden in grijs aardewerk zijn gekend uit Aardenburg (tweede kwart-midden 14de eeuw), een derde fragment in grijs aardewerk is afkomstig uit Dordrecht[1059] (eerste kwart 15de eeuw). Een vierde fragment ten slotte is gekend uit het kasteel van Gaasbeek (14de-15de eeuw)[1060]. Parallellen in rood aardewerk zijn niet gekend. Dergelijke vormen worden bijvoorbeeld ook niet vermeld in een overzicht van middeleeuwse Britse ceramiek[1061] en evenmin in een overzicht over middeleeuwse ceramiek uit de regio Oudenaarde[1062].

4.4.1.3 Dierenresten uit een deel van gracht spoornr. 61

Wim Van Neer, An Lentacker & Anton Ervynck

De bovenste, archeologisch rijke vulling van de gracht (tussen gebouw 1 en het contact met gracht spoornr. 269) werd bij het opgraven in blokken verdeeld die volledig werden uitgezeefd over zeven met een maaswijdte van 3 mm (fig. 419: eenheid 1.1 tot en met eenheid 7.8). Grote en goed zichtbare resten werden reeds op de zeef uitgeselecteerd en als een soort 'handverzameld' materiaal apart gezet. Dit materiaal is voor de ganse gracht samen bekeken (tabel 51). Een vergelijking van de samenstelling van de dierenresten uit de verschillende opgravingsblokken leverde immers geen patronen of tendensen op. Het zeefresidu is enkel voor drie staalnamepunten in detail onderzocht, en dan nog uitsluitend voor de visresten (tabel 51). De drie staalnamepunten (1.1, 3.5 en 3.6, fig. 419) bevinden zich tussen gebouw 1 en gebouw 10 in de gracht aan de kant van gebouw 10 en tussen gebouw 3 en gebouw 9 in de gracht aan de kant van gebouw 3.

Bij het handverzameld materiaal vormen de zoogdierresten de grootste hoeveelheid, gevolgd door de resten van schelpdieren en ten slotte de visbotten (fig. 434). Vogelbotten zijn slechts gering in aantal. Bij de handverzamelde schelpen zitten vooral mosselen, strandschelpen binnen de groep *Spisula/Mactra* sp. en kokkels. Minder frequent zijn de tepelhorens, de wulk en het zaagje. Waarschijnlijk werden al deze soorten gegeten in het vissersdorp. Opvallend is de zeldzaamheid van oesterschelpen, toch bij uitstek een consumptiesoort. Fragmenten van de inwendige schelpen van de zeekat zijn eveneens vrij frequent gevonden. Het blijft mogelijk dat een deel van de aangetroffen schelpdieren prooiafval is, afkomstig uit de ingewanden van grote vissen, maar dit scenario kan zeker niet de verklaring zijn voor de aanwezigheid van het grootste deel van de schelpdieren. Op de afmetingen van de aangetroffen mosselschelpen wordt nader ingegaan bij de synthese over de dierenresten (hoofdstuk 4.5.3).

Bij de vogelresten zitten opnieuw veel botten van de gans, wellicht vooral van de huisgans (*cf.* vulling tonput spoornr. 633,

1059 **Bartels *et al.* 1999, 629 nr. 629.**
1060 **Mondelinge mededeling Stephan Van Bellingen, waarvoor dank.**
1061 **McCarthy & Brooks 1988.**
1062 **De Groote 2008.**

TABEL 51

Inventaris van de dierenresten uit gracht 61 (HV: handverzameld, zeef: zeefstaal).

Inventory of animal remains from ditch 61 (HV: hand collected, zeef: sieved sample).

soort	HV	zeef
MOLLUSCA		
gewone alikruik (*Littorina littorea*)	6	
fuikhoren (*Hinia reticulata*)	11	
gewone tepelhoren (*Polinices catenus*)	59	
gewone tepelhoren (*Polinices catenus*) / glanzende tepelhoren (*Polinices polianus*)	17	
wulk (*Buccinum undatum*)	79	
mossel (*Mytilus edulis*)	738	
oester (*Ostrea edulis*)	19	
gedoornde kokkel (*Cardium echinatum*)	1	
gewone kokkel (*Cerastoderma edule*)	146	
brakwaterkokkel (*Cerastoderma glaucum*)	1	
strandschelp sp. (*Spisula / Mactra* sp.)	478	
zaagje (*Donax vittatus*)	56	
platte slijkgaper (*Scrobicularia plana*)	27	
zwaardschede/tafelmesheft/messchede (*Ensis/ Solen* sp.)	4	
gewone zeekat (*Sepia officinalis*)	155	
ECHINODERMATA		
zeeboon (*Echinocyamus pusillus*)	5	
PISCES		
paling (*Anguilla anguilla*)	6	258
snoek (*Esox lucius*)	-	2
karper (*Cyprinus carpio* f. domestica)	1	6
karperachtige (Cyprinidae sp.)	-	3
gladde haai (*Mustelus* sp.)	1	-
doornhaai (*Squalus acanthias*)	11	1
zeeëngel (*Squatina squatina*)	1	2
stekelrog (*Raja clavata*)	3	181
gevlekte rog (*Raja montagui*)	1	4
zandrog (*Raja circularis*)	-	10
rog (Rajidae sp.)	22	525
congeraal (*Conger conger*)	-	56
haring (*Clupea harengus*)	10	1090
sprot (*Sprattus sprattus*)	2	-
elft/fint (*Alosa* sp.)	-	1
haringachtigen (Clupeidae sp.)	-	2
kabeljauw (*Gadus morhua*)	274	149
cf. kabeljauw (cf. *Gadus morhua*)	20	-
schelvis (*Melanogrammus aeglefinus*)	76	485
cf. schelvis (cf. *Melanogrammus aeglefinus*)	2	-
wijting (*Merlangius merlangus*)	15	909
kabeljauwachtige (Gadidae sp.)	117	642
zeebrasem (Sparidae sp.)	-	3
poon (Triglidae sp.)	-	27
horsmakreel (*Trachurus trachurus*)	7	69
tonijn (*Thunnus thynnus*)	17	14
makreel (*Scomber scombrus*)	1	14

soort	HV	zeef
tarbot (*Scophthalmus maximus*)	3	16
griet (*Scophthalmus rhombus*)	5	-
schol (*Pleuronectes platessa*)	3	52
bot (*Platichthys flesus*)	24	68
schar (*Limanda limanda*)	3	-
schol/bot/schar (Pleuronectidae sp.)	690	3375
heilbot (*Hippoglossus hippoglossus*)	-	5
tong (*Solea* sp.)	-	41
niet gedetermineerde visresten	93	4527
AVES		
eischaal	+	
gans (*Anser anser* f. domestica)	57	
gans sp. (*Anser* sp.)	1	
wilde eend (*Anas platyrhynchos*)	8	
eend sp. (*Anas* sp.)	2	
kokmeeuw (*Larus ridibundus*)	2	
drieteenmeeuw (*Rissa tridactyla*)	1	
drieteenmeeuw (*Rissa tridactyla*) / stormmeeuw (*Larus canus*)	4	
stormmeeuw (*Larus canus*)	2	
kleine mantelmeeuw (*Larus fuscus*) / zilvermeeuw (*Larus argentatus*)	30	
grote mantelmeeuw (*Larus marinus*)	32	
kip (*Gallus gallus* f. domestica)	191	
meerkoet (*Fulica atra*)	2	
duif (*Columba livia* f. domestica)	1	
kerkuil (*Tyto alba*)	1	
niet gedetermineerde vogelresten	181	
MAMMALIA		
konijn (*Oryctolagus cuniculus*)	19	
niet gedetermineerde micromammalia	4	
kat (*Felis silvestris* f. catus)	130	
hond (*Canis lupus* f. familiaris)	5	
paard (*Equus ferus* f. caballus)	2	
varken (*Sus scrofa* f. domestica)	523	
rund (*Bos primigenius* f. taurus)	484	
schaap (*Ovis ammon* f. aries)	173	
schaap (*Ovis ammon* f. aries) / geit (*Capra aegagrus* f. hircus)	850	
niet gedetermineerde zeezoogdierresten	6	
rib - groot	263	
rib - middel	651	
rib - klein	5	
wervel - groot	87	
wervel - middel	145	
wervel - klein	1	
niet gedetermineerde zoogdierresten	1563	
totaal	8636	12537

TABEL 52

Relatief aandeel van de visresten gedetermineerd in het handverzameld (HV) en gezeefd materiaal (zeef) van gracht 61.

Frequency of identified fish remains from the hand-collected (HV) and sieved material (zeef) from ditch 61.

soort	HV n=1315 %	zeef n=8010 %
paling (*Anguilla anguilla*)	0.5	3.2
snoek (*Esox lucius*)	-	0.0
karper (*Cyprinus carpio* f. domestica)	0.1	0.1
karperachtige (Cyprinidae sp.)	-	0.0
gladde haai (*Mustelus* sp.)	0.1	-
doornhaai (*Squalus acanthias*)	0.8	0.0
zeeëngel (*Squatina squatina*)	0.1	0.0
stekelrog (*Raja clavata*)	0.2	2.3
gevlekte rog (*Raja montagui*)	0.1	0.0
zandrog (*Raja circularis*)	-	0.1
rog (Rajidae sp.)	1.7	6.6
congeraal (*Conger conger*)	-	0.7
haring (*Clupea harengus*)	0.8	13.6
sprot (*Sprattus sprattus*)	0.2	-
elft/fint (*Alosa* sp.)	-	0.0
haringachtigen (Clupeidae sp.)	-	0.0
kabeljauw (*Gadus morhua*)	20.8	1.9
cf. kabeljauw (cf. *Gadus morhua*)	1.5	-
schelvis (*Melanogrammus aeglefinus*)	5.8	6.1
cf. schelvis (cf. *Melanogrammus aeglefinus*)	0.2	-
wijting (*Merlangius merlangus*)	1.1	11.3
kabeljauwachtige (Gadidae sp.)	8.9	8.0
zeebrasem (Sparidae sp.)	-	0.0
poon (Triglidae sp.)	-	0.3
horsmakreel (*Trachurus trachurus*)	0.5	0.9
tonijn (*Thunnus thynnus*)	1.3	0.2
makreel (*Scomber scombrus*)	0.1	0.2
tarbot (*Scophthalmus maximus*)	0.2	0.2
griet (*Scophthalmus rhombus*)	0.4	-
schol (*Pleuronectes platessa*)	0.2	0.6
bot (*Platichthys flesus*)	1.8	0.8
schar (*Limanda limanda*)	0.2	-
schol/bot/schar (Pleuronectidae sp.)	52.5	42.1
heilbot (*Hippoglossus hippoglossus*)	-	0.1
tong (*Solea* sp.)	-	0.5

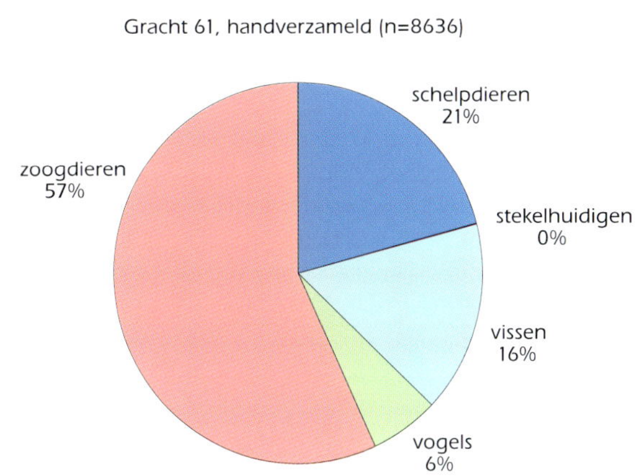

FIG. 434 **Handverzamelde dierenresten uit gracht spoornr. 61.**

Animal remains from ditch 61.

4.3.2.14). Resten van eenden zijn weinig frequent terwijl kip het leeuwendeel uitmaakt van deze categorie. Opvallend zijn de vondsten van minstens vijf meeuwensoorten, die misschien ook werden gegeten (*cf.* infra). Zeldzame vondsten zijn deze van de meerkoet, de kerkuil en een duivensoort. De afmetingen van het ene duivenbot geven aan dat het zou kunnen gaan om de huisduif.

De beenderen van zoogdieren bestaan voor ongeveer een kwart uit deze van varken, voor een zelfde hoeveelheid uit de resten van rund en voor de helft uit de overblijfselen van schaap of geit. Binnen dit ensemble kon geen enkel bot eenduidig aan geit worden toegewezen, wat aannemelijk maakt dat binnen de groep 'schaap/geit' ongeveer alle botten van schaap zullen komen. De rest van het consumptieafval onder de zoogdierresten wordt gevormd door een klein aantal beenderen van het konijn, terwijl andere wildsoorten ontbreken. Enkele resten van paard en hond komen met grote waarschijnlijkheid niet van dieren die werden gegeten. Het gaat bij beide soorten niet om min of meer volledige skeletten maar wel om enkele geïsoleerde beenderen, misschien herverwerkt materiaal dat bij toeval in de gracht terechtkwam. De botten van kat zijn wel veel talrijker in de gracht, en in tegenstelling tot de resten van hond en paard, gaat het hier om delen van twee kadavers. Eén van de katten betreft een jong dier, jonger dan 8,5 maanden. Ten slotte dienen nog een aantal fragmenten van de wervels van zeezoogdieren te worden vermeld.

Het effect van de inzamelingsmethode op de samenstelling van de visfauna blijkt duidelijk wanneer men het handverzameld met het gezeefd materiaal vergelijkt (tabel 52). De cijfers voor het handverzameld materiaal zijn de som van 67 afzonderlijke kleine vondstensembles die gemiddeld elk slechts een 20-tal resten bevatten. In deze handverzamelde assemblages overwegen platvissen en Gadidae en binnen deze laatste familie is de kabeljauw het best vertegenwoordigd. De kleinere schelvis en vooral de wijting zijn ondervertegenwoordigd omdat ze gemakkelijker over het hoofd gezien worden bij het louter manueel inzamelen. Hetzelfde fenomeen verklaart waarom er zo weinig haringachtigen en palingen werden aangetroffen in het handverzamelde materiaal. Deze zeldzame, kleinere resten zijn bovendien vaak botmateriaal dat na de opgraving werd ontdekt in het sediment dat nog aan grotere botten kleefde.

Om een goed beeld te krijgen van het relatieve belang van de soorten in de gracht is het interessanter om de zeefstalen te bekijken. Hieruit blijkt dat schol/bot/schar numeriek de belangrijkste groep vormt, gevolgd door de kabeljauwachtigen en dan haring. Merkwaardig bij de platvissen is dat bot de belangrijkste soort blijkt te zijn, terwijl elders op de site (op tonput spoornr. 655 en kuil spoornr. 380 na) schol domineert. Binnen de Gadidae komt wijting op de eerste plaats, gevolgd door schelvis. Kabeljauw, de grootste soort, is het minst talrijk vertegenwoordigd, wat een totaal ander beeld is dan wanneer alleen handverzameld materiaal wordt bekeken. Bij de haringachtigen zijn praktisch uitsluitend haringen gedetermineerd, maar er komt wel een botrest van elft/fint voor en in het handverzameld materiaal zaten twee stukjes sprot. Opmerkelijk goed vertegenwoordigd in het overige botmateriaal zijn de roggen waarvan de wervels meer dan 6% uitmaken van het totale, gezeefde assemblage. De huidstekels die in de gracht gevonden zijn, tonen dat het voornamelijk gaat om stekelrog, maar ook de gevlekte rog en de zandrog komen voor. Andere kraakbeenvissen (doornhaai, zeeëngel en – in het handverzamelde materiaal – gladde haai) zijn door een klein aantal wervels vertegenwoordigd. Op de paling na, die goed is voor 3% van alle bot, zijn andere zoetwatervissoorten, snoek en karper, slechts sporadisch aangetroffen. Ook de overige zeevissoorten zijn eerder zeldzaam. Alle 56 resten van congeraal zijn afkomstig van één enkele context, namelijk gracht 94/1.1 tussen gebouw 1 en gebouw 10 (fig. 419) en vermits het waarschijnlijk gaat om materiaal van slechts een individu van 60-80 cm SL dient het belang van deze soort niet hoog ingeschat te worden. Opmerkelijk is dat we in deze gracht de resten vinden van zeebrasems (*Sparidae*), een familie die nergens anders op de site voorkomt. Het gaat om 3 wervels van een vis die 20-25 cm SL mat, maar de morfologie van deze stukken laat niet toe uit te maken of het hier gaat om zeekarper (*Spondyliosoma cantharus*) dan wel om een zeebrasem van het genus *Pagellus*. Van de botresten van ponen (*Triglidae*) was er geen enkele die toeliet een soortdeterminatie uit te voeren. Het aantal aangegeven resten van horsmakreel dient genuanceerd te worden: meer dan de helft van de stukken waren typische gekielde schubben. De wervels en kopelementen die van deze soort gevonden zijn, behoorden toe aan vissen van 30-35 cm SL. Net als in de elders beschreven structuren in en nabij de huizen, zijn de resten van tonijn ook hier weer uitsluitend schubben, maar ze komen wel van 3 verschillende loci in de gracht. Botresten van tonijn werden echter wel in het handverzamelde materiaal aangetroffen: het gaat daarbij zowel om wervels als om kopelementen en vinstralen van exemplaren die 1,5 tot 2 m lang waren. Van makreel, een soort die globaal gesproken weinig voorkomt op de site, werden hoofdzakelijk wervels teruggevonden van vissen die 25-30 cm maten. Naast de eerder vermelde platvisgroep schol/bot/schar, leverde de gracht nog een aantal andere platvissoorten op. Het gaat om tarbot, die in kleine hoeveelheden werd teruggevonden in elk van de 3 zeefstalen, en om griet die alleen in het handverzamelde materiaal voorkomt. Enkele heilbotresten van vissen die ongeveer 50 cm lang waren, zijn teruggevonden. Van tong zijn zowel wervels als kopelementen gedetermineerd afkomstig van vissen die meestal 20-25 cm maten.

Om uit te maken of, en in welke mate, het materiaal van de gracht verschilt van de kleinere structuren elders op de site, gaan we na welke skeletelementen vertegenwoordigd zijn bij de numeriek belangrijkste vissoorten en hoe het zit met de grootteverdeling (zie tabel 53 voor de Gadidae). Bij de handverzamelde kabeljauwresten valt het op dat de meeste stukken afkomstig zijn van grote exemplaren, de meeste tussen 100 en 110 cm SL. In de zeefstalen krijgt men een meer genuanceerd beeld: blijkbaar kan men qua grootte twee groepen onderscheiden. Enerzijds is er kleinere kabeljauw met een piek in de verdeling bij 50-60 cm SL en anderzijds veel grotere kabeljauwen waarvan de piek rond 100-110 cm SL ligt. Waarschijnlijk gaat het hier om respectievelijk lokale, aan de kust gevangen exemplaren en kabeljauwen meegebracht van visvangst in meer noordelijke waters. Vraag is dan of er een verschil is in de skeletverdeling van beide types in de gracht. Het is met andere woorden de vraag of zowel grote als kleine kabeljauw werden geconsumeerd. Indien kabeljauw van alle afmetingen vers werd gegeten kan men zich bij groot en klein aan een soortgelijke skeletverdeling verwachten. Indien de grote kabeljauw in gracht 61 overeenkwam met geconsumeerde stokvis, dan zouden caudale wervels en stukken schoudergordel moeten overheersen in de resten van de grotere individuen. Nog een andere mogelijkheid is dat de grote kabeljauwresten in de gracht afkomstig zijn van stokvisproductie. In dat geval kan men zich verwachten aan een oververtegenwoordiging van kopelementen en precaudale wervels en een ondervertegenwoordiging van caudale wervels en stukken van de schoudergordel (vooral het cleithrum). In kuil spoornr. 2114 (laag 5083 (*cf. infra*)) is een

TABEL 53

Reconstructie van de lichaamslengte (in cm SL) voor kabeljauw, schelvis en wijting in gracht 61. Per soort is het percentage aangegeven dat elke grootteklasse vertegenwoordigt in het gezeefd materiaal. Voor kabeljauw is ook de verdeling aangegeven voor het handverzamelde materiaal (HV).

Reconstruction of the sizes (in cm SL) of cod, haddock and whiting from ditch 61. The percentage represented by every size class in the sieved material is given per species. For cod this distribution is also given for the hand-collected material (HV).

	n	20-30	30-40	40-50	50-60	60-70	70-80	80-90	90-100	100-110	110-120	120+
kabeljauw HV	170				1.2	3.5	5.3	7.1	7.1	68.2	6.5	1.2
kabeljauw zeef	85			12.9	25.9	4.7	7.1	9.4	5.9	34.1		
schelvis zeef	445		9.0	50.3	40.7							
wijting zeef	114	35.1	64.9									

concentratie gevonden van grote koppen en precaudale wervels van kabeljauw die erop wijzen dat stokvispreparatie op de site gebeurde en in een aantal kleine stalen van het verkennend onderzoek van 1992 zijn vage aanduidingen hiervan gevonden. Wanneer afval van zulke activiteiten afzonderlijk werd afgezet, zoals in een lens van kuil spoornr. 2214, is het herkennen eenvoudiger dan wanneer dit materiaal vermengd is met voedselafval. Tabel 54 geeft het relatieve belang aan van botelementen uit verschillende zones van het skelet bij alle handverzamelde kabeljauw, maar het is interessanter deze verdeling te bekijken per grootteklasse. Daarom werd in tabel 55 de grootteverdeling aangegeven voor de verschillende lichaamsdelen die relevant zijn voor de discussie en dit zowel voor het materiaal dat werd ingezameld met de zeef en met de hand. In de zeefstalen merkt men voor de kleinere kabeljauwen dat precaudale en caudale wervels in gelijke aantallen voorkomen, terwijl de precaudale wervels zo goed als ontbreken bij de grotere kabeljauwen. De verdeling ligt echter totaal anders bij het handverzamelde materiaal waar precaudale wervels in de meerderheid zijn bij de grote kabeljauwen. Er is geen duidelijk patroon dat naar voor komt: skeletelementen van alle lichaamsdelen komen voor in alle grootteklassen. Er is wel een zeker overwicht van schedelbot bij de grote kabeljauwen van het handverzamelde materiaal, maar mogelijk speelde de inzamelingsmethode hierbij een rol. Het lijkt er eerder op dat zowel grote als kleine kabeljauw die in zijn geheel was geconsumeerd, in de gracht terecht kwam. Goede aanwijzingen voor stokvis of preparatie ervan zijn niet gevonden in de skeletverdeling en het valt ook op dat bijna geen snijsporen voorkomen die normaal gezien bij stokvispreparatie frequent optreden.

TABEL 54

Relatief aandeel van botelementen uit verschillende zones van het skelet bij kabeljauw uit het handverzamelde materiaal van gracht 61 (n=330).

Frequency of the elements from the different skeletal zones for cod from the hand-collected material from ditch 61 (n=330).

skeletzone	%
wervels	12.4
schoudergordel	11.5
kopelementen	75.5
vinstralen en vinstraaldragers	0.6

TABEL 55

Absolute aantallen van precaudale wervels, caudale wervels, schouder- en kopelementen in de verschillende grootteklassen (in cm SL) van kabeljauw voor gracht 61 en dit apart voor de zeefstalen en de handverzamelde resten.

Absolute numbers for precaudal vertebrae, caudal vertebrae, shoulder and head elements for the different size classes (in cm SL) of cod from ditch 61, for both the sieved and the hand-collected material.

zeef									
	40-50	50-60	60-70	70-80	80-90	90-100	100-110	110-120	
precaudaal	4	6		2					
caudaal	4	6			6		7		
schoudergordel		1				2	6		
kop	3	9	4	4	2	3	16		
handverzameld									
	40-50	50-60	60-70	70-80	80-90	90-100	100-110	110-120	120+
precaudaal		1	5		1	5	9		1
caudaal							9		
schoudergordel		1		2	1		15	4	
kop			1	7	10	7	83	7	1

TABEL 56

Relatief aandeel van botelementen uit verschillende zones van het skelet bij schelvis en wijting uit het gezeefde materiaal van gracht 61.

Frequency of the elements from the different skeletal zones for haddock and whiting from the sieved material from ditch 61.

skeletzone	schelvis n=483 %	wijting n=909 %
wervels	71.6	85.3
schoudergordel	11.8	0.1
kopelementen	16.6	14.6
vinstralen en vinstraaldragers	0.0	0.0

TABEL 57

Relatief aandeel van de verschillende grootteklassen (in cm SL) bij schol/bot/schar in de gezeefde context 3.6 van gracht 61 (n=987).

Frequency of the different size classes (in cm SL) for plaice/flounder/dab from sieved context 3.6 from ditch 61 (n=987).

grootteklasse	%
10-20	22.9
20-30	69.6
30-40	7.5

TABEL 58

Relatief aandeel van botelementen uit verschillende zones van het skelet van schol/bot/schar in de gezeefde context 3.6 van gracht 61. De proporties zijn aangegeven voor de verschillende grootteklassen (in cm SL).

Frequency of the elements from the different skeletal zones for plaice/flounder/dab from sieved context 3.6 from ditch 61. The proportions are given for the different size classes (in cm SL).

cm SL	10-20	20-30	30-40
aantal	226	687	74
	%	%	%
wervels	84.1	85.6	73.0
kieuwkorf en tongboog	1.3	1.0	2.7
andere kopelementen	14.6	13.4	24.3

Afgaand op de zeefstalen, zijn zowel bij schelvis als wijting wervels sterk vertegenwoordigd met respectievelijk meer dan 70 en 85% van de resten (tabel 56). Kopelementen maken bij elke soort ongeveer 15% uit. Iets meer dan 10% van de schelvisresten zijn van de schoudergordel afkomstig, maar bij wijting is het aantal verwaarloosbaar. Waarschijnlijk is dit eerder een effect van geringere bewaringskansen van de gemiddeld kleinere wijtingresten vergeleken bij de zware *cleithra* van schelvis die van nature een beenderverdikking vertonen. Deze hypothese wordt ondersteund door de waargenomen verhoudingen in aston spoornr. 633 waar bij schelvis de schoudergordelelementen 25% uitmaken ten opzichte van de kopbeenderen; bij wijting van diezelfde context behoort slechts 5% van de stukken tot de schoudergordel. Bij de platvissen stelt men vast dat exemplaren groter dan 30 cm SL minder dan 10% van het totaal uitmaken, terwijl die van 20-30 cm SL het talrijkst zijn (ongeveer 70%). De overige 20% wordt ingenomen door platvissen tussen 10 en 20 cm SL (tabel 57). In de skeletverdeling (tabel 57) zijn er geen abnormaliteiten op te merken die kunnen wijzen op afval van een of andere vorm van preparatie. Er is alleen een kleine tendens van ondervertegenwoordiging van wervels in de grootteklasse 30-40 cm, maar die is onvoldoende om met zekerheid te zeggen dat er afval van koppen en staarten in de gracht bijgemengd zit. Het is duidelijk dat het merendeel van de platvisresten gewoon consumptie-afval vertegenwoordigt.

4.4.2 Veenwinningsputten spoornrs. 27, 69 en 619

4.4.2.1 Inleiding

In hoofdstuk 3.6 werd aangetoond dat veenwinningsput 69 werd uitgegraven vooraleer de zone voor bewoning in gebruik genomen werd. Voor de twee andere besproken veenwinningsputten kan dit eigenlijk ook verondersteld worden. Veenwinningsputten spoornrs. 69 en 619 doorsnijden in elk geval ook de fossiele percelering (fig. 73). De inplanting van deze ontginningszones schijnt echter toch tot op een zekere hoogte rekening te houden met deze percelering. Zo bevindt de zuidelijke begrenzing van veenwinningsput spoornr. 69 vanaf gebouw 5 en tot aan gebouw 1 zich volledig in het verlengde van gracht spoornr. 313. Hetzelfde geldt ook voor veenwinningsput spoornr. 619 die zich ook perfect aan de begrenzingen van gracht spoornr. 269 houdt. Het is in elk geval duidelijk dat deze ontginningsputten als depressies zijn achtergelaten in het landschap en pas in de loop van de 15de eeuw geleidelijk aan opgevuld raakten met nederzettingsafval en ingewaaid duinzand. Zoals bij de grachten werden ook in deze pakketten heel wat mobiele *archaeologica* geregistreerd. Het leeuwenaandeel van de vondsten is immers afkomstig uit de bovenste vullingen van grachten en veenwinnningsputten. Om zoals bij de grachten greep te krijgen op deze bovenste vullingspakketten en meer bepaald op de spreiding van de *archaeologica* hierin, is een groot deel van de bovenste vulling van veenwinningsput spoornr. 69 – bij wijze van experiment – met dit doel onderzocht in kunstmatige eenheden van 2 bij 2 m die elk op hun beurt nog verder in twee of meer horizontale niveaus zijn opgesplitst.

4.4.2.2 De bovenste vulling van de veenwinningsputten onderzocht

Van veenwinningsput spoornr. 69, die in de totaliteit binnen de opgegraven zones is gesitueerd, is van het binnen sleuf 94/II gesitueerde gedeelte (fig. 75) de bovenste zwarte, zandige en vondstenrijke vulling opgegraven in blokken van 2 bij 2 m en dit in twee opéénvolgende eveneens artificiële niveaus van 25-30 cm dikte, te starten vanaf het niveau 3,2-3,3 m T.A.W.

Op het bovenste niveau gaat het om 58 dergelijke eenheden van 4 m^2, die in totaal 10.707 ceramiekfragmenten hebben opgeleverd. Dit komt neer op een gemiddelde van 184 fragmenten per blok. De vastgestelde aantallen schommelen tussen 0 en 583. Slechts 4 van deze eenheden (11, 13, 14, 21) hebben meer dan 400 ceramiekfragmenten opgeleverd. De rijkste blokken (meer dan 300 ceramiekfragmenten) bevinden zich eigenlijk eerder centraal in de onderzochte zone en vooral aan de kant die aansluit bij de gebouwen 1 en 13. (fig. 435). De blokken met meer dan 200 ceramiekfragmenten sluiten hier volledig bij aan.

Op een niveau lager betreft het 48 eenheden die samen 11.254 ceramiekfragmenten hebben opgeleverd, wat gemiddeld neerkomt op 234 fragmenten per eenheid van 4 m². De vastgestelde aantallen schommelen tussen 11 en 1172. Ook hier zijn er slechts 5 eenheden (-7, 13, 21, 29, 30) met meer dan 400 ceramiekfragmenten. De ruimtelijke spreiding (fig.435) van de blokken met meer dan 200 (ongeveer het gemiddelde) ceramiekfragmenten lijkt zeer sterk op deze van het bovenliggende niveau. Van de eenheden met dichtheden boven de 400 zijn er bovendien twee die zowel in het bovenste als het onderste niveau voorkomen. Het zwaartepunt van het aantal ceramiekfragmenten lijkt op het onderste niveau wel wat richting gebouw 1 en tegelijkertijd ook wat verder weg van de gebouwen zelf te schuiven.

Hier valt eigenlijk enkel uit op te maken dat de aanwezigheid van gebouwen wel een invloed heeft op de ruimtelijke spreiding van de ceramiekfragmenten in deze structuren. Dit experiment werd opgezet om te achterhalen of meer gedetailleerde registratie bijkomende informatie kan opleveren. Het heeft er inderdaad alle schijn van, maar om dit statistisch hard te maken zouden eigenlijk alle aangesneden stortzones op die manier in detail geregistreerd moeten worden. De informatie op zich uit het onderzoek van deze beperkte zone laat dit niet toe.

De grote aantallen ceramiekfragmenten die op die manier ingezameld werden, hebben net als bij de grachten een bijkomende blik verschaft op een aantal minder talrijk in Walraversijde aanwezige producten. De belangrijkste worden hieronder besproken. Gezien het werkvolume werd hier niet meer van elke eenheid al het uitgegraven sediment gezeefd. Er werd enkel per kleinste eenheid een staal van 10 liter genomen om uit te zeven voor eventueel aanvullend archeobotanisch en archeozoölogisch onderzoek.

Veenwinningsput spoornr. 27 werd enkel onderzocht in de sleuven 92/VI en VII. Veenwinninsput spoornr. 619 is aangesneden in de sleuven 94/I, 95/II en 95/V. Hiervan werd de bovenste vulling enkel onderzocht in verschillende kunstmatige horizontale niveaus. De bovenste vullingen van deze veenwinningsputten leverden net als de grachtvullingen allerhande voorwerpen op die in andere contexten bijna niet werden aangetroffen.

Een eerste voorbeeld betreft een aantal wandfragmenten van een gatenpot die aangetroffen werd in de bovenste vullingen van veenwinningsput spoornr. 69. Het betreft tien fragmenten, twee rand- en acht wandfragmenten: 1472.2, 1494.2, 1501.1, 1502.1 & 1532.2, van eenzelfde gatenpot (fig. 436) in rood oxiderend gebakken en ongeglazuurd aardewerk. De aan elkaar passende fragmenten zijn afkomstig uit vijf verschillende vakjes van de in vakken opgegraven bovenste opvulling van veenwinningsput spoornr. 69. Stukken van hetzelfde potje lagen dus minstens 6 m uit elkaar. De gaten met een diameter van 12 tot 13 mm zijn van buiten naar binnen doorgestoken toen de klei nog plastisch was. De aldus weggestoken klei is aan de binnenzijde niet weggesneden maar gewoon meegebakken. Aan de binnenkant van de fragmenten werden geen sporen van intense beroeting vastgesteld. Op basis van de aangetroffen fragmenten kan een recipiënt worden gereconstrueerd met een hoogte van 13,6 cm en een doorsnede van 14,7 cm. Het betreft een potje met afmetingen die zeer vergelijkbaar zijn met deze van gatenpotten van rond 1400 aangetroffen in Utrecht[1063]. Dergelijke gatenpotten worden in verband gebracht met de comfortverruimende mobilia die met de verwarming verband houden vanwege de veronderstelde functie van dit voorwerp. Volgens Anton Bruijn lijkt voor deze gatenpotten een gebruik als 'vuurpot' voor transport en/of heractivering van vuur het meest waarschijnlijk[1064]. Sommigen interpreteren een gatenpot aansluitend bij een vuurpot ook als lantaarn[1065]. Het feit dat dergelijke potten echter nooit beroet of geblakerd[1066] zijn aan de binnenkant, maakt deze interpretaties echter niet volledig zeker. Kogelpotten met gaten over de gehele wand noemt men soms ook wel eens peterseliepotten[1067] of selderijpotten[1068]. In een dergelijke pot gevuld met aarde zou men door de gaten inderdaad selderij, peterselie, bieslook of andere kruiden kunnen laten groeien. Het staat vast, zeker na het zien van twee hoogversierde exemplaren[1069] waarvan enkel de bodem is versierd, dat ze niet bedoeld waren om ergens op te staan, maar om omhoog te hangen. Het is ook een object dat onder het vondstenmateriaal van Walraversijde slechts zeer zelden voorkomt. Dit exemplaar is immers het enige dat is aangetroffen.

Gatenpotten zijn niet zo goed vertegenwoordigd in de archeologische literatuur van het onderzoeksgebied ondanks het feit dat ze gemakkelijk herkenbaar zijn. Dit soort objecten wordt sporadisch vermeld bij de bespreking van vooral 13de en/of 14de-eeuwse maar ook 15de/vroeg 16de-eeuwse stedelijke contexten uit Nederland. Zo zijn enkele voorbeelden gepubliceerd uit Aardenburg (2de helft 13de-14de eeuw)[1070], Alkmaar (1450-1500)[1071], Dordrecht (1325-1400)[1072], Leiden (1450-1550)[1073] en zoals hierboven reeds vermeld Utrecht (rond 1400). Vondsten van gatenpotten zijn verder ook vermeld in Oudenaarde[1074] (1325-1400) en Sint-Katelijne-Waver[1075]. Ze zijn nog niet geattesteerd bij de Engelse producties[1076]. De lage frequentie van gatenpotten te Walraversijde staat in elk geval in schril contrast met gegevens over Utrecht waar rond 1400 één gatenpot per tien kookpotten wordt geteld[1077]. In andere lokaliteiten zoals Leiden ligt deze verhouding niet zo hoog[1078]. Twee potten met gelijkaardige morfologie en grootte uit Douai (F)[1079] (13de eeuw) en Ardres (F)[1080] (14de eeuw) worden met een vraagteken geïnterpreteerd als

1063 Bruijn 1979, 84-85, fig. 41:7-8 en fig. 42a.
1064 Bruijn 1979, 83.
1065 Parfitt *et al.* 2006, 414.
1066 Bitter 1988, 106.
1067 Verdraaid goed gedraaid 1973, 124.
1068 De Kleyn 1986, 161.
1069 Ostkamp 1998.
1070 Trimpe Burger 1962-1963, 522-523.
1071 Ostkamp 1998, 3.
1072 Bartels *et al.* 1999, 658 nr. 470.
1073 Bitter 1988, 101 afb. 15 nr. 53.
1074 De Groote 2008, 287.
1075 Raffo 1982, 31.
1076 McCarthy & Brooks 1988.
1077 Bruijn 1979, 82.
1078 Bitter 1988, 122 voetnoot 28.
1079 Louis 1993a, 10.
1080 Debs & Roumegoux 1993, 11.

FIG. 435 **Artificiële eenheden in de bovenste vulling van veenwinningsput spoornr. 69 en de dichtheid aan mobiele archaeologica hierin, bekeken in twee horizontale niveaus.**
The upper fill of peat-cutting pit 69 divided into spits with densities of archaeological remains contained in the units, observed at two distinct levels.

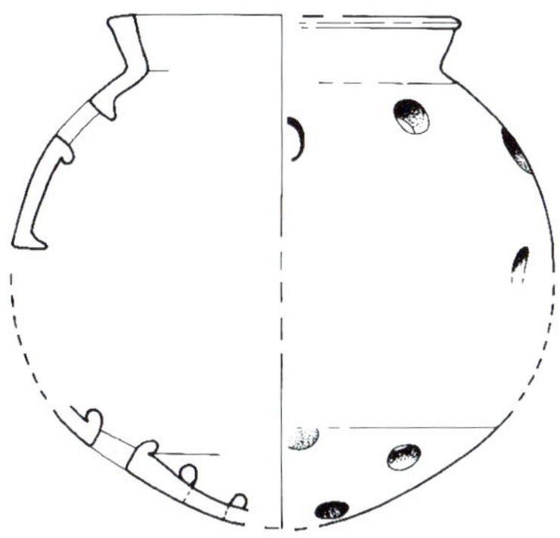

FIG. 436 **Gatenpot in rood oxiderend gebakken aardewerk afkomstig uit de vulling van veenwinningsput spoornr. 69.**
Perforated redware container found in the fill of peat-cutting pit 69.

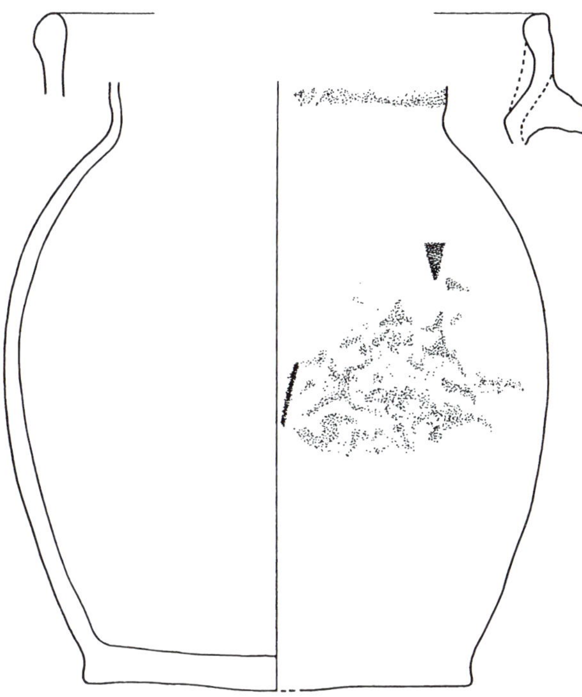

FIG. 437 **Reconstructie van een kruik in een grof en hard witbeige baksel met een vermoedelijke Schotse herkomst (Colstoun). Schaal: 1/3.**
Reconstruction of a ceramic container of a rough, hard-fired whitish fabric, possibly Scottish in origin (Colstoun). Scale: 1:3.

potten voor bloedzuigers (*pots à ventouses of à sangsues*). Er wordt in de desbetreffende publicatie echter niet uitgelegd wat er precies bedoeld wordt. Potten met gaten zoals bij de gatenpot uit Walraversijde worden ook rond 1900 nog gemaakt en worden geïnterpreteerd als kaasvormen bedoeld om de natte kaasmassa te laten uitlekken[1081]. Een dergelijke functie is voor de pot uit Walraversijde met heel wat scherpe kanten aan de binnenkant van de gebakken, naar binnen gestoken klei van de perforaties, moeilijk te aanvaarden.

Een totaal andere interpretatie brengt een cilindrische pot met gaten in verband met het houden van relmuizen, die in de eerste eeuw van onze jaartelling in wat nu Italië is als delicatessen werden beschouwd[1082]. Deze talrijke en duidelijk verschillende interpretaties geven aan dat er over de functie van de gatenpot heel wat onduidelijkheid heerst. Het is bovendien aannemelijk dat dit soort potten afhankelijk van de context ook andere functies vervulde.

Onder het schervenmateriaal van de site Walraversijde bevinden zich 52 scherven (162.2-3, 742.2, 1475.1, 1482.1, 1528.1, 1529.2, 1535.1, 1536.1 & 1567.1) van een kruik in een grof en hard, wit-beige baksel. Deze nogal grove ceramiek is opvallend gemagerd met van 2-3 tot 7 mm grote inclusies. Sommige van deze zijn rood en kunnen vermoedelijk als ijzerzandsteenfragmenten of ijzernodules[1083] worden geïdentificeerd. Andere zijn duidelijk zandsteenachtige fragmenten. Deze grove magering breekt regelmatig door het wandoppervlak door en is nog op vele plaatsen voelbaar juist onder het wandoppervlak van de pot. Behalve deze grove magering is ook fijnere magering aanwezig onder de vorm van hoekige kwartskorrels en wat glimmers. Het peervormige recipiënt bezit een licht lensvormige bodem, een licht verdikte rand en een bandvormig oor (fig. 437). Ter hoogte van het oor is de rand gewoon bandvormig. Het oppervlak aan de buitenkant gaat van geel-beige naar rozig terwijl de binnenkant van de scherven uniform wit-beige is. Aan de buitenzijde komt op de bovenste helft van het besproken recipiënt geelgroen loodglazuur voor. Op één plaats is dit glazuur zelfs zwavelachtig geel van kleur.

Deze fragmenten werden aangetroffen in de bovenste vullingen van veenwinningsput spoornr. 69, in de bovenste vulling van de gracht spoornr. 520 en in kuil spoornr. 220. Het passen van de scherven heeft aangetoond dat ze allemaal van één recipiënt afkomstig zijn. Een gekoppeld petrografisch-chemisch onderzoek (*cf. infra*) maakt aannemelijk dat deze kruik afkomstig is uit Colstoun[1084] (East Lothian), een ceramiekproductiesite uit Schotland nabij Edinburgh. Twee ovens uit de 2de helft van de 13de eeuw van dit productiecentrum zijn archeologisch onderzocht[1085]. Deze datering is echter te oud voor de context uit Walraversijde, maar aangezien bij prospecties te Colstoun nog minstens zes bijkomende ovens[1086] zijn gelokaliseerd waarvan de datering niet gekend is, moet niet al te zwaar getild worden aan dit verschil in datering. Het is immers heel goed mogelijk dat de ongekende ovens van latere datum zijn. Daarnaast is het evenzeer mogelijk dat een dergelijk speciaal object, wat deze Schotse kruik te Walraversijde ongetwijfeld was, een veel langere levensduur had. De kruik uit Walraversijde zou eventueel ook nog uit een nog ongekende productiesite afkomstig kunnen zijn. Ze behoort volgens wijlen Alan Vince tot de 'Northern British whiteware' en is dus zeker uit die regio afkomstig.

Nu rest nog de vraag hoe dit ceramisch product in Walraversijde is beland: als souvenir, om zijn inhoud of om een nog andere reden. Bij de interpretatie van deze fragmenten is de vaststelling

1081 Klijn 1995, 101-102.
1082 Borgongino *et al.* 2010, 46.
1083 Haematiet volgens een onderzoek van een aantal slijpplaatjes (Betts 1978-1980, 394-395).
1084 McCarthy & Brooks 1988, 216-217.
1085 Brooks 1978-1980.
1086 Brooks 1978-1980, 391-394.

dat dit recipiënt uniek is in Walraversijde belangrijk. Het betreft voor zover kan worden vastgesteld slechts één recipiënt op meer dan 300.000 scherven. Dit betekent dat allerlei toevallige gebeurtenissen aan de basis kunnen liggen van de aanwezigheid ervan. Het aanvoermechanisme is dus zeker niet vergelijkbaar met dit van de Spaanse majolica bijvoorbeeld. Deze laatste groep wordt immers wijd verspreid, weliswaar steeds in kleine hoeveelheden, op de site aangetroffen. Dit grof product uit Colstoun is blijkbaar niet alleen uniek in Walraversijde, maar voor zover geweten ook in de rest van Vlaanderen. Een overzicht van laatmiddeleeuwse importceramiek aangetroffen in Brugge, weliswaar reeds opgesteld in 1987, vermeldt dit soort producten immers niet[1087]. Deze vaststelling is gezien de sleutelpositie die Brugge inneemt in de toenmalige internationale handel niet zonder betekenis. Dit zou namelijk kunnen betekenen dat Schotse ceramiek gedurende de late middeleeuwen niet of slechts in uiterst kleine hoeveelheden[1088] naar Vlaanderen of algemener zelfs naar de Lage Landen werd gebracht en dit ondanks het feit dat Schotse handelaars vertegenwoordigd waren in Vlaanderen en vooral in Brugge[1089]. De Schotten importeerden vooral wol in Vlaanderen, waarop hoofdzakelijk beroep werd gedaan wanneer de invoer van Engelse wol stokte[1090]. De schaarsheid aan Schots aardewerk in de Lage Landen staat ook in schril contrast met de situatie van de laatmiddeleeuwse ceramiek uit de Lage Landen in Schotland. Hier heeft een studie aangetoond dat op de meeste sites uit de periode 1250-1400[1091] gelegen langs de Schotse Oostkust[1092], enkele stukken importaardewerk uit de Lage Landen voorkomen[1093]. Het betreft overwegend hoogversierde kruiken en kookpotten en waterkruiken in grijs aardewerk[1094]. Ceramiekproducten uit de Lage Landen verdwijnen echter wel haast volledig van de Schotse markten in de 15de eeuw[1095]. De aanwezigheid van deze geïsoleerde kruik uit Colstoun te Walraversijde lijkt voorlopig het best verklaarbaar als een soort souvenir dat door de zeelieden uit Walraversijde werd meegebracht. Gezien de ongetwijfeld uiterst geringe hoeveelheden van dit soort aardewerk in de Lage Landen kan er in elk geval geen sprake zijn van een echte handel in Schotse ceramiek. Deze nogal grove producten konden vermoedelijk niet concurreren met de lokale producties van hogere kwaliteit.

Bij de ceramiekfragmenten uit de bovenste vullingen van de veenwinningsputten kunnen als derde casus een aantal dikwandige potjes[1096] vermeld worden. Het betreft zes fragmenten (199.3 (fig. 438: 1), 203.1 (fig. 438: 2), 618.2 (fig. 438: 3), 1479.1 (fig. 438: 4), 1662.24-25 (fig. 438: 5)) in een vrij hard, bruinrozig en licht micahoudend baksel waarin een aantal grovere rode inclusies voorkomen. Deze vertegenwoordigen minimum vijf individuen. De recipiënten zijn bekleed met een slordig eerder olijfgroen en wat mat (lood?)glazuur. Vier exemplaren vertonen in het baksel heel wat witte kalkachtige spikkels (199.3, 203.1, 618.2, 1479.1). Bij observatie onder een vergrootglas kan men zien dat deze kalkspikkels gekoppeld zijn aan de porositeit van het baksel en het best als 'coatings'[1097] kunnen worden omschreven. Daarom is het waarschijnlijk dat deze kalkspikkels niet in het oorspronkelijke baksel voorkomen maar vermoedelijk postdepositionele verschijnselen zijn. De Raversijdse bodem is immers in sterke mate kalkhoudend. Wat de vorm betreft, zijn het relatief dikwandige, bolvormige recipiënten op een voet. Ze vertonen opvallend veel sporen van sleet, o.a. aan de voet. Ook het glazuur is in sterke mate aangetast. De sporen van slijtage wijzen ofwel op een lange depositiecyclus, ofwel op een lange levenscyclus voorafgaand aan de depositie.

Twee morfologisch en vermoedelijk ook technisch sterk gelijkende stukken zijn gekend uit Zeeland: één uit Middelburg (Nl) en een tweede uit Aardenburg (Nl). Het eerste exemplaar kon alleen ruim gedateerd worden in de periode van de vroege 14de eeuw tot ca. 1540, terwijl het tweede samen met 14de-eeuws aardewerk aangetroffen werd[1098]. Een eveneens morfologisch en technisch sterk gelijkend stuk is gekend uit Southampton (GB)[1099]. Dit op de rand na volledig bewaard stuk is echter buiten context aangetroffen zodat geen datering kan voorgesteld worden, maar fragmenten van gelijkaardige potjes werden vroeger reeds verscheidene malen aangetroffen in 15de-eeuwse contexten uit het stadscentrum van Southampton[1100]. Nader onderzoek van vier bijkomende in Southampton gevonden 'kwikpotjes' toont aan dat er slechts twee uit een stratigrafisch bruikbare context komen. Één ervan is aangetroffen samen met materiaal uit de vroege 16de eeuw en een tweede samen met materiaal uit de vroege 17de eeuw[1101]. Ook uit Londen (GB) (*cf. infra*) en uit Poole (GB)[1102] zijn dergelijke potjes gekend. Het betreft al bij al een select gezelschap van vindplaatsen waarin Walraversijde momenteel met minimum vijf exemplaren een belangrijke plaats inneemt.

De hierboven behandelde en vermelde ceramische voorwerpen vallen op door de combinatie van enkele kenmerken. Ze vertonen overwegend een eerder dikke wand, ze zijn gezien het baksel vermoedelijk afkomstig uit het Middellands Zeegebied (*cf.* 4.4.2.4.) en ze hebben allemaal een zeer beperkte inhoud. Het exemplaar uit Southampton wordt op basis van verschillende argumenten waaronder een aantal vermeldingen in 15de-eeuwse geschreven documenten van 'quickpots' geïnterpreteerd als een kwikpotje[1103]. Het geringe volume en de dikke wanden zijn begrijpbaar voor een product met een hoge waarde en dichtheid. Bovendien werd kwik gedurende de middeleeuwen inderdaad in Zuid-Spanje ontgonnen, meer bepaald in Almadén (Ciudad Real)[1104]. Het metaal werd via Sevilla als een Genuees monopolie al vanaf de 13de eeuw naar Engeland verhandeld[1105].

1087 Hillewaert 1988a.
1088 De aantallen moeten zodanig klein zijn dat ze archeologisch haast onzichtbaar worden.
1089 Verhaeghe 1983b, 31.
1090 Ganshof 1939, 247.
1091 Verhaeghe 1983b, 27.
1092 Verhaeghe 1983b, 28.
1093 Verhaeghe 1983b, 22.
1094 Verhaeghe 1983b, 23; Verhaeghe & Lindsay 1983.
1095 Verhaeghe 1983b, 27.
1096 Zie voor deze potjes ook Pieters & Verhaeghe 2009.
1097 Bullock *et al.* 1985, 101.
1098 Oele 1994, 92-93, nr. 210b; Van Heeringen 1994, 12.
1099 Brown 1995, 322: fig. 24.2: 16.
1100 Brown 1995, 321.
1101 Gutiérrez 2000, 155.
1102 Gutiérrez 2000, 155.
1103 Le Patourel 1983, 33; Brown 1995, 321.
1104 Braudel 1987, 373.
1105 Gutiérrez 2000, 103.

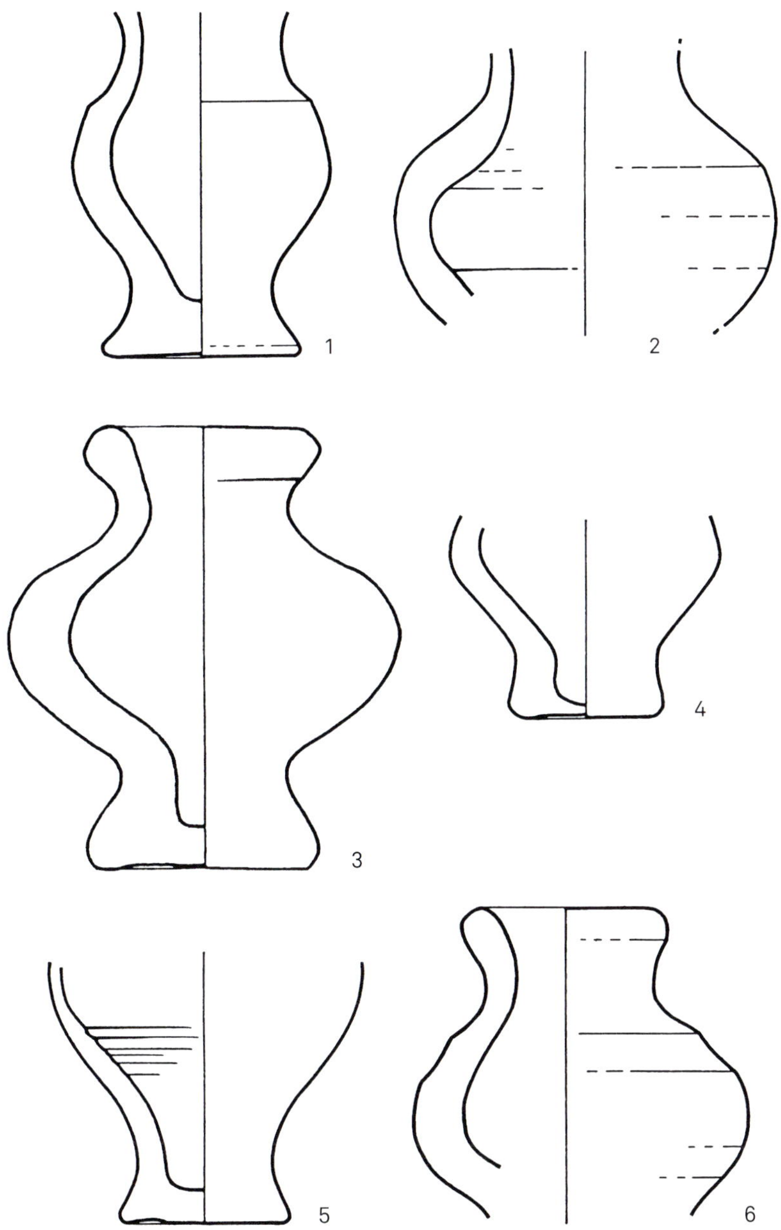

FIG. 438 **Dikwandige potjes, 'kwikpotjes?' in rood oxiderend gebakken aardewerk. Schaal: 2/3.**
Thick-walled redware vessels, mercury jars? Scale: 2:3.

Behalve deze bolvormige fragmenten in een bruinrozig baksel met groen glazuur, leverden de opgravingen te Raversijde nog een ander fragment op dat bij deze groep kan ondergebracht worden, echter enkel op basis van de vorm. Het betreft een morfologisch identiek fragment doch met andere technische kenmerken. Dit laatste fragment is vervaardigd in een roodbruin baksel met een grijze kern, zonder glazuur en zonder de witte spikkels (fig. 438: 6). Verschillende interpretaties zijn mogelijk: ofwel betreft dit een lokaal-regionale imitatie van een ingevoerd product ofwel is dit eveneens een ingevoerd product. In de hypothese van een imitatie kan men zich echter afvragen waarom men zich in Vlaanderen zou bezig houden met het namaken van bepaalde verpakkingen. Moest het toch een imitatie van een 'kwikpotje' zijn, dan gaat de werkhypothese van kwikverpakking alleen niet zo goed op. Er moet dan gezocht worden naar een andere, eventueel secundaire functie voor deze voorwerpen. De fragmenten van deze kwikpotjes vertonen een zeer beperkte ruimtelijke spreiding binnen het in Raversijde opgegraven areaal. Ze werden enkel aangetroffen in de zone 1992-1995. Zes van de zeven[1106] exemplaren zijn bovendien aangetroffen in de nabijheid van de gebouwen 1, 2, 3, 10 en 13. Dit wijst erop dat deze objecten niet evenwichtig verspreid waren in het vissersmilieu, maar verband houden met activiteiten of kenmerken van één of enkele huishoudens. Ook het fragment van lokaal-regionale makelij bevindt zich binnen deze zone op de site. Voor de sterke sporen van sleet is geen afdoende verklaring beschikbaar.

1106 **Ook het vermoedelijk bij deze groep horend fragment werd opgenomen in deze telling.**

De hierboven besproken potjes werden allemaal petrografisch en chemisch onderzocht door wijlen dr. Alan Vince (*cf.* 4.4.2.4.). Deze analyses zonderen fragment 217.1 op basis van de samenstelling inderdaad af van de overige exemplaren. Exemplaar 217.1 was vermoedelijk oorspronkelijk voorzien van loodglazuur of samen met producten bedekt met loodglazuur gebakken. Het is dus vermoedelijk een lokaal product. De vijf andere exemplaren gelijken wat de samenstelling betreft zeer goed op een morfologisch gelijkaardig exemplaar uit Southampton. Zonder dat het voorlopig verder kan gepreciseerd worden, betreft het naar alle waarschijnlijkheid wel mediterrane of Iberische producten gezien het samengaan van graniet en kalksteen in de mineralogie. Bij deze onderzochte fragmenten vallen ook de hoge waarden voor koper op zodat aannemelijk is dat koper werd toegevoegd aan het glazuur.

Indien dit inderdaad kwikpotjes zijn, stelt zich de vraag hoe hun aanwezigheid te Walraversijde moet verklaard worden. Verschillende mogelijkheden dienen zich aan. Ofwel kwam enkel de verpakking als *curiosum* te Walraversijde terecht ofwel kwam het product zelf aan in Walraversijde. In dit laatste geval moet men zich afvragen waarvoor sommige bewoners van Walraversijde kwik konden gebruiken.

In een aantal laatmiddeleeuwse tractaten, hoofdzakelijk met betrekking tot zoetwatervisserij, wordt soms het gebruik van kwik[1107] voorgesteld als een methode om in combinatie met ongebluste kalk en andere producten vissen in bepaalde omstandigheden te vergiftigen om ze gemakkelijker te vangen. Het lijkt echter wat ver gezocht om de aanwezigheid van kwikpotjes in Walraversijde te verklaren als een gevolg van het gebruik van kwik bij het vissen in zoet water. Op zee lijkt deze methode niet toepasbaar.

Kwik werd o.a. ook gebruikt door goudsmeden bij het vergulden[1108] en bij de productie van tin en voor het aanmaken van pigmenten voor schilderijen en miniaturen[1109]. Dergelijke activiteiten in Walraversijde veronderstellen op basis van deze potjes, lijkt op het eerste zicht nog verder gezocht. Niet echter wanneer wordt vastgesteld dat een aantal van de in Walraversijde aangetroffen pijpaarden beeldjes geverfd zijn met een kwikhoudende rode verf[1110]. Dit wijst er in elk geval op dat de aangemaakte pigmenten niet enkel voor schilderijen en miniaturen bestemd waren, maar ook voor meer alledaagse objecten als heiligenbeeldjes in pijpaarde. Of de aanwezigheid in Walraversijde van kwikpotjes en enkele beeldjes gedeeltelijk bedekt met een kwikhoudende verf kunnen wijzen op de aanwezigheid in Walraversijde van een persoon die zich speciaal met het verven van beeldjes bezig hield is niet duidelijk. Doorgedreven onderzoek naar de verfstof op andere beeldjes zou hierbij kunnen helpen.

Een derde mogelijkheid zit in de medische of paramedische sfeer. Hoewel minerale stoffen, als kwik en lood, eerder als giftig dan als therapeutisch werden bestempeld in de middeleeuwse traditie van Galenus kwamen zij geleidelijk aan toch vanuit China en via de Arabische wereld naar Europa om daar het therapeutisch arsenaal te versterken. Het is dan vooral Paracelsus die in het begin van de 16de eeuw veel gebruik zal maken van o.a. kwik en antimoon in zijn behandelingen, o.a. tegen syfilis[1111]. Een gebruik in de medische sfeer lijkt voor Walraversijde van de drie voorgestelde hypothesen de meest aannemelijke. Dit blijft echter voorlopig allemaal in een hypothetisch stadium vermits een identificatie als kwikpotje voor de vondsten uit Walraversijde wel aannemelijk maar niet helemaal zeker is.

Een totaal andere hypothese ten slotte is deze van een soort archaïsche handgranaat. Wat de vorm betreft gelijken deze potjes inderdaad enigszins op de granaten in ceramiek die op schepen van de Armada werden aangetroffen[1112]. Omdat dergelijke granaten in ceramiek ook reeds in de 15de eeuw op Bourgondische schepen[1113] gebruikt werden is een dergelijke interpretatie misschien ook mogelijk. Deze laatste hypothese is echter duidelijk minder waarschijnlijk dan deze van kwikpotjes.

Kwik wordt echter niet zo vaak aangetroffen in middeleeuwse contexten. Er is ons slechts één voorbeeld van gekend. Bij het onderzoek aan de Woensdagmarkt in Brugge werd in een rechthoekige beer- en/of afvalput uit de periode 14de-begin 16de eeuw die vermoedelijk behoorde tot het natiehuis van de Castilianen o.a kwik aangetroffen samen met niet-alledaagse glasvormen en importaardewerk[1114]. Bij deze vondst wordt wat de interpretatie betreft aan alchemie gedacht.

Bekijken we hierna de analytische argumenten van het onderzoek uitgevoerd door wijlen Alan Vince die de interpretatie van de herkomst onderbouwen achtereenvolgens voor de kruik uit Colstoun en de dikwandige potjes geïnterpreteerd als kwikpotjes. Hierna volgen de teksten uit het betrokken onderzoeksrapport opgesteld in het Engels door de genoemde onderzoeker.

4.4.2.3 Petrographic and chemical analysis of medieval whiteware from Raversijde

Alan Vince (†)

Methodology

Two methods of analysis were undertaken, petrographic description and Inductively-Coupled Plasma Spectroscopy (ICP-AES). A thin-section was made, V135, and a visual examination was made of the two remaining samples before preparation for chemical analysis.

The thin-section was stained, using Dickson's method. This staining distinguishes three carbonate minerals which are otherwise difficult to tell apart: ferroan calcite, non-ferroan calcite and dolomite. In fact, the carbonate inclusions in these samples had all been heat-altered so that no original mineral remained.

The sample for chemical analysis was prepared by cutting off a slice of pot weighing c.2-3 gm and removing by grinding all traces of glaze or surface discoloration and accretions. The remaining sample was ground to a fine powder and submitted to Royal Holloway College, London, for ICPS analysis.

1107 Hoffmann 1997, o.a. 87, 89.
1108 Zie bijvoorbeeld Beck *et al.* 1993.
1109 Childs 1978, 120 vermeld in Gutiérrez 2000, 103.
1110 Clogg 2002.
1111 Montiel 1985, 125.
1112 Flanagan & Sténuit 1986, 135 fig. 4.23.
1113 Paviot 1995, 301.
1114 Hillewaert 1997, 85.

Medieval Whiteware

The sherd is part of a lead-glazed jug made in a white-firing fabric. Its visual appearance suggested an English source since it was much thicker walled than French whitewares.

Petrological analysis

The fabric contains moderate amounts of quartz sandstone, with fragments ranging up to 1.0mm across. The quartz grains in the sandstone range up to 0.5mm across and the fragments either show no cement or a colourless, silica cement. Rounded fragments of mudstone or shale up to 1.0mm across were also moderately common. One fragment originally contained organic material, giving a dark core to the pellet. Other clay pellets contained clusters of opaque and amorphous brown spherical nodules up to 0.2mm across. Identical nodules were scattered throughout the fabric. The clay matrix contains sparse angular quartz grains and sparse laths of muscovite up to 0.2mm long.

Pottery fabrics with these characteristics are typical of the industries using the Coal Measures white clays. Similar fabrics are known from Staffordshire (Sneyd Green), Derbyshire (Brackenfield), parts of Yorkshire (such as Firsby, Rawmarsh and Doncaster), County Durham (Aldin Grange) and southeastern Scotland (Colstoun). Some of these potential sources are more likely than others, given that a number are landlocked kilnsites which seem to supply a local market only. Others can be excluded by minor differences in petrology. For example, the Aldin Grange fabrics contain abundant quartz silt, not present in the Belgian find. Other wares contained added quartz sand. Neither of these features is present in the Belgian find. Nevertheless, there is insufficient petrological variability in these northern British whitewares to distinguish each of the wares using petrology alone. It is only possible, therefore, to say that the Belgian find is a Northern British whiteware.

ICPS Analysis

The chemical data for sample V135 was compared with that for samples of kiln waste from Sneyd Green, Brackenfield, Firsby, Rawmarsh and Colstoun. The data was analysed using the Principal Components Analysis program from the Bonn Archaeological Statistics Package for Windows (WinBASP). Fourteen components were calculated, of which the first accounted for by far the largest proportion of the variation between samples. Copper was counted as part of the ICPS analysis but as it is present in some of the glazes used on these wares it was omitted from the analysis.

The first and second components, PC1 and PC2, distinguish two major clusters. The first contained the Colstoun samples and the Belgian sample and the second contained all other samples (Fig. 439).

On the basis of this evidence it is likely that the Belgian sherd is a product of the Colstoun kilns, or of an unknown production site not included in the study. This caution is necessary since sample V135 does plot separately from the Colstoun samples using PC2 and PC4. Even then, however, it is closer to the Colstoun cluster than to any other samples.

A count of 26600 ppm (2.66%) for lead indicates contamination of the sample by lead glaze. However, the value for copper (70 ppm) is within the range for background values of this metal, indicating that the glaze was not coloured with copper.

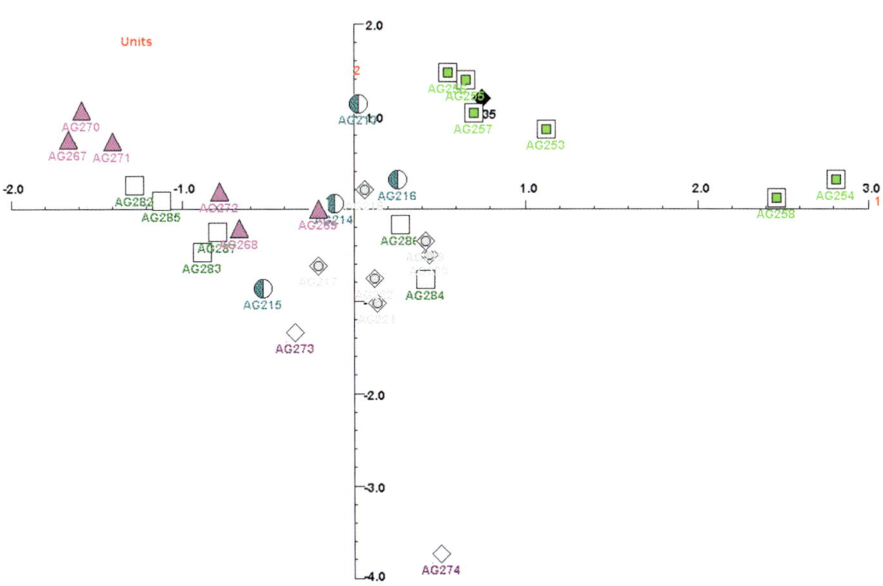

FIG. 439 **Hoofdcomponentenanalyse van staal V135 en van vergelijkbaar Brits wit aardewerk. Legende: groene vierkantjes-Colstoun, zwarte ruit-V135, paarse driehoeken-Sneyd Green, ongekleurde vierkanten-Firsby, half gevulde cirkels-Brackenfield, niet-gekleurde ruiten - wit aardewerk uit southern Staffordshire, cirkels in ruiten - wit aardewerk uit Newark (consumptiesite in de vallei van de Trent).**

PCA plot of sample V135 and visually similar northern British medieval whitewares.
Key: green squares - Colstoun, black diamond - V135, purple triangles - Sneyd Green, blank squares - Firsby, semi-filled circles - Brackenfield, blank diamonds - southern Staffordshire whiteware (source unknown), circles in diamonds - whitewares from Newark (consumer site in the Trent Valley).

4.4.2.4 Petrographic and chemical analysis of 'mercury jars' from Raversijde

Alan Vince (†)

Petrological analysis
Four thin-sections of 'mercury jars' were examined. All were petrologically distinct but one, V136, was sufficiently different to suggest that it is actually a completely different ware. The other three varied in the amount of inclusions present and the amount of carbonate present in the clay body but were nevertheless likely to be products of the same industry.

Sample V136
The fabric contained abundant quartz sand in which the larger grains, up to 0.4mm across, were rounded, moderate altered glauconite up to 0.1mm across and sparse rounded clay pellets up to 1.0mm across. The clay pellets were of several types: moderate rounded pellets up to 0.4mm across, lighter in colour than the clay matrix and with fewer inclusions; sparse iron-rich pellets with few inclusions, up to 0.7mm across and sparse pellets up to 1.0mm across with a dark, inclusionless shell and a lighter core with quartz inclusions. The clay matrix is birefringent and has few inclusions.

This fabric has characteristics which can be paralleled in the Cretaceous clays of southern England, such as the Gault clay and Lower Greensand, and in Tertiary deposits in the Weald of southeast England. Presumably, such clays also outcrop in the Low Countries and northern France.

Samples V137-9
All three thin-sections contained rounded or euhedral voids up to 0.3mm across, surrounded by reaction rims. These voids once held calcareous inclusions and the shape of the voids suggests that this was either sparry calcite or dolomite. All three also contain laths of muscovite and biotite, ranging up to 0.3mm long. The samples vary in that V139 contains a moderate sand composed of rounded chert with sparse fragments of biotite granite and a single large clay pellet with a concentric structure, V138 contains sparse black-stained red clay pellets up to 1.0mm across and moderate rounded red clay pellets up to 0.2mm across whilst V137 contains few inclusions over 0.1mm across. The inclusions present in the clay matrix of V137 are consistent with those found in the other two samples consisting of sparse muscovite, biotite, feldspar and angular quartz.

The three samples indicate an origin in an area of biotite granite and sedimentary rock (chert and calcite/dolomite). This is consistent with the only other petrological evidence known to the author, a sample of "mercury jar" from the City of London[1115]. The coincidence of granite and limestone is rare in the British Isles and Scandinavia and a Mediterranean or Iberian origin is likely. Visually, the fabric is similar to a series of vessels found in London and Southampton, which also have red earthenware fabrics with moderate to abundant voids with reaction rims. These vessels include white-slipped, lead-glazed waisted albarellos in which the shoulder is the widest point of the vessel. This is a characteristic of Italian albarellos of the 15th century. No petrological or chemical analyses have been carried out on these vessels however and the apparent similarity may therefore be illusory.

ICPS Analysis
Since the samples had clearly suffered depletion of calcium through heat-alteration of the calcite/dolomite the data from the Belgian samples and from a single sample from Southampton were analysed having first omitted calcium, strontium (strongly associated with calcium) and phosphorus (since phosphates tend to be deposited in voids after burial). A PCA plot shows that sample V136 is an outlier to the main cluster (fig. 440), in which the Southampton sample lies to one side. Principle Component 1 distinguishes V136 from the remainder and Principle Component 2 separates the Southampton sample from the Belgian ones.

Sample V136 contained only 495 ppm of lead. This is higher than any lead count found in unglazed samples whereas the value for copper, 29 ppm, is within background levels. The vessel was therefore probably lead-glazed or fired alongside lead-glazed vessels.

The remaining samples, however, all have enhanced values for lead and copper. Lead values range from 4700 ppm to 18200 ppm and copper values range from 64 ppm to 1305 ppm. These values suggest that copper was deliberately added to the glazes.

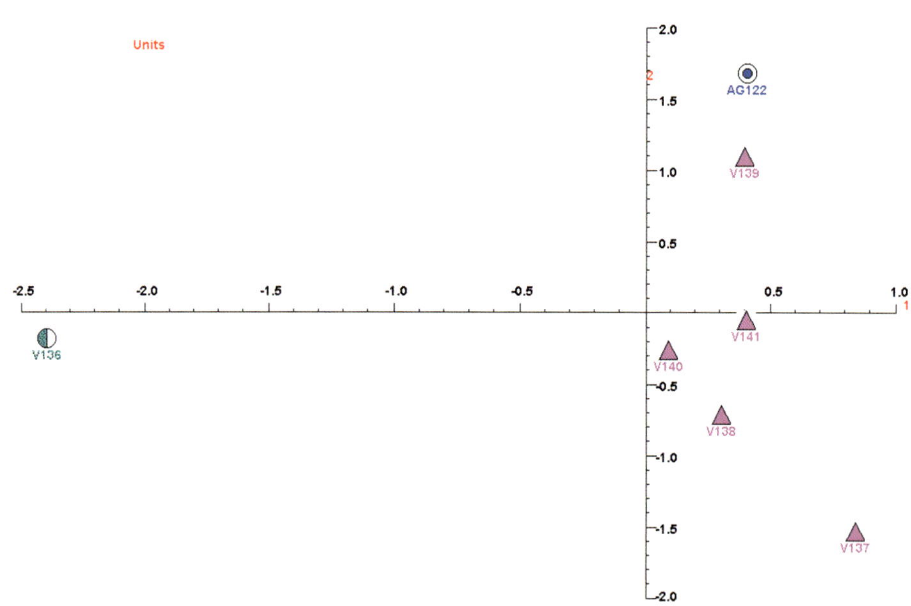

FIG. 440 **Hoofdcomponentenanalyse voor de 'kwikpotjes' uit Walraversijde (V137-141) en Southampton (AG122) vergeleken met potje van lokale makelij (V136).**
PCA plot for 'mercury jars' from Walraversijde (V137-141) and Southampton (AG122) compared with a locally produced jar (V136).

1115 Vince 1982.

4.4.2.5 Dierenresten uit veenwinningsput spoornr. 27

Wim Van Neer, An Lentacker & Anton Ervynck

Veenwinningsput spoornr. 27 werd alleen tijdens de opgravingscampagne van 1992 bemonsterd, toen door middel van proefsleuven de afbakening van de site werd onderzocht. Toch zijn uit deze structuur bijna 2000 dierenresten met de hand ingezameld, aangevuld met het materiaal uit een zeefstaal van 20 liter (tabel 59). Het handverzameld materiaal wordt gedomineerd door de resten van zoogdieren, maar de zeefstalen bevatten vooral vissenbotten (fig. 441).

Bij de schelpdieren zit een flink aantal oesters en vrijwel geen kokkels. Wulken vallen ook op door hun grote aantallen. Het meest algemeen zijn evenwel opnieuw de mosselen. De vogelresten tonen het vertrouwde spectrum van kippen, ganzen en meeuwen. Bij de zoogdierbotten is het rund, in vergelijking met gracht spoornr. 61, minder frequent aanwezig, maar de resten van schaap vormen weer de hoofdmoot. Varkensbotten vormen opnieuw ongeveer een kwart van de resten binnen het trio 'schaap, rund en varken'. Konijn is heel zeldzaam binnen het vondstenensemble, en katten en honden zijn slechts door enkele botten vertegenwoordigd.

Het handverzameld visbot en de vondsten uit een zeefstaal van 20 liter tonen alweer de invloed van de inzamelingsmethode (tabel 60). Het handverzamelde materiaal bestaat bijna uitsluitend uit Gadidae en bij die familie is kabeljauw overwegend aanwezig. Op 2 rompwervels na zijn er geen resten van de wervelkolom gevonden. Stukken van de schoudergordel maken iets meer dan 10% van het materiaal uit, terwijl kopelementen bijna 90% vertegenwoordigen (tabel 61). Net als in de andere handverzamelde contexten zijn de kabeljauwresten bijna exclusief afkomstig van grote exemplaren waarvan de afmetingen rond 1 m schommelen. Het is niet echt duidelijk of de ondervertegenwoordiging van wervels met inzameling te maken heeft en het enige zeefstaal voor veenwinningsput spoornr. 27 geeft hierover slechts beperkt uitsluitsel omdat het niet erg groot is. Het zeefstaal leverde 2 precaudale en 3 caudale wervels van kabeljauw op, evenals een cleithrumfragment en 5 resten van de kop, wat er lijkt op te wijzen dat resten van volledige vissen werden afgezet. Enkele botten zijn afkomstig van exemplaren die 50-60 cm maten en tonen dus dat niet alleen grote kabeljauwen werden gedeponeerd. De wijtingresten bestaan hoofdzakelijk uit wervels en qua afmetingen komen de stukken overeen met vis van 10-20 tot 30-40 cm SL. Schelvis is eerder zeldzaam en uitspraken over skelet- of grootteverdeling hebben dus niet veel zin.

De haringresten maken bijna 30% uit in het zeefstaal en zijn voor 60% door wervels vertegenwoordigd. Qua afmetingen komen exemplaren van 20-25 cm het meest voor, maar ook grotere individuen zijn aangetroffen. De platvisresten bestaan voor de helft uit wervels, vinstralen en vinstraaldragers zijn goed voor ongeveer 10% (tabel 62). Kieuw- en tongboogfragmenten maken ongeveer 25% uit, terwijl de overige kopelementen ongeveer 15% vertegenwoordigen. Bij de wervels merkt men een eerder normale verdeling op tussen romp- en staartwervels en er is om al die redenen geen aanwijzing voor enige speciale vorm van verwerking. De platvisresten lijken gewoon voedselafval te vertegenwoordigen, maar zijn gemiddeld wel erg klein (tabel 63): men merkt een overwicht van vissen tussen 10-20 cm SL (meer dan 80%), terwijl ook platvis kleiner dan 10 cm werd teruggevonden (ongeveer 10%). Er zijn slechts enkele resten gevonden van platvissen die 20-30 cm maten, wat toch een van de dominante formaten is in de meeste contexten die men als afval van lokale consumptie interpreteert. Vermelden we ten slotte voor de palingresten dat zij uitsluitend bestaan uit wervels van vissen van 30-40 cm.

Het materiaal uit de veenwinningsput bestaat dus waarschijnlijk hoofdzakelijk uit voedselafval, alleen voor de kabeljauwen is er een mogelijke oververtegenwoordiging van koppen, maar indicaties onder de vorm van snijsporen die zouden kunnen aanduiden dat we met afval van stokvispreparatie te maken hebben, zijn afwezig.

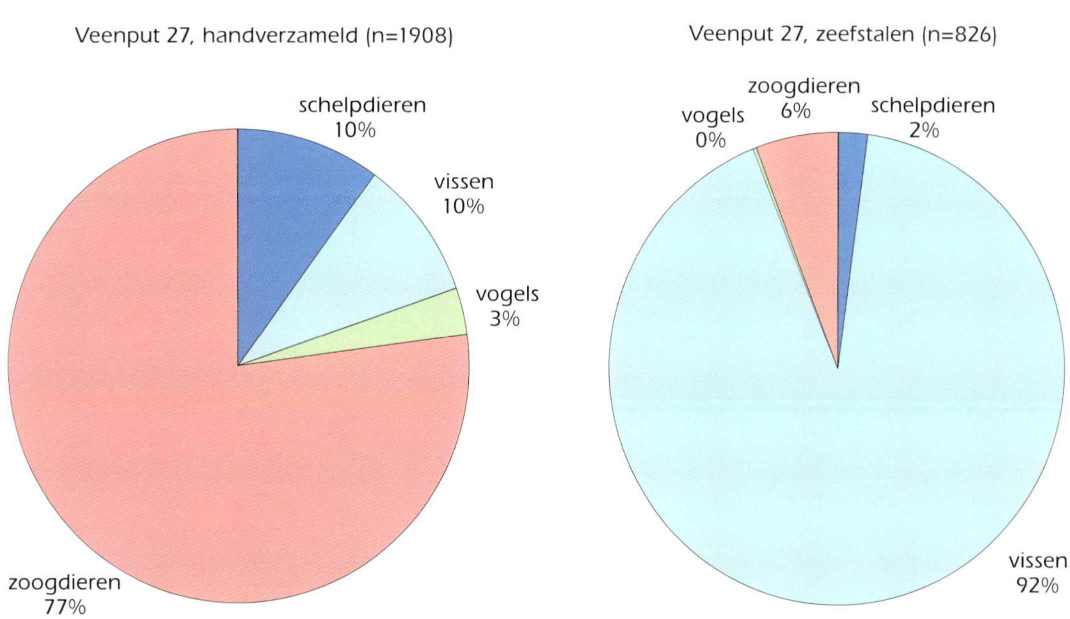

FIG. 441 Dierenresten uit de vulling van veenwinninsput spoornr. 27: handverzameld zowel als uit zeefstalen.
Animal remains collected from the fill of peat-cutting pit 27, including those from sieved samples.

TABEL 59
Inventaris van de dierenresten uit veenwinningsput 27 (HV handverzameld, zeef: zeefstaal).
Inventory of animal remains from peat extraction pit 27 (HV: hand-collected, zeef: sieved sample).

soort	HV	zeef 20 l > 2 mm
MOLLUSCA		
gewone tepelhoren (*Polinices catenus*)	2	-
gewone tepelhoren (*Polinices catenus*) / glanzende tepelhoren (*Polinices polianus*)	1	-
wulk (*Buccinum undatum*)	36	-
mossel (*Mytilus edulis*)	82	15
oester (*Ostrea edulis*)	48	-
gewone kokkel (*Cerastoderma edule*)	5	1
strandschelp sp. (*Spisula / Mactra* sp.)	16	-
zwaardschede/tafelmesheft/messchede (*Ensis/ Solen* sp.)	-	1
zeekat (*Sepia officinalis*)	2	-
niet gedetermineerde land- en zoetwatermollusken	-	+
PISCES		
paling (*Anguilla anguilla*)	-	12
rog (Rajidae sp.)	-	3
haring (*Clupea harengus*)	-	65
kabeljauw (*Gadus morhua*)	155	9
cf. kabeljauw (cf. *Gadus morhua*)	-	11
schelvis (*Melanogrammus aeglefinus*)	5	1
wijting (*Merlangius merlangus*)	1	11
kabeljauwachtige (Gadidae sp.)	-	42
poon (Triglidae sp.)	-	1
schol (*Pleuronectes platessa*)	-	1
bot (*Platichthys flesus*)	-	1
schol/bot/schar (Pleuronectidae sp.)	2	61
tong (*Solea* sp.)	-	1
niet gedetermineerde visresten	20	540
AVES		
eischaal	-	+
gans (*Anser anser* f. domestica)	1	-
gans sp. (*Anser* sp.)	11	-
meeuw (Laridae sp.)	1	-
kip (*Gallus gallus* f. domestica)	34	-
niet gedetermineerde vogelresten	14	2
MAMMALIA		
niet gedetermineerde micromammalia	-	3
konijn (*Oryctolagus cuniculus*)	3	-
kat (*Felis silvestris* f. catus)	11	-
hond (*Canis lupus* f. familiaris)	10	-
varken (*Sus scrofa* f. domestica)	173	2
rund (*Bos primigenius* f. taurus)	108	-
schaap (*Ovis ammon* f. aries)	45	-
schaap (*Ovis ammon* f. aries) / geit (*Capra aegagrus* f. hircus)	344	-

soort	HV	zeef 20 l > 2 mm
rib - groot	100	-
rib - middel	267	1
rib - klein	-	2
wervel - groot	46	-
wervel - middel	75	-
wervel - klein		
niet gedetermineerde zoogdierresten	290	40
totaal	1908	826

TABEL 60

Relatief aandeel van de visresten gedetermineerd in het handverzameld (HV) en gezeefd materiaal (zeef) van veenwinningsput 27.

Frequency of identified fish remains from the hand-collected (HV) and sieved material (zeef) from peat extraction pit 27.

soort	HV n=163 %	zeef n=219 %
paling (*Anguilla anguilla*)	-	5.5
rog (Rajidae sp.)	-	1.4
haring (*Clupea harengus*)	-	29.7
kabeljauw (*Gadus morhua*)	95.1	4.1
cf. kabeljauw (cf. *Gadus morhua*)	-	5.0
schelvis (*Melanogrammus aeglefinus*)	3.1	0.5
wijting (*Merlangius merlangus*)	0.6	5.0
kabeljauwachtige (Gadidae sp.)	-	19.2
poon (Triglidae sp.)	-	0.5
schol (*Pleuronectes platessa*)	-	0.5
bot (*Platichthys flesus*)	-	0.5
schol/bot/schar (Pleuronectidae sp.)	1.2	27.9
tong (*Solea* sp.)	-	0.5

TABEL 61

Relatief aandeel van botelementen uit verschillende zones van het skelet bij kabeljauw uit het handverzamelde materiaal van veenwinningsput 27 (n=155).

Frequency of the elements from the different skeletal zones for cod from the hand-collected material from peat extraction pit 27 (n=155).

skeletzone	%
precaudaal	1.3
caudaal	0.0
schoudergordel	11.6
kop	87.1

TABEL 62

Relatief aandeel van botelementen uit verschillende zones van het skelet bij schol/bot/schar (n=62) uit veenwinningsput 27.

Frequency of the elements from the different skeletal zones for plaice/flounder/dab (n=62) from peat extraction pit 27.

skeletzone	%
wervels	50.0
vinstralen en vinstraaldragers	11.3
kieuwkorf en tongboog	24.2
andere kopelementen	14.5

TABEL 63

Relatief aandeel van de verschillende grootteklassen (in cm SL) bij schol/bot/schar (n=32) uit veenwinningsput 27.

Frequency of the different size classes (in cm SL) for plaice/flounder/dab (n=32) from peat extraction pit 27.

grootteklasse	%
<10	12.5
10-20	81.3
20-30	6.3
30-40	0.0

4.4.2.6 Dierenresten uit veenwinningsput spoornr. 69

Wim Van Neer, An Lentacker & Anton Ervynck

De dierenresten uit veenwinningsput spoornr. 69 werden met de hand ingezameld waarbij een ruimtelijke indeling werd gevolgd. Omdat er echter geen verschil te noteren viel tussen de verschillende kwadranten binnen de opgegraven structuur, wordt de collectie dierlijk materiaal als één geheel behandeld (tabel 64). De handverzamelde resten bestaan voornamelijk uit zoogdierbotten, gevolgd door schelpdieren en vissen. De botjes van vogels en amfibieën vormen slechts heel kleine fracties (fig. 442). De zeefstalen (42 liter in totaal) bevatten qua dierlijk materiaal eigenlijk alleen visresten (tabel 64).

De handverzamelde schelpenresten bestaan in hoofdzaak uit vergelijkbare hoeveelheden mosselen, oesters en kokkels. In vergelijking met andere contexten uit Raversijde valt het grote vondstenaantal van de oesters op. Wulken en strandschelpen (*Spisula/Mactra* sp.) zijn minder frequent net als de fragmenten van de inwendige schelp van de zeekat. Op de afmetingen van de aangetroffen mosselschelpen wordt nader ingegaan op de synthese. De amfibieënresten zijn heel zeldzaam, maar bevatten zeker skeletelementen van een paddensoort. Bij de vogels zitten heel veel kippen en ganzen (wellicht vooral huisgans), aangevuld met eenden en een aantal meeuwensoorten. Ook de huisduif is wellicht opnieuw aanwezig. Nieuwe soorten voor de site zijn de roodkeelduiker en de raaf.

De zoogdierbeenderen worden opnieuw gedomineerd door deze van varken, rund en schaap, in de onderlinge verhoudingen van ongeveer 25, 25 en 50%. Het konijn is het enige andere geconsumeerde landzoogdier, zij het veel minder frequent vertegenwoordigd dan in andere contexten. Twee zeezoogdieren werden waarschijnlijk ook gegeten, met name de bruinvis en de witsnuitdolfijn. De niet gegeten huisdieren omvatten de kat, de hond en het paard. De kattenbeenderen zijn verspreid binnen de structuur gevonden; in geen enkel geval gaat het om een set van beenderen in anatomisch verband. Bij de 42 hondenbotten zitten er 28 van hetzelfde individu, een kleine, krompotige hond met een schofthoogte van ongeveer 30 cm. De andere hondenvondsten komen van een groot aantal andere individuen en duiden schofthoogtes aan van (circa) 30, 43 en 66 cm. De paardenbotten omvatten een onvolledig skelet (19 van de 35 vondsten), van een dier met een schofthoogte van ongeveer 161 cm, naast een aantal geïsoleerde beenderen die schofthoogtes aanduiden rond de 150 cm. Intrusieve resten van wilde dieren komen van kleine zoogdieren (knaagdieren of spitsmuizen), de mol en de steenmarter. Deze laatste roofdiersoort kwam vroeger wel vaker voor in de buurt van menselijke bewoning.

Net als in veenwinningsput spoornr. 27, is voor veenwinningsput spoornr. 69 handverzameld vismateriaal ter beschikking maar ook visbotten uit een zeefstaal. Dat staal was in dit geval echter dubbel zo groot en bovendien veel rijker aan soorten (tabel 65). Het handverzameld materiaal bestaat alweer grotendeels uit Gadidae met kabeljauw als best vertegenwoordigde soort. Anders dan in veenwinningsput spoornr. 27, zitten in deze context wat meer wervels (tabel 66): ze maken iets meer dan 10% uit en bestaan uit dubbel zoveel precaudale als caudale elementen. Stukken van de schoudergordel zijn met iets meer dan 15% vertegenwoordigd en kopelementen maken bijna 75% uit. De grootteverdeling van het handverzamelde kabeljauwmateriaal (tabel 67) toont een overwicht van grotere kabeljauwen van ongeveer 1 m, maar in tegenstelling tot veenwinningsput spoornr. 27, zijn resten van middelgrote individuen hier wel vertegenwoordigd. De lengteverdeling van de kabeljauwen in het gezeefd materiaal vertoont eveneens deze bimodale verdeling, met als enige verschil dat de maxima iets lager komen te liggen. In de skeletverdeling, bekeken per grootteklasse (tabel 68), zijn geen speciale tendensen op te merken die kunnen wijzen op speciale verwerkingsactiviteiten of deposities. In het handverzamelde materiaal zijn skeletelementen van alle delen van het lichaam vertegenwoordigd, althans voor de grotere exemplaren. Bij deze exemplaren kan men aannemen dat onvolledige inzameling een geringere rol zal gespeeld hebben dan bij de kleinere kabeljauwen. Zinnige uitspraken doen over de verdeling in het zeefstaal is niet mogelijk gezien de kleine omvang.

In het zeefstaal is de groep schol/bot/schar het best vertegenwoordigd met bijna de helft van het geïdentificeerde materiaal. Schol overweegt, maar resten van bot komen ook vrij veel voor terwijl schar door slechts een botje is aangeduid in het handverzamelde materiaal. Qua afmetingen komen de platvissen eerder overeen met wat in veenwinningsput spoornr. 27 is waargenomen, namelijk een overwicht (55%) van dieren die 10 tot 20 cm lang waren (tabel 69). De grootteklasse 20-30 cm is goed voor ongeveer 35%, terwijl de platvissen groter dan 30 cm met iets minder dan 10% zijn vertegenwoordigd. Visjes kleiner dan 10 cm SL komen sporadisch voor. Wanneer men de skeletverdeling per grootteklasse bekijkt (tabel 70), constateert men een soortgelijk beeld bij de klassen 10-20 en 20-30 cm SL, maar bij die van 30-40 cm SL blijken kopelementen frequenter te zijn. Een vergelijkbare ondervertegenwoordiging van wervels komt voor bij de kleinste platvissen, maar daarbij is het niet uitgesloten dat een deel van de wervels niet in de 2 mm zeven werden weerhouden. Een verklaring voor het relatief lage aantal wervels bij de platvis groter dan 30 cm ligt mogelijk in het storten van slachtafval. Hoewel de geringe staalgrootte binnen deze grootteklasse niet toelaat deze hypothese te toetsen zoals dat voor de platviskuil kon gedaan worden.

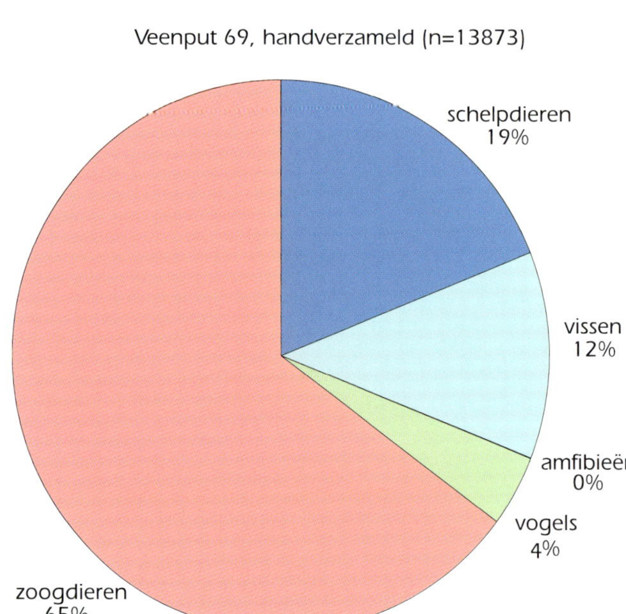

FIG. 442 **Handverzamelde dierenresten uit veenwinningsput spoornr. 69.**
Animal remains collected from peat-cutting pit 69.

TABEL 64

Inventaris van de dierenresten uit veenwinningsput 69 (HV: handverzameld, zeef: zeefstaal).
Inventory of animal remains from peat extraction pit 69 (HV: hand-collected, zeef: sieved sample).

soort	HV	zeef 42 liter > 2 mm
MOLLUSCA		
gewone alikruik (*Littorina littorea*)	3	-
fuikhoren (*Hinia reticulata*)	3	-
gewone tepelhoren (*Polinices catenus*)	32	-
gewone tepelhoren (*Polinices catenus*) / glanzende tepelhoren (*Polinices polianus*)	4	-
wenteltrapje (*Epitonium clathrus*)	1	-
wulk (*Buccinum undatum*)	100	-
mossel (*Mytilus edulis*)	681	4
oester (*Ostrea edulis*)	645	-
gewone kokkel (*Cerastoderma edule*)	687	1
gewone strandschelp (*Mactra stultorum*)	1	-
strandschelp sp. (*Spisula / Mactra* sp.)	332	-
zaagje (*Donax vittatus*)	25	-
platte slijkgaper (*Scrobicularia plana*)	25	-
gewone zeekat (*Sepia officinalis*)	84	-
PISCES		
paling (*Anguilla anguilla*)	3	100
snoek (*Esox lucius*)	-	4
karper (*Cyprinus carpio* f. domestica)	1	4
gladde haai (*Mustelus* sp.)	1	-
doornhaai (*Squalus acanthias*)	1	-
zeeëngel (*Squatina squatina*)	1	-
stekelrog (*Raja clavata*)	3	10
gevlekte rog (*Raja montagui*)	-	6
rog (Rajidae sp.)	-	78
haring (*Clupea harengus*)	29	702
kabeljauw (*Gadus morhua*)	939	56
cf. kabeljauw (cf. *Gadus morhua*)	1	-
schelvis (*Melanogrammus aeglefinus*)	34	88
wijting (*Merlangius merlangus*)	30	156
kabeljauwachtige (Gadidae sp.)	161	440
driedoornige stekelbaars (*Gasterosteus aculeatus*)	-	8
poon (Triglidae sp.)	1	16
horsmakreel (*Trachurus trachurus*)	-	4
tonijn (*Thunnus thynnus*)	53	14
makreel (*Scomber scombrus*)	-	2
tarbot (*Scophthalmus maximus*)	9	-
griet (*Scophthalmus rhombus*)	-	48
schol (*Pleuronectes platessa*)	7	80
bot (*Platichthys flesus*)	11	12
schar (*Limanda limanda*)	1	-
schol/bot/schar (Pleuronectidae sp.)	270	1446
heilbot (*Hippoglossus hippoglossus*)	4	-
tong (*Solea* sp.)	4	12
niet gedetermineerde visresten	119	5376

soort	HV	zeef 42 liter > 2 mm
AMPHIBIA		
pad (*Bufo* sp.)	1	-
niet gedetermineerde amfibieënresten	2	-
AVES		
eischaal	+	-
roodkeelduiker (*Gavia stellata*)	1	-
gans (*Anser anser* f. domestica)	160	-
gans sp. (*Anser* sp.)	6	-
wilde eend (*Anas platyrhynchos*)	3	-
drieteenmeeuw (*Rissa tridactyla*) / stormmeeuw (*Larus canus*)	2	-
stormmeeuw (*Larus canus*)	4	-
kleine mantelmeeuw (*Larus fuscus*) / zilvermeeuw (*Larus argentatus*)	2	-
grote mantelmeeuw (*Larus marinus*)	1	-
meeuw (Laridae sp.)	4	-
kip (*Gallus gallus* f. domestica)	235	-
duif (*Columba livia* f. domestica)	1	-
raaf (*Corvus corax*)	5	-
niet gedetermineerde vogelresten	158	-
MAMMALIA		
niet gedetermineerde micromammalia	2	2
mol (*Talpa europaea*)	-	2
konijn (*Oryctolagus cuniculus*)	24	-
steenmarter (*Martes foina*)	1	-
kat (*Felis silvestris* f. catus)	56	-
hond (*Canis lupus* f. familiaris)	42	-
paard (*Equus ferus* f. caballus)	35	-
varken (*Sus scrofa* f. domestica)	920	3
rund (*Bos primigenius* f. taurus)	957	-
schaap (*Ovis ammon* f. aries)	329	-
schaap (*Ovis ammon* f. aries) / geit (*Capra aegagrus* f. hircus)	1736	-
bruinvis (*Phocoena phocoena*)	4	-
witsnuitdolfijn (*Lagenorhynchus albirostris*)	1	-
rib - groot	936	-
rib - middel	1482	-
rib - klein	21	-
wervel - groot	201	-
wervel - middel	247	-
wervel - klein	7	-
niet gedetermineerde zoogdierresten	1986	147
totaal	13878	8821

TABEL 65
Relatief aandeel van de visresten gedetermineerd in het handverzameld (HV) en gezeefd materiaal (zeef) van veenwinningsput 69.
Frequency of fish remains identified from the hand-collected (HV) and sieved material (zeef) from peat extraction pit 69.

soort	HV n=1564 %	zeef n=3286 %
paling (*Anguilla anguilla*)	0.2	3.0
snoek (*Esox lucius*)	-	0.1
karper (*Cyprinus carpio* f. domestica)	0.1	0.1
gladde haai (*Mustelus* sp.)	0.1	-
doornhaai (*Squalus acanthias*)	0.1	-
zeeëngel (*Squatina squatina*)	0.1	-
stekelrog (*Raja clavata*)	0.2	0.3
gevlekte rog (*Raja montagui*)	-	0.2
rog (Rajidae sp.)	-	2.4
haring (*Clupea harengus*)	1.9	21.4
kabeljauw (*Gadus morhua*)	60.0	1.7
cf. kabeljauw (cf. *Gadus morhua*)	0.1	-
schelvis (*Melanogrammus aeglefinus*)	2.2	2.7
wijting (*Merlangius merlangus*)	1.9	4.7
kabeljauwachtige (Gadidae sp.)	10.3	13.4
driedoornige stekelbaars (*Gasterosteus aculeatus*)	-	0.2
poon (Triglidae sp.)	0.1	0.5
horsmakreel (*Trachurus trachurus*)	-	0.1
tonijn (*Thunnus thynnus*)	3.4	0.4
makreel (*Scomber scombrus*)	-	0.1
tarbot (*Scophthalmus maximus*)	0.6	-
griet (*Scophthalmus rhombus*)	-	1.5
schol (*Pleuronectes platessa*)	0.4	2.4
bot (*Platichthys flesus*)	0.7	0.4
schar (*Limanda limanda*)	0.1	-
schol/bot/schar (Pleuronectidae sp.)	17.3	44.0
heilbot (*Hippoglossus hippoglossus*)	0.3	-
tong (*Solea* sp.)	0.3	0.4

TABEL 66
Relatief aandeel van botelementen uit verschillende zones van het skelet bij kabeljauw uit het handverzamelde materiaal van veenwinningsput 69 (n=852).
Frequency of the elements from the different skeletal zones for cod from the hand-collected material from peat extraction pit 69 (n=852).

skeletzone	%
precaudaal	6.8
caudaal	3.4
schoudergordel	16.4
kop	73.4

TABEL 67

Reconstructie van de lichaamslengte (in cm SL) voor kabeljauw, schelvis en wijting in veenwinningsput 69. Per soort is het percentage aangegeven dat elke grootteklasse vertegenwoordigt in het gezeefd materiaal. Voor kabeljauw is ook de verdeling aangegeven voor het handverzamelde materiaal (HV).

Reconstruction of the sizes (in cm SL) of cod, haddock and whiting from peat extraction pit 69. The percentage represented by every size class in the sieved material is indicated per species. For cod this distribution is also given for the hand-collected material (HV).

	n	10-20	20-30	30-40	40-50	50-60	60-70	70-80	80-90	90-100	100-110	110-120	120+
kabeljauw HV	554				0,4	0,5	4,2	5,2	1,3	19,0	66,8	2,5	0,2
kabeljauw zeef	23			39,1	0,0	21,7	0,0	8,7	0,0	30,4			
schelvis zeef	44				100								
wijting zeef	13	15,4	23,1	76,9									

TABEL 68

Absolute aantallen van precaudale wervels, caudale wervels, schouder- en kopelementen in de verschillende grootteklassen (in cm SL) van kabeljauw voor veenwinningsput 69 en dit apart voor de zeefstalen en de handverzamelde resten.

Absolute number of precaudal vertebrae, caudal vertebrae, shoulder and head elements for the different size classes (in cm SL) for cod from peat extraction pit 69, both for the sieved and hand-collected material.

zeef	30-40	40-50	50-60	60-70	70-80	80-90	90-100	100-110	110-120	120+
precaudaal			3				3			
caudaal	1		2		1		2			
schouder	1									
kop	7				1		2			
handverzameld										
	30-40	40-50	50-60	60-70	70-80	80-90	90-100	100-110	110-120	120+
precaudaal		2	1	5			3	4		
caudaal							4	4		
schouder				1	1	3	9	4	4	
kop				4	2	4	25	15	10	1

TABEL 69

Relatief aandeel van de verschillende grootteklassen (in cm SL) bij schol/bot/schar in het zeefstaal van veenwinningsput 69 (n=355).

Frequency of the different size classes (cm SL) for plaice/flounder/dab from the sieved sample from peat extraction pit 69 (n=355).

grootteklasse	%
<10	2.0
10-20	54.9
20-30	34.1
30-40	9.0

TABEL 70

Relatief aandeel van botelementen uit verschillende zones van het skelet van schol/bot/schar in het zeefstaal van veenwinningsput 69. De proporties zijn aangegeven voor de verschillende grootteklassen (in cm SL).

Frequency of the elements from the different skeletal zones for plaice/flounder/dab for the sieved sample from the peat extraction pit 69. The proportions are given for the different size classes (in cm SL).

cm SL	<10	10-20	20-30	30-40
aantal	7	195	121	32
	%	%	%	%
wervels	57.1	71.3	80.2	53.1
kieuwkorf en tongboog	0.0	1.0	0.8	3.1
andere kopelementen	42.9	27.7	19.0	43.8

Haring is met meer dan 20% van de resten goed vertegenwoordigd en het blijkt dat het materiaal voor drie vierde bestaat uit wervels en voor de rest hoofdzakelijk uit kopelementen. De meeste fragmenten die een groottereconstructie toelieten, wijzen op afmetingen in de lengteklasse 20-25 cm SL. De palingresten bestaan voor een derde uit kopelementen en voor de rest uit wervels; exemplaren van 30-40 cm SL hebben alweer het overwicht, er zijn slechts enkele stukken gevonden afkomstig van vissen die 40-50 cm SL maten. Bij de kraakbeenvissen zijn het vooral roggen die goed vertegenwoordigd zijn. Het gaat bij die roggenresten vooral om wervellichamen die niet verder determineerbaar zijn, maar de huidstekels bewijzen dat er minstens twee soorten aanwezig zijn, namelijk stekelrog en gevlekte rog. Gladde haai en zeeëngel zijn elk door slechts een wervel vertegenwoordigd en van doornhaai is een stekel gevonden. Andere weinig frequente vissoorten zijn de ponen, horsmakreel, makreel en tonijn. Van tonijn zijn er in het zeefstaal alleen schubben gevonden, maar in het handverzamelde materiaal zitten hoofdzakelijk botten van deze soort. Het gaat om vinstralen, elementen van de kop en de schoudergordel. Op een van de cleithrumfragmenten zit een duidelijk snijspoor dat ongetwijfeld in verband kan gebracht worden met het onthoofden van de vis. Het gaat hier eerder om slachtafval, omdat er geen overblijfselen van wervels zijn teruggevonden. Qua grootte behoren de meeste resten tot vissen die 1,5 tot 2 m maten, maar er is ook een cleithrumfragment dat van een individu afkomstig is dat ongeveer 3 m lang moet geweest zijn, wat de maximale afmeting is die vandaag voor de soort wordt opgegeven[1116]. Qua zeldzamere platvisssoorten ten slotte zijn tongresten gevonden en, in het handverzamelde materiaal, ook skeletresten van heilbot. Bij deze laatste soort gaat het om caudale wervels van vissen die ongeveer 1,5 m maten. De talrijke resten van griet zijn in eenzelfde context gevonden en vertegenwoordigen waarschijnlijk slechts een individu van 25-30 cm SL. Ten slotte dient nog vermeld dat er twee zoetwatersoorten aanwezig zijn, namelijk karper en snoek. Van deze laatste soort, hier vertegenwoordigd door wervels van vissen die 20-30 cm SL maten, zijn maar weinig stukken gevonden op de site.

Tot slot vermelden we nog twee coprolieten (van een vos of een hond) afkomstig uit de bovenste vulling van deze veenwinningsput die palynologisch onderzocht werden door Koen Deforce. Over dit onderzoek is bericht samen met de behandeling van het palynologisch onderzoek van drie beerputvullingen (4.3.2.29. Gebouw 28). Opvallend was dat deze coprolieten qua polleninhoud zeer gelijkend zijn aan de inhoud van de onderzochte beerputvullingen wat er op wijst dat de honden inderdaad gedeeltelijk gevoed werden met (het afval van) etensresten bestemd voor de mens.

4.4.3 Een groot aantal kuilen

4.4.3.1 Inleiding

Verspreid over het onderzochte gedeelte van Walraversijde zijn heel wat kuilen aangetroffen. Deze worden in het archeologisch jargon, gewoonlijk afvalkuilen genoemd. Deze kuilen zijn in Walraversijde uitgegraven in de polderklei, maar vooral opgevuld met zwart zandig materiaal en bevatten naast ceramiekfragmenten en botmateriaal vooral asresten. De meeste van deze kuilen werden vermoedelijk gegraven met het oog op het winnen van klei. Ze beslaan zelden een oppervlakte groter dan enkele m² en zijn hooguit 1 tot 1,5 m diep. De door kleiwinning nagelaten gaten in de grond werden te oordelen naar de vullingen vooral met organisch materiaal opgevuld. Echte stortpakketten werden hierin slechts heel uitzonderlijk aangetroffen. De vulling van deze kuilen bestaat onderaan ook systematisch uit een pakket natuurlijk sediment afkomstig van de onderaan onder invloed van de grondwatertafel ingestorte wanden. Hierdoor zijn deze kuilen in doorsnede vaak klokvormig. Dit impliceert dat deze kuilen in de 15de eeuw, zoals nu, met hun bodem een stuk onder de grondwatertafel reikten. Hieruit kan worden afgeleid dat de huidige stand van de grondwatertafel vrij vergelijkbaar is met deze uit de 15de eeuw.

Deze kuilen zijn niet gelijkmatig verspreid over de onderzochte zones. In de zone Raversijde 96-98 zijn dergelijke kuilen vooral geconcentreerd in de zone tussen de gebouwen 28-29

1116 Quéro 1997.

enerzijds en 23-24-26 anderzijds. In de zones tussen de gebouwen 22 en 23 en 22-23 en 20 komen zulke kuilen daarentegen opvallend weinig voor. Deze vaststelling bevestigt aan de hand van de afwezigheid van kuilen wat aan de hand van de aanwezigheid van sporen van circulatie werd vermoed, nl. dat in deze zones intens werd gecirculeerd. Een vergelijkbare concentratie van kuilen is niet aanwezig in de zone Raversijde 92-95. Deze zone verschilt echter wel van de vorige door de aanwezigheid van twee als stortzone gerecycleerde veenwinningsputten (spoornrs. 69 en 619) en van perceelsgrachten die dateren van voor de bewoning en die eveneens als stortzone werden gerecycleerd. Beide soorten structuren waren goed voor de verwerking van heel wat afval. Bij spoornr. 69 hoort verder ook een aureool van kleinere afvalkuilen. Uit de algemene spreiding van afvalkuilen is verder duidelijk dat deze in beide zones eigenlijk de gebouwen, op een aantal uitzonderingen na, ontwijken. In de zone Raversijde 96-98 zijn vooral de gebouwen 21, 24, 30 en 31 aangetast door kuilen en in de zone Raversijde 92-95 zijn het de gebouwen 2, 8, 10 en 11 die aangetast zijn door kuilen. Dit zou een indicatie kunnen zijn dat deze gebouwen vroeger werden verlaten dan de andere en dus m.a.w. niet meer in gebruik waren in de eindfase van de bewoning. Voor de gebouwen 21, 24, 30 en 31 is dit ook op te maken uit de verticale stratigrafie. Merkwaardig in dit opzicht is dat geen van beide houten gebouwen was aangetast door kuilen, wat een argument is om er blijvers van te maken en geen voorlopers.

Naast een groot aantal kuilen werden zoals gezegd ook gigantisch grote afvalkuilen aangesneden. Het betreft verschillende als stortzone gerecycleerde veenwinningskuilen (spoornrs. 27, 69 en 619). Veenwinningskuil spoornr. 69 heeft een oppervlakte van ongeveer 600 m² en veenwinningskuil spoornr. 619 heeft een minimale oppervlakte van 500 m². Beide exemplaren zijn dus honderden maal groter dan de gemiddelde afvalkuil. Beide veenwinningskuilen sluiten ook perfect tegen perceelsgrachten aan en zijn dus kennelijk perceelsgebonden. Van kuilen wordt inderdaad gezegd dat ze meestal perceelsgebonden zijn en m.a.w. zelden de perceelsscheidingen oversnijden. Vanuit die optiek kunnen op terreinen waar veel kuilen zijn gegraven, stroken zonder kuilen wijzen op het bestaan van perceelsscheidingen[1117]. Dit is in Walraversijde in elk geval van toepassing op de als stortzones gerecycleerde veenwinningskuilen. Voor de gemiddelde afvalkuil is dit minder duidelijk. Het is wel zo dat het grachtenstelsel noch de veenwinningskuilen van de zone Raversijde 92-95 worden gesneden door afvalkuilen. In de zone Raversijde 96-98 worden geen kuilen aangesneden in zones waarin circulatie wordt verondersteld.

In het kader van deze publicatie was het niet mogelijk om alle kuilen individueel te bespreken. Daarom is geopteerd om bij wijze van voorbeeld er enkel een aantal individuele gevallen uit te pikken. In 1994 werd aldus de vulling van een kuil waarin een merkwaardige concentratie visresten was aangetroffen in detail onderzocht en gepubliceerd[1118]. Ook nu is het feit of de archeozoölogische resten al bestudeerd waren, gebruikt als criterium om de betrokken kuil te bespreken. Het betreft bij twee van de drie voorbeelden, kuilen die visresten bevatten vergelijkbaar met de in 1994 bestudeerde kuil. Al het botmateriaal uit de eerste opgravingscampagne van 1992 werd in het kader van een licentiaatsthesis[1119] onderzocht. Bij dit materiaal zitten uiteraard heel wat dierlijke resten uit allerhande kuilen. De resultaten van deze studie zijn hier dan ook aansluitend opgenomen.

4.4.3.2 Enkele kuilen verder onderzocht

4.4.3.2.1 Kuil spoornr. 380

Het betreft een eenvoudige rechthoekige kuil van 1 bij 0,6 m in de nabijheid van gebouw 6 en vlakbij gracht spoornr. 61, die volledig opgevuld was met zwartgrijs kleiig zand. Deze kuil werd geregistreerd op 3,51 m T.A.W. en de bodem ervan reikt nog 70 cm dieper, tot op 2,80 m T.A.W. Dit betekent dat de vulling niet tot beneden de permanente grondwatertafel reikt. Uit de vulling van deze kuil werden een 50-tal laatmiddeleeuwse ceramiekfragmenten zonder chronologisch typerende kenmerken gerecupereerd. Hierdoor kan deze kuil slechts algemeen in de periode 1425-1475/1500 worden gedateerd. Gezien de aard van de sedimenten die de kuil opvulden, komt naar analogie met andere sporen eerder het einde van de dateringsvork in aanmerking, m.a.w. 2de helft 15de eeuw.

4.4.3.2.2 Dierenresten uit kuil spoornr. 380

Wim Van Neer, An Lentacker en Anton Ervynck

In deze kuil zaten wat groot botmateriaal en schelpen die met de hand werden verzameld (maar hier niet werden geïnventariseerd), maar belangrijker was een lens van visbotten die door zeefstalen werd bemonsterd (tabel 71). Van deze zeefstalen werd slechts een klein deel al volledig bestudeerd; de rest komt in toekomstig onderzoek aan bod.

De visfauna uit de lens vertoont veel gelijkenissen met het visbot uit de vroeger reeds gepubliceerde 'platviskuil', waarin afval werd gevonden van het prepareren van schol[1120]. In deze platviskuil werden in een lens bijna 10.000 resten gevonden van uitsluitend schol. Het materiaal, dat bijna exclusief bestond uit overblijfselen van koppen en staarten van in totaal ongeveer 130 individuen, toont aan dat schollen van een zelfde vangst werden verwerkt. De lichamen van de vissen ontbreken en werden vermoedelijk gedroogd voor latere consumptie.

Een eerste verschil met de vroeger beschreven platviskuil ligt in de soortensamenstelling (tabel 72): kuil 380 leverde vooral resten van bot op (ongeveer 60%), terwijl schol en schar elk goed zijn voor ongeveer 20%. Deze soortdeterminaties zijn uitsluitend op elementen van de kop mogelijk, een identificatie van wervels is niet mogelijk. Dit bemoeilijkt de verdere interpretatie, omdat schar gemiddeld minder groot wordt dan de schol en bot.

In de eerder beschreven platviskuil werden de wervels afzonderlijk gekwantificeerd volgens de plaats die ze innamen in de wervelkolom. Het bleek dat de eerste en tweede rompwervels nog redelijk goed vertegenwoordigd waren, vergeleken met het aantal koppen, maar dat precaudale wervels dieper in het lichaam gelegen geleidelijk minder talrijk werden. Ook bij de

1117 Bult 1992b, 35.

1118 Pieters *et al.* 1995b.

1119 Bollen 1998.

1120 Pieters *et al.* 1995; Van Neer & Pieters, 1997.

TABEL 71

Inventaris van de dierenresten uit kuil 380 (zeef: zeefstaal).
Inventory of animal remains from pit 380 (zeef: sieved sample).

soort	zeef 81 >2 mm
MOLLUSCA	
mossel (*Mytilus edulis*)	14
strandschelp sp. (*Spisula / Mactra* sp.)	3
zaagje (*Donax vittatus*)	7
niet gedetermineerde land- en zoetwatermollusken	15
CRUSTACEA	
niet gedetermineerde schaarfragmenten	51
PISCES	
schol (*Pleuronectes platessa*)	20
bot (*Platichthys flesus*)	63
schar (*Limanda limanda*)	17
schol/bot/schar (Pleuronectidae sp.)	295
AVES	
niet gedetermineerde vogelresten	1
MAMMALIA	
niet gedetermineerde micromammalia	1
niet gedetermineerde zoogdierresten	20
totaal	507

TABEL 72

Relatief aandeel van de platvisresten gedetermineerd in kuil 380 (n=395).
Frequency of identified flatfish remains from pit 380 (n=395).

soort	%
schol (*Pleuronectes platessa*)	5.1
bot (*Platichthys flesus*)	15.9
schar (*Limanda limanda*)	4.3
schol/bot/schar (Pleuronectidae sp.)	74.7

TABEL 73

Grootteverdeling van de platvisresten van kuil 380 voor de verschillende skeletelementen. De eerste kolom geeft het aantal stukken aan per skeletelement, de volgende kolommen tonen het percentage dat elke grootteklasse voor zich neemt binnen elk skeletelement.
Size classes for flatfish remains from pit 380 per different skeletal element. The first column indicates the number of finds per skeletal element; the other columns indicate the percentage represented by each size class per skeletal element.

skeletelement		<10	10-20	20-30	30-40	40-50
	n	%	%	%	%	%
kop schar	8	0	0	100	0	0
kop schol	8	13	0	25	63	0
kop bot	15	0	0	33	67	0
basioccipitale	20	0	0	35	65	0
1ste wervel	19	0	5	37	58	0
2de wervel	7	0	14	43	43	0
3de/4de wervel	24	0	4	71	25	0
alle overige precaudale	74	1	8	38	53	0
1ste caudale	2	0	0	100	0	0
voorlaatste caudale	1	0	0	0	100	0
laatste caudale	17	0	6	41	35	18
urostyl	15	0	0	100	0	0
alle overige caudale	88	2	57	14	27	0

staartwervels stelde men een dergelijke tendens vast. Wervels uit het midden van het lichaam (bijvoorbeeld de gemakkelijk herkenbare eerste caudale wervel) waren afwezig. Wanneer men de skeletverdeling voor kuil spoornr. 380 bekijkt (eerste kolom van tabel 73), merkt men op dat er inderdaad een overwicht is van wervels uit het voorste en achterste deel van de wervelkolom, maar ook dat er elementen aanwezig zijn uit het midden van het lichaam: eerste caudale wervels zijn teruggevonden. Ook daalt het aantal derde/vierde wervels op het eerste gezicht onvoldoende om van dezelfde tendens te kunnen spreken als die waargenomen in de eerder beschreven platviskuil. Dit doet vermoeden dat we te maken hebben met een mengsel van slachtafval van koppen en staarten, en anderzijds eerder volledige platvissen. Omdat het patroon minder eenduidig is, werd ook rekening gehouden met de grootte van de vissen.

Uit de grootteverdeling van de kopelementen blijkt dat de meeste resten afkomstig zijn van grote individuen van elke soort: het gaat om dieren uit de grootteklasse 30-40 cm SL voor zowel schol als bot en om vissen van 20-30 cm SL voor de van nature kleinere schar. Kleine individuen (minder dan 10 cm SL) zijn alleen bij schol door kopelementen vertegenwoordigd. Bij de basioccipitalia (het deel van de schedel dat articuleert met de eerste wervel), evenals bij de eerste wervel zijn de grootteklassen in ongeveer dezelfde verhoudingen aanwezig als bij de kopelementen van bot en schol. Het is bij de tweede en vooral de derde en/of vierde wervel dat een ondervertegenwoordiging begint op te treden van de grotere vissen, wat een aanduiding kan zijn dat de lichamen zelf zijn weggenomen. Het is inderdaad opvallend dat de urostyl, de laatste en voorlaatste caudale wervels bijna exclusief van grote platvissen komen, terwijl bij de overige staartwervels, meer naar het midden van het lichaam gelegen, exemplaren domineren van 20 cm en kleiner. Dit alles suggereert dat we met een mengsel te maken hebben van koppen en staarten van grotere bot, schol en schar enerzijds en kleinere, volledige platvissen anderzijds. Gezien het hoge aantal wervels in een platvis (naargelang de soort 24 tot 30 caudale)[1121] moet men voor die eerder volledige, kleine platvissen slechts een gering aantal individuen veronderstellen om de geobserveerde aantallen wervels te kunnen verklaren.

Ten slotte moeten nog de vondsten van schelpfragmenten en resten van schaaldieren worden vermeld. Binnen deze laatste categorie werden vooral de fragmenten van de scharen van krabben herkend, waarschijnlijk allemaal van de strandkrab afkomstig. Mogelijk zijn een groot deel van deze fragmenten van schelp- en schaaldieren prooiresten van de platvissen die voor bewaring werden geprepareerd en waarvan de resten in de onderzochte kuil terechtkwamen. Het is bekend dat grote platvissen kleine krabben eten[1122].

4.4.3.2.3 Kuil spoornr. 463

Deze kuil werd onderzocht in sleuf 94/I (fig. 3 en fig. 443). Het betreft een kuil met een onregelmatige vorm van 2,56 m bij 2,75 m. De bodem van de kuil bevindt zich op 2,05 m T.A.W. In de opvulling ervan kunnen drie hoofdeenheden worden onderscheiden, respectievelijk van boven naar onder: zwartrijs zand met nogal wat baksteenpuin, zwart houtskoolrijk zand en verspitte olijfbeige klei eveneens met nogal wat baksteenpuin.

4.4.3.2.4 Dierenresten uit kuil spoornr. 463
Wim Van Neer, An Lentacker en Anton Ervynck

Uit kuil spoornr. 463 werden dierenresten met de hand verzameld maar het hier bestudeerde materiaal komt uit een zeefstaal van 5 liter (tabel 74). Hierin zaten een klein aantal schelpen en wat (meestal niet te determineren zoogdierbot). De visfauna van deze kuil (tabel 75) valt op door de aanwezigheid van enkele soorten die elders op de site niet of slechts sporadisch voorkomen. Dit is waarschijnlijk grotendeels te wijten aan het feit dat hier ook monsters onderzocht werden van de 1 mm zeeffractie,

FIG. 443 **Doorsnede door kuil spoornr. 463.**
Rubbish pit 463 in section.

1121 *Cf.* Norman 1934.

1122 Quéro 1997.

terwijl dit voor alle andere onderzochte stalen uit Raversijde beperkt bleef tot de 2 mm fractie. Anderzijds werd de keuze om ook de kleinere zeeffractie te onderzoeken, precies genomen omdat werd opgemerkt dat er een echte concentratie van kleinere vissoorten in het residu aanwezig was.

Wanneer men de 2 mm fractie beschouwt, zoals elders in de gezeefde contexten, merkt men dat de kabeljauwachtigen goed zijn voor ongeveer 60% van de resten, terwijl schol/bot/schar bijna 35% uitmaakt van het assemblage. Opmerkelijk is dat haring hier sterk ondervertegenwoordigd is met slechts 1% van de resten. Het gaat om 6 wervels en 2 kopelementen van vissen die 15-20 cm SL maten. Verder vindt men in dit staal een roggewervel en twee stekels van stekelrog, een aantal vinstralen en vinstraaldragers van ponen, 5 staartwervels en een schouderelement van paling, evenals een schedelfragmentje van een driedoornige stekelbaars. Binnen de kabeljauwachtigen overweegt schelvis met bijna 45% van de resten, gevolgd door wijting die 40% voor zijn rekening neemt. Kabeljauw is goed voor iets meer dan 15% van de resten en deze bestaan voor 30% uit kopelementen. Bij de wervels merkt men dat de verhouding precaudale/caudale wervels eerder normaal is (7/12) en ook de gereconstrueerde grootten van de kabeljauw verschillen van deze elders op

TABEL 74

Inventaris van de dierenresten uit een zeefstaal uit kuil 463.
Inventory of animal remains from a sieved sample from pit 463.

soort	zeef 5l >1 mm
MOLLUSCA	
glanzende tepelhoren (*Polinices polianus*)	1
mossel (*Mytilus edulis*)	1
gewone kokkel (*Cerastoderma edule*)	4
strandschelp sp. (*Spisula / Mactra* sp.)	8
zaagje (*Donax vittatus*)	13
platte slijkgaper (*Scrobicularia plana*)	1
niet gedetermineerde land- en zoetwatermollusken	30
PISCES	
paling (*Anguilla anguilla*)	6
stekelrog (*Raja clavata*)	5
gevlekte rog (*Raja montagui*)	1
rog (Rajidae sp.)	1
haring (*Clupea harengus*)	20
kabeljauw (*Gadus morhua*)	27
schelvis (*Melanogrammus aeglefinus*)	71
wijting (*Merlangius merlangus*)	64
kabeljauwachtige (Gadidae sp.)	289
driedoornige stekelbaars (*Gasterosteus aculeatus*)	30
zeenaald (Syngnathidae sp.)	21
poon (Triglidae sp.)	9
grondels (Gobiidae sp.)	41
schol (*Pleuronectes platessa*)	12
schol/bot/schar (Pleuronectidae sp.)	376
niet gedetermineerde visresten	2660
MAMMALIA	
schaap (*Ovis ammon* f. aries) / geit (*Capra aegagrus* f. hircus)	2
niet gedetermineerde zoogdierresten	18
totaal	3711
coprolieten	10

TABEL 78

Inventaris van de dierenresten uit twee zeefstalen uit kuil 5083.

Inventory of animal remains from two sieved samples from pit 5083.

soort	zeef 4 l >2 mm	zeef 10 l >2 mm
MOLLUSCA		
fuikhoren (*Hinia reticulata*)	2	-
mossel (*Mytilus edulis*)	2	-
zaagje (*Donax vittatus*)	2	-
PISCES		
paling (*Anguilla anguilla*)	-	23
stekelrog (*Raja clavata*)	2	1
rog (Rajidae sp.)	12	-
congeraal (*Conger conger*)	-	-
haring (*Clupea harengus*)	833	377
haring (*Clupea harengus*) of sardien (*Sardina pilchardus*)	1835	-
sardien (*Sardina pilchardus*)	89	2
kabeljauw (*Gadus morhua*)	26	399
cf. kabeljauw (cf. *Gadus morhua*)	-	996
schelvis (*Melanogrammus aeglefinus*)	-	1
wijting (*Merlangius merlangus*)	1	35
kabeljauwachtige (Gadidae sp.)	100	8296
driedoornige stekelbaars (*Gasterosteus aculeatus*)	1	-
poon (Triglidae sp.)	-	1
grondels (Gobiidae sp.)	2	-
schol (*Pleuronectes platessa*)	90	5
schol/bot/schar (Pleuronectidae sp.)	589	93
niet gedetermineerde visresten	-	80
MAMMALIA		
rund (*Bos primigenius* f. taurus)	1	-
wervel - groot	1	-
niet gedetermineerde zoogdierresten	2	-
totaal	3590	10309

aanwezige skeletelementen de schoudergordel en de staartwervels, wordt dan gedroogd. Zo kan het eindproduct langer bewaard en verhandeld worden. De meeste skeletelementen die een grootteresconstructie toelieten, wijzen op een standaardlengte van 50-60 cm voor de kleinste exemplaren en 90-100 cm voor de grootste (tabel 83). Ook de skeletverdeling binnen de wervels evenals enkele typische snijsporen ondersteunen de hypothese dat we te maken hebben met het afval van stokvispreparatie. Bij de 111 eerder volledig bewaarde wervels is er slechts één staartwervel. Alle andere komen uit het voorste deel van de wervelkolom. Bij de precaudale wervels zijn er 7 met snijsporen, maar het gaat niet om de typische dwarse snijsporen die men verkrijgt bij het doorhakken in moten. Ze zijn eerder het resultaat van schuine sneden die vertrekkend vanuit de buikholte, doorheen het wervellichaam gingen. Eens het mes boven de wervelkolom was, ging men waarschijnlijk ter hoogte van de neurale doornen parallel met de wervelkolom naar voor en naar achter snijden om zo de precaudale wervels los te trekken van het bovenliggende vlees.

Uitmaken om hoeveel kabeljauwkoppen het minimaal dient te gaan, kan ook uit de skeletverdeling worden opgemaakt. Bij de onpare elementen zijn de eerste wervel (8 stuks) en het vomer (10 specimens) het best vertegenwoordigd, terwijl men uitgaande van gepaarde skeletdelen het hoogste cijfer bekomt door middel van het epihyale waarvan 29 specimens bewaard zijn wat dus overeenkomt met minimaal 15 koppen. Hoewel men het tafonomische verlies moeilijk kan schatten, zou het kunnen dat het aantal verwerkte kabeljauwen niet erg hoog lag, maar zoals

TABEL 79

Relatief aandeel van de visresten gedetermineerd in twee zeefstalen uit kuil 5083.
Frequency of identified fish remains from two sieved samples from pit 5083.

soort	4 l n=3580 %	10 l n=10229 %
paling (*Anguilla anguilla*)	-	0.2
stekelrog (*Raja clavata*)	0.1	0.0
rog (Rajidae sp.)	0.3	-
haring (*Clupea harengus*)	23.3	3.7
haring (*Clupea harengus*) of sardien (*Sardina pilchardus*)	51.3	-
sardien (*Sardina pilchardus*)	2.5	0.0
kabeljauw (*Gadus morhua*)	0.7	3.9
cf. kabeljauw (cf. *Gadus morhua*)	-	9.7
schelvis (*Melanogrammus aeglefinus*)	-	0.0
wijting (*Merlangius merlangus*)	0.0	0.3
kabeljauwachtige (Gadidae sp.)	2.8	81.1
driedoornige stekelbaars (*Gasterosteus aculeatus*)	0.0	-
poon (Triglidae sp.)	-	0.0
grondels (Gobiidae sp.)	0.1	-
schol (*Pleuronectes platessa*)	2.5	0.0
schol/bot/schar (Pleuronectidae sp.)	16.5	0.9

TABEL 80

Relatief aandeel van de verschillende grootteklassen (in cm SL) bij schol/bot/schar in het 4 liter zeefstaal van kuil 5083 (n=438).
Frequency of the different size classes (in cm SL) for plaice/flounder/dab from the 4- litre sieved sample from pit 5083 (n=438).

grootteklasse	%
<10	98.9
10-20	0.9
20-30	0.2

TABEL 81

Relatief aandeel van botelementen uit verschillende zones van het skelet bij schol/bot/schar in het 4 liter zeefstaal (n=673).
Frequency of the elements from the different skeletal zones for plaice/flounder/dab from the 4-litre sieved sample from pit 5083 (n=673).

skeletzone	%
wervels	33.1
vinstralen en vinstraaldragers	6.5
kieuwkorf en tongboog	16.2
andere kopelementen	44.1

TABEL 82

Relatief aandeel van botelementen uit verschillende zones van het skelet bij kabeljauw uit het 10 liter zeefstaal van kuil 5083 (n=1327).
Frequency of the elements from the different skeletal zones for cod from the 10-litre sieved sample from pit 5083 (n=1327).

skeletzone	%
wervels	13.0
schoudergordel	2.6
kopelementen	84.4

TABEL 83

Relatief aandeel van de verschillende grootteklassen (in cm SL) bij kabeljauw uit het 10 liter zeefstaal van kuil 5083 (n=376).
Frequency of the different size classes (in cm SL) for cod from the 10-litre sieved sample from pit 5083 (n=376).

grootteklasse	%
30-40	0.3
40-50	0.0
50-60	3.7
60-70	59.8
70-80	3.5
80-90	0.0
90-100	32.7

hieronder zal blijken zijn er nog meerdere plaatsen op de site waar mogelijk soortgelijke visverwerking plaatsvond (zie verkennend onderzoek 1992 hierna).

4.4.4 Dierenresten uit het verkennende onderzoek van 1992

Wim Van Neer, An Bollen, An Lentacker & Anton Ervynck

In het eerste opgravingsjaar 1992 werden op het provinciaal domein lange zoeksleuven aangelegd met het oog op het afbakenen van de bewoningszone van de site, en het evalueren van het archeologisch potentieel van het bodemarchief[1124]. Deze zoeksleuven raakten een groot aantal structuren, waarvan een deel bij verdere opgravingen in detail zou worden opgegraven. Belangrijker binnen deze context is evenwel het feit dat deze verkennende opgraving reeds een groot aantal met de hand verzamelde dierenresten opleverde (meer dan 14.000), terwijl ook via zeefstalen reeds flink wat vondsten werden ingezameld (meer dan 24.000). Een deel van de handverzamelde collectie en twee zeefstalen (met uitzondering van de visresten) werden bestudeerd in het kader van een licentiaatsverhandeling aan het Laboratorium voor Paleontologie van de Universiteit Gent[1125], waarna de nog ontbrekende contexten en gegevens later werden aangevuld binnen het onderzoek door het IAP. Het interessante aan de 'collectie 1992' is nu dat ze een soort van gemiddelde kijk biedt op de dierenresten gedeponeerd in en om het laatmiddeleeuwse dorp, zonder dat speciale structuren of contexten daarbij te zeer de interpretaties beïnvloeden. De hiervoor reeds besproken ensembles komen immers steeds uit beerputten, astonnen, afvalcontexten van specifieke visverwerking, of uit structuren die duidelijk voor afvaldepositie waren bedoeld (zoals de veenwinningsputten of de gracht). Maar wat lag er aan afval buiten deze structuren? Wat lag er op straat, in poelen, in kleine kuilen met onduidelijke functie, of gewoon in de goot? Onzes inziens komt deze 'nederzettingsruis' het duidelijkst naar voren in de collectie 1992 want zelfs wanneer speciale structuren zoals een grote veenwinningsput werden aangesneden, gebeurde dat enkel door een kleine opgravingsput en overwegen de vondsten aldus niet tegenover deze uit de vele andere, specifieke structuren geraakt door de zoeksleuf.

Tabel 84 geeft een overzicht van de determinaties van het handverzamelde materiaal, en van de inhoud van een aantal zeefstalen. De inventaris wordt ook nog eens gegeven met uitsluiting van de vondsten uit twee veenwinningsputten die nderhand als stortplaats zijn hergebruikt door de 15de-eeuwse bewoners, met name veenwinningsputten spoornrs 27 en 69. De eerste is enkel bij het onderzoek in 1992 aangesneden terwijl de tweede in latere campagnes volledig werd opgegraven. Beide structuren werden echter al besproken in voorgaande hoofdstukken en zullen ook apart in de synthese-interpretaties figureren.

Bij het handverzamelde materiaal overwegen de resten van zoogdieren, terwijl deze van vissen qua aantal op de tweede plaats komen, gevolgd door de schelpen van schelpdieren (fig. 444). Schaaldieren, vogels en amfibieën zijn vrijwel verwaarloosbaar binnen het soortenspectrum. Dit beeld verandert evenwel drastisch wanneer de zeefstalen als maatstaf worden gebruikt. Dan blijkt dat qua vondstaantallen vrijwel alle dierenresten die op de site ooit zijn weggegooid, van vis komen (fig. 444). De vondsten van schelpdieren en zoogdieren vormen slechts kleine minderheden terwijl de overige groepen helemaal in het niets verdwijnen.

Bij de schelpdieren zitten vooral mosselen en oesters. Op de afmetingen van de aangetroffen mosselschelpen wordt nader ingegaan bij de synthese. Wulken, kokkels en 'strandschelpen' zijn minder talrijk, net zoals de schelpen van de zeekat. Andere molluskensoorten zijn weinig frequent behalve een aantal

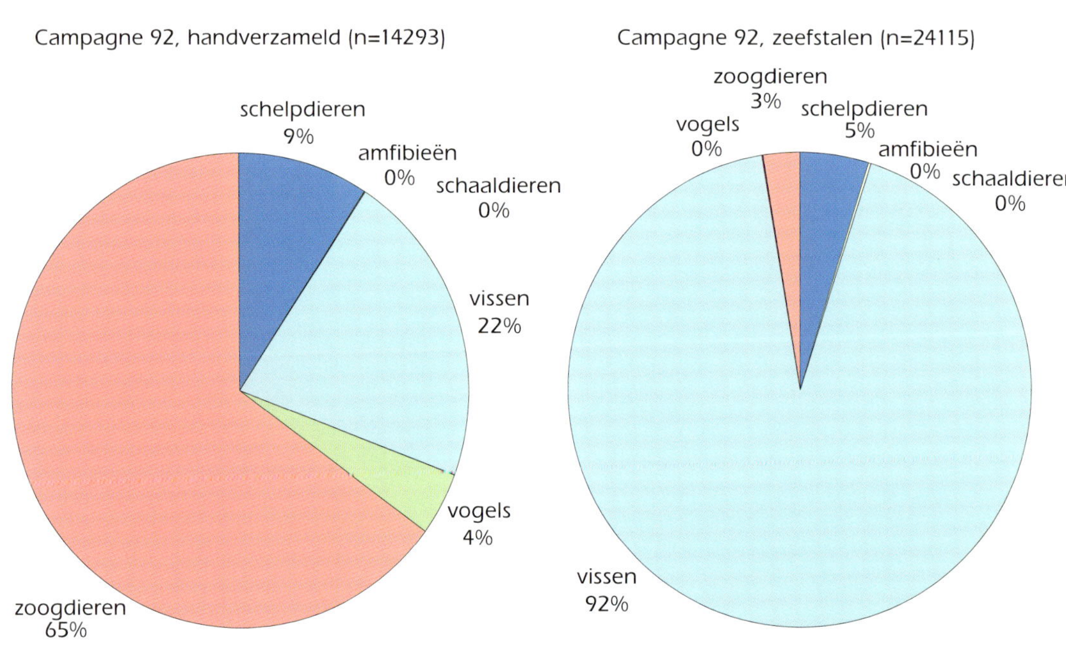

FIG. 444
Handverzamelde dierresten en dierresten uit de zeefstalen van de opgravingscampagne 1992.
Animal remains collected during the 1992 excavations, including those from sieved samples.

1124 *Cf.* Pieters 1993 voor het interimverslag van deze eerste opgravingscampagne.

1125 Bollen 1998.

TABEL 84

Inventaris van de dierlijke resten uit het handverzameld (HV) en gezeefd materiaal (zeef) ingezameld tijdens het verkennend onderzoek van 1992. De inventaris wordt ook nog eens gegeven zonder het materiaal van de veenwinningsputten 27 en 69 die als aparte structuren zijn bestudeerd.

Inventory of animal remains from the hand-collected (HV) and sieved material (zeef) collected during the 1992 excavation season. The inventory is also presented excluding the material from peat extraction pits 27 and 69, which were analysed separately.

soort	totaal HV	totaal zeef >2 mm	zonder 27 en 69 HV	zonder 27 en 69 zeef >2 mm
MOLLUSCA				
gewone alikruik (*Littorina littorea*)	3	-	3	-
fuikhoren (*Hinia reticulata*)	3	-	3	-
gewone tepelhoren (*Polinices catenus*)	23	1	19	1
glanzende tepelhoren (*Polinices polianus*)	5	-	3	-
wulk (*Buccinum undatum*)	131	1	82	1
mossel (*Mytilus edulis*)	504	518	385	499
oester (*Ostrea edulis*)	367	2	281	2
Sint-Jacobsschelp (*Pecten maximus*)	1	-	-	-
gewone kokkel (*Cerastoderma edule*)	63	11	28	9
gewone strandschelp (*Mactra stultorum*)	2	-	1	-
strandschelp sp. (*Spisula / Mactra* sp.)	145	16	89	16
zaagje (*Donax vittatus*)	12	33	12	33
platte slijkgaper (*Scrobicularia plana*)	7	3	6	3
zwaardschede/tafelmesheft/messchede (*Ensis/ Solen* sp.)	1	5	1	4
gewone zeekat (*Sepia officinalis*)	53	-	51	-
niet gedetermineerde land- en zoetwatermollusken	-	566	-	566
CRUSTACEA				
niet gedetermineerde schaar fragmenten	1	2	1	2
AMPHIBIA				
gewone pad (*Bufo bufo*)	-	1	-	1
pad (*Bufo* sp.)	1	-	-	-
kikker (*Rana* sp.)	5	3	5	3
niet gedetermineerde amfibieënresten	-	35	-	35
PISCES				
paling (*Anguilla anguilla*)	7	383	5	271
snoek (*Esox lucius*)	-	4	-	-
karper (*Cyprinus carpio* f. domestica)	1	25	1	21
karperachtige (Cyprinidae sp.)	1	5	1	5
karperachtige (Cyprinidae sp.); grootte karper	1	-	1	-
hondshaai (*Scyliorhinus canicula*)	-	2	-	2
ruwe haai (*Galeorhinus galeus*)	3	-	3	-
gladde haai (*Mustelus* sp.)	-	20	-	20
doornhaai (*Squalus acanthias*)	1	-	1	-
zeeëngel (*Squatina squatina*)	2	-	2	-
vleet (*Dipturus batis*)	-	1	-	1
stekelrog (*Raja clavata*)	2	29	2	19
gevlekte rog (*Raja montagui*)	-	24	-	18
rog (Rajidae sp.)	13	121	13	40
congeraal (*Conger conger*)	1	-	1	-

soort	totaal HV	totaal zeef >2 mm	zonder 27 en 69 HV	zonder 27 en 69 zeef >2 mm
haring (*Clupea harengus*)	88	1705	76	938
elft/fint (*Alosa* sp.)	-	5	-	5
kabeljauw (*Gadus morhua*)	1169	643	872	578
cf. kabeljauw (cf. *Gadus morhua*)	101	217	100	206
schelvis (*Melanogrammus aeglefinus*)	76	158	60	69
wijting (*Merlangius merlangus*)	24	397	23	230
cf. wijting (cf. *Merlangius merlangus*)	-	19	-	19
kabeljauwachtige (Gadidae sp.)	116	1507	114	1025
driedoornige stekelbaars (*Gasterosteus aculeatus*)	-	22	-	14
Engelse poon (*Chelidonichthys cuculus*)	31	-	31	-
grauwe poon (*Chelidonichthys gurnardus*)	-	5	-	5
poon (Triglidae sp.)	7	263	6	246
zeedonderpad (*Myoxocephalus scorpius*)	-	1	-	1
harnasmannetje (*Agonus cataphractus*)	-	8	-	8
horsmakreel (*Trachurus trachurus*)	-	4	-	-
kleine pieterman (*Echiichthys vipera*)	-	7	-	7
grondels (Gobiidae sp.)	-	4	-	4
tonijn (*Thunnus thynnus*)	7	15	3	1
makreel (*Scomber scombrus*)	-	4	-	2
tarbot (*Scophthalmus maximus*)	13	1	8	1
griet (*Scophthalmus rhombus*)	-	48	-	-
tarbot/griet	3	-	3	-
schol (*Pleuronectes platessa*)	19	160	12	79
bot (*Platichthys flesus*)	39	32	35	19
schar (*Limanda limanda*)	5	25	5	25
schol/bot/schar (Pleuronectidae sp.)	593	4316	543	2809
heilbot (*Hippoglossus hippoglossus*)	4	-	1	-
cf. heilbot (cf. *Hippoglossus hippoglossus*)	21	-	21	-
heilbot/tarbot	2	-	2	-
tong (*Solea* sp.)	5	62	1	49
niet gedetermineerde visresten	720	12045	606	6129
AVES				
knobbelzwaan (*Cygnus olor*) / wilde zwaan (*Cygnus cygnus*)	1	-	-	-
rotgans (*Branta bernicla*) / brandgans (*Branta leucopsis*)	3	-	3	-
gans (*Anser anser* f. domestica)	73	-	58	-
gans sp. (*Anser* sp.)	53	-	36	-
wilde eend (*Anas platyrhynchos*)	1	-	-	-
eend sp. (*Anas* sp.)	1	-	1	-
kleine mantelmeeuw (*Larus fuscus*)	21	-	21	-
grote mantelmeeuw (*Larus marinus*)	4	-	3	-
meeuw (Laridae sp.)	5	-	2	-
meerkoet (*Fulica atra*)	1	-	1	-
zeekoet (*Uria aalge*)	1	-	-	-
waadvogels/meeuwen/alken (Charadriiformes sp.)	3	-	1	-
kip (*Gallus gallus* f. domestica)	273	5	204	5
houtduif (*Columba palumbus*)	1	-	1	-
duif (*Columba livia* f. domestica)	2	-	2	-
ekster (*Pica pica*)	2	-	2	-
zangvogel (Passeriformes sp.)	1	-	1	-

soort	**totaal HV**	**totaal zeef >2 mm**	**zonder 27 en 69 HV**	**zonder 27 en 69 zeef >2 mm**
niet gedetermineerde vogelresten	169	13	125	11
MAMMALIA				
niet gedetermineerde micromammalia	-	15	-	10
mol (*Talpa europaea*)	1	2	1	-
konijn (*Oryctolagus cuniculus*)	20	-	12	-
zwarte rat (*Rattus rattus*)	1	-	1	-
steenmarter (*Martes foina*)	1	-	-	-
kat (*Felis silvestris* f. catus)	42	-	10	-
hond (*Canis lupus* f. familiaris)	28	-	15	-
paard (*Equus ferus* f. caballus)	22	-	20	-
varken (*Sus scrofa* f. domestica)	937	19	586	14
rund (*Bos primigenius* f. taurus)	932	2	612	2
schaap (*Ovis ammon* f. aries)	303	2	198	2
geit (*Capra aegagrus* f. hircus)	1	-	1	-
schaap (*Ovis ammon* f. aries) / geit (*Capra aegagrus* f. hircus)	1794	19	1116	19
bruinvis (*Phocoena phocoena*)	1	-	1	-
niet gedetermineerde zeezoogdierresten	1	-	1	-
rib - groot	717	1	515	1
rib - middel	1348	22	902	21
rib - klein	23	2	17	-
wervel - groot	215	-	137	-
wervel - middel	429	-	288	-
wervel - klein	15	-	9	-
niet gedetermineerde zoogdierresten	2446	529	1736	342
totaal	14296	24115	10163	14468

land- en zoetwatersoorten die verder ongedetermineerd bleven. Voor het merendeel gaat het om dieren uit het genus *Hydrobia*. Ook de resten van schaaldieren konden niet tot op de soort worden gedetermineerd, maar bij de schaarse amfibieënresten werd de aanwezigheid van de gewone pad en een kikkersoort herkend.

Wanneer de veenwinningsputten spoornrs. 27 en 69 worden meegerekend, komen de visresten uit 59 verschillende structuren. Het aantal identificeerbare visbotten varieert in het handverzamelde materiaal van 1 stuk tot iets meer dan 300 en het gemiddelde aantal stuks is amper 35. Het spreekt voor zich dat geen doorgedreven interpretatie mogelijk is op dergelijk materiaal. Zoals elders overwegen in het handverzamelde materiaal de kabeljauwachtigen, gevolgd door de platvissen (tabel 85). Binnen de familie van de Gadidae is de kabeljauw de belangrijkste soort en typisch is alweer dat individuen met een lengte van ongeveer 1 m de bovenhand hebben. Bij het uitwerken van de contexten viel het op dat sommige loci veel kabeljauwresten met snijsporen opleverden. Vele van deze snijsporen bevonden zich op elementen van de schoudergordel (posttemporale, supracleithrum en cleithrum) en komen overeen met de typische modificaties die optreden bij stokvispreparatie. De indruk ontstaat ook dat er een ondervertegenwoordiging is van caudale wervels, wat zou kunnen ontstaan wanneer de kabeljauwlichamen (zonder kop en zonder rompwervels) hier niet gedeponeerd werden, maar elders gezouten of gedroogd werden voor latere consumptie. De stalen zijn te klein om dit met harde cijfers te illustreren, maar ook bepaalde andere bewerkte botfragmenten lijken in de richting van stokvispreparatie te wijzen. Zo leverde de vulling van greppel spoornr. 33 twee aangesneden precaudale wervels op van een kabeljauw die 90-100 cm SL mat. De wervels zijn volledig, met uitzondering van de dwarse uitsteeksels die duidelijk afgesneden zijn. Bij stokvispreparatie worden, in geval van grote exemplaren, de rompwervels uitgesneden maar blijven de dwarse apophysen in het vlees steken[1126]. Het is duidelijk dat stalen van grotere omvang nodig zullen zijn om met zekerheid te kunnen

1126 *Cf.* Brinkhuizen, 1994: fig. 1.

TABEL 85

Relatief aandeel van de visresten gedetermineerd in het handverzameld (HV) en gezeefd materiaal (zeef) ingezameld tijdens het verkennend onderzoek van 1992. Het materiaal van de veenwinnings-putten 27 en 69 is hier niet weerhouden.

Frequency of identified fish remains from the hand-collected (HV) and sieved material (zeef) collected during the 1992 excavation season. The material from peat extraction pits 27 and 69 is not represented.

soort	HV n=1946 %	zeef n=6737 %
paling (*Anguilla anguilla*)	0.3	4.0
snoek (*Esox lucius*)	-	-
karper (*Cyprinus carpio* f. domestica)	0.1	0.3
karperachtige (Cyprinidae sp.)	0.1	0.1
karperachtige (Cyprinidae sp.); grootte karper	0.1	-
hondshaai (*Scyliorhinus canicula*)	-	0.0
ruwe haai (*Galeorhinus galeus*)	0.2	-
gladde haai (*Mustelus* sp.)	-	0.3
doornhaai (*Squalus acanthias*)	0.1	-
zeeëngel (*Squatina squatina*)	0.1	-
vleet (*Dipturus batis*)	-	0.0
stekelrog (*Raja clavata*)	0.1	0.3
gevlekte rog (*Raja montagui*)	-	0.3
rog (Rajidae sp.)	0.7	0.6
congeraal (*Conger conger*)	0.1	-
haring (*Clupea harengus*)	3.9	13.9
elft/fint (*Alosa* sp.)	-	0.1
kabeljauw (*Gadus morhua*)	44.8	8.6
cf. kabeljauw (cf. *Gadus morhua*)	5.1	3.1
schelvis (*Melanogrammus aeglefinus*)	3.1	1.0
wijting (*Merlangius merlangus*)	1.2	3.4
cf. wijting (cf. *Merlangius merlangus*)	-	0.3
kabeljauwachtige (Gadidae sp.)	5.9	15.2
driedoornige stekelbaars (*Gasterosteus aculeatus*)	-	0.2
Engelse poon (*Chelidonichthys cuculus*)	1.6	-
grauwe poon (*Chelidonichthys gurnardus*)	-	0.1
poon (Triglidae sp.)	0.3	3.7
zeedonderpad (*Myoxocephalus scorpius*)	-	0.0
harnasmannetje (*Agonus cataphractus*)	-	0.1
horsmakreel (*Trachurus trachurus*)	-	-
kleine pieterman (*Echiichthys vipera*)	-	0.1
grondels (Gobiidae sp.)	-	0.1
tonijn (*Thunnus thynnus*)	0.2	0.0
makreel (*Scomber scombrus*)	-	0.0
tarbot (*Scophthalmus maximus*)	0.4	0.0
griet (*Scophthalmus rhombus*)	-	-
tarbot/griet	0.2	-
schol (*Pleuronectes platessa*)	0.6	1.2
bot (*Platichthys flesus*)	1.8	0.3
schar (*Limanda limanda*)	0.3	0.4
schol/bot/schar (Pleuronectidae sp.)	27.9	41.7
heilbot (*Hippoglossus hippoglossus*)	0.1	-
cf. heilbot (cf. *Hippoglossus hippoglossus*)	1.1	-
heilbot/tarbot	0.1	-
tong (*Solea* sp.)	0.1	0.7

TABEL 86

Relatief aandeel van de visresten gedetermineerd in een zeefstaal van waterput 74 (n=814).

Frequency of identified fish remains from a sieved sample from well 74 (n=814).

soort	%
paling (*Anguilla anguilla*)	1.8
hondshaai (*Scyliorhinus canicula*)	0.2
stekelrog (*Raja clavata*)	0.2
rog (Rajidae sp.)	0.4
haring (*Clupea harengus*)	33.2
kabeljauw (*Gadus morhua*)	0.4
wijting (*Merlangius merlangus*)	0.6
kabeljauwachtige (Gadidae sp.)	2.1
driedoornige stekelbaars (*Gasterosteus aculeatus*)	0.2
poon (Triglidae sp.)	0.2
makreel (*Scomber scombrus*)	0.2
schol (*Pleuronectes platessa*)	1.1
bot (*Platichthys flesus*)	0.2
schol/bot/schar (Pleuronectidae sp.)	58.8
tong (*Solea* sp.)	0.1
totaal gedetermineerd	100.0

stellen dat dergelijke activiteiten in Walraversijde plaatsvonden. Volledigheidshalve moet er ook aan toegevoegd worden dat ook frequent snijsporen zijn vastgesteld op schedelfragmenten zoals maxillae, premaxillae, dentalia en branchiostegalia. Het is onduidelijk of het hier gaat om sporen gerelateerd aan het versnijden van vis voor directe consumptie, dan wel om sporen veroorzaakt bij de preparatie van een variant van stokvis mét kop.

De zeefstalen van 8 verschillende contexten zijn samengevoegd en geven een beeld van dominantie van platvis, gevolg door kabeljauwachtigen en dan haring (tabel 85). Paling en ponen zijn ook redelijk talrijk aanwezig, maar de andere soorten zijn allemaal met minder dan 1% van het materiaal vertegenwoordigd. Wanneer de zeefstalen per context apart worden bekeken is er één die het vermelden waard leek omwille van de soortensamenstelling. De visfauna van waterput spoornr. 74 (tabel 86) bestaat voor 60% uit platvissen en bijna 35% haring. Opvallend is dat kabeljauwachtigen hier sterk ondervertegenwoordigd zijn met amper iets meer dan 3% van de resten.

Bij de vogelbotten zitten opnieuw vooral resten van kip en gans. Onder de resten van ganzen, wellicht vooral van de huisgans afkomstig, zitten ditmaal ook een klein aantal vondsten behorend tot het genus *Branta*, waarbinnen de kolgans en de brandgans zitten. Deze dieren moeten dus in het wild zijn gejaagd. Ander wild uit het zoete water omvat een zwanensoort, eenden, en een meerkoet. Vogels die op of nabij zee moeten gejaagd zijn, zijn een aantal meeuwensoorten, en een zeekoet. Van op het land komen de resten van een houtduif, eksters en een zangvogel. Twee botten van een rotsduif komen mogelijk van de gedomesticeerde vorm, de huisduif.

Bij de zoogdierresten valt opnieuw op dat de resten van de traditionele vleesleveranciers (varken, rund en schaap) voorkomen in de frequenties die elders ook al werden vastgesteld: (ongeveer) 25% voor varken, 25% voor rund, en 50% voor schaap. Ook de niet gegeten huisdieren zijn dezelfde als beschreven in andere contexten: kat, hond en paard. De vondsten komen in geen enkel geval van skeletten (of delen daarvan) in anatomisch verband, maar dat kan ook komen omdat de opgravingscampagne '92 veel structuren slechts gedeeltelijk aansneed. Bij de wilde diersoorten zitten opnieuw enkel het konijn en een heel schaars aantal van zeezoogdieren (waaronder de bruinvis), naast een aantal intrusieven, met name kleine zoogdieren, de mol, de zwarte rat en de steenmarter.

4.5 De mobilia gekoppeld aan de laatmiddeleeuwse dorpsfase: een eerste overzicht

4.5.1 Inleiding

In dit eerste uitvoerige opgravingsverslag over een groot deel van de sinds 1992 in Raversijde onderzochte sporen van het laatmiddeleeuwse vissersdorp brengen we op het niveau van het onderzochte deel van de nederzetting ook een eerste synthese met betrekking tot de ontelbare mobilia die in dit onderzoek werden geregistreerd. Het gaat dan zowel over archaeologica (4.5.2) in de klassieke betekenis van het woord (ceramiek, steen, glas, metaal, hout, been, leder...) als over dierenresten (4.5.3) of houtresten (4.5.4) bijvoorbeeld.

4.5.2 Mobiele archaeologica in de klassieke betekenis van het woord

Eerst volgt het overzicht, daarna wordt ingezoemd op de spatiale analyse van enkele specifieke ceramiekgroepen.

4.5.2.1 Een overzicht

Hier wordt een eerste synthetisch beeld gebracht van de op de site aanwezige mobiele archaeologica gebaseerd op de gepubliceerde informatie evenals op de in dit volume bijkomende behandelde aspecten. Het vondstenmateriaal is echter nog niet allemaal exhaustief en in detail bestudeerd waardoor dit beeld door vervolgonderzoek nog kan en zal gewijzigd worden. Het is verder de bedoeling om in de nabije toekomst, stapsgewijs bepaalde materiaal- of vondstengroepen gedetailleerd aan bod te laten komen.

Wie aan laatmiddeleeuwse archeologie denkt, denkt onmiddellijk ook aan grote hoeveelheden laatmiddeleeuwse ceramiek. Deze materiaalcategorie was ook in Walraversijde sterk vertegenwoordigd. In de tussen 1992 en 1998 opgegraven zones zijn niet minder dan 314.673 ceramiekfragmenten snel en rudimentair geïnventariseerd, afkomstig van 2562 op het terrein onderscheiden eenheden. Als we deze immense hoeveelheid ceramiek rudimentair opdelen in 4 groepen (steengoed, grijs aardewerk, rood aardewerk en andere ceramiek) dan bekomen we in dezelfde volgorde de volgende percentages: 6,0 % steengoed, 14,9 % grijs, 78,9 % rood en 0,2 % andere ceramiek. Dit is een zeer ruwe benadering die evenwel zeer goed de percentages benadert die bekomen werden bij het detailonderzoek van de vulling van de kuil met platvisresten die behoort tot de reeks kuilen die zich als het ware als een aureool rond veenwinningsput spoornr. 69 bevinden. Deze leverde wat ceramiekfragmenten betreft de volgende percentages op: 5,5 % steengoed, 12,6 % grijs, 81,7 % rood en 0,2 % andere ceramiek[1127]. Het enige verschil met de algemene cijfers is de onderlinge verhouding grijs en rood. De ordegrootte blijft echter gelijk: 5,5-6,0 % steengoed, 12-15 % grijs, 79-82 % rood en 0,2 % andere ceramiek. Deze cijfers zijn dus bruikbaar als een globale appreciatie en als kader om specifieke samenstellingen aan af te toetsen. We overlopen deze verschillende ceramiekcategorieën even in het kort.

Steengoed te Walraversijde omvat vooral Rijnlands steengoed met zoutglazuur maar daarnaast ook steevast Siegburgsteengoed (bijvoorbeeld fig. 129). Dit laatste is vooral aanwezig onder de vorm van kannen, drinkschaaltjes of bekers. Rijnlands steengoed met zoutglazuur is vooral aanwezig onder de vorm van kannen en kruiken (zie bijvoorbeeld fig. 111 en fig. 377). Daarnaast zijn ook aanwezig: zgn. spinpotjes en spinsteentjes. Globaal genomen is 18,6 % van het steengoed te identificeren als Siegburgsteengoed. Dit percentage ligt merkelijk hoger dan het percentage vastgesteld bij de behandelde kuil met platvisresten waar Siegburgsteengoed slechts 6 % van het steengoed vertegenwoordigt[1128]. Een aantal Siegburgfragmenten is afkomstig van objecten die bijkomend voorzien waren van groen loodglazuur en waaraan op sommige plaatsen ook stukken roodbakkende klei zijn gebakken. Dit laatste wijst erop dat dit Siegburgsteengoed een tweede keer is gebakken in een oven samen met rood aardewerk, wellicht in functie van het aanbrengen van het succesvolle koperhoudend groen loodglazuur[1129]. Een occasioneel stuk steengoed is afkomstig uit de Beauvaisis (Frankrijk), zoals een kannetje uit de vullingen van gracht spoornr. 61 aantoont (fig. 445).

Het grijs aardewerk bestaat voor een belangrijk gedeelte uit waterkruiken. Deze zijn in doorsnede allemaal min of meer bolvormig tot ovaalvormig en staan op enkele uitzonderingen na steeds op een aantal standvinnen. De variatie in de vorm van de rand, hals en oor en het aantal standvinnen is groot: trechtvormig, cilindrisch, licht conisch met doorn aan de buitenkant, rolrond oor, oor met centrale richel en twee rijen duimindrukken (zie o.a. fig. 103 en fig. 111). De maximale diameter van de kruiken schommelt tussen 19 en 36 cm. Behalve de grootste exemplaren worden deze kruiken in grijs aardewerk zeer regelmatig aangetroffen in de vulling van tonwaterputten. Één keer werd in de vulling van een tonwaterput een exemplaar met een touw rond het oor aangetroffen (fig. 326) waardoor bleek dat deze kruiken gebruikt werden om water te putten. Hieruit volgt dat ze waarschijnlijk ook gebruikt werden om water te transporteren en tijdelijk op te slaan. De hevige slijtage vooral van de standvin tegenover het oor bij heel wat kruiken laat vermoeden dat deze ook dienden om water op te slaan. Bij het uitgieten van water werden de kruiken te oordelen naar de slijtagesporen wellicht vooral gekanteld en niet zozeer van de grond getild. De aard van de slijtage geeft verder aan dat het oppervlak waarop deze kruiken stonden hard was, wellicht van baksteen. De aangewezen plaats om in huis kruiken met water te zetten, is nabij de haard of de kachel. Door ze daar te plaatsen warmde het water al wat op, wat naargelang het bedoelde gebruik nuttig of aangenaam was. Een zeldzame keer was een gat in de wand van een dergelijke waterkruik gedicht met een loodplug (fig. 446).

Verder werden er ook enkele kookpotten of kookkannen (bijv. fig. 141.4) in grijs aardewerk gevonden. De kookpotten zijn in Walraversijde echter hoofdzakelijk in rood aardewerk. In grijs aardewerk zijn verder ook de bij de grachtvullingen besproken driepootjes (4.4.1.2.2.), enkele voorraadpotten en een zeldzame vuurstolp te vermelden.

Rood aardewerk is zoals gezegd vooral vertegenwoordigd door kookpotten. Deze gesloten en in doorsnede min of meer bolvormige recipiënten (grootste diameter ongeveer gelijk aan hoogte) staan hoofdzakelijk op standvinnen. Ze zijn voorzien van één of twee worstvormige oren en hebben in de regel een naar buiten staande hals. Ze vertonen een grote variatie in de afwerking van de rand (inwaarts afgeschuind, aan de buitenzijde van de hals ontwikkeld en in doorsnede driehoekig, eenvoudig verdikt,...). Ze komen voor in allerlei maten en gewichten (zie o.a. fig. 142-144, fig. 163). De kleinste kookpotten zijn 12 cm hoog, de grootste iets meer dan 30 cm. De kookpotten zijn spaarzaam voorzien van glazuur. Het loodglazuur is zowel functioneel (op de binnenkant van de bodem) als decoratief (op de schouder in de zone tussen de beide oren in) aangebracht. Ze vertonen enkel in uitzonderlijke gevallen een versiering met slibboogjes op de schouder (zie bijv. fig. 143-144).

Een groep die wellicht qua functie nauw aansluit bij de kookpotten zijn de zgn. kookkommen met uitstaande hals, verdikte rand, 2 horizontaal geplaatste oren en voorzien van standvinnen. Ze zijn duidelijk minder talrijk aanwezig dan de kookpotten. Hun vertegenwoordiging preciezer omschrijven zal enkel na verder onderzoek mogelijk zijn. Dergelijke kookkommen werden o.a. aangetroffen in de kuil met platvisresten[1130] en in de vulling van tonwaterput spoornr. 556 (fig. 225:5). De randdiameter van deze kookkommen gaat van 22 cm tot 30 cm. De diameter van deze recipiënten is minstens 1,5 keer de hoogte. In de meeste

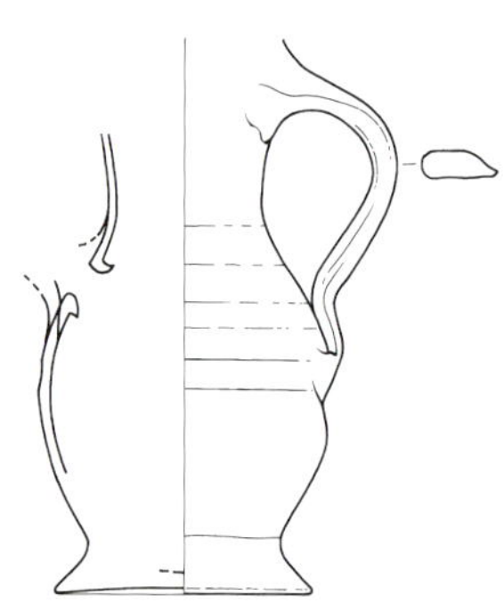

FIG. 445 **Tuitkannetje in steengoed uit de streek van Beauvais. Schaal: 1/3.**
Spouted stoneware jug from the Beauvais area. Scale 1:3.

1127 Pieters *et al.* 1995b, 255.
1128 Pieters *et al.* 1995b, 255.
1129 Hurst & Neal 1982, 97; Hurst *et al.* 1986, 129.
1130 Pieters *et al.* 1995b, 258 fig. 4: 39.

FIG. 446 **Gat in de wand van een kruik in grijs aardewerk, gedicht met een loodplug.** ***Perforation in the wall of a grey-ware pitcher, sealed with lead.***

gevallen is de diameter echter ongeveer tweemaal groter dan de hoogte en in enkele gevallen zelfs driemaal groter dan de hoogte.

Behalve kookpotten zijn ook braadpannen zeer goed vertegenwoordigd in Walraversijde. Braadpannen in grijs aardewerk komen op een enkele uitzondering na niet voor. In de kuil met platvisresten bijvoorbeeld vertegenwoordigen braadpannen 15-17 % van het rode aardewerk[1131]. Deze braadpannen hebben een aantal kenmerken gemeen. Ze bezitten een gietsneb, geen standvinnen en vertonen enkel op de binnenkant van de pan loodglazuur. Wanneer men de braadpannen met de bodem naar onder bij de steel neemt, staat de gietsneb steeds links van de steel en dit ongeveer onder een hoek van 90°. Een enkele keer is deze hoek nog een stuk kleiner. De positie van de gietsneb is logisch voor gebruik door rechtshandigen. De braadpannen zijn op basis van de vorm van de steel in twee hoofdgroepen te verdelen: exemplaren met een holle steel bedoeld voor het inbrengen van een houten steel opdat men zich niet zou verbranden bij het hanteren van de pan en exemplaren met een volle steel bedoeld om rechtstreeks met de hand vast te nemen. Op basis van de diameters van beide groepen zou men kunnen besluiten dat de braadpannen met holle steel in het 15de-eeuwse Walraversijde vooral het kleinere gamma vertegenwoordigen en deze met volle steel vooral de grotere braadpannen zijn. Dit zou statistisch verder onderzocht moeten worden. Figuur 447 toont een aantal van deze braadpannen.

Met braadpannen, kookpotten en kookkommen zijn de drie te Walraversijde meest voorkomende vormen onder het rode aardewerk besproken. Tot het rode aardewerk behoren ook de parallelen van de waterkruiken in grijs aardewerk. De indruk bestaat dat de rode waterkruiken iets minder talrijk zijn en vooral vertegenwoordigd zijn door de kleinere maten in het waterkruikengamma. Kenmerkend voor de waterkruiken in rood aardewerk is dat ze steevast voorzien zijn van een vlek loodglazuur op de schouder (fig. 448) aan de kant tegenover het oor. Verder vertonen ze dezelfde algemene vormkenmerken dan de waterkruiken in grijs aardewerk (bijv. fig. 146).

Tot het gamma in rood aardewerk behoren verder ook kommen (vroeger ook wel melkteilen genoemd), borden met sgraffito- en slibversiering[1132] (fig. 449) en deksels. Van de borden met sgraffito- en slibversiering toont er één niet toevallig het hoofd van Johannes de Doper[1133], wiens feestdag op de start van het haringseizoen (24 juni) viel. Het feit dat kommen slechts sporadisch voorkomen kan een argument zijn om te veronderstellen dat het omgaan met zuivelproducten niet tot de frequente activiteiten van de vissersgemeenschap behoorde. Dit wordt ook verondersteld voor de site Dover-Townwall Street waar eveneens weinig of geen kommen voorkomen[1134].

Tot de minder goed vertegenwoordigde objecten in rood aardewerk ten slotte rekenen we o.a. de tuitkan (fig. 224: 1) en andere kannetjes, het vierlobbig kommetje (fig. 262: 1) en andere

1131 Pieters *et al.* 1995b, 255.

1132 Pieters 1994, 290 fig. 15: 2.

1133 Zie ook Van Bulck 2006, 112 fig. 8.

1134 Parfitt *et al.* 2006, 413.

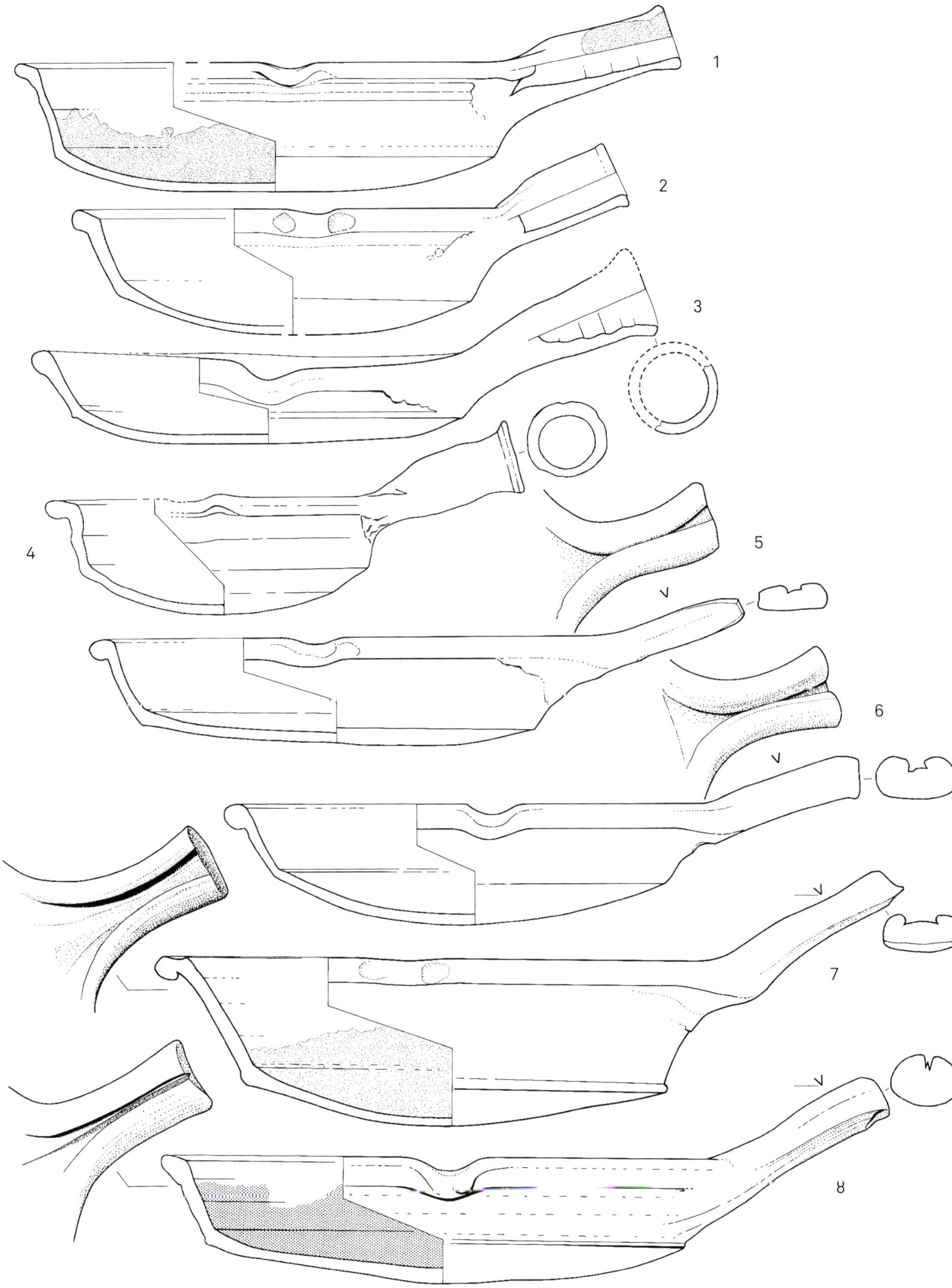

FIG. 447 **Braadpannen in rood aardewerk van Walraversijde. Schaal 1/3; 1: 1802.1; 2: 2743.5; 3: 119.5; 4: 1388.1; 5: 83.5; 6: 83.6; 7: 441.2; 8: 146.3.**

Redware frying pans from Walraversijde. Scale 1:3; 1: 1802.1; 2: 2743.5; 3: 119.5; 4: 1388.1; 5: 83.5; 6: 83.6; 7: 441.2; 8: 146.3.

FIG. 448 **Kruik in rood aardewerk met vlek loodglazuur op de schouder aan de kant tegenover het oor.**
Redware pitcher with lead glaze on the shoulder opposite the handle.

kommetjes, een flesvorm (fig. 160.1), de beker (fig. 262: 2), de hierboven behandelde gatenpot (fig. 436), driepootjes (fig. 432) en antropomorfe en andere fluitjes (fig. 426, 428-429), het drielingpotje[1135], de kaarsenmakersbak, het dubbelbakje (fig. 450: 10), de braadslede, de vuurstolp en de olielamp. Hierdoor is meteen ook aangetoond dat het rode aardewerk niet alleen kwantitatief beter vertegenwoordigd is, maar zich ook manifesteert door een veel grotere vormenrijkdom.

De andere ceramiek ten slotte, die amper 0,2 % van de totaliteit van de geregistreerde ceramiek uitmaakt, kan opgedeeld worden in drie specifieke beter vertegenwoordigde groepen: namelijk beeldjes in pijpaarde met een religieus thema (vooral Christus en Maria zoals bijvoorbeeld fig. 225.7), baksteenwaar[1136] en Spaanse majolica[1137] en een aantal haast enkel individueel vertegenwoordigde ceramieksoorten zoals een grote pot in grof aardewerk uit Colstoun (Schotland, fig. 437, *cf.* 4.4.2.2.), de dikwandige potjes uit het Iberisch gebied (fig. 438, *cf.* 4.4.2.2.), majolica uit Italië[1138] en groen geglazuurde veldflessen (fig. 425, *cf.* 4.4.1.2.2.) uit de omgeving van Saintonge (Zuidwest-Frankrijk). Bij de Iberische majolica valt op dat zowel producten uit Malaga, Valencia en Sevilla vertegenwoordigd zijn[1139] en dat deze producten globaal gezien nogal goed en gelijkmatig verspreid zijn over de onderzochte zone van het vissersdorp. Dit lijkt erop te wijzen dat elk huishouden één of enkele van deze stukken in bezit had en niet dat ze bijvoorbeeld geconcentreerd voorkwamen bij enkele veeleer 'gepriviligieerde' huishoudens. De groen geglazuurde veldflessen, het grof aardewerk uit Colstoun en de dikwandige potjes uit het Iberisch schiereiland werden hierboven al kort besproken.

Onder de objecten in baksteenwaar die zijn opgedoken in Walravenside bevinden zich acht fragmenten van weinig elegante bakken. Het betreft enerzijds bakken die met hun rechthoekige vormgeving duidelijk naar uitgeholde bakstenen refereren (fig. 450: 2-4). Een van deze is door middel van een tussenschot minstens in twee delen opgesplitst (fig. 450: 3) en een ander exemplaar is op drie zijden versierd met een ingeritste versiering[1140] (fig. 450: 2). Anderzijds bestaat deze groep ook uit fragmenten van afgerond langwerpige of zelfs ronde bakken

1135 Pieters 1994, 290 fig. 15: 5.
1136 Zie bijvoorbeeld een deksel in baksteenwaar bij Pieters 1994, 290 fig. 15: 6.
1137 Pieters & Verhaeghe 2009.
1138 Pieters & Verhaeghe 2009, 110.
1139 Pieters & Verhaeghe 2009, 106-110.
1140 Pieters 1997, 174 fig. 3.

FIG. 449 **Borden in rood aardewerk met sgraffito- en slibversiering. Schaal 1/3, 1: 574.1; 2: 607.15 en 3: 2404.1.**
Redware dishes with sgraffito and slip decoration. Scale 1:3, , 1: 574.1; 2: 607.15 en 3: 2404.1.

(fig. 450: 6-9) en uit één kleiner recipiënt op de rand versierd met vingertopindrukken (fig. 450: 5). Baksteenwaar is verder ook vertegenwoordigd met een bodemfragment van een recipiënt met vlakke bodem (fig. 450:1), met twee deksels en een fragment van een groen geglazuurde of verglaasde spitlager (fig. 451). Deze objecten in baksteenwaar komen zowel voor in de zone Raversijde 92-95 als in de zone Raversijde 96-98. Tot zover de mobilia in ceramiek.

De mobilia in natuursteen zijn relatief beperkt in aantal. Het betreft enkele maalstenen of fragmenten ervan in een vulkanisch gesteente, enkele fragmenten van vijzels waarvan er een aantal in 'Purbeck marble' vervaardigd zijn zoals deze aangetroffen in de context van gebouw 3[1141], een ganse reeks slijpstenen met lijnvormige groeven die misschien het resultaat zijn van het aanscherpen van ijzeren vishaken, enkele objecten (gewichten (fig. 225.8), toets- of slijpstenen?) voorzien van keurig gerealiseerde

1141 Pieters 1994, 285 fig. 6.

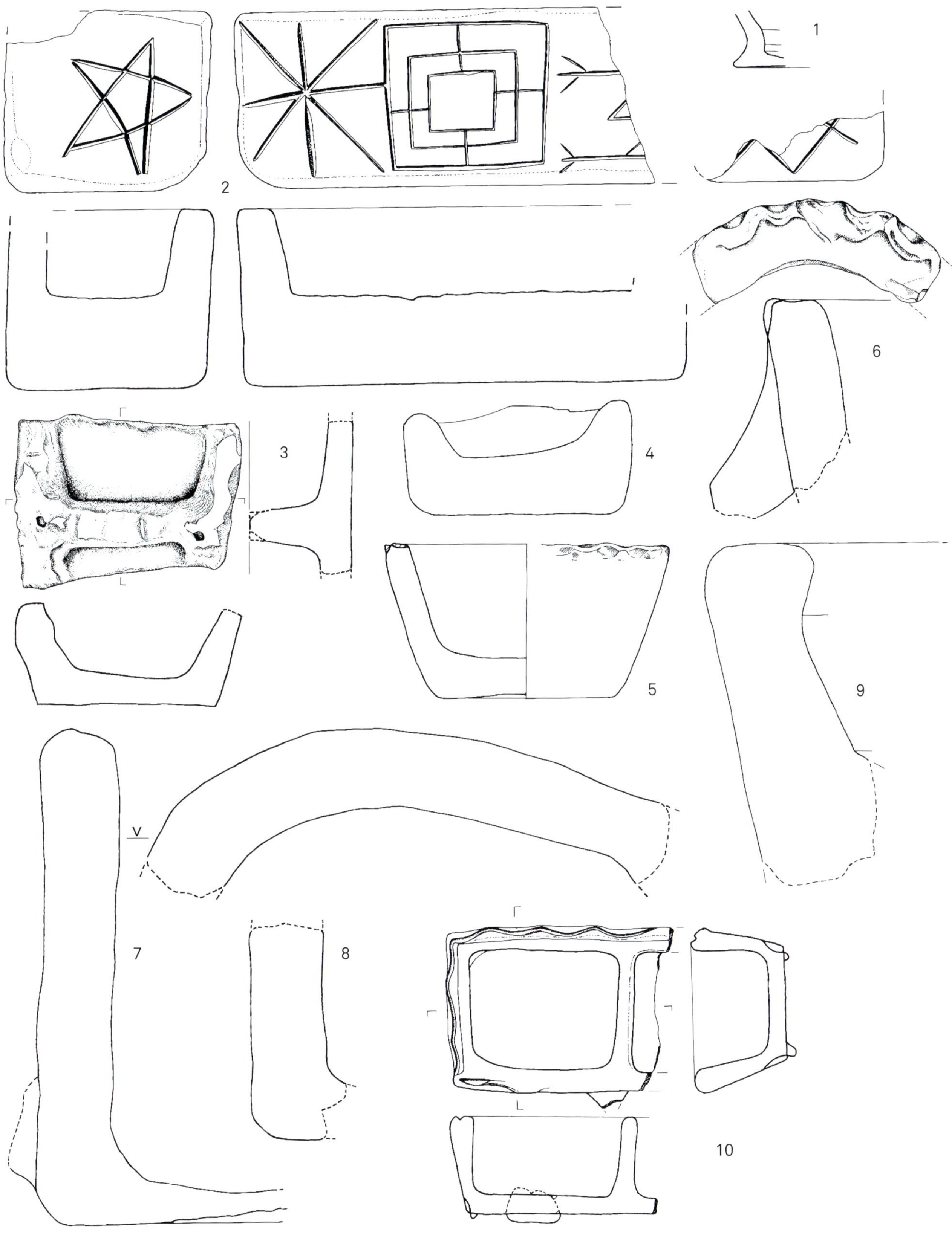

FIG. 450 **Potten in baksteenwaar en dubbelbakje in rood aardewerk. Schaal 1/3, 1: 320.1; 2: 1538.2; 3: 1702.1; 4: 2115.1, 5: 2746.2; 6: 220.3; 7: 1662.49; 8: 2918.1; 9: 3364.1; 10; 1701.1.**

***Brickware vessels* and redware container. Scale 1:3, 1: 320.1; 2: 1538.2; 3: 1702.1; 4: 2115.1, 5: 2746.2; 6: 220.3; 7: 1662.49; 8: 2918.1; 9: 3364.1; 10; 1701.1.**

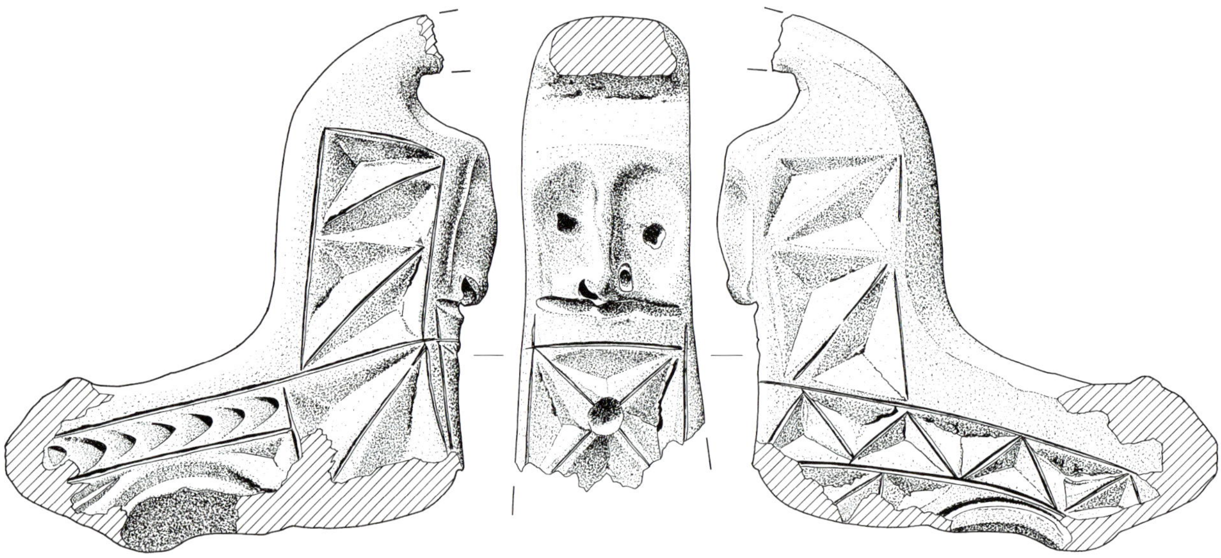

FIG. 451 **Fragment van spitlager in baksteenwaar. Schaal:1/2, 1662.48.**
Brickware spit support. Scale 1:2, 1662.48.

perforaties[1142] en een aantal ronde schijfjes in leisteen te interpreteren als zoemschijven[1143]. Vijzels en maalstenen zijn in de 15de-eeuwse zone van Walraversijde veel minder talrijk dan in de zone Walraversijde-strand. Dit kan er op wijzen dat deze in de loop van de 15de-eeuw minder prominent deel uitmaakten van de materiële cultuur dan in de voorgaande eeuwen.

De mobilia in glas[1144] zijn vooral aanwezig onder de vorm van groen holglas dat op de site Walraversijde vooral bestaat uit drinkbekers. Flessen komen nauwelijks voor. De drinkbekers zijn verder haast uitsluitend van het ééndelige type. Het betreft vooral Maigelbecher (fig. 452: 1), achtkantige Maigelbecher (fig. 452: 2) en schuin getorste ribbelbekers (fig. 452: 3) en in mindere mate bekers met abrupt knikkend ribbelpatroon (fig. 452: 4) en reliëfgevormde ribbelbekers (fig. 452: 5). In de bodemvulling van tonwaterput spoornr. 721 zijn drie van deze types samen aangetroffen (zie o.a. fig. 211): de beker met abrupt knikkend ribbelpatroon, de schuin getorste ribbelbeker en de Maigelbecher. Deze waren dus vermoedelijk gelijktijdig in gebruik omstreeks het midden van de 15de eeuw. De beide zones, Raversijde 92-95 en Raversijde 96-98 hebben een ongeveer gelijk aantal ééndelige bekers in groen woudglas opgeleverd.

De mobilia in metaal zijn zeer divers o.a. ook vanwege de verschillende vertegenwoordigde metaalsoorten (goud, zilver, koper en koperhoudende legeringen[1145], tin/lood, ijzer). Edele metalen (goud en zilver) werden enkel aangetroffen in de vorm van munten (goud, zilver en biljoen) en een zeldzame vingerring. Objecten in koper of in een koperbevattende legering (brons, messing, biljoen) zijn goed vertegenwoordigd met een lange waslijst aan soorten voorwerpen. Deze worden hierna in alfabetische volgorde opgelijst en de meest representatieve ervan worden daarna kort besproken. Het betreft belletjes, boeksloten en boekbeslag, gespen, gordelsluitingen, kaarsenhouders en kandelaars, kettinkjes, kledinghaken, kopspelden, kranen, mantelspelden, mesheften en allerhande mesonderdelen, mondharpen, munten, muntgewichten, nestels, pijlgewichten, riembeslag en riemtongen, ringen, schrijfstiften, schuimspanen, sleutels, tappen, vingerhoeden, vingerringen en zegelmatrijzen.

Schuimspanen, ook wel meer toepasselijk visspanen genoemd, komen regelmatig voor in Walraversijde. Ze bestaan uit een ronde schijf met gaatjes in een koperlegering waaraan een ijzeren steel gerivetteerd werd. De positie van de gaatjes in de schijf ten opzichte van de ijzeren steel toont aan dat bij de productie van deze objecten wellicht twee vaklieden betrokken waren, omdat de gaatjes soms onder de steel gepositioneerd zijn. Twee van deze schuimspanen werden in de vulling van tonwaterputten gevonden (fig. 182 en fig. 225:9).

De site Walraversijde leverde verder een 10-tal bronzen tappen en kranen of fragmenten ervan op in een koperhoudende legering. Het betreft tot 13,4 cm lange buisvormige tappen met een in doorsnede rechthoekige tot vierkante mond in de vorm van een gestileerde dierenkop (fig. 452: 1) en met onmiddellijk daarachter een verticaal naar onder toe vernauwend buisvormig ingewerkt gedeelte om de kraan te huisvesten. De kraan is conisch en bezit een sierlijk uitgewerkte handgreep in de vorm van een haantje (1662.55, fig. 452: 3), een 'tweepas' (fig. 100.3), een driepas (330.3, fig. 452: 2) of een gestileerde 'M' (3522.1, fig. 452: 4). Enkel het kraantje met de handgreep in de vorm van een haantje is volledig vol gegoten, de overige kranen zijn

1142 Zeer vergelijkbaar met voorbeelden uit Meols (Griffiths *et al.* 2007, 245-247).
1143 Zie bijvoorbeeld Pieters 1994, 290 fig. 15: 9.
1144 Caluwé 2001 & Caluwé *et al.* 2003.
1145 Door het feit dat geen analyses zijn uitgevoerd op de stukken, blijft de identificatie van de metaalsoorten noodgedwongen vrij algemeen: zowel wat de koperhoudende legeringen betreft als wat de objecten in tin en/of lood betreft.

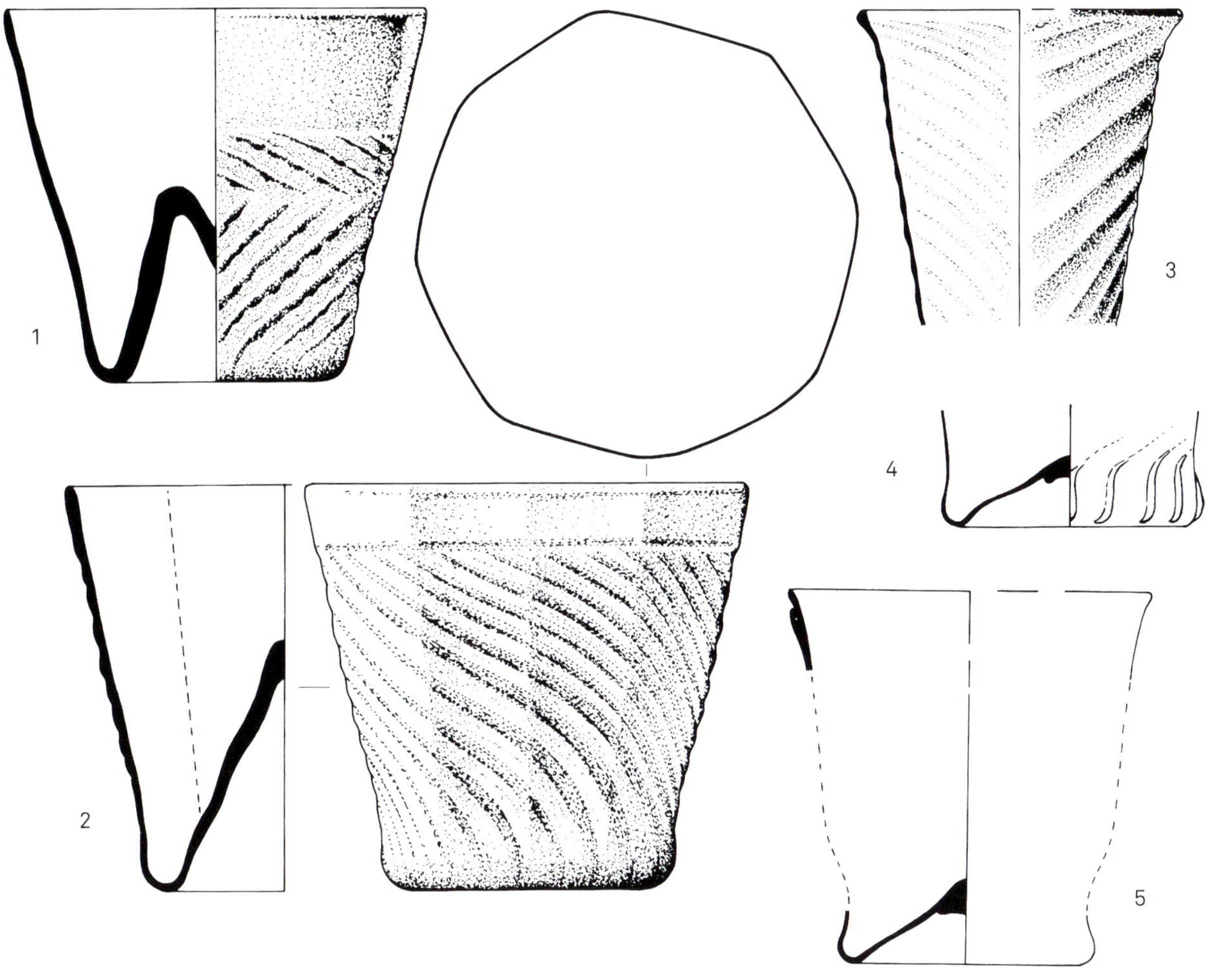

FIG. 452 **Glazen bekers uit Walraversijde. Maigelbecher (1); achtkantige Maigelbecher (2), schuin getorste ribbelbeker (3), beker met abrupt knikkend ribbelpatroon (4) en reliëfgevormde ribbelbeker (5). Schaal 2/3.**
Glass goblets from Walraversijde. Maigel goblet (1), octogonal Maigel goblet (2), wrythen goblet (3), wrythen goblet with a twisted ribbed pattern (4), relief-blown wrythen goblet (5). Scale 2:3.

hol van binnen. Met dit gecombineerde kraan- en tapsysteem werd ongetwijfeld bier of wijn 'getapt' uit houten vaten.

De laatste groep objecten uitgevoerd in koper of een koperhoudende legering die nader toegelicht wordt, is deze van de kandelaars en andere kaarsenhouders. In de onderzochte zones werden een 20-tal fragmenten van draagkandelaars/kaarsenhouders in koper of een koperlegering aangetroffen. De beide zones, Raversijde 92-95 en Raversijde 96-98, komen ongeveer evenredig aan bod wat het aantal vondsten betreft. Bij het bekijken van al deze fragmenten valt onmiddellijk de grote variatie in vormen op. Eerst en vooral is er de variatie in het steunsysteem. Er zijn kandelaars op poten, zgn. schotelkandelaars[1146], kandelaars op een holronde voet met uitkragende rand (fig. 454: 1) en kandelaars op pinnen (fig. 455: 4-5). De twee eerste groepen zijn gegoten, de laatste groep is vermoedelijk uit een plaat gesneden en geplooid. Vervolgens is er nog de variatie in de vorm van de schacht en de kaarsenhouders zelf. Er zijn vermoedelijk een aantal enkelvoudige kandelaars (o.a. fig. 454: 2) maar in elk geval vooral drievoudige[1147] kandelaars vastgesteld (fig. 455: 1-3). Tot hier de voorwerpen in koper of een koperhoudende legering.

Objecten in tin, lood of tin/lood zijn ook goed vertegenwoordigd zowel in aantallen als in soorten. Het betreft – in alfabetische volgorde – de volgende voorwerpen: ampul, armenpenning, bord, dolkschede-uiteinde, gesp waaronder de schoengesp, gewicht (o.a. spingewicht maar ook andere gewichten), gordelsluiting, insigne, kan (fig. 180), kolfslof, lakenlood, netverzwaringen, peillood, sierspeld, speelgoed (draaitol, miniatuurtjes), zoemschijf, zoutvat.

1146 **Zoals deze gepubliceerd in Pieters 1994, 295 fig. 20: 2, die daar weliswaar verkeerdelijk als een pootje van een grape werd geïdentificeerd.**

1147 **Er wordt verondersteld dat doorheen de centrale ring een pin stak voor een derde kaars, vandaar de intepretatie als drievoudige kandelaar.**

FIG. 453 **Tappen en een kraan in koper en/of in een koperlegering. Schaal 2/3, 1. 162.11; 2. 330.3; 3. 1662.55; 4. 3522.1..**
Copper alloy taps. Scale 2:3, 1. 162.11; 2. 330.3; 3. 1662.55; 4. 3522.1.

Voor de insignes en aanverwanten (ampullen, sierspelden) van de site verwijzen we naar het in 2002 gepubliceerde overzicht zowel van de objecten van de site Raversijde-strand als van de site Raversijde-polder[1148]. Het valt op dat het geheel van religieuze insignes een sterk regionaal bepaald karakter heeft, waarbij kustplaatsen of maritieme plaatsen goed vertegenwoordigd zijn: Petite-Synthe (F), Boulogne-sur-Mer (F) en Lombardsijde[1149].

In de opgegraven zones werden een 10-tal loden kolfsloffen of fragmenten ervan opgediept. Deze kolfsloffen vertonen allemaal een platte onderzijde en een afgerond driehoekige doorsnede (fig. 456). Deze loden kolfsloffen, onderaan bevestigd aan de kolfstok, werden gebruikt bij het kolfspel. De kolfstok bestond uit een lange steel met een verbreed uiteinde, dat met de stok een hoek vormde. Vanaf de 15de eeuw wordt dit verbrede uiteinde verzwaard met een loden of ijzeren[1150] omhulsel, de kolfslof[1151]. Deze kolfsloffen uit Walraversijde tonen aan dat kolven op het 15de-eeuwse platteland langs de Vlaamse kust, zeker in Walraversijde, populariteit genoot.

Behalve in leisteen werden zoemschijven ook in lood vervaardigd. Deze zijn met een 25-tal exemplaren erg goed vertegenwoordigd. Een zeer typisch voorbeeld van een dergelijke zoemschijf met gekartelde rand is opgedoken in de vulling van tonwaterput spoornr. 1620 beschreven bij gebouw 28 (fig. 352: 4). Ze zijn talrijk op de site Raversijde-polder en werden ook aangetroffen op de site Raversijde-strand[1152].

De meest opmerkelijke vondstengroep onder de objecten in tin, lood of tin/lood zijn ongetwijfeld de loden visnetverzwaringen[1153]. Niet minder dan 351 objecten zijn als loden netverzwaringen geïnventariseerd. Het zijn eenvoudige rechthoekige of vierkante loden plaatjes die opgerold werden. 301 van deze verzwaringen zijn volledig bewaard gebleven zodat zowel de breedte als het gewicht kunnen worden bepaald. Samen wegen ze bijna 7 kg. Dit komt neer op een gemiddeld gewicht van 23 g per loodje. De loden netverzwaringen schommelen in breedte van 17 tot 55 mm. Iets meer dan 90% van de netverzwaringen hebben een breedte van 25 tot 48 mm met een duidelijke piek ter hoogte van de breedtes 32 tot 37 mm. Indien deze loodjes aan de onderkant van het visnet hangen, kunnen zij gebruikt worden als een indicator voor de maaswijdte, omdat ze vermoedelijk tussen de knopen in gehangen werden[1154]. Dit zou impliceren dat deze loodjes vooral bestemd waren voor netten met maaswijdtes van 32 tot 37 mm, maar dat occasioneel netten voorkwamen met maaswijdtes tot 55 mm. Omdat deze loodjes ook konden hangen aan een speciale hiervoor bestemde loodpees die aan het visnet werd bevestigd, kan men deze rekenregel niet wiskundig gaan toepassen. De maten 32 tot 37 mm vertegenwoordigen samen bijna 10% van de netverzwaringen. Het gewicht van de netverzwaringen varieert van 6 tot 66 g en 85% van deze verzwaringen heeft een gewicht tussen 9 en 35 g. Een aantal vertoont knijpsporen (fig. 457) van een instrument (?) waarmee ze vermoedelijk rond

1148 Pieters *et al.* 2002.
1149 Pieters *et al.* 2002, 295-299.
1150 Een keur van Zierikzee uit 1429 spreekt van *colven die verlood of verijsert zijn* (Van Hengel 1982, 22).
1151 Hendrikse 1994, 77.
1152 Chocqueel 1950, 92-93.
1153 Pieters 1994, 293 fig. 18.
1154 Marsden 1996, 102-103.

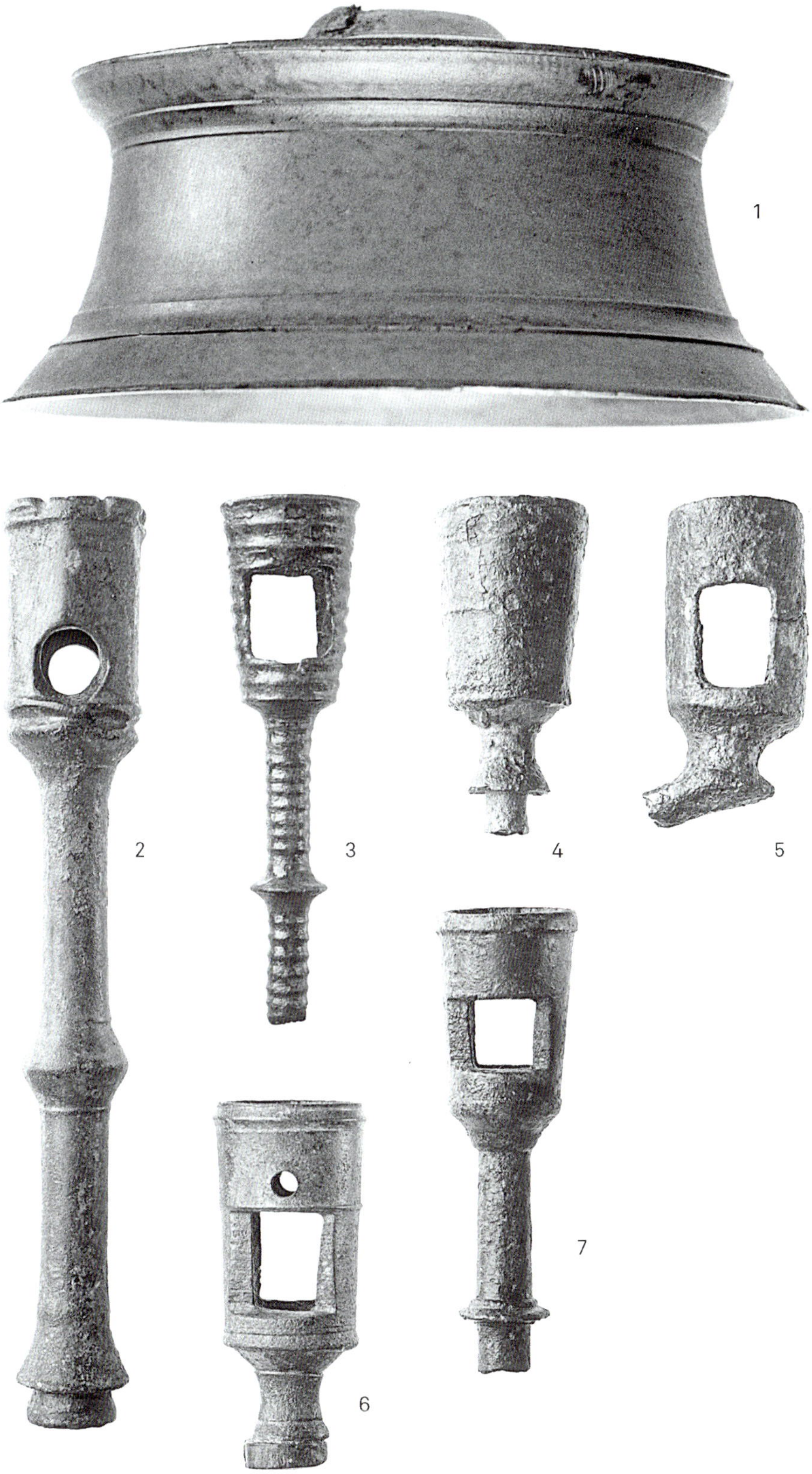

FIG. 454 **Fragmenten van kandelaars en kaarsenhouders in koper of een koperhoudende legering. Schaal: 1/1.**
***Fragments of candlesticks and candle holders in copper or copper alloy.* 1. 2221.1; 2. 746.1; 3. 1662.44; 4. 915.2; 5. 1863.6; 6. 1051.1; 7. 378.3. Scale: 1:1.**

FIG. 455 **Fragmenten van kandelaars en kaarsenhouders in koper of een koperhoudende legering. Schaal: 1/1.**
Fragments of candlesticks and candle holders in copper or copper alloy. 1. 2018.2; 2. 2056.19; 3. 2297.2; 4. 2272.25; 5. 1900.2. *Scale: 1:1.*

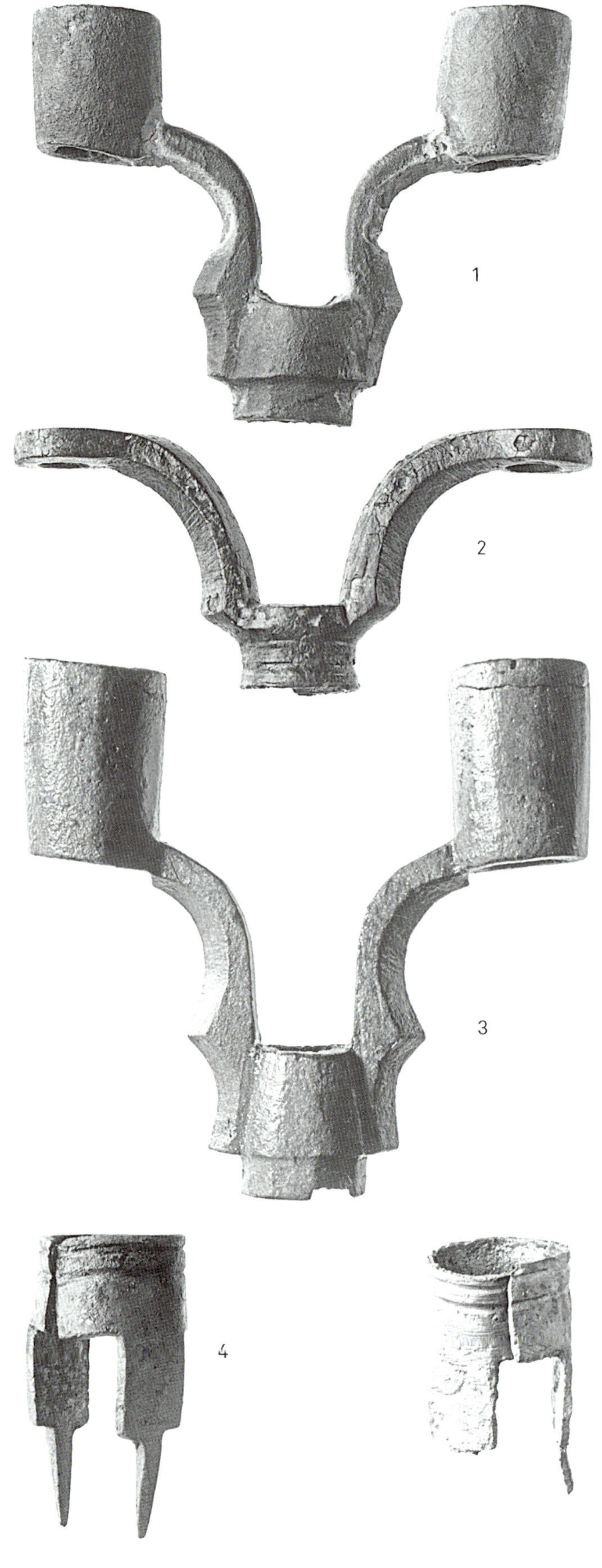

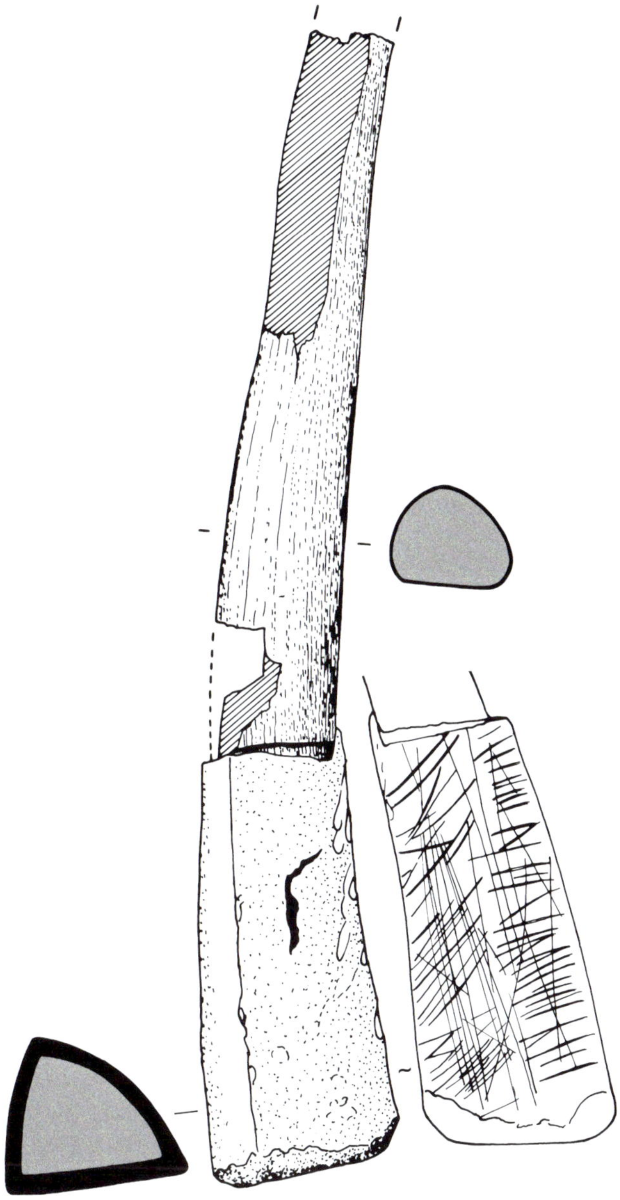

FIG. 456 **Loden kolfslof nog bevestigd aan houten steel. 2056.14, schaal: 2/3.**
Lead sleeve for the end of a kolf bat still attached to wooden stick. 2056.14. Scale 2:3.

FIG. 457 **Loden visnetverzwaring. Schaal: 1/1.**
Lead fishing net weight. Scale: 1:1.

de loodpees werden bevestigd. Dit werd ook vastgesteld voor de netverzwaringen uit Norwich[1155].

Zulke loden netverzwaringen zijn hoofdzakelijk gekend uit vissersmilieus, wat ze meteen duidelijk promoveert tot typische onderdelen van de materiële cultuur van vissers. Ze worden zowel aangetroffen op sites waar enkel aan zoetwatervisserij gedaan werd als op sites die volledig in verband staan met de zeevisserij. Van dergelijke opgerolde loden netverzwaringen werden door Chocqueel niet minder dan 925 (!) exemplaren gevonden op het strand van Raversijde.

Aansluitend bij de visnetverzwaringen moeten ook nog twee peilloden vermeld worden (fig. 458: 1-2). Alvorens te starten met vissen moest de juiste visgrond worden bereikt. Iedere visgrond heeft immers een andere reuk en smaak. Proefondervindelijk, in de letterlijke betekenis van het woord, konden vissers achterhalen wanneer ze de juiste visgrond hadden bereikt aan de hand van een zogenaamd dieplood. Men liet dit in het water neer nadat men in een speciaal voor dit doel aangebrachte opening of uitholling vet had aangebracht. Bij het ophalen bleef aan dit vet bodemsediment kleven. Door van dit meegebracht sediment te proeven kon een ervaren visser de aard van de bereikte visgrond bepalen en beslissen om al dan niet met vissen te starten of eerst nog wat verder te varen[1156]. In Walraversijde zijn twee voorwerpen aangetroffen die als dieplood kunnen worden geïdentificeerd. Het betreft een min of meer conisch lood (901.21, fig. 458: 2) met een oog en een loden cilinder (241.1, fig. 458: 1). Het conische lood (901.21) is onderaan voorzien van een kegelvormige uitholling. De loden cilinder (241.1) is rond een buisje in een koperlegering gegoten waarin onderaan een opening is gemaakt waarop zich een trechtertje bevindt. De bovenrand van het trechtertje komt gelijk met de loden mantel. Het grote gewicht van dit cilindervormige lood, bijna 700 g, moet ervoor zorgen dat het lood niet te veel door de stroming wordt meegevoerd, maar zo recht mogelijk naar beneden zakt.

Tot slot zijn er ook een groot aantal voorwerpen in ijzer geregistreerd. Deze groep is veel minder goed bestudeerd door de slechte bewaringstoestand van heel wat ijzeren voorwerpen. De

1155 Ayers 1994, 15 nr. 6.

1156 Desnerck 1986, 63.

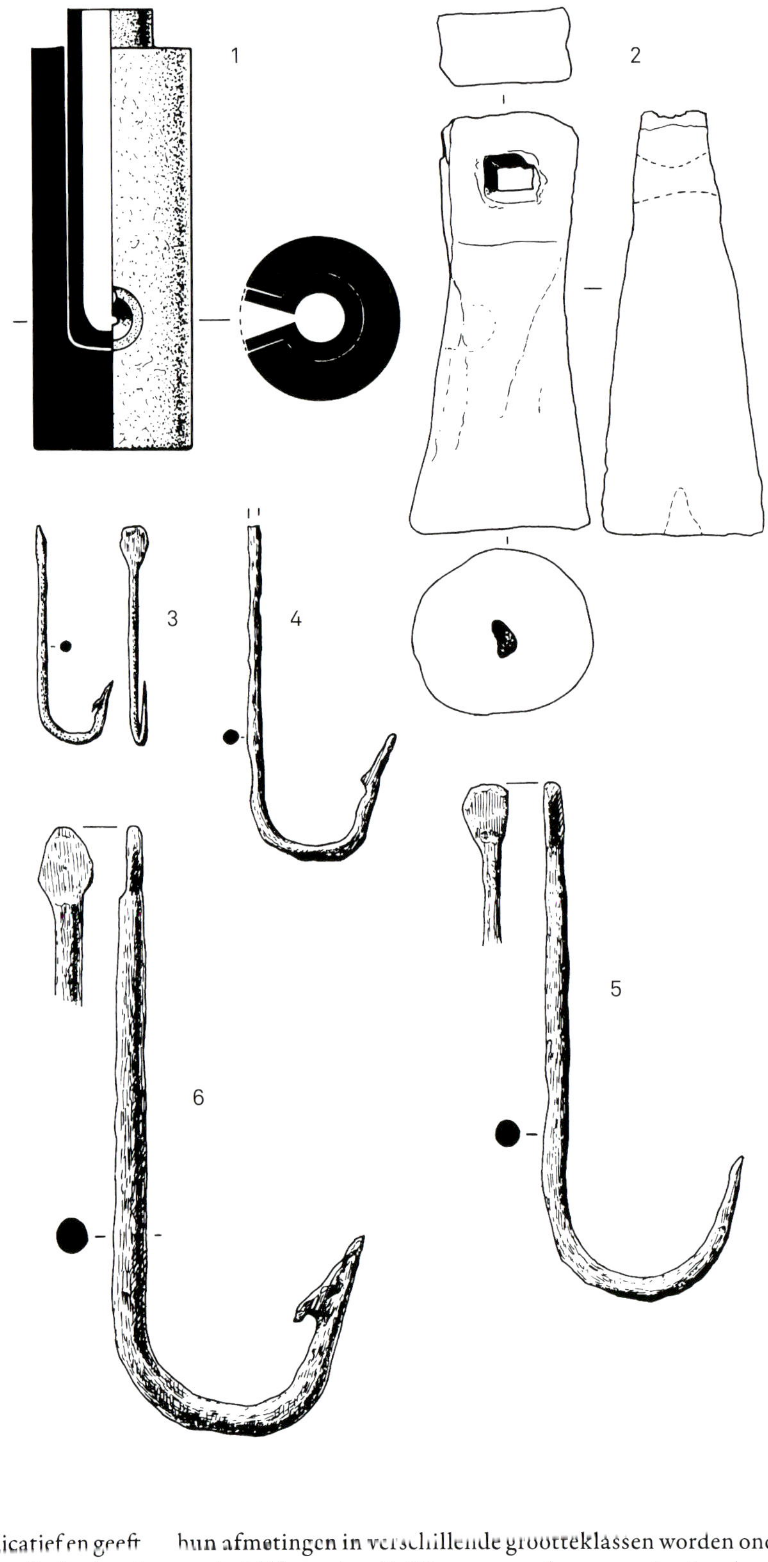

FIG. 458 **Peilloden en ijzeren vishaken. Schaal 2/3.**
Sounding leads and iron fish hooks. Scale 2:3.

lijst met objecten die hierna volgt is dus louter indicatief en geeft m.a.w. enkel een idee van de soorten voorwerpen die herkend zijn. Het betreft in alfabetische volgorde: boor (lepelboor, spiraalboor), dissel, dolklemmet, gesp, harpoenpunt, hengsel, hoefijzer, knijpschaar, meslemmet, mondharp, muuranker (fig. 339), prikkandelaar, ring, ruiterspoor, schrijfstift, sikkel, sleutel, slotplaat, vishaak, vuurijzer, zeis.

Vishaken in laatmiddeleeuwse zeevissersmilieus zijn in de regel uit ijzer vervaardigd. Dit is in Walraversijde niet anders. De zones 1992-1998 leverden niet minder dan 195 vishaken of fragmenten van vishaken in ijzer op. Deze kunnen op basis van hun afmetingen in verschillende grootteklassen worden onderverdeeld (fig. 458: 3-6). Hiervoor werden twee criteria gebruikt: de lengte van de vishaak en de diameter van het been. De lengte werd evenwijdig met het been bepaald vanaf de top van het palet tot de onderkant van de boog. In lengte variëren de vishaken van minstens 42 tot 140 mm. De basismorfologie van de diverse ijzeren haken is gelijk. Ze hebben een plat gesmeed palet, nooit een oog, een in doorsnede rond been en een circulaire tot platte boog met aan het uiteinde een punt met een naar achter wijzende weerhaak.

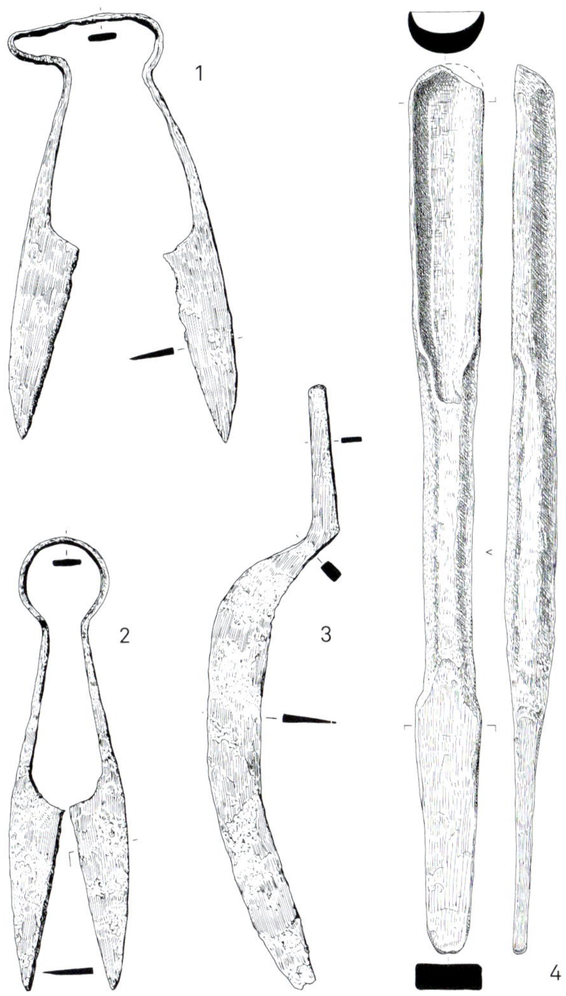

FIG. 459 **Voorwerpen in ijzer. Schaal 1/3. Scharen: 1. 975.2; 2. 1668.1; sikkel 3. 2932.25. Schaal 2/3: boor 4. 1926.15.**
Iron objects. Scale 1:3. Scissors: 1. 975.2; 2. 1668.1; sickle 3. 2932.25. Scale 2:3: auger 4. 1926.15.

Onder de vermelde objecten komen vooral sikkels (fig. 459: 3), scharen (fig. 459: 1-2) en boren (fig. 459: 4) regelmatig voor.

Met ceramiek, steen, glas en metaal hebben we de objecten in anorganische materialen achter de rug. We richten nu de blik op voorwerpen in hout, been en leder.

Door het goede bewaringsmilieu dat geboden wordt door de kalkrijke en natte polderklei zijn heel wat laatmiddeleeuwse voorwerpen in organisch materiaal bewaard gebleven. Dit maakt dat we in tegenstelling tot wat doorgaans het geval is bij archeologisch onderzoek in drogere milieus ook een redelijk zicht krijgen op de rijkdom aan (kleine) objecten in hout bijvoorbeeld. Een belangrijk aantal van de houten voorwerpen is geborgen in de bodemvullingen van tonwaterputten, vandaar dat er al heel wat van deze bij de behandeling van deze structuren besproken zijn. Hierna volgt de lijst van aanwezige voorwerpen opgesteld in alfabetische volgorde. Zijn geregistreerd: bezem (fig. 283), boetnaald (fig. 299, 320, 352, 363 en 366), bol (fig. 295) deksel, doosje, fluit (fig. 186), kam (fig. 299, 352 en 363), kom (fig. 221, 228, 295, 352 en 382), lepel (fig. 149), maatstok (fig. 320), mand (fig. 110), mesheft (fig. 122 en 186), nierdolk (fig. 363), speelgoed (miniatuurbootje, bal, bikkel, speelschijf, miniatuurmandje (fig. 177)), scheplepel (fig. 299), schotel, spinstokje, stopsel, tap, trip (fig. 306), trog, vlotter, zool.

Boetnaalden komen regelmatig voor en dienen om netten te breien of te herstellen. De onderzochte zone leverde 44 houten brei- of boetnaalden[1157] of fragmenten ervan op. Tot de vondsten behoren ook twee en mogelijk zelfs drie halfafgewerkte boetnaalden. Deze typische visserswerktuigen zijn uitsluitend aangetroffen in de sleuven nabij de Duinenstraat. Dit is echter volledig te wijten aan de bewaringsomstandigheden, omdat enkel in deze zone waterverzadigde archeologische lagen in voldoende volumes zijn aangesneden die houten voorwerpen konden bewaard hebben. Afgaande op het enige volledig bewaard exemplaar van een boetnaald[1158] (2056.24, fig. 460), op twee half afgewerkte boetnaalden en op het geheel van fragmentarisch bewaarde boetnaalden zijn deze allemaal 15 tot 17 cm lang, 1 tot 2 cm breed en 4 mm dik. Één uiteinde van de boetnaald is hoefijzer- of U-vormig en het andere is min of meer gepunt. Vanaf het midden van de boetnaald tot de punt is centraal in de lengteas een ronde naald uitgespaard door aan weerszijden van deze laatste een langwerpige zone uit het hout weg te snijden. Deze naald is ten slotte losgemaakt van het omgevende hout nabij het puntige uiteinde en vervolgens glad gemaakt. Houtsoortidentificatie toont aan dat de boetnaalden uit Walravenside uit negen verschillende houtsoorten zijn vervaardigd: vlier, Spaanse aak, esdoorn, taxus, zoete kers, vogelkers, wilg, olm en peer of appel. De vijf laatst vermelde houtsoorten zijn slechts door één analyse vertegenwoordigd. De meeste boetnaalden, 11 in het totaal, uit Walraversijde zijn uit vlier vervaardigd. Daarna volgt Spaanse aak met zeven, esdoorn met zes en taxus met vijf exemplaren.

Dat deze boetnaalden ter plaatse werden vervaardigd, wordt aangetoond door de aanwezigheid van twee of eventueel zelfs drie onafgewerkte exemplaren onder het geregistreerde vondstenmateriaal[1159] Deze halffabrikaten verschaffen een duidelijk inzicht in de productiewijze van deze voor de vissers levensnoodzakelijke voorwerpen.

Houten kammen zijn met 19 fragmenten eveneens goed vertegenwoordigd en duidelijk in de meerderheid ten opzichte van kammen in been of ivoor. Bovendien bewaren kammen in hout veel moeilijker, zodat kan worden gesteld dat in Walraversijde houten kammen gebruikelijk waren en kammen in ivoor of been eerder uitzonderlijk waren. De houten kammen uit Walraversijde (fig. 461) zijn allemaal rechthoekig, met een doorsnede in de vorm van een langwerpige tot haast platte ruit, voorzien van een dubbele tanding in een combinatie van aan één kant fijne en aan de andere kant grove tanden en vervaardigd uit buxus

1157 Pieters 1997, 175 fig. 4; Pieters 2006, 42-43 fig. 1 en 2.

1158 Zie voor deze boetnaald en meer specifiek over de drie in elkaar verstrengelde vissen die erop afgebeeld staan Pieters 2010.

1159 Pieters 2006, 43 fig. 2.

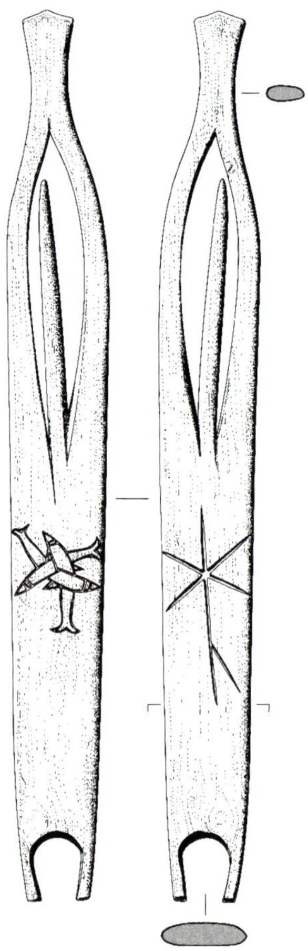

FIG. 460 **Houten boetnaald. 2056.24. Schaal 2/3.**
Wooden netting needle. 2056.24. Scale 2:3.

(*Buxus sempervirens*). Geen enkele kam is volledig bewaard gebleven zodat over de lengte van deze objecten geen informatie beschikbaar is. Enkel bij kam 2125.2 (fig. 461: 2) is door de versiering mogelijkerwijze het midden van de kam aangegeven waardoor deze kam 11,2 cm lang zou geweest zijn bij projectie rond dit punt. De breedte (of hoogte) van de kammen gaat van 6,5 tot 10 cm. De rij fijne tanden bezit gemiddeld 2,9 keer meer tanden dan de rij grove tanden. De verhouding fijne/grove tanden schommelt bij de exemplaren uit Walraversijde tussen 2 en 3,6. De dikte van de kammen schommelt tussen 5 en 7,5 mm, waardoor ze tot de dunnere kammen van hun soort kunnen worden gerekend[1160]. Qua vorm beantwoorden ze zeer goed aan de mediterrane traditie: rechte zijden en een haast vierkante vormgeving[1161]. Deze kammen zijn wellicht zoals in middeleeuws Novgorod te beschouwen als afgewerkte importstukken[1162].

Bij het onderzoek werd een groot aantal bezems gevonden, zelfs één met de erbij behorende houten steel (fig. 462). Het betreft een heidebezem met steel in berkenhout (*Betula sp.*). Lengte van de bezem: 20 cm, diameter van de bezem ter hoogte van de wikkel: 5,5-6 cm, diameter ter hoogte van het bewaarde uiteinde van de bezem: 8,5-9 cm. Lengte van de steel: 63 cm, diameter van de steel: 2,5-3 cm.

Wat tot slot voorwerpen in hout betreft, blijven we nog even stil staan bij kurk als grondstof voor het vervaardigen van objecten. In de eerste plaats zijn er de talrijke vlotters in kurk die werden aangewend om visnetten drijvend te houden[1163]. Door het lage soortelijke gewicht (tussen 0,12 en 0,20)[1164] is kurk bijzonder goed geschikt om vlotters voor visnetten te vervaardigen. Behalve voor vlotters kende kurk in Walraversijde nog twee belangrijke toepassingen: als schoenzool voor zogenaamde stillegangen en als stop. Voor de schoenzoelen in kurk verwijzen we naar de studie van het lederen en andere schoeisel uit Walraversijde door Liesbet Schietecatte[1165]. De site leverde ook 8 stoppen in kurk op (fig. 463). Deze stoppen werden gebruikt om recipienten met een diameter tussen 2,5 en 6,4 cm af te sluiten. Vooral kannen en kruiken in steengoed lijken in aanmerking te komen om met deze stoppen afgesloten te worden. Dat er twee soorten stoppen bestaan, een type met en een type zonder een centrale perforatie (fig. 463), doet vermoeden dat er minstens twee verschillende bewaringsbehoeften bestonden. Kurk is zeker niet afkomstig uit de omgeving van Walraversijde, maar vermoedelijk aangevoerd vanuit het westelijke middellandse zeegebied. Op dit ogenblik is Portugal de belangrijkse producent van kurk, wat niet wil zeggen dat de kurk geregistreerd in Walraversijde afkomstig is van wat nu Portugal is. Kurkeiken komen ook voor in Frankrijk, Spanje, Italie en Marokko, Algerije en Tunesië.

Een gebruik ervan voor vlotters, stoppen en schoeisel gaat minstens terug tot de Klassieke Oudheid[1166]. Het is dan ook niet verwonderlijk om het gebruik van kurk vast te stellen in een vissersmilieu in het graafschap Vlaanderen in de 15de eeuw, temeer daar er ook andere objecten uit dit gebied aangevoerd worden. Kurk wordt ook niet zo snel rot[1167], is zelfs tegen vocht bestand[1168] waardoor de bewaringskansen ervan in het bodemarchief beter zijn dan voor hout bijvoorbeeld.

We sluiten dit eerste overzicht af met een aantal objecten vervaardigd uit dierlijke grondstoffen (ivoor, gewei, bot, leder). Al bij al zijn deze niet zo talrijk. Hierna volgen in alfabetische volgorde de geregistreerde soorten van voorwerpen. Het betreft bikkel (bot), boetnaald[1169] (bot), dobbelsteen (bot, fig. 233 en 352), draaitol (bot), heft (bot), kaakslede (bot, fig. 354), kam (ivoor[1170], bot), koot (kort en lang), kraal (bot, fig. 184), mesheft (ivoor, bot); nietbril (bot, fig. 424), onthaker (bot), pelgrimsinsigne (sint-jakobsschelp), priem (bot), speelschijf (bot), splitshoorn (gewei), tuimelaar van een kruisboog (gewei, fig. 360) en zoemschijf (oesterschelp).

Zoemschijven zijn dus zeer populair. Ze worden vervaardigd in lood, leisteen en oesterschelp. De aanwezigheid van enkele

1160 Morris 2000, 2310.
1161 Smirnova 2007, 311.
1162 Smirnova 2007, 333.
1163 Pieters 2006, 45 fig. 4.
1164 De Oliveira & De Oliveira 2000, 138.
1165 Schietecatte 2003.
1166 De Oliveira & De Oliveira 2000, 22.
1167 De Oliveira & De Oliveira 2000, 132.
1168 De Oliveira & De Oliveira 2000, 29.
1169 Pieters 2006, 43 fig. 2.
1170 Pieters 1995, 228 fig. 15: 2.

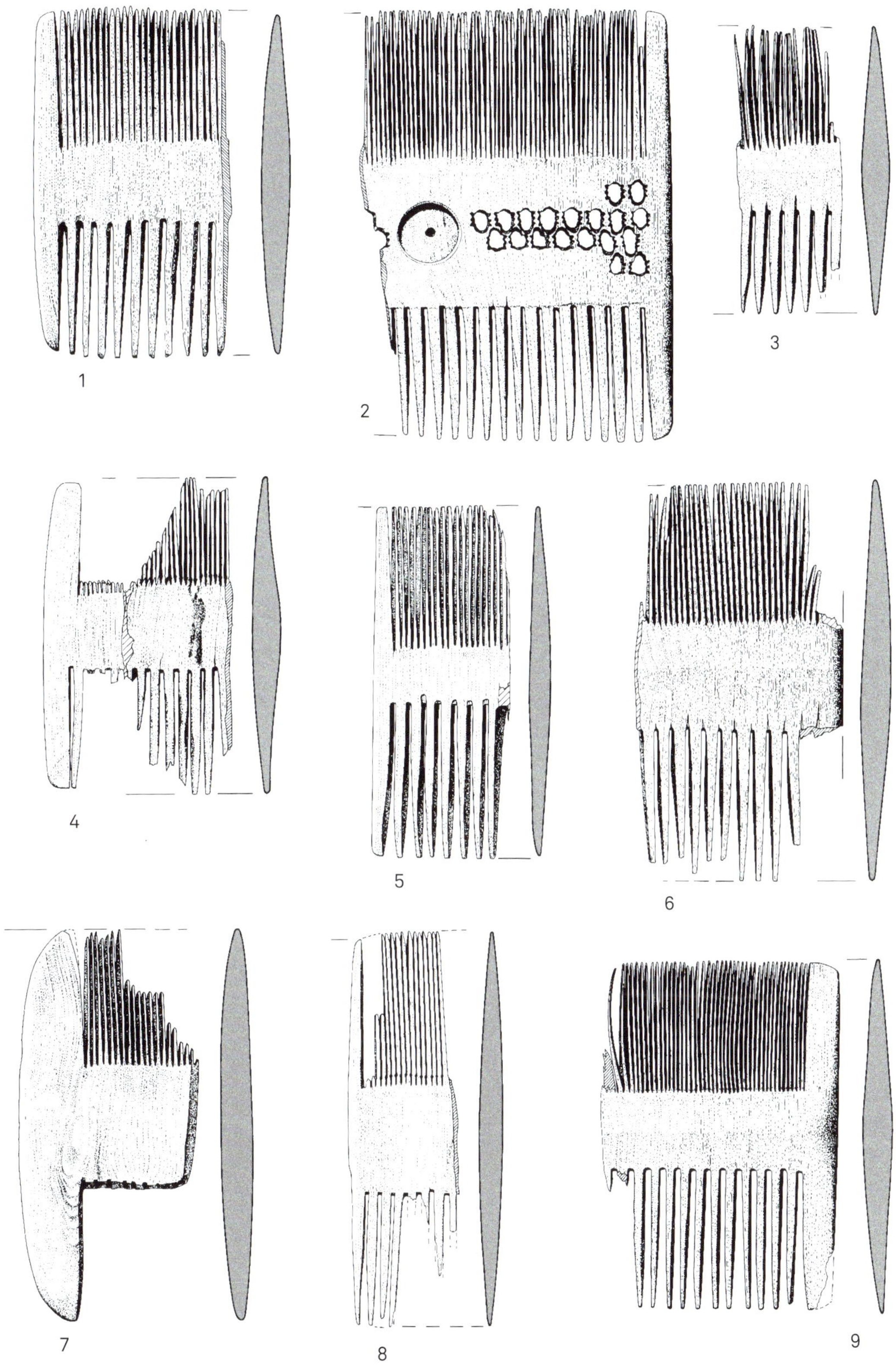

FIG. 461 **Kammen in buxushout. Schaal 2/3. 2056.47; 2. 2125.2; 3. 2348.70; 4. 2694.1; 5. 2694.2; 6. 2703.2; 7. 2764.19; 8. 2803.16 en 9. 2803.17.**
Boxwood combs. Scale 2:3. 056.47; 2. 2125.2; 3. 2348.70; 4. 2694.1; 5. 2694.2; 6. 2703.2; 7. 2764.19; 8. 2803.16 and 9. 2803.17

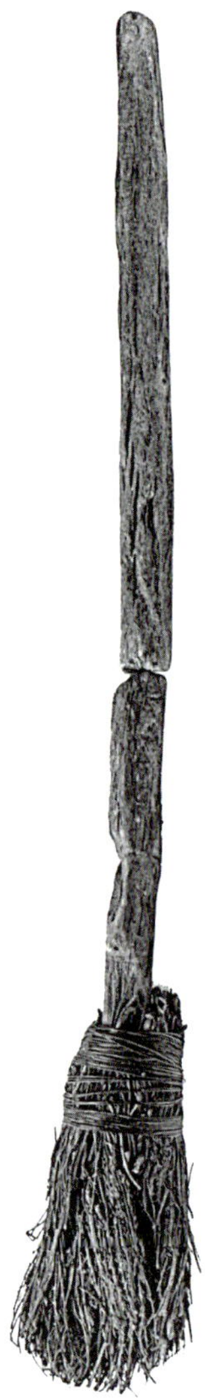

FIG. 462 **Bezem (2803.22) met steel in berkenhout. Schaal: 1/5.**
Besom broom (2803.22) *with birchwood handle. Scale: 1:5.*

kammen in ivoor is wel opmerkelijk. Het sluit evenwel perfect aan bij de aanwezigheid van andere exotische producten in Walraversijde zoals Spaanse majolica en granaatappels.

De verschillende benen dobbelsteentjes gevonden in Walraversijde (fig. 464) zijn op de afmetingen en enkele detailverschillen na identiek. Ze zijn allemaal bijna perfect kubusvormig wat volgens Marianne Erath uitzonderlijk is[1171], maar volgens opgravingsvondsten in de Nederlanden eerder regel dan uitzondering is. Ze vertonen, op één na (1249.1), de volgende plaatsing van de ogen: de één tegenover de twee, de drie tegenover de vier en de vijf tegenover de zes. Enkel dobbelsteen 1249.1 heeft als plaatsing van de ogen: 1 tegenover 6, 2 tegenover 5 en 3 tegenover 4. Deze dobbelsteen is van het type variant 1 volgens Potter[1172]. De waarden op de dobbelsteentjes zijn telkens aangebracht in negatief met een punt- en cirkelmotief. Er zijn kleine verschilpunten vast te stellen in de posities van een aantal ogen. De drie en de twee wisselen nogal eens van diagonaal en de zes wordt zowel staand als liggend aangebracht.

Tot slot zijn er nog de voorwerpen in leder. Deze bestaan vooral uit schoenen en in mindere mate uit riemen, schedes, gordeltassen en hengsels[1173]. In verband met de schoenen kan worden vastgesteld dat er meer stillegangen aanwezig zijn dan in andere milieus. Omdat het merendeel van de schoenen halfhoge schoenen zijn, hebben we te maken met ambachtslieden en werkende mensen die in de eerste plaats functionele schoenen nodig hadden[1174]. Op enkele schoenen waren bijvoorbeeld sporen van pek aanwezig, wat doet vermoeden dat de drager ervan met pek omging.

Naast de objecten in ceramiek, steen, glas, metaal, hout, been en leder zijn nog een aantal andere grondstoffen vertegenwoordigd, weliswaar vaak met slechts enkele objecten zoals amberen kralen, een mat gemaakt in plantaardige vezels en potten waaraan pek of teer kleeft. Een pot met een dergelijke substantie is ook aangetroffen in Dover-Townwall Street[1175].

In de voorgaande bladzijden is hopelijk duidelijk geworden dat in Walraversijde een heel groot gamma aan producten aanwezig was. Het lijkt erop dat elk product dat op de markt te verkrijgen was, ook aanwezig was in Walraversijde. Deze vissersgemeenschap had dan klaarblijkelijk toegang tot al deze producten. Dit wil niet zeggen dat er een weelde van was. Hiermee is het vissersmilieu Walraversijde bijvoorbeeld te vergelijken met de situatie van middeleeuwse maritieme milieus in het zuidelijke Noordzeegebied zoals Dover-Townwall Street[1176], maar ook met maritieme milieus in meer noordelijke gebieden en uit latere perioden. In de periode 1700-1940 waren in de noordelijke gebieden (wat nu Noorwegen, Zweden en Finland is) haring- en kabeljauwvisserij belangrijke activiteiten. Heel wat boeren namen in die activiteiten deel wanneer hun arbeid niet nodig was op de velden. Via schepen werden ook allerlei handelswaren aangevoerd zoals dranken, eetwaren en textiel. Heel wat scheepskapiteins werden rijk met deze handel en waren in staat grote huizen te bouwen. Deze nieuwe rijken groeiden in hun lokale gemeenschappen uit tot sleutelfiguren. Dit is een situatie – hoewel in een andere tijd en in een andere regio – die een aantal parallellen vertoont met de situatie te Walraversijde in de 15de eeuw[1177]. De situatie vastgesteld te Walraversijde is bovendien ook erg vergelijkbaar met die van de site Meols, een kleine middeleeuwse vissersnederzetting gelegen op de noordkust van het Wirral schiereiland in NW-Engeland. Over Meols zijn de geschreven bronnen eveneens zwijgzaam en de nederzetting had evenmin als Walraversijde een eigen parochiekerk. De materiële bronnen daarentegen zijn uitermate rijk en gevariëerd en doen zelfs denken dat de site Meols een marktplaats was op het strand[1178].

1171 Erath 1999, 308.
1172 Potter 1992.
1173 Schietecatte 2003, 150.
1174 Schietecatte 2003, 154.
1175 Parfitt *et al.* 2006, 413.
1176 Parfitt *et al.* 2006, o.a. 412.
1177 Kent 2000, 175.
1178 Griffiths *et al.* 2007, 425-438.

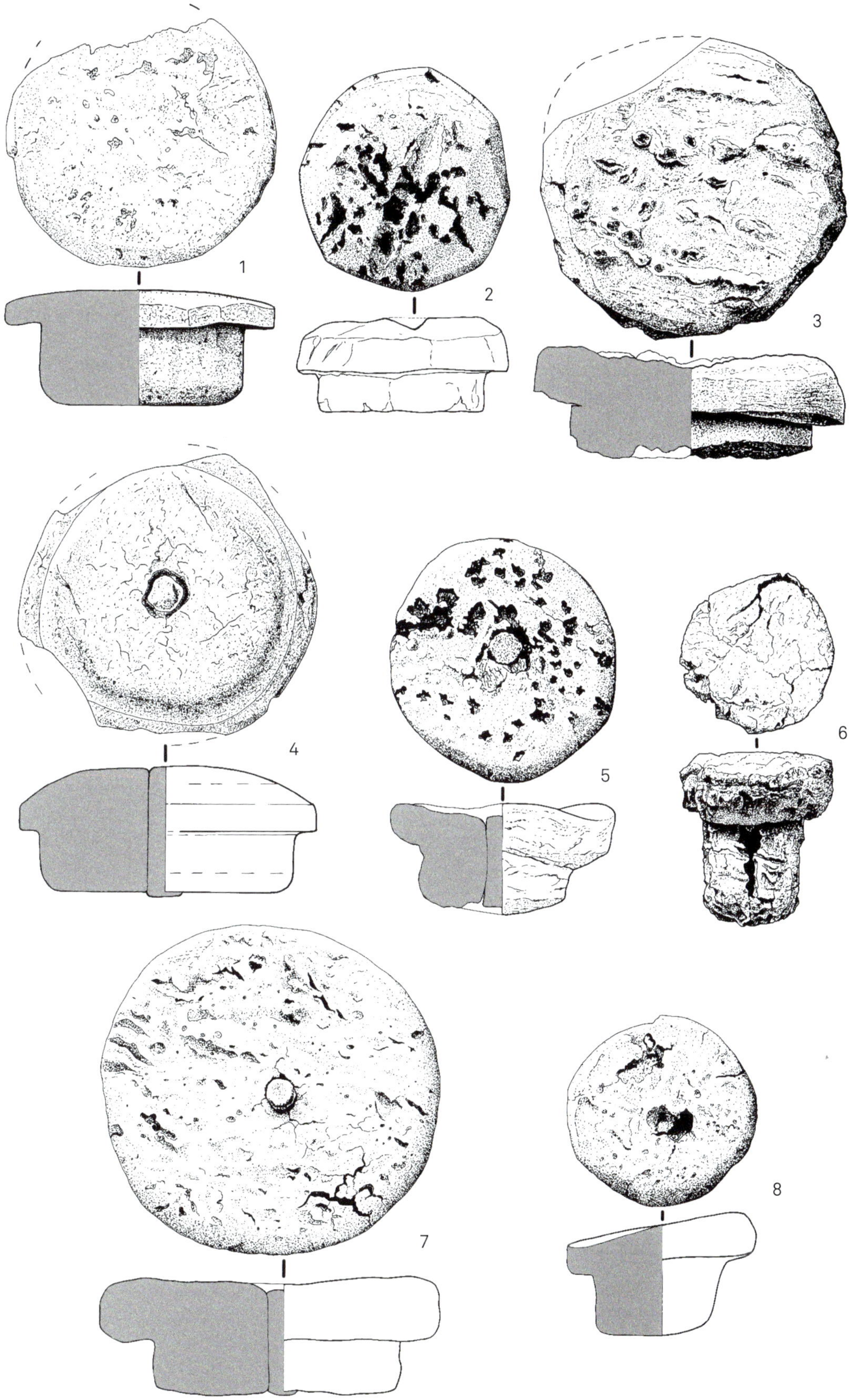

FIG. 463 **Stoppen in kurk. Schaal 2/3.** ***Cork stoppers. Scale 2:3.***
1. 2348.94; 2. 2743.2; 3. 2806.8; 4. 2806.9; 5. 2828.6; 6. 2840.12; 7. 3888.1; 8. 3972.1.

FIG. 464 **Dobbelstenen uit Walraversijde. Schaal 2/1.** *Dice from Walraversijde. Scale 2:1.* *1. 230.1;* 2-6. 1236.5-9; 7. 1249.1; 8. 1654.2; 9. 1996.1; 10-11. 2305.1 en 2305.3; 12. 2319.3; 13. 4290.1.

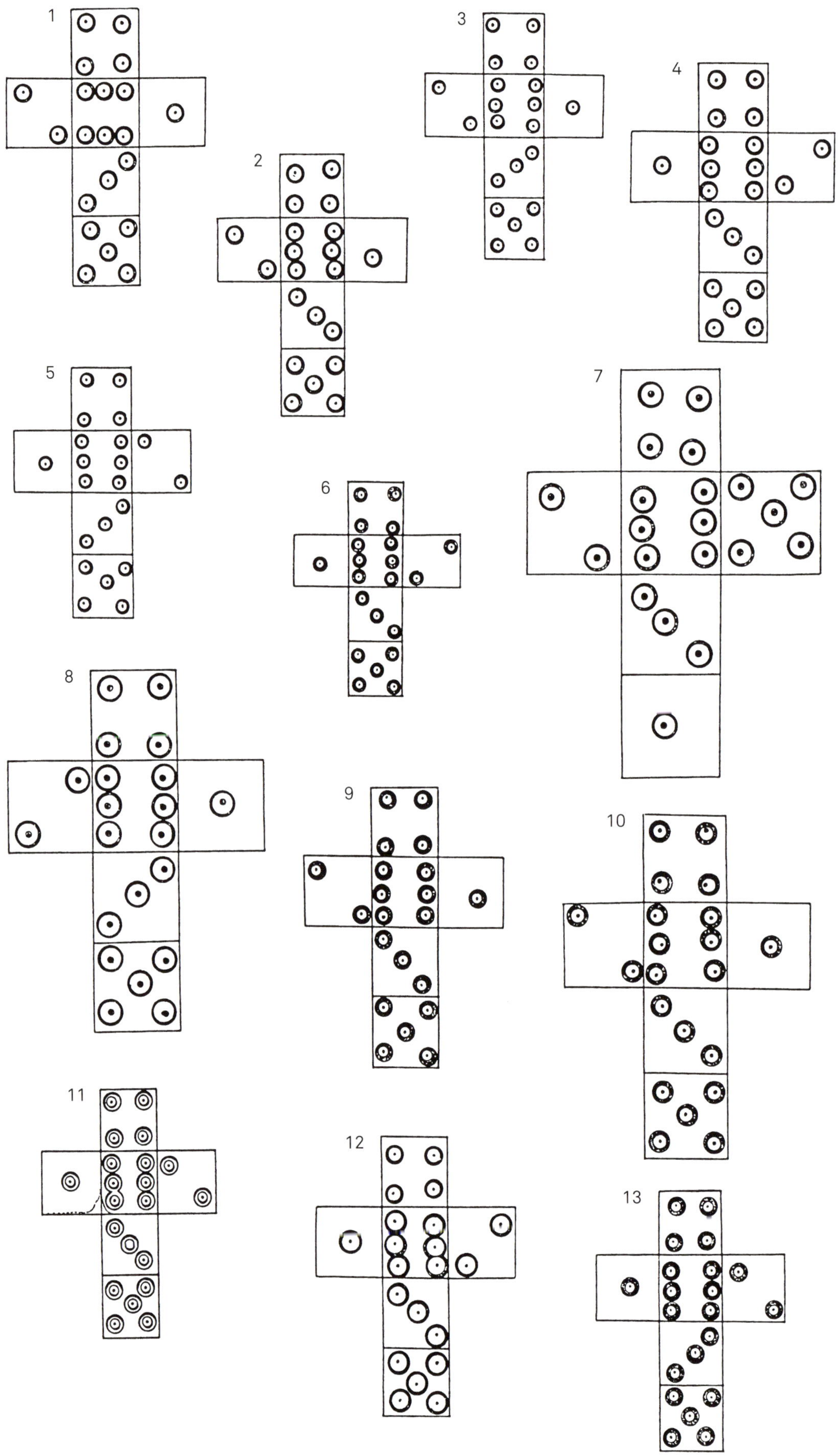

4.5.2.2 Spatiale analyse en cross-fitting van enkele specifieke ceramiekgroepen

Van enkele gemakkelijk herkenbare ceramiekgroepen werden al de scherven afkomstig van over de hele onderzochte zone van de site bij elkaar gebracht en onderling getoetst met de bedoeling om zoveel mogelijk recipiënten terug samen te stellen aan de hand van onderling passende fragmenten. Hierbij werd vertrokken vanuit de gedachte dat normalerwijze, een ceramisch recipiënt bij aanvang volledig op de site aanwezig is geweest. In het puur theoretische, ideale geval, wanneer heel de site, inclusief de eventueel aan de rand van de nederzetting gesitueerde stortzones, zoals prehistorische vindplaatsen worden onderzocht[1179], de recente ploeglagen inbegrepen, zouden haast alle potscherven moeten samen te stellen zijn tot volledige recipiënten. Een dergelijk zeer minutieus onderzoek is gezien de omvang van de site financieel niet mogelijk en daarom utopisch. Ondanks het feit dat door het machinaal verwijderen van de ploeglagen en vooral door het opgraven met spade en schop, vermoedelijk al een redelijke hoeveelheid vondsten aan de archeologische registratie is ontsnapt, werd toch geprobeerd om uit een dergelijk onderzoek zo veel mogelijk gegevens te puren. Omdat de vondsten sinds de start van het onderzoek zorgvuldig per spoor en per niveau of individuele eenheid werden ingezameld, kan het probleem van de afwezigheid van een driedimensionele registratie van elke individuele vondst enigszins worden ondervangen. Het probleem stelde zich echter wel bijzonder scherp ten aanzien van zeer grote sporen zoals grachten en veenwinningsputten. Deze werden dan ook voor dit onderzoek sinds de opgravingscampagne van 1994 op het terrein verder onderverdeeld in kleine, artificiële eenheden, zoals hierboven uiteengezet. Voor de grachten kwam dit neer op blokken van ongeveer 1 m^2. Hiervoor werd de gracht in de lengteas doormidden gesneden. Vervolgens werden haaks op deze lijn vakjes van 1 m breedte afgebakend. In de grote, als stortzone hergebruikte veenwinningskuil werden zones van 4 m^2 (2 bij 2 m) afgebakend die in eveneens artificiële verticale niveaus van ongeveer 25-30 cm werden opgegraven.

Deze sitegewijze wedersamenstelling van ceramiekfragmenten liet vanwege het verder samenstellen van bepaalde objecten onmiddellijk enerzijds een verbeterd onderzoek toe van het aanwezige vormengamma van de onderzochte ceramiekgroepen en verschafte vervolgens anderzijds een verbeterd inzicht in de wegwerppatronen of postdepositionele aspecten in verband met deze materialen. Ten slotte werd het ook mogelijk om aan de hand van de uit verschillende contexten afkomstige passende scherven chronologische en andere verbanden tussen een aantal van de duizenden onderzochte sporen te suggereren. Dit werd aanvankelijk uitgetest met het aardewerk uit Colstoun (Schotland) en met een gatenpot in rood aardewerk en vervolgens uitgebreid naar de Spaanse en Italiaanse majolica, de hoorns in wit aardewerk en de overige producten uit Langerwehe in wit aardewerk, de ceramiek uit Saintonge en de bekers en het groen geglazuurd vaatwerk uit Siegburg. Voor de grote groepen als rood een grijs aardewerk is een dergelijke aanpak zeer tijdsrovend en eigenlijk haast niet te doen vanwege de grote onderlinge gelijkenis van de stukken en de immense hoeveelheden ervan.

Dit soort onderzoek werd ook op andere middeleeuwse archeologische sites al uitgevoerd. Het meest bekende voorbeeld voor de middeleeuwen is Sandall Castle in Yorkshire (GB)[1180]. Steve Moorhouse heeft heel wat onderzoek verricht op dit vlak. De gedetecteerde linken tussen ceramiekfragmenten worden o.a. gebruikt om gelijktijdigheid tussen bepaalde structuren te achterhalen[1181], maar ook om patronen van afvaldepositie te herkennen. Het grote interpretatieve probleem hierbij blijft wel de residualiteit.

Hierna worden enkele eerste specifieke resultaten van dergelijk onderzoek op materiaal van Walraversijde opgesomd. Het betreft resultaten in verband met de ceramiek met beige-wit baksel vermoedelijk afkomstig uit Colstoun (East Lothian, Schotland) en resultaten in verband met een gatenpot in rood aardewerk.

Van de 52[1182] onderzochte fragmenten van een pot uit Colstoun behoren er minstens 25 tot hetzelfde recipiënt[1183], omdat ze werkelijk aan elkaar passen. De hier besproken 52 scherven komen hoofdzakelijk uit vier aan elkaar palende vakjes van de stortzone, nl. 17, 18, 25 en 26 (fig. 435). Bij deze vakjes zijn zowel de bovenste als onderste niveaus vertegenwoordigd: 17 en 17/2, 18/2, 25, 25/2 en 26/2. Omdat beide artificiële niveaus ook bij elkaar aansluiten, kan de verticale en de horizontale spreiding van deze scherven nogal beperkt zijn, in geval de pot bijvoorbeeld op de gemeenschappelijke hoek van de 4 vakjes was gelegen. Negen scherven zijn afkomstig uit de bovenste grachtvulling ten zuidwesten van gebouw 13. En één enkele scherf is afkomstig uit een kuil die zich ten zuidwesten van gebouw 3 bevindt. Hieruit is af te leiden dat deze pot voor het belangrijkste deel (42 op de 52 scherven) in de stortzone belandde en slechts in veel geringere mate in de gracht terecht kwam. Uit dit onderzoek is verder ook gebleken dat vooral ceramiekfragmenten met eenzelfde vondstennummer aan elkaar passen. Dit kan erop wijzen dat er geen zeer ingrijpende postdepositionele verstoringen geweest zijn in de als stortzone geïnterpreteerde bovenste vulling van veenwinningsput spoornr. 69.

Uit deze wedersamenstelling is dus ook af te leiden dat er linken bestaan tussen de opvulling van veenwinningsput spoornr. 69 en deze van gracht spoornr. 61, tussen de opvulling van veenwinningsput spoornr. 69 en kuil spoornr. 220. Hieruit zou men kunnen afleiden dat de bewoners van gebouw 13 zowel afval in de op te vullen veenwinningsput kieperden als in de gracht aan de andere kant van de bewoning. De hoofdmoot komt wel terecht in grote op te vullen veenwinningsput. De afstand tussen de verst uit elkaar liggende betrokken vindplaatsen van de ceramiek uit Colstoun (vakken in stortzone en kuil spoornr. 220) bedraagt ongeveer 50 m.

Tien fragmenten van eenzelfde gatenpot in rood aardewerk werden aangetroffen in vijf verschillende vakjes van de in vakken opgegraven bovenste vulling van veenwinningsput spoornr.

1179 Dit houdt in dat elke individuele vondst driedimensioneel wordt geregistreerd en dat het terrein met het truweel wordt opgegraven.

1180 Moorhouse 1986.

1181 Lawrence 1999, 129.

1182 Aantal scherven verdeeld per nummer: stortzone 17: 5, 17/2: 1, 18/2: 9, 25: 8, 25/2: 10, 94530: 7, 94293: 1; gracht: 95/2.6: 9; kuil: 94533: 1.

1183 De uniformiteit van het scherrvenmateriaal maakt echter wel aannemelijk dat al deze scherven van één en hetzelfde recipiënt afkomstig zijn.

69. Het betreft de vakjes 14, 22/2, 39, 47 en 48 (fig. 435). Uit deze verspreiding kan worden afgeleid dat een aantal fragmenten van deze pot minstens op 6 m afstand van elkaar zijn aangetroffen. Ook hier getuigt het dicht bij elkaar aantreffen van de verschillende fragmenten dat er bij de bovenste vulling van spoornr. 69 geen sprake is van een intense postdepositionele verstoring.

Wat gedaan werd bij wijze van test met de ceramiek uit Colstoun en de gatenpot in rood aardewerk, werd vervolgens uitgebreid naar Spaanse en Italiaanse majolica en een aantal andere kleinere, m.a.w. overzichtelijke, ceramiekgroepen. Het zou – ondanks de inspanningen die dit zou vergen – de moeite waard zijn om dit onderzoek ook uit te werken met andere, binnen de site ruimer verspreide, ceramiekgroepen, maar dit is tot nog toe niet gebeurd.

Al de gedetecteerde linken werden aangeduid op een plan van de onderzochte site (fig. 465) en hieruit zijn een aantal verdere conclusies te trekken.

Eerst en vooral is er geen enkele link vastgesteld tussen de zones Raversijde 92-95 en Raversijde 96-98 ondanks het feit dat de minimale afstand tussen beide zones, slechts 44 m bedraagt, een afstand die verschillende malen overbrugd is door linken binnenin de zone Raversijde 92-95. De grootste afstand tussen de vindplaatsen van twee aan elkaar passende scherven bedraagt in de zone Raversijde 92-95 62 m. Verschillende malen kwamen verder nog linken aan het licht die afstanden van om en bij de 50 m overbrugden.

Bovendien kwamen er in de zone Raversijde 92-95 duidelijk meer linken aan het licht dan in de zone Raversijde 96-98. Er moet wel vermeld dat in de zone 92-95 ook veel meer als afvalzones hergebruikte structuren, zoals grachten en veenwinningsputten, werden onderzocht. Het afval uit de zone Raversijde 96-98 belandde dus wellicht voor een deel buiten de archeologisch onderzochte zone.

De afstanden tussen de linken zijn in de zone Raversijde 96-98 ook een stuk kleiner dan in de zone Raversijde 92-95. Beide zones die zich o.a. onderscheiden op basis van de oriëntatie van de gebouwen verschillen dus blijkbaar ook wat betreft de door cross-fitting aan het licht gebrachte linken tussen aan elkaar passende ceramiekfragmenten.

Binnen de zone Raversijde 92-95 is opmerkelijk dat verschillende malen ceramiekfragmenten aangetroffen werden in de bovenste vullingen van veenwinningsput spoornr. 69 die pasten aan fragmenten uit de bovenste vullingen van de gracht spoornr. 61. Bovendien lopen deze linken in enkele gevallen zoals bij de Colstounceramiek over de gebouwen heen. Objecten gevonden aan één kant van het gebouw passen met andere woorden aan objecten gevonden aan de andere kant van datzelfde gebouw. Vooral over gebouw 1 en in mindere mate ook over gebouw 2 lopen verschillende lijnen. Dit zou er kunnen voor pleiten om de betrokken objecten te linken aan dit gebouw. Meteen is ook aangetoond dat het toewijzen van afval aan bepaalde gebouwen wel enigszins doenbaar zou kunnen zijn op basis van doorgedreven cross-fitting onderzoek op voorwaarde dat dit kan gesystematiseerd worden en m.a.w. recurrenties aan het licht zou brengen.

Tot slot vertoont het lijnenpatroon een tweetal 'knooppunten': één knooppunt tussen de gebouwen 8-10 en 1-3 en een tweede tussen de gebouwen 6 en 15. Wat hiervan de oorzaak kan zijn, is niet duidelijk, wel moet worden opgemerkt dat die zone tussen de gebouwen 8-10 en 1-3 precies ook een concentratie van speelgoed (o.a. van knikkers) vertoont waaruit zou kunnen afgeleid worden dat dit een plaats is die door kinderen veelvuldig werd bezocht[1184], een favoriet spelterrein of afspraakplaats. Indien er een oorzakelijk verband is tussen beide observaties, zou dit kunnen impliceren dat kinderen een factor zijn in het eigentijds herverdelen van afval binnen de site waardoor deze linken dus eerder activiteitszones of actieradii van kinderen zouden identificeren. Dit blijft echter in sterke mate hypothetisch. Uit wat vooraf gaat blijkt dus dat best bekeken wordt hoe hier verder onderzoek kan op uitgevoerd worden.

4.5.3 Dierenresten uit het middeleeuwse vissersdorp: een synthese

Anton Ervynck, Wim Van Neer & An Lentacker

4.5.3.1 Inleiding

Uit de grote hoeveelheid laatmiddeleeuws dierlijk materiaal afkomstig van de opgravingen te Raversijde werden vroeger reeds twee contexten uitgewerkt. De eerste context bevat productieafval van het behandelen van schollen met het oog op bewaring (kuil spoornr. 167)[1185]. Daarnaast werd ook de inhoud van een stenen beerput uitgewerkt (spoornummer 546, nabij gebouw 13)[1186]. De resultaten van een andere voorstudie zijn nog niet gepubliceerd[1187]. Het betreft een deel van het dierlijk materiaal uit het eerste verkennend onderzoek op de site, uitgevoerd in 1992. De rest van de dierlijke vondsten uit dat opgravingsjaar is ondertussen bestudeerd en de resultaten van de 'opgravingscampagne '92' zijn aldus als één geheel in de huidige publicatie opgenomen. Een korte samenvatting van de voorlopige resultaten van het archeozoölogisch onderzoek verscheen reeds in 2000 in een boek bestemd voor het ruime publiek gerealiseerd naar aanleiding van de plechtige opening van het archeologische luik van het domein Raversijde op 24 juni 2000[1188].

Ondertussen is de collectie zoogdierresten uit Raversijde, vanwege de goede bewaringstoestand en de hoge vondstaantallen, gebruikt bij een diversiteit aan methodologisch onderzoek. Deze analyses gaven tegelijk echter ook informatie over de voedseleconomie van de site (zie verder). Een reeks van ongeveer 100 onderkaken van varkens werd uit een groot aantal vondstcontexten uitgeselecteerd[1189] voor een onderzoek naar het voorkomen van een tandpathologie (lineaire hypoplasie van het email, LEH) die indicatief is voor de gezondheidstoestand en de leefomstandigheden van de varkenskudden[1190]. Ditzelfde materiaal verschafte ook interpretatiemogelijkheden rond seizoenale slacht en het mogelijk voorkomen van één of meer reproductieve seizoenen[1191]. De analyse van de stabiele isotopen ^{13}C en ^{15}N uit de botten van schapen, runderen en varkens uit de site gaf inzicht in het voedingspatroon van deze huisdieren[1192].

1184 Pieters 2002b, 456.
1185 Pieters *et al.* 1995, Van Neer & Pieters 1997.
1186 Pieters *et al.* 1999.
1187 Bollen 1998.
1188 Kightly *et al.* 2000.
1189 Een deel van dit materiaal komt uit de hier onderzochte of reeds gepubliceerde contexten, maar een belangrijk deel komt uit vondstenensembles die pas in de toekomst zullen worden geanalyseerd.
1190 Dobney *et al.* 2002.
1191 Ervynck & Dobney 2002.
1192 Ervynck *et al.* 2003; Schietecatte & Sealy 2006.

FIG. 465 **Vereenvoudigd opgravingsplan van de zone Raversijde 1992-1995 waarop de uit elkaar gelegen vindplaatsen van aan elkaar passende ceramiekfragmenten met lijnen zijn verbonden.**

Simplified plan of the excavated zone Raversijde 1992-'95. The different locations where refittable ceramic fragments were found are linked with continuous lines.

Door de intensieve bemonstering door middel van zeefstalen vormt de collectie visresten één der grootste voor laatmiddeleeuws Noordwest-Europa. Het 15de-eeuwse Raversijde figureert dan ook steeds nadrukkelijk in diachrone overzichten van de evolutie van de Vlaamse zeevisserij[1193]. Meer methodologische studies van dit vismateriaal, meer bepaald van otolieten en wervels, gaven informatie rond de seizoenaliteit binnen de zeevisserij en over demografische processen in de vispopulaties, mogelijk ten gevolge van beginnende overbevissing[1194]. Ook een vergelijkende morfologische studie van roggenstekels kende een praktische toepassing op materiaal van o.a. Raversijde[1195].

Onderstaande synthese brengt zoveel mogelijk gegevens samen betreffende de voedseleconomie gebaseerd op dierlijke producten. De resultaten van de zonet geciteerde publicaties worden daarbij geïntegreerd maar niet herhaald. Allereerst wordt nog eens overlopen welke diersoorten vertegenwoordigd zijn in welke contexten binnen het Raversijdse materiaal, waarna de tafonomische betekenis van de onderzochte ensembles wordt geëvalueerd. Dit vormt dan de basis voor de socio-economische interpretaties.

4.5.3.2 Inventaris en economische betekenis van de soorten

Schelpdieren[1196]

Bij de schelpdieren zijn de mossel (*Mytilus edulis*), de oester (*Ostrea edulis*), de kokkel (*Cerastoderma edule*) en de wulk (*Buccinum undatum*) de belangrijkste consumptiesoorten. Waar ze voorkomen, wisselt hun onderlinge frequentie sterk tussen de verschillende contexten. Algemeen zijn ze vooral gevonden in de grote afvaldeposities, zoals de veenwinningsputten spoornrs. 27 en 69, of gracht spoornr. 61, maar ook in de vele contexten die in de campagne van 1992 werden aangesneden. In de structuren verbonden met gebouwen (astonnen, beerputten, vloerlagen) zijn schelpdieren algemeen heel zeldzaam. Het is niet duidelijk of in de buurt van Walraversijde aan de kweek van mosselen en oesters werd gedaan. Wanneer de afmetingen van de schelpen van de eerste soort worden bekeken – dit was enkel mogelijk voor gracht spoornr. 61, veenwinningsput spoornr. 69, en de campagne 1992) – zien we driemaal een duidelijke unimodale verdeling (fig. 466) die mogelijk het resultaat kan zijn van een strenge selectie bij het inzamelen van de schelpen of van een goed georganiseerde mosselkweek. Bij het plukken van wilde mosselen zou men eerder verwachten dat ook veel kleine schelpen, vastgehecht aan de byssus-draden van de grotere exemplaren, op de site zouden zijn beland. In zeefstalen zitten soms wel eens kleine mosselschelpen, maar die zijn helemaal niet frequent. Waarom de gemiddelde lengte van de mosselen in de drie onderzochte contexten verschilt (fig. 466), is allerminst duidelijk. Het is moeilijk aan te nemen dat de resten uit veenwinningsput spoornr. 69, consumptieafval voorstellen terwijl deze uit de andere contexten om weggegooide, niet voor consumptie weerhouden exemplaren zouden voorstellen. Mosselen van 4 tot 5 cm groot zijn perfect eetbaar. Grootteverschillen tussen de mosselen werden echter ook vastgesteld tussen de vullingslagen van de eerder bestudeerde 'platviskuil' (kuil spoornr. 167)[1197].

De oesters zijn net als de mosselen van een vergelijkbaar, vrij groot formaat en hebben een regelmatige vorm. Exemplaren vastgehecht op de schelp van soortgenoten zijn ook vrijwel niet gevonden. Deze kenmerken geven misschien opnieuw aan dat aan schelpdierkweek werd gedaan. Dit laatste geldt echter niet voor de kokkels die men uit het sediment diende te steken, in het intergetijdengebied, en voor de wulk die waarschijnlijk met sleepnetten werd gevist voor de kust.

Andere mollusken dan de reeds genoemde soorten werden wellicht ook gegeten: de strandschelpen van de genera *Spisula* en *Mactra*, het zaagje (*Donax vittatus*), schelpen uit de groep van de zwaardschede, het tafelmesheft en de messchede (*Ensis/Solen* sp.), en wellicht ook de tepelhorens (*Polinices catenus* en *P. polianus*). Deze soorten kunnen nabij de kust zijn verzameld, bv. met sleepnetten die de bovenste sedimentlagen omwoelen. Opvallend is het lage vondstenaantal van alikruiken (*Littorina littorea*), maar dat zijn dieren die van harde substraten moeten worden geplukt. Enkele kleinere soorten zoals de fuikhoren (*Hinia reticulata*) of het wenteltrapje (*Epitonium clathrus*), vullen de ensembles aan, zonder van economisch belang te zijn.

Een opvallend schelpdier is ten slotte de zeekat (*Sepia officinalis*), een inktvissoort die in onze kustwateren voorkomt, en zich vooral in de zomer in ondiepere wateren ophoudt. Zonder twijfel werd deze soort voor consumptie gevist, wellicht met netten. Het is bovendien mogelijk dat nog meer inktvissoorten op de site zijn beland, maar deze zonder verkalkte inwendige schelp (zoals bvb. *Loligo*-soorten) lieten natuurlijk geen resten na in het bodemarchief.

Stekelhuidigen

Voor een systematische exploitatie van zee-egels leverde de site geen bewijs. De enige vertegenwoordiger binnen deze dierengroep, die te Raversijde werd gevonden, is de zeeboon (*Echinocyamus pusillus*), een heel kleine soort die leeft tussen grof zand of fijne kiezel, en dichtbij de kust kan voorkomen[1198]. Wel werd het skeletmateriaal van zeesterren regelmatig vastgesteld in de archeologische lagen zoals een foto van het skeletmateriaal van een zeester gevonden, in anatomisch verband[1199] aantoont. Deze dieren werden (en worden) echter niet gegeten.

Schaaldieren

Van de *Crustacea* is eveneens heel weinig vondstmateriaal te melden. De bakstenen beerput spoornr. 702 bevatte één skeletelement van een gewone garnaal (*Crangon crangon*), een vroeger zeer algemene soort voor onze kust. In kuil spoornr. 380 zaten fragmenten van krabben, meestal van de scharen, en waarschijnlijk alle afkomstig van de strandkrab (*Carcinus maenas*). Strandkrabben werden vroeger wel vaker gegeten aan de Vlaamse kust, maar bij de vondsten uit kuil spoornr. 380 kan het gaan om de

1193 Van Neer & Ervynck 1993, 1994a, 1994b; Ervynck *et al.* 2004.
1194 Van Neer *et al.* 1999, 2002, in druk.
1195 Gravendeel *et al.* 2002.
1196 Voor de ecologische kenmerken van de soorten, zie Hayward & Ryland 1995.
1197 Pieters *et al.* 1995b, 265.
1198 Hayward & Ryland 1995.
1199 Kightly *et al.* 2000, 43.

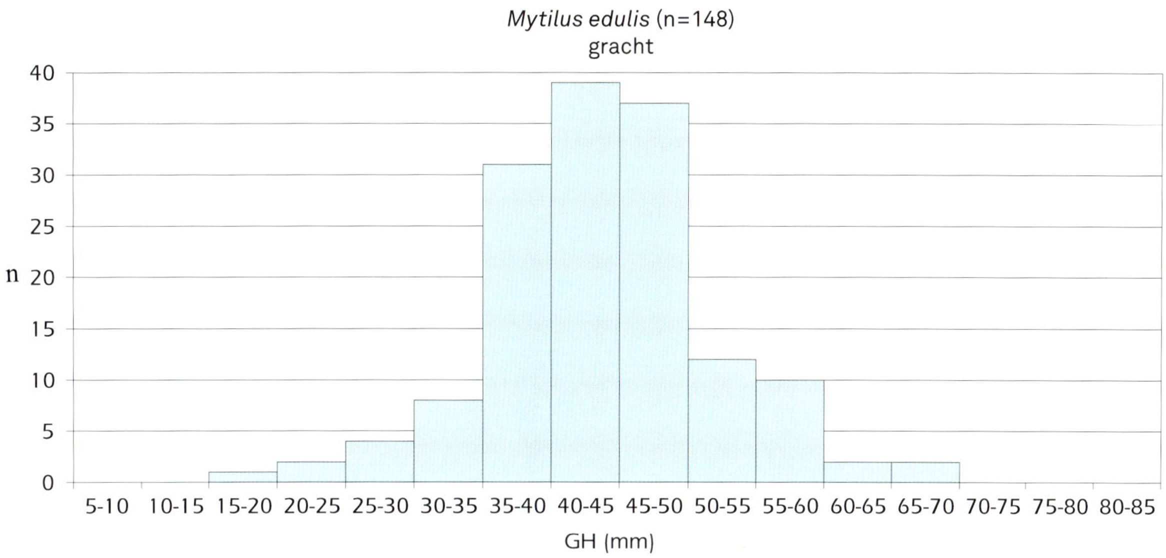

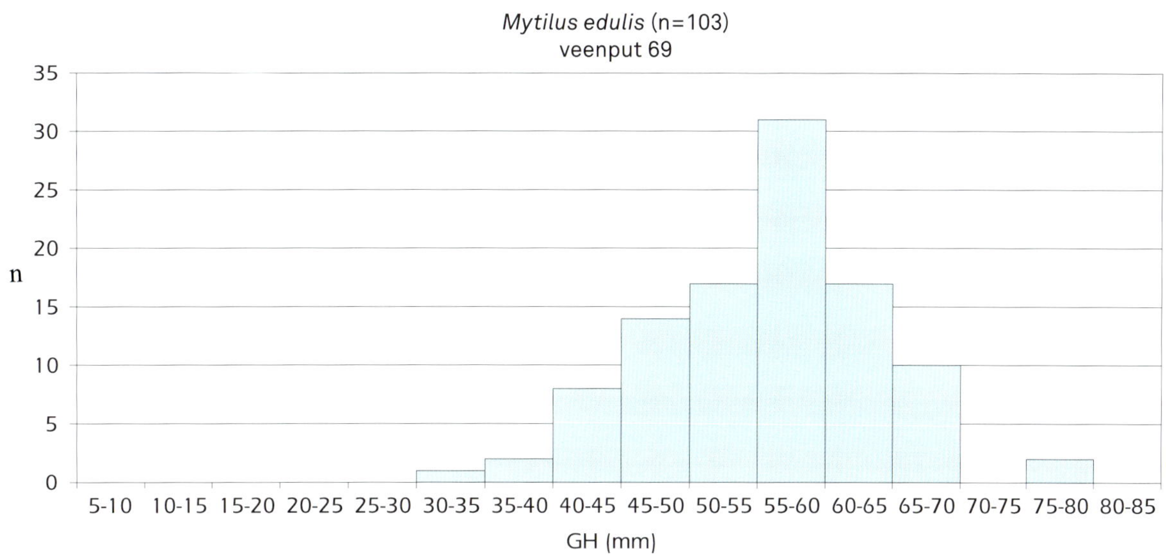

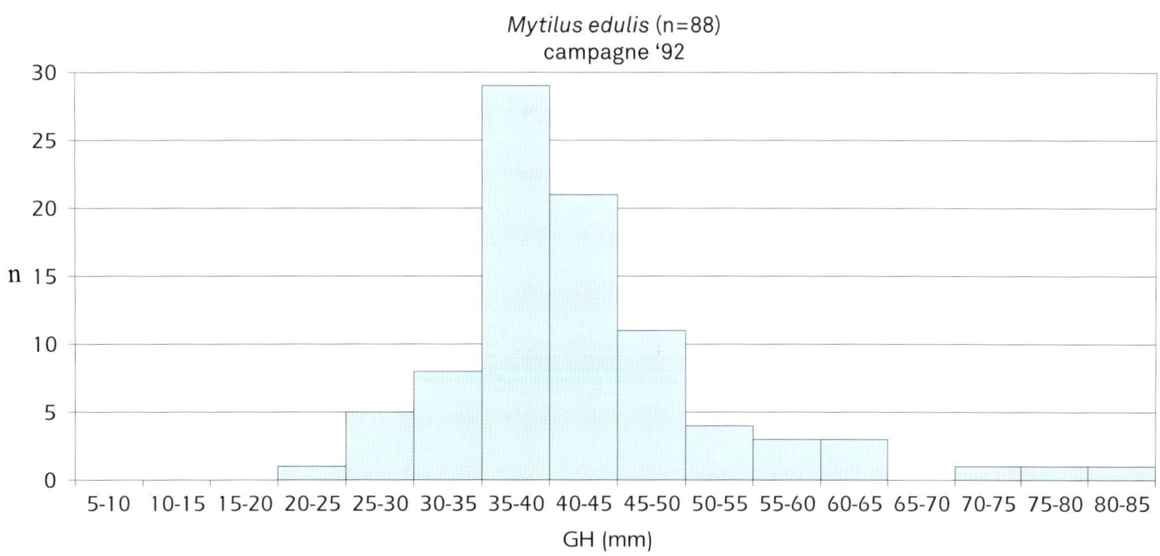

FIG. 466 **Grootte van de mosselschelpen uit drie verschillende archeologische contexten.**
Dimensions of mussel shells from three different archaeological contexts.

maaginhoud van platvissen. De vondst van garnaal maakt Raversijde nog maar de tweede Vlaamse site waar resten van dit dier werden opgegraven en gepubliceerd; een eerdere vondst komt uit Antwerpen[1200]. Wellicht werd garnaal echter frequent gevist langs de kust, maar de fragiele bouw van de skeletelementen, en het feit dat ze zeer gemakkelijk door ontkalking kunnen aangetast worden, maakt dat van de soort vrijwel nooit nog materiaal aanwezig is in Vlaamse sites. Een deel van de heel kleine, dicht bij de kust levende en economisch oninteressante vissoorten die op de site werden gevonden, zou best met garnaalnetten kunnen zijn meegebracht (zie behandeling dierresten van kuil spoonr. 463).

Vissen[1201]

Wanneer de vroeger gepubliceerde contexten worden meegerekend, werden in totaal meer dan 90.000 visresten uit Walraversijde bekeken, waarvan bijna twee derden kon gedetermineerd worden (tabel 87). Hierin zitten minstens 47 soorten, meteen het soortenrijkste ensemble ooit bestudeerd binnen de Vlaamse archeologie. Nochtans worden de visresten door een gering aantal soorten gedomineerd, met name door het trio van platvissen (schol, bot en schar, waarbij de twee eerste soorten het meest frequent zijn), door de kabeljauwachtigen, en door de haring en andere haringachtigen (fig. 467). Paling en roggensoorten volgen daarna, maar vertegenwoordigen slechts enkele percenten binnen het ensemble. Natuurlijk kan dergelijke schatting, die steunt op het samengooien van een reeks contexten met heel verschillende tafonomie, enkel als een ruwe benadering worden gebruikt.

Resten van haaien komen dus slechts sporadisch voor in het archeologische materiaal en de gladde haai (*Mustelus* sp.) is de meest frequente. Van de 5 soorten is het precies deze laatste die aan onze kust het meest voorkomt en die als enige vanaf het strand kan gevangen geworden. Bij drie soorten, de haringhaai (*Lamna nasus*), de hondshaai (*Scyliorhinus canicula*) en de doornhaai (*Squalus acanthias*), vormen haringachtigen een belangrijk deel van het menu en doordat ze dergelijke scholen volgen, komen deze haaien ook vaak bij de haringvangst te voorschijn. Zowel doornhaai als hondshaai komen regelmatig voor aan de Belgische kust, maar de haringhaai is een zeldzame verschijning en kan mogelijk in meer noordelijke waters gevangen zijn. Ten slotte moet nog worden vermeld dat de vroeger aangehaalde determinatie van kathaai (*Scylliorhinus stellaris*)[1202] niet langer kan worden weerhouden. De betreffende botfragmenten zijn nu als doornhaai gedetermineerd.

Dankzij de huidstekels konden 5 soorten roggen geïdentificeerd worden. Poll[1203] vermeldt dat de gevlekte rog (*Raja montagui*) veelvuldig voorkomt in de Belgische kustwateren en dat alleen de stekelrog (*Raja clavata*) nog frequenter is. Het zijn precies deze twee soorten die het meest worden aangetroffen in het archeologisch materiaal. De vleet (*Dipturus batis*) kwam tot voor kort ook redelijk vaak voor in de zuidelijke Noordzee, maar kwam niet zo dicht bij de kust voor als de stekelrog en de gevlekte rog. Van de zandrog (*Raja circularis*) en de golfrog (*Raja undulata*) zijn alleen een aantal twijfelachtige meldingen gekend voor onze kustwateren en men kan aannemen dat, tenzij de verspreiding zich sedert de 15de eeuw heeft veranderd, deze soorten in meer noordelijke wateren werden gevangen. Een vroegere determinatie[1204] van sterrog (*Raja radiata*) moet ten slotte worden

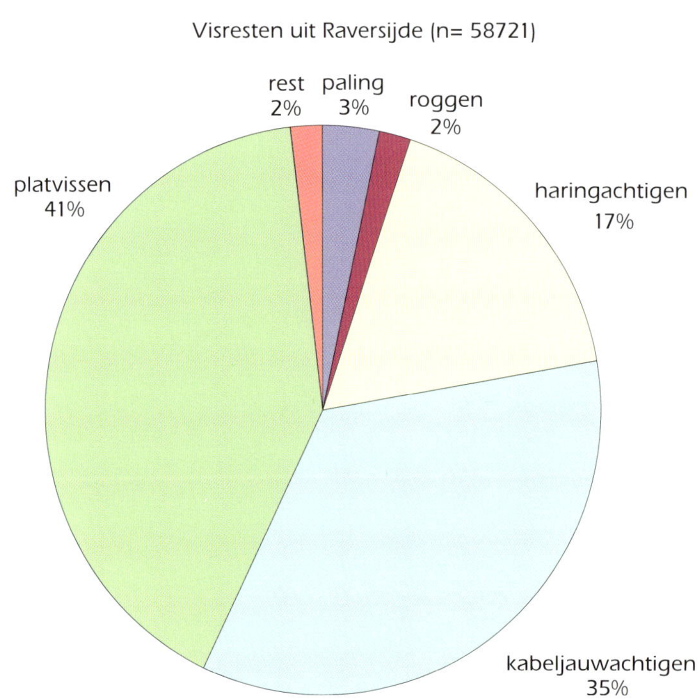

FIG. 467 **Visresten uit Raversijde.**
Fish remains from Raversijde.

1200 Veeckman *et al.* 2000.

1201 Voor de ecologische kenmerken van de soorten, zie Poll 1947, Nijssen & de Groot 1987, Hayward & Ryland 1995, Quéro 1997, Muus & Nielsen 1999.

1202 Vermeld in Van Neer & Ervynck 1993, 1994a, 1994b.

1203 Poll 1947.

1204 In Pieters *et al.* 1999.

TABEL 87

Inventaris van de visresten uit alle tot nu toe onderzochte structuren (+: aanwezig op de site maar niet in de hier beschreven contexten).
Inventory of fish remains from all contexts studied thus far (+: present at the site but not in the contexts analysed here).

soort	aantal	%
paling (*Anguilla anguilla*)	1935	3,30
snoek (*Esox lucius*)	7	0,01
rietvoorn (*Scardinius erythrophthalmus*)	5	0,01
karper (*Cyprinus carpio* f. domestica)	60	0,10
karperachtige (Cyprinidae sp.)	24	0,04
karperachtige (Cyprinidae sp.); grootte karper	10	0,02
karperachtige (Cyprinidae sp.); grootte rietvoorn	21	0,04
haringhaai (*Lamna nasus*)	1	0,00
hondshaai (*Scyliorhinus canicula*)	2	0,00
ruwe haai (*Galeorhinus galeus*)	3	0,01
gladde haai (*Mustelus* sp.)	22	0,04
doornhaai (*Squalus acanthias*)	14	0,02
zeeëngel (*Squatina squatina*)	7	0,01
vleet (*Dipturus batis*)	1	0,00
stekelrog (*Raja clavata*)	245	0,42
gevlekte rog (*Raja montagui*)	31	0,05
zandrog (*Raja circularis*)	10	0,02
golfrog (*Raja undulata*)	6	0,01
rog (Rajidae sp.)	779	1,33
congeraal (*Conger conger*)	57	0,10
haring (*Clupea harengus*)	7414	12,63
sprot (*Sprattus sprattus*)	91	0,15
sardien (*Sardina pilchardus*)	72	0,12
elft/fint (*Alosa* sp.)	79	0,13
haringachtigen (Clupeidae sp.)	2368	4,03
zalm/zeeforel (*Salmo* sp.)	+	+
kabeljauw (*Gadus morhua*)	3530	6,01
cf. kabeljauw (cf. *Gadus morhua*)	1334	2,27
schelvis (*Melanogrammus aeglefinus*)	1192	2,03
cf. schelvis (cf. *Melanogrammus aeglefinus*)	2	0,00
wijting (*Merlangius merlangus*)	1678	2,86
cf. wijting (cf. *Merlangius merlangus*)	33	0,06
steenbolk (*Trisopterus luscus*)	+	+
leng (*Molva molva*)	+	+
kabeljauwachtige (Gadidae sp.)	12710	21,64
zeebrasem (Sparidae sp.)	3	0,01
zonnevis (*Zeus faber*)	+	+
driedoornige stekelbaars (*Gasterosteus aculeatus*)	73	0,12
zeenaald (Syngnathidae sp.)	21	0,04
Engelse poon (*Chelidonichthys cuculus*)	31	0,05
grauwe poon (*Chelidonichthys gurnardus*)	7	0,01
poon (Triglidae sp.)	324	0,55
zeedonderpad (*Myoxocephalus scorpius*)	1	0,00
harnasmannetje (*Agonus cataphractus*)	8	0,01
horsmakreel (*Trachurus trachurus*)	86	0,15
grote pieterman (*Trachinus draco*)	5	0,01

soort	aantal	%
kleine pieterman (*Echiichthys vipera*)	7	0,01
grondels (Gobiidae sp.)	51	0,09
tonijn (*Thunnus thynnus*)	165	0,28
makreel (*Scomber scombrus*)	71	0,12
tarbot (*Scophthalmus maximus*)	42	0,07
griet (*Scophthalmus rhombus*)	55	0,09
tarbot/griet	3	0,01
schol (*Pleuronectes platessa*)	589	1,00
bot (*Platichthys flesus*)	249	0,42
schar (*Limanda limanda*)	54	0,09
schol/bot/schar (Pleuronectidae sp.)	22890	38,98
heilbot (*Hippoglossus hippoglossus*)	13	0,02
cf. heilbot (cf. *Hippoglossus hippoglossus*)	21	0,04
heilbot/tarbot	2	0,00
tong (*Solea* sp.)	207	0,35
niet gedetermineerde visresten	32325	
totaal gedetermineerd	58721	100
totaal	91046	

herroepen. Het fragment uit de bakstenen beerput spoornr. 546 blijkt van een stekelrog te komen. Ten slotte werden nog een aantal fragmenten gevonden van de zeeëngel (*Squatina squatina*), een kraakbeenvis die niet behoort tot de haaien of de roggen maar als enige vertegenwoordiger van de familie der zeeëngels (*Squatinidae*) voorkomt in Noordwest-Europese wateren. De zeeëngel is frequenter in de zuidelijke dan in de noordelijke Noordzee, kan vooral in de zomer kort voor de kust voorkomen en is zelfs in estuaria waargenomen.

Binnen de familie der Clupeidae (de haringachtigen) is haring (*Clupea harengus*) veruit de meest algemene soort, terwijl sprot (*Sprattus sprattus*), sardien (*Sardina pilchardus*) en elft of fint (*Alosa* sp.) slechts heel weinig voorkomen. De elft of de fint zijn trekkende soorten waarvan de botten in binnenlandse Vlaamse sites worden gevonden, omdat de vissen werden gevangen op de rivieren. Deze soorten kunnen echter ook in kustwateren worden gevist. Sprot komt ook wel voor in ondiep water langs onze kust, maar was klaarblijkelijk niet echt populair in de laatmiddeleeuwse zeevisserij. De sardien is niet echt algemeen in de Noordzee. De resten van sardien en elft/fint komen voornamelijk uit tonput spoornr. 633. Deels kan dit te maken hebben met de uitzonderlijk goede bewaring van het visbot in deze structuur, maar dit is zeker niet de enige factor. Qua robuustheid is het skelet van elft en fint vergelijkbaar met dat van haring en de soorten kunnen bovendien grotere afmetingen bereiken dan haring. Sardien daartegen blijft relatief klein en heeft daardoor een veel fragieler skelet dan haring. Men zou kunnen veronderstellen dat bij sterke fragmentatie de resten van sardienenbot niet als dusdanig werden herkend en daarom in andere contexten op de site bij haring werden gerekend. Uit de grootteverdeling van de haring in andere contexten van de site blijkt echter dat haring kleiner dan 10 cm zo goed als nergens werd opgetekend, waardoor we mogen aannemen dat de waargenomen lage frequentie van sardien (en sprot) geen resultaat is van minder nauwkeurige identificatie. Mogelijk weerspiegelt de vulling van tonput spoornr. 633 dus heel specifieke consumptiepatronen. Een groot deel van de aangetroffen haringresten komt van dieren met een standaardlengte tussen 20 en 25 cm. In sommige contexten (bv. tonput spoornr. 502) komen echter dieren voor van 15-20 cm. Mogelijk wordt voor het geheel van de site het aandeel van haringachtigen, en specifiek van haring, nog wat onderschat door de geringe afmetingen van de skeletelementen en hun dus kleinere kans om bewaard te blijven, maar met zekerheid valt dit niet te zeggen. Duidelijke aanwijzigen voor de consumptie van gekaakte haring of voor de praktijk van het kaken op de site zelf zijn niet gevonden.

Bij de kabeljauwachtigen overweegt de kabeljauw (*Gadus morhua*) gevolgd door schelvis (*Melanogrammus aeglefinus*) en wijting (*Merlangius merlangus*). Deze inschatting van de onderlinge frequenties moet echter met voorbehoud worden bekeken, omdat er een zeer groot aantal niet verder te identificeren kabeljauwachtigen tussen het vondstmateriaal zit, waarbij flink wat middelgroot materiaal dat mogelijk van schelvis kan afkomstig zijn (of anderzijds van kleine kabeljauw). Twee andere soorten binnen de Gadidae, de steenbolk (*Trisopterus luscus*) en de leng (*Molva molva*), zijn reeds gevonden op de site, maar niet in de contexten die hier werden bestudeerd. De leng is een soort die vooral voorkomt in noordelijkere wateren binnen de Noordzee. Wanneer alle formaten van kabeljauw voor de ganse site worden samengenomen, blijken zich twee grootteklassen af te tekenen: een groep van dieren met een SL van rond 1 m, en een groep met afmetingen tussen 40 en 60 cm SL. Hoewel het door de veelheid aan contexten, elk met hun eigen tafonomische voorgeschiedenis, en door het voorkomen van veel niet determineerbaar materiaal binnen de Gadidae, niet statistisch hard te maken is, ontstaat toch de indruk dat bij de grootste kabeljauwen de wervels uit de staartzone op de site ondervertegenwoordigd zijn, net zoals elementen uit de schoudergordel. Mogelijk heeft dit te maken met het bewerken van de grotere exemplaren waarbij de kop en de precaudale wervels op de site achterbleven en de geprepareerde vis naar binnenlandse markten werd getransporteerd. Minstens één context leverde duidelijke aanwijzingen op voor de preparatie van stokvis, namelijk kuil spoornr. 2114 (laag 5083). Mogelijk werden ook kleinere kabeljauwen, en ook schelvissen en wijtingen behandeld op de site, maar wanneer daarbij geen lichaamsdelen systematisch werden weggesneden, is dit moeilijk archeologisch aan te tonen. Hoogstwaarschijnlijk werden de grote kabeljauwen gevangen in de open zee, misschien zelfs in noordelijkere wateren, maar de kleinere formaten kunnen uit de kustwateren komen en met lijnen zijn gevangen, ook van op het strand. De schelvis- en wijtingvangst kunnen eveneens voornamelijk dicht bij de kust zijn uitgevoerd.

Bij de platvissen zitten kleine aantallen van griet (*Scophthalmus rhombus*), tarbot (*Scophthalmus maximus*) en heilbot (*Hippoglossus hippoglossus*), waarbij deze laatste soort in noordelijkere wateren moet zijn gevangen. Het merendeel van de bijna 23.000 (!) platvisresten komt echter van drie andere soorten: schol (*Pleuronectes platessa*), bot (*Platichthys flesus*) en schar (*Limanda limanda*), in volgorde van numeriek aandeel in de vondsten. Schar werd duidelijk veel minder frequent gevonden dan schol en bot en haalt qua vondstaantallen slechts het niveau van tarbot en griet. Qua formaten zitten bij de platvissen zowel grote exemplaren (40-50 cm SL) als kleinere dieren. Opvallend is dat in de structuren dicht bij de huizen vaak kleinere exemplaren voorkomen. Een laatste platvissoort is ten slotte de tong, hoewel niet kon worden uitgemaakt of we met de gewone tong (*Solea solea*) of de Franse tong (*Solea lascaris*) te maken hebben.

Bij de overige mariene visresten zitten een aantal soorten die moeilijk het doel kunnen gevormd hebben van gerichte visserij, maar waarschijnlijk als onbedoelde bijvangst op de site belandden of als occasionele vangst werden geapprecieerd. De vondsten van tonijn (*Thunnus thynnus*) zijn daarbij enigszins problematisch, omdat niet geweten is of de laatmiddeleeuwse Vlaamse zeevissers een georganiseerde vangst op deze vissoort kenden. Tonijn komt nu vrijwel niet meer voor in de Noordzee, maar werd er tot in de jaren 1950 regelmatig gevangen[1205]. Het was een typische, maar eerder zeldzame zomergast die redelijk dicht bij de kust kon voorkomen wanneer het warm was. De migratieroutes van tonijnen zijn deels bepaald door het voorkomen van haringen, sardienen of makrelen waarmee ze zich voeden[1206]. Misschien zijn de weinige tonijnen in Raversijde, net als sommige van de haaien eerder toevalsvangsten. Een andere wat zeldzamere groep waarvan de botten in Raversijde voorkomen, zijn de ponen (Triglidae). Binnen deze familie werden enkel de grauwe poon (*Chelidonichthys gurnardus*) en de Engelse poon (*Chelidonichthys cuculus*) herkend, terwijl de meeste vondsten binnen deze familie niet nauwkeuriger konden geïdentificeerd worden. De grauwe poon komt vooral tijdens de zomer in onze wateren voor. Andere sporadisch gevangen soorten zijn de congeraal (*Conger conger*), de zeebrasem (Sparidae sp.) en de zonnevis (*Zeus faber*) (deze laatste werd opgemerkt in contexten die hier nog niet geïnventariseerd werden). Kleinere vissen die dicht bij de kust leven en waarschijnlijk nabij de kust in sleepnetten werden gevangen, zijn de driedoornige stekelbaars (*Gasterosteus aculeatus*), zeenaalden (Syngnathidae sp.), de zeedonderpad (*Myoxocephalus scorpius*), het harnasmannetje (*Agonus cataphractus*), grondels (Gobiidae sp.), de grote pieterman (*Trachinus draco*), en de kleine pieterman (*Echiichthys vipera*). Mogelijk werden enkele van deze soorten uiteindelijk toch gegeten maar economisch belangrijk waren ze zeker niet.

Ten slotte zijn er nog de resten van zalm of zeeforel (*Salmo* sp.), makreel (*Scomber scombrus*) en horsmakreel (*Trachurus trachurus*). Voor deze soorten geldt zeker een probleem van bewaringskansen voor het botmateriaal want soorten met veel vetopslag in de holten binnen de botten laten meestal vrijwel geen resten na in het bodemarchief. De vetten vormen zich om tot vetzuren en tasten aldus de kalkfractie binnen de beenderen aan. Het is dus mogelijk dat het aandeel van deze vissen binnen de Raversijdse visserij groter was dan de botresten laten vermoeden. Zeker is dit echter niet.

Naast de talrijke mariene vis leverde de site een kleine hoeveelheid zoetwatervis op. Het gaat hierbij vooral om paling (*Anguilla anguilla*) waarvan de afmetingen (meestal 30 tot 40 cm SL) aantonen dat ze niet op zee maar in een rivier werden gevangen. De meest voor de hand liggende plaats lijkt de nabijgelegen Sluisvaart te zijn die op 1,5 km ten zuidwesten van Raversijde ligt. Ook de snoek (*Esox lucius*), rietvoorn (*Scardinius erythrophthalmus*) en karper (*Cyprinus carpio* f. domestica) kunnen hiervan afkomstig zijn. Deze soorten zijn redelijk zouttolerant en kunnen brakwater verdragen. Waarschijnlijk is er ook bot in het estuarium van de Sluisvaart gevangen: de juvenielen van deze platvis houden zich daar vaak op en kunnen zelfs in zoet water voorkomen. De vondst van karpers in het vissersdorp is enigszins opvallend, omdat de soort pas in de late middeleeuwen bij ons is ingevoerd en in eerste instantie voorbehouden bleef voor de kweekvijvers van kastelen en abdijen[1207]. De 15de-eeuwse Raversijdse karpers komen wellicht echter uit het zoete water in de buurt, wat aangeeft dat de soort zich toen al in het wild had verspreid, zonder twijfel na ontsnapping uit kweekwateren.

Vogels[1208]

Vogelresten zijn algemeen weinig frequent binnen het dierlijke vondstenmateriaal. In de meeste gevallen gaat het bovendien om huisdieren, wat suggereert dat de jacht op vogels een weinig belangrijke activiteit was voor de bewoners van de site. Vele gejaagde exemplaren komen van op het water, zoals de roodkeelduiker (*Gavia stellata*), een wintergast die in deze periode soms in kleine zwermen langs de kust voorkomt, en soms zelfs op zoet water. Meer opvallend is evenwel de sterke aanwezigheid van meeuwenbotten op de site. De determinatie van dit materiaal was niet altijd even gemakkelijk, omdat het hier gaat om een soortenrijke groep waarvan sommige leden qua grootte sterk overlappen. Omdat de meeste onderzoekers in binnenlandse

1205 Nijssen & de Groot 1987.
1206 Poll 1947.
1207 Lampen 2000.
1208 Ecologische kenmerken van de vogelsoorten volgens Bruun 1974, Desmet 1987.

sites geen resten van meeuwen ontmoeten, is er bovendien binnen de archeozoölogische literatuur rond de determinatie van botmateriaal nog geen speciale aandacht besteed aan deze groep. Toch kan de aanwezigheid van een aantal meeuwensoorten zonder probleem worden aangetoond. Het gaat onder meer om de kokmeeuw (*Larus ridibundus*), die wellicht vrij algemeen voorkwam langsheen de kust, en de drieteenmeeuw (*Rissa tridactyla*), die wel aan de kust kan worden gevonden, maar toch meestal ver op zee blijft. Daarnaast waren er vondsten waarvan niet viel uit te maken viel of ze van de drieteenmeeuw of de stormmeeuw (*Larus canus*) komen, maar enkele andere botten tonen toch duidelijk aan dat deze laatste soort ook in het materiaal uit Raversijde aanwezig is. De stormmeeuw kon in de winter algemeen zijn aan onze kust maar is ook gekend voor het volgen van boten op zee. Dit laatste gedrag is ook kenmerkend voor de kleine mantelmeeuw (*Larus fuscus*), een soort die ook tussen het botmateriaal zat en die in de herfst als trekvogel voorkwam aan onze kust. Een aantal botten kunnen van deze kleine mantelmeeuw (*Larus fuscus*) of van de zilvermeeuw (*Larus argentatus*) komen, maar opvallend is dat deze laatste soort nooit met zekerheid kon gedetermineerd worden. De laatste meeuwensoort uit Raversijde is de grote mantelmeeuw (*Larus marinus*), een soort die in de winter aan onze kust werd aangetroffen. Ten slotte is er nog de vondst van de zeekoet (*Uria aalge*), een soort die op zee overwintert en waarschijnlijk in die periode ook wel voor onze kust voorkwam. Enkele kleinere botfragmenten konden enkel binnen de familie der waadvogels (Charadriiformes sp.) worden geplaatst, een vogelgroep typisch voor waterrijke gebieden.

De vondsten van voorgaande vogelsoorten suggereren eerder dat de Raversijdse vissers langs het strand en op zee occasioneel vogels bejaagden, dan dat dit vangsten zouden zijn van dieren die zich ophielden dicht bij het vissersdorp. Het gedrag van meeuwen om zich dichtbij menselijke woonplaatsen, en vooral op plekken waar afval is gestort, op te houden, is voor het binnenland een vrij recent fenomeen. Of deze vogels dergelijk gedrag reeds in de late middeleeuwen, in de buurt van kustnederzettingen, vertoonden, is niet geweten, maar belangrijk blijft dat een aantal gejaagde soorten waarschijnlijk van op zee komen. Waarom ze dan gejaagd zijn, is niet meteen duidelijk, maar vissers zagen en zien dergelijke visetende vogels als concurrenten. Ze werden soms gegrepen en levend aan de touwen van de masten gehangen, om met hun gekrijs soortgenoten en andere vogels weg te houden van het schip. Maar waarom zijn de dieren dan aan land gebracht en op de site gedeponeerd? Een andere mogelijkheid is dat deze vogels werden gegeten. Meeuwen worden nu als oneetbaar ervaren, maar geschreven bronnen tonen aan dat dit vroeger niet zo was en dat zeevogels vaak gastronomisch hoog werden ingeschat[1209]. De mondelinge overlevering langs de Vlaamse kust spreekt ook van het eten van meeuwen en in het Visserijmuseum te Oostduinkerke worden zelfs werktuigen met haken bewaard die als 'meeuwenhaken' werden beschreven[1210]. De meeuwenvondsten uit de site betreffen in enkele gevallen botmateriaal in anatomisch verband, wat tegen consumptie zou pleiten, maar in vele andere gevallen gaat het ook om geïsoleerde beenderen.

Wilde vogels gejaagd in waterrijke gebieden in het binnenland omvatten een zwanensoort (er kon niet worden uitgemaakt of het om de knobbelzwaan, *Cygnus olor*, of de wilde zwaan, *Cygnus cygnus*, gaat) en de meerkoet (*Fulica atra*). Bij de resten van ganzen kon een aantal niet tot op soort worden gebracht. Een bijkomend probleem is dat het binnen de soort *Anser anser* osteometrisch bijzonder moeilijk is om de gedomesticeerde gans (*Anser anser* f. domestica) van haar wilde soortgenoot, de grauwe gans (*Anser anser*), te onderscheiden. Vermits de huisgans echter al sinds de prehistorie een vertrouwde verschijning is op het neerhof, is het aannemelijk dat we in Raversijde vooral met deze vorm te maken hebben. Toch is jacht op ganzen niet helemaal uit te sluiten, vooral ook omdat de determinatie van enige botten binnen het genus *Branta* aangeeft dat effectief wilde ganzensoorten in het materiaal aanwezig zijn. Het kan gaan om de rotgans (*Branta bernicla*) of de brandgans (*Branta leucopsis*). De eerste soort is een vrij algemene wintergast die zich ophoudt langs de kust, de tweede is een wat minder algemene wintergast die zoutwatermoerassen en slikken prefereert. Bij de determinatie van de eendenbotten stellen zich soortgelijke problemen. Enkele resten kunnen enkel als eendensoort (*Anas* sp.) worden beschreven, terwijl de overige resten binnen de soort *Anas platyrhynchos* thuishoren. Het is daarbij niet uit te maken of het om de wilde eend (*Anas platyrhynchos*) of om de huiseend gaat (*Anas platyrhynchos* f. domestica), maar gezien de huiseend een vrij late verschijning was als huisdier en nog niet algemeen voorkwam op middeleeuwse neerhoven[1211], is er een kans dat de meeste eendenresten van gejaagde vogels komen.

De op het land gejaagde vogels omvatten niet nader geïdentificeerde kleine zangvogels (Passeriformes sp.) en de houtduif (*Columba palumbus*). Daarnaast werden duivenbotten gevonden waarvan de afmetingen naar de rotsduif (*Columba livia*) verwijzen. Omdat deze soort evenwel niet inheems is in onze gewesten, moet het hier gaan om de huisduif (*Columba livia* f. domestica), de gedomesticeerde vorm van de rotsduif. De huisduif werd bij ons geïntroduceerd aan het eind van de middeleeuwen en het bleef lang een voorrecht van de betere klasse om huisduiven in duiventorens of tillen te houden[1212]. Uiteraard ontsnapten de geïntroduceerde dieren wel eens aan de controle van de mens en vestigden zij zich in het wild. Klaarblijkelijk was de huisduif ook al in de 15de eeuw ingeburgerd aan de kust, zij het als verwilderde vorm, zij het omdat de inwoners van het vissersdorp er huisduiven op nahielden.

Waar het dus mogelijk is dat alle voornoemde soorten werden gegeten in Raversijde, is dat waarschijnlijk niet het geval voor een aantal vogels die zich in de buurt van (of zelfs in) de woonplaats moeten hebben opgehouden, en die waarschijnlijk werden verdelgd. Het gaat dan om de kerkuil (*Tyto alba*), de raaf (*Corvus corax*), de kauw (*Corvus monedula*) en de ekster (*Pica pica*). De eerste soort jaagt actief op ratten en muizen in de buurt van menselijke bewoning, de drie andere zijn vooral aaseters die van menselijk consumptieafval kunnen leven. De raaf is nu uitgestorven in Vlaanderen.

Eén soort werd nog niet vermeld: de kip (*Gallus gallus* f. domestica), veruit de belangrijkste vogelsoort voor de site en beduidend meer frequent op het neerhof dan de huisgans of de

1209 Fox 2001, 72.

1210 Bauwens 1995a, 1995b; Rappé 1995.

1211 Harper 1972.

1212 Hawes 1984.

huisduif. Wanneer de tarsometatarsi voor de ganse site samen worden bekeken, wordt duidelijk dat ongeveer evenveel resten van hennen (zonder enige indicatie van een spoor) als van hanen (met aanwezigheid van een spoor) tussen het materiaal zitten. Bij de mannelijke dieren heeft de meerderheid slechts een spoorwrat, een uitgroei op de schacht van de tarsometatarsus waar zich later de benige kern van het spoor zal aan vasthechten. Slechts op een klein aantal botten zien we een goed ontwikkeld spoor; in één geval is dat spoor afgehakt. De conclusie is dus dat vele hanen op een jonge leeftijd werden geslacht, terwijl slechts enkele mannelijke individuen een hoge leeftijd mochten bereiken. De afmetingen van de kippenbeenderen suggereren ten slotte dat de in het vissersdorp gehouden dieren qua grootte niet verschilden van deze in andere laatmiddeleeuwse sites.

Zoogdieren[1213]

Bij de zoogdierresten zitten een aantal intrusieve soorten, dieren die buiten de wil of het medeweten van de mens in en rond de site aanwezig waren en die gebeurlijk werden gedood of op natuurlijke wijze in een afvalcontext terechtkwamen. Het betreft hier een aantal niet verder gedetermineerde micromammalia (kleine insecteneters zoals spitsmuizen, en kleine knaagdieren), de mol (*Talpa europaea*), de zwarte rat (*Rattus rattus*) en de steenmarter (*Martes foina*). Deze laatste soort zal de kleine in en om het dorp levende zoogdieren bejaagd hebben.

Twee soorten vertegenwoordigen wild dat op het land werd bejaagd: de haas (*Lepus capensis*) en het konijn (*Oryctolagus cuniculus*). De eerste soort is slechts in enkele contexten gevonden maar zal frequent zijn voorgekomen in de polders. De tweede soort werd pas in de late middeleeuwen in ons land geïntroduceerd en werd in eerste instantie gehouden in de warandes van abdijen en kastelen en in de duingebieden die als 'woeste gronden' toebehoorden aan de feodale adel[1214]. In deze duingebieden moeten konijnen grote populatieaantallen hebben bereikt[1215], wat hun schaarsheid in het Raversijdse vondstenmateriaal des te meer opvallend maakt. Klaarblijkelijk was deze wildsoort niet vlot bejaagbaar voor de dorpelingen.

Resten van zeezoogdieren[1216] komen eveneens weinig voor in het vondstmateriaal. Twee kleinere soorten konden met zekerheid worden geïdentificeerd: de bruinvis (*Phocoena phocoena*) en de witsnuitdolfijn (*Lagenorhynchus albirostris*). Deze soorten kunnen bij toeval in visnetten zijn terechtgekomen, maar mogelijk gaat het hier ook om gestrande exemplaren. Een actieve jacht op zeezoogdieren lijkt minder waarschijnlijk gezien de geringe vondstenaantallen voor deze soorten. Een aantal grotere botfragmenten van een grote walvissoort kunnen van de potvis (*Physeter catodon*) komen, maar een zekere determinatie is gezien de sterke fragmentatie van de stukken niet mogelijk. Wel is een met zekerheid gedetermineerde wervel van een potvis gevonden in een archeologische kuil op het strand van Raversijde[1217]. Het stuk draagt haksporen maar kan niet precies gedateerd worden. Wellicht gaat het om een gestrand dier waarvan een deel door de laatmiddeleeuwse dorpelingen werd geconsumeerd.

Bij de huisdieren die op de site werden gehouden, zat wat botmateriaal van katten (*Felis silvestris* f. catus) en honden (*Canis lupus* f. familiaris). Bij deze laatste kwamen exemplaren voor met een schofthoogte van ongeveer 66 cm, maar ook kleinere dieren met een schofthoogte van circa 43 cm en meerdere individuen die slechts 30 cm op de schoft maten. Deze laatste kleine hondjes zijn ook typisch krompotig, wat wil zeggen dat de lange beenderen van de voor- en achterpoot gebogen zijn. Het is niet uit te sluiten dat deze hondjes gezelschapsdieren waren, maar het kan ook gaan om honden die werden meegenomen op de schepen. Opvallend is dat vandaag nog dergelijke hondjes worden gehouden door mensen die in de buurt van de site wonen. Een vergelijkbaar hondenras zou het 'schipperke' kunnen zijn dat, als klein hondenras, vooral op binnenschepen werd gehouden.

De paardenbotten (*Equus ferus* f. caballus) uit het Raversijdse vondstenmateriaal komen in een paar gevallen van delen van skeletten, alhoewel ook geïsoleerde botten werden gevonden. De meeste skeletelementen duiden een paardentype aan met een schofthoogte variërend rond 150 cm, slechts in één geval (gracht spoornr. 61) werd een onvolledig skelet gevonden van een dier dat beduidend groter was (ongeveer 160 cm op de schoft). Mogelijk gaat het hier echter om een dier dat later werd ingegraven in de 15de-eeuwse afvalcontext. Geen van de paardenresten geeft indicaties voor een mogelijke consumptie van paardenvlees op de site.

De overgrote meerderheid van de zoogdierresten bestaat uit de botten van varken (*Sus scrofa* f. domestica), rund (*Bos primigenius* f. taurus) en schaap (*Ovis ammon* f. aries). De varkensbeenderen komen uit alle zones binnen het skelet, maar fragmenten van de schedel overheersen (fig. 468). Dit heeft ongetwijfeld te maken met het feit dat varkenskoppen in de middeleeuwse keuken zeer gewaardeerd werden en dat dit deel van het skelet aan tafel sterk werd gefragmenteerd tijdens de consumptie. Een analyse van de tanddoorbraak en tandslijtage toont een heel specifiek slachtpatroon aan[1218] (fig. 469), voornamelijk van subadulte maar niet juveniele dieren. Niet vertegenwoordigd in deze distributie zijn een aantal pas- of doodgeboren dieren (omdat er geen onderkaken van waren bewaard). Het vastgestelde slachtpatroon is niet hetzelfde als op andere middeleeuwse sites. Een duidelijke seizoenale slacht van leeftijdscohorten[1219] is hier niet vast te stellen, enkel een brede piek rond een bepaalde tandslijtage- en dus leeftijdsklasse. Dit zou kunnen wijzen op een slacht gedurende het ganse jaar, in een populatie waarin meerdere reproductieve seizoenen voorkomen, dit in tegenstelling tot de

1213 Ecologische kenmerken van de zoogdiersoorten volgens Frechkop 1958.

1214 Van Damme & Ervynck 1988, Lauwerier & Zeiler 2000.

1215 Rentenaar 1978.

1216 Identificaties met de hulp van J.S. Herman uitgevoerd in het Granton Centre, National Museums of Scotland, Edinburgh, UK.

1217 Van Neer & Ervynck 1993, 1994a: vondst van dhr. Cools en mevr. Mortier, uit Raversijde.

1218 Dobney *et al.* 2002; Ervynck & Dobney 2002. Het materiaal dat voor deze interpretatie werd gebruikt komt ook uit andere contexten dan de hier bestudeerde, zie inleiding.

1219 Vergelijk met Ervynck 1997.

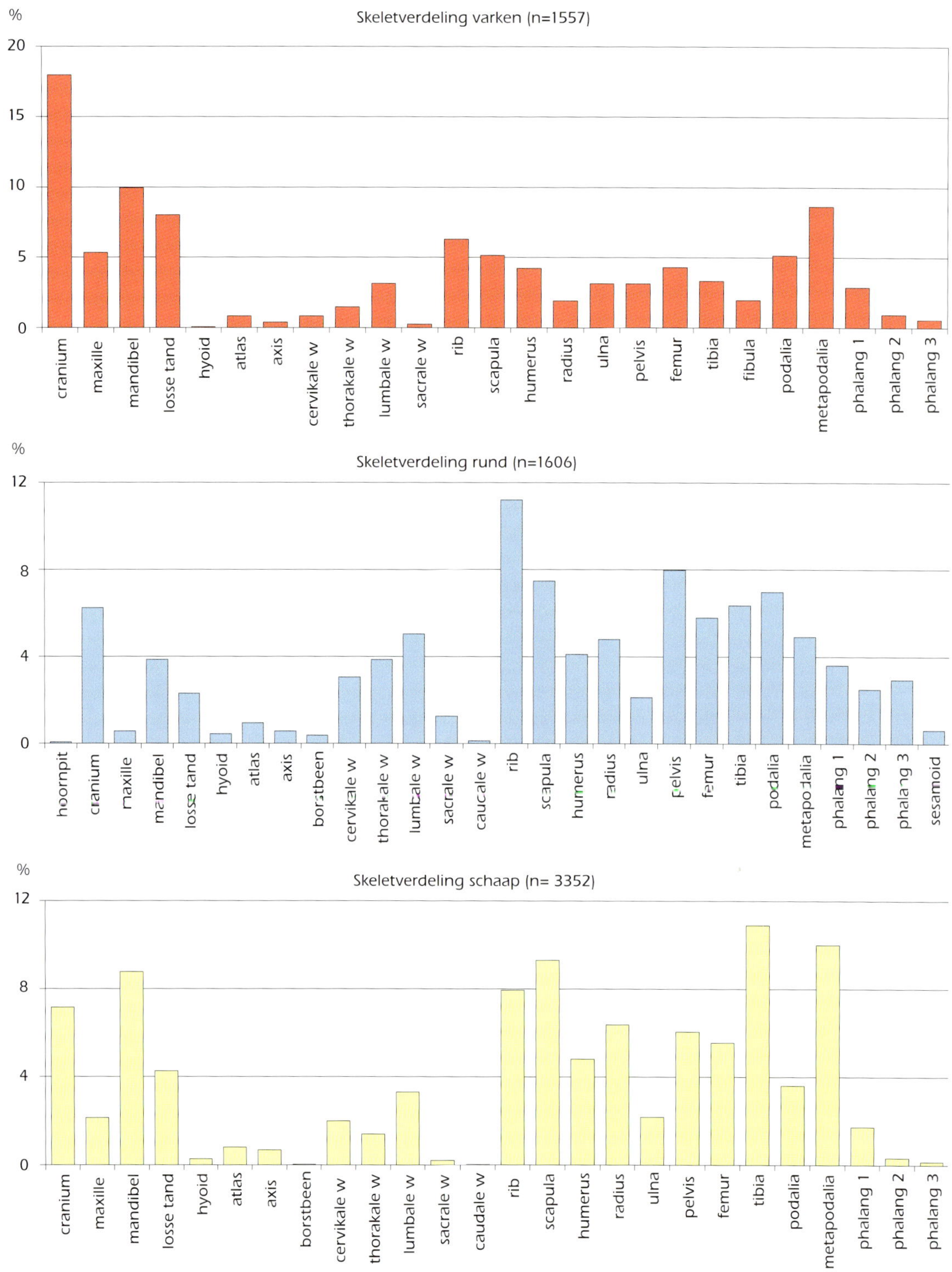

FIG. 468 **Skeletverdeling van drie belangrijkste zoogdieren: varken, rund en schaap.**
Skeletal distribution of the remains of the three most important mammals from Walraversijde: pig, cattle and sheep.

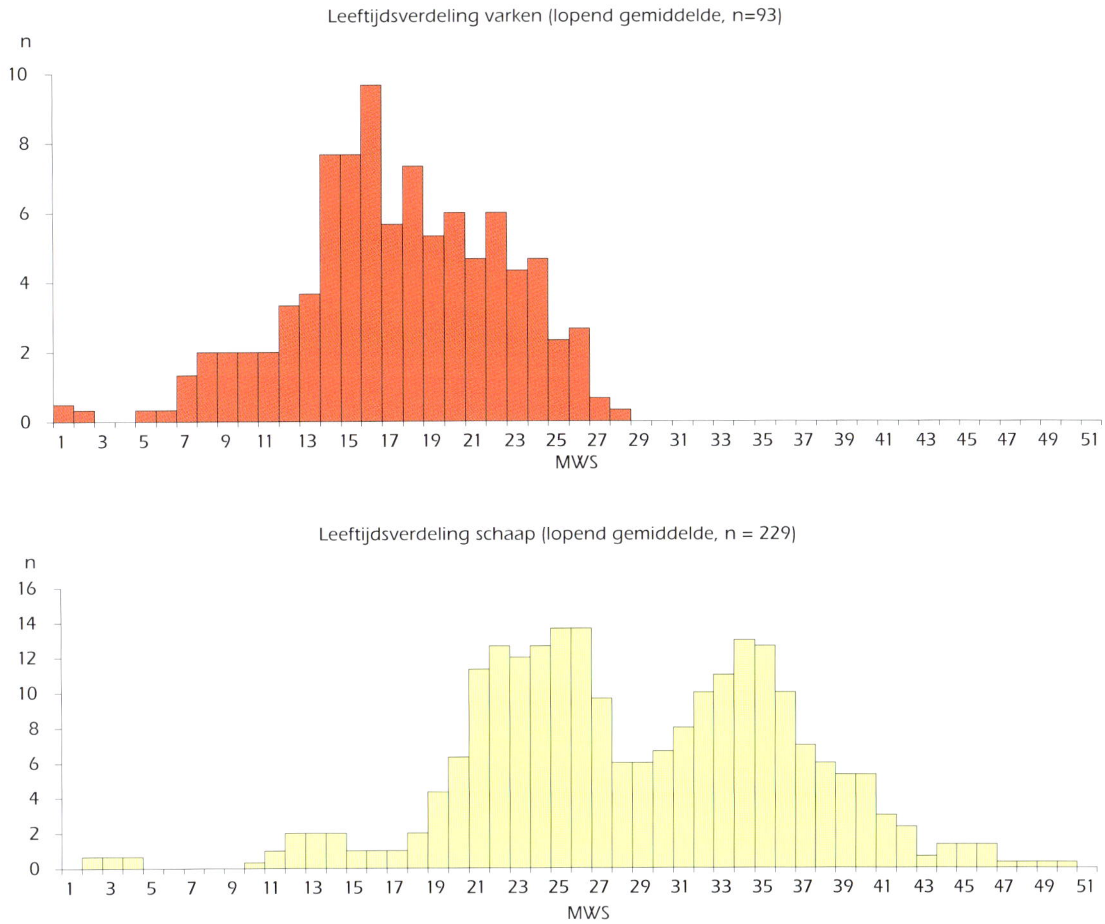

FIG. 469 **Leeftijdsverdeling voor varken en schaap.**
Age distribution for pig and sheep.

winterslacht in populaties met slechts één voortplantingsseizoen, vastgesteld op binnenlandse middeleeuwse sites[1220]. De analyse van het voorkomen van lineaire hypoplasie van het email (LEH) levert evenwel geen bewijzen voor het voorkomen van meerdere reproductieve momenten binnen het jaar, wellicht gaat het dus om een slacht die minder seizoenaal gebonden was dan op andere sites, of om een reproductieseizoen dat veel variabeler was dan op de binnenlandse sites. De frequentie van LEH ligt voor de varkenspopulatie uit Raversijde vrij hoog, maar volgt niet hetzelfde patroon als andere middeleeuwse sites. De frequentie van LEH blijkt immers beduidend hoger te liggen wanneer enkel de eerste molaar van de onderkaak in beschouwing wordt genomen, is vergelijkbaar (qua frequentie) met andere sites wat betreft de tweede molaar en ligt beduidend lager voor de derde echte maaltand[1221]. Het lijkt er dus op dat de varkenspopulatie van Raversijde andere levensomstandigheden kende dan op andere Noordwest-Europese middeleeuwse sites het geval was. Een mogelijke verklaring voor dit patroon zou kunnen liggen in het feit dat de natuurlijke biotoop voor varkenskudden (beboste gebieden) niet voorkwam in de buurt van het vissersdorp, waardoor misschien moet verondersteld worden dat de varkens eerder als neerhofdieren dan als bosvarkens werden gehouden. Deze veronderstelling wordt onderbouwd door het onderzoek van de stabiele isotopen ^{13}C en ^{15}N in de botten van de dieren[1222], wat aangeeft dat minstens een deel van de Raversijdse varkens een meer carnivoor dieet had dan contemporaine dieren op andere sites. Varkens die in het bos worden gehoed zijn grotendeels herbivoor; maar dieren die op afval leven, krijgen meer

1220 Ervynck 1997.

1221 Dobney *et al.* 2002.

1222 Ervynck *et al.* 2003.

dierlijke producten voorgeschoteld en vertonen aldus een echt omnivoor voedingspatroon. Een bijkomende mogelijkheid is dat de Raversijdse varkens mariene producten hebben gegeten. Mogelijk werd het niet te gebruiken materiaal uit de visnetten aan de varkens gevoerd. Het houden van varkens op het restafval uit de vangst was een algemeen gebruik binnen de traditionele zeevisserij[1223]. De sterke fragmentatie van de varkensbotten maakt het ten slotte voorlopig onmogelijk uitspraken te doen over de schofthoogte van de dieren of over andere osteometrische kenmerken. Om dergelijke analyses toe te laten, zal de studiecollectie nog gevoelig uitgebreid moeten worden.

De botten van rund zijn eveneens zeer gefragmenteerd en komen uit alle delen van het skelet (fig. 468). Een uitzondering is evenwel het totaal ontbreken van de hoornpitten waarvan in de totale hier bestudeerde collectie slechts één exemplaar aangetroffen werd. Dit patroon valt niet te verklaren door te veronderstellen dat het lokale runderras hoornloos was. Hoornloze runderen zijn immers heel zeldzaam op onze middeleeuwse sites en op een aantal schedelfragmenten is duidelijk te zien dat de hoornpitten zijn weggehakt. Hoogstwaarschijnlijk zijn de hoornpitten samen met de huid weggevoerd naar leerlooierijen, die zich voor zover we weten niet in het dorp bevonden. Op laatmiddeleeuwse leerlooierssites worden effectief concentraties van runderhoornpitten aangetroffen[1224]. De Raversijdse vondstcollectie bevatte te weinig min of meer volledige onderkaken om de leeftijdsdistributie van de geslachte populatie te reconstrueren via de analyse van tanddoorbraak en tandslijtage. Het postcraniaal materiaal toont wel een ongeveer evenredige frequentie van adulten en subadulten, terwijl er ook juveniele dieren, zij het in geringer aantal, aanwezig waren, en er ook enkele botten van pas- of doodgeboren kalveren werden gevonden. Een klein aantal volledige botten geeft een kijk op de schofthoogtes (fig. 470). De distributie kent een piek op 118-120 cm, maar de collectie omvat ook beduidend grotere dieren. Mogelijk zijn de dieren van 118-120 cm hoog koeien en de grotere exemplaren (tot 138 cm) stieren of ossen.

Zoals gewoonlijk bevatten de dierlijke resten een grote categorie van vondsten die niet met zekerheid aan 'schaap of geit' kunnen worden toegewezen, maar zeker tot één van beide soorten behoren. Het skeletmateriaal van schapen en geiten is nu eenmaal niet altijd eenduidig te onderscheiden[1225]. Er werd met zekerheid één bot van een geit (*Capra aegagrus* f. hircus) herkend, terwijl vele honderden botten zonder twijfel van schapen komen. Gezien de grote zeldzaamheid van positieve identificaties van de geitenresten gaat het binnen de categorie 'schaap of geit' wellicht in vrijwel alle gevallen om de resten van schaap. In het handverzameld materiaal zijn alle skeletelementen aanwezig (fig. 468); de ondervertegenwoordiging van de kleinere elementen, zoals de phalangen, zal wellicht aan de inzamelmethode te wijten zijn. Net zoals bij de runderen is er een complete afwezigheid van hoornpitten, maar ditmaal komt dat niet omdat deze fragmenten van de site zijn weggevoerd. De bewaarde fragmenten van de bovenschedel tonen aan dat we te maken hebben met een hoornloos ras. Eenzelfde schapentype werd aangetroffen in laatmiddeleeuws Ieper[1226]. Een groot aantal onderkaken laat een reconstructie toe van de slachtleeftijden (fig. 469) waarbij opvalt dat lammeren vrijwel ontbreken. Er zitten twee duidelijke pieken in de distributie van de tandslijtageklassen, wellicht het resultaat van een seizoenale slacht, net voor de winter[1227]. Wanneer dit patroon wordt vergeleken met dat voor het laatmiddeleeuwse Ieper[1228] valt op dat op deze laatste site enkel de tweede piek, bij de hogere slijtageklassen, voorkwam. Deze slacht van beduidend oudere dieren werd geïnterpreteerd als passend in een veeteeltstrategie waarbij schapen vooral als wolproducenten werden gehouden. Bij de Raversijdse schapen zou de wolopbrengst dus minder belangrijk zijn geweest en werden meer dieren op een jongere leeftijd geslacht. Dit past binnen het beheer van een kudde waarbij ook de vleesopbrengst van groot belang was. Botten van pas- of doodgeboren schapen werden vrijwel niet gevonden, maar dat kan misschien verklaard worden doordat de lammeren werden geworpen terwijl de kudde al op trek was, ver buiten het dorp. Een groot aantal volledige lange beenderen vormt de basis voor een reconstructie van de schofthoogte (fig. 470). Deze varieert maar vertoont een piek op 60 cm, wat grofweg overeenkomt met de waarden vastgesteld voor de Ieperse populatie[1229].

4.5.3.3 Tafonomie

Bovenstaande inventaris geeft duidelijk aan dat de meerderheid van het dierlijk materiaal consumptieafval vertegenwoordigt. Afval van de bewerking van dierlijke producten (zoals bot-, hoorn- of leerbewerking) werd eigenlijk niet gevonden, hoewel bij de artefacten opgegraven op de site natuurlijk wel voorwerpen in been zaten (priemen, dobbelstenen, werpkoten, enz.). Er zijn trouwens ook voorwerpen gevonden in gewei (zoals de splitshoorns), maar concentraties van het afval van geweibewerking ontbreken voorlopig ook. Botmateriaal van ree of edelhert, mogelijke leveranciers van gewei ontbreken trouwens totaal in de archeozoölogische collectie. De derde tafonomische categorie, de resten van niet-gegeten, niet-bewerkte, begraven kadavers, bestaat in het geval van het vissersdorp uit de botten van katten, honden en paarden, bij de huisdieren, en daarnaast uit de resten van verdelgde vogels (kerkuil, kauw, raaf, ekster). De intrusieven omvatten ten slotte in eerste instantie mariene schelpensoorten en een zee-egelsoort, die bij toeval in vis- of garnaalnetten of tussen schelpenmateriaal werden aangevoerd. Daarnaast zijn er de vissoorten die als bijvangst van allerlei visactiviteiten naar economisch veel belangrijker soorten bij toeval op de site belandden. Hoeveel van deze dieren uiteindelijk toch niet werden gegeten, valt niet uit te maken. Hoewel vrijwel alle vis eetbaar is en de kleine exemplaren van bepaalde soorten nu soms als een lekkernij worden aanzien, lijkt het onwaarschijnlijk dat bijvoorbeeld zeenaalden, stekelbaarsjes of kleine grondels als menselijk voedsel dienden. Andere intrusieve mariene soorten komen uit de maaginhoud van gevangen vissen, zoals de zaagjes in de 'platviskuil' maar ook kleinere vissen kunnen tot deze categorie van prooidieren behoren. Intrusieve land- en zoetwaterdieren zijn ten slotte de kleine zoet- of brakwatermollusken, die wellicht met water zijn aangevoerd, en de

1223 W. Lanszweert, pers. med.

1224 Zoals bv. te Brugge: Hillewaert & Ervynck 1991; Ervynck *et al.* in druk (a).

1225 Boessneck *et al.* 1964.

1226 Ervynck 1998.

1227 Zie Ervynck 1997 voor de redenering achter deze interpretatie.

1228 Ervynck 1998, fig. 6.

1229 Ervynck 1998.

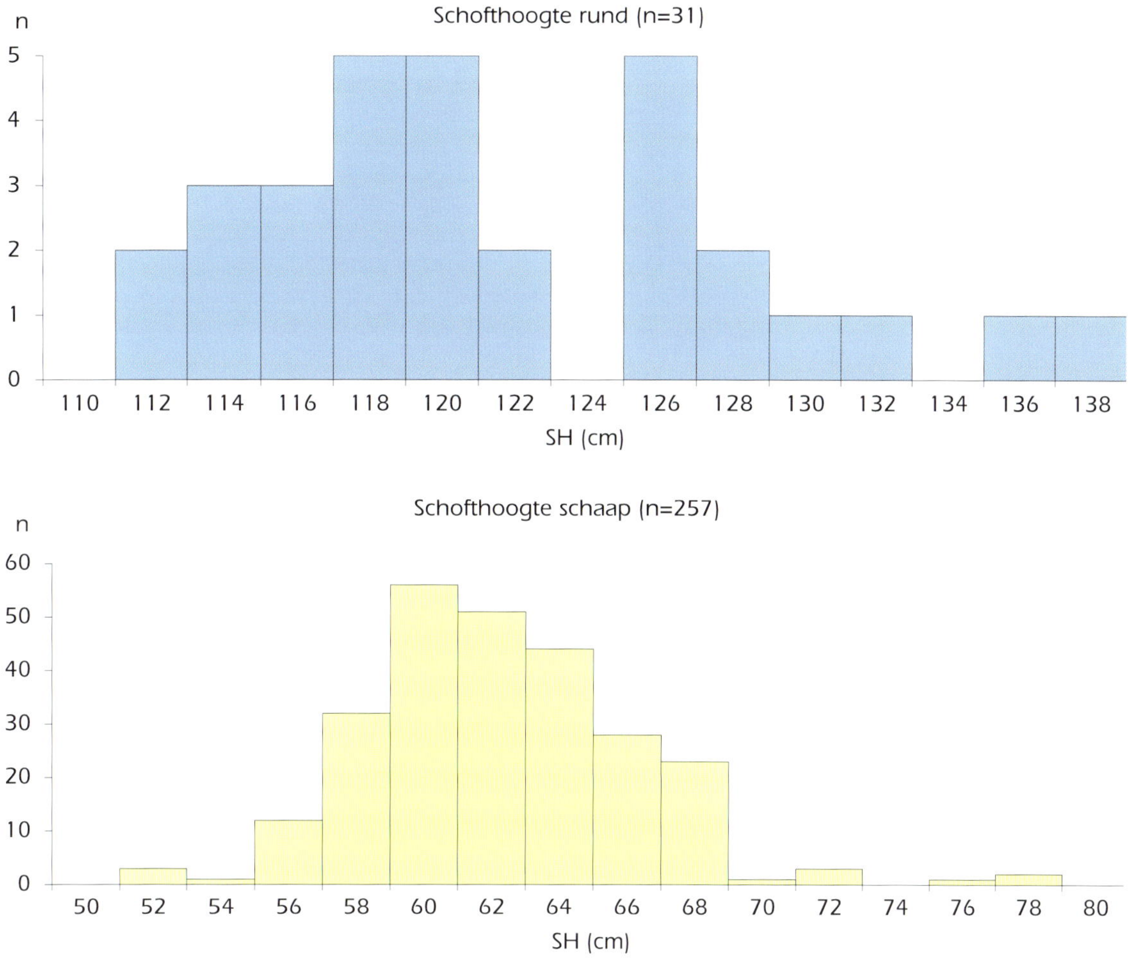

FIG. 470 **Schofthoogtes rund en schaap.**
Height at the withers for cattle and sheep.

landmollusken, amfibieën en kleine zoogdieren die in en om de site leefden en die bij toeval of omdat ze verdelgd werden, in de archeologische structuren terechtkwamen.

Wanneer wordt nagegaan waar de resten van de in de inventaris beschreven soorten op de site werden gevonden, komt een duidelijk beeld naar voren. Onderscheid dient te worden gemaakt tussen de structuren opgegraven in connectie met de huizen, de grote afvaldeposities in voormalige veenwinningsputten en de gracht, en de kuilen met specifiek visbewerkingsafval. In de afvaldepots in de nabijheid van de huizen zit duidelijk nooit groot botmateriaal of schelpen. Het heeft er alle schijn van dat men wou vermijden dat structuren zoals beerputten te snel vol raakten en te veel niet-verteerbaar materiaal bevatten. De zogenaamde 'astonnen' bevatten vrijwel geen verbrand bot. De dierlijke resten uit deze structuren kunnen hier eventueel samen met veegsel van de vloer in gedeponeerd zijn. Bij het afval dat op de vloer terechtkwam, zat duidelijk geen groot materiaal; dit moet selectief opgeruimd zijn en weggegooid op andere plaatsen (zie verder). De afvallaagjes uit de vloer van gebouw 23 bevestigen dit beeld; ze bevatten enkel klein materiaal, vooral van vis. De beerputten en beertonnen vertonen ook hetzelfde patroon, zij het dat ze ook botresten bevatten die door de mens werden ingeslikt en met de uitwerpselen in de ton of put belandden. Daarnaast kwamen ook een aantal intrusieven (amfibieën, kleine zoogdieren) in deze structuren in en om de huizen terecht. Het mijden van groot materiaal in deze afvalstructuren kan te maken hebben met het mogelijk hergebruik van de vulling, bv. als compost.

In de gracht en de voormalige veenwinningsputten ligt duidelijk de bulk van het consumptieafval van het dorp. In deze structuren werden alle delen van het skelet van de gegeten zoogdieren aangetroffen (op de hoornpitten van runderen na: zie eerder), verder is er geen duidelijke selectie in de delen van de geconsumeerde vissen of vogels zichtbaar. Zowel het afval van de slachtplaats, van de keuken als van de tafel kwam dus op de vuilstortplaatsen terecht. Dit patroon is trouwens vergelijkbaar met dit van de vondsten uit de campagne '92.

Inzake afvalverwerking ontstaat dus het beeld dat dierlijk afval van enige omvang systematisch uit huis werd verwijderd, waardoor deze plaatsen relatief proper bleven, maar dat het afval massaal in de depressie achter de huizen werd gedeponeerd. Dat dit ook in de gracht tussen de wooneilanden terechtkwam, is enigszins verwonderlijk omdat deze praktijk toch een zekere geuroverlast moet veroorzaakt hebben. Ook het dumpen van dierlijke resten in de oude veenwinningsputten achter de huizen moet voor de hygiëne van de leefomgeving gevolgen hebben gehad. De resten van de specifieke verwerking van visproducten kwamen klaarblijkelijk ook bij het gewone afval terecht.

4.5.3.4 Dierlijke producten en de voedselvoorziening

Visvangst

Het globaal beeld dat uit de studie van de visresten naar voren komt, is een dualiteit in de exploitatie van de zee, meer bepaald tussen veraf en dichtbij gelegen visgronden. Allereerst werd in de wateren voor de Vlaamse kust gevist, voornamelijk op platvissen en schelvis. Geschreven bronnen geven aan dat de schelvisvangst in de late winter of het vroege voorjaar plaatsvond, gevolgd door de vangst op platvis tijdens de lente[1230]. De studie van de otolieten van schelvis en schol uit de site bevestigen dit[1231]. Wellicht werden ook de aangetroffen kleinere formaten van kabeljauw in de zuidelijke Noordzee gevangen, mogelijk zelfs vanaf het strand. Deze laatste activiteit was misschien eerder bedoeld voor de voedselvoorziening van het dorp zelf, vermits de botten van kabeljauw opgegraven in onze binnenlandse laatmiddeleeuwse steden aantonen dat daar vooral vissen van groot formaat werden gegeten. De vangst van platvis en schelvis zal wel voor een groot deel voor verkoop op de binnenlandse markten zijn bedoeld.

De geschreven bronnen geven aan dat er daarnaast visvangst was in noordelijkere wateren, vooral in het Noordovergebied voor de Engelse en Schotse kusten en boven de Doggersbank. De belangrijkste vangst was daar de haring, die werd gevist vanaf de vroege zomer. Vanaf augustus tot in november verplaatste de haringvangst zich naar meer zuidelijke wateren, eerst langs de kusten van zuidoost Engeland, nadien naar de Vlaamse kustwateren en dan het Kanaal[1232]. De Doggersbank werd ook bevist voor kabeljauw, tijdens de winter en van mei tot juli[1233]. Wellicht komen uit dit gebied de grote kabeljauwen die in onze steden werden gegeten en waarvan ook botmateriaal op de site werd gevonden. Over het algemeen zijn de vangsten uit de noordelijkere wateren echter moeilijk archeologisch te evalueren omdat wellicht een deel van de vangsten in buitenlandse havens werd verkocht. Anderzijds werd de haring gekaakt, ingezouten en verkocht op de Vlaamse markten, wat de consumptie in het dorp zelf geen goede maatstaf maakt voor het economisch belang van de vangsten in het Noordover. Toch zijn er in Raversijde een aantal vissen gevonden zoals leng, een aantal haaien en roggen, waarvan het aannemelijk is dat ze uit dit vangstgebied komen, eerder dan dat ze in de zuidelijke Noordzee zouden zijn gevangen.

Alles samen kunnen de vissers dus een soort jaarronde gevolgd hebben[1234], beginnend in de winter met de vangst op kabeljauw, vervolgens schelvis, dan platvissen en, in de zomer en het najaar, haring. Daarnaast werd natuurlijk ook heel dicht bij de kust voedsel verzameld. Van op het strand kon ook veel vis, tot zelfs (kleinere) kabeljauwen en schelvissen toe, worden gevangen, met lijnen of misschien zelfs ook getijdenvallen. Deze vangsten dienden echter wellicht eerder voor de eigen voedselvoorziening dan voor export naar de stedelijke consumenten. Of dat ook zo was voor het plukken van mosselen, oesters, wulken, kokkels en andere schelpdieren is niet duidelijk. Wellicht was de export van deze voedingsproducten toch niet onbelangrijk, zij het minder winstgevend dan de visverkoop. Hetzelfde kan gelden voor de vangsten van garnaal.

Een aantal opgegraven contexten duidt aan dat de vissers een deel van de vangst op de site behandelden. In het geval van een lens met platvisresten (kuil spoornr. 167) gaat het heel duidelijk om minstens 130 grote schollen, hoogstwaarschijnlijk afkomstig uit één vangst. Bij deze dieren werden de kop en de staart weggehakt vooraleer de vissen waarschijnlijk werden gezouten en/of gedroogd[1235]. Het 16de-eeuwse visboek van Adriaen Coenen[1236] vermeldt dat dergelijke vis verhandeld werd en over lange afstand kon vervoerd worden naar de steden. Een tweede kuil met platvisresten (kuil spoornr. 380) bevat echter een mengeling van drie soorten waarbij bot (60%) overheerst op schol (20%) en schar (20%). Het productieafval (opnieuw koppen en staarten van grote exemplaren) was wel gemengd met botten uit alle delen van het lichaam van kleinere platvissen. Misschien waren dit dieren die afgekeurd werden voor verwerking? Een andere kuil (kuil spoornr. 2214, laag 5083) bevatte een concentratie kabeljauwresten, afval van de preparatie van stokvis waarbij zowel exemplaren met 50-60 cm SL als dieren met 90-100 cm SL werden gebruikt. Ook bij de contexten uit de opgravingscampagne van 1992 zaten er enkele bij met een overwicht aan precaudale wervels en elementen uit de kop van kabeljauw. Dit zijn precies de delen van de vis die bij stokvispreparatie worden weggesneden. Natuurlijk zijn dit slechts enkele voorbeelden van de diversiteit aan visverwerking die op de site moet hebben plaatsgevonden. Het drogen en zouten van kleinere kabeljauw, waarbij de vis volledig blijft, is archeologisch moeilijk te vatten via het onderzoek van botmateriaal, evenals het drogen van roggen of het roken van vette vissen zoals sprot.

Naast de vangst van mariene soorten werd ook het zoete water geëxploiteerd. De vangst van zoetwatervissen was echter van ondergeschikt belang, behalve misschien voor één soort, de paling. Deze soort werd wellicht met behulp van fuiken in de getijdengeulen in het kustlandschap gevangen. Bij de occasionele andere vangsten van zoetwatervissen is enkel de karper van belang.

Ten slotte blijft het moeilijk om het belang van de vangst van zeezoogdieren in te schatten. Het aantal botten van deze dieren maakt slechts een gering deel uit van het vondstenmateriaal, wat erop zou kunnen wijzen dat er geen actieve jacht op deze soorten werd ondernomen. Anderzijds duikt een soort als bruinvis onder de naam 'marswin' (meerzwijn: varken uit de zee) frequent op in de middeleeuwse geschreven bronnen met betrekking tot de inlandse vismarkten[1237] en iemand moet die dieren toch gevangen hebben? Mogelijk werden de gevangen zeezoogdieren allemaal verkocht en bleven er weinig over voor consumptie in het vissersdorp. In het geval van gestrande dieren was er nog de

1230 Egmond 1997.
1231 Van Neer *et al.* 2004.
1232 Hovart 1985.
1233 Van Uytven 1979.
1234 Zie ook Michell 1977.
1235 Pieters *et al.* 1995; Van Neer & Pieters 1997.
1236 Egmond 1997.
1237 Bv. te Brugge: Vanhoutryve 1975.

complicatie dat alles wat op het strand aanspoelde onder het strandrecht viel, waarbij de feodale autoriteit ook op aangespoelde grote vissen of walvissen zijn rechten liet gelden[1238].

Jacht

Als (op het land) gejaagde zoogdieren kwamen enkel de haas en het konijn op de Raversijdse tafels, zij het in heel lage aantallen. Mogelijk heeft dit in beide gevallen te maken met de feodale privileges die op het wild rustten. Voor het konijn was dit duidelijk: het dier was ingevoerd in deze gebieden onder andere om als pelsdier uitgezet te worden in de duingebieden (die als woeste gronden een geprivilegieerd wingebied van de adel waren)[1239]. Zonder twijfel was het verboden voor de dorpelingen om op konijnen te jagen, een maatregel die vanwege de schade die deze dieren aan akkers en moestuinen moeten hebben aangericht wellicht op weinig begrip kon rekenen van de naburige landbouwbevolking. De schaarse konijnenbotten kunnen dus best de resultaten van stroperij zijn. Ook voor de beenderen van de haas kan dit het geval zijn.

Ook op bepaalde grote vogelsoorten (zoals zwanen of kraanvogels) waren tijdens de middeleeuwen jachtrechten van tel. Kleinere soorten, en zeker waadvogels of meeuwen, mochten waarschijnlijk wel worden gevangen. De zeldzaamheid van de botten in de studiecollectie toont echter aan dat de jacht op vogels voor de inwoners van weinig belang moet zijn geweest.

Veeteelt

Op het neerhof werden niet alleen kippen en ganzen gehouden, wellicht hielden de varkens zich ook dicht bij de bewoning op. Dat de dieren volgens de analyse van de stabiele isotopen afvaleters waren en, in een omgeving met weinig bosrijke gebieden, toch een aandeel van ongeveer 25% haalden binnen de resten van het 'trio varken, rund en schaap' (fig. 471) moet verklaard worden door het feit dat de varkens niet langer half-vrij in het bos liepen, maar echte boerderijdieren waren geworden. Het rund haalt qua botmateriaal hetzelfde aandeel als het varken (fig. 471) en moet op weilanden in de polderstreek zijn opgekweekt. Anderzijds is het bekend dat runderen traditioneel ook in de duinen werden gehoed en vaak op het strand voorkwamen. Het isotopenonderzoek levert echter geen indicaties voor een marien aandeel (bv. zeewier) in de voeding van de dieren. De helft van de vondsten uit de groep 'varken, rund en schaap' wordt ten slotte uitgemaakt door de schapenbotten (fig. 471); de geit treffen we eigenlijk niet aan bij het consumptieafval. De slachtleeftijden geven aan dat de schapen niet alleen voor de wol werden gehouden, maar dat hun vleesopbrengst zeker even belangrijk was. Schaapskudden werden gehoed op alle niet-gecultiveerde gronden zoals dijken, duinen en schorren, voor zover deze laatste biotoop nog niet door bedijking verloren was gegaan.

Hoe de veeteelt precies ruimtelijk werd georganiseerd in Raversijde is moeilijk te zeggen. Er zijn nog geen structuren gevonden die duidelijk met de veeteelt te maken hebben en stallen ontbreken bv. geheel bij de opgegraven huizen. Toch mag niet verondersteld worden dat het vee uit andere sites werd aangevoerd; het voorkomen van de botten van pas- of doodgeboren biggen, kalveren en in mindere mate lammeren geeft aan dat dit vee effectief in of nabij het dorp werd gehouden.

Vrouwen en mannen

Voor de Raversijdse site valt de veelheid aan activiteiten binnen de voedselproductie op. De geschetste jaarronde in de zeevisserij en de tijd die besteed diende te worden aan veeteelt, het inzamelen van mariene producten in de kustwateren, visvangst in zoetwater, jacht op vogels, occasionele stroperij, akkerbouw en moestuinteelt lijken wel teveel voor één mensenleven. Het beeld wordt echter aannemelijker wanneer we uitgaan van een taakverdeling binnen het gezin of de familie waarbij, terwijl de mannen visten op zee en soms geruime tijd van huis bleven, de strandvisserij en het inzamelen van schelpdieren door de vrouwen, kinderen en ouderlingen werd verricht. Kinderen stonden wellicht ook in voor het hoeden en het melken van het vee en gingen waarschijnlijk ook vissen in de kreken (of zetten er fuiken uit). Akkers en moestuinen kunnen voornamelijk door de vrouwen onderhouden zijn vermits de zaai- en oogstseizoenen samenvallen met geschikte momenten voor de visvangst op zee.

Consumptiepatronen

Er zijn twee soorten contexten die inzicht kunnen verschaffen in het consumptiegedrag van de inwoners van het vissersdorp. De structuren die in of dichtbij huis zijn gevonden, zijn tafonomisch echter zeer vertekend. Ze bevatten immers vrijwel geen groot botmateriaal of schelpen en kunnen dus het aandeel van vlees of schelpdieren niet belichten. Daarenboven is het ook mogelijk dat de grotere visbotten niet in deze structuren terechtkwamen, waardoor bv. het aandeel van kabeljauw op het menu onderschat zou kunnen worden. Beter is dan ook de grote afvalstructuren (gracht, veenwinningsputten of het materiaal uit de vele contexten uit de opgravingscampagne 1992) bij de discussie te betrekken, zij het dan dat de fijnere resolutie, de band met de individuele huizen, grotendeels verloren gaat. Opvallend is wel dat, wanneer de frequenties van de belangrijkste zoogdieren als criterium worden gebruikt, deze grote afvaldeposities compleet gelijkend zijn (fig. 471).

Als we het consumptiepatroon voor de hele site samen evalueren, valt qua visconsumptie allereerst de grote soortenrijkdom op. Zelfs wanneer in rekening wordt gebracht dat bepaalde kleine soorten, zoals de zeenaalden, enkel afval uit de vis- of garnaalnetten voorstellen, is het toch duidelijk dat veel van de gevangen vissen effectief werden geconsumeerd. Dit patroon staat in contrast met wat de archeozoölogische contexten uit de laatmiddeleeuwse steden aangeven, waarin de soortenrijkdom aan vis veelal beperkt is. De vissers moeten dus dat deel van de vangst dat geen hoge prijzen op de binnenlandse markt zou opleveren vooral zelf hebben geconsumeerd. Het gaat

1238 De Groote 1999.

1239 Rentenaar 1978; Van Damme & Ervynck 1988.

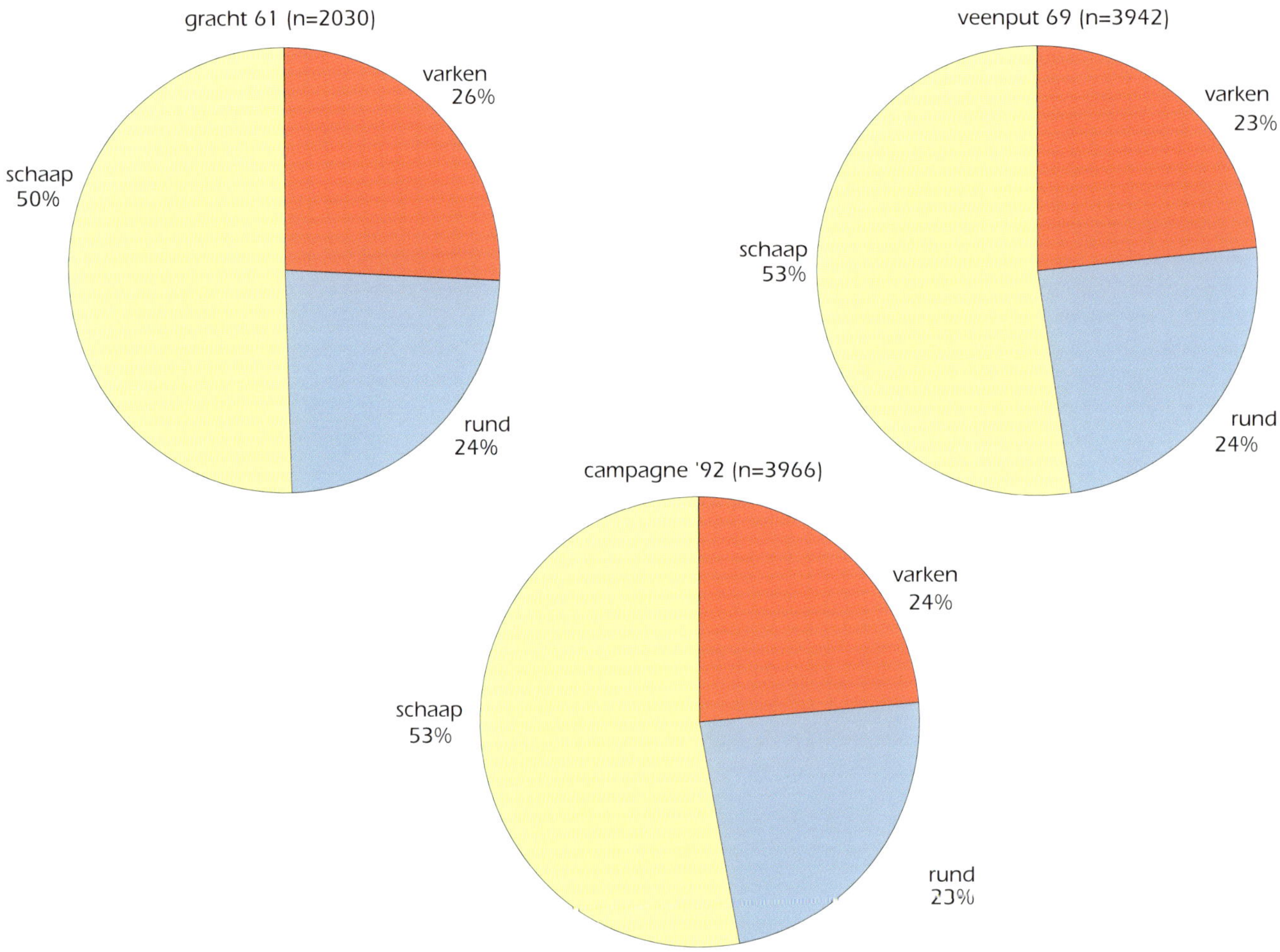

FIG. 471 **Verhouding schaap, varken en rund in drie verschillende contexten: gracht spoornr. 61, veenwinningsput spoornr. 69 en opgravingscampagne 1992.**
Relative distribution of sheep, pig and cattle in three different archaeological contexts: ditch 61, peat-cutting pit 69 and the 1992 excavation season.

dan om soorten zoals haaien of de wat zeldzamere vangsten zoals de leng of de zeeëngel. Binnen de soorten die wel economisch belangrijk waren voor export, trad bovendien een selectie op naar grootte. Het materiaal uit Raversijde suggereert dat de grote kabeljauwen ofwel vers werden doorgevoerd naar de steden, ofwel tot stokvis werden geprepareerd en dan werden doorverkocht. Opvallend is dat op de site tot nu toe geen concentratie van caudale wervels van grote kabeljauwen werd gevonden, wat zou wijzen op de lokale consumptie van (lokaal bereide of aangevoerde) stokvis. Er zijn evenmin duidelijke aanwijzingen dat de ter plaatse bereide platvis door de mensen van Raversijde zelf werd gegeten.

Wat het aandeel van de kweek van runderen, schapen en varkens in de voedselvoorziening betreft, is duidelijk dat beide laatste soorten inderdaad voornamelijk voor het vlees werden gekweekt, wat aangeeft dat de kweek van huisdieren van belang was voor de voedselvoorziening van het dorp. De dorpelingen konden of wilden dus zeker niet alleen op de visvangst vertrouwen voor de aanvoer van dierlijke proteïnen. Een evaluatie van het aandeel van vis versus vlees kunnen de opgegraven dierenresten echter moeilijk geven. De verschillende bewaringskansen voor de resten van zoogdieren of vissen en hun verschillende tafonomische voorgeschiedenis duiden reeds aan dat elke poging tot kwantificatie zinloos is. Een betere benadering van deze problematiek zou het onderzoek van stabiele isotopen uit menselijk botmateriaal zijn, maar voorlopig is het kerkhof van het laatmiddeleeuwse dorp nog niet archeologisch onderzocht.

In het algemeen is wel duidelijk dat het menu in Raversijde zeer divers was, in elk geval veel gevarieerder dan op vele binnenlandse sites het geval was. Naast de reeds genoemde visvangst op zee en de kweek van gedomesticeerde vleesleveranciers werden dierlijke voedingsproducten nog aangeleverd door ingezamelde schelpdieren, schaaldieren (garnaal en krab), zoetwatervissen (vooral paling), gejaagde vogels, kippen en ganzen (en hun eieren) van op het neerhof en de occasioneel gestroopte haas of konijn. De voeding in Raversijde was dus culinair interessant, hoewel te betwijfelen valt of men in die tijd in dergelijke termen dacht.

Sociale differentiatie

Rest nog de vraag of de dierlijke resten iets kunnen zeggen over de relatieve welstand van de Raversijdenaren. Allereerst moet binnen deze vraagstelling worden benadrukt dat er voor de inwoners van het dorp inzake dierlijke voedingsproducten moeilijk van koopkracht kan worden gesproken vermits men alle voedsel zelf produceerde. Aangeboren statusverschillen zijn er op deze laatmiddeleeuwse site waarschijnlijk ook niet te vinden, en algemeen moet er rekening mee worden gehouden dat de inwoners geen toegang hadden tot edel jachtwild of gestrande dieren. De buit van stroperij kan bovendien ook moeilijk als criterium voor materiële welstand worden gebruikt. Ten slotte is het moeilijk om luxeproducten te herkennen tussen het dierlijk materiaal[1240]. Was een zonnevis vanwege zijn zeldzaamheid een gegeerd product of een weinig geapprecieerde rariteit? Was paling gastronomisch een concurrent van de vele zeevissen of een gemakkelijk te vangen bijkomende voedingsstof? Oesters, die in postmiddeleeuws Noordwest-Europa een duur en gegeerd product werden, waren voor de Raversijdenaren, gezien de gemakkelijke bereikbaarheid van dit product, wellicht dagelijkse kost. Een bijkomende complicatie is dat bij de evaluatie van de socio-economische betekenis van de zeevissoorten ook de afmetingen in rekening moeten worden gebracht. Alhoewel grotere exemplaren van veel vissoorten op de inlandse markt een hogere prijs haalden, verkiezen zeevissers echter vaak de kleine exemplaren vanwege hun fijnere smaak. Dat men in het dorp vooral de vis at die niet goed op de markt kon worden verhandeld, is op economische grond al zeker geen teken van armoede (maar gewoon een economisch mechanisme) en hoefde dus ook culinair geen bezwaar te zijn. Verder is de vorm waarin de vis werd gegeten belangrijk: gezouten haring kan minder hoog gewaardeerd zijn als verse, terwijl anderzijds gerookte paling nog meer een lekkernij kan zijn geweest dan verse paling.

Een ander probleem bij de socio-economische interpretatie is het feit dat de afvalcontexten in en om de huizen tafonomisch sterk vertekend zijn, waardoor zoogdierbotten en mogelijk ook grote visresten niet bij de evaluaties kunnen worden betrokken. Algemeen blijkt dat de frequenties waarmee de vissoorten werden gevonden zeer sterk variëren zonder dat daar duidelijke patronen in te herkennen zijn. Hetzelfde geldt voor de grootteverdelingen van de vissen. Bovendien kunnen en zullen de vondstpercentages sterk beïnvloed zijn door accidentele afvaldeposities zoals een aantal volledige vissen of het afval van de verwerking van één specifieke portie vis. De hoge aantallen tonijn in bepaalde contexten kwamen bv. steeds van een concentratie schubben van deze soort, het afval van het reinigen van mogelijk slechts een kleine portie van deze vis. Verder hebben we nog geen goede kijk op de vullingsgeschiedenis van de onderzochte structuren, meer bepaald op de tijdsperiode van de door het materiaal vertegenwoordigde consumptie. Mogelijk was die niet zo lang en is de samenstelling van de collectie aldus ook in grote mate door seizoenale fenomenen bepaald (zoals de verschillende bereikbaarheid van verschillende vissoorten in verschillende tijden van het jaar).

Sluitende interpretaties omtrent de sociale differentiatie in het vissersdorp kunnen, wat betreft de dierlijke resten, voorlopig dus niet op statistische grond hard worden gemaakt. Subjectief blijft het wel zo dat er tussen de afvalcontexten verbonden aan de huizen verschillen kunnen worden opgemerkt. In tonput spoornr. 502, behorend bij gebouw 11, zat bv. veel kleine haring en voornamelijk wijting bij de kabeljauwachtigen, dan nog van klein formaat. In tonput spoornr. 633 bij gebouw 14 zaten dan weer vissen die niet vaak in beduidende aantallen op de site werden gevonden: grote paling, grote wijtingen, veel tong en redelijk wat karper. Bovendien zitten in deze structuur de resten van ponen, horsmakreel, grote pieterman, makreel en tonijn (alhoewel in dit laatste geval vooral schubben), soorten die gegeerd kunnen geweest zijn in het laatmiddeleeuwse dorp. Maakt dit alles tonput spoornr. 633 een rijkere context dan tonput spoornr. 502? En wordt dit beeld ondersteund door de vondsten van de botten van haas en een zangvogel? Toekomstig onderzoek van meer contexten zal het moeten uitwijzen.

4.5.4 Houtresten: een eerste overzicht

Annelies De Groote & Koen Deforce

4.5.4.1 Inleiding, materiaal en methode

Van de meeste conservatiewaardige houten voorwerpen die zijn aangetroffen tijdens de opgravingscampagnes in Raversijde werd de houtsoort bepaald door Archeoplan[1241], voorafgaand aan de conservatiebehandeling. De houtsoort van deze voorwerpen wordt vermeld bij de beschrijving van de individuele voorwerpen elders in deze publicatie.

Dit hoofdstuk beschrijft de resultaten van de identificatie van een bijkomend aantal houten voorwerpen en losse stukken hout afkomstig van een groot aantal verschillende archeologische contexten uit Raversijde. Dit onderzoek werd uitgevoerd in het kader van een licentiaatsverhandeling[1242]. De bedoeling van dit onderzoek is om inzicht te verwerven in hoe hout geselecteerd werd voor bepaalde toepassingen in het middeleeuwse Raversijde. Dit hoofdstuk stelt de onderzoeksresultaten ervan voor en brengt een eerste overzicht.

De houtidentificaties zijn uitgevoerd door met een scalpel coupes te snijden van de verschillende houtfragmenten in transversale, radiale en tangentiele richting. Deze coupes zijn bestudeerd onder een microscoop met doorvallend licht en met een vergroting van 25x - 500x. De houtskoolfragmenten zijn met de hand gebroken in transversale, radiale en tangentiele richting en de respectieve vlakken zijn bestudeerd onder een microscoop met opvallend licht met donkerveldbelichting en met vergrotingen van 50x tot 500x. De identificaties zijn gebaseerd op identificatiesleutels en fotoatlassen[1243].

1240 Zie voor deze problematiek Ervynck *et al.* 2003.

1241 Oude Delft 224, 2611 HJ Delft.

1242 De Groote 1999.

1243 Gale & Cutler 2000; Schweingrüber 1990a en b; Grosser 2003; Schoch *et al.* 2004.

4.5.4.2 Resultaten en eerste conclusies

TABEL 88
Overzicht houtidentificaties van de wissen.

featurenr	houtsoort	spoornr
247	*Fraxinus excelsior*	ton 555
247	*Fraxinus excelsior*	ton 555
247	*Salix* sp.	ton 555
247	*Salix* sp.	ton 555
247	*Salix* sp.	ton 555
247	*Salix* sp.	ton 555
1427	*Corylus avellana*	ton 592
2505	*Corylus avellana*	ton 980
2505	*Corylus avellana*	ton 980
271	*Corylus avellana*	ton 130
497	*Corylus avellana*	ton 130
497	*Corylus avellana*	ton 130
497	*Corylus avellana*	ton 130
497	*Corylus avellana*	ton 130
497	*Corylus avellana*	ton 130
497	*Corylus avellana*	ton 130
497	*Corylus avellana*	ton 130
497	*Corylus avellana*	ton 130
497	*Corylus avellana*	ton 130
2858	*Salix* sp.	ton 1158
257	*Fraxinus excelsior*	ton 556
259	*Fraxinus excelsior*	ton 556
259	*Fraxinus excelsior*	ton 556
257	*Salix* sp.	ton 556
259	*Salix* sp.	ton 556
1769	*Fraxinus excelsior*	tonput 681
1769	*Fraxinus excelsior*	tonput 681

In totaal is het hout van 27 wissen onderzocht, afkomstig van minstens 7 verschillende tonnen (zie tabel 88). Ongeveer de helft van alle wissen (48%) bestaat uit hout van hazelaar (*Corylus avellana*). De rest van de wissen bestaat uit wilg (*Salix* sp.) (26%) en gewone es (*Fraxinus excelsior*) (26%). Alle wissen bestaan uit overlangs gekloven jonge twijgen, met een diameter tussen 1 en 3 cm. Voor Vlaanderen is er weinig vergelijkingsmateriaal. Een wis van een Romeinse ton uit Harelbeke bestond eveneens uit hazelaar[1244]. Wissen van 14de- en 16de-eeuwse tonnen uit Gent bestonden uit hout van berk (*Betula* sp.) en eik (*Quercus* sp.)[1245]. Hoepels van middeleeuwse tonnen in Nederland blijken ook uit hout van hazelaar, eik, wilg, gewone es of berk te bestaan[1246].

Van 9 bezems zijn de takjes bestudeerd. In alle gevallen bleken de bezems gemaakt van bundels twijgen van struikhei (*Calluna vulgaris*). Bezems werden in de Middeleeuwen en de postmiddeleeuwse periode blijkbaar bij voorkeur met heidesoorten gemaakt. Bezems van berkentwijgen, die de naam hebben de beste bezems te leveren[1247], zijn hier niet aangetroffen en blijken ook elders zeldzame archeologische vondsten. Er is in Raversijde wel een bezem aangetroffen waarvan de steel uit berkenhout bestond (fig. 462). De bezem zelf bestond echter ook hier uit heide. In Dordrecht (NL) is een niet gedateerde bezem gevonden die bestond uit twijgen van zowel struikhei als dophei (*Erica tetralix*)[1248]. In Groningen zijn veel 16de- en 17de-eeuwse bezems gevonden van struikhei[1249] maar ook een 16de-eeuwse uit blauwe bosbes (*Vaccinium myrtillus*)[1250]. Er zijn ook verschillende historische bronnen voor het gebruik van struikhei voor de productie van bezems[1251].

Een groot gedeelte van de onderzochte houtmonsters bestond uit kurk (tabel 89). Het gaat meestal om afgeronde schijven die enkele centimeters dik zijn en die waarschijnlijk gebruikt zijn als vlotters (fig. 397.3). Kurk is afkomstig van de schors van de kurkeik (*Quercus suber*), een boom die voorkomt in het centrale en westelijke Middellandse Zeegebied, en die specifiek wordt aangeplat voor de productie van kurk[1252].

Verder zijn er nog 122 stukken hout bestudeerd waarvan de oorspronkelijke functie niet meer duidelijk was (tabel 90). Het grootste gedeelte van dit hout bestaat uit eik (*Quercus* sp.) (25%). Verder is er ook nog hout aangetroffen van wilg (*Salix* sp.), hazelaar (*Corylus avellana*), els (*Alnus* sp.), gewone es (Fraxinus excelsior), struikhei (*Calluna vulgaris*), grove den (*Pinus sylvestris*), fijnspar (*Picea abies*), olm (*Ulmus* sp.), gewone vlier (*Sambucus nigra*), palmboompje (*Buxus sempervirens*) en duindoorn (*Hippophae rhamnoides*). Er zijn ook enkele stukjes schors aangetroffen die echter niet verder konden worden geïdentificeerd.

1244 Frison 1961.
1245 Deforce 2009.
1246 Caspari *et al.* 1995; Arts 1994b.
1247 Van den Bremt 2006.
1248 Den Ouden & Hänninen 2007.
1249 Casparie *et al.* 1995; Wieringa *et al.* 2001.
1250 Wieringa *et al.* 2001.
1251 Dodoens 1644, 1203; Van den Bremt 2006.
1252 Tutin *et al.* 1964-1980.

TABEL 89

Objecten in kurk (*Quercus suber*) uit Raversijde.

featurenr	houtsoort	spoornr
2803	*Quercus suber*	Gracht 1160
2829	*Quercus suber*	Gracht 1172
2829	*Quercus suber*	Gracht 1172
2829	*Quercus suber*	Gracht 1172
2767	*Quercus suber*	Gracht 935
1191	*Quercus suber*	Greppel 442
2743	*Quercus suber*	Kuil 1120
2743	*Quercus suber*	Kuil 1120
1191	*Quercus suber*	Kuil 1161
2806	*Quercus suber*	Kuil 1162
2806	*Quercus suber*	Kuil 1162
2806	*Quercus suber*	Kuil 1162
2809	*Quercus suber*	Kuil 1165
2809	*Quercus suber*	Kuil 1165
2820	*Quercus suber*	Kuil 1168
2839	*Quercus suber*	Kuil 1180
2860	*Quercus suber*	kuil 1189
2860	*Quercus suber*	Kuil 1189
2860	*Quercus suber*	Kuil 1189
2860	*Quercus suber*	Kuil 1189
845		Quercus suber
2071	*Quercus suber*	Kuil 791
2080	*Quercus suber*	Kuil 795
2056	*Quercus suber*	
2348	*Quercus suber*	
2348	*Quercus suber*	
2348	*Quercus suber*	
2348	*Quercus suber*	
2348	*Quercus suber*	
2348	*Quercus suber*	
2348	*Quercus suber*	
2348	*Quercus suber*	
2348	*Quercus suber*	
2348	*Quercus suber*	
2674	*Quercus suber*	
2764	*Quercus suber*	
2788	*Quercus suber*	
2804	*Quercus suber*	Losse vondst 96II L
2964	*Quercus suber*	Losse vondsten '97
2125	*Quercus suber*	Opvulling ton 799
2496	*Quercus suber*	Vulling ton 978
2488	*Quercus suber*	Wegdek, 974
2048	*Quercus suber*	Wegverharding 780

Uit deze eerste analyses komen een aantal vaststellingen naar voor. Het grootste deel van de aangetroffen houtsoorten is afkomstig van inheemse soorten en kan zelfs uit de onmiddellijke omgeving van de site afkomstig zijn. Wel is er maar 1 soort aangetroffen die echt typisch is voor het kustmilieu, nl. duindoorn (*Hippophae rhamnoïdes*), een karakteristieke struik van de kustduinen[1253].

Een aantal van de aangetroffen soorten, zoals kurkeik (*Quercus suber*), palmboompje (*Buxus sempervirens*) en fijnspar (*Picea abies*) komen van nature niet voor in Vlaanderen en moeten ingevoerd zijn.

Kurkeik (*Quercus suber*) komt voor in het centrale en westelijke Middellandse Zeegebied. Palmboompje (*Buxus sempervirens*) is een groenblijvende struik of kleine boom die voorkomt in het zuidwesten en westen van centraal Europa, vooral in het mediterrane gebied[1254]. Het hout wordt al sinds de Romeinse periode ingevoerd en vanaf de middeleeuwen wordt palmboompje hier ook aangeplant. Bij vroeger onderzoek van een beerput uit Raversijde is een blaadje van palmboompje aangetroffen wat erop zou kunnen wijzen dat deze struik hier lokaal voorkwam[1255]. Het is echter niet uit te sluiten dat het meegekomen is met palmtakjes die van elders zijn aangevoerd gezien het frequente gebruik van palmboompje in de christelijke religieuze symboliek[1256]. Het hout van palmboomje is heel hard en heeft een zeer fijne nerf en het werd in de middeleeuwen dan ook zeer veel gebruikt voor de productie van kammen[1257]. Ook op de site van Raversijde zijn heel wat kammen van het hout van palmboompje gevonden (zie fig. 461). Ook een heft dat werd aangetroffen in tonwaterput 1790 is gemaakt uit het hout van palmboompje (fig. 354.4).

Het hout van fijnspar (*Picea abies*) moet afkomstig zijn uit Scandinavië, de Karpaten of de Alpen[1258]. Ook het hout van grove den (*Pinus sylvestris*) is vermoedelijk ingevoerd, gezien deze soort in de middeleeuwen in Vlaanderen nauwelijks nog voorkwam[1259]. Het is echter niet onmogelijk dat er in de duinen nog enkele restpopulaties overbleven.

1253 Lambinon *et al.* 1998; Maes *et al.* 2006.
1254 Tutin *et al.* 1964-1980.
1255 Pieters *et al.* 1999.
1256 De Cleene & Lejeune 2000.
1257 Smirnova 2007.
1258 Tutin *et al.* 1964-1980.
1259 Maes *et al.* 2006.

TABEL 90
Overzicht van de overige houtidentificaties.

featurenr	houtsoort	spoornr
2125	*Alnus* sp.	Opvulling ton 799
2125	*Alnus* sp.	Opvulling ton 799
2125	*Alnus* sp.	Opvulling ton 799
2125	*Alnus* sp.	Opvulling ton 799
2125	*Alnus* sp.	Opvulling ton 799
2125	*Alnus* sp.	Opvulling ton 799
2125	*Alnus* sp.	Opvulling ton 799
855	*Alnus* sp.	Vulling ton 258
1424	*Alnus* sp.	Vulling tonput 592
845	*Buxus sempervirens*	Kuil 221
2525	*Calluna vulgaris*	Greppel 993
2125	*Calluna vulgaris*	Opvulling ton 799
2125	*Calluna vulgaris*	Opvulling ton 799
2125	*Calluna vulgaris*	Opvulling ton 799
2125	Gymnosperma undiff.	Opvulling ton 799
973	*Corylus avellana*	Greppel, duigspoor 321
973	*Corylus avellana*	Greppel, duigspoor 321
2267	*Corylus avellana*	Losse vondst 96 II
2267	*Corylus avellana*	Losse vondst 96 II L
495	*Corylus avellana*	Opvulling ton 130
495	*Corylus avellana*	Opvulling ton 130
2125	*Corylus avellana*	Opvulling ton 799
2125	*Corylus avellana*	Opvulling ton 799
2125	*Corylus avellana*	Opvulling ton 799
523	*Corylus avellana*	Vulling ton 132
1140	*Corylus avellana*	Vulling ton 392
246	*Fraxinus excelsior*	Constructiekuil tonput 555
2803	*Fraxinus excelsior*	Gracht 1160
2764	*Fraxinus excelsior*	Laag
2125	*Fraxinus excelsior*	Opvulling ton 799
2125	*Fraxinus excelsior*	Opvulling ton 799
2125	*Fraxinus excelsior*	Opvulling ton 799
2125	*Fraxinus excelsior*	Opvulling ton 799
785	*Fraxinus excelsior*	Vulling kuil 225
785	*Fraxinus excelsior*	Vulling kuil 225
785	*Fraxinus excelsior*	Vulling kuil 225
2853	*Fraxinus excelsior*	Vulling ton 1186
833	*Fraxinus excelsior*	Vulling ton 232
855	*Fraxinus excelsior*	Vulling ton 258
1378	*Fraxinus excelsior*	Vulling ton 556
1970	*Hippophae rhamnoides*	Vulling kuil 746
2495	Indet.	Ton 978
855	Indet.	Vulling ton 258
2837	*Picea abies*	Kuil 1178
845	*Picea abies*	Kuil 221
2125	*Picea abies*	Opvulling ton 799
2125	*Picea abies*	Opvulling ton 799
2125	*Picea abies*	Opvulling ton 799
2125	*Picea abies*	Opvulling ton 799
2125	*Picea abies*	Opvulling ton 799
2125	*Picea abies*	Opvulling ton 799
2125	*Picea abies*	Opvulling ton 799
855	*Pinus sylvestris*	Vulling ton 258
2125	*Pinus sylvestris*	Opvulling ton 799
1765	*Pinus sylvestris*	Paalkern
2695	*Pinus sylvestris*	Plank 1103
2696	*Pinus sylvestris*	Plank 1103
2700	*Pinus sylvestris*	Plank 1103
2701	*Pinus sylvestris*	Plank 1103
823	*Pinus sylvestris*	Vulling ton 230
1140	*Prunus* type *spinosa*	Vulling ton 392
2858	*Quercus* sp.	935

featurenr	houtsoort	spoornr
1766	*Quercus* sp.	Balk in kuil 680
2851	*Quercus* sp.	Duigen ton 1186
2348	*Quercus* sp.	Grote plank, laag
845	*Quercus* sp.	Kuil 221
1969	*Quercus* sp.	Kuil 746
2080	*Quercus* sp.	Kuil 795
2125	*Quercus* sp.	Opvulling ton 799
2125	*Quercus* sp.	Opvulling ton 799
2125	*Quercus* sp.	Opvulling ton 799
2125	*Quercus* sp.	Opvulling ton 799
2125	*Quercus* sp.	Opvulling ton 799
2125	*Quercus* sp.	Opvulling ton 799
2125	*Quercus* sp.	Opvulling ton 799
2125	*Quercus* sp.	Opvulling ton 799
2125	*Quercus* sp.	Opvulling ton 799
2125	*Quercus* sp.	Opvulling ton 799
1768	*Quercus* sp.	Paaltje 681
2699	*Quercus* sp.	Plank 1103
94	*Quercus* sp.	Plank, kuil 30
2474	*Quercus* sp.	Planken 964
2495	*Quercus* sp.	Ton 978
2495	*Quercus* sp.	Ton 978
589	*Quercus* sp.	Vulling gracht 159
589	*Quercus* sp.	Vulling gracht 159
271	*Quercus* sp.	Vulling gracht 52
1970	*Quercus* sp.	Vulling kuil 746
523	*Quercus* sp.	Vulling ton 132
855	*Quercus* sp.	Vulling ton 258
1140	*Quercus* sp.	Vulling ton 392
2851	*Quercus* sp.	Duigen ton 1186
246	*Salix* sp.	Constructiekuil tonput 555

featurenr	houtsoort	spoornr
973	*Salix* sp.	Greppel, duigspoor 321
845	*Salix* sp.	Kuil 221
845	*Salix* sp.	Kuil 221
955	*Salix* sp.	Kuil 317
2080	*Salix* sp.	Kuil 795
2056	*Salix* sp.	Laag
2125	*Salix* sp.	Opvulling ton 799
2125	*Salix* sp.	Opvulling ton 799
2125	*Salix* sp.	Opvulling ton 799
2125	*Salix* sp.	Opvulling ton 799
2125	*Salix* sp.	Opvulling ton 799
2125	*Salix* sp.	Opvulling ton 799
2125	*Salix* sp.	Opvulling ton 799
2125	*Salix* sp.	Opvulling ton 799
2125	*Salix* sp.	Opvulling ton 799
2125	*Salix* sp.	Opvulling ton 799
2125	*Salix* sp.	Opvulling ton 799
2125	*Salix* sp.	Opvulling ton 799
785	*Salix* sp.	Vulling kuil 225
785	*Salix* sp.	Vulling kuil 225
855	*Salix* sp.	Vulling ton 258
1378	*Salix* sp.	Vulling ton 556
845	*Sambucus nigra*	Kuil 221
955	*Sambucus nigra*	Kuil 317
845	Schors	Kuil 221
2125	Schors	Opvulling ton 799
833	Schors	Vulling ton 232
845	*Ulmus* sp.	Kuil 221
855	*Ulmus* sp.	Vulling ton 258

5 De periode na de middeleeuwen (1500/1550-2000)

Marnix Pieters

5.1 Inleiding

Met de omschrijving 'na de middeleeuwen' wordt in de opgegraven zones uit de behandelde opgravingscampagnes eigenlijk ook de periode na de dorpsfase gevat. De geconcentreerde bewoning in de onderzochte zones van het vissersdorp eindigt immers rond het einde van de 15de of het begin van de 16de eeuw.

De onderzochte sporen en resten kunnen gegroepeerd worden rond 4 thema's: aanwezigheid van militairen in verschillende perioden (5.2), enkele inhumaties nabij de kapel (5.3), sporen van bewoning (5.4) en ten slotte sporen van veenontginning (5.5). Deze thema's worden hierna achtereenvolgens behandeld.

Aansluitend volgt nog een kort stukje over de mobilia uit deze periode.

5.2 Aanwezigheid van militairen in de zone van het voormalige vissersdorp

In de opgegraven zones zijn enkele sporen aangesneden of mobilia geregistreerd die met het gekende beleg van Oostende uit de vroege 17de eeuw verband kunnen houden. Het betreft een grote ovale kuil (spoornr. 475) aangesneden in sleuf 94/I, de bodemvullingen van de bakstenen waterputten spoornrs. 715 en 1468 en het vermeende uitbraakspoor van een bakstenen waterput (spoornr. 317). Kuil spoornr. 225 houdt gezien de datering van de vondsten – meer specifiek van de lederresten – vermoedelijk verband met een andere belegering van Oostende, namelijk deze van 1706.

Daarnaast zijn ook een aantal kuilen geregistreerd die wegens het ontbreken van dateerbare *archaeologica* enkel op basis van de stratigrafie ruim kunnen gedateerd worden in de periode 16de-18de eeuw. Het betreft een aantal kuilen waarin paarden- en runderskeletten zijn aangetroffen (spoornrs. 72-73, 459, 729, 862-893 en 1459). De kuilen waarin deze dieren zijn begraven, snijden in elk geval de laatmiddeleeuwse bewoningssporen zodat ze met absolute zekerheid uit de periode 16de-20ste eeuw dateren. De skeletten kunnen gezien de historische context zowel verband houden met het meest gekende beleg van Oostende (1601-1604) als met de belegering van de stad door de Engelsen in 1706 tijdens de Spaanse successieoorlog. Tijdens beide belegeringen waren volgens geschreven bronnen immers ruitereenheden gestationeerd in Raversijde. Volgens De Bonours[1260] had de ruiterij van de Aartshertogen Albrecht en Isabella Raversijde als kwartier gekozen. Raversijde wordt in deze context vaak Neer genoemd[1261]. Dat de ruiterij van Albrecht inderdaad in Walraversijde was gelegerd is o.a. afgeleid door Vlietinck uit gegevens uit de rekeningen van de stad Nieuwpoort die inderdaad regelmatig melding maken van leveringen van haver en hooi aan Walraversijde[1262]. Informatie over Raversijde gedurende de belegering in 1706 is o.a. te vinden op een cartografische voorstelling van deze belegering. Op de kaart staan ter hoogte van Raversijde heel wat ruiterij-eenheden aangeduid[1263]. Het feit dat deze dierenskeletten een aantal keer in de omgeving van de bakstenen waterputten zijn aangetroffen maakt aannemelijk dat een aantal onder hen inderdaad eerder met het best gekende beleg van Oostende is te verbinden vermits uit het onderzoek van de vulling van deze bakstenen waterputten afgeleid kan worden dat ze nog in gebruik waren ten tijde van het 17de-eeuwse beleg, wat in de vroege 18de eeuw ongetwijfeld niet meer het geval was. Het ondiep begraven van grote dieren als paarden en runderen in het eigen nog te bewerken akkerland is in elk geval geen begrijpelijke activiteit voor een veeteler of landbouwer, begaan met de normale bedrijfsvoering op de hem toegewezen terreinen.

1260 De Bonours 1628, 103: geciteerd in Vlietinck 1897, 287.

1261 De Beaucourt de Noortvelde 1898, 12.

1262 Vlietinck 1889a, 39.

1263 Laurent 1986, 56-57.

Behalve met belegeringen kunnen deze paardenskeletten eventueel ook verband houden met bijvoorbeeld een veepest zoals er in de streek geweest zijn o.a. in de 18de eeuw[1264], maar concrete aanwijzingen hiervoor zijn er niet.

Tot slot is er nog een enigszins enigmatisch lineair spoor (spoornr. 515) dat ook in verband wordt gebracht met de aanwezigheid van militairen.

Hierna worden de hierboven zopas vermelde sporen en hun inhoud kort individueel voorgesteld.

Kuil spoornr. 475 (fig. 472) is een ondiepe, ovale kuil van 4,2 bij 3,4 m aangesneden in sleuf 94/I. De bovenste vulling bestaat uit zwart zand doorspekt met houtskool, kalkmortel en baksteenbrokken. De onderste vulling is een mengeling van olijfbeige klei en zwart zand met een aantal baksteenbrokken. De bodem is ongeveer op 2,6 m T.A.W. gesitueerd. Het ceramische vondstenmateriaal uit de bovenste vulling is gekenmerkt door een grote fragmentatiegraad en is dus vermoedelijk voor een aanzienlijk deel residueel van aard. Onder de steengoedscherven bevindt zich o.a. een wandfragment van een kruik in Bouffioulx steengoed met schild (1332.1). Op het schild is het jaartal 1601 te lezen. Daarnaast werden bij het steengoed ook een wandscherf versierd met een rozenblad (1332.3) en een bodemfragment van een kruik met licht concave vlakke bodem (1332.4) aangetroffen. Steengoedkannen versierd met rozenbladeren en -bloemen werden in Köln geproduceerd in de eerste helft van de 16de eeuw[1265]. Dergelijke kannetjes hebben een bodem zoals fragment 1332.4. De opvulling van deze put kwam dus, gezien de aanwezigheid van de van een jaartal voorziene scherf, ten vroegste tot stand in de eerste jaren van de 17de eeuw.

Op deze basis stoelt dus het argument om deze kuil in het kader van het beleg van Oostende te situeren, ook omwille van het feit dat de vulling ervan door de aanwezigheid van een belangrijke residuele component duidelijk afwijkt van de doorsnee afvalkuil die op de site is opgegraven. Het is bijvoorbeeld zelfs niet uitgesloten dat het een opgevulde bomkrater betreft. Parallellen voor vroegmoderne bomkraters zijn de auteur echter niet bekend.

Bekijken we ook de informatie aangeleverd door de vullingen van de drie bakstenen waterputten.

Helemaal op de bodem van waterput spoornr. 1468 (fig. 342) zijn 17 fragmenten van minstens vier kruiken in Rijnlands steengoed uit de late 16de eeuw aangetroffen (fig. 344). Deze fragmenten wijzen erop dat deze bakstenen put, waarvan de aanleg vermoedelijk uit de 2de helft van de 15de eeuw dateert, nog in gebruik was of opnieuw bruikbaar werd gemaakt in de periode late 16de-begin 17de eeuw. Een gebruik in het kader van het beleg van Oostende ligt dus gezien de datering van de vondsten voor de hand. De bewoning op dit perceel is in elk geval volgens de informatie uit een ommeloper al verlaten in 1534[1266]. Het feit dat deze waterput slechts in de periode van het beleg van Oostende of kort daarna buiten gebruik geraakte kan op twee manieren worden geïnterpreteerd. Ofwel betreft het een put die ten behoeve van het beleg van Oostende opnieuw bruikbaar gemaakt werd. Dit houdt minstens in dat deze structuur in de late 16de eeuw nog herkenbaar was in het landschap en dus nog niet volledig overdekt was met de 1 tot 1,2 m dikke zandlaag die er nu boven ligt. Ofwel betreft het een put die met ongeveer 70 jaar de bewoning op dit perceel heeft overleefd en met andere woorden in gebruik is gebleven, hetgeen een gebruik ten tijde van het beleg nog mogelijk maakte zonder verdere acties. Deze laatste zienswijze lijkt de meest eenvoudige en dus ook de meest plausibele. Het betreft inderdaad een vrij grote waterput (binnendiameter 1,2 tot 1,4 m) waardoor het de moeite loonde hem in stand te houden. In dit laatste geval verschaft het archeologisch onderzoek van deze put wel een argument dat het beleg van Oostende inderdaad ook bijgedragen zou hebben aan het verder

FIG. 472 Kuil spoornr. 475 eventueel te interpreteren als bomkrater uit de vroege 17de eeuw.
Pit 475, possibly a 17th-century bomb crater.

1264 De Herdt 1970.

1265 Hurst *et al.* 1986, 209: fig. 101. 327.

1266 Tys 1997, 161: fig. 3, perceel 60.

verlaten van Walraversijde, vermits de put nadien wel definitief buiten gebruik is geraakt. Deze informatie toont daarnaast ook aan dat bepaalde structuren zoals bakstenen waterputten na het verdwijnen of opgeven van een bewoning nog een lange tijd kunnen voortbestaan en de bewoners uit de omgeving tot nut kunnen zijn (?). Het gebruik van het water woog blijkbaar op tegen de waarde van de bakstenen. Dit maant ook aan tot voorzichtigheid bij het dateren van een verdwenen bewoning aan de hand van vondsten uit de bijbehorende waterput. In dit specifieke geval is er ongeveer een eeuw verschil tussen de datering van de vondsten uit de waterput en deze van de bijbehorende bewoning.

Bij de bakstenen waterput spoornr. 715 (fig. 206) is een gelijkaardige vaststelling gedaan, te oordelen naar het fragment van een fles (1857.1, fig. 210) dat in de vulling ervan werd aangetroffen. Deze toont aan dat deze put in elk geval ten vroegste in de 16de eeuw is opgevuld. Het vermeende uitbraakspoor van een bakstenen waterput (spoornr. 317) wijst met het fragment van een vizier van een helm, gesitueerd eind 16de of begin 17de eeuw, uit de vulling eveneens in dezelfde richting. Hieruit kan in elk geval blijken dat vooral de waterputten van het voormalige vissersdorp werden hergebruikt ten tijde van het beleg van Oostende.

Kuil spoornr. 225, aangesneden in sleuf 93/V, is een ovale tot ronde kuil met een doormeter van ongeveer 2 m, met een vlakke bodem op 1,35 m T.A.W. en met relatief rechte en steile wanden. De kuil doorsnijdt de bovenste grachtvullingen van gracht spoornr. 61 en behoort derhalve tot de meest recente sporen van de opgegraven zone. De opvulling van de kuil bestaat uit een afwisseling van heterogene, overwegend kleiige pakketten met hier en daar wat mest. Deze kuil valt vooral op door zijn specifieke inhoud: twee veterbandschoenen[1267], een lap leder mogelijkerwijze afkomstig van de bekleding van een houten schild[1268], twee passende fragmenten van een houten kommetje, twee duigjes vermoedelijk afkomstig van een wastobbe, een bodem van een ceramisch recipiënt in rood aardewerk op standring en onderdelen van een schapenskelet ingebed in een laag mest. De datering van de veterbandschoenen in de 2de helft 17de eeuw[1269] laat toe om deze kuil in verband te brengen met de aanwezigheid van militairen in het kader van de belegering van Oostende in 1706. De resten zouden in deze optiek bijvoorbeeld kunnen geïnterpreteerd worden als een deel van de uitrusting van een soldaat: een paar schoenen, de bekleding van een schild, een eetkommetje en onderdelen van een wastobbe. Hierna volgt een korte beschrijving van de in figuur 473 geïllustreerde objecten.

Twee passende fragmenten van een gedraaid houten kommetje. Afmetingen van het kommetje: diameter: 15,7 cm, hoogte: 6,6 cm. Het kommetje heeft een rond profiel, een vlakke bodem met rechte kanten en een bovenaan afgeplatte rand. De rand is bovenaan versierd met een groefje (781.2 & 785.2: fig. 473: 1).

Duigje van een kuip of wastobbe (?). Afmetingen: lengte: 22,7 cm, breedte onderaan nabij de kroosgroef: 8,7 cm, breedte bovenaan: 10,8 cm. De kroosgroef bevindt zich op 2,5 cm van het duiguiteinde (781.3: fig. 473: 2).

Duigje van een kuip of wastobbe (?), wellicht van hetzelfde object. Afmetingen: lengte: 22,9 cm, breedte onderaan nabij de kroosgroef: 8,2 cm, breedte bovenaan: 10,7 cm. De kroosgroef bevindt zich op 2,5 cm van het duiguiteinde.(785.1: fig. 473: 3).

14 passende fragmenten van een recipiënt in rood aardewerk op standring. Het stuk is behalve op de onderkant van de bodem zowel aan de binnen- als de buitenkant bedekt met groenbruin loodglazuur (781.4: fig. 473: 4).

Eén van de veterbandschoenen uit deze kuil werd terug samengesteld (fig. 473: 5).

In de zone van veenwinningsput spoornr. 69 ten slotte werd een lineair spoor aangesneden dat door de bovenste vulling van deze veenwinningsput sneed en tweemaal een hoek van 90° maakte (spoornr. 515, fig. 474). De totale waargenomen lengte van de greppel bedraagt ongeveer 20 m. Op de plaats waar deze greppel het breedst is, bedraagt de breedte ongeveer 0,5 m. Het is aannemelijk om dit spoor (een restant van een scherm of een soort beschutting?) te koppelen aan de aanwezigheid van militairen en hierbij aan een soort verschansing te denken. Dit blijft echter bij gebrek aan vergelijkbare sporen uiterst speculatief. Het spoor dateert in elk geval van na de opvulling van veenwinningsput spoornr. 69. Het is verder enkel vastgesteld in sleuf 94/I, maar liep vermoedelijk ook door in sleuf 94/II. In de bovenste vulling van veenwinningsput spoornr. 69 zijn inderdaad een aantal ceramiekfragmenten aangetroffen uit de 16de-vroege 17de eeuw. Deze zijn dus vermoedelijk afkomstig uit dit tijdens de opgraving niet onmiddellijk opgemerkte spoor.

De meest tot de verbeelding sprekende sporen die ofwel met het beleg van Oostende in de vroege 17de eeuw ofwel met de belegering van de stad uit de vroege 18de eeuw in verband kunnen worden gebracht, zijn de paardenkadavers die her en der in de opgegraven zones zijn aangesneden (spoornrs. 72-73; spoornr. 459, spoornr. 729, spoornrs. 862-893 en spoornr. 1459). Enkel de twee laatste uit de opsomming dateren in elk geval van na het gekende beleg van Oostende uit de vroege 17de eeuw. Ook de andere kunnen er wel degelijk mee in verband gebracht worden. We stellen ze hierna even kort voor.

Spoornr. 72-73

Een 5-tal m ten noordoosten van waterput spoornr. 74 zijn twee kuilen aangesneden (spoornrs. 72 en 73), elk met een skelet in anatomisch verband. Één ervan (spoornr. 73, fig. 475) is op het terrein onmiddellijk herkend als het skelet van een paard.

Spoornr. 459

Ongeveer 25 m ten noordoosten van waterput spoornr. 74 is in een ovale kuil een paardenskelet (fig. 476) in anatomisch verband aangetroffen.

Spoornr. 729

Spoornr. 729 doorsnijdt het bakstenen plaveisel rond gebouw 20. Deze kuil bevat een paardenskelet in anatomisch verband (fig. 477). Dit paard ligt ongeveer 13 m ten noordoosten van bakstenen waterput spoornr. 732 begraven.

Spoornrs. 863-893

Op de overgang tussen de sleuven 96/I, 96/II en 97/I is een paardenskelet in anatomisch verband aangetroffen. De kuil

1267 Schietecatte 1997-1998, Bijlage 1: 79-83, Schietecatte 2003, fig. 34: 289-296 en fig. 35: 297-306.

1268 Schietecatte 1997-1998, 72; Schietecatte 2003, fig. 41: 436-437.

1269 Schietecatte 1997-1998, 40; Schietecatte 2003, 147.

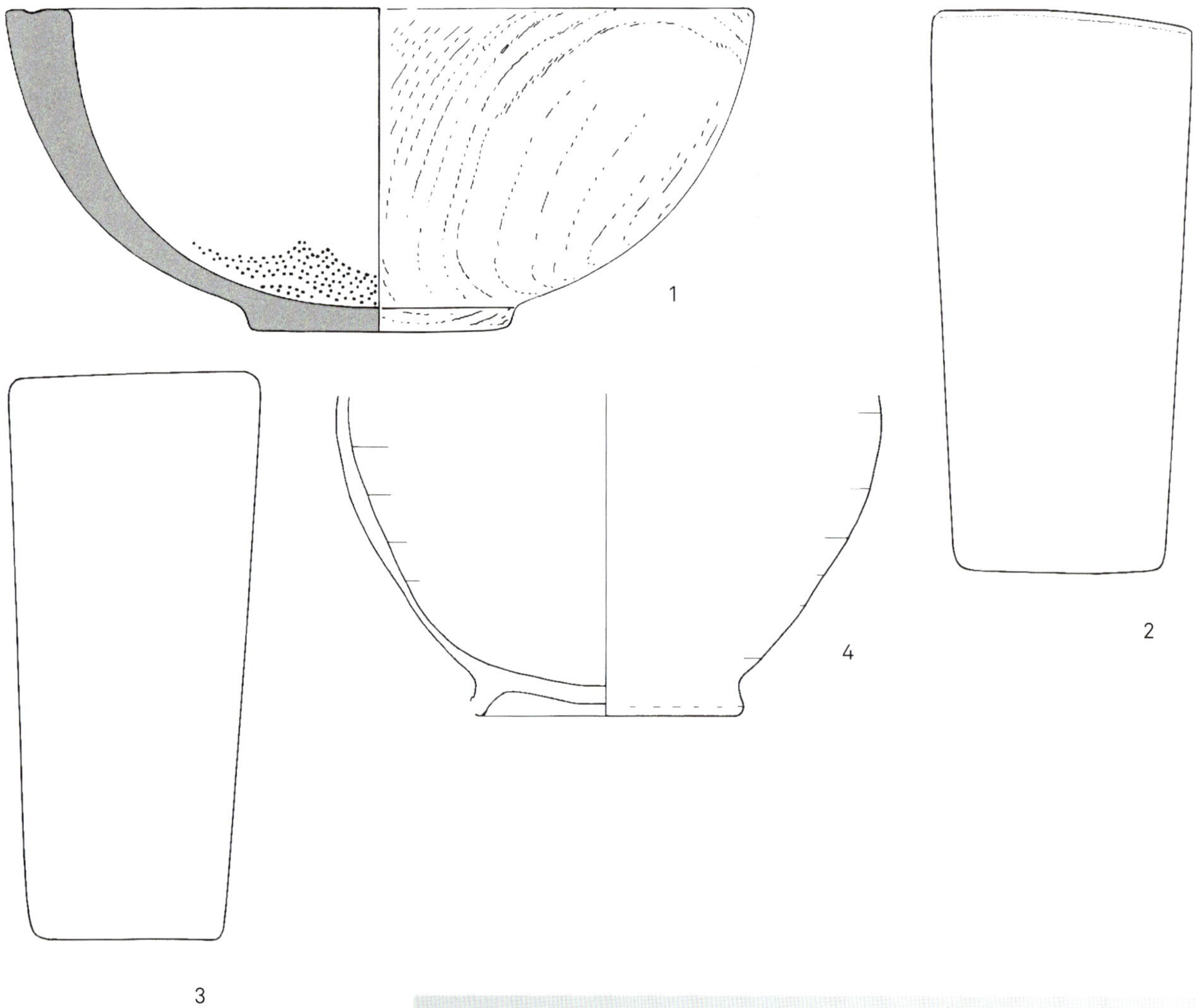

FIG. 473 **Objecten uit kuil spoornr. 225: 1: houten kommetje (781.2-785.2); 2: duigje (781.3); 3: duigje (785.1); 4: bodem van recipient in rood aardewerk (781.4); 5: samengestelde schoen. 1: schaal 2/3 en 2-4: schaal 1/3.**
Objects from pit 225. 1: wooden bowl (781.2-785.2); 2: small stave (781.3), 3: small stave (785.1); fragment of the base of a redware container (781.4); 5: reassembled shoe. 1: scale 2:3 and 2-4: scale 1:3.

FIG. 474 **Enigmatisch lineair spoor met spoornr. 515.**
Enigmatic linear structure 515.

snijdt door gracht spoornr. 887. Gezien de vulling van deze gracht wordt aannemelijk dat dit paardenskelet geen verband houdt met het beleg van Oostende. Het skelet bevindt zich ongeveer 23 m ten noorden van bakstenen waterput spoornr. 732.

Spoornr. 1459

Kuil spoornr. 1459 bevat een paardenskelet in anatomisch verband. De kuil snijdt door de bakstenen waterput spoornr. 1468 waarvan het onderzoek van de vulling heeft aangetoond dat deze nog in gebruik was op het einde van de 16de eeuw of in het begin van de 17de eeuw. Deze informatie maakt aannemelijk dat dit paardenskelet in elk geval dateert van na het beleg van Oostende.

Deze dierenskeletten werden nog niet archeozoölogisch in detail bekeken.

Uit geschreven bronnen is geweten dat Raversijde tot tweemaal toe werd gebruikt door ruiterijen tijdens belegeringen. Na de opgraving van een belangrijk areaal van deze zone blijken er niet zo veel harde materiële bewijzen geregistreerd te zijn om die periode in de geschiedenis van deze plek te staven. De eventuele sporen hiervan zijn uiteraard te verwachten in het meest recente deel van de stratigrafie dat per definitie ook het meest kwetsbare is. Dat verklaart op zich al voor een deel het geringe aantal beschikbare gegevens. Verder is een ruiterij die zich ergens installeert in het kader van een belegering ook per definitie een tijdelijke situatie waarbij gebruikgemaakt wordt van lichtere structuren (tenten bijvoorbeeld) die ook minder sporen in de bodem nalaten. Toch zijn er in de vorm van enkele merkwaardige kuilen en sporen, een aantal paardenskeletten en de informatie afkomstig uit de bodemvullingen van enkele bakstenen waterputten mogelijkheden om deze episode in het bodemarchief te herkennen en vanuit de materiële bronnen te bevragen zoals hierboven is aangetoond.

Aansluitend bij de aanwezigheid van militairen worden hierna ook drie inhumatiegraven besproken die in 2003 werden onderzocht op het perceel met de kapel in het centrum van het dorp en die op basis van een datering via de koolstofmethode eerder aan de belegering van Oostende in de vroege 17de eeuw kunnen gelinkt worden dan aan het laatmiddeleeuwse vissersdorp. De toewijzing aan het beleg van Oostende is echter geen absolute zekerheid.

5.3 Inhumatiegraven aangesneden in de omgeving van de kapel van Walraversijde

Inge Zeebroek & Marnix Pieters

5.3.1 Inleiding

Bij de opgravingscampagne van 2003 die o.a. bedoeld was om het archeologisch potentieel van de overige voor archeologisch onderzoek nog toegankelijke zones van het provinciaal domein verder in kaart te brengen, werden verschillende verkennende sleuven gegraven. In een van deze sleuven (fig. 3) in de zone van de voormalige kapel, werden drie inhumatiegraven aangesneden. Gezien de nabijheid van de kapel van Walraversijde werden deze spontaan, en onterecht zoals hierna zal blijken, in verband gebracht met een eventuele laatmiddeleeuwse begraafplaats die bij deze kapel gehoord zou hebben. De resultaten van het latere ^{14}C-onderzoek zijn een sterk argument ten voordele van een interpretatie van deze menselijke resten in het kader van het beleg van Oostende uit de vroege 17de-eeuw (zie verder). Chemische prospectie (zie verder 5.3.2.) van de onderzochte percelen maakt bovendien aannemelijk dat er geen andere begraven menselijke resten dienen verwacht te worden in de geprospecteerde zone rondom de voormalige kapel.

Uit geschreven bronnen weten we wel met zekerheid dat er in de kapel zelf wel een aantal personen begraven lagen (zie hoofdstuk 1.2.3. Onderzoek van de geschreven bronnen tot 1995). Over het begraven van overledenen buiten de kapel is geen informatie uit geschreven bronnen beschikbaar. Hierbij aansluitend dient wel te worden vermeld dat wijlen Etienne Cools steeds heeft verteld dat bij graafwerken tijdens WOII voor het ingraven van een telefoonkabel skeletten zijn aangetroffen in de omgeving van de boerderij Boydens die gedeeltelijk boven op de kapel staat. Daar hierover echter geen verdere informatie beschikbaar was, is ook niet duidelijk of dit skeletmateriaal menselijk of dierlijk van aard was. Gezien de aanwezigheid van heel wat paardenskeletten in het bodemarchief van Raversijde, is de mogelijkheid dat het om dierlijk skeletmateriaal gaat zeker niet uit te sluiten. We nemen hierna kennis van de resultaten van het proefonderzoek in de zone rond de voormalige kapel, te beginnen met de chemische prospectie van het terrein.

FIG. 475 **Paardenskelet geregistreerd in kuilen spoornrs. 72-73**
Horse skeleton in pits 72 and 73.

FIG. 476 **Paardenskelet geregistreerd in kuil spoornr. 459.**
Horse skeleton in pit 459.

FIG. 477 **Paardenskelet geregistreerd in kuil spoornr. 729.**
Horse skeleton in pit 729.

5.3.2 Chemisch bodemonderzoek van enkele percelen nabij de kapel

Aansluitend bij twee internationale projecten, Planarch 2[1270] en 'Terrains, techniques, théories'[1271], werden in 2002 bodemmonsters voor chemisch onderzoek[1272] genomen op de percelen aansluitend bij de site van de laatmiddeleeuwse kapel van Walraversijde o.a. in de hoop om de eventuele middeleeuwse begraafplaats in kaart te brengen. Het betrof bodemmonsters van net onder de ploeglaag die met een vast interval door Chris Loveluck genomen werden. Acht chemische elementen werden in de bodemmonsters door Philip Clogg onderzocht: aluminium, ijzer, mangaan, calcium, magnesium, kalium, fosfor en titaan. Hun verspreiding werd vervolgens in kaart gebracht. Enkel de resultaten van de analyse van mangaan worden hier kort besproken. De verspreiding van het element mangaan (fig. 478) vertoonde immers twee duidelijke concentraties: één centraal in het noordelijke perceel en een tweede in de noordhoek van het zuidelijke perceel. De eerste concentratie bleek achteraf, na archeologisch onderzoek, perfect samen te vallen met de zone waarin drie menselijke skeletten werden opgegraven in sleuf 03/XXVII (zie hierna 5.3.3.), over de tweede is geen verdere informatie beschikbaar. Misschien is deze laatste zone wel te koppelen aan de vermelding door wijlen Etienne Cools van het aantreffen van skeletmateriaal tijdens WOII bij het leggen van een telefoonkabel.

De op de verspreidingskaart duidelijk zichtbare concentratie van mangaan centraal in het noordelijke perceel was ook – zij het minder duidelijk – te zien op de verspreidingskaarten van aluminium, ijzer en kalium, echter helemaal niet op die van fosfor. Mangaan bleek dus hier in Raversijde zeer geschikt om op één plaats althans menselijk skeletmateriaal op te sporen. Ook bij de eerste testen met de voorgestelde methode van multi-elementen chemisch bodemonderzoek werden er behalve met (archeologisch te verwachten) fosfor ook resultaten verkregen met mangaan[1273]. De hogere concentraties mangaan identificeerden bij deze eerste testen de graaszones voor vee aansluitend bij de nederzetting.

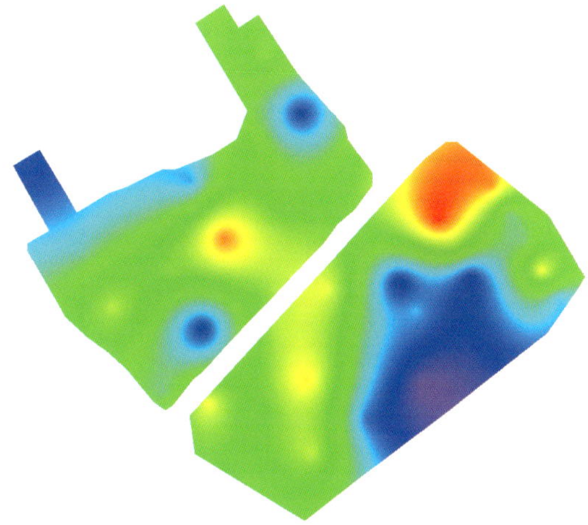

FIG. 478 **Verspreidingskaart van het element mangaan in de bovenste laag van de bodem. Blauw: weinig, rood: veel.**
Distribution of manganese in the topsoil. Blue: occsional, red: abundant.

5.3.3 Sleuf 03/XXVII

In deze verkennende sleuf (fig. 3) van ongeveer 52 m^2 oppervlakte werden in een kleine cluster nabij het noordelijk uiteinde van de sleuf 3 inhumatiegraven (graven 9094-9095 en 9096) geregistreerd die samen 4 individuen bevatten. De graven waren grofweg noord-zuid georiënteerd (fig. 479 en 480a en b). Twee ervan (graf 9095 met skelet 9121 en graf 9096 met skelet 9124) lagen evenwijdig aan elkaar en quasi naast elkaar met 1 m tussenruimte. De overledene uit graf 9095 (fig. 481) was op de rug en op het achterhoofd gelegd en had de armen op de borst, handen links op rechts. De benen en voeten lagen gestrekt. De overledene uit graf 9096 lag op de rug en had de armen op de buik. Het derde graf (9094) bevond zich iets noordelijker. Dit skelet lag eveneens op de rug met de armen op de buik (fig. 482).

Wat meteen opvalt bij het bekijken van de opgravingssituatie is het feit dat de graven zeer ondiep werden aangelegd waardoor de skeletresten haast onmiddellijk onder de huidige ploeglaag worden aangetroffen. Enkel bij graf 9095 is er nog sprake van een grafkuil. Dit verklaart ook waarom de schedel, die wat hoger uitstak, bij skelet 9094 niet meer bewaard was gebleven. Het hoofd van deze overledene was immers oorspronkelijk ondersteund door twee bakstenen zoals te zien op figuur 482, een gebruik dat nog wel wordt vastgesteld bij middeleeuwse of latere begravingen.

Het archeologische materiaal dat in de context van deze inhumaties werd gevonden bestaat uit een *stilus* of schrijfstift en enkele laatmiddeleeuwse ceramiekfragmenten. Nagels wijzen er wellicht op dat deze personen in een (eenvoudige) kist waren begraven. Verder kunnen we uit de ligging van het skelet in graf 9096 – volgens de antropologische bevindingen – afleiden dat het wellicht verrold was in een kist (?). De vele bakstenen die werden aangetroffen in de kuilvulling van dit graf, maar ook boven de kuil zelf en boven de andere graven suggereren dat de graven aanvankelijk aan de oppervlakte zichtbaar waren in de vorm van een opeenstapeling van bakstenen. Dit compenseerde wellicht voor een deel het ondiepe karakter van de graven.

Deze personen kunnen op basis van ^{14}C-dateringen wellicht in verband gebracht worden met het beleg van de stad Oostende (1601-1604)(zie verder). Een andere doodsoorzaak los van het beleg van Oostende maar wel in dezelfde periode (1520-1650) is echter niet helemaal uit te sluiten. Wel is duidelijk dat deze inhumaties niets te maken hebben met het laatmiddeleeuwse vissersdorp, zoals aanvankelijk gedacht.

De op deze plaats begraven individuen leveren dus, in tegenstelling tot wat verwacht werd, in elk geval geen eerste fysieke kennismaking op met de bewoners (vissers en vissersvrouwen) van het laatmiddeleeuwse vissersdorp, maar eventueel wel met de (overgebleven) bewoners uit de 17de eeuw of met de Spaanse bezetters of personen uit hun gevolg die toen in het dorp

1270 Dyson *et al.* 2006.
1271 Action Concertée Incitative. Ministère de la Recherche (de la France). Terrains, Techniques, Théories (TTT). Travail interdisciplinaire en Sciences humaines et sociales. Contrat P103, 30.11.2002-30.11.2005; Zadora-Rio *et al.* 2005.
1272 Volgens de methode beschreven in Clogg & Taylor 2001.
1273 Clogg & Taylor 2001, 156.

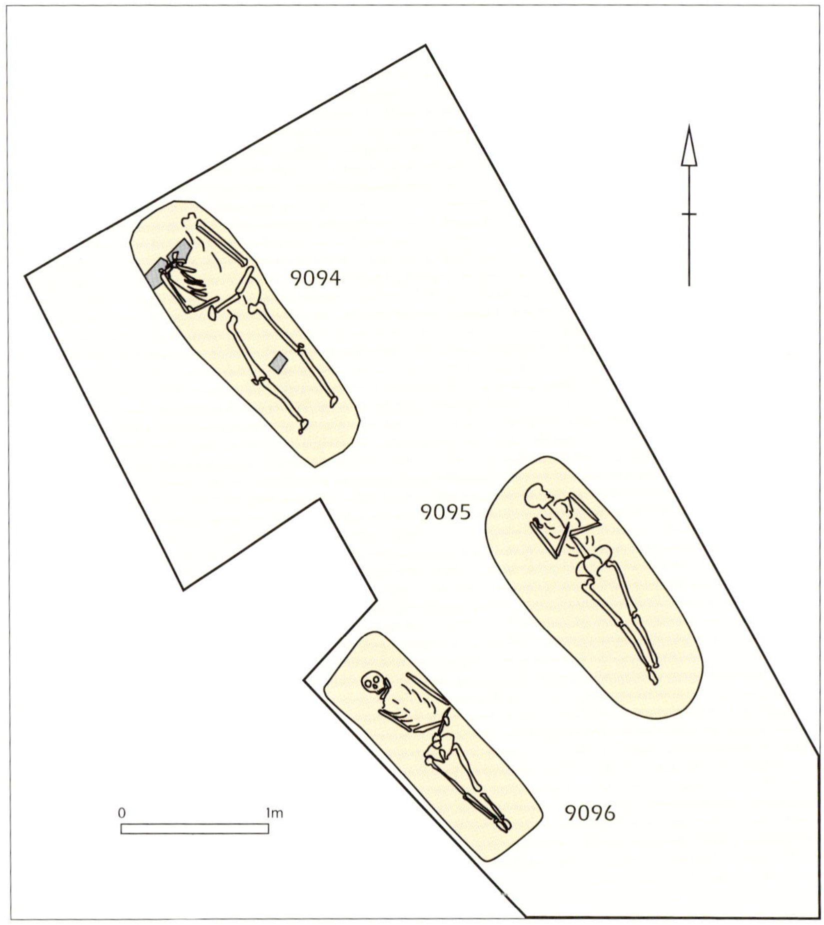

FIG. 479 **Opgravingsplan met aanduiding van de drie graven.**
Excavation plan with location of the three human burials.

verbleven. Waarschijnlijk was het nog van belang om in de zone van de nog overeind staande kapel te worden begraven, maar was echt rondom of in de kapel zelf geen optie. Het ondiepe karakter van de graven wijst toch eerder in de richting van een niet-reguliere begraafplaats en in die zin sluiten ze aan bij de inhumaties die her en der in het Oostendse stadscentrum zijn opgegraven buiten reguliere begraafplaatsen[1274]. Zoals het verslag van het fysisch-antropologisch onderzoek hierna aantoont, betrof het twee jonge vrouwen (25-35) en een iets jongere man (20-25). Ook al gaat het maar om 3 individuen, de leeftijd bij overlijden weerspiegelt in elk geval geen normale situatie.

5.3.4 Kort verslag van het fysisch-antropologisch onderzoek van de menselijke skeletresten uit sleuf 03/XXVII

Marit Vandenbruaene & Sara Watzeels

Bij archeologische opgravingen te Raversijde werden in de zone nabij de kapel vier skeletindividuen (zie tabel 91) opgegraven. Het betreft in het totaal twee vrouwen (ind. 1, graf 9094 en 2, graf 9095), een ongeboren kind (ind.3, graf 9095) en één man (ind. 4, graf 9096).

Graf 9095 was heel opmerkelijk. In het graf werd een compleet skelet van een jonge, volwassen vrouw aangetroffen. Bij nader onderzoek bevatte de grafkuil ook het skelet van haar nog net niet geboren kind (graf 9095: ind 2 en 3, fig. 481). Het hoofdje van de baby was reeds uit het bekken geperst tijdens de bevalling. Sterk gefragmenteerd lag de rest van het kinderskelet nog in het bekken van de vrouw. Zowel moeder als kind stierven in het kraambed en werden samen begraven, zorgvuldig opgebaard op de rug met de handen op de borst gevouwen. Een trieste situatie die verwijst naar de zeer harde barensomstandigheden in het verleden en de hoge kindersterfte bij de bevalling.

Na de opgraving en berging zijn de skeletresten in het labo gewassen en gedroogd en vervolgens bot per bot anatomisch beschreven om de bewaringstoestand te kunnen uitdrukken. Grafverstoringen en de aanwezigheid van dierlijk bot zijn niet opgemerkt. Nadien zijn de skeletten per individu morfometrisch onderzocht volgens de klassieke fysisch-antropologische literatuur[1275].

De meeste skeletindividuen zijn relatief goed bewaard, d.w.z. kwantitatief zijn bijna alle tien de skeletzones aanwezig, maar kwalitatief gaat het dikwijls slechts om brokstukken. Het ongeboren kind (ind. 3) was echter sterk gefragmenteerd en onvolledig, vele kleine botjes ontbraken. Er is ook maar één complete

1274 Vandenbruaene *et al.* 2003.

1275 Knussmann 1988 en Ubelaker 1989.

TABEL 91
Overzicht van de biologische skeletgegevens.
Overview of the biological data of the skeletons.

Ind. nr	Vondst nr	Geslacht	Leeftijd	Klasse	F mm	L cm	CI	TFI	OI	FPI	TPI	CHI	FRI	Varianten	Pathologie
1	9094	F	30-35	Adult	430	160	.	.	.	92,6	76,7	.	11,6	foramen transversum bipartitum (C7)	cariës P2 + M3 (mb L), calculus
														sacralisatie (L5)	VO (lendewervels, lichte graad)
														os acromiale (enkel R)	SN (L1+L2)
														squatting facet (R+L)	enthesopathie calcaneus R+L (lichte graad)
															pOA (elleboog L)
															verschil lengte (humerus R/L)
2	9095	F	25-30	J.Adult	420	158	82,2	86,3	87,5	71,0	76,9	44,6	11,7	wormian bones	cariës P1+M3 (mx L) + C (mx R) + M2 (mb R)
														sulcus supraorbitalis	absces M1-2 (mx L), calculus
														fovea articul. sup. bipartita (atlas)	hypodontia M3 (mx R) + M3 (mb R+L)
														foramen transversum bipartitum	enthesopathie calcaneus (lichte graad)
															Platymeria
3	9095	?	IX 1/2 – X MM	Foetus/ Nn	67	48									
4	9096	M	20-25	J Adult	418	161	.	.	.	93,1	62,9	46,9	12,2	wormian bones	dislocation heup (R)
														os lambda	enthesopathie of osteofytose (atlas)
														foramen supraorbitale	falangen medialis en distalis MT met elkaar verbeend

FIG. 480 Overzicht op de drie graven: a. vanuit noordelijke richting; b. vanuit zuidelijke richting.
General view of the three human burials: a. view from the north; b. view from the south.

schedel aanwezig: die van de jonge moeder (ind. 2). Dit is te verklaren door het ondiepe karakter van de inhumaties. Enkel individu 2 lag iets dieper begraven.

Het geslacht is voornamelijk afleesbaar aan de vorm van het bekken en de schedel en aan bepaalde afmetingen. De eerste twee individuen zijn slank en gracieus met duidelijk vrouwelijke kenmerken, de man (ind. 4) heeft duidelijk meer uitgesproken en robuuste kenmerken. Van het ongeboren kind kan geen geslacht gegeven worden.

De sterfteleeftijd weergeven is niet altijd even evident bij volwassenen. De snelheid waarmee ouderdomsverschijnselen op het skelet optreden is nogal sterk persoonsgebonden. Slijtages zijn niet enkel een teken van ouderdom. Bij kinderen ligt dat anders omdat de groei van het bot en de tanden makkelijker te volgen is. Het betreft hier een foetus/neonaat (ind. 3) van bijna tien maanmaanden (IX ½ maanmaanden of 38 weken zwangerschap). De moeder (ind. 2) had een leeftijd tussen 25-30 jaar. De andere vrouw (ind. 1) was iets ouder, nl. tussen 30-35 jaar. De man was een jong volwassene (ind. 4) tussen 20-25 jaar.

Verschillende metingen van de schedel en van het postcraniale skelet werden uitgevoerd om verschillende indices weer te geven. De schedelvorm of craniale index kon echter maar bij één individu, de jonge vrouw (ind. 2), worden bepaald met een index van 82,2 wat een brede korte schedelvorm (brachycraan) weergeeft.

Reconstructie van de lichaamslengte wordt het best berekend aan de hand van de lengte van het dijbeen (femur). Zo werden bij de vier individuen de gestaltes opgegeven, gaande

FIG. 481 **Graf 9095. a. overzicht; b. detail.** ***Burial 9095. a. overview; b. detail.***

van 1,58 m tot 1,61 m. Soms kunnen de lengtes van bepaalde beenderen van eenzelfde individu (ind. 1), zoals de opperarmen (humerus), verschillen.

Varianten of skelet-anomalieën zijn onschuldige kenmerken die van bij de geboorte aanwezig zijn en die interessant zijn in het kader van vergelijkende populatiestudies. Op ieder botstuk of iedere tand kan variatie optreden. Bij deze kleine skeletcollectie zijn er verschillende varianten opgemerkt, zoals extra schedelnaadbeenderen (wormian bone, os lambda) aan de schedel of een extra facet aan het schouderblad (os acromiale) of extra gaatjes aan de wervelfacetten (foramen transversum bipartitum) of de gedeeltelijke vergroeiing van de laatste lendenwervel aan het heiligbeen (sacralisatie).

Bij het pathologisch onderzoek worden letsels en verwondingen opgespoord en beschreven conform hun etiologie[1276]. In deze studie kwamen bij elke volwassene wel enkele ziekten en aandoeningen aan het licht, bij het kleine kind echter waren geen letsels zichtbaar op het bot.

Bij de eerste twee vrouwelijke individuen (ind. 1 en 2) is zowel cariës, tandsteen (calculus) als een abces bij het gebit te zien, wat

1276 **Aufderheide & Rodriguez 1998.**

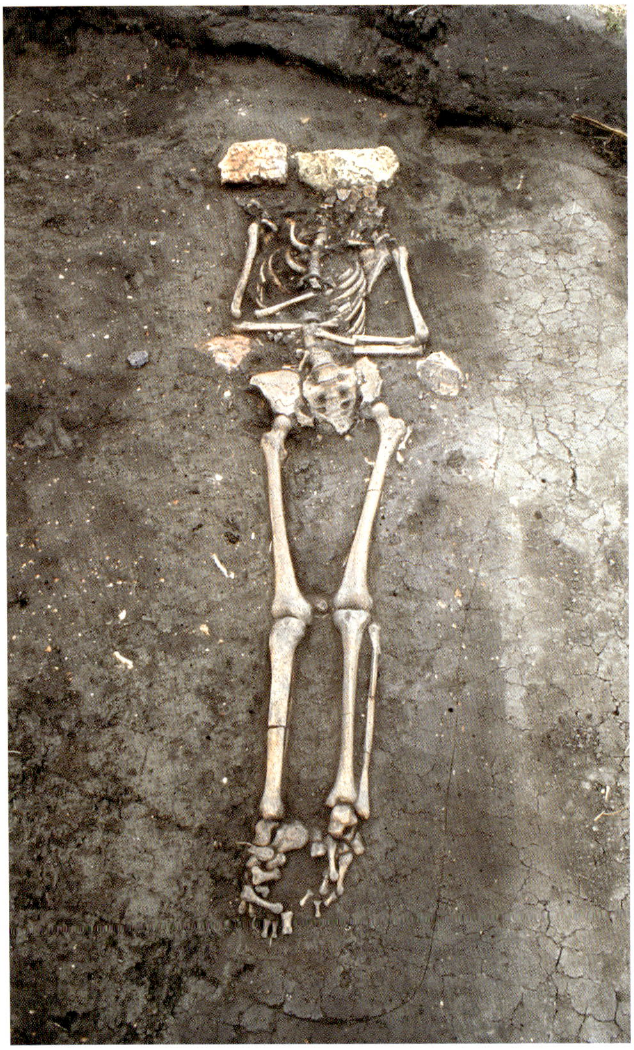

FIG. 482 Graf 9094.
Burial 9094.

een slechte mondhygiëne weerspiegelt. Bij het oudste individu (ind. 1) zijn er ouderdomsslijtages en gewrichtsaandoeningen (VO vertebrale osteoarthritis en pOA perifere osteoarthritis) opgemerkt aan de wervelkolom en andere grote gewrichten als elleboog, heup en knie.

Opvallend was de dislocatie aan het rechter heupgewricht van de jonge man (ind. 4), die waarschijnlijk als kind leed aan congenitale heupdysplasie. De heup wordt instabiel omdat de dijbeenkop niet past in de heupkom, er ontstaat zware artrose en men krijgt een afwijkend loopgedrag.

5.3.5 Radiokoolstofdatering van de menselijke skeletresten uit sleuf 03/XXVII

Marc Van Strydonck & Anton Ervynck

Uit de drie graven werd menselijk botmateriaal geselecteerd en onderworpen aan een radiokoolstofdatering (zie tabel 92). Na kalibratie[1277] kunnen de skeletresten van de twee volwassen vrouwen (ind. 1, graf 9094, en ind. 2, graf 9095) en van de ene volwassen man (ind. 4, graf 9096) grofweg in de periode van het begin van de 16de tot het midden van de 17de eeuw worden geplaatst. Bij individu 1 is een nog jongere datering niet uit te sluiten maar wellicht is dat eerder het effect van de grilligheid van de kalibratiecurve vanaf de 17de eeuw (het resultaat van wisselingen in de activiteit van de zon). De dateringsgegevens beslaan in elk geval een brede periode en laten dus strikt genomen niet toe om de drie volwassen skeletten in verband te brengen met het Beleg van Oostende (1601-1604). Dergelijke interpretatie, die kan verdedigd worden door de historische context en vergelijking met andere vondsten in de regio, wordt door de dateringen echter evenmin uitgesloten. Wel is duidelijk dat de dateringen niet mogen gekoppeld worden aan de 14de-15de-eeuwse bewoning van het vissersdorp.

Wanneer de drie dateringen via een statistische test (X^2-test) worden vergeleken, waarbij de veronderstelling wordt getoetst dat de drie meetwaarden dezelfde gebeurtenis weerspiegelen, blijkt dit een niet haalbare optie te zijn (X^2-test: df=2, T= 6,231 (5% 6,0)). De jongere datering van het skelet van individu 1 is hiervoor verantwoordelijk. Wanneer enkel de waarden voor de individuen 2 en 4 worden getest blijken deze personen mogelijk wel op hetzelfde tijdstip overleden (X^2-test: df=1, T= 1,1 (5% 3,8)). De parallelle ligging van de graven is daar mogelijk mee in verband te brengen. Een combinatie van beide metingen levert dan een datering 315 ± 14 BP op, wat na kalibratie neerkomt op 1520-1590 AD (56.0%) of 1620-1640 AD (12.2%) bij 68,2% statistische zekerheid, of 1510-1600 AD (74.9%) of 1610-1650 AD (20.5%) bij 95,4% statistische zekerheid. Deze gecombineerde datering blijft te breed om historische interpretaties toe te laten.

Opvallend zijn ten slotte de dateringen op het botmateriaal van het nog ongeboren kind (ind. 3, graf 9095). De eerst uitgevoerde meting leverde een waarde 410 ± 20 BP op, wat zou betekenen dat het (ongeboren) kind schijnbaar beduidend vroeger stierf dan zijn moeder, wat door de opgravingsgegevens en de antropologische informatie ten stelligste wordt tegengesproken. Statistisch blijken de dateringen voor de sterfdatum van moeder en kind onmogelijk te verzoenen (X^2-test: df=1, T= 15,124 (5% 3,8)). De datering van het bot van het kind werd aldus herhaald en de uitkomst bedroeg nu 305 ± 30 BP. Deze waarde is niet significant verschillend van het geschatte tijdstip van overlijden van de moeder (X^2-test: df=1, T= 0,0 (5% 3,8)). Een combinatie van deze twee waarden geeft na kalibratie opnieuw een datering tussen 1520 en 1650. Problematisch blijft wel de variatie tussen

1277 Op basis van de atmosferische data uit Reimer *et al.* (2004), met het programma OxCal versie 3.10 (© Bronk Ramsey 2005, zie Bronk Ramsey 1995, 2001).

TABEL 92

Overzicht van de radiokoolstofdateringen (originele metingen en gekalibreerde waarden) op het menselijk botmateriaal uit drie graven nabij de kapel van Walraversijde. De ratio's voor de stabiele isotopen 13C en 15N zijn eveneens weergegeven, net zoals het gehalte aan C versus N in het monster, wat een aanduiding geeft voor de bewaringstoestand van het onderzochte bot.

Overview of the radiocarbon dates (original and calibrated results) obtained on the human skeletal material from three graves next to the late medieval chapel of Walraversijde. The ratios of the stable isotopes 13C and 15N are given as well as the content of C versus N in the samples, a measure of the preservation status of the analysed skeletal material.

Grafnr.	Skeletnr.	Individunr.	Dateringscode	Datering (BP)	Kalibratie (AD, 68,2%)	Kalibratie (AD, 95,4%)	δ13C (‰)	δ15N (‰)	C/N
9094	Sk1	1	KIA-32330	250 ± 25	1640 - 1670 (55,9%) 1780 - 1800 (12,3%)	1520 - 1560 (7,4%) 1630 - 1670 (64%) 1770 - 1800 (20,8%) 1940 - 1960 (3,2%)	-19,76	8,26	2,8
9095	9121-a	2	KIA-31725	300 ± 20	1520 - 1580 (50,8%) 1630 - 1650 (17,4%)	1510 - 1600 (69,1%) 1610 - 1650 (26,3%)	-19,97	8,43	2,8
9095	9121-b	3	KIA-31688	410 ± 20	1440 - 1470 (68,2%)	1430 - 1500 (91,5%) 1600 - 1620 (3,9%)	-19,72	12,26	2,8
9095	9121-b	3	KIA-33806	305 ± 30	1520 - 1600 (50,4%) 1620 - 1650 (17,8%)	1480 - 1650 (95,4%)	-19,72	12,26	3,3
9096	9124	4	KIA-31726	330 ± 20	1510 - 1530 (11,9%) 1540 - 1640 (56,3%)	1480 - 1640 (95,4%)	-19,73	10,02	2,8

de twee dateringen voor het ongeboren kind, die op zich duidelijk statistisch verschillend zijn (X^2-test: df=1, T= 8,4 (5% 3,8)).

Een analyse van de stabiele isotopen van koolstof en stikstof toont aan dat het bot van moeder en kind in samenstelling verschilt, vooral door hogere δ^{15}N-waarden bij deze laatste, maar niet door afwijkende δ^{13}C-waarden. Normaal zouden de isotopensignalen van moeder en ongeboren kind dezelfde moeten zijn. Hoe dit afwijkende patroon moet verklaard worden, is niet duidelijk maar mogelijk spelen ziekte of voedingsproblemen tijdens de zwangerschap mee, een conditie die zich onmiddellijk kan weerspiegelen in het zich snel vormende skelet van het kind maar vrijwel niet zal geregistreerd worden door het traag remodulerende skelet van de moeder[1278].

5.4 Bewoning

De sporen van bewoning van na 1500 die werden aangesneden in de zones Raversijde 92-95 en Raversijde 96-98 blijven beperkt tot deze die te verbinden zijn met de voorganger van de huidige woning van wijlen mevrouw Jeanne Boydens waarvan de bouw volgens cartografische documenten dateert van de late 19de eeuw en die in 2005 werd afgebroken. De voorganger van de pas afgebroken boerderij gaat wellicht terug tot de 18de eeuw en misschien zelfs tot de 17de eeuw. Voorlopig is van deze bewoning te weinig onderzocht om er veel meer van te achterhalen. Ook zijn de eventuele beschikbare geschreven bronnen over deze bewoning niet onderzocht. Van deze bewoning werd enkel een bakstenen kelder (spoornr. 868, fig. 312) met een zeer dikke bakstenen bevloering onderzocht, die zich situeerde op de overgang van de sleuven 96/I en 97/I. Deze bewoning verklaart vermoedelijk wel een aantal sporen uit de periode 17de-19de eeuw ten oosten van perceelsgracht spoornr. 887. Deze bewoning kwam echter in de opgravingscampagnes van na 1998 prominenter aan bod en zal in een aparte bijdrage in detail behandeld worden.

5.5 Veenontginning

In het midden van de 15de eeuw was het volgens Rottier en Arnoldus zowat overal in de kustvlakte afgelopen met afgravingen van veen op grote schaal[1279]. De schaal waarop in deze periode aan veenwinning werd gedaan, is moeilijk in te schatten op basis van het onderzoek in Raversijde. Maar uit de onderzochte archeologische bronnen is in elk geval duidelijk dat ook na het midden van de 15de eeuw nog aan veenwinning werd gedaan in Walraversijde (veenwinningsputten spoornrs. 449 en 608 bijvoorbeeld, fig. 74). Beide veenwinningsputten werden in elk geval aangelegd na het verlaten van minstens een deel van het dorp vermits ze een aantal laatmiddeleeuwse bewoningssporen doorsnijden. Deze archeologische waarneming kan worden gestaafd met informatie uit een ommeloper uit 1666 (kopie van origineel uit 1534) die voor de zone van veenwinningsput spoornr. 608 veenontginning vermeldt in het begin van de 16de eeuw[1280]. Ook in het land van Beveren-Waas bijvoorbeeld werd in elk geval tot in het begin van de 16de eeuw nog aan veenwinning gedaan[1281]. In de Scheldevallei ter hoogte van Hingene (provincie Antwerpen) wordt zelfs nog op grote schaal turf gestoken in het 2de kwart van de 19de eeuw[1282].

De twee bovenvermelde veenwinningsputten worden hieronder kort voorgesteld.

5.5.1 Veenwinningszone spoornr. 449

Deze ontginningsactiviteiten werden gedocumenteerd in de sleuven 92/XXXI, 93/IX-XII (spoornr. 449, fig. 3 en fig. 74). Uit de vulling werd slechts één grijs reducerend gebakken wandscherf gerecupereerd die enkel toelaat te stellen dat de veenwinning niet ouder is dan de late middeleeuwen. Daar deze ontginningszone vermoedelijk aansluit met deze (spoornr. 1033) die werd vastgesteld in sleuf 97/XI[1283] snijdt ze duidelijk de met afval gevulde perceelsgrachten gekoppeld aan de laatmiddeleeuwse bewoning (spoornr. 1081) en dateert ze aldus van na deze bewoning.

5.5.2 Veenwinningszone spoornr. 608

Veenwinningsput spoornr. 608 (fig. 3 en fig. 74) werd aangesneden in de sleuven 94 XI, 94 XII (spoornr. 609), 94 XIII (spoornr. 608), 94 XIV, 95 X, XI (spoornr. 690) & 97 V, XI (spoornr. 1030). Deze veenwinningsput werd ook waargenomen (spoornr. 613) bij de werken voor de aanleg van een grote waterpartij in 1995.

Aan twee zijden is de begrenzing te verklaren vanuit de geologie. Aan de noord- en noordoostkant bevindt zich de opgevulde getijdegeul die tegelijkertijd de zuidelijke begrenzing van veenwinningsput spoornr. 606 vormt. Aan de andere zijde sluit deze veenwinningsput ook aan op een zandige zone zonder veen in de ondergrond, vermoedelijk ook een opgevulde getijdegeul.

Veenwinningsput spoornr. 608 dateert in elk geval van na de bewoning. Deze veenwinningsput snijdt immers o.a. ook de met afval gevulde perceelsgrachten (spoornr. 1081). Bovendien is de kleiige opvulling van de veenwinningsput doorspekt met laatmiddeleeuws archeologisch materiaal, vooral in het zuidelijk deel ervan.

Na de veenontginning werd het ten gevolge van deze werkzaamheden lager gesitueerde perceel voorzien van een reeks drainagegrachten (o.a. spoornr. 689) waarvan sommige nog in het landschap bewaard zijn. In een van deze zogenaamde luie grachten die op het ogenblik nog in gebruik zijn, werd een bakstenen riolering (spoornr. 611, fig. 483) aangetroffen.

Verder is in de opvulling van deze veenwinningsput nog een begraven dierenkadaver (spoornr. 1026) aangetroffen. Dit dateert dus ongetwijfeld van na de veenontginning en houdt mogelijk zelfs verband met het beleg van Oostende.

5.6 De mobilia uit de contexten van na de dorpsfase

Her en der werden in de bovenste lagen van de onderzochte stratigrafie (huidige en subrecente ploeglagen) en in de structuren uit de moderne tijden ook mobilia aangetroffen. Deze mobilia bestaan uit voorwerpen in ceramiek, metaal, leder en hout.

1278 G. Müldner (Univ. of Reading) en K. Britton (Univ. of Aberdeen), pers. med.

1279 Rottier & Arnoldus 1984, 109.

1280 Tys 1996, 208.

1281 Verhulst 1995, 82.

1282 Van Driessche 2010, veenontginning.

1283 Dit werd met de opgravingscampagne van 1999 ook daadwerkelijk aangetoond.

FIG. 483 **Bakstenen riolering spoornr. 611 in luie gracht aangelegd in veenwinningsput spoornr. 608.**
Brick sewer 611, occurring in a ditch draining an area formerly exploited for its peat (peat-cutting pit 608).

Drie wandfragmenten (1332.1, 1500.2 en 2276.1) zijn waarschijnlijk afkomstig van één recipiënt uit Bouffioulx. Ze vertonen allemaal een gedeelte van een wapenschild. Op twee ervan is het jaartal 1601 leesbaar, op het derde is enkel de laatste 1 van het jaartal te zien. Afgaande op het baksel zijn ze vermoedelijk afkomstig van hetzelfde recipiënt. In dit laatste geval zijn ze wel op ver van elkaar verwijderde vindplaatsen aangetroffen. Een gelijkaardig schild echter met een ander jaartal (1583, 1588, 1590) werd reeds aangetroffen op producten uit Raeren[1284] en behoort toe aan leden van de tak 'Lomont' die op een bepaald ogenblik eigenaar was van het kasteel van Raeren[1285]. Door Van Bastelaer wordt ditzelfde schild echter vermeld bij de producten uit Bouffioulx[1286]. Fragment 1332.1 komt uit kuil spoornr. 475 die gezien de vorm wel eens als een 17de-eeuwse bomkrater zou mogen worden geïnterpreteerd (zie hoger 5.2.). 1500.2 komt uit de bovenste vulling van veenwinningsput spoornr. 69 en houdt daar vermoedelijk verband met het niet onmiddellijk opgemerkte spoor nr. 515. Fragment 2276.1 ten slotte werd aangetroffen bij het vrijleggen van de recentste structuren in de zone Raversijde 1996-1998, meer bepaald in sleuf 96 II in de context van gebouw 19 (fig. 276-7). Dit laatste fragment is aangetroffen op een afstand van ongeveer 200 m van het fragment uit kuil spoornr. 475 en zou misschien toch een link kunnen materialiseren tussen de zones Raversijde 1992-1995 en 1996-1998. Tot de steengoedvondsten behoren ook enkele fragmenten van kannen versierd met eiken- of rozenbladeren (1332.3-4, 1551.2), vermoedelijk geproduceerd in Köln in de eerste helft van de 16de eeuw[1287].

Helemaal onderaan in de opvulling van waterput spoornr. 1468 werden fragmenten van minstens vier onversierde nogal bolvormige kannetjes in Rijnlands steengoed met zoutglazuur (fig. 344) aangetroffen. Deze werden reeds besproken bij de behandeling van deze waterput.

Onder de vondsten in ceramiek bevinden zich ook acht fragmenten in een grijs tot rozig baksel van dikwandige en nogal grof verschraalde ceramiek (1819.1, 1901.17, 2272.47, 2277.8 en 2286.7). Sommige van deze fragmenten met groen loodglazuur aan de binnenzijde en een sterk uitgesproken geribbelde binnenwand zijn ondubbelzinnig (2272.47 & 2277.8) als fragmenten van olijfoliekruiken[1288] afkomstig uit Sevilla te identificeren. Vier fragmenten (1901.17) zijn afkomstig van een dikwandige pot met afgeplatte en overwegend naar buiten staande rand. Deze pot met een diameter ter hoogte van de rand van 27 cm is evenals de twee olijfoliekruiken aan de binnenkant bedekt met loodglazuur. Gezien het baksel ligt een verwantschap met de bovenvermelde olijfoliekruiken voor de hand. Het zou een variant kunnen zijn op de gekende groen geglazuurde kommen uit Sevilla[1289]. Een ander wandfragment (1819.1) is mogelijkerwijze afkomstig van een gelijkaardige kom. Een derde type is ten slotte vertegenwoordigd door een iets dunnere wandscherf met een aanzet van een oor (2286.7). Het baksel van dit fragment is ook iets fijner dan dit van de overige fragmenten. Ook al zouden sommige fragmenten technisch gesproken laatmiddeleeuws kunnen zijn, toch verwijst de archeologische context naar een datering in de 16de-17de eeuw. Geen enkel fragment werd immers aangetroffen in een laatmiddeleeuwse context waardoor het duidelijk is dat dit type ceramiek niet tot de materiële cultuur van de laatmiddeleeuwse vissers van Walraversijde heeft behoord. Ze dienen bijgevolg in verband te worden gebracht met de activiteiten uit de moderne tijden, waarbij dan o.a. aan het beleg van Oostende kan worden gedacht.

Een onderdeel van een helm (fig. 167) behoort tot de eerder onverwachte vondsten. Deze werd reeds behandeld bij de analyse van bakstenen waterput spoornr. 317 toegewezen aan gebouw 7.

1284 Hellebrandt 1967, 122; Kohnemann 1982, 33.
1285 Kohnemann 1982, 33.
1286 Van Bastelaer 1885, PL. IV n° 8.
1287 Zie o.a. Reineking von Bock 1986 (3), 227-232; Hurst *et al.* 1986, 209: fig. 101. 327.
1288 *Cf.* Martin 1979, 280-284.
1289 Hurst 1977, 103; Hurst *et al.* 1986, 65-66.

Tot slot werd nog een gietijzeren kanonbal van 47 tot 48 mm diameter met een gewicht van 380 g aangetroffen. Deze hoort gezien de context, kuil spoornr. 746, zeker niet thuis in de late middeleeuwen maar houdt vermoedelijk ook verband met aanwezigheid van militairen in de 17de-18de eeuw.

Ten slotte behoort tot deze fase ook een tweeledige benen of ivoren knoop waarvan de twee onderdelen bij elkaar worden gehouden door een koperhoudende draad die tegelijkertijd ook de lus vormt. Een haast identieke knoop is aangetroffen op Nova Zembla onder de vondsten van de Barentsexpeditie (1596)[1290].

Uit dit overzicht valt wel op hoeveel van deze items eventueel te linken zijn aan de korte periode van het gekende beleg van Oostende (1601-1604) zonder dat echt heel veel sporen hiernaar verwijzen. Het ontbreken van duidelijk herkenbare sporen heeft natuurlijk, zoals hierboven reeds beklemtoond, te maken met het efemere karakter van militaire kampementen en anderzijds met de stratigrafische positie, waardoor ze als eerste ten prooi vallen aan latere ingrepen zoals het als akkerland gebruiken van de terreinen waar de opgravingen plaatsvonden.

—

1290 Braat *et al.* (red.) 1998, 112.

6 Synthese

Marnix Pieters, Cecile Baeteman, Jan Bastiaens, An Bollen, Philip Clogg, Brigitte Cooremans, Marc De Bie, Frans De Buyser, Guido Decorte, Koen Deforce, Annelies De Groote, Ine Demerre, Hendrik Demiddele, Anton Ervynck, Glenn Gevaert, Tito Goddeeris, An Lentacker, Liesbet Schietecatte, Marit Vandenbruaene, Wim Van Neer, Marc Van Strydonck, Alan Vince (†), Sara Watzeels & Inge Zeebroek

6.1 Inleiding

Het begrip 'site Raversijde' dekt een grote lading, zowel ruimtelijk als chronologisch. Het betreft enerzijds een ongeveer 2.5 km lange zone op het strand met prehistorische, Romeinse, middeleeuwse en latere objecten en/of sporen die al sinds de late 19de eeuw worden aangetroffen of geregistreerd. Deze strandzone ligt voor ongeveer de helft op het grondgebied van Middelkerke en voor de andere helft op het grondgebied van Raversijde, Oostende (fig. 1). Door de aanleg van strandhoofden in Raversijde in het midden van de jaren 70 van de vorige eeuw zijn deze archeologische resten en sporen bij laagtij nu niet meer te zien. Daarnaast was geweten dat zich ook in de zone achter de huidige duinengordel middeleeuwse en vroegmoderne resten uitstrekten die kunnen gekoppeld worden aan de vissersnederzetting 'Walraversijde'. Meer bepaald betreft het de zone afgebakend door de Kalkaertstraat op de huidige grens van Middelkerke en Oostende, de Duinenstraat – grofweg het traject van de Graaf Jansdijk -, de Nieuwpoortsesteenweg en het moderne Raversijde (fig. 1).

Het is in deze zone, verder de site Raversijde-Polder genoemd en te onderscheiden van de site Raversijde-Strand, dat vanaf 1992 tot en met 2005 20.349 m² archeologisch is onderzocht (fig. 3). Van bij de start van het archeologische onderzoek in 1992 werd heel veel aandacht besteed aan de ontsluiting van de onderzoeksresultaten naar het brede publiek via tijdelijke tentoonstellingen, lezingen en rondleidingen. De publiekswerking culmineerde op 24 juni 2000[1291] met de openstelling van een sitemuseum dat sindsdien ruim 200.000 bezoekers mocht verwelkomen.

Van de onderzochte laatmiddeleeuwse nederzetting werden in dit boekdeel de opgravingsresultaten van de campagnes 1992-1998 behandeld. Hierin waren twee blokken te onderscheiden, Raversijde 92-95 en Raversijde 96-98. Bijkomend is ook gericht gerapporteerd over een aantal markante opgravingsresultaten verkregen na 1998, met name over het op het einde van 1999 aangetroffen muntdepot, over een in 2003 aangesneden zone met graven en over de in 2005 geïdentificeerde Romeinse dijk. Van de site Raversijde-Strand zijn de lithische vondsten uit de pre- en protohistorie mee onder de loep genomen. Deze publicatie is in de eerste plaats een opgravingsverslag dat de belangrijkste waargenomen sporen beschrijft, analyseert en interpreteert samen met een selectie van de aangetroffen mobilia en de resultaten van natuurwetenschappelijk onderzoek. Met inachtname van de vermelde uitzonderingen komen in dit boek het onderzoek van de site strand en het onderzoek van de site Raversijde-polder na 1998 dus niet aan bod.

Het boek start met een inleiding (hoofdstuk 1) die na een korte algemene situering van de site een overzicht geeft van de historiek van het onderzoek in Raversijde (hoofdstuk 1.2). Hieruit blijkt dat voor 1992 al heel wat onderzoekswerk was verricht. Deze informatie vormde een uitstekende vertrekbasis voor het nieuwe onderzoek. In hoofdstuk 2 worden de aspecten behandeld die te maken hebben met het fysische kader en de landschappelijke achtergronden van de site, met andere woorden het vertrekpunt voor de antropogene activiteiten. In de volgende hoofdstukken (3 tot 5) worden in chronologische volgorde de belangrijkste waargenomen sporen en vondsten behandeld respectievelijk daterend van voor, tijdens en na de laatmiddeleeuwse 'dorpsfase'. Het boek sluit af met deze synthese (hoofdstuk 6) die ook in het Engels vertaald is, het nawoord en de bibliografie.

De onderzochte zone maakt landschappelijk en geografisch deel uit van de kustpolders en is gekenmerkt door hoofdzakelijk kleiige bodems en een relatief vlak reliëf met een hoogteligging tussen 3 en 4 m T.A.W. Het feit dat de bodems kalkrijk en nat zijn, maakt ze tot een bijzonder geschikt milieu voor de bewaring van archeologische resten. De nabijheid van de duinengordel heeft ervoor gezorgd dat boven op de klei duinzand de polders is ingewaaid (fig. 2). Nabij de duinen maakt dit zandige en humeuze pakket de vruchtbaarheid van deze zone uit: lichte, zandige en humusrijke sedimenten bovenaan en in de diepte een waterophoudende kleilaag.

1291 Kightly *et al.* 2000; Kightly *et al.* 2003.

6.2 Het fysische kader, de landschappelijke achtergronden van de site Walraversijde en de sporen en vondsten ouder dan het laatmiddeleeuwse vissersdorp

Het uitgangspunt voor het onderzoek naar het fysische kader en de landschappelijke achtergronden zijn de betekenisvolle bodemprofielen (hoofdstuk 2.1, A tot G, fig. 4-5) waarop vervolgens allerlei onderzoeken werden uitgevoerd (hoofdstukken 2.2 tot 2.5).

De lithologie van de 2 m dikke laat-holocene afzettingen die het oppervlakteveen in Raversijde bedekken, vertoont sterke variaties (fig. 5). De top van het oppervlakteveen bevindt zich op ongeveer +1.0 m. In profielen A en B ontwikkelde zich op een schorre-oppervlak een vegetatiehorizont op +1.40/1.50 m. Deze werd gedateerd op ca. 2300-1900 cal BP (350 BC-50 AD). Dergelijke vegetatiehorizont vertegenwoordigt een stilstand in sedimentatie en ontwikkelt zich op het schorre-oppervlak dat bij springtij en storm verticaal voldoende hoog is opgebouwd. Lokaal kunnen op die manier de hoogst opgeslibde delen van het schorregebied bewoonbaar worden. De vegetatiehorizont wordt tot een hoogte van 1.80/1.90 m bedekt met een gelamineerd pakket.

In profiel C wordt dit gelamineerde pakket teruggevonden op dezelfde hoogte (1.50-1.75 m) en is het bedekt met een pakket met grillige vervormingen, op zijn beurt bedekt met een grote brok veen op +1.80/2.40 m. Hier is de vegetatiehorizont merkwaardig genoeg niet aanwezig. Dit is ook het geval voor profiel D waar een continu gelamineerd pakket met vrij veel veendetritus wordt aangetroffen vanaf de top van het veen tot +2.10/2.40 m.

De gelamineerde afzettingen onder en boven de vegetatiehorizont zijn het resultaat van relatief vlugge afzettingen in een kleine ondiepe geul of van een crevasse met suspensierijke getijstromingen. De systematische geologische kartering van de Holocene sedimenten in dit gebied[1292] heeft aangetoond dat er rond de site van Raversijde talrijke met zand en slijk gevulde laatholocene getijdengeulen aanwezig zijn. De geulen moeten in dit gebied zeker al actief geweest zijn vóór de periode 2300-1900 cal BP, gezien de vegetatiehorizont zich dan al ontwikkeld had boven op het onderste gelamineerde pakket. De geulen waren zeker nog actief in de periode 310-540 AD (niet-gepubliceerde dateringen, KIA-30982, KIA-26468[1293]). De insnijding van deze getijdengeulen in het kustveenmoeras hebben drainage en compactie van het veen veroorzaakt, dat daardoor lager kwam te liggen en opnieuw verticale afzettingsruimte gaf voor crevasse afzettingen[1294].

In profiel A worden het bovenste gelamineerde pakket en de diepere afzettingen scherp ingesneden. De opvulling boven de scheve erosieve grens bestaat (tot +2.25/2.50 m) uit een pakket met een getijdengelaagdheid waarvan naar boven toe de gelaagdheid nog nauwelijks zichtbaar is en vervormingen vertoont. In profiel A is in het onderste deel nog duidelijk de scheve gelaagdheid te zien van de opvulling van de geul die de insnijding veroorzaakte. In profiel B wordt het gelamineerde pakket ook zeer scherp en scheef afgesneden. De vervormingen van het sediment en het feit dat de gelaagdheid sterk vervaagd is in de opvulling van de geul in A en B, zijn te wijten aan vervormingen van met water verzadigde klei en silt, veroorzaakt door liquefactie van het sediment na de afzetting. In de profielen A en B wijst de aanwezigheid van verdeeld pyriet op een permanent hoge watertafel.

De situatie in profiel C is enigszins anders. De basis van het gelamineerde pakket ligt hier op hetzelfde niveau als de vegetatiehorizont in A en B. De bovengrens van het gelamineerde pakket is scherp, maar niet erosief of scheef. Deze locatie werd dus niet ingesneden door een geul. Tussen +1.75/2.40 m bestaat de afzetting uit brokken sediment waarin de getijdengelaagdheid ofwel scheef ofwel verticaal staat. Het is duidelijk dat de gelamineerde onderliggende afzetting op een andere locatie werd uitgegraven in zorgvuldige blokken om in C een ophoging te maken. Deze situatie is identiek aan een blootgelegde structuur in sleuf 2005/I (zie hoofdstuk 3.4).

In de profielen C, D en E is vanaf ca. 2.60/2.75 m nog een haarfijn gelamineerd zandig pakket aanwezig, afgezet in een kleine geul met rustige sedimentatie. De ouderdom van dit pakket is moeilijk te bepalen. De graduele overgang van het haarfijn gelaagd zandig pakket naar klei met *Scrobicularia* wijst erop dat na de opslibbing van de subtidale geul een slikke tot stand kwam. Dit gebeurde ca. 550-840 AD (1400-1110 cal BP, tabel 1, profiel F nr. 1, fig. 4). Deze slikke evolueerde tot een schorre die de jongste afzetting van het gebied vertegenwoordigt en waarop de middeleeuwse constructies zich bevinden.

Op basis van de sedimentologische analyse kan het verloop van de gebeurtenissen worden geschetst. De gedeeltelijke drainage van het oppervlakteveen door initiële geulinsnijdingen en veenwinning veroorzaakte lokaal nieuwe afzettingsruimte. Deze werd in een korte tijdsspanne opgevuld met crevasse-afzettingen. De opslibbing ervan werd gevolgd door een geleidelijke overgang naar schorre waarop zich een vegetatieniveau ontwikkelde dat tevens een occupatieniveau vertegenwoordigde. Het aanleggen van de dijk moet waarschijnlijk in dezelfde periode gesitueerd worden gezien de vegetatiehorizont zich niet ontwikkeld heeft onder de dijk (*cf.* hoofdstuk 3.4). Deze periode betekende voor de site en de onmiddellijke omgeving een rustige fase met stilstand in sedimentatie die minstens 100 jaar duurde, de tijd nodig voor de vorming van een vegetatiehorizont. Tegelijkertijd echter breidde het netwerk van de geulen zich steeds meer uit en kwam de omgeving opnieuw onder invloed ervan, met de afzetting van doorbraakgeulen en uiteindelijk met een belangrijkere insnijding. Deze bleef lange tijd in subtidale positie tot er opnieuw een evenwicht bereikt werd tussen sedimentaanvoer, komberging en zeeniveau. Pas vanaf de vroege middeleeuwen ontwikkelde zich opnieuw een intertidaal wad waarbij de getijdengeulen en hun zijgeulen zich lateraal verplaatsten en er ondiepe erosie optrad. In deze fase werd ook de top van de Romeinse dijk gedeeltelijk geërodeerd. Uiteindelijk is het gehele gebied opgeslibd tot de schorre die vervolgens in de late middeleeuwen definitief werd ingedijkt.

1292 Baeteman 2005a.

1293 Zie databank http://c14.kikirpa.be/search.php.

1294 Baeteman 1999, 67; 2005b, 2159; 2008, 8.

Uit het fysisch-chemische en micromorfologische onderzoek van profiel A (*cf.* 2.2) blijkt dat de op het terrein macroscopisch vastgestelde bodemvorming in relatie tot de vegetatiehorizont ook fysisch-chemisch en micromorfologisch herkenbaar is.

Van profiel D werden van het oppervlakteveen zowel het pollen als de botanische macroresten bestudeerd (voor de volledige resultaten, zie 2.3).

Op basis van de resultaten van de pollenanalyse kan de vegetatie-evolutie gedurende het grootste gedeelte van het Subboreaal gereconstrueerd worden. De aanvankelijke zoutminnende vegetatie van slikken en schorren werd vervangen door een brakwater en later een zoetwatermoeras. Hierdoor kon er een rietvegetatie ontstaan waarbij, vanaf 4395 ± 30 BP, veenvorming van start ging. Tijdens de daaropvolgende fasen van verzoeting en verlanding ontstond er een moeras met een vegetatie die achtereenvolgens gedomineerd werd door *Sparganium emersum* type, Cyperaceae en *Thelypteris palustris*. Hierna was de verlanding zo ver gevorderd dat het veen boven het grondwaterniveau moet zijn uitgegroeid, gezien het oligotrofe karakter ervan. De lokale vegetatie bestond nu voornamelijk uit Ericaceae, *Myrica* en *Sphagnum*.

Een opmerkelijk element in dit pollendiagram van Raversijde is verder de vroege verschijning van *Fagus*. Nog opvallender is het voorkomen van *Taxus*. De actuele natuurlijke populaties van *Taxus* in ons land komen allemaal voor op steile kalkrijke hellingen ten zuiden van Samber en Maas[1295].

Aanwijzingen van menselijke activiteiten zijn niet aangetroffen. Wel zijn er vrij veel microscopisch kleine verkoolde fragmenten plantaardig materiaal aangetroffen. Deze hoeven echter niet noodzakelijk verband te houden met menselijke activiteiten.

Uit het kleipakket dat het veen bedekt, werden voor palynologisch onderzoek verscheidene stalen uit de stabilisatiehorizonten genomen (*cf.* 2.4). Op twee verschillende plaatsen (o.a. prof B, fig. 5) werd het veronderstelde 'Romeinse oppervlak' bemonsterd (pollenmonsters nrs. 2 en 5 in tabel 4: Rav2seq6). Bovenaan in het kleipakket, juist onder de recente ploeglaag, werd een stabilisatiehorizont bemonsterd die wordt gesitueerd net vóór de 15de-eeuwse bewoning (pollenmonster nr. 10). De belangrijkste resultaten van deze palynologische analyses zijn weergegeven in tabel 4.

In pollenmonster nr. 5 kwam de 'Romeinse bodem of stabilisatiehorizont' goed tot uiting door een veel slechtere bewaring van het stuifmeel. Verder zijn in de pollendiagrammen weinig of geen sporen van menselijke activiteiten waargenomen. Dit staat in contrast met de pollen uit de middeleeuwse stabilisatiefase (nr.10) waarin de antropogene elementen duidelijk toenemen.

Uit de stalen genomen in de bodemprofielen A en B (fig. 5 en hoofdstuk 2.1) werden ook diatomeeën gehaald (*cf.* 2.5). De eerst onderzochte sequentie komt uit profiel B[1296]. Tien stalen werden uitgewerkt, afkomstig uit het stratigrafisch opeenvolgende lagenpakket. De determinaties staan samengevat in tabel 5.

Bij evaluatie van de saliniteitsvoorkeur van het autochtone soortenspectrum blijken er belangrijke verschillen tussen de stalen te zitten (fig. 35). In het onderste, gereduceerde kleipakket overwegen de polyhaliene kiezelwieren (staal 1). In de bovenliggende horizont is de polyhaliene groep echter drastisch gereduceerd, ten voordele van oligohaliene soorten en specimens (staal 2). Wat precies de oorzaak is van deze wijziging is op basis van de diatomeeënspectra niet uit te maken, maar het feit dat de stalen 1 en 2 stratigrafisch dicht bij elkaar liggen en de duidelijk uitgesproken verschillen tussen de twee ensembles suggereren een drastische verandering of ingreep. In de bovenliggende silt- en kleipakketten (stalen 3 - 10) valt er slechts een geleidelijke daling van het oligohaliene deel van het soortenspectrum te noteren.

Op het niveau van staal 2 is er een verandering in het landschap af te leiden, waarbij de impact van het zeewater drastisch verminderde en de bemonsterde locatie ook droog kwam te staan. Daarna won de mariene invloed geleidelijk weer aan belang, evenwel zonder dat de omstandigheden van voor de vorming van de organische aangerijkte horizont (staal 2) opnieuw werden bereikt.

De monstername uit profiel A omvat – net zoals in profiel B – een stratigrafisch lagenpakket (fig. 5, profiel A). De determinaties staan samengevat in tabel 6.

De opeenvolging van stalen toont dezelfde trends als vastgesteld voor profiel B, maar minder uitgesproken. Een verschil met profiel B is wel dat de oligohaliene soorten in de lagen boven de organische horizont compleet verdwijnen en dat over het algemeen de soortenspectra boven en onder de horizont sterk op elkaar gelijken. De locatie van profiel A lijkt dus iets meer onder invloed te staan van mariene omstandigheden dan de locatie van profiel B. Deze vaststelling is van belang bij de interpretatie van de Romeinse dijk (*cf.* hoofdstuk 3.4).
Het onderzoek van de betekenisvolle profielen heeft dus een aantal interessante nieuwe inzichten opgeworpen.

Een markant gegeven is allereerst de aanwezigheid van verkoolde plantaardige resten in het oppervlakteveen grofweg in de eerste helft van het subboreaal. Hierbij aansluitend dient vermeld te worden dat in de jaren 70 van de vorige eeuw op het strand van Raversijde in het oppervlakteveen een houten peddel of ovenpaal is aangetroffen[1297]. Beide vaststellingen tonen aan dat ook het oppervlakteveen wel degelijk archeologisch dient onderzocht te worden.

De verschillende onderzoeken met betrekking tot de op het terrein vastgestelde begraven vegetatiehorizont brengen sterk convergerende resultaten aan. De op basis van het geologische en bodemkundige onderzoek veronderstelde stabilisatiehorizont komt ook goed tot uiting via het onderzoek van het pollen (*cf.* 2.4) en de diatomeeën (*cf.* 2.5). Van belang is ook dat de wijziging in diatomeeënpopulaties tussen de klei onder de stabilisatiehorizont en de stabilisatiehorizont zelf plots is, wat in de richting van de mens wijst.

Het onderzoek van de betekenisvolle profielen heeft ten slotte vooral aangetoond dat de rol van de mens in de periode voorafgaand aan de middeleeuwse landname in dit kustgebied groter is dan tot nog toe verondersteld werd. Deze vaststelling

1295 Galoux 1979; Van Rompaey & Devosalle 1979; Lambinon *et al.* 1998.

1296 De resultaten van de analyse van deze sequentie zijn reeds vroeger eens kort voorgesteld (Pieters *et al.* 1998) en ook reeds in een globale synthese over de ontwikkeling van de Vlaamse kustvlakte gebruikt (Ervynck *et al.* 1999).

1297 Pieters *et al.* 2010, 184-185.

sluit naadloos aan bij de resultaten van het onderzoek van de sporen en vondsten die ouder zijn dan het laatmiddeleeuwse vissersdorp en die in hoofdstuk 3 uitgebreid en in chronologische volgorde zijn behandeld.

Uit de in de zone achter de duinen opgegraven middeleeuwse contexten kwamen in de loop van het onderzoek allereerst enkele vuurstenen artefacten tevoorschijn: een brede eindschrabber (948.6, fig. 41.1), een zware afslag (902.11, fig. 41.2) en een groot brokstuk (2350.4, fig. 41.3). Al deze stukken zijn vervaardigd in een zwartglanzende, fijnkorrelige, halfdoorschijnende vuursteen met een gerolde, dunne kalkschors. De eerste twee stukken zijn uitgesproken prehistorische werktuigen, vermoedelijk uit het neolithicum of later, die op basis van de windglans een tijdlang hebben blootgestaan aan verwering. Het kan gaan om artefacten die in de netten meekwamen uit zee, maar mogelijk ook om lokale strandvondsten. In dat geval vinden ze aansluiting bij de vondsten die op het strand van Raversijde zijn gerapporteerd[1298].

Op de stranden van Raversijde en het aangrenzende Mariakerke verzamelde A. Chocqueel vuurstenen artefacten die hij beschreef in een publicatie in 1950. Deze collectie werd in de loop der jaren samengevoegd met artefacten die duidelijk afkomstig zijn uit de klassieke jongpaleolithische vindplaatsen uit de Franse Dordogne. Op basis van de grondstof, patina en (afwezigheid van) verwering onderscheiden ze zich duidelijk van de artefacten waarvan Chocqueel beweert dat het om lokale strandvondsten gaat. Opmerkelijk is dat op de strandvondsten geen enkel spoor van contact met een ploeg aanwezig is.

De combinatie van de lithische artefacten in de middeleeuwse contexten van Walraversijde en de strandvondsten van A. Chocqueel geven aan dat in deze buurt met prehistorische bewoning rekening moet worden gehouden. De relatief uniforme grondstof, de afwezigheid van beschadiging door ploegen en vooral de systematische windglans die op deze stukken aanwezig is, maken het waarschijnlijk dat ze een gelijkaardige herkomst en een parallel tafonomisch proces hebben doorgemaakt.

De twee (fig. 42) zogenaamde Tjongerspitsen zijn met vrij grote zekerheid toe te schrijven aan de finaalpaleolithische *Federmesser*-groepen. De diagnostische werktuigen laten toe een tweede occupatiefase te situeren in het neolithicum, op basis van de gepolijste stukken en de grote afslagschrabbers vermoedelijk het midden- tot laat-neolithicum.

Tot nog toe gaan de oudste met zekerheid geïdentificeerde archeologische sporen van Raversijde-Polder niet verder terug dan de Romeinse periode. Het betreft in de eerste plaats een aantal veenwinningsputten.

Op twee plaatsen (fig. 43: 5) op het onderzochte terrein, namelijk in de noordoosthoek van sleuf 97/I (spoornr. 1001, fig. 44) en in de zuidhoek van sleuf 2005/I (fig. 45), werden veenwinningsputten aangesneden die men omwille van de stratigrafische positie gekoppeld aan een aantal ^{14}C-dateringen wel in de late ijzertijd zou kunnen dateren. Het onderzoek van de diverse bodemprofielen (hoofdstuk 2.1) alsook de analyse van de Romeinse dijk (hoofdstuk 3.4) geven echter aan dat het bij deze twee kuilen toch gaat om structuren uit de Romeinse tijd. Op verschillende andere plaatsen werden van bij de start van het onderzoek onder het aan de oppervlakte liggende pakket klei sporen van veenwinning[1299] aangesneden. De opvulling van deze putten bestaat onderaan duidelijk uit door mensenhanden ingeworpen brokken klei. De bovenste vullingen van deze putten zijn duidelijk afgezet door water. In de context van deze veenontginningsputten is omzeggens geen archeologisch materiaal aangetroffen.

Verspreid over de opgegraven zones werden in laatmiddeleeuwse contexten een 50-tal Romeinse *archaeologica* ingezameld (*cf.* 3.3). Deze verspreide Romeinse artefacten kunnen in de twee eerste eeuwen van onze tijdrekening worden gedateerd. De aanwezigheid van deze vondsten kan op verschillende manieren worden verklaard. Het betreft wellicht materiaal dat in de middeleeuwen in de onmiddellijke omgeving was opgespit. Een tweede mogelijkheid is echter dat dit materiaal door de inwoners van Walraversijde bij bepaalde activiteiten werd aangetroffen op het toenmalige strand of zelfs in de netten bijvoorbeeld en werd meegebracht naar de site.

Op één plaats[1300] in het opgegraven areaal, namelijk in de oostelijke zone van veenwinningsput spoornr. 606 (fig. 43), werd een concentratie van 143 Romeinse ceramiekfragmenten aangetroffen. Er mag dus worden aangenomen dat in de onmiddellijke omgeving een Romeinse bewoningssite werd verstoord. Het hierbij aangetroffen Romeinse materiaal (fig. 47) bestaat hoofdzakelijk uit fragmenten van lokaal handgevormd of gedraaid aardewerk[1301]. De fragmenten die kunnen gedateerd worden, verwijzen naar de eerste twee eeuwen van de jaartelling. Wat datering betreft sluit deze concentratie vondsten goed aan bij het verspreid aangetroffen Romeins materiaal.

In augustus 2005 werd in de noordelijke hoek van sleuf 2005/I op ongeveer 2,5 m diepte, 1,43 m T.A.W. (rechts op fig. 49) een met organisch materiaal aangerijkte stabilisatiehorizont herkend, identiek aan de vegetatiehorizont beschreven in relatie tot de profielen A en B (2.1.2.1 en 2.1.2.2). De in het kader van het onderzoek van deze begraven bodem waargenomen sporen werden ongewoon toen enkele meters verder westwaarts, drie min of meer parallelle, spits toelopende en schuin geplaatste pakketten veen werden aangesneden (fig. 50). Zorgvuldig onderzoek van deze volledig vrij gelegde profielwand liet toe een duidelijk door mensenhanden opgeworpen kleipakket te onderscheiden van horizontale mariene afzettingen erboven (fig. 52) zowel als eronder (fig. 53). De interpretatie van dit spoor ging onmiddellijk in de richting van diverse mogelijke soorten antropogene ophogingen. Omdat al in 1995 in profiel C (fig. 4-5) gelijkaardige, op dat ogenblik niet begrepen fenomenen (fig. 54) werden waargenomen, ging de voorkeur uit naar een lineaire structuur (fig. 55-57).

De lineaire structuur, voortaan 'dijk' genoemd, is 12,16 m breed en op één plaats (nog) over een hoogte van 1,12 m bewaard. Ongeveer in het midden was een reeks kleikluiten op een rij gelegd (fig. 58). Aan de westelijke zijde waren in het opgeworpen lichaam drie parallelle pakketten van veen aangebracht (fig. 59). Deze pakketten waren opgebouwd uit individuele, voorgevormde veenblokjes. Helemaal onderaan was de opbouw met deze veenblokjes goed zichtbaar (fig. 60). Deze veenpakketten

1298 Chocqueel 1950, Pieters *et al.* 2010, 180-181.

1299 Deze veenwinningsputten werden uitvoerig behandeld in Pieters 1993, 251-253.

1300 Pieters 1995, 230 en 221 fig. 2 nr. 7.

1301 Het onderscheid tussen beide productiewijzen is niet altijd duidelijk te maken.

kunnen dus beter als muurtjes worden bestempeld die onder een hoek van 41,5-46,5° graden schuin werden gezet. Verspoelde restanten van veenblokjes zijn ook te vinden in de sedimenten die de dijk aan de westelijke zijde afdekken (fig. 61). Bij of beter vóór het afzetten van de afdekkende sedimenten is de dijk aan de westkant nog gedeeltelijk aangetast door erosie door water. De weinige *archaeologica* die werden aangetroffen in de context van deze sporen bevonden zich aan de oostelijke voet van de dijk (fig. 62).

Uit dit onderzoek vloeien ook een reeks vaststellingen voort in verband met de zogenaamde stabilisatiehorizont (fig. 62; *cf.* hoofdstuk 2). Deze is niet vastgesteld onder het opgeworpen dijklichaam, maar is duidelijk ontwikkeld aan beide zijden ervan.

De basis van de dijk is gesitueerd op 1,65-1,79 m T.A.W. en helt lichtjes af in westelijke richting. Verder ligt de dijk zeer regelmatig op de onderliggende wadsedimenten. Het is ook duidelijk dat het dijklichaam geen noemenswaardig compacterend effect had op de onderliggende sedimenten.

Op basis van de opgravingsdocumentatie uit de periode 1992-1995 is te besluiten dat het dijklichaam over een totale lengte van 107 m is vastgesteld in de opgegraven zones. De zeer gelijkende kenmerken op de verschillende waarnemingsplaatsen tonen ook aan dat de ophoging zeer zorgvuldig en met een vooraf bepaald plan is aangelegd. Met een lengte van 107 m (fig. 43) is ook duidelijk dat dit een infrastructuuringreep van enige omvang is. De omvang van deze werken wordt nog duidelijker wanneer de foto's genomen door Etienne Cools op het strand van Raversijde (fig. 65) vergeleken worden met fig. 60, zodat er kan verondersteld worden dat deze dijk minstens doorliep tot op het huidige strand. Met deze observatie wordt de waargenomen lengte van de dijk meteen minstens verviervoudigd (fig. 66). In de context van deze informatie verdient het toponiem 'Caesar's Dijk[1302], gelokaliseerd in zee ter hoogte van Raversijde toch wel bijzondere aandacht.

In totaal werden slechts 86 ceramiekfragmenten ingezameld in de context van de dijk. Wat de datering betreft, sluiten deze vondsten aan bij de verspreid over het terrein in middeleeuwse contexten aangetroffen Romeinse mobilia. Enkele scherven waaronder een stukje *terra sigillata* zijn afkomstig uit het dijklichaam zelf. Deze observatie sluit meteen uit dat de aanleg van de dijk van vóór de 2de helft van de 2de eeuw zou dateren. Deze vaststelling houdt ook in dat de stabilisatiehorizont pas ten vroegste in de 2de helft van de 2de eeuw is ontwikkeld. Deze stabilisatiehorizont werd ook paleobotanisch onderzocht, zowel aan de oostkant als aan de westkant van de dijk.

Van de vegetatiehorizont werden 5 stalen onderzocht, 4 stalen aan de oostzijde en 1 aan de westzijde. Twee zaken springen in het oog: 1) de vegetatie is dezelfde langs weerszijden van de dijk en 2) de vegetatie is in grote lijnen te kenmerken als een vegetatie op zoete standplaats met soorten van voedselrijke pioniervegetaties, tredplaatsen, ruigten en mogelijk ook grasland. De aangetroffen soorten sluiten goed bij elkaar aan en weerspiegelen de lokale vegetatie[1303] op en langs de dijk. Invloed van de zee is niet waarneembaar in het soortenspectrum.

Op basis van de beschikbare informatie is het momenteel niet mogelijk om een onderscheid te maken tussen de interpretatie van deze sporen als een werkelijk waterkerende dijk of als een ophoging aangebracht voor de installatie van een weg. In Raversijde werd aan geen van beide zijden van de dijk een drainagegracht waargenomen. Enkel aan de westzijde van de dijk werd de aanwezigheid van rechthoekige kuilen vastgesteld die tot onder het oppervlakteveen reikten en die aanvankelijk in de late ijzertijd werden gesitueerd. Het is zeer aannemelijk om deze kuilen te verbinden met de ontginning van het veen nodig voor de constructie van de veenmuurtjes in het dijklichaam.

Wat bij de interpretatie van dit spoor in elk geval een verklaring nodig heeft, is de asymmetrie in de opbouw, met enkel aan de westzijde van de dijk drie veenmuurtjes en enkel aan de voet van de oostzijde van de dijk de aanwezigheid van *archaeologica*. Vermits veen merkelijk resistenter is dan klei tegen erosie door water kan op basis hiervan worden besloten dat de initiatiefnemers voor deze dijk ervan uitgingen dat de dreiging van inkomend water gesitueerd was aan de westzijde van de dijk. Meer invloed van zeewater situeren aan de westkant van de veronderstelde dijk wordt daarnaast ondersteund door de resultaten van het diatomeeënonderzoek (*cf.* hoofdstuk 2.5). Wat het ook moge zijn, dijk of weg, de aanwezigheid ervan ter hoogte van Raversijde sluit in elk geval aan bij de hypothesen ontwikkeld door wijlen Etienne Cools in verband met de Romeinse kustverdediging van maritiem Vlaanderen. Onder andere op basis van militaire logica veronderstelde laatstgenoemde een reeks militaire vestigingen[1304] op de toenmalige duinengordel, een eind voor de huidige kustlijn. Het is dus goed denkbaar dat deze dijk/weg hiermee of bijvoorbeeld met een overslagplaats of ankerplaats[1305] verband houdt en het leger misschien zelfs verantwoordelijk was voor de aanleg ervan. Een andere mogelijkheid is dat deze dijk effectief een geul omgaf die zich ter hoogte van het huidige Raversijde een eind landinwaarts uitstrekte. Het is zeer verleidelijk om deze hypothese te koppelen aan de ontstaansgeschiedenis van de middeleeuwse nederzetting Raversijde langs een getijdengeul die op basis van de Belgische bodemkaart (fig. 68) en de waarnemingen door A. Chocqueel en E. Cools inderdaad een eind ten westen van de opgegraven dijk kan gesitueerd worden. De dijk heeft in elk geval wel ongeveer dezelfde oriëntatie als de door A. Chocqueel veronderstelde 'baie naturelle' die zorgde voor een 'ancrage' voor de middeleeuwse vissersnederzetting (fig. 69) als de op de bodemkaart aangeduide getijdengeul[1306]. Een kort literatuuroverzicht van de vroegste dijkbouw in Noordwest-Europa is te vinden in hoofdstuk 3.4.5.

In de loop van de opgravingscampagnes 1992-1998 werden regelmatig stukken van opgevulde grachten en greppels

1302 Mortier 2003, 68.

1303 Op de in het kustgebied gelegen Romeinse sites van Stene en Plassendale werden gelijkende vegetaties aangetroffen (Jan Bastiaens, niet-gepubliceerde data).

1304 Cools 1985, 17-18, o.a. fig. 1.

1305 Zoals verondersteld wordt voor de site Meols in NW-Engeland (Griffiths *et al.* 2007, 432).

1306 Ameryckx 1952a en b.

aangesneden (fig. 70). In de periode 2002-2003 werd de niet opgegraven zone aanvullend via geofysische methoden onderzocht[1307]. Hieruit is gebleken dat een aantal van deze grachten en greppels een laatmiddeleeuwse fossiele percelering in de bodem materialiseren. Deze grachten en greppels worden in detail besproken (3.5.2) en vervolgens in samenhang met een fossiele ploeglaag (3.5.1.) geïnterpreteerd (3.5.3.).

Alvorens de bewoningszone van het latere vissersdorp tot stand kwam, was het gebied als akkerareaal in exploitatie. Dit kan worden afgeleid uit de aanwezigheid van een ploeglaag en grachten. Deze bevinden zich stratigrafisch onder de gebouwen, worden gesneden door de oudste sporen en zijn dus ouder dan de 15de-eeuwse bewoning. In de context van deze sporen en de ploeglaag werd een kleine maar representatieve hoeveelheid ceramiekfragmenten aangetroffen. Het is niet zonder betekenis dat bij deze ceramiekfragmenten geen enkel fragment van roodbeschilderde of zogenaamde Pingsdorf-ceramiek uit de volle middeleeuwen is aangetroffen.

Uit de geschreven bronnen is geweten dat in het onderzoeksgebied al van in de 10de eeuw aan schapenteelt werd gedaan en dat dit gebied ten laatste in de 2de helft van de 11de eeuw aan de getijdeninvloed was onttrokken[1308]. Na een periode van schapenteelt met twee subfasen[1309] werd overgeschakeld naar runderteelt. De geleidelijke overgang van schapenteelt naar runderteelt en eventueel zelfs naar akkerbouw vond in het studiegebied plaats tussen 1133 en het midden van de 13de eeuw[1310]. Rond 1200 bestond het 'oudland' van het St.-Pietersdomein (waartoe de zone van het latere vissersdorp behoort) vermoedelijk voornamelijk uit een weidegebied[1311]. Het is echter niet uit te sluiten dat in het St.-Pietersdomein op het einde van de 12de eeuw reeds geploegde gronden aanwezig waren. Uit de beschikbare archeologische informatie valt dit niet op te maken. Dit akkerbouwgebied was door grachten in verschillende percelen opgesplitst.

Op basis van de opgravinggegevens aangevuld met informatie uit het geofysisch onderzoek kunnen minstens 4 percelen gereconstrueerd worden. De op die wijze samengestelde configuratie (fig. 70) is rechthoekig en opgebouwd uit langwerpige percelen die in de lengteas NW/ZO georiënteerd zijn. Bij het aanleggen van de veenwinningsputten spoornrs. 69 en 619 werd duidelijk rekening gehouden met deze percelering (fig. 73). Sporen van bewoning gelinkt aan deze percelen zijn niet vastgesteld.

In de loop van het onderzoek zijn ook een groot aantal veenwinningsputten (fig. 74) onderzocht. Sommige zijn ouder dan de onderzochte bewoning, andere zijn even oud en nog andere zijn jonger dan de bewoning. In de zone langs de Duinenstraat zijn minstens twee laatmiddeleeuwse veenwinningsputten (spoornrs. 797 & 1672) aangesneden die zowel wat de ontginning zelf als wat het dempen van de depressie betreft ouder zijn dan de laatmiddeleeuwse bewoning in deze zone. Een gelijkaardige vaststelling is ook gedaan met betrekking tot de veenwinning op het perceel waarop de kapel van Walraversijde is gebouwd (95/VI, spoornr. 1815), net als onder de dijk (96/III, spoornr. 936) ten noorden van de Duinenstraat. Bij de veenwinningsputten spoornrs. 69 en 606 is enkel duidelijk vastgesteld dat het uitgraven en gedeeltelijk dempen van deze structuren plaatsgrepen voorafgaand aan de bouw van een deel van de 15de-eeuwse gebouwen van het dorp. Dit kan ook verondersteld worden voor de veenwinningsputten spoornrs. 27 en 619.

Uit dit overzicht van de bij de opgravingen geregistreerde veenwinningsputten in de onderzochte zone (fig. 74) wordt meteen duidelijk hoe groot de impact van deze ontginningsactiviteiten op het landschap geweest is[1312]. De te Walraversijde aangesneden middeleeuwse veenwinningen zijn evenwel niet vergelijkbaar met de systematisch uitgelegde, grootschalige veenderijen in Zeeuws-Vlaanderen[1313] of in de Wase polders[1314]. De archeologische waarnemingen met betrekking tot de veenwinningsputten in Raversijde tonen dat deze steeds onregelmatig van vorm zijn. Ook is duidelijk gebleken dat de opvullingsgeschiedenis en de chronologie van de onderzochte veenwinningsputten heel verschillend kunnen zijn.

Een klein muntdepot uit de late 14de eeuw is het laatste spoor dat behandeld wordt vooraleer de bewoning van het middeleeuwse vissersdorp wordt bekeken. In december 1999 werd in Raversijde in sleuf 99/V, stratigrafisch onder een laatmiddeleeuwse woning, een klein muntdepot (spoornr. 2283, fig. 79) aangetroffen. In een ingegraven potje (5550.1, fig. 80) bevonden zich 211 zilveren plakken geslagen onder Lodewijk van Male (fig. 82). Zorgvuldig onderzoek toonde de aanwezigheid van gemineraliseerde textielresten aan, te identificeren als resten van zijdefluweel[1315]. De munten werden dus wellicht eerst in een stuk zijdefluweel gewikkeld en dan in een containertje uit ceramiek gestopt om ze vervolgens aan de grond toe te vertrouwen. Dit gebeurde in elk geval na 18 juni 1373 en op numismatische gronden, wellicht hoogstens een aantal maanden later dan 30 januari 1380[1316]. Het ligt verder voor de hand het niet terug ophalen van dit muntdepot te interpreteren in het kader van de Gentse opstand (1379-1385) tegen Lodewijk van Male. Een andere vraag betreft de toenmalige waarde van het muntdepot. Loongegevens van ambachtslieden uit de bouwsector in het Brugse uit die periode tonen dat dit bedrag ongeveer 2 maanden salaris van een meestermetser of 4 maanden van een gezel vertegenwoordigde.

Uit het voorgaande is gebleken dat de menselijke activiteiten in het onderzoeksgebied in de Romeinse periode veel talrijker, ingrijpender en wellicht meer gestructureerd waren dan tot nog toe algemeen verondersteld. Er werd niet alleen veen ontgonnen (3.2.), het gebied was blijkbaar ook belangrijk genoeg om er

1307 Strutt & Hay 2003.

1308 Tys 1996, 106.

1309 De eerste fase wordt in de geschreven bronnen met '*terram ad oves en pastoralia ad oves*' beschreven, de tweede met de term '*berquaria*' (Tys 1995-1996, 96).

1310 Na de oorkonde van Diederik van den Elzas uit 1133 zijn de geschreven bronnen zwijgzaam tot het midden van de 13de eeuw.

1311 Tys 1996, 119.

1312 Pieters 2000.

1313 Verhulst 1995, 78-83.

1314 Augustyn 1999.

1315 Walton-Rogers 2000.

1316 Op deze datum werd gestart met het aanmunten van de plak E. Het ligt voor de hand dat enige tijd later (enkele maanden, een half jaar?) dit type ook in muntdepots mag verwacht worden, wat hier te Raversijde niet het geval is.

dijken op te werpen (3.4.). Op een bepaald moment – ongeveer een millennium later – kreeg het gebied een duidelijk agrarische bestemming. In de 13de-14de eeuw werd in het gebied ook op enige schaal veen gestoken (3.6.). Het landschap waarin de vissers van Walraversijde zich ten slotte in de late 14de-vroege 15de eeuw vestigden, was een voormalig akkerland uit de 13de-14de eeuw. Dit is het complexe menselijke palimpsest, ingekrast in de mariene afzettingen waarmee de vissers omstreeks 1400 van start moesten gaan. Hierna bekijken we hoe ze dat aanpakten.

6.3 Onderzoek van een 15de-eeuwse sector van het middeleeuwse vissersdorp Walraversijde

6.3.1 Dijk, wegennet en kapel

Alvorens in te gaan op de analyse van de particuliere woningen richten we eerst onze aandacht op de structurerende en beeldbepalende elementen in het dorp: een dijk (4.1), informatie over het wegennet in het dorp en de kapel (4.2).

Met de bedoeling informatie in te winnen omtrent de mogelijke aanwezigheid van een (middeleeuwse) dijk werden binnen het Memoriaal Prins Karel twee in elkaars verlengde gesitueerde proefsleuven opgegraven (fig. 3). In beide sleuven (94/III en 96/III) werd een dik pakket klei aangesneden, dat als een dijklichaam kan worden geïnterpreteerd[1317]. In de stratigrafische opbouw (fig. 85) van deze zone kunnen drie hoofdeenheden worden onderscheiden. Een bovenste, 60 tot 70 cm dik, humushoudend en zandig pakket dekt alles af en stemt overeen met het recentere gebruik van dit terrein (fig. 85 a). Hieronder bevindt zich een 2,9 tot 3,7 m dik kleipakket (fig. 85 c, d en f) dat in twee delen wordt gesplitst door een organisch materiaal bevattend stabilisatieniveau (fig. 85 e). Dit stabilisatieniveau is in sleuf 94/III bijzonder hard en gekenmerkt door een sterk ontwikkelde plaatvormige bodemstructuur. Deze verwijst in elk geval naar intensieve compactie en mogelijkerwijze naar een gebruik van dit niveau als weg. De bovenste laag van het begraven oppervlak is 14 tot 30 cm dik en bevat heel wat sterk gefragmenteerde mobiele archaeologica (context spoornr. 602). Het relatieve aandeel van grijs aardewerk geeft aan dat het ensemble vroeger dient te worden gesitueerd dan de doorsnee afvalcontexten uit Walraversijde waarvoor 1425-1475/1500 als dateringsvork gehanteerd wordt[1318].

Beide sleuven (94/III en 96/III) leverden samen een profiel op van 21 m lengte dat nergens buiten het vastgestelde dijklichaam reikte. De waargenomen afstand van minstens 21 m geeft aan dat deze dijk van een serieus kaliber was. Dit blijkt ook uit de bewaarde dikte van het opgeworpen kleipakket. Een boring in deze sleuf heeft verder aangetoond dat deze dijk werd aangelegd op een terrein dat van het in de ondergrond aanwezige oppervlakteveen ontdaan was (fig. 85 h). Uit deze observaties kunnen een aantal gegevens worden afgeleid. Het kleiige pakket van de dijk reikt nu met zijn hoogste punt nog tot ongeveer 6,4 m T.A.W. Dit is ruim 2,5 m hoger dan het hoogste punt in de polders achter de dijk[1319]. De stratigrafische opbouw van de dijk toont aan dat deze in twee duidelijk gescheiden fasen is opgeworpen. Uit een analyse van de kenmerken van het stabilisatieniveau en van het begraven oppervlak kan worden afgeleid dat het lineaire traject van deze dijk zowel vóór de aanleg van de eigenlijke dijk als na een eerste aanleg een tijd als weg dienst deed. De belangrijke hoeveelheid archeologisch materiaal uit het stabilisatieniveau onder het dijklichaam pleit voor het onderste lineaire traject ten voordele van een (langdurig) gebruik van het traject als een weg. Voor de stabilisatiefase waargenomen in het dijklichaam zelf lijkt een gefaseerde dijkaanleg meer voor de hand te liggen. Het lijkt zeer aannemelijk om de aangesneden dijk te vereenzelvigen met de volgens geschreven bronnen in 1404 aangelegde 'nieuwen dijc'[1320].

In de tijdens de opgravingscampagnes 1992-1998 onderzochte sleuven werden nergens sporen van wegen aangetroffen. Het onderzoek van de geschreven bronnen door Dries Tys[1321] heeft wel een aantal wegen gelokaliseerd. Deze waren bijna allemaal haaks op de dijk georiënteerd en gesitueerd ter hoogte van nu nog bestaande perceelsgrenzen. Het feit dat de opgravingsvlakken allemaal binnen bestaande percelen zijn aangelegd, verklaart waarom deze wegen niet zijn aangesneden tijdens de opgravingen.

In 1995 werd een kleine proefsleuf (95/VI: fig. 3) opgegraven op het terrein van de kapel (fig. 86). In deze sleuf werd een 0,7 m breed en op plaatsen nog 1,2 m diep uitbraakspoor (fig. 87: spoornr. 674) van een muur aangesneden. Dit uitbraakspoor bestond haast uitsluitend uit brokjes kalkmortel wat erop wijst dat de stenen van dit gebouw in tegenstelling tot deze van de woningen in het dorp (*cf. infra*) verbonden waren met kalkmortel. Zowel ten noorden als ten zuiden van dit uitbraakspoor werd een bakstenen bevloering aangesneden (fig. 87: spoornrs. 672 en 683 en fig. 88).

Met bovenvermelde afmetingen maakt de geregistreerde muur wel degelijk kans om tot de kapel te behoren. Het voor de archeologische site Walraversijde uitzonderlijk brede en diepe uitbraakspoor wijst in elk geval op een gebouw van een totaal andere allure dan de woningen in het dorp. In de archeologische lagen boven de bevloeringen werden heel wat stukjes beschilderd vensterglas[1322] en ook een grote hoeveelheid fragmenten van dakpannen aangetroffen. Verder leverde deze sleuf ook enkele bouwelementen in natuursteen op. Al deze elementen samen: het gebruik van kalkmortel, diep gefundeerde muren, beschilderd vensterglas, natuursteen en dakpannen verwijzen naar een context die zich duidelijk onderscheidt van de materiële cultuur van de 33 onderzochte gebouwen in baksteen. Dit onderzoek toonde aan dat het bodemarchief op het perceel van de kapel nog zeer goed bewaard is.

1317 De doorsnede door een deel van deze als dijk geïnterpreteerde ophoging is o.a. beschreven in Pieters 1995, 228-229.

1318 Pieters *et al.* 1995b, 272.

1319 Voor de afzetting van het duinzand wel te verstaan.

1320 Augustijn 1992, 351.

1321 Tys 1996, catalogus kaart 8.

1322 Zie onder meer Caluwé *et al.* 2003, 64-65.

6.3.2 33 woningen

33 woningen van de vissersnederzetting zijn één voor één in detail besproken in hoofdstuk 4.3.2.[1323]. De analyse, plattegrond per plattegrond, wordt gevolgd door een synthetisch luik (4.3.3). Hierin worden de volgende aspecten behandeld: de aangewende materialen (4.3.3.1.), de resultaten van fysico-chemisch en micromorfologisch onderzoek op gebouwgerelateerde fenomenen (4.3.3.2.), osendropgreppels, funderingen, bevloeringen en muurkasten (4.3.3.3.), de oriëntatie en het aantal fasen van de woningen (4.3.3.4.), het grondplan (4.3.3.5.), de oppervlakte en de afmetingen van de bakstenen gebouwen (4.3.3.6.), gebouwen in hout: voorlopers en/of blijvers (4.3.3.7.), comfortverruimende aspecten (4.3.3.8.), de onderlinge samenhang en inplanting (4.3.3.9.), chronologie van de bewoning (4.3.3.10). Hoofdstuk 4.3.3. wordt ten slotte afgesloten met een synthese (4.3.3.11.) van het voorgaande en een conclusie over wonen in een laatmiddeleeuws en/of vroegmodern vissersdorp in het zuidelijk Noordzeegebied (4.3.3.12).

Bewerkte stukken natuursteen[1324] werden in Walraversijde behalve voor de kapel niet aangewend. De natuurstenen die in Walraversijde zijn aangetroffen, bestaan bijna uitsluitend uit rolkeien. Voor de bij de gebouwen aangelegde plaveisels werd regelmatig gebruikgemaakt van deze rolkeien.

Bakstenen werden niet alleen aangewend voor de constructie van de muren van de gebouwen, maar ook voor het leggen van bevloeringen en haardplaten en voor de constructie van diverse comfortverruimende structuren als waterputten, beerputten, koelruimtes en rioleringen.

De Raversijdse bakstenen vormen een zeer heterogeen ensemble. Ze zijn overwegend geel en lichtrood en de meeste stenen hebben een lengte van 25 tot 26 cm. De bakstenen zijn daarnaast gekenmerkt door een belangrijke graad van slijtage. Een aantal stenen vertonen een specifieke vormgeving[1325]. De variatie in de vorm is haast oneindig (*cf.* 4.3.3.1.2). Deze bakstenen met een specifieke vormgeving zijn echter nog nooit aangetroffen in de situatie waarvoor ze bedoeld waren. Al deze kenmerken geven aan dat het gaat om hergebruikt materiaal.

Het in Walraversijde gehanteerde metselverband is als onregelmatig te omschrijven. Er werd wel voor gezorgd dat in de opeenvolgende bouwlagen de stootvoegen zich nooit in elkaars verlengde bevonden. Op zijn best kunnen in het metselwerk twee systemen worden herkend. Bij het ene systeem wordt een laag in de muur samengesteld uit een rij strekken en een rij koppen. Samen met de metselspecie is een dergelijke muur ongeveer 40 cm dik. De rij koppen en de rij strekken, staand verband genoemd[1326], wisselen in de opeenvolgende lagen telkens van plaats. Indien men met dit systeem een bredere muur wenste, werd tussen de twee rijen een kleine tussenruimte gelaten die werd opgevuld met kleinere brokken baksteen. Een muur van ongeveer 50 cm dikte werd echter ook opgetrokken met twee rijen koppen. Staand verband is in Brugge het meest gebruikte verband in de periode 14de eeuw tot circa 1600[1327]. Ook in de regio Veurne overheerst in de late middeleeuwen het gebruik van staand verband[1328].

Het tweede systeem is een soort 'paramentsysteem' of kistwerk. Dit bestaat uit twee rijen strekken met ertussen een zone die werd opgevuld met allerlei brokstukken. Met dit systeem werden vooral muren van 1,5 steen dikte verkregen maar ook muren van twee stenen dik. De combinatie van beide systemen is de meest voorkomende situatie.

Over de hoogte van de muren is weinig directe informatie voorhanden gezien de grondige baksteenroof na de opgave van de bewoning. Het best bewaarde muurfragment telt 9 steenlagen. Bij gebouw 21 is de dwarsmuur nog 3 steenlagen hoger bewaard dan de zijmuur van 9 steenlagen, waaruit blijkt dat deze minstens 12 steenlagen telde. Met 12 steenlagen aan 6 tot 7 cm per steenlaag realiseer je een muur van 70 tot 80 cm hoogte, wat al redelijk hoog is voor een voetmuur. Gebouw 28 leverde via de in het gebouw in horizontale positie aangetroffen pleisterwand waarop duidelijk de indrukken van 24 baksteenlagen van een muur te zien zijn, een argument waaruit blijkt dat de muren in grote mate, zoniet volledig, in baksteen waren opgetrokken. Met 24 steenlagen realiseer je een muur van 144 tot 168 hoogte, die bezwaarlijk nog kan geïnterpreteerd worden als een sokkel of voetmuur.

Het gebruik van kalkmortel werd in Walraversijde buiten de kapel slechts sporadisch vastgesteld. Het is opvallend dat het gebruik van kalkmortel driemaal in associatie met een haardplaat is vastgesteld. Er werd dus om te metselen uitsluitend gebruikgemaakt van een zeer karakteristiek belge sediment (zie 4.3.3.2.2.). Dat het wel degelijk een preparaat is, bewijst het feit dat in Walraversijde bij al de gebouwen steeds dezelfde mengeling werd aangewend[1329]. Het betreft vermoedelijk een mengeling van oppervlaktehorizonten afkomstig uit de plaatselijke bodem vermengd met meer zandig materiaal uit diepere lagen of afkomstig van elders.

Het consequente gebruik van een metselspecie te omschrijven als aardmortel, ekstermortel of zwaluwmortel[1330] is voor woningen op het platteland van West-Europa in de late middeleeuwen de regel. Wat in relatie tot het gebruik van aardmortels van belang is voor de interpretatie van de visserswoningen van Walraversijde is het feit dat duurzaam bouwen met een dergelijke aardmortel het gebruik veronderstelt van een bepleistering van de muren, ook aan de buitenkant.

Te oordelen naar de pleisterfragmenten die in Walraversijde over de ganse site verspreid zijn aangetroffen, waren van een groot aantal gebouwen de muren geheel of gedeeltelijk met kalk bepleisterd. Bij enkele van de nog in opstand bewaard gebleven muurfragmenten waren aan de binnenkant nog restanten van een bepleistering *in situ* aanwezig. Bij gebouw 28 was dit

1323 Hierdoor blijven de reeds verschenen interimverslagen wat de nummering van de gebouwen betreft volledig coherent met dit eindverslag van de opgravingen.

1324 Met bewerkte natuursteen wordt het tot regelmatige blokken omgevormde natuursteen bedoeld zoals Lediaankalkzandsteen en Doornikse kalksteen om er slechts twee te noemen.

1325 Hier worden enkel die stenen behandeld die ondanks hun specifieke vormgeving toch als bouwmateriaal zijn bestemd of door hun specifiek slijtagepatroon naar een functie in het bouwwerk kunnen verwijzen.

1326 Hoogendijk 1994, 77; Wets 2008, 151.

1327 Wets 2008, 150.

1328 Lehouck 2008, 219.

1329 Ondertussen is ook gebleken dat dit karakteristiek sediment ook aanwezig is bij de laatmiddeleeuwse of vroegmoderne gebouwen op de site van het Groot Tempelhof te Slijpe, *cf.* Zeebroek *et al.* 2006.

1330 Letterlijke vertaling van '*mortier d'hirondelle*', een in Frankrijk gebruikelijke term voor dit soort mengsels.

pleisterwerk nog bijzonder goed bewaard zowel *in situ* als in de in het gebouw aanwezige stratigrafie.

De op de site aangetroffen fragmenten pleisterwerk vertonen op de achterkant haast altijd sporen van de voegen van een muur in baksteen (fig. 406b), wat ook aantoont dat de meeste gebouwen met pleisterwerk in baksteen waren opgetrokken. Bij een handvol gebouwen was het pleisterwerk rood geschilderd. De rode kleur op het pleisterwerk werd gerealiseerd met een ijzerverbinding, ofwel rode oker, ofwel haematiet[1331].

In de uitbraaksporen (spoornr. 500) van gebouw 5 zijn pleisterfragmenten aangetroffen waarin in het nog vochtige pleisterwerk met een puntig voorwerp lijnen zijn getrokken (fig. 406e). Deze bevinden zich systematisch boven de onderliggende opgevulde voegen.

In de context van gebouw 28 werd een groot fragment aangetroffen van een ijzeren muuranker met een eenvoudige aan twee uiteinden aangepunte stang als schieter (3243.1: fig. 339). Muurankers sluiten perfect aan bij gebouwen in baksteen.

In de onderzochte zones werden verder 21 fragmenten van loodstrips voor glas-in-loodramen aangetroffen. De verspreiding van het niet-beschilderd vensterglas over de onderzochte zone lijkt gekoppeld aan bepaalde gebouwen. In de zone Raversijde 1992-1995 komen vooral glasfragmenten voor in de omgeving van de gebouwen 1, 2 en 13. In de zone Raversijde 1996-1998 zijn de vensterglasvondsten vooral te verbinden met de gebouwen 20, 23, 28 en 29. Deze stukken vensterglas samen met de fragmenten van loodstrips geven dus aan dat bepaalde gebouwen wellicht op zijn minst gedeeltelijk voorzien waren van ramen met glazen ruiten, meer bepaald glas-in-loodramen. De vraag die hierbij rijst is de datering ervan. Op basis van de algemene stratigrafie en de specifieke dendrochronologische informatie van de tonwaterputten kan worden gesteld dat vensterglas in het laatmiddeleeuwse Walraversijde pas tot de materiële cultuur gaat behoren in de 2de helft van de 15de eeuw of eventueel zelfs naar het einde van deze eeuw toe. De uitzondering hierop is de kapel, vermoedelijk gebouwd tussen 1421 en 1438[1332].

In een aantal gebouwen (23, 24, 26, 28, 29) is de aanwezigheid van dunne bruine loopniveautjes met een platige structuur vastgesteld. Uit de analyse van deze laagjes (*cf.* 4.3.3.2.3) is gebleken dat deze zijn ontstaan door een discontinu aanbrengen van zand als vloerbedekking. Ze zijn arm aan mobiele vondsten. Enkele vondsten zoals een amberen kraal en enkele munten zijn ongetwijfeld het gevolg van zogenaamde verlies-depositie.

Een andere bron van informatie over de gebouwen van Walraversijde vormen de aangetroffen stukken constructiehout[1333]. Het grootste aantal dergelijke stukken constructiehout werd aangetroffen in een archeologische laag bij het onderzoek van gebouw 30 (4.3.2.31. Gebouw 30).

De geringe hoeveelheid van dakpan- en leisteenfragmenten onder het vondstenmateriaal sluit uit dat de daken in Walraversijde integraal met pannen of leien waren gedekt. De bedaking bestond dus vermoedelijk uit organisch materiaal. Het feit dat haast in elke, op de aanwezigheid van planten onderzochte, archeologische context resten van galigaan (*Cladium mariscus*) zijn aangetroffen, kan in elk geval op een ruim verspreid gebruik van galigaan in het vissersdorp wijzen. Het is aannemelijk dat galigaan dus gebruikt werd om de daken van de gebouwen te dichten. Maar daken in stro of riet zijn niet uit te sluiten.

De meeste gebouwen van Walraversijde zijn gebouwd in baksteen verbonden met aardmortel, voorzien van plaveisels in baksteen aan de buitenkant en op de binnenmuren en wellicht ook op de buitenmuren voorzien van een witte kalkpleister en van een dakbedekking in organisch materiaal. Enkele gebouwen hebben ook vensterglas in de raamopeningen en een bevloering uit ofwel baksteen ofwel met zand bestrooide klei.
Over de bedaking staat onrechtstreekse informatie ter beschikking o.a. in de vorm van osendropgreppels. Deze bevinden zich in Walraversijde doorgaans zeer dicht bij de muren: meestal op een afstand van 0,4 tot 0,7 m, wat meteen de beperkte omvang van de overhang toont.

De gebouwen werden gewoon op – en dus niet in – de grond gezet. Hooguit lijkt de graszode of de teelaarde verwijderd te zijn alvorens met de bouw te starten. De onderste steenlaag is bij de meeste muren wel wat breder. De afwezigheid van funderingen is een wijd verspreid kenmerk van de gebouwen op het laatmiddeleeuwse platteland.

Ongeveer 2/3 van de gebouwen heeft met hun lengteas een noordoostelijke oriëntatie. Negen van deze gebouwen (nrs. 1-3, 7-9, 12, 13 fase 3 en 25) zijn met de lengteas 40°-48° NO georiënteerd en 12 gebouwen (nrs. 13 fases 1 en 2, 16, 21-24, 26-31) zijn met de lengteas 50°-61° NO georiënteerd (fig. 408-409). Gebouw nr. 17 springt met een oriëntatie van 69° NO boven de twee groepen uit (fig. 410). Deze afwijking is volledig te verklaren door het feit dat gebouw 17 ingeplant is op een lineaire, niet-uitgeveende zone gelegen tussen twee grote uitgeveende zones.

Het is opvallend dat de twee zones, Raversijde 92-95 en Raversijde 96-98, tot uiting komen met twee licht verschillende oriëntaties. Van de zone Raversijde 92-95 sluiten de fases 1 en 2 van gebouw 13 en gebouw 16 aan bij de groep van de zone Raversijde 96-98. Gebouw 13 is in die zin interessant dat het met zijn 3de fase beter aansluit bij de dominante oriëntatie van de gebouwen in de zone waarin het gesitueerd is.
Acht gebouwen (nrs. 4, 5, 11, 14, 15, 18-20) zijn met hun lengteas in noordwestelijke richting georiënteerd (fig. 408-409). Behalve voor gebouw 18 liggen de oriëntaties allemaal tussen 39° en 50 ° NW. De afwijking van gebouw 18 heeft te maken met de geringe beschikbaarheid van droge en stevige bebouwbare ondergrond. De twee dominerende oriëntaties: NO of NW maken onderling ongeveer een hoek van 90°.

Bij het merendeel van de gebouwen uit Walraversijde is slechts één bouwfase archeologisch herkenbaar. Gebouwen 20 en 21 (fig. 411), 24-26-25 en 29, 30 en 31 (fig. 412) zijn te interpreteren als verschillende gebouwen die elkaar in eenzelfde zone hebben opgevolgd. Enkel tussen gebouw 20 en 21 bestaat een oriëntatieverschil van om en bij de 70°. De gebouwen 29-31 volgen elkaar op op een gedeeltelijk andere locatie maar met een gelijkaardige oriëntatie. Drie elkaar op eenzelfde locatie opvolgende gebouwen is het maximum, in de zone Raversijde

1331 Clogg 2002.
1332 Tys 1995-1996, 187.
1333 De terminologie gebruikt in deze paragraaf is ontleend aan Berends 1999.

1996-1998 werd dit driemaal vastgesteld, nl. gebouwen 19-20-21, gebouwen 24-26-25 en gebouwen 29-30-31.

Van de 33 in Raversijde opgegraven gebouwen blijven er 19 over die relevante uitspraken toelaten over het grondplan en meer specifiek ook over de indeling van de ruimte binnen dit grondplan. Het betreft de gebouwen 1-5, 11-13, 15-16, 18-21, 23, 28-31.

Gebouw 2 bezit een zeer eenvoudig rechthoekig grondplan (fig. 104) met een grote en een kleine ruimte. De grote ruimte is ongeveer tweemaal zo groot als de kleine ruimte. Dit lijkt voor een aantal gebouwen de basismodule te zijn. Een identieke configuratie is immers ook aanwezig bij het grondplan van de gebouwen 3, 5 en 28. Een dergelijke basismodule kan vervolgens ook herkend worden binnen de meer complexe plattegrond van gebouw 1 (fig. 92). Gebouwen 11 (fig. 133), 21 (fig. 286) en 23 (fig. 309) vertegenwoordigen varianten op dit thema.

Een aantal gebouwen heeft drie vertrekken. Het betreft ofwel gebouwen met één groot en twee kleine vertrekken (gebouw 13 fase 1 (fig. 190), gebouw 16 (fig. 254)), ofwel gebouwen met twee grote vertrekken en één klein vertrek (gebouwen 18 (fig. 271), 30 (fig. 387) en 31 (fig. 398)).

Er zijn echter ook enkele gebouwen die bestaan uit naast elkaar geplaatste vertrekken zoals de gebouwen 1 (fig. 92), 9 (fig. 172), 15 (fig. 234), 20 (fig. 279), 21 (fig. 286), 26 fase 2 (fig. 335) en 29 (fig. 356). Bij gebouw 1 bestaat de samengestelde plattegrond uit een samenvoeging van twee basismodules. Dit lijkt ook een mogelijkheid voor gebouwen 15 en 26 fase 2. Bij de gebouwen 9, 21 en 29 betreft het één grote ruimte die werd toegevoegd aan het voor het overige rechthoekige gebouw. In deze toegevoegde ruimtes bevinden zich bij gebouw 9 vijf tonwaterputten, bij gebouw 15 drie tonputten, bij gebouw 21 één tonwaterput en bij gebouw 29 een rookoven.

Gebouwplattegrond 4 (fig. 123) wijkt grondig af van het eenvoudige rechthoekige stramien. Bovendien is aan een van de korte zijden aan de buitenkant een oventje toegevoegd (fig. 125). Gebouw 12 (fig. 188) is eventueel ook van hetzelfde type. Het is verleidelijk om deze gebouwtjes en dan vooral gebouw 4 als een bakkerij te identificeren.

Bij gebouw 23 (fig. 314) kan de ingang ondubbelzinnig in de zuidelijke hoek gesitueerd worden. Ook bij gebouw 22 (fig. 307) is het aannemelijk dat de toegang zich bevond in de zuidelijke hoek van het gebouw. Bij gebouw 9 (fig. 172) kan de ingang in de oosthoek worden gesitueerd. Een aantal bakstenen geven vermoedelijk ook voor gebouw 29 (fig. 356) de positie weer van een deuropening. De weinig harde informatie omtrent de positie van de deuropening wijst naar de lange gevel die op het zuiden of het zuidoosten uitgeeft.

Een aantal muren vertonen bakstenen uitsprongen. Deze bevinden zich zowel aan de binnen- als aan de buitenkant van de gebouwen. Deze aan de buitenkant kunnen worden geïnterpreteerd als steunberen. Dergelijke structuren werden enkel vastgesteld bij de gebouwen 3, 4 en 5.

De bakstenen uitsprongen aan de binnenkant van de muren kunnen op basis van hun lokalisatie en aantal in twee groepen worden verdeeld: haardwangen en ondersteuningen voor de ankerbalken. De eerste groep is het makkelijkst te herkennen en bestaat meestal uit twee naast elkaar in de dwarsmuren gesitueerde uitsprongen. De tweede groep bestaat uit structuurtjes die in verband kunnen worden gebracht met een gelijkaardige structuur bij de muur aan de overzijde.

De meeste gebouwen beschikken aan de buitenkant over plaveisels gerealiseerd met plat gelegde bakstenen. Aangezien plaveisels ook zijn vastgesteld in de context van de eerste fase van gebouw 23 en van de eerste fase van gebouw 28 kan verondersteld worden dat deze van bij de aanvang van de bewoning in de zone achter de dijk aangebracht werden. De plaveisels zijn meestal min of meer evenwijdig aan de muren. Plaveisel spoornr. 1060 van gebouw 18 (fig. 275) en plaveisel spoornr. 897 (fig. 338b) van gebouw 28 vormen de twee belangrijkste uitzonderingen op deze regel.

Van 14 gebouwen kunnen uitspraken gedaan worden over de bebouwde oppervlakte. De gemiddelde bebouwde oppervlakte van deze gebouwen bedraagt 109 m². De oppervlakte gaat van 37 m² voor het kleinste gebouw tot 218 m² voor het grootste. Bij het elimineren van de extremen varieert de oppervlakte van 65,5 m² tot 147 m². Vervolgens kan men de resterende 11 gebouwen op basis van de oppervlakte in vier categorieën opsplitsen: van 66 tot 78 m², van 84 tot 96,5 m², van 109,5 tot 114 m² en van 135 tot 146 m². De twee groepen met de kleinste oppervlakte vertegenwoordigen ongeveer 2/3 van de woningen. De modale woning van Walraversijde besloeg gemiddeld ongeveer 84 m² oppervlakte. Vereenvoudigend kan men twee hoofdgroepen onderscheiden: gebouwen met een oppervlakte kleiner of groter dan 100 m². De gebouwen met oppervlaktes groter dan 100 m² vertonen ook een aantal andere in het oog springende kenmerken. Bekeken vanuit het standpunt van de oppervlakte van de gebouwen is de sociale differentiatie van dit vissersmilieu niet zo erg groot: de best bedeelde op het vlak van bewoonbare oppervlakte beschikt immers slechts over iets meer dan tweemaal zoveel ruimte als de slechtst bedeelde. Verder is er doorheen de 15de eeuw een trend van uitbreiding merkbaar. Wat de oppervlakte betreft doen de woningen vermoeden dat de basiscel van dit milieu werd gevormd door de kernfamilie: d.w.z. vader, moeder, enkele kinderen en eventueel nog een of andere verwant.

De breedte van de gebouwen varieert van 3,75 tot 8,8 m. De meeste gebouwen zijn echter gekenmerkt door een breedte tussen 5,2 en 6,5 m. Gebouw 1 en fase 2 van gebouw 13 zijn met 7,1 en 8,2-8,8 m duidelijk breder. De lengte gaat van 8 m voor het kortste gebouw (gebouw 4) tot 25 m voor het langste gebouw (gebouw 18). De meeste gebouwen vertonen een lengte tussen 12,4 m en 17,5 m. De variatie in de gebouwen spruit dus vooral voort uit het spelen met de lengte. Deze gebouwen uit Walraversijde met een aantal op één lijn geplaatste vertrekken kunnen als 'long-houses'[1334] omschreven worden.

Het onderzochte terrein is in bepaalde zones bezaaid met paalsporen. Slechts in een beperkt aantal gevallen kunnen in deze paalsporen iets duidelijkere structuren worden herkend. Deze omvatten wellicht minstens twee gebouwen (a en b, fig. 409).

De bewoners van Walraversijde hadden in belangrijke mate oog voor de uitbreiding van hun comfort. Er wordt ingegaan op de volgende aspecten: de verwarming, de voorziening van water, de mogelijkheid om bepaalde voedingsmiddelen koel te bewaren en de afvoer van vast en vloeibaar afval.

Haardplaten zijn vastgesteld bij de gebouwen 1 (fig. 92-96), 6 (fig. 153), 13 fasen 1 en 2 (fig. 190-191), 16 (fig. 254-255), 17 (fig. 264,

1334 Milne 1979, 68.

267), 18 (fig. 271-272), 23 fasen 1 en 2 (fig. 309, 315), 26 fase 1 (fig. 334), 29 (fig. 358) en 30 (fig. 387-388). Van de onderzochte haardplaten bevinden er zich slechts drie echt centraal in een kamer, namelijk deze van de gebouwen 6, 18 en 30. In al de andere gevallen ligt de haardplaat ofwel echt tegen een muur aan (gebouw 1, gebouw 23 en gebouw 29) ofwel er zeer dicht bij (gebouwen 13, 16, 17, 26 fase 1).

Als haardwangen te interpreteren bakstenen uitsprongen zijn slechts bij vijf gebouwen vastgesteld: nl. 1, 15, 20, 23 en 29.

Uit de analyse van de elementen die naar vuur verwijzen, kan worden afgeleid dat het vuur reeds van bij de aanvang van de bewoning in sommige gebouwen van Walraversijde werd aangemaakt tegen een zijmuur. De positie van sommige haarden tegen de zijmuren heeft zijn consequentie voor de constructie van deze gebouwen. De zijmuren moeten minstens een zekere hoogte gehad hebben opdat het tegen de muur aangelegd vuur geen al te grote bedreiging voor het dak zou vormen[1335]. Dit gegeven sluit perfect aan bij de andere informatie rond de muren van de gebouwen. De meeste woningen beschikken slechts over één verwarmingselement. Het aantal vuurplaatsen in de context van een gebouw kan gebruikt worden als een sociale indicator[1336]. Dit zou voor Walraversijde een hogere sociale status impliceren voor de gebouwen 1 en 29.

In de in Walraversijde onderzochte gebouwen zijn ook zes ingegraven potten aangetroffen. Het betreft een kruik in grijs aardewerk binnen gebouw 3 (952.1, fig. 116-117), vier kookpotten in rood aardewerk (1323.1, fig. 150-151, 1694.1, fig. 236-237 en 1856.1, fig. 197-198, 3363.1, fig. 358-359), respectievelijk binnen de gebouwen 11, 15, 13 en 29 en een ingegraven potje in rood aardewerk (3213.1, fig. 331) aangetroffen tussen de gebouwen 24 en 26. Het zijn allemaal recipiënten die slechts in tweede of derde instantie in de grond werden geplaatst. Dat de interpretatie van dergelijke ingegraven potten als aspotten niet zonder discussie is, tonen de verschillende andere hypothesen die hieromtrent nog bestaan.

De watervoorziening was vooral gebaseerd op het winnen van grondwater. Dit werd mogelijk gemaakt door de aanleg van waterputten in baksteen en waterputten gemaakt met gerecycleerde eiken haringtonnen.

Waterputten gemaakt in baksteen komen slechts 5 maal voor in Walraversijde (fig. 416). Enkel de gebouwen 1 (spoornr. 74, fig. 98-99), eventueel 7 (spoornr. 317, fig. 166), 13 en/of 16 (spoornr. 715, fig. 206), 20 (spoornr. 732, fig. 281) en 28 en/of 29 (spoornr. 1468, fig. 342) beschikten over een bakstenen waterput. De bodems van deze waterputten bevinden zich tussen 1,55 en 2,05 m T.A.W. De bakstenen waterputten hebben een binnendiameter die gaat van 0,72 m voor de kleinste tot 1,2-1,4 m voor de grootste waterput. Waar de relatie tussen een bakstenen waterput en een tonwaterput kan worden vastgesteld, is de bakstenen waterput steeds de jongste van beide. De aanleg van twee bakstenen waterputten kan worden geplaatst na 1424 en na 1442. Deze informatie zou er kunnen op wijzen dat bakstenen waterputten te Walraversijde pas in gebruik kwamen rond het midden of zelfs in de 2de helft van de 15de eeuw.

Om tonnen als waterputbekisting te kunnen hergebruiken, werden de bodemplaten verwijderd[1337]. Bij de meeste tonwaterputten werd de onderste ton rechtstreeks op het sediment geplaatst. De onderste vulling van de meeste tonwaterputten bestaat uit een homogene, beige zandlaag, duinzand? Een pakket zand op de bodem van een tonwaterput heeft als gevolg dat bij het putten het water niet troebel gemaakt wordt omdat zand bijna niet in suspensie kan gaan. Water werd bovengehaald met kruiken of kannen die met behulp van een aan het oor aangeknoopt touw (fig. 326: 4) in de put werden neergelaten.

De vraag naar de levensduur van een dergelijke waterput dringt zich op. 6 tonwaterputten zijn te isoleren uit het ensemble en leveren via relatieve chronologie informatie op over het antwoord op deze vraag, nl. de tonwaterputten spoornrs. 234-232 (gebouw 9), 259-258 (gebouw 9) en 1775-1776 (gebouw 29). Het verschil in datering bedraagt bij alle drie duo's telkens 14 of 15 jaar. Afgaande op deze informatie kan men dus een levensduur van ongeveer 15 jaar vooropstellen voor een tonwaterput vervaardigd met eiken haringtonnen en aangelegd in kalkrijke polderklei van Raversijde in de 15de eeuw.

De vellingsdata en de *termini post quem* situeren zich tussen 1313 en 1484. De overgrote meerderheid van de dateringen is echter te plaatsen in de twee laatste decennia van de 14de eeuw en de eerste drie decennia van de 15de eeuw (fig. 413-414). Deze chronologische informatie kan op verschillende manieren worden geïnterpreteerd. Enerzijds suggereert ze dat tonnen in de 2de helft van de 15de eeuw in Walraversijde niet meer zo vaak werden aangewend voor de realisatie van waterputten. Anderzijds is het wel opvallend dat de dateringen van de tonnen uit Walraversijde ophouden omstreeks de tijd dat de lokale productie van kaakharing de import van kaakharing uit Scania van de markt verdrong[1338]. Het is verleidelijk om beide fenomenen met elkaar te verbinden.

De diepte van de tonputten is erg wisselend, van meer dan 3 m (tonwaterput spoornr. 226) tot amper 0,75 m (tonput spoornr. 502). De overgrote meerderheid (60 %) is ongeveer 2 m diep. Op deze diepte bevindt zich in Raversijde een watervoerende, meer zandige laag. Voor tonputten die slechts ongeveer 1 m diep zijn moet aan een andere functie worden gedacht.

Het overzichtsplan met de lokalisatie van de ton- en andere waterputten (fig. 416) leidt tot enkele vaststellingen. De putten komen in groepjes voor. Vier van deze groepjes hebben ook een bakstenen waterput in hun midden. Deze is in twee van de groepjes duidelijk de meest recente waterput en sluit blijkbaar een periode af waarin vooral tonwaterputten werden gebruikt. Als de spreiding van de dateringen wordt bekeken, valt op dat er nergens concentraties van putten uit een bepaalde periode worden vastgesteld. Dit houdt in dat deze waterputten bedoeld waren voor de individuele drinkwatervoorziening[1339].

In Walraversijde zijn zowel beerputten in hout als in baksteen aanwezig.

Tegen de noordmuur van gebouw 28 is een bijna vierkante (1 m bij 0,9 m) latrine aangetroffen. Deze bestaat volledig uit hout (spoornr. 1554, fig. 345). De latrine bevond zich op dezelfde

1335 Pesez 1998b, 464.

1336 Pesez 1998b, 475.

1337 Eenzelfde systeem werd ook vastgesteld bij een Romeinse tonwaterput uit de 1ste eeuw te Xanten (Leih 1995, 24).

1338 Unger 1978, 348.

1339 Epko Bult schat het consumptief gebruik per dag per hoofd van de bevolking voor Delft in de 15de-16de eeuw op 4 tot 5 liter (Bult 1992c, 52). Dit is echter gebaseerd op de idee dat persoonlijke hygiëne in deze periode vrij beperkt was.

plaats ten opzichte van gebouw 28 als een bakstenen latrine ten opzichte van gebouw 16. Bij vier andere tonputten (spoornrs. 418, 655 (een dubbele tonput) en 799) werd de aanwezigheid van een latrinaire vulling vastgesteld, zonder dat kon worden aangetoond dat deze tonputten van bij de aanvang bedoeld waren als ondergrondse containers voor een latrine.

De oorspronkelijke opvullingslagen van deze beerputten in hout zijn onderzocht op de aanwezigheid van dierlijke en plantaardige resten (o.a. pollen). In de vulling van de als beerput gerecycleerde tonwaterput spoornr. 418 werden naast de gebruikelijke resten van *Ascaris* en *Trichuris* ook eitjes van de ingewandsparasiet *Trichostrongylus* aangetroffen, die op de aanwezigheid van schapen in de onmiddellijke omgeving wijst[1340]. Uit het onderzoek van de pollen uit drie houten beerputten (spoornrs. 418, 655 en 1554, 4.3.2.29.4) blijkt dat deze vooral pollen van granen bevatten. Daarnaast komen ook pollen van keukenkruiden als kervel, koriander en kruidnagel voor. Merkwaardig is verder de aanwezigheid van pollentypes uit het Middellandse zeegebied, wellicht te koppelen aan de consumptie van honing. Wat dierlijke resten betreft, valt op dat deze hoofdzakelijk uit visresten bestaan[1341] (*cf.* bijdragen 4.3.2.4.4, 4.3.2.17.4 en 4.3.2.29.3 door Van Neer *et al.*). Groot bot werd in geen enkele context aangetroffen, evenmin als noemenswaardige hoeveelheden *archaeologica*.

In de opgegraven zone werden slechts twee beerputten in baksteen aangetroffen (spoornr. 546 (fig. 201)[1342] en spoornr. 702 (fig. 256)). Het zijn twee nagenoeg vierkante structuren met een bodem in baksteen. Deze van beerput spoornr. 546 bevindt zich merkelijk dieper (met bodem op 1,4 m T.A.W) dan deze van beerput spoornr. 702 (met bodem op 2,65 m T.A.W.). Behalve de culturele archaeologica, zijn vooral de dierlijke resten (parasieten, kevers, vissen en de overige dieren) uit de primaire vulling van beide beerputten onderzocht. Plantaardige macroresten werden enkel bestudeerd uit beerput spoornr. 546[1343].

De zeer geringe hoeveelheden scherven- en grover botmateriaal[1344] uit de vulling van beide structuren sluiten formeel uit dat dergelijke resten systematisch in de beerputten werden gedeponeerd.

Het dierlijke consumptieafval bestaat vooral uit een grote hoeveelheid visresten. Binnen deze groep is er een kleine hoeveelheid resten die via menselijke uitwerpselen in de put is beland. Daarnaast betreft het vooral afval dat van tafel komt en slachtafval ontstaan bij het initieel reinigen van de vis. Het feit dat de botten van minstens een deel van de gegeten vissen wel, die van vogels haast niet en die van grote zoogdieren (rund, schaap, varken) bijna helemaal niet in deze beerput werden gedeponeerd, duidt op een specifiek afvalverwerkingspatroon. Enkel kleine visbotten werden in de beerput geworpen.

Op een totaal van 33 gebouwen zijn er slechts twee met een bakstenen latrine. Als bovendien blijkt dat een van deze woningen met bakstenen latrine ook nog voorzien is van enkele andere comfortverruimende structuren als een bakstenen waterput en een kleine als koelruimte geïnterpreteerde structuur, ligt het voor de hand deze woningen met latrine toe te schrijven aan de socio-economisch beter gesitueerden van de reeds onderzochte zone. De plantenresten doen eveneens vermoeden dat de bewoners die de latrine gebruikten een zekere welstand hadden, die zich o.a. uitte in het gebruik van exotische producten als granaatappels, paradijskorrels en peper.

Opmerkelijk voor de beerputten uit Walraversijde in vergelijking met talrijke op andere plaatsen onderzochte beerputten is de quasi-afwezigheid van mobiele *archaeologica*. Wat de chronologie betreft, sluiten de schaarse mobiele vondsten wel aan bij het algemeen beeld van de rest van de site zodat kan verwezen worden naar een algemene datering in de 15de eeuw.

In Walraversijde zijn een aantal kleine ondergrondse structuren gevonden. Tonputjes vervaardigd met kleine tonnetjes (spoornrs. 1158, 1397, 1444, 1573), cilindervormige structuren bekleed met bakstenen (spoornrs. 537, 596, 1359 en 1756) en enkele zeer ondiepe tonputten (spoornrs. 198, 322, 502 en 633).

De structuren in baksteen zijn gerealiseerd zonder (spoornr. 537, fig. 214) of met bevloering in baksteen (spoornrs. 596 (fig. 202), 1359 (fig. 336) en 1756 (fig. 358e). De structuur zonder bevloering in baksteen (spoornr. 537) werd aangetroffen met een kruik in grijs aardewerk (213.1: fig. 216) op de bodem. Dit doet denken aan een soort koelruimte.

De structuren vervaardigd met kleine tonnetjes bevinden zich alle vier binnenin een gebouwplattegrond. In gebouw 30 is een volledig bewaard eikenhouten tonnetje (spoornr. 1158, fig. 388c) aangetroffen. Het tonnetje was op het ogenblik van zijn ontdekking bovenaan nog afgedekt met een eikenhouten plank (fig. 389). De drie andere tonnetjes, aangetroffen in gebouw 24 (spoornrs. 1397 en 1444) en gebouw 28 (spoornr. 1573) laten enkel een identificatie als klein tonputje toe.

Vier tonputten zijn vervaardigd met dezelfde soort tonnen waarmee ook de tonwaterputten werden gemaakt, maar springen uit de band door de geringe diepte, de ligging en/of de specifieke opvulling. De tonputten spoornrs. 502 en 633 zijn gekenmerkt door een specifieke vulling met veel houtskool en nogal wat visresten.

Deze ingegraven structuren kunnen op verschillende manieren worden geïnterpreteerd: verborgen bergplaatsen voor waardevolle objecten, containers om bederfbare waren zo koel mogelijk te houden, zinkputjes om water te laten wegtrekken in de bodem of eventueel ascontainers.

Behalve de beerputten die instonden voor een bepaald segment van het afval, moest ook nog allerlei ander overtollig materiaal inclusief water uit de leefomgeving worden verwijderd. Voor water gebruikte men riolerings- en drainagesystemen in baksteen en voor vast afval stonden afvalputten, buiten gebruik geraakte grachten en stortzones ter beschikking.

In de onderzochte zones zijn 2 laatmiddeleeuwse bakstenen kanalisaties aangetroffen (spoornrs. 419 en 1652). Bakstenen kanalisatie spoornr. 419 (fig. 408 en 417) situeerde zich tussen de gebouwen 3, 4 en 6 en was blijkbaar bedoeld om het water van drie greppels naar gracht spoornr. 219 af te voeren. De bakstenen kanalisatie spoornr. 1652 verliet aan de noordkant gebouw 31 (fig. 398).

In de zones Raversijde 92-95 en Raversijde 96-98 zijn, houten gebouwen inbegrepen, 24 gebouwen gedocumenteerd die

1340 Bouchet 1995.

1341 Zie ook Pieters *et al.* 1999a.

1342 Deze beerput werd uitvoerig bestudeerd en ook reeds gepubliceerd (Pieters *et al.* 1999b).

1343 Pieters *et al.* 1999a.

1344 Dit soort resten wordt echter in grote hoeveelheden aangetroffen op allerlei andere plaatsen binnen de site, als grachtvullingen, kuilen en stortplaatsen.

gelijktijdig bewoond geweest kunnen zijn (fig. 408-409). Op een gezamenlijke oppervlakte van 7500 m² komt dit ongeveer neer op één gebouw per 310 m². De dichtheid van de bebouwing laat geen ruimte meer voor stallen of tuintjes, laat staan voor akkertjes.

De gebouwen staan in Walraversijde min of meer in rijen. In de zone Raversijde 92-95 zijn de oriëntaties van de rijen woningen min of meer gelijk aan deze van het grachtenstelsel. Één rij wordt gevormd door de gebouwen 6, 4, 3, 2, 1, 13 en 16. Ter hoogte van de gebouwen 4 en 6 staat haaks op deze rij een tweede rij met de gebouwen 5, 11 en 12. De derde rij wordt gevormd door de gebouwen 7, 8, 9, 10 en eventueel houten gebouw a. De gebouwen 14 en 15 zijn eventueel een deel van een andere rij, maar passen ook gewoon niet in dit stramien. Ook in de zone Raversijde 96-98 staan de gebouwen enigszins in rijen. De gebouwen 22, 23, 24 en 26 vormen een rij evenals de gebouwen 28 en 29. Het gebouwencomplex 20-21 springt uit de band.

De gebouwen van Walraversijde algemeen opdelen in fases is niet mogelijk. In de zone 96-98 zijn drie en vermoedelijk zelfs vier generaties gebouwen te onderscheiden. Het betreft de reeks van gebouw 21-20-19 (fig. 411) en deze van gebouw 31-30-29 (fig. 412) en 19. Van een aantal gebouwen is het bodemarchief nogal fel aangetast door kuilen met laatmiddeleeuwse vulling. Deze zijn wellicht vroeger verlaten dan de andere. Het betreft naast de gebouwen 21, 24, 30 en 31, waarvoor dit kan verwacht worden door het feit dat ze later nog overbouwd werden, de gebouwen 2, 8, 10 en 11.

Op basis van de beschikbare gegevens is een schatting gemaakt van het aantal bewoners van Walraversijde in de 15de eeuw. In de opgegraven zones zijn in het totaal 35 gebouwen gedocumenteerd. De schatting van het aantal bewoners geschiedde op basis van de zones 92-95 en zone 96-98. In deze zones met een totale oppervlakte van ongeveer 3/4 ha worden de houten voorlopers van de bakstenen gebouwen, de bakstenen gebouwen die elkaar hebben opgevolgd, de gebouwen die slechts zeer gedeeltelijk binnen deze zones lagen (nr. 27 en 32) en de gebouwen die vermoedelijk geen woonfunctie hadden (nr. 4 en 12) buiten beschouwing gelaten. Men houdt dus nog 23 gebouwen over. Voor de schatting van het totaal aantal woningen in het dorp is gesteund op de omvang van het dorp zoals gereconstrueerd door Dries Tys op basis van geschreven bronnen[1345]. De totale dicht bebouwde oppervlakte van Walraversijde bedroeg vermoedelijk ongeveer 5 ha. Vertrekkend van 23 woningen per 3/4 ha komt men tot een totaal van ongeveer 150 woningen voor gans de dorpskern. Rekening houdend met een gemiddelde gezinsgrootte op het platteland in de late middeleeuwen van 3 tot 4 personen[1346] komt men tot een inwoneraantal van om en bij de 500 inwoners voor de volledige dorpskern.

Om de onderzochte laatmiddeleeuwse bewoning in Raversijde zo goed mogelijk chronologisch te vatten, staan verschillende informatiebronnen ter beschikking.

Van al de bij het archeologisch onderzoek aangetroffen munten die precies aan één bepaalde regeerperiode kunnen worden toegeschreven, 195 in het totaal, zijn er 61 % te situeren in de regeerperiodes van Jan zonder Vrees en Filips de Goede (1404-1467), 21 % in de periode van Filips De Stoute en voorgangers en 18 % in de periode na Filips de Goede. Van elke regeerperiode is het aantal teruggevonden munten gedeeld door het aantal jaren van de regeerperiode. Via deze berekening komt de regeerperiode van Jan zonder Vrees met gemiddeld drie munten per regeerjaar dubbel zo sterk naar voren als deze van Filips de Goede. Al de overige regeerperioden komen nooit boven één munt per regeringsjaar uit.

Deze informatie geeft aan dat de bewoning chronologisch vooral moet gesitueerd te worden in de periode late 14de eeuw-derde kwart 15de eeuw. Na Filips de Goede valt het aantal munten terug op 5 en 4, respectievelijk voor de regeerperiodes van Karel De Stoute en Maria van Bourgondië. De informatie uit het onderzoek van de munten sluit zeer goed aan bij de dateringen via het dendrochronologische onderzoek.

In het totaal werden 73 dateringen opgesteld op tonnen en tononderdelen uit Walraversijde. Deze dateringen bevinden zich allemaal tussen 1313 en 1484. Het gros van de dateringen (55 van de 73) situeert zich echter in de laatste twee decennia van de 14de eeuw en de eerste drie decennia van de 15de eeuw (fig. 413). Als men enkel de einddata van de kapdata in rekening neemt (fig. 414), bevindt het gros van de dateringen (37 van de 47) zich in het laatste decennium van de 14de eeuw en de eerste vier decennia van de 15de eeuw. In beide gevallen betreft het een periode van 50 jaar. Na deze piek daalt het aantal tonnen enorm. Er is enkel nog een lichte opflakkering in het 5de of 6de decennium van de 15de eeuw.

Op basis van deze informatie kan de aanvang van de bewoning geplaatst worden omstreeks 1400 +/- 10. 1388-1398 is de oudste kapdatum van een ton van een van de waterputten. Het belang van de munten van de regeerperiode van Jan zonder Vrees (1404-1419) spreekt dit niet tegen.

Uit een rekening van 1510-1511 kan worden afgeleid dat een deel van het dorp op dat ogenblik vervallen en verlaten was. Het is volgens het onderzoek van Dries Tys[1347] waarschijnlijk dat deze zone o.a. overeenstemt met perceel 63 waarop de opgegraven zone Raversijde 92-95 is te noteren. Op basis van de ommeloper van 1534 kan bovendien worden afgeleid dat heel de noordoostelijke zone van het dorp op dat ogenblik is verlaten[1348], dus ook de opgravingszone 96-98.

Dit eventueel verschil in tijdstip van verlaten komt wellicht tot uiting uit het onderzoek van de twee opgegraven zones. Drie vondstengroepen zijn immers enkel aangetroffen in de zone 96-98 en niet in de zone Raversijde 92-95. Perceel 63 is daarom vermoedelijk verlaten in de loop van het laatste kwart van de 15de eeuw, in een periode dat de betrokken objecten nog niet tot de materiële cultuur van de dorpsbewoners behoorden. De jongste dateringen bekomen op tonwaterputten situeren zich inderdaad in het laatste kwart van de 15de eeuw: 1466-1476, 1468-1478, 1474-1484.

Bij de aanvang van de ingebruikname van de nieuwe woonzone achter de dijk (late 14de-vroege 15de eeuw) bestond het gebouwenbestand waarschijnlijk deels uit houten gebouwen. De

1345 Tys 1995-1996, catalogus kaarten, bijlagen, figuren en foto's, kaart 8.

1346 Thoen 1995, 575.

1347 Tys 1995-1996, 192.

1348 Tys 1995-1996 catalogus kaart 8 en bijbehorende bijlage.

meerderheid van de gebouwen was echter in baksteen, rechthoekig van vorm, met binnenin en wellicht ook aan de buitenkant witgekalkte muren, een dakbedekking uit organisch materiaal en omgeven door plaveisels eveneens in baksteen. De gebouwen, geconstrueerd zonder fundering en gemetst met aardmortel, stonden min of meer in rijen zodat in verband met de dorpsuitleg van een zekere organisatie kan gesproken worden. De bebouwingsdichtheid was groot in vergelijking met andere landelijke bewoningsvormen en geen enkel gebouw was duidelijk gekoppeld aan een agrarisch perceel. De meeste gebouwen waren met de lengteas noordoost georiënteerd.

De 15de-eeuwse bakstenen gebouwen van Walraversijde beantwoorden met hun technische kenmerken goed aan wat geweten is over de laatmiddeleeuwse plattelandsarchitectuur in steen in vlakke gebieden[1349]: d.w.z. eenvoudige, rechthoekige gebouwen zonder[1350] of zonder noemenswaardige fundering[1351], meestal ook gerealiseerd zonder gebruik te maken van kalkmortel. Wat specifiek de plattegrond betreft beantwoorden de gebouwen uit Walraversijde in essentie aan de 'elementaire middeleeuwse woning' zoals gedefinieerd door Jean Chapelot & Robert Fossier[1352]. De haarden bevonden zich overwegend en dit van bij de aanvang van de 15de eeuw tegen of dicht bij een van de muren.

De relatief geringe oppervlakte van de woningen, gemiddeld 84 m², zou kunnen suggereren dat de kernfamilie de basiscel van dit vissersmilieu vormde en niet de patriarchale familie. In de bakstenen gebouwen kan men verder twee grote groepen onderscheiden: gebouwen met een oppervlakte van minder dan 100 m² en gebouwen met een oppervlakte van meer dan 100 m². Samen met de houten gebouwen lijken deze aan te tonen dat de sociale differentiatie in dit vissersmilieu relatief beperkt was en hooguit drie niveaus telde. Bovendien vertegenwoordigden de twee uitersten samen slechts een minderheid van de gebouwen wat wijst op een milieu met veel gelijken en enkele uitschieters zowel naar boven als naar onder toe.

De site van Walraversijde is verder gekenmerkt door talrijke tonwaterputten. De tonwaterputten domineerden de scène in de eerste helft van de 15de eeuw, maar werden geleidelijk aan verdrongen door waterputten in baksteen. Sommige van deze laatste waren nog in gebruik in de late 16de-vroege 17de eeuw. De latrines in baksteen behoren vermoedelijk de socio-economisch best gesitueerden van het dorp toe.

Bij wijze van conclusie kan men in Walraversijde in de gebouwen drie groepen onderscheiden. De eerste groep, de houten gebouwen a en b, zijn voor hun watervoorziening aangewezen op tonwaterputten en beschikken voor zover geweten niet over beerputten, noch over enig ander speciaal kenmerk. De tweede groep gebouwen (2-6, 11-12 en 21, 30-31 en wellicht ook 7-10, 14-15, 17, 22, 25-27) zijn in baksteen, hebben een oppervlakte kleiner dan 100 m², zijn voor hun watervoorziening aangewezen op tonwaterputten, zijn niet voorzien van vensterglas en beschikken in sommige gevallen wel over een tonbeerput. De derde groep, strikt genomen enkel 1, 16, 18 en 28, is in baksteen uitgevoerd, heeft een oppervlakte groter dan 100 m², is vermoedelijk voorzien van vensterglas, is soms binnenin rood geschilderd, beschikt ofwel over een bakstenen waterput ofwel over een bakstenen beerput ofwel over een ander opvallend kenmerk zoals een bijzonder groot plaveisel bijvoorbeeld. Bij deze groep lijken ook de gebouwen 13, 20, 23 en 29 aan te sluiten.

De dichte pakking van de gebouwen in vissersmilieus wordt geïnterpreteerd als het resultaat van het feit dat vissersdorpen aan de rand van het agrarische gebied gelegen waren en zich moesten tevreden stellen met de op vele plaatsen beperkte strook tussen het agrarische gebied en de zee. De zee dreef de vissers landinwaarts en de landbouwbevolking dreef hen in de andere richting, m.a.w. zeewaarts[1353]. Dit gaat eigenlijk ook op voor de nederzetting Walraversijde die aanvankelijk vermoedelijk voor een belangrijk deel op het grafelijk domein was gelegen en pas door latere moeilijkheden met de zee naar veiligere oorden binnen het Sint-Pietersdomein werd verplaatst[1354]. Dit grafelijke domein bestond ter hoogte van Walraversijde o.a. uit de woeste niet tot cultuurland omgezette gronden, precies de cultuurlandschappelijke niche waarin vissersdorpen in Engeland bijvoorbeeld ook zijn gesitueerd. Hoe de verplaatsing naar voormalig landbouwland te Walraversijde precies in zijn werk is gegaan, is niet geweten.

Vissersdorpen konden onder meer door de dichte pakking flink wat huizen tellen, zoals Scheveningen waar in 1543 niet minder dan 250 huizen stonden[1355].

Voor een aantal vissersdorpen zijn aan Scheveningen vergelijkbare cijfers bekend. In Wenduine werden in 1378, een 200-tal huizen geteld. In Nieuwe Yde werden omstreeks 1314, een 450-tal inwoners geteld. Slepeldamme en Kokside, beide gelegen nabij Sluis, hadden op het einde van de 15de eeuw samen een 400 tal inwoners. Vroeger liep het aantal inwoners in beide dorpen samen zelfs op tot 1400 à 1500. Walraversijde past – met een schatting van een 500-tal inwoners in de 15de eeuw – goed binnen dit overzicht.

Een aantal vissersdorpen beschikten over een haventje of waren gelegen aan een getijdengeul. Dit laatste was ook het geval voor Walraversijde in de beginperiode (13de eeuw). Een haventje wordt bijvoorbeeld vermeld te Wenduine. Nieuwe Yde was gelegen aan een getijdengeul, het zgn. Vloedgat.

De ligging van vissersdorpen langs de kust houdt uiteraard allerlei gevaren in zodat het wonen in een vissersdorp heel wat onaangename kanten heeft. Niet alleen vallen heel wat vissersdorpen af en toe ten prooi aan invallen van vreemde militairen, daarnaast zijn er ook heel wat die sterk te lijden hebben van de opdringerige zee.

Een gemeenschappelijk kenmerk van een aantal van deze vissersdorpen is in elk geval dat ze in de late middeleeuwen en vroegmoderne tijden blijkbaar zelden uitgroeiden tot een zelfstandige parochie. Walraversijde behoorde parochiaal bij Middelkerke. Scheveningen is ook nooit een zelfstandige gemeente geweest. Het dorp heeft altijd deel uitgemaakt van Den Haag[1356]. Hetzelfde is vastgesteld door Henderikx voor Brijdorpe en Biezelinge in Zeeuws Vlaanderen die zich ook nooit hebben

1349 Sites als Rougier (Démian D'Archimbaud 1980) vertonen vanwege hun specifiek karakter ook een gans gamma eigen kenmerken en kunnen op bepaalde aspecten niet gelijkgeschakeld worden met sites in een vlakke omgeving.

1350 Zie bijvoorbeeld ook te Vallange (Lorraine, France) waar voetmuren gewoon op de bodem werden geplaatst (Blaising *et al.* 2006, 171).

1351 Pesez 1998b, 97.

1352 Chapelot & Fossier 1980, 247.

1353 Fox 2001, 134.

1354 Tys 1995-1996, 155-162.

1355 Egmond 1997, 17.

1356 Egmond 1997, 18.

losgemaakt van het kerkdorp waartoe ze behoorden[1357], evenals voor de kust van Devonshire waar deze vissersdorpen ook marginaal waren ten opzichte van de parochie waartoe ze behoorden[1358].

6.3.3 Grachten, veenwinningsputten en andere kuilen

Tot zover de gebouwen en de eraan gekoppelde structuren in de context van het zuidelijk Noordzeegebied. Hierna richten we de blik terug op Walraversijde en meer specifiek op de overige onderzochte archeologische structuren van de laatmiddeleeuwse dorpsfase.

De in de zone Raversijde 1992-1995 onderzochte grachten behoren tot een percelering die qua aanleg aan de 15de-eeuwse bewoning vooraf gaat. Bij deze grachten (spoornrs. 52, 61, 79, 269, 313, 1081: fig. 70) is telkens een onderste kleiige, omzeggens archeologisch steriele vulling te onderscheiden van een bovenste meer zandige vulling die op bepaalde plaatsen heel rijk is aan ceramiekfragmenten, botmateriaal en ander huishoudelijk afval waaronder nogal wat asresten. Een belangrijk deel van de mobiele vondsten geregistreerd in de zone Raversijde 1992-1995 is uit deze bovenste grachtvullingen afkomstig.

Om op deze bovenste vullingen archeologisch greep te krijgen werden de grachten spoornrs. 61 en 269 opgegraven in kleine artificiële eenheden (fig. 419)[1359]. Hieruit is gebleken dat er wel degelijk grote dichtheidsverschillen waar te nemen zijn. Het is verleidelijk om op basis van de lokalisatie bepaalde zones met hoge dichtheid te koppelen aan bepaalde gebouwen. De vraag is echter wat die koppeling kan betekenen. Andere informatiebronnen zoals de resultaten uit het onderzoek van aan elkaar passende ceramiekfragmenten, kunnen echter wel bijkomende argumenten opleveren (*cf. infra*) waardoor bepaalde veronderstellingen aan kracht winnen.

Gracht spoornr. 79 is ondanks de vergelijkbare opsplitsing in de vulling met een onderste meer kleiig pakket en een bovenste asrijke laag in elk geval duidelijk veel minder rijk aan ceramiekfragmenten. Langsheen deze gracht staan dan ook omzeggens geen gebouwen opgesteld. Dit toont in elk geval aan dat de dichtheid van gebouwen en de dichtheid van afval in de grachten twee aspecten zijn die wel met elkaar te verbinden zijn.

Door het feit dat zeer veel aandacht geschonken is aan het onderzoeken van deze grachtvullingen, hebben deze heel wat voor de site specifieke materiële resten opgeleverd. Hierna volgt een kort overzicht.

Het betreft vier passende fragmenten van het benen montuur van een nietbril (vondstnummer 1236.10, fig. 424), 39 passende fragmenten van een veldfles (fig. 425) in wit aardewerk, een reeks fluitjes in ceramiek (fig. 426-430) en een aantal fragmenten van driepootjes (fig. 431).

Deze grachtvullingen leverden ook een rijke oogst aan dierenresten op. Bij het handverzameld materiaal vormen de zoogdierresten de grootste hoeveelheid, gevolgd door de resten van schelpdieren en ten slotte de visbotten (fig. 434).

De beenderen van zoogdieren bestaan voor ongeveer een kwart uit deze van varken, voor een zelfde hoeveelheid uit de resten van rund en voor de helft uit de overblijfselen van schaap of geit. De rest van het consumptieafval onder de zoogdierresten wordt gevormd door een klein aantal beenderen van konijn. Enkele resten van paard en hond komen met grote waarschijnlijkheid niet van dieren die werden gegeten. De botten van kat zijn wel veel talrijker in de gracht, en in tegenstelling tot de resten van hond en paard, gaat het hier om delen van twee kadavers. Ten slotte dienen nog een aantal fragmenten van de wervels van zeezoogdieren te worden vermeld.

Om een goed beeld te krijgen van het relatieve belang van de soorten vis in de gracht is het nodig de zeefstalen te bekijken. Hieruit blijkt dat schol/bot/schar numeriek de belangrijkste groep vormt, gevolgd door de kabeljauwachtigen en dan haring. Binnen de Gadidae komt wijting op de eerste plaats, gevolgd door schelvis. Kabeljauw, de grootste soort, is het minst talrijk vertegenwoordigd. Bij de haringachtigen zijn praktisch uitsluitend haringen gedetermineerd. Opmerkelijk goed vertegenwoordigd in het overige botmateriaal zijn de roggen waarvan de wervels meer dan 6% uitmaken van het totale, gezeefde assemblage. Andere kraakbeenvissen (doornhaai, zeeëngel en – in het handverzamelde materiaal – gladde haai) zijn door een klein aantal wervels vertegenwoordigd. Op de paling na, die goed is voor 3% van alle bot, zijn andere zoetwatervissoorten, snoek en karper, slechts sporadisch aangetroffen. Ook de overige zeevissoorten zijn eerder zeldzaam. Opmerkelijk is dat we in deze gracht de resten vinden van zeebrasems (Sparidae), een familie die nergens anders op de site voorkomt. Verder zijn resten vastgesteld van ponen (Triglidae), van horsmakreel, van tonijn en van makreel. Naast de eerder vermelde platvisgroep schol/bot/schar, leverde de gracht nog een aantal andere platvissoorten op: tarbot, griet, heilbot en tong.

In hoofdstuk 3.6 werd aangetoond dat veenwinningsput 69 werd uitgegraven vooraleer de zone voor bewoning werd in gebruik genomen. Ook voor veenwinningsput spoornr. 619 kan dit verondersteld worden. Veenwinningsputten spoornrs. 69 en 619 doorsnijden in elk geval ook de fossiele percelering (fig. 73). De inplanting van deze ontginningszones schijnt echter tot op een zekere hoogte wel rekening te houden met deze percelering. In elk geval is duidelijk dat deze ontginningsputten als depressies zijn achtergelaten in het landschap en pas in de loop van de 15de eeuw geleidelijk aan opgevuld raakten met nederzettingsafval en ingewaaid duinzand. Zoals bij de grachten zijn ook in deze pakketten heel wat mobiele *archaeologica* geregistreerd. Om greep te krijgen op deze bovenste vullingspakketten en meer bepaald op de spreiding van de *archaeologica* hierin is een groot deel van de bovenste vulling van veenwinningsput spoornr. 69 – bij wijze van experiment – met dit doel onderzocht in kunstmatige eenheden van 2 bij 2 m die elk op hun beurt nog verder in twee of meer horizontale niveaus zijn opgesplitst. De grote aantallen ceramiekfragmenten die op die manier ingezameld werden hebben een bijkomende blik verschaft op een aantal minder talrijk te Walraversijde aanwezige producten. De belangrijkste worden hieronder besproken.

Het betreft een aantal wandfragmenten van een gatenpot (fig. 436), 52 scherven van een kruik in een grof en hard, witbeige baksel (fig. 437) en een aantal dikwandige potjes[1360] (fig. 438).

1357 Henderikx 1991, 29-30.

1358 Fox 2001, 186.

1359 Een aantal keren is van het 4 m interval afgeweken om redenen van praktische aard, en was een blok ofwel 3 m ofwel 5 m lang.

1360 Zie voor deze potjes ook Pieters & Verhaeghe 2009.

Zowel het baksel van de kruik in wit aardewerk als dit van de dikwandige potjes werden petrografisch en chemisch onderzocht (4.4.2.3. en 4.4.2.4). Ook werden de dierenresten uit twee veenwinningsputten bestudeerd, nl. spoornr. 27 (4.4.2.5) en spoornr. 69 (4.4.2.6).

In het onderzochte gedeelte van Walraversijde zijn ook heel wat kuilen aangetroffen. Deze worden in het archeologisch jargon gewoonlijk afvalkuilen genoemd. Deze zijn in Walraversijde uitgegraven in de polderklei en vooral opgevuld met zwart zandig materiaal. Ze bevatten naast ceramiekfragmenten en botmateriaal vooral veel as.

In de zone Raversijde 96-98 zijn dergelijke kuilen vooral geconcentreerd in de zone tussen de gebouwen 28-29 enerzijds en 23-24-26 anderzijds. In de zones tussen de gebouwen 22 en 23 en 22-23 en 20 komen daarentegen opvallend weinig dergelijke kuilen voor. Deze vaststelling bevestigt dat in deze zones intens werd gecirculeerd. Een vergelijkbare concentratie van kuilen is niet aanwezig in de zone Raversijde 92-95. Deze zone verschilt echter wel van de vorige door de aanwezigheid van de twee als stortzone gerecycleerde veenwinningsputten (spoornrs. 69 en 619) en van perceelsgrachten die eveneens als stortzone werden gerecycleerd. Uit de algemene spreiding van afvalkuilen is verder duidelijk dat deze in beide zones eigenlijk de gebouwen, op een aantal uitzonderingen na, ontwijken. In de zone Raversijde 96-98 zijn vooral de gebouwen 21, 24, 30 en 31 aangetast door kuilen en in de zone Raversijde 92-95 zijn de gebouwen 2, 8, 10 en 11 aangetast door kuilen. Dit zou een indicatie kunnen zijn dat deze gebouwen vroeger werden verlaten dan de andere en dus m.a.w. niet meer in gebruik waren in de eindfase van de bewoning. Merkwaardig in dit opzicht is dat geen van beide houten gebouwen was aangetast door kuilen wat een argument is om er blijvers van te maken en geen voorlopers.

Naast een groot aantal kuilen werden zoals gezegd ook gigantisch grote afvalkuilen aangesneden. Het betreft verschillende als stortzone gerecycleerde veenwinningskuilen (spoornrs. 27, 69 en 619). Beide exemplaren zijn honderden maal groter dan de gemiddelde afvalkuil.

In het kader van deze publicatie was het niet mogelijk om alle kuilen individueel te bespreken. Daarom is geopteerd om bij wijze van voorbeeld er enkel een aantal individuele gevallen uit te pikken (spoornr. 380 (4.4.3.2.1-2.), spoornr. 463 (4.4.3.2.3-4), laag 5083 (4.4.3.2.5-6)).

In 1994 werd aldus de vulling van een kuil met een merkwaardige concentratie platvisresten in detail onderzocht[1361]. Ook nu is het feit of de archeozoölogische resten al bestudeerd waren, gebruikt als criterium om de betrokken kuil te bespreken. Het betreft bij twee van de drie voorbeelden kuilen die visresten bevatten vergelijkbaar aan de in 1994 bestudeerde kuil. Aansluitend hierbij werd al het botmateriaal uit de eerste opgravingscampagne van 1992[1362] gepresenteerd (4.4.4.).

6.3.4 De mobilia

In dit eerste uitvoerige opgravingsverslag over een groot deel van de sinds 1992 te Raversijde onderzochte sporen van het laatmiddeleeuwse vissersdorp brengen we op het niveau van het onderzochte deel van de nederzetting ook een eerste synthese met betrekking tot de ontelbare mobilia. Het gaat dan zowel over archaeologica (4.5.2) in de klassieke betekenis van het woord (ceramiek, steen, glas, metaal, hout, been, leder...) als over dierenresten bijvoorbeeld (4.5.3).

Wie aan laatmiddeleeuwse archeologie denkt, denkt onmiddellijk ook aan grote hoeveelheden ceramiek. Voor de tussen 1992 en 1998 opgegraven zones zijn niet minder dan 314.673 ceramiekfragmenten snel en rudimentair geïnventariseerd, afkomstig van 2562 op het terrein onderscheiden eenheden. Als we deze immense hoeveelheid ceramiek rudimentair opdelen in 4 groepen (steengoed, grijs aardewerk, rood aardewerk en andere ceramiek) dan bekomen we de volgende percentages: 6,0 % steengoed, 14,9 % grijs, 78,9 % rood en 0,2 % andere ceramiek. Dit is een zeer ruwe benadering die evenwel zeer goed de percentages benadert die bekomen werden bij het detailonderzoek van de vulling van de kuil met platvisresten. Deze cijfers zijn dus bruikbaar als een globale appreciatie en als kader om specifieke samenstellingen aan af te toetsen.

Steengoed omvat in Walraversijde vooral Rijnlands steengoed met zoutglazuur, maar daarnaast ook steevast Siegburgsteengoed (fig. 129). Rijnlands steengoed met zoutglazuur is vooral aanwezig onder de vorm van kannen en kruiken (fig. 111 en fig. 377). Daarnaast zijn ook aanwezig: zgn. spinpotjes en spinsteentjes. Globaal genomen is 18,6 % van het steengoed te identificeren als Siegburgsteengoed. Een occasioneel stuk steengoed is afkomstig uit de Beauvaisis (Frankrijk) (fig. 445).

Het grijs aardewerk bestaat voor een belangrijk gedeelte uit waterkruiken. Deze zijn in doorsnede allemaal min of meer bol- tot ovaalvormig en staan steeds op een aantal standvinnen. De variatie in de vorm van de rand, hals en oor en het aantal standvinnen is groot: trechtervormig, cilindrisch, licht conisch met doorn aan de buitenkant, rolrond oor, oor met centrale richel en twee rijen duimindrukken (zie o.a. fig. 103 en fig. 111). Met uitzondering van de grootste exemplaren worden deze kruiken in grijs aardewerk zeer regelmatig aangetroffen in de vulling van tonwaterputten.

Verder zijn er in grijs aardewerk ook enkele kookpotten of kookkannen (bijv. fig. 141), driepootjes (4.4.1.2.2.), enkele voorraadpotten en een zeldzame vuurstolp.

Rood aardewerk is vooral vertegenwoordigd door kookpotten. Deze gesloten en in doorsnede min of meer bolvormige recipiënten (grootste diameter ongeveer gelijk aan hoogte) staan hoofdzakelijk op standvinnen. Ze zijn voorzien van één of twee worstvormige oren en hebben in regel een naar buiten staande hals. Ze vertonen een grote variatie in de afwerking van de rand. Ze komen voor in allerlei maten en gewichten (fig. 142-144, fig. 163). De kookpotten zijn spaarzaam voorzien van glazuur. Het loodglazuur is zowel functioneel als decoratief. Ze vertonen enkel in uitzonderlijke gevallen een versiering met slibboogjes op de schouder (zie bv. fig. 143-144).

Een groep die wellicht qua functie nauw aansluit bij de kookpotten zijn de zgn. kookkommen met uitstaande hals, verdikte rand, 2 horizontaal geplaatste oren en standvinnen (fig. 225:5).

Behalve kookpotten zijn ook braadpannen zeer goed vertegenwoordigd. Deze braadpannen hebben een aantal kenmerken gemeen. Ze bezitten een gietsneb geen standvinnen en vertonen

1361 Pieters *et al.* 1995b.

1362 Bollen 1998.

enkel op de binnenkant van de pan loodglazuur. De braadpannen zijn op basis van de vorm van de steel in twee hoofdgroepen te verdelen: exemplaren met een holle steel en exemplaren met een volle steel (fig. 447).

Met braadpannen, kookpotten en kookkommen zijn de drie te Walraversijde meest voorkomende vormen onder het rode aardewerk besproken. Tot het rode aardewerk behoren ook de parallellen van de waterkruiken in grijs aardewerk. De rode waterkruiken zijn iets minder talrijk en vooral vertegenwoordigd door de kleinere maten in het waterkruikengamma. Kenmerkend voor de waterkruiken in rood aardewerk is dat ze voorzien zijn van een vlek loodglazuur op de schouder (fig. 448) aan de kant tegenover het oor. Verder vertonen ze dezelfde algemene vormkenmerken als de waterkruiken in grijs aardewerk (fig. 146).

Tot het gamma in rood aardewerk behoren ook kommen (vroeger ook wel melkteilen genoemd), borden met sgraffito- en slibversiering[1363] (fig. 449) en deksels. Van de borden met sgraffito- en slibversiering toont er één het hoofd van Johannes de Doper[1364], wiens feestdag op de start van het haringseizoen viel (24 juni).

Tot de minder goed vertegenwoordigde objecten in rood aardewerk rekenen we o.a. de tuitkan (fig. 224: 1) en andere kannetjes, het vierlobbig kommetje (fig. 262: 1) en andere kommetjes, een flesvorm (fig. 160.1), de beker (fig. 262: 2), de gatenpot (fig. 436), driepootjes (fig. 432) en antropomorfe en andere fluitjes (fig. 426, 428-429), het drielingpotje[1365], de kaarsenmakersbak, het dubbelbakje (fig. 450: 10), de braadslede, de vuurstolp en de olielamp.

De andere ceramiek ten slotte, die amper 0,2 % van de totaliteit van de geregistreerde ceramiek uitmaakt, kan opgedeeld worden in drie specifieke, beter vertegenwoordigde groepen: beeldjes in pijpaarde (bijvoorbeeld fig. 225.7), baksteenwaar[1366] en Spaanse majolica[1367], een aantal haast slechts individueel vertegenwoordigde ceramieksoorten zoals een grote pot in grof aardewerk uit Colstoun (Schotland, fig. 437, *cf.* 4.4.2.2.), de dikwandige potjes uit het Iberisch gebied (fig. 438, *cf.* 4.4.2.2.), majolica uit Italië[1368] en groen geglazuurde veldflessen (fig. 425, *cf.* 4.4.1.2.1.) uit de omgeving van Saintonge (Zuidwest-Frankrijk). Bij de Iberische majolica valt op dat zowel producten uit Malaga, Valencia als Sevilla vertegenwoordigd zijn[1369].

Onder de objecten in baksteenwaar bevinden zich weinig elegante bakken (fig. 450: 2-4, 6-9), deksels en een fragment van een groen geglazuurde of verglaasde spitlager (fig. 451).

De mobilia in natuursteen bestaan uit maalstenen, of fragmenten ervan, in een vulkanisch gesteente, enkele fragmenten van vijzels waaronder een aantal in 'Purbeck marble'[1370], een ganse reeks slijpstenen met lijnvormige groeven, enkele objecten (gewichten (fig. 225.8), toets- of slijpstenen?) voorzien van keurig gerealiseerde perforaties[1371] en een aantal ronde schijfjes in leisteen te interpreteren als zoemschijven[1372].

De mobilia in glas[1373] zijn vooral aanwezig onder de vorm van groen holglas dat op de site Walraversijde vooral bestaat uit drinkbekers. De drinkbekers zijn verder haast uitsluitend van het eendelige type. Het betreft vooral Maigelbecher (fig. 452: 1), achtkantige Maigelbecher (fig. 452: 2) en schuin getorste ribbelbekers (fig. 452: 3), in mindere mate bekers met abrupt knikkend ribbelpatroon (fig. 452: 4) en reliëfgevormde ribbelbekers (fig. 452: 5).

De mobilia in metaal zijn zeer divers o.a. ook vanwege de verschillende vertegenwoordigde metaalsoorten (goud, zilver, koper en koperhoudende legeringen[1374], tin/lood, ijzer). Edele metalen (goud en zilver) zijn enkel aangetroffen in de vorm van munten (goud, zilver en biljoen) en een zeldzame vingerring. Objecten in koper of in een koperbevattende legering (brons, messing, biljoen) zijn vertegenwoordigd door een lange waslijst aan soorten voorwerpen.

Schuimspanen komen regelmatig voor (fig. 182 en fig. 225:9). De site leverde een 10-tal bronzen tappen en kranen in een koperhoudende legering op. Het betreft buisvormige tappen met een in doorsnede rechthoekige tot vierkante mond in de vorm van een gestileerde dierenkop (fig. 452: 1) en met onmiddellijk daarachter een verticaal naar onder toe vernauwend buisvormig ingewerkt gedeelte om de kraan te huisvesten. De kraan is conisch en bezit een sierlijk uitgewerkte handgreep in de vorm van een haantje (1662.55, fig. 452: 3), een 'tweepas' (fig. 100.3) een driepas (330.3, fig. 452: 2) of een gestileerde 'M' (3522.1, fig. 452: 4). Er werden ook een 20-tal fragmenten van draagkandelaars/kaarsenhouders in koper of een koperlegering aangetroffen. Er zijn kandelaars op poten, zgn. schotelkandelaars[1375], kandelaars op een holronde voet met uitkragende rand (fig. 454: 1) en kandelaars op pinnen (fig. 455: 5-6). Ook is er de variatie in de vorm van de schacht en de kaarsenhouders zelf. Er zijn vermoedelijk een aantal enkelvoudige kandelaars (o.a. fig. 454: 2)) maar in elk geval vooral drievoudige[1376] kandelaars vastgesteld (fig. 455: 1-3).

Objecten in tin, lood of tin/lood zijn ook goed vertegenwoordigd, zowel in aantallen als in soorten. Voor de insignes en aanverwanten (ampullen, sierspelden) van de site verwijzen we naar het in 2002 gepubliceerde overzicht[1377]. Het ensemble van de religieuze insignes heeft een sterk regionaal karakter, waarbij kust- of maritieme plaatsen goed vertegenwoordigd zijn: Petite-Synthe (F), Boulogne-sur-Mer (F) en Lombardsijde[1378]. In de opgegraven zones werden een 10-tal loden kolfsloffen aangetroffen. Deze kolfsloffen vertonen allemaal een platte onderzijde en een afgerond driehoekige doorsnede (fig. 456). Ze werden gebruikt bij het kolfspel. Kolven genoot op het 15de-eeuwse platteland langs de Vlaamse kust, in elk geval te Walraversijde, een zekere populariteit. Behalve in leisteen werden zoemschijven

1363 Pieters 1994, 290 fig. 15: 2.
1364 Zie ook Van Bulck 2006, 112 fig. 8.
1365 Pieters 1994, 290 fig. 15: 5.
1366 Zie bijvoorbeeld een deksel in baksteenwaar bij Pieters 1994, 290 fig. 15: 6.
1367 Pieters & Verhaeghe 2009.
1368 Pieters & Verhaeghe 2009, 110.
1369 Pieters & Verhaeghe 2009, 106-110.
1370 Pieters 1994, 285 fig. 6.
1371 Zeer vergelijkbaar met voorbeelden uit Meols (Griffiths *et al.* 2007, 245-247).
1372 Zie bijvoorbeeld Pieters 1994, 290 fig. 15: 9.
1373 Caluwé 2001 & Caluwé *et al.* 2003.
1374 Door het feit dat geen analyses zijn uitgevoerd op de stukken, blijft de identificatie van de metaalsoorten noodgedwongen vrij algemeen: zowel wat de koperhoudende legeringen betreft als wat de objecten in tin en/of lood betreft.
1375 Zoals deze gepubliceerd in Pieters 1994, 295 fig. 20: 2, die daar weliswaar verkeerdelijk als een pootje van een grape werd geïdentificeerd.
1376 Er wordt verondersteld dat doorheen de centrale ring een pin stak voor een derde kaars, vandaar de intepretatie als drievoudige kandelaar.
1377 Pieters *et al.* 2002.
1378 Pieters *et al.* 2002, 295-299.

ook in lood vervaardigd (fig. 352: 4). De meest kenmerkende vondstengroep onder de objecten in tin, lood of tin/lood zijn ongetwijfeld de loden visnetverzwaringen[1379]. 351 objecten zijn als loden netverzwaringen geïnventariseerd. Het zijn eenvoudige rechthoekige of vierkante loden plaatjes die opgerold werden. Dergelijke loden netverzwaringen zijn hoofdzakelijk gekend uit vissersmilieus, wat ze meteen duidelijk promoveert tot typische onderdelen van de materiële cultuur van vissers. Aansluitend bij de visnetverzwaringen moeten ook nog twee peilloden worden vermeld (fig. 458: 1-2).

Tot slot zijn er ook een groot aantal voorwerpen in ijzer geregistreerd. Deze groep is veel minder goed bestudeerd vanwege de slechte bewaringstoestand van heel wat voorwerpen en het gebrek aan conservatieonderzoek.

Vishaken zijn in laatmiddeleeuwse zeevissersmilieus in de regel uit ijzer vervaardigd. Dit is in Walraversijde niet anders. Deze kunnen op basis van hun afmetingen in verschillende grootteklassen worden onderverdeeld (fig. 458: 3-6). In lengte variëren de vishaken van 42 tot minstens 140 mm. De basismorfologie van de diverse ijzeren haken is gelijk. Ze hebben een plat gesmeed palet, nooit een oog, een in doorsnede rond been en een circulaire tot platte boog met aan het uiteinde een punt met een naar achter wijzende weerhaak. Verder komen vooral sikkels (fig. 459: 3), scharen (fig. 459: 1-2) en boren (fig. 459: 4) regelmatig voor.

Door het goede bewaringsmilieu dat geboden wordt door de kalkrijke en natte polderklei zijn uitzonderlijk ook heel wat laatmiddeleeuwse voorwerpen in organisch materiaal bewaard gebleven.

De onderzochte zone leverde 44 houten brei- of boetnaalden[1380] of fragmenten ervan op. Afgaande op het enige volledig bewaard exemplaar van een boetnaald[1381] (2056.24, fig. 460) en op de overige exemplaren zijn deze allemaal 15 tot 17 cm lang, 1 tot 2 cm breed en 4 mm dik. Één uiteinde van de boetnaald is hoefijzer- of U-vormig en het andere is min of meer gepunt. Houtsoortidentificatie toont aan dat de boetnaalden uit Walraversijde uit negen verschillende houtsoorten zijn vervaardigd. Dat deze boetnaalden ter plaatse werden vervaardigd wordt aangetoond door de aanwezigheid van enkele onafgewerkte exemplaren.

Houten kammen zijn (fig. 461) rechthoekig, met een doorsnede in de vorm van een langwerpige tot haast platte ruit, voorzien van een dubbele tanding in een combinatie van aan één kant fijne en aan de andere kant grove tanden en vervaardigd uit buxus (*Buxus sempervirens*). Geen enkele kam is volledig bewaard gebleven. Enkel bij kam 2125.2 (fig. 461: 2) is het midden van de kam te identificeren waardoor deze kam 11,2 cm lang zou geweest zijn.

Bij het onderzoek werden een groot aantal bezems gevonden, zelfs één met de erbij behorende houten steel (fig. 462). Het betreft een heidebezem met steel in berkenhout (*Betula* sp.).

Wat voorwerpen in hout betreft, blijven we tot slot nog even stil staan bij kurk als grondstof voor het vervaardigen van objecten. In de eerste plaats zijn er de talrijke vlotters in kurk om visnetten drijvend te houden[1382]. Kurk kende in Walraversijde nog twee belangrijke toepassingen: als schoenzool voor zogenaamde stillegangen en als stop. Voor de schoenzolen in kurk verwijzen we naar de studie van het lederen en andere schoeisel van Walraversijde[1383]. De site leverde ook 8 stoppen in kurk op (fig. 463). Deze stoppen werden aangewend om recipiënten met een diameter tussen 2,5 en 6,4 cm af te sluiten.

Zoemschijven worden vervaardigd in lood, leisteen en ook in oesterschelp. De aanwezigheid van enkele kammen in ivoor is wel opmerkelijk. Het sluit perfect aan bij de aanwezigheid van andere exotische producten in Walraversijde zoals Spaanse majolica en granaatappels.

De verschillende benen dobbelsteentjes die in Walraversijde werden gevonden (fig. 464), zijn op de afmetingen en enkele detailverschillen na identiek. Ze zijn allemaal haast perfect kubusvormig. Ze vertonen, op één na (1249.1), de volgende plaatsing van de ogen: de één tegenover de twee, de drie tegenover de vier en de vijf tegenover de zes.

Tot slot zijn er nog de voorwerpen in leder. Die bestaan vooral uit schoenen en in mindere mate uit riemen, schedes, gordeltassen en hengsels[1384]. In verband met de schoenen kan worden vastgesteld dat er meer stillegangen aanwezig zijn dan in andere milieus. Omdat het merendeel van de schoenen halfhoge schoenen zijn, hebben we te maken met ambachtslieden en werkende mensen die in de eerste plaats functionele schoenen nodig hadden[1385].

Uit het voorgaande is duidelijk geworden dat in Walraversijde een heel groot gamma aan producten aanwezig was. Deze vissersgemeenschap had dan klaarblijkelijk toegang tot al deze producten. Toegang hebben is iets anders dan welstellend zijn.

Van enkele gemakkelijk herkenbare ceramiekgroepen werden al de scherven afkomstig van de site bij elkaar gebracht en onderling getoetst met de bedoeling om zoveel mogelijk recipienten terug samen te stellen aan de hand van onderling passende fragmenten.

Deze sitegewijze wedersamenstelling van ceramiekfragmenten liet onmiddellijk een verbeterd onderzoek toe van het aanwezige vormengamma van de onderzochte ceramiekgroepen en verschafte vervolgens een verbeterd inzicht in de wegwerppatronen of postdepositionele aspecten.

Al de gedetecteerde linken werden aangeduid op een plan van de onderzochte site (fig. 465) en hieruit zijn een aantal verdere conclusies te trekken.

Eerst en vooral is er geen enkele link vastgesteld tussen de zones Raversijde 92-95 en Raversijde 96-98 ondanks het feit dat de minimale afstand tussen beide zones, slechts 44 m bedraagt, een afstand die verschillende malen overbrugd is door linken binnenin de zone Raversijde 92-95. De grootste afstand tussen

1379 Pieters 1994, 293 fig. 18.

1380 Pieters 1997, 175 fig. 4; Pieters 2006, 42-43 fig. 1 en 2.

1381 Zie voor deze boetnaald en meer specifiek over de drie in elkaar verstrengelde vissen die erop afgebeeld staan Pieters 2010.

1382 Pieters 2006, 45 fig. 4.

1383 Schietecatte 2003.

1384 Schietecatte 2003, 150.

1385 Schietecatte 2003, 154.

de vindplaatsen van twee aan elkaar passende scherven bedraagt in de zone Raversijde 92-95 62 m.

Bovendien werden in de zone Raversijde 92-95 duidelijk meer linken aan het licht gebracht dan in de zone Raversijde 96-98.

Binnen de zone Raversijde 92-95 is opmerkelijk dat verschillende malen ceramiekfragmenten aangetroffen werden in de bovenste vullingen van veenwinningsput spoornr. 69 die pasten aan fragmenten uit de bovenste vullingen van de gracht spoornr. 61. Bovendien lopen deze linken in enkele gevallen zoals bij de Colstounceramiek over de gebouwen heen. Objecten gevonden aan één kant van het gebouw passen met andere woorden aan objecten gevonden aan de andere kant van datzelfde gebouw. Vooral over gebouw 1 en in mindere mate ook over gebouw 2 lopen verschillende lijnen. Dit zou er kunnen voor pleiten om de betrokken objecten te linken aan dit gebouw. Meteen is ook aangetoond dat het toewijzen van afval aan bepaalde gebouwen wel enigszins doenbaar zou kunnen zijn.

Tot slot vertoont het lijnenpatroon een tweetal 'knooppunten': één knooppunt tussen de gebouwen 8-10 en 1-3 en een tweede tussen de gebouwen 6 en 15. Hier moet worden opgemerkt dat die zone tussen de gebouwen 8-10 en 1-3 precies ook een concentratie van speelgoed (o.a. van knikkers) vertoont waaruit zou kunnen afgeleid worden dat dit een plaats is die door kinderen veelvuldig werd gefrequenteerd[1386].

6.3.5 Dierlijke resten en houtresten

Uit de grote hoeveelheid laatmiddeleeuws dierlijk materiaal afkomstig van de opgravingen in Raversijde werden vroeger reeds twee contexten uitgewerkt: kuil spoornr. 167[1387] en stenen beerput (spoornummer 546)[1388]. Ondertussen werd de collectie zoogdierresten uit Raversijde gebruikt bij een diversiteit aan methodologisch onderzoek: naar het voorkomen van een tandpathologie indicatief voor de leefomstandigheden van de varkenskudden[1389], rond seizoenale slacht en het mogelijk voorkomen van één of meer reproductieve seizoenen bij de varkens[1390], over het voedingspatroon van schapen, runderen en varkens[1391] en omtrent de seizoenaliteit binnen de zeevisserij en over demografische processen in de vispopulaties, mogelijk ten gevolge van overbevissing[1392].

Onderstaande synthese brengt zoveel mogelijk gegevens samen betreffende de voedseleconomie gebaseerd op dierlijke producten.

Bij de schelpdieren zijn de mossel (*Mytilus edulis*), de oester (*Ostrea edulis*), de kokkel (*Cerastoderma edule*) en de wulk (*Buccinum undatum*) de belangrijkste consumptiesoorten. In de structuren verbonden met gebouwen zijn schelpdieren algemeen heel zeldzaam. Wanneer we de afmetingen van de mosselschelpen bekijken, zien we telkens een duidelijke unimodale verdeling (fig. 466) die mogelijk het resultaat kan zijn van een strenge selectie bij het inzamelen van de schelpen of van een goed georganiseerde mosselkweek. De oesters zijn net als de mosselen van een vergelijkbaar, vrij groot formaat en hebben een regelmatige vorm. Deze kenmerken geven misschien opnieuw aan dat aan schelpdierkweek werd gedaan. Dit laatste geldt echter niet voor de kokkels of voor de wulk. Andere mollusken dan de reeds genoemde soorten werden wellicht ook gegeten: de strandschelpen van de genera *Spisula* en *Mactra*, het zaagje (*Donax vittatus*), schelpen uit de groep van de zwaardschede, het tafelmesheft en de messchede (*Ensis/Solen* sp.), en wellicht ook de tepelhorens (*Polinices catenus* en *P. polianus*). Een opvallend schelpdier is ten slotte de zeekat (*Sepia officinalis*).

Van de *Crustacea* is heel weinig vondstmateriaal te melden. De bakstenen beerput spoornr. 702 bevatte één skeletelement van een gewone garnaal (*Crangon crangon*). In kuil spoornr. 380 zaten fragmenten van krabben, meestal van de scharen, waarschijnlijk alle afkomstig van de strandkrab (*Carcinus maenas*).

Wanneer de vroeger gepubliceerde contexten worden meegerekend, werden in totaal meer dan 90.000 visresten uit Walraversijde bekeken, waarvan bijna twee derden kon gedetermineerd worden (tabel 87). Hierin zitten minstens 47 soorten, meteen het soortenrijkste ensemble ooit bestudeerd binnen de Vlaamse archeologie. Nochtans worden de visresten gedomineerd door het trio van platvissen (schol, bot en schar), kabeljauwachtigen en haring en andere haringachtigen (fig. 467). Paling en roggensoorten volgen daarna, maar vertegenwoordigen slechts enkele percenten binnen het ensemble. Resten van haaien komen slechts sporadisch voor in het archeologische materiaal.

Binnen de familie van de haringachtigen is haring zelf (*Clupea harengus*) veruit de meest algemene soort, terwijl sprot (*Sprattus sprattus*), sardien (*Sardina pilchardus*) en elft of fint (*Alosa* sp.) slechts heel lage frequenties halen. Duidelijke aanwijzingen voor de consumptie van gekaakte haring of voor de praktijk van het kaken op de site zelf zijn niet gevonden.

Bij de kabeljauwachtigen overweegt de kabeljauw (*Gadus morhua*), gevolgd door schelvis (*Melanogrammus aeglefinus*) en wijting (*Merlangius merlangus*). Twee andere soorten binnen de Gadidae, de steenbolk (*Trisopterus luscus*) en de leng (*Molva molva*), werden ook reeds gevonden op de site. Wanneer alle formaten van kabeljauw voor de ganse site worden samengenomen, blijken zich twee grootteklassen af te tekenen: een groep van dieren met een standaardlengte (SL) van rond 1 m, en een groep met afmetingen tussen 40 en 60 cm SL. Minstens één context leverde duidelijke aanwijzingen op voor de bereiding van stokvis.

Bij de platvissen zitten kleine aantallen van griet (*Scophthalmus rhombus*), tarbot (*Scophthalmus maximus*) en heilbot (*Hippoglossus hippoglossus*). Het merendeel van de bijna 23.000 (!) platvisresten komt echter van drie andere soorten: schol (*Pleuronectes platessa*), bot (*Platichthys flesus*) en schar (*Limanda limanda*), in volgorde van numeriek aandeel in de vondsten. Schar haalt qua vondstaantallen slechts het niveau van tarbot en griet. Qua formaten zitten bij de platvissen zowel grote exemplaren (40 - 50 cm SL) als kleinere dieren. Een laatste platvissoort is ten slotte de tong.

1386 Pieters 2002b, 456.
1387 Pieters *et al.* 1995, Van Neer & Pieters 1997.
1388 Pieters *et al.* 1999.
1389 Dobney *et al.* 2002.
1390 Ervynck & Dobney 2002.
1391 Ervynck *et al.* 2003; Schietecatte & Sealy 2006.
1392 Van Neer *et al.* 1999, 2002, 2004.

Bij de overige mariene visresten zitten een aantal soorten die waarschijnlijk als onbedoelde bijvangst op de site belandden of als occasionele vangst werden geapprecieerd: tonijn (*Thunnus thynnus*), ponen (Triglidae sp.), congeraal (*Conger conger*), zeebrasem (Sparidae sp.), zonnevis (*Zeus faber*), driedoornige stekelbaars (*Gasterosteus aculeatus*), zeenaalden (Syngnathidae sp.), zeedonderpad (*Myoxocephalus scorpius*), harnasmannetje (*Agonus cataphractus*), grondels (Gobiidae sp.), grote (*Trachinus draco*) en kleine pieterman (*Echiichthys vipera*), zalm of zeeforel (*Salmo* sp.), makreel (*Scomber scombrus*) en horsmakreel (*Trachurus trachurus*).

Naast de talrijke mariene vis leverde de site een kleine hoeveelheid zoetwatervis op. Het gaat hierbij vooral om paling (*Anguilla anguilla*). Ook snoek (*Esox lucius*), rietvoorn (*Scardinius erythrophthalmus*) en karper (*Cyprinus carpio* f. domestica) komen voor. De vondst van karpers in het vissersdorp is enigszins opvallend omdat de soort pas in de late middeleeuwen bij ons is ingevoerd en in eerste instantie voorbehouden bleef voor de kweekvijvers van kastelen en abdijen[1393].

Vogelresten zijn weinig frequent. In de meeste gevallen gaat het bovendien om neerhofdieren. De kip (*Gallus gallus* f. domestica) is veruit de belangrijkste vogelsoort voor de site en beduidend meer frequent op het neerhof dan de huisgans of de huisduif. Wanneer de tarsometatarsi voor de ganse site samen worden bekeken, wordt duidelijk dat ongeveer evenveel resten van hennen als van hanen tussen het materiaal zitten. Vele van de gejaagde vogels komen van op het water, zoals de roodkeelduiker (*Gavia stellata*) en de zeekoet (*Uria aalge*). Meer opvallend is echter de sterke aanwezigheid van meeuwenbotten op de site. Wilde vogels gejaagd in waterrijke gebieden in het binnenland omvatten een zwanensoort (*Cygnus* sp.) en de meerkoet (*Fulica atra*). De resten van ganzen betreffen vooral de huisgans (*Anser anser* f. domestica). Van de eendenbotten kunnen enkele resten enkel als eendensoort (*Anas* sp.) worden beschreven, terwijl de overige alle binnen de soort *Anas platyrhynchos* thuishoren, hoogstwaarschijnlijk nog de wilde vorm. De bewaringsomstandigheden van de kalkhoudende bodem hebben er ook voor gezorgd dat heel wat fragmenten van eierschalen bewaard zijn gebleven. Deze zijn echter tot nog toe niet verder onderzocht.

Bij de zoogdierresten zitten een aantal intrusieve soorten: een aantal niet verder gedetermineerde micromammalia (kleine insecteneters zoals spitsmuizen, en kleine knaagdieren), de mol (*Talpa europaea*), de zwarte rat (*Rattus rattus*) en de steenmarter (*Martes foina*). Twee soorten vertegenwoordigen wild dat op het land werd gejaagd: de haas (*Lepus capensis*) en het konijn (*Oryctolagus cuniculus*). Resten van zeezoogdieren[1394] zijn eveneens heel zeldzaam tussen het vondstmateriaal. Twee soorten werden met zekerheid geïdentificeerd: de bruinvis (*Phocoena phocoena*) en de witsnuitdolfijn (*Lagenorhynchus albirostris*). Katten (*Felis silvestris* f. catus) en honden (*Canis lupus* f. familiaris) zijn de huisdieren die op de site werden gehouden. De paardenbotten (*Equus ferus* f. caballus) uit het Raversijdse vondstenmateriaal komen in een paar gevallen van delen van skeletten, hoewel ook geïsoleerde botten werden gevonden. De meeste skeletelementen duiden een paardentype aan met een schofthoogte variërend rond 150 cm.

De overgrote meerderheid van de zoogdierresten bestaat uit de botten van varken (*Sus scrofa* f. domestica), rund (*Bos primigenius* f. taurus) en schaap (*Ovis ammon* f. aries). De varkensbeenderen komen uit alle zones binnen het skelet, maar fragmenten van de schedel overheersen (fig. 468). Niet vertegenwoordigd in deze distributie zijn een aantal pas- of doodgeboren dieren. Het vastgestelde slachtpatroon is niet hetzelfde als werd vastgesteld op andere middeleeuwse sites. Een duidelijke seizoenale slacht van leeftijdscohorten[1395] is hier niet vast te stellen. Het lijkt er dus op dat de varkenspopulatie in Raversijde andere levensomstandigheden kende dan in andere Noordwest-Europese middeleeuwse sites het geval was.

De botten van rund zijn zeer gefragmenteerd en komen uit alle delen van het skelet (fig. 468). Een uitzondering is het totaal ontbreken van de hoornpitten. Het postcraniaal materiaal toont wel een ongeveer evenredige frequentie van adulten en subadulten, terwijl ook juveniele dieren, zij het in geringer aantal, aanwezig zijn. Ook enkele botten van pas- of doodgeboren kalveren werden gevonden. Een klein aantal volledige botten geeft een kijk op de schofthoogtes (fig. 470).

Zoals gewoonlijk bevatten de dierlijke resten een grote categorie van vondsten die niet aan schaap of geit kunnen worden toegewezen, maar zeker tot één van beide soorten behoren. Het gaat binnen de categorie 'schaap of geit' wellicht in vrijwel alle gevallen om de resten van schaap. In het handverzameld materiaal zijn alle skeletelementen aanwezig (fig. 468). De bewaarde fragmenten van de bovenschedel tonen aan dat we te maken hebben met een hoornloos ras. Een groot aantal onderkaken laat een reconstructie toe van de slachtleeftijden (fig. 469) waarbij opvalt dat lammeren vrijwel ontbreken.

Bovenstaande inventaris geeft duidelijk aan dat de meerderheid van het dierlijk materiaal consumptieafval vertegenwoordigt.

Wanneer wordt nagegaan waar de resten van de in de inventaris beschreven soorten op de site werden gevonden, komt een duidelijk beeld naar voren. Onderscheid dient te worden gemaakt tussen de structuren opgegraven in connectie met de huizen, de grote afvaldeposities in voormalige veenwinningsputten en de gracht, en de kuilen met specifiek visbewerkingsafval. Binnen de afvaldepots in de nabijheid van de huizen zit duidelijk nooit groot botmateriaal of schelpen. Bij het afval dat op de vloer terechtkwam, zat evenmin groot materiaal. De afvallaagjes uit de vloer van gebouw 23 bevatten enkel klein materiaal, vooral van vis. De beerputten en beertonnen vertonen ook hetzelfde patroon. Het mijden van groot materiaal in deze afvalstructuren kan te maken hebben met het mogelijk hergebruik van de vulling, bv. als compost. In de gracht en de voormalige veenwinningsputten ligt duidelijk de bulk van het consumptieafval van het dorp. In deze structuren werden alle delen van het skelet van de gegeten zoogdieren gevonden. Zowel het afval van de slachtplaats, van de keuken als van de tafel kwam dus op de vuilstortplaatsen terecht. Voor afvalverwerking ontstaat dus het

1393 Lampen 2000.

1394 Identificaties met de hulp van J.S. Herman uitgevoerd in het Granton Centre, National Museums of Scotland, Edinburgh, UK.

1395 Vergelijk met Ervynck 1997.

beeld dat dierlijk afval van enige omvang systematisch uit huis werd verwijderd, waardoor deze plaatsen relatief proper bleven, maar dat het afval massaal in de depressie achter de huizen werd gedeponeerd.

Het globale beeld dat uit de studie van de visresten naar voren komt, is een dualiteit in de exploitatie van de zee, meer bepaald tussen veraf en dichtbij gelegen visgronden. Allereerst werd in de wateren voor de Vlaamse kust gevist, voornamelijk op platvissen en schelvis. De geschreven bronnen geven aan dat er daarnaast visvangst was in noordelijkere wateren, vooral in het Noordover-gebied voor de Engelse en Schotse kusten en boven de Doggerbank. De belangrijkste vangst was daar de haring, die werd gevist vanaf de vroege zomer. Vanaf augustus tot in november verplaatste de haringvangst zich naar meer zuidelijke wateren, eerst langs de kusten van zuidoost Engeland, nadien naar de Vlaamse kustwateren en dan het Kanaal[1396]. Wellicht komen uit dit gebied de grote kabeljauwen die in onze steden werden gegeten en waarvan ook botmateriaal op de site werd gevonden. Algemeen genomen zijn de vangsten uit de noordelijkere wateren echter moeilijk archeologisch te evalueren. Toch zijn er een aantal vissen in Raversijde gevonden zoals leng, een aantal haaien en roggen, waarvan het aannemelijk is dat ze uit dit vangstgebied komen.

Alles samen kunnen de vissers dus een soort jaarronde gevolgd hebben[1397], beginnend in de winter met de vangst van kabeljauw, vervolgens schelvis, dan platvissen en, in de zomer en het najaar, haring. Daarnaast werd natuurlijk ook heel dicht bij de kust voedsel verzameld. Vanop het strand kon ook veel vis, tot zelfs (kleinere) kabeljauwen en schelvissen toe, worden gevangen. Een aantal opgegraven contexten duidt aan dat de vissers een deel van de vangst op de site behandelden. Naast de vangst van mariene soorten werd ook het zoete water geëxploiteerd. De vangst van zoetwatervissen was echter van ondergeschikt belang, behalve misschien voor de paling.

Als (op het land) gejaagde zoogdieren kwamen enkel de haas en het konijn op de Raversijdse tafels, zij het in heel lage aantallen. Mogelijk heeft dit in beide gevallen te maken met de feodale privileges die op het wild rustten. Voor het konijn was dit duidelijk: het dier was ingevoerd in deze gebieden onder andere om als pelsdier uitgezet te worden in de duingebieden[1398]. Zonder twijfel was het de dorpelingen verboden om op konijnen te jagen. De schaarse konijnenbotten kunnen dus best de resultaten van stroperij zijn. Ook voor de beenderen van de haas kan dit het geval zijn. Ook op bepaalde grote vogelsoorten waren tijdens de middeleeuwen jachtrechten van tel. Kleinere soorten, en zeker waadvogels of meeuwen, mochten waarschijnlijk wel worden gevangen. De zeldzaamheid van de botten in de studiecollectie toont echter aan dat de jacht op vogels voor de inwoners van weinig belang moet zijn geweest.

Op het neerhof werden niet alleen kippen en ganzen gehouden, maar wellicht hielden de varkens zich ook dicht bij de bewoning op. De dieren waren volgens de analyse van de stabiele isotopen afvaleters. Het rund haalt qua botmateriaal hetzelfde aandeel als het varken (fig. 471) en moet op weilanden in de polderstreek zijn opgekweekt. De helft van de vondsten binnen de groep 'varken, rund en schaap' wordt ten slotte uitgemaakt door de schapenbotten (fig. 471). De geit is wellicht afwezig tussen het consumptieafval. De slachtleeftijden geven aan dat de schapen niet alleen voor de wol werden gehouden, maar dat hun vleesopbrengst zeker evenveel van belang was. Hoe precies de veeteelt ruimtelijk werd georganiseerd in Raversijde is moeilijk te zeggen. Het voorkomen van de botten van pas- of doodgeboren biggen, kalveren en in mindere mate lammeren geven aan dat er vee in of nabij het dorp werd gehouden.

Er zijn twee soorten contexten die inzicht kunnen verschaffen in het consumptiegedrag van de inwoners van het vissersdorp. De structuren die in of dichtbij huis zijn gevonden en de grote afvalstructuren (gracht, veenwinningsputten, of het materiaal uit de vele contexten uit opgravingscampagne 1992). Opvallend is wel dat, wanneer de frequenties van de belangrijkste zoogdieren als criterium worden gebruikt, deze grote afvaldeposities compleet gelijkend zijn (fig. 471).

Als we dan het consumptiepatroon voor de gehele site samen evalueren, valt qua visconsumptie allereerst de grote soortenrijkdom op. Binnen de soorten die economisch belangrijk waren voor export, trad een selectie op naar grootte. Het materiaal uit Raversijde suggereert dat de grote kabeljauwen ofwel vers werden doorgevoerd, ofwel tot stokvis werden geprepareerd en daarna doorverkocht.

Wat het aandeel van de kweek van runderen, schapen en varkens in de voedselvoorziening betreft, is duidelijk dat beide laatste soorten inderdaad voornamelijk voor het vlees werden gekweekt, wat aangeeft dat de kweek van huisdieren van belang was voor de voedselvoorziening van het dorp. In het algemeen is wel duidelijk dat het menu in Raversijde erg divers was, in elk geval veel gevarieerder dan in vele binnenlandse sites. Naast de reeds genoemde visvangst op zee en de kweek van gedomesticeerde vleesleveranciers werden nog dierlijke voedingsproducten aangeleverd door ingezamelde schelpdieren, schaaldieren (garnaal en krab), zoetwatervissen (vooral paling), gejaagde vogels, kippen en ganzen (en hun eieren) van op het neerhof, en de occasionele stroperij van een haas of een konijn.

Sluitende interpretaties rond de sociale differentiatie binnen het vissersdorp kunnen, wat betreft de dierlijke resten, op statistische grond niet hard worden gemaakt. Subjectief blijft het wel zo dat er tussen de afvalcontexten verbonden aan de huizen verschillen kunnen worden opgemerkt. In hoofdstuk 4.5.4 wordt een eerste overzicht gegeven van het onderzoek naar houtresten.

6.4 Na de dorpsfase

We verlaten het vissersdorp en bekijken vervolgens de materiële bronnen voor de periode na 1500. Met de omschrijving 'na de middeleeuwen' wordt in de opgegraven zones uit de behandelde opgravingscampagnes eigenlijk de periode na de dorpsfase gevat. De geconcentreerde bewoning in de onderzochte zones van het vissersdorp eindigt immers rond het einde van de 15de of het begin van de 16de eeuw.

De onderzochte sporen en resten kunnen gegroepeerd worden rond 4 thema's: aanwezigheid van militairen (5.2), enkele inhumaties nabij de kapel (5.3), sporen van bewoning (5.4) en ten slotte sporen van veenontginning (5.5). Deze thema's worden hierna in die volgorde behandeld.

1396 Hovart 1985.

1397 Zie ook Michell 1977.

1398 Rentenaar 1978, Van Damme & Ervynck 1988.

In de opgegraven zones zijn enkele sporen aangesneden of mobilia geregistreerd die met het gekende beleg van Oostende uit de vroege 17de eeuw kunnen verband houden. Het betreft een grote ovale kuil (spoornr. 475), de bodemvullingen van de bakstenen waterputten spoornrs. 715 en 1468 en het vermeende uitbraakspoor van een bakstenen waterput (spoornr. 317). Kuil spoornr. 225 houdt gezien de datering van de vondsten – meer specifiek van de lederresten – vermoedelijk verband met de belegering van Oostende in 1706. Daarnaast zijn ook een aantal kuilen geregistreerd die wegens het ontbreken van dateerbare *archaeologica* enkel op basis van de stratigrafie ruim kunnen gedateerd worden in de periode 16de-18de eeuw. Het betreft een aantal kuilen waarin paarden- en runderskeletten zijn aangetroffen. De kuilen waarin deze dieren zijn begraven snijden in elk geval de laatmiddeleeuwse bewoningssporen zodat ze met absolute zekerheid uit de periode 16de-20ste eeuw dateren. De skeletten kunnen gezien de context zowel verband houden met het meest gekende beleg van Oostende (1601-1604) als met de belegering van de stad door de Engelsen in 1706 tijdens de Spaanse successieoorlog. Tot slot is er ook nog een enigmatisch lineair spoor (spoornr. 515) dat ook in verband wordt gebracht met de aanwezigheid van militairen.

In 2002 werden bodemmonsters voor chemisch onderzoek[1399] genomen op de percelen aansluitend bij de site van de laatmiddeleeuwse kapel van Walraversijde o.a. in de hoop om de eventuele middeleeuwse begraafplaats in kaart te brengen. Acht chemische elementen werden in de bodemmonsters onderzocht: aluminium, ijzer, mangaan, calcium, magnesium, kalium, fosfor en titaan. De verspreiding van het element mangaan (fig. 478) vertoonde twee duidelijke concentraties: één centraal in het noordelijke perceel en een tweede in de noordhoek van het zuidelijke perceel. De eerste concentratie bleek, na archeologisch onderzoek, perfect samen te vallen met de zone waarin drie menselijke skeletten werden opgegraven in sleuf 03/XXVII (zie 5.3.3.), over de tweede is geen bijkomende archeologische informatie beschikbaar.

In sleuf 03/XXVII (fig. 3) werden in een kleine cluster nabij het noordelijk uiteinde van de sleuf, 3 inhumatiegraven (9094-9095 en 9096) geregistreerd die samen 4 individuen bevatten. De graven waren grofweg noord-zuid georiënteerd (fig. 479 en 480a en b). Twee ervan (graf 9095 met skelet 9121 en graf 9096 met skelet 9124) lagen evenwijdig aan elkaar en quasi naast elkaar met 1 m tussenruimte. De overledene van graf 9095 (fig. 481) was op de rug en op het achterhoofd gelegd en had de armen op de borst, handen links op rechts. De benen en voeten lagen uitgestrekt. De overledene van graf 9096 lag op de rug en had de armen op de buik. Het derde graf (9094) bevond zich iets meer noordelijk. Het skelet lag eveneens op de rug met de armen op de buik (fig. 482). Wat meteen ook opvalt bij het bekijken van de opgravingssituatie is dat de graven zeer ondiep zijn aangelegd. Enkel bij graf 9095 is er nog sprake van een grafkuil.

Het archeologische materiaal dat in de context van deze inhumaties werd gevonden, bestaat uit een *stilus* of schrijfstift en enkele laatmiddeleeuwse ceramiekfragmenten. Nagels wijzen er wellicht op dat deze personen in een (eenvoudige) kist waren begraven. De vele bakstenen die werden aangetroffen in de kuilvulling van dit graf, maar ook boven de kuil zelf en boven de andere graven suggereren dat de graven aanvankelijk aan de oppervlakte zichtbaar waren aan de hand van een opeenstapeling van bakstenen. Dit compenseerde wellicht gedeeltelijk het ondiepe karakter van de graven.

Deze personen kunnen op basis van ^{14}C-dateringen in verband gebracht worden met het beleg van de stad Oostende (1601-1604). Een andere doodsoorzaak los van het beleg van Oostende, maar wel in dezelfde periode (1520-1650) is echter niet helemaal uit te sluiten. Duidelijk is dat deze inhumaties niets van doen hebben met het laatmiddeleeuwse vissersdorp.

Het ondiepe karakter van de graven wijst in de richting van een niet-reguliere begraafplaats en in die zin sluiten ze aan bij de inhumaties die her en der in het Oostendse stadscentrum zijn opgegraven buiten reguliere begraafplaatsen[1400]. Zoals het verslag van het fysisch-antropologisch onderzoek aantoont (5.3.4), betrof het twee jonge vrouwen (25-35) en een iets jongere man (20-25). Ook al betreft dit maar 3 individuen, het weerspiegelt in elk geval geen normale situatie voor de leeftijd bij overlijden.

De sporen van bewoning van na 1500 die werden aangesneden in de zones Raversijde 92-95 en Raversijde 96-98 blijven beperkt tot deze die te verbinden zijn met de voorganger van de woning van wijlen mevrouw Jeanne Boydens waarvan de bouw volgens cartografische documenten dateert van de late 19de eeuw en die in 2005 werd afgebroken.

Uit de onderzochte archeologische bronnen is ook duidelijk dat na het midden van de 15de eeuw nog aan veenwinning werd gedaan in Walraversijde (veenwinningsputten spoornrs. 449 en 608 bijvoorbeeld, fig. 74). Beide veenwinningsputten werden aangelegd na het verlaten van minstens een deel van het dorp. Deze archeologische waarneming kan worden gestaafd aan informatie uit een ommeloper uit 1666 (kopie van het origineel uit 1534) die voor de zone van veenwinningsput spoornr. 608 veenontginning vermeldt in het begin van de 16de eeuw[1401].

Her en der werden in de bovenste lagen van de onderzochte stratigrafie (huidige en subrecente ploeglagen) en in de structuren uit de moderne tijden ook mobilia aangetroffen. We vermelden wandfragmenten van één recipiënt uit Bouffioulx, fragmenten van minstens vier onversierde nogal bolvormige kannetjes in Rijnlands steengoed met zoutglazuur (fig. 344), fragmenten van olijfoliekruiken[1402] afkomstig uit Sevilla, een onderdeel van een helm (fig. 167) en een kanonbal in gietijzer.

1399 Volgens de methode beschreven in Clogg & Taylor 2001.

1400 Vandenbruaene *et al.* 2003.

1401 Tys 1996, 208.

1402 *Cf.* Martin 1979, 280-284.

7 Summary Archaeological research at Raversijde (Ostend, prov. of West Flanders, Belgium) in the period 1992-2005

Flint artefacts, a Roman embankment, a 14th-century coin hoard, the 15th-century phase of a fishing settlement, and early 17th- and early 18th-century evidence for a siege of Ostend

7.1 Introduction

The 'site' of Raversijde encompasses a broad spectrum of archaeological evidence, both spatially and chronologically. It concerns a ca 2.5km long strip of land along the shoreline containing prehistoric, Roman, medieval and later artefacts and/or features, which have been known or recorded since the late 19th century. Circa half of this shoreline zone is within the area of the municipality of Middelkerke, the other half in that of Raversijde, Oostende (fig. 1). Due to the construction of groynes at Raversijde in the mid-1970s, these archaeological features are now no longer visible at low tide. However, medieval and early modern remains were also known to extend into the zone behind the modern-day dunes, remains which are associated with the fishing settlement of 'Walraversijde'. The site is delineated by the Kalkaertstraat on the current boundary between Middelkerke and Oostende, the Duinenstraat (roughly following the Graaf Jans seawall), the Nieuwpoortsesteenweg and modern Raversijde (fig. 1).

In this zone, henceforth referred to as the Raversijde-Polder site – not to be confused with Raversijde-Strand – 20,349m^2 were investigated archaeologically between 1992 and 2005 (fig. 3). From the outset in 1992, a great deal of attention was given to communicating the results of the archaeological research to the wider public, by means of temporary exhibitions, lectures and site tours. On 24 June 2000[1403], this outreach activity culminated in the opening of a site museum which has since welcomed over 200,000 visitors.

Of the late medieval settlement, this volume comprises the 1992-1998 excavation results, within which two different areas can be distinguished: Raversijde 1992-'95 and Raversijde 1996-'98. Additionally, it includes a report on a number of remarkable excavation results obtained after 1998, in particular a coin hoard found towards the end of the 1999 season, a burial zone encountered in 2003 and a roman embankment identified in 2005. From Raversijde-Strand, pre- and protohistoric lithic finds were also examined. This publication is primarily an excavation report, describing, analysing and interpreting the main features in conjunction with selected artefacts and the results from the scientific investigations. In other words, apart from the aforementioned exceptions, this volume does not contain the post-1998 results from the Raversijde-Polder sites nor from the Raversijde-Strand site.

After a brief outline of the site, the introductory chapter (Chapter 1) provides an overview of the site investigation history (1.2). From this it becomes clear that much work had been carried out prior to 1992, which formed an excellent basis for the new research. Chapter 2 discusses the physical, environmental and landscape aspects of the site, in other words the point of the departure for anthropogenic activity. Chapters 3 to 5 discuss, in chronological order, the main features and finds dating to before, during and after the late medieval 'village phase'. The final section in this book is this synthesis (Chapter 6), followed by an epilogue and the bibliography.

Topographically and geographically, the investigated zone is part of the coastal *polders*, which are predominantly clayey and relatively flat (3-4m above Belgian datum [*Tweede Algemene Waterpassing* - TAW]). The alkaline nature of the geology and the high level of saturation make for good preservation of archaeological remains. The proximity of a dune belt has resulted in dune sand being blown onto the *polder* clay (fig. 2). Near the dunes this sandy and humic layer determines the fertility of this zone: light, sandy and highly humic deposits overlying a water-retaining clay layer.

7.2 The environmental framework, the geomorphology of the Walraversijde site and the archaeological finds and features predating the late medieval fishing village

The point of departure for the environmental framework was formed by the stratigraphic sequences (Chapter 2.1, A-G, figs 4-5), on which a range of scientific analyses was carried out (Chapters 2.2-2.5).

1403 Kightly *et al.* 2000; 2003.

The 2m thick Late Holocene deposits overlying the upper peat at Raversijde have a highly varied lithology (fig. 5). The top of the upper peat is at ca +1m. In sections A and B a soil is visible at +1.4/1.5m, which developed on the tidal marsh surface and which was dated to ca 2300-1900 cal BP (350 BC-AD 50). A soil represents a break in the sedimentation process and develops on those marsh surfaces that have accumulated to a sufficient height during spring tides and storms, thus making the most elevated areas of the marsh inhabitable. The soil was overlain by a laminated silty layer to a depth of 1.8/1.9m.

This laminated layer can be seen at the same depth in section C overlain by a thick peat layer at +1.8/2.4m. Strangely, the soil is absent here. The same applies to section D, in which a continuously laminated layer with numerous detrital peat fragments occurs from the top of the peat to the level +2.1/2.4m.

The laminated deposits under- and overlying the soil are either the result of relatively rapid deposition in a small, shallow channel or of a crevasse with tidal flow rich in suspended sediment. Systematic geological mapping of the Holocene deposits in this region[1404] has demonstrated the presence of numerous Late Holocene tidal channels transporting sands and muds in the vicinity of the Raversijde site. In this area these channels will have been active prior to 2300-1900 cal BP, considering the fact that by then the soil had already developed on the lower laminated layer. The channels will still have been active during the AD 310 to 540 period (unpublished dates, KIA-30982, KIA-26468[1405]). Incision of these tidal channels into the coastal peat marsh led to drainage and compaction of the peat; consequently, the level of the peat dropped, creating space for the fresh deposition of crevasse sediment[1406].

Section A displays sharply oblique unconformities at the top of the upper laminated layer and the underlying layers. Overlying the oblique unconformity to a depth of +2.25/2.50m is a unit characterised by tidal lamination that fades and becomes deformed upwards. In the lower part of section A, the oblique bedding of the fill of the channel that caused the incision is clearly visible. In section B too, the upper boundary of the bedded layer is a sharply oblique unconformity. Both the deformation of the deposits and the fact that the bedding fades upwards in the channel fill in sections A and B are due to warping of waterlogged clay and silt, caused by liquefaction of the sediment after deposition. The occurrence of pyrite in sections A and B points to a permanently high water table.

Section C tells a slightly different story. Here, the base of the laminated layer is at the same depth as the soil in A and B. The upper boundary of the laminated unit is sharp but not the result of erosion and not oblique. In other words, there was no channel incision here. Between +1.75 and 2.40m, deposits consist of lumps of sediment in which the tidal lamination is oblique or vertical. Clearly the underlying laminated deposit was carefully dug up in blocks at a different location in order create a raised area in C. This is parallelled by the structure revealed in trench 2005/I (see Chapter 3.4).

In sections C, D and E, a very finely laminated sandy layer occurs from ca 2.60/2.75m, deposited in a small channel with low-energy deposition rates. The age of this layer is difficult to determine. The gradual transition from the finely laminated sandy unit to clay containing *Scrobicularia* suggests that once the subtidal channel had silted up, a tidal mudflat developed. This would have happened ca AD 550-840 (1400-1110 cal BP, table 1, section F no. 1, fig. 4). This mudflat evolved into a tidal marsh, representing the youngest deposits in the area, on which the medieval structures are situated.

Based on sedimentological analysis, the sequence of events can be reconstructed. In places peat cutting and the partial drainage of the surface peat as a result of channel incision created space for fresh deposition; this was soon filled with crevasse deposits. This silting up was followed by a gradual transition to a tidal marsh upon which vegetation developed and which represents an occupation level. The embankment must have been built around the same time, as the soil does not extend underneath the embankment (see Chapter 3.4). For the site and the immediate vicinity this would have been a quiet phase with a break in sedimentation that lasted at least a century – the time required for the formation of a soil. At the same time, however, the network of channels was becoming ever more extensive and the area once again came under its influence, with the formation of sea inlets and ultimately a more important incision. The latter remained subtidal for a prolonged period until a new equilibrium was established between sediment supply, tide storage and sea level. It was not until the early medieval period that an intertidal mudflat once again developed, in which tidal channels and their side channels moved laterally and shallow erosion occurred. It was during this phase that the top of the Roman embankment was partly eroded away. Eventually the entire area silted up to form the tidal marsh that was finally enclosed by seawalls in the late Middle Ages.

Physio-chemical and micromorphological analysis of section A (see 2.2) has demonstrated that the soil formation detected macroscopically in the field in the form of an organic layer can also be seen under laboratory conditions.

For the upper peat in section D, both pollen and plant macrofossil analyses were carried out (for full results, see 2.3). The pollen analysis allows us to reconstruct the vegetation history for most of the Subboreal. The initial tidal mudflats and marshes with their halophytic vegetation were replaced by brackish and later freshwater marshes. This allowed a reed vegetation to establish, which, from 4395 ± 30 BP, triggered peat formation. During the subsequent phases, marked by a continued drop in salinity and the continued growth of peat, a marsh environment developed dominated by *Sparganium emersum* type, Cyperaceae and *Thelypteris palustris*. Eventually the peat must have outgrown the groundwater level, considering its oligotrophic nature. By now the local vegetation mainly consisted of Ericaceae, *Myrica* and *Sphagnum*.

A notable element in the Raversijde pollen diagram is the early appearance of *Fagus*. Even more remarkable is the occurrence of *Taxus*; present-day natural *Taxus* populations in

1404 Baeteman 2005a.
1405 See database http://c14.kikirpa.be/search.php.
1406 Baeteman 1999, 67; 2005b, 2159; 2008, 8.

Belgium only occur on the steep chalky slopes south of the Meuse and Samber rivers[1407].

No evidence for human activity was encountered; although a relatively large amount of microscopically small carbonised plant material was found, this does not necessarily point to human activity.

From the clay layer capping the peat, units representing a stable environment were sampled for palynological investigations (see 2.4). The layer thought to represent the Roman surface was sampled in two locations (e.g. section B, fig. 5) (pollen samples nos 2 and 5 in table 4: Rav2seq6). One sample, taken from a unit representing stability near the top of the clay, immediately below the modern ploughsoil, was dated to just prior to the 15th-century occupation phase (pollen sample no. 10). The main results of the pollen analysis are shown in table 4.
The 'Roman soil' or stable surface was clearly visible from the poor pollen preservation in that unit; otherwise little or no indication of any human activity was observed in the pollen diagrams. This is in stark contrast to the pollen sample from the medieval stabilisation phase (no. 10), which shows a clear increase in anthropogenic elements.

The samples taken from sections A and B (fig. 5 and 2.1) were also subsampled for diatoms (see 2.5). The first sequence that was investigated derives from section B[1408]. Ten samples taken in stratigraphic order were analysed; the results are summarised in table 5.

An evaluation of the halotolerance levels of the indigenous species reveals important differences between the various samples (fig. 35). In the lower, reduced clay, polyhaline diatoms are dominant (sample 1). In the overlying layer, however, the polyhaline group is far less strongly represented, with oligohaline species becoming dominant instead (sample 2). The cause of this change cannot be determined on the basis of the diatom spectrum, but the fact that samples 1 and 2 derived from stratigraphically close locations and the marked differences between the two assemblages suggest that a drastic change took place. The overlying silt and clay layers (samples 3-10) only display a gradual decline in the oligohaline range of species.

At the level at which sample 2 was taken, landscape change can be observed – the impact of sea water was reduced drastically and the sampled location fell dry. Although the sea subsequently gained influence again, the landscape did not revert to the conditions that existed prior to the formation of the soil (sample 2).

As in section B, the samples from section A comprised stratified layers (fig. 5, section A). The diatom species determinations from A are summarised in table 6. The same trends can be observed in this sample sequence that could be seen in B, the only difference being that they are less pronounced in A. One clear difference however is that in A the oligohaline species are completely absent in the layers above the soil and that in general the range of species above and below the soil are remarkably similar. It would appear, therefore, that the location of section A was slightly more exposed to marine influences than that of B. This is a significant factor in the interpretation of the Roman embankment (see 3.4).

The stratigraphic investigations have yielded a number of interesting new insights. Firstly, the presence of carbonised plant remains in the surface peat roughly dated to the first half of the Subboreal is noteworthy. In this context is it worth noting as well that in the 1970s a wooden paddle or oven paddle was discovered in the surface peat on the beach at Raversijde[1409]. Both this artefact and the carbonised plant remains are strong indications that the surface peat merits archaeological investigation.

The results of the various investigations with regard to the buried soil strongly support one another. This layer, which is indicative of a stable environment as suggested by the geological and pedological research, also shows up clearly in the palynological and diatom analyses (see 2.4 and 2.5 respectively). In this context it is significant that an abrupt change occurs in the diatom populations between the clay layer underlying the soil and the soil itself, which points to human intervention.

Finally, the stratigraphic investigations demonstrated above all that the impact of humans in this coastal zone during the period prior to medieval land reclamation was larger than hitherto assumed. This conclusion is supported by the results of the investigations of the archaeological remains predating the late medieval fishing village, discussed in detail and chronologically in Chapter 3.

The excavated medieval contexts located behind the dunes yielded several flint artefacts: a broad endscraper (948.6, fig. 41.1), a heavy flake (902.11, fig. 41.2) and a large nodule (2350.4, fig. 41.3). All were of shiny, fine-grained and semitransparent black flint with a thin, rolled cortex. The first two are typically prehistoric tools, presumably dating to the Neolithic or later, which, judging by their sheen, were exposed to weathering for some time. They may have come up from the sea in fishing nets but may equally be local beach finds. If the latter they would tie in with the artefacts found on the beach at Raversijde.

Flint artefacts were found by Mr A. Chocqueel on the Raversijde and adjacent Mariakerke beaches; the artefacts were described in his 1950 publication. Over the years his collection was combined with artefacts clearly deriving from the classic Upper Palaeolithic sites in the French Dordogne. On the basis of the raw material, patina and (lack of) weathering, these can be clearly distinguished from those lithics of which Chocqueel claims they were local beach finds. Interestingly, the latter do not show any trace of having been in contact with a plough.

The combined evidence of the lithics encountered in medieval contexts at Walraversijde and those found on the beach by Chocqueel indicates that the possibility of prehistoric occupation in this area has to be taken into account. The relative uniformity of the raw material, the absence of plough damage, and particularly the wind sheen that can be seen on all of the artefacts, strongly suggest that they derive from similar sources and have undergone parallel taphonomic processes.

The two so-called Tjongerian points (fig. 42) are almost certainly part of the Late Upper Palaeolithic *Federmesser* groups.

1407 Galoux 1979; Van Rompaey & Devosalle 1979; Lambinon *et al.* 1998.

1408 The results of the analysis of this sequence have been published previously (Pieters *et al.* 1998) and were also used in a synthesis of the development of the Flemish coastal plain (Ervynck *et al.* 1999).

1409 Pieters *et al.* 2010, 184-185.

The diagnostic tools place a second occupation phase in the Neolithic – the polished nature of the pieces and the large scraper suggest Middle to Late Neolithic.

So far, the earliest archaeological features at Raversijde-Polder that have been identified with certainty are no older than the Roman period. The main features are several peat-cutting pits.

In two locations within the investigated area (fig. 43: 5), namely in the north-eastern corner of trench 97/I (context 1001, fig. 44) and in the southern corner of trench 2005/I (fig. 45), peat-cutting pits were encountered during excavation. Their stratigraphic position and ^{14}C dates obtained suggest that they date to the Late Iron Age. However, both the geoarchaeological investigations (see 2.1) and the analysis of the Roman embankment (see 3.4) demonstrate that these two pits date to the Roman period. From the outset of the fieldwork, evidence for peat cutting was also encountered in several other locations underneath the surface clay layer[1410]. The basal fills of these pits clearly consist of lumps of clay deposited by human hands; the upper fills were equally clearly deposited by water. Archaeologically, the pit contexts were virtually sterile. Spread out across the excavated zones, ca 50 Roman artefacts were collected from late medieval contexts (see 3.3), which can be dated to the first two centuries AD. There are several possible explanations for their occurrence. They may have been dug up in the immediate vicinity during the medieval period, or they may have been found by inhabitants of Walraversijde during certain activities, on the beach or in their fishing nets, and brought to the site.

In one location within the excavated area[1411], namely in the eastern part of peat-cutting pit 606 (fig. 43), a concentration of 143 Roman pottery fragments was encountered. We can therefore assume that a nearby Roman occupation site was disturbed. The Roman material (fig. 47) consists mainly of fragments of local handmade or wheel-thrown pottery[1412]. The datable fragments suggest that this pottery concentration dates to the first two centuries AD, which ties in well with the dispersed Roman material.

In August 2005, a soil was encountered in the northern corner of trench 2005/I, at a depth of ca 2.5m (fig. 49). The layer, which was recognised as representing a stable phase in the development of the landscape, is identical to the soil described in relation to stratigraphic sequences A and B (see 2.1.2.1 and 2.1.2.2). The features described as part of the investigation of this buried soil took on an unusual character when several metres further west, three more or less parallel, sharply tapering and oblique wedges of peat were exposed in section (fig. 50). Detailed investigation of this fully exposed section revealed that a clay wedge had obviously been deposited by humans and could be clearly distinguished from the horizontally bedded marine deposits overlying (fig. 52) and underlying it (fig. 53). This feature was interpreted in terms of a number of possible anthropogenic raised features. As early as 1995, similar features were observed in section C (figs 4 and 5), but at the time they remained uninterpreted – now, however, the interpretation leaned towards a linear feature (figs 55 to 57).

This linear feature, henceforth referred to as 'embankment', is 12.16m wide and had been preserved in one location to a height of 1.12m. Approximately halfway, blocks of clay had been laid out in a row (fig. 58). At the western end, three parallel wedges of peat had been incorporated in the body of the dyke (fig. 59). Each wedge consisted of small individual, pre-shaped peat building blocks, a composition that was particularly visible at the very base (fig. 60). The peat blocks were effectively built into small walls, placed at an angle of between 41.5 and 46.5°. Washed-out remains of the peat blocks can be found in the deposits covering the embankment on the western side (fig. 61). During (or even before) deposition of these sediments the western side of the embankment was partly damaged by erosion through water action. The few archaeological remains found in this context were located at the eastern foot of the dyke (fig. 62).

Regarding the buried soil (fig. 62, Chapter 2), several observations can be made on the basis of the investigations. Firstly, although it was well developed on either side of the embankment, it did not occur underneath the embankment itself. The base of the embankment is located at 1.65-1.79m above Belgian datum (TAW) and slopes gently westwards. Furthermore, the embankment rests evenly on the mudflat deposits. It is also clear that the body of the embankment did not significantly compact the underlying deposits. The 1992-1995 excavation records show that the embankment was present to a length of 107m within the excavated area. The fact that wherever it was observed the feature looked largely the same strongly suggests that it was planned and built carefully, and with a length of 107m (fig. 43), this feature clearly represents a significant infrastructural intervention. The size of these works becomes even clearer when the photos taken by Etienne Cools on the beach at Raversijde (fig. 65) are compared to fig. 60, suggesting that the embankment ran at least as far as the present-day beach. This observation immediately quadruples the length of the embankment (fig. 66). From this perspective, the toponym 'Caesar's Embankment', situated in the sea at Raversijde, merits special attention.

A small assemblage of 86 pottery fragments was collected associated with the embankment. In terms of dating these tie in with the dispersed Roman artefacts encountered in medieval contexts. A number of sherds, among which a fragment of Samian Ware, derive from the embankment itself. This immediately precludes the possibility that the embankment was constructed before the second half of the second century. It also means that the buried soil developed no earlier than the second half of the second century.

Palaeobotanical analyses were carried out on the soil, both on the western and eastern sides of the embankment. Five samples were analysed, four from the eastern side and one from the western side. Two things are immediately noticeable: 1) the vegetation is the same on both sides of the embankment and 2) the vegetation is characterised by species representing a nutrient-rich freshwater location with pioneer vegetation species, trampled areas, rough herbage and possibly grassland. The range of species tells a coherent story regarding the local vegetation on

1410 These peat-cutting pits are discussed in detail in Pieters 1993, 251-253.

1411 Pieters 1995, 230 and 221 fig. 2 no. 7.

1412 The two production methods are not always clearly distinguishable.

and along the embankment[1413]. No sea influence is visible in the species spectrum.

The available data do not currently allow for a distinction to be made between the two possible interpretations of a genuine embankment built to regulate water levels or an embankment built for the construction of a road. At Raversijde no evidence was observed for drainage gullies on either side of the embankment. On the western side, rectangular pits cut through the surface peat and initially dated to the Late Iron Age are most likely associated with peat cutting for the construction of the 'peat walls' in the embankment.

One aspect that requires an explanation is the asymmetry in the embankment construction: the three 'peat walls' only occur on the western side, while archaeological remains are only found at the base on the eastern side. Assuming that peat is more resistant to erosion through water action than clay, the conclusion can be drawn that the initiative to build the embankment was based on the assumption that any threat posed by sea water would come from the west – an assumption that is supported by the results of the diatom analyses (see 2.5). Whether an embankment or a road, its presence at Raversijde ties in with hypotheses developed by the late Etienne Cools regarding the Roman defence of coastal Flanders. On the basis of among other things sound military logic, he proposed a series of military settlements along the dunes[1414], which were then situated slightly further seaward than the present-day coastline. This raised the possibility that the embankment/road was connected with this coastal defence, or perhaps with a transshipment or anchoring place. Perhaps the Roman army itself commissioned the construction. Another possibility is that the embankment was built along a tidal channel that stretched far inland at Raversijde. It is tempting to connect this hypothesis to the history of the development of the medieval settlement at Raversijde along a tidal channel. Based on the geological map of this part of Belgium (fig. 68) and observations made by A. Chocqueel and E. Cools, such a palaeochannel can indeed be located to the west of the excavated embankment. In any case, the embankment has roughly the same orientation as the 'baie naturelle' suggested by Chocqueel, which provided an 'ancrage' (anchorage) for the medieval fishing community (fig. 69), and the tidal channel visible on the geological map[1415]. A brief literature review of the earliest seawall construction in North-West Europe is given in 3.4.5.

Sections of infilled ditches and drains were regularly encountered in the course of the 1992-1998 excavation seasons (fig. 70). In 2002 and 2003, geophysical investigations were carried out in the unexcavated zone[1416]. This work demonstrated that several of these ditches represent late medieval plot boundaries. These features are discussed in detail in 3.5.2 and, together with an associated buried ploughsoil, interpreted in 3.5.3.

Prior to the development of the fishing village, the area was used as arable; this can be deduced from the presence of a ploughsoil and ditches. The fact that these underlie the buildings and are cut by the earliest features means they predate the 15th-century occupation. Both in the ploughsoil and in the earliest features, a small but representative number of pottery fragments were found. Significantly, within this assemblage not a single piece of high medieval so-called 'Pingsdorf' ware was encountered.

It is known from written sources that sheep had been bred in the study area since the 10th century and that tidal influence in this region ceased in the second half of the 11th century at the latest[1417]. This period of sheep farming, which can be divided into two phases[1418], was followed by a shift to cattle breeding. In the study area, the gradual transition from sheep to cattle, as well as arable, took place between 1133 and the mid 13th century[1419]. Around 1200, the *oudland* ('old land', former tidal marshes where the tidal influence gradually disappeared and which by the medieval period were dry enough to be used for agricultural purposes) of the lands owned by the St Pieter's Abbey in Ghent (of which the later fishing village was part) is thought to have been used mainly as pasture[1420]. The possibility that by the end of the 12th century areas within the estate were already being ploughed cannot be excluded although there is no archaeological evidence to support this.

This agricultural land was divided into plots by means of a network of ditches. When the excavation results are combined with those from the geophysics, a minimum number of four plots can be reconstructed. The configuration (fig. 70) consists of rectangular plots with a north-west – south-east orientation and was clearly taken into account in the location of peat-cutting pits 69 and 619 (fig. 73). No evidence was found for occupation associated with these plots.

A large number of peat-cutting pits were examined as part of the project (fig. 74). Some predate the occupation evidence that was investigated, while others are contemporaneous with or postdate the occupation. Along the Duinenstraat, at least two late medieval peat-cutting pits (797 and 1672) were excavated that predate the late medieval occupation in this zone, both in terms of the peat cutting activity itself and of the subsequent infilling of the pit. The same applies to the peat cutting on the plot on which the Walraversijde chapel was built (95/VI, context 1815) as well as to the area directly underlying the dyke (96/III, context 936) to the north of the Duinenstraat. All that could be established with certainty with regard to peat-cutting pits 69 and 606 was that their digging and partial infilling took place prior to the construction of part of the 15th-century buildings in the village. The same can be proposed for peat-cutting pits 27 and 619.

This overview of the peat-cutting pits recorded during the excavations in the study area (fig. 74) clearly demonstrates the significant impact these activities must have had on the landscape[1421]. However, the evidence for medieval peat cutting encountered at Walraversijde is a far cry from the industrial-scale, systematic peat cutting that took place further north in Zeeuws-Vlaanderen[1422] or in de Wase *polders*[1423]. The pits at Walraversijde are irregularly shaped and the archaeological

1413 Similar vegetation was encountered at the coastal Roman sites of Stene and Plassendale (Jan Bastiaens, unpublished data).

1414 Cools 1985, 17-18, e. g. fig. 1.

1415 Ameryckx 1952a and b.

1416 Strutt & Hay 2003.

1417 Tys 1996, 106.

1418 The sources describe the first phase as '*terram ad oves en pastoralia ad oves*', and the second as '*berquaria*' (Tys 1995-1996, 96).

1419 After Diederik van den Elzas's 1133 charter the written sources are silent until the mid 13th century.

1420 Tys 1996, 119.

1421 Pieters 2000.

1422 Verhulst 1995, 78-83.

1423 Augustyn 1999.

investigations have also demonstrated that the infilling process and chronology of the excavated pits can vary widely.

Before moving on to the medieval occupation of the fishing village, a small late 14th-century coin hoard is briefly discussed. In December 1999, underlying a late medieval house, a small coin hoard (context 2283, fig. 79) was found in trench 99/V. The hoard, which was discovered inside a small pot dug into the ground (5550.1, fig. 80), consisted of 211 silver coins minted during the reign of Lodewijk van Male (fig. 82). Numismatic investigations demonstrated the presence of mineralised fabric remains, which could be identified as silk velvet[1424]. The coins may therefore have been wrapped in a piece of silk velvet before being placed inside the ceramic container which was then buried. This took place after 18 June 1373 and, based on the numismatic research, no more than a few months after 30 January 1380[1425]. The fact that the hoard was never recovered suggests a link with the Ghent uprising (1379-1385) against Lodewijk van Male. The question remains how much the hoard was worth at the time. Data from that period concerning the salaries of craftsmen working in the construction sector in Bruges suggest that the hoard represents two months' worth of salary for a master mason or four months' worth for an apprentice.

From the information above it is clear, then, that during the Roman period, human activity in the study area was far more frequent and structured and had more impact than previously thought. Not only did peat cutting take place (3.2), the area also appears to have been deemed important enough to build an embankment (3.4). Circa a millennium later, the area came to be used mainly for agricultural purposes, while during the 13th and 14th centuries, peat cutting also took place on a moderate scale (3.6). Finally, in the late 14th and early 15th centuries, the Walraversijde fishing community settled down in the former (13th-14th-century) agricultural landscape. Such is the 'human palimpsest', engraved in the marine deposits, that formed the starting point for the fishing village's activities around 1400. Below, we will focus on how they went about those activities.

7.3 Investigations of a 15th-century sector of the medieval fishing village of Walraversijde

7.3.1 Seawall, street grid and chapel

Before zooming in to the individual houses, we will first take a look at those village elements that determine the overall picture: a seawall (4.1), the available information regarding the street grid and the chapel (4.2).

In order to investigate the possibility of a (medieval) seawall, two trial trenches were dug in a line (fig. 3) within the Memoriaal Prins Karel (Prince Charles Memorial, a museum dedicated to Prince Charles, Count of Flanders and Prince Regent of Belgium from 1944 to 1950). In both trenches (94/III and 96/III), a thick clay layer was encountered that could be interpreted as a seawall[1426]. Three main units can be distinguished in the stratigraphy of this part of the study area (fig. 85). A 0.6-0.7m thick, sandy, humic top layer, associated with recent land use, overlies a 2.9 to 3.7m thick clay layer (fig. 85 c, d and f), which is divided into two units by a soil (fig. 85 e). In trench 94/III, this soil is very firm and has a highly platy structure, pointing to strong compaction and the possibility of this level having been used as a road. The upper section of this buried unit is 0.14 to 0.3m thick and contains frequent highly fragmented archaeological remains (context 602), of which the grey pottery component suggests an earlier date than that generally attributed to the average waste disposal contexts at Walraversijde (1425-1475/1500)[1427].

The combined trenches yielded a 21m-long section; nowhere did this reach beyond the established body of the seawall. Both the observed length of 21m and the preserved height of the raised clay layer indicate that this was a seawall of substantial proportions. Borehole investigation within the trench demonstrated that the seawall was constructed in a zone that had been stripped of its surface peat (fig. 85 h).

On the basis of the above, a number of observations can be made. The clay layer that represents the seawall now appears to reach a height of ca 6.4 m above Belgian datum (TAW) – more than 2.5 m higher than the highest point in the *polders* behind the dyke[1428].

The seawall stratigraphy shows that the feature was constructed in two distinct phases. Analysis of the soil and the buried land surface suggests that both before the construction of the seawall and after the initial construction phase, its trajectory served as a road for a period. The significant amount of archaeological material from the soil underneath the seawall suggests an interpretation in favour of a long-term use as a road of the lower linear trajectory, whereas in the case of the stabilisation phase observed within the seawall stratigraphy, a phased seawall construction appears to have been the likely scenario. It is highly likely that the seawall encountered during the investigations is the same as the '*nieuwen dijc*' ('new seawall') described in written sources dating to 1404[1429].

While no evidence for roads was found in the trenches excavated during the 1992-1998 seasons, desktop research by Dries Tys[1430] did yield a number of roads. Nearly all were at a right angle to the medieval seawall and situated near modern-day plot boundaries. The fact that all investigated areas fell within existing plots explains why none of these roads were encountered during the excavations.

In 1995 a small trial trench (95/VI: fig. 3) was dug on the land of the chapel (fig. 86). There a 0.7m wide and in places up to 1.2m deep robber trench of a wall was encountered (fig. 87: context 674). This feature consisted almost exclusively of lime mortar fragments, indicating that, in contrast to the houses in the village (*cf* below), lime mortar had been used in the construction of this building. To the north and south of the robber trench, a brick floor was encountered (fig. 87: 672 and 683, and fig. 88). The abovementioned dimensions suggest that the wall was part of the chapel. In any case, the (for Walraversijde) considerable

1424 Walton-Rogers 2000.
1425 Walton-Rogers 2000.
1426 This raised feature, interpreted as a dyke, was recorded in section in e.g. Pieters 1995, 228-229.
1427 Pieters *et al.* 1995b, 272.
1428 N.B. prior to the deposition of dune sand.
1429 Augustijn 1992, 351.
1430 Tys 1996, catalogue card no. 8.

width and depth of the robber trench certainly suggest that we are dealing here with a building of far higher status than the village houses. The archaeological layers overlying the floor yielded many fragments of stained window glass[1431], as well as a large quantity of roof tile. Furthermore, this trench produced a number of construction elements made from natural stone. This combined evidence – the use of lime mortar and natural stone, walls with deep foundations, stained window glass and roof tile – points to a context that is radically different from the 33 brick dwellings that were examined. In addition, these investigations have demonstrated the excellent preservation of the archaeological remains on the land belonging to the chapel.

7.3.2 The 33 houses

Each of the 33 investigated houses in the fishing village is discussed in detail in 4.3.2[1432]. This floorplan by floorplan analysis is followed by a synthesis in which the following aspects are addressed: the materials used (4.3.3.1), the results of the physico-chemical and micromorphological investigations of construction-related phenomena (4.3.3.2), eaves-drip gullies, foundations, floors and built-in storage units (4.3.3.3), the orientation and phasing of the dwellings (4.3.3.4), the ground plan (4.3.3.5), the dimensions of the brick buildings (4.3.3.6), the question whether timber buildings are earlier or contemporaneous (4.3.3.7), comfort-enhancing aspects (4.3.3.8), the buildings' interrelationships and settlement layout (4.3.3.9) and the chronology of the occupation (4.3.3.10). Section 3.3 in Chapter 4 closes with a synthesis (4.3.3.11) of the preceding sections and draws conclusions regarding life in a late medieval and/or early modern fishing village in the southern North Sea region (4.3.3.12).

At Walraversijde, ashlars[1433] were only used for the construction of the chapel. The ashlars encountered at Walraversijde had almost exclusively been made from rounded gravels; such gravels were also frequently used for the pavings associated with the buildings.

Bricks were not only used for wall construction but also for floors and for the construction of a variety of comfort-enhancing structures such as wells, cesspits, coldstores and sewers. The Raversijde bricks form a highly heterogeneous assemblage. They are predominantly yellow and pale red, and the majority is 25 to 26cm long. In addition, the bricks are highly worn. A number of bricks have an unusual shape [1434] – in fact, the variation in shapes is virtually endless (see 4.3.3.1.2). The fact that none of the unusually shaped bricks were encountered in the context for which they were meant is a strong indication that this is reused material.

The brickwork bonds seen at Walraversijde can be described as irregular; certainly the vertical mortar joints were never aligned through the courses. At best, two types of brickwork can be recognised in the masonry. The first comprises in a same course a row of stretchers and a row of headers. Such a wall is ca 0.4 m thick, mortar joints included. Over the courses the headers and stretchers interchange position and create in this way a so-called 'standing' bond[1435]. If the aim was to create a greater wall thickness using this bond type, a gap was left between the two rows of bricks that was filled with brickends or brick rubble. Walls of 0.5 m thickness were also created out of courses composed of two rows of headers. The 'standing' bond is the most frequently used bond type in Bruges between the 14th century and ca 1600[1436], while in the Veurne region too this bond type was predominant during the late medieval period[1437]. In the second system, the outer brickwork consists of courses of stretchers with a rubble-filled cavity in between. This system was used to create walls with a thickness of one and a half or even two bricks. A combination of both systems is the most common. Due to the thorough removal of bricks after abandonment of the building, little direct evidence is available regarding the height of the walls. The best-preserved stretch of wall is nine bricks high. In the case of building 21, the side wall was preserved to three courses above the height to which the long wall was preserved (nine courses), which means it was at least 12 courses high. Twelve courses of six to seven centimetre-high bricks would make for a 0.7-0.8m-high wall, which is a substantial height for a plinth. Within building 28, a section of wall plaster was found in horizontal position, upon which the imprints of a 24-course brick wall were clearly distinguishable. This suggests that the walls were largely if not entirely brick-built. Such a large number of courses makes for a wall height of 1.44 to 1.68m, which can hardly be interpreted as a plinth.

Lime mortar was rarely used at Walraversijde, except in the case of the chapel. Interestingly, three instances of lime mortar use were recorded in association with a brick floor for a hearth. For bricklaying, then, the characteristic beige material appears to have been preferred (see 4.3.3.2.2). The fact that it had the same composition in all the Walraversijde buildings for which it was used demonstrates that it was a carefully prepared mixture[1438]. Presumably the mixture derives from the surface layers of the local geology and sandy deposits from deeper in the stratigraphy or from elsewhere.

The consistent use of this type of earth mortar is the norm for late medieval Western European rural buildings. An important aspect in the interpretation of the Walraversijde houses is that durable construction using such an earth mortar presupposes plastering of the outer wall faces. Judging by the plaster fragments strewn across the Walraversijde site, many of the buildings were indeed partly or entirely covered in plaster. On several upstanding wall sections, *in situ* remains of plaster were found on the interior. In the case of building 28, this plaster had been particularly well preserved, both *in situ* and in the stratigraphy within the building. In most cases, traces of the joints between the bricks were visible on the backs of the plaster

1431 See e.g. Caluwé *et al.* 2003, 64-65.

1432 In this way the numbering system in the interim reports that have appeared previously remains consistent with that used in this final excavation report.

1433 An ashlar is a regularly shaped block of natural stone such as calcareous sandstone or limestone.

1434 Here only those bricks are discussed that are considered building material despite their unusual shape, or of which the wear pattern may refer to a particular function within the building.

1435 Hoogendijk 1994, 77; Wets 2008, 151.

1436 Wets 2008, 150.

1437 Lehouck 2008, 219.

1438 This characteristic material also appears to occur in the late medieval or early modern buildings at the site of Groot Tempelhof at Slijpe (see Zeebroek *et al.* 2006).

fragments (fig. 406b), demonstrating that indeed most plastered buildings were brick-built. In a few cases the plaster had been painted red. The red colour was achieved through the use of an iron compound, red ochre containing hematite[1439].

In the robber features (context 500) of building 5, plaster fragments were found in which, overlying the joints, lines had been drawn in the plaster while it was still moist (fig. 406e), using a pointy object.

A large fragment of an iron anchor plate with a simple tie bolt pointed at both ends was found in building 28 (3.2.4.3.1: fig. 339). Anchor plates are typical of brick buildings.

The excavated area also yielded 21 fragments of lead strips for stained-glass windows. The distribution of non-painted window glass across the investigated area appears to be linked with certain buildings. In the Raversijde area investigated from 1992 to 1995, window pane fragments mostly occur in the vicinity of buildings 1, 2 and 13, whereas those found during the 1996-1998 excavation seasons are associated with buildings 20, 23, 28 and 29. Combined with the lead strips, these window pane fragments therefore indicate that at least a number of buildings were fitted with glass windows, specifically stained-glass windows. The question is to what period they date. Based on the site stratigraphy and dendrochronological analysis of the wood from the barrel wells, it can be argued that in late medieval Walraversijde, window glass only becomes part of the material culture in the second half or even towards the end of the 15th century, except for the chapel which is thought to have been built between 1421 and 1438[1440].

In a number of buildings (23, 24, 26, 28 and 29) the presence of thin brown layers with a laminated structure was established; these were interpreted as living floors. Analysis of these layers (see 4.3.3.2.3) demonstrated that they developed as a result of the intermittent application of sand as floor covering. These layers produced few artefacts; several finds, such as an amber bead and some coins, are doubtlessly the result of accidental loss.

The small number of slate and roof tile fragments among the artefact assemblage excludes the possibility that tile and slate were used widely as roofing material; instead, roofs were probably covered with organic material. In virtually every context investigated for plant remains, sedge (*Cladium mariscus*) was encountered, suggesting widespread use of this plant in the village. It may have been used for thatching, although reed or straw may also have been used.

Most Walraversijde buildings, then, are constructed with bricks and earth mortar. They are surrounded by brick paving and their walls are covered in white lime plaster, on the interior and possibly also on the exterior. Their roofs are mostly thatched and some have glass windows and either a brick floor or a sand-covered clay floor.

Indirect information regarding roofing material is provided by the presence of eavesdrip gullies. At Walraversijde, these are generally located in close proximity to the walls – generally at a distance of 0.4 to 0.5m –, which is indicative of a short overhang.

The buildings were constructed *on* the land surface, without any dug foundations. At best, the turf or topsoil was stripped prior to construction. This could explain why the walls are slightly wider at the base. This absence of foundations is a widely observed characteristic of late medieval rural buildings.

Circa two-thirds of the buildings have a north-east orientation along their longitudinal axis. Of nine buildings (nos 1-3, 7-9, 12, 13 phase 3 and 25), the orientation along the same axis is 40°-48° NE, while 12 buildings (nos 13 phases 1 and 2, 16, 21-24 and 26-31) have a 50°-61° NE orientation (figs 408 and 409). With its 69° NE orientation, building 17 is unlike any building in either group in this respect (fig. 410). This deviation can be explained from the fact that building 17 was situated on a strip of land where no peat-cutting had taken place, which was located between two large zones where the peat had been removed. Notably, these two zones, Raversijde 1992-'95 and Raversijde 1996-'98, are recognisable as distinct areas because of the slight difference in orientation of their buildings. In Raversijde 1992-'95, phases 1 and 2 of building 13 and building 16 tie in with the group of buildings in Raversijde 1996-'98. Building 13 is interesting in that respect, as its third phase ties in best with the predominant orientation of the buildings in the zone in which it is situated. Eight buildings (nos 4, 5, 11, 14, 15 and 18-20) have a NW orientation along their longitudinal axis (figs 408 and 409). With the exception of no. 18, all buildings are oriented 39°-50° NW. The fact that building 18 is oriented differently can be explained by the lack of a firm and dry land surface, suitable for construction. Together, the NW and NE orientations roughly form a 90° angle.

For most of the Walraversijde buildings, only one construction phase can be established archaeologically. Buildings 20 and 21 (fig. 411), 24-26-25 and 29-31 (fig. 412) can be interpreted as individual successive buildings within one zone. Only between buildings 20 and 21 there is a difference in orientation of around 70°. The footprints of buildings 29-31 shifted slightly over time but their orientation remained the same. A succession of three brick buildings occupying the same footprint (the maximum number encountered) was established in three instances in the Raversijde 1996-'98 zone: buildings 19-20-21, 24-26-25 and 29-30-31.

Of the 33 excavated buildings in Raversijde, 19 allow us to make statements regarding the floorplan and, more specifically, the way space was divided up within this floorplan. These 19 buildings are: 1-5, 11-13, 15, 16, 18-21, 23 and 28-31.

Building 2 has a very simple rectangular floorplan (fig. 104), with one large and one small space, the larger one being roughly twice the size of the smaller one. This layout appears to be the template for many of the buildings – buildings 3, 5 and 28 have an identical floorplan, and this basic pattern can also be recognised in the more complex floorplan of building 1 (fig. 92). Buildings 11 (fig. 133), 21 (fig. 286) and 23 (fig. 309) represent variations on this theme.

Several buildings have three rather than two internal spaces, mostly either one large and two smaller spaces (building 13 phase 1 [fig. 190] and building 16 [fig. 254]) or two larger and one small space (buildings 18 [fig. 271], 30 [fig. 387] and 31 [fig. 398]). Some buildings consist of juxtaposed basic patterns such as in buildings 1 (fig. 92), 9 (fig. 172), 15 (fig. 234), 20 (fig. 279), 21 (fig. 286),

1439 Clogg 2002.

1440 Tys 1995-1996, 187.

26 phase 2 (fig. 335) and 29 (fig. 356). In the case of building 1, the floorplan is a combination of two basic patterns, and the same may apply to no. 15 and phase 2 of no. 26. In the case of nos 9, 21 and 29, the rectangular building was laterally extended by a large space. These extensions mostly contained barrel wells – five in building 9, three in building 15 and one in building 21 –; that of building 29 contained a smoke oven.

The floorplan of building 4 (fig. 123) is substantially different from the simple rectangular layout, in addition to which a small oven had been built against the outside of one of the side walls (fig. 125). Building 12 (fig. 188) may be of the same type and it is tempting to interpret these buildings, especially no. 4, as bakeries.

There is clear evidence that the entrance to building 23 (fig. 314) is in the southern corner, and this is likely to be the case for building 22 (fig. 307) as well. The entrance to building 9 (fig. 172) is located in the eastern corner. For building 29 (fig. 356), a number of bricks suggest the location of an entrance; the available information regarding the door position is not robust but points to the long south- or south-east facing façade.

The walls of several buildings have brick projections, both on the interior and exterior; those on the outside can be interpreted as buttresses. Such structures can only be determined for buildings 3, 4 and 5. On the basis of their locations and numbers, the interior brick projections can be divided into two groups: side walls of fireplaces and joist supports. The first group is easier to recognise; it usually consists of two adjacent structures projecting from the wall. The second group consists of small structures associated with similar structures on the opposite wall.

Around most buildings, the ground surface was paved with bricks laid on their sides. As such paving was also noted in the context of the first phases of buildings 23 and 28, the assumption can be made that this paving had been in place from the outset of the occupation of the zone immediately behind the dyke. The paving is generally parallel to the walls. The pavings of buildings 18 (context 1060, fig. 275) and 28 (context 897, fig. 338b) are the main exceptions to this rule.

Fourteen buildings provided information regarding the built-up surface area, which averages 109 to 147m^2.The average Walraversijde house measured ca 84m^2; the smallest building is 37m^2, while the largest is 218m^2. Disregarding these extremes, the surface area ranges from 65.5 to 147m^2. The remaining 11 buildings can be divided into four categories: 66 to 78m^2, 84 to 96.5m^2, 109.5 to 114m^2 and 135 to 146m^2. The two categories with the smallest surface areas represent ca two-thirds of the houses.

Basically, two main categories can be distinguished: buildings larger and buildings smaller than 100m^2. Those larger than 100m^2 also display a number of other striking characteristics. The house sizes suggest that social differentiation in this fishing village was not substantial – the largest houses were only just over twice the size of the smallest ones. Furthermore, there is a visible pattern of building extensions throughout the 15th century. The size of the houses suggests that they were inhabited by nuclear families: father, mother, a number of children and possibly a relative such as a grandparent.

The width of the buildings ranges from 3.75 to 8.8m; most buildings are between 5.2 and 6.5m wide. With their respective widths of 7.1 and 8.2-8.8m, building 1 and phase 2 of building 13 are notably wider. Lengths range from 8m for the shortest building (no. 4) to 25m for the longest (no. 18). Most buildings are between 12.4 and 17.5m long. Most of the variation among the buildings, then, lies in their varying lengths. These elongated houses, with their internal spaces all in one line, can be described as longhouses[1441].

In some parts, the excavated area is littered with postholes. Although very few of those represent recognisable structures, the possibility of at least two buildings exists (fig. 409, a and b).

The inhabitants of Walraversijde were clearly concerned with comfort enhancement. Below, the following aspects are discussed: heating, water supply, cold storage and liquid and solid waste disposal.

Hearth floors were found in buildings 1 (figs 92-96), 6 (fig. 153), 13 phases 1 and 2 (figs 190 and 191), 16 (figs 254 and 255), 17 (figs 264 and 267), 18 (figs 271and 272), 23 phases 1 and 2 (figs 309 and 315), 26 phase 1 (fig. 334), 29 (fig. 358) and 30 (figs 387 and 388). Only three of the investigated hearth floors were located in the centre of the room, those in buildings 6, 18 and 30. In all other cases the hearth floors were against a wall (buildings 1, 23 and 29) or near a wall (buildings 13, 16, 17 and 26 phase 1). Brick projections interpreted as the side walls of fireplaces were found in five buildings: nos 1, 15, 20, 23 and 29.

Analysis of fire-related elements suggests that in some buildings, from the outset, fireplaces were built against a side wall. This positioning of fireplaces against side walls impacted the overall construction of these buildings – the side walls must have been of a certain minimum height to ensure that the fire would not pose a threat to the roof[1442]. This ties in well with what other data tell us about the walls of the buildings. Most houses in Walraversijde only had one fireplace. As the number of fireplaces in a building can be seen as an indicator of social status[1443], buildings 1 and 29 can be interpreted as being higher-status.

Six *in situ* pots were found in or next to the excavated buildings: a grey ceramic pitcher in building 3 (952.1, figs 116 and 117), four red ceramic cooking pots (1323.1, figs 150 and 151; 1694.1, figs 236 and 237; 1856.1, figs 197 and 198; 3363.1, figs 358 and 359) in buildings 11, 15, 13 and 29 respectively, and a small red ceramic pot (3213.1, fig. 331) found between buildings 24 and 26. All the vessels had been used before they were positioned into the soil as open containers. The interpretation of such vessels as containers for the ashes of the fireplace is highly disputed, witness the many hypotheses surrounding these artefacts.

Water supply was mainly based on obtaining access to groundwater. This was achieved through the construction of wells, either brick-built or made with reused oak herring barrels. Evidence for brick-built wells only occurs five times at Walraversijde (fig. 416): building 1 (context 74, figs 98 and 99), possibly building 7 (context 317, fig. 166), buildings 13 and/or 16 (context 715, fig. 206), building 20 (context 732, fig. 281) and buildings 28 and/or 29 (context 1468, fig. 342). The depth of these wells varies from 1.55 to 2.05m above Belgian datum

1441 Milne 1979, 68.

1442 Pesez 1998b, 464.

1443 Pesez 1998b, 475.

(TAW) and their inside diameter ranges from 0.72m to 1.2-1.4m. In those instances where a relationship between a brick well and a barrel well can be established, the barrel well is consistently earlier. There is evidence that one of the brick wells was constructed after 1424 and another after 1442, suggesting that brick wells were only introduced in Walraversijde around the middle or even in the second half of the 15th century.

In order to reuse barrels as casing for wells, the bases of the barrels were removed[1444]. In most barrel wells, the basal barrel was placed directly on top of the sediment – the basal layer of a barrel well fill usually comprises a homogeneous layer of beige sand, possibly dune sand. The advantage of having a sandy layer at the bottom of a well is that the water stays clear, as sand does not remain suspended. Water was brought to the surface using a jar which was lowered by means of a rope tied to the ear of the jar (fig. 326: 4).

The question arises what the lifespan of such a well would have been. The relative chronology of six of the barrel wells provided information that can help answer this question: barrel well nos 234/232 and 259/258 (building 9) and 1775/1776 (building 29). In each of these sets, the difference is 14 to 15 years, which suggests a lifespan of ca 15 years for a barrel well made with oak herring barrels and constructed in the alkaline *polder* clay environment of 15th-century Raversijde.

Dendrochronological analysis of oak from the barrels has established that the felling dates of the trees, i.e. the *termini post quem*, fall between 1313 and 1484. Most of the dates however fall in the last two decades of the 14th century and the first three decades of the 15th century (figs 413 and 414). This chronological information raises several possibilities. For one, it suggests that during the second half of the 15th century, barrels were used less frequently for the construction of wells. Furthermore, it is striking that the final dates for the barrels coincide with the time when the import of soused herring from Scania[1445] was supplanted by the local production of soused herring. It is tempting to link the two phenomena.

The barrel wells vary in depth from over 3m (no. 226) to barely 0.75m (no. 502). The majority (60%) is ca 2m deep, at which level a sandy aquifer occurs at Raversijde. Barrel wells with a depth of ca 1m must therefore have served a different purpose.

Several observations can be made on the basis of the excavation plan marking the locations of the barrel wells and other types of wells (fig. 416). Firstly, the wells occur in clusters. Secondly, in the centre of four of these clusters is a brick-built well. Thirdly, in two of the clusters, these brick wells are clearly the most recent ones and appear to mark the end of the barrel well period. And finally, when we look at the distribution of the dates it is striking that there do not appear to be any concentrations of wells from any one particular period, suggesting that the wells were meant for the individual supply of drinking water[1446].

Both wooden and brick-built cesspits occur at Raversijde. An almost square (1m x 0.9m), entirely wooden latrine (context 1554, fig. 345) had been built against the northern wall of building 28, in the same position a brick latrine was associated with building 16. In four barrel wells (nos 418, 655 [a double barrel well) and 799), latrine fills were encountered, although it could not be established whether these features had been meant as the buried cesspits for latrines from the outset.

The original fills of these wooden cesspits were investigated for the presence of faunal and plant remains, such as pollen. Besides the commonly occurring remains of *Ascaris* and *Trichuris*, the fill of the barrel well that had been reused as a cesspit (no. 418) also contained eggs of the intestinal parasite *Trichostrongylus*, which points to the presence of sheep in the immediate vicinity[1447]. Analysis of pollen from three wooden cesspits (nos 418, 655 and 1554, see 4.3.2.29.4) has demonstrated that these contained mainly cereals, while herbs and spices such as chervil, coriander and clove also occur. The presence of Mediterranean pollen types may be linked to honey consumption. In the faunal assemblage, fish remains are predominant[1448] (see contributions 4.3.2.4.4, 4.3.2.17.4 and 4.3.2.29.3 by Van Neer *et al.*). However, none of the contexts contained any large animal bones, nor did they yield much in the way of artefacts.

Only two brick-built cesspits were found in the excavated area (nos 546 [fig. 201[1449]] and 702 [fig. 256]). The structures are virtually square and have a brick base. The base of no. 546 is situated at a markedly greater depth (1.4m above Belgian datum, TAW) than that of no. 702 (2.65m TAW). In addition to the cultural remains, the main focus of the investigation was on the faunal remains (parasites, beetles, fish etc.) from the primary fills of both pits. Only the plant macrofossils from pit 546 were analysed[1450]. The extremely low numbers of bone fragments, both large and small, from the two cesspit fills excludes the possibility that such remains were systematically deposited there[1451]. The faunal remains of food consumption are mainly representative of fish. A small amount of this ended up in the cesspit through human excrement, the rest is mostly food waste and waste resulting from the gutting and cleaning of fish. The bones of at least some of the fish consumed were generally disposed of in the cesspits, but bird bones are rare and those from large mammals (cattle, sheep and pig) are even rarer. This points to a deliberate waste disposal pattern, in which only small fish bones were thrown in the cesspits.

1444 A similar system was noted in the case of a Roman barrel well at Xanten dating to the first century AD (Leih 1995, 24).

1445 Unger 1978, 348.

1446 Writing about the Dutch town of Delft in the 15th and 16th centuries, Epko Bult (1992c, 52) estimates that an individual person's daily water consumption was 4 to 5 litres. However, it must be noted that this estimate is based on the assumption that personal hygiene was limited during this period.

1447 Bouchet 1995.

1448 See Pieters *et al.* 1999a.

1449 This cesspit was studied in detail and has been published (Pieters *et al.* 1999b).

1450 Pieters *et al.* 1999a.

1451 However, these types of remains were encountered in large quantities elsewhere on the site, such as in ditch fills, pits and rubbish dumps.

Only two of the 33 buildings in the investigated area had a brick-built latrine. When we consider that one of these two houses also boasted other comfort-enhancing features such as a brick well and a small space interpreted as a cold store, it becomes clear that these houses fitted with latrines can be ascribed to the wealthier inhabitants of the village's investigated areas. This is supported by the plant remains found in the latrine, which included such high-status foods as pomegranates, grains of paradise and pepper.

Compared with numerous other investigated cesspits elsewhere, what is remarkable about the Walraversijde cesspits is the near-absence of archaeological artefacts. The few finds do tie in chronologically with the general picture obtained on the basis of the rest of the site, suggesting a general date in the 15th century.

A number of small subterranean structures was encountered at Walraversijde. These are barrel wells made with small barrels (nos 1158, 1397, 1444 and 1573), cylindrical structures with a brick casing (nos 537, 596, 1359 and 1756) and several very shallow barrel wells (nos 198, 322, 502 and 633). Most of the brick features have a brick base (nos 596 [fig. 202], 1359 [fig. 336] and 1756 [fig. 358e]), while one does not (no. 537, fig. 214). The latter was found with a grey ceramic pitcher resting on the bottom (213.1: fig. 216), suggesting the space was used as a cold store. All four of the features constructed with small barrels are situated within the floor plan of a house. A completely preserved small oak barrel (no. 1158, fig. 388c) was found in building 30, covered with an oak plank (fig. 389). The three other barrels, located in buildings 24 (nos 1397 and 1444) and 28 (no. 1573) can be identified as small barrel wells, but their interpretation does not extend beyond that.

Four barrel wells were made with the same type of barrel as the other barrel wells but differed in terms of their depth (they were markedly shallower), their location and/or their fill. Barrel wells 502 and 633 are characterised by a fill containing abundant charcoal and frequent fish remains. These subsurface features can be interpreted in a variety of ways: hiding places for valuable objects, cool storage spaces for perishables, sumps for water drainage or perhaps ash containers.

In addition to certain categories of refuse that were disposed of in cesspits, there were many other types of waste material, including water, that required removal from the surroundings. For the water, a variety of brick-built sewer and drainage systems was utilised, while solid refuse was disposed of in pits, disused ditches and dumping zones.

Two late medieval brick channels were found in the investigated areas (nos 419 and 1652). No. 419 (figs 408 and 417) was situated between buildings 3, 4 and 6; its purpose appears to have been to channel the water from three gullies to ditch 219. Brick channel 1652 exited building 31 on the north side (fig. 398).

In de excavated zones known as Raversijde 1992-'95 and Raversijde 1996-'98, 24 buildings were recorded – including timber buildings – that may have been inhabited simultaneously (figs 408 and 409). With a combined surface area of 7500m², this would amount to roughly one building per 310m², with no space for stables or gardens, let alone arable.

The Walraversijde buildings are more or less lined up in rows. In the Raversijde 1992-'95 zone, the orientation of the buildings largely parallels that of the canal system. One row is formed by buildings 6, 4, 3, 2, 1, 13 and 16. At a right angle to this row, near buildings 4 and 6, is another row comprising buildings 5, 11 and 12. The third row consists of buildings 7-10 and possibly timber building a. Buildings 14 and 15 may be part of another row, or may simply not fit in with the pattern. In Raversijde 1996-'98, too, the buildings form rows, e.g. nos 22, 23, 24 and 26; buildings 20 and 21, however, do not fit in.

It is impossible to group the Walraversijde buildings into distinct phases. In the 1996-'98 zone, three or possibly four generations of buildings can be distinguished: the different phases of building 21-20-19 (fig. 411) and those of building 31-30-29 (fig. 412) in relation to 19. In several buildings, the archaeological remains were severely truncated by pits with late medieval fills, suggesting that these houses may have been abandoned earlier than the others. This applies to buildings 21, 24, 30 and 31, for which this could be expected on the basis of later constructions overlying them, and to buildings 2,8,10 and 11.

Based on the available data from zones 1992-'95 and 1996-'98, an estimate was made of the number of inhabitants of 15th-century Walraversijde. A total of 35 buildings was recorded. In zones 1992-'95 and 1996-'98, which have a combined surface area of ¾ha (1.85 acres), the timber precursors to brick buildings, the successive brick buildings, those buildings of which only a small part was located within the excavated zones (nos 27 and 32) and those buildings that were probably not used as dwellings (nos 4 and 12) were not taken into consideration. This leaves 23 buildings. The number of dwellings was based on the size of the village as reconstructed by Dries Tys on the basis of written sources[1452]. The total built-up area of Walraversijde was probably in the order of 5ha (ca 12.5 acres). An estimate of 23 houses per ¾ha (1.85 acres) would mean ca 150 houses in the village centre. Taking into account that the average late medieval rural family comprised three to four family members[1453], one arrives at a population of ca 500 for the entire village.

Several different information sources are available to create a reliable chronology for the late medieval occupation of Raversijde. One such source is the coins found during the archaeological investigations. Of all the 195 coins that can be associated with one particular reign, 61% date to the reigns of John the Fearless and Philip the Good (1404-1467), 21% to that of Philip the Bold and his predecessors, and 18% to the period following Philip the Good's reign. For every reign, the number of coins was divided by the number of years the reign lasted. This exercise demonstrated that with an average of three coins per year, John the Fearless's reign is represented twice as strongly as that of Philip the Good. None of the other reigns exceed one coin per year.

These data indicate that the main period of occupation was the late 14th century to the third quarter of the 15th century. Following Philip the Good's reign, the number of coins declines

1452 **Tys 1995-1996, catalogue cards, appendices, figures and photos, map 8.**

1453 **Thoen 1995, 575.**

to five and four for the reigns of Charles the Bold and Mary of Burgundy respectively. The information yielded by the numismatic analysis ties in well with the dates from the dendrochronological research.

A total of 73 dates was obtained on the barrels from Walraversijde, all of which fall in the 1313 to 1484 period. Most of the dates (55), however, are concentrated in the final two decades of the 14th century and the first three decades of the 15th century (fig. 413). When only the final felling dates are taken into account, most of the dates (37 out of 47) are situated in the final decade of the 14h century and the first four decades of the 15th century. In both cases we are dealing with a 50-year period. After this spike, the number of barrels drops sharply, with only a brief minor spike in the 1450s. On the basis of this information, the start of the occupation can be placed around 1400 (±10). The earliest felling date for the wood for one of the barrel wells is 1388-1398, which is supported by the coins dating to the reign of John the Bold (1404-1419).

From a document dating to 1510/1511 it can be deduced that by then part of the village was abandoned and run-down. Research by Dries Tys[1454] suggests that this area partly coincides with plot 63, where the excavated zone of Raversijde 1992-'95 is located. On a land registry document dating to 1534, the entire north-eastern part of the village has been mapped as abandoned[1455], including excavation zone 1996-'98. This difference in time of abandonment may be visible in the two excavated zones, as three artefact groups found in the 1996-'98 zone were not encountered in the 1992-'95 zone. Plot 63 may therefore have been abandoned in the final quarter of the 15th century, during a period when the artefacts in question had not yet come to be part of the villagers' material culture. In fact, the youngest dates from the barrel wells fall into the final quarter of the 15th century: 1466-1476, 1468-1478 and 1474-1484.

While some of the buildings were probably made of timber when occupation of the area behind the dyke began in the late 14th-early 15th century, most, as we have seen, were brick-built using earth mortar. As we have also seen, the rectangular buildings lacked any form of foundations, were whitewashed inside and (possibly) out, had thatched roofs and were surrounded by brick paving. The buildings formed rows, suggesting a deliberate organisation of the village layout. Compared with other rural forms of occupation the density was high, with not a single building clearly associated with an agricultural plot. Most buildings had a north-east orientation along their longitudinal axis.

The technical characteristics of the 15th-century brick buildings in Walraversijde tie in well with pre-existing knowledge about late medieval brick architecture in flat rural areas[1456]: simple rectangular buildings with (virtually) no foundations[1457], usually constructed without the use of lime mortar. In terms of floor plan, the Walraversijde buildings also fit in with the basic medieval dwelling, as defined by Jean Chapelot and Robert Fossier[1458]. From the beginning of the 15th century, fireplaces either abutted or were situated close to one of the walls.

The relatively small surface area of the houses, 84 m^2 on average, may be an indication that in this fishing community the nuclear family was the norm, and not the patriarchal family. Furthermore, as we saw earlier, the brick buildings essentially fall into two categories, smaller than and larger than 100m^2. This division, timber buildings included, appears to support this interpretation of a relatively limited social differentiation, which had a maximum of three levels. In addition, the combined buildings representing the highest and lowest ends of the social scale are in the minority, suggesting an essentially egalitarian society with only a few extremes. The brick latrines probably belonged to the wealthier villagers.

Another typical feature of Walraversijde is the abundance of barrel wells, which were predominant during the first half of the 15th century. Gradually, however, they were replaced by brick wells, some of which remained in use until the late 16th-early 17th century.

By way of conclusion, the Walraversijde buildings can be divided into three groups. The buildings in the first group, consisting of timber buildings a and b, rely on barrel wells for their water supply and do not appear to have cesspits, nor any other particular characteristic. The second group, comprising buildings 2-6, 11-12 and 21, 30-31 and perhaps 7-10, 14-15, 17, 22 and 25-27, are brick-built and have a surface area below 100m^2. They do not have glass windows, rely on barrel wells for their water supply, and in some cases have a barrel cesspit. Buildings 1, 16, 18 and 28, making up the third group, are brick-built, larger than 100m^2, were probably fitted with glass windows, sometimes painted red inside, and either have a brick well or a brick cesspit or another striking characteristic such as a large area of paving surrounding them. Buildings 13, 20, 23 and 29 fit into this picture as well.

The fact that the buildings are packed into a relatively small space is seen as resulting from a situation in which fishing communities tended to be located on the edges of farming regions and had to make the most of the often narrow strip of land between the farmland and the sea. The sea forced them inland while the farming community pushed them outwards towards the sea[1459]. This scenario applies to the Walraversijde settlement, which in its early stages was probably largely located on ducal land and only later relocated to land owned by St Pieter's Abbey, where it was safer from the vagaries of the sea[1460]. Where the village was initially located on the ducal estate, the landscape was uncultivated and wild, which matches the environmental and cultural niche occupied by for example English fishing villages. It is unclear how the relocation from there to former farmland at Walraversijde took place.

For reasons explained above, fishing villages are known to have contained large numbers of buildings packed into a

1454 Tys 1995-1996, 192.

1455 Tys 1995-1996, catalogue card 8 and accompanying appendix.

1456 In some respects, sites such as Rougier (Démian D'Archimbaud 1980), with their highly individual characteristics, cannot be compared with sites situated in a flat environment.

1457 Pesez 1998b, 97.

1458 Chapelot & Fossier 1980, 247.

1459 Fox 2001, 134.

1460 Tys 1995-1996, 155-162.

relatively small area. In 1543, for example, the fishing village of Scheveningen (at present in The Netherlands) consisted of no less than 250 houses[1461]. For a number of fishing villages, data are available that are comparable to Scheveningen. In 1378, Wenduine had ca 200 houses, while the number of inhabitants for Nieuwe Yde around 1314 was estimated at ca 450. Slepeldamme en Kokside, both situated near Sluis, both numbered ca 400 inhabitants by the end of the 15th century. Indeed, prior to this, the combined number of inhabitants for both villages added up to 1400-1500. With its estimated 500 inhabitants during the 15th century, Walraversijde fits in well with this general picture.

Several fishing villages, such as Wenduine, had a small harbour; others were situated along a tidal channel. Nieuwe Yde, for example, was located along the tidal channel known as the Vloedgat. During its early phase, in the 13th century, Walraversijde too was located along a tidal channel.

Clearly, life was full of perils for a coastal fishing community and there will have been many unpleasant sides to living so close to the sea. Not only were the inhabitants vulnerable to attack from hostile strangers, they also had to contend with the ever-encroaching sea. A common feature of such villages is that very few of them developed into independent parishes during the late medieval and early modern periods. Walraversijde was part of the parish of Middelkerke, and even Scheveningen never became a parish in its own right – it always remained part of the parish of The Hague[1462]. The same applies to Brijdorpe and Biezelinge in the actual Dutch province of Zeeuws Vlaanderen, which never managed to break free from the parish they belonged to[1463], and to coastal villages in modern-day Devon, which were equally marginal within their parishes[1464].

7.3.3 Ditches, peat-cutting pits and other pits

Having looked at the buildings and associated structures in the wider context of the southern North Sea region, we now turn our attention back to Walraversijde, specifically to the remaining investigated archaeological structures belonging to the late medieval village phase.

The ditches examined in the 1992-'95 zone are part of a system of property division that predates the 15th-century occupation. In the fill of each of these ditches (nos 52, 61, 79, 269, 313 and 1081: fig. 70), a clayey and archaeologically virtually sterile layer is overlain by a sandy layer. In places, the latter is rich in pottery, bone and other domestic refuse, including ash. Much of the artefactual evidence recorded in the Raversijde 1992-'95 zone derived from these sandy upper fills.

In order to get a firm archaeological handle on these upper fills, ditches 61 and 269 were excavated in small spits (fig. 419)[1465]. This approach demonstrated large differences in artefact density and it is tempting to associate areas with high densities with certain buildings. The question is whether such an association is meaningful. Other information sources, such as the results of the pottery refitting exercise, may provide evidence supporting certain hypotheses (see below).

Despite containing the same clayey lower fill and sandy ash-rich upper fill, ditch 79 yielded very few pottery fragments. A plausible explanation is that there were virtually no buildings lining this particular ditch, which suggests a link between density in buildings and density in waste material in the ditch fills.

Meticulous examination of the ditch fills has yielded an abundance of site-specific material remains. A brief overview is given below.

Firstly, four fragments of the same bone spectacle frame (artefact no. 1236.10, fig. 424), 39 fragments of the same white ceramic green-glazed costrel (fig. 425), a series of ceramic whistles (figs 426-430) and several fragments of tripods (fig. 431).

The fills also contained a rich array of faunal remains. In the manually collected assemblage, mammals were predominant, followed by shellfish and finally fish bones (fig. 434). The mammal bone assemblage representative of food waste was made up of ca 25% pig, 25% cattle, 50% sheep/goat and a handful of rabbit bones. The few horse and dog bones that were found most likely do not represent food waste. Although the fills produced numerous cat bones, unlike in the case of horse and dog these remains only represent two individuals. Finally, some vertebra fragments of marine mammals are noteworthy.

In order to obtain insight into the relative significance of the fish species from the ditch fill, it was necessary to analyse the samples taken for sieving. This demonstrated that plaice/dab/flounder are the most numerous, followed by the Gadiformes and herring. Within the Gadidae, whiting is predominant, followed by haddock. Cod, the largest species in the group, is the least numerous. The Clupeiformes are represented almost exclusively by herring. Remarkably well represented are the rays, of which the vertebrae make up more than 6% of the total sieved assemblage. Other Chondrichthyes, such as spiny dogfish, angel shark and (in the manually collected material) common smoothhound (*Mustelus mustelus*), are represented by a handful of vertebrae. Apart from eel, which makes up 3% of all bone material, other freshwater fish such as pike and carp were only encountered sporadically. Other marine fish species are rare too. The remains of sea bream (Sparidae) found in this ditch are noteworthy, as this family does not occur anywhere else on the site. Other marine fish species found are gurnard (Triglidae), tuna, mackerel and horse mackerel. Besides the abovementioned plaice/dab/flounder, the ditch contained the remains of the flatfish species turbot, brill, halibut and sole.

In Chapter 3 section 6 we saw that peat-cutting pit 69 was dug before occupation of that particular zone began, and the same probably applies to pit 619; both pits cut ditches (fig. 73). The plot divisions certainly appear to have been taken into account in the planning of the peat-cutting pits. It is clear that the pits were left behind as depressions in the landscape and only gradually infilled with occupation refuse and windblown dune sand. Like the ditches, their fills contained abundant archaeological artefacts. In order to gain insight into the distribution of artefacts, much of the upper fill of pit 69 was experimentally excavated in 2 x 2m spits, each spit divided up into two or more

1461 Egmond 1997, 17.
1462 Egmond 1997, 18.
1463 Henderikx 1991, 29-30.
1464 Fox 2001, 186.
1465 On occasion the 4m interval was abandoned for practical reasons and 3 or 5m long spits were utilised instead.

layers. The large quantity of pottery thus recovered has provided additional clues regarding a number of less common artefact types at Walraversijde, the most important of which are discussed below.

Several fragments were found of a container with a number of holes pierced in the body (fig. 436), 52 sherds of a whitish beige coarseware jar (fig. 437) and several small, thick-walled pots[1466] (fig. 438). Petrographic and chemical analyses were carried out on both the white jar and thick-walled pots (see 4.4.2.3 and 4.4.2.4). The faunal remains from peat-cutting pits 27 and 69 were also studied in detail (see 4.4.2.5 and 4.4.2.6 respectively).

Many pits were encountered during excavation, commonly known among archaeologists as rubbish pits. Dug into the *polder* clay, they have a predominantly black sandy fill. Besides bone and pottery they contained abundant ash.

In the Raversijde 1996-'98 zone, such pits are mainly concentrated in the area between buildings 28-29 and 23-24-26. By contrast, in the area between buildings 22 and 23, and 22-23 and 20, rubbish pits are rare, which lends support to the idea that those areas were used for intensive circulation.

There is no comparable concentration of pits in Raversijde 1992-'95, which, as we have seen, also differs from the 1996-'98 zone by the presence of the two former peat-cutting pits that were reused as rubbish pits (nos 69 and 619) and of plot boundary ditches also reused as rubbish dumps. From the general distribution of rubbish pits it becomes clear that buildings tended to be avoided in both excavation zones. There are a few exceptions to this pattern: in Raversijde 1996-'98, buildings 21, 24, 30 and 31 were truncated by pits, and in Raversijde 1992-'95, the same had happened to buildings 2, 8, 10 and 11. This may mean that these buildings were abandoned before the other buildings and were therefore no longer in use during the final occupation phase. What is remarkable in this context is that neither of the timber buildings was truncated by pits, which suggests that rather than being mere precursors to the brick buildings, these structures were built to last.

As said before, besides these pits, a number of very large rubbish pits were investigated – a hundred times larger than the average rubbish pit. These are the former peat-cutting pits, reused as waste disposal zones (nos 27, 69 and 619).

As the scope of this volume does not allow for a full discussion of all individual pits, three examples were selected for discussion: (nos 380 [4.4.3.2.1-2.] and 463 [4.4.3.2.3-4], and layer 5083 [4.4.3.2.5-6]). In 1994, a pit fill containing a remarkable concentration of flatfish remains was examined in detail[1467]. The fact that this archaeozoological work had been carried out and the results were available formed a criterion for selecting this particular pit for discussion. Two of the three selected pits contained fish remains comparable to those studied in 1994. In addition, all the bone material recovered during the first excavation season (1992)[1468] is presented (4.4.4).

7.3.4 The finds assemblage

This is the first detailed excavation report on the remains of a late medieval fishing village at Raversijde, going back to 1992 when investigations began, and in this volume we also present the first synthesis of the innumerable finds recovered. These include material culture such as pottery, stone, glass, metal, wood, bone and leather artefacts (4.5.2) as well as other categories such as faunal remains (4.5.3).

Late medieval archaeology is virtually synonymous with vast quantities of pottery. No less than 314,673 pottery fragments were recovered from 2562 features in the zones excavated between 1992 and 1998. At the time a quick and rudimentary inventory was made of this assemblage. A rough division into four groups (stoneware, grey earthenware, red earthenware and other ceramics) yields the following percentages: 6% stoneware, 14.9% grey earthenware, 78.9% red earthenware and 0.2% other ceramics. However rough the division may be, these percentages match those obtained from the detailed examination of the pit fill with the flatfish remains. In other words, the figures are valid data and can be used both to create an overall picture and as a framework for assessing individual compositions.

The stoneware from Walraversijde is predominantly salt-glazed Rhineland ware, but Siegburg ware also occurs frequently (fig.129). Salt-glazed Rhineland stoneware is mostly represented by jugs and jars (figs 111 and 377); we also find spindle whorls and miniature two-eared jars (oil pot) that were worn around the neck and contained fat to grease the fingers while spinning. Of the stoneware, some 18.6% can be identified as Siegburg ware, with the occasional piece of stoneware from Beauvaisis in France (fig. 445).

The grey earthenware largely consists of pitchers. They are mostly round or oval-shaped with a sagging base and pinched feet. There is great variation in rim, neck, handle and base morphology. The neck can be funnel-shaped, cylindrical or conical, while handles are rod-shaped or have a central groove or a double row of thumb imprints (see e.g. figs 103 and 111). Except for the largest examples, these grey earthenware pitchers were encountered frequently in the fills of the barrel wells. Among the greyware were also a number of cooking pots or cooking jars (e.g. fig. 141), tripods (4.4.1.2.2), storage jars and a rare fire cover.

Red earthenware is mostly represented by cooking pots. These closed, rounded vessels (width and height are roughly the same) are mostly mounted on pinched feet. They are fitted with one or two 'rod-shaped' handles and while they tend to have everted rims, there is a great deal of variation in the finishing of the rims. They occur in a variety of weights and sizes (figs 142-144 and fig. 163). They are sparsely glazed; the lead glaze is both functional and decorative. Only a few have slip decoration on the shoulder (e.g. figs 143 and 144).

A related type of vessel is the cooking bowl, with its everted neck thickened rim, two horizontal handles and pinched feet (fig. 225: 5).

1466 Regarding these pots, see also Pieters & Verhaeghe 2009.

1467 Pieters *et al.* 1995b.

1468 Bollen 1998.

Besides cooking pots, skillets are well represented. They have a spout in the rim, no pinched feet, and the only glaze, a lead glaze, is on the inside. On the basis of their handles, two subgroups can be distinguished: those with a hollow handle and those with a solid handle (fig. 447).

The skillets, cooking pots and cooking bowls are the three most frequently occurring types among the red earthenware vessels at Walraversijde. Other types are the redware equivalents of the grey pitchers. The red pitchers are slightly less numerous and represent the smaller sizes in the overall pitcher group. A typical feature of the red pithcers is the lead glaze 'stain' on the shoulder opposite the handle (fig. 448); otherwise they have the same general characteristics as the grey earthenware pitchers (fig. 146).

Other types in the redware group are large bowls (formerly known as so-called milk bowls), graffito- and slip-decorated plates[1469] (fig. 449) and lids. One of the decorated plates depicts the head of John the Baptist[1470], whose feast day was on the same day as the start of the herring season (24th June). Less well represented among the redware are the tubular-spouted jug (fig. 224: 1) and other little jugs, a lobed bowl in the shape of a quatrefoil (fig. 262: 1) and other bowls, a tall, bottled-shaped jar (fig. 160: 1), the drinking vessel (fig. 262: 2), the perforated pot (fig. 436), tripods (fig. 432), anthropomorphic and other whistles (figs 426, 428 and 429), the 'triplets pot'[1471], the rectangular candlemakers' trough, the double bowl (fig. 450: 10), the dripping pan, the firecover and the oil lamp.

The remaining ceramic objects, making up ca 0.2% of the total amount recorded, can be split into three groups: pipeclay figurines (e.g. fig. 225: 7), brickware[1472] and Spanish majolica[1473], and a number of rare or unique ceramic types such as a large coarseware pot possibly from Colstoun, Scotland (fig. 437, see 4.4.2.2), small thick-walled pots from the Iberian peninsula (fig. 438, see 4.4.2.2), majolica from Italy[1474] and green-glazed costrels from near Saintonge in south-west France (fig. 425, see 4.4.1.2.1). The Iberian majolica came from Malaga, Valencia and Sevilla[1475]. Among the objects in brickware are some fairly unattractive containers (Fig. 450, 2-4 and 6-9), lids and a fragment of a green-glazed or vitrified spit support (fig. 451).

The group of natural stone artefacts comprises grindstones, or fragments thereof, of a volcanic rock type; several mortar fragments, among which one of Purbeck marble[1476]; a series of whetstones with linear grooves; several neatly perforated objects (weights, touchstones or whetstones? Fig. 225: 8) and some round slate discs which can be interpreted as humming tops[1477].

The glass artefacts[1478] are mostly of greenish transparent glass (Forest glass), mainly drinking vessels. These one-part vessels include the following types: Maigel goblets (fig. 452: 1), octagonal Maigel goblets (fig. 452: 2), goblets with diagonal ribbed decoration (fig. 452: 3) and, to a lesser extent, goblets with a twisted ribbed pattern (fig. 452: 4) and ribbed relief-blown goblets (fig. 452: 5).

The great diversity among the metal artefacts is partly the result of the diversity in metals used (gold, silver, copper and copper alloys[1479], tin/lead and iron). Certain metals, such as gold and silver, were encountered as coins (gold, silver and billon) and a rare finger ring. Objects made of copper or a copper alloy (bronze, brass or billon) are represented by a large quantity of miscellaneous artefacts.

A frequently occurring type is the skimmer (figs 182 and 225: 9) and ca 10 bronze and copper-alloy taps were recovered. The taps are tubular, with rectangular or square mouths in the shape of a stylised animal head (fig. 453: 1); immediately behind it is a vertical tubular part, narrowing downwards, which housed the conical tap. The tap handles were formed by an elegantly made animal figurine, a cock (1662.55, fig. 453: 3), a 'bi foliate' (fig. 100.3) a trefoil (330.3, fig. 453: 2) and a stylised 'M' (3522.1, fig. 453: 4). Furthermore, ca 20 fragments of copper/copper alloy candle holders were found, some resting on multiple feet[1480], some on one round hollow foot and with a flaring rim (fig. 454: 1), while some were to be fitted with the pointed ends. The shafts and actual candle holders also vary; some are thought to have held a single candle, while others are believed to have held three candles[1481](fig. 455: 1-3).

Tin, lead and tin/lead objects are well represented too, both numerically and typologically. For such items as pilgrimage badges and brooches we refer the reader to the 2002 publication[1482]. The religious insignias are highly regional, with a strong coastal representation, such as Lombardsijde, Petite-Synthe (Fr.) and Boulogne-sur-Mer (Fr.)[1483].

Ca 10 small lead objects were found – sleeves that were fitted around the ends of bats used in the Low Countries game of *kolf*. All the lead sleeves are flat on the underside and triangular with rounded corners in section (fig. 456). During the 15th-century, *kolf* was popular in the coastal rural region of Flanders, at least at Walraversijde.

Humming tops not only occurred in slate but also in lead (fig. 352: 4). The most remarkable group of finds among the tin, lead and lead/tin objects are without doubt the lead fishing net weights[1484]. Such lead weights mostly occur in fishing contexts and are a typical aspect of the material culture of fishing communities. No less than 351 metal objects were identified as net weights, which were simple rolled-up rectangular or square lead slabs. Also noteworthy are two sounding leads (fig. 458: 1 and 2).

Finally, a large number of iron objects were recorded. Due to poor preservation and a lack of conservation research, many of the artefacts in this group have been considerably less well studied. In late medieval marine fishing environments, fish hooks were usually made of iron, and those from Walraversijde conform to this trend. On the basis of their dimensions, they can be divided into several categories (fig. 458: 3-6). While the hooks vary in length from 42 to over 140mm, their morphology is essentially the same across the board. They are flat-topped and

1469 Pieters 1994, 290 fig. 15: 2.

1470 See also Van Bulck 2006, 112 fig. 8.

1471 Pieters 1994, 290 fig. 15: 5.

1472 E.g. a lid made out of brick in Pieters 1994, 290, fig. 15: 6.

1473 Pieters & Verhaeghe 2009.

1474 Pieters & Verhaeghe 2009, 110.

1475 Pieters & Verhaeghe 2009, 106-110.

1476 Pieters 1994, 285 fig. 6.

1477 See e.g. Pieters 1994, 290 fig. 15: 9.

1478 Caluwé 2001 & Caluwé *et al.* 2003.

1479 As none of the objects was analysed scientifically, classification of the metal types remains generic, both in terms of the copper alloys and the tin and/or lead objects.

1480 As published in Pieters 1994, 295 fig. 20: 2; there, however, it was misidentified as the leg of a 'grape'.

1481 The central ring is thought to have held a pin on which a third candle was fitted, hence this interpretation.

1482 Pieters *et al.* 2002.

1483 Pieters *et al.* 2002, 295-299.

1484 Pieters 1994, 293 fig. 18.

eyeless, their shanks are round in section and their circular to flat bends end in a point with a barb. Other common iron artefacts are sickles (fig. 459: 3), shears (fig. 459: 1 and 2) and augers (fig. 459: 4).

If preservation conditions were poor for iron objects, the wet alkaline *polder* clay provided excellent conditions for the preservation of late medieval artefacts made of organic material. A total of 44 wooden knitting or netting needles[1485], or fragments thereof, was recovered. Based on the one netting needle that had survived intact[1486] (2056.24, fig. 460) as well as on fragments of other needles, they were 15 to 17cm long, 1 to 2cm wide and 4mm thick. One end is horseshoe- or U-shaped, while the other end has a short, stubby point. The Walraversijde netting needles were made with nine different types of wood, and several unfinished examples demonstrate that they were manufactured locally.

Another class of wooden artefacts is the combs (fig. 461). Made of box wood (*Buxus sempervirens*), they are rectangular, virtually flat, fine-toothed on one side and coarse on the other. None of the combs had survived intact; only in the case of comb 2125.2 (fig. 461: 2) could the central point be established and therefore the projected length (11.2cm). Furthermore, a large number of brooms were found, including one where the handle had survived (fig. 462). This particular example was a besom broom, with heather bristles and a birch handle (*Betula* sp.)

Finally, as part of the wooden artefact assemblage, we take a brief look at cork as a material for the manufacture of objects. Chief among these are the numerous cork floats used to keeping the nets afloat[1487]. Besides fishing nets, cork was also used for the soles of a particular type of shoe, the so-called *stillegang*, and for bottle stoppers. With regard to the cork soles, we refer the reader to the report on leather and other footwear from Walraversijde[1488]. The stoppers, of which eight were found (fig. 463), were used to seal containers with 2.5 to 6.4cm diameter necks.

As we saw earlier, humming tops were made of lead or slate, but oyster shell was also used. Other noteworthy artefacts in this class of material are the ivory combs. Remarkable though they may seem, they tie in well with the presence of other exotic products such as the Spanish majolica and the pomegranates. The bone dice found at Walraversijde are virtually identical, apart from small variations in size and detail. Nearly all are a perfect cube shape, and on all bar one (1249.1) the pips are in the following positions: one opposite two, three opposite four, five opposite six.

The last class of organic material is leather. Most of the leather artefacts recovered are shoes; other objects are belts, sheaths, waist pouches and handles[1489]. Within the footwear assemblage, the *stillegang* occurs more frequently at this site than in other contexts. As most of the shoes are boots, the wearers would have been craftsmen and labourers, people whose footwear needs were primarily functional[1490].

It is clear from the above that Walraversijde boasted a wide range of artefacts – apparently the fishing community had access to an extensive array of products, although it must be added that evidence for access does not necessarily mean evidence for wealth.

The sherds of several easily identifiable ceramic groups were collated in order to refit as many of the vessels as possible. This pottery refitting exercise immediately provided new insight into the spectrum of ceramic groups and thereby into discard patterns and/or post-depositional aspects. The site plan was annotated with the connections that had been made (fig. 465), from which a number of conclusions can be drawn.

First and foremost, not a single connection could be made between Raversijde 1992-'95 and Raversijde 1996-'98, despite the fact that the two zones are a mere 44m apart – a distance that was bridged many a time by associations within Raversijde 1992-'95. There, the largest distance between the findspots of two sherds that could be refitted was 62m. Far more such associations could be established for Raversijde 1992-'95 than for its 1996-'98 counterpart. For example, at Raversijde 1992-'95, several sherds were recovered from the upper fill of peat-cutting pit 69 that could be refitted to those from the upper fill of ditch 61. Moreover, several times, such as in the case of the Colstoun ware, the lines of the associations go through buildings: artefacts recovered from one side of a building match those found on the other side of the same building. Several such lines run across building 1 and to a lesser extent building 2, and it could be argued that a) the artefacts are associated with the building, and b) certain waste is associated with certain buildings. Finally, the lines show a concentration in two places: between buildings 8-10 and 1-3 and between buildings 6 and 15. In addition, the area between buildings 8-10 and 1-3 is also the location of a concentration of toys, e.g. marbles, which suggests that this was a favoured play area for children[1491].

7.3.5 Faunal remains

Of the large quantity of late medieval faunal remains recovered at the Raversijde excavations, two contexts were studied in detail early on: pit 167[1492] and brick cesspit 546[1493]. Since then the mammalian assemblage has been subjected to a wide range of methodological investigations. The following aspects were examined: the occurrence of dental pathologies among pigs indicative of living conditions[1494]; seasonality in the slaughter patterns for pigs and the possible occurrence of more than one reproductive season[1495]; sheep, cattle and pig nutrition[1496], and

1485 Pieters 1997, 175 fig. 4; Pieters 2006, 42-43 figs 1 and 2.
1486 For more information on this netting needle and more specifically the intertwined fishes depicted on it, see Pieters 2010.
1487 Pieters 2006, 45 fig. 4.
1488 Schietecatte 2003.
1489 Schietecatte 2003, 150.
1490 Schietecatte 2003, 154.
1491 Pieters 2002b, 456.
1492 Pieters *et al.* 1995; Van Neer & Pieters 1997.
1493 Pieters *et al.* 1999.
1494 Dobney *et al.* 2002.
1495 Ervynck & Dobney 2002.
1496 Ervynck *et al.* 2003; Schietecatte & Sealy 2006.

seasonality in marine fishing and demographic processes within fish populations, possibly as a result of overfishing[1497]. The synthesis presented below brings together as many data as possible regarding the local food economy sector that was based on animal products.

Among the shellfish, the blue mussel (*Mytilus edulis*), the oyster (*Ostrea edulis*), the common cockle (*Cerastoderma edule*) and the common whelk (*Buccinum undatum*) are the mainstay. Shellfish remains were rarely found associated with buildings. A clear and consistent unimodal distribution can be observed with regard to mussel sizes (fig. 466), possibly the result of strict selection criteria in the collection process, or of well-organised mussel cultivation. The oysters too are similarly sized and regularly shaped; together with their large size, these characteristics are also suggestive of shellfish cultivation. However, this does not apply to the whelks and cockles. Other molluscs that may have been a food source are beach-dwelling clams of the *Spisula* and *Mactra* genus, the banded wedge shell (*Donax vittatus),* shells from the razor clam group (Ensis/Solenidae) and possibly also the large and spotted necklace shells (*Polinices catenus and P. polianus*). Finally, the occurrence of cuttlefish (*Sepia officinalis)* is striking.

Very few Crustacea remains were found; brick cesspit 702 contained one fragment of the exoskeleton of a common shrimp (*Crangon crangon*), while pit 380 yielded some fragments of crabs (usually the claws), probably shore crabs (*Carcinus maenas*).

In total, over 90,000 fish remains from Walraversijde were examined, including those from contexts published previously. Of this assemblage, nearly two-thirds could be identified (table 87), amounting to 47 species. This makes the Walraversijde assemblage the most species-rich assemblage ever studied in Flemish archaeology. Having said that, the predominant species are the flatfish trio of plaice, dab and flounder, the Gadidae, and herring and other Clupeiformes (fig. 467). These are followed by eel and rays, although these only represent a small percentage of the total assemblage. Shark remains are extremely rare.

Within the Clupeiformes, herring (*Clupea harengus*) is by far the predominant species, whereas sprat (*Sprattus sprattus*), European pilchard (*Sardina pilchardus*) and shad or river herring (*Alosa*) occur far less frequently. No clear evidence was found for either the consumption or production of soused herring.

Among the Gadidae, cod (*Gadus morhua*) is predominant, followed by haddock (*Melanogrammus aeglefinus*) and whiting (*Merlangius merlangus*). Evidence was also found for the presence of two other Gadidae species, pouting (*Trisopterus luscus*) and ling (*Molva molva*). The total cod assemblage from across the site could be divided into two size groups, based on average length: ca 1m and 0.4-0.6m. At least one context yielded clear evidence for the preparation of stockfish.

The flatfish assemblage also contained small amounts of brill (*Scophthalmus rhombus*), turbot (*Scophthalmus maximus*) and Atlantic halibut (*Hippoglossus hippoglossus*). However, the vast majority of the 23,000 (!) flatfish remains consists of plaice (*Pleuronectes platessa*), flounder (*Platichthys flesus*) and dab (*Limanda limanda*), in order of frequency of occurrence. Dab numbers are relatively low, similar to those for turbot and brill. Some of the flatfish were sizeable (average length 0.4-0.5m), others were smaller. Finally, within the flatfish group, there was evidence for sole.

Among the marine fish remains recovered at the site, a number of species probably represent either unintentional bycatch or occasional intentional catch: Atlantic bluefin tuna (*Thunnus thynnus*), gurnard (Triglidae), conger eel (*Conger conger*), sea bream (Sparidae), John Dory (*Zeus faber*), three-spined stickleback (*Gasterosteus aculeatus*), pipefishes (Syngnathidae), bullrout (*Myoxocephalus scorpius*), armed bullhead (*Agonus cataphractus*), gobies (Gobiidae), greater weever (*Trachinus draco*) and lesser weever (*Echiichthys vipera*), salmon or rainbow trout (*Salmo*), mackerel (*Scomber scombrus*) and horse mackerel (*Trachurus trachurus*).

Besides abundant marine fish species, a small number of freshwater species were found. Chief among these is eel (*Anguilla anguilla*), while pike (*Esox lucius*), rudd (*Scardinius erythrophthalmus*) and carp (*Cyprinus carpi* f. domestica) also occur. The occurrence of carp in this fishing village is interesting, as carp cultivation was only introduced in this region in the late medieval period and its distribution was generally restricted to castle and abbey fishponds[1498].

Bird remains are a relatively rare occurrence. They tend to represent farm animals, with chicken (*Gallus gallus* f. domestica) being the most common. Among the farm birds, chickens are far more common than geese or pigeons. The tarsometatarsal assemblage from across the site contains roughly equal amounts of male and female bones. Many of the hunted species are aquatic, such as red-throated loon (*Gavia stellata*) and guillemot (*Uria aalge*), and, interestingly, seagull, of which large numbers of bones were found. Species hunted in the wetlands further inland included swan (*Cygnus*) and coot (*Fulica atra*). Goose was mostly represented by domesticated goose (*Anser anser* f. domestica). Some duck bones could only be identified to the level of *Anas*; all other duck remains can be identified as *Anas platyrhynchos*, probably wild duck rather than the domesticated variety. Thanks to the calcareous geology, many eggshell fragments have been preserved; however, thus far these have not been examined in detail.

Among the remains of mammals are a number of intrusive species: several unidentified micro-mammals (small insect eaters such as shrews and small rodents), mole (*Talpa europaea*), black rat (*Rattus rattus*) and beech marten (*Martes foina*). Game, hunted in the countryside, is only represented by hare (*Lepus capensis*) and rabbit (*Oryctolagus cuniculus*). Marine mammals too are rare[1499] – only two species have been identified with certainty: harbour porpoise (*Phocoena phocoena*) and white-beaked dolphin (*Lagenorhynchus albirostris*).

Among the terrestrial mammals, the main domestic animals were cat (*Felis silvestris* f. catus) and dog (*Canis lupus* f.

1497 Van Neer *et al.* 1999, 2002, 2004.

1498 Lampen 2000.

1499 Identifications were carried out with the aid of J.S. Herman at the Granton Centre, National Museums Scotland, Edinburgh, UK.

familiaris). Horse bones (*Equus ferus* f. caballus) occurred as skeletal parts as well as isolated bones. Most of the bones suggest that the horses measured ca 1.5m at the withers.

The vast majority of the mammal bones consists of pig (*Sus scrofa* f. domestica), cow (*Bos primigenius* f. taurus) and sheep (*Ovis ammon* f. aries). All parts of the pig skeleton are represented, although skull fragments dominate (fig. 468). Not represented in this distribution pattern are several neonates or stillborn piglets. The site differs from other medieval sites in that no clear evidence has been found for seasonal slaughtering of pigs from the same age group[1500]. It would appear, therefore, that at Raversijde, pigs were treated differently to elsewhere in medieval North-West Europe.

Cow bones were highly fragmented and again derived from all parts of the skeleton (fig. 468). Horn cores, however, were entirely absent. The postcranial material contained roughly equal amounts of adults and subadults; juveniles also occurred, albeit less frequently. Bones of neonates or stillborn calves were also found. The small number of bones that had survived intact give a rough idea of the size of the animals (fig. 470).

As is usual, the animal bone assemblage contained a large number of bones that could not be attributed to sheep or goat, but that are certainly either the one or the other. In this case, most of the bones categorised as sheep/goat are likely to be sheep bones. All parts of the skeleton are represented in the material that was recovered manually (fig. 468). We know from the surviving fragments of the upper part of the skull that this was a hornless breed. The abundant mandibles allow for a reconstruction of the age at which these animals were slaughtered (fig. 469); interestingly, lambs are virtually absent.

The inventory presented above clearly indicates that the majority of the animal remains represents food waste. When we look at the distribution of these faunal remains on the site, a clear picture emerges. Before considering this, however, we need to clearly distinguish between features associates with houses, the large waste disposal areas in the former peat-cutting pits and the ditch, and the pits that contained specific fish processing waste material. Waste disposal areas near houses never contained bone or shell, and waste that ended up on the floor similarly did not contain large bone material. The layers from the floor of building 23 only contained small bone material, particularly fish remains. The same applies to the cesspits and barrel wells. The avoidance of large animal waste material in these contexts may be indicative of an intention to reuse their fills, for instance as compost. The bulk of the village's food waste is clearly located in the ditch and in the former peat-cutting pits. All parts of the skeletons of animals eaten were represented in these contexts, indicating that both slaughtering waste and kitchen/table waste ended up there. The larger animal remains, then, were systematically removed from the houses, keeping those relatively clean; instead, waste was disposed of in the pits behind the houses.

The overall picture that emerges from the close examination of the fish remains is that the sea was exploited in two distinct zones: some fishing grounds were located near the coast, others much further out to sea. Flatfish and haddock were mostly caught in the waters just off the Flemish coast, while written sources indicate that fishing also took place further north, particularly off the English and Scottish coast and above the Dogger Bank. There the main catch was herring, which was fished for from the early summer onwards. Between August and November, the fishermen moved south, first along the coast of South-East England and then to Flemish coastal waters and finally the Channel[1501]. This zone may have yielded the large cod that was enjoyed in Flemish towns and of which bones were found on the site. It is difficult to evaluate archaeologically what was and was not caught in the northern waters, yet it is plausible that a number of species, such as ling, certain sharks and rays, derive from these fishing grounds.

The fishermen, then, may have had an annual 'round'[1502], starting in winter with cod, then haddock, then flatfish, and then, in summer and autumn, herring. In addition, much of the food was collected close to the shore; some fish, even smaller cod and haddock, could be caught from the beach. Some of the excavated contexts indicate that part of the catch was processed at the site. Besides the sea, finally, freshwater resources were also exploited, although freshwater fish were of secondary importance. The only exception to this may have been eel.

As we saw earlier, of all the mammals hunted on land only hare and rabbit appear to have been on the menu, and even those only occur in very small numbers. This may be explained by the feudal system, in which the right to hunt game rested with the elite. This clearly applied to the rabbit, an animal deliberately introduced in the dunes of the region to be hunted for its fur[1503]. The villagers will not have been allowed to hunt rabbit, and the few rabbit bones on the site may well be the result of poaching. This may also explain the presence of hare bones.

The same hunting restrictions applied to certain large bird species – it is likely that only smaller birds were allowed, and waders and gulls will not have had any restrictions imposed on them. However, the small numbers of bird bones in the total assemblage tell us that bird hunting probably played a very minor role.

The Raversijde villagers may not only have seen chickens and geese but pigs too may have been kept in close proximity to the houses. Stable isotope analysis has demonstrated that the pig diet consisted of food scraps and kitchen waste[1504]. Pigs and cattle occurred roughly in equal numbers (fig. 471) and the cows must have been reared in the *polders*. Half of the bones in the 'pig, cattle and sheep' group are those of sheep (fig. 471); goat may be present among the waste material. The age at which the sheep were taken to slaughter suggests that they were bred not

1500 *Cf.* Ervynck 1997.

1501 Hovart 1985.

1502 Zie ook Michell 1977.

1503 Rentenaar 1978; Van Damme & Ervynck 1988.

1504 Ervynck *et al.* 2003; Schietecatte & Sealy 2006.

only for their wool but also for their meat. The spatial organisation of livestock rearing at Raversijde is not entirely clear; the presence of bones of neonates or stillborn piglets, calves and to a lesser extent lambs suggests that livestock was kept in or near the village.

Two types of contexts provide an insight into villagers' overall diet: features located in close proximity to houses and the large waste disposal areas (the ditch, the peat-cutting pits and the material from the many contexts from the 1992 excavation). If we take the frequency of the occurrence of the main mammals as a criterion, these large waste disposal areas are strikingly similar (fig. 471).

An evaluation of the site-wide pattern yields the following results. In term of fish consumption, the most striking aspect is the enormous variety in species. Furthermore, within the category caught for export, strict selection based on size can be observed. The Raversijde assemblage suggests that large cod were either sold fresh or turned into stockfish and then sold on.

As regards the share of cattle, pigs and sheep in the food supply, it is clear that the latter two were mainly reared for their meat – an indication that livestock was an important source of food for the village. The general Raversijde picture is one of a highly varied diet, far more so than at many inland sites. Besides sea fishing and rearing livestock for meat, the villagers supplemented their diet with shellfish, Crustacea such as shrimp and crab, freshwater fish (especially eel), wild birds and farmyard fowl such as chickens and geese (and their eggs), as well as the occasional poached hare or rabbit.

On the basis of the faunal remains it is not possible to draw statistically valid conclusions regarding the social differentiation in this fishing community, although certain differences can be observed between the houses' individual waste disposal contexts. In chapter 4.5.4 a first overview is given of the study of wood remains present at the site.

7.4 The post-village phase

We now move on to the evidence for the post-1500 phase of the settlement. In talking about the zones investigated during the excavation seasons in question, the term 'post-medieval' effectively encompasses the post-village phase. The start of this phase is marked by the end of nucleated occupation in the excavated areas, in the late 15th or early 16th century.
The investigated remains and features can be grouped according to four themes: military presence (5.2), a number of inhumations near the chapel (5.3), evidence for occupation (5.4) and evidence for peat cutting (5.5.). These themes are discussed below in the order presented here.

In the investigated zones, several features were excavated or finds recovered that can be linked to the best known of the sieges of Oostende, that which took place in the early 17th century. These features are a large oval pit (no. 475), the fills of brick wells 715 and 1468, and what is believed to be a robber trench of brick well 317. On the basis of the dating of the finds from pit 225 (specifically the leather remains), this feature too is thought to be associated with the 1706 siege of Oostende. Due to their lack of datable archaeological material, a number of pits can only be broadly dated to the 16th to 18th centuries on the basis of their stratigraphy. As these pits, which contained horse and cattle skeletons, cut the late medieval occupation features, they must date to the 16th to 20th century period. In the light of their context, the skeletons may either be associated with the 1601-1604 siege of Oostende or with the siege by the English in 1706, as part of the War of the Spanish Succession. Finally, an enigmatic linear feature (no. 515) may also be linked to the presence of soldiers.

In 2002, soil samples were taken for chemical analysis[1505] on the plots adjacent to the late medieval Walraversijde chapel. One of the aims was to locate and map the medieval cemetery. Eight chemical elements were analysed: aluminium, iron, manganese, calcium, magnesium, potassium, phosphorus and titanium. Two clear concentrations could be observed in the distribution of manganese (fig. 478): one in the centre of the northern plot and one in the northern corner of the southern plot. Archaeological investigation revealed that the first of these concentrations coincided with three graves (trench 03/XXVII, see 5.3.3); no archaeological information is available for the other concentration. Clustered near the northern end of trench 03/XXVII (fig. 3) were three inhumations (9094-9095 and 9096), which between them contained the remains of four individuals. The graves were roughly oriented north-south (fig. 479 and 480a & b) and two of them (grave 9095 containing skeleton 9121 and grave 9096 containing skeleton 9124) were parallel and a metre apart. The individual in grave 9095 (fig. 481) had been buried in supine position, with legs and feet outstretched, arms across the chest, hands left over right. The skeleton in grave 9096 too was supine, with the arms on the stomach. The third grave, 9094, was located slightly further to the north, and also contained a supine individual with the arms on the stomach (fig. 482). A striking aspect of the burials is the shallowness of the graves; only for grave 9095 is there evidence for a genuine grave pit.

Associated archaeological material included a stylus and several late medieval pottery sherds. The presence of nails is a possible indication that these individuals were buried in (simple) wooden coffins. The many bricks encountered in the fill of the dug grave, as well as overlying all three burials, suggest that initially they would have been visible on the surface from the piled-up bricks, which may have compensated partly for the shallowness of the graves.

On the basis of C^{14} dating, these individuals may be connected with the siege of Oostende between 1601 and 1604. However, the possibility that they died of other causes, not related to the siege but during the same period (1520-1650), cannot be excluded. One thing that is clear is that these burials are completely unrelated to the late medieval fishing village.

The shallow nature of the graves suggests that we are dealing with a non-regular burial place, and in that sense they tie in with

1505 Following the methodology described in Clogg & Taylor 2001.

inhumations that have been excavated in the centre of Oostende and which were also located outside regular burial grounds[1506]. Moreover, physical anthropological analysis of the three graves (5.3.4) demonstrated that the individuals were two young women (25 to 35 years of age) and an even younger man (20-25). They may only be three individuals, but they certainly do not reflect the normal situation in terms of age at death.

Evidence from Raversijde 1992-'95 and 1996-'98 for post-1500 occupation is limited to features associated with the predecessor of the house of the late Jeanne Boydens. According to cartographic sources, the house was built in the late 19th century and demolished in 2005.

The archaeological evidence tells us that at Walraversijde, peat cutting continued after the mid 15th century (e.g. peat-cutting pits 449 and 608, fig. 74). Both pits post-date the abandonment of at least half of the village. This archaeological observation is supported by a 1666 land registry document (copy of original from 1534), which mentions early 16th-century peat cutting for the zone in which pit 608 is located[1507].

Occasionally artefacts were encountered in the upper (modern and subrecent) layers of the stratigraphic sequence and in modern structures: four body sherds from one vessel from Bouffioulx, fragments of at least four undecorated globular salt-glazed Rhineland stoneware jugs/jars (fig. 344), fragments of olive oil containers[1508] from Sevilla, part of a helmet (fig. 167) and a cast iron cannonball.

—

1506 Vandenbruaene *et al.* 2003.

1507 Tys 1996, 208.

1508 *Cf.* Martin 1979, 280-284.

Nawoord
Het provinciaal bezoekerscentrum Walraversijde: via archeologisch onderzoek tot een cultuurtoeristisch project

Toen de provincie West-Vlaanderen bij het begin van de jaren 1990 nieuwe stappen wilde zetten in de uitbouw van het provinciedomein Raversijde te Oostende, werd aan het toenmalig Instituut voor het Archeologisch Patrimonium (IAP) de kans geboden eerst na te gaan wat er in de bodem nog aan sporen te vinden was van de middeleeuwse vissersnederzetting Walraversijde.

Archeoloog en bodemkundige Dr. Marnix Pieters kreeg in 1992 van het instituut de opdracht om enkele archeologische prospecties te leiden, op die plaatsen waar de eerstvolgende infrastructuurwerken aangevat zouden worden. Een eerste reeks proefsleuven nabij de Nieuwpoortsesteenweg gaven niet direct spectaculaire informatie prijs, maar maakten toch duidelijk dat er niet enkel uit de middeleeuwen, maar ook bijvoorbeeld uit de Romeinse periode belangwekkend archaeologisch archief aanwezig was. Het belang ervan was moeilijker in te schatten: de bodem van grote delen van West-Europa is immers zo rijk aan sporen van oude samenlevingen dat bijna telkens de bodem verstoord wordt, archeologische resten aan het licht komen, en veelal vinden de op een site ontdekte voorwerpen hun oorsprong in veel verschillende perioden.

In enkele proefsleuven op een akker in meer noordelijke richting, nabij de Duinenstraat, werden daarentegen delen van plattegronden van laatmiddeleeuwse gebouwen blootgelegd. Meteen was het duidelijk dat een grondiger onderzoek belangrijke informatie over deze site Raversijdepolder kon opleveren. Niemand kon toen vermoeden dat het archeologisch onderzoek 18 jaar later nog steeds verder gezet zou worden en internationaal steeds meer aan belang zou winnen of aanleiding zou geven tot de uitbouw van een bezoekerscentrum met niet enkel aandacht voor deze vindplaats, maar ook voor het maritiem archeologisch patrimonium in brede zin. Het latere onderzoek zou, naast honderdduizenden vondsten uit het middeleeuwse tijdvak, belangwekkende informatie uit de prehistorische en Romeinse perioden opleveren, evenals jonger bewijs van bijvoorbeeld het beleg van Oostende (1601-1604) of de Eerste Wereldoorlog.

Toen de opgraving in 1992 begon, was Walraversijde letterlijk een 'verloren dorp'. Achter de duinen waren sinds de 19de eeuw, toen de oude kerktoren tijdens een storm was ingestort, geen bovengrondse getuigen meer te bespeuren en sinds de tweede helft van de jaren 1970, toen de resten van Walraversijde op het strand door de bouw van golfbrekers onder een zandpakket verdwenen, was er totaal niets meer van zichtbaar. Enkel de naam van de tramhalte 'Oud-Raversijde' leek nog enigszins aan de eens fiere vissersnederzetting te herinneren.

Door de studie van wat aan historische documenten, schilderijen en kaarten restte, door de oppervlakteprospecties van het strand door zogenaamde amateurarcheologen, zoals de heer André Chocqueel (1937-1952) en het echtpaar Agnès Mortier en Etienne Cools (1965-1977), kon men evenwel reeds heel wat van de geschiedenis van Walraversijde achterhalen. Ook over Romeinse en nog oudere menselijke aanwezigheid op deze plaats kwam men wat te weten, maar wellicht is in de onmiddellijke omgeving, het voor de 13de eeuw ontstane 'Walravens hide', toch de oudste gekende, permanent bewoonde nederzetting.

De natuurlijke omgeving van de site heeft er voor gezorgd dat de middeleeuwse archeologische artefacten en sporen uitstekend bewaard gebleven zijn, met als resultaat dat de vondsten talrijk en zeer divers zijn. Wat het middeleeuwse Walraversijde betreft, werden de twee verschillende sites 'strand' en 'polder' gedurende relatief korte en welomlijnde perioden bewoond (resp. 1200 tot 1400 en 1400 tot 1600) en nadien vrijwel ongemoeid gelaten. Daardoor is het mogelijk de vondsten vrij precies te dateren en dankzij de provincie West-Vlaanderen, eigenaar van het terrein waarop de site Walraversijde-polder grotendeels ligt, hebben de archeologen hier, in tegenstelling tot vele hedendaagse archeologische projecten, geen druk gekend om het onderzoek inderhaast af te ronden, waardoor fouten hadden kunnen worden gemaakt en belangrijke ontdekkingen gemist.

In de persoon van Marnix Pieters hadden we het geluk een leidend archeoloog te vinden die, gesteund door collega's archeologen, een vast opgravingenteam, een internationale groep onderzoekers en de provincie West-Vlaanderen, de mogelijkheden van de site wist uit te putten, die geen

enkele onderzoekspiste afsloot, die elke vondst met een open geest benaderde en die het belang van de niet-archeologische bronnen naar waarde wist te schatten. Geen enkele denkpiste in verband met het onderzoek, of die nu door een specialist of door wie ook werd aangereikt, werd zonder grondige motivatie definitief afgesloten. Ook hield en houdt hij nog steeds rekening met wat er misschien nog niet gevonden werd of allicht nooit meer teruggevonden kan worden.
Zelfs wanneer een opgraving nauwgezet uitgevoerd wordt, blijft het moeilijk een volledig beeld van een vindplaats op te bouwen. Sommige materialen vergaan snel of werden als energiebron vernietigd, werden gerecycleerd, omgewerkt of elders gebruikt; andere waren zo waardevol dat er zeer zorgzaam mee werd omgesprongen zodat er in verhouding ongewoon veel van bewaard bleven. Het detectivewerk dat hij verricht heeft, leidt niet enkel tot opwindende ontdekkingen, maar langzaamaan tot een totaalbeeld van de geschiedenis van deze plaats aan de Vlaamse kust en dit in relatie tot een ruim spectrum aan andere plaatsen in het Noordzeegebied en zelfs daarbuiten.

In feite is het hele project vanaf het begin een voorbeeld geweest van samenwerking tussen specialisten voor het bereiken van een gemeenschappelijk doel. Slechts zeer zelden kan een vindplaats over een lange periode systematisch onderzocht worden en kan de opgraving zo grondig uitgevoerd worden dat elke vondst wordt geregistreerd en in relatie gebracht tot alle ander bewijsmateriaal. Dit is precies wat in Walraversijde gebeurt en wat de site zo speciaal en zo interessant maakt.

Door de uitstekende bewaringsomstandigheden, de rijkdom van de site en het grondige onderzoek ervan, biedt Raversijde ook mogelijkheden die de meeste archeologische vindplaatsen niet in zich dragen. In 1997 besliste de provincie dan ook de resultaten van de archeologische opgravingen, samen met de al langer gekende historische feiten en de vruchten van nieuw te voeren onderzoek, te interpreteren in een ambitieus bezoekerscentrum met de bedoeling de opmerkelijke resultaten van het wetenschappelijke onderzoek aan een breed publiek bekend te maken. Als centrale blikvanger werd gekozen voor de unieke reconstructie en inrichting van vier laatmiddeleeuwse gebouwen zoals ze er tijdens de bloeitijd van Walraversijde omstreeks 1465 uitgezien kunnen hebben.

De Brit Dr. Charles Kightly kreeg de leiding van deze toch wel zeer geslaagde reconstructie. Het is niet enkel een ideale oogopener voor een verloren wereld, maar biedt ook inzicht in heel wat aspecten uit onze eigen samenleving. Dankzij de uitzonderlijke archeologische rijkdom van de site en het grondig wetenschappelijk onderzoek ervan – die in deze monografie beide duidelijk naar voren komen – en gebruik makend van wat ons bijvoorbeeld nog rest aan authentieke voorwerpen, schilderijen en documenten, kon een zeer doordachte reconstructie de oude vissersgemeenschap opnieuw tot leven wekken (fig. 484).

Het is duidelijk dat de fundamenten voor de reconstructie bestonden uit de eigenlijke archeologische opgraving, de registratie en recuperatie van de vondsten, en het zorgvuldig analyseren en interpreteren van wat gevonden werd. Maar naast het archeologisch bodemarchief moesten nog andere bronnen aangeboord worden, om te beginnen zo veel mogelijk oude documenten. Zo werd door Prof. Dr. Dries Tys voor zijn licentiaats- en doctoraatsverhandelingen grondig onderzoek gevoerd naar wat in de Belgische archieven over Walraversijde te vinden is en bestudeerde Dr. Charles Kightly geschreven bronnen in Britse archieven. De bloeiperiode van Walraversijde viel echter samen met de 'gouden 15de eeuw' van de Vlaamse schilderkunst, toen kunstenaars als van Eyck, van der Weyden en Memling, evenals een rist anonieme schilders van manuscripten, het toenmalige leven met fotografisch realisme illustreerden. Aandachtig ontleed kan hun werk in belangrijke mate bijdragen tot ons begrip van de site; niet in het minst door ons de originele onbeschadigde objecten te tonen waarvan enkel fragmenten werden opgegraven, beschadigd en verkleurd na eeuwen in de grond. Dat kunnen ook het originele 15de-eeuwse meubilair en toebehoren, bewaard en tentoongesteld in musea in Vlaanderen en elders. Het onderzoek van deze bronnen was vooral het werk van Dr. Charles Kightly[1509].

Of het nu archeologisch, geschreven of visueel is, elk afzonderlijk bewijselement werd apart gebruikt, maar ook vooral om meer licht te werpen op alle andere. Het ganse project is het resultaat van een dynamische samenwerking geworden tussen een van elkaar afhankelijke groep mensen: veldarcheologen die de opgraving uitvoeren, analisten van vondsten en gespecialiseerde onderzoekers die de resultaten interpreteren, historici gespecialiseerd in de studie van geschreven en visuele bronnen tot de vele ambachtslui die de replica's vervaardigden. Allen droegen hun onmisbaar aandeel bij om de evocatie van een middeleeuwse vissersgemeenschap voor het publiek te realiseren. Het was belangrijk dat de reconstructie zo getrouw mogelijk werd uitgevoerd. Niets werd

1509 Een beschrijving van de reconstructie aan de hand van de verschillende bronnen is te lezen in Kightly *et al.* 2003.

FIG. 484 **Luchtfoto van de zone met de gereconstrueerde laatmiddeleeuwse gebouwen.** ***Aerial photograph of the area with the reconstructed late medieval buildings.***

ondernomen zonder dat er harde bewijzen voor waren, liefst uit zo veel mogelijk bronnen. Bovendien werd waar mogelijk met authentieke materialen en technieken gewerkt.

Het gereputeerde bureau Past Forward Ltd. uit York, V.K., had de leiding over het ontwerp en de uitbouw van het bezoekerscentrum, zowel van de reconstructie als van het 'interpretatiecentrum' ernaast. Het metselwerk bijvoorbeeld werd uitgevoerd door een Belgische onderneming gespecialiseerd in de herstelling en conservering van historische gebouwen. De middeleeuwse bakstenen van de site werden gebruikt voor de buitenbekleding van de muren en voor de rest werden hedendaagse met de hand gemaakte bakstenen gebruikt die dezelfde afmetingen hebben als de middeleeuwse. Voor bijzondere opdrachten, zoals het metselen van de overwelfde oven van de bakkerij, waren traditionele vaardigheden vereist. De eiken dakstructuren werden in het atelier van de timmerman geprefabriceerd, net zoals dat in de middeleeuwen gebeurde. Hoewel het atelier zich op de grens tussen Engeland en Wales bevond, werden de dakstructuren gekopieerd van nog bestaande Vlaamse huizen nabij Walraversijde. Dit voorbeeld van de ruwbouw van de reconstructie geeft aan dat de uitbouw van het museum Walraversijde net zo rigoureus aangepakt werd als het wetenschappelijk onderzoek dat er aan vooraf ging en dat daarbij uit zeer diverse bronnen werd geput.

Op 24 juni 2000 – de dag van de zonnewende en de feestdag van de beschermheilige van de vissers van Walraversijde, Johannes De Doper – werden drie gereconstrueerde woningen en een bakkerij/rokerij voor het publiek opengesteld, samen met een interactieve presentatie die de diverse historische bronnen van deze eens bloeiende vissersgemeenschap interpreteert. De opening was een belangrijke stap voor de herontdekking van de plaatselijke geschiedenis en het systematische archeologisch onderzoek dat in 1992 door de provincie West-Vlaanderen en het IAP werd opgestart.

Het bezoekerscentrum wist bij de bezoekers eerst en vooral duidelijk de gedachte uit dat Walraversijde een 'arm vissersdorp' was. De gereconstrueerde woningen tonen de sociale differentiatie binnen de vissersgemeenschap door hun verschillende grootte en inrichting. De bezoeker van de gereconstrueerde woningen wordt via een audiofoon begeleid door de stemmen van enkele middeleeuwse bewoners die vertellen over hun sociale positie, hun arbeid en hun levenswijze...

Na het bezoek aan de woningen van de scheepseigenaar en de vissersweduwe, en aan het huis en de bakkerij/rokerij van een inwoner die géén visser is, komt men via de reconstructie van een archeologische opgraving in het interpretatiecentrum. Daar krijgt de bezoeker een volledig overzicht van de geschiedenis van deze locatie. Een rijke hoeveelheid strandvondsten levert bewijs van menselijke aanwezigheid tijdens de Romeinse periode en zelfs daarvoor, en natuurlijk van het 13de-15de-eeuwse Walraversijde. De rijkdom van de strandsite wordt geïllustreerd en aan de hand van de vondsten van de poldersite wordt het laatmiddeleeuwse leven in de vissersnederzetting thematisch behandeld.

Met behulp van audiofoon, computers, cartoons, afbeeldingen uit die tijd en natuurlijk de authentieke voorwerpen in de vitrines krijgt men een vollediger beeld van het milieu, de visserij,

FIG. 485 **Foto van het binnenmuseum.**
The indoor part of the museum.

de handel en de (internationale) handelscontacten, het wrakken en strandjutten, de piraterij en de (oorlogs)gevaren op zee, de kledij, de huisraad, de hygiëne, het religieuze leven en het vrijetijdsleven. Mondharpen en notenbalken, kolfstokken om te 'golfen', diverse soorten speelgoed voor jong en oud, of bijvoorbeeld een bril zorgen ervoor dat de bezoeker nog meer respect krijgt voor de laatmiddeleeuwers aan de Noordzeekust.

Een laatste luik toont de verdere geschiedenis van Walraversijde na de bloeitijd halfweg de 15de eeuw. Daarbij wordt vooral de nadruk gelegd op de rol die Walraversijde speelde tijdens het beleg van Oostende 1601-1604, toen er een Spaans cavaleriekamp werd opgeslagen.

Sinds de opening van het centrum in 2000, die enkel mogelijk was door het gevoerde wetenschappelijke onderzoek, is de publiekswerking er op gericht de informatie die dat steeds verdergaand wetenschappelijk onderzoek oplevert, onder een zo ruim mogelijk publiek te verspreiden via bijvoorbeeld publicaties, het aanpassen en uitbreiden van de vaste presentatie, tijdelijke tentoonstellingen, het verlenen van bruiklenen, het organiseren van allerlei bijeenkomsten: workshops, colloquia, conferenties, academische zittingen, ... Evenzeer worden inspanningen geleverd om de vissersnederzetting te kaderen in het grote geheel van het maritiem archeologisch erfgoed, meer bepaald in het zuidelijk Noordzeegebied. De laatste jaren ging de aandacht dan ook opnieuw naar de strandsite en de kustzone voor Raversijde.

De archeologische opgravingen op de site van het middeleeuwse Walraversijde gaan nog steeds verder en er worden nog regelmatig nieuwe ontdekkingen gedaan. In laboratoria, bibliotheken en universiteiten in België en in het buitenland gaat het onderzoek naar eerdere vondsten eveneens verder. De reconstructie van Walraversijde moet in feite worden beschouwd als een 'werk in uitvoering'. Hoewel er reeds buitengewoon veel informatie over het middeleeuwse Walraversijde werd verzameld, moet het grootste deel ervan nog worden onderzocht, onder meer de hoofdstraat, de brouwerij en de grote 'kapel' – waarvan we op basis van documentatie en enkele proefsleuven weten dat ze hebben bestaan. Hetzelfde geldt voor de boerderijen aan de rand van de nederzetting en voor de aanlegplaats voor de vissersboten. Het is onmogelijk te voorspellen wat er nog meer aan het licht zal komen. Er is ook nog veel te ontdekken op basis van documenten. De archieven van buitenlandse havens die werden aangelopen door schepen uit Walraversijde werden tot nu toe slechts gedeeltelijk onderzocht maar leverden toch belangwekkende aanvullende informatie.

Zonder twijfel zal verder onderzoek nieuwe en verassende zaken opleveren, zoals eind 2005 de ontdekking van een Romeinse dijk, een unieke vondst die andere archeologen op andere sites sporen van dergelijke constructies helpt leren herkennen. Maar nu al is (Wal)Raversijde (met de sites 'strand' en 'polder') een archeologische vindplaats van uitzonderlijk belang; en niet enkel door wat er gevonden kan worden.

In de eerste plaats doordat Walraversijde tot nu toe de enige middeleeuwse vissersgemeenschap in Europa is die zo grondig en systematisch wordt bestudeerd. Gedeeltelijke opgravingen hebben uiteraard plaatsgevonden in tal van vissersdorpen en kustplaatsen, maar de meeste daarvan zijn nog steeds bewoond. Nergens anders dan in Walraversijde is het mogelijk om een 'verzegelde tijdscapsule' vol gegevens over het leven aan zee in de late middeleeuwen en in het begin van de Nieuwe Tijd te bestuderen.

De bloeitijd van Walraversijde medio 15de eeuw viel ook samen met een periode waarin Vlaamse kunstenaars zeer productief waren. De picturale bronnen zijn talrijk en nuttig voor de interpretatie en de reconstructie. Documentaire bronnen hebben eveneens veel onthuld over de geschiedenis van de nederzetting en de inwoners.

Ten slotte is de verdwenen middeleeuwse gemeenschap van Walraversijde belangrijk doordat de provincie West-Vlaanderen de site op een unieke manier openstelde voor het publiek. Niet alleen werd een deel van de nederzetting gereconstrueerd: er werd ook gebruikgemaakt van de meest geavanceerde technologie om een interactief interpretatiecentrum in te richten, dat bedoeld is om een breed publiek aan te spreken – van de toevallig voorbijkomende toerist, tot de scholier en de goed geïnformeerde expert (fig. 485).

Bovendien kan het middeleeuwse Walraversijde, als onderdeel van het grotere geheel van het provinciedomein Raversijde duidelijk worden geschetst binnen zijn context, als schakel in de lange geschiedenis van de Vlaamse kust. Op korte afstand van de gereconstrueerde huizen en het interpretatiecentrum kan men een bezoek brengen aan de goed bewaarde overblijfselen van Duitse kustverdedigingswerken uit beide wereldoorlogen, en aan het memoriaal prins Karel waar naast het leven van de prins-regent onder meer de geschiedenis van Raversijde sinds het verdwijnen van de kapeltoren van Walraversijde getoond worden. De oorsprong van het provinciedomein ligt overigens bij een koninklijk zomerverblijf van Koning Leopold II, later gebruikt door Koning Albert I en Prins Karel, die Oostende mede haar faam als badplaats hebben bezorgd. Samen met Leopold II ontdekten ook de eerste wetenschappers de archeologische strandsite van Raversijde.

De blijvende populariteit van de Vlaamse kust als vakantieoord is in de omgeving overal te zien. Door de ligging aan zee beschikt het provinciedomein Raversijde met deze drie attracties over een groot potentieel aan bezoekers en kunnen ze via de geschiedenis van deze locatie velen wegwijs maken in de bredere – of hun eigen – geschiedenis. Het provinciedomein, een kleine 50 ha groot, vult ook het totale toeristische aanbod van de kust aan en helpt er mee voor zorgen dat ook zij die kiezen voor een rustigere vakantie of een brok erfgoed willen meepikken aan hun trekken komen.

Onder de dynamische leiding van Dr. Marnix Pieters groeide het VIOE-team in Raversijde uit tot de Cel Maritieme Archeologie en Varend Erfgoed. Op het provinciedomein heeft de cel haar vestigingsplaats aan de kust gekregen. De publiekswerking van het bezoekerscentrum Walraversijde en het onderzoek van deze cel vormen stevige partners. Het publiek toont de laatste jaren steeds meer belangstelling voor al wat met de zee te maken heeft, bijvoorbeeld onderwaterarcheologie. We mogen dus hopen dat het specifieke onderzoek op zee zal leiden tot de vondst van een laatmiddeleeuws vissersschip...

Guido Decorte & Glenn Gevaert

Bibliografie

ABRAMOWICZ A., CHAPELOT J., NADOLSKI A., PESEZ J.-M. & POKLEWSKI T. 1970: Le village Bourguignon de Dracy. In: *Archéologie du village déserté* I, Ecole pratique des hautes études - VIe section et institut d'histoire de la culture matérielle de l'académie Polonaise des sciences, Cahiers des Annales 27, Paris, 95-171.

ADAMS R.J., MANVILLE G.C. & MCANDREWS J.H. 1978: Comparison of pollen collected by a honey bee colony with a modern wind-dispersed pollen assemblage, *Canadian Field Naturalist* 92, 359-368.

ALLAN J.P. & MORRIS C.A. 1984: Wooden objects. In: ALLAN J.-P. (red.), *Medieval and post-medieval finds from Exeter, 1971-1980*, Exeter Archaeological Reports vol. 3, Exeter, 305-322.

ALLEMEERSCH L. 1991: Peat in the Belgian eastern coastal plain. In: GULLENTOPS F. (ed.), *Wetlands in Flanders. Contributions to the Palaeohydrology of the temperate Zone in the last 15.000 years*, Aardkundige Mededelingen 6 (1995), 1-54.

ALLEN J.R.L. & FULFORD M.G. 1986: The Wentlooge Level: A Romano-British saltmarsh reclamation in southeast Wales, *Britannia XVII*, 91-117.

AMERYCKX J. 1952a: *Bodemkaart van België. Kaartblad 21 W & 21 E*, schaal 1/20.000, Brussel.

AMERYCKX J. 1952b: *Bodemkaart van België. Verklarende tekst bij de kaartbladen Middelkerke 21 W & Oostende 21 E*, Gent.

AMERYCKX J. 1979[3]: *Algemene bodemkunde voor het technisch onderwijs*, Gent.

ARMITAGE PH. 1982: Note on the source of the material used in the manufacture of the spectacles, *The Antiquaries Journal* LXII, 67-70.

ARTS N. 1994a: De opgraving van het Heuvelterrein. In: ARTS N. (red.), *Sporen onder de Kempische stad. Archeologie, ecologie en vroegste geschiedenis van Eindhoven 1225-1500*, Eindhoven, 158-191.

ARTS N. 1994b: Gemerkte en ongemerkte houten gebruiksvoorwerpen. In: ARTS N. (red.), *Sporen onder de Kempische stad. Archeologie, ecologie en vroegste geschiedenis van Eindhoven 1225-1500*, Eindhoven, 237-244.

AUFDERHEIDE A.C. & RODRIGUEZ-MARTIN C. 1998: *The Cambridge encyclopedia of human paleopathology*, Cambridge.

AUGUSTYN B. 1992: *Zeespiegelrijzing, transgressiefasen en stormvloeden in maritiem Vlaanderen tot het einde van de XVIde eeuw. Een landschappelijke, ecologische en klimatologische studie in historisch perspectief (with an English summary)*, Brussel, 2 dln.

AUGUSTYN B. 1999: *De veenontginning (12e-16e eeuw)*, Beveren.

AYERS B.S. 1994: *Excavations at Fishergate, Norwich 1985*, East Anglian Archaeology Report 68, Gressenhall.

BAART J. 2001: Medieval Houses in Amsterdam. In: GLÄSER M. (red.), *Lübecker Kolloquium zur Stadtarchäologie im Hanseraum* 3, Lübeck, 159-174.

BAETEMAN C. 1981: *De holocene ontwikkeling van de westelijke kustvlakte*, Proefschrift Vrije Universiteit Brussel.

BAETEMAN C. 1999: The Holocene depositional history of the IJzer palaeovalley (Western Belgian coastal plain) with reference to the factors controlling the formation of intercalated peat beds. In: BAETEMAN C. (red.), *Quaternary of Belgium: New perspectives*, Geologica Belgica 2, 1-2, 39-72.

BAETEMAN C. 2005a: *Geologische kaart van België. Algemene profieltypenkaart van de holocene kustafzettingen (1/25.000). Kaart De Panne-Oostduinkerke, Nieuwpoort-Leke, Middelkerke-Oostende*, Brussel.

BAETEMAN C. 2005b: How subsoil morphology and erodibility influence the origin and pattern of late Holocene tidal channels: Case studies from the Belgian coastal lowlands, *Quaternary Science Reviews* 24, 2146-2162.

BAETEMAN C. 2007a: De laat Holocene evolutie van de Belgische kustvlakte: Sedimentatieprocessen *versus* zeespiegelschommelingen en Duinkerke transgressies. In: DE KRAKER A.M.J. & BORGER G.J. (red.), *Veen-Vis-Zout. Landschappelijke dynamiek in de zuidwestelijke delta van de Lage Landen*, Geoarcheologische en Bioarcheologische Studies 8, 1-18.

BAETEMAN C. 2007b: Roman peat-extraction pits as possible evidence for the timing of coastal changes. In: BEENAKKER J.J.J.M., HORSTEN F.H., DE KRAKER A.M.J. & RENES H., *Landschap in tijd en ruimte*, Amsterdam, 16-25.

BAETEMAN C. 2008: Radiocarbon-dated sediment sequences from the Belgian coastal plain: Testing the hypothesis of fluctuating or smooth late-Holocene relative sea-level rise, *The Holocene* 18, 8, 1-10.

BAETEMAN C., BEETS J.D. & VAN STRYDONCK M. 1999: Tidal crevasse splays as the cause of rapid changes in the rate of aggradation in the Holocene tidal deposits of the Belgian coastal plain, *Quaternary International* 56, 3-13.

BAETEMAN C., CLEVERINGA P. & VERBRUGGEN C. 1981: *Het paleomilieu rond het Romeins zoutwinningssite van Leffinge*, Belgisch Geologische Dienst Professional Paper 186, Brussel.

BAETEMAN C. & VERBRUGGEN C. 1979: *A new approach to the evolution of the so-called Surface Peat in the Western Coastal Plain of Belgium*, Belgische Geologische Dienst Professional Paper 167, Brussel.

BAILON S. 1991: Amphibiens et Reptiles. Rapport d'étude. In: VAN OSSEL P. (red.), *Les Jardins du Carrousel à Paris. Fouilles 1989-1990. III. Les rapports des spécialistes*, Paris, 277-283.

BAKKER M. & VAN SMEERDIJK D.G. 1982: A palaeocological study of a Late Holocene section from "Het Ilperveld", western Netherlands, *Review of Palaeobotany and Palynology* 36, 95-163.

BARBÉ H. & ROY E. met de medewerking van BOUCHET F., DUFOURNIER D., LAMBERT G.N., LANOS PH. & LAVIER C. 1996: Des latrines du milieu du XIIIème siècle au Quai des Salines à Saint-Omer. In: PITON D. (red.), *La céramique très décorée dans l'Europe du Nord-Ouest (Xème-XVème siècles). Actes du Colloque de Douai (7-8 avril 1995)*, Nord-Ouest Archéologie 7, 153-181.

BARNETT C., SCAIFE R.G., TRUCKLE N. & RUSSELL J. 2009: The upper and middle Wentlooge sequence and environments at plot 8000, the western approach distribution park, Avonmouth, South Gloucestershire, *Archaeology in the Severn Estuary* 19 (2008), 1-19.

BARNWELL P.S. & ADAMS A.T. 1994: *The House within. Interpreting Medieval Houses in Kent*, London.

BARON BETHUNE 1900: *Épitaphes et monuments des églises de la Flandre au XVIme siècle d'après les manuscrits de Corneille Gaillard et d'autres auteurs*, Brugge.

BARRON C. 1995: Introduction: England and the Low Countries 1327-1477. In: BARRON C. & SAUL N. (red.), *England and the Low Countries in the Late Middle Ages*, Stroud, 1-28.

BARTELS M. 1993a: De opgraving. In: BARTELS M., CLEVIS H. & ZEILER F.D. (red.), *Van huisvuil en huizen in Hasselt*, Kampen, 9-19.

BARTELS M. 1993b: Beerputten: informatie uit afval. In: BARTELS M., CLEVIS H. & ZEILER F.D. (red.), *Van huisvuil en huizen in Hasselt*, Kampen, 33-66.

BARTELS M., KOTTMAN J., KLOMP M., VAN DER MEULEN H., VAN DE VENNE D. & SARFATIJ H. 1999: *Steden in Scherven. Vondsten uit beerputten in Deventer, Dordrecht, Nijmegen en Tiel (1250-1900)*, Zwolle.

BARTON R.N.E. 1992: *Hengistbury Head, Dorset. Volume 2: The Late Upper Palaeolithic & Early Mesolithic sites*, Oxford University Committee for Archaeology Monograph 34, Oxford.

BARWASSER M. & GOUBITZ O. 1990: Leder, hout en textiele vondsten. In: CLEVIS H. & SMIT M., *Verscholen in vuil. Archeologische vondsten uit Kampen 1375-1925*, Kampen, 71-99.

BASTIAENS J. 2002: Archeobotanisch onderzoek Raversijde: stramien mondelinge uiteenzettingen voorjaar 2002. In: PIETERS M., *Aspecten van de materiële leefwereld in een laatmiddeleeuws vissersmilieu in het zuidelijk Noordzeegebied. Een bijdrage tot de middeleeuwse rurale archeologie, in zonderheid naar aanleiding van de opgravingen te Raversijde (stad Oostende, provincie West-Vlaanderen, België), s.l.* (Brussel & Aalst), doctorale dissertatie VUB, ms., Bijlage 5, 103-107.

BAUWENS F. 1995a: Wie wist het?, *De Strandvlo* 15 (1), 33.

BAUWENS F. 1995b: Wie wist het? Vervolg, *De Strandvlo* 15 (3), 108-109.

BAZELMANS J. 2005: Die Wurten von Dongjum-Heringa, Peins-Oost und Wijnaldum-Tjitsma: kleinmassstäblicher Deichbau in ur- und frühgeschictlicher Zeit des nördlichen Westergo. In: FANSA M. (red.), *Kulturlandschaft Marsch. Natur, Geschichte, Gegenwart. Vorträge anlässlich des Symposiums in Oldenburg vom 3. bis 5. Juni 2004*, 68-84.

BECK L., GUINEAU B., DELAMARE F. & BARRANDON J.-N. 1993: Le 'chappeau de fer dorez' de Charles VI: apport des analyses à la connaissance de la technologie de fabrication. In: ELUÈRE C. (red.), *Outils et ateliers d'orfèvres des temps anciens*, Saint-Germain-en-Laye, 223-226 (= Antiquités nationales mémoire 2).

BECK P. (red.) 1989: *Une ferme seigneuriale au XIVe siècle. La grange du Mont (Charny, Côte-d'Or)*, Documents d'Archéologie Française 20, Paris.

BECUWE F. 1987: Van ruïne tot mondvoorraad. Bijdrage tot de Geschiedenis van de Duinenabdij, *De Duinen. Bulletin van het Wetenschappelijk en Kultureel Centrum van de Duinenabdij en de Westhoek* 17, 69-76.

BECZE-DEAK J., LANGOHR R. & VERRECHIA E.P. 1997: Small scale secondary CaCo3 accumulations in selected sections of the European loess belt. Morphological forms and potential for paleoenvironmental reconstruction, *Geoderma* 76, 221-252.

BEEKMAN F. & VAN BEUNINGEN H.J.E. 1995: *Het verdronken Westenschouwen*, Zierikzee.

BEHRE K.-E. 1981: The interpretation of anthropogenic indicators in pollen diagrams, *Pollen et Spores* 23, 225-245.

BEIRENS D. 1992: Raversijde......What's in a name? *Gidsenblad Lange Nelle* 4-2, 62-64.

BELL M. 2000: Environmental archaeology in the Severn Estuary: progress and prospects, *Archaeology in the Severn Estuary* 11, 69-103.

BERENDS G. 1999[2]: *Historische houtconstructies in Nederland*, Arnhem.

BERESFORD G. 1975: *The Medieval Clay-land Village: Excavations at Goltho and Barton Blount*, The Society for Medieval Archaeology Monograph Series no. 6, London.

BERESFORD M. & HURST J. 1990: *Wharram Percy. Deserted Medieval Village*, London.

BERG H., JORGENSEN L.B. & MORTENSON O. met bijdragen van BENDIXEN K. & HATTING T. 1981: *Sandhagen. Et Langelandsk fiskerleje fra renaissances*, Rudkobing.

BERGMANN R. 1993: Felgen eines Radkranzes. In: BERGMANN R. (red.), *Zwischen Pflug und Fessel. Mittelalterliches Landleben im Spiegel der Wüstungsforshung*, Münster, 207-210.

BETTS I.A. 1978-1980: Thin section analysis of some Colstoun sherds. In: BROOKS C.M., *Medieval pottery from the kiln site at Colstoun, E. Lothian,* Proceedings of the Society of Antiquaries of Scotland 110, Edingburgh 394-395.

BEUG H.-J. 2004*: Leitfaden der Pollenbestimmung für Mitteleuropa und angrenzende Gebiete,* München.

BIDDLE M. 1990: Products of lead working. In: BIDDLE M. *et al.*, *Object and Economy in Medieval Winchester*, Winchester studies 7.ii. Artefacts from medieval Winchester, Oxford, 95-96.

BIDDLE M. & KEENE S. 1990: Leather Working. In: BIDDLE M. *et al.*, *Object and Economy in Medieval Winchester*, Winchester studies 7.ii. Artefacts from medieval Winchester, Oxford, 245-247.

BITTER P. 1986: Archeologisch bodemonderzoek in het bouwterrein van C & A Nederland aan de Haarlemmerstraat en Spijkerboorsteeg te Leiden, *Bodemonderzoek in Leiden*, Archeologisch Jaarverslag 1985, 8, 85-152.

BITTER P. 1988: Archeologisch onderzoek naar de bewoningsgeschiedenis van het Ir. Driessenplein en de ontwikkeling van de oever van de oude Rijn op het Waardeiland te Leiden, *Bodemonderzoek in Leiden,* Archeologisch Jaarverslag 1987, 10, 85-129.

BLAISING J.-M., GÉRARD F. & FRAUCIEL M. 2006: Techniques de construction et structures du village du VIIIe au XXe siècle en basse vallée de la Moselle (Lorraine, France). In: TROCHET J.-R., *Maisons paysannes en Europe occidentale, XVe-XXIe siècles*, Paris, 165-179.

BLANCHARD R. 1906: *La Flandre. Étude géographique de la Plaine Flamande en France, Belgique et Hollande*, Dunkerque (Facsimile-uitgave Familia et Patria Handzame 1970).

BLIECK G. 1996: Céramiques et objets divers du XIVème siècle mis au jour dans une latrine du château dit de Courtrai à Lille. In: PITON D. (red.), *La céramique très décorée dans l'Europe du Nord-Ouest (Xème-XVème siècles). Actes du colloque de Douai (7-8 avril 1995), Travaux du Groupe de Recherches et d'Etudes sur la Céramique dans le Nord/Pas-de-Calais*, Nord-Ouest Archéologie n° 7, 183-231.

BLOCKMANS W.P. & F. 1979: Devaluation, Coinage and Seignorage under Louis de Nevers and Louis de Male, Counts of Flanders, 1330-84. In: MAYHEW N.J. (ed.), *Coinage in the Low Countries (880-1500). The Third Oxford Symposium on Coinage and Monetary History*, BAR International Series 54, Oxford, 69-94.

BLOEMERS J.H.F., LOUWE KOOIJMANS L.P. & SARFATIJ H. 1981: *Verleden Land. Archeologische opgravingen in Nederland*, Amsterdam.

BLY F. 1920[3]: *Onze Zeilvischsloepen*, Antwerpen.

BOESSNECK J., MÜLLER H.-H. & TEICHERT M. 1964: Osteologische Unterscheidungsmerkmale zwischen Schaf (*Ovis aries* Linné) und Ziege (*Capra hircus* Linné), *Kühn-Archiv* 78 (1-2), 1-129.

BOGEMANS F., JACOPS J., MEYLEMANS E., PERDAEN Y., STORME A. & VERDURMEN I. m.m.v. DEFORCE K. 2009: *Paleolandschappelijk, archeologisch en cultuurhistorisch onderzoek in het kader van het geactualiseerde Sigmaplan. Sigma-Durmecluster, zone Groot en Klein Broek*, ongepubliceerd rapport Vlaams Instituut voor het Onroerend Erfgoed, Brussel.

BOGEMANS F., MEYLEMANS E., PERDAEN Y., STORME A. & VERDURMEN I. M.M.V. BASTIAENS J., DEFORCE K., ERVYNCK A., HANECA K. & VANHOUTTE S. 2008a: *Paleolandschappelijk, archeologisch en cultuurhistorisch onderzoek in het kader van het geactualiseerde Sigmaplan. Sigma-cluster Kalkense Meersen, zone Wijmeersen 2. Deel 1: Syntheserapport & aanbevelingen*, ongepubliceerd rapport Vlaams Instituut voor het Onroerend Erfgoed, Brussel.

BOGEMANS F., MEYLEMANS E., PERDAEN Y., STORME A. & VERDURMEN I. M.M.V. BASTIAENS J., DEFORCE K., ERVYNCK A., HANECA K. & VANHOUTTE S. 2008b: *Paleolandschappelijk, archeologisch en cultuurhistorisch onderzoek in het kader van het geactualiseerde Sigmaplan. Sigma-cluster Kalkense Meersen, zone Wijmeersen 2. Deel 2: bundeling rapportages deelonderzoeken*, ongepubliceerd rapport Vlaams Instituut voor het Onroerend Erfgoed, Brussel.

BOLLEN A. 1998: *Archeozoölogisch onderzoek van laatmiddeleeuwse contexten uit Raversijde*, Ongepubliceerde licentiaatsthesis Universiteit Gent.

BONVARLET A. met de medewerking van COMPAGNON E., DEMOLON P., GREGOIRE V., LOUIS E. & NORTIER E. 1998: *Un habitat médiéval Rue Mongat à Douai (XIIIe-XVe siècles)*, Archaeologia Duacensis 12, Douai.

BONVEHI J.S. & COLL F.V. 1993: Physico-chemical properties, composition and pollen spectrum of french lavender (*Lavandula stoechas L.*) honey produced in Spain, *Zeitschrift für Lebensmittel-Untersuchung und -Forschung* 196, 511-517.

BORGONGINO M., FERGOLA L., MASTROROBERTO M., PESCE A., SODO A.M. & STEFANI G. 2010: *Man and the Environment in the territory of Vesuvius. The Antiquarium of Boscoreale*, Napoli.

BORREMANS R. 1963: Archeologisch materiaal uit de middeleeuwse nederzettingen van de Vlaamse kusten, *De Duinen. Bulletin van het Wetenschappelijk en Kultureel Centrum van de Duinenabdij en de Westhoek* 6-7, 113-122.

BORSTLAP E., BOSCH M., BUURSMA A., ESSINK K., FEENSTRA H., HAGEN D., HEINZE A., KNOL E., NIJLUNSING Y., OOST A., OVERDIJK O., DE VLAS J. & DE VRIES K. 2006: Bosch, eiland in de nevelen van de historie, *Stad & Lande. Cultuur-historisch tijdschrift voor Groningen* 15-2, 4-33.

BOS H., GROENEWEG G., VAN HAM W., HOPSTAKEN L., VAN MOSSELVELD J.H., PLOMPEN J. & WEIJS L. 1987: *Schatten uit de Schelde. Gebruiks- en siervoorwerpen uit de verdronken plaatsen in de Oosterschelde*, Bergen op Zoom.

BOUCHET F. 1995: Maladies parasitaires identifiées dans le remplissage d'une latrine à tonneau au village déserté de Walraversijde (ville d'Ostende, prov. de Flandre Occidentale). In: PIETERS M., Een 15de-eeuwse sector van het verdwenen vissersdorp te Raversijde (stad Oostende, prov. West-Vlaanderen), Interimverslag 1994, *Archeologie in Vlaanderen* IV (1994), 234-236.

BOUCHET F. 2003: Apport de la paléoparasitologie à la connaissance des pathologies infectieuses dans les sites médiévaux de Belgique et de France. In: NOËL R., PAQUAY I. & SOSSON J.-P. (red.), *Au-delà de l'écrit. Les hommes et leurs vécus matériels au Moyen Âge à la lumière des sciences et des techniques. Nouvelles perspectives. Actes du Colloque international de Marche-en-Famenne 16-20 octobre 2002*, Turnhout, 99-108.

BOUCHET F., GUIDON N., DITTMAR K., HARTER S., FERREIRA L.F., CHAVES S.M., REINHARD K & ARAÚJO A. 2003a: Parasite remains in archaeological sites, *Memórias do Instituto Oswaldo Cruz* 98, 47-52.

BOUCHET F., HARTER S. & LE BAILLY M. 2003b: The state of the art of paleoparasitological research in the Old World, *Memórias do Instituto Oswaldo Cruz* 98, 95-101.

BRAAT J., GAWRONSKI J.H.G., KIST J.B., VAN DE PUT A.E.D.M. & SIGMOND J.P. (red.) 1998: *Behouden uit het Behouden Huys. Catalogus van de voorwerpen van de Barentsexepeditie (1596), gevonden op Nova Zembla. De Rijksmuseumcollectie, aangevuld met Russische en Noorse vondsten*, Amsterdam.

BRANDT R.W., GROENMAN-VAN WAATERINGE W. & VAN DER LEEUW S. (eds) 1987: *Assendelver Polder Papers 1*, Cingula 10, Amsterdam.

BRAUDEL F. 1987: *Beschaving, Economie en Kapitalisme (15de-18de eeuw), Deel 1. De structuur van het dagelijks leven*, Amsterdam (Nederlandse vertaling van 'Civilisation matérielle, Economie et Capitalisme XVe-XVIIIe Siècle. Les structures du quotidien: le possible et l'impossible, Paris, 1979'.)

BRINKHUIZEN D.C. 1994: Some notes on the fish remains from the late 16th century merchant vessel Scheurrak So1. In: VAN NEER W. (ed.), *Fish exploitation in the past. Proceedings of the 7th Meeting of the ICAZ Fish Remains Working Group (Annales du Musée Royal de l'Afrique Centrale, Sciences Zoologiques 274)*, Tervuren, 197-205.

BRINKKEMPER O. & DE RIDDER T. (red.) 2000: *Vlak-verslag Nr. 3.3. Hoogstad 6.36. Het archeobotanisch onderzoek naar het milieu rond dammen en duikers uit de periode van 175 voor tot 175 na Christus,* Vlaardingen.

BRONK RAMSEY C. 1995: Radiocarbon calibration and analysis of stratigraphy: the OxCal program, *Radiocarbon* 37, 425-430.

BRONK RAMSEY C. 2001: Development of the Radiocarbon Program OxCal, *Radiocarbon* 43 (2A), 355-363.

BROOKS C.M. 1978-1980: Medieval pottery from the kiln site at Colstoun, E. Lothian, *Proceedings of the Society of Antiquaries of Scotland* 110, 364-403.

BROWN D.H. 1995: Iberian Pottery Excavated in Medieval Southampton. In: GERRARD C.M., GUTIERREZ A. & VINCE A. (red.) 1995: *Spanish Medieval Ceramics in Spain and the British Isles*, Oxford, BAR International Series 610, 319-328.

BROWN D.H. 1997: The Social Significance of Imported Medieval Pottery. In: CUMBERPATCH C.G. & BLINKHORN P.W. (red.), *Not so much a pot, more a way of life*, 95-112.

BRUIJN A. met bijdragen van VAN BEUNINGEN H.J.E. & HOEKSTRA T.J. 1979: *Pottersvuren langs de Vecht. Aardewerk rond 1400 uit Utrecht*, Rotterdam Papers III, Rotterdam.

BRUN C., DESSAINT F., RICHARD H. & BRETAGNOLLE F. 2007: Arable-weed flora and its pollen representation: A case study from the eastern part of France, *Review of Palaeobotany and Palynology* 146, 29 50.

BRUNET-VILLATTE F., CIEZAR P., COSTE M.-C., GITTA C., GONZALEZ V., MARCILLE C., NAVECTH-DOMIN A., PIETERS M., RAVOIRE F., RODET-BELARBI I., TROMBETTA P.-J. & VAN OSSEL P. met medewerking van DUFAŸ M., FAUCHERRE N., GUILLAUME J. & LÉONELLI M.-C. 1998: *Les Jardins du Carrousel (Paris). De la campagne à la ville: la formation d'un espace urbain*, Paris (Documents d'Archéologie Française 73).

BRUNSKILL R.W. 1990: *Brick building in Britain*, London.

BRUUN B. 1974: *Gids voor de vogels van Europa*, Amsterdam.

BRYANT V.M. JR. 2001: Pollen Contents of Honey, *CAP Newsletter* 24, 10-24.

BULLOCK P., FEDOROFF N., JONGERIUS A., STOOPS G. & TURSINA T. 1985: *Handbook for Soil Thin Section Description*, Wolverhampton.

BULT E.J. 1992a: Ontstaan en ontwikkeling van Delft. In: BULT E.J. *et al.*, *Archeologisch onderzoek tussen Oude Delft en Westvest. IHE/Delft bloeit op een beerput*, Delft, 5-18.

BULT E.J. 1992b: Sporen & funderingen. In: BULT E.J. *et al.*, Archeologisch onderzoek tussen Oude Delft en Westvest. *IHE/Delft bloeit op een beerput*, Delft, 33-48.

BULT E.J. 1992c: Milieu-technische infrastructuur. In: BULT E.J. *et al.*, *Archeologisch onderzoek tussen Oude Delft en Westvest. IHE/Delft bloeit op een beerput*, Delft, 49-57.

BURGERS A. 2001: *The Water Supplies and Related Structures of Roman Britain*, BAR British Series 324, Oxford.

BURNOUF J., MAIRE J., RIEB J.-P., SCHELLMANNS R. & SEILER M. 1986: Les matériaux de construction en Alsace au Moyen Âge: tuiles, briques, carreaux, poterie de poêle. In: DEROEUX D. (red.), *Terres cuites architecturales au Moyen Âge. Colloque des 7-9 juin 1985, Musée de Saint-Omer*, Arras, 94-107.

BUTTREY T.V. 1993: Calculating Ancient Coin Production: Facts and Fantasies, *The Numismatic Chronicle* 153, 335-351.

BUTTREY T.V. 1994: Calculating Ancient Coin Production II: Why it Cannot be Done, *The Numismatic Chronicle* 154, 341-352.

BUURSMA A. *s.d.*: *Kerkepadwandeling Zoutkamp-Vierhuizen*, Groningen.

CALLEBAUT D. 1979: *Het Hof te Eksel te Moorsel*, Archaeologica Belgica 220, Brussel.

CALLEBAUT D. 1986: De vroeg-middeleeuwse portus en Benedictijnenabdij van Ename (gem. Oudenaarde), *Archaeologica Belgica* II-1, Brussel, 95-104.

CALUWÉ D. 2001: *Het archeologische hol- en vlakglas uit de opgravingscampagnes te Raversijde. Archeologische verwerking en interpretatie*, onuitgegeven onderzoeksrapport.

CALUWÉ D., CLEEREN N., DE CLERCQ W., GEVAERT G., HENDRIKSE H., HILLEWAERT B., JANSSEUNE G., KOTTMAN J., MORTIER S., PIETERS M., SCHALM O., VANDEVELDE J., VAN DIERENDONCK R., WOUTERS H. & ZEEBROEK I. 2003: *Glas van vissers, kooplui, monniken en heren. Middeleeuws en later glas uit het bodemarchief van Kust-Vlaanderen en Zeeland*, Brugge.

CARMIGGELT A. met bijdragen van BRINKKEMPER O., COMIS S.Y. & VAN DRIEL-MURRAY C. 1997: Laat- en postmiddeleeuwse bewoningssporen aan de Hoogstraat te Rotterdam, *BOOR balans* 3, 139-278.

CARTER G.F. 1981a: Die-Link Statistics of Crepusius Denarii and Calculations of the Total Number of Dies. In: CARCASSONNE C. & HACKENS T. (ed.), *Statistics and Numismatics*, PACT 5, Strasbourg, 193-203.

CARTER G.F. 1981b: Comparison of Methods for Calculating the Total Number of Dies from Die-Link Statistics. In: CARCASSONE C. & HACKENS T. (ed.), *Statistics and Numismatics*, PACT 5, Strasbourg, 204-213.

CARTER G.F. & NORD N.S. 1992: Calculations of the Average Die Lifetimes and the Number of Anvils for Coinage in Antiquity, *American Journal of Numismatics* 3/4, 147-164.

CASPARIE W.A. & HELFRICH K. 1995: Houtgebruik in historisch Groningen. In: HELFRICH K., BENDERS J.F. & CASPARIE W.A. (red.), *Handzaam hout uit Groninger grond. Houtgebruik in de historische stad*, Groningen, 28-37.

CASPARI W.A., VAN HEUVELN M.C., KORTEKAAS G.L.G.A. & STUIJTS I.L.M. 1995: Vijftig houtsoorten in Groningen. In: HELFRICH K., BENDERS J.F. & CASPARI W.A. (eds), *Handzaam hout uit Groninger grond. Houtgebruik in de historische stad*, 38-43.

CHAPELOT J. 1975: Les Productions: la céramique du Moyen Age (Ve-Xe siècles). In: *Potiers de Saintonge huit siècles d'artisanat rural*, Paris, 57-64, Musée national des arts et traditions populaires 22 novembre 1975-1er mars 1976.

CHAPELOT J., CARTIER C. & C., CHAPELOT O., RENIMEL S. & RIETH E. 1972: *L'artisanat céramique en Saintonge (XIIIe-XIXe siècles). Essai d'archéologie extensive terrestre et sub-aquatique*, Paris.

CHAPELOT J. & FOSSIER R. 1980: *Le village et la maison au Moyen Age*, Poitiers.

CHARLES L., EVERAERT G., LALEMAN M.C. & LIEVOIS D. 2001: *Erf, huis en mens. Huizenonderzoek in Gent*, Gent.

CHILDS W.R. 1978: *Anglo-Castilian trade in the Later Middle Ages*, Manchester.

CHOCQUEEL A. 1936a: La civilisation néolithique au littoral. Contribution à l'étude de l'outillage lithique des stations humaines submergées de Mariakerke-Walravensyde, *Annales du Cercle Archéologique du Canton de Soignies* VII-1, 15-17.

CHOCQUEEL A. 1936b: Etude descriptive de la céramique protohistorique provenant des gisements submergés de Mariakerke-Walravensijde, *Annales du Cercle Archéologique du Canton de Soignies* VII-1, 68-78.

CHOCQUEEL A. 1937: Deux Hameaux de pécheurs-éleveurs du haut Moyen-Age ensevelis par les eaux marines, *Annales du Cercle Archéologique du Canton de Soignies* VII-2, 113-121.

CHOCQUEEL A. 1940: Réflexions et considerations sur L'Epoque Néolithique au littoral belge, *Annales du Cercle Archéologique du Canton de Soignies* VIII-1, 5-8.

CHOCQUEEL A. 1942a: Essai de détermination approximative de la densité des populations néolithiques, gauloises, et Belgo-romaines d'une partie du littoral belge, base sur les restes d'occupation rejetés par la mer, où découverts en place, sur la rive droite de l'ancienne embouchure de l'Yser, *Annales du Cercle Archéologique du Canton de Soignies* VIII-2, 232-239.

CHOCQUEEL A. 1942b: Note complémentaire sur deux Hameaux de marins-pécheurs du Haut-Moyen-Age ensevelis par les eaux marines, *Annales du Cercle Archéologique du Canton de Soignies* VIII-2, 276-280.

CHOCQUEEL A. 1942c: L'Industrie de l'Os des populations littorales de la Belgique protohistorique, *Annales du Cercle Archéologique du Canton de Soignies* VIII-2, 303-306.

CHOCQUEEL A. 1949: Fouille d'une fosse d'époque belgo-romaine comblée de poteries brisées, *Annales du Cercle Archéologique du Canton de Soignies* XI, 7-10.

CHOCQUEEL A. 1950: *Les civilisations préhistoriques & anciennes de la Flandre Occidentale d'après l'examen d'objets leur ayant appartenu*, Brussel.

CLERMONT-JOLY M. & REMY J.-L. 1992: *Les armes de la guerre de Trente ans*, Jarville.

CLEVIS H. 2001: Moderne Devoten in de Praubstraat en in Windesheim. In: CLEVIS H. (red.), *Zwolle Ondergronds. Zeven blikvangers van archeologische vondsten in Zwolle*, Zwolle, 22-35.

CLEVIS H. & SARFATIJ H. 1982: Borden uit een Dordtse beerput (ca. 1600). In: RENAUD J.G.N. (red.), *Rotterdam Papers IV. A contribution to medieval archaeology. Teksten en lezingen gehouden tijdens het Symposium 'De middeleeuwse stad en de kwaliteit van het bestaan' te Rotterdam van 25 t/m 27 oktober 1979*, Rotterdam, 23-34.

CLIPPEL W.E. & FALK C.R. 2002: Atlantic cod in the Missouri River: *Gadus morhua* from the Steamboat Bertrand, *Archaeofauna* 11, 23-44.

CLOGG P. 2002: *The Analysis of Colour on Objects from Walraversijde, Belgium*, ongepubliceerd rapport. In: PIETERS M., *Aspecten van de materiële leefwereld in een laatmiddeleeuws vissersmilieu in het zuidelijk Noordzeegebied. Een bijdrage tot de middeleeuwse rurale archeologie, in zonderheid naar aanleiding van de opgravingen te Raversijde (stad Oostende, provincie West-Vlaanderen, België). Bijlage 5: Tussentijdse rapporten van nog niet gepubliceerde onderzoeken*, 47-51.

CLOGG P. & TAYLOR J. 2001: Multi-element soil analysis as an archaeological survey technique. In: MILLARD A. (ed.), *Archaeological Sciences '97. Proceedings of the conference held at the University of Durham, 2nd-4th September 1997*, BAR International Series 939, Oxford, 150-159.

COIGNET J. & COIGNET L. 2007: *Maçonnerie de pierre. Matériaux et techniques, désordres et interventions*, Paris.

COLLET E. 1992: *Specerijkelijk, de specerijenroutes*, Brussel.

COLLINSON J.D. & THOMPSON D.B. 1989: *Sedimentary Structures*, London.

COOLS E. 1985: De Romeinse kustverdediging van maritiem Vlaanderen. Werkhypothesen voor een systematische prospektie, *West-Vlaamse Archaeologica* 1, 16-27.

COOLS E. 1988: Baksteenwaar uit het Westvlaams kustgebied, *Westvlaamse Archaeologica* 4-1, 20-28.

COOMANS TH. & VAN ROYEN H. (red.), *Medieval Brick Architecture in Flanders and Northern Europe: The Question of the Cistercian Origin*, Novi Monasterii 7, Koksijde.

COOREMANS B., DEFORCE K., ERVYNCK A. & MUYLAERT L. 2007: Een beerput vol planten en dieren. In: BEECKMAN D. & LAMBRECHT G. (red.), *De cop doorgespoeld. Een 16de-eeuwse beerputvulling anders bekeken*, Archeologisch Nieuws van het Oud Land van Dendermonde, 109-120.

COORNAERT M. 1974: *Knokke en het Zwin. De geschiedenis, de topografie en de toponimie van Knokke met een studie over de Zwindelta*, deel I, Waregem.

COORNAERT M. 1976: *Heist en de Eiesluis. De geschiedenis, de topografie en de toponimie van Heist met een studie over de Eiesluis*, deel II, Waregem.

COORNAERT M. 1981: *Westkapelle en Ramskapelle. De geschiedenis en de toponimie van Westkapelle en Ramskapelle met een studie over de Brugse Tegelrie*, deel III, Waregem.

COORNAERT M. 1985: Een bijdrage tot de historische geografie van het Westvrije, *West-Vlaamse Archaeologica* 1, 2-15.

COUTELAS A. & BÜTTNER S. 2009: 1.2. Le mortier: Definitions. In: COUTELAS A. (red.), *Le Mortier de chaux*, Paris, 13-22.

D'ALBORE G.R. 1998: *Mediterranean Melissopalynology*, Perugia.

DAVIS S.J.M. 1987: *The Archaeology of Animals,* London.

DE BEAUCOURT DE NOORTVELDE R. 1898: *Ravesy-sur-Mer (via: ostende-Nieuport) sa Renaissance, son Avenir, ses Fondateurs Orné d'Armoiries*, Ostende.

DE BIE M. & CASPAR J.-P. 2000: *Rekem. A Federmesser Camp on the Meuse River Bank*, Archeologie in Vlaanderen. Monografie 3/Acta Archaeologica Lovaniensia 10, Zellik & Leuven.

DE BIE M. & VERMEERSCH P.M. 1998: The Pleistocene-Holocene transition in Benelux, *Quaternary International* 49/50, 29-43.

DE BOER D.E.H. 1983: Beerputten in Leiden, Historische kanttekeningen ten aanzien van aanleg en verbreiding, *Bodemonderzoek in Leiden. Jaarverslag 1982*, 5, 89-92.

DEBONNE V. 2008: Bouwen met baksteen in het Kortrijkse en het Oudenaardse tijdens de middeleeuwen. In: COOMANS TH. & VAN ROYEN H. (red.), *Medieval Brick Architecture in Flanders and Northern Europe: The Question of the Cistercian Origin*, Novi Monasterii 7, Koksijde, 185-202.

DEBONNE V. & LACHAERT P.-J. 2007: Een middeleeuws huis in Oudenaarde (prov. Oost-Vlaanderen): historisch en bouwhistorisch onderzoek in Hoogstraat 7, *Relicta. Archeologie, Monumenten- & Landschapsonderzoek in Vlaanderen* 3, 237-288.

DE BONOURS C. 1628: *Le mémorable Siège d'Ostende en 12 livres*, Brussel.

DEBS L. & ROUMEGOUX Y. 1993: Pot à sangsues ? In: BARBIEUX J. (red.), *Archéologie urbaine dans le Nord/Pas-de-Calais du Haut Moyen Age à la Révolution*, Douai, 11.

DE CALLATAŸ F. 1987: Statistique et numismatique: les limites d'un apport, *Revue des Archéologues et Historiens d'Art de Louvain* 20, 76-95.

DE CALLATAŸ F. 1993: L'estimation du nombre originel de coins: en augmentant l'échantillon... In: CRUSAFONT I SABATER M., BALAGUER A.M. & RIPOLLÈS P.P. (eds), *Homenatge al Dr. Leandre Villaronga*, Barcelona, 31-48.

DE CALLATAŸ F. 1995: Calculating Ancient Coin Production: Seeking a Balance, *The Numismatic Chronicle* 155, 289-311.

DE CEUNYNCK R. 1985: The Evolution of the Coastal Dunes in the Western Belgian Coastal Plain, *Eiszeitalter und Gegenwart* 35, 33-41.

DE CEUNYNCK R. & THOEN H. 1981: The Iron Age settlement at De Panne-Westhoek, ecological and geological context, *Helinium* 21, 1-42.

DE CLEENE M. & LEJEUNE M.C. 2000: *Compendium van rituele planten in Europa*, Gent.

DE CLERCQ W., CALUWÉ D., COOREMANS B., DE BUYSER F., DE GROOTE K., DEFORCE K., ERVYNCK A., LENTACKER A., MORTIER S., PYPE P., VANDENBERGHE S., VAN NEER W. & WOUTERS H. 2007: Living in times of war: waste of *c.* 1600 from two garderobe chutes in the castle of Middelburg-in-Flanders (Belgium), *Postmedieval Archaeology* 41, 1-63.

DEFORCE K. 2006: The historical use of *ladanum*. Palynological evidence from 15th and 16th century cesspits in Northern Belgium, *Vegetation History and Archaeobotany* 15, 145-148.

DEFORCE K. 2007: Het Stuifmeel. In: TROUBLEYN L., KINNAER F. & ERVYNCK A. (red.), *Het Steen en de burgers. Onderzoek van de laatmiddeleeuwse gevangenis van Mechelen*, Mechelen, 163-167.

DEFORCE K. 2009: Houtanatomisch onderzoek van enkele houten wissen uit de Peperstraat, Gent (PPS-08), *Rapporten Natuurwetenschappelijk Onderzoek VIOE* 2009-001.

DEFORCE K. 2010a: Pollen analysis of 15th century cesspits from the palace of the dukes of Burgundy in Bruges (Belgium): evidence for the use of honey from the western Mediterranean, *Journal of Archaeological Science* 37, 337-342.

DEFORCE K. 2010b: *Rapport palynologisch onderzoek middeleeuwse poel Stene*, Ongepubliceerd Rapport VIOE.

DEFORCE K. in voorbereiding: *Vlierbloesemsiroop en bremkappers. Het palynologisch onderzoek van de 16de-eeuwse beerput*. In: Monografie Herkenrode.

DEFORCE K. & BASTIAENS J. 2007: The Holocene history of *Taxus baccata* (yew) in Belgium and neighbouring regions, *Belgian Journal of Botany* 140, 246-261.

DEFORCE K., BASTIAENS J. & AMEELS V. 2007d: Archeobotanisch bewijs voor ontginning en lange-afstandtransport van turf in Vlaanderen rond 1200 AD: heropgegraven veen uit de abdij van Ename (Oudenaarde, prov. Oost-Vlaanderen), *Relicta. Archeologie, Monumenten- & Landschapsonderzoek in Vlaanderen* 1, 141-153.

DEFORCE K., ERVYNCK A., HILLEWAERT B., HUYGHE J., LENTACKER A., VAN HAASTER H. & VAN NEER W. 2007a: De eeuw van de Bourgondiërs. In: HILLEWAERT B. (red.), *Het Prinsenhof te Brugge*, Brugge, 66-75.

DEFORCE K., ERVYNCK A., HILLEWAERT B., HUYGHE J., LENTACKER A., VAN HAASTER H. & VAN NEER W. 2007b: De voorgeschiedenis van het Bourgondisch hof. In: HILLEWAERT B. (red.), *Het Prinsenhof te Brugge*, Brugge, 22-39.

DEFORCE K., ERVYNCK A., HILLEWAERT B., HUYGHE J., LENTACKER A., VAN HAASTER H. & VAN NEER W. 2007c: Een adelijke logeereenheid wordt een vijfsterrenhotel. In: HILLEWAERT B. (red.), *Het Prinsenhof te Brugge*, Brugge, 94-105.

DE GROOTE A. 1999: *Archeobotanie van de middeleeuwse site Walraversijde (West-Vlaanderen, België). Houtidentificatie en dendrochronologie*, Ongepubliceerde licentiaatsverhandeling UGent.

DE GROOTE K. 2008: *Middeleeuws aardewerk in Vlaanderen. Techniek, typologie, chronologie en evolutie van het gebruiksgoed in de regio Oudenaarde in de volle en late middeleeuwen (10de-16de eeuw)*, Relicta Monografieën 1, Brussel.

DE GROOTE K. & ERVYNCK A. 1996: Een 19de-eeuwse beerput in de Kasteelstraat, *Ename 974*, 2, 16-18.

DE GROOTE K. & LEMAY N. 1994: De materiële cultuur in de Sint-Salvatorabdij te Ename (stad Oudenaarde, prov. Oost-Vlaanderen) 1. Twee middeleeuwse latrines uit de westvleugel en een 17de-eeuwse afvalput uit de priorij, *Archeologie in Vlaanderen* III (1993), 401-418.

DE GROOTE K., MOENS J., CALUWÉ D., COOREMANS B., DEFORCE K., ERVYNCK A., LENTACKER A., RIJMENANTS A., VAN NEER W., VERNAEVE W. & ZEEBROEK I. 2004: De Valcke, de Slotele en de Lelye, burgerwoningen op de Grote Markt te Aalst (prov. Oost-Vlaanderen): onderzoek naar de bewoners, analyse van een vroeg-16de-eeuwse beerputvulling en de evolutie tot stadhuis, *Archeologie in Vlaanderen* VIII, 281-408.

DE GROOTE K., MOENS J., CALUWÉ D., COOREMANS B., DEFORCE K., ERVYNCK A., LENTACKER A. & VAN NEER W. 2009: Op zoek naar de oudste middeleeuwse bewoning aan de Grote Markt te Aalst (prov. Oost-Vlaanderen). Het onderzoek van afval- en beerkuilen uit de 12de tot de 14de eeuw, *Relicta. Archeologie, Monumenten- & Landschapsonderzoek in Vlaanderen* 4, 135-204.

DE GROOTE K., MOENS J. & DE BRANDT H. 2006: *Gelieve de werf te betreden. Tijd voor pottenkijkers*, Cataloog bij de tentoonstelling 'Gelieve de werf te betreden. 25 jaar archeologie in de Aalsterse binnenstad', Aalst.

DE GROOTE K., MOENS J. & DE CLERCQ W. 2001: Laatmiddeleeuwse tonwaterput aan het Marktplein te Sint-Lievens-Houtem (O.-Vl.), *Archaeologia Mediaevalis* 24, 36.

DE GROOTE M. 1999: De baljuwsrekening: venster op de praktijk van het middeleeuws strandrecht in Vlaanderen, *Madoc. Tijdschrift over de middeleeuwen* 13 (4), 258-267.

DEGRYSE R. 1951: De Vlaamse Haringvisserij in de XVe eeuw, *Handelingen van het Genootschap voor geschiedenis* LXXXVIII-1951, 116-133.

DEGRYSE R. 1972: Van 'buza' tot 'buis'. De ontwikkeling van het Vlaamse vissersvaartuig (12de-16de eeuw), *Ostendiana* I, 137-158.

DEGRYSE R. 1980: Brugge en de pilotage van de Spaanse vloot in het Zwin in de XVIde eeuw. Deel 1, *Handelingen van het Genootschap voor Geschiedenis* CXVII-1-2, 105-178.

DEGRYSE R. 1983: Vlaamse Kolenschepen en Schonense Kaakharing te Newcastle upon Tyne (1377-1391), *Handelingen van het Genootschap voor Geschiedenis* CXX-3/4, 157-188.

DEGRYSE R. 1994: *De vroegste geschiedenis van Nieuwpoort. Een havenstad en omgeving in Westelijk Vlaanderen tot 1386*, Nieuwpoort.

DE HERDT R. 1970: *Bijdrage tot de geschiedenis van de veeteelt in Vlaanderen, inzonderheid tot de geschiedenis van de runderpest 1769-1785*, Leuven-Gent.

DE JONG H.A. 1994: Bouwmaterialen en bewerkt natuursteen. In: KRAUWER M. & SNIEDER F. (red.), *Nering en vermaak. De opgraving van een 14de-eeuwse markt in Amersfoort*, Utrecht, 97-100.

DE JONG J.W.M. 1980: Catalogus. In: *Thuis in de late middeleeuwen. Het Nederlands burgerinterieur 1400-1535, Catalogus van tentoonstelling in het Provinciaal Overijssels Museum van 5 oktober tot 31 december 1980*, Zwolle, 87-191.

DE JONG T. 1992: Gebruiksvoorwerpen van been, ivoor en gewei en een spons. In: ARTS N. (red.), *Het Kasteel van Eindhoven. Archeologie, ecologie en geschiedenis van een heerlijke woning 1420-1676*, Eindhoven, 206-210.

DE KLEYN J. 1986: *Volksaardewerk in Nederland sedert de late middeleeuwen*, Lochem-Gent.

DE KRAKER A.M.J. 2009: Stormachtig weer in de Lage Landen tussen 1400 en 1625. Reconstructie van stormen langs de zuidoostelijke Noordzeekust, de wijze waarop hun invloed wordt bepaald en veranderingen in het stormpatroon. In: DE KRAKER A.M.J. & VAN DER WINDT H.J., *Jaarboek voor Ecologische geschiedenis 2008. Klimaat en atsmosfeer in beweging*, Gent, 1-32.

DELAEY B. 1998: De schuur van de voormalige abdij Ter Doest te Lissewege, *In de Steigers* 1998-1, 7-10.

DELAEY B. 2008: Geprofileerde bakstenen in de schuur van Ter Doest te Lissewege. In: COOMANS TH. & VAN ROYEN H. (red.), *Medieval Brick Architecture in Flanders and Northern Europe: The Question of the Cistercian Origin*, Novi Monasterii 7, Koksijde, 293-298.

DE LOË A. 1908: *Recherches et fouilles à Raversyde (Flandre Occidentale)*, Rapports du Service des Fouilles de l'Etat, 18-19, 1907, 2e semestre, Archives de la Direction de l'Archéologie, Division du Patrimoine, Ministère de la Région wallonne.

DE LOË A. 1909a: *Recherches à Raversyde (Flandre Occidentale)*, Rapports du Service des Fouilles de l'Etat, 5, 1908, 2e semestre, Archives de la Direction de l'Archéologie, Division du Patrimoine, Ministère de la Région wallonne.

DE LOË A. 1909b: *Recherches et fouilles à Raversyde (Flandre Occidentale)*, Rapports du Service des Fouilles de l'Etat, 25, 1909, 1er semestre, Archives de la Direction de l'Archéologie, Division du Patrimoine, Ministère de la Région wallonne.

DE LOË A. 1910: *Recherches à Westende (Flandre Occidentale)*, Rapports du Service des Fouilles de L'État, 1909, 2e semestre, 41 p, Archives de la Direction de l'Archéologie, Division du Patrimoine, Ministère de la Région wallonne.

DE LOË A. 1911: *Fouilles à Raversyde (Flandre Occidentale)*, Rapports du Service des Fouilles de l'Etat, 35-36, 1910, 2e semestre, Archives de la Direction de l'Archéologie, Division du Patrimoine, Ministère de la Région wallonne.

DE MEULEMEESTER J. & TERMOTE J. 1983: De middeleeuwse dorpskern van Zoutenaaie (Veurne), *Archaeologia Belgica* 254, Brussel.

DEMEY D. 2009: *Archeologisch onderzoek aan de Duinenstraat 286-288 te Raversijde (2009)*, Intern Rapport VIOE.

DE MEYER G.M. 2000: Middeleeuwse munten en hun gebruik in boekhoudingen, *Jaarboek voor Middeleeuwse Geschiedenis* 3, 196-217.

DÉMIANS D'ARCHIMBAUD G. 1980: *Les fouilles de Rougiers (Var). Contribution à l'archéologie de l'habitat rural médiéval en pays méditerranéen*, Paris.

DE MUL W. 1991: Een straat, een hof en een beerput. In: THIJSSEN J. (red.), *Tot de bodem uitgezocht. Glas en ceramiek uit een beerput van de 'Hof van Batenburg' te Nijmegen, 1375-1850*, Nijmegen, 13-17.

DEN HELD A.J., SCHMITZ M. & VAN WIRDUM G. 1992: Types of terrestrializing fen vegetation in the Netherlands. In: VERHOEVEN J.T.A. (ed.), *Fens and Bogs in the Netherlands: Vegetation, History, Nutrient Dynamics and Conservation*, Dordrecht, 237-321.

DE NOOYER J.M. 1928: Kerk en toren van Nieuwlande, *Archief. Vroegere en Latere Mededeelingen voornamelijk in betrekking tot Zeeland*, 116-124.

DEN OUDEN N. & HÄNNINEN K. 2007: Dordrecht – Elfhuizen. Houtvondsten uit de historische binnenstad van Dordrecht, BIAXiaal 349, Zaandam.

DENYS L. 1991: *A check-list of the diatoms in the Holocene deposits of the Western Belgian Coastal Plain with a survey of their apparent ecological requirements*, Belgische Geologische Dienst Professional Paper 246, Brussel.

DENYS L. 1993: *Paleoecologisch diatomeeënonderzoek van de holocene afzettingen in de westelijke Belgische kustvlakte*, Onuitgegeven doctoraatsproefschrift Universitaire Instelling Antwerpen, Antwerpen.

DENYS L. 1999: A diatom and radiocarbon perspective of the palaeoenvironmental history and stratigraphy of Holocene deposits between Oostende and Nieuwpoort (Western coastal plain, Belgium), *Geologica Belgica* 1999 (2/3-4), 111-140.

DE OLIVEIRA M.A. & DE OLIVEIRA L. 2000: *Le Liège*, Rio de Mouro.

DE PAEPE & PIETERS M. 1995: Petrology and provenance of Unworked Stone from the Medieval Fishing Village at Raversijde (mun. of Oostende, prov. of West Flanders), *Archeologie in Vlaanderen* IV (1994), Zellik, 237-251.

DE RIDDER T. 2005: Wassermanagement in römischer Zeit: Die ältesten Deltawerke in Westeuropa. In: FANSA M. (red.), *Kulturlandschaft Marsch. Natur, Geschichte, Gegenwart. Vorträge anlässlich des Symposiums in Oldenburg vom 3. bis 5. Juni 2004*, Oldenburg, 60-67.

DESMET J. 1987: *Vogels. Hun levensloop in België, hun wedervaren met de mens*, Brugge.

DESNERCK G. & R. 1974-1976: *Vlaamse Visserij en Vissersvaartuigen*, Handzame.

DESNERCK R. 1986: *De Oostendse visserij*, Brugge.

DESPRIET PH. 1997: Zuidwestvlaamse opgravingen 1996, *Driemaandelijks tijdschrift van de Archeologische Stichting voor Zuid-West-Vlaanderen* 17, 3, 1-32. (Archeologische en Historische Monografieën van Zuid-West-Vlaanderen 36).

DESPRIET PH., GODDEERIS T. & BEEKMANS L. 1999: Kortrijk 1382. De muntschat uit het Begijnhof, *Driemaandelijks tijdschrift van de Archeologische Stichting voor Zuid-West-Vlaanderen* 19, 3-4, 1-72 (Archeologische en Historische Monografieën van Zuid-West-Vlaanderen 42).

DEVLIEGHER L. 1960: Een gestempelde terra sigillata-scherf uit Raversijde, *Biekorf* 61-11A, 409-410.

DEVLIEGHER L. 1975[2]: *De huizen te Brugge*, Tielt-Utrecht.

DEVLIEGHER L. 1990: Onderzoek van het Kasteel van Tillegem (Gem. Brugge, Sint-Michiels), *Westvlaamse Archaeologica* 6-2, 49-55.

DEWILDE M. & WYFFELS F. 2001: Archeologische verkenning van middeleeuws Heys (Heist) (W.-Vl.), *Archaeologia Mediaevalis* 24, 43.

DE WITTE H. 1981: Nieuwstraat - Dyver, *Het Brugs Ommeland* XXI, 204-205, 207.

DE WITTE H. 1983: De dienst archeologie te Brugge en het onderzoek 1977-1981. In: VERMEERSCH V. (red.), *Jaarboek 1982, Stad Brugge, Stedelijke musea*, Brugge, 141-168.

DE WITTE H. 1985: Archeologisch jaarrapport 1983-1984. In: VERMEERSCH V. (red.), *Jaarboek 1983-1984, Stad Brugge, Stedelijke Musea*, Brugge, 159-182.

DE WITTE H. 1987: Archeologisch jaarrapport 1985-1986. In: VERMEERSCH V. (red.), *Jaarboek 1985-1986, Stad Brugge, Stedelijke musea*, Brugge, 95-112.

DE WITTE H. & HILLEWAERT B. 1993: Archeologisch jaarrapport 1991-1992. In: VERMEERSCH V. (red.), *Jaarboek 1991-1992, Stad Brugge, Stedelijke Musea*, Brugge, 71-91.

DE WITTE H., HILLEWAERT B. & MAERTENS J.-P. 1995: Archeologisch jaarrapport 1993-1994. In: VERMEERSCH V. (red.), *Jaarboek 1993-1994, Stad Brugge, Stedelijke Musea*, Brugge, 73-96.

DE WITTE H. & HILLEWAERT B. m.m.v. THOEN H. 1991: Archeologisch jaarrapport 1989-1990. In: VERMEERSCH V. (red.), *Jaarboek 1989-1990, Stad Brugge, Stedelijke Musea*, Brugge, 89-108.

DE WITTE H., JANSSENS P., DEZUTTER W., VERMEERSCH L., DE JONGHE D., TAVERNIER M., VANDEN BERGHE Y. & SAVKO M. 1982: *Maria van Bourgondië. Brugge. Een archeologisch-historisch onderzoek in de Onze-Lieve-Vrouwekerk*, Brugge.

DIEKMAN A. 1995: Recherches archéologiques Rue Marché aux Herbes à Bruxelles (Br.), *Archaeologia Mediaevalis* 18, 65.

DIEKMAN A. 1997: Archeologisch onderzoek in de vindplaats van de Éénmanstraat. In: DIEKMAN A. met bijdragen van BILLEN C., DE WAHA M., FECHNER K., GOUBITZ O., LAURENT C., PIGIÈRE F. & THOMAS F.: *Middeleeuwse ambachten en stedelijk wonen*, Brussel, Archeologie in Brussel 3, 17-53.

DIMBLEBY D. 2007: *How we built Britain*, London.

DOBNEY K., ERVYNCK A. & LA FERLA B. 2002: Assessment and further development of the recording and interpretation of linear enamel hypoplasia in archaeological pig populations, *Environmental Archaeology* 7, 35-46.

DODOENS R. 1644: *Cruydt-Boeck Remberti Dodonaei, volghens sijne laetste verbeteringhe: met Bijvoeghsels achter elck Capitel uyt verscheyden Cruydt-beschrijvers*, Antwerpen.

DOELLE H.W. 2001: Biotechnology and human development in developing countries, *Electronic Journal of Biotechnology* 4, 17-18.

DOPERÉ F. & UBREGTS W. 1991: *De donjon in Vlaanderen. Architectuur en wooncultuur*, Brussel-Leuven.

DUBBE B. 1980: Het huisraad in het Oostnederlandse burgerwoonhuis in de late middeleeuwen. In: *Thuis in de late middeleeuwen. Het Nederlands burgerinterieur 1400-1535, Catalogus van de tentoonstelling in het Provinciaal Overijssels Museum van 5 oktober tot 31 december 1980*, Zwolle, 21-86.

DUNNING G.C. 1968: The trade in medieval pottery around the North Sea. In: RENAUD J.G.N. (red.), *Rotterdam Papers. A contribution to medieval archaeology. Teksten van lezingen, gehouden tijdens het Symposium voor 'Middeleeuwse Archeologie in oude binnensteden' te Rotterdam, Schiedam en Delft van 21 t/m 24 maart 1966*, Rotterdam, 35-58.

DYSON L., HEPPELL E., JOHNSON C. & PIETERS M. 2006: *Archaeological Evaluation of Wetlands in the Planarch Area of North West Europe*, Maidstone.

EGAN G. 1998: Items for other activities. In: EGAN G., *The Medieval Household. Daily Living c.1150-c.1450*, Medieval Finds from excavations in London 6, London, 255-300.

EGAN G. & PRITCHARD F. met bijdragen van BAYLEY J., HEYWORTH M., JOHNSON R. & STOTT P. 1991: *Medieval Finds from Excavations in London: 3 Dress accessories c. 1150- c. 1450*, London.

EGMOND F. 1997: *Een bekende Scheveninger Adriaen Coenen en zijn Visboek van 1578*, Scheveningen.

ELLENBERG H. 1988: *Vegetation ecology of Central Europe*, Cambridge.

ELSEN O. 1995: La monnaie des comtes de Flandre Louis de Nevers (1322-1346) et Louis de Male (1346-1384) d'après les comptes et les ordonnances monétaires, *Revue Belge de Numismatique* 141, 37-183.

ENGLISH M. 1960: De kerk van Raversijde, *Biekorf* 61-7, 229-234.

ERATH M. 1999: Die Würfelherstellung in Europa im Mittelalter und der frühen Neuzeit. In: BRAHTER S., BÜCKER C. & HOEPER M. (red.), *Archäologie als Sozialgeschichte. Studien zu Siedlung, Wirtschaft und Gesellschaft im frühgeschichtlichen Mitteleuropa*, Rahden, 307-318, Festschrift für Heiko Steuer zum 60. Geburtsdag.

ERVYNCK A. 1997: Detailed recording of tooth wear (Grant, 1982) as an evaluation of the seasonal slaughtering of pigs? Examples from Medieval sites in Belgium, *Archaeofauna* 6, 67-79.

ERVYNCK A. 1998: Wool or mutton? An archaeozoological investigation of sheep husbandry around late medieval Ypres. In: DEWILDE M., ERVYNCK A. & WIELEMANS A. (eds), *Ypres and the medieval cloth industry in Flanders. Archaeological and historical contributions,* Archeologie in Vlaanderen. Monografie 2, Zellik, 77-88.

ERVYNCK A., BAETEMAN C., DEMIDDELE H., HOLLEVOET Y., PIETERS M., SCHELVIS J., TYS D., VAN STRYDONCK M. & VERHAEGHE F. 1999: Human occupation because of a regression, or the cause of a transgression? A critical review on the interaction between geological events and human occupation in the Belgian coastal plain during the first millennium AD, *Probleme der Küstenforschung im südlichen Nordseegebiet* 26, 97-121.

ERVYNCK A. & DOBNEY K. 2002: A pig for all seasons? Approaches to the assessment of second farrowing in archaeological pig populations, *Archaeofauna* 11, 7-22.

ERVYNCK A., HILLEWAERT B., MAES A. & VAN STRYDONCK M. in druk: Tanning and horn working at late and post-medieval Brugge: the organic evidence. In: MURPHY P. & WILTSHIRE P. (eds), *The environmental archaeology of industry*, Oxford, 60-70.

ERVYNCK A., VAN NEER W., HÜSTER-PLOGMANN H. & SCHIBLER J. 2003: Beyond affluence: the zooarchaeology of luxury, *World Archaeology* 34 (3), 428-441.

ERVYNCK A., VAN NEER W. & PIETERS M. 2004: How the North was won (and lost again). Historical and archaeological data on the exploitation of the North Atlantic by the Flemish fishery. In: HOUSLEY R.A. & COLES G.M. (eds), *Atlantic connections and adaptations: economies, environments and subsistence in lands bordering the North Atlantic*, Oxford, 230-239.

ERVYNCK A., VAN NEER W. & VAN DER PLAETSEN P. 1994: Dierlijke resten. In: DEWILDE M., ERVYNCK A., VAN NEER W., DE MEULEMEESTER J. & VAN DER PLAETSEN met bijdragen van BOGEMANS F., GEEROMS D. & HOFFSUMMER P., *De 'Burcht' te Londerzeel. Bewoningsgeschiedenis van een motte en een bakstenen kasteel*, Archeologie in Vlaanderen. Monografie 1, Zellik, 99-170.

ERVYNCK A., VAN STRYDONCK M. & BOUDIN M. 2003: Dieetreconstructie en herkomstbepaling op basis van de analyse van de stabiele isotopen ^{13}C en ^{15}N uit dierlijk en menselijk skeletmateriaal: een eerste verkennend onderzoek op middeleeuwse vondsten uit Vlaanderen, *Archeologie in Vlaanderen* VII, 131-140.

ESTY W.E. 1986: Estimation of the Size of a Coinage: a Survey and Comparison of Methods, *The Numismatic Chronicle* 146, 185-215.

ESTY W.E. 2006: How to estimate the original number of dies and the coverage of a sample, *The Numismatic Chronicle* 166, 359-364.

ESTY W.E. & CARTER G.F. 1992: The distribution of the numbers of coins struck by dies, *American Journal of Numismatics* 3/4, 165-186.

EVERAERT G. 1993: 2. Het beluikte venster. 15de en begin 16de eeuw. In: *Het venster. Zeven eeuwen techniek en esthetiek*, Gent, 35-46.

EY J. 1995: Die mittelalterliche Wurt Neuwarfen, Gde. Wangerland, Ldkr. Friesland - Die Ergebnisse der Grabungen 1991 und 1992, *Probleme der Küstenforschung im südlichen Nordseegebiet* 23, 265-315.

EY J. 2005: Früher Deichbau und Entwässerung im nordwestdeutschen Küstengebiet. In: KLÀPSTE J. (ed.), *Water management in medieval rural economy. Les usages de l'eau en milieu rural au Moyen Âge,* Ruralia V, 27e septembre-2e octobre 2003 Lyon/Villard-Sallet, Région Rhône-Alpes, France (= Pamàtky archeologické, Supplementum 17), Praha, 146-151.

FARMER P.G. 1979: *An Introduction to Scarborough Ware and a Re-assessment of Knight Jugs*, Sussex.

FERNANDES A., FERREIRA L.F., CARVALHO GONÇALVES M.L., BOUCHET F., KLEIN C.H., IGUCHI T., SIANTO L. & ARAUJO A. 2005: Intestinal parasite analysis in organic sediments collected from a 16th-century Belgian archaeological site, *Cadernos de Saûde Pûblica* 21-1, 329-332.

FIRMIN B. & VAN STRATEN K. 2010: *De Agrarii Milites van Beinum. Archeologisch onderzoek onder erve Tricht in Beinum (gem. Doesburg)*, Doesburgse Archeologische Publicaties 6, Zutphen.

FLANAGAN L. & STÉNUIT R. 1986: *Trésors de l'Armada*, Bruxelles.

FLORIN M.-B. 1970: Late-Glacial diatoms of Kirchner Marsh, Southeastern Minnesota. In: GERLOFF J. & CHOLNOKY B.J. (eds), *Diatomaceae II*, Nova Hedwigia Beiheft 31, Stuttgart, 667-756.

FOGED N. 1970: The diatomaceous flora in a postglacial kieselguhr deposit in southwestern Norway. In: GERLOFF J. & CHOLNOKY B.J. (eds), *Diatomaceae II*, Nova Hedwigia Beiheft 31, Stuttgart, 169-202.

FOX H. 2001: *The evolution of the fishing village: landscape and society along the South Devon Coast, 1086-1550*, Oxford.

FRAITURE P. & HOUBRECHTS D. 2000: *Cinquième campagne d'analyses dendrochronologiques à Raversijde (Middelkerke)*, onuitgegeven rapport.

FRECHKOP S. 1958: *Faune de Belgique. Mammifères*, Brussel.

FRECKMANN K. 2006: La maison rurale dans les régions frontalières de la Rhénanie Allemande: Lorraine, Grand-Duché du Luxembourg et Belgique. Un aperçu des problèmes liés à la typologie générale des maisons de la fin du Moyen Âge au XXe siècle. In: TROCHET J.-R., *Maisons paysannes en Europe occidentale, XVe-XXIe siècles*, Paris.

FRISON E. 1961: Examen anatomique des bois du puits romain n° I de Harelbeke, *Latomus* 10, 800-805.

FRUGONI C. 2007: *Inventions of the Middle Ages*, London.

GAILLARD J. 1858: *Bruges et le Franc ou leur magistrature et leur noblesse avec des données historiques et généalogiques sur chaque famille*, Brugge.

GAILLARD V. 1857: *Recherches sur les monnaies des comtes de Flandre*, Gent.

GAIMSTER D. with contributions by HILDYARD R., GOODALL J.A., RUDOE J., HOOK D.R., FREESTONE I.C. & TITE M.S. 1997: *German Stoneware 1200-1900. Archaeology and Cultural History*, London.

GAIMSTER D.R.M. & VERHAEGHE F. with a contribuiton by HUGHES M. 1992: Handles with face-masks: a cross-Channel type of late medieval highly decorated basin. In: GAIMSTER D. & REDKNAP M. (red.), *Everyday and Exotic Pottery from Europe c. 650-1900. Studies in honour of John G. Hurst*, Exeter, 303-323.

GALE R. & CUTLER D. 2000: *Plants in Archaeology*, Kew.

GALLOWAY J.H. 2000: Sugar. In: KIPLE K.F. & ORNELAS K.C. (eds), *The Cambridge world history of food*, Cambridge, 437-449.

GALOUX D. 1979: L'if commun en Belgique, *Les naturalistes Belges* 4-5, 113-132.

GANSHOF F.L. 1939: Brugge als Wereldhaven, *De Vlaamsche Gids*, maart 1939, 241-254.

GEBHARDT A. & LANGOHR R. 1999: Micromorphological Study of Construction Materials and Living Floors in the Medieval Motte of Werken (West-Flanders, Belgium), *Geoarchaeology: An International Journal* 14-7, 595-620.

GELORINI V., MEERSCHAERT L. & VAN ROEYEN J.-P. 2003: Archeobotanisch onderzoek van enkele laat- en postmiddeleeuwse archeologische contexten uit de onderzoekszone Verrebroekdok (Beveren, prov. Oost-Vlaanderen), *Archeologie in Vlaanderen* VII, 200-224.

GERLACH G. 1994: *Essen und Trinken in römischer Zeit*, Führer und Schriften des Archäologischen Parks Xanten 9, Köln.

GERRETS D.A. & DE KONING J. 1999: Settlement development on the Wijnaldum-Tjitsma terp. In: BESTEMAN J.C., BOS J.M., GERRETS D.A., HEIDINGA H.A. & DE KONING J. (eds), *The Excavations at Wijnaldum. Reports on Frisia in Roman and Medieval times*, Vol. 1, Rotterdam/Brookfield, 73-123.

GEVAERT G. 2007: *De archeologische site 'Raversijde-strand'*, Brussel.

GILOT E. 1997: Index général des dates Lv. Laboratoire du carbone 14 de Louvain/Louvain-la-neuve, *Studia Praehistorica Belgica* 7, Liège-Leuven.

GLÄSER M. 1992: Die Ausgrabungen in der grossen Petersgrube zu Lübeck. Befunde und Funde, *Lübecker Schriften zur Archäologie und Kulturgeschichte* 18, 41-185.

GODDEERIS T. 1998: Les plaques de Louis de Male (1346-1384), *Revue Belge de Numismatique* 144, 63-78.

GODWIN H. 1943: Coastal peat beds of the British Isles and North Sea, *Journal of Ecology* 31, 199-247.

GOMEZ FERRERAS C. & SÁENZ DE RIVAS C. 1980: Analisis polinico de mieles de Caceres (España), *Anales del Jardin Botanico de Madrid* 36, 191-201.

GOSSELET J. & RIGAUX H. 1877-1878: Mouvement du sol de la Flandre depuis les temps géologiques, *Annales de la Société Géologique du Nord* 5, 218-226.

GOUBITZ O. 1988: De lederen voorwerpen. In: BROEKHUIZEN P.H., CARMIGGELT A., VAN GANGELEN H. & KORTEKAAS G.L.G.A. (red.), *Kattendiep Deurgraven. Historisch-archeologisch onderzoek aan de noordzijde van het Gedempte Kattendiep te Groningen*, Groningen, 45-54.

GRAVENDEEL R., VAN NEER W. & BRINKHUIZEN D. 2002: An identification key for dermal denticles of Rajidae from the North Sea, *International Journal of Osteoarchaeology* 12, 420-441.

GREIG J. 1981: The investigation of a medieval barrel-latrine from Worcester, *Journal of Archaeological Science* 8, 265-282.

GREIG J. 1982: Garderobes, sewers, cesspits and latrines, *Current Archaeology* 85, 49-52.

GRIFFITHS D., PHILPOTT R.A. & EGAN G. with contributions by AXWORHTLY J., BANGERT S., CHAPMAN V., DAVEY E., GONZALEZ S., HIGGINS D., LAUGHTON J., MORRIS C.A., MOULD Q., OTTAWAY P., PONTING M., SCHULTING R., STENERT S.M., TYSON R. & WARD M. 2007: *Meols. The Archaeology of the North Wirral Coast. Discoveries and observations in the 19th and 20th centuries, with a catalogue of collections*, Oxford University School of Archaeology: Monograph 68, Oxford.

GROENMAN-VAN WAATERINGE W. 1969: Leatherwork. In: VAN REGTEREN ALTENA H.H. & ZANTKUYL L., A Medieval House Site in Amsterdam, *Berichten van de Rijksdienst voor het Oudheidkundig Bodemonderzoek* 19, 250-257.

GROOTHEDDE M. 1996: Waterputten in Eme. In: GROOTHEDDE M. (red.), *Leesten en Eme. Archeologisch en historisch onderzoek naar verdwenen buurschappen bij Zutphen*, Kampen, 105-114.

GROSSER D. 2003: *Die Hölzer mitteleuropas. Ein mikrophotographischer Lehratlas*, Herdruk uit 1977, Remagen.

GUTIÉRREZ A. 2000: *Mediterranean Pottery in Wessex Households (13h to 17th Centuries)*, Bar British Series 306, Oxford.

HACQUEBORD L. 1988: Traankokerijen op de kusten van Spitsbergen; wat de historische-archeologie ons ervan leert. In: HACQUEBORD L. & VROOM W. (red.), *Walvisvaart in de Gouden Eeuw. Opgravingen op Spitsbergen*, Amsterdam, 49-66.

HAKBIJL T. 2002: The traditional, historical and prehistorical use of ashes as an insecticide, with an experimental study on the insecticidal efficacy of washed ash, *Environmental Archaeology* 7, 13-22.

HALL V.A. 1988: The role of harvesting techniques in the dispersal of pollen grains of Cerealia, *Pollen et Spores* 15, 265-270.

HALLEWAS D.P. & MOREE J.M. 2011: De middeleeuwse bedijking van het zuidelijk deel van de Riederwaard. Archeologisch onderzoek in Barendrecht-Carnisselande op IJsselmonde. In: CARMIGGELT A., VAN TRIERUM M.C. & WESSELINGH D.A.: *Boor balans 7. Archeologisch onderzoek in de gemeente Barendrecht. Prehistorische bewoning op een oeverwal en middeleeuwse bedijking en bewoning*, Rotterdam, 155-201.

HÄNNINEN K., SNIEDER F. & BEYEN F. 1994: 7. Bewerkt en onbewerkt hout. In: KRAUWER M. & SNIEDER F. (red.), *Nering en vermaak. De opgraving van een 14de-eeuwse markt in Amersfoort*, Utrecht, 131-136.

HARPER J. 1972: The tardy domestication of the duck, *Agricultural History* 46 (3), 385-389.

HAVINGA A.J. & VAN DEN BERG VAN SAPAROEA R.M. 1982: Vegetation development of a wood peat deposit, as read from its pollen content. In: DE BAKKER H. & VAN DEN BERG M.W. (eds), *Proceedings of the symposium on peat lands below sea level*, Wageningen.

HAVINGA A.J. & VAN DEN BERG VAN SAPAROEA R.M. 1992: Pollen and macrofossil analyses of a unique peat remnant of the former extensive peat bogs in West Friesland, The Netherlands: a detailed record of coastal raised bog formation, *Vegetation History and Archaeobotany* 1, 185-188.

HAWES R.O. 1984: Pigeons. In: MASON I.L. (ed.), *Evolution of domesticated animals*, London, 351-356.

HAYFIELD C. & HURST J.G. 1983: Pottery's fool's head whistles from London and Tattershall, Lincs., *The Antiquaries Journal* LXIII, 380-383.

HAYWARD P.J. & RYLAND J.S. 1995: *Handbook of the marine fauna of North-West Europe*, Oxford.

HELLEBRANDT H. 1967: *Raerener Steinzeug*, Aachener Beiträge für Baugeschichte und Heimatkunst 4, Aachen.

HENDERIKX P.A. 1991: Dorpen in de Schelde-delta van de vroege middeleeuwen tot circa 1300. In: BOS K., VAN DAMME J. & DE KLERK A. (red.), *Dorpen in Zeeland*, Middelburg, 14-34.

HENDRIKSE H. 1990: Een steengoedkan uit Zuidzande, *Nehalennia* 80, 12-13.

HENDRIKSE H. 1994: Kinderspeelgoed (fase 4). In: VAN HEERINGEN R.M., HENDRIKSE H. & KUIPERS J.J.B. (red.), *Geld uit de belt. Archeologisch onderzoek in de bouwput van de gemeentelijke parkeerkelder en het belastingkantoor aan de Kousteensedijk te Middelburg*, Vlissingen, 73-77.

HENDRIKSE H. 1996: De beerput. In: VREENEGOOR E. & KUIPERS J. (red.), *Vondsten in Veere. Middeleeuwse voorwerpen uit een beerput van huis 'In den Struys'*, Amersfoort-Middelburg, 26-31.

HENDRIKSE H. & VAN HEERINGEN R.M. 1995: De resultaten van het archeologisch onderzoek van het verdronken dorp Valkenisse. In: GOLDSCHMITZ-WIELINGA L.C.J., VAN HEERINGEN R.M., HENDRIKSE H., KUIPERS J.J.B., VAN DER LINDEN & SMITS J., *Verdronken Land. Valkenisse en Keizershoofd. Archeologisch en historisch onderzoek van een verdronken stukje Zuid-Beveland*, Goes, 25-33.

HENKES H.E. 1994: *Glas zonder Glans. Vijf eeuwen gebruiksglas uit de bodem van de Lage Landen 1300-1800*, Rotterdam Papers 9. A contribution to medieval and post-medieval Archaeology, Rotterdam.

HERWEIJER N. met bijdragen van ADDINK-SAMPLONIUS M., VAN BOEKEL G., GERHARL-WITTEVEEN A.M. & SLECHTE C.H. 1986: *Speels goed uit eigen bodem van prehistorie tot 1600*, Deventer.

HILLEWAERT B. 1988a: Laat-middeleeuwse importceramiek te Brugge. In: DE WITTE H. (red.), *Brugge Onder-Zocht. Tien jaar stadsarcheologisch onderzoek 1977-1987, Brugge*, Archeo-Brugge 1, Brugge, 123-140.

HILLEWAERT B. 1988b: Heist (Knokke-Heist, W.-Vl), *Archeologie* 1988-1, 32-33.

HILLEWAERT B. 1989: Recyclage "avant la lettre": Heistse tonnen en putten, *Westvlaamse Archaeologica* 5-3, 84-87.

HILLEWAERT B. 1995: Pandjeshuizen aan de Garenmarkt te Brugge (W.-Vl.), *Archaeologia Mediaevalis* 18, 42-43.

HILLEWAERT B. 1997: Woensdagmarkt: St.-Franciscus-Xaverius ziekenhuis. In: DE WITTE H. & HILLEWAERT B. Archeologisch jaarrapport 1993-1994. In: VERMEERSCH V. (red.), *Jaarboek 1995-1996. Stad Brugge. Stedelijke Musea*, Brugge 1997, 73-89.

HILLEWAERT B. & ERVYNCK A. 1991: Leerlooierskuipen langs de Eekhoutstraat. In: *Jaarboek 1989-1990. Brugge Stedelijke Musea*, Brugge, 109-123.

HOFFMANN R.C. 1997: *Fishers' Craft and Lettered Art: Tracts on Fishing from the end of the Middle Ages*, Toronto.

HOFFSUMMER P. & HOUBRECHTS D. 1996: Dendrochronologie en Belgique et régions limitrophes, *Archaeologia Mediaevalis* 19, 43-45.

HOLLESTELLE J. 1961: *De steenbakkerij in de Nederlanden tot omstreeks 1560*, Assen.

HOMO-LECHNER C. 1991: Le matériel sonore et musical issu des fouilles des Jardins du Carrousel. In: VAN OSSEL P. (red.), *Les Jardins du Carrousel à Paris. Fouilles 1989-1990, III. Les rapports des spécialistes*, Paris, 425-430.

HOMO-LECHNER C. 1994: Le paysage sonore d'un faubourg Parisien au XVIe siècle, *Les Dossiers d'Archéologie* 190, 62-63.

HOMO-LECHNER C. 1996: *Sons et Instruments de Musique au Moyen-Âge. Archeologie musicale dans l'Europe du VIIe au XIV siècles*, Paris.

HOOGENDIJK M. 1994: *Metselen*, Weert.

HOUBEN H. & GUILLAUD H. 1995[2]: *Traité de construction en terre*, Marseille.

HOUBRECHTS D. 1999: *Quatrième campagne d'analyses dendrochronologiques à Raversijde (Middelkerke)*, onuitgegeven rapport, Liège.

HOUBRECHTS D. & PIETERS M. 1999: Tonnen uit Raversijde (Oostende, prov. West-Vlaanderen): een goed gedateerd verhaal over water- en andere putten, *Archeologie in Vlaanderen* V (1995-1996), 225-261.

HOVART P. 1985: *Zeevisserijbeheer in vroegere eeuwen. Een analyse van normatieve bronnen (Mededelingen van het Rijksstation voor Zeevisserij 206)*, Oostende.

HURST J.G. 1977: Spanish Pottery Imported into Medieval Britain, *Medieval Archaeology* 21, 68-105.

HURST J.G. 1979: Conclusions. In: ANDREWS D.D & MILNE G. (red.), *Wharram. A Study of Settlement on the Yorkshire Wolds. Vol. 1: Domestic Settlement, 1: Areas 10 and 6*, London, 138-141.

HURST J.G. & NEAL D.S. 1982: Late Medieval Iberian Pottery imported into the Low Countries. In: RENAUD J.G.N. (red.), *Rotterdam Papers IV. A contribution to medieval archaeology. Teksten van lezingen, gehouden tijdens het Symposium 'De middeleeuwse stad en de kwaliteit van het bestaan' te Rotterdam van 25 t/m 27 oktober 1979*, Rotterdam, 83-110.

HURST J.G, NEAL D.S., VAN BEUNINGEN H.J.E. with contributions by CLARK A. 1986: *Pottery produced and traded in north-west Europe 1350-1650*, Rotterdam Papers VI. A contribution to medieval archaeology, Rotterdam.

HUTCHINSON G. 1994: *Medieval Ships and Shipping*, London.

HUTH E.W. 1975: *Die Entstehung und Entwicklung der Stadt Frankfurt (Oder) und ihr Kulturbild vom 13. Bis zum frühen 17. Jahrhundert auf Grund archäologischer Befunde*, Berlin.

IJZEREEF G. 1974: A Medieval Jaw-Sledge from Dordrecht, *Berichten van de Rijksdienst voor Oudheidkundig Bodemonderzoek* 24, 181-184.

INGHELRAM D. 1943: *Walrave's Yde*, Brugge.

IVENS R., BUSBY P., SHEPHERD N., HURMAN B. & MILLS J. 1995: *Tattenhoe and Westbury. Two deserted medieval settlements in Milton Keynes*, The Buckinghamshire Archaeological Society. Monograph Series n° 8, Bristol.

JACOMET S. 2002: Granatäpfel aus Vindonissa, *Archäologie der Schweiz* 25-1, 14-19.

JANSSEN TH. H. 1978: Aspekten van het stadskernonderzoek in Huissen, *Westerheem* XXVII-4/5, 195-204.

JOCQUÉ R. & VAN DAMME D. 1971: Inleidende oecologische studie van klei- en turfbanken in de getijdenzone te Raversijde (België), *Biologisch Jaarboek* 39, 157-190.

JONES A.K.G. 1984: Some effects of the mammalian digestive system on fish bones. In: DESSE-BERSET N. (ed.), *2èmes Rencontres d'Archéo-ichtyologie. C.R.A.-C.N.R.S. Notes et Monographies Techniques* 16, 61-65.

KEEN M.H. 1997[8]: *England in the Later Middle Ages*, London-New York.

KEILY J. 1998: The fabric of the medieval London house. In: EGAN G., *The Medieval Household. Daily Living c.1150-c.1450*, Medieval Finds from excavations in London 6, London, 25-41.

KENT N. 2000: *The Soul of the North. A Social, Archtectural and Cultural History of the Nordic Countries, 1700-1940*, London.

KIGHTLY C. 2009: *The Interaction of Walraversijde Mariners with England c. 1377-c. 1500*, ongepubliceerd rapport provincie West-Vlaanderen.

KIGHTLY C. 2011: *The Interaction of Walraversijde and other Flemish Mariners with England c. 1377-c. 1500*, ongepubliceerd rapport provincie West-Vlaanderen.

KIGHTLY C., PIETERS M., GEVAERT G., DENIS H. & GOIGNE J. 2003: *Walraversijde 1465 van archeologische opgraving tot daadwerkelijke reconstructie*, Oostende/Brugge.

KIGHTLY C., PIETERS M., TYS D. & ERVYNCK A. 2000: *Walraversijde 1465. De bloeiperiode van een vissersdorp aan de zuidelijke Noordzeekust*, catalogus bij het openluchtmuseum Walraversijde, Brugge.

KILLOCK D., BROWN J. & JARRETT C. 2003: The industrialization of an ecclesiastical hamlet: stoneware production in Lambeth and the sanitary revolution, *Post-Medieval Archaeology* 37-1, 29-78.

KISTEMAKER J.G.M. 1984: Archeologisch onderzoek op het terrein van de voormalige Hartebrugschool aan de Haarlemmerstraat in Leiden, *Bodemonderzoek in Leiden*. Jaarverslag 1983, 6, 169-180.

KLEY P. 1997: The identification of a ship's place of departure with the help of artefacts. In: REDKNAP M. (red.), *Artefacts from Wrecks. Dated Assemblages from the Late Middle Ages to the Industrial Revolution*, Oxford, 181-190.

KLIJN E.M.C.F. 1995: *Loodglazuuraardewerk in Nederland. De collectie van het Nederlands Openluchtmuseum*, Arnhem.

KNUSSMANN R. 1988: *Anthropologie. Handbuch der Vergleichenden Biologie des Menschen*, Stuttgart.

KOHNEMANN M. 1982: *Auflagen auf Raerener Steinzeug. Ein Bildwerk*, Raeren.

KOLCHIN B.A. 1968: Opgravingen te Novgorod. De houten voorwerpen, *Archeologie in de USSR*, Moskou (Russisch).

KOLCHIN B.A. 1989: *Wooden Artefacts from Medieval Novgorod*, British Archaeological Reports International Series 495 (i, ii), Oxford.

KOMÁREK J. & JANKOVSKÁ V. 2001: *Review of the Green Algal Genus Pediastrum; Implication for Pollenanalytical Research*, Bibliotheca Phycologica 108, Berlin-Stuttgart.

KRZYWINSKI K. 1979: Preliminær undersøkelse av planterester i latrine, *Arkeo* 33, 3.

LAENEN M. 1989: *Provincial Open-Air Museum Bokrijk. Guide*, Bokrijk.

LALEMAN M.-C. 1993: De middeleeuwse vensters. In: VAN DOORNE G. (red.), *Het venster. Zeven eeuwen techniek en esthetiek*, Gent, 20-34.

LALEMAN M.-C. & RAVESCHOT P. 1991: *Inleiding tot de studie van de woonhuizen in Gent. Periode 1100-1300. De Kelders*, Verhandelingen van de Koninklijke Academie voor Wetenschappen, Letteren en Schone Kunsten van België, Klasse der Schone Kunsten 53 nr. 54, Brussel.

LALEMAN M.-C., RAVESCHOT P. & SWIMBERGHE P. 1986: Stadswoningen. In: LALEMAN M.-C. & RAVESCHOT P. (red.), *Wat 'n leven binnen die muren! Gent 1100-1350*, Gent, 77-95.

LALEMAN M.-C. & STOOPS G. 1993: 3. Limburgstraat 12, *Stadsarcheologie. Bodem en monument in Gent* 17-2, 50-52.

LALEMAN M.-C. & STOOPS G. 1994: Stadsarcheologisch onderzoek in Gent (O.-Vl.), *Archaeologia Mediaevalis* 17, 59-61.

LALEMAN M.-C. & STOOPS G. 2008: Baksteengebruik in Vlaamse steden: Gent in de middeleeuwen. In: COOMANS TH. & VAN ROYEN H. (red.), *Medieval Brick Architecture in Flanders and Northern Europe: The Question of the Cistercian Origin*, Novi Monasterii 7, Koksijde, 163-183.

LAMARCQ D. 1993: *Het Latrinaire gebeuren. De geschiedenis van het W.C.*, Gent.

LAMBINON J., DE LANGHE J.-E., DELVOSALLE L. & DUVIGNEAUD J. 1998[3]: *Flora van België, het Groothertogdom Luxemburg, Noord-Frankrijk en de aangrenzende gebieden (Pteridofyten en Spermatofyten)*, Meise.

LAMOTTA V.M. & SCHIFFER M.B. 1999: Formation processes of house floor assemblages. In: ALLISON P.M. (red.), *The Archaeology of Household Activities*, London, New York, 19-29.

LAMPEN A. 2000: *Fischerei und Fischhandel im Mittelalter: wirtschafts- und sozialgeschichtliche Untersuchungen nach urkundlichen und archäologischen Quellen des 6. bis 14. Jahrhunderts im Gebiet des Deutschen Reiches (Historische Studien 461)*, Husum.

LANGOHR R. 1989: Soil Characteristics of the Motte of Werken (West Flanders-Belgium). In: TAUBER J. (ed), Methoden und Perspektiven der Archäologie des Mittelalters. Tagungsberichte zum interdisziplinären Kolloquium, Sept. 1989, Liestal (Schweiz), *Archäologie und Museum. Berichte aus der Arbeit des Amtes für Museen des Kantons Baselland* 20, 209-223.

LANITZKI G. 1984: *Die Wasa von 1628. Illustrierte Geschichte der Bergung und Restaurierung*, Hamburg.

LAURENT R. 1986: *De havens aan de kust en aan het Zwin (doorheen oude plannen en luchtfoto's)*, Brussel.

LAUWERIER R.C.G.M. & ZEILER J.T. 2000: Wishful thinking and the introduction of the rabbit to the Low Countries, *Environmental Archaeology* 6, 87-90.

LAWRENCE S. 1999: Towards a feminist archaeology of households: Gender and household structure on the Australian goldfields. In: ALLISON P.M. (red.), *The Archaeology of Household Activities*, London, New York, 121-141.

LECIEJEWICZ L., PESEZ J.-M., RULEWICZ M. & TABACZYNSKI S. 1970: Sur le Lévezou. L'établissement médiéval de Saint-Jean-Le-Froid. In: *Archéologie du village déserté* I, Ecole pratique des hautes études - VIe section et institut d'histoire de la culture matérielle de l'académie Polonaise des sciences, Cahiers des Annales 27, Paris, 55-93.

LEHOUCK A. 2008: Gebruik en productie van baksteen in de regio Veurne van circa 1200 tot circa 1550. In: COOMANS TH. & VAN ROYEN H. (red.), *Medieval Brick Architecture in Flanders and Northern Europe: The Question of the Cistercian Origin*, Novi Monasterii 7, Koksijde, 203-232.

LEHOUCK A. 2010: Het verdwenen landschap en de etymologie van Koksijde. Een landschapshistorische benadering op basis van plaatsnamen. In: DE CALUWE J. & VAN KEYMEULEN J. (eds.), *Voor Magda: Artikelen voor Magda Devos bij haar afscheid van de Universiteit Gent*, Gent, 397-419.

LEIH S. 1995: Neue Holzfunde aus dem Hafen der Colonia Ulpia Traiana. In: ZELLE M. (red.), Tatort CUT. Die Spur führt nach Xanten, *Führer und Schriften des Archäologischen Parks Xanten* 17, 18-27.

LE PATOUREL J. 1983: Documentary evidence for the pottery trade in north-west Europe. In: DAVEY P. & HODGES R. (eds), *Ceramics and Trade. The production and distribution of later medieval pottery in north-west Europe*, Sheffield, 27-35.

LETOCART L. 1955: Quelques objets récoltés à Raversyde, *Bulletin des Naturalistes de Mons et du Borinage* XXXVIII-3/4, 1-5.

LINDEMANS P. 1994[2]: *Geschiedenis van de landbouw in België*, delen I en II, Tweede uitgave van 'de Geschiedenis van de landbouw in België door Ir. Paul Lindemans (1952)' door het Genootschap voor Geschiedenis en Volkskunde, Antwerpen-Borgerhout.

LOPPENS K. 1932: *La région des Dunes de Calais à Knocke*, Coxyde.

LOPPENS K. 1938: De Yden der Vlaamsche Kust. Hun ontstaan en verdwijnen, *Biekorf* 44-12, 289-295.

LOPPENS K. & VANDENBROUCKE E. 1929: Fouilles sur les plages de Raversyde, Mariakerke et Breedene, *Bulletin de la Société d'Anthropologie de Bruxelles* XLIV, 74-78.

LOUIS E. 1993a: Pot à sangsues ? In: BARBIEUX J. (red.), *Archéologie urbaine dans le Nord/Pas-de-Calais du Haut Moyen Age à la Révolution*, Douai, 10.

LOUIS E. 1993b: Sifflet. In: BARBIEUX J. (red.), *Archéologie urbaine dans le Nord/Pas-de-Calais du Haut Moyen Age à la Révolution*, Douai, 38.

LUCAS G. & REGAN R. with contributions by WHITTINGHAM L., MACKAY D. & HIGBEE L. 2003: The Changing Vernacular: archaeological excavations at Temple End, High Wycombe, Buckinghamshire, *Post-Medieval Archaeology* 37-2, 165-206.

LUNDBAEK M. 1975: *Dansk fiskeri før industrialiseringen*, Kobenhavn.

MACGREGOR A. 1985: *Bone, Antler, Ivory & Horn. The Technology of Skeletal Materials Since the Roman Period*, London.

MACHEREL C. 1994: Brood uit de Alpen. In: MACHEREL C. & ZEEBROEK R., *Brood doet leven. Betekenis en rol van het Brood in Europa*, Brussel, 79-91.

MACLOT P. 1988a: Inleiding. In: MACLOT P. & POTTIER W. (red.), *'n Propere tijd!? (On)leefbaar Antwerpen Thuis en op Straat 1500-1800*, Antwerpen, 107-110.

MACLOT P. 1988b: De afvoer van het vast afval en van de gebruikswaters binnen het traditionele Antwerpse woonhuis. In: MACLOT P. & POTTIER W. (red.), *'n Propere tijd!? (On)leefbaar Antwerpen Thuis en op Straat 1500-1800*, Antwerpen, 121-152.

MACLOT P. 1988c: De watervoorziening in het traditionele Antwerpse woonhuis. In: MACLOT P. & POTTIER W. (red.), *'n Propere tijd!? (On)leefbaar Antwerpen Thuis en op Straat 1500-1800*, Antwerpen, 164-177.

MAES B. , BASTIAENS J., BRINKKEMPER O., DEFORCE K., RÖVEKAMP C., VAN DEN BREMT P. & ZWAENEPOEL A. 2006: *Inheemse bomen en struiken in Nederland en Vlaanderen*, Amsterdam.

MARÉCHAL R. & AMERYCKX J.-B. met medewerking van LANGOHR R. 1992: De Bodems. In: DENIS J. (red.), *Geografie van België*, Brussel, 241-259.

MARSDEN P. 1996: *Ships of the port of London. Twelfth to seventeenth centuries AD*, London.

MARTIN C.J.M. 1979: Spanish Armada pottery, *The International Journal of Nautical Archaeology and Underwater Exploration* 8-4, 279-302.

MARTIN C.J.M. 1995: The Cromwellian shipwreck off Duart Point: an interim report, *The International Journal of Nautical Archaeology* 24-1, 15-32.

MARTIN C.J.M. 1997: The Cromwellian Shipwreck off Duart Point, Mull. In: REDKNAP M. (red.), *Artefacts from Wrecks. Dated Assemblages from the Late Middle Ages to the Industrial Revolution*, Oxford, 167-180.

MCCARTHY M.R. & BROOKS C.M. 1988: *Medieval Pottery in Britain AD 900-1600*, Leicester.

MECHELSE VERENIGING VOOR STADSARCHEOLOGIE 1995: Het Carmelietenklooster op de Veemarkt te Mechelen (Antw.), *Archaeologia Mediaevalis* 18, 28.

MECHELSE VERENIGING VOOR STADSARCHEOLOGIE 1996: Archeologisch onderzoek in Mechelen 1995 (Antw.), *Archaeologia Mediaevalis* 1996, 55-56.

MEIER D. 2006: *Seafarers, Merchants and Pirates in the Middle Ages*, Woolbridge.

MEISCHKE R. 1988: *De gotische bouwtraditie*, Den Haag.

MESTDAGH H. 1991: Micromorfologische studie van mortel-, pleister- en vloerbetonfragmenten in de Civitas Menapiorum, *Westvlaamse Archaeologica* 7-3, 77-84.

MICHELL A.R. 1977: The European fisheries in Early Modern History. In: RICH E.E. & WILSON C.H. (eds), *The Cambridge Economic History of Europe. Vol. V. The Economic Organization of Early Modern Europe*, Cambridge.

MILLE P., COLARDELLE M. & VERDEL E. 1993: Les objets de bois. In: COLARDELLE M. & VERDEL E. (red.), *Les habitats du lac de Paladru (Isère) dans leur environnement. La formation d'un terroir au XIè siècle*, 238-258.

MILNE G. 1979: The Peasant Houses. In: ANDREWS D.D. & MILNE G. (red.), *Wharram. A Study of Settlement on the Yorkshire Wolds. Vol. 1. Domestic Settlement, 1: areas 10 and 6*, London, 67-73.

MONNET C. 1992: Approche historique de l'évacuation des déchets urbains au bas moyen-âge: règlements et équipements. In: MONNET C. (red.), *L'évacuation des déchets en milieu urbain au bas Moyen-Âge. L'exemple des fosses à fond perdu de la Cour Napoléon du Louvre à Paris (XIII-XVe siècles) et mesures diverses pour assainir les villes,* Louvain-La-Neuve, 125-153.

MONTIEL L. 1985: The Introduction of the Mineral Remedy. In: GUILLEN D.G., ALBARRACIN A., ARQUIOLA E., ERILL S., MONTIEL L., PESET J.L. & ENTRALGO P.L., *History of Medicament*, Barcelona, 123-143.

MOORE P.D., WEBB J.A. & COLLINSON M.E. 1991[2]: *Pollen Analysis*, Oxford.

MOORHOUSE S. 1986: Non-dating Uses of Medieval Pottery, *Medieval Ceramics. Bulletin of the Medieval Pottery Research Group* 10, 85-123.

MOORHOUSE S. 1988: Documentary evidence for medieval ceramic roofing materials and its archaeological implications: some thoughts, *Medieval Ceramics. Bulletin of the Medieval Pottery Research Group* 12, 33-55.

MORRIS C.A. 2000: *Craft, Industry and Everyday Life: Wood and Woodworking in Anglo-Scandinavian and Medieval York*, The Archaeology of York. The Small Finds 17/13, York.

MORRISS R.K. 2005: *Roads. Archaeology and Architecture*, Stroud.

MORTIER A. 2003: *Ode aan Walraeve's Yde*, Middelkerke.

MOSTAERT F. 1996: 6D. De Polderklei. In: GULLENTOPS F. & WOUTERS L. (red.), *Delfstoffen in Vlaanderen*, Brussel, 47-48.

MÜLLER U. 1995: Die Kleinholzfunde. In: UNTERMANN M., Die Latrine des Augustinereremiten-Klosters in Freiburg im Breisgau, Stuttgart, *Materialhefte zur Archäologie in Baden-Württemberg* 31, 285-316.

MUNAUT A.V. 1967: Etude paléo-écologique d'un gisement tourbeux situé à Terneuzen (Pays Bas), *Berichten van de Rijksdienst voor Oudheidkundig Bodemonderzoek* 17, 7-27.

MUNAUT A.V. 1975: Recherches palynologiques sur les prés salés de la Canche (Pas-de-Calais, France), *Colloques Phytosociologiques 4: vases salées*, Lille, 471-477.

MUNK HOJTE J. 2005: The Archaeological Evidence for Fish Processing in the Black Sea Region. In: BEKKER-NIELSEN T. (ed.), *Ancient Fishing and Fish Processing in the Black Sea Region*, Aarhus, 133-160.

MUUS B.J. & NIELSEN J.G. 1999: *Zeevissen van Noord- en West-Europa*, Haarlem.

NEUGEBAUER W. 1975: Arbeiten der Böttcher und Drechsler aus den mittelalterliche Bodenfunden der Hansestadt Lübeck. In: RENAUD J.G.N. (ed.), *Rotterdam Papers II. A contribution to medieval archaeology. Teksten van lezingen, gehouden tijdens het Symposium 'Woning en huisraad in de Middeleeuwen te Rotterdam, van 20 t/m 22 maart 1973'*, Rotterdam, 117-137.

NICHOLS G. 1999: *Sedimentology and Stratigraphy*, Oxford.

NIJSSEN H. & DE GROOT S.J. 1987: *De vissen van Nederland*, Utrecht.

NOOIJEN C. 1992: Houten voorwerpen. In: BULT E.J. *et al.*, *Archeologisch onderzoek tussen Oude Delft en Westvest. IHE/Delft bloeit op een beerput*, Delft, 131-133.

NORMAN J.R. 1934: *A systematic monograph of the flatfishes (Heterosomata). Vol. I. Psettodidae, Bothidae, Pleuronectidae*, London.

OELE B. 1994: *Aardewerk (fase 2 en 4)*. In: VAN HEERINGEN *et al.* (red.) 1994, 92-99.

OELE B. 1996: Het kasteel van Valkenisse, *Nehalennia* 106, 3-9.

OELE B. 1997: Een vormsteen uit een kaarsnis van het kasteel van Valkenisse, *Nehalennia* 112, 21.

OLIVIER R. 1994: *Bodemvondsten uit Goeree-Overflakkee in bodemvondsten. 25 jaar archeologisch en historisch onderzoek door De Motte*, Ouddorp.

OLIVIER S. 1979: De tonputten van Sommelsdijk en Goedereede. In: ARIESE *et al.*, *Van Westvoorne tot St.-Adolfsland*, Ouddorp, 147-176.

OLIVIER S. 2010: Een tonput als museumstuk, *De Ouwe Waerelt. Historisch tijdschrift voor Goeree-Overflakkee* 10, nr. 28, 24-27.

OOST T. 1988: Putten uit Putten: er hangt een geurtje aan. Historisch-archeologische gegevens uit Antwerpse afvalputten. In: MACLOT P. & POTTIER W. (red.), *'n Propere tijd!? (On)leefbaar Antwerpen Thuis en op Straat 1500-1800*, Antwerpen, 153-163.

OOST T. 1990: Stadsarcheologisch onderzoek in Antwerpen (Antw.), *Archaeologia Mediaevalis* 13, 51.

OSTKAMP S. 1998: Laat-middeleeuwse hoogversierde gatenpotten uit Rotterdamse bodem, *Vormen uit vuur* 1998-3, 2-14.

PALS J.-P. 1997: De introductie van cultuurgewassen in de Romeinse Tijd. In: ZEVEN A.C. (red.), *De introductie van onze cultuurplanten en hun begeleiders van het Neolithicum tot 1500 AD*, Wageningen, 25-51.

PALS J.-P. 1999: Preliminary notes on crop plants and the natural and anthropogeneous vegetation. In: BESTEMAN J.C., BOS J.M., GERRETS D.A., HEIDINGA H.A. & DE KONING J., *The excavations at Wijnaldum; Reports on Frisia in Roman and Medieval times* 1, Rotterdam, 139-149.

PALS J.-P., VAN GEEL B. & DELFOS A. 1980: Paleoecological studies in the Klokkeweel bog near Hoogkarspel (Prov. of Noord-Holland), *Review of Palaeobotany and Palynology* 30, 371-418.

PARFITT K. 2000: Townwall Street Dover, *Current Archaeology* 168, 474-476.

PARFITT K. 2006: Part 3: excavated structures and deposits. In: PARFITT K. *et al.*, *Townwall Street, Dover Excavations 1996*, The Archaeology of Canterbury. New Series. Volume III, Canterbury, 21-120.

PARFITT K., CORKE B. & COTTER J. met bijdragen van ALLISON E., ANDERSON T., BENDREY R., CAMPBELL G., GARRARD P., HARRISON L., NICHOLSON R., RIDDLER I., SWEETINBURGH S., WALTON ROGERS P., WILTSHIRE P. & YATES A. 2006: *Townwall Street, Dover Excavations 1996*, The Archaeology of Canterbury. New Series. Volume III, Canterbury.

PARFITT K., CORKE B. & COTTER J. MET BIJDRAGEN VAN ALLISON E., ANDERSON T., BENDREY R., CAMPBELL G., MORTIMER C., NICHOLSON R., RIDDLER I., SWEETINBURGH S., WILTSHIRE P., YATES A. & WALTON ROGERS P. 2001: *Excavations off Townwall Street, Dover*, 1996, ongepubliceerd rapport.

PAUWELS A.G. & VAN HOONACKER E.J. 1981[2]: *Keramiek*, Kortrijk.

PAVIOT J. 1995: *La politique navale des ducs de Bourgogne 1384/1482*, Lille.

PAWLOWSKI Z.S. 1990: Ascariasis. In: WARREN KENNEDH S. & MAHMOUD A.F. (eds), *Tropical and Geographical Medicine*, New York, 369-378.

PESEZ J.-M. 1975: Une maison villageoise au XIVe siècle: les structures. In: RENAUD J.G.N., *Rotterdam Papers II. A contribution to medieval archaeology. Teksten en lezingen, gehouden tijdens het Symposium 'Woning en huisraad in de Middeleeuwen te Rotterdam, van 20 t/m 22 maart 1973*, Rotterdam, 139-149.

PESEZ J.-M. 1998a: La construction rustique en pierre. In: ESQUIEU Y. & PESEZ J.-M. (red.), *Cent maisons médiévales en France (du XIIe au milieu du XVIe siècle). Un corpus et une esquisse*, Paris, 63-66.

PESEZ J.-M. 1998b: *Archéologie du village et de la maison rurale au Moyen Âge*, Lyon.

PIETERS M. 1993: Archeologisch onderzoek te Raversijde (stad Oostende, prov. West-Vlaanderen). Interimverslag 1992, *Archeologie in Vlaanderen* II (1992), 247-264.

PIETERS M. 1997: Raversijde: a late medieval fishermen's village along the Flemish coast (Belgium, Province of West-Flanders, Municipality of Ostend). In: DE BOE G. & VERHAEGHE F. (red.), *Rural Settlements in Medieval Europe. Papers of the 'Medieval Europe Brugge 1997' Conference*, vol. 6, Zellik, 169-177.

PIETERS M. 2000: The Impact of Peat Extractions on Soil Parent Material in the Area of the Medieval Village of Walraversijde (Ostend, West-Flanders, Belgium), *Pedologie-Themata* 8, 71-75.

PIETERS M. 2002a: L'Espace des pêcheurs au bas moyen âge dans la partie méridionale de la Mer du Nord – Le cas de Walraversijde. In: HELMIG G., SCHOLKMANN B. & UNTERMANN M. (red.), *Centre-Region-Periphery. Medieval Europe Basel 2002*, vol. 1, Hertingen, 209-213.

PIETERS M. 2002b: *Aspecten van de materiële leefwereld in een laatmiddeleeuws vissersmilieu in het zuidelijk Noordzeegebied. Een bijdrage tot de middeleeuwse rurale archeologie, in zonderheid naar aanleiding van de opgravingen te Raversijde (stad Oostende, provincie West-Vlaanderen, België)*, doctorale dissertatie VUB, ms., 10 vols.

PIETERS M. 2005: Le village de pêcheurs de Walraversijde et son approvisionnement en eau au quinzième siècle (Ostende, Belgique). In: KLAPSTE J. (ed.), *Water Management in medieval rural economy. Les usages de l'eau en milieu rural au Moyen Âge (Ruralia V: 27e septembre-2e octobre 2003, Lyon/Villard-Sallet. Région Rhône-Alpes France)*, Pamatky Archeologické-supplementum 17, Praha, 14-18.

PIETERS M. 2006: The Archaeology of Fishery, Trade and Piracy. The material environment of Walraversijde and other late medieval and early modern fishing communities along the southern North Sea. In: PIETERS M., VERHAEGHE F. & GEVAERT G. (eds), *Fishery, Trade and Piracy. Fishermen and fishermen's settlements in and around the North Sea area in the Middle Ages and later. I. Papers from the colloquium at Oostende-Raversijde, Provincial Museum Walraversijde, Belgium, 21-23 November 2003*, Archeologie in Vlaanderen. Monografie 6, Brussel, 41-61.

PIETERS M. 2008: Dijk uit Romeinse tijd te Raversijde verder onderzocht. In: DE CLERCQ W., DEMETER S., GUILLAUME A., MASSART C., PARIDAENS N. & VAN BELLINGEN S. (red.), *Romeinendag 2008. Jaarlijks Belgisch Congres voor Romeinse Archeologie Brussel 19.04.2008*, 111-112.

PIETERS M. 2010: Twice three fishes from Walraversyde (Ostend, Belgium). In: DE GROOTE K., TYS D. & PIETERS M. (red.), *Exchanging Medieval Material Culture. Studies on archaeology and history presented to Frans Verhaeghe*, Relicta Monografieën 4, Brussel, 143-153.

PIETERS M., BAETEMAN C., DEMIDDELE H. & ERVYNCK A. 1998: The polder area of Raversijde (Ostend, Belgium): a complex parent material affected by intense human interventions. Archaeology as a tool in geopedology. In: *Papers of the 16th World Congress of Soil Science, Montpellier, 1998* (published on CD-ROM: bdd\symp16\1593-t.pdf), Montpellier.

PIETERS M., BOUCHET F., COOREMANS B., DESENDER K., ERVYNCK A. & VAN NEER W. 1999a: Granaatappels, een zeeëngel en rugstreeppadden. Een greep uit de inhoud van een bakstenen beerput uit het 15de-eeuwse Raversijde (Oostende, prov. West-Vlaanderen), *Archeologie in Vlaanderen* V (1995/1996), 193-224.

PIETERS M. met bijdragen van BOUCHET F., ERVYNCK A. & VAN STRYDONCK M. 1995: Een 15de-eeuwse sector van het verdwenen vissersdorp te Raversijde (stad Oostende, prov. West-Vlaanderen), interimverslag 1994, *Archeologie in Vlaanderen* IV (1995), 219-236.

PIETERS M., COOLS E., KOLDEWEIJ J. & MORTIER A. met een bijdrage van VAN BULCK G. 2002: Middeleeuwse en latere insignes en devotionalia uit Raversijde (gemeente Middelkerke en stad Oostende, prov. West-Vlaanderen), *Archeologie in Vlaanderen*, VI (1997/1998), 261-301.

PIETERS M., COOREMANS B., ERVYNCK A. & VAN NEER W. met een bijdrage van HARDY M. 1994: Van Akkerland tot Heilige Geestkapel. Een kijk op de evolutie van de bewoningsgeschiedenis in de Kattestraat te Aalst (prov. Oost-Vlaanderen), *Archeologie in Vlaanderen* III, 299-329.

PIETERS M. met een bijdrage van DE BUYSER F. 1994: Laat-middeleeuwse landelijke bewoning achter de Gravejansdijk te Raversijde (stad Oostende, prov. West-Vlaanderen). Interimverslag 1993, *Archeologie in Vlaanderen* III (1993), 281-298.

PIETERS M., DE GROOTE K., ERVYNCK A. & CALLEBAUT D. met bijdragen van COOREMANS B. & VAN STRYDONCK M. 1999b: Tussen kapel en kerk: een archeologische kijk op de evolutie van de dorpskern van Moorsel (10de-20ste eeuw) (Aalst, prov. Oost-Vlaanderen), *Archeologie in Vlaanderen* V (1995/1996), 131-157.

PIETERS M., DEMERRE I., LENAERTS T., ZEEBROEK I., DE BIE M., DE CLERCQ W., DICKINSON B. & MONSIEUR P. 2010: De Noordzee: een waardevol archief onder water. Meer dan 100 jaar onderzoek van strandvondsten en vondsten uit zee in België: een overzicht, *Relicta. Archeologie, Monumenten- en Landschapsonderzoek in Vlaanderen* 6, 177-218.

PIETERS M., DEMERRE I. & ZEEBROEK I. 2006: Dijk uit de Romeinse tijd aangesneden onder het middeleeuwse vissersdorp Walraversijde. In: BOSMAN A., DE CLERCQ W. & HOEVENBERG J. (red.), *Romeinendag. Jaarlijks Belgisch congres voor Romeinse archeologie*, 93-97.

PIETERS M. & DE SWAEF W. 1987: Het 'Hof ten Hamme' te Hofstade, *Vobov-Info* 27, 5-6.

PIETERS M., DEWILDE M., IMPENS Y., TRATSAERT B. met bijdragen van BAETEMAN C. & KERCKHOF F. 1995a: Zes eeuwen bewoningsgeschiedenis op het Mijnplein te Oostende (prov. West-Vlaanderen). Interimverslag, *Archeologie in Vlaanderen* IV (1994), 187-203.

PIETERS M., ERVYNCK A., VAN NEER W., VERHAEGHE F. met een bijdrage van COOREMANS B. 1995b: Raversijde: een 15de-eeuwse kuil, een lens met platvisresten, en de betekenis voor de studie van de site en haar bewoners, *Archeologie in Vlaanderen* IV (1994), 253-277.

PIETERS M., SCHIETECATTE L., TERMOTE J. & VAN EENHOOGE D. 2004: De materiële bronnen over het beleg van Oostende of de archeologie van een in de vroege 17de eeuw zwaar geteisterde stad. In: THOMAS W. (red.), *De val van het Nieuwe Troje. Het beleg van Oostende 1601-1604*, Leuven, 138-145.

PIETERS M., SCHIETECATTE L., ZEEBROEK I., BAETEMAN C., BASTIAENS J., DEFORCE K., JANSEN I., MEYLEMANS E. & VAN LAECKE J. 2006: 3.2. The Belgian Polders, Flanders: a test case 2002-2006. In: DYSON L., HEPPELL E., JOHNSON C. & PIETERS M. (eds), *Archaeological Evaluation of Wetlands in the Planarch Area of North West Europe*, Maidstone, 39-54.

PIETERS M., SCHIETECATTE L., ZEEBROEK I., CALUWÉ D., COOREMANS B., DEFORCE K., DEMERRE I., EECKHOUT J., ERVYNCK A., GEVAERT G., HOLLEVOET Y., KIGHTLY C., TYS D., VANDENBRUAENE M., VANHOUTTE S. & VAN NEER W. 2005: *Oostende. Stadsvernieuwing en Archeologie. Een balans van 10 jaar archeologisch onderzoek van het Oostendse bodemarchief*, Brussel.

PIETERS M. & VERHAEGHE F. 2009: Medieval fishing communities in coastal Flanders, Belgium, and western Mediterranean commodities, *Medieval Ceramics* 30, 2006-2008, 103-118.

PIETERS M., VERHAEGHE F. & GEVAERT G. (eds) 2006: *Fishery, Trade and Piracy. Fishermen and fishermen's settlements in and around the North Sea area in the Middle Ages and later. I. Papers from the colloquium at Oostende-Raversijde, Provincial Museum Walraversijde, Belgium, 21-23 November 2003*, Archeologie in Vlaanderen Monografie 6, Brussel.

PIJZEL-DOMMISSE J. & ZONNEVYLLE-HEYNING C.E. 1986: De inrichting van het huis van Oude Maria Dircksdochter. In: TER MOLEN J.R., RUEMPOL A.P.E. & VAN DONGEN A.G.A., *Huisraad van een molenaarsweduwe. Gebruiksvoorwerpen uit een 16de-eeuwse boedelinventaris*, Rotterdam, 24-31.

PLEIJ H. 1994: *Kleuren van de middeleeuwen*, Bloemendaal.

POLAK B. 1929: *Een onderzoek naar de botanische samenstelling van het Hollandse veen*, Thesis Universiteit Amsterdam.

POLL M. 1947: *Faune de Belgique. Poissons marins*, Bruxelles.

PONS L.J. 1973: Outline of genesis, characteristics, classification and improvement of acid sulphate soils. In: DOST H. (red.), *Acid Sulphate Soils. Proceedings of the International Symposium on Acid Sulphate Soils 13-20 August 1972, Wageningen, The Netherlands. I. Introductory Papers and Bibliography*, Wageningen, 3-27.

PONS L.J. 1992: Holocene peat formation in the lower parts of the Netherlands. In: VERHOEVEN J.T.A. (ed.), *Fens and Bogs in the Netherlands: Vegetation, History, Nutriënt Dynamics and Conservation*, Dordrecht, 7-79.

POTTER E.C. 1992: On being interested in the Extreme, *Journal of the Royal Society of New South Wales* 125, 79-91.

PUNT W. (ed.) 1976: *The Northwest European Pollen Flora* 1, Amsterdam.

PUNT W. 1984: Umbelliferae. In: PUNT W. & CLARCKE G.C.S. (eds), *The Northwest European Pollen Flora* 4, Amsterdam, 155-363.

PUNT W. *et al.* (eds) 1976-2003: *The Northwest European Pollen Flora* 1-8, Amsterdam.

QUÉRO J-C. 1997: *Les Poissons de Mer des Pêches Françaises*, Lausanne/Paris.

RAEYMAEKERS D. 1898: Note sur quelques silex taillés receuillis le long du littoral belge. In: STROOBANT L., *Annales du XIIe Congrès Archéologique & Historique Malines – 1897*, Malines, 471-477.

RAFFO P. 1982: Onderzoek van een middeleeuwse woontoren op "Bemortel" te Sint-Katelijne-Waver bij Mechelen (A'pen), *Archaeologia Mediaevalis* 5, 31.

RAFFO P. 1983: Stadsarcheologie in Mechelen (Ant.), *Archaeologia Mediaevalis* 6, 49.

RAHIR E. 1928: *Vingt Cinq Années de Recherches, de Restaurations et de Reconstitutions*, Bruxelles.

RAPPÉ G. 1995: Vlaamse vissers als predatoren van meeuwen, *De Strandvlo* 15.2, 64-65.

RAVESCHOT P. 1991: De beerput in de Schepenhuisstraat, *Stadsarcheologie* 15-3, 5-7.

REDKNAP M. 1984: *The Cattewater Wreck. The Investigation of an armed vessel of the early sixteenth century*, BAR British Series 131, Oxford.

REILLE M. 1992: *Pollen et spores d'Europe et d'Afrique du Nord,* Marseille.

REIMER P.J., BAILLIE M.G.L., BARD E., BAYLISS A., BECK J.W., BERTRAND C., BLACKWELL P.G., BUCK C.R., BURR G., CUTLER K.B., DAMON P.E., EDWARDS R.L., FAIRBANKS R.G., FRIEDRICH M., GUILDERSON T.P., HUGHEN K.A., KROMER B., MCCORMAC F.G., MANNING S., BRONK RAMSEY C., REIMER R.W., REMMELE S., SOUTHON J.R., STUIVER M., TALAMO S., TAYLOR F.W., VAN DER PLICHT J. & WEYHENMEYER C.E. 2004: INTCAL04 terrestrial radiocarbon age calibration, 0-26 cal kyr BP, *Radiocarbon* 46, 1029-1058.

REINECK H.-E. & SINGH I.B. 1973: *Depositional Sedimentary Environments*, Berlin.

REINEKING VON BOCK G. 1986[3]: *Steinzeug*, Köln.

RENAUD J.G.N. 1954: Ein Rundling des 13. Jahrhunderts prov. Zuid-Holland, *Berichten van de Rijksdienst voor het Oudheidkundig Bodemonderzoek* 5, 137-153.

RENTENAAR R. 1978: De vroegste geschiedenis van van het konijn in Holland en Zeeland, *Holland Regionaal-historisch Tijdschrift* 10.1, 2-16.

RHODES M. 1982: A pair of fifteenth-century spectacle frames from the city of london, *The Antiquaries Journal* LXII, 57-73.

RIPPON S. 2004: A Push into the Margins? The Development of a coastal Landscape in North-West Somerset during the late 1st Millennium A.D. In: HINES J., LANE A. & REDKNAP M. (eds), *Land, Sea and Home. Proceedings of a Conference on Viking-period Settlement at Cardiff, July 2001*, London, 359-377.

RIPPON S. with contributions by AALBERSBERG G., ALLEN J.R.L., ALLEN S., CAMERON N., GLEED-OWEN C., DAVIES P., HAMILTON-DYER S., HASLETT S., HEATHCOTE J., JONES J., MARGETTS A., RICHARDS D., SHIEL N., SMITH D., SMITH J., TIMBY J., TINSLEY H. & WILLIAMS H. 2000: The Romano-British Exploitation of Coastal Wetlands: Survey and Excavation on the North Somerset Levels, 1993-7, *Britannia* XXXI, 69-200.

ROBINSON M.A. & HUBBARD R.N.L.B. 1977: The transport of pollen in the bracts of hulled cereals, *Journal of Archaeological Science* 4, 197-99.

ROMEIN J. 1937: *Het onvoltooid verleden*, Amsterdam.

RONSE A. & RAISON TH. 1918: *Fermes-Types & Constructions Rurales en West-Flandre*, Brugge.

ROSSI F. 1991: *Brillen. Van leesglas tot mode-artikel*, Haarlem.

ROTTIER H. & ARNOLDUS H. 1984: *De Vlaamse Kustvlakte van Calais tot Saeftinge*, Tielt-Middelburg.

RULE M. & THE MARY ROSE TRUST 1995: *The Mary Rose. A guide*, Portsmouth.

RUSSETT V.E.J. 1991: Hythes and bows: aspects of river transport in Somerset. In: GOOD G.L., JONES R.H. & PONSFORD M.W. (red.), *Waterfront Archaeology. Proceedings of the third International conference, Bristol, 1988*, Oxford CBA Research Report 74, London, 60-66.

RUTOT A. 1902-1903: Sur les antiquités découvertes dans la partie Belge de la plaine maritime et notamment sur celles reccueillies à l'occasion du creusement du nouveau canal de Bruges à la mer, *Mémoires de la société d'anthropologie de Bruxelles* XXI, II-1-36.

RYCKAERT M. 1979: Brugge en de Gentse Opstand (1379-1385). In: VANDERMAESEN M., RYCKAERT M. & COORNAERT M., *De Witte Kaproenen. De Gentse Opstand (1379-1385) & De Geschiedenis van de Brugse Leie*, Kultureel Jaarboek voor de Provincie Oost-Vlaanderen. Bijdragen Nieuwe Reeks 10, Gent, 22-27.

SANDERS D. 1990: Behavioral conventions and archaeology: methods for the analysis of ancient architecture. In: KENT S. (red.), *Domestic architecture and the use of space. An interdisciplinary cross-cultural study*, Cambridge, 43-72.

SARFATIJ H. (red.) 1990: *Verborgen steden. Stadsarcheologie in Nederland*, Amsterdam.

SAS K. 1992: Een Romeinse ring met gem uit Raversijde (Oostende), *Westvlaamse Archaeologica* 8-3, 86-88.

SCHALM O., CALUWÉ D., WOUTERS H., JANSSENS K., VERHAEGHE F. & PIETERS M. 2004: Chemical composition and deterioration of glass excavated in the 15th-16th century fishermen town of Raversijde (Belgium), *Spectrochimica Acta Part B* 59, 1647-1656.

SCHIETECATTE L. 1997-1998: *Laat- en postmiddeleeuws leder uit het verlaten vissersdorp 'Walraversijde' (stad Oostende; prov. West-Vlaanderen)*, onuitgegeven licentiaatsverhandeling Universiteit Leuven.

SCHIETECATTE L. 2003: Laat- en postmiddeleeuws leer uit het verlaten vissersdorp Walraversijde (stad Oostende, prov. West-Vlaanderen), *Archeologie in Vlaanderen* VII (1999/2000), 141-200.

SCHIETECATTE L. & PIETERS M. 2002: Het laat-middeleeuws vissersmilieu Walraversijde verder onderzocht (W.-Vl.), *Archaeologia Mediaevalis* 25, 34-36.

SCHIETECATTE L. & SEALY J. 2006: Fish in a medieval fishing village along the North Sea: what do isotopes have to say? In: PIETERS M., VERHAEGHE F. & GEVAERT G. (eds), *Fishery, Trade and Piracy. Fishermen and fishermen's settlements in and around the North Sea area in the Middle Ages and Later. I. Papers from the colloquium at Oostende-Raversijde. Provincial Museum Walraversijde, Belgium 21-23 November 2003*, Archeologie in Vlaanderen. Monografie 6, Brussel, 63-80.

SCHITTEKAT P. 1972a: Verslag van de werkzaamheden op het terrein van de oude Cisterciënzer-abdij Ter Duinen in de jaren 1968-1971, *De Duinen. Bulletin van het wetenschappelijk en cultureel centrum van de Duinenabdij en de Westhoek te Koksijde*, 3-38.

SCHITTEKAT P. 1972b: Rapport des activités sur l'emplacement de l'ancienne abbaye cistercienne des Dunes durant les années 1968-1971, *De Duinen. Bulletin van het wetenschappelijk en cultureel centrum van de Duinenabdij en de Westhoek te Koksijde*, 39-67.

SCHOCH W., HELLER I., SCHWEINGRUBER F.H. & KIENAST F. 2004: *Wood anatomy of central European species*. Online version: www.woodanatomy.ch.

SCHOFIELD J. & VINCE A. 1994: *Medieval Towns*, London.

SCHOUTE J.F.TH. 1984: Vegetation Horizons and related Phenomena, *Dissertationes Botanicae* 81, 2.

SCHWEINGRUBER F.H. 1990a: *Anatomy of European Woods*, Bern-Stuttgart.

SCHWEINGRUBER F.H. 1990b: *Microscopic Wood Anatomy, structural variability of stems and twigs in recent and subfossil woods from Central Europe*, Zug.

SCHYNKEL E., PIETERS M., SAEY T., SIMPSON D., VAN MEIRVENNE M., VERMEERSCH H. & ZEEBROEK I. 2010: *Basisrapport van het archeologisch onderzoek te Raversijde-de noordwestelijke zone van het vissersdorp (Oostende, 22de Afd., Secttie A, nrs. 297f en 297v)*, onuitgegeven rapport VIOE, Brussel.

SCOLLAR I., VERHAEGHE F. & GAUTIER A. 1970: *A medieval site (14th century) at Lampernisse (West Flanders, Belgium)*, Dissertationes Archaeologicae Gandenses XIII, Brugge.

SEEMAN M. 1986: Fish remains from Smeerenburg, a 17th century Dutch whaling station on the westcoast of Spitsbergen. In: BRINKHUIZEN D.C. & CLASON A.T. (eds), *Fish and Archaeology*, BAR International Series 294, Oxford, 129-132.

SIJNKE P.W. & VAN WAARDEN-KOETS A. 1994: Het geschiedverhaal. De historische ontwikkeling van de Kousteensedijk en omgeving. In: VAN HEERINGEN R.M., HENDRIKSE H. & KUIPERS J.J.B. (red.), *Geld uit de belt. Archeologisch onderzoek in de bouwput van de gemeentelijke parkeerkelder en het belastingkantoor aan de Kousteensedijk te Middelburg*, Vlissingen, 15-26.

SIMMONS B.B. & COPE-FAULKNER P. 2004: *The Car Dyke. Past Work, Current State and Future Possibilities*, Heckington.

SMEYERS M., CARDON B., VERTONGEN S., SMEYERS K. & VAN DOOREN R. 1993: *Naer natueren ghelike. Vlaamse miniaturen voor Van Eyck (Ca. 1350-ca. 1420)*, Leuven.

SMIRNOVA L.I. 2007: Wooden Combs in the light of history of comb-making in Novgorod. In: BRISBANE M. & HATHER J. (eds), *Wood Use in Medieval Novgorod*, Oxford, 298-334.

SMITH A.G. & MORGAN L.A. 1989: A succession to ombrotrophic bog in the Gwent Levels, and its demise: A Welsh parallel to the peats of the Somerset Levels, *New Phytologist* 126, 145-167.

SMITH A.H.V. 2000: *Petrographic and palynological analysis of coals from the late medieval village of Walraversijde, Belgium, to confirm historical evidence of provenance from Newcastle upon Tyne area of U.K.*, ongepubliceerd rapport.

SMITH T.P. 2001: Bricks, Tiles and Ballast: a sceptical view, *British Brick Society Information* 85, 5-9.

SOSSON J.-P. 1977: *Les travaux publics de la ville de Bruges XIVe-XVe siècles. Les matériaux. Les hommes*, Collection Histoire Pro Civitate, série in-8°, n° 48, Brussel.

SPRIGGS J. 1977: Roll out the Barrel, *Interim* 4-4, 11-15.

STERKEN S. 2010: "De mens verbeteren door zijn milieu te verbeteren". Sociale huisvesting als manifest van een nieuwe levenswijze. In: BRAEKEN J. (red.), *Renaat Braem 1910 2001. Architect*, Relicta Monografieën 6, Brussel, 181-209.

STEUER H. 1985: Mittelalterliche Nietbrillen aus Freiburg im Breisgau, *Archäologische Nachrichten aus Baden* 34, 46-56.

STEUER H. 1993: Eine revolutionäre Erfindung im 13. Jh. - die Brille. In: SANGMEISTER E. (red.), *Zeitspuren. Archäologisches aus Baden*, Freibourg, 206-207.

STOCKMANS F. & VANHOORNE R. met medewerking van VANDEN BERGHEN C. 1954: *Etude botanique du gisement de tourbe de la région de Pervijze*, Verhandelingen van het Koninklijk Belgisch Instituut voor Natuurwetenschappen 130, Brussel.

STOOPS G. 1984: Petrographic study of mortar- and plastersamples. In: DEVREKER J. & WAELKENS M., *Les fouilles de la Rijksuniversiteit te Gent à Pessinonte 1967-1973*, Brugge, 136-137, 164-170.

STOOPS G. & STOOPS G. 1996: Sint-Pieters' pleister. Studie van twee stalen uit de reftervleugel van de Sint-Pietersabdij, *Stadsarcheologie. Bodem en monument in Gent* 20-1, 5-7.

STRUTT K. & HAY S. 2003: *Leffinge Area Settlement and Landscape project: Report on the Geophysical Surveys. December 2003*, ongepubliceerd rapport University of Southampton.

STUIVER M., REIMER P.J., BARD E., BECK J.W., BURR G.S., HUGHEN A., KROMER B., MCCORMAC F.G., V.D. PLICHT J. & SPURK M. 1998: INTCAL98 Radiocarbon Age Calibration, 24000-0 cal BP. Radiocarbon 40(3), 1041-1083.

SUURMOND-VAN LEEUWEN H. 1981: Verslag over het jaar 1980, *Bodemonderzoek in Leiden. Jaarverslag 1980*, 7-27.

SUURMOND-VAN LEEUWEN H. 1983: Verslag over het jaar 1982, *Bodemonderzoek in Leiden. Jaarverslag 1982*, 5, 7-31.

TEMMINCK GROLL C.L. 1963: *Middeleeuwse stenen huizen te Utrecht en hun relatie met die van andere Noordwesteuropese steden*, 's-Gravenhage.

TERMOTE J. 1990: De bouwkeramische produktie van de abdij O.L.-Vrouw Ter Duinen te Koksijde in de 13de-14de eeuw, *De Duinen* 20, 109-133.

TERRAB A., PONTES A., HEREDIA F.J. & DÍEZ M.J. 2004: Palynological and geographical characterisation of advacado honeys in Spain, *Grana* 43, 116-212.

THIJSSEN J. 1991: Scherven, scherven en nog eens scherven. In: THIJSSEN J. (red.), *Tot de bodem uitgezocht. Glas en ceramiek uit een beerput van de 'Hof van Batenburg' te Nijmegen, 1375-1850*, Nijmegen, 19-31.

THOEN H. 1978: *De Belgische kustvlakte in de Romeinse tijd. Bijdrage tot de studie van de landelijke bewoningsgeschiedenis*, Brussel.

THOEN H. 1987: Voor de komst van de Romeinen. In: THOEN H. (red.), *De Romeinen langs de Vlaamse kust*, Brussel.

THOEN E. 1995: *Historical Demography in late medieval rural Flanders: recent results and hypotheses.* In: DUVOSQUEL J.-M. & THOEN E. (red.), *Peasants & Townsmen in medieval Europa. Studia in honorem Adriaan Verhulst*, Gent, 573-582.

THOMAS C. 2002: *The Archaeology of Medieval London*, Stroud.

THOMAS W. 2004: Het beleg van Oostende. In: THOMAS W. (red.), *De val van het Nieuwe Troje. Het beleg van Oostende 1601-1604*, Leuven, 81-99.

TREFOIS C.V. 1978²: *Ontwikkelingsgeschiedenis van onze landelijke architectuur*, Sint-Niklaas.

TREFOIS C.V. 1979: *Van vakwerk tot baksteenbouw*, Sint-Niklaas.

TREFOIS C.V. 1980: *Het boerendak, De Plattegrondsvormen van zgn. Frankische boerderijtypen, De bouw der boerenhoeven*, Sint-Niklaas.

TRIMPE BURGER J.A. 1962-1963: Ceramiek uit de bloeitijd van Aardenburg (13de-14de eeuw), *Berichten van de rijksdienst voor het oudheidkundig bodemonderzoek* 12-13, 495-550.

TUTIN T.G., HEYWOOD V.H., BURGES N.A., VALENTINE D.H., WALTERS S.M. & WEBB D.A. 1964-1980: *Flora Europaea*, vols. 1-5, Cambridge.

TYS D. 1996: *Een historische Landschapsstudie van Middeleeuws en Later (Wal)Raversyde (einde 10de tot begin 17de eeuw)*, Onuitgegeven licentiaatsverhandeling Universiteit Gent.

TYS D. 1997: Landscape and Settlement: the Development of a Medieval Village along the Flemish Coast. In: DE BOE G. & VERHAEGHE F. (red.), *Rural Settlements in Medieval Europe. Papers of the 'Medieval Europe Brugge 1997' Conference*, vol. 6, IAP Rapporten 6, Zellik, 157-167.

TYS D. 1999: De heffing van het *superaratum* in *Vranckx Ambacht* (gemeente Middelkerke): De betekenis van enkele ruimtelijke gegevens op Testerep tussen de 9de en de 12de eeuw, *Handelingen genootschap voor geschiedenis* 136, 103-120.

TYS D. 2003: *Landschap als materiële cultuur. De interactie tussen macht en ruimte in een kustgebied en de wording van een laatmiddeleeuws tot vroegmodern landschap. Kamerlings Ambacht, 500-1200/1600*, ongepubliceerde doctoraatsverhandeling Vrije Universiteit Brussel.

TYS D. 2006: Walraversijde, another kettle of fish? Dynamics and identity of a late medieval coastal settlement in a proto-capitalistic landscape. In: PIETERS M., VERHAEGHE F. & GEVAERT G. (eds), *Fishery, Trade and Piracy. Fishermen and fishermen's settlements in and around the North Sea area in the Middle Ages and later. I. Papers from the colloquium at Oostende-Raversijde, Provincial Museum Walraversijde, Belgium, 21-23 november 2003*, Archeologie in Vlaanderen. Monografie 6, Brussel, 19-40.

TYS D. & PIETERS M. 2009: Understanding a Medieval Fishing Settlement along the Southern North Sea: Walraversijde, c. 1200-1630. In: SICKING L. & ABREU-FERREIRA D. (eds), *Beyond the Catch. Fisheries of the North Atlantic, The North Sea and the Baltic, 900-1850*, Leiden-Boston, 91-121.

UBELAKER D.H. 1989²: *Human skeletal remains. Excavation, analysis, interpretation*, Washington.

ULBRICHT I. 2006: Das geböttcherte Holz aus dem mittelalterliche Schleswig. In: VON SCHMETTOW H. & VOGEL V. (eds), *Holzfunde aus dem mittelalterlichen Schleswig*, Ausgrabungen in Schleswig. Berichte und Studien 17, Neumünster, 97-198.

UNGER R.W. 1978: The Netherlands Herring Fishery in the Late Middle Ages: The False Legend of Willem Beukels of Biervliet, *Viator* 9, 335-356.

VALENCIA-BARRERA R.M., HERRERO B. & MOLNÁR T. 2000: Pollen and organoleptic analysis of honeys in León province (Spain), *Grana* 39, 133-140.

VAN ACKER R. 1986: Prehistorische vondsten ten oosten van Brugge, *Westvlaamse Archaeologica* 2, 91-103.

VAN BASTELAER D.A. 1885: *Grès-cérame ornés de l'ancienne Belgique ou des Pays-Bas, uniquemment nommés grès flamands*, Mons-Bruxelles.

VAN BELLINGEN S. & DEWILDE M. 1995: De verdwenen Sint-Michielswijk te Ieper (prov. West-Vlaanderen). Interimverslag 1994, *Archeologie in Vlaanderen* IV (1994), 149-167.

VAN BELLINGEN S., DEWILDE M. & MUS O. 1994: De verdwenen Sint-Michielswijk te Ieper (prov. West-Vlaanderen). Interimverslag 1993, *Archeologie in Vlaanderen* III (1993), 255-280.

VAN BEUNINGEN H.J.E. & KOLDEWEIJ A.M. 1993: *Heilig en Profaan. 1000 Laatmiddeleeuwse Insignes uit de collectie H.J.E. van Beuningen*, Rotterdam Papers VII. A contribution to medieval archaeology, Cothen.

VAN BEYLEN J. 1993: *De Hoogaars en de visserij van Arnemuiden*, Leeuwarden.

VAN BULCK G. 2006: Het afsmeken van hemelse hulp als cultuurelement van de traditionele vissersgemeenschap, ook in Walraversijde. In: PIETERS M., VERHAEGHE F. & GEVAERT G. (eds) 2006, 105-119.

VAN DAMME D. & ERVYNCK A. 1988: Medieval ferrets and rabbits in the castle of Laarne (East-Flanders, Belgium): a contribution to the history of a predator and its prey, *Helinium* XXVIII (2), 278-284.

VANDENBERGHE S. 1976: Middeleeuwse en postmiddeleeuwse waterputten te Mechelen (vervolg), *Handelingen van de Koninklijke Kring voor Oudheidkunde, Letteren en Kunst van Mechelen* LXXIX, 1975, L-LIX.

VANDENBERGHE S. 1977: Het oudheidkundig onderzoek in het Mechelse in 1975 en 1976, *Handelingen van de Koninklijke Kring voor Oudheidkunde, Letteren en Kunst van Mechelen* 80-1, 1976, 169-199.

VANDENBERGHE S. 1980: Het oudheidkundig bodemonderzoek in het Mechelse in 1977, 1978 en 1979, *Handelingen van de Koninklijke Kring voor Oudheidkunde, Letteren en Kunst van Mechelen* 83, 1979, 244-283.

VANDENBERGHE S. 1985: De tincollectie van het Gruuthusemueum te Brugge, *Het Brugs Ommeland* 25-1/2, 1-96.

VANDENBERGHE S. & RAFFO P. 1982: Stadsarcheologisch onderzoek te Mechelen (A'pen), *Archaeologia Mediaevalis* 5, 49-50.

VANDENBERGHE S. & SWINNEN M. 1984: Het oudheidkundig bodemonderzoek in het Mechelse in 1981-1983, *Handelingen van de Koninklijke Kring voor Oudheidkunde, Letteren en Kunst van Mechelen* 87, 1983, 279-284.

VAN DEN BREMT P. 2006: Enkele aspecten omtrent de cultuurgeschiedenis van de inheemse en ingeburgerde houtige gewassen van Vlaanderen: resultaten van een historisch-botanische verkenning (deel 1: *Acer-Castanea*), *Relicta* 1, 237-254.

VAN DEN BRINK W. 1988: Zaden en pollen uit een 16e eeuwse beerput uit de Postelstraat. In: BOEKWIJT H.W. & JANSSEN H.L. (red.), *Kroniek van bouwhistorisch en archeologisch onderzoek 's-Hertogenbosch*, 's-Hertogenbosch, 113-124

VAN DEN BRINK W. 1989: Zaden en stuifmeel uit een put in "Den Prince van Luyck". In: HEYMANS H. (ed.), *Van put naar kluis. Historisch, bouwhistorisch en archeologisch onderzoek van "den Prince van Luyck"en "De Stadt Amsterdam" te Maaseik*, Maaseik, 266-276.

VANDENBRUAENE M., PIETERS M., ERVYNCK A., VAN STRYDONCK M., SCHIETECATTE L. & MAES A. met bijdragen van VERMEULEN L. & WAUTERS E. 2003: Fysisch-antropologisch onderzoek van postmiddeleeuwse menselijke skeletten aangetroffen te Oostende (prov. West-Vlaanderen) buiten reguliere begraafplaatsen, *Archeologie in Vlaanderen* VII, 277-318.

VANDEN BUSSCHE E. 1884: *Inventaire des archives de l'état à Bruges. Section première Franc de Bruges ancien quatrième membre de Flandre*, Brugge.

VANDENHOUTE J. 1979: Stadsarcheologie in Gent (O.-Vl.), *Archaeologia Mediaevalis* 2, 25-26.

VAN DE NOORT R. 2004: *The Humber Wetlands. The Archaeology of a Dynamic Landscape*, Bollington.

vandermaesen m. & ryckaert m. 1979: Algemene Situering. In: VANDERMAESEN M., RYCKAERT M. & COORNAERT M., *De Witte Kaproenen. De Gentse Opstand (1379-1385) & De Geschiedenis van de Brugse Leie*, Gent, Kultureel Jaarboek voor de Provincie Oost-Vlaanderen. Bijdragen Nieuwe Reeks 10, Gent, 9-17.

VAN DER WERFF A. 1955: A new method of concentrating and cleaning diatoms and other organisms, *Verhandelingen van de Internationale Vereniging voor Limnologie* 12, 276-277.

VAN DER WERFF A. 1958: L'importance de la recherche sur les diatomées pour la paléobotanique, *Bulletin de la Société Botanique du Nord de la France* 11, 94-97.

VAN DE VELDE H. 2004: *De roep van zotte Lotte*, Leuven.

VAN DE VENNE A. 2008: *Poken en stoken, brouwen en koken. Archeologie en geschiedenis van 100 ambachtelijke ovens*, Wijk bij Duurstede.

VANDEWALLE P. 1972: Wetsovertreding en misdadigheid te Oostende 1477-1495, *Ostendiana* I, 55-62.

VAN DOORNE V. 1975: *Het middeleeuws aardewerk uit de verdwenen nederzetting van Raversijde (strand). Verzameling Cools-Mortier*, onuitgegeven licentiaatsverhandeling, *s.l.* (Gent).

VAN DOORSELAER A. & VERHAEGHE F. 1974: *Excavations at the XIVth century village of Roeselare (Sint Margriete) (East Flanders, Belgium)*, Dissertationes Archaeologicae Gandenses XV, Brugge.

VAN DRIESSCHE T. 2010: Het Zand en Hingenebroek. De omgeving van De Notelaer. In: BUIJS J. & BERGMANS A. (red.), *Een belvedère aan de Schelde. Paviljoen De Notelaer in Hingene (1792-1797)*, Relicta Monografieën 5, Brussel, 63-95.

VAN DRUNEN A.H. & GLAUDEMANS R. 1997: Metamorfose van een huizenblok. In: BOEKWIJT H.W. & JANSSEN H.L. (red.), *In de schaduw van de Sint Jan*, 's-Hertogenbosch, 163-204.

VAN EENHOOGE D. 1997: A 12th-century patrician domain in Bruges? In: DE BOE G. & VERHAEGHE F. (red.), *Urbanism in Medieval Europe. Papers of the 'Medieval Europe Brugge 1997' Conference*, Vol. 1, IAP Rapporten 1, Zellik, 291-295.

VAN EENHOOGE D. 1998: De vroegste bakstenen huizen in Brugge, *Brugs Ommeland* 1998-2, 107-128.

VAN EENHOOGE D. 2001: The Archaeological Study of Buildings and Town History in Bruges. Domestic Architecture in the Period 1200-1350. In: GLÄSER M. (red.), *Lübecker Kolloquium zur Stadtarchäologie im Hanseraum* 3, Lübeck, 121-141.

VAN EENHOOGE D. 2002a: Middeleeuwse Brugse Huizen: bouwhistorisch onderzoek in de Florentijnse loge en het huis Hertsberghe in de Academiestraat, *Monumenten & Landschappen* 21-2, 32-45.

VAN EENHOOGE D. 2002b: Middeleeuwse Brugse Huizen: bouwhistorisch onderzoek in de huizen in Sint-Jacobs en den Ancker, *Monumenten & Landschappen* 21-5, 44-61.

VAN ENCKEVORT H. & THIJSSEN J. 1996: *Graven met beleid. Gemeentelijk archeologisch onderzoek in Nijmegen 1989-1995*, Nijmegen.

VAN GANSBEKE-GROTHAUSEN M. 1985: La collection numismatique Karel Loppens au musée de l'Abbaye des Dunes à Coxyde, *De Duinen. Bulletin van het Wetenschappelijk en Kultureel Centrum van de Duinenabdij en de Westhoek* 15, 59-75.

VAN GANSBEKE-GROTHAUSEN M. 1986: La collection numismatique Karel Loppens au Musée de l'Abbaye des Dunes à Coxyde, *De Duinen. Bulletin van het Wetenschappelijk en Kultureel Centrum van de Duinenabdij en de Westhoek* 15, 35-61.

VAN GEEL B., HALLEWAS D.P. & PALS J.P. 1983: A late holocene deposit under the westfriese zeedijk near Enkhuizen (Prov. Of Noord-Holland, The Netherlands): palaeoecological and archaeological aspects, *Review of Palaeobotany and Palynology* 38, 269-335.

VAN GILS M & DE BIE M. 2008: Les occupations tardiglaciaires et postglaciaires du nord de la Belgique: modalités d'occupation du territoire. In: FAGNART J.-P., THÉVENIN A., DUCROCQ T., SOUFI B. & COUDRET P. (eds), *Le début du Mésolithique en Europe du Nord-Ouest. Actes de la table ronde d'Amiens 9 et 10 octobre 2004*, Mémoires de la Société préhistorique française 45, Paris, 205-218.

VAN GREEVENBROEK J.TH.R. 1985: Een middeleeuwse tonwaterput, *Haarlems Bodemonderzoek* 19, 3-6.

VAN HAASTER H. 1997a: Plantaardige en dierlijke resten uit de Middeleeuwen. De resultaten van het oecologisch onderzoek op het Sint Janskerkhof. In: BOEKWIJT H.W. & JANSSEN H.L. (eds), *Bouwen & Wonen in de Schaduw van de Sint Jan. Kroniek Bouwhistorisch en Archeologisch Onderzoek 's-Hertogenbosch 2*, 's-Hertogenbosch, 140-162.

VAN HAASTER H. 1997b: De introductie van cultuurgewassen in de Nederlanden tijdens de Middeleeuwen. In: ZEVEN A.C. (red.), *De introductie van onze cultuurplanten en hun begeleiders van het Neolithicum tot 1500 AD*, Wageningen, 53-104.

VAN HAASTER H. 2008: *Archeobotanica uit 's-Hertogenbosch. Milieuomstandigheden, bewoningsgeschiedenis en economische ontwikkeling in en rond een (post)middeleeuwse groeistad*, Groningen Archaeological Studies 6, Groningen.

VAN HEERINGEN R.M. 1990: Archeologische Kroniek van Zeeland over 1989. In: *Archief. Mededelingen van het Koninklijk Zeeuwsch Genootschap der Wetenschappen* 1990, 105-120.

VAN HEERINGEN R.M. 1991: Ontstaan van de Zeeuwse dorpen vanuit archeologisch perspectief. In: BOS K., VAN DAMME J. & DE KLERK A. (red.), *Dorpen in Zeeland*, Middelburg.

VAN HEERINGEN R.M. 1994: *De bodem vertelt. Resultaten van het archeologisch onderzoek*. In: VAN HEERINGEN *et al.* (red.) 1994, 11-14.

VAN HEERINGEN R.M., HENDRIKSE H. & KUIPERS J.J.B. (red.) 1994: *Geld uit de belt. Archeologisch onderzoek in de bouwput van de gemeentelijke parkeerkelder en het belastingskantoor aan de Kousteensedijk te Middelburg*, Vlissingen.

VAN HEESCH 1998: *De Muntcirculatie tijdens de Romeinse tijd in het Noordwesten van Gallia Belgica. De Civitates van de Nerviërs en de Menapiërs (ca. 50 V.C.-450 N.C.)*, Koninklijke Musea voor Kunst en Geschiedenis Monografie van Nationale Archeologie 11, Brussel.

VAN HENGEL S.J.H. 1982: Vroeg golf. 450 jaar ontwikkeling van een sport, 1250-1700, *Holland. Regionaal-historisch tijdschrift* 14-1, 1982, 16-41.

VANHOUTRYVE A. 1975: *De vishandel en het visambacht te Brugge tot op het einde van het oud regiem*, Brugge.

VAN IMPE L., MAES K. & VYNCKIER G. 1987: Archeologie tussen Gete en Herk, *Archaeologia Belgica. Nieuwe Reeks* III, 117-126.

VAN LANDUYT W., HOSTE I., VANHECKE L., VAN DEN BREMT P., VERCRUYSSE E. & DE BEER D. 2006: *Atlas van de Flora van Vlaanderen en het Brussels Gewest*, Meise.

VANMONTFORT B., VAN GILS M., PAULISSEN P., BASTIAENS J., DE BIE M. & MEIRSMAN E. 2010: Human occupation of the Late and Early Post-Glacial environments in the Liereman Landscape (Campine, Belgium), *Journal of Archaeology in the Low Countries* 2-2, 31-51.

VAN NEER W. & ERVYNCK A. 1993: *Archeologie en Vis*, Herlevend Verleden 1, Zellik.

VAN NEER W. & ERVYNCK A. 1994a: *L'archéologie et le poisson*, Ath.

VAN NEER W. & ERVYNCK A. 1994b: New data on fish remains from Belgian archaeological sites. In: VAN NEER W. (ed.), *Fish exploitation in the past. Proceedings of the 7th Meeting of the ICAZ Fish Remains Working Group*, Annalen van het Koninklijk Museum voor Midden-Afrika. Zoölogische Wetenschappen 274, Tervuren, 217-229.

VAN NEER W., ERVYNCK A., BOLLE L.J., RIJNSDORP A.D. & MILLNER R.S. 2004: Seasonality only works in certain parts of the year. A critical review of the reconstruction of fishing seasons through otolith analysis, *International Journal of Osteoarchaeology* 14, 457-474.

VAN NEER W., ERVYNCK A., RIJNSDORP A., BOLLE L. & MILLNER R. 2002: Fish otoliths and their relevance to archaeology: an analysis of medieval, post-medieval and recent material from plaice, cod and haddock from the North Sea, *Environmental Archaeology* 7, 65-81.

VAN NEER W., LOUGAS L. & RIJNSDORP A.D. 1999: Reconstructing age distribution, season of capture and growth rate of fish from archaeological sites based on otoliths and vertebrae, *International Journal of Osteoarchaeology* 9, 116-130.

VAN NEER W. & PIETERS M. 1997: Evidence for processing of flatfish at Raversijde, a late medieval coastal site in Belgium, *Anthropozoologica* 25-26, 579-586.

VANNESTE A. & INGELAERE M. 1959: *Middelkerke. Zijn geschiedenis, zijn volk, zijn tradities, zijn kerk, zijn mirakuleus kruis*, Middelkerke.

VANNETELLE L. 1911: *Fabrication et emploi des filets de pêche. Éperviers, verveux, échiquiers, senne, trouble, etc. Montage, entretien, reparation*, Paris.

VAN ROMPAEY E. & DEVOSALLE L. 1979: *Atlas van de Belgische en Luxemburgse flora. Pteridofyten en Spermatofyten*, Meise.

VAN SMEERDIJK D.G. 2003: Palynologisch onderzoek. In: SIER M.M. (ed.), *Ellewoutsdijk in de Romeinse tijd*, ADC rapport 200, 148-166.

VAN STRYDONCK M. 1995: C14-datering van platte slijkgapers (*scrobicularia plana*). In: PIETERS M., Een 15de-eeuwse sector van het verdwenen vissersdorp te Raversijde (stad Oostende, prov. West-Vlaanderen). Interimverslag 1994, *Archeologie in Vlaanderen* IV, 231-232.

VAN STRYDONCK M., LANDRIE M., HENDRIX V., MAES A., VAN DER BORG K., DE JONG A.F.M., ALDERIESTEN C. & KEPPENS E. 2001: *Royal Institute for Cultural Heritage Radiocarbon Dates XVII*, Brussel.

VAN STRYDONCK M., LANDRIE M., HENDRIX V., VAN DER BORG K., DE JONG A.F.M., ALDERIESTEN C. & KEPPENS E. 1998: *Royal Institute for Cultural Heritage Radiocarbon Dates XVI*, Brussel.

VAN TRIERUM M.C. 1986: Landschap en bewoning rond de Bernisse in de IJzertijd en de Romeinse Tijd. In: VAN TRIERUM M.C. & HENKES H.E. (red.), *Teksten van lezingen, gehouden tijdens het Symposium Landschap en bewoning rond de mondingen van de Rijn, Maas en Schelde te Rotterdam van 5 t/m 6 oktober 1984*, Rotterdam Papers V. A contribution to prehistoric, roman and medieval archaeology, Rotterdam, 49-75.

VAN UYTVEN R. 1979: Visserij in de Zuidelijke Nederlanden. In: *Algemene geschiedenis der Nederlanden* 6, Haarlem, 138-144.

VAN UYTVEN R. 2007: *Geschiedenis van de Dorst. Twintig eeuwen drinken in de Lage Landen*, Leuven.

VAN VILSTEREN V.T. 1987: *Het benen tijdperk. Gebruiksvoorwerpen van been, gewei, hoorn en ivoor 10.000 jaar geleden tot heden*, Assen.

VAN WERVEKE H. 1949: *De muntslag in Vlaanderen onder Lodewijk van Male*, Mededelingen van de Koninklijke Vlaamse Academie voor Wetenschappen, Letteren en Schone Kunsten van België, Klasse der Letteren XI, nr. 5, Brussel.

VEECKMAN J. met bijdragen van SCHEERS S., ERVYNCK A. & VAN NEER W. 1996: Een waterput in het Groot Sarazijnshoofd in de Antwerpse Hoogstraat. In: VEECKMAN J. (red.), *Berichten en Rapporten over het Antwerps Bodemonderzoek en Monumentenzorg* 1, Antwerpen, 46-86.

VEECKMAN J., VAN HOOF W., COOREMANS B., ERVYNCK A. & VAN NEER W. 2000: De inhoud van de afvalput van de *Groote Schalien Loove*: speuren naar de 17de-eeuwse bewoners. In: VEECKMAN J. (ed.), *Berichten en Rapporten over het Antwerps Bodemonderzoek en Monumentenzorg* 4, Antwerpen, 115-190.

VERBOVEN H. & DE HAAN A. 2008: *"Boven water komen". Historische dijken en landschap. Kruibeke-Bazel-Rupelmonde*, Ongepubliceerd rapport Vlaams Instituut voor het Onroerend erfgoed, Brussel.

VERBOVEN H. & DE HAAN A. 2012: Onder water, boven water. Relicten in een oude rivierpolder. Het verhaal van de polder van Kruibeke-Bazel-Rupelmonde (prov. Oost-Vl), *Relicta. Archeologie, Monumenten- en Landschapsonderzoek in Vlaanderen* 9, 149-190.

VERBRUGGEN C. 1977: De geokronologie van het Postpleniglaciaal in Zandig Vlaanderen op basis van pollenanalyse en ^{14}C-onderzoek, *Natuurwetenschappelijk Tijdschrift* 58, 233-256.

VERBRUGGEN C., DENYS L. & KIDEN P. 1996: Belgium. In: BERGLUND B.E., BIRKS H.J.B., RALSKA-JASIEWICZOWA M & WRIGHT H.E. (eds), *Palaeoecological Events during the Last 15.000 Years: Regional Syntheses of Palaeoecological Studies of Lakes and Mires in Europe,* Chichester.

VERDRAAID GOED GEDRAAID 1973: *Catalogus bij de gelijknamige tentoonstelling in het museum Boymans-Van Beuningen Rotterdam, 19 maart-30 april 1973*, Rotterdam.

VERHAEGHE F. 1983a: Medieval pottery production in coastal Flanders. In: DAVEY P. & HODGES R. (red.), *Ceramics and Trade. The production and distribution of later medieval pottery in north-west Europe*, Sheffield, 63-94.

VERHAEGHE F. 1983b: Low Countries Medieval Pottery Imported in to Scotland: Notes on a Minor Trade, *Medieval Ceramics* 7, 3-43.

VERHAEGHE F. 1986: Les sites fossoyés du moyen âge en Basse et Moyenne Belgique: état de la question. In: *La Maison Forte au Moyen Âge. Table ronde Nancy-Pont-à-Mousson 31 mai-3 juin 1984*, Paris, 55-86.

VERHAEGHE F. 1989a: La céramique très décorée du Bas Moyen Age en Flandre. In: BLIECK G. (ed.), *Travaux du groupe de recherches et d'études sur la céramique dans le Nord-Pas-De-Calais. Actes du colloque de Lille (26-27 mars 1988)*, Numéro hors-série de Nord-Ouest Archéologie, Lille, 19-113.

VERHAEGHE F. 1989b: Middeleeuwse tuitkannen: metaal, ceramiek en ambachtelijke competitie, *Westvlaamse Archaeologica* 5-3, 65-83.

VERHAEGHE F. & LINDSAY W. 1983: Low Countries Pottery in Elgin, Scotland, *Medieval Ceramics* 7, 95-100.

VERHULST A. 1995: *Landschap en Landbouw in Middeleeuws Vlaanderen*, Brussel.

VIAENE A. 1957: Konijnenjacht in de duinen, *Biekorf* 58-6, 178.

VINCE A. 1982: Medieval and post-medieval Spanish Pottery from the City of London. In: FREESTONE I., JOHNS C. & POTTER T. (eds), *Current research in ceramics: Thin-section studies. The British Museum Seminar 1980*, British Museum Occasional Paper 32, London, 135-144.

VLAANDEREN N.G. 1976: *Enkele opmerkingen over de Kwartair-geologie van het strand van Raversijde, België*, ongepubliceerd rapport Instituut voor Aardwetenschappen Amsterdam.

VLIETINCK E. 1889a: *Walravensyde. Een gewezen visschersdorp op de Vlaamsche kust*, Brugge.

VLIETINCK E. 1889b: *1489-1889. Eene bladzijde uit de Geschiedenis der Stad Nieupoort. Nieupoort & zijne Visscherij in de XVe eeuw; Het Beleg van 20-28 juni 1489; de dankprocessie van Sint Jan*, Oostende.

VLIETINCK E. 1897: *Het Oude Oostende en zijne Driejarige Belegering (1601-1604). Opkomst, Bloei en Ondergang, met de beroerten der XVIe eeuw*, Oostende, (Anastatische herdruk Vlaamse Vereniging voor Familiekunde 1975).

VLIETINCK E. 1936: *Uit de voorgeschiedenis onzer kuststreek. De Yden van Vlaanderen van Duinkerke tot Sluis. Geschied- en taalkundige studie*, Antwerpen, Brussel, Gent, Leuven.

VLIETINCK E. *s.d.*: De Geschiedenis der kust. In: CONRAD W., LEURS S., VLIETINCK E., VERCOUILLIE J. & WAUTERS A.C.C., *De kust*, Steden en landschappen V, Antwerpen, 38-60.

VOS P. & VAN HEERINGEN R.M. 1997: Holocene geology and occupation history of the province of Zeeland (SW Netherlands), *Mededelingen Nederlands Instituut voor Toegepaste Geowetenschappen TNO* 59, 5-109.

VREENEGOOR E. & KUIPERS J. (red.) 1996: *Vondsten in Veere. Middeleeuwse voorwerpen uit een beerput van huis 'In den Struys'*, Amersfoort-Middelburg.

VUORELA I. 1973: Relative pollen rain around cultivated fields, *Acta Botanica Fennica* 102, 1-27.

WAELPUT E. 2004: *Eer het vat in duigen valt. Basistechnieken van het ambachtelijk kuipen*, Antwerpen-Apeldoorn.

WALKER M.J.C., BELL M., CASELDINE A.E., CAMERON N.G., HUNTER K.L., JAMES J.H., JOHNSON S. & SMITH D.N. 1998: Palaeoecological investigations of the middle and late Flandrian buried peats on the Caldicot Levels, Severn Estuary, Wales, *Proceedings of the Geologists' Association* 109, 51-78.

WALTON ROGERS P. 2000: *Textiles and Cordage from Walraversijde: Part III*, ongepubliceerd rapport.

WARDLE A. 1998: Musical instruments. In: EGAN G., *The Medieval Household Daily Living c.1150-c.1450*, Medieval Finds from excavations in London 6, London, 283-290.

WEDDELL P.J. 1986: The excavation of medieval and later houses and St Margaret's Chapel at Exmouth 1982-1984, *Devon Archaeological Society* 44, 107-141.

WEEDA E.J., WESTRA R., WESTRA CH. & WESTRA T. 1985: *Nederlandse oecologische flora*, Hilversum-Haarlem.

WESSNERT G. 2010: *The museum of Medieval Stockholm*, Stockholm.

WETS T. 2008: Vroeg baksteengebruik in Brugge. In: COOMANS TH. & VAN ROYEN H. (red.), *Medieval Brick Architecture in Flanders and Northern Europe: The Question of the Cistercian Origin*, Novi Monasterii 7, Koksijde, 147-162.

WEYNS J. 1974: *Volkshuisraad in Vlaanderen*, Beerzel.

WHARTON D.A. 1980: Nematode egg-shells, *Parasitology* 81, 447-463.

WHITE K.D. 1970: *Roman Farming*, New York.

WIELINGA R. 2008: Moernering op Oud-Rilland. In: DE KONING-KASTELIJN D. (red.), *Verdronken Land. Oud Rilland 2004-2008*, Zierikzee, 27-30.

WIERINGA A., BRINKHUIZEN D., NIEUWENHUIS M., ZIMMERMAN H., NIEUWENHUIZEN H. & HELFRICH K. 2001: Schatten uit de gracht van Alva, *Hervonden stad. Jaarboek voor archeologie, bouwhistorie en restauratie in de gemeente Groningen*, 83-94.

WIGHT J.A. 1972: *Brick Building in England from the Middle Ages to 1550*, London.

WILLEMSEN A. 1998: *Kinder delijt. Middeleeuws speelgoed in de Nederlanden*, Nijmegen.

WILLIAMS A. 2003: *The Knight and the Blast Furnace*, Leiden-Boston.

WILLIAMS C.J. 2008: Walraversijde. *A pilot investigation of English archives*, ongepubliceerd rapport Provincie West-Vlaanderen.

WITTE H.J.L. & VAN GEEL B. 1985: Vegetational and environmental succession and net organic production between 4500 and 800 B.P. reconstructed from a peat deposit in the western Dutch coastal area (Assendelver Polder), *Review of Palaeobotany and Palynology* 45, 239-300.

WOUTERS W., ERVYNCK A., COOREMANS B., VAN NEER W. & VAN BULCK G. 1995: Een post-middeleeuwse beerput aan de Hasseltse Poort te Tongeren (prov. Limburg), *Archeologie in Vlaanderen* IV (1994), 323-363.

ZADORA-RIO E., FERDIÈRE A., BUKO A., CLOGG P., HUSI P., LOVELUCK C., MOREAU A., RODIER X., STRUTT K., DZIENKOWSKI T., TABBAGH A., TYS D. & VERHAEGHE F. 2005: *La dynamique des paysages et des sociétés préindustrielles: approche comparative et intégrée des marqueurs du changement contenus dans le sol*, Tours.

ZANTKUIJL H.J. 1988: Reconstructie van de behuizing op Smeerenburg. In: HACQUEBORD L. & VROOM W. (red.), *Walvisvaart in de Gouden Eeuw. Opgravingen op Spitsbergen*, Amsterdam, 67-79.

ZEEBROEK I., JANSSEUNE G., TYS D. & PIETERS M. 2006: Het Groot-Tempelhof te Slijpe, de oude Commanderie de Flandres van de orde van de tempelridders (gem. Middelkerke, prov. West-Vlaanderen). Geïntegreerde analyse van het landschap, archiefbronnen en opgravingsresultaten 1971-2003, *Relicta. Archeologie, Monumenten- en Landschapsonderzoek in Vlaanderen* 1, 155-182.

ZEEBROEK I., PIETERS M., ANDRÉS-LACUEVA C., CALUWÉ D., DAVID J., DEFORCE K., HANECA K., LAMUELA-RAVENTÓS R., LENAERTS T., MEDINA REMÓN A., MEES F., MISSIAEN T., MUYLAERT L., OP DE BEECK E., VAN DEN HAUTE P., STREEL M. & WAUTERS E. 2010: Een 18de-eeuwse wraksite op de Buiten Ratel-zandbank (Belgische territoriale wateren): multidisciplinair onderzoek van het vondstenmateriaal (I), *Relicta. Archeologie, Monumenten- en Landschapsonderzoek in Vlaanderen* 6, 237-327.

ZEEBROEK I., PIETERS M. & GEVAERT (red.) 2007: *Verdronken Verleden-Passé Submergé-Drowned Past-Ertrunkene Vergangenheit*, Brussel.

Auteurs

Marnix Pieters is archeoloog (UGent, 1984) en bodemkundige (UGent-ITC 1986). Hij promoveerde tot doctor in de geschiedenis aan de Vrije Universiteit Brussel (2002) op onderzoek naar de materiële leefwereld van laatmiddeleeuwse vissersmilieus in het zuidelijk Noordzeegebied. Was van 2008 tot 2012 lid van het directieteam van achtereenvolgens het VIOE en het agentschap Onroerend Erfgoed respectievelijk als afdelingshoofd onderzoeksontsluiting en erfgoedbeleving (2008-2011) en als directeur internationale werking (2012). Sinds eind 2012 is hij hoofdadviseur maritiem en onderwater erfgoed. Contactadres: Koning Albert II- laan 19 bus 5, B-1210 Brussel, marnix.pieters@rwo.vlaanderen.be.

Cecile Baeteman studeerde fysische geografie (VUB, 1972) en quartairgeologie (VUB, 1976). Zij is gespecialiseerd in geologie, paleogeografie en geoarcheologie van lage kustgebieden en in zeespiegelveranderingen. Momenteel is zij werkzaam als quartairgeoloog bij de Geologische Dienst van België (KBIN), Jennerstraat 13, B-1000 Brussel, cecile.baeteman@natuurwetenschappen.be.

Jan Bastiaens is geograaf van opleiding (UGent, 1993). Nadien specialiseerde hij zich in archeobotanisch en paleo-ecologisch onderzoek. Hij werkt als erfgoedonderzoeker aan het agentschap Onroerend Erfgoed van de Vlaamse Overheid, Koning Albert II-laan 19 bus 5, B-1210 Brussel, jan.bastiaens@rwo.vlaanderen.be.

An Bollen is bioloog en schreef een licentiaatsthesis over dierlijke resten uit de opgravingen te Raversijde (UGent, 1998). Ze promoveerde op een onderzoek naar de interacties tussen vruchten en fruiteters in een Madagaskisch littoraal regenwoud (Universiteit Antwerpen, 2003). Zij is momenteel werkzaam bij FERN, een niet-gouvernementele organisatie die wil bijdragen tot een goed bosbeleid van de Europese Unie en zijn lidstaten. Contactadres: FERN, The EU Forest Campaign, Edingburgstraat 26, B-1050 Brussel/Broeckstraat 55, B-1000 Brussel, an@fern.org.

Philip Clogg is retired. He was Senior Experimental Officer at the Department of Archaeology, Durham University (1978-2010). His Special fields of expertise are archaeological conservation, archaeological materials analysis and geochemical analysis. Contact details: As Piellong, Le Chay, 47360 Saint Sardos, France, phil@aspire-edu.org and clogg.philipe0443@orange.fr.

Brigitte Cooremans studeerde biologie (dierkunde) aan de Katholieke Universiteit Leuven (1984). Deed 6 jaar pollenonderzoek in Zuid Afrika aan de Universiteit in Bloemfontein (1995-1991). Via IAP en VIOE is ze momenteel werkzaam als erfgoedonderzoeker archeologie in het agentschap Onroerend Erfgoed, Koning Albert II laan 19 bus 5, B-1210 Brussel, brigitte.cooremans@rwo.vlaanderen.be.

Marc De Bie is licentiaat in de oudheidkunde en de kunstgeschiedenis en promoveerde aan de Katholieke Universiteit Leuven tot doctor in de archeologie (1998), gespecialiseerd in de prehistorie. Van 2008 tot 2012 was hij hoofd van onderzoeksafdelingen bij het agentschap Onroerend Erfgoed en sinds eind 2012 is hij wetenschappelijk adviseur. Hij is tevens deeltijds hoofddocent archeologie aan de Vrije Universiteit Brussel. Contactadres: Koning Albert II-laan 19 bus 5, B-1210 Brussel, marc.debie@rwo.vlaanderen.be.

Frans De Buyser is assistent conservatie in het archeologisch depot van het agentschap Onroerend Erfgoed, Sphere Business Park, Doornveld Industrie Zone 3 gebouw 190, B-1731 Zellik, frans.debuyser@rwo.vlaanderen.be. Daarnaast is hij gespecialiseerd in numismatisch onderzoek.

Guido Decorte is gedeputeerde van de provincie West-Vlaanderen bevoegd voor bestuurlijke organisatie, algemene en ondersteunende diensten, gebiedsgerichte werking, en milieu, landschappen en natuur. In die hoedanigheden is hij o.a. bevoegd voor het provinciedomein Raversijde. Contactgegevens: Provinciehuis Boeverbos, Koning Leopold III–laan 41, B-8200 Brugge (Sint-Andries), guido.decorte@west-vlaanderen.be.

Koen Deforce is geograaf (UGent, 1997) en werkt aan het agentschap Onroerend Erfgoed en aan het Koninklijk Belgisch Instituut voor Natuurwetenschappen. Hij bestudeert er zowel het (pre) historische gebruik van planten als de evolutie van landschappen in het verleden, voornamelijk op basis van plantenresten uit archeologische contexten. Contactadres: Koning Albert II-laan 19 bus 5, B-1210 Brussel, koen.deforce@rwo.vlaanderen.be.

Annelies De Groote is licentiaat biologie, plantkunde (UGent). Momenteel is zij werkzaam bij Van Hoorebeke Timber Gent. Thuisadres: Kruisstraat 58 a, B-9031 Drongen, annelies-degroote@yahoo.com.

Ine Demerre is licentiaat in de archeologie (KULeuven, 2001). Na een bijkomende aggregaats-opleiding kunstwetenschappen – archeologie was ze actief in een reeks noodopgravingen in Ierland (2002-2004). In 2005 startte ze als wetenschappelijk medewerker van het Vlaams Instituut voor het Onroerend Erfgoed. Sindsdien legt ze zich vooral toe op het onderzoek van het maritiem archeologische erfgoed in Vlaanderen en in de Noordzee. Contactadres: Koning Albert II-laan 19 bus 5, B-1210 Brussel, ine.demerre@rwo.vlaanderen.be.

Hendrik Demiddele studeerde biologie, meer bepaald paleontologie met specialisatie in de micropaleontologie (diatomeeën) aan de universiteit Gent (1994). Heeft als specialist diatomeeën meegewerkt aan het onderzoek gerelateerd aan talrijke archeologische opgravingen in Vlaanderen, Nederland, Frankrijk en Zuid-Amerika. Conctactadres: Keizerstraat 12, B-8780 Oostrozebeke, hendrik.demiddele@telenet.be.

Anton Ervynck is bioloog (Universiteit Gent, 1983) en promoveerde op een onderzoek van de verspreidingsgeschiedenis van de zwarte en de bruine rat (Universiteit van Amsterdam, 1989). Hij is momenteel erfgoedonderzoeker archeologie aan het agentschap Onroerend Erfgoed en specialiseerde zich verder in de studie van dierenresten uit Vlaamse opgravingen. Contactadres: Koning Albert II- laan 19 bus 5, B-1210 Brussel, anton.ervynck@rwo.vlaanderen.be.

Glenn Gevaert is werkzaam als hoofdmedewerker in het provinciedomein Raversijde. Vanuit een brede kennis en belangstelling voor erfgoed en geschiedenis leverde hij een grote bijdrage aan het onderzoeksproject middeleeuws Walraversijde, glenn.gevaert@west-vlaanderen.be.

Theodoor Goddeeris studeerde geneeskunde en inwendige ziekten aan de Katholieke Universiteit van Leuven. Hij was tot en met 2007 internist-geriater in het AZ Groeninge te Kortrijk. Hij heeft een levenslange belangstelling voor de middeleeuwse numismatiek. Contactinfo: Begijnhof 23, B-8500 Kortrijk, tgoddeeris@hotmail.com.

An Lentacker is bioloog (UGent, 1984) en promoveerde op een onderzoek van dierlijk materiaal uit Portugese prehistorische vindplaatsen (Universiteit Gent, 1991). Zij is momenteel erfgoedonderzoeker archeologie aan het agentschap Onroerend Erfgoed en specialiseerde zich verder in de studie van dierenresten uit Vlaamse opgravingen. Contactadres: Koning Albert II-laan 19 bus 5, B-1210 Brussel, ann.lentacker@rwo.vlaanderen.be.

Liesbet Schietecatte is licentiaat kunstgeschiedenis en archeologie (KULeuven, 1998) en master in science (University of Cape Town, 2004). Zij specialiseerde zich in onderzoek naar archeologisch leder en in isotopenanalyses voor archeologische doeleinden. Momenteel doet zij historisch archeologisch onderzoek voor ACO Associates cc, 8 Jacobs Ladder, 7945 St James, South-Africa, liesbet.schietecatte@aco-associates.com.

Marit Vandenbruaene is licentiaat in de archeologie (UGent, 1993) en fysisch-antropoloog (Institut für Anthropologie und Humangenetik, München, 1995). Zij is sinds 1998 werkzaam bij het agentschap Onroerend Erfgoed en zijn voorgangers om de menselijke skeletresten te bestuderen afkomstig van archeologische opgravingen.

Wim Van Neer studeerde biologie aan de KU Leuven (1976) waar hij ook promoveerde in 1981. Hij onderzoekt dierlijke resten uit archeologische opgravingen in Europa, het Nabije Oosten en Afrika. Hij is als wetenschapper verbonden aan het Koninklijk Belgisch Instituut voor Natuurwetenschappen in Brussel en is tevens deeltijds hoogleraar aan de KU Leuven. Koninklijk Belgisch Instituut voor Natuurwetenschappen, Vautierstraat 29, B-1000 Brussel, wvanneer@naturalsciences.be.

Mark Van Strydonck is master in de industriële ingenieurswetenschappen (1974), verantwoordelijke voor het Radiokoolstofdateringslaboratorium bij het Koninklijk Instituut voor het Kunstpatrimonium, Jubelpark 1, B-1000 Brussel, mark.vanstrydonck@kikirpa.be. Het radiokoolstoflaboratorium van het KIK is het enige dateringslaboratorium in zijn genre in België. Het is gespecialiseerd in dateringen op historische en archeologische objecten en materialen. Daarenboven heeft het laboratorium een belangrijke bijdrage geleverd in de studie van de Holocene kustvlakte in België.

Frans Verhaeghe studeerde geschiedenis aan de Universiteit Gent en specialiseerde zich in de middeleeuwse archeologie. Hij promoveerde in 1977 in Gent en werd later gewoon hoogleraar in de archeologie aan de Vrije Universiteit Brussel tot aan zijn emeritaat in 2005. Hij is de auteur of uitgever van talrijke publicaties in het domein van de middeleeuwse archeologie in Noord-West Europa en heeft een bijzondere interesse voor de mobiele materiële cultuur en objecten van de 5de tot de 18de eeuw zowel als voor de theorievorming in de archeologische interpretatie. frans.verhaeghe@skynet.be. Heidestraat 12, B-9270 Laarne, België.

Alan Vince graduated as an archaeologist from the University of Southampton where he also completed in 1983 his doctoral research. He was an innovator in the field of scientific analysis of pottery, a pioneer in the use of computers and the author of many important publications. He passed away in 2009.

Watzeels Sara is laborante en is momenteel als onderzoeksmedewerker fysische antropologie werkzaam bij het agentschap Onroerend Erfgoed. Contactadres: Koning Albert II-laan 19 bus 5, B-1210 Brussel, sara.watzeels@rwo.vlaanderen.be.

Inge Zeebroek is licentiate in de kunstwetenschappen en de archeologie (VUB, 2001). Ze was van 2002 tot 2012 werkzaam als erfgoedonderzoeker maritieme archeologie in het Agentschap Onroerend Erfgoed. In die periode voerde ze enkele opgravingen uit, waaronder te Raversijde. Daarnaast spitste ze zich toe op de inventarisatie en de studie van de materiële resten uit de late middeleeuwen en (vroeg)moderne periode uit de Noordzee en de kustregio waaronder deze van de site Walraversijde. Vanaf eind 2012 is ze werkzaam als erfgoedconsulente archeoologie bij hetzelfde agentschap. Contactgegevens: Koning Albert II-laan 19 bus 5, B-1210 Brussel, inge.zeebroek@rwo.vlaanderen.be.